新・コンメンタール
刑事訴訟法
[第3版]

後藤 昭・白取祐司 [編]

日本評論社

第3版はしがき

　本書第2版刊行からおよそ5年で、第3版を送り出すこととなった。この改訂の最大の目的は、2016年の刑事訴訟法改正に対応することである。この改正により、取調べの録音録画制度、協議・合意および刑事免責という全く新たな制度が刑訴法に加わった。これらの新しい制度は、日本の刑事司法に今までなかった様相をもたらすかもしれない。その他の点でも、多くの条文改正がある。このような改正は、近年の活発な立法活動の延長上にある。2017年3月15日のGPS捜査に関する大法廷判決も、刑事訴訟法を改正する必要を示唆した。今後も、刑事訴訟法改正の議論が続く可能性がある。そのような立法論に臨むためにも、すでに改正された条文の意味を確認しておく必要がある。今回の改訂がそのための役に立てば幸いである。

　この改訂は、日本評論社編集部の上村真勝氏のご尽力と、忙しい中で原稿を準備して下さった執筆者たちの協力のおかげで実現した。これらの方々に深く感謝する。

2018年6月

編者　後藤　昭

白取祐司

第2版はしがき

　初版の刊行から3年を経た。幸い、本書は、実務家と学習者の中に多くの読者を得ることができた。しかし、この間いくつかの刑訴法改正があった。とりわけ重要なのは、2011年の情報処理の高度化等に対処するための刑法等の一部を改正する法律による、電子計算機に関する新しい態様の強制処分の導入である。また、裁判員制度の影響もあって、重要な新判例も相次いでいる。第2版では、条文の基本的な意味と立法趣旨を分かりやすく解説するという初版のねらいを維持しながら、改正法について解説を加え、新たな判例などの動向を盛り込むとともに、解説をさらに充実させた。

　現在、法制審議会新時代の刑事司法制度特別部会の場で、多岐にわたり改正が議論されている。その中には、取調べの録音・録画と並んで協議と合意による立証協力や刑事免責、被告人の証人適格、会話傍受など、これまでの刑事手続を大きく変える可能性のある重要項目が多数含まれている。これらの改正論の帰趨は、まだ予測できない。しかし、このような改正論の意味を考える上でも、現行刑事訴訟法の意味と運用を正確に理解することが必要である。

　初版同様に、刑事訴訟法を理解するための手がかりとして、本書が多くの読者に役立つことを願う。

　改訂に当たっては、とくに日本評論社の串崎浩社長と上村真勝氏にご尽力をいただいた。おふたりには深く感謝申し上げる。

2013年8月

編者　後藤　昭

白取祐司

第 1 版はしがき

　日本のような成文法主義の下では、法律を学ぶ者にとっても法律の専門家にとっても、主要な法典の条文の意味を知ることは、欠かすことのできない作業である。とりわけ、法科大学院などで法曹となることを目指して実定法を学ぶ者は、常に条文に照らし合わせて問題の解決を考える姿勢を身につける必要がある。そのとき注釈書は、条文の意味を理解するための重要な手がかりとなる。体系書、参考書だけではなく、注釈書で条文の意味を確かめるようになれば、法律学の理解はかなり進んでいるはずである。法律の専門家になってからも、条文の解釈運用を知るために、注釈書は必須の情報源である。

　現行刑事訴訟法は制定から 60 年以上を経ており、その間に多くの判例と学説が蓄積されている。また、同じ条文でも、その運用には時代による変化がある。それらを無視して条文を理解しようとすれば、「世間知らず」の解釈に陥るおそれがある。

　しかも、近年、刑事訴訟法には大きな改正が相次ぎ、多くの重要な判例が現れた。学説や実務運用も、新しい展開を見せている。同時に、法科大学院の設置により、専門家を目指す学習者という読者層が新たに拡大した。また、インターネット上での情報検索が、紙媒体を読むことに劣らないほど重要な手段となったのも、最近の変化である。

　このような変化に対応して、私たちは、『新・コンメンタール刑事訴訟法』を学習者に最新の情報を提供するとともに、インターネット上での利用と紙媒体での利用とを結びつける注釈書として作った。本書は、条文の基本的な意味と立法趣旨を分かりやすく解説することを第 1 の目標とした。判例の引用は最高裁判所の判例を中心とし、下級審裁判例はとくに重要なものに限った。学説を網羅的に示すことより、通説的な理解とそれに対する重要な問題点の指摘を示すことを重視した。関心のある読者には、さらに詳しく判例、文献を調査することを期待する。

　執筆分担をお願いした方たちには、教育と研究に多忙な中で、制約の多い作

業を成し遂げていただいた。日本評論社編集部の串崎浩、上村真勝、高橋健一の各氏には、本書の企画から、インターネット上での提供を経て刊行に至るまで、さまざまなご尽力をいただいた。また、株式会社TKCは、原稿の完成を辛抱強く待って下さった。これらの方々のご協力に、深く感謝する。

2010年6月

編者　後藤　昭

白取祐司

「インターネットコンメンタール刑事訴訟法」のご案内

株式会社　日本評論社

1　ウェブ版の特徴

本コンメンタールは、従来の逐条解説書と異なり、ウェブ版を同時提供し、書籍・電子書籍とあわせて利用できるという特徴があります。

このウェブ版は、本書と同様の解説のほかに次のような機能を備えております。

(1)　解説中に指示される「条文」、「判例」にはリンクが貼られており、最新の法改正をふまえた条文と判例全文を参照することができます。

(2)　条文に関しては、「他の刑事訴訟法の条文」は、同じデータベース内の「条文、および解説」を参照することができます（法分野の異なる条文については条文全文）。

(3)　判例に関しては、「判例全文」、「判例に関する情報（審級情報、判例要旨、評釈論文情報など）」も同時に参照することができます。

書籍と併せての利用により、条文趣旨だけでなく判例を含め、より深く理解することが可能となります。

2　ウェブ版との共存で常に最新情報を提供

法改正が頻繁に行われる近時、より早く、より正確な条文理解が必要とされています。「インターネットコンメンタール」との共存により、最新の情報を織り込んだ改訂を行う予定です。

【「インターネットコンメンタール」】の内容、利用方法に関するお問い合わせ
株式会社日本評論社　第1編集部　inkom@nippyo.co.jp

※　料金・利用方法などに関して
株式会社TKC　リーガルデータベース営業本部　lexcenter@tkc.co.jp

vii

目次

第3版はしがき　i
第2版はしがき　ii
第1版はしがき　iii
「インターネットコンメンタール刑事訴訟法」のご案内　v
凡例　xxviii

第1編　総則 ·················· *1*

第1条　（本法律の目的）················ *2*

第1章　裁判所の管轄 ················· *6*

第2条　（土地管轄）················· *7*
第3条　（関連事件の併合管轄）············· *10*
第4条　（審判の分離）················ *11*
第5条　（審判の併合）················ *13*
第6条　（関連事件の併合管轄）············· *15*
第7条　（審判の分離）················ *17*
第8条　（審判の併合）················ *18*
第9条　（関連事件）················ *20*
第10条　（同一事件と数個の訴訟係属1）········· *21*
第11条　（同一事件と数個の訴訟係属2）········· *22*
第12条　（管轄区域外の職務執行）··········· *23*
第13条　（管轄違いと訴訟手続の効力）········· *24*
第14条　（管轄違いと要急処分）············ *26*
第15条　（管轄指定の請求1）············· *27*
第16条　（管轄指定の請求2）············· *29*
第17条　（管轄移転の請求1）············· *29*
第18条　（管轄移転の請求2）············· *32*
第19条　（事件の移送）··············· *32*

第2章　裁判所職員の除斥及び忌避 ··········· *36*

第20条　（除斥の原因）··············· *36*
第21条　（忌避の原因、忌避申立権者）········· *42*
第22条　（忌避申立ての時期）············· *47*
第23条　（忌避申立てに対する決定）·········· *49*

第24条　（簡易却下手続）……………………………………………………………… *50*

第25条　（即時抗告）…………………………………………………………………… *51*

第26条　（裁判所書記官の除斥・忌避）…………………………………………… *53*

第3章　訴訟能力 ……………………………………………………………………… *55*

第27条　（法人と訴訟行為の代表）………………………………………………… *58*

第28条　（意思無能力者と訴訟行為の代理）…………………………………… *59*

第29条　（特別代理人）………………………………………………………………… *60*

第4章　弁護及び補佐 ………………………………………………………………… *61*

第30条　（弁護人選任の時期、選任権者）……………………………………… *62*

第31条　（弁護人の資格、特別弁護人）………………………………………… *65*

第31条の2　（弁護士会に対する弁護人選任の申出）…………………… *68*

第32条　（弁護人選任の効力）……………………………………………………… *70*

第33条　（主任弁護人）………………………………………………………………… *72*

第34条　（主任弁護人の権限）……………………………………………………… *73*

第35条　（弁護人の数の制限）……………………………………………………… *75*

第36条　（請求による被告人国選弁護）………………………………………… *76*

第36条の2　（資力申告書の提出）………………………………………………… *81*

第36条の3　（私選弁護人選任申出の前置）…………………………………… *84*

第37条　（職権による被告人国選弁護）………………………………………… *86*

第37条の2　（請求による被疑者国選弁護）…………………………………… *87*

第37条の3　（選任請求の手続）…………………………………………………… *92*

第37条の4　（職権による被疑者国選弁護）…………………………………… *94*

第37条の5　（弁護人の数）…………………………………………………………… *97*

第38条　（国選弁護人の資格・報酬等）………………………………………… *99*

第38条の2　（選任の効力）…………………………………………………………… *100*

第38条の3　（弁護人の解任）……………………………………………………… *102*

第38条の4　（虚偽の資力申告書に対する制裁）…………………………… *106*

第39条　（被告人・被疑者との接見交通）…………………………………… *106*

第40条　（書類・証拠物の閲覧・謄写）……………………………………… *122*

第41条　（独立行為権）………………………………………………………………… *124*

第42条　（補佐人）………………………………………………………………………… *126*

第5章　裁判 ……………………………………………………………………………… *127*

第43条　（判決・決定・命令）…………………………………………………… *128*

第44条　（裁判の理由）………………………………………………………………… *130*

第45条　（判事補の権限）……………………………………………………………… *132*

第 46 条　(裁判書謄抄本の請求) ……………………………………… *133*

第 6 章　書類及び送達 ……………………………………… *134*

第 47 条　(訴訟書類の公開禁止) ………………………………… *134*
第 48 条　(公判調書の作成・整理) ……………………………… *136*
第 49 条　(被告人の公判調書閲覧権) …………………………… *138*
第 50 条　(公判調書の未整理と当事者の権利) ………………… *139*
第 51 条　(公判調書の記載に対する異議申立て) ……………… *140*
第 52 条　(公判調書の証明力) …………………………………… *141*
第 53 条　(訴訟記録の閲覧) ……………………………………… *143*
第 53 条の 2　(情報公開法等の適用除外) ……………………… *144*
第 54 条　(送達) …………………………………………………… *145*

第 7 章　期間 ……………………………………………………… *147*

第 55 条　(期間の計算) …………………………………………… *148*
第 56 条　(法定期間の延長) ……………………………………… *149*

第 8 章　被告人の召喚、勾引及び勾留 ……………………… *151*

第 57 条　(召喚) …………………………………………………… *152*
第 58 条　(勾引) …………………………………………………… *153*
第 59 条　(勾引の効力) …………………………………………… *154*
第 60 条　(勾留の理由、期間、期間の更新) ………………… *155*
第 61 条　(勾留質問) ……………………………………………… *164*
第 62 条　(令状) …………………………………………………… *166*
第 63 条　(召喚状の方式) ………………………………………… *167*
第 64 条　(勾引状・勾留状の方式) ……………………………… *167*
第 65 条　(召喚の手続) …………………………………………… *169*
第 66 条　(勾引の嘱託) …………………………………………… *170*
第 67 条　(嘱託による勾引の手続) ……………………………… *171*
第 68 条　(出頭命令・同行命令・勾引) ………………………… *171*
第 69 条　(裁判長の権限) ………………………………………… *172*
第 70 条　(勾引状・勾留状の執行) ……………………………… *173*
第 71 条　(勾引状・勾留状の管轄区域外における執行、執行の嘱託) ‥ *174*
第 72 条　(被告人の捜査、勾引状・勾留状の執行の嘱託) … *175*
第 73 条　(勾引状・勾留状の執行手続) ………………………… *175*
第 74 条　(護送中の仮留置) ……………………………………… *177*
第 75 条　(勾引された被告人の留置) …………………………… *178*
第 76 条　(勾引された被告人に対する告知事項) ……………… *178*

第77条 （勾留するときの告知事項等）……………………………………… *181*
第78条 （弁護人選任の申出）…………………………………………………… *183*
第79条 （勾留と弁護人等への通知）…………………………………………… *184*
第80条 （勾留と接見交通）……………………………………………………… *185*
第81条 （接見交通の制限）……………………………………………………… *188*
第82条 （勾留理由開示の請求）………………………………………………… *191*
第83条 （勾留理由開示の手続）………………………………………………… *195*
第84条 （勾留理由開示の方式）………………………………………………… *196*
第85条 （受命裁判官による開示）……………………………………………… *198*
第86条 （勾留理由開示請求の競合）…………………………………………… *198*
第87条 （勾留の取消し）………………………………………………………… *199*
第88条 （保釈の請求）…………………………………………………………… *201*
第89条 （必要的保釈）…………………………………………………………… *203*
第90条 （裁量的保釈）…………………………………………………………… *207*
第91条 （不当に長い拘禁と勾留の取消し・保釈）………………………… *211*
第92条 （検察官の意見の聴取）………………………………………………… *212*
第93条 （保証金額、保釈の条件）……………………………………………… *213*
第94条 （保釈の手続）…………………………………………………………… *214*
第95条 （勾留の執行停止）……………………………………………………… *215*
第96条 （保釈等の取消し、保証金の没取）………………………………… *217*
第97条 （上訴と勾留に関する処分）…………………………………………… *222*
第98条 （保釈の取消し等と収監の手続）……………………………………… *223*

第9章　押収及び捜索 ……………………………………………………… *225*

第99条 （差押え、提出命令）…………………………………………………… *225*
第99条の2 （記録命令付差押え）……………………………………………… *232*
第100条 （郵便物等の押収）…………………………………………………… *233*
第101条 （領置）………………………………………………………………… *234*
第102条 （捜索）………………………………………………………………… *235*
第103条 （公務上の秘密と押収拒絶権1）…………………………………… *236*
第104条 （公務上の秘密と押収拒絶権2）…………………………………… *237*
第105条 （業務上秘密と押収）………………………………………………… *237*
第106条 （令状）………………………………………………………………… *241*
第107条 （差押状・捜索状の方式）…………………………………………… *242*
第108条 （差押状・捜索状の執行）…………………………………………… *245*
第109条 （執行の補助）………………………………………………………… *246*
第110条 （令状の提示）………………………………………………………… *246*
第110条の2 （電磁的記録媒体の差押えに代わる処分）………………… *248*

第 111 条　（押収・捜索と必要な処分）······························ *251*

第 111 条の 2　（電子計算機操作などの協力要請）······················ *253*

第 112 条　（執行中の出入禁止）······························· *255*

第 113 条　（当事者の立会い）································· *255*

第 114 条　（住居主等の立会い）······························· *256*

第 115 条　（女子の身体捜索と立会い）·························· *259*

第 116 条　（夜間の押収・捜索 1）····························· *260*

第 117 条　（夜間の押収・捜索 2）····························· *260*

第 118 条　（執行の中止と必要な処置）·························· *261*

第 119 条　（証明書の交付）································· *261*

第 120 条　（押収目録の交付）································ *262*

第 121 条　（押収物の保管・廃棄）····························· *263*

第 122 条　（押収物の代価保管）······························· *264*

第 123 条　（押収物の還付・仮還付）·························· *265*

第 124 条　（押収贓物の被害者還付）·························· *267*

第 125 条　（受命裁判官・受託裁判官）·························· *268*

第 126 条　（勾引状・勾留状の執行と被告人の捜索）·················· *269*

第 127 条　（準用規定）··································· *269*

第 10 章　検証 ··· *271*

第 128 条　（検証）····································· *272*

第 129 条　（検証と必要な処分）······························· *277*

第 130 条　（夜間の検証）·································· *278*

第 131 条　（身体検査に関する注意）·························· *279*

第 132 条　（身体検査のための召喚）·························· *280*

第 133 条　（不出頭に対する過料等）·························· *280*

第 134 条　（不出頭に対する刑罰）····························· *282*

第 135 条　（不出頭と勾引）································· *282*

第 136 条　（準用規定）··································· *283*

第 137 条　（身体検査の拒否に対する過料等）····················· *284*

第 138 条　（身体検査の拒否に対する刑罰）····················· *284*

第 139 条　（身体検査の直接強制）····························· *285*

第 140 条　（身体検査の強制に関する訓示規定）···················· *286*

第 141 条　（検証の補助）·································· *287*

第 142 条　（準用規定）··································· *287*

第 11 章　証人尋問 ·· *290*

第 143 条　（証人の尋問）·································· *291*

第 143 条の 2　（証人の召喚）……………………………………… 296
第 144 条　（公務上の秘密と証人資格 1）………………………… 297
第 145 条　（公務上の秘密と証人資格 2）………………………… 299
第 146 条　（自己の刑事責任と証言拒絶権）…………………… 300
第 147 条　（近親者の刑事責任と証言拒絶権）………………… 303
第 148 条　（近親者の刑事責任と証言拒絶権の例外）……… 303
第 149 条　（業務上の秘密と証言拒絶権）……………………… 304
第 150 条　（出頭義務違反に対する過料等）…………………… 307
第 151 条　（出頭義務違反に対する刑罰）……………………… 308
第 152 条　（再度の召喚・勾引）………………………………… 309
第 153 条　（準用規定）…………………………………………… 309
第 153 条の 2　（証人の留置）……………………………………… 310
第 154 条　（宣誓）………………………………………………… 311
第 155 条　（宣誓無能力）………………………………………… 313
第 156 条　（推測事項の供述）…………………………………… 314
第 157 条　（当事者の立会権・尋問権）………………………… 317
第 157 条の 2　（証人尋問開始前の免責請求）………………… 320
第 157 条の 3　（証人尋問開始後の免責請求）………………… 322
第 157 条の 4　（証人への付添い）……………………………… 322
第 157 条の 5　（証人尋問の際の証人の遮へい）……………… 324
第 157 条の 6　（ビデオリンク方式による証人尋問）……… 326
第 158 条　（裁判所外における証人尋問 1）…………………… 331
第 159 条　（裁判所外における証人尋問 2）…………………… 334
第 160 条　（宣誓・証言の拒絶に対する過料等）……………… 335
第 161 条　（宣誓・証言の拒絶に対する刑罰）………………… 336
第 162 条　（同行命令・勾引）…………………………………… 338
第 163 条　（受命裁判官・受託裁判官）………………………… 339
第 164 条　（証人の旅費・日当・宿泊料）……………………… 341

第 12 章　鑑定 …………………………………………………… 342

第 165 条　（鑑定）………………………………………………… 344
第 166 条　（宣誓）………………………………………………… 351
第 167 条　（鑑定留置）…………………………………………… 352
第 167 条の 2　（鑑定留置と勾留の執行停止）………………… 358
第 168 条　（鑑定上必要な処分・許可状）……………………… 358
第 169 条　（受命裁判官）………………………………………… 363
第 170 条　（当事者の立会い）…………………………………… 364
第 171 条　（準用規定）…………………………………………… 366

第172条　（裁判官に対する身体検査の請求）……………………………… 367

第173条　（鑑定料・立替金等）……………………………………………… 369

第174条　（鑑定証人）………………………………………………………… 369

第13章　通訳及び翻訳 ……………………………………………………… 371

第175条　（通訳1）…………………………………………………………… 373

第176条　（通訳2）…………………………………………………………… 381

第177条　（翻訳）……………………………………………………………… 383

第178条　（準用規定）………………………………………………………… 384

第14章　証拠保全 …………………………………………………………… 386

第179条　（証拠保全の請求・手続）………………………………………… 388

第180条　（関係書類・証拠物の閲覧・謄写）……………………………… 392

第15章　訴訟費用 …………………………………………………………… 396

第181条　（被告人の費用負担）……………………………………………… 400

第182条　（共犯の費用）……………………………………………………… 404

第183条　（告訴人等の費用負担）…………………………………………… 406

第184条　（上訴等の取下げと費用負担）…………………………………… 409

第185条　（被告人負担の裁判）……………………………………………… 410

第186条　（第三者負担の裁判）……………………………………………… 413

第187条　（裁判によらないで訴訟手続が終了する場合）………………… 414

第187条の2　（不起訴と費用負担）………………………………………… 415

第188条　（負担額の算定）…………………………………………………… 415

第16章　費用の補償 ………………………………………………………… 417

第188条の2　（無罪判決と費用の補償）…………………………………… 420

第188条の3　（費用補償の手続）…………………………………………… 427

第188条の4　（検察官上訴と費用の補償1）……………………………… 429

第188条の5　（検察官上訴と費用の補償2）……………………………… 431

第188条の6　（補償の範囲）………………………………………………… 432

第188条の7　（刑事補償法の準用）………………………………………… 439

第2編　第一審 ……………………………………………………………… 441

第1章　捜査 ………………………………………………………………… 442

第189条　（一般司法警察職員と捜査）……………………………………… 454

第190条 （特別司法警察職員） ……………………………………………… 457
第191条 （検察官・検察事務官と捜査） ………………………………… 460
第192条 （検察官と公安委員会・司法警察職員との関係） …………… 463
第193条 （検察官の司法警察職員に対する指示・指揮） ……………… 464
第194条 （司法警察職員に対する懲戒・罷免の訴追） ………………… 468
第195条 （検察官・検察事務官の管轄区域外での職務の執行） ……… 470
第196条 （捜査関係者に対する訓示規定） ……………………………… 471
第197条 （捜査に必要な取調べ・照会・通信履歴の保存要請） ……… 473
第198条 （被疑者の出頭要求・取調べ） ………………………………… 481
第199条 （逮捕状による逮捕の要件） …………………………………… 489
第200条 （逮捕状の方式） ………………………………………………… 497
第201条 （逮捕状による逮捕の手続） …………………………………… 500
第202条 （検察官・司法警察員への引致） ……………………………… 502
第203条 （司法警察員の手続、検察官送致の時間制限） ……………… 504
第204条 （検察官の手続、勾留請求の時間制限） ……………………… 508
第205条 （司法警察員から送致を受けた検察官の手続、勾留請求の
　　　　　時間制限） ……………………………………………………… 510
第206条 （制限時間の遵守不能の場合） ………………………………… 512
第207条 （被疑者の勾留） ………………………………………………… 514
第208条 （勾留期間、期間の延長） ……………………………………… 521
第208条の2 （勾留期間の再延長） ……………………………………… 524
第209条 （準用規定） ……………………………………………………… 525
第210条 （緊急逮捕） ……………………………………………………… 527
第211条 （準用規定） ……………………………………………………… 532
第212条 （現行犯人・準現行犯人） ……………………………………… 533
第213条 （現行犯逮捕） …………………………………………………… 539
第214条 （私人による現行犯逮捕） ……………………………………… 541
第215条 （現行犯人を受け取った司法巡査の手続） …………………… 543
第216条 （準用規定） ……………………………………………………… 543
第217条 （軽微事件と現行犯逮捕） ……………………………………… 544
第218条 （令状による差押え・記録命令付差押え・捜索・検証） …… 545
第219条 （差押え等の令状の方式） ……………………………………… 555
第220条 （令状によらない差押え・捜索・検証） ……………………… 558
第221条 （領置） …………………………………………………………… 564
第222条 （準用規定、検証の時間的制限、被疑者の立会い等） ……… 565
第222条の2 （電気通信の傍受を行う強制処分） ……………………… 571
第223条 （第三者に対する出頭要求・取調べ・鑑定等の嘱託） ……… 576
第224条 （鑑定留置の請求） ……………………………………………… 579

第 225 条　(鑑定に必要な処分、許可状) ……………………………… 582

第 226 条　(証人尋問の請求 1) ………………………………………… 584

第 227 条　(証人尋問の請求 2) ………………………………………… 587

第 228 条　(証人尋問) …………………………………………………… 589

第 229 条　(検視) ………………………………………………………… 591

第 230 条　(告訴権者 1) ………………………………………………… 593

第 231 条　(告訴権者 2) ………………………………………………… 599

第 232 条　(告訴権者 3) ………………………………………………… 600

第 233 条　(告訴権者 4) ………………………………………………… 601

第 234 条　(告訴権者の指定) …………………………………………… 603

第 235 条　(告訴期間) …………………………………………………… 604

第 236 条　(告訴期間の独立) …………………………………………… 607

第 237 条　(告訴の取消し) ……………………………………………… 608

第 238 条　(告訴の不可分) ……………………………………………… 611

第 239 条　(告発) ………………………………………………………… 614

第 240 条　(告訴・告訴取消しの代理) ………………………………… 617

第 241 条　(告訴・告発の方式) ………………………………………… 619

第 242 条　(告訴・告発を受けた司法警察員の手続) ………………… 621

第 243 条　(準用規定) …………………………………………………… 622

第 244 条　(外国代表者等の告訴の特別方式) ………………………… 624

第 245 条　(自首) ………………………………………………………… 625

第 246 条　(司法警察員の事件送致) …………………………………… 628

第 2 章　公訴 ………………………………………………………………… 630

第 247 条　(国家訴追主義) ……………………………………………… 632

第 248 条　(起訴便宜主義) ……………………………………………… 634

第 249 条　(公訴の効力の人的範囲) …………………………………… 638

第 250 条　(公訴時効の期間) …………………………………………… 638

第 251 条　(時効期間の基準となる刑 1) ……………………………… 640

第 252 条　(時効期間の基準となる刑 2) ……………………………… 641

第 253 条　(時効の起算点) ……………………………………………… 641

第 254 条　(時効の停止 1) ……………………………………………… 644

第 255 条　(時効の停止 2) ……………………………………………… 646

第 256 条　(起訴状、訴因、罰条) ……………………………………… 646

第 257 条　(公訴の取消し) ……………………………………………… 652

第 258 条　(他管送致) …………………………………………………… 654

第 259 条　(被疑者に対する不起訴処分の告知) ……………………… 654

第 260 条　(告訴人等に対する起訴・不起訴等の通知) ……………… 655

xvi

第 261 条 （告訴人等に対する不起訴理由の告知） ……………………… 657
第 262 条 （準起訴手続・付審判の請求） ………………………………… 658
第 263 条 （請求の取下げ） …………………………………………………… 661
第 264 条 （公訴提起の義務） ………………………………………………… 662
第 265 条 （準起訴手続の審判） ……………………………………………… 663
第 266 条 （付審判請求に対する決定） ……………………………………… 666
第 267 条 （公訴提起の擬制） ………………………………………………… 669
第 267 条の 2 （検察審査会などへの通知） ……………………………… 670
第 268 条 （公訴の維持と指定弁護士） …………………………………… 670
第 269 条 （請求者に対する費用賠償の決定） …………………………… 672
第 270 条 （検察官の書類・証拠物の閲覧謄写権） ……………………… 673

第3章　公判 ……………………………………………………………………… 674

第1節　公判準備及び公判手続 …………………………………………………… 678

第 271 条 （起訴状謄本の送達、不送達と公訴提起の失効） …………… 678
第 272 条 （弁護人選任権等の告知） ……………………………………… 679
第 273 条 （公判期日の指定、召喚、通知） ……………………………… 680
第 274 条 （召喚状送達の擬制） …………………………………………… 681
第 275 条 （期日の猶予期間） ……………………………………………… 681
第 276 条 （公判期日の変更） ……………………………………………… 682
第 277 条 （不当な期日変更に対する救済） ……………………………… 683
第 278 条 （不出頭と診断書の提出） ……………………………………… 683
第 278 条の 2 （検察官・弁護人に対する出頭・在廷命令） ………… 684
第 279 条 （公務所等に対する照会） ……………………………………… 685
第 280 条 （勾留に関する処分） …………………………………………… 686
第 281 条 （期日外の証人尋問） …………………………………………… 687
第 281 条の 2 （被告人の退席） …………………………………………… 687
第 281 条の 3 （開示証拠の管理） ………………………………………… 688
第 281 条の 4 （開示証拠の第三者提供制限） ………………………… 689
第 281 条の 5 （開示証拠の第三者提供・罰則） ……………………… 690
第 281 条の 6 （連日開廷） ………………………………………………… 691
第 282 条 （公判廷） ………………………………………………………… 692
第 283 条 （代理人の出頭） ………………………………………………… 693
第 284 条 （出頭義務の免除 1） …………………………………………… 693
第 285 条 （出頭義務の免除 2） …………………………………………… 694
第 286 条 （被告人の出頭の権利義務） …………………………………… 694
第 286 条の 2 （出頭拒否と公判手続） ………………………………… 695

第287条　（身体の不拘束）……………………………………………………………… 696

第288条　（被告人の在廷義務、法廷警察権）……………………………… 696

第289条　（必要的弁護）………………………………………………………………… 697

第290条　（任意的国選弁護）………………………………………………………… 700

第290条の2　（公開の法廷における被害者特定事項の秘匿）………… 700

第290条の3　（公開の法廷における証人等特定事項の秘匿）………… 704

第291条　（冒頭手続）…………………………………………………………………… 706

第291条の2　（簡易公判手続の決定）………………………………………… 709

第291条の3　（決定の取消し）…………………………………………………… 710

第292条　（証拠調べ）…………………………………………………………………… 711

第292条の2　（被害者等の意見の陳述）…………………………………… 712

第293条　（最終弁論）…………………………………………………………………… 715

第294条　（訴訟指揮権）………………………………………………………………… 716

第295条　（重複尋問等の制限）……………………………………………………… 718

第296条　（検察官の冒頭陳述）……………………………………………………… 720

第297条　（証拠調べの範囲等の予定・変更）………………………………… 722

第298条　（証拠調べの請求、職権による証拠調べ）……………………… 723

第299条　（証拠調べの請求、職権による証拠調べと当事者の権利）…… 726

第299条の2　（証人等の身体・財産への加害行為等の防止のための
　　　　　　　配慮）……………………………………………………………………… 728

第299条の3　（被害者特定事項の秘匿の要請）………………………… 728

第299条の4　（証人等の氏名・住居の開示に係る制限）…………… 730

第299条の5　（同前―裁判所による裁定）………………………………… 733

第299条の6　（同前―訴訟記録の閲覧等の制限）…………………… 735

第299条の7　（同前―弁護士会に対する処置請求）………………… 737

第300条　（検察官の証拠調べ請求の義務）…………………………………… 738

第301条　（自白の取調べ請求の制限）………………………………………… 738

第301条の2　（取調べの録音・録画と証拠調べ請求の義務）…… 740

第302条　（捜査記録の一部の取調べ請求）………………………………… 746

第303条　（公判準備の結果と証拠調べの必要）…………………………… 747

第304条　（人的証拠に対する証拠調べの方式）…………………………… 747

第304条の2　（被告人の退廷）…………………………………………………… 750

第305条　（証拠書類に対する証拠調べの方式）…………………………… 750

第306条　（証拠物に対する証拠調べの方式）……………………………… 753

第307条　（証拠物たる書面に対する証拠調べの方式）……………… 753

第307条の2　（簡易公判手続における証拠調べ等の特例）………… 754

第308条　（証明力を争う権利）……………………………………………………… 755

第309条　（証拠調べ・裁判長の処分に対する異議申立て）………… 756

xviii

第 310 条　(証拠調べの終った証拠の提出) ……………………………… 758
第 311 条　(被告人の黙秘権・供述拒否権、被告人質問) ……………… 759
第 312 条　(起訴状の変更) ……………………………………………… 761
第 313 条　(弁論の分離・併合・再開) ………………………………… 765
第 313 条の 2　(併合事件についての弁護人選任の効力) ……………… 767
第 314 条　(公判手続の停止) …………………………………………… 768
第 315 条　(公判手続の更新 1) ………………………………………… 770
第 315 条の 2　(公判手続の更新 2) …………………………………… 771
第 316 条　(合議制事件と一人の裁判官の手続の効力) ……………… 772

第 2 節　争点及び証拠の整理手続 …………………………………………… 773

第 1 款　公判前整理手続 ……………………………………………………… 781
第 1 目　通則 …………………………………………………………………… 781
第 316 条の 2　(公判前整理手続の決定) ……………………………… 781
第 316 条の 3　(公判間整理手続の目標) ……………………………… 787
第 316 条の 4　(必要的弁護) …………………………………………… 789
第 316 条の 5　(公判前整理手続の事項) ……………………………… 791
第 316 条の 6　(期日の指定・変更) …………………………………… 800
第 316 条の 7　(検察官と弁護人の出頭) ……………………………… 803
第 316 条の 8　(職権による弁護人の選任) …………………………… 804
第 316 条の 9　(被告人の出頭) ………………………………………… 807
第 316 条の 10　(被告人の意思確認) ………………………………… 810
第 316 条の 11　(受命裁判官) ………………………………………… 813
第 316 条の 12　(裁判所書記官の立会い) …………………………… 813
第 2 目　争点及び証拠の整理 ……………………………………………… 815
第 316 条の 13　(検察官の証明予定事実) …………………………… 815
第 316 条の 14　(検察官請求証拠の開示、証拠一覧表の交付) ……… 818
第 316 条の 15　(類型証拠の開示請求) ……………………………… 828
第 316 条の 16　(開示証拠に対する防御側の意見) ………………… 847
第 316 条の 17　(防御側予定主張の開示) …………………………… 849
第 316 条の 18　(防御側の証拠開示) ………………………………… 857
第 316 条の 19　(防御側証拠に対する検察官の意見) ……………… 858
第 316 条の 20　(防御側主張に関連する証拠開示請求) …………… 859
第 316 条の 21　(検察官証明予定事実の追加・変更) ……………… 862
第 316 条の 22　(防御側予定主張の追加・変更) …………………… 866
第 316 条の 23　(証人等の保護に関する規定の準用) ……………… 867
第 316 条の 24　(結果の確認) ………………………………………… 868

xix

第3目　証拠開示に関する裁定 ……………………………………… 869
　　第316条の25　（開示義務者の請求による裁定）……………… 869
　　第316条の26　（請求による開示命令）………………………… 871
　　第316条の27　（裁定のための提示命令）……………………… 873
第2款　期日間整理手続 …………………………………………………… 877
　　第316条の28　（期日間整理手続）……………………………… 877
第3款　公判手続の特例 …………………………………………………… 878
　　第316条の29　（必要的弁護）…………………………………… 878
　　第316条の30　（防御側の冒頭陳述）…………………………… 879
　　第316条の31　（整理手続の結果の顕出）……………………… 879
　　第316条の32　（証拠調べ請求の制限）………………………… 880

第3節　被害者参加 ……………………………………………………………… 887
　　第316条の33　（被害者等の手続参加の許可等）……………… 887
　　第316条の34　（被害者参加人等の公判期日への出席）……… 890
　　第316条の35　（検察官の権限行使に関する、被害者参加人等の
　　　　　　　　　意見の申述）…………………………………… 892
　　第316条の36　（被害者参加人等による証人尋問）…………… 893
　　第316条の37　（被害者参加人等による被告人に対する質問）……… 895
　　第316条の38　（事実・法律の適用に関する意見陳述権）…… 897
　　第316条の39　（被害者参加人への付添い等）………………… 899

第4節　証拠 ……………………………………………………………………… 902
　　第317条　（証拠裁判主義）………………………………………… 902
　　第318条　（自由心証主義）………………………………………… 907
　　第319条　（自白の証拠能力・証明力）…………………………… 909
　　第320条　（伝聞証拠排斥の原則）………………………………… 916
　　第321条　（被告人以外の者の供述書・供述録取書の証拠能力）……… 922
　　第321条の2　（証人尋問のビデオ記録媒体の証拠能力）……… 930
　　第322条　（被告人の供述書・供述録取書の証拠能力）………… 932
　　第323条　（特に信用すべき書面）………………………………… 936
　　第324条　（伝聞供述の証拠能力）………………………………… 939
　　第325条　（供述の任意性の調査）………………………………… 942
　　第326条　（当事者の同意と書面・供述の証拠能力）…………… 943
　　第327条　（合意書面の証拠能力）………………………………… 948
　　第328条　（証明力を争うための証拠）…………………………… 950

第5節　公判の裁判 ……………………………………………… 954

　第329条　（管轄違いの判決）……………………………………… 954
　第330条　（管轄違い言渡しの例外1）…………………………… 956
　第331条　（管轄違い言渡しの例外2）…………………………… 956
　第332条　（地方裁判所への移送）……………………………… 957
　第333条　（刑言渡しの判決、刑の執行猶予の言渡し）………… 959
　第334条　（刑の免除の判決）…………………………………… 960
　第335条　（有罪判決に示すべき理由）………………………… 961
　第336条　（無罪の判決）………………………………………… 964
　第337条　（免訴の判決）………………………………………… 968
　第338条　（公訴棄却の判決）…………………………………… 972
　第339条　（公訴棄却の決定）…………………………………… 974
　第340条　（公訴取消後の再起訴）……………………………… 975
　第341条　（被告人の陳述を聴かない判決）…………………… 976
　第342条　（判決の宣告）………………………………………… 977
　第343条　（禁錮以上の刑の宣告と保釈等の失効）…………… 978
　第344条　（禁錮以上の刑の宣告後における勾留期間等）…… 979
　第345条　（無罪等の宣告と勾留状の失効）…………………… 980
　第346条　（没収の言渡しがない押収物）……………………… 982
　第347条　（押収物還付の言渡し）……………………………… 983
　第348条　（仮納付の判決）……………………………………… 983
　第349条　（執行猶予取消の手続1）…………………………… 984
　第349条の2　（執行猶予取消の手続2）……………………… 985
　第350条　（併合罪中大赦により更に刑を定める手続）……… 986

第4章　証拠収集等への協力及び訴追に関する合意 ……………… 988

第1節　合意及び協議の手続 …………………………………………… 991

　第350条の2　（合意の内容と対象犯罪）……………………… 991
　第350条の3　（弁護人の同意と書面による合意）…………… 998
　第350条の4　（合意のための協議をする者）………………… 1000
　第350条の5　（協議過程での被疑者・被告人の供述）……… 1002
　第350条の6　（協議への司法警察員の関与）………………… 1004

第2節　公判手続の特例 ………………………………………………… 1007

　第350条の7　（協力事件での合意内容書面の証拠調べ請求義務）…… 1007
　第350条の8　（標的事件での合意内容書面の証拠調べ請求義務）…… 1008

第 350 条の 9　（同前）……………………………………………………………*1010*

第 3 節　合意の終了 ………………………………………………………………*1012*

第 350 条の 10　（合意からの離脱）………………………………………………*1012*

第 350 条の 11　（検察審査会の議決による合意の失効）………………………*1016*

第 350 条の 12　（合意の失効と証拠禁止）………………………………………*1017*

第 4 節　合意の履行の確保 ………………………………………………………*1019*

第 350 条の 13　（合意違反の公訴提起等に対する裁判）………………………*1019*

第 350 条の 14　（検察官の合意違反と証拠禁止）………………………………*1020*

第 350 条の 15　（虚偽供述等に対する刑罰）……………………………………*1022*

第 5 章　即決裁判手続 …………………………………………………………*1025*

第 1 節　即決裁判手続の申立て …………………………………………………*1026*

第 350 条の 16　（即決裁判手続の申立ての条件）………………………………*1026*

第 350 条の 17　（国選弁護人選任請求権）………………………………………*1029*

第 2 節　公判準備及び公判手続の特例 …………………………………………*1030*

第 350 条の 18　（国選弁護人の必要的選任）……………………………………*1030*

第 350 条の 19　（検察官請求証拠の開示）………………………………………*1030*

第 350 条の 20　（弁護人の同意の確認）…………………………………………*1031*

第 350 条の 21　（公判期日の指定）………………………………………………*1031*

第 350 条の 22　（即決裁判手続の決定）…………………………………………*1032*

第 350 条の 23　（必要的弁護）……………………………………………………*1033*

第 350 条の 24　（公判審理の特則）………………………………………………*1034*

第 350 条の 25　（即決裁判手続決定の取消し）…………………………………*1035*

第 350 条の 26　（公訴取消し後の再起訴の特則）………………………………*1036*

第 3 節　証拠の特例 ………………………………………………………………*1038*

第 350 条の 27　（証拠能力の特則）………………………………………………*1038*

第 4 節　公判の裁判の特例 ………………………………………………………*1039*

第 350 条の 28　（判決の即日言渡し）……………………………………………*1039*

第 350 条の 29　（執行猶予の言渡し）……………………………………………*1039*

第3編　上訴 ··· 1040

第1章　通則 ··· 1043

第351条　（上訴権者1） ································· 1044
第352条　（上訴権者2） ································· 1047
第353条　（上訴権者3） ································· 1048
第354条　（上訴権者4） ································· 1049
第355条　（上訴権者5） ································· 1049
第356条　（上訴権者6） ································· 1051
第357条　（一部上訴） ································· 1052
第358条　（上訴提起期間） ····························· 1057
第359条　（上訴放棄・取下げ1） ······················· 1058
第360条　（上訴放棄・取下げ2） ······················· 1059
第360条の2　（上訴放棄の制限） ······················· 1060
第360条の3　（上訴放棄の方法） ······················· 1060
第361条　（上訴放棄・取下げの効果） ··················· 1061
第362条　（上訴権回復の請求1） ······················· 1062
第363条　（上訴権回復の請求2） ······················· 1063
第364条　（上訴権回復の請求3） ······················· 1064
第365条　（上訴権回復の請求4） ······················· 1065
第366条　（在監者に関する特則1） ····················· 1066
第367条　（在監者に関する特則2） ····················· 1067
第368条 ·· 1068
第369条 ·· 1068
第370条 ·· 1068
第371条 ·· 1068

第2章　控訴 ··· 1069

第372条　（控訴を許す判決） ··························· 1071
第373条　（控訴提起期間） ····························· 1072
第374条　（控訴提起の方式） ··························· 1073
第375条　（第一審裁判所による控訴棄却の決定） ········· 1074
第376条　（控訴趣意書） ······························· 1076
第377条　（控訴申立理由と控訴趣意書―絶対的控訴理由1） ········· 1079
第378条　（控訴申立理由と控訴趣意書―絶対的控訴理由2） ········· 1081
第379条　（控訴申立理由と控訴趣意書―訴訟手続の法令違反） ········ 1085

xxiii

第380条　（控訴申立理由と控訴趣意書—法令適用の誤り）……………*1090*

第381条　（控訴申立理由と控訴趣意書—刑の量定不当）……………*1092*

第382条　（控訴申立理由と控訴趣意書—事実誤認）………………*1095*

第382条の2　（控訴申立理由と控訴趣意書—弁論終結前・判決前の
事実の援用）……………………………………………*1097*

第383条　（再審事由その他の控訴理由）………………………*1101*

第384条　（控訴理由の制限）………………………………………*1102*

第385条　（控訴棄却の決定1）……………………………………*1103*

第386条　（控訴棄却の決定2）……………………………………*1103*

第387条　（弁護人の資格）…………………………………………*1105*

第388条　（弁論能力）………………………………………………*1105*

第389条　（弁論の基礎）……………………………………………*1106*

第390条　（控訴審における被告人の出頭）………………………*1107*

第391条　（弁護人不出頭等の場合）………………………………*1108*

第392条　（調査の範囲）……………………………………………*1108*

第393条　（事実の取調べ）…………………………………………*1111*

第394条　（第一審の証拠の証拠能力）……………………………*1112*

第395条　（控訴棄却の判決1）……………………………………*1113*

第396条　（控訴棄却の判決2）……………………………………*1113*

第397条　（原判決の破棄の判決）…………………………………*1115*

第398条　（破棄差戻し）……………………………………………*1116*

第399条　（破棄移送）………………………………………………*1117*

第400条　（破棄差戻し移送、破棄自判）…………………………*1118*

第401条　（共同被告人のための破棄）……………………………*1120*

第402条　（不利益変更の禁止）……………………………………*1120*

第403条　（公訴棄却の決定）………………………………………*1124*

第403条の2　（即決裁判事件の特則）……………………………*1124*

第404条　（準用規定）………………………………………………*1125*

第3章　上告 ……………………………………………………………*1129*

第405条　（上告のできる判決、上告申立ての理由）………………*1130*

第406条　（上告審としての事件受理）……………………………*1133*

第407条　（上告趣意書）……………………………………………*1134*

第408条　（弁論を経ない上告棄却判決）…………………………*1135*

第409条　（被告人の召喚不要）……………………………………*1135*

第410条　（原判決破棄の判決1）…………………………………*1136*

第411条　（原判決破棄の判決2）…………………………………*1137*

第412条　（破棄移送）………………………………………………*1138*

xxiv

第413条 （破棄差戻し・移送、破棄自判）……………………………………*1139*
第413条の2 （即決裁判事件の特則）………………………………………*1139*
第414条 （準用規定）…………………………………………………………*1140*
第415条 （訂正の判決1）……………………………………………………*1141*
第416条 （訂正の判決2）……………………………………………………*1141*
第417条 （訂正申立ての棄却）………………………………………………*1142*
第418条 （上告審判決の確定）………………………………………………*1142*

第4章 抗告……………………………………………………………………*1144*

第419条 （一般抗告を許す決定）……………………………………………*1144*
第420条 （判決前の決定に対する抗告）……………………………………*1146*
第421条 （通常抗告の時期）…………………………………………………*1148*
第422条 （即時抗告の提起期間）……………………………………………*1149*
第423条 （抗告の手続）………………………………………………………*1149*
第424条 （通常抗告と執行停止）……………………………………………*1150*
第425条 （即時抗告の執行停止の効力）……………………………………*1151*
第426条 （抗告に対する決定）………………………………………………*1151*
第427条 （再抗告の禁止）……………………………………………………*1153*
第428条 （高等裁判所の決定に対する抗告の禁止、抗告に代わる
　　　　　異議申立て）………………………………………………………*1153*
第429条 （準抗告1）…………………………………………………………*1154*
第430条 （準抗告2）…………………………………………………………*1157*
第431条 （準抗告の手続）……………………………………………………*1162*
第432条 （準用規定）…………………………………………………………*1162*
第433条 （特別抗告）…………………………………………………………*1163*
第434条 （準用規定）…………………………………………………………*1165*

第4編 再審……………………………………………………………………*1166*

第435条 （再審を許す判決、再審請求の理由1）…………………………*1166*
第436条 （再審を許す判決、再審請求の理由2）…………………………*1174*
第437条 （確定判決に代わる証明）…………………………………………*1176*
第438条 （再審請求の管轄）…………………………………………………*1177*
第439条 （再審請求権者）……………………………………………………*1178*
第440条 （弁護人の選任）……………………………………………………*1179*
第441条 （再審請求の時期）…………………………………………………*1180*
第442条 （執行停止の効力）…………………………………………………*1181*
第443条 （再審請求の取下げ）………………………………………………*1183*

第 444 条　（在監者に関する特則）・・*1183*

第 445 条　（事実の取調べ）・・・*1184*

第 446 条　（請求棄却の決定 1）・・・*1186*

第 447 条　（請求棄却の決定 2）・・・*1187*

第 448 条　（再審開始の決定）・・・*1188*

第 449 条　（請求の競合と請求棄却の決定）・・・・・・・・・・・・・・・・・・・・・・・・・・・・・*1189*

第 450 条　（即時抗告）・・・*1190*

第 451 条　（再審の審判）・・*1191*

第 452 条　（不利益変更の禁止）・・*1193*

第 453 条　（無罪判決の公示）・・・*1194*

第 5 編　非常上告 ・・*1195*

第 454 条　（非常上告の理由）・・・*1196*

第 455 条　（申立ての方式）・・*1197*

第 456 条　（公判期日の陳述）・・・*1197*

第 457 条　（棄却の判決）・・*1198*

第 458 条　（破棄の判決）・・*1199*

第 459 条　（非常上告の判決の効力）・・・・・・・・・・・・・・・・・・・・・・・・・・・・・・・・・・・・*1200*

第 460 条　（調査範囲、事実の取調べ）・・・・・・・・・・・・・・・・・・・・・・・・・・・・・・・・・*1201*

第 6 編　略式手続 ・・*1202*

第 461 条　（略式命令）・・・*1203*

第 461 条の 2　（略式命令請求と異議の有無の確認）・・・・・・・・・・・・・・・・・・・・*1204*

第 462 条　（略式命令の請求）・・・*1205*

第 462 条の 2　（合意内容書面の差出し義務）・・・・・・・・・・・・・・・・・・・・・・・・・・・*1206*

第 463 条　（通常の審判）・・*1207*

第 463 条の 2　（公訴提起の失効）・・・・・・・・・・・・・・・・・・・・・・・・・・・・・・・・・・・・・・・*1208*

第 464 条　（略式命令の方式）・・・*1209*

第 465 条　（正式裁判の請求）・・・*1210*

第 466 条　（正式裁判請求の取下げ）・・・・・・・・・・・・・・・・・・・・・・・・・・・・・・・・・・・・*1211*

第 467 条　（上訴規定の準用）・・・*1212*

第 468 条　（正式裁判請求の棄却、通常の審判）・・・・・・・・・・・・・・・・・・・・・・・*1212*

第 469 条　（略式命令の失効）・・・*1213*

第 470 条　（略式命令の効力）・・・*1214*

第7編　裁判の執行 ……………………………………………………1215

第471条　（裁判の確定と執行）……………………………………………1215
第472条　（執行指揮）………………………………………………………1216
第473条　（執行指揮の方式）………………………………………………1217
第474条　（刑の執行の順序）………………………………………………1218
第475条　（死刑の執行1）…………………………………………………1219
第476条　（死刑の執行2）…………………………………………………1220
第477条　（死刑の執行3）…………………………………………………1221
第478条　（執行始末書）……………………………………………………1221
第479条　（死刑執行の停止）………………………………………………1222
第480条　（自由刑の必要的執行停止1）…………………………………1223
第481条　（自由刑の必要的執行停止2）…………………………………1223
第482条　（自由刑の任意的執行停止）……………………………………1224
第483条　（訴訟費用の裁判の執行停止）…………………………………1225
第484条　（執行のための呼出し）…………………………………………1226
第485条　（収容状の発付）…………………………………………………1226
第486条　（検事長に対する収容請求）……………………………………1226
第487条　（収容状の方式）…………………………………………………1227
第488条　（収容状の効力）…………………………………………………1227
第489条　（収容状の執行）…………………………………………………1227
第490条　（財産刑等の執行）………………………………………………1228
第491条　（相続財産に対する執行）………………………………………1229
第492条　（合併後の法人に対する執行）…………………………………1229
第493条　（仮納付の執行の調整）…………………………………………1230
第494条　（仮納付の執行と本刑の執行）…………………………………1231
第495条　（未決勾留日数の法定通算）……………………………………1231
第496条　（没収物の処分）…………………………………………………1233
第497条　（没収物の交付）…………………………………………………1234
第498条　（偽造変造部分の表示）…………………………………………1234
第498条の2　（電磁的記録の消去）………………………………………1235
第499条　（還付不能と公告）………………………………………………1235
第499条の2　（記録媒体の交付、複写許可への準用）…………………1236
第500条　（訴訟費用執行免除の申立て）…………………………………1237
第500条の2　（訴訟費用の予納）…………………………………………1237
第500条の3　（予納金額と執行）…………………………………………1238
第500条の4　（予納金の返還）……………………………………………1238

第 501 条 （裁判の解釈を求める申立て）………………………………… *1239*

第 502 条 （執行に関する異議の申立て）………………………………… *1239*

第 503 条 （申立ての取下げ）……………………………………………… *1239*

第 504 条 （即時抗告）…………………………………………………… *1240*

第 505 条 （労役場留置の執行）………………………………………… *1240*

第 506 条 （執行費用の負担）…………………………………………… *1240*

第 507 条 （公務所等への照会）………………………………………… *1241*

凡例

●本文中、条文に解説を付していない場合は、条文のみを掲げた。

▼条文

条文の見出し、ふりがなは、立法者によりつけられたものである。

▼法令名（次のように略記した）

憲	憲法
民	民法
民訴	民事訴訟法
刑	刑法
刑訴	刑事訴訟法
会社	会社法
一般法人	一般社団法人及び一般財団法人に関する法律
恩赦	恩赦法
覚せい剤	覚せい剤取締法
監獄	監獄法
監獄施規	監獄法施行規則
議院証言	議院における証人の宣誓及び証言等に関する法律
義務教	義務教育諸学校における教育の政治的中立の確保に関する臨時措置法
警	警察法
警職	警察官職務執行法
刑事収容施設・被収容者法	刑事収容施設及び被収容者等の処遇に関する法律
刑訴規	刑事訴訟規則
刑訴記録	刑事確定訴訟記録法
刑訴施	刑事訴訟法施行法
刑訴費	刑事訴訟費用等に関する法律
刑補	刑事補償法
検察	検察庁法
検視規	検視規則
検審	検察審査会法

凡例　xxix

公害犯罪	人の健康に係る公害犯罪の処罰に関する法律
更生保護	更生保護事業法
公選	公職選挙法
交通裁判	交通事件即決裁判手続法
国税	国税犯則取締法
国賠	国家賠償法
国会	国会法
裁	裁判所法
裁判員	裁判員の参加する刑事裁判に関する法律
少年	少年法
自治	地方自治法
銃刀所持	銃砲刀剣類所持等取締法
人保	人身保護法
保規	人身保護規則
臓器移植	臓器の移植に関する法律
著作	著作権法
通信傍受	犯罪捜査のための通信傍受に関する法律
逃亡犯引渡	逃亡犯罪人引渡法
道交	道路交通法
独禁	私的独占の禁止及び公正取引の確保に関する法律
判事補	判事補の職権の特例等に関する法律
売春	売春防止法
非訟	非訟事件手続法
Ｂ規約	市民的及び政治的権利に関する国際規約
弁護士	弁護士法
放送	放送法
法律支援	総合法律支援法
麻薬特	国際的な協力の下に規制薬物に係る不正行為を助長する行為等の防止を図るための麻薬及び向精神薬取締法等の特例等に関する法律

▼**判例**（略記法は以下の通り）

　主な判例集の略称は以下の通り。

刑録	大審院刑事判決録

刑集	大審院刑事判例集、最高裁判所刑事判例集
民集	最高裁判所民事判例集
裁判集刑	最高裁判所裁判集刑事
裁判集民	最高裁判所裁判集民事
高刑集	高等裁判所刑事判例集
高民集	高等裁判所民事判例集
高刑特	高等裁判所刑事裁判特報
特報	高等裁判所刑事判決特報
東高時報	東京高等裁判所刑事判決時報
高検速報	高等裁判所刑事裁判速報
高刑速	高等裁判所刑事判決速報集
下刑集	下級裁判所刑事裁判例集
下民集	下級裁判所民事裁判例集
一審刑集	第一審刑事裁判例集
刑月	刑事裁判月報
訟月	訟務月報
判時	判例時報
裁時	裁判所時報
判タ	判例タイムズ
裁判例	大審院裁判例
新聞	法律新聞
家月	家庭裁判月報

第1編　総則

I　刑事手続法の法源

　刑事訴訟法は、犯罪行為に対して刑法を適用するための手続を定める法律である。刑罰を科すための手続を法律に従って行うことは、憲31条の要請でもある。日本国憲法は、刑事手続について多くの具体的な定めを持つという特色がある。そこには、アメリカ合衆国憲法の影響という要因がある。しかし、その背景には、旧憲法の下で、警察権限の濫用や自白の強要が横行し、深刻な人権侵害をもたらしたことへの反省があった。憲法は最高規範であるから、刑事手続の基礎となる法源である。

　しかし、刑事手続の全体について具体的に定めているのは、刑事訴訟法（昭和23年法律第131号）である。したがって、刑事訴訟法は、刑事手続に関するもっとも基本的かつ手続全般を包摂する法源である。最高裁判所規則である刑事訴訟規則も刑事訴訟法に則して、多くの細則を定めている。そのほかにも、通信傍受法、裁判員法、犯罪被害者保護法、刑事収容法、刑事補償法、少年法など、刑事手続に関する定めを含む法律は多い。国家公安委員会規則である犯罪捜査規範は、警察官が捜査において従うべき準則を定める。これは警察内部の規則なので、それに反しても、刑訴法上直ちに違法となるわけではない。

　国際自由権規約などの国際人権法も、刑事手続に関して重要な規範を含む法源である。

　判例が法源であるかどうかについては、見解の対立がある。いずれにせよ、裁判所の判断を予測するためには、判例とりわけ最高裁判所の判例が重要な手がかりとなる。

II　刑事訴訟法の沿革

　日本の最初の近代的刑事訴訟法典は、1880年の治罪法である。その後、1890年に刑事訴訟法が制定された。現在、これは旧々刑訴または明治刑訴と呼ばれる。さらに1922年に旧刑訴または大正刑訴が制定された。

　現行刑事訴訟法は、1948年に制定され、1949年1月1日から施行されている。歴史的には昭和刑訴と呼ぶことができる。この昭和刑訴は、旧法の基盤の上に第2次世界大戦以前からの刑訴改正の動きと、アメリカ法の影響とが複合して形成・成立した刑事訴訟法典である。当事者主義、訴因制度、令状主義、伝聞法則などに、アメリカ法の影響が強く表われている。他方で、陪審制や有罪の答弁制度を採用しないなど、アメリカ法と異なる点も多い。刑事訴訟法は、制定後に多くの部分改正を経ているものの、基本的な骨格は変わっていない。

Ⅲ　刑事訴訟法の構成

　刑事訴訟法は、第1編総則に始まり、第2編第一審、第3編上訴、第4編再審、第5編非常上告、第6編略式手続、第7編裁判の執行の7編からなる。このうち、総則には被告事件の管轄、除斥・忌避、訴訟能力、弁護、裁判、書類及び送達、期間、訴訟費用、費用補償といった刑事手続全体についての定めのほか、裁判所の行う各種強制処分が定められている。実際の刑事手続は、捜査から始まるのに対して、法典の構成は、手続の流れに沿った形になっていない。このような構成は、現行法が、予審制度を持っていた旧刑訴の、さらに遡ればドイツ刑訴法典の構成を踏襲したという沿革から生じた。

　たとえば、捜査に関する定めは、第2編の前半部分にある。そして、捜査過程での強制処分については、総則の強制処分に関する定めが準用されることが多い。この準用は、刑訴222条1項のように「準用する」と明示される場合に限らず、刑訴207条1項のように「裁判官は、その処分に関し裁判所又は裁判官と同一の権限を有する」という表現で示されることもある。このような法典の構成は、学習者の理解を難しくしている。したがって、参照すべき条文を正確かつ的確にみつけるためには、このような法典の構成をきちんと理解しておく必要がある。

（後藤　昭・白取祐司）

（本法律の目的）
　第1条　この法律は、刑事事件につき、公共の福祉の維持と個人の基本的人権の保障とを全うしつつ、事案の真相を明らかにし、刑罰法令を適正且つ迅速に適用実現することを目的とする。

Ⅰ　本条の趣旨・構造

　本条は、「この法律」、すなわち刑事訴訟法の目的を定める。換言すれば、刑事訴訟法は何のためにあるかということである。本条の理解としては、(1)その前段で、「公共の福祉の維持と個人の基本的人権の保障とを全うしつつ」という本法の「手段」を、後段で、「事案の真相を明らかにし、刑罰法令を適正且つ迅速に適用実現する」との「目的」を定めていると解する理解[1]と、(2)(a)「公共の福祉の維持と個人の基本的人権の保障とを全うしつつ」という手続のも

---

[1]　平場安治他著『注解刑事訴訟法（上巻）（全訂新版）』（青林書院、1987年）2頁は、前段を「法的安全性の要請」、後段を「合目的性」の要請を明言したものと解する。同旨、伊藤栄樹他『注釈刑事訴訟法1巻（新版）』（立花書房、1996年）68頁。

とで、(b)「事案の真相を明らかにし」という目的を実現し、(c)もって、「刑罰法令を適正且つ迅速に適用実現する」という理解※2がある。いずれの理解にしても、刑事訴訟法においては、実体的真実の発見ないし真相解明と適正手続の保障というアンビバレントな価値対立があること、その背景に、公共の福祉（処罰の確保）と人権保障（被疑者・被告人の権利の確保）の対立があることについては、共通の理解があるといってよい。(2)の理解だと、「目的」が真実発見で、適正手続の実現がその結果であるかのような誤解を招きかねないので、前者のような理解にたって、刑事訴訟法には真相解明（実体的真実主義）と刑罰法令の適正・迅速な適用実現（適正手続主義と迅速な裁判）の2つの目的があると理解すべきである。そのうえで、真実発見の要請と適正手続の要請が矛盾・衝突した場合、いかにして調整・調和を図るかが問われることになる。

Ⅱ　公共の福祉の維持と個人の基本的人権の保障

　憲法上、「公共の福祉」（憲12条、憲13条）は、基本的人権の制約原理として登場するが、刑事訴訟法上、それがどのような意味内容をもつかは必ずしも明確ではない。これまで、公共の福祉については、「公の秩序」、あるいは「処罰の確保」、犯罪によって破壊された秩序の回復などの理解が示されてきた。これらの見解は必ずしも対立するものではなく、結局のところ、「犯罪と犯人を究明・処罰することによる秩序の回復」と解すれば足りるようにも思われる。このように解された「公共の福祉」は、本条後段の刑事訴訟法の2つの目的のうち、真相解明＝真実発見（実体的真実主義）に対応するものということができよう。ただし、「公共の福祉」は、実体的真実主義とすっかり重なり合う概念ではなく、たとえば、公務上の秘密に関する証言拒否権（刑訴144条、刑訴145条）、公務上の秘密に関する押収拒否権（刑訴103条、刑訴104条）などは、公共の福祉の見地から実体的真実の発見を制約するものといえる。判例は、検察官による**訴追裁量権**の逸脱が、起訴を無効にさせる場合がありえることをいうために、本条を引用している※3。

　個人の基本的人権の保障については、憲31条以下に、刑事手続上問題となる諸々の人権及び基本原則が定められているが、ほかにも、たとえばプライバシー権に関わる憲13条など刑訴法上重要な人権規定もないわけではない。配慮されるべき基本的人権のうち、生命・身体・自由と財産に関するものとを比べると、前者の制約に関してより制限的である。たとえば、身体拘束は被疑者・被告人に対してのみ許されるのに対して、証拠物（財産権）に関しては、何人

※2　藤永幸治他編『大コンメンタール刑事訴訟法1巻（第2版）』（青林書院、2013年）45頁、田宮裕『注釈刑事訴訟法』（有斐閣、1980年）2頁など。
※3　最一小決昭55・12・17刑集34巻7号672頁。

の所持・占有物であっても、所定の要件を満たせば押収することが認められている。刑事訴訟法上、これら人権諸規定の中核をなすのが、憲31条の「法律の定める（適正な）刑事手続を受ける権利」の保障である。他の諸権利・自由は、適正手続の保障の具体化であり、刑事手続全体の指導理念である。本条に「刑罰法令を適正…に適用実現」とあるのも、憲31条を承けたものである。

Ⅲ　実体的真実主義と適正手続主義

　刑事訴訟法は、事案の真相を明らかにすることと、刑罰法令を適正・迅速に適用実現することを目的とする。しかし、この両者の目的は相矛盾することが多く、その調整は必ずしも容易ではない。前者の実体的真実主義とは、中立的な「真実」の追求ではなく、罪を犯した者は草の根を分けてでも探し出して処罰するという犯人必罰主義のことである。刑事訴訟は本質において、このような意味での実体的真実主義を包摂するものであるが、歴史的には、そのゆきすぎのため誤判が生じたり、著しい人権侵害が起こったため、手続における人権保障を重視し、無実の者を決して処罰するようなことがあってはならないという適正手続主義が登場する。

　本条は、「事案の真相を明らかにし」（実体的真実主義）、同時に「刑罰法令を適正…に適用実現」（適正手続の保障）すると規定しているのであるから、両者の調和を期しているものと解される。ただ、その調和ないし調整は容易ではなく、個々の論点において激しく対立することになる。しかし、真相解明も適正手続を守りながら行うべきことが、憲法、刑訴法の趣旨であるから、両者対立するときは、適正手続の立場にたって問題に対処しなければならない。

　違法収集証拠排除法則を宣言した判例[4]や**刑事免責**による証言の証拠能力を否定した判例[5]は、根拠として本条を援用している。

Ⅳ　迅速な裁判

　本条は、刑罰法令の適正で「迅速」な適用実現を要請する。迅速な裁判の保障は、憲37条1項で定められているところであり、刑事被告人の権利とされてきた（刑訴規1条1項参照）。裁判の迅速性の要請は、国家の側からもいえることであるが、憲法は特に被告人の権利として規定し、本条は、手続の「適正」と並べて「迅速」を要求している。ここで求められている裁判手続は、防御権を切り捨てた「拙速裁判」ではなく、適正・迅速で充実した審理を保障するものでなければならない。その保障は、立法ないし司法政策上の指針にとどまら

---

[4]　最一小判昭53・9・7刑集32巻6号1672頁。
[5]　最大判平7・2・22刑集49巻2号1頁。

ず、個々の刑事事件における被告人の救済にまで及び、たとえば審理の著しい遅延が生じた場合、その審理を打ち切り被告人を救済するというのが判例である[6]。被告人が**心神喪失**の状態にあって回復の見込みがない場合に、公訴棄却判決による訴訟を打ち切ることを認めた判例[7]も、本条を援用している。

迅速な裁判に関しては、2003年に裁判の迅速化に関する法律ができ、第一審の訴訟手続は原則として2年以内に終局させる旨規定され、さらに刑訴281条の6（2004年改正）は、審理は「できる限り連日開廷」することとされた。他方、おもに裁判員制度を実現するため設けられた公判前整理手続によって、公判審理は大幅に「迅速化」されている。ただし、手続は迅速と同時に適正でなければならず、とりわけ防御権の十分な行使が制約されるようなことがあってはならない。

V 本法全体の構成

刑事訴訟法の編別を概観してみると、第1編に「総則」、第2編「第一審」、第3編「上訴」と、第7編「裁判の執行」までほぼ時間的順序に従って構成されている。ただ、第1編の「総則」が不均衡なまでにボリュームがある。しかも、この「総則」の中に、実例は稀な裁判所の「被告人」に対する強制処分規定が多数含まれており（第9章、10章等）、これを第2編、第1章「捜査」中の規定が準用している（刑訴200条2項、刑訴207条、刑訴209条、刑訴222条等）。このため、実に読みにくく不便なだけでなく、現行の当事者主義と相容れない。起訴後、裁判所が職権で捜索・差押えなどの強制処分を行うのは、むしろ避けるべきだからである。

このような法典の構成が生まれた原因は、治罪法（1880年）に遡る。わが国初の近代的刑訴法典である治罪法は、フランス法の強い影響を受けた予審判事制度を有しており、第3編、第3章「予審」の中に、召喚状、勾引状、勾留状、検証及び物件差押え等、現行法第1編総則中の強制処分権限に関する規定の原型にあたる諸規定がおかれている。1922年の刑事訴訟法（大正刑訴）では、ドイツ法の影響も加わって「捜査」の章とは別に裁判所と予審判事の権限たるこれらの強制処分権限規定を「総則」の中においたため、総則の比重が大きくなった。現行法は、予審を全面的に廃止したにもかかわらず、これまでの法典構成を踏襲しているのである。このいびつな構成を整序するような法改正が望まれる。

（後藤　昭・白取祐司）

---

[6]　最大判昭47・12・20刑集26巻10号631頁。
[7]　最一小判平28・12・19刑集70巻8号865頁

第1編第1章　裁判所の管轄

〔前注〕

Ⅰ　裁判所の意義

1　国法上の意味の裁判所

国法上の意味の裁判所とは国の組織としての裁判所のことであり、**司法行政**事務（人事、経理等）を行う。ゆえに、司法行政法上の意味における裁判所、あるいは司法行政上の単位としての裁判所ということもできる。

この意味の裁判所は、さらに官庁としてのそれと、官署（役所）としてのそれとが区別されなければならない。**官庁としての裁判所**とは、司法行政権を行使する国家機関であり、具体的には簡易裁判所を除き（裁37条）**裁判官会議**（裁12条、裁20条、裁29条、裁31条の5〔裁29条準用〕）という形をとる。**官署（役所）としての裁判所**とは、裁判官会議の構成員だけでなく、官庁としての裁判所の補助機関たるその他の職員をも含むものである。なお、庁舎など施設を含むこともある。

2　訴訟法上の意味の裁判所

訴訟法上の意味の裁判所とは審理・裁判の単位としての裁判所のことであり、つまり具体的事件を審理し、裁判を行う裁判機関を意味する。**受訴裁判所**または**公判裁判所**と呼ばれる。単独(一人)または複数の裁判官によって構成される。前者を**単独体**、後者を**合議体**という。

刑事訴訟法で用いられる「裁判所」の多くは、この訴訟法上の意味の裁判所を指すが、管轄及び訴訟係属を扱う本章で用いられる「裁判所」の多くは、国法上の意味の裁判所のことである。

Ⅱ　管轄の意義

各裁判所に対する裁判権の分配を、**管轄**という。すなわち、管轄は、具体的事件に関し、日本国の裁判権が及ぶことを前提として、どの裁判所が当該事件を取扱う権限を持っているかという問題である。もっとも裁判所法は、この意味の管轄権について裁判権と称している（裁7条、裁16条、裁24条、裁33条）が、裁判権と管轄権とは区別されなければならない。

裁判所の管轄は、通常の被告事件に関する「通常管轄」と、特定の手続に関する「特別管轄」とに区別できる。前者は第一審の管轄、審級管轄で、後者は付審判手続の管轄（刑訴262条）、再審の管轄（刑訴438条）、非常上告の管轄（刑

訴455条）、略式手続（刑訴461条）など特定の手続に関する管轄である。第一審の管轄には、**土地管轄**（刑訴2条）と起訴罪名による**事物管轄**とがある。事物管轄は裁判所法に定められている（刑訴3条の解説Ⅱ参照）。**審級管轄**とは、上訴の関係における管轄である。すなわち控訴・抗告は、原裁判をした裁判所をその管轄区域内にもつ高等裁判所が管轄し（裁16条1号2号）、上告・特別抗告は、最高裁判所が管轄する（裁7条）。

　どのように管轄を決めるかは、被告人の出頭・防御の便宜、他の被告人との平等な手続の保障のほか、裁判所の審判の便宜や負担の公平を確保する上でも、重要である。したがって管轄は、具体的事件について恣意的に裁判所が選ばれることのないよう、あらかじめ客観的・抽象的に法定され、事件が発生すると自動的にこれを審判する裁判所が確定するのを原則とする。管轄のない裁判所に起訴された場合には、管轄違いの判決が言い渡される（刑訴329条）。もっともこの原則を徹底するとかえって本来の趣旨に合わないことがありうるので、これを修正する方法も規定されている。

（豊崎七絵）

> **（土地管轄）**
> **第2条**　裁判所の土地管轄は、犯罪地又は被告人の住所、居所若しくは現在地による。
> ②　国外に在る日本船舶内で犯した罪については、前項に規定する地の外、その船舶の船籍の所在地又は犯罪後その船舶の寄泊した地による。
> ③　国外に在る日本航空機内で犯した罪については、第一項に規定する地の外、犯罪後その航空機の着陸（着水を含む。）した地による。

Ⅰ　本条の趣旨

　本条は、**土地管轄**が定まる基準を規定する。土地管轄とは、事件の土地的関係による第一審の裁判権の分配のことである。裁判所の管轄区域は「下級裁判所の設立及び管轄区域に関する法律」により定められている（裁2条2項）。裁判所は、その管轄区域内に犯罪地、被告人の住所、居所、現在地がある事件について、土地管轄を持つ。

Ⅱ　犯罪地

　犯罪地とは、犯罪構成要件に該当する事実の発生した土地をいう。犯罪の実行行為のみならず、構成要件的結果の発生した場所を含む。いわゆる離隔犯の場合も同様である。犯罪が交通機関内で行われた場合、犯罪時その交通機関の

通過した地が犯罪地である。また通説は、実行行為と結果との間の中間の部分が通過した場所、すなわち因果関係の経路も含まれるとする。実行の着手前の行為や、構成要件に該当しない結果が発生した場所は、犯罪地ではない。ただし、予備・陰謀が可罰的であるときは、予備・陰謀の行われた場所が予備罪・陰謀罪の犯罪地になる。

いわゆる共謀共同正犯について、実行行為が行われた土地のほか、共謀の地も犯罪地と解し、また教唆犯・従犯（幇助犯）について、正犯の実行行為の地のほか、教唆・幇助の地も犯罪地であるとするのが有力説である。ただし判例は、教唆犯につき、正犯の実行行為の地のみを犯罪地とする[1]。また間接正犯については、道具として使われた者の行為の地のほか、間接正犯が道具として使われた者に働きかけた場所も犯罪地になるとするのが有力説である。いずれにしても、数人が共同で犯罪を行った場合、本条による管轄のほか、関連事件の管轄が認められることに注意しなければならない（刑訴9条1項2号3号）。

不作為犯については、作為義務の発生した地及び作為義務の履行地を犯罪地とし、また不真正不作為犯については、構成要件的結果発生の地も犯罪地とするのが有力説である。ただし判例は、不作為犯について作為義務の履行地のみを犯罪地とする[2]。

Ⅲ　住所、居所

住所、居所は、民法上の概念による（民22条、民23条）。すなわち住所とは人の生活の本拠地であり、居所とは多少の時間、継続的に居住しているが、その場所との関係が住所ほど密接でなく、生活の本拠地とはいえないものをいう。

住所、居所を決定する基準時は、現在地と同様、公訴提起の時とされる。

Ⅳ　現在地

現在地とは、公訴提起の当時、被告人が任意または適法な強制処分によって現在する地をいう[3]。

Ⅴ　船舶内犯罪の特則

本条2項は、日本の領海外にある、日本船舶（船舶1条）内での犯罪について、

---

[1]　大判大4・10・29刑録21輯1751頁。

[2]　大判明39・5・18刑録12輯581頁。

[3]　最三小決昭32・4・30刑集11巻4号1502頁、最一小判昭33・5・24刑集12巻8号1535頁。

1項所定のほか、その船舶の船籍の所在地または犯罪後その船舶の寄泊した地を、土地管轄の基準とするものである。船籍の所在地とは船舶4条所定の船籍港をいう。

Ⅵ　航空機内犯罪の特則

　本条3項は、日本国外にある、日本の国籍を取得した航空機及び自衛隊の使用する航空機（航空3条、航空3条の2）内での犯罪について、1項所定のほか、犯罪後その航空機の着陸（着水を含む）した地を、土地管轄の基準とするものである。

Ⅶ　土地管轄の基準の趣旨と被告人の防御権

　本条により、複数の裁判所に土地管轄が生じることがありうる。このような場合、各裁判所間に順位に関する優劣があるか否かが問題となる。これについて有力説は、かかる優劣はなく、従って検察官は管轄のある複数の裁判所のいずれに公訴提起してもよいとする。しかしこの見解に対しては、以下の観点からの再検討を要する。すなわち、それぞれの土地管轄の基準の趣旨を確認してみると、犯罪地の場合は犯罪の捜査・訴追を担当する機関の便宜と住民感情への配慮であり、住所・居所の場合は被告人の防御・出頭の便宜、現在地の場合は捜査・訴追機関の便宜である。これらのうち現在地については浮動性を有し被告人の防御の利益を害するおそれがあることから、被告人に不利益を生ずるおそれがないかどうかを指針として運用すべきであるとの見解[4]、また被告人が住所不定で国内に犯罪地が存在しないような場合に限定すべきであるとの見解[5]も有力である。

　さらに、土地管轄の基準の適用について、公正な裁判を受ける権利の保障（憲32条、憲37条）、被告人の申立てがなければ管轄違いの言渡しができないとする刑訴331条の趣旨、そして訴訟条件の基礎を被告人の妨訴抗弁の利益に置く理論的構成を理由に、検察官の選択に委ねるのではなく、被告人の防御等の利益を第一義的基準として決定すべきであるとの見解[6]もある。

（豊崎七絵）

---

[4]　松尾浩也「裁判所の土地管轄」平野龍一＝松尾浩也＝田宮裕編『刑事訴訟法判例百選（第3版）』（有斐閣、1976年）10-11頁。

[5]　高田卓爾編『基本法コンメンタール（第3版）』（日本評論社、1993年）10頁〔鯰越溢弘〕、小田中聰樹＝大出良知＝川崎英明編著『刑事弁護コンメンタールⅠ　刑事訴訟法』（現代人文社、1998年）9頁〔川崎英明〕。

[6]　小田中他編著・前掲[5]書9頁。

10 第3条（関連事件の併合管轄）

（関連事件の併合管轄）
第3条 事物管轄を異にする数個の事件が関連するときは、上級の裁判所は、併せてこれを管轄することができる。
② 高等裁判所の特別権限に属する事件と他の事件とが関連するときは、高等裁判所は、併せてこれを管轄することができる。

I 本条の趣旨

本条は、事物管轄を異にする複数の関連事件があるとき、上級裁判所が、その固有の管轄事件と併合して審判する場合に限り、本来その管轄に属さず下級裁判所に管轄のある関連事件についても、管轄権を取得することができるとした。

複数の事件がそれぞれ管轄裁判所を異にするときは、各別に審判されるのが原則である。しかし同一被告人に対して複数の事件がある場合や、同一事件について複数の被告人が存在する場合に、一般論としては、併合審理した方が訴訟経済に資するし、また被告人にとっても便利であろう。ただしこれは抽象的一般論であって、とりわけ被告人にとって、併合による審理と各別の審理（分離）のいずれが利益をもたらすかは一概にいえない。従って、本条は関連事件の併合管轄を必要的・義務的なものとしていない。また本条の適用の結果数個の関連事件が上級裁判所に併せて起訴された後の審判の分離（刑訴4条）や、数個の関連事件が各別の裁判所に係属した後の審判の併合（刑訴5条）についての定めがあるのも、このことによる。

II 事物管轄

事物管轄とは、事件の軽重、性質による第一審裁判所の管轄の分配のことである。裁判所法によれば、この管轄は原則として簡易裁判所（裁33条1項2号）、地方裁判所（裁24条2号、独禁84条の3、公害犯罪7条）に分配され、特別な事件の場合に例外的に高等裁判所（裁16条4号）に分配される。

III 「数個の事件」

事件の個数は、被告人及び犯罪事実の数によって定まる。共犯の事件については、各共犯者ごとに各別に成立するので、共犯者の数だけ事件が成立する。一人の被告人について、併合罪の関係にある数個の訴因は各訴因の数だけ事件が成立する一方、単純一罪、包括一罪、科刑上一罪（刑54条1項）は一個の事件である。すなわち犯罪事実の数は事件の単一性の問題であり、原則として罪

数論によるとされる。

IV 「関連事件」

関連事件となる条件については、刑訴9条の定めるところによる。

V 併合管轄

本条の適用は、各裁判所間に上下関係があることが前提となる。第一審裁判所として管轄権を有する裁判所のうち、高等裁判所はその他の裁判所に対して上級裁判所であり、また地方裁判所は簡易裁判所に対して上級裁判所である。

地方裁判所と簡易裁判所に事物管轄が競合して認められている事件が関連している場合には、本条の適用はない。なぜなら地方裁判所も簡易裁判所も本条の適用を受けるまでもなく、本来、当該事件を管轄しているからである。

また本条によって上級裁判所に併合管轄が認められるとしても、下級裁判所の本来の事物管轄権は消滅しない[7]。

VI 高等裁判所についての特則

本条2項にいう「高等裁判所の特別権限に属する事件」とは、内乱罪・内乱予備陰謀罪・内乱等幇助罪（裁16条4号）の事件をいう。本条1項の解釈から本条2項の規定内容を導き出すのは可能であるが、高等裁判所の併合管轄を認めると、下級裁判所の管轄に属する関連事件は控訴ができなくなり審級の利益を失うことになるので、疑義をなくすため特に明文の規定が置かれた。

（豊崎七絵）

（審判の分離）
第4条 事物管轄を異にする数個の関連事件が上級の裁判所に係属する場合において、併せて審判することを必要としないものがあるときは、上級の裁判所は、決定で管轄権を有する下級の裁判所にこれを移送することができる。

I 本条の趣旨

本条は、前条（及び次条）の適用により数個の関連事件が上級裁判所に併せ

※7 大判昭9・12・15刑集13巻22号1734頁。

12 第4条（審判の分離）

て起訴され係属したものの、しかし下級裁判所の管轄する事件について併合審理の必要性がないという場合に、その事件を分離して下級裁判所に移送しうることを定めたものである。

II 必要性の判断

本条の要件は、上級裁判所に係属している数個の関連事件のうち下級裁判所の管轄にある事件について併合審判の必要性がないことである。この必要性の有無の判断について、通説は、上級裁判所の合理的裁量に委ねられ、事件の性質、時期、被告人の利益等諸々の事情が考慮の対象となるとする。もっとも、それらの考慮対象のうち優先的に評価されるべきは、併合・分離それぞれが被告人にもたらすメリット・デメリットという点である。

一般に併合には、数人の被告人の事件を併合する場合と一人の被告人の数個の事件を併合する場合とがある。後者の併合の場合、併合罪の処理に関する現行刑法の規定（刑45条～刑48条・刑51条）からすれば、数個の起訴事実について一個の刑を言い渡すのが、被告人にとってメリットになる。また審理の促進によって、被告人の手続負担が軽減されることも挙げられる。そのため併合審理原則を適当とする有力説がある。もっともこのような量刑上の利益より防御上の利益を考慮して、分離が望ましい場合もありうる（たとえば否認事件が含まれている場合）。また併合できる数個の事件のなかに、公選253条の2所定のいわゆる百日裁判事件が含まれていたり、起訴事実についての審理が相当に進んだ時点で追起訴がなされたような場合には、一旦は上級裁判所に併合起訴され係属した後であっても、本条に基づき、上級裁判所は下級裁判所に管轄のある事件を分離して、当該事件を下級裁判所に移送すべきである。

これに対して前者の併合は、被告人にとってメリット・デメリット両方の側面を持っている。まずメリットとしては、(1)各被告人に共通する事実を合一的に認定しうること、(2)被告人間の量刑の均衡を確保しうること、(3)共犯事件について審理を別個に行うと、それぞれの審理進行の違いによって、後の審理について予断が生じること（併合審理ではこの問題は生じない）、(4)同じく共犯事件について判決言渡しの時期が異なると、先の判決によって後の判決内容が予測されうること（併合審理ではこの問題は生じない）等が挙げられ、デメリットとしては(5)被告人間で利害の対立があるとき、被告人の防御権保障に欠ける場合があること、(6)一部の被告人について公判期日の出頭等について不利益が生じうること（たとえば、共同被告人の住居地の裁判所に併合される場合）、(7)審理遅延が生じうること等が挙げられる。後者のデメリットのうち、(1)-(4)のメリットを凌駕する重大なデメリットは(5)といえる。従って(5)の利害対立がない場合に、併合審理を原則とすべきであろう。

Ⅲ 分離の手続

　分離するには、上級裁判所が当該事件を決定で移送する。かかる移送決定のみでよく、弁論分離の決定（刑訴313条1項）は必要ない。決定の時期について明文で制限はなく、有力説は証拠調べ開始後でもよいとするが、手続の進行状況との関係で限界はあろう。

　なお移送の決定に対して抗告は許されない（刑訴420条1項）。

Ⅳ 分離の効果

　上級裁判所の移送決定によって、事件は下級裁判所に係属する。この場合に、手続形成行為を行う必要はなく、刑訴315条の場合に準じて公判手続の更新で足りるとする説と、裁判官が交替した場合と異なり、裁判所間に同一性がないから、更新手続では足りず手続形成行為もやり直す必要があるとの説とが対立している。

（豊崎七絵）

（審判の併合）
第5条　数個の関連事件が各別に上級の裁判所及び下級の裁判所に係属するときは、事物管轄にかかわらず、上級の裁判所は、決定で下級の裁判所の管轄に属する事件を併せて審判することができる。
②　高等裁判所の特別権限に属する事件が高等裁判所に係属し、これと関連する事件が下級の裁判所に係属するときは、高等裁判所は、決定で下級の裁判所の管轄に属する事件を併せて審判することができる。

Ⅰ 本条の趣旨

　審判の併合とは、すでに各別の裁判所に係属している数個の事件を併合して審理することをいう。刑訴3条との違いは、同条が関連事件の全部または一部についてまだ裁判所に係属していない場合（つまり併合起訴または追起訴が問題となる場合）を対象としているのに対し、本条はそれぞれの関連事件がすでに各別の裁判所に起訴され係属している場合（つまり審判の併合が問題となる場合）に、これらの関連事件を併合審理できる旨定めた。

　審判の併合には、同一裁判所に数個の固有管轄事件が係属している場合のそれと、異なる裁判所に数個の関連事件がそれぞれ係属している場合のそれとがある。前者は刑訴313条の対象であり、弁論の併合という。後者のうち、本条は関連事件がそれぞれ上級裁判所と下級裁判所とに係属する場合の併合につい

て規定し、また刑訴8条は事物管轄を同じくする裁判所に係属する場合の併合について規定している。

Ⅱ　本条の要件

本条は、事物管轄を異にする数個の関連事件がそれぞれ上級裁判所と下級裁判所とに係属している場合のみならず、上級裁判所と下級裁判所とに競合的に事物管轄が認められている数個の関連事件がそれぞれ各別の裁判所に係属している場合にも適用される。「事物管轄にかかわらず」とは、併合対象事件について上級裁判所が本来的に事物管轄権を有するか否かにかかわらないということである。刑訴3条により併合管轄権が認められているからである。

本条は、第一審の事件についてのみ適用される。従って「上級の裁判所及び下級の裁判所」とは、一方が控訴審、他方が第一審の場合を含まない[8]。なぜなら、これを認めると、第一審に係属している事件が控訴審に係属することになり、審級の利益を奪うことになるからである。これに対し数個の関連事件がそれぞれ控訴審に係属している場合、これを併合しても審級の利益は害されないが、裁判所間に上級・下級の関係がないから本条の適用はない。有力説は刑訴8条の準用を説く。

Ⅲ　併合の手続

併合は上級裁判所が職権により決定で行う。この決定に対し抗告は許されない（刑訴420条1項）。

併合するか否かは、上級裁判所の合理的裁量に委ねられるとされる。もっとも併合について相当であるとの判断をするにあたっては、併合によってとりわけ被告人に不利益が生じないことを前提とすべきである（刑訴4条の解説Ⅱを参照）。

Ⅳ　併合の効果

下級裁判所は、上級裁判所の併合決定に拘束され、一件記録を上級裁判所に送付しなければならない。下級裁判所の手続としては、この送付をもって足り、特に移送の決定は必要としないとされる[9]。

下級裁判所から上級裁判所への訴訟係属の移転の時期について、併合決定がなされた時とするか、それとも一件記録が送付された時とするか争いがある。

---

[8]　最三小判昭27・3・4刑集6巻3号339頁。

[9]　東京高判昭32・8・8高刑集10巻5号484頁。

前者は、記録送付前に勾留更新決定等が必要な場合には、刑訴規92条2項に準じ下級裁判所がその措置を執りうるとする。

併合があっても、併合した事件の弁護人と併合された事件の弁護人、それぞれの弁護人の当該事件に関する選任の効力は消滅しない[10]。それぞれの弁護人の選任の効力が他方の事件に及ぶかについては、国選弁護人の場合には裁判所が効力が及ばない旨の決定をしない限り、また私選弁護人の場合には特段の意思表示がない限り、及ぶと解される。

V 高等裁判所についての特則

本条2項にいう「高等裁判所の特別権限に属する事件」とは、内乱罪・内乱予備陰謀罪・内乱等幇助罪（裁16条4号）の事件をいう。本条1項の解釈から本条2項の規定内容を導き出すのは可能であるが、高等裁判所の併合審判を認めると、下級裁判所の管轄に属する関連事件は控訴ができなくなり審級の利益を失うことになるので、疑義をなくすため特に明文の規定が置かれた。

（豊崎七絵）

（関連事件の併合管轄）
第6条 土地管轄を異にする数個の事件が関連するときは、一個の事件につき管轄権を有する裁判所は、併せて他の事件を管轄することができる。但し、他の法律の規定により特定の裁判所の管轄に属する事件は、これを管轄することができない。

I 本条の趣旨

本条は、事物管轄が同じで土地管轄を異にする複数の関連事件がある場合の併合管轄を定める。事物管轄を異にする場合には刑訴3条による。

本条のような場合には併合審理した方が、一般論としては訴訟経済に資するし、また被告人にとっても便利であるといえよう。ただし、併合審理と各別の審理（分離）のいずれが実際の被告人にとって利益であるかは一概にいえない。従って本条は、刑訴3条と同様、関連事件の併合管轄を必要的・義務的なものとしていない。また刑訴7条が審判の分離・移送について、同8条が併合審判についてそれぞれ定めているのも、このような理由からである。

---

[10] 東京高判昭34・2・10東高時報10巻2号104頁参照。

Ⅱ 「関連事件」

関連事件となる条件については、刑訴9条の定めるところによる。

Ⅲ 併合管轄

本条によれば、関連事件のいずれかの事件につき土地管轄を有するそれぞれの裁判所は、全部の事件についてそれぞれ管轄権を有することになる。従って、当該裁判所に対し、固有の管轄事件と関連する管轄事件とを併合して起訴することもできるし、固有の管轄事件を起訴した後関連事件を追起訴することもできる。しかし本条で併合管轄が認められることによって、他の裁判所の管轄権が消滅するものでないことは、刑訴3条の場合と同じである。

本条所定の関連事件の管轄が認められるためには、固有管轄事件と関連事件とが現実に併合して審判されることを要するか。この点、従来の学説は積極説が有力であったが、最二小判昭59・11・30判時1153号233頁は、本条による併合管轄は、固有管轄事件と関連事件が共に同一の裁判所に係属することが必要であるが、必ずしも右の両事件が併合して審判されることを要件としないとの消極説に立っている。もっとも消極説の立場に立つとしても、関連事件の管轄は主として審判の併合及び訴訟関係者の間の種々の調整を円滑に実施する上で有益であるという観点から認められるものであるから、固有管轄事件と関連事件とは、時期を同じくして（「併せて」）、同一の国法上の意味での裁判所に係属することを要すると解されている[11]。

Ⅳ 「他の法律の規定」

本条但書にいう「他の法律の規定により特定の裁判所の管轄に属する事件」としては、たとえば2005（平成17）年改正前の独禁85条3号に基づき東京高等裁判所の管轄に属する事件が挙げられる。もっとも法改正により、当該管轄は全国の地方裁判所に拡大された（独禁84条の3）。

（豊崎七絵）

---

[11] 坂井智「時の判例」ジュリスト839号（1985年）71頁。

第7条（審判の分離） 17

> **（審判の分離）**
> **第7条** 土地管轄を異にする数個の関連事件が同一裁判所に係属する場合において、併せて審判することを必要としないものがあるときは、その裁判所は、決定で管轄権を有する他の裁判所にこれを移送することができる。

I 本条の趣旨

本条は、前条（及び次条）の適用により数個の関連事件が同一裁判所に併せて起訴され係属したものの、しかし併合審理の必要がない事件がある場合に、その事件を分離して管轄権を有する他の裁判所に移送しうることを定めたものである。

規定の趣旨は、刑訴4条と同じである。

II 必要性の判断

本条の要件は、数個の関連事件について併合審判の必要がないということであり、その必要性の判断基準については、刑訴4条の解説IIを参照。

III 分離の手続

分離するには、現に数個の関連事件が係属している裁判所が当該事件を決定で移送する。

移送を受ける裁判所は、移送される事件について管轄を有する裁判所でなければならないが、それはいわゆる固有管轄権のみならず、関連事件が係属していて受移送事件につき関連事件としての管轄権を有する場合でもよい。通説は、移送を受けた裁判所が、本条によりさらに他の裁判所に移送することも可能とする。

その他分離の手続については、刑訴4条の解説IIIを参照。

なお移送の決定に対して抗告は許されない（刑訴420条1項）。

IV 分離の効果

刑訴4条の解説IVを参照。

（豊崎七絵）

（審判の併合）
第8条 数個の関連事件が各別に事物管轄を同じくする数個の裁判所に係属するときは、各裁判所は、検察官又は被告人の請求により、決定でこれを一の裁判所に併合することができる。
② 前項の場合において各裁判所の決定が一致しないときは、各裁判所に共通する直近上級の裁判所は、検察官又は被告人の請求により、決定で事件を一の裁判所に併合することができる。

Ⅰ 本条の趣旨

本条は、事物管轄を同じくする数個の関連事件がそれぞれ土地管轄を異にする複数の裁判所にすでに係属している場合に、これら関連事件を併合審理できる旨定める。

刑訴5条との違いは、1つには、同条が事物管轄を異にする数個の関連事件がそれぞれ上級裁判所と下級裁判所とに係属している場合と、上級裁判所と下級裁判所とに競合的に事物管轄が認められている数個の関連事件がそれぞれ各別の裁判所に係属している場合とについての規定であるのに対し、本条は事物管轄を同じくする数個の関連事件がそれぞれ別の裁判所に係属している場合についての規定であるということである。またもう1つの違いとして、刑訴5条が職権で併合決定を行うのに対し、本条は訴訟当事者の請求を併合決定の要件としていることである。かかる要件が付された理由として、事件がすでにそれぞれ複数の裁判所に係属していることに対する考慮に加え、職権による決定で足りるとされる他の併合審理・分離移送（刑訴4条、刑訴5条、刑訴7条参照）と比べ、実際に本条の適用を生ずる場合がかなり多いことに対する考慮が挙げられる。

Ⅱ 本条の要件

本条の要件は、(1)数個の関連事件が各別に事物管轄を同じくする数個の裁判所に係属すること、(2)検察官または被告人の請求があること、である。(2)については、前述Ⅰの解説を参照。以下、(1)の要件について敷衍する。

本条の「数個の裁判所」とは、事物管轄は同じくするが土地管轄を異にする数個の裁判所をいい、国法上の意味における数個の裁判所であって、国法上の意味における一個の裁判所内の数個の裁判機関（すなわち訴訟法上の意味における数個の裁判所）ではない[12]。地方裁判所と簡易裁判所とで事物管轄につき

---

[12] 東京高判昭33・5・29高刑集11巻4号250頁。

競合し、土地管轄を異にする場合は、本条ではなく刑訴5条を適用すべきである。

有力説は、第一審の事件についてのみならず、控訴審の事件相互間についても、本条の準用を認める（刑訴5条の解説IIを参照）。

III 併合の手続

併合は裁判所が決定で行う。決定を行う裁判所について、関係する全ての裁判所とする説と、そのうちの一の裁判所で足りるとする説とがある。実務では事前に各関係裁判所が打ち合わせた上で決定するのが通常のようである[13]。

併合するか否かは、一般的には刑訴5条と同様、裁判所の合理的裁量に委ねられるとされる。もっとも併合について相当であるとの判断をするにあたっては、併合によってとりわけ被告人に不利益が生じないことを前提とすべきである（刑訴4条の解説IIを参照）。

当事者の請求、決定の時期について特に明文による制限はなく、従って証拠調べ後でもよいとの見解もあるが、手続の進行状況との関係で無制限ではなかろう。

当事者に請求権がある以上、併合しない場合でも、必ず決定をしなければならない。

IV 各裁判所の決定が一致しないときの措置

本条2項のいう「決定が一致しないとき」とは、ある裁判所が併合決定し、他の裁判所が併合請求を棄却する決定をする場合と、全ての裁判所が併合決定したが、併合された事件の審判を担当する裁判所について各裁判所の決定内容が分かれた場合とを指す。

本項の場合にも当事者の請求が要件とされる。

本項の決定をなす「直近上級の裁判所」とは、各裁判所の管轄区域をその管轄区域に包含する上級裁判所の中で、直近のそれをいう[14]。

(豊崎七絵)

---

[13] 松尾浩也監修『条解刑事訴訟法（第4版増補版）』（弘文堂、2016年）14頁。
[14] 比較的最近の最高裁による判断に、最二小決平18・10・26刑集60巻8号537頁がある。

> **（関連事件）**
> **第9条** 数個の事件は、左の場合に関連するものとする。
> 一　一人が数罪を犯したとき。
> 二　数人が共に同一又は別個の罪を犯したとき。
> 三　数人が通謀して各別に罪を犯したとき。
> ②　犯人蔵匿の罪、証憑湮滅の罪、偽証の罪、虚偽の鑑定通訳の罪及び
> 贓物に関する罪とその本犯の罪とは、共に犯したものとみなす。

Ⅰ　本条の趣旨

　本条は、併合管轄（刑訴3条、刑訴6条）、審判の併合（刑訴5条、刑訴8条）、
そして審判の分離（刑訴4条、刑訴7条）の基礎となる関連事件について定める。
本条所定の関連事件は、もっぱら管轄と審判の併合・分離に関するもので、そ
れ以上に訴訟法的に特段の意味を持っておらず、実体法上の意味もない。

Ⅱ　1人が数罪を犯したとき（1項1号）

　併合罪（刑45条）の関係がある場合に限らず、確定判決の介在する数個の犯
罪も含む。科刑上一罪（刑54条1項）は、訴訟法上1個の事件であるから、数罪
に当たらない。

Ⅲ　数人が共に同一または別個の犯罪を犯したとき（1項2号）

　共同正犯、教唆犯、従犯といった刑法総則上の共犯のみならず、必要的共犯
や過失の共犯、共犯の例によるとされる刑207条所定の同時犯も含まれる。刑
207条所定以外の単なる同時犯については、共に犯したとはいえないとして含
まれないとする説と、審判の便宜という観点から共犯に準ずるものとして含ま
れるとする説とがある。

Ⅳ　数人が通謀して各別に罪を犯したとき（1項3号）

　共犯における共謀は2号の場合に該当すると考えられるので、本号の通謀と
は、共謀に至らない程度の意思連絡をいうと解されている。

Ⅴ　1項2号の拡張（2項）

　犯人隠匿の罪（刑103条）、証拠湮滅の罪（刑104条）、偽証の罪（刑169条）、

虚偽の鑑定通訳の罪（刑171条）及び贓物に関する罪（刑256条）とその本犯の罪とは「共に犯した」場合に該当するとみなされる。なお贓物に関する罪の場合、刑256条の罪に限られず、関税逋脱犯と関税贓物犯も関連事件とされる[※15]。

（豊崎七絵）

（同一事件と数個の訴訟係属 1 ）
第10条 　同一事件が事物管轄を異にする数個の裁判所に係属するときは、上級の裁判所が、これを審判する。
② 　上級の裁判所は、検察官又は被告人の請求により、決定で管轄権を有する下級の裁判所にその事件を審判させることができる。

I　本条の趣旨

　管轄権は、刑訴 2 条ないし刑訴 9 条の各規定から明らかなように、さまざまな基準によって定められる。その結果、同一事件について数個の裁判所が管轄をもつ場合が生じうる。これを「管轄の競合」という。従って同一事件が数個の裁判所に係属するという事態が、稀であるとしても起こり得る。その場合、重複審理自体が無益であるし、これを放置して同一事件につき二重の判決が生じれば判決の効力について困難な問題が生じる。そこで、 1 つの裁判所以外の訴訟係属を消滅するための具体的解決策が必要である。かような趣旨に基づいて定められたのが本条及び次条である。本条は、そのうち事物管轄を異にする数個の裁判所に、同一事件についての訴訟係属が生じた場合について定めている。

II　「同一事件」

　「同一事件」とは、被告人が同一で[※16]、かつ公訴事実が同一である事件をいう（「公訴事実の同一性」については、刑訴312条の解説参照）。

III　事物管轄を異にする裁判所への二重係属

　地方裁判所と簡易裁判所とが同時に管轄権を持っている事件が両裁判所に係属する場合、刑訴 3 条 1 項適用により下級裁判所の固有管轄事件が上級裁判所の関連事件としての管轄事件となり、両裁判所に係属する場合などが挙げられ

[※15]　名古屋地判昭32・ 5 ・27判時119号27頁。
[※16]　最三小判昭29・ 4 ・27刑集 8 巻 4 号572頁。

22　第11条（同一事件と数個の訴訟係属2）

Ⅳ　本条1項の効果

　当然に上級裁判所が審判することになるから、上級裁判所は特に決定をする必要はない。下級裁判所は、同一事件が上級裁判所に係属していることが判明すれば、刑訴339条1項5号により公訴棄却の決定をしなければならない。なお同一事件が事物管轄を同じくする数個の裁判所に係属した後、刑訴5条1項の審判併合決定により当該事件が上級裁判所に係属した場合には、本条が適用されるとの判例がある[17]。

　本条は、数個の訴訟係属がいずれも第一審にある場合についての規定であるが、一方が上訴審に係属する場合にも本条を準用して、上訴審で審判すべきであると解されている。

　同一事件であることが判明したが、すでに下級裁判所の判決が確定していたときには、上級裁判所は免訴判決を言い渡すべきである。

Ⅴ　下級裁判所による審判

　本条2項により、上級裁判所は、検察官または被告人の請求により、決定で管轄権を有する下級裁判所にその事件を審判させることができる。職権による決定は許されない。この決定は、下級裁判所がすでに刑訴339条1項5号所定の公訴棄却の決定をした後は、することができない。またこの決定に対して抗告することはできない（刑訴420条1項）。

（豊崎七絵）

（同一事件と数個の訴訟係属2）
第11条　同一事件が事物管轄を同じくする数個の裁判所に係属するときは、最初に公訴を受けた裁判所が、これを審判する。
②　各裁判所に共通する直近上級の裁判所は、検察官又は被告人の請求により、決定で後に公訴を受けた裁判所にその事件を審判させることができる。

Ⅰ　本条の趣旨

　本条の趣旨は、刑訴10条と同じである。刑訴10条の解説Ⅰ参照。

---

[17] 最三小決昭29・6・29刑集8巻6号985頁。

刑訴10条とはその対象が異なるだけであり、本条は、同一事件が事物管轄を同じくする数個の裁判所に係属する場合に関する。かかる事態が生じうるのは、土地管轄を定める基準が複数あること（刑訴2条）、土地管轄に関する併合管轄の制度があること（刑訴6条）等による。

Ⅱ　最初に公訴を受けた裁判所による審判（1項）

本条1項により、最初に公訴を受けた裁判所が審判にあたる。後に公訴を受けた裁判所は、刑訴339条1項5号により公訴棄却の決定をしなければならない。

Ⅲ　後に公訴を受けた裁判所による審判（2項）

本条2項は、各裁判所に共通する直近上級の裁判所が、検察官または被告人の請求により、決定で後に公訴を受けた裁判所にその事件を審判させることができる旨定める。「直近上級の裁判所」については、刑訴8条の解説Ⅳ参照。決定については職権で行うことはできない。またこの決定は、下級裁判所がすでに刑訴339条1項5号により公訴棄却の決定をした後は、することができない。本条2項の決定があったときは、最初に公訴を受けた裁判所は、刑訴339条1項5号により公訴棄却の決定をすべきである。

この決定に対して抗告することはできない（刑訴420条1項）。

（豊崎七絵）

（管轄区域外の職務執行）
第12条　裁判所は、事実発見のため必要があるときは、管轄区域外で職務を行うことができる。
② 　前項の規定は、受命裁判官にこれを準用する。

裁判所は原則としてその管轄区域内で職務を行わなければならないが、本条はその例外規定である。下級裁判所の管轄区域については、「下級裁判所の設立及び管轄区域に関する法律」によって定められている。

本条の要件は、「事実発見のため必要があるとき」である。「事実」について、訴因に記載された事実に限られず、訴訟上認定を要する全ての事実を指すと解されている。

本条によって許される職務として、検証、証人尋問、鑑定命令、鑑定人尋問等のほか、鑑定人の鑑定留置を命ずること、これに伴って被告人の看守を命ずることも含まれると解されている。それ以外の職務については、共助の手続（裁79条）による。

2項により、受命裁判官にも準用される。受託裁判官や令状裁判官には準用されない。

（豊崎七絵）

（管轄違いと訴訟手続の効力）
第13条 訴訟手続は、管轄違の理由によつては、その効力を失わない。

Ⅰ　本条の趣旨

　管轄権の存在は、訴訟条件である。これを欠くときは管轄違いの言渡し（刑訴329条本文）または移送の決定（刑訴330条）をしなければならず、それ以上実体審理を進めることは許されない。従って管轄権のない裁判所で行われた訴訟手続は違法無効となるのが原則である。本条は、これに対し例外を定めたものである。

Ⅱ　「訴訟手続」

　本条にいう「訴訟手続」とは、全体としての訴訟手続を指すのではなく、訴訟手続を構成する個々の訴訟行為と解される。

Ⅲ　「管轄違」

　本条にいう「管轄違」は、土地管轄と事物管轄、双方の管轄違いが含まれる。

Ⅳ　効力を失わない訴訟行為

1　管轄違いの言渡しがあった場合
　管轄違いの判決確定後に、管轄権のある裁判所に再起訴があった場合、本条により効力を失わないとされる訴訟手続の範囲については、争いがある。
　この範囲について狭く解する見解は、管轄違いの場合、本来訴訟手続は違法無効となることを重要視する。その上で、管轄違いのときは刑訴14条所定の要急処分しかできないのが原則であるが、ただ訴因変更によって事後的に管轄違いとなった場合は、それまでの手続は適法であり、その結果は新たな手続で利用しうる、とする[18]。
　これに対して、効力を失わない訴訟手続の範囲を広く解する多数説は、この

---

[18]　平野龍一『刑事訴訟法』（有斐閣、1958年）147頁。

ように解釈しないと本条は単に注意的な規定となってしまい存在意義がなくなること、前の訴訟における証拠調べの結果を利用することによる具体的な弊害はないこと等を根拠とする。この見解によれば、再起訴のあった裁判所は、管轄違いの裁判所で行われた証人尋問、被告人質問、検証などの供述を録取した公判調書、証人尋問調書、検証調書等を、刑訴321条2項ないし刑訴322条2項にいう当該被告事件における調書として、証拠に利用できることになる。なおこの見解に立脚しても、本条により効力を失わないのは実体形成行為だけで、手続形成行為ははじめからやり直す必要があると解されている。

2　上級審で破棄された場合

第一審の実体判決があり、控訴により破棄移送となった場合（刑訴399条本文。なお刑訴412条）、破棄して控訴裁判所自ら第一審として審判する場合（刑訴399条但書）についても、前記1と同様の問題が生じうるが、本条の適用により証拠調べの結果が利用できるとする見解が多い。刑訴330条の場合も同様の問題がある。

また判例は、簡易裁判所が、その事物管轄に属する罪名により起訴された事件につき、審理の途中で裁33条3項の場合にあたると認めて事件を管轄地方裁判所に移送し（刑訴332条）、同地方裁判所が同事件を簡易裁判所の事物管轄に属さない罪名により処断すべきものと認めた場合にも、移送前にすでにした簡易裁判所の訴訟手続はその効力を失わない、とする[19]。

もっともこれらの場合について、前述1の再起訴の場合と異なり、公判手続の更新による訴訟手続の引き継ぎとして取扱うことが可能であるとの指摘もある[20]。

3　管轄違いの裁判所で手続が続行される場合

土地管轄について管轄違いであるにもかかわらず、刑訴331条により管轄違いの判決を言い渡すことができず、手続を進行することになった場合、全ての訴訟手続が通常の訴訟手続として扱われるとされる。もっともこれを手続維持の原則によると考えるか、本条の適用によると考えるかについては争いがある。

また(1)起訴時には土地管轄がなかったが、後に土地管轄を生じた場合、(2)固有管轄事件が起訴されず先に関連事件だけが起訴され、後に固有管轄事件が起訴された場合、(3)起訴状記載のA訴因について事物管轄を欠くが、事物管轄のあるB訴因に訴因変更された場合等、いずれも起訴時には管轄を欠き、後に管轄の基礎となる事由が生じた場合について、管轄の瑕疵の治癒を認め、そのまま手続を進行できるとの立場によれば、本条の適用により、全ての訴訟手続が

---

[19] 最二小判昭26・4・13刑集5巻5号898頁。
[20] 松尾浩也監修『条解刑事訴訟法（第4版増補版）』（弘文堂、2016年）19頁。

有効とされる。この場合、有効とされる訴訟行為は、実体形成行為と手続形成行為双方とされる。

（豊崎七絵）

（管轄違いと要急処分）
第14条　裁判所は、管轄権を有しないときでも、急速を要する場合には、事実発見のため必要な処分をすることができる。
② 　前項の規定は、受命裁判官にこれを準用する。

Ⅰ　本条の趣旨

裁判所は、管轄権をもたないと認めたときは直ちに、管轄違いの言渡し（刑訴329条本文）もしくは移送の決定（刑訴330条）をしなければならない。すなわち手続を打ち切りそれ以上実体審理をすることは許されないのが原則であるが、本条はその例外として、急速を要する場合には管轄権がなくとも事実発見のため必要な処分をすることができる、とするものである。

Ⅱ　「急速を要する場合」

たとえば重要な証人が瀕死の状態にあったり、まもなく長期海外渡航に出発するなどして、管轄権のある裁判所での審理を待っていたのでは供述を得ることができず、事実解明に支障をきたす場合をいう。

Ⅲ　「事実発見のため必要な処分」

証人尋問、検証、鑑定命令、鑑定人尋問等の処分と、これらの処分をするに必要な召喚、勾引、捜索、押収等が含まれるとされる。

本条は、法律上、これらの処分を裁判所の職権で行うものとしているが、旧刑訴法13条の規定を無批判に採り入れたものであって、当事者主義の訴訟構造を採る現行法のもとでは、その妥当性に問題があるとの指摘がある[21]。もっとも事実上は当事者の申立て（求職権発動）によって行われることが多いと考えられている。

---

[21] 平場安治他著『注解刑事訴訟法（上巻）（全訂新版）』（青林書院、1987年）43-44頁〔中武靖夫〕。

Ⅳ　処分をなしうる時期

　必要な処分を行うためには、当該事件が裁判所に係属していることが前提となる。従って、管轄違いの言渡しまたは移送の決定をする前でなければならない。

　もっとも第1回公判期日前に必要な処分を行うことができるか否かについては、争いがある。第1の見解は、この段階では、起訴状一本主義に基づき、裁判所は事件の実体を知るものではないから、本条のいう事実発見のため必要な処分をすることは許されず、刑訴179条、刑訴226条、刑訴227条等の方法をとるべきであるとする。第2の見解は、そもそも管轄権を有しない裁判所は実体審理を行うことができないから、事件につき予断をもつおそれはなく、また刑訴179条、刑訴226条、刑訴227条等では不十分な場合もあるから、第1回公判期日前であっても本条による処分は許されるとする。第3の見解は、通常の訴訟手続の場合、いかに急速を要しようと、公判裁判所が第1回公判期日前に自ら証拠収集の手続を行うことは一切許されないから、偶然誤って管轄違いという瑕疵を有する場合にだけそのような手続が可能とすることは背理であるとして、本条は管轄違いの判明後その言渡し等の前の段階について定めたものであるとする。

（豊崎七絵）

（管轄指定の請求1）
第15条　検察官は、左の場合には、関係のある第一審裁判所に共通する直近上級の裁判所に管轄指定の請求をしなければならない。
一　裁判所の管轄区域が明らかでないため管轄裁判所が定まらないとき。
二　管轄違を言い渡した裁判が確定した事件について他に管轄裁判所がないとき。

Ⅰ　本条の趣旨

　本条と次条は、管轄の指定について定める。具体的事件についての管轄裁判所は法律上明確にされているべきであり、本章はそれに関する規定を置いている。しかし、法律によっても明確でない場合があり得るので、検察官の請求によって管轄裁判所を指定できるとした。

　このような管轄の指定は、管轄の移転（刑訴17条、刑訴18条）とともに、**裁定管轄**とも呼ばれる。

II 本条の要件

1 裁判所の管轄区域が明らかでないため管轄裁判所が定まらないこと（1号）

管轄区域を画する行政区画そのものが明らかでない場合である。犯罪地が不明な場合はこれに含まれず、犯罪地による土地管轄は生じない。また犯罪地が管轄区域の境界にまたがっている場合もこれに含まれず、通説は双方の裁判所とも土地管轄を有すると解している。

2 管轄違を言渡した裁判が確定した事件について他に管轄裁判所がないこと（2号）

管轄違いの裁判が正当であった場合も違法であった場合も含む。前者の場合、すなわち管轄権を有しない裁判所が管轄違いを言渡し、かつ他に管轄裁判所がない場合は、次条の「法律による管轄裁判所がないとき」に該当するようにみえるが、管轄違いの裁判が確定した以上本号によるべきであるとされる。また後者の場合も、裁判の内容が違法であっても裁判の確定により既判力が生じるから、その裁判所は管轄権がないものとして取扱い、本号を適用すべきと説明されている。なお本号の場合、管轄違いを言渡した当該裁判所に管轄の指定をすることも許される。なぜなら、管轄違いの裁判が確定して拘束力を持つとしても、管轄の指定は新たに管轄を創設するので、管轄違いの裁判当時と異なる事情があることになり、指定された裁判所はもはやこれに拘束されないからである。

III 本条の手続

検察官が直近上級の裁判所に管轄指定の請求をする。この検察官は、直近上級の裁判所に対応する検察庁の検察官である（検察5条）。直近上級の裁判所について、1号の場合には、関係ある各第一審裁判所に共通する直近上級裁判所である（刑訴8条の解説IV参照）。2号の場合には、管轄違いを言渡した裁判所の直近の上級裁判所である。

1号の場合について、請求は、公訴提起後でも可能である。

その他手続等につき、刑訴規2条、刑訴規3条、刑訴規6条参照。

（豊崎七絵）

（管轄指定の請求２）
第16条　法律による管轄裁判所がないとき、又はこれを知ることができないときは、検事総長は、最高裁判所に管轄指定の請求をしなければならない。

Ⅰ　本条の趣旨

刑訴15条の解説Ⅰ参照。

Ⅱ　本条の要件

1　法律による管轄裁判所がないとき

刑訴２条所定の土地管轄の基準によっては、管轄裁判所が存在しない場合をいう。従って、国内に住所、居所、現在地を有しない者に係る刑２条ないし刑４条の２所定の国外犯に適用される。

2　管轄裁判所を知ることができないとき

国外犯の住所、居所、現在地が不明である場合をいう。

Ⅲ　本条の手続

検事総長が最高裁判所に管轄指定の請求をする。請求の方式等については、刑訴規２条、刑訴規３条、刑訴規６条を参照。

（豊崎七絵）

（管轄移転の請求１）
第17条　検察官は、左の場合には、直近上級の裁判所に管轄移転の請求をしなければならない。
一　管轄裁判所が法律上の理由又は特別の事情により裁判権を行うことができないとき。
二　地方の民心、訴訟の状況その他の事情により裁判の公平を維持することができない虞があるとき。
②　前項各号の場合には、被告人も管轄移転の請求をすることができる。

I　本条の趣旨

　本条と次条は、管轄の移転について定める。すなわち、管轄裁判所が具体的事件を審判するには不適切である場合、裁判所の裁判によって、当該事件に限り管轄裁判所の変更を認めるものである。これは土地管轄にのみ問題となり、また第一審だけでなく控訴審にも適用されると解されている。

　本条は、管轄の移転のうち、裁判が不可能な場合及び裁判の公平を維持することができない場合に関する規定である。

II　本条の要件

1　管轄裁判所が法律上の理由または特別の事情により裁判権を行うことができないとき（1項1号）

　「法律上の理由」とは、裁判官が除斥、忌避、回避等の理由により法律上裁判に関与することができず、他に裁判所を構成するに足りるだけの裁判官がいない場合等をいう。また「特別の事情」とは、天災、地震、流行病等、ある程度長期にわたり執務に支障をきたす事由をいう。

　このような場合、裁判官の職務代行や事務の移転といった司法行政上の措置（裁19条、裁28条、裁36条、裁38条）によって対応することが考えられるが、かかる対応が行われない場合、本条が適用される。

2　地方の民心、訴訟の状況その他の事情により裁判の公平を維持することができない虞があるとき（1項2号）

　個々の裁判官に忌避等の事情が存在するのではなく、その地方の民衆の感情、訴訟の状況、その他裁判所の周囲の状況などにより、裁判所全体が影響を受け、公平な裁判の実現が期待できない疑いがある場合をいう。これは憲37条1項の公平な裁判所の裁判を受ける権利を保障する意味があり、裁判所全体に対する包括的忌避を認めたものである。

　管轄移転が肯定された裁判例として、(1)弁護士である被告人が地方裁判所の裁判官の名誉を毀損した旨の公訴事実にかかる事件において、裁判官等職員が証人として尋問されることが予想される場合においては、裁判の公平を維持することができないおそれが認められるとした事例[22]がある。他方、管轄移転を否定した裁判例として、(2)本件被告事件が、従業員の大量解雇に端を発した争議中の出来事にかかるもので、石川県地方の新聞紙によって大きく報道され、石川県下の一般民衆が裁判の帰趨に甚大な関心を寄せており、その公判に多数の傍聴人が殺到することが当然予期される状況にあるからといって、他に特別

---

[22]　東京高決昭32・10・25東高時報8巻10号371頁。

の事情の認められない限り、右被告事件の控訴審を名古屋高裁金沢支部で行うことが、その公平を維持し得ないおそれがあるとは認められないし、第一審の第1回公判期日に多数の武装警官による警戒があったとしても、その一事をもって直ちに裁判の公平を維持し得ないおそれがあると即断できないとした事例[23]、(3)被告人（申立人）らが共謀の上、東京高裁長官室等に侵入した事実、同裁判所内で兇器を準備して集合した事実、共謀の上同長官ら三名に対し全治一週間を要する傷害を負わせた事実により起訴され、右各事実につき第一審で有罪の言渡しを受けたことが認められるが、このように裁判所及び裁判官が被害者であるとの一事をもって直ちに裁判の公平を維持できないおそれがあるということはできないとした事例[24]、(4)地方裁判所の刑事部所属の全裁判官が、本案事件に関し令状発付その他の裁判事務を処理したなどの事情は、当該裁判所において本案事件の審理をするときは裁判の公平を維持することができないおそれがあるとすべき事情とは認められないとした事例[25]がある。また近時、(5)米軍属の被告人が那覇地裁に起訴された強姦致死、殺人、死体遺棄被告事件について、最高裁は、「公平な裁判所における法と証拠に基づく適正な裁判が行われることが制度的に十分保障されている」裁判員制度の仕組みの下においては、那覇地裁で公平な裁判が行われることを期待し難い事情は認められないから、本件は、本号にいう「裁判の公平を維持することができない虞があるとき」に当たらないとの判断を示した[26]。

　上記の裁判例から、裁判所全体が除斥の原因（刑訴20条）として掲げられている事項に明らかに該当するような場合（前述(1)のような場合）でない限り、直ちには管轄移転を肯定しない傾向が認められる。これは、法定管轄の固定性を緩和することに対する慎重な立場の現れであると同時に、裁判官の忌避に対する判例の厳格な姿勢（刑訴21条の解説参照）との関連も考えられよう。もっとも被告人の公平な裁判を受ける権利の保障（憲37条1項）の観点からすれば、移転を認める余地をより広めるべきである。

Ⅲ　本条の手続

　検察官は、本条の要件がある場合には、直近上級の裁判所に管轄移転の請求をする義務がある。その請求は起訴の前後を問わない。被告人も起訴後は請求権があり、公平な裁判を受ける権利（憲37条1項）の現れである。「直近上級の裁判所」については、刑訴8条の解説Ⅳ参照。

---

[23]　最二小決昭24・3・5刑集3巻3号268頁。
[24]　最三小決昭52・6・17刑集31巻4号675頁。
[25]　東京高決昭59・5・11高刑集37巻2号305頁。
[26]　最二小判平成28・8・1刑集70巻6号581頁。

32　第18条（管轄移転の請求2）

　管轄移転の決定は、その事件の事物管轄を有する（土地管轄は不要）裁判所を特定して行われる。裁判所に係属中の事件は、この決定により訴訟係属が移転する。この決定には抗告ができない（刑訴420条1項）。

（豊崎七絵）

（管轄移転の請求2）
第18条　犯罪の性質、地方の民心その他の事情により管轄裁判所が審判をするときは公安を害する虞があると認める場合には、検事総長は、最高裁判所に管轄移転の請求をしなければならない。

Ⅰ　本条の趣旨

　本条の趣旨は、前条と同様である。
　本条は、管轄の移転のうち、公共の安全（公安）を害するおそれがあることを理由とする場合に関する規定である。

Ⅱ　本条の要件と手続

　犯罪の性質、地方の民心その他の事情により管轄裁判所が審判をするときは公共の安全を害するおそれがあることであり、前条のように裁判の公平を維持する目的をもつものではない。従って前条と異なり、被告人には請求権がない。検事総長は起訴の前後を問わず、最高裁に請求することができる。本条の請求は、土地管轄についてのみ認められるとともに、第一審だけでなく控訴審にも適用があると解されている。

（豊崎七絵）

（事件の移送）
第19条　裁判所は、適当と認めるときは、検察官若しくは被告人の請求により又は職権で、決定を以て、その管轄に属する事件を事物管轄を同じくする他の管轄裁判所に移送することができる。
②　移送の決定は、被告事件につき証拠調を開始した後は、これをすることができない。
③　移送の決定又は移送の請求を却下する決定に対しては、その決定により著しく利益を害される場合に限り、その事由を疎明して、即時抗告をすることができる。

I 本条の趣旨

本条は現行刑訴法によって初めて設けられたもので、旧刑訴法には同様の規定はなかった。その趣旨は、起訴前の勾留期間が制限されたことによって被告人の現在地の管轄裁判所に起訴される事態がかなり予想されるが、この場合にも犯罪地や住所地を管轄する裁判所で審判する途を開くという点にあるとされる[27]。

この事件の移送に関し、被告人の防御権の行使に重点を置くか、それとも被告人の利益の保護と訴訟上の便宜とを併せ考えるかによって、本条1項の「適当と認めるとき」ならびに本条3項の「著しく利害を害される場合」、それぞれの要件の具体的意味が異なりうる。この点に関し、土地管轄の諸基準（犯罪地、住所・居所、現在地）のうち現在地の趣旨は、捜査・訴追の便宜に求められるが、現行刑訴法当時の「劣悪な交通事情や宿舎の事情を背景に、訴追の便宜をはかるほかはないという実務上の観点」により設けられたものと推察される[28]。ゆえにその当時と社会状況が全く異なる現在においては、被告人の防御権の行使を重視して、移送の適否も判断すべきである。

II 本条の要件

「適当と認めるとき」である。これについて、裁判所の審判の便宜、検察官の立証の便宜、被告人の防御権の行使等を総合考慮すべきとする見解が多い。しかし前述の本条の趣旨に基づき、被告人の防御権の行使に重点を置くべきである。

移送の対象は現に係属中の事件である。移送を受けるべき裁判所は「事物管轄を同じくする他の管轄裁判所」であり、土地管轄を有する同種同等の裁判所をいう。従って、簡易裁判所と地方裁判所が競合的に事物管轄を有する事件でも、本条による両者相互間の移送は許されない（簡易裁判所から地方裁判所への移送は、刑訴332条により可能）。また地方裁判所の本庁と支部、支部相互間にも本条の適用はないと考えられている[29]。

移送を受ける裁判所が有すべき土地管轄権について、移送される事件が当該裁判所に係属している他の事件の関連事件であることによる併合管轄（刑訴6条）も含まれるとの見解と、移送される事件についての固有の管轄（刑訴2条）でなければならないとの見解とがありうる。前者の見解を支持する高裁の裁判

---

[27] 団藤重光『條解刑事訴訟法（上）』（弘文堂、1950年）42頁。

[28] 松尾浩也「裁判所の土地管轄」平野龍一＝松尾浩也＝田宮裕編『刑事訴訟法判例百選（第3版）』（有斐閣、1976年）11頁。

[29] 最三小決昭44・3・25刑集23巻3号212頁。

34 第19条（事件の移送）

例※30もあるものの、本条の趣旨や立法過程等に鑑み、後者の見解に理があるとの指摘がある※31。

土地管轄を有するか否かは、原則として起訴時が標準となる。もっとも起訴後に被告人の住所の変更があった場合に、新住所地の裁判所に移送することも許されよう※32。

Ⅲ　本条の手続

移送の決定は、検察官もしくは被告人の請求により、または職権で行われる。弁護人にも本条の請求権があると解される。移送の請求の方式及び相手方等の意見聴取については、刑訴規7条、刑訴規8条参照。当事者が請求したときはその相手方、職権によるときは当事者双方の意見を聴かなければならない（刑訴規8条）。

証拠調べを開始した後は移送できない（本条2項）※33。

Ⅳ　移送の効果

移送の決定が確定したときは、訴訟係属が移転する。移送を受けた裁判所は、刑訴315条の場合に準じて、公判手続を更新しなければならない。

移送決定は、その確定により拘束力を有するから、事情変更のない限り、移送を受けた裁判所を拘束し、再移送は許されない。しかし事情の変更があれば再移送・逆移送も許されよう。なお土地管轄のない裁判所への違法な移送決定であっても、それが確定すればその裁判所を拘束するから、訴訟係属は移転す

※30　東京高決昭53・8・15判時905号13頁。

※31　河上和雄他編『大コンメンタール刑事訴訟法（第2版）第1巻』（青林書院、2013年）199-202頁〔永井敏雄〕。

※32　最一小判昭58・10・13刑集37巻8号1139頁は、移送決定の時点で移送を受けた裁判所に土地管轄があるか否か明らかでなかったとしても、その後土地管轄が具備されるに至った場合には瑕疵の治癒が認められるとした。

※33　東京高決昭26・9・6東高時報1巻3号28頁は、検察官の冒頭陳述が行われた後は、移送決定はできないとした。直方簡決平8・10・3判時1609号161頁は、検察官の冒頭陳述後ではあるが、実質的な証拠調べは行われていないこと、第一回公判期日後弁護人が交代して新たな弁護活動の準備の時期にあること、また、検察官請求の証人について、福岡簡易裁判所で審理が行われても時間的、経済的な不利益は特に生じないことなどを考慮すると、検察官側にとって、移送されることにより、本件公訴の維持及び審理に重大な支障を来すとは解されないとして、本件について、「被告人及び弁護人にとって防禦権の行使が充分に期待できる被告人の居住地を管轄する福岡簡易裁判所において審理するのが相当と認められる」とした。

る。もっとも、移送を受けた裁判所に管轄権がない場合、管轄違いの言渡しが行われることになろう。

V 即時抗告

　移送の決定または移送の請求を却下する決定に対しては、その決定により著しく利益を害される場合に限り、その事由を疎明して即時抗告することができる。「疎明」とは、一応確からしいという程度の心証で足り、その資料及び取調べの方式にも制約はない。

　「著しく利益を害される場合」とは具体的にどのような事情を指すか。著しく利益が害されたとして移送決定が取り消された裁判例には、検察側の立証の負担を考慮したものが相当数ある[34]。他方、被告人側が公判裁判所の遠隔地に居住するため出廷等につき時間的、経済的な不利益があるとしても、検察官の公訴維持の便宜等を考慮すると公判裁判所での審理が相当であり、著しく被告人の利益を害するとはいえないとした裁判例[35]など、被告人側の不利益が検察官の立証の便宜等の他の利益との比較衡量によって相対的に評価される傾向がある。しかし本条の趣旨からすれば、かかる比較衡量のあり方には疑問がある。

　ところで土地管轄を有しない裁判所に事件を移送するとの違法な決定がなされた場合の是正方法について、本条3項所定の即時抗告によるとの裁判例がある[36]。これによれば、即時抗告にあたっては「著しく利益を害される」ことの疎明も要することになる。これに対しては、移送の基本的な要件を欠いた違法な決定に対する即時抗告においては疎明不要との反対論もある。

（豊崎七絵）

---

[34] 広島高決昭30・2・19高刑特2巻5号112頁、東京高決昭35・12・7下刑集2巻11・12号1419頁、名古屋高決昭57・7・7判時1067号157頁、東京高決平14・3・27東高時報53巻1-12号41頁。なお広島高決昭41・5・10高刑集19巻3号367頁は、事件の移送により検察官が著しく利益を害される場合にあたらないとして原移送決定を維持した。

[35] 福岡高宮崎支決昭45・8・10高刑集23巻3号516頁。なお東京高決昭33・9・25東高時報9巻9号250頁。

[36] 大阪高決昭40・12・11高刑集18巻7号864頁。

第1編第2章　裁判所職員の除斥及び忌避

〔前注〕

I　本章の趣旨

　除斥及び**忌避**とは、裁判所職員（裁判官及び裁判所書記官）が、担当する事件について特定の関係を有し、そのため裁判の公正が期待できないと考えられる場合に、職務の執行から排除する制度である。除斥と忌避との違いは、裁判所職員の排除が訴訟関係人の申立てによらずに法律上当然になされるか否かにある。なお刑訴規13条は、除斥・忌避とは別に、忌避原因があると思料する裁判官が自ら職務の執行を外れる**回避**を定める（刑訴規15条1項により、裁判所書記官にも準用される）。

II　「公平な裁判所」（憲37条1項）との関係

　刑事訴訟における除斥及び忌避の目的は何か。1つには、裁判一般の要請として、裁判所の組織・構成についての公平を確保することであり、旧法までの除斥等の制度や民訴法上の除斥等の制度とも共通する目的を考えうる。
　これに対して多数の学説は、除斥及び忌避を、裁判一般の要請という性格を越えて、憲37条1項にいう被告人の「公平な裁判所」による裁判を受ける権利の保障を具体化する制度として位置付ける[1]。すなわち、予断排除の原則を除斥・忌避制度にも導入したとの理解をとる。
　もっとも裁判実務においては、予断排除の必要があると考えうる場合でも、除斥あるいは忌避の原因を認めず、狭く解する傾向がある（刑訴20条及び刑訴21条の解説参照）。実際「不公平な裁判をする虞がある」として忌避申立てが認容された例はほとんどなく、公式判例集掲載の事例としては、高松高決昭25・3・18高刑集3巻追録1頁があるのみで、しかもこれと同種の事例につき忌避申立ては認められないとの最高裁判例がある（詳細については、刑訴21条の解説II.3参照）。

（豊崎七絵）

（除斥の原因）
　第20条　裁判官は、次に掲げる場合には、職務の執行から除斥される。

---

[1]　平野龍一『刑事訴訟法』（有斐閣、1958年）48頁。

一　裁判官が被害者であるとき。

二　裁判官が被告人又は被害者の親族であるとき、又はあつたとき。

三　裁判官が被告人又は被害者の法定代理人、後見監督人、保佐人、保佐監督人、補助人又は補助監督人であるとき。

四　裁判官が事件について証人又は鑑定人となつたとき。

五　裁判官が事件について被告人の代理人、弁護人又は補佐人となつたとき。

六　裁判官が事件について検察官又は司法警察員の職務を行つたとき。

七　裁判官が事件について第二百六十六条第二号の決定、略式命令、前審の裁判、第三百九十八条乃至第四百条、第四百十二条若しくは第四百十三条の規定により差し戻し、若しくは移送された場合における原判決又はこれらの裁判の基礎となつた取調べに関与したとき。ただし、受託裁判官として関与した場合は、この限りでない。

I　本条の趣旨

本条は、**除斥**の原因を規定する。除斥とは、法律上当然に職務の執行から排除されることをいい、訴訟関係人の申立てによらない。除斥原因がある場合でも、訴訟関係人の申立てによる場合は、忌避になる（刑訴21条）。除斥原因は、「不公平な裁判をする虞」（刑訴21条）が高い場合を類型化したものである。

除斥原因のある裁判官が、一審の判決に関与した場合には絶対的控訴理由となり（刑訴377条2号）、その他の訴訟行為に関与した場合も法令違反であって、判決に影響を及ぼすことが明らかであれば相対的控訴理由となる（刑訴379条）。除斥原因のある裁判官が控訴審の判決に関与した場合には、憲法違反（憲37条1項違反）として上告理由となり（刑訴405条1号）、その他の訴訟行為に関与したときは法令違反として職権破棄理由となる（刑訴411条1号）。もっとも、除斥原因のある裁判官による判決への関与が全て憲法違反になるのではないとの見解もあり、その場合、職権破棄理由（刑訴411条1号）になる。

除斥原因は、具体的事件の関係者と密接な関係のある場合（1-3号）と具体的事件について一定の職務を行った場合（4-7号）とに大別される。

除斥の手続については、忌避の申立てについて決定すべき裁判所が職権で除斥の決定をする。決定にあたり、当該裁判官の意見を聴かなければならない。当該裁判官は決定に関与することができない。合議体の裁判所を構成できないときは、直近上級の裁判所が決定する（以上、刑訴規12条）。ただし、除斥の効果は、決定によってではなく、原因発生によって生ずる。なお当該裁判官が除斥原因があることを認める場合、当然に職務の執行から排除されるので決定の

必要はないとする判例[2]・学説と、手続を明確にするため決定を要するとの
学説とがある。

裁判所書記官も除斥の対象となりうる（刑訴26条1項）。

II　職務の執行

除斥原因のある裁判官が排除される「職務の執行」とは、当該事件に関する
全ての訴訟行為をいう。公判手続だけでなく、全ての裁判手続及びその基礎と
なる取調べも含む。ただし判例は、判決の宣告は除斥さるべき「職務の執行」
に該当しないとする[3]。判決宣告などの判断を含まない事実行為は許される
との趣旨であろう。もっともこのような訴訟行為が行われた場合、その行為に
は瑕疵があるが必ずしも全ての行為が無効とはいえないというにとどまるとの
有力説[4]もある。

III　事件関係者と密接な関係がある場合（1-3号）

1　被害者

当該事件の犯罪により法益を侵害された者。攻撃の客体となった場合（公務
執行妨害罪の暴行・脅迫を受けた裁判官）を含む。

2　被告人

被疑者も含まれる。

3　親族、法定代理人、後見監督人、補佐人、補佐監督人、補助人、補佐監督人

民法の規定による。

IV　手続関係人として一定の職務を行った場合（4-6号）

1　事件

当該事件であれば、起訴の前後を問わない。

---

[2]　最二小決昭27・9・8裁判集刑67号1頁。

[3]　最二小決昭28・11・27刑集7巻11号2294頁、最三小判昭32・4・16刑集11巻4号
1372頁。

[4]　平野龍一『刑事訴訟法』（有斐閣、1958年）50頁。

2　証人または鑑定人

　裁判所または裁判官の面前で宣誓のうえ証言または鑑定をする者をいい、参考人や鑑定受託者（刑訴223条参照）は含まれない。しかしこれらの者についても、本条の準用か、少なくとも忌避の原因を認めるべきである（刑訴21条1項）。

3　代理人、弁護人または補佐人

　代理人は、弁護人、補佐人以外の者で、包括的な代理人（刑訴27条、刑訴28条、刑訴29条、刑訴283条、刑訴284条）のほか、個々の訴訟行為の代理人も含むと解されている。もっとも後者の訴訟行為の代理を認めた判例は、いずれも弁護人による代理に関するものである[5]。弁護人については刑訴31条、補佐人については刑訴42条。

4　検察官または司法警察員

　検察事務官や司法巡査については明文で規定されていないが、本条の準用を認めるか、少なくとも忌避の原因があると解すべきである（刑訴21条1項）。判例は、検察官の「職務を行ったとき」について、「裁判官がその任官前に、当該事件について、検察官として、ある具体的な職務行為をした場合をいう」ものであり、最高検察庁次長検事の職にあり、その在職期間中に密接に関連する論点を含む上告審の諸裁判があっただけでは、これに当たらないとする[6]。しかし、次長検事の職務内容（検察7条）、とりわけ上告審係属事件についてその訴追の遂行・維持に当たる当事者的地位に鑑みれば、それらの事件に具体的に関与していたことが推定されるのであり、かかる場合、被告人の権利としての「公平な裁判所」（憲37条1項）を確保するために除斥事由を肯定すべきである。

V　裁判官として一定の職務を行った場合（7号）

1　刑訴266条2号の決定

　付審判決定である。関連する問題として、少年20条の逆送決定への関与がある。最高裁は、逆送決定は「前審の裁判」ではない（後述3参照）から除斥原因にあたらないとする[7]。しかし、逆送決定は付審判決定と「性質著しく酷似

---

[5]　最大判昭24・1・12刑集3巻1号20頁、最二小決昭24・4・6刑集3巻4号469頁、最大決昭24・9・19刑集3巻10号1598頁、最大決昭63・2・17刑集42巻2号299頁。なお平野・前掲※4書34-35頁参照。

[6]　最大決昭47・7・1刑集26巻6号355頁。

[7]　最二小決昭29・2・26刑集8巻2号198頁。

40 第 20 条（除斥の原因）

する」ことを理由に除斥原因になるとした下級審の裁判例もある[8]。学説は、除斥原因または忌避原因にあたるとの見解が多い[9]。

2 略式命令

略式命令をした裁判官が、これに対する正式裁判の請求があったときに移送決定にだけ関与した場合について、判例は「形式的裁判であるにとどまり、審判の実質的内容に影響を及ぼすものでない」ので除斥原因にあたらないとする[10]。略式命令不相当として、通常の規定に従って審判することとした裁判官（刑訴463条）についてはどうか。略式命令への関与とは略式命令を発した場合を指すので除斥原因に直接該当しない。最高裁も除斥原因にならないとする[11]。しかし裁判官は不相当判断の前提として取調べをしているはずで、事件につき予断を持っているとして、略式命令への関与に準じて除斥されるとする見解、忌避されるとする見解がある。

3 前審の裁判

「前審」とは審級制度のもとで上級審からみた下級審を指し、「裁判」とは終局裁判のことである。終局前の裁判（証拠決定など）だけに関与した場合には、「裁判の基礎となった取調べ」との関係で問題になる（後述5参照）。破棄差戻しした上級審の裁判官は差戻審に関与でき、忌避されないとする見解が一般的である。その理由として、この上級審は「前審」でなく、破棄自判も可能であったことが挙げられている。また事件を移送した裁判所の裁判官が移送を受けた裁判所で裁判に関与することも、「前審」の意義に加え、移送は証拠調べ開始前に行われる（刑訴19条2項）から類型的に予断が生じる場合ではないとして許されるとされる。

破棄差戻しした上級審の裁判官は、再度の上級審に関与できるか。判例は前の上級審は「前審」でないから除斥されないとする[12]が、予断排除の観点から忌避原因、さらに除斥または忌避の原因となりうるとの見解がある。

公訴棄却の判決をし、またはその判決に至る手続に関与した裁判官は、再起訴後の第一審に関与できるか。判例は、事件について前審の裁判またはその基

---

[8] 名古屋高判昭27・3・19高刑集5巻4号505頁。

[9] 平野・前掲[4]書50頁は、少年20条の逆送決定がなされたとき、検察官は原則として起訴を強制されるから（少年45条5号）、付審判決定の場合に準ずるべきであるとする。

[10] 最一小判昭36・2・23刑集15巻2号396頁。

[11] 最一小判昭28・2・19刑集7巻2号293頁。

[12] 最一小決昭28・5・7刑集7巻5号946頁、最三小決昭36・10・31裁判集刑139号807頁。

礎となった取調べに関与したものとはいえないから除斥されないとする[13]が、実質的な証拠調べを行っていた以上、予断排除の観点から少なくとも忌避原因を認めるべきであるとの見解がある。

判決確定までの裁判に関与した裁判官は、当該事件の再審請求審に関与できるか。判例は、再審は上訴でないから、確定判決に関与した裁判官は除斥されないとする[14]。これに対し、無辜の救済にとっての再審の重要性から形式論ではなく実質論をとるべきで、再審からみれば確定までの審級は「前審」といえるとの反対論がある。この対立の根底には、次の考え方の相違がある。すなわち、再審を、新資料に基づき原判決の違法を新たに発見するものである点で原裁判手続とは断絶しているとみるならば、除斥につき消極的に解することになる。しかし、再審請求人からみれば裁判官が先入観を持っているとの疑念を払拭できない、また再審は新資料をを加えつつも原裁判の旧証拠の再評価を行う手続であると考えるならば、除斥につき積極説をとることになる。

4 差戻し・移送の場合における原判決

刑訴398条、刑訴399条、刑訴400条、刑訴412条、刑訴413条により、差戻しまたは移送された場合における原判決に関与したとき、除斥原因が認められる。

5 裁判の基礎となった取調べへの関与

以上見てきたように、7号は、除斥原因として、(1)刑訴266条2号の決定に関与したとき、(2)略式命令に関与したとき、(3)前審の裁判に関与したとき、(4)差戻し・移送の場合における原判決に関与したときの4点を挙げているが、さらに(5)これらの裁判の基礎となった取調べに関与したときをも除斥原因とする。

この裁判の基礎となった取調べへの関与について、最大判昭41・7・20刑集20巻6号677頁は証拠調べの結果が罪となるべき事実を認定するための証拠として採用された場合とするが、予断排除の観点から証拠として採用されなかった場合も含むとの見解もある。

6 第一審の前手続への関与

7号では、第一審の審理においては、付審判決定への関与と略式命令への関与を除き、その前手続に関与した裁判官の除斥を明文で規定していない。刑訴規187条2項但書は、その事件に関与すべき裁判官が、第1回公判期日までの勾留に関する処分をすることを認めている。判例は、逮捕状を発し、起訴前の勾留に関する処分に関与し、かつ起訴後第1回公判期日までに保釈請求却下決定

---

[13] 最一小決平17・8・30刑集59巻6号726頁。
[14] 最一小決昭34・2・19刑集13巻2号179頁。

をした裁判官[15]、刑訴227条の証人尋問をした裁判官[16]、公判審理前に共犯の関係にある他の被告事件の証人として被告人を尋問した（尋問事項が本件の訴因に関するものであった）裁判官[17]、いずれも除斥されないとする。

7号の趣旨を、審級制度を実質化することにより裁判一般の公平・適正を確保するものと理解する立場は、以上の判例を支持する。しかし「公平な裁判所」は憲法の要請であり、予断排除は不可欠である以上、法に除斥の明文がないからといって、その裁判官の関与を許すことはできない。したがって除斥原因、あるいは少なくとも忌避原因を認めるべきである[18]。

7　受託裁判官

他の裁判所または裁判官の嘱託に基づき、特定の訴訟行為をその裁判所等のために行う裁判官をいう。**受託裁判官**が除斥されないのは、事件全体を知らないので、少なくとも類型的に予断を抱くとはみなし得ないからである。忌避理由にはなりうる。

もっとも、受託裁判官が刑訴226条・刑訴227条の証人尋問や刑訴179条の証拠保全を行い、その結果が裁判の基礎になった場合と、裁判官自らこれらの訴訟行為を行い、その結果が裁判の基礎になった場合とで、実質的な相違はない。故に後者の場合に除斥原因になるとの立場をとれば、前者の受託裁判官の場合にも同様に解することになろう。

（豊崎七絵）

（忌避の原因、忌避申立権者）
第21条　裁判官が職務の執行から除斥されるべきとき、又は不公平な裁判をする虞があるときは、検察官又は被告人は、これを忌避することができる。
②　弁護人は、被告人のため忌避の申立をすることができる。但し、被告人の明示した意思に反することはできない。

I　本条の趣旨

本条は、忌避の原因と忌避申立権者を規定する。**忌避**とは、裁判官が「不公平な裁判をする虞がある」と認められるとき、当該裁判官を職務の執行から脱

---

[15] 最大判昭25・4・12刑集4巻4号535頁。
[16] 最二小決昭30・3・25刑集9巻3号519頁。
[17] 最二小決昭30・10・14刑集9巻11号2213頁。
[18] 平野・前掲※4書49-50頁。

退させる制度である。前条の除斥原因が「不公平な裁判をする虞」が大きい場合を類型化したものであるのに対し、忌避原因は非類型的であるという点で除斥原因を補充するものである。

裁判所書記官も忌避の対象となりうる（刑訴26条1項）。

II 「不公平な裁判をする虞」

1 判断基準

忌避の原因は、(1)「裁判官が職務の執行から除斥されるべきとき」（刑訴20条）と、(2)裁判官が「不公平な裁判をする虞があるとき」であるが、本来的な忌避原因は後者である。後者の「不公平な裁判をする虞」があるか否かについては、もっぱら抽象的・類型的な考察によって判断するのは不十分であり、個別的・具体的な考察を要するとされてきた。忌避原因が非類型的である以上、そのこと自体は正当であろう。もっとも除斥及び忌避の趣旨を、憲37条3項にいう被告人の「公平な裁判所」による裁判を受ける権利の保障の具体化とみるならば（第2章〔前注〕参照）、忌避による予断排除は被告人の権利として要請されている。従って個別的・具体的な考察を要するといっても、忌避原因を認めるハードルを不当に高くするものであってはならない。この点、民事訴訟における忌避を定める民訴24条1項が「裁判の公正を妨げるべき事情」として客観的な事情の存在を求めるのに対し、本条1項は「不公平な裁判をする虞」と規定することにより、むしろ主観的な事情、すなわち「被告人が抱く、不公平な裁判をするのではないかとの疑い」の存在を求めていると解すべきである。ただしその「疑い」は何でもよいというのではなく、具体的な事案に即し被告人が疑いを抱くことに相当性がある場合に、「不公平な裁判をする虞」があると認定すべきである。ここに、個別的・具体的な考察を行う意義がある。

もっとも以下確認するように判例は忌避をほとんど認めておらず、客観的事情の存在を求めている。

2 手続内における審理の方法・態度

最二小決昭47・11・16刑集26巻9号515頁は、当該手続内における審理の方法・態度などについては、「審理過程外の要因の存在を示すものと認めるべき特段の事情が存するのでないかぎり」、忌避原因となりえないとする。最一小決昭48・10・8刑集27巻9号1415頁も「その手続内における審理の方法、態度などは、それだけでは直ちに忌避の理由となしえない」とし、異議・上訴などの不服申立方法によって救済を求めるべきであって、「訴訟手続内における審理の方法、態度に対する不服を理由とする忌避申立ては、しょせん受け容れられる可能性は全くない」とする。最大決昭25・4・7刑集4巻4号512頁は、公判調書の作成が遅れたというだけでは、または調書の作成ができていないのに審

44　第21条（忌避の原因、忌避申立権者）

理を進めたというだけでは偏頗の裁判をする虞があるといえないとする。

　このようにして判例は、手続内における審理の方法・態度はそれだけでは忌避原因とならず、忌避原因となるのは、「裁判官が事件の当事者と特別の関係にあるとか、手続外においてすでに事件につき一定の判断を形成しているとかの、当該事件の審理過程に属さない要因により、当該裁判官によっては、その事件についての公平で客観性のある審理及び裁判が期待しがたいと認められる場合」[19]に限定する。しかし学説からは、かかる限定に対し批判がなされている。なぜなら第1に、判例のように異議、上訴などによる救済によるべきだといっても、それは誤った手続を事後的に正しくするためのものであって、当該裁判官の手続への関与を排除するものではない点で忌避とはその目的を異にしており、結局、審理の方法・態度が忌避原因とならないことを十分に正当化していないからである[20]。

3　裁判官として関連事件への関与

　「当該事件の審理過程に属さない要因」による忌避申立てについて理由ありとした判例はほとんどない。

　まず裁判官が関連事件に関与した以下の場合について、最高裁はいずれも忌避原因に当たらないとした。(1)共同被告人として起訴された後、弁論が分離された共犯者について証拠調べを終えた裁判官[21]。(2)必要的共犯者の事件を審理し、本件被告人等を証人として尋問しかつその検察官面前調書を弁護人側の異議を却下して取り調べるなどした裁判官[22]。(3)共犯者に対して被告人との共謀にかかる公訴事実につき有罪の判決をした裁判官[23]。(4)本件と社会的事実関係を同じくする民事訴訟事件の審判に関与し、その後本件について合議体の一員として審判に関与した裁判官[24]。もっとも最高裁は(1)(2)(4)において関連事件への関与という「その一事をもって」は理由とならないとしているから、たとえばそれ以外の事情も存在して、これらを総合評価することにより、当該裁判官が「手続外においてすでに事件につき一定の判断を形成している」[25]とみなされ、忌避原因を認めうる場合はなお残されている。ただ(3)のように当該裁判官が有罪判決を言渡した場合でさえ忌避申立てを認めていないことに照らすと、判例は忌避原因の範囲を極めて狭く解しているようにみえる。

---

[19]　最二小決昭47・11・16刑集26巻9号515頁。
[20]　井戸田侃「裁判官の忌避」『刑事訴訟法判例百選（第6版）』（有斐閣、1992年）103頁。
[21]　最三小判昭28・10・6刑集7巻10号1888頁。
[22]　最三小決昭31・9・18刑集10巻9号1347頁。
[23]　最一小決昭36・6・14刑集15巻6号974頁。
[24]　最三小決昭31・9・25刑集10巻9号1382頁。
[25]　最二小決昭47・11・16刑集26巻9号515頁。

この点に関連するものとして高松高決昭25・3・18高刑集3巻追録1頁は、共犯者に対して被告人との共謀にかかる事実につき有罪の判決をした裁判官について、不公平な裁判をする虞があるものと解することが刑事訴訟法の精神に合致しており、本条1項に該当すると認められるので忌避の申立てがあれば認容すべきであると論じていた。同決定は、刑事訴訟法が公平な裁判（憲37条1項）の理念から当事者主義を強化すると共に第1回公判期日まではできる限り裁判所を白紙の状態に置き公判の審理によってはじめて事件の心証を得るようにさせるために旧刑事訴訟法の公訴提起の方式に根本的な改正を加えていることに言及し、ここに刑事訴訟法の精神を見出していた。しかし同決定は前掲(3)の判例によって判例変更されることとなった。

しかし判例のように忌避原因を限定する傾向に対しては、学説からの強い批判がある。

4　検察官として一定の職務を行った場合

最大決昭47・7・1刑集26巻6号355頁は、(1)高等検察庁検事長として、憲法及び法律の解釈上本件と同種の論点を含む他の刑事被告事件について上告趣意書を提出し、その論点に関する法律上の見解を明らかにした場合、また(2)最高検察庁次長検事として在職期間中に本件の論点と密接に関連する判旨を示す上告審の諸裁判があり、次長検事としての職務権限を有していた場合それぞれについて、不公平な裁判をする虞があるときに該当するものとはいえない、とする。しかし(1)は、当事者の立場に立って論点を同じくする事件につき見解を述べ最高裁に判断を求めている点に鑑みれば、「被告人が抱く、不公平な裁判をするのではないかとの疑い」に相当性があり、忌避事由を認めるべき事案と考えるべきであろう。また(2)についても、最高検次長検事として上告審係属事件についてその訴追の遂行・維持に当たる当事者的地位にあったことに鑑みれば、忌避事由の存在を肯定すべきである（(2)と除斥事由との関係については、刑訴20条の解説Ⅳの4を参照）。

5　特定の思想・見解を表明していた場合

当該裁判官がこれに該当するからといって、それだけでは忌避原因を認められないとする判例として以下のものがある。(1)争点となっている日本国憲法の理念または社会現象について所感を発表したことのある裁判官[26]。(2)被告人の属している政党またはその党員に好感を有していないことを表明した裁判官[27]。(3)審理の対象となっている条例の立案過程において、法務府法制意見第一局長として照会条例案の規制が合憲であり、一部文言を改めるよう提言し

---

[26] 最大決昭34・7・1刑集13巻7号1001頁。

[27] 東京高決昭27・11・6特報37号86頁。

た内容の意見回答をしたところ、当該条例がその意見回答に依拠して制定されたという裁判官[28]。

確かに、特定の思想・見解を持っているとの一事をもって「不公平な裁判をする虞」が導き出されるわけではない。しかしそのことが実質上当事者的立場とみなされる場合には、忌避原因を認定すべきであろう。たとえば(3)は、当該条例の合憲性を論点とする事案であり、このような場合に該当するというのが申立人の主張であった。

6　最高裁判所長官として司法行政事務に関与していた場合

最大決平23・5・31刑集65巻4号373頁は、最高裁判所長官が、裁判員法の施行を推進するために裁判員制度を説明するパンフレット等の配布を許すとともに、憲法記念日に際して、同制度の実施に関し、現状認識や見通し及び意見を述べたという事案について、最高裁判所長官として裁判員制度の実施に係る司法行政事務に関与したからといって、「具体的事件との関係で裁判員制度の憲法上の適否について法的見解を示したもの」ではなく、同制度の憲法適合性を争点とする本件について「不公平な裁判をする虞」があるということはできないとする。

Ⅲ　忌避申立権者

忌避申立権者は検察官及び被告人である（本条1項）が、弁護人も、被告人の明示した意思に反しない限り、忌避の申立てをすることができる（本条2項）。弁護人の忌避申立権の性格については、刑訴22条の解説Ⅲを参照。

申立権者の「被告人」には、被疑者も含まれうるか。最一小決昭44・9・11刑集23巻9号1100頁は、付審判請求事件の被疑者は本条1項より忌避の申立てをすることができるとした。富山地決昭47・11・22判時690号101頁は、公判前の証人尋問における被疑者も含まれるとする。

福岡高決昭50・3・4高刑集28巻2号113頁は、付審判請求者も含まれるとする。

また東京高決平1・7・18高刑集42巻2号131頁は、少年審判手続において、少年側は裁判官に対する回避の措置を求める申立てができるとする。

Ⅳ　忌避申立ての手続

合議体の構成員である裁判官に対する忌避の申立ては、その裁判官所属の裁判所に、一人の裁判官に対する忌避の申立ては、忌避すべき裁判官に対して行

---

[28]　最一小決昭48・9・20刑集27巻8号1395頁。

第22条（忌避申立ての時期）　47

う（刑訴規9条1項）。忌避の申立てがあったときは、簡易却下されるべき場合（刑訴24条）を除いて、訴訟手続を停止しなければならない。ただし、急速を要する場合にはこの限りでない（以上、刑訴規11条）。東京高決昭57・7・27高刑集35巻2号81頁は、刑訴規11条にいう訴訟手続とは本案の訴訟手続をいい、勾留についての手続を含まないとする。これに対しては、刑訴規所定の訴訟手続から身体拘束に関する手続をはずしてよい理由はなく、忌避申立てがあれば、時間的にも実質上も「急速を要する場合」でない限り、これらの手続の進行もできないとの見解[29]がある。

　忌避申立ては、それに対する決定があるまでは取下げることができる。東京高決昭32・6・13高刑集10巻4号410頁は、証人の再召還を条件として裁判官忌避申立ての取下げがなされた場合、その条件を無効とし、無条件の取下げがあったものと解すべきとする。

（豊崎七絵）

（忌避申立ての時期）
第22条　事件について請求又は陳述をした後には、不公平な裁判をする虞があることを理由として裁判官を忌避することはできない。但し、忌避の原因があることを知らなかつたとき、又は忌避の原因がその後に生じたときは、この限りでない。

I　本条の趣旨

　本条は、不公平な裁判をする虞があることを理由とする忌避申立てについて、その濫用による訴訟進行の妨げを防ぎ、忌避申立権を誠実に行使させるための合理的な規制として、時期の制限を設けたものであるとされる[30]。すなわち、当事者及び訴訟関係人が事件について請求または陳述をした場合には、その裁判官の実体審判を受けることを承認したものとみなし、以後、忌避の申立てを許さないとした。

　ただし、忌避の原因があることを知らなかったとき、または忌避の原因がその後に生じたときは、改めて忌避の申立てをすることが可能である（本条但書）。従って、本条は、当事者等が審判を受ける前にすでに忌避原因が生じていて、

---

[29]　三井誠「被告人から忌避を申し立てられた裁判官は、その裁判がなされる以前に、被告人からの保釈請求を却下できるか」判例評論333号（判例時報1206号（1986年））200-202頁。
[30]　最大決昭39・3・12刑集18巻3号107頁。同決定は、本条は憲37条1項に違反しないとした。

しかもそれを知りながら請求または陳述をした場合に限り、申立てができないとするものである。なお除斥原因があることを理由とする忌避申立てについては、その性質上、時期の制限はない。

II 「事件についての請求又は陳述」

　これについて、本条の趣旨にかんがみ、被告事件の実体に関するそれと解される。検察官の冒頭陳述（刑訴296条）や証拠調べの請求（刑訴298条1項）がこれに含まれるのは明らかであるが、起訴状朗読（刑訴291条1項）、被告事件についての陳述（刑訴291条3項）も含むというのが通説である。これに対して、管轄移転の請求（刑訴17条）、事件移送の請求（刑訴19条）、公判期日変更の請求（刑訴276条）、人定質問（刑訴規196条）などの純手続的なものは含まれない。また弁論の分離・併合の請求（刑訴313条）、管轄違いの申立て（刑訴331条）も含まれない[31]。大阪高決昭28・11・16高刑集6巻12号1705頁は、「被告事件の実体に関する証拠調べの請求、訴因訂正の申立て、右請求又は申立てに対する同意不同意、或いは異議なき旨の意見の陳述はもちろんのこと、その採用された証人に対する尋問、反対尋問等」が「請求又は陳述」に該当するとした。

III 忌避申立権の消滅

　忌避申立権を失うのは、事件について請求または陳述をした当事者に限られ、相手方当事者への影響はない。

　⑴弁護人の忌避申立権が被告人のした陳述により消滅するか、逆に⑵被告人の忌避申立権が弁護人のした陳述により消滅するか、という問題がある。通説ならびに大阪高決昭28・11・16高刑集6巻12号1705頁は⑴⑵ともに積極的立場をとる。その理由として、弁護人の忌避申立権は、被告人の明示した意思に反しない限度においては独立して行使することができる独立代理権であることが挙げられている。もっともこれに対しては、⑴について積極説に立ちつつ、⑵については消極説をとる見解[32]がある。その理由は、弁護人のした陳述が被告人の権利の代理行使でなく弁護人の固有権である場合、弁護人の陳述が被告人の陳述として取扱われる根拠はないというものである。さらに、弁護人の忌避申立権を弁護人の固有権とする説に立てば、⑴⑵ともに消極説に立つことになる。⑴を消極的に解す理由として、刑訴21条1項が「弁護人にとくに忌避申

---

[31] 平野龍一『刑事訴訟法』（有斐閣、1958年）51頁は、管轄違いの申立てについては本条の「請求」に該当するとみる。

[32] 平場安治他著『注解刑事訴訟法（上巻）（全訂新版）』（青林書院、1987年）71頁〔中武靖夫〕。

立権を与えたのは、被告人が事件についての陳述という黙示の放棄によって、忌避申立権を失った場合を慮ったもの」※33であることが挙げられている。

(豊崎七絵)

> **（忌避申立てに対する決定）**
> **第23条**　合議体の構成員である裁判官が忌避されたときは、その裁判官所属の裁判所が、決定をしなければならない。この場合において、その裁判所が地方裁判所であるときは、合議体で決定をしなければならない。
> ②　地方裁判所の一人の裁判官又は家庭裁判所の裁判官が忌避されたときはその裁判官所属の裁判所が、簡易裁判所の裁判官が忌避されたときは管轄地方裁判所が、合議体で決定をしなければならない。ただし、忌避された裁判官が忌避の申立てを理由があるものとするときは、その決定があつたものとみなす。
> ③　忌避された裁判官は、前二項の決定に関与することができない。
> ④　裁判所が忌避された裁判官の退去により決定をすることができないときは、直近上級の裁判所が、決定をしなければならない。

I　本条の趣旨

忌避申立てについて決定を行う裁判所とその構成について規定する。公正な決定を行うため、合議体による決定、忌避された裁判官の決定関与禁止を定める。

II　「裁判官所属の裁判所」（１項、２項）

「忌避された裁判官所属の国法上の意味における裁判所」を指すが、決定するのは、その「裁判所の裁判官をもって構成される、訴訟法上の意味の裁判所」である※34。

III　「合議体で決定をしなければならない」（１項、２項）

地方裁判所ならびに家庭裁判所は原則として一人制であり（裁26条１項、裁31条の４第１項）、簡易裁判所は常に一人制である（裁35条）から、忌避申立てについては特に合議体による決定に関する規定が設けられた。これは裁26条2

※33　平野・前掲※31書50頁参照。
※34　最二小決昭33・12・15刑集12巻16号3545頁。

項4号及び裁31条の4第2項2号にいう「他の法律」の「定め」に該当する。

Ⅳ　忌避決定のあった裁判官の関与が違法となる時点

　一般的に、除斥原因があることを理由とする場合にはその原因発生時に遡って違法となり、「不公平な裁判をする虞がある」ことを理由とする場合には忌避決定時からであると解されている。

（豊崎七絵）

> **（簡易却下手続）**
> **第24条**　訴訟を遅延させる目的のみでされたことの明らかな忌避の申立は、決定でこれを却下しなければならない。この場合には、前条第三項の規定を適用しない。第二十二条の規定に違反し、又は裁判所の規則で定める手続に違反してされた忌避の申立を却下する場合も、同様である。
> ○2　前項の場合には、忌避された受命裁判官、地方裁判所の一人の裁判官又は家庭裁判所若しくは簡易裁判所の裁判官は、忌避の申立てを却下する裁判をすることができる。

Ⅰ　本条の趣旨

　忌避申立権が明らかに濫用された場合についての簡易却下を定める。その具体的対象は、(1)訴訟を遅延させる目的のみに基づくことが明白な申立て、(2)刑訴22条の規定に反して時期に遅れた申立て、ならびに(3)刑訴規9条所定の手続に違反した申立てである。

　忌避された裁判官がその忌避の決定に関与することは、決定の公正さを害することになるので原則として許されない（刑訴23条3項）が、本条による却下の裁判は、忌避原因の有無自体を対象とするのではなく、その申立てが訴訟の進行を阻害する上記(1)(2)(3)に該当するか否かを対象とするので、例外的に当該裁判官の決定関与が許されると説明されてきた。

Ⅱ　「訴訟を遅延させる目的のみでされたことの明らかな忌避の申立」

　これについて、(1)主観的に訴訟遅延のみの目的でされたことが認定されなければならないか、それとも(2)客観的に忌避権の濫用と認められ、申立てに理由がなく、訴訟遅延という結果しかもたらさないと認定できればよいか。(2)の考え方をとる最一小決昭48・10・8刑集27巻9号1415頁は、訴訟手続内における審理の方法、態度は忌避理由とならないとした上で、裁判長の訴訟指揮権、法

廷警察権の行使に対する不服を理由とする忌避申立ては、訴訟遅延のみを目的とするものとして簡易却下すべきとする。これに対し、本件の忌避申立てに理由があるか否かは別論としても、法廷警察権の行使が「弁護人にとって……弁護人に対する背信的行為であると受け取られたことも理解できないことではな」い場合や、裁判長の措置には「妥当を欠くものがあるとも考えられ」、また「弁護人等は、本件審理にあたり相当の準備を以てこれに臨んでおり」、その「訴訟活動にも訴訟遅延を意図したと思われるものはな」い等の事情がある場合、「訴訟を遅延させる目的のみでされたことの明らかである」申立てとはいえないとして、(1)の考え方に立つ裁判例もあった[35]。

簡易却下の裁判は、忌避理由そのものを対象としないがゆえに例外的に許されているとすれば、忌避理由に触れざるを得ない(2)の考え方には疑問がある。

Ⅲ　手続

忌避の申立てがあった場合には、原則として訴訟手続を停止しなければならない（刑訴規11条本文）が、簡易却下すべき場合は例外として訴訟手続が停止されない（刑訴規11条但書）。

Ⅳ　裁判の性質

本条1項による却下が決定をもって行われることは明文で定められている一方、本条2項の却下の裁判について、それが決定か命令かは文理上明らかでない。決定と命令では、それぞれに対する不服申立方法が異なる。この問題は次条解説で取り上げる。

（豊崎七絵）

（即時抗告）
第25条　忌避の申立を却下する決定に対しては、即時抗告をすることができる。

Ⅰ　本条の趣旨

忌避申立てを却下する決定に対する救済手続を規定したものである。即時抗告が認められる。通常の却下及び前条1項の簡易却下の場合、決定をもって行われるから、本条の即時抗告ができることは明らかである。他方で、前条2項

---

[35] 大阪高決昭45・1・22判時583号96頁、東京高決昭48・7・31判時713号135頁。

により地方裁判所の一人の裁判官がした裁判が決定であり、これに対して即時抗告ができるか否かについては争いがある。

これについて、一人制の場合には忌避申立ては本来裁判官に向けられた攻撃であって、これを裁判官として却下するとき、裁判官としての意思決定であると考えれば、一人の裁判官がした裁判は決定ではなく命令であるとして、それに対する不服申立ては本条の即時抗告ではなく準抗告（刑訴429条1項1号）によると解すことになる。最三小決昭29・5・4刑集8巻5号631頁も準抗告によるべきものとする。

これに対し有力説は、一人制の裁判所としての意思決定であると考えれば、その裁判は決定であって、その不服申立ては即時抗告によると解すべきとする[36]。このように決定と解する根拠の1つとして、合議体の裁判所による簡易却下は決定である以上、一人制の裁判所においても同様であるとされる。

Ⅱ　不服申立ての利益

最一小決昭59・3・29刑集38巻5号2095頁は、忌避の申立てを簡易却下し、引き続き審理して刑の執行猶予の言渡取消決定をし、これに対する即時抗告につき意見書等を抗告裁判所に送付したときは、右簡易却下の裁判に対する不服申立ては法律上の利益を欠き不適法になるとする。ただしこの判例の立場に立ったとしても、このように本案の終局裁判が決定の場合、いわゆる再度の考案の制度（刑訴423条2項）があることから、決定後であっても意見書等を抗告裁判所に送付する前であれば、なお不服申立ての利益があり、もとより忌避申立ても可能であると解しうる。

それでは本案の終局裁判が判決の場合はどうか。判例は、判決宣告後、不服申立ての利益がないと解している[37]。しかし忌避された裁判官は、判決宣告後であっても、判決書の作成、控訴申立ての適否の審査（刑訴375条）等の被告事件についての職務のほか、勾留・保釈関係の職務がある（終局裁判が決定の場合も同様の問題がある）。ゆえに忌避申立て及び不服申立ての道を閉ざすべきでない。

---

[36] 高田卓爾『刑事訴訟法（二訂版）』（青林書院、1984年）583頁。平野龍一『刑事訴訟法』（有斐閣、1958年）52頁は、裁判所としての活動か、裁判官としての活動かによって、決定または命令とすべきであるとする。

[37] 最三小決昭36・10・31裁判集刑139号817頁、最三小決昭39・9・29裁判集刑152号987頁。

Ⅲ　執行停止の効力

　簡易却下すべき場合は訴訟手続が停止されない（刑訴規11条但書）が、これに対して即時抗告がなされれば、刑訴425条により執行停止の効力が生じるか。最二小判昭31・3・30刑集10巻3号422頁は、簡易手続を定めた法の規定（刑訴24条）自体が忌避の申立てを却下したときは訴訟手続を停止しないことを意味しており、刑訴規11条但書はその当然のことを規定したものであり、従って刑訴425条も適用されないとする。

（豊崎七絵）

> **（裁判所書記官の除斥・忌避）**
> **第26条**　この章の規定は、第二十条第七号の規定を除いて、裁判所書記にこれを準用する。
> ②　決定は、裁判所書記所属の裁判所がこれをしなければならない。但し、第二十四条第一項の場合には、裁判所書記の附属する受命裁判官が、忌避の申立を却下する裁判をすることができる。

Ⅰ　本条の趣旨

　裁判官の除斥・忌避に関する規定について、裁判官だけに該当する規定を除いて、裁判所書記官に準用するものである。回避についても同様である（刑訴規15条）。裁判所書記官は、裁判の事件に関する重要な事務や裁判官の行う調査の補助をするほか、その職務につき裁判官から一定の独立性が認められている（裁60条）ため、その公平性が求められるからである。

Ⅱ　決定をする裁判所

　これに関する限り、刑訴23条が準用されない（本条2項）。従って決定をする裁判所の構成は裁判所法の定めに従うことになる。なお刑訴23条2項但書も準用されないとする見解が多いが、反対説※38もある。

※38　平場安治他著『注解刑事訴訟法（上巻）（全訂新版）』（1982年、青林書院）78頁〔中武靖夫〕。忌避された者が自らその理由ありとするときは、審理の実益がなくなり、これについては裁判官の場合も書記官の場合も事情は異ならないからである、とする。

Ⅲ　職務執行から排除されるべき書記官が関与した手続の瑕疵

当該書記官の作成した公判調書は無効となり、それが判決に影響を及ぼすことが明らかであれば控訴理由となる（刑訴379条）。

Ⅳ　その他の裁判所職員への準用

裁判所速記官について準用を否定する見解と肯定する見解がある。法廷警備員を忌避することはできないとする裁判例がある[39]。

（豊崎七絵）

---

[39] 福岡地決昭46・3・29判タ263号279頁。

第1編第3章　訴訟能力〔前注〕　55

第1編第3章　訴訟能力

〔前注〕

Ⅰ　訴訟能力の意義

1　**訴訟能力**とは、被疑者・被告人が有効に訴訟行為を行い、他の訴訟関係人によるそれを受ける能力である。それは、当事者となりうる一般的能力である**当事者能力**とは異なる。

　この訴訟能力の基準とは何か。刑訴28条にいう「意思能力」及び刑訴314条1項にいう「心神喪失の状態」にないことは、訴訟能力を意味すると解される。このことから、訴訟能力と刑法上の責任能力とは、それぞれ手続法上ないし実体法上の概念としての区別や、その存否が問題となる時点についての相違はあるものの、ともに意思決定能力（意思能力）であると解するのが一般的であった。この理解に立つと、自己の置かれた立場、各訴訟行為の意味、黙秘権等の権利の内容について、一般的・抽象的・言語的に理解して意思伝達する能力までは必要でなく、実生活を営みうる程度の具体的・実質的・概括的な理解能力ないし意思疎通能力があればよいということになる。

　しかし責任能力と訴訟能力とは、その実質的内容も異なる。すなわち後者は、被告人が主体性をもって防御活動を行いうる適格性のことであり、かかる防御活動は、訴訟の状況を理解しながら、弁護人や他の訴訟関係人とのコミュニケートすることによって成り立つ。かかる主体的防御活動の機会が被告人に保障されなければ、当事者（追行）主義にもとると同時に、憲31条の適正手続条項に反する。以上の検討から訴訟能力を実質的に定義すると、「訴訟の状況を理解し、防禦上必要なコミュニケーションを行う能力」[1]ということになる。この定義のもとでは、精神障害はもとより聴覚障害や言語障害等によるコミュニケーション（意思疎通）の不能ないし困難の場合にも訴訟能力を欠くと解されよう。さらにいえば、刑訴28条の「意思能力」及び刑訴314条1項にいう「心神喪失の状態」にないことを意思疎通能力＝訴訟能力と解釈するので、訴訟無能力の原因が精神障害による場合だけでなく、聴覚・言語障害等によりコミュニケーションを行う能力を欠く場合にも、刑訴314条1項の適用があることになる。

2　以上の、被告人の防御権保障・適正手続確保の観点から一般的に訴訟手続を適法に進行させるために必要な訴訟能力、換言すれば公判手続続行能力は、

---

[1]　松尾浩也『刑事訴訟法（上）（新版）』（弘文堂、1999年）227頁。

個々の訴訟行為の有効要件としての**訴訟行為能力**から区別されることがある。とりわけ判例は、この区別を前提としていると考えられる。

　前者の訴訟能力（公判手続続行能力）については、(1)最三小決平7・2・28刑集49巻2号481頁、(2)最一小判平10・3・12刑集52巻2号17頁、(3)最三小決平18・9・15判時1956号3頁等[2]がある。そのうち(1)は、耳が聞こえず言葉も話せない被告人が刑訴314条1項にいう「心神喪失の状態」にあるか否かが問題となった事案につき、訴訟能力を「被告人としての重要な利害を弁別し、それに従って相当な防御をすることのできる能力」と定義した。もっとも(1)は、訴訟能力の判断基準についてまで明示するものではなかったところ、(2)は、被告人が重度の聴覚障害及び言語を習得しなかったことによる二次的精神遅滞により、抽象的、構造的、仮定的な事柄について理解したり意思疎通を図ることが極めて困難であるなど、精神的能力及び意思疎通能力に重い障害を負い、訴訟能力が著しく制限されているが、弁護人及び通訳人からの適切な援助を受け、かつ、裁判所が後見的役割を果たすことにより、これらの能力をなお保持していると認められるとして、刑訴314条1項にいう「心神喪失の状態」にはなかったとした。すなわち(2)は、具体的・実質的・概括的な理解能力ないし意思疎通能力があればよいとして、訴訟能力について高度な基準を採らないものである。(3)は、かかる基準のもとで訴訟能力を肯定した原々審ないし原審の判断を是認するものである。

　後者の訴訟行為能力については、(4)最二小決昭29・7・30刑集8巻7号1231頁、(5)最二小決平7・6・28刑集49巻6号785頁がある。(4)は、第一審において精神分裂病（統合失調症のこと）と鑑定され、心神耗弱と認定された者の控訴取下げの効力が争われた事案につき、訴訟能力とは、「一定の訴訟行為をなすに当り、その行為の意義を理解し、自己の権利を守る能力」と定義する。ここにいう「訴訟能力」は、訴訟行為能力（控訴取下げ能力）を意味しよう。この(4)が定義した訴訟行為能力の基準を示したのが(5)である。(5)は、死刑判決の言渡しを受けた被告人の控訴取下げの効力が争われた事案につき、「死刑判決に対する上訴取下げは、上訴による不服申立ての道を自ら閉ざして死刑判決を確定させるという重大な法律効果を伴うものであるから、死刑判決の言渡しを受けた被告人が、その判決に不服があるのに、死刑判決宣告の衝撃及び公判審理の重圧に伴う精神的苦痛によって拘禁反応等の精神障害を生じ、その影響下において、その苦痛から逃れることを目的として上訴を取下げた場合には、その上訴取下げは無効と解するのが相当である。けだし、被告人の上訴取下げが有効であるためには、被告人において上訴取下げの意義を理解し、自己の権利を守る能力が必要であると解すべきところ……、右のような状況の下で上訴を取

---

[2]　そのほか、一・二審で死刑に処せられた被告人が最高裁で上告を取下げたところ、最高裁が職権で公判手続を停止した、最二小決平5・5・31刑集47巻6号1頁がある。

第1編第3章　訴訟能力〔前注〕　57

下げた場合、被告人は、自己の権利を守る能力を著しく制限されていたものというべきだからである」※3と論じる。

　このように見てくると、判例は、訴訟能力（公判手続続行能力）と訴訟行為能力とを区別した上で、前者については意思疎通能力の程度でよいとして訴訟能力が肯定される範囲を広く解する一方、後者については（少なくとも上訴取下げ能力については）意思疎通能力以上の能力を要求し、前者と異なる基準を立てる。従って、上訴取下げが無効とされた場合でも、被告人が「心神喪失の状態」でなければ公判手続を続行することになろう。

　これに対し近時の有力説のように、訴訟能力（公判手続続行能力）を、一般的・抽象的・言語的な理解能力ないし意思伝達能力であり、被告人が弁護人をはじめとうる訴訟関係者とコミュニケートしながら、主体性をもって防御活動を行いうる適格性であるとして、その基準を比較的高度に設定するならば、もとより訴訟能力（公判手続続行能力）と訴訟行為能力とを区別する実質的意味はあまりないことになる。

Ⅱ　訴訟能力欠缺の効果

　訴訟能力がないとき、その訴訟行為は無効である。

　また訴訟能力が継続して欠けている間は公判手続を停止しなければならない（刑訴314条1項）。もっともおよそ訴訟能力の回復の見込みがない場合でも、刑訴314条を形式的に適用して公判手続を停止したままにするならば、無期限に被告人の地位を強いることになるため、回復の見込みがない被告人の訴訟無能力は訴訟障碍事由になると解すべきである※4。その詳細については刑訴314条の解説参照。

Ⅲ　本章の趣旨

　本章は、特殊な場合について、訴訟能力のない被疑者・被告人の代表・代理を定める。

（豊崎七絵）

※3　この判示において最二小決昭29・7・30刑集8巻7号1231頁が引用されている。

※4　松尾・前掲※1書152-153、319頁等。

（法人と訴訟行為の代表）
第27条 被告人又は被疑者が法人であるときは、その代表者が、訴訟行為についてこれを代表する。
② 数人が共同して法人を代表する場合にも、訴訟行為については、各自が、これを代表する。

I 本条の趣旨

　法人には当事者能力はある（本条、刑訴283条）が訴訟能力はない。そこで、刑事手続を進めるために、法人につき訴訟行為の代表を認めたのが本条である。法人格のない社団・財団についても、それを処罰する特別法において、明文により本条の準用を認めるものがある（所税243条3項など）。通説は明文がなくても本条はそれらの団体に準用されるとするが、特別の規定を必要とするとの見解[5]もある。

II 訴訟行為の代表

　法人の代表者は、訴訟行為について法人を代表する（本条1項）。誰が法人の代表者になるかは、それぞれの関係法規の定めるところによる（一般法人77条、会社599条、会社349条）。代表が数人いるときは、それぞれに代表権がある。代表者は法人の訴訟行為を代表するが、被疑者・被告人ではないので、逮捕・勾引・勾留することはできない。問題は、刑訴285条2項により被告人に公判廷への出頭義務があって、被告人が法人であるときも本条が適用され代表者（代理人）が出頭義務を負うと解する場合、代表者が出頭せず代理人も出頭させないときである。これについて不出頭のまま開廷できるとの説もあるが、名古屋高判昭28・6・30高刑集6巻8号980頁は不出頭のまま開廷することは違法とする。また不出頭での開廷が違法であるならば法人の代表者の勾引が許されるべきであるとの見解もあるが、特別代理人を選任して（刑訴29条）公判を開廷することができるとの説がある。

　法人の代表者には刑訴311条を準用して任意の供述を求めることもできる。この場合、代表者は黙秘権を有すると解され、任意の供述はこれを証拠とすることができる。それが被疑者・被告人に不利益な供述または有罪を認める供述であるとき、本来の自白ではないが、証拠能力や補強証拠について自白に準じ

---

[5] 平場安治他著『注解刑事訴訟法（上巻）（全訂新版）』（青林書院、1987年）81頁〔中武靖夫〕。

第28条（意思無能力者と訴訟行為の代理）　59

て取扱うべきである。

（豊崎七絵）

（意思無能力者と訴訟行為の代理）
第28条　刑法（明治四十年法律第四十五号）第三十九条又は第四十一条の規定を適用しない罪に当たる事件について、被告人又は被疑者が意思能力を有しないときは、その法定代理人（二人以上あるときは、各自。以下同じ。）が、訴訟行為についてこれを代理する。

Ⅰ　本条の趣旨

　被告人が訴訟能力――本条にいう「意思能力」――を持たないときは、公判手続を停止しなければならない（刑訴314条1項）。またかような訴訟能力のない者の訴訟行為は無効である。以上の一般原則に従うと、刑法の責任能力に関する規定を適用しない罪にあたる事件について、訴追・処罰が不可能になる場合が生じることになる。これを解決するため、本条は、刑法上の責任無能力・限定責任能力について定める刑39条または刑41条の適用がない事件について、被疑者・被告人が訴訟能力をもたないとき、法定代理人による訴訟行為の代理を認めるものである。

　刑法の責任能力に関する規定の適用を排除する事件は刑法犯には存在せず、行政的取締違反の罪に限られる。かつては専売法等に少なからず存在していたが、責任原理に反するため姿を消し、現在では本条の現実的意義はまずないといってよい。

Ⅱ　「意思能力」

　本条にいう「意思能力」とは訴訟能力のことである。訴訟能力の意義については、本章前注参照。

Ⅲ　法定代理人

　未成年者の場合には親権者または未成年後見人、成人被後見人（民7条）の場合には成人後見人である（民818条以下、民838条以下）。

Ⅳ　代理

　本条の「代理」と前条の「代表」の訴訟法的意味は同じである。従って代理

60 第29条（特別代理人）

の内容については前条の解説Ⅱを参照。

（豊崎七絵）

> **（特別代理人）**
> **第29条** 前二条の規定により被告人を代表し、又は代理する者がないときは、検察官の請求により又は職権で、特別代理人を選任しなければならない。
> ② 前二条の規定により被疑者を代表し、又は代理する者がない場合において、検察官、司法警察員又は利害関係人の請求があつたときも、前項と同様である。
> ③ 特別代理人は、被告人又は被疑者を代表し又は代理して訴訟行為をする者ができるまで、その任務を行う。

　本条は、前2条による代表者または法定代理人がいない場合の特別代理人を定める。起訴後は請求による場合と職権による場合とがある（本条1項）が、起訴前は常に請求による（本条2項、刑訴規16条）。

　特別代理人の権限は、前2条の代表者または法定代理人と同じである。特別代理人は、代表者または代理人ができたときは任務を終了する（本条3項）。この場合、手続を明確にするため、解任の決定をするのが相当である。

（豊崎七絵）

第1編第4章　弁護及び補佐

〔前注〕

Ⅰ　本章の趣旨

　本章は、弁護及び補佐について定める。もっとも補佐に関する条文は刑訴42条の1か条で、本章において中心となるのは弁護に関するものである。

　刑事弁護人は憲法の人権条項のなかで定められている。すなわち憲34条前段は「何人も……直ちに弁護人に依頼する権利を与へられなければ、抑留又は拘禁されない」と規定し、また憲37条3項は「刑事被告人は、いかなる場合にも、資格を有する弁護人を依頼することができる。被告人が自らこれを依頼することができないときは、国でこれを附する」と規定する。本章の弁護に関する条文は、これらの憲法の定めに適合するよう、解釈する必要がある。

　弁護権保障のあり方は、刑事訴訟の構造と深く関わる。**当事者主義的訴訟構造**の刑事手続においては、被疑者・被告人は当事者、すなわち防御権行使の主体として位置付けられることになる。もっとも、強制処分をはじめ諸権限を行使しうる国家機関としての捜査・訴追側に対し、被疑者・被告人には対等な当事者というにふさわしい知識・態勢が備わっていないのが実際である。また被疑者・被告人は、もとより無罪を推定される地位にあり（**無罪推定の法理**）、最大限、一般の市民と同様の権利を享受することが求められる。そこで、このような被疑者・被告人が、名実ともに、防御権を行使しうる主体性をもった市民たりうるには、弁護人による実質的な援助を受ける権利を保障することが不可欠の要請となる。憲34条前段及び憲37条3項は、このような思慮に基づくものと解しうる。

Ⅱ　弁護人の任務

　弁護人の任務は、被疑者・被告人の正当な法的利益の保護にある。弁護人は、民事手続における当事者の依頼を受けて当事者を代理する訴訟代理人とは、その任務を異にする。すなわち弁護人は、もっぱら被疑者・被告人の意思に従って活動する代理人ではなく、その正当な法的利益の保護者として、相当の独立的地位を有している。

　もっともこれは、弁護人が国家的立場に立って活動することを意味するものではない。そのことは、上述の当事者主義的訴訟構造の刑事手続における弁護人の意義から明らかである。弁護人が捜査・訴追側や裁判所と同じ任務を果たすとすれば、弁護人の存在意義そのものが失われる。

また弁護人が被疑者・被告人の利益を的確に保護するためには、両者の間の信頼関係が不可欠である。なぜならこれらの信頼なしには、弁護活動の基礎となる真摯な相談も情報提供も期待できないからである。**私選弁護人**の場合、かかる信頼関係が前提となることについて基本的に争いはない一方、**国選弁護人**については、刑事司法に協力するという公的性格を持つとして、主観的信頼関係を不要とする見解もある。しかし弁護人の任務について私選・国選の区別はない以上、国選弁護人の場合にも信頼関係を確保すべきである。これに関連して、刑訴36条の解説Ⅲ参照。

（豊崎七絵）

> **（弁護人選任の時期、選任権者）**
> **第30条** 被告人又は被疑者は、何時でも弁護人を選任することができる。
> ② 被告人又は被疑者の法定代理人、保佐人、配偶者、直系の親族及び兄弟姉妹は、独立して弁護人を選任することができる。

Ⅰ 本条の趣旨

本条は、被疑者・被告人の**弁護人選任権**とそれ以外の選任権者を規定している。本条は、憲34条前段「何人も…直ちに弁護人に依頼する権利を与へられなければ、抑留又は拘禁されない」ならびに憲37条3項前段「刑事被告人は、いかなる場合にも、資格を有する弁護人を依頼することができる」に基づき、憲法上の**弁護人依頼権**の保障を具体化したものである。もっとも被疑者に対してこの憲法上の保障が及ぶかどうかについては議論があるが、(1)憲37条3項の「刑事被告人」の英文は「accused」という被疑者・被告人双方を含む概念であること、(2)(1)に加え、憲37条3項前段は「いかなる場合にも」として特定の手続段階に限定していないこと、さらに(3)憲34条前段が「何人も…直ちに弁護人に依頼する権利を与へられなければ、抑留又は拘禁されない」として、被告人に限らず身体拘束下にある被疑者に弁護人依頼権を保障していることを総合的に考慮すれば、憲法上の保障と解し得る。ともあれ本条により刑事訴訟法上は、被疑者と被告人とでその選任権に差異はない。

なお、本条に基づき選任された弁護人を一般に**私選弁護人**と呼ぶ。

Ⅱ 弁護人選任権の告知

刑事訴訟法は、逮捕（刑訴203条1項、刑訴204条1項、刑訴211条、刑訴216条）、勾引（刑訴76条）、勾留（刑訴77条、刑訴207条1項2項）を行ったとき、そして公訴が提起されたとき（刑訴272条）、捜査官または裁判所・裁判官は、

被疑者・被告人に対し「弁護人を選任することができる旨」告知しなければならないとする。この告知義務は憲34条前段、憲37条3項前段の直接の要請か。この論点に関する学説・判例の状況については上記各条文の解説に委ねるが、とりわけ身体拘束された被疑者・被告人にとって弁護人の援助を受けることの必要性が高い一方で、実際に弁護人選任権を行使することは困難であることを考慮すれば、弁護人選任権の告知は憲法上の要請であると解すべきであろう。

Ⅲ　選任権者

本条2項は、被疑者・被告人以外の選任権者を広く認め、これらの選任権者は被疑者・被告人の意思と関わりなく「独立して」弁護人を選任することができる。これは被疑者・被告人の権利保障をより充実・実効化させる目的・機能を持つ。そうであるならば、2項所定の選任権者を限定列挙と解することに疑問が残るものの、高裁裁判例では内縁の妻による弁護人選任は無効[1]、叔父による弁護人選任もまた無効[2]とされている。

限定列挙と解する理由として、(1)弁護人選任行為の重要性や(2)身寄りのない被疑者・被告人であっても自らの選任権を行使できること等が挙げられることがある。しかし(1)に対しては、弁護人の選任が被疑者・被告人の意に沿わない場合に被疑者・被告人はその弁護人を解任できることに照らせば、例示列挙と解することによって重大な問題を現実に発生するとは想定し難い。また被疑者・被告人には自ら選任権があるという(2)の理由も、もとより広く選任権者が置かれたことの意義＝権利保障の充実・実効化という点を十分考慮したものとはいえない。さらに現代社会における家族の多様性等に鑑みても、民法上の親族関係への限定は時代状況にフィットしなくなっているといわざるを得ないであろう。なお、当番弁護士制度における弁護士会派遣（委員会派遣）について後述Ⅴ1参照。

なお弁護人の役割は被疑者・被告人の正当な法的利益の保護である点で、国選か私選か、または選任者が被疑者・被告人かそれ以外の者かの区別はない。

Ⅳ　選任の方式

被疑者の弁護人の選任方式については、刑訴規17条が弁護人と連署した書面を差し出した場合に第一審においても効力を有すると規定するほか、特に定めはない。もっとも刑訴32条1項「公訴の提起前にした弁護人の選任は、第一審においてもその効力を有する」を素直に読む限り、公訴提起前の選任は全て第

---

[1]　東京高決昭35・6・29東高時報11巻6号175頁。

[2]　名古屋高判昭29・11・30高刑特1巻11号507頁。

一審で効力を有すると解し得る。そうだとすると、刑訴規17条が書面を差し出した場合にのみ第一審での効力を認めていることには疑問が残る。これについて、同17条は第一審でも効力を有する選任の方式のみを規定したにすぎないとの解釈も提示されているが、刑訴32条1項の文理解釈とのずれは否めない。このように特段の方式をとらない選任の効力が捜査段階に止まるのか第一審に継続するのかについては争いがあるものの（刑訴32条の解説Iを参照）、ともあれ捜査段階での選任に特段の方式は要求されないというのが通説であり、実務上捜査機関は連署によらない弁護人選任届も受理しているという。

また被告人の弁護人の選任方式については、刑訴規18条が弁護人と連署した書面（弁護人選任届）を差し出すことを明示的に要請している。これに関して、最高裁は被告人が氏名を黙秘したことによる署名のない選任届[3]、「菊屋橋署101号」と記して指印した選任届[4]の何れも無効だとする。これは、氏名について黙秘権が及ばないという最高裁判例[5]とも関連しているが、もとより規則が連署を要求したのは「選任の有無を明確にする（とくに弁護人に対する通知・送達洩れを防ぐ）ため」であって、「書面に限定することによって、憲法および法律が保障した被告人の弁護人選任権が妨げられてはならない」から、規則は原則的な場合を示したに止まると解すべきであろう[6]。従って、最高裁の事案との関係では（氏名について黙秘権が及ぶか否かはともあれ）被告人を特定し得る事項が記載されていれば署名がなくとも選任届として有効とすべきであり、もとより口頭でも特定することができるのであれば書面に限定する理由もないといえよう。

V 選任の効力

1 弁護人の選任と弁護の委任

弁護人の選任は選任権者と弁護人とが共同で行う訴訟行為であり、私法上の契約等として行われる弁護の委任とは異なるとされる。このことから、(1)弁護の委任の有効無効は選任の効力に影響を及ぼさないので、私法上の無能力者であっても意思能力があれば弁護人の選任を有効に行うことができ、また(2)選任権者でない者も私法上弁護人を依頼できることになる。(2)に関連して、弁護の依頼を受けた弁護士は選任届が受理されるまでは「弁護人となろうとする者」であり、弁護の依頼を受けるか否か決定するのに被疑者・被告人から直接話を聞いたり、被疑者・被告人に選任届を署名させたりする必要があるので、弁護

---

[3] 最三小決昭40・7・20刑集19巻5号591頁。

[4] 最一小決昭44・6・11刑集23巻7号941頁。

[5] 最大判昭32・2・20刑集11巻2号802頁、最三小決昭40・7・20刑集19巻5号591頁。

[6] 平野龍一『刑事訴訟法』（有斐閣、1958年）77頁。

人と同様に、身体の拘束を受けている被疑者・被告人と立会人なしに接見交通ができるとの解釈がある。これを受けて、当番弁護士制度における弁護士会派遣（委員会派遣）は弁護士会と所属弁護士との私法上の契約関係＝弁護の委任とみることができ、派遣弁護士は「弁護人になろうとする者」として接見可能で、被疑者ないし被告人の選任の意思の確認を行えばよいとも説明される。この説明は、本条2項の選任権者を限定列挙と解する場合の解釈論として示唆的である。もっとも、もとより選任権者を例示とみれば、派遣弁護士も弁護人としての選任を受けたと解することが可能な場合もあろう。

2　選任の効力の範囲

　弁護人の選任は基本的に事件を単位として行われるが、その趣旨は当事者の意思と手続上の便宜にあるから厳格な縛りではない。

　これに関連して、被疑者段階における事件の流動性から、公訴事実の同一性より緩やかに解すべきであるとか、被疑者や弁護人が異なる意思を明示していない限り、選任時点またはその後に捜査対象とされた被疑事件全てに選任の効力が及ぶとの解釈がある。

　また刑訴規18条の2は、弁護人の選任は、追起訴・併合された事件についてもその効力を有すると定める。この規定は同旨の判例[7]を法文化したものである。判例は本規定を国選弁護にも準用している[8]。

3　審級と弁護人選任の効力

　これについては刑訴32条の解説参照。

（豊崎七絵）

（弁護人の資格、特別弁護人）
第31条　弁護人は、弁護士の中からこれを選任しなければならない。
②　簡易裁判所又は地方裁判所においては、裁判所の許可を得たときは、弁護士でない者を弁護人に選任することができる。ただし、地方裁判所においては、他に弁護士の中から選任された弁護人がある場合に限る。

I　弁護人の資格

　弁護人は、法律的知識を必要とするのはもちろん、被疑者・被告人の権利を

---

[7]　最一小判昭26・6・28刑集5巻7号1303頁。
[8]　最二小判昭27・11・14刑集6巻10号1199頁。なお札幌高判昭32・10・31高刑集10巻8号696頁参照。

66　第31条（弁護人の資格、特別弁護人）

擁護するという重要な役割を果たさなければならない。かかる能力・役割を満たしうるのは、法律家としての資格を有し、かつ基本的人権を擁護し、社会正義を実現することをその使命とする弁護士である（弁護士1条）。これが憲37条3項「資格を有する弁護人」の趣旨であり、本条第1項により刑訴法上明らかにされた。

II　特別弁護人

1　特別弁護人制度の趣旨

　裁判所の許可を条件として、弁護士でない者を弁護人に選任することができる。これを、**特別弁護人**制度という。

　特別弁護人制度の趣旨は、次の通りである。すなわち、憲法は弁護人による実質的な援助を受ける権利を保障しているところ（憲34条前段、憲37条3項前段）、形式的には弁護士の資格を有していないが、実質的に弁護能力のある者であれば、特に被告人の希望による場合にこのような者を選任しても弁護人依頼権を侵害することにはならず、また事案によっては弁護士以外の者による弁護が有益で、弁護人依頼権の実効的保障に資する。

　特別弁護人は、地方裁判所においては他に弁護士である弁護人がある場合に限って認められる一方、簡易裁判所においてはかかる制限がない。これは、事件の内容、手続の重要性、複雑性の相違による。

　高等裁判所、最高裁判所では特別弁護人を選任することができない。その形式的理由は本条2項において特別弁護人の選任が許される場合として「簡易裁判所又は地方裁判所においては」と列挙されていることによるが、実質的理由としては、これらの審級は法律審的性格が強く、高度の法律的知識を必要とするからであるとされる。

　また起訴前の特別弁護人の選任について、通説ならびに判例[9]はこれを消極的に解する。その理由として、(1)本条1項が弁護士でない者を弁護人に選任することを一般的に禁止している一方、本条2項は例外として特別弁護人を選任できる場合を認めており、同項が「簡易裁判所又は地方裁判所においては、裁判所の許可を得たときは」と規定している趣旨から、本条2項は限定列挙と解されること、(2)本条2項但書が地方裁判所と簡易裁判所との間で選任の要件に区別を設けているところ、捜査中の事件については、いずれの裁判所に公訴提起されるか確定していないため、簡易裁判所が特別弁護人を許可した後、地方裁判所に公訴が提起された場合、他に弁護士である弁護人がいない限り、同項但書に抵触する事態を招く結果となること、(3)弁護士以外の弁護人による弁護の危険性が挙げられる。これに対して積極説は、(4)本条2項は例示列挙と解

---

[9]　最三小決平5・10・19刑集47巻8号67頁。

しうること、(5)消極説のいう(2)については公訴提起後に是正し得る問題であること、(6)起訴前の段階においては、無罪や不起訴処分を得るための証拠の収集について、被疑者に身近な特別弁護人を選任する方がよい場合もあること、(7)刑訴387条は「控訴審では、弁護士以外の者を弁護人に選任することはできない」とし、刑訴414条により上告審にも準用されるが、本条2項が限定列挙ならば、刑訴387条・刑訴414条の規定は不要のはずであること、(8)刑訴39条1項括弧書きは、被疑者に特別弁護人がいる場合があることを前提とした規定と読みうることを挙げる。最高裁判例により実務上の決着はついたといえるが、およそ弁護士でなければ起訴前の弁護活動はできないと解すべきか、疑問は残る。

2 裁判所の許可

特別弁護人の選任には、「裁判所の許可」（本条2項）を要する。判例は、許可するかしないかは裁判所の裁量に属するとする[10]が、特別弁護人制度の趣旨に鑑み、弁護人依頼権の実効的保障に資する場合には許可すべきである。その具体的基準としては、特別弁護人のほかに弁護士たる弁護人がいる場合には、(1)事件の性質上弁護活動に特別の専門的知識・経験が必要と認められる、(2)被告人との意思疎通にあたり特殊な語学・知識が必要と認められる、(3)弁護人となる者が被告人の境遇等を知悉しており、このことが適切な弁護活動に資するときなどに、選任を許可すべきである。他方、弁護士たる弁護人がいない場合には、法律的知識・経験に基づき十分な弁護活動ができることを、選任許可の条件に加えるべきである。

また弁護人依頼権の実効的保障という基準に基づき、裁判所は選任にあたり、一定事項に限って許可しうると解する。

3 特別弁護人の地位

特別弁護人は、原則として弁護士たる弁護人と同一の権限を持つが、次の場合には一考を要する。

選任にあたり部分的な許可を得た場合には、許可されていない事項について権限を持たない（前述2参照）。

地方裁判所においては、主任弁護人になることができない（刑訴規19条1項但書）。

地方裁判所の必要的弁護事件（刑訴289条）において、弁護士たる弁護人が出頭せず、特別弁護人だけが出頭した場合に開廷可能か。積極説は、特別弁護人と弁護士たる弁護人の間に権限上の相違がないという形式的根拠のほか、裁判所が被告人に対する後見的な役割を十分果たすならば（開廷が妥当でない場合には開廷しないこともできるし、開廷しても特別弁護人に弁護能力がないと考

---

[10] 東京高判昭43・2・15高刑集21巻1号73頁。

えるならば、これを解任して、刑訴289条2項により新たに職権で弁護人を付し、審理を続けることも可能である）、被告人保護に欠けるところはないとする。これに対し消極説は、必要的弁護制度が憲37条3項の直接の要請であるとすればもちろんのこと、これを否定するとしても、同制度は憲法の趣旨に徴し重大事件に関し被告人の権利保護のために、被告人の意思如何にかかわらず設けられたものであるから、弁護人は「資格の有する弁護人」（憲37条3項）でなければならないとする。憲37条3項の趣旨に加え、地方裁判所において特別弁護人につき他に弁護士である弁護人がある場合に限って認められていることに照らし、消極説が妥当である。

　地方裁判所において弁護士たる弁護人が欠けた場合はどうか。裁判所は選任許可の取消しをしなければならないが、弁護士たる弁護人を選任する見込みがあるときは、直ちに取消すべきではない。

（豊崎七絵）

> **（弁護士会に対する弁護人選任の申出）**
> **第31条の2**　弁護人を選任しようとする被告人又は被疑者は、弁護士会に対し、弁護人の選任の申出をすることができる。
> ②　弁護士会は、前項の申出を受けた場合は、速やかに、所属する弁護士の中から弁護人となろうとする者を紹介しなければならない。
> ③　弁護士会は、前項の弁護人となろうとする者がないときは、当該申出をした者に対し、速やかに、その旨を通知しなければならない。同項の規定により紹介した弁護士が被告人又は被疑者がした弁護人の選任の申込みを拒んだときも、同様とする。

I　本条の趣旨

　本条は、2004年刑訴法一部改正により創設された規定であり、被疑者・被告人による**私選弁護人**の選任の申出制度について定める。

　この申出制度の趣旨は、1つには**弁護人依頼権**の実効的保障にある。

　すなわち従来、憲34条前段及び憲37条3項前段の要請に基づき、身体拘束された被疑者・被告人は、弁護士、弁護士法人または弁護士会を指定して、弁護人の選任を申し出ることができた（刑訴78条。被疑者については、逮捕段階は刑訴209条、刑訴211条、刑訴216条により、勾留段階は刑訴207条1項により、刑訴78条が準用される）が、在宅の被疑者・被告人は対象とされておらず、申出を受けた弁護士会等の訴訟法上の義務も明らかでなかった。

　そこで本条は、身体拘束の有無にかかわらず、すべての被疑者・被告人が弁護士会に選任の申出をすることができる旨明らかにし（本条1項）、申出を受け

た弁護士会の義務を明らかにすることにより（本条2項・3項）、被疑者・被告人の弁護人依頼権（憲34条前段、憲37条3項前段、刑訴30条1項）を実効的に保障しようとするものである。

　もっとも本条の申出制度のもう1つの趣旨として、**国選弁護人**の選任手続に関する弁護士会の裁判所に対する通知（刑訴36条の3第2項及び刑訴37条の3第3項）に繋げることにより、選任手続の円滑化を図ることにもあるとの説明がある[11]。すなわち、刑訴36条の3第1項及び刑訴37条の3第2項は、国選弁護人の選任請求にあたり、（刑訴36条の2及び刑訴37条の3第1項による資力申告書の提出を義務付けた上で）ある程度の資力を有する被疑者・被告人については、まず本条1項の私選弁護人の選任の申出を義務付けている。その上で、弁護士会は、弁護人となろうとする者がないとき、あるいは紹介した弁護士が弁護人の選任の申込みを拒んだとき、その旨を被疑者・被告人本人に通知しなければならない（本条3項）とともに、裁判所にもその旨を通知しなければならない（刑訴36条の3第2項及び刑訴37条の3第3項）。つまりこの通知によって、裁判所は、ある程度の資力を有する被疑者・被告人について私選弁護人が選任されなかったことを確認した上で、国選弁護人を選任しうることになる。このように、国選弁護人の選任請求にあたり、資力申告書の提出を義務付けるとともに、ある程度の資力を有する被疑者・被告人に対しては本条1項の選任の申出を義務付ける根拠として「私選弁護の原則・国選弁護の補完性」が挙げられている[12]。その詳細と問題点については、刑訴36条の2の解説Ⅰ参照。

Ⅱ　選任の申出（1項）

　弁護人を選任しようとする被疑者・被告人は、弁護士会に対し、弁護人の選任の申出をすることができる（1項）。その身体拘束の有無は、問わない。また本条の申出をすることができる弁護士会は、刑訴36条の3第1項及び刑訴37条の3第2項と異なり、限定されていない。この点は、本条の主たる趣旨が弁護人依頼権の実効的保障にあることを裏付ける（前述Ⅰ参照）。

Ⅲ　弁護士会の義務（2項、3項）

　弁護士会は、本条1項の申出を受けた場合は、速やかに、所属する弁護士の中から弁護人となろうとする者を紹介しなければならない（2項）。
　また本条2項の弁護人になろうとする者がいないときは、弁護士会は、当該

---

[11] 落合義和=辻裕教『刑事訴訟法等の一部を改正する法律及び刑事訴訟規則等の一部を改正する規則の解説』（法曹会、2010年）258頁。

[12] 落合=辻・前掲[11]書252-253、257-258頁。

申出をした者に対し、速やかに、その旨を通知しなければならず、同項の規定により紹介した弁護士が被疑者・被告人がした弁護人の選任の申込みを拒んだときも、同様に、その旨を通知しなければならない（3項）。

このように弁護士会に「速やかに」、弁護人の紹介もしくは通知が義務付けられているのは、被疑者・被告人の弁護人の援助を受ける権利を遺漏なく保障するためである。この申出をしたものの弁護人が選任されなかった場合、被疑者・被告人は、次の手段として、他の弁護士会に選任の申出をするか（在宅の被疑者や逮捕中の被疑者には、この方法しかない）、国選弁護人の選任を請求することになるから、先の紹介もしくは通知は「速やかに」行うことにより、弁護の空白を可及的に生じさせないことが肝要である。

なお、刑事収容施設に収容・留置されている者に対する通知については、刑訴規18条の3参照。

（豊崎七絵）

（弁護人選任の効力）
第32条 公訴の提起前にした弁護人の選任は、第一審においてもその効力を有する。
② 公訴の提起後における弁護人の選任は、審級ごとにこれをしなければならない。

I 公訴提起前の弁護人選任の効力（1項）

通説・判例によれば、本条1項の効力は、刑訴規17条の方式、すなわち被疑者と弁護人の連署による弁護人選任書を検察官または司法警察員に差し出した場合にのみ、発生する。そして検察官は、公訴の提起と同時に、この弁護人選任書を裁判所に差し出さなければならない（刑訴規165条2項）。もっとも判例は、選任手続上の瑕疵よりも当該弁護士が現に被告人のために防御し弁論しているという実質面を重視して、当該瑕疵は判決に影響を及ぼさないとする[13]。また本条1項につき、公訴提起前の選任が有効であれば、その選任の効力は当然一審においても有するという趣旨であるとして、刑訴規17条自体を疑問視する見解[14]もある（刑訴30条の解説Ⅳを参照）。

本条1項は、被疑者国選弁護制度の施行前は、捜査段階で選任された私選弁

---

[13] 高松高判昭27・11・27高刑集5巻12号2238頁、名古屋高判昭60・10・17刑月17巻10号923頁。

[14] 小田中聰樹=大出良知=川崎英明編著『刑事弁護コンメンタールⅠ　刑事訴訟法』（現代人文社、1998年）31頁〔大出良知〕。

護人を対象とするものであった。しかし被疑者国選弁護制度の施行後、同規定については、捜査段階で選任された国選弁護人についても適用されるとするのが、文理上の解釈としても、また被告人の利益、手続上の便宜という実質的理由からも妥当である。検察官は、公訴提起前に選任された国選弁護人がいる場合、公訴の提起と同時にその旨を裁判所に通知しなければならない（刑訴規165条3項）。関連して、刑訴38条の2の解説Ⅱを参照。

Ⅱ 審級弁護（審級代理）の原則と審級の終期（2項）

審級弁護（審級代理）の原則とは、弁護人選任の効力について、公訴提起後は国選、私選の如何にかかわらず当該審級に限るとするもので、本条2項の趣旨とされてきた。

もっとも審級弁護の原則といえども、憲37条3項の保障する**弁護人依頼権**を損なうことは許されまい。とりわけ審級弁護の名のもとに弁護の空白が生じては、同条同項のいう「いかなる場合にも」保障されるべき弁護人依頼権の侵害を招く。

そこで問題となるのが、審級の終期である。これについて、判例・通説は、(1)当該審級の終局裁判の言渡しまでとする説から(2)上訴期間の満了（裁判の確定）または上訴申立てによる移審の効果が発生するまでとする説へと移行してきた。最高裁[15]は、弁護人選任の効力は判決宣告によって失われないとして(1)を放棄した。もっともその事案は第一審判決宣告後上訴申立前の時点に関するものであり、最高裁が終局裁判言渡し以降、どの時期を終期と考えているか定かでない[16]。(1)は、原審弁護人の上訴権（刑訴355条）と整合せず、記録の閲覧請求、被告人との接見、保釈請求、準抗告申立てといった弁護の必要性にも応え得ない。そこで上記(2)や(3)訴訟記録が上訴裁判所に送付されるまでとの説が有力となってきた。しかし(2)や(3)でも弁護の空白が生じる危険性は消滅し

---

[15] 最二小決平4・12・14刑集46巻9号675頁。

[16] 福岡高決平13・9・10高刑集54巻2号123頁は(2)を採ることを明らかにした上で、原審弁護人から上訴の申立てがなされた場合は別で、弁護人の選任の効力はなお存続しているとする。東京高決平25・12・12高検速報（平25）144頁は、原審弁護人選任の効力は、控訴申立てにより原則として失われると解されるが、原審弁護人は控訴趣意書を提出でき、それに付随する活動はなお行い得ると解する余地があるし、上訴申立後も一件記録が上訴審に到達するまでは被告人の身柄に関係する処理は原審が行うこととされている（刑訴97条1項、2項、刑訴規則92条2項、1項）から、一件記録が原審に止まっている状況で、上訴審の審理に向けた弁護人が未だ選任されていない段階において、自ら活動しようとする原審弁護人が被告人のためにした保釈請求を例外的に認めることが法の趣旨に直ちに背くものとも思われない、とした。また関連して、最一小決平18・12・19判タ1230号100頁参照。

ない。なぜなら、上訴申立後訴訟記録が上訴裁判所に送付されてから国選弁護人の選任手続等が進められるからである。そこで、移審の時期の問題と審級弁護の原則とを切り離して考えるという新たな視点のもと、(4)判決宣告後の原審弁護人の権限については審級弁護の原則の例外として個別に認めるとの説や、(5)新たな弁護人が選任（再選任）されるまでは本条2項にいう審級は終了しないとの説も登場している。

（豊崎七絵）

（主任弁護人）
第33条　被告人に数人の弁護人があるときは、裁判所の規則で、主任弁護人を定めなければならない。

I　本条の趣旨

　本条は**主任弁護人**制度について定める。その趣旨は、数人の弁護人がいる場合に、主任弁護人は、通知または書類の送達等について弁護人の代表としての役割を果たすとともに、弁護人としての訴訟行為の統一を図ることによって、通知・送達等を簡明化すると同時に、手続を円滑に進行させることで究極的には被告人に対する不利益を招来させないようにするためである。
　なお主任弁護人制度は被疑者の弁護人についても適用されるか。明文の規定がないという形式的理由のほか、実質的にも主任弁護人を定める必要性はないと解する。

II　主任弁護人の指定・変更

　主任弁護人の指定権者は、第一次的には被告人、第二次的に全弁護人、第三次的に裁判長である（刑訴規19条2項4項、刑訴規21条）。指定権者はその指定を変更することができる（刑訴規19条3項、刑訴規21条2項）。また裁判長が主任弁護人を指定した後であっても、被告人または全弁護人は主任弁護人を指定することができ、その場合、裁判長が指定した主任弁護人はその地位を失う（刑訴規21条3項）。
　主任弁護人は必ず定めなければならないが、その指定が欠如しても、弁護人が主任弁護人として指定された場合と同様に訴訟行為をしており、被告人が特に防御上の不利益を受けたものと認められない場合、その違法は判決に影響を及ぼさない[17]。

---

　[17]　東京高判昭29・3・31高刑集7巻3号355頁。

第34条（主任弁護人の権限） 73

Ⅲ　副主任弁護人

　裁判長は、主任弁護人に事故がある場合、すなわち弁護人としての職務を執ることができない場合には、他の弁護人1人を**副主任弁護人**に指定することができる（刑訴規23条1項）。副主任弁護人の指定は裁判所の裁量に属するとの見解が一般的で、文理上もそれが自然であるものの、指定の要件があれば必ず指定しなければならないとする見解もある[18]。

　主任弁護人があらかじめ裁判所に副主任弁護人となるべき者を届け出ている場合には、その者を指定しなければならない（刑訴規23条2項）。

　裁判長は、副主任弁護人の指定を取り消すこともできる（刑訴規23条3項）。主任弁護人の事故が解消されれば、副主任弁護人の指定を取り消さなければならない。しかし指定が取り消されるまでは、副主任弁護人は主任弁護人と同様の権限を有する（刑訴規25条）。

（豊崎七絵）

（主任弁護人の権限）
第34条　前条の規定による主任弁護人の権限については、裁判所の規則の定めるところによる。

Ⅰ　本条の趣旨

　本条は、**主任弁護人**の権限について規則の定めるところとした。その趣旨は、主任弁護人の権限は他の弁護人の権限を制約するため、実務に即し適宜定めるのが望ましいというものである。刑訴規25条がこれに該当する（同条は副主任弁護人の権限も定める）。

Ⅱ　代表

　主任弁護人（または副主任弁護人。以下、同様）は、弁護人に対する通知または書類の送達について他の弁護人を代表する（刑訴規25条1項）。したがって、主任弁護人に通知・送達すれば、全ての弁護人に通知・送達したのと同一の効力が生じる。これは、通知・送達を簡明化するためである。

---

[18] 名古屋高判昭27・7・21高刑集5巻9号1477頁は、2人の弁護人がある場合において主任弁護人が出頭しないとき、出頭した弁護人は主任弁護人と同一の権限を行使でき、裁判所は特に副主任弁護人を指定しなくても適法に公判審理を進めることができるとする。

74 第34条（主任弁護人の権限）

Ⅲ　同意

　主任弁護人以外の弁護人が申立、請求、質問、尋問、陳述をするときには、主任弁護人の同意及び裁判長または裁判官の許可を要する（刑訴規25条2項）。これは、弁護人としての訴訟行為の統一を図ることによって、手続を円滑に進行させ、究極的には被告人に対する不利益を招来させないためである。主任弁護人の同意がある場合でも、主任弁護人の行った訴訟行為と抵触するような訴訟行為をした場合、その訴訟行為は無効である。

　主任弁護人の同意及び裁判長等の許可は、実際の法廷では黙示でなされることが通常である。

Ⅳ　同意の例外

　他の弁護人の権限を制約する主任弁護人の権限は、それが弱すぎると主任弁護人制度の意味がなくなる反面、それが強すぎると複数人の弁護人を認めた法の趣旨を没却し、ひいては被告人の弁護人による実質的な援助を受ける権利の保障に悖る危険性もある。従って、同意を要するのは、手続の円滑な進行によって被告人に対する不利益を招来させないようにするため、弁護人の訴訟行為を統一する積極的な必要性がある場合に限定すべきであろう。

　従って主任弁護人制度のもとでも、主任弁護人以外の弁護人が、主任弁護人の同意及び裁判長等の許可を必要としないで行いうる行為として、以下のものがある。

　刑訴規25条2項但書は、(1)証拠物の謄写の許可の請求、(2)裁判書または裁判を記載した調書の謄本または抄本の交付の請求、(3)証拠調べが終わった後にする意見の陳述（いわゆる「弁論」）について定める。その理由は、(1)(2)については、それが各弁護人の弁護活動に有益であり、全弁護人の統一性を図る必要がないからであり、(3)については、「弁論」は弁護人の弁護活動の集約であり、各弁護人の個性を尊重するためである。

　刑訴規239条（刑訴規266条）は、(4)上訴趣意書の提出を定める。その理由は、(4)の行為の重要性と、それが主任弁護人の同意を得ずに行われたとしても主任弁護人制度の趣旨を害するものではないことによる。

　また明文の規定はないが、上訴申立て、上訴権回復の請求、また抗告・特別抗告についても同様に、各弁護人ができると解す有力な見解がある。判例※19は、控訴申立ては刑訴規25条2項本文の「申立」に含まれず、主任弁護人以外の弁護人も主任弁護人の同意及び裁判長等の許可を要することなくこれをなし

※19　名古屋高判昭62・3・9判時1236号157頁。

うるとする。

（豊崎七絵）

（弁護人の数の制限）
第35条　裁判所は、裁判所の規則の定めるところにより、被告人又は被疑者の弁護人の数を制限することができる。但し、被告人の弁護人については、特別の事情のあるときに限る。

Ⅰ　本条の趣旨

本条は、被疑者・被告人の弁護人の数を制限できること、その詳細を規則に委ねること、被告人の弁護人については特別の事情があるときに限り数の制限ができることを定める。本条の対象は私選弁護人である。

Ⅱ　被告人の弁護人の数の制限

主任弁護人制度があるにもかかわらず、被告人の弁護人の数を制限するのは、多数の弁護人がいることによる遅延を回避して手続を円滑に進行させるとともに、付随的には、資力のある者とない者との公平を図るためとされる。しかし**弁護人依頼権**（憲34条前段、憲37条3項前段）に則り被告人に実質的な弁護を保障するためには、弁護人の数の制限はない方がよい。そこで本条但書は数の制限につき「特別の事情」がある場合に限定した。この「特別の事情」とは、主任弁護人制度をはじめとする他の制度・措置を講じても解消され得ず、弁護人の数の制限によるほかない事情と解すべきである。

本条但書を受け刑訴規26条1項は、裁判所は「特別の事情」があるときに限り弁護人の数を3人まで制限できることとした。もっとも実際には、被告人の弁護人の数の制限は、ほとんど行われていない。

Ⅲ　被疑者の弁護人の数の制限

刑訴規27条1項は、被疑者の弁護人について「特別の事情」がない限り3人までに制限できると定める。すなわち被告人の弁護人の場合と比べると、原則と例外が逆転している。しかし強力な捜査・訴追活動に対抗しなければならない起訴前弁護活動の重要性に照らし、弁護人を原則3人とする制限の合理性は乏

しい[20]。本条の改正を求める見解もある。なお刑訴37条の5の解説Ⅰを参照。

(豊崎七絵)

（請求による被告人国選弁護）
第36条 被告人が貧困その他の事由により弁護人を選任することができないときは、裁判所は、その請求により、被告人のため弁護人を附しなければならない。但し、被告人以外の者が選任した弁護人がある場合は、この限りでない。

Ⅰ 本条の趣旨

本条は、憲37条3項「刑事被告人は、いかなる場合にも、資格を有する弁護人を依頼することができる。被告人が自らこれを依頼することができないときは、国でこれを附する。」との定めに基づき、憲法上の被告人の**国選弁護人**制度を具体的に保障するため、裁判所に国選弁護人の選任義務を課する。

憲37条3項前段の**弁護人依頼権**は、実質的な弁護を行う能力のある弁護人による援助を保障するものであり、同条同項後段は、かかる援助（「これ」）が見込めない場合に、国家が実質的な弁護を保障することを意味すると解される。従って本条については、以上の憲37条3項の趣旨に適合的な解釈を施す必要がある。

なお被疑者の国選弁護人制度については刑訴37条の2についての解説を参照。

Ⅱ 国選弁護人の選任の要件

1 「請求」

本条では「被告人の請求」を選任の手続的要件としているのに対し、憲37条3項後段はこれを要件としていない。これに関して、判例[21]は、本条本文と同文の規定である刑事訴訟法の応急措置に関する法律4条につき、弁護人の選任は原則として被告人の自由意思に委せられており、弁護人の選任を請求する者に対して弁護人を付すれば足るとした。しかし憲37条3項後段が国家による実

---

[20] 最三小決平24・5・10刑集66巻7号663頁は、「刑訴規27条1項ただし書に定める特別の事情については、被疑者弁護の意義を踏まえると、事案が複雑で、頻繁な接見の必要性が認められるなど、広範な弁護活動が求められ、3人を超える数の弁護人を選任する必要があり、かつ、それに伴う支障が想定されない場合には、これがあるものと解される」とする。

[21] 最大判昭24・11・2刑集3巻11号1737頁。

質的な弁護を保障するものであることに鑑みれば、本条のいう「請求」を形式的に解釈すべきではなく、被告人が弁護人依頼権・選任権の実質的な意味を熟知し、具体的な被告事件についてどのような弁護が必要かを判断し、かつ、この権利を放棄した場合の具体的結果を十分に認識した上で、任意かつ明示の意思で放棄しない限り、請求があったものとみなすべきである[22]。もっとも、そもそも被告人が弁護人の援助なしに、このような熟知・判断・十分な認識をなしうることは実際上稀であろう。

2 「貧困その他の事由」

選任の実体的要件である「貧困その他の事由」とは、被告人自らが弁護人を依頼することができない何らかの事由である。前掲の判例[23]は、被告人が自ら弁護人を依頼できないといえるだけの相当の事由がなければならないが、その事由があるかどうかは、被告人側に存する事由で国にはわからないのであるから、被告人の請求により弁護人を付すことが相当である、とした。この判示にも現れているように、従来、被告人は「貧困その他の事由」を疎明する必要はなく、明らかにかかる事由がないと認められない限り事由の存在が推認される、と考えられてきた[24]。

この点に関連して、2004年刑訴法一部改正により創設された資力申告書の提出の義務付け（刑訴36条の2）は、それ自体選任要件ではなく、選任請求の要件である。もっとも裁判所は、資力が記載されている当該申告書を、選任要件、とりわけ貧困に係る事由を確認する資料の1つとすることにはなろう。このとき問題となるのは、資力が刑訴36条の3にいう基準額に満たない被告人については貧困に係る事由があると認められることになるとして、それでは基準額以上の被告人の場合はどうかという点である。この点、基準額以上の被告人には、刑訴36条の3第1項により国選弁護人選任を請求する前に私選弁護人選任の申出が義務付けられることになるが、法はその申出があっても私選弁護人が選任されない場合をも予定している（刑訴36条の3第2項、刑訴31条の2第3項）。だが、私選弁護人選任の申出の前置の義務付けは、基準額以上の被告人には私選弁護人の選任を事実上原則化するものである。また基準額以上の被告人であっても私選弁護人ではなく国選弁護人が選任されるのは、たとえば私選弁護

---

[22] 高田卓爾編『基本法コンメンタール刑事訴訟法（第3版）』（日本評論社、1993年）43頁〔下村幸雄〕。

[23] 最大判昭24・11・2刑集3巻11号1737頁。

[24] 藤永幸治他編『大コンメンタール刑事訴訟法第1巻』（青林書院、1995年）367頁〔永井敏雄〕は、「請求に当たり疎明が要求されているわけではなく…常に職権による事実の取調べが行われるわけでもなく、通常は…当該事由の存在が推認されていることが多い」と指摘していた。

人の選任の申出をしたにもかかわらず弁護士の紹介を受けることができない場合や、弁護士の紹介を受けたが条件が合わず弁護士が弁護人選任の申し込みを拒んだ場合である（刑訴36条の3第2項）。また弁護士会の対応が遅延して、私選弁護人の選任の申出をした後相当の期間が経過したにもかかわらず弁護人になろうとする者の紹介を受けることができなかった場合も、国選弁護人が選任されるべきであろう。要するに、基準額以上の被告人に国選弁護人が選任されるのは、事実上、貧困に係る事由以外の事由が認められる場合に限られることになる。従って、資力申告書の提出の義務付けや私選弁護人選任申出の前置の義務付けは、被告人に具体的な選任要件の存在の疎明を求めるにほぼ等しく、少なくとも被告人の負担が増したのは確かである。なおこれらの義務付けが、もっぱら公的資金の投入という立法政策上の趣旨に基づくものであることについては、刑訴36条の2の解説Ⅰを参照。

3 「弁護人を選任することができないとき」

憲37条3項の趣旨に則すれば、形式的に弁護人が選任できたか否かではなく、実質的な弁護が可能な弁護人を選任できたかどうかが問題である。従って、実際多く適用されるのは弁護人が未だ1人も選任されていないケースであるとしても、本条の適用をかかるケースに限定すべきでなく、すでに私選弁護人や国選弁護人がいる場合でも実質的な弁護を見込むことが困難であれば、さらに国選弁護人の選任は可能と解すべきである。

もっとも私選弁護人と国選弁護人との併存については、上記のような場合ではなく寧ろ典型的には必要的弁護事件を念頭に置いて、私選弁護人の解任、辞任、不出頭等による遅延を防止するための方策として積極的に論じられる傾向がある。たとえば、被告人が自ら弁護人を選任したが、公判期日の直前に解任して国選弁護人の選任を請求し、その国選弁護人が選任されると再び私選弁護人を選任するといった行為が訴訟遅延を図るものである場合には、裁判所は、その訴訟指揮権として、国選弁護人を解任せず両者の併存を認めることができるというものである。もっとも被告人による解任ないし選任が弁護人との信頼関係を築けないこと等によるもので、かつ被告人自身が併存を望んでいないにもかかわらず併存させることになれば、審理の迅速性は図られるとしても、かえって実質的な弁護が確保されない場合もありうる。そのような場合には、憲37条3項の趣旨に鑑み、むしろ併存させるべきでない。

また複数の国選弁護人を選任しうることについては、刑訴37条の5のような明文はないが、異論はなく、実際行われたケースもある。裁判所は、迅速な審理や被告人に対する弁護人の対応を確保するため、その訴訟指揮権の行使として、複数の弁護人を選任できるとされる。もっとも、実質的な弁護を確保するため複数の弁護人の選任を要する場合には、本条の「弁護人を選任することができないとき」に該当するものとして、裁判所の義務（「弁護人を附しなければ

ならない」）と解すべきである。

Ⅲ　国選弁護人の選任・辞任・解任

1　選任行為の法的性格

国選弁護人の選任については、本条、刑訴37条、刑訴289条３項、刑訴290条、刑訴316条の８第２項（刑訴316条の28第２項による準用も含む）、刑訴316条の29に該当する場合に裁判所が、刑訴289条２項、刑訴316条の４第２項、刑訴316条の８第１項（刑訴316条の28第２項による準用も含む）、刑訴316条の29、刑訴350条の18、刑訴451条４項に該当する場合には裁判長が、そして刑訴37条の２、刑訴37条の４、刑訴350条の17第１項に該当する場合には裁判官が、それぞれ弁護人を付する旨決定した後、特定の弁護人を選任するという手続を踏む（刑訴38条１項、刑訴規29条）。この裁判所、裁判長または裁判官（以下、裁判所等という）が行う具体的な選任行為の法的性格について、(1)裁判所等が行う単独の意思表示たる命令とする、いわゆる裁判説、(2)裁判所等の一方的な意思表示によって選任の効力が生ずるが、弁護士の承諾を条件とする公法上の一方行為説、(3)裁判所等と国選弁護人になる者との間の第三者たる被告人・被疑者のためにする公法上の契約とする説がある。判例[25]・通説は(1)の考え方に立つ。もっとも実務では、通常、選任にあたって弁護士の意思を尊重している。故に実際には選任よりも辞任について、困難な問題が生じ得る。(1)は、刑訴37条、刑訴38条１項、刑訴規29条１項、刑訴37条の４、刑訴38条の３第１項の文言から、(2)のように弁護人の承諾を要件とすることは困難であり、また(3)のように「正当の理由」（弁護士24条）があれば弁護人は一方的に辞任できると解すべきでなく、有効な弁護を保障する最終的な責任は裁判所にあるとする。これに対して、(3)は、実質的な弁護を保障するためには、その前提として被疑者・被告人と弁護人との信頼関係と弁護人の国選弁護を引き受ける意思が必要であり、国選弁護人の辞任に独立した効力を認めるべきであるとする。

確かに被疑者・被告人のために実質的な弁護を保障するという観点（前述Ⅰ参照）からは、(1)よりも(2)、さらに(2)よりも(3)と解するのが望ましい。もっともその前提条件として、ある弁護士が国選弁護を引き受けなかったとしても、あるいは国選弁護人が辞任したとしても、その他の弁護士が必ず国選弁護人を引き受ける体勢が必要である。そうでなければ、実質的な弁護の保障に悖るからである。

---

[25] 最三小判昭54・7・24刑集33巻５号416頁、最二小判昭61・9・8裁判集民148号425頁。

2 国選弁護人の辞任

弁護士24条に基づき「正当の理由」を要する。

国選弁護によって実質的な弁護が提供されなければならないとすれば、「正当の理由」の判断基準は、被疑者・被告人に対する実質的な弁護を提供することが不可能もしくは著しく困難であるか否かに求むべきであろう。かかる判断基準のもとでは、信頼関係の喪失は「正当の理由」に該当することになる。

もっともこれに対して、国選弁護人は私選弁護人のように被告人との信頼関係を本質的要素とするものではなく法律専門家としての立場から被告人の正当な利益を擁護することにより刑事司法に協力するという公的性格を持つものであるとの考え方[26]に立脚すれば、信頼関係の喪失は必ずしも「正当の理由」に含まれないことになる。しかし、実質的な弁護が提供されるためには、弁護人に対する人間的な信頼を前提とした、法律に関する専門知識や訴訟技術に対する信頼が必要である。なぜならこれらの信頼なしには、弁護活動の基礎となる真摯な相談も被疑者・被告人からの情報提供も期待できないからである。弁護人が国選であろうと私選であろうと、実質的な弁護を提供する必要がある点で、何ら区別されない。

また選任行為の法的性格との関係で、(1)の裁判説及び(2)の公法上の一方行為説によれば、もっぱら弁護人による辞任では済まされず、裁判所（なお公訴提起前は裁判官）が「正当の理由」の存在を認めて解任することが必要になる。さらに「正当の理由」の存否の判断にあたって、裁判所は事実の取調べを行い得るかという点について、判例[27]はこれを可能とする。もっとも裁判所が行う事実の取調べについては、弁護人の守秘義務と抵触することもあり得る。従って裁判所による解任が必要との立場に立つとしても、弁護人による「正当の理由」の存在の判断を尊重すべきであり、この観点から刑訴38条の3第2項所定の弁護人に対する意見聴取も行われるべきであろう。これに対し(3)の公法上の契約説に立つと、裁判所による解任やその前提としての事実の取調べは要しない。なぜならこの説は、当該被告人に対し実質的に十分な弁護を提供し得るか否かの判断、すなわち「正当の理由」の判断は、その弁護を提供する側の当該国選弁護人によって、最もよくなし得るという考え方を前提としているからである。

3 国選弁護人の解任

これについては、刑訴38条の3の解説を参照。

---

[26] たとえば、東京高判昭54・1・24判タ382号135頁。

[27] 最三小判昭54・7・24刑集33巻5号416頁。

Ⅳ　選任の効力が及ぶ範囲

これについて、被告人単位よりも被疑事実単位の方が手続が明確であるから、複数の被疑事実がある場合、それぞれ選任の命令を得ることが必要であるとされる。もっとも追起訴され、最初に起訴された事件と追起訴された事件とが併合された場合は、追起訴された事件についても、原則として当初の選任の効力が及ぶと解すべきである（刑訴規18条の2参照）。

（豊崎七絵）

（資力申告書の提出）
第36条の2　この法律により弁護人を要する場合を除いて、被告人が前条の請求をするには、資力申告書（その者に属する現金、預金その他政令で定めるこれらに準ずる資産の合計額（以下「資力」という。）及びその内訳を申告する書面をいう。以下同じ。）を提出しなければならない。

Ⅰ　本条の趣旨

被告人の国選弁護の選任の要件は、刑訴36条所定の「被告人が貧困その他の事由により弁護人を選任することができない」ことである。これに対し本条及び次条は、国選弁護の選任請求の要件として、資力申告書の提出（本条）と、ある程度の資力を有する被告人について、弁護士会に私選弁護人の選任申出の前置（刑訴36条の3）とを規定する。これら選任請求の要件は、被疑者国選弁護制度とともに2004年刑訴法一部改正によって創設されたものであり、被疑者の国選弁護の選任請求の要件についても、同様の規定が設けられた（刑訴37条の3）。

これら国選弁護の選任請求の要件に係る本条、刑訴36条の3、そして刑訴37条の3を設ける立法政策上の趣旨として、公的資金によって賄われる国選弁護人制度については国民の理解と信頼を確保することが肝要であり、実際には資力を有する者が貧困であるとして国選弁護人の選任を受けることがあってはならない、と説明される[28]。端的にいえば、公的資金の投入の限界ということである。

もっとも選任請求の要件については、この立法政策上の趣旨に加え、以下の解釈論的根拠も挙げられることがある。すなわち、憲37条3項後段及び刑訴36条本文は、被告人が自ら弁護人を依頼することができないときは国が弁護人を

---

[28]　落合義和＝辻裕教『刑事訴訟法等の一部を改正する法律及び刑事訴訟規則等の一部を改正する規則の解説』（法曹会、2010年）260頁。

付することとし、刑訴37条の2第1項本文は被疑者についても同様の規定を設けている。ここから、「被疑者・被告人は、自ら弁護人を依頼することができるのであれば、国選弁護人の選任を請求するのではなく、私選弁護人を選任すべきである」という「私選弁護の原則・国選弁護の補完性」が導き出される。そして国選弁護の選任請求の要件たる資力申告書の提出の義務付け（本条、刑訴37条の3第1項）や私選弁護人の選任申出の前置の義務付け（刑訴36条の3第1項、刑訴37条の3第2項）は、この「私選弁護の原則・国選弁護の補完性」を前提としている、という[29]。

しかし憲37条3項後段及び刑訴36条本文から、上記の意味での「私選弁護の原則・国選弁護の補完性」が導き出されるか疑問がある。人権保障規定としての憲37条3項後段、そしてその趣旨を法律化した刑訴36条本文は、権利としての国選弁護を定め、その権利の保障を国家に義務付けるものである。従ってこのことの裏返しとして、また憲34条前段、刑訴30条所定の弁護人依頼権に基づいて、当人が国選弁護ではなく私選弁護を選任することはできるし、その選任は優先されなければならないという、権利としての私選弁護を導き出すことができるとしても、「自ら弁護人を依頼することができるのであれば、国選弁護人の選任を請求するのではなく、私選弁護人を選任すべきである」といった、被疑者・被告人に課される義務としての私選弁護を正当化するのは困難である。

また無罪を推定される被疑者・被告人に対しては、本来、応訴の強制を正当化する条件として、まず国側が公的費用で刑事弁護人を付して、その実効的な援助を被疑者・被告人に保障しなければならないという意味で、刑事弁護は「公的弁護」が原則であるとの見解によれば、私選弁護は被疑者・被告人の権利であって、国選弁護を保障するという国家の責務が免除されるわけではないという[30]。

このように、憲37条3項後段及び刑訴36条本文から「私選弁護の原則・国選弁護の補完性」を導き出すのは困難であるならば、選任請求の要件については公的資金の投入の限界という立法政策上の趣旨だけが残る。このことは、被告人の国選弁護人の選任の請求について、従来、特段の選任請求の要件や手続は要求されていなかったところ、被疑者国選弁護の導入に伴い、被告人の国選弁護についても資力申告書の提出の義務付けや私選弁護人の選任申出の前置の義務付けが新たに加えられたという経緯からも裏付けられよう。これらの義務付けが、被告人に具体的な選任要件の疎明を求めるにほぼ等しく、新たな負担を課すものであることについては、刑訴36条の解説Ⅱ2を参照。

---

[29] 落合＝辻・前掲[28]書252-253、257-258頁。

[30] 高田昭正「被疑者国選弁護制度と刑事弁護」法律時報76巻10号（2004年）50-51頁。

II 資力申告書提出の義務付けと黙秘権

　本条及び刑訴37条の3第1項で被疑者・被告人に資力申告書の提出を義務付けていることは、**黙秘権**の保障に抵触しないか。抵触しないとする見解は、憲38条1項は一切の供述ではなく不利益供述を強要されない権利を保障するにとどまり、また資力申告書が犯罪の立証のための資料ではなく国選弁護人の選任要件の判断資料として用いられるものにすぎないとする。これに対し、憲38条1項は**包括的黙秘権**を保障するものであるとすれば、その抵触が問題になりうる。

III 必要的弁護の場合の適用除外

　本条及び刑訴36条の3の適用については、「この法律により弁護人を要する場合を除いて」との限定がある。「この法律により弁護人を要する」とは、いわゆる**必要的弁護**の場合であり、私選弁護人がないときは国選弁護人を必ず付さなければならないので、本条及び刑訴36条の3の規定は適用しないこととしたものである※31。
　必要的弁護事件とは、(1)刑訴289条1項（「死刑又は無期若しくは長期三年を超える懲役若しくは禁錮にあたる事件を審理する場合」）、(2)刑訴316条の4第1項及び刑訴316条の7（公判前整理手続関係）、(3)刑訴316条の28（期日間整理手続関係。同条2項により公判前整理手続に関する規定が準用される）、(4)刑訴316条の29（「公判前整理手続又は期日間整理手続に付された事件を審理する場合」）、ならびに(5)刑訴350条の23（即決裁判手続関係）にそれぞれ該当する場合である。このうち(2)～(5)は、2004年刑訴法一部改正によって新たに創設された。

IV 資力申告書

　任意的弁護の場合、被告人が国選弁護人の選任を請求するには、資力申告書を提出しなければならない。
　「資力」とは、「その者に属する現金、預金その他政令で定めるこれらに準ずる資産の合計額」をいう（平成18年9月6日政令287号参照）。
　資力は、「その者に属する」ものしか考慮しない。被告人の親族など弁護人

※31 ただし必要的弁護事件であっても、必ずしも弁護人の立会いを必要としない手続もあると解するならば（最三小判昭30・1・11刑集9巻1号8頁は、必要的弁護事件であっても、判決宣告のためのみに開く公判廷には、必ずしも弁護人の立会いを要するものではないとする）、被告人がかかる場合に国選弁護人の選任を請求するとき、本条及び刑訴36条の3の適用が認められよう。

84　第36条の3（私選弁護人選任申出の前置）

選任権を有する者（刑訴30条2項）の資力は考慮しない。

　資力として考慮されるのは「現金、預金その他政令で定めるこれらに準ずる資産」とされ、それ以外の資産や負債については対象外となる。その理由として、現金や預金のような流動性のある資産以外の資産や負債をも考慮すると、資金の換金可能性や負債の返済時期なども問題となり、円滑な国選弁護人の選任に支障を来しうるからである。

　資力申告書は、被告人の記憶に基づいて作成すれば足り、資力の調査などは要しない。なお裁判所または裁判官の判断を誤らせる目的で、資力について虚偽の記載のある申告書を提出した場合、過料の罰則規定が設けられている（刑訴38条の4）。

Ⅴ　資力申告書の役割

　資力申告書の提出それ自体は選任請求の要件であって選任の要件ではない一方、当該資力申告書は、裁判所が選任要件である「被告人が貧困その他の事由により弁護人を選任することができないとき」（刑訴36条）に該当するかどうか審査するための資料の1つになりうる。この意味で、資力申告書は選任要件の判断に影響を与えうる。その詳細については刑訴36条の解説を参照。また資力申告書は、国選弁護人の選任を請求するにあたり所定の弁護士会に私選弁護人の選任の申出の前置が義務付けられるかどうか（刑訴36条の3第1項、刑訴37条の3第2項）を判断する資料となる。

（豊崎七絵）

（私選弁護人選任申出の前置）
第36条の3　この法律により弁護人を要する場合を除いて、その資力が基準額（標準的な必要生計費を勘案して一般に弁護人の報酬及び費用を賄うに足りる額として政令で定める額をいう。以下同じ。）以上である被告人が第三十六条の請求をするには、あらかじめ、その請求をする裁判所の所在地を管轄する地方裁判所の管轄区域内に在る弁護士会に第三十一条の二第一項の申出をしていなければならない。
②　前項の規定により第三十一条の二第一項の申出を受けた弁護士会は、同条第三項の規定による通知をしたときは、前項の地方裁判所又は当該被告事件が係属する裁判所に対し、その旨を通知しなければならない。

Ⅰ　本条の趣旨

　本条は、任意的弁護の場合において、被告人が国選弁護人の選任を請求する

（刑訴36条）要件としての、私選弁護人選任申出の前置を定める。すなわち、ある程度の資力を有する被告人について、弁護士会に私選弁護人の選任申出の前置を義務付けるものである。

本条の趣旨については、刑訴36条の2の解説Ⅰを参照。

Ⅱ　「この法律により弁護人を要する場合を除いて」（1項）

刑訴36条の2の解説Ⅲを参照。

Ⅲ　「基準額」（1項）

所定の弁護士会に私選弁護人の選任の申出を要するのは、被告人の資力が「基準額」以上の場合である。「基準額」は、標準的な必要生計費を勘案して一般に弁護人の報酬及び費用を賄うに足りる額として政令で定める額をいう。その具体的金額は、政令287号（平成18年9月6日）に基づき、50万円である。

資力が基準額以上か否かは、裁判所が、資力申告書の記載に基づき判断する。

Ⅳ　対象弁護士会（1項）

刑訴31条の2第1項と異なり、国選弁護人の選任の請求をする裁判所を管轄する地方裁判所の管轄区域内にある弁護士会に限定される（関連して、刑訴31条の2の解説Ⅱ参照）。

Ⅴ　弁護士会の通知義務（2項）

本条1項所定の私選弁護人の選任申出を受けた弁護士会は、刑訴31条の2第3項による通知をしたとき、すなわち私選弁護人となろうとする者がなく、または紹介した弁護士が被告人がした私選弁護人の選任の申込みを拒んだため、その旨を被告人に通知したときは、国選弁護人の選任の請求をする裁判所の所在地を管轄する地方裁判所または当該被告事件が係属する裁判所に対し、その旨を通知しなければならない。

国選弁護人の選任は、当該被告事件が係属する裁判所が行うが、弁護士会はその裁判所を知り得ない場合もある。そのため本条2項は、国選弁護人の選任の請求をする裁判所の所在地を管轄する地方裁判所に通知することもできるとした。これは、弁護士会の所在地を管轄区域とする地方裁判所であるから、弁護士会には明らかである。

（豊崎七絵）

（職権による被告人国選弁護）

第37条　左の場合に被告人に弁護人がないときは、裁判所は、職権で弁護人を附することができる。

一　被告人が未成年者であるとき。

二　被告人が年齢七十年以上の者であるとき。

三　被告人が耳の聞えない者又は口のきけない者であるとき。

四　被告人が心神喪失者又は心神耗弱者である疑があるとき。

五　その他必要と認めるとき。

　本条は、憲法とは無関係に、裁判所が裁量により職権で国選弁護人を付する場合を定めたものであると一般的に理解されてきた。このような理解に対して、本条は、被告人自身が防御したり弁護人を選任したりすることは困難であると類型的に認められるもの、すなわち憲法が国選弁護人を要求する場合に類型的に該当するものを規定したもので、国選弁護権の重要性に鑑み、憲法の趣旨を体現したものであるとの有力説[32]がある。

　また本条の「弁護人を附することができる」との文言から、弁護人を選任するか否かは任意であると説く見解もあるが、本条1号ないし4号所定の事由に該当する場合には、被告人に明らかに防御能力があると認められる場合を除いては、選任は義務的と解すべきである。また1号ないし4号所定の事由に該当しないが、被告人の防御能力が脆弱で弁護人を付する必要があると認められるときには、国選弁護人を選任しなければならない（本条5号）。以上の意味において、本条は被告人の特性による必要的弁護の規定と位置付けられる[33]。

　本条は、「弁護人がない」場合に国選弁護人を付するとする。弁護人がいて、本条所定の事由がある場合に、その弁護人が公判期日に出頭しないときは、刑訴290条に基づき、裁判所は職権で弁護人を付する。

（豊崎七絵）

---

[32]　田宮裕『注釈刑事訴訟法』（有斐閣、1980年）45頁。

[33]　田宮・前掲※32書45頁。

（請求による被疑者国選弁護）
第37条の2 被疑者に対して勾留状が発せられている場合において、被疑者が貧困その他の事由により弁護人を選任することができないときは、裁判官は、その請求により、被疑者のため弁護人を付さなければならない。ただし、被疑者以外の者が選任した弁護人がある場合又は被疑者が釈放された場合は、この限りでない。
② 前項の請求は、勾留を請求された被疑者も、これをすることができる。

I 本条の趣旨等

1 被疑者国選弁護制度導入の経緯と憲法的根拠

2004年刑訴法一部改正により、被疑者に対する国選弁護人の選任制度が導入されることとなった。その導入の意義について、司法制度改革審議会意見書によれば、弁護人の援助を受ける権利を実効的に担保することに加え、充実しかつ迅速な刑事裁判の実現を可能にするものとされる。

被疑者国選弁護制度の必要性は、かねてより唱えられていた。従来の実務においては、ほとんどの被疑者が弁護人の援助を受けないまま捜査の終結を迎えることにより、十分に防御権を行使できずに事件が固まってしまうことが多く、人権侵害や誤判に至ることさえあった。確かに、被疑者段階でも私選弁護の依頼は可能である。しかし実際は、被疑者の経済的問題のために、あるいは弁護人依頼権の実質的な意味や当該被疑事件にとって必要な弁護活動について被疑者が十分に認識・理解できないために、弁護士による援助が困難となるケースが多い。ゆえに弁護権は、国選弁護制度によって真に十全なものになるといえよう。日弁連と各弁護士会との協力によるボランティア活動としての**当番弁護士制度**（1990年開始）は、被疑者国選弁護制度の空白を事実上埋めるものとして展開され、2004年改正による被疑者国選弁護制度導入への大きな足がかりとなった。

もっともこの導入された被疑者国選弁護制度は、後述するように、(1)2016年刑訴法一部改正前はその対象事件を限定してきたのであり、また(2)2016年改正後も選任時期を勾留段階とする（従って被逮捕者や在宅被疑者は対象外）という点で、すべての被疑者をその対象とするものではない。そのため、当番弁護士制度の役割はなお終焉しておらず、立法論としては、被疑者国選弁護制度の範囲の拡大や「国費による当番弁護士制度」の導入も主張されている。

このように国選弁護制度の対象となる被疑者が限定された最大の理由は、すべての被疑者を国選弁護制度の対象とするならば、少なくとも現時点においてはこの制度運営を担いうる相当数の弁護士を確保することができないという政

策的理由である。もっとも、対象となる被疑者の限定は、この政策的理由だけで直ちに理論的にも正当化されうるものではない。

この点で問題となるのは、被疑者国選弁護制度に関する憲法解釈である。すなわち被告人に対する国選弁護人の選任制度が憲37条3項の要請であることは明らかである一方（刑訴36条の解説のⅠ参照）、被疑者国選弁護もまた憲法の要求するところであるか否かについては諸説ある。積極説としては、(1)憲34条の要請であるとの説（同条に加え憲14条も援用する説）、(2)憲37条3項の「被告人」（the accused）には被疑者も含まれるとの説、(3)憲34条及び憲37条3項の要請であるとの説などがある一方、(4)被疑者国選弁護は憲法上の権利ではないとの消極説もある。(1)によれば、憲34条の文言上、身体被拘束者（被逮捕者・被勾留者）に対して、(2)(3)によれば、憲37条3項に依拠することから（在宅の者も含め）訴追側との対抗関係が明確となった被疑者もしくは少なくとも身体被拘束者に対して、それぞれ国選弁護が憲法上保障されるべきことになる。他方で、(4)によれば、起訴前弁護の重要性が事実上勘案されるとしても、被疑者国選弁護は基本的に立法政策上の問題として位置付けられることになる※34。考えてみるに、憲37条3項の英文the accusedは公判段階の「被告人」だけを意味するものではないこと、憲34条は憲37条3項の意義を敷衍して特に身体被拘束者の弁護の重要性を宣言していると解されるが、憲37条3項は憲34条の適用が及ばない在宅の被疑者に対しても国選弁護の保障を及ぼすという意義を認めうること、憲37条の淵源である合衆国憲法修正6条が適用される正式手続段階、すなわち訴追側と被疑者・被告人との対抗関係が固定化する手続段階との実質的比較において、日本では少なくとも逮捕時まで憲37条3項の適用範囲を認めうることに鑑みれば、(3)説が妥当である。もっとも(4)の立法政策説を採らない限り、いずれにせよ、現行法の被疑者国選弁護制度に対しては、憲法適合性という観点からその範囲拡大——少なくとも全身体被拘束者への保障——が要請される。さらに(4)の立法政策説のもとでも、憲34条あるいは憲37条3項の趣旨を受けて被疑者国選弁護を制度設計し、対象範囲を拡大することが望ましいとの見解もある。

なお被疑者国選弁護制度創設当初、その対象は「死刑又は無期若しくは短期1年以上の懲役若しくは禁固に当たる事件」とされた。その後、対象は「死刑又は無期若しくは長期3年を超える懲役若しくは禁固に当たる事件」へと広げられたところ、さらに2016年刑訴法一部改正によって、勾留状が発せられた、または勾留を請求されたすべての事件へと拡大された。この拡大自体は評価できる一方、被逮捕者や在宅被疑者に対する被疑者国選弁護制度については、弁護

※34 なお最大判平11・3・24民集53巻3号514頁は、憲37条3項について、公訴提起後の被告人に関する規定であって、公訴提起前の被疑者についても適用されるものと解する余地はない、とした。

士会の対応態勢の不確実性、逮捕の時間的制約の下での弁護人選任手続の困難さ、コスト問題といった、従前の消極論と同様の主張が法制審議会・新時代の刑事司法制度特別部会でも繰り返され、議論が打ち切られた[35]。

2 本法による被疑者国選弁護制度の内容

2004年刑訴法一部改正により、被疑者国選弁護制度について、(1)請求による選任に関する規定（本条及び刑訴37条の3）、(2)職権による選任に関する規定（刑訴37条の4）、(3)追加選任に関する規定（刑訴37条の5）が設けられた。

なお被疑者に対する、いわゆる必要的弁護制度（被疑者の請求の有無にかかわらず、一定の場合に必要的に国選弁護人を選任する制度）は、2004年刑訴法一部改正のもとでは導入されなかった（被告人に対する必要的弁護については、刑訴36条の2の解説Ⅲ及び関連条文に関する解説を参照）。その理由として、必要的弁護制度のもとで弁護人が選任されていない事態が生じた場合、その先の手続を進行することができなくなり捜査に支障を来すとの指摘がある。これに対しては、重大事件や否認事件等、弁護人を付する必要性が極めて高いにもかかわらず、被疑者がその必要性を十分に認識・理解できないがために請求しないというケースに対応するため、必要的弁護制度の導入が必要であるとの見解がある。

また身体を拘束されていない在宅被疑者に対する国選弁護制度も採用されなかった。その理由として、(1)制度運営を担うに足る弁護士を確保することができない、(2)身体拘束された被疑者とそうでない被疑者とを比較した場合には、弁護人を付ける必要性において差があることは否めない、(3)手続の明確性との関係で、身体不拘束事件については最初から被疑者と全部わかっているわけではない（たとえば重要参考人）といった点が挙げられている。もっとも被疑者国選弁護制度が憲37条3項の要請であるとすれば、これら(1)(2)(3)の問題を克服し、在宅被疑者もその対象とすべきである。また、在宅被疑者の黙秘権を実効的に保障する、またその取調べの任意性・相当性を実効的に確保するために、国選弁護制度の導入が必要であるとの議論もあり得よう。

Ⅱ 被疑者に対する国選弁護人の選任要件

1 「勾留状が発せられている場合」（1項）若しくは「勾留を請求された」場合（2項）

---

[35] 2016年刑訴法一部改正に係る経緯については、高平奇恵「被疑者国選弁護制度の拡充」川崎英明＝三島聡編著『刑事司法改革とは何か』（現代人文社、2014年）192頁以下、同「弁護人による援助の充実化」川崎英明＝三島聡＝渕野貴生『2016年改正刑事訴訟法・通信傍受法条文解析』（日本評論社、2017年）11頁以下参照。

被疑者に対する国選弁護の選任時期については、勾留段階とされている。2項で勾留を請求された被疑者も国選弁護人の選任をすることができるとされたのは、選任請求と選任手続を円滑ならしめるという観点から、被疑者は裁判所に押送された時点で国選弁護人の選任を請求することができ、かつ、裁判官が勾留の審査と併せて国選弁護人の選任要件の審査をすることができるようにしたものである。

この選任時期が逮捕段階以降ではなく勾留段階とされたことの理由として、逮捕段階で国選弁護人選任のための新たな手続（被疑者の請求、裁判官による要件審査、日本司法支援センターによる弁護人の候補の指名・通知、裁判官による選任命令の発付など）を実施する時間的余裕が乏しく、特に裁判官が選任命令を発するに当たり、事実の取調べ（刑訴43条の3）のために被疑者を裁判官の下に押送する必要があると考えた場合に、これに対応することは困難である、と説明される[36]。

しかし被疑者国選弁護を立法政策の問題ではなく憲法上の権利と捉えるならば（前述 I 参照）、「新たな手続」の実施をもって、弁護人の援助を受ける権利に対する時期的制約を正当化することはできない。また、「抑留」・「拘禁」という言葉で、逮捕と勾留の区別なく身体拘束された者に対し弁護人を依頼する権利を認めている憲34条の趣旨を受け、立法政策として逮捕段階も含めるのが望ましいとの見解もある[37]。実質的にも、最初に身体拘束され外界から遮断された時、すなわち逮捕の段階において、被疑者の権利や今後の手続の見通し等について助言を得たり、外部との連絡をとるために弁護人の援助を受けたりすることは特に重要であろう[38]。

また国選弁護人選任のための手続としての事実の取調べは、必ず行うべきものではない。現行法上、裁判官は要件審査として、被疑者の請求により示された理由、資力申告書の提出（刑訴37条の3第1項）、私選弁護人選任申出の前置（刑訴37条の3第2項第3項）を確認すれば原則として足り、被疑者にそれ以上の疎明ないし負担を課すべきでない（この点に関し、刑訴36条の解説 II 2を参照）。

これらの被逮捕者・被勾留者との比較において、在宅の被疑者に対する国選弁護人選任の必要性は少ないとの議論がある。しかし任意同行・取調べの実情

---

[36] 落合義和＝辻裕教『刑事訴訟法等の一部を改正する法律及び刑事訴訟規則等の一部を改正する規則の解説』（法曹会、2010年）251-252頁。

[37] 司法制度改革推進本部事務局・公的弁護制度検討会（第9回）議事録における酒巻匡委員発言参照。

[38] この点、逮捕直後の、弁護人となろうとする者と被疑者との初回接見の重要性を説く最三小判平12・6・13民集54巻5号1635頁が参考となる。

（宿泊を伴う取調べ、長時間の取調べ）に照らすならば、むしろその必要性を肯定しうる。また被疑者国選弁護は憲37条3項の要請であるとみるならば、在宅の被疑者も国選弁護の対象に含まれる（上述Ⅰ1及び2を参照）。

2 「請求」（1項）

本条では被疑者の「請求」を選任の手続的要件としている。しかしこの「請求」は、請求による被告人国選弁護の場合と同様、形式的に解釈されるべきではない（刑訴36条の解説Ⅱ1を参照）。被疑者が、弁護人依頼権・選任権の実質的意味を熟知し、当該被疑事件について必要な弁護を判断し、かつこの権利を放棄した場合の具体的結果を十分認識した上で、請求できるようにすべきである。かかる請求を可能にするために、たとえば「国費による当番弁護士制度」の導入が考えられる。

確かに、被疑者に対しては国選弁護についての教示（刑訴203条4項、刑訴204条3項、刑訴207条2項3項、犯罪捜査規範130条2項）が行われることになっている。しかしこれは、司法警察員あるいは裁判官による選任要件及び選任手続についての教示にとどまるため、なお十分ではない。

3 「貧困その他の事由」（1項）

被告人の場合の選任要件と同じである（刑訴36条の解説Ⅱ2を参照）。

4 「弁護人を選任することができないとき」（1項）

すでに私選弁護人や国選弁護人がいる場合であっても、本条により、さらに国選弁護人の選任は可能と解すべきか。選任不可能とする説は、その理由として「私選弁護の原則・国選弁護の補完性」を挙げる[39]。しかし本条のいう「弁護人を選任することができないとき」とは、形式的に弁護人が選任できたか否かではなく、実質的な弁護が可能な弁護人を選任できたかどうかを問題とするものである。なぜなら、憲34条及び憲37条3項により、国家は被疑者に対して実質的な弁護を保障しなければならないからである。従って、すでに弁護人がいる場合でも十分な弁護を見込むことが困難であれば、さらに国選弁護人の選任は可能と解すべきである（刑訴36条の解説Ⅱ3を参照）。なお立法政策説のもとでも、憲法の趣旨を受けて被疑者国選弁護を制度設計すべきであるとすれば、同様の解釈を導きうる。

また頻繁に接見しなければならないケース、多くの証拠を収集する必要性がある（たとえば、多くの関係者に当たらなければならない）ケースといった、複数人の弁護人を必要とするケースが現に存在する以上、選任の実際的必要性

---

[39] 落合＝辻・前掲[36]書271頁。この「私選弁護の原則・国選弁護の補完性」の問題点については、刑訴36条の2の解説Ⅰを参照。

92　第37条の3（選任請求の手続）

もある。

Ⅲ　少年の被疑事件の場合

　被疑者が少年である場合も、被疑者国選弁護制度の対象に含まれる。この場合、「貧困」の判断は本人の資力のみを考慮し、親権者等の資力を考慮する必要はない。

　なお少年の被疑事件においては、勾留に代わる観護措置として、被疑者を少年鑑別所に送致することができる（少年43条、少年44条、少年17条1項2号）。これは勾留そのものではないが、勾留と共通性のある身体拘束であるから、憲33条・憲34条を受けた刑訴法の勾留に関する規定は、できるだけ準用・類推適用されるべきである。従って、本条1項の「勾留状が発せられている場合」は観護令状が発せられている場合（少年44条2項）を含み、また本条2項の「勾留を請求された」場合は観護令状が請求されている場合を含むと解される。

Ⅳ　選任の効力の及ぶ範囲

　これについて、被疑者単位でなく、被疑事実単位の方が手続が明確であるから、複数の被疑事実がある場合、それぞれ選任の命令を得ることが必要であるとされる。しかし捜査の過程で被疑事実が変わる可能性は高いから、厳格な線引きは難しい。またAという被疑事実について被疑者に国選弁護人が選任されたが、同じ被疑者が別のBという被疑事実でも身体拘束された場合、弁護人がAの弁護はするが、Bについては相談も受け付けないということは困難である。このように、被疑者単位（人単位）の方が実際的で、かつ被疑者の権利保護に資するので、新たに身体拘束された被疑事実についても当初の選任の効力が及ぶと解すべきである。

　　　　　　　　　　　　　　　　　　　　　　　　　　（豊崎七絵）

（選任請求の手続）
第37条の3　前条第一項の請求をするには、資力申告書を提出しなければならない。
②　その資力が基準額以上である被疑者が前条第一項の請求をするには、あらかじめ、その勾留の請求を受けた裁判官の所属する裁判所の所在地を管轄する地方裁判所の管轄区域内に在る弁護士会に第三十一条の二第一項の申出をしていなければならない。
③　前項の規定により第三十一条の二第一項の申出を受けた弁護士会は、同条第三項の規定による通知をしたときは、前項の地方裁判所に対し、

その旨を通知しなければならない。

I 本条の趣旨

請求による被疑者国選弁護の選任の要件は刑訴37条の2が定めるところであるが、本条は、選任の前段階である選任請求の要件として、資力申告書の提出と、ある程度の資力を有する被疑者について、弁護士会に私選弁護人の選任申出の前置とを規定する。この選任請求の要件の趣旨については、刑訴36条の2の解説Iを参照。

被疑者段階には必要的弁護がないため、被告人の場合と異なり（刑訴36条の2、刑訴36条の3参照）、本条による選任請求の要件は対象事件のすべてに適用される。

II 資力申告書の提出（1項）

その趣旨等については、刑訴36条の2の解説I、II、IV、Vを参照。

III 私選弁護人の選任申出の前置（2項）

本条2項は、私選弁護人の選任申出の前置について定める。本項所定の要件は、「あらかじめ」私選弁護人の選任の申出をしていることであり、また選任の申出の主体は単に「被疑者」と規定されていること（刑訴31条の2第1項）から、この申出は、身体拘束前や逮捕段階で所定の弁護士会に私選弁護人の選任の申出をした場合も含む。

被疑者が私選弁護人の選任の申出をすべき弁護士会は、「その勾留の請求を受けた裁判官の所属する裁判所の所在地を管轄する地方裁判所の管轄区域内に在る弁護士会」である。

その他、本条2項の趣旨等については、刑訴36条の3の解説I、III、IVを参照。

IV 弁護士会の通知義務（3項）

本条2項所定の私選弁護人の選任申出を受けた弁護士会は、刑訴31条の2第3項による通知をしたとき、すなわち私選弁護人となろうとする者がなく、または紹介した弁護士が被疑者による弁護人の選任の申込みを拒んだため、その旨を被疑者に通知したときは、本条2項所定の裁判所、すなわち「その勾留の請求を受けた裁判官の所属する裁判所の所在地を管轄する地方裁判所」に対し、

その旨を通知しなければならない。

被疑者がその身体拘束前に所定の弁護士会に私選弁護人の選任の申出をした場合、当該弁護士会はその被疑者が身体拘束されるか否か知り得ない。そもそも弁護士会としては、刑訴31条の2第1項に基づくものとして行われた申出が、単なる私選弁護人選任申出か、それとも国選弁護人の選任要件としての私選弁護人選任申出か、両者を区別することは事実上困難である（後者の場合、被疑者は資力申告書を裁判所に提出していることになるが、弁護士会がそれを知り得る制度はない）。従って、弁護士会の裁判所に対する通知義務は、法律上、(1)国選弁護人の選任請求権を有する被疑者、及び(2)対象事件により逮捕された被疑者から行われた選任申出についてのみ生じるとの見解がある。(1)は、具体的には、勾留を請求され、または勾留状が発せられている被疑者（刑訴37条の2）のほか、即決裁判手続によることについて同意をするかどうかの確認を求められた被疑者（刑訴350条の3）である。(2)の逮捕された被疑者は、国選弁護人の選任請求権は有しないが、勾留請求されることにより同請求権を有することになるため、刑訴203条3項等は、捜査機関に国選弁護人の選任請求に関する事項の教示を義務付けている。このことから、(2)の場合にも弁護士会は通知義務を負うのが相当であるとされる※40。

確かに弁護士会に課される法律上の義務としての通知はこのように解さざるを得ない一方、しかしこれによって身体拘束前に申出をした被疑者に対する国選弁護人の選任が遅滞したり行われないのは不当である。これは通知をめぐる手続が法律上十分に整備されていないからであり、そのことによる負担を被疑者に負わせる理由はない。従って、かかる手続面が法律上改めらない限り、資力申告書の提出を受けた裁判官が、私選弁護人の選任申出の有無及びその結果を確認すべきであると解する。なぜなら、裁判官は、資力申告書の提出を受けることによって、弁護士会と異なり、国選弁護人の選任請求を予測できる立場にあり、また国家は国選弁護を実効的に保障する責任を負うからである。

（豊崎七絵）

（職権による被疑者国選弁護）
第37条の4　裁判官は、被疑者に対して勾留状が発せられ、かつ、これに弁護人がない場合において、精神上の障害その他の事由により弁護人を必要とするかどうかを判断することが困難である疑いがある被疑者について必要があると認めるときは、職権で弁護人を付することができる。ただし、被疑者が釈放された場合は、この限りでない。

※40　落合義和=辻裕教『刑事訴訟法等の一部を改正する法律及び刑事訴訟規則等の一部を改正する規則の解説』（法曹会、2010年）274頁。

第 37 条の 4（職権による被疑者国選弁護）　95

I　本条の趣旨

　本条は、勾留状が発せられた被疑者に弁護人がない場合において、「精神上の障害その他の事由により弁護人を必要とするかどうかを判断することが困難である疑いがある被疑者について必要があると認めるとき」、裁判官は、被疑者の請求がなくても、職権で弁護人を付することができるとした。その趣旨は、弁護人の必要性についての判断が困難である被疑者にも、国選弁護権を的確に保障することである。

　なお2004年刑訴法一部改正により、被疑者国選弁護について、本条所定の職権による選任制度が導入された一方、必要的選任制度（必要的弁護）は見送られた。その理由として、弁護人が付かない場合に手続が進まないことによる捜査への支障が挙げられている。しかし重大事件や否認事件など弁護人を付する必要性が高い場合がある以上、必要的選任制度はなお立法論的課題として残っているといえよう。

II　選任要件

1　被疑者に勾留状が発せられていること

　いわゆる在宅事件の被疑者及び逮捕段階の被疑者が適用対象外とされていることについては、刑訴37条の2の解説II2を参照。

2　「弁護人がない場合」

　すでに弁護人がいる場合であっても、本条により、さらに国選弁護人の選任が可能な場合があると解すべきか。選任不可能とする説は、その理由として「私選弁護の原則・国選弁護の補完性」を挙げる[41]。しかし本条のいう「弁護人がない場合」とは、形式的に弁護人がいるか否かではなく、実質的な弁護が可能な弁護人を選任できないことを意味する（憲34条及び憲37条3項）。従って、すでに弁護人がいる場合でも十分な弁護活動を見込むことが困難であれば、さらに国選弁護人の選任は可能と解すべきである。なお立法論としては、刑訴37条に対応する刑訴290条のような規定を、本条について設けることも考えられる。

3　「精神上の障害その他の事由により弁護人を必要とするかどうかを判断することが困難である疑いがある被疑者」であること

　本条所定の被疑者段階の職権選任の要件は、文言上、刑訴37条所定の被告人

---

[41]　落合義和=辻裕教『刑事訴訟法等の一部を改正する法律及び刑事訴訟規則等の一部を改正する規則の解説』（法曹会、2010年）276頁。

段階の要件とは異なる。すなわち被告人段階では、未成年であるとき、年齢70年以上の者であるとき、耳の聞こえない者または口のきけない者であるとき、もしくは、心神喪失者または心神耗弱者である疑いがあるとき、職権で弁護人を付することができるとされる（刑訴37条1号-4号）のに対し、被疑者段階では、「弁護人を必要とするかどうかを判断することが困難である疑い」を認める必要がある。そのため、刑訴37条1号-4号所定の要件に該当しうる被疑者（たとえば未成年の被疑者）であっても、職権選任を認めうるためには、さらに「弁護人を必要とするかどうかを判断することが困難である疑い」も必要であるとして、被告人の場合より要件が厳格であるとの解釈がある。その理由として、(1)被告人の場合には、職権選任は被告人のためだけでなく、訴訟の適正円滑な進行が可能になる点で国家にとっても利益になること、(2)捜査段階における弁護人の必要性については、被疑者自身が判断すべきであることが挙げられる※42。

　しかし被告人の場合についての刑訴37条は、被告人自身が防御したり弁護人を選任したりすることは困難であり、憲法が国選弁護人を要求する場合に類型的に該当するものを規定したとみることができ（刑訴37条の解説を参照）、被疑者の場合についての職権選任の要件もまた、同様の趣旨に基づき規定されるべきであったし、またそのように解釈すべきである。従って、刑訴37条1号-4号所定の要件に該当しうる被疑者については、「弁護人を必要とするかどうかを判断することが困難である疑い」の存在を推定すべきである。

4　「必要があると認めるとき」

　本条所定の職権選任の要件は、上記1～3の選任要件にとどまらず、さらに裁判官による必要性判断を求めており、これも刑訴37条所定の被告人段階の要件とは異なる。しかしこれについては、上記1～3の選任要件を満たせばその必要性があることが推定されると解すべきである。

Ⅲ　「弁護人を付することができる」

　本条の「弁護人を付することができる」という文言から、上述Ⅱの1～4の選任要件を満たしたとしても、弁護人を選任するか否かは任意であるとの解釈も文理上成り立ちうるが、国選弁護権の重要性に鑑み、選任要件を充足すれば選任は義務的と解すべきである※43。

※42　落合＝辻・前掲※41書276-277頁。

※43　このように「義務的」と解するならば、弁護人が選任されなかった場合、取調べや身体拘束等は中止すべきであることになろう。また弁護人が選任されないまま取調べや身体拘束が継続された場合には、証拠排除などサンクションの対象となりうる。

被疑者については、被告人と異なり必要的弁護を正面から認めた規定はない（上述 I 参照）が、このような解釈を施すことにより、本条を必要的弁護の規定と位置付けられよう（刑訴37条の解説を参照）。

（豊崎七絵）

（弁護人の数）
第37条の5 裁判官は、死刑又は無期の懲役若しくは禁錮に当たる事件について第三十七条の二第一項又は前条の規定により弁護人を付する場合又は付した場合において、特に必要があると認めるときは、職権で更に弁護人一人を付することができる。ただし、被疑者が釈放された場合は、この限りでない。

I 本条の趣旨

　本条は、裁判官の職権による被疑者に対する国選弁護人の追加選任について規定する。

　本条の趣旨について、捜査段階には受訴裁判所が存在しないため、公判段階のように裁判長の訴訟指揮権に基づく複数選任を考えることはできないが、特に法定刑の重い事件については手厚い弁護活動が求められる場合もありうるので、本条の職権による選任制度が設けられたとの説明がある。つまりこれによれば、被疑者の国選弁護人の数は、刑訴37条の2もしくは刑訴37条の4の適用により1人で、本条の追加選任の要件が充たされる場合でも最多で2人ということになる[44]（これを(1)説とする）。かかる説明は、被疑者国選弁護を、立法政策の問題と捉えることによって成り立ちうる。

　これに対して、被疑者国選弁護を憲法の要請と捉え、被疑者には実質的な弁護が保障されなければならないとすれば（刑訴37条の2の解説 I 1を参照）、次のように解される。まず本条の解釈の前提として、刑訴37条の2または刑訴37条の4の適用により選任されるべき国選弁護人の数は必ずしも1人に限定されない（刑訴37条の2の解説 II 5、刑訴37条の4の解説 II 2を参照）。その上で本条は、特に法定刑の重い事件について、職権による追加選任を設けたものと位置付けられる（これを(2)説とする）。なお被疑者国選弁護を立法政策の問題と捉えるとしても、憲法の趣旨を受けて制度設計すべきであるとすれば、同様の解釈を導きうる。

　(1)説は、その理由として、資力のない被疑者は多数の国選弁護人を付される

---

[44] 落合義和＝辻裕教『刑事訴訟法等の一部を改正する法律及び刑事訴訟規則等の一部を改正する規則の解説』（法曹会、2010年）278頁。

が、私選弁護人を依頼した被疑者は資力によっては1人の弁護人しか依頼できないというのでは、均衡を失するという※45。しかし、すでに私選弁護人を依頼した被疑者であっても、さらに弁護人を増やさなければ実質的な弁護が保障され得ない場合には、刑訴37条の2または刑訴37条の4の適用により国選弁護人を選任しうると解することによって（刑訴37条の2の解説Ⅱ5、刑訴37条の4の解説Ⅱ2を参照）、不均衡の問題は解消されよう。

なお刑訴規27条は、従来、私選弁護人の選任についての規定であると解されてきたが、被疑者国選弁護制度の導入以降も同様に解釈しなければならない必然性はなく、文理上は私選・国選双方を含むと解する余地がある。しかしこのような解釈をとると、弁護人の数を原則として3人までとし、裁判所の許可によりさらに選任が許されるとの同条の規定は、(1)説とも(2)説とも齟齬しうる。なぜなら(1)説は弁護人の数を2人までと解するものであり、また(2)説は刑訴37条の2または刑訴37条の4を適用する段階で3人以上の弁護人の選任も可能と考えるからである。もっともそもそも刑訴規27条については、弁護人を原則3人とする制限の合理性は乏しいとして、その改正の必要性が指摘されてきたこと（刑訴35条の解説Ⅱを参照）に留意すべきである。

Ⅱ　要件

本条による国選弁護人の選任要件は、(1)死刑または無期の懲役若しくは禁錮に当たる事件について、(2)刑訴37条の2第1項または刑訴37条の4の規定により弁護人を付する場合または付した場合に、(3)裁判官が特に必要があると認めるとき、である。

本条による選任は、刑訴37条の2第1項または刑訴37条の4による選任と同時に行うことも可能であるし、刑訴37条の2第1項または刑訴37条の4による選任後に行うことも可能である（(2)）。

刑訴37条の2または刑訴37条の4を適用する段階で、憲法上の権利としての実質的な弁護を確保するために複数人の国選弁護人が選任されるべきであると解する（前述Ⅰの(2)説）ならば、本条の「特に必要があると認めるとき」とは、実質的な弁護の確保とは異なる次元での必要性を意味することになろう。すなわちそれは、本条の対象事件が特に法定刑が重く、また公訴が提起されれば公判前整理手続・裁判員裁判に付されることに照らし、公訴提起後における防御の準備として捜査段階での弁護活動を集中的に行う必要性を意味する。

同様に、刑訴37条の2または刑訴37条の4を適用する段階では1人の国選弁護人しか選任できないと解する見解（前述Ⅰの(1)説）も、本条の「特に必要があると認めるとき」を、公判前整理手続・裁判員裁判を見込んだ捜査弁護活動

※45　落合＝辻・前掲※44書279頁。

第38条（国選弁護人の資格・報酬等）　99

の必要性と捉える※46。もっともそれは被疑者国選弁護を憲法の要請ではなく立法政策の問題として捉えるという点で、前述Ⅰの(2)説とは異なる。

（豊崎七絵）

> **（国選弁護人の資格・報酬等）**
> **第38条**　この法律の規定に基づいて裁判所若しくは裁判長又は裁判官が付すべき弁護人は、弁護士の中からこれを選任しなければならない。
> ②　前項の規定により選任された弁護人は、旅費、日当、宿泊料及び報酬を請求することができる。

Ⅰ　選任資格（1項）

　国選弁護人は、刑訴36条、刑訴37条、刑訴289条3項、刑訴290条、刑訴316条の8第2項（刑訴316条の28第2項による準用も含む）、刑訴316条の29に該当する場合に裁判所が付し、刑訴289条2項、刑訴316条の4第2項、刑訴316条の8第1項（刑訴316条の28第2項による準用も含む）、刑訴316条の29、刑訴350条の18、刑訴451条4項に該当する場合には裁判長が付し、刑訴37条の2、刑訴37条の4、刑訴350条の17第1項に該当する場合には裁判官が付する。

　本条1項は、この裁判所等が付すべき国選弁護人について、弁護士の中から選任しなければならないとする。これは、憲37条3項の「資格を有する弁護人」を依頼する権利を具体的に保障するためのものである。そして、この「資格」とは形式的な資格にとどまらず、実質的な弁護を行う能力という実質的な資格を指すと解される（刑訴36条の解説Ⅰを参照）※47。

　国選弁護人の選任手続については刑訴規29条参照。裁判所等が付すべき国選弁護人は、裁判所の所在地を管轄する地方裁判所の管轄区域内にある弁護士会に所属する弁護士の中から選任しなければならない。ただし、その管轄区域内に選任すべき事件について弁護人としての活動をすることができる弁護士がないとき、その他やむを得ない事情があるときは、これに隣接する他の地方裁判所の管轄区域内にある弁護士会に所属する弁護士、その他適当な弁護士の中から選任することができる（刑訴規29条1項2項）。控訴裁判所または上告裁判所

※46　松尾浩也監修『条解刑事訴訟法（第4版増補版）』（弘文堂、2016年）69-70頁。
※47　最二小決昭45・9・4刑集24巻10号1311頁は「弁護士法は、弁護人となるのにふさわしい能力のある者に弁護士としての資格を与えているのであるから、国選弁護人は、明らかに不適当と認められる特段の事情のないかぎり、裁判所の所在地にある弁護士の中からなんびとかを選任すれば足りるのであって、各選任ごとにその弁護士の能力や誠実さを調査する責務を負担するものとは解されない」とする。

が弁護人を付する場合で、特に必要があると認めるときは、原審における弁護人であった弁護士を弁護人に選任することができる（刑訴規29条3項4項）。2人以上の被疑者・被告人がいる場合、それぞれ別の弁護人を選任するのが通常であるが、被疑者・被告人の間で利害が相反しないときは同一の弁護人にその弁護をさせることができる（刑訴規29条5項）。

選任行為の法的性格については、刑訴36条の解説Ⅲ1を参照。

なお国選弁護に関して、日本司法支援センターは、国の委託に基づいて、裁判所等の求めに応じ、支援センターとの間で国選弁護人の事務を取扱うことについて契約している弁護士（国選弁護人契約弁護士）の中から、国選弁護人の候補を指名し、裁判所等に通知すること、ならびに、この通知に基づき国選弁護人に選任された国選弁護人契約弁護士にその事務を取扱わせることを業務とする（法律支援30条1項6号）。つまり支援センターは、国選弁護人候補者の確保に関する業務を行う。

Ⅱ 旅費等の請求（2項）

国選弁護人の旅費、日当、宿泊料は、弁護人が期日に出頭し、または取調べ若しくは処分に立ち会った場合に限り支給される（刑訴費8条1項）。報酬の額は裁判所が相当と認めるところによる（刑訴費8条2項）。

ただし日本司法支援センターの国選弁護人契約弁護士が国選弁護人に選任されたときは、その報酬等は当該センターから契約弁護士に支払われるため、本条第2項の規定は適用されない（法律支援39条1項）。

（豊崎七絵）

（選任の効力）
第38条の2 裁判官による弁護人の選任は、被疑者がその選任に係る事件について釈放されたときは、その効力を失う。ただし、その釈放が勾留の執行停止によるときは、この限りでない。

Ⅰ 本条の趣旨

本条は、被疑者に対する国選弁護人の選任の効力について規定する。

被疑者に対する国選弁護人の選任制度の対象事件が身体拘束事件に限定されたことから、本条は、国選弁護人の選任は、被疑者がその選任に係る事件につ

いて釈放されたときは、その効力を失うこととした[48]。

ただし、その釈放が勾留の執行停止によるときは、国選弁護人の選任の効力は失わないこととしている。その場合には、再度の身体拘束が予想されるからである。

Ⅱ 公訴提起後に釈放された場合

刑訴32条1項は、公訴の提起前にした弁護人の選任は、第一審においてもその効力を有すると定める。同条は、被疑者国選弁護制度の施行前は、捜査段階で選任された私選弁護人を対象とするものであった。しかし被疑者国選弁護制度の施行後、同条については、捜査段階で選任された国選弁護人についても適用される（刑訴32条の解説Ⅰを参照）。

被告人に対する国選弁護人の選任制度の適用については、被疑者の場合と異なり、身体拘束された者に限定されていないから、公訴提起後、被告人が保釈等によりその選任に係る事件について釈放された場合であっても、国選弁護人の選任の効力は失われない[49]。

Ⅲ 被疑者が少年である場合

検察官が、国選弁護人が付された少年の被疑事件を家庭裁判所に送致した場合（少年42条1項）、国選弁護人はその効力を失う（少年42条2項）。刑事手続における弁護人の役割と保護手続における付添人の役割との違いによるとされる[50]。

（豊崎七絵）

---

[48] 東京高判平22・6・14東高時報61巻1-12号122頁は、被疑者国選弁護人が選任された事件について被告人が釈放されるとともに別の事実について起訴され勾留されたが、その事実について弁護人選任の手続がとられないまま同じ弁護士を被告人の弁護人として公判審理等を行った原審の訴訟手続について、弁護人選任手続に関する法令違反があるが判決に影響を及ぼさないとした。

[49] 制定過程においては、公訴提起されず釈放された場合であっても選任の効力は維持されるものとし、不起訴処分がなされた時、選任の効力は終了するべきであるとの見解も有力であった。その趣旨は、処分保留で一旦釈放されても起訴される可能性がある以上、選任の効力を維持させることで弁護の空白期間をなくすというものである。

[50] 制定過程においては、家裁送致された場合には、国選弁護人は公的付添人とみなされるべきであるとの見解も有力であった。その趣旨は、同一人による援助は少年にとって望ましく、また合理的であるというものである。

102 第38条の3（弁護人の解任）

（弁護人の解任）
第38条の3 裁判所は、次の各号のいずれかに該当すると認めるときは、裁判所若しくは裁判長又は裁判官が付した弁護人を解任することができる。
一 第三十条の規定により弁護人が選任されたことその他の事由により弁護人を付する必要がなくなつたとき。
二 被告人と弁護人との利益が相反する状況にあり弁護人にその職務を継続させることが相当でないとき。
三 心身の故障その他の事由により、弁護人が職務を行うことができず、又は職務を行うことが困難となつたとき。
四 弁護人がその任務に著しく反したことによりその職務を継続させることが相当でないとき。
五 弁護人に対する暴行、脅迫その他の被告人の責めに帰すべき事由により弁護人にその職務を継続させることが相当でないとき。
② 弁護人を解任するには、あらかじめ、その意見を聴かなければならない。
③ 弁護人を解任するに当たつては、被告人の権利を不当に制限することがないようにしなければならない。
④ 公訴の提起前は、裁判官が付した弁護人の解任は、裁判官がこれを行う。この場合においては、前三項の規定を準用する。

I 本条の趣旨

　本条は、国選弁護人の解任について規定する。

　2004年刑訴法一部改正前には、国選弁護人の解任に関する規定は設けられておらず、刑訴規179条の6第2項（現在は削除）が、国選弁護人差し支えのため、期日の変更を必要とする事由が長期にわたり審理の遅延を来たす虞がある場合の措置として、裁判長が解任できる旨を定めるのみであった。国選弁護人の選任行為の法的性格については諸説あるが、判例は、裁判所等が行う単独の意思表示たる命令とする考え方（裁判説）をとっており、これによれば裁判所等が「正当の理由」（弁護士24条）の存在を認めて解任しない限り、弁護人は辞任できないことになる（刑訴36条の解説III 1・2参照）。また、裁判所等は国選弁護人を解任することができるが、裁量によることは許されず、審理の必要上解任する場合もしくは辞任の「正当の理由」がある場合に限られると解されてきた※51。

※51 松尾浩也監修『条解刑事訴訟法（第3版補正版）』（弘文堂、2006年）55頁。

これに対し本条は、裁判所等の解任権限、解任事由等を明文で定める。その趣旨は、国選弁護人の解任をめぐる手続の紛糾を防止するため、これまで実務で行われてきた解任に関する事例を整理し、解任の事由を明確化したもので、かつ例示列挙ではなく限定列挙と解されている[52]。従って、本条による解任事由の法定化は、解任の範囲を従前と比べて拡大させるものではないと解釈しなければならない。もっとも後述するように、とりわけ本条1項4号の解釈・運用が問題となりうる。

Ⅱ　解任の主体

解任は、公訴の提起後は裁判所、公訴の提起前は裁判官が行う（本条1項及び4項）。

Ⅲ　解任事由（1項）

1　刑訴30条の規定により弁護人が選任されたことその他の事由により弁護人を付する必要がなくなったとき（1号）

新たに私選弁護人が選任された場合、当初から国選弁護人の選任要件を欠いていた場合が含まれるほか、国選弁護人が選任された場合（刑訴289条2項及び3項等）も本号に該当する場合があるとされる[53]。

もっともこれらの選任の場合に該当すれば、直ちに解任事由が認められると解すべきではない。かかる選任によって、**弁護人依頼権**（憲34条前段、憲37条3項前段）に則った実質的な弁護が確保されてはじめて、「弁護人を付する必要がなくなった」と言いうる。

2　被告人と弁護人との利益が相反する状況にあり弁護人にその職務を継続させることが相当でないとき（2号）

被疑者または被告人と国選弁護人との利益相反の場合のほか、同一の国選弁護人に数人の被疑者または被告人の弁護をさせた場合において、被疑者または被告人間の利害が相反する場合（刑訴規29条5項参照）も本号に含まれよう。

---

[52] 落合義和=辻裕教『刑事訴訟法等の一部を改正する法律及び刑事訴訟規則等の一部を改正する規則の解説』（法曹会、2010年）282-283頁、松尾浩也監修『条解刑事訴訟法（第4版増補版）』（弘文堂、2016年）77頁。

[53] 落合=辻・前掲[52]書283-284頁。

3 心身の故障その他の事由により、弁護人が職務を行うことができず、または職務を行うことが困難となったとき（3号）

国選弁護人差し支えの事由が長期にわたり審理の遅延を来たす虞がある場合や、被疑者または被告人と国選弁護人との信頼関係が喪失した場合（刑訴36条の解説Ⅲ2参照）[54]も本号に含まれよう。

4 弁護人がその任務に著しく反したことによりその職務を継続させることが相当でないとき（4号）

本号を、特にその文言（「相当でないとき」）との関係で、捜査・訴追の利益と防御の利益との衡量による解任を認めるものと解すべきではない。すなわち捜査機関側により捜査に支障を来すとして批判されることのある弁護（いわゆる「不適切弁護」あるいは「逸脱弁護」と呼ばれるもの）は、4号の解任事由に入らない。なぜならたとえば弁護人が被疑者・被告人に保障されている防御権（たとえば黙秘権）の行使をアドバイスすることは、それによって捜査（たとえば被疑者取調べ）の効率性が妨げられることになったとしても、まさに憲法の保障する正当な弁護活動だからである。それにもかかわらず、対立する捜査機関・訴追機関との関係で「職務継続が不相当」と判断されるのは、それ自体が弁護活動に対する不当な介入となる。

なお「正当な事由がないのに公判期日に出頭しなかったり、在廷命令に反して退廷した場合」も本号に含まれるとの説がある[55]が、「正当な事由がない」ことの内容が明らかでない。この点、弁護人の任務は被疑者・被告人の保護である以上、端的に「被疑者・被告人の保護という任務に著しく反した不出頭・退廷」を問題とすべきである。逆に被告人の権利を保護するための不出頭・退廷は、むしろ弁護人の任務を果たしていると評価できよう。この場合に、訴訟促進の利益と防御の利益との衡量によって「正当な事由がない」として解任することはできない。

従って、本号が「任務に著しく反した」と規定していることからしても、本号に該当する解任事由とは、弁護人が弁護の手段として犯罪行為に出た等の違法な行為を行った場合及び被疑者・被告人の弁護人依頼権を実質的に保障すべく弁護人として当然に行うべき任務を行っていない場合（接見を全くしていない場合、被告人が事実を争っているのにそれを認める弁護活動をしている場合

---

[54] 松尾・前掲[52]書78-79頁は、弁護人の保護者的地位に鑑み、弁護方針の不一致があるからといって、直ちに信頼関係が破綻したとして本号の解任事由に当たることはないという。もっとも弁護方針の不一致を契機として、弁護活動の基礎となる真摯な相談や被疑者・被告人からの情報提供が期待できないような事態に至った場合には、信頼関係の破綻を認めるべきであろう。

[55] 落合＝辻・前掲[52]書284頁。

等）に限定される[56]。

5 弁護人に対する暴行、脅迫その他の被告人の責めに帰すべき事由により弁護人にその職務を継続させることが相当でないとき（5号）

本号は、被疑者・被告人本人が当該国選弁護人の援助を拒んだ場合を定めたものと解される。

したがって、被疑者・被告人の責めに帰すべき事由があれば直ちに解任事由が認められるわけではなく、かかる被疑者・被告人の行為が当該国選弁護人の援助に対する拒否を示すものであることが明らかな場合に、「弁護人にその職務を継続させることが相当でない」と認められるべきである。

また、被疑者・被告人の行為が当該国選弁護人の援助に対する拒否を示すものであることが明らかな場合であっても、直ちに一般的に国選弁護人による援助を受ける権利を放棄したことにはならない。故に解任の裁判も当該国選弁護人を解任するそれであって、選任手続で行われた国選弁護人を付する旨の裁判の効力は維持されていることになり、当該国選弁護人の解任の後、選任請求がなくても、改めて国選弁護人の選任が行われるべきである。

Ⅳ 解任手続等（2項・3項）

裁判所等が、国選弁護人を解任するには、あらかじめ、その意見を聴取しなければならない（2項）。また弁護人を解任するにあたっては、被疑者・被告人の権利を不当に制限することがないようにしなければならない（3項）。これらの規定は、国選弁護人の解任が被疑者・被告人の防御権行使に重大な影響を与えるため、設けられたものである。

もっとも国選弁護人の解任の裁判に対する上訴は認められておらず（刑訴420条1項参照）、刑訴44条2項によれば解任決定には「理由を附することを要しない」ことになる。しかし国選弁護人の解任は被疑者・被告人の防御権行使に重大な影響を及ぼし、また当該弁護人にとっては弁護士会の懲戒手続及び日本司法支援センターの契約上の措置等に繋がる可能性がある。理由を付することが運用上望ましいというだけでなく、立法論として理由を付することを義務付けるべきであろう。

---

[56] 川出敏裕「公的弁護人の選任手続」現代刑事法64号（2004年）58頁、高田昭正「被疑者国選弁護制度と刑事弁護」法律時報76巻10号（2004年）50頁、浦功「被疑者国選弁護の導入と国選弁護制度」『鈴木茂嗣先生古稀祝賀論文集（下巻）』（成文堂、2007年）265-266頁。

V　公訴提起前の弁護人の解任（4項）

　4項は、公訴提起前の国選弁護人の解任について規定する。本項により、1項-3項が準用されることになる。

（豊崎七絵）

（虚偽の資力申告書に対する制裁）
第38条の4　裁判所又は裁判官の判断を誤らせる目的で、その資力について虚偽の記載のある資力申告書を提出した者は、十万円以下の過料に処する。

　本条は、裁判所または裁判官の判断を誤らせる目的で、その資力について虚偽の記載のある資力申告書を提出した者に対する罰則（10万円以下の過料）を定める。その趣旨は、資力申告書の正確性を担保するためとされる。

　もっとも、資力申告書は、被告人の記憶に基づいて作成すれば足り、資力の調査などは要しない。

（豊崎七絵）

（被告人・被疑者との接見交通）
第39条　身体の拘束を受けている被告人又は被疑者は、弁護人又は弁護人を選任することができる者の依頼により弁護人となろうとする者（弁護士でない者にあつては、第三十一条第二項の許可があつた後に限る。）と立会人なくして接見し、又は書類若しくは物の授受をすることができる。
②　前項の接見又は授受については、法令（裁判所の規則を含む。以下同じ。）で、被告人又は被疑者の逃亡、罪証の隠滅又は戒護に支障のある物の授受を防ぐため必要な措置を規定することができる。
③　検察官、検察事務官又は司法警察職員（司法警察員及び司法巡査をいう。以下同じ。）は、捜査のため必要があるときは、公訴の提起前に限り、第一項の接見又は授受に関し、その日時、場所及び時間を指定することができる。但し、その指定は、被疑者が防禦の準備をする権利を不当に制限するようなものであつてはならない。

I　接見交通権の意義

　本条1項は、身体拘束（逮捕・勾留、鑑定留置、勾引、刑の執行等、すべての身体拘束を含む）中の被疑者・被告人と弁護人または弁護人になろうとする

者（以下、弁護人等という）との**接見交通権**を定める。

憲34条前段は、身体拘束を受ける前提条件として**弁護人依頼権**を保障する。刑訴30条はこれを受け**弁護人選任権**を規定した。もっとも被拘禁者の置かれる危険な状況にかんがみれば、この弁護人依頼権は弁護人の選任にとどまらず、その実質的な援助を受ける権利を保障し、なかでも弁護人等との接見交通権をその中核とするものと理解されなければならない。

すなわち行動の自由を奪われた被拘禁者は、有利な証拠を収集するなどの積極的な防御活動を自ら行うことができず、かつ外界とのコミュニケーションもままならぬ状態で、捜査機関による取調べをはじめ捜査の対象とされ、それにともない人権侵害が生ずる危険性が非常に高い。そこで被拘禁者の防御権とりわけ黙秘権を実質的に保障するために、また弁護人等を通して外界とコミュニケートすることによってその心理的圧迫をできるだけ取り除き市民としての主体性を維持してゆくためにも、弁護人等と秘密かつ自由に接見し相談することは極めて重要である。つまり、ことさらに身体拘束を受ける者に弁護人依頼権を保障した憲34条前段は、弁護人との自由・秘密な接見交通権の保障を前提として身体拘束を許容したものと解される。本条1項はこれを受けて、接見の日時・場所・時間につき何ら限定せず、また「立会人なくして接見……できる」として、自由・秘密の接見交通権を定めた。

最大判平11・3・24民集53巻3号514頁（安藤・斎藤事件最高裁判決）は、憲34条前段の弁護人依頼権は、「被疑者に対し、弁護人を選任した上で、弁護人に相談し、その助言を受けるなど弁護人から援助を受ける機会を持つことを実質的に保障しているもの」とした上で、本条1項は、憲34条の右の趣旨にのっとり、「身体の拘束を受けている被疑者が弁護人等と相談し、その助言を受けるなど弁護人等から援助を受ける機会を確保する目的で設けられたものであり、その意味で…憲法の保障に由来する」と判示した。この「憲法の保障に由来する」という表現は、最一小判昭53・7・10民集32巻5号820頁（杉山事件最高裁判決）以来、最高裁小法廷の判例が使用してきたものであるが、これが、接見交通権は憲34条前段の弁護人依頼権から当然に導き出されることを意味するか、それとも（憲法に由来するとしても）刑訴法上の権利にすぎないことを意味するかについては解釈が分かれていた。しかし前掲・最大判平11・3・24の判示によって、前者の意味であることが明確になったといえよう。

II 自由交通権の保障と接見指定制度

1 接見指定制度の趣旨

被疑者・被告人と弁護人等との接見交通につき何ら条件を付していない本条1項は、接見交通の機会の保障、すなわち**自由交通権**を定める。しかし他方で本条3項は、被疑者と弁護人等との接見に対して、捜査機関（「検察官、検察事

務官又は司法警察職員」）が「捜査のため必要があるとき」（以下、捜査の必要性という）、接見の「日時、場所及び時間を指定することができる」という指定制度を設けた。もっとも、指定制度は弁護人等と「何時でも直ちにその場で」接見できるという自由交通権の概念と矛盾・対立する本質をもつことから、その趣旨をめぐっては争いがある。まず、その基本的なスタンスを確認しておこう。

A説は、接見指定権を、捜査の円滑、効率的な遂行の必要性と、接見交通による被疑者の防御上の利益との調和を図るためのものと捉える。しかし、捜査の必要性と防御の利益とを同列に比較衡量するA説は、前者次第で後者の縮小を容認しうる点で、被拘禁者にとって不可欠とされる接見交通権の趣旨（上述Ⅰ）にそぐわない。また本条3項が指定権者を捜査機関とし、指定要件を捜査の必要性とする点を考え合わせると、実際には捜査の利益が優位に立ちがちになる。そこでB説は、接見交通の制限は本来は認めるべきではないとした上で、強いて認めるとしても、憲法上の権利である防御権とりわけ黙秘権保障の趣旨を損なわない程度において、被疑者の身体を用いて行われる捜査と接見交通権との一時的抵触について技術的・暫時的な調整を加えるにすぎないものとする。もっとも、接見交通権の絶対性というB説の基本的スタンスを徹底してゆくならば、現に取調中、実況見分・検証等に立会中であっても、このような時にこそ弁護人による援助の必要性が寧ろ高いとして、直ちに取調べ等を中断して接見を認めるべきであるとのC説が導き出される。これは、接見指定権を実質上無意味化し、刑訴39条3項違憲説に極めて接近しうる。

さらに、(1)接見交通権の重要性・優位性や取調受忍義務否定説を突き詰めると、捜査の必要性を指定要件とすること自体に疑問が生じる、(2)捜査の利益を担った一方当事者である捜査官は指定権者としてふさわしくない、といった点が確認されると、刑訴39条3項違憲説が具体化する。

2　指定の方式

かつて実務においては、いわゆる「面会切符制度」とも呼ばれる一般的指定書方式が実施されてきた。これは、(1)検察官が接見制限の必要があると考える事件について、「捜査のため必要があるので……別に発すべき指定書の通り指定する」と記載された一般的指定書を拘禁場所の長に交付しておく、(2)弁護人等が接見を申し出ると、「捜査のため必要があるので……下記の通り指定する。〇年〇月〇日〇時から〇時まで〇分間」と記載された具体的指定書が交付される、(3)弁護人等が具体的指定書を拘禁場所に持参・提示してはじめて、その具体的指定の範囲内で接見が許可される、というものである。

この(1)の一般的指定について、それは一般的な接見禁止状態を作り出すものであって違法であるとして、準抗告でこれを取り消す下級審裁判例が、鳥取地決昭42・3・7下刑集9巻3号375頁をはじめ多数続出することとなった。さら

に前掲・最一小判昭53・7・10は、「現に被疑者を取調中であるとか、実況見分、検証等に立ち会わせる必要がある等捜査の中断による支障が顕著な場合」に、「弁護人等と協議してできる限り速やかな接見のための日時等を指定」し、接見ができるような「措置をとるべきである」として、弁護人等との協議方式を示唆した。しかし最二小判平3・5・31判時1390号33頁（若松事件最高裁判決）は、一般的指定書は捜査機関の内部的な事務連絡文書であり、それ自体は弁護人または被疑者に対し何ら法的効力を与えるものでなく、違法ではないとの原審の判断を是認した。

　もっともすでに捜査実務においては、1988（昭和63）年4月1日以降、一般的指定書方式に変わり接見指定予定通知書方式がとられることとなった。これは、(1)検察官が接見制限の必要があると考える事件について、「捜査のため必要があるときは、その日時、場所及び時間を指定することがあるので通知する」と記載された接見等に関する通知書を拘禁場所の長に交付しておく、(2)この通知事件につき、弁護人等から予め接見の申出があれば指定書を出す──必要があれば弁護人等と協議の上──か、弁護人等が事前連絡なしに拘禁場所に直行した場合には留置担当官より捜査機関に連絡し、捜査機関は指定するか（口頭、電話、ファックス等もありうる）接見させるか、何れかの措置を速やかにとるというものである。

　この接見指定予定通知書方式は、弁護人等が指定書を持参しないことを理由に接見を拒否できない点で一定の改善をはかるものである。ただし、留置担当官が指定権者たる捜査機関に接見の申出があったことを連絡し、捜査機関が具体的措置を指示するまでの間は接見できないのは被疑者・弁護人等にとってなお負担になる。最高裁はその時間が合理的な範囲にとどまるものであれば許容されるとする※57が、同じく最高裁が接見交通権の保障が由来するとした憲34条前段は「直ちに弁護人に依頼する権利を与へられなければ、抑留又は拘禁されない」と規定する。「直ちに」は「時を移さず、即座に」という意味であることにかんがみ、接見指定予定通知書方式にはなお検討すべき問題がある。

3　刑訴39条3項の合憲性──最大判平11・3・24

　この刑訴39条3項本文の合憲性（憲34条前段、憲37条3項、憲38条1項）について最高裁として初めて判断を示したのが、前掲・最大判平11・3・24である。その概要は以下の通りである。

　第1に、本条3項本文の規定と憲34条前段について。本判決は、憲34条前段の弁護人依頼権の意義及びこれと本条1項との関係について論及した（前掲Ⅰを参照）後、概要、次のように判示した。「もっとも、憲法は、刑罰権の発動

※57　最二小判平3・5・31判時1390号33頁（若松事件最高裁判決）、最二小判平12・3・17集民197号397頁（伊神事件最高裁判決）。

ないし刑罰権発動のための捜査権の行使が国家の権能であることを当然の前提とする……から……接見交通権が憲法の保障に由来するからといって、これが刑罰権ないし捜査権に絶対的に優先する」とはいえず、「接見交通権の行使と捜査権の行使との間に合理的調整を図らなければならない」。刑訴39条3項本文は、「被疑者の取調べ等の捜査の必要性と接見交通権の行使との調整を図る趣旨」であり、同項但書は「接見等の日時等の指定は飽くまで必要やむを得ない例外的措置であって、被疑者が防御の準備をする権利を不当に制限することは許されない旨を明らかにしている」。「捜査の必要と接見交通権の行使との調整を図る必要があるところ」、(1)刑訴39条3項が接見交通権を制約する程度は低く、(2)接見等の指定ができるのは捜査に顕著な支障が生ずる場合に限られ、(3)捜査機関は弁護人等と協議してできる限り速やかな接見等のための日時等を指定し、被疑者が弁護人等と防御の準備をすることができるような措置を採らなければならないといった点からみれば、「刑訴法39条3項本文の規定は、憲法34条前段の弁護人依頼権の保障の趣旨を実質的に損なうものではない」。

　第2に、本条3項本文の規定と憲37条3項について。憲37条3項は「公訴提起後の被告人に関する規定であって、これが公訴提起前の被疑者についても適用されるものと解する余地はない。」

　第3に、本条3項本文の規定と憲38条1項について。憲38条1項の「不利益供述の強要の禁止を実効的に保障するためどのような措置が採られるべきかは……立法政策の問題に帰する」。

　このようにして、大法廷判決は全員一致で、本条3項本文は合憲であるとの判断を示した[58]。これ以降、判例実務は、接見指定が許されない範囲を具体的に画定すること（指定の要件）に、その焦点を当ててきた。

4　指定の要件

　刑訴39条3項は、その本文で「捜査のため必要があるとき」という接見指定の要件を立てた上で、但書にて指定が「被疑者の防禦の準備をする権利を不当に制限するようなものであってはならない」とする。

　前者の捜査の必要性要件については、罪証隠滅、共犯者との通謀防止など捜査全般を含むとする(1)説に対し、現に取調べ中、検証・実況見分等に立会中といった、被疑者の身体を必要とする捜査が行われており、物理的に接見が不可能ないし困難な場合にのみ捜査の必要性を認めるとする(2)説が対立してきた。

　この捜査の必要性要件に関する判例の動向は、次の通りである。前掲・最一小判昭53・7・10は、接見申出があれば「原則として何時でも接見の機会を与えなければならない」とした上で、「現に被疑者を取調中であるとか、実況見分、

---

[58]　この合憲論に対する批判として、柳沼八郎＝若松芳也編著『新接見交通権の現代的課題　最高裁判決を超えて』（日本評論社、2001年）がある。

検証等に立ち会わせる必要がある等捜査の中断による支障が顕著な場合」に弁護人等と「協議」して「できる限り速やかな接見」のための日時等を指定すべきであるとの判断を示した。これは⑵説の考え方を示唆しているようにみえる一方、「……等捜査の中断による支障が顕著な場合」という文言が付加されている点で、⑵説そのものではないとも論理的には解しうる。その後最三小判平3・5・10民集45巻5号919頁（浅井事件最高裁判決）は「間近い時に右取調べ等をする確実な予定」がある場合も「捜査の中断による支障が顕著な場合」に含まれるとして、⑵説に立たないことを明らかにした（前掲・最二小判平3・5・31、前掲・最大判平11・3・24も同旨）。しかし「確実」といっても「予定」は可変性をもつ点で、恣意的判断の危険性がないとは言いがたい。もっとも前掲・最大判平11・3・24は、「原則として……捜査に顕著な支障が生ずる場合に当たる」としており、要するに被疑者の身体を必要とする捜査中である場合やそのような捜査の「確実な予定」のある場合が、常に必ず「捜査の中断による支障が顕著な場合」に該当するわけではないことを示唆する。したがって最高裁の立場によれば、たとえば取調べを中断して弁護人等による接見を認めても捜査に顕著な支障が生じないのに接見指定した場合には、捜査の必要性要件を欠くとして違法になるであろう。

　他方、後者の刑訴39条3項但書に関しては、最三小判平12・6・13民集54巻5号1635頁の判断が注目される。事案は、弁護人となろうとするＸが午後4時25分頃警察署に赴き、同日午後3時53分頃逮捕されたaとの接見を申し出たところ、捜査主任官Ｙは取調中であるとしてＸを待機させた上、同日午後5時45分頃、一方的に接見の日時を翌日に指定したが、同日の夕食終了後再開予定であったaの取調べは実際には全く行われなかったというものである。最高裁は、「とりわけ……逮捕直後の初回の接見は、身体を拘束された被疑者にとっては、弁護人の選任を目的とし、かつ、今後捜査機関の取調べを受けるに当たっての助言を得るための最初の機会であって、直ちに弁護人に依頼する権利を与えられなければ抑留又は拘禁されないとする憲法上の保障の出発点を成すものであるから、これを速やかに行うことが被疑者の防御の準備のために特に重要である」から、捜査機関は、接見指定に当たっては、「弁護人となろうとする者と協議して、即時又は近接した時点での接見を認めても接見の時間を指定すれば捜査に顕著な支障が生じるのを避けることができるかどうかを検討し、これが可能なときは……特段の事情のない限り、犯罪事実の要旨の告知等被疑者の引致後直ちに行うべきものとされている手続及びそれに引き続く指紋採取、写真撮影等所要の手続を終えた後において、たとい比較的短時間であっても、時間を指定した上で即時又は近接した時点での接見を認めるようにすべきであ」るとして、本件の措置は「防御の準備をする権利を不当に制限したものであって、刑訴法39条3項に違反する」とした。

　本判決の趣旨は、逮捕直後でなくとも、およそ初回接見について妥当すると

解される。もっとも本判決は、初回の接見であれば必ず即時または近接した時点での接見を認めなければならないとはしておらず、接見による捜査への顕著な支障が避けられない場合には、即時または近接した時点での接見は保障されないとの趣旨を含んでいるようにもみえる。だが最高裁の説く初回接見の意義からすると、接見指定によって弁護人等の助言を制限することは「防御の準備を不当に制限する」ようにもみえる。また実際問題として、接見の時間を指定してもなお、捜査への顕著な支障が避けられないケースはごく特殊であろうとの見方もある。ともあれ、本判決によってもなお、接見指定が許されない範囲について、その全てが具体的に画定されたとはいえない。

5 公訴提起後の接見指定

接見指定は、本条3項の「公訴の提起前に限り」という明文に基づき、身体の拘束を受けている被疑者にのみ可能である。問題は、被告人が、余罪については被疑者として身体拘束（起訴前勾留）されている場合に、接見指定しうるかである[59]。最一小決昭55・4・28刑集34巻3号178頁は、「同一人につき被告事件の勾留とその余罪である被疑事件の逮捕、勾留とが競合している場合、検察官等は、被告事件について防禦権の不当な制限にわたらない限り、刑訴法39条3項の接見等の指定権を行使することができる」とした。また最二小決平13・2・7判時1737号148頁は、被告事件についてだけ弁護人に選任された者に対しても、指定権を行使できる旨明らかにした。もっとも被告人の身体は1つである以上、接見指定を認めると、それは、本来指定権行使が不可能なはずの被告人との接見に対して指定を認めるに等しい。したがって余罪について接見指定を認めざるを得ない場合がありうるとしても、接見交通権の濫用とみられるような特別の状況のない限り、指定権を行使できないと解すべきである[60]。

6 違法指定の救済

刑訴430条1項・2項は、捜査機関のした本条3項の「処分」すなわち接見指定に対する準抗告を定める。その詳細については、同条の解説を参照。

Ⅲ 秘密交通権の保障

1 秘密交通権の意義

秘密交通権とは、身体拘束中の被疑者・被告人と弁護人等との接見交通の内容に関する秘密保障のことである。この秘密交通権は、被疑者・被告人が弁護

---

[59] なお余罪の被疑事実について身体拘束されていない場合には、接見指定は許されない（最三小決昭41・7・26刑集20巻6号728頁）。

[60] 鈴木茂嗣『刑事訴訟法（改訂版）』（青林書院、1990年）54頁。

人等から有効かつ適切な援助を受ける上で必要不可欠である。なぜなら、被疑者・被告人がこのような援助を受ける上では、被疑者・被告人は弁護人等に必要かつ十分な情報を提供し、弁護人等は被疑者・被告人に適切な助言をし、相互に意思を十分に疎通させるなど自由なコミュニケーションが必要不可欠であるところ、被疑者・被告人と弁護人等との接見交通の機会（自由交通権）が保障されても、その内容が第三者、特に捜査機関、訴追機関及び収容機関等に知られることがあっては、両者のコミュニケーションが知られることによってもたらされる影響を慮ってそれを差し控えるという萎縮効果を生じることにより、弁護人等による有効かつ適切な援助を受けることができなくなるからである。

本条１項の「立会人なくして」とはこの秘密交通権の保障を意味するものであり、具体的には接見に際して第三者を立ち会わせることのみならず、接見交通内容を録音等したり、接見交通内容を事前に告知ないし検査等したり、接見交通内容を事後に報告させることなどを許さないものである。また書類・物の授受についても、その検閲が秘密交通権の保障との関係で問題となりうる。その具体的範囲については、次項以降で論じる。

2　秘密交通権の範囲その１──接見交通内容の事前検査・事後報告の禁止

この問題について、以下の注目すべき判例がある。

まず接見交通内容の事前検査に関する事案として、弁護人が裁判の証拠物のビデオテープを再生しながら拘置所に勾留中の被告人と接見しようとしたところ、職員らがビデオテープの内容の検査しなければ接見は認められないとして許可しなかったことが、秘密交通権の侵害にあたるか否かが争われた国家賠償請求訴訟（いわゆる後藤国賠訴訟）が挙げられる。大阪地判平16・３・９判時1858号79頁は、本条１項の接見等の交通権は、刑罰権ないし捜査権に絶対的に優先するような性質のものではないが、憲法の保障（憲34条前段、憲37条３項）に由来し、かつB規約14条３項bの趣旨にも合致するものであるとした上で、本条１項の「立会人なくして」とは「接見内容についての秘密を保障するものであり、具体的には、接見に第三者を立ち会わせることのみならず、接見内容等を録音等したり、接見内容等を事前に告知ないし検査等したり、接見内容等を事後に報告させることなどを許さないものである」とし、また本条１項の「接見」とは、「口頭での打合せに付随する証拠書類等の提示をも含む打合せ」であるとした。その上で本判決は、憲法及びB規約の趣旨に従い、監獄50条及び監獄施規127条を限定的に解釈する必要があり、弁護人が持ち込もうとする書類等の内容に及ぶ検査は同規則の「必要ナル介護上ノ措置」に含まれないとし、本件検査要求行為は「違憲・違法なものである」と結論づけた。控訴審である大阪高判平17・１・25訟月52巻10号3069頁は、「B規約の内容等には触れない」

点を除き、原判決を支持した。最二小決平19・4・13判例集未登載[61]は、国側の上告受理の申立てに対し、本件を上告審として受理しない旨決定した。

　また接見交通内容の事後報告に関する事案として、検察官・警察官らがいわゆる志布志事件（鹿児島県会議員選挙公選法違反被告事件・一審無罪確定[62]）の被疑者・被告人らを取り調べた際に、彼らとその弁護人等の弁護士である原告らとの接見内容を聴取し供述調書に録取したことが、秘密交通権の侵害にあたるか否かが争われた国家賠償請求訴訟がある。鹿児島地判平20・3・24判時2008号3頁は、「刑訴法39条1項の『立会人なくして』とは、接見に際して捜査機関が立ち会わなければ、これで足りるとするというにとどまらず、およそ接見内容について捜査機関はこれを知ることができないとの接見内容の秘密を保障したものといえ、原則的には接見後その内容を捜査機関に報告させることも許されない」と判示した。その上で、接見交通権が弁護人の固有権で、接見内容を被告人らから事後的にも聴取することが許されないことによれば、捜査機関が「接見内容を聴取することは、捜査妨害的行為等接見交通権の保護に値しない事情等特段の事情のない限り弁護人の接見交通権をも侵害することになる」とし、また被告人らが「接見内容を自発的に供述したからといって、これによって固有の権利である原告……の接見交通権が放棄されたとはいえ〔ない〕」とした。

　同じく接見交通内容の事後報告については、検察官が殺人未遂被疑事件の被疑者から弁護人との接見内容を聴取して調書を作成し、起訴後、裁判所に調書の証拠調べ請求をしたことが、秘密交通権の侵害にあたるか否かが争われた国家賠償請求訴訟もある。本件では、原告の相手護人である弁護士が、接見時の被疑者供述の一部を報道機関に対し公表していたこととの関係で、秘密交通権の意義が改めて問われた。佐賀地判平22・12・17訟月57巻11号2425頁は原告の請求を棄却したのに対し、原告が控訴したところ、福岡高判平23・7・1判時2127号9頁は、原判決を変更し、原告の請求を一部認容した（第二次富永国賠訴訟）。すなわち福岡高判平23・7・1は、「捜査機関は、刑訴法39条1項の趣旨を損なうような接見内容の聴取を控えるべき義務を負っているから、原則として、弁護人等との接見における供述について聴取することは禁止されている」とした上で、本件については、(1)公表事実の聴取は秘密性が消失したので接見交通権に萎縮的効果を及ぼすおそれはない、また(2)公表事実を供述した理由の聴取は接見内容と無関係であるとして、これらの聴取は許されるとした一方、(3)未だ秘密性が消失していない被疑者と弁護人との情報交換の内容につい

---

[61] 後藤国賠訴訟弁護団編『ビデオ再生と秘密交通権（上告審編）』（現代人文社、2008年）255頁。
[62] 鹿児島地判平19・2・23判タ1313号285頁。

ての聴取は、上記注意義務に違反するとした※63。

　これらの判例について、最も注目すべきはいずれも接見交通内容の秘密が保障されるとした点である。もっとも前掲・大阪地判平16・3・9ならびに大阪高判平17・1・25は、秘密交通権は憲法の保障に由来するが、刑罰権・捜査権に絶対的に優先するものではないので合理的調整は否定されないとする（ただし秘密交通権が保障された趣旨を没却する制限は許されないとする）。前掲・鹿児島地判平20・3・24も「捜査妨害的行為等接見交通権の保護に値しない事情等特段の事情」がある場合には、秘密交通権の内在的制約がありうるとの含みを持つ。前掲・福岡高判平23・7・1も「捜査権の行使が秘密交通権の保障と抵触する」場合には調整の余地があるとして、「刑訴法39条1項の趣旨を損なうことにならない限り」、接見内容の聴取も許されるという。また刑事収容施設・被収容者法117条、同219条、同267条は、刑事施設・留置施設・海上保安留置施設の「規律及び秩序を害する行為」に該当する場合、刑事施設の職員・留置業務に従事する職員・海上保安留置担当官は、これを制止し、または面会を一時停止させることができるとする（もっとも「面会の状況を監視すること等によりかりそめにも秘密交通権の侵害となることがないよう留意する」との附帯決議（衆議院・参議院各法務委員会）が付されている）。

　思うに、接見にかかる行為の妥当性・適法性の判断については「弁護人のプロフェッション（専門法曹）としての自律的な専権的判断に委ねる」※64べきで、捜査機関・訴追機関・収容施設等が秘密性を侵して介入すべきでない。とりわけ、捜査・訴追機関は反対当事者であり、また収容施設に対しても適切な判断を見込むことは困難であるから、これらの機関に「捜査妨害的行為」か否かの判断を委ねるべきでない。また刑事収容施設・被収容者法117条、同219条、同267条にいう施設の「規律及び秩序を害する行為」に関しても弁護人の判断に委ねるべきであり、これらの条文は秘密交通権に抵触するおそれがある。仮にこれらの条文の解釈論として例外を認めるとしても、人の生命・身体に対する具体的危険があると判断される場合（たとえば接見室の中から異常に大きな物音がするなど）にのみ、施設における安全を確保すべき責務のある施設職員が視察窓から様子をうかがい、現に危険が発生していると確認できた場合にのみ、その危険を生じさせている行為を制止し、または面会を一時停止しうるとの見解※65や、弁護人からの要求がある場合に限り施設職員は必要な措置をとるこ

※63　最二小決平25・12・19判例集未登載は、被疑者の弁護人であった上告人兼申立人による上告を棄却し、また、上告審として受理しないことを決定した。

※64　川崎英明「接見交通権と刑事弁護の自由──ドイツ法との比較」『鈴木茂嗣先生古稀祝賀論文集（下巻）』（成文堂、2007年）293頁。

※65　このような見解に近いものとして、市川正人「後藤国賠訴訟・下級審判決の意義──憲法学の見地から」後藤国賠訴訟弁護団・前掲※61書18-19頁。

とができるとの見解※66がある。後者の見解の方が、より秘密交通権との抵触を減じうるであろう。なお、（接見中ではなく）接見前もしくは接見後にかかる具体的危険の存在を認めることはおよそ不可能であるから、接見交通内容の事前検査・事後報告は一切許されないと解すべきである。

　また前掲・福岡高判平23・7・1で問題となった公表事実の聴取や公表事実を供述した理由の聴取についても、取調べの流動的性格から、本来許容されない事項まで聴取が行われる危険があり、萎縮効果を生じるので、禁止されるべきであるとの見解※67がある。

3　秘密交通権の範囲その2——電子機器の使用と秘密交通権の保障

　弁護人等は、接見に際し、カメラ、携帯電話、パソコン等の電子機器を持ち込み、使用することができるか。

　たとえば弁護人が、接見のやりとりを記録するため、手書きする代わりに、パソコン等を用いて入力したり、録音したりすることが想定される。また関係資料を被疑者・被告人に確認してもらうため、ペーパーで見せる代わりに、パソコンのデータで見せることが想定される。あるいは接見時の被疑者・被告人の表情、所作、身体の状態等を記録するため、スケッチする代わりに、カメラ等で撮影することがありうる。これらは、被疑者・被告人が弁護人等から実質的な援助を受けるため、電子機器の使用が必要とされる場面である。

　これら機器の使用が本条1項にいう「接見」に該当するならば、弁護人等による持ち込み・使用は禁止できない。また、「接見」内容が推測されて秘密交通権が侵害されないよう、収容施設側に持ち込みの有無や使用目的を申告する義務もないことになろう。

　竹内国賠訴訟の事案は、弁護人が被告人との接見の際、被告人の様子をデジタルカメラで撮影したのに対し、これを目撃した拘置所職員が面会室に入り、写真のデータを消去するよう求め、消去しなければ接見を終了させると述べたところ、弁護人がこれに応じなかったので、拘置所職員は弁護人を退室させ、接見を終了させたというものであった。東京高判平成27・7・9判時2280号16頁※68※69は、本条1項の「接見」とは「会話による面接を通じて意思の疎通を図り、援助を受けること」であり、写真撮影・ビデオ撮影や音声・画像等への記

※66　葛野尋之『刑事手続と刑事拘禁』（現代人文社、2007年）368-369頁。

※67　葛野尋之『未決拘禁法と人権』（現代人文社、2012年）327頁以下。

※68　本判決を詳細に検討したものとして、葛野尋之『刑事司法改革と刑事弁護』（現代人文社、2016年）337頁以下。

※69　本判決に対し、上告人兼申立人（原告、控訴人兼被控訴人）から上告及び上告受理の申立てがなされたが、最二小決平28・6・15判例集未登載は、上告を棄却し、上告審として受理しない旨決定した。

録化は「本来的に含まれない」とした。また本判決は、メモも含め、「情報の記録化のための行為」は「接見の内容」には含まれないとした上で、メモは「弁護人の接見交通権の保障の範囲内」である一方、「メモ以外の情報の記録化のための行為」の許否は、「記録化の目的及び必要性、その態様の相当性、立会人なくして行えることからくる危険性等の諸事情を考慮して検討されるべきものである」とした。

　本判決は、メモとそれ以外の「記録化」行為との差別を合理化する理由を明示していないものの、電子機器の場合、その多くは情報通信機能も備えることから、被疑者・被告人と第三者との通信といった「記録化」以外の用途に使われる「危険性」を想定しているものと思われる。しかし逃亡、罪証隠滅といった拘禁目的を阻害する行為の発生は、プロフェッションとしての弁護人によって防止されるというべきである。

　また本判決が「接見」の手段を「会話」に限定しているのは、接見について「口頭での打合せに付随する証拠書類等の提示をも含む打合せ」であるとした前掲・後藤国賠訴訟の地裁判決（高裁判決も原判決を支持）に照らしても狭すぎる。なぜなら接見において「会話」だけではままならず、視覚的な伝達方法が必要な場面は存在するからである。その具体例こそ「証拠書類等の提示」であろう。

　本判決は、「記録化」行為について、「備忘」として事後の弁護活動のために必要である一方、「当然には接見の内容に含まれるものではない」とする。しかし接見は被疑者・被告人と弁護人とのコミュニケーションであって、接見室においてなされる意思疎通および情報の発信・取得をいうと解されるべきであろう※70。さらにいえば、そもそも接見は、本判決が想定するような、事後の弁護活動という目的を除外し、即時の意思疎通・援助という目的に限定されるものでもない。つまり、すべての被疑者・被告人には弁護人の実質的な援助を受ける権利が途切れることなく保障され続けるということを前提に、この権利保障の一環として、特に未決被拘禁者には接見交通権が保障されるという包含的な構造がある。ゆえに、接見と接見後の防御・弁護活動とは分断されるのではなく、むしろ有機的につながっている。このことは、接見が、被疑者にとって外界との窓口として精神的支えになり、黙秘権をはじめとする権利行使の支えとなり、今後の打ち合わせ・反証の準備等を可能にするものであるという一般的な理解とも整合するであろう。

　本判決は、本件撮影行為は備忘のためではなく証拠保全として行われたものであり、証拠保全の目的は接見交通権に含まれるものとして保障されない、という。しかし備忘か証拠保全かというのは、事後的な使用目的の違いでしかない。さらにいえば、弁護人の実質的な援助を受ける権利、そして、その一環としての接見交通権は、反証の準備等として、自らの証拠を収集・保全する権利

※70　葛野・前掲※68書343頁。

の保障をも担保するというべきである。

4　秘密交通権の範囲その3——勾留中の被告人の拘置所居室等の捜索・差押えと防御内容の秘密

　公判立会検察官が、被告人は罪証隠滅工作を行う危険が高いとして捜索差押令状の発付を得て、被告人の勾留場所である拘置所内の居室、書信室、領置倉庫を捜索し、被告人が弁護人宛に作成した信書や弁護人が被告人に差し入れた尋問事項書等を差し押さえたことについて、令状を発付した裁判官及び令状の請求・執行等をした検察官に故意または過失があり、被告人の秘密交通権、秘匿権、防御権を侵害するとして、また弁護人の弁護権を侵害するとして、国に対し損害賠償を請求したという事案で、大阪地判平27・3・16判時2315号69頁は、裁判官の令状発付に違法性は認められないが、検察官による令状の請求・執行等は違法であると判断した。これに対し原告が控訴したところ、大阪高判平28・4・22判時2315号61頁は、原判決は相当であるとして、本件控訴を棄却した。そして最一小決平28・10・27判例集未登載は、上告人兼申立人（原告、控訴人）による上告を棄却し、また、上告審として受理しないことを決定した。

　本件の一審判決（二審判決も支持）は、「弁護人が接見時に防御方法の打合せの一環として交付した書類、被告人が接見内容及び防御構想を書き留めたメモ類及び弁護人との面会接見の代替方法として行われた信書のやり取りは、憲法34条に基づく被告人の接見交通権又は防御権及び弁護人の弁護権として保障されており、これらの防御方法の内容は基本的に捜査機関に秘匿されるべきである」とする一方、「防御方法の内容の秘密といえども絶対的に保障されるものではなく、捜査権の行使という国家の権能との間で合理的な調整を図る必要があり……捜索差押えの必要性と被差押者である被告人の被る不利益を考慮して、必要かつ合理的な範囲の制約に服する」とした。すなわち同判決は、接見内容に限らず広く防御内容についてもその秘密性が保障されるべきであるとしたものの、その秘密の侵害については、國學院大學映研フィルム事件に係る最大決昭44・3・18刑集23巻3号163頁を踏襲して、捜索・差押えの必要性の判断要素と位置付けた。ゆえに、秘密性の保障も捜査の利益との比較衡量によって相対化されることが前提とされている。

　しかし、防御内容が捜査機関、訴追機関及び収容施設に知られる可能性があるならば、被疑者・被告人・弁護人はそのことによってもたらされる影響を慮って、自由かつ十分な防御準備・防禦活動を差し控えるという委縮効果が生じることが懸念されよう。この点、「防御内容の秘密性は、被疑者・被告人の防御権および弁護人の弁護権の実質的保障にとって不可欠であるがゆえに、それ自体、これらの権利に内包される『権利』として保障されるというべきであり、また、接見内容の秘密性と同様、絶対的に保障されなければならない」との指

摘がある※71)。

5　秘密交通権の範囲その4――書類（信書）・物の授受

　これについて、(1)本条1項の「立会人なくして」の文言は「接見」にのみかかり、「書類若しくは物の授受」にはかからない、(2)収容機関が信書等を検閲することは、逃亡または罪証隠滅の防止（未決拘禁の目的）ならびに収容施設内の規律及び秩序の維持を目的とするものであり、弁護人等とのコミュニケーションそのものの制約を目的とするものではなく、かつ本条1項により立会人なしに弁護人等と接見＝直接面会することが保障されている以上、必要かつ合理的な制限の範囲にとどまる、などとして、秘密交通権は接見＝直接面会にのみ保障されるとの見解がある。

　しかしこれに対しては、(1)は唯一可能な文理解釈ではないとの指摘、また、信書の発受は弁護人等との接見を補完し、これと一体を成すのであるから、(2)の考えは、「弁護人等と被勾留者のコミュニケーションにおいて果たしている信書の役割の重要性を理解せず、接見交通における秘密性の保障を、その一部において奪うことになるに等しい」との批判※72もある。つまりは、「書類若しくは物」のうち、とりわけ弁護人等との信書については接見と同様に秘密交通権を保障すべきであるというものである。もっとも、接見交通権の意義（前述Ⅰ参照）に基づけば、信書以外の「書類若しくは物」（たとえば証拠物や証拠書類など）の授受が、弁護人の援助を受ける上で必要なコミュニケーションとなる場合もある。

　もっとも監獄50条と監獄施規130条の下での実務は、書類や物はもちろんのこと、信書に対しても一律全面的な検閲を行うというもので、最二小判平15・9・5判時1850号61頁（高野事件最高裁判決）はこれを肯定した。これは、弁護人が公判廷で被告人と意見交換するため持参のルーズリーフ及び筆記用具を用いてメモ書きを交換する方法をとろうとしたところ、拘置所職員がこれを制止し、拘置所が用意したメモ用紙・筆記用具の使用を求め、裁判官もこの要求を受け容れて、これを命じるなどしたという事案について、拘置所職員の行為や裁判官の訴訟指揮等が違憲・違法か否か、監獄50条、監獄施規130条は憲34条、

※71　葛野尋之「判批」刑事法ジャーナル51号（2017年）116頁。この問題については、渕野貴生「防御の秘密と捜索・差押えの限界」浅田和茂他編『自由と安全の刑事法学　生田勝義先生古稀祝賀論文集』（法律文化社、2014年）537頁以下、川崎英明「判批」法律時報88巻8号（2016年）120頁以下、渕野貴生「接見交通権と文書等の押収」葛野尋之＝石田倫識編著『接見交通権の理論と実務』（現代人文社、2018年）76頁以下も参照。

※72　最二小判平15・9・5判時1850号61頁（高野事件最高裁判決）の梶谷玄、滝井繁男両裁判官による反対意見。このような考え方によれば、仮に(1)の文理解釈をとるとしても、本条1項の「接見」には「信書の発受」が含まれる（本条1項の「書類」は信書以外の一般の書類を指す）との解釈も可能である。

憲37条3項に違反するか否か、信書の検閲は憲21条に違反するか否かなどが争われた国家賠償請求訴訟である。最高裁は、監獄50条、監獄施規130条の規定が憲法に違反するものでないことは、大法廷判決（最大判昭45・9・16民集24巻10号1410頁、最大判昭58・6・22民集37巻5号793頁、最大判平11・3・24民集53巻3号514頁）の趣旨に徴して明らかであり、またB規約14条3項、B規約17条に違反すると解することもできない、と判示した。

　他方、一律全面的な検閲には批判的な立場もある。大阪地判平12・5・25判時1754号102頁は、弁護人等と拘置所に勾留中の被疑者・被告人間の信書について、(1)拘置所において開披されるなどして内容が確認され要旨が記録化されたこと、(2)検察官からの照会に対して右信書の発受状況（信書の内容の要旨を含む）が回答されたこと、(3)検察官が右回答書を裁判所に対する接見禁止の申立ての資料及び検面調書の特信性を立証する資料として使用したことが、憲法、B規約、刑訴法等に違反するとともに国家賠償法上違法であるか否かが争われた国家賠償請求訴訟（高見・岡本事件判決）である。同判決は、(a)本件各法令の規定は憲法やB規約に違反しない、(b)混入物の存否や実際に弁護人等との間の信書であるか否か等の確認する目的の限度で信書を開披し、その内容を閲読することは本条1項に反しないが、右の限度以上の内容の精査は許されず、信書の内容を収容施設において記録化することまで本条1項は許容していない、(c)本件信書の扱いについて、(1)の開披は適法であるが記録化は違法である、(2)及び(3)は違法である、また過失の点では、法律の専門家でない拘置所長には過失は認められないが、法律の専門家である検察官には過失がある、と判示した。

　また前掲・最二小判平15・9・5に付された梶谷玄、滝井繁男両裁判官による反対意見は、(1)監獄50条による接見及び信書に関する制限は、憲法に由来する刑訴39条と整合する範囲で定められるべきであるから、監獄規規130条にいう「信書」には、被勾留者と弁護人等との間で発受されるものは含まれないと解すべきである、(2)ただ信書については、弁護人等から発信されたものか否か、信書の中に弁護人等との信書以外の「物」が混入されていないかどうかを検査する必要性はあるが、弁護人等からの信書であることが明らかである以上、内容の閲読は許されず、開披が必要な場合であってもそれを被勾留者の面前で行うなどの適切な方法が講じられるべきであり、また被勾留者が弁護人等に発信する信書についても、弁護人等への信書であるか否か、その中に信書以外の物が含まれていないかどうかを調べるためにのみ、その必要の限度でのみ許容される、とした。

　このような状況下において、監獄法及び同施行規則は刑事収容施設・被収容者法によって改廃されることとなった。同法は、弁護人等から受ける信書については当該「信書に該当することを確認するために必要な限度」での「検査」を行いうるとする一方、被疑者・被告人（「未決拘禁者」）から発信する信書については、弁護人等宛であっても、一律「検査」を行うことができるとする（刑

事収容施設・被収容者法135条、同222条、同270条）。これは、一律全面的な検閲を許容するかにみえた監獄法及び同施行規則の文言との比較において半歩前進であるが、所定の「検査」が秘密交通権の侵害とならないか問題が残る。被疑者・被告人と弁護人等との間で送受信される信書内容の妥当性・適法性、また信書の取扱い等については、専門法曹である弁護人等の判断に委ねることによって、その秘密性を保障すべきである。このことは、信書以外の書類にも基本的に同じく該当しよう。

6　秘密交通権の範囲その5──「面会接見」

　検察官が検察庁の庁舎内における被疑者と弁護人との接見を、その庁舎内には接見室または接見のための設備のある施設がないなどとして拒否したことが違法であるか否かが争われた国家賠償請求訴訟において、最三小判平17・4・19判時1896号92頁（定者事件最高裁判決）は、(1)「検察庁の庁舎内において、弁護人等と被疑者との立会人なしの接見を認めても、被疑者の逃亡や罪証の隠滅を防止することができ、戒護上の支障が生じないような設備のある部屋等が存在しない場合」、接見の「申出を拒否したとしても、これを違法ということはできない」、(2)検察官が上記の設備等のある部屋等が存在しないことを理由として接見の申出を拒否したにもかかわらず、弁護人等がなお検察庁の庁舎内における即時の接見を求め、即時に接見をする必要性が認められる場合には、検察官は、秘密交通権が十分に保障されないような態様の短時間の「接見」（面会接見）であってもよいかどうかという点につき、弁護人等の意向を確かめ、弁護人等が差し支えないとの意向を示したときは、面会接見ができるように特別の配慮をすべき義務がある、と判示した。

　接見室の不存在を理由に接見を制約しうるか否かについて、(a)刑訴39条2項の「法令」があれば可能であるとの説、(b)接見交通は身体拘束を前提として認められているから、接見により被疑者が逃亡するなど、その前提たる身体拘束の効果が失われる結果となるのは背理であり、その意味で接見には内在的制約があるとの説がある。最高裁は(b)の立場に立つようにみえる。しかし秘密交通権が憲法上の保障であるとすれば、国には秘密交通権を保障しうる接見室を設けるか、直ちに秘密交通権を保障しうる場所に移動・接見させる義務があると解すべきであろう。検察庁内での接見が想定されるにもかかわらず、接見室がないというのは、国は秘密交通権を保障するための努力を一切払っていないに等しい。仮に接見に対する制約がありうるとしても、そのような努力なしに一方的に接見を制約しうるというのは、必要最小限の制約とはいえない。また名古屋高判平19・7・12判時1997号66頁は、検察庁内で検察官等の立会いのもとに行われた「面会接見」について「一応の必要性、合理性があった」とした上で、接見交通権の十分な保障が放棄されたことを前提に実施されたものであるから、立会いは憲34条、刑訴39条または同条の趣旨に反しないとする。しかし事案は、

122 第40条（書類・証拠物の閲覧・謄写）

刑訴39条所定の接見の申出を拒否されたため「面会接見」したというもので、これを権利放棄と解しうるか疑問が残る。

Ⅳ　法令による必要な措置（本条２項）

本条２項は、１項の接見または授受について、法令（裁判所の規則を含む）で、被疑者・被告人の逃亡、罪証隠滅または戒護に支障のある物の授受を防ぐため、必要な措置を規定することができる、とする。ここにいう法令として、刑訴規30条、刑事収容施設・被収容者法117条、同118条、同119条、同123条、同135条、同138条、同142条、同145条、同219条、同220条、同222条、同267条、同268条、同270条が挙げられる。

もっとも法令によっても、被疑者・被告人の自由交通権・秘密交通権の本質を制限することはできない。制限があるとしても必要最小限にとどまらなければならないことについては、既述の通りである。

（豊崎七絵）

（書類・証拠物の閲覧・謄写）
第40条　弁護人は、公訴の提起後は、裁判所において、訴訟に関する書類及び証拠物を閲覧し、且つ謄写することができる。但し、証拠物を謄写するについては、裁判長の許可を受けなければならない。
②　前項の規定にかかわらず、第百五十七条の六第四項に規定する記録媒体は、謄写することができない。

Ⅰ　本条の趣旨

本条は、弁護人の書類・証拠物の閲覧謄写権を定める。訴訟に関する書類や証拠物を閲覧・謄写することは、弁護人にとって公判の準備のため不可欠かつ重要である。この弁護人の閲覧謄写権が、前条所定の弁護人の接見交通権と並んで、弁護人が被告人の意思に関わりなく行使しうる、固有権の１つとされる所以である。

被告人に弁護人がないときは、被告人は公判調書を閲覧できるにすぎない（刑訴49条）ことと比べると、弁護人の書類・証拠物の閲覧謄写権はより広く保障されているといえる。しかしこの弁護人の権利は、⑴起訴後に限定されている点、⑵裁判所においてのみ閲覧謄写できる点、⑶証拠物の謄写について裁判長の許可を要する点で制約される。これに対して、検察官の書類・証拠物の閲覧謄写権の場合、⑵⑶の制約はない（刑訴270条）。このように弁護人の謄写閲覧権と検察官のそれとで制約に違いがある理由として、検察官の公益の代表者

としての性格や弁護人の行き過ぎる危険を挙げる見解がある。しかし後者の危険は、弁護人の職業倫理や刑法的規制等で対処できるから、(2)(3)の制約に合理性があるとは言い難い。

また(1)の制約があるから、捜査段階での弁護人による証拠へのアクセスについては本条を根拠条文とすることはできない。かかるアクセスは、現行法上、証拠保全（刑訴179条）に委ねられることになる。

Ⅱ　謄写権の制限

本条2項は、ビデオリンク方式により記録された記録媒体について、弁護人であっても謄写することができないとする。その理由として、このような記録媒体は、目に触れる者が多いほど、証人のプライバシー、名誉、心情が害されることになり、万が一本来の目的以外で利用されることがあれば証人の苦痛は大きいことによるとされる[73]。なお検察官も謄写することはできない（刑訴270条2項）。

もっとも謄写権の制限が合理的といいうるためには、この制限によって得られる証人の利益を専ら考慮するだけでは足りず、謄写を制限し閲覧のみによっても、弁護人の公判準備に支障を来さない体勢が整えられなければならない。

Ⅲ　証拠開示

本条は旧刑訴44条を引き継いだものである。旧刑訴の職権主義的訴訟構造のもとでは、起訴と同時に一件記録が裁判所に提出されたため、その保管中の書類・証拠物の閲覧等により、弁護人は証拠の全容を把握して防御の準備をすることができるとされた（もっとも実際には、全ての捜査資料が一件記録として綴られていたとは断定できず、検察官や司法警察による一定の判断が混入する余地があった）。しかし現行法では、起訴状一本主義（刑訴256条1項）が採用され、証拠は証拠調べが終わった後に裁判所に提出されることになった（刑訴310条）ため、本条の閲覧謄写によって、弁護人が証拠の全容を事前に把握して防御の準備をし公判に臨むことはできなくなった。そこで検察官の手持ち証拠の開示の問題が生じることになる。証拠開示の問題については、刑訴299条、刑訴299条の2、刑訴299条の3、刑訴299条の4、刑訴299条の5、刑訴299条の6、刑訴299条の7、刑訴300条、刑訴316条の14、刑訴316条の15、刑訴316条の18、刑訴316条の20、刑訴316条の25、刑訴316条の26、刑訴316条の27を参照。

（豊崎七絵）

---

[73] 松尾浩也監修『条解刑事訴訟法（第4版増補版）』（弘文堂、2016年）87頁。

124 第41条（独立行為権）

（独立行為権）
第41条 弁護人は、この法律に特別の定のある場合に限り、独立して訴訟行為をすることができる。

Ⅰ　本条の趣旨

　弁護人は、被疑者・被告人が行うことができるもので性質上代理に親しむものは、法律に特別の定めがなくても、代理して行うことができる。これを、**包括的代理権**という。もっとも弁護人は、被疑者・被告人の正当な利益を保護するため、「この法律に特別の定のある場合に限り」、被疑者・被告人本人の意思から独立して**訴訟行為**をすることができる。

　この、本人の意思に拘束されることなく訴訟行為をすることができる弁護人の権利・権限について、講学上、その性質と分類が論じられてきたが、以下の通り争いがある。

Ⅱ　弁護人の権利・権限の性質・分類

1　通説的理解

　通説的理解によれば、本人の意思に拘束されることなく訴訟行為をすることができる弁護人の権利・権限は、**固有権**と**独立代理権**とに分類される。両者の違いは、固有権が、弁護人が独自に有する権利・権限である（よって性質上代理になじまない）のに対し、独立代理権は、被疑者・被告人本人の権利が消滅すると同時に弁護人の権利・権限も消滅することを前提とする。

　固有権は、さらに2種類に分類される。第1は、弁護人のみが有する狭義の固有権であり、たとえば接見交通権（刑訴39条）、書類・証拠物の閲覧・謄写権（刑訴40条、刑訴180条1項）、鑑定の立会い（刑訴170条）、上訴審における弁論（刑訴388条、刑訴414条）などがある。第2は、弁護人と被疑者・被告人とが重複して有する権利であり、たとえば差押状・捜索状の執行の立会い（刑訴113条）、検証の立会い（刑訴142条、刑訴113条）、証人尋問の立会い（刑訴157条1項、刑訴228条2項）、証人等に対する尋問（刑訴157条3項、刑訴304条2項）、被告人に対する質問（刑訴311条3項）などがある。

　なお最三小決平17・11・29刑集59巻9号1847頁は、殺人、死体遺棄の公訴事実について被告人が第一審公判の終盤でその供述を翻し全面否認の供述をするに至ったのに対し、弁護人は被告人の従前の供述を前提にした有罪を基調とする最終弁論をして裁判所がそのまま結審した事案について、第一審の訴訟手続に法令違反は認められないとした。確かに弁護人の最終弁論（刑訴293条2項）は、弁護人の固有権であるという意味において被告人の意見に拘束されない。

しかしそれは弁護活動の総括であり、被告人の弁護人依頼権（憲34条前段、憲37条3項）を実質的に保障するものでなければならないという意味で制約が課される。本決定に対しては批判も相当数あるが、少なくともその結論を一般化できない事例判断とみるべきである。

他方で独立代理権もまた、さらに2種類に分類される。第1は、本人の明示の意思に反して行使できるものであり、たとえば勾留理由開示請求（刑訴82条2項）、勾留取消しまたは保釈請求（刑訴87条、刑訴88条、刑訴91条）、証拠保全請求（刑訴179条）、公判期日変更請求（刑訴276条1項）、証拠調べ請求（刑訴298条1項、刑訴316条の17第2項）、異議申立て（刑訴309条）などがある。第2は、本人の明示の意思に反することはできないが、黙示の意思に反して行使できるもの（本人の意思表示がない限り、同意を求めないで行使できるもの）であり、たとえば忌避申立て（刑訴21条2項）、上訴申立て（刑訴355条、刑訴356条）などがある。これらの独立代理権に該当する権利・権限を定めた条文においては、被疑者・被告人と弁護人とが併記されている。その上で、第2の類型に該当するものについては、被告人の明示した意思には反しえないことが、明文で規定されている。

2 通説的見解に対する批判

以上の通説的理解に対しては、独立代理権という概念を立てること自体に対する、有力な批判がある。すなわち、独立代理権には、本人がその権利を失ったとき弁護人もその権利を行使できないという制約がある。故に、本人の訴訟上の「失敗」を弁護人がカバーできないという事態が生じることとなり、弁護人は被疑者・被告人の保護者という使命を全うできない。それでは、むしろ弁護制度の本旨に反するというものである[74]。従って、通説によって独立代理権と分類されている権利・権限は固有権と位置づけた上で、その固有権の中に被疑者・被告人の意思を尊重すべきものがあると考えるのが妥当である。

（豊崎七絵）

---

[74] 田宮裕『注釈刑事訴訟法』（有斐閣、1980年）52頁、松尾浩也『刑事訴訟法（上）新版』（弘文堂、1999年）232-233頁、光藤景皎『刑事訴訟法Ⅰ』（成文堂、2007年）271頁。

（補佐人）

第42条 被告人の法定代理人、保佐人、配偶者、直系の親族及び兄弟姉妹は、何時でも補佐人となることができる。

② 補佐人となるには、審級ごとにその旨を届け出なければならない。

③ 補佐人は、被告人の明示した意思に反しない限り、被告人がすることのできる訴訟行為をすることができる。但し、この法律に特別の定のある場合は、この限りでない。

　補佐人とは、被告人との特別な身分関係から被告人を保護する立場に立つ者であり、原則として被告人のなしうる訴訟行為を独立して行うことができる[75]。

　弁護人もまた被告人を保護する立場にあるが、補佐人は、法律の専門家という立場ではなく親族関係など被告人と特別な身分関係にあること、被疑者には認められないこと、被告人の選任によらず、その者の届け出によることなどの点で、弁護人と異なる。補佐人となりうる者は、弁護人選任権者（刑訴30条2項）と同様である。

　補佐人は、被告人の明示の意思に反しない限り、黙示の意思に反しても訴訟行為をすることができる。本条3項の「特別の定」として、刑訴360条があると解されている。

（豊崎七絵）

---

[75] 補佐人提出の上告趣意を判断対象とした事例に、最三小決平24・3・26判タ1373号149頁がある。

第1編第5章　裁判

〔前注〕

　本章には、裁判に関する一般的な規定が置かれている。

　「裁判」とは、裁判機関すなわち裁判所または裁判官の意思表示を内容とする訴訟行為をいう。裁判は、裁判機関のする行為であるから、それ以外の裁判所の職員のする処分とは区別される。裁判は意思表示的訴訟行為であるから、意思表示を要素としない事実行為（被告人に対する権利告知（刑訴291条4項）、証人の尋問（刑訴304条1項）等）は、裁判ではない。

　裁判は、次の3つの分類の仕方がある。

　第1の分類は、**裁判の主体と形式による分類**である。すなわち、刑訴43条の定めるところにしたがって、**判決、決定**及び**命令**の3種類に分かれる。裁判所が行うのが判決または決定であり、裁判官（裁判長、受命・受託裁判官、令状裁判官等）が行うのが命令である。

　第2の分類は、**係属中の当該事件について訴訟手続を終結させる効果をもつか否かによる分類**である。これによると、裁判は**終局裁判**とそれ以外の裁判とに分けられる。終局裁判は、係属中の当該事件について手続を終結させ、その審級から離脱させる裁判である。たとえば、有罪・無罪の判決（刑訴333条、刑訴334条、刑訴336条）、管轄違いの判決（刑訴329条）、免訴の判決（刑訴337条）、公訴棄却の判決・決定（刑訴338条、刑訴339条）、上訴棄却の判決・決定である。また、上訴審の破棄差戻し・移送判決も終局裁判である[1]。一方、終局裁判以外の裁判には、**終局前の裁判**と**終局後の裁判**があるが、これらは、事件の内容（起訴事実の存否）以外について判断するという意味では、後述する形式裁判といえる。前者は、被告事件（被疑事件）の手続の進行過程で管轄や訴訟手続等に関して終局裁判の前にする裁判である。たとえば、訴訟指揮の裁判や証拠調べに関する裁判（刑訴309条3項、刑訴規190条等）である。後者は、主として終局裁判に付随して生じる派生的問題についての裁判である。たとえば、上告裁判所の訂正判決（刑訴415条）、訴訟費用執行免除の申立てについての決定（刑訴500条）、解釈の申立てについての決定（刑訴501条）、執行に関する異議申立てに関する決定（刑訴502条）である。なお、執行猶予の取消決定・取消請求棄却決定（刑訴349条の2）も終局後の裁判の1つといってよいであろう。

　第3の分類は、**当該裁判が事件の内容（起訴事実の存否）に立ち入って審判したか否かによる分類**である。これによると、裁判は**実体裁判**と**形式裁判**に分けられる。実体裁判は、事件の内容（起訴事実の存否）に立ち入って審判した

---

[1]　最大判昭25・11・22刑集4巻11号2372頁。

裁判、換言すれば、実体的な刑罰権の存否を確定する裁判である。有罪判決と無罪判決が典型例である。これに対し、形式裁判は、事件の内容（起訴事実の存否）に立ち入らないで、手続的事由で訴訟を打切る裁判である。実体裁判と形式裁判の区別は、免訴判決の性質、一事不再理の原則の適用の問題とのかかわりで、多岐の議論がある。

　裁判は、合議体では評議が成立した時に、単独体では裁判書を作成した時（作成されなければ告知の時）に内部的に成立する。裁判の内部的成立があれば、公判手続の更新が不要になる（刑訴315条但書）。裁判は、告知によって外部的に成立する。裁判の外部的成立があると、原則として、告知した裁判所自身もこれを撤回できなくなる。これを覊束力（自己拘束力）という（ただし、刑訴297条3項、刑訴309条、刑訴423条2項、刑訴415条参照）。

（高倉新喜）

（判決・決定・命令）
第43条　判決は、この法律に特別の定のある場合を除いては、口頭弁論に基いてこれをしなければならない。
②　決定又は命令は、口頭弁論に基いてこれをすることを要しない。
③　決定又は命令をするについて必要がある場合には、事実の取調をすることができる。
④　前項の取調は、合議体の構成員にこれをさせ、又は地方裁判所、家庭裁判所若しくは簡易裁判所の裁判官にこれを嘱託することができる。

　本条は、裁判の主体と形式による分類として判決・決定・命令を挙げ、それらの手続について基本的な事柄を定めている。

I　判決の手続

　判決は、有罪・無罪判決のように訴訟法上重要な事項を内容とする裁判であり、原則として口頭弁論に基づかなければならない（本条1項）。例外は、「この法律に特別の定のある場合」（本条1項）であり、上告棄却の判決（刑訴408条）、訂正の判決（刑訴416条）、公判期日に被告人の出頭が必要とされていない場合ないし不出頭を許可できる場合（刑訴284条、刑訴285条1項後段、刑訴285条2項後段、刑訴314条1項但書、刑訴390条、刑訴409条、刑訴451条3項。なお、刑訴286条の2参照）、被告人が出頭してもその陳述を聴く必要がない場合（刑訴341条）等がある。なお、弁護人が出頭しないでも開廷できる場合（刑訴289条、刑訴391条、刑訴414条参照）も、変則的な口頭弁論で足りるという意味で、「この法律に特別の定のある場合」に当たる。

「**口頭弁論**」（本条1項、2項）とは、公判期日に公判廷で行われる口頭による当事者の主張・立証と、これと一体になる裁判所の訴訟指揮・証拠調べ等の手続の全体をいう。審理に関与しない裁判官が関与したとき[2]、判決書作成日付が再開した弁論終結前の場合[3]は、いずれも本条1項に違反する。

判決に対する不服申立ての方法は、控訴（刑訴372条）及び上告（刑訴405条）である。また、原則として判決に対してのみ非常救済手続が認められる（刑訴435条、刑訴436条、刑訴454条）。

Ⅱ 決定・命令の手続

裁判所の裁判である**決定**と、裁判官の裁判である**命令**は、必ずしも口頭弁論に基づくことを要しない（本条2項。例外は刑訴349条の2第2項）。もっとも、決定・命令の前提として、訴訟関係人の意見または陳述を聴くことが必要とされている場合が多い（刑訴61条、刑訴92条、刑訴276条2項、刑訴規88条、刑訴規190条2項等）。また、一般的にも、申立てにより公判廷で決定をする場合、または公判廷における申立てによる決定をする場合には、訴訟関係人の陳述を聴かなければならない（刑訴規33条1項）。条文で定められた場合でなくても、意見書の提出あるいは裁判官との面会によって意見を伝えることもできる。

決定・命令をするについて必要がある場合には、事実の取調べができる（本条3項）。ここでいう「**事実の取調べ**」とは、裁判の基礎となる情報の収集である。決定または命令は、被告事件における有罪・無罪の判断のために行われるのではないから、「事実の取調べ」の方法は、自由な証明で足りる。裁判所は、事実の取調べのために刑訴法の総則に規定された裁判所の強制処分の権限を行使することができる。被疑者の勾留請求を受けた裁判官（刑訴207条1項）のように、裁判所と同一の権限を有するとされている裁判官も同様である。それ以外の裁判官は、命令をするために、証人尋問と鑑定命令の権限を認められている（刑訴規33条3項、刑訴規33条4項）。第1回公判期日前の勾留に関する処分をする裁判官は、当事者に出頭または書類等の提出を命じることができる（刑訴規187条4項）。強制力を用いない情報収集の方法については、特に制限がない。逮捕状の請求を受けた裁判官は、逮捕状の請求をした者の出頭または書類等の提示を求めることができる（刑訴規143条の2）。

本条3項の**取調べ**は、**受命裁判官**（裁判所のする取調べ、処分等をすることを命じられた合議体の構成員たる裁判官）にさせるか、または**受託裁判官**（事実の取調べを嘱託された国法上の他の裁判所の裁判官）に嘱託することができ

---

[2] 最一小判昭25・3・30刑集4巻3号454頁。
[3] 最一小判昭41・2・24刑集20巻2号49頁。なお、東京高判平10・6・24判タ991号286頁参照。

る（本条4項）。

決定に対する不服申立ては抗告（刑訴419条）である。高等裁判所の決定に対しては抗告が許されないが、抗告に代え異議の申立てが許される（刑訴428条2項）。証拠調べに関する決定に対しては、刑訴309条1項により異議を申立てることができる。命令に対する不服申立ては準抗告である（刑訴429条）。憲法問題については、決定・命令のいずれに対しても最高裁判所への特別抗告が認められる（刑訴433条）。

（高倉新喜）

（裁判の理由）
第44条　裁判には、理由を附しなければならない。
②　上訴を許さない決定又は命令には、理由を附することを要しない。但し、第四百二十八条第二項の規定により異議の申立をすることができる決定については、この限りでない。

Ⅰ　本条の趣旨

本条は、裁判には理由を付さなければならないという原則（本条1項）と、その例外（本条2項）とを定めたものである。

裁判の理由は、(a)恣意的な裁判を防止するため、(b)当事者を納得させるため、(c)上級審の審査を適切にさせるため、(d)社会に対し法の正当な適用がなされたことを示すために要求される。判決に理由を付さず、または理由にくいちがいがあるときは、絶対的控訴理由になる（刑訴378条4号）。

「理由」（本条1項）とは、裁判の具体的な根拠をいう。裁判は、主文と理由により構成されているが、主文は裁判の結論部分であり、理由は、主文についての具体的な根拠を示す部分である。裁判の理由をどの程度示さなければならないかについては、有罪判決の場合（刑訴335条）や略式命令の場合（刑訴464条）等を除いて、法は何も規定していない。理由には、事実上・法律上のものがあるが、その裁判及び事件の性質により、理由を付す趣旨にかなう程度に示さなければならない。

1　有罪判決の理由

有罪判決については刑訴335条に定められているが、これは最小限度のものであって、これ以外の理由を明示する必要がないということではない。本条の一般原則により、理由を明示する必要のある場合がある。たとえば、本条によ

り、累犯前科※4、量刑の理由※5、事実認定の詳細な理由※6等が要求される場合がある。

2　無罪判決の理由

　無罪判決については、公訴事実またはその要旨を示した上で、被告事件が罪とならない理由（刑訴336条）または被告事件について犯罪の証明がない理由（刑訴336条）を示せば足りるが、事件によっては証拠説明が要求されるべきである※7。

3　管轄違いの判決、免訴の判決、公訴棄却の判決の理由

　これらの判決については、公訴事実またはその要旨を示した上で、刑訴329条、刑訴337条1号、刑訴337条2号、刑訴337条3号、刑訴337条4号、刑訴338条1号、刑訴338条2号、刑訴338条3号、刑訴338条4号に当たる理由を示すことになる。

4　決定・命令の理由

　略式命令（刑訴464条）、即決裁判（交通裁判12条1項）、各種の令状（刑訴63条、刑訴64条、刑訴107条、刑訴168条2項、刑訴200条、刑訴219条）等については、記載事項が定型化されているが、示すべき理由については特に規定が設けられていない。一般的には、判決と比べて簡潔な理由で足りるであろう。

Ⅱ　理由を付すことを要しない裁判

　上訴を許さない決定・命令には理由を付すことを要しない（本条2項本文）。これは、不服申立てができないから理由を不要とする趣旨で、前記Ⅰの(c)の根拠と訴訟経済を考慮したものである。**「上訴を許さない決定」**とは、即時抗告も通常抗告（刑訴419条、刑訴420条2項）も許されない決定をいう（たとえば、刑訴427条により抗告の許されない決定、刑訴428条2項による異議の申立ての許されない高等裁判所の決定、上告審における決定等）。**「上訴を許さない命令」**とは、準抗告（刑訴429条）の許されない命令をいう。なお、ここでいう「上訴」には特別抗告（刑訴433条）は含まれない。なぜなら、決定・命令はすべて特別抗告の対象になるのであるから、これを含むと解すると、すべての決定・命令に理由を付すことが必要になり、本条2項の趣旨が没却されるからで

　※4　最大判昭24・5・18刑集3巻6号734頁。
　※5　最一小判昭25・10・5刑集4巻10号1875頁。
　※6　最三小決昭34・11・24刑集13巻12号3089頁は反対。
　※7　最二小判昭35・12・16刑集14巻14号1947頁は反対。

ある。また、刑訴309条1項・刑訴309条2項の異議申立ても、ここにいう「上訴」には当たらない。

　高等裁判所の決定は、上訴が許されない（刑訴428条1項）が、刑訴428条2項により抗告に代わる異議の申立てのできる決定には理由を付す必要がある（本条2項但書）。この異議の申立ては、実質的には上訴としての意味をもつからである。また、上訴を許さない決定・命令であっても、前記(a)(b)の趣旨から、上告棄却決定（刑訴414条、刑訴386条）や、抗告・異議申立てを棄却する決定（刑訴426条、刑訴428条3項）等で重要なものには、理由を付すべきであり、実務上もそうされている。

（高倉新喜）

（判事補の権限）
第45条　判決以外の裁判は、判事補が一人でこれをすることができる。

　判事補は、司法修習生の修習修了者から任命され（裁43条）、原則として10年未満の在職である（裁42条1項）。それゆえ、他の法律に特別の定めのある場合を除いて、1人で裁判をすることはできない（裁27条1項）。本条は、裁27条1項の特則である。ただし、在職期間5年以上の判事補で、最高裁判所の指名を受けた者は、判事補としての職権の制限を受けない（判事補1条）。これを**特例判事補**という。本条の適用を受けるのは、特例判事補以外の判事補である。

　「判決以外の裁判」とは、決定及び命令である。ただ、判事補は裁判長にはなれず、1人で公判裁判所を構成できない（裁27条2項）から、裁判長がすべき命令（刑訴288条2項、刑訴294条等）も、被告事件についての決定（公訴棄却の決定（刑訴339条1項）、起訴後の勾留（刑訴60条）、移送の決定（刑訴19条）、訴因変更許可（刑訴312条1項）、弁論の併合分離（刑訴313条）等）もすることができない。なお略式命令は、簡易裁判所のする裁判であるから、簡易裁判所判事と兼務していない判事補は、略式命令をすることができない。

　しかし、本来裁判所または裁判長の権限とされている訴訟行為でも、合議体の構成員に命じ、または他の裁判所の裁判官に嘱託することができるものについては、判事補でも**受命裁判官**（たとえば刑訴43条4項、刑訴70条1項但書）または**受託裁判官**（たとえば刑訴43条4項、刑訴163条）として行うことができる。

　結局、判事補が1人でできる裁判は、主として裁判官の命令である。すなわち、受訴裁判所とは独立に訴訟法上の権限を行使する場合である。たとえば、捜査機関の請求により令状を発付し、または一定の処分をする場合（刑訴199条、刑訴206条、刑訴207条、刑訴210条、刑訴218条、刑訴224条、刑訴225条、刑訴228条）、公訴提起後第1回公判期日前に勾留に関する処分をする場合（刑訴280条）、証拠保全の手続を行う場合（刑訴179条、刑訴180条）等には、1人でする

第46条（裁判書謄抄本の請求）　*133*

ことができる。

（高倉新喜）

> **（裁判書謄抄本の請求）**
> **第46条**　被告人その他訴訟関係人は、自己の費用で、裁判書又は裁判を記載した調書の謄本又は抄本の交付を請求することができる。

　本条は、上訴権の行使等のため、裁判内容を知ることができるようにするための規定である。被告事件の終結後、刑訴53条により何人でも訴訟記録を閲覧できるようになった後でも、訴訟関係人は本条により謄本等の交付を請求できる。なお、勾引状または勾留状の執行を受けた被告人（被疑者）は、勾留状等の謄本の交付を請求できる（刑訴規74条、刑訴規154条）が、この場合は本条の適用がなく、自己の費用を支払う必要がないものと解される。

　「訴訟関係人」とは、被告人のほか、検察官、弁護人、法人の代表者（刑訴27条）、法定代理人（刑訴28条）、特別代理人（刑訴29条）、補佐人（刑訴42条）、代理人（刑訴283条、刑訴284条）をいう。さらに、被告人のために上訴をなしうる者（刑訴353条、刑訴354条）や被告人以外で裁判を受けた者（刑訴133条、刑訴137条、刑訴150条、刑訴160条、刑訴186条、刑訴187条等）も、自己と関係のある裁判についてその裁判書等の謄本・抄本の交付を請求できると解される。なお、捜査機関である司法警察職員、証人、鑑定人、通訳人、翻訳人等は、広い意味では訴訟に関係する者であるが、本条にいう「訴訟関係人」には含まれない。傍聴人も含まれない。

　「裁判を記載した調書」とは、調書判決（刑訴規219条）及び公判廷で宣告された決定・命令を記載した公判調書（刑訴規53条但書、刑訴規44条1項46号）をいう。

　現在のところ、請求する謄本または抄本の用紙1枚について、60円である（刑訴施10条1項）。

　請求は、その裁判をした裁判所に対して行う。適法な交付請求があったときは、裁判所は、謄本または抄本を交付しなければならない。裁判書及び裁判を記載した調書の謄本・抄本を作成する者は裁判所書記官である。

（高倉新喜）

第1編第5章

第1編第6章　書類及び送達

〔前注〕

　訴訟に関しまたは訴訟に使用する目的で作成される文書は、刑訴法または刑訴規則において、「書類」、「訴訟に関する書類」または「訴訟書類」と呼ばれる。

　本章は、この書類の作成、効力、開示、送達等に関する基本的な事項を定める。訴訟に関する書類（訴訟書類）は、意思表示的文書（起訴状、裁判書、上訴申立書等）と報告的文書（検証調書、鑑定書、公判調書等）とに大別できる。刑訴法上、訴訟書類は、手続の適法性を担保する上で重要な役割を果たしている。

　重要な書類の作成については、個別的に要式等が規定されている（たとえば、裁判書は刑訴規53条、刑訴規54条、刑訴規55条、刑訴規56条、刑訴規57条、調書判決は刑訴規219条、公判調書については刑訴48条、刑訴49条、刑訴50条、刑訴51条、刑訴52条、刑訴規44条、刑訴規44条の2、刑訴規45条、刑訴規46条、刑訴規47条、刑訴規48条、刑訴規49条、刑訴規49条の2、刑訴規50条、刑訴規51条、刑訴規52条等）。一般的に、公務員の作るべき書類には、原則として、年月日の記載、署名押印、所属官公署の表示、契印、訂正範囲の明示、認印が必要である（刑訴規58条、刑訴規59条）。その他の者の作るべき書類には、原則として、年月日の記載と署名押印が必要であるが、指印、代書も認められる（刑訴規60条、刑訴規61条）。要式は、作成名義人によって間違いなく作成され、内容も真正であることを保証するためである。もっとも、要式に瑕疵があればただちに無効というわけではなく、要式の趣旨・重要性と瑕疵の大小・軽重に応じて具体的に判断されることになる。

（高倉新喜）

（訴訟書類の公開禁止）
第47条　訴訟に関する書類は、公判の開廷前には、これを公にしてはならない。但し、公益上の必要その他の事由があつて、相当と認められる場合は、この限りでない。

I　本条の趣旨

　本条は、被告人・被疑者・参考人（刑訴223条）その他の訴訟関係人の名誉・プライバシー等を保護し、かつ、捜査・裁判への外部からの不当な影響を防止するため、種類・保管者を問わず、訴訟に関する書類の公判の開廷前における

非公開の原則を定めたものであり※1、国民の知る権利等訴訟外の利益との調和を図ろうとするものである。訴訟に関する書類は公判で公にされる前は非公開が原則である。

「**訴訟に関する書類**」（本条1項）とは、被疑事件または被告事件に関し作成された書類をいい、種類及び保管者を問わない※2。すなわち、手続関係書類（移監通知書、弁護人選任届等）であると証拠書類（供述録取書、実況見分調書等）であるとを問わない。意思表示的文書と報告的文書いずれも含まれる。また、裁判所・裁判官に限らず検察官・司法警察職員・弁護人その他第三者の保管する書類も含まれる。書類は、紙に書かれたものに限らず、調書と一体とされた写真、録音テープ等の記録媒体も含まれる（刑訴規49条、刑訴規40条、刑訴規47条参照）。

「**公判の開廷前**」（本条1項）とは、公開の法廷で開示されるまでという意味であり、第1回公判期日後でも、それまでに公開されなかった書類は、公開を禁止される。なお、「公判の開廷前」には公訴提起前も含まれるが、不起訴処分となった被疑事件に関する書類は、その後起訴に至らない限り、非公開の状態が続くと解される。

「**公にする**」とは、不特定多数人に開示すること（一般公開）をいう。本条は、裁判官・検察官等の国家機関に対して公開の禁止を義務づけているだけでなく、すべての者に対してもこれを義務づけている。当該事件の訴訟関係人には、法令の範囲内（刑訴40条、刑訴49条、刑訴180条、刑訴270条、刑訴299条1項等）で開示しなければならない。もっとも、開示を受けた訴訟関係人も、一般公開の許されない書類については、公開することを許されない。

Ⅱ 公開禁止の例外

もっとも、「公益上の必要その他の事由があって、相当と認められる場合」（本条但書）には、公開が許される。

1 「公益上の必要」

「**公益上の必要**」については、一般的な規定は存在しないが、両議院の国政調査権に基づく記録請求に応ずべき義務（憲62条、国会104条）の場合がこれに当たると解されている。もっとも、それが司法権の行使に対する不当な干渉と認められる場合には、公益上の必要性も否定される。

※1 最三小判昭28・7・18刑集7巻7号1547頁。
※2 なお、刑訴規37条と刑訴40条と刑訴270条にある「訴訟に関する書類」は、本条のそれとは範囲が異なる。

2 「その他の事由」

「その他の事由」とは、公益上の必要に準じて考えられる事由をいう。他事件における裁判所・当事者が使用しようとする場合、勾留理由開示の場合、新聞その他の報道機関が要求する場合等について問題となりうるが、書類の保管者において、開示の理由・目的、必要性、弊害の有無等を考慮して、合理的裁量により決すべきことになろう。(a)勾留理由開示期日に被疑者、被告人、利害関係人等が訴訟書類の開示を要求する場合は、本条但書に該当しないとするのが通説である[3]。(b)判例は、付審判請求の審理手続において裁判所が定めた審理方式のうち、検察官から裁判所に送付された捜査記録等の閲覧謄写を請求代理人に対して許可する部分は、裁判所に許された裁量の範囲を逸脱し違法である、という[4]。(c)また、交通事故の被害者等が民事訴訟の準備のために開示を求める場合も、原則として開示すべき事由にはあたらないとされる（もっとも、民事裁判所から記録の取寄せ依頼がなされた場合には、その必要性、相当性等を考慮して、実況見分調書、検証調書等の非代替書類について、これに応じる取扱いが行われている）。

3 相当性の判断

相当性の判断（本条但書）は、書類の保管責任者が決定する（ただし、裁判所においては、裁判所書記官が保管を行う（裁60条2項）が、公にするか否かの判断は裁判官がする）。仮に相当性の判断が誤っていたとしても、訴訟法上は特別の効果は生じない。なお、公務員である保管者が本条の趣旨に反して開示すれば、処罰されることがある（国公100条、国公109条12号）。

（高倉新喜）

（公判調書の作成・整理）

第48条 公判期日における訴訟手続については、公判調書を作成しなければならない。

② 公判調書には、裁判所の規則の定めるところにより、公判期日における審判に関する重要な事項を記載しなければならない。

③ 公判調書は、各公判期日後速かに、遅くとも判決を宣告するまでにこれを整理しなければならない。ただし、判決を宣告する公判期日の調

---

[3] これに対して、小田中聰樹＝大出良知＝川崎英明編著『刑事弁護コンメンタールⅠ 刑事訴訟法』（現代人文社、1998年）48-49頁〔梅田豊〕は、このような開示も「公益上の必要その他の事由」に含まれるとする。

[4] 最二小決昭49・3・13刑集28巻2号1頁。これに対して、東京高決昭62・7・17判タ641号80頁は、警察の違法な捜査を理由とする国家賠償請求において、不起訴処分となった被疑事件の参考人調書に対する文書提出命令の申立てを認めた。

書は当該公判期日後七日以内に、公判期日から判決を宣告する日までの期間が十日に満たない場合における当該公判期日の調書は当該公判期日後十日以内（判決を宣告する日までの期間が三日に満たないときは、当該判決を宣告する公判期日後七日以内）に、整理すれば足りる。

本条は、公判期日における訴訟手続について、公判調書の必要的作成とその記載事項及び整理期間を規定したものである。

公判調書とは、公判廷における訴訟手続が法定の方式に従い、適法に行われたことを認証するため、その経過及び結果を作成権限者である裁判所書記官（刑訴282条2項、刑訴規37条）が記述し作成した報告文書である。公判調書の必要的作成については、究極的には、公判手続の公正を担保し、後に生じるかもしれない紛争を解決するための資料を残すためであると解されている。また、公判手続の更新の場合には、直接に証拠書類となる（刑訴規213条の2第3号）。

刑訴規44条1項に必要的記載事項が列記されている。これ以外の事項も、必要・実益があれば、裁判所書記官の判断で記載すべきであろう（任意的記載事項、刑訴規44条2項）。

公判調書に重要な事項の記載が欠如しているときは、その調書は無効となる。たとえば、列席裁判官の氏名[5]、列席書記官の署名・押印[6]を欠く場合は無効である。公判列席の裁判所書記官または裁判長と、署名押印・認印している裁判所書記官または裁判長とが異なる場合[7]も無効である。しかし、裁判所書記官の署名押印があれば、裁判長の認印を欠いても、その一事で無効とするべきではない[8]とされる。また、刑訴規44条1項19号、刑訴規44条1項22号については、供述の趣旨を誤らない程度の要旨を記載すればよく、刑訴規44条2項の訴訟関係人の請求があっても、裁判長の命令がなければ、記載する必要はないと解されている（刑訴規44条の2参照）。

「整理」（本条3項）とは、公判期日に立ち会った裁判所書記官が公判調書を作成して、その末尾に署名押印し、裁判長がその正確性を認証するため認印する手続（刑訴規37条、刑訴規46条1項）を終えることである。公判調書は、「各公判期日後速やかに」整理する必要があり、原則として、「遅くとも判決の宣告までに整理しなければならない」（本条3項本文）。もっとも、判決宣告期日

---

[5] 最一小判昭27・2・14刑集6巻2号237頁、最二小判昭23・6・26刑集2巻7号743頁。

[6] 東京高判昭28・8・7高刑特39号77頁。なお、最一小決昭30・5・12刑集9巻6号1019頁参照。

[7] 最一小判昭31・4・12刑集10巻4号540頁、広島高判昭29・4・21高刑集7巻3号448頁。

[8] 最二小判昭32・8・23刑集11巻8号2103頁。

以外の公判期日の調書については、その期日から判決宣告期日まで10日未満であると判決宣告期日までに整理するのが困難であるから、当該公判期日後10日以内（公判期日から判決宣告までが3日未満であれば、判決宣告期日後7日以内）に整理すれば足りるとされている。また、判決宣告期日の調書は、その期日に審理が行われたか否かを問わず、判決宣告期日後7日以内に整理すれば足りるとされている。法定の整理期間内に整理されなかった公判調書であっても、単にその一事だけでは無効と解することはできないとするのが通説・判例である※9。なお、裁判員の参加する裁判においては、連日的な公判審理が予定されており、次回公判期日までに前回の公判期日の調書を整理することは実際上困難であることから、証人尋問等については記録媒体に記録することができるとされている（裁判員65条）。

（高倉新喜）

> **（被告人の公判調書閲覧権）**
> **第49条** 被告人に弁護人がないときは、公判調書は、裁判所の規則の定めるところにより、被告人も、これを閲覧することができる。被告人は、読むことができないとき、又は目の見えないときは、公判調書の朗読を求めることができる。

　公判調書は、公判・上訴の準備のために重要な資料となり、また強い証明力（刑訴52条）があるので、当事者はその内容・正確性に大きな利害関係をもつ。それゆえ本条は、被告人の閲覧権について規定した（謄写権はない）。
　被告人の閲覧権は、弁護人（刑訴40条、刑訴規31条、刑訴規301条）、検察官（刑訴270条、刑訴規301条）に比べ、著しく制限されている。これは、破棄改ざんのおそれを考慮したものだとされている。被告人の閲覧が認められるのは、(a)弁護人がいないときに限られ※10、(b)公判調書のみであり（なお、刑訴40条、刑訴270条参照）、(c)裁判所においてである（刑訴規50条1項。なお、被告人が読むことができないとき、または目の見えないときは、本条後段、刑訴規50条2項参照）。
　なお、公判期日外の証人尋問調書の被告人の閲覧については、刑訴規126条2項、刑訴規126条3項参照。

（高倉新喜）

※9　最三小決昭32・9・10刑集11巻9号2213頁。
※10　最二小決平4・12・14刑集46巻9号675頁。

第50条（公判調書の未整理と当事者の権利）　*139*

（公判調書の未整理と当事者の権利）
第50条　公判調書が次回の公判期日までに整理されなかつたときは、裁判所書記は、検察官、被告人又は弁護人の請求により、次回の公判期日において又はその期日までに、前回の公判期日における証人の供述の要旨を告げなければならない。この場合において、請求をした検察官、被告人又は弁護人が証人の供述の要旨の正確性につき異議を申し立てたときは、その旨を調書に記載しなければならない。
②　被告人及び弁護人の出頭なくして開廷した公判期日の公判調書が、次回の公判期日までに整理されなかつたときは、裁判所書記は、次回の公判期日において又はその期日までに、出頭した被告人又は弁護人に前回の公判期日における審理に関する重要な事項を告げなければならない。

　公判期日には、迅速・円滑に充実した審理が行われなければならない。そのためには、当事者はあらかじめ十分な準備をしておかなければならない。当事者が次回公判期日において的確な攻撃・防御を行うためには、前回の公判期日における審理の経過及び結果を知る必要がある。そこで本条は、前回の公判調書が未整理の場合、当事者はその訴訟準備や訴訟追行を妨げられないために、証人の供述の要旨（本条1項）ないし審理に関する重要な事項（本条2項）を知り、前者の正確性について異議を申立てる機会を与えられるべきことを規定した。**「前回」**とは、必ずしも直前の公判期日に限る趣旨ではなく、それ以前のものであってもいまだ当事者に知らされていないものであれば、本条の適用があると解される。

　公判調書は迅速に整理されなければならないが、立ち会った裁判所書記官が病気とか、事務上の都合などで、**公判調書の整理が間に合わない場合**もありうる。このような場合には、裁判所書記官（公判調書を作成する書記官でなくてもよい）は、当事者の請求によって、次回の公判期日において、または次回公判期日までの間に公判廷外（刑訴規51条参照）において、前回の公判期日における証人の供述の要旨を告げなければならない（本条1項前段）。当事者は、証人の供述の要旨の告知を受けた場合に、その要旨の正確性について異議の申立てをすることができる（本条1項後段）。そのとき、裁判所書記官は、異議申立ての年月日及び異議の要旨を調書に記載しなければならない（刑訴規48条）。

　被告人の出頭を要しないでも開廷できる（刑訴283条、刑訴284条、刑訴285条、刑訴286条の2、刑訴314条1項但書、刑訴341条）公判期日に、被告人、弁護人の双方とも出頭しなかった場合で、その公判期日の公判調書が次回の公判期日までに整理されなかったときには、被告人、弁護人に告知請求権が認められている（本条2項）。被告人または弁護人のいずれか一方が出頭していた場合は、本条2項の適用はない。本条2項が本条1項と異なる点は、(a)検察官が除かれ

ている点、(b)告知の範囲が審理に関する重要な事項に限られる点、(c)異議申立権が認められていない点である。**「審理に関する重要な事項」**は、刑訴48条2項の「公判期日における審判に関する重要な事項」と一致し、具体的には刑訴規44条の記載事項を指すと解される。また、異議申立権が与えられていないのは、被告人、弁護人とも前回の公判期日に出頭しておらず、異議申立ての根拠をもたないからであり、また、刑訴51条の異議申立制度を利用すれば足りるからである。

（高倉新喜）

（公判調書の記載に対する異議申立て）
第51条　検察官、被告人又は弁護人は、公判調書の記載の正確性につき異議を申し立てることができる。異議の申立があつたときは、その旨を調書に記載しなければならない。
②　前項の異議の申立ては、遅くとも当該審級における最終の公判期日後十四日以内にこれをしなければならない。ただし、第四十八条第三項ただし書の規定により判決を宣告する公判期日後に整理された調書については、整理ができた日から十四日以内にこれをすることができる。

　公判調書は、当該審級及び上訴審における審理の上で重要な資料となるものであり、また、刑訴52条の強い証明力をもつから、正確でなければならない。そこで、本条及び刑訴50条は、公判調書の記載内容の正確性に対する異議申立権を当事者に与えることによってこれを担保するものである。異議申立ての最も大きな効果は、公判調書中の当該事項の記載について刑訴52条で定める公判調書の絶対的（排他的）証明力が失われることである。本条による異議申立ては、**公判調書が整理（刑訴48条）された後の申立て**である点で、刑訴50条によるそれとは異なる。

　申立権者は、検察官、被告人または弁護人に限られ、証人等は含まれない（もっとも刑訴規45条2項、刑訴規52条の9参照）。**異議申立ての対象**は、公判調書に記載された事項のすべてであり、その内容（必要的記載事項の不記載も含む）、表現いずれの正確性をも含む。

　異議申立ての期間は、当該審級における最終の公判期日後14日以内である（本条2項本文）。もっとも、裁判員の参加する裁判のように連日的開廷が実施されると、判決宣告期日までにすべての公判期日の調書を整理するのは困難である。そこで、本条2項但し書は、判決宣告期日の後に整理された公判調書については、整理された日から14日以内は異議申立てができるものとしている。この場合には、刑訴48条3項但し書により公判調書を整理すべき最終日に整理したものとみなされる（刑訴規52条）。

第52条（公判調書の証明力）　*141*

　裁判所は、その期間の経過後でなければ記録を上訴審へ送付すべきではない（刑訴規235条参照）。裁判所が異議申立ての機会を与えないまま誤って上訴審へ記録を送付した後に異議の申立てがあったときは、異議申立書及び異議申立調書を上訴審へ追送すべきである[11]。

　異議の申立ての方式については、特別の規定がなく、書面でも口頭でもよいとされている。この申立てがあったときは、裁判所書記官は、申立ての年月日及びその要旨を調書に記載し、かつ、その申立てについての裁判長の意見を調書に記載して署名押印し、裁判長が認印する（刑訴規48条）。この記載は、当該異議の申立ての対象となった公判調書の末尾でもよいし、申立てのあった公判期日の調書中でもよく、あるいは、独立の異議申立書を作成してもよい。

　異議申立てに理由があるという裁判長の意見が付された場合には問題ないが、申立ての理由がないという裁判長の意見が付された場合には、公判調書に、同一事項に関し、矛盾した内容の記載が併存することになるが、この両者の証明力については優劣があるわけではなく、刑訴52条の規定にかかわらず、いずれを真実とするかは、上訴裁判所の自由心証に委ねられる。なお、異議申立ての行使が妨げられた場合には、当該公判調書の記載について刑訴52条の証明力が排除される[12]。

　法定の期間内に異議の申立てをしないと、その後異議申立権を失うばかりか、当該公判調書に記載された訴訟手続については、刑訴52条により証明力が生じる[13]。したがって、上訴審でこれを争うことはできなくなる。もちろん、証言等の内容の真実性を争うことはできる。

（高倉新喜）

（公判調書の証明力）
第52条　公判期日における訴訟手続で公判調書に記載されたものは、公判調書のみによつてこれを証明することができる。

　上訴審において原審の公判期日で行われた訴訟手続について争いが生じた場合、証明の方法を無制限に許すときは収拾がつかなくなるおそれがある。本条は、そのような事態を防ぐため、公判調書に絶対的（排他的）証明力を与え、他の資料による反証を許さない趣旨である。ただし、本条の証明力は、当該事件の手続内において、しかも当該事件に関する上訴審が審査する場合のみに限られる。他の事件の公判調書は、当該事件に関しては絶対的証明力がなく、1

---

[11]　最三小判昭47・3・14刑集26巻2号195頁。

[12]　前掲[11]最三小判昭47・3・14刑集26巻2号195頁。

[13]　最二小判昭32・8・23刑集11巻8号2103頁。

個の証明資料となるにすぎない。また、**本条の証明力は、公判調書に記載された訴訟手続が適法に行われたか否かについてのみ及ぶのであって、訴訟手続の存否について及ぶのではない**（通説）。また、公判調書の記載は、その記載された内容に実質的な効力を付与するものではない。公判調書に記載された裁判官、検察官、弁護人が適法な資格をもつものかどうかについては、公判調書以外の他の資料によって判断することができる。また、公判調書が滅失のため不存在となった場合は、公判調書以外の他の資料によって証明することが許される（民訴160条3項但書参照）※14。

公判調書のみによって証明されるのは、(a)**「公判期日における訴訟手続」**に限られる。したがって、公判期日外の証人尋問調書（刑訴158条、刑訴281条、刑訴規38条）、検証調書（刑訴規41条）等には、本条の証明力がない。(b)**「訴訟手続」**に関する記載に限られる。証人や被告人などの供述を記載した部分は、公判調書の証明力が及ばない（通説）。供述自体は「訴訟手続」ではないからである。(c)**「公判調書に記載されたもの」**に限られる。刑訴48条2項、刑訴規44条1項により必要的記載事項とされているために記載された訴訟手続に限らず、それ以外の事由で記載された事項であっても、記載された以上、本条の証明力が生じる。なお、記載に明白な誤記がある場合は、正しい内容に従ってそれを解釈することができる※15。明白な誤記であるか否かについては、公判調書以外の資料を用いることができるとするのが通説・判例である※16。

一方、**公判調書に記載のない事項**については、本条の適用はない。しかし、記載がないからといって必ずしも不存在とされるわけではなく※17、公判調書以外の他の資料による自由な証明が許される。通常行われる手続で、必要的記載事項とされていないため記載されなかった事項については、特段の事情のないかぎり、その訴訟手続は一応履践されたものと推定するのが通説・判例※18である。これに対し、必要的記載事項を遺脱している場合については、事実上存在が推定されるとする説と事実上不存在が推定されるとする説がある。いずれにせよ、手続の適法な履践があったか否かの証明は、公判調書以外の資料によることができ、自由な証明で足りる。

(高倉新喜)

※14 最二小決昭29・6・16刑集8巻6号878頁。なお、当初から公判調書が作成されなかったために不存在の場合については福岡高判昭29・2・19高刑集7巻1号82頁、一応公判調書が作成されたものの無効である場合については広島高判昭55・10・28高刑集33巻4号298頁参照。

※15 最三小決昭36・3・14刑集15巻3号516頁。

※16 最二小判昭24・3・5刑集3巻3号253頁。

※17 最三小判昭27・3・25刑集6巻3号507頁。

※18 最三小判昭28・11・17刑集7巻11号2202頁。

第53条（訴訟記録の閲覧） *143*

（訴訟記録の閲覧）
第53条 何人も、被告事件の終結後、訴訟記録を閲覧することができる。但し、訴訟記録の保存又は裁判所若しくは検察庁の事務に支障のあるときは、この限りでない。
② 弁論の公開を禁止した事件の訴訟記録又は一般の閲覧に適しないものとしてその閲覧が禁止された訴訟記録は、前項の規定にかかわらず、訴訟関係人又は閲覧につき正当な理由があつて特に訴訟記録の保管者の許可を受けた者でなければ、これを閲覧することができない。
③ 日本国憲法第八十二条第二項但書に掲げる事件については、閲覧を禁止することはできない。
④ 訴訟記録の保管及びその閲覧の手数料については、別に法律でこれを定める。

本条は、裁判の公開の原則（憲82条1項）を拡充し、確定事件の訴訟記録の閲覧権を国民に認めたものである。被告事件の裁判確定後、その訴訟記録も一般に公開することにより、裁判の公正を担保するとともに、裁判に対する国民の理解を深めるためである。なお、本条で許されるのは閲覧のみであって、謄写は含まれない。

「**被告事件の終結後**」とは、被告事件に対する終局裁判が確定した後のことである。したがって、確定するまでの間の訴訟記録の閲覧等は、当該事件の訴訟関係人を除き（刑訴40条、刑訴49条、刑訴180条、刑訴270条、刑訴299条1項参照）、一般人には認められない（ただし、犯罪被害者保護3条参照）。

「**訴訟記録**」とは、裁判の公正を担保するに足りるものであり、公訴提起から被告事件が確定するまでの間に、裁判所が事件記録として編綴した訴訟に関する書類一切をいう。裁判所が作成した各種調書（公判調書等）、証拠書類、裁判書のほか、当事者が作成・提出した書類（起訴状等）がこれに含まれる。しかし、捜査機関または弁護人が作成した書類であっても裁判所に提出されなかったものや、証拠書類であっても証拠調べを経なかったものは、本条にいう訴訟記録に含まれない。また、付審判手続の記録、勾留理由開示事件の記録、証拠保全の記録等も、被告事件に関して裁判所に提出されて公判記録に編綴された場合以外は含まれないと解される。

閲覧請求の宛先は、当該訴訟記録の保管者である。1987（昭和62）年に、刑事確定訴訟記録法（昭和62年法律第64号）が制定され（施行は1988（昭和63）年1月1日）、そこでは、従前の慣行を法制化して、保管者は当該被告事件について第一審の裁判をした裁判所に対応する検察庁の検察官と定められた（刑訴記録2条1項）。

「**訴訟記録の保存または裁判所もしくは検察庁の事務に支障があるとき**」（本

条1項但書）は、閲覧することはできない。たとえば、裁判の執行、証拠品の処分等の検察庁の事務を遂行する上で支障が生じる場合のほか、その訴訟記録を閲覧させることが関連事件の捜査・公判に不当な影響を及ぼす場合[19]は、閲覧できない。ただし、憲82条2項但書に掲げる事件については、いかなる場合でも閲覧を禁止することができない（本条3項）。

「弁論の公開を禁止した事件の訴訟記録または一般の閲覧に適しないものとしてその閲覧が禁止された訴訟記録」（本条2項）は、訴訟関係人または正当な理由（学術研究等）があって特に保管者の許可を受けた者でなければ、閲覧できない。保管者による閲覧の許否の判断は、閲覧目的・必要性・弊害の有無等を考慮した合理的裁量による。

なお、閲覧の手数料（本条4項）の額は、政令に委任されている（刑訴記録7条）。

（高倉新喜）

（情報公開法等の適用除外）

第53条の2 訴訟に関する書類及び押収物については、行政機関の保有する情報の公開に関する法律（平成十一年法律第四十二号）及び独立行政法人等の保有する情報の公開に関する法律（平成十三年法律第百四十号）の規定は、適用しない。

② 訴訟に関する書類及び押収物に記録されている個人情報については、行政機関の保有する個人情報の保護に関する法律（平成十五年法律第五十八号）第四章及び独立行政法人等の保有する個人情報の保護に関する法律（平成十五年法律第五十九号）第四章の規定は、適用しない。

○3 訴訟に関する書類については、公文書等の管理に関する法律（平成二十一年法律第六十六号）第二章の規定は、適用しない。この場合において、訴訟に関する書類についての同法第四章の規定の適用については、同法第十四条第一項中「国の機関（行政機関を除く。以下この条において同じ。）」とあり、及び同法第十六条第一項第三号中「国の機関（行政機関を除く。）」とあるのは、「国の機関」とする。

④ 押収物については、公文書等の管理に関する法律の規定は、適用しない。

本条1項は、行政機関の保有する情報の公開に関する法律（平成11年法律42号）の制定に伴って追加された。刑事訴訟に関する書類及び押収物については、

---

[19] 最二小決平20・6・24刑集62巻6号1842頁、名古屋地決平2・6・30判時1452号19頁等参照。

第54条（送達）　*145*

同法律と独立行政法人等の保有する情報の公開に関する法律（平成13年法律140号）の適用が除外される（本条1項）。

　本条2項は、行政機関の保有する個人情報の保護に関する法律（平成15年法律58号）及び独立行政法人等の保有する個人情報の保護に関する法律（平成15年法律59号）の制定に伴って追加された。刑事訴訟に関する書類及び押収物に記録されている個人情報については、上記2法それぞれの第4章の適用が除外される（本条2項）。

　また、公文書等の管理に関する法律（平成21年法律第66号）によって第3項と第4項が加えられた。第3項は、訴訟に関する書類については、本法第2章の規定は適用しないと規定する。この場合において、本法第4章の中の14条1項の「国の機関（行政機関を除く。以下この条において同じ。）」という文言と同じ第4章の中の16条1項3号の「国の機関（行政機関を除く。）」という文言は、「国の機関」とされる。第4項は、押収物については、本法の規定を適用しないと規定する。

（高倉新喜）

（送達）
第54条　書類の送達については、裁判所の規則に特別の定のある場合を除いては、民事訴訟に関する法令の規定（公示送達に関する規定を除く。）を準用する。

　「送達」とは、当事者その他の訴訟関係人に対し、訴訟書類の内容を知らせるために、一定の方式によって行われる裁判所または裁判官の訴訟行為であるが、書類の内容または送達の重要性にかんがみ、形式的確実性の要求が強い。それゆえ、送達は通知の一種であるが、一定の方式で行い、かつ、書類の交付という手段を用いる。この点で、無方式で口頭その他の便宜的方法によることが許される通常の通知（刑訴65条2項、刑訴65条3項、刑訴78条2項等）とは異なる。

　送達については、「裁判所の規則に特別の定のある場合」（刑訴規25条1項、刑訴規62条、刑訴規63条、刑訴規63条の2、刑訴規64条、刑訴規65条）を除いては、民事訴訟に関する法令の規定（民訴98条、民訴99条、民訴101条、民訴102条、民訴103条、民訴105条、民訴106条、民訴108条、民訴109条）が準用される[20]。ただし、公示送達の制度（民訴110条、民訴111条、民訴112条、民訴113条）は、被告人の正当な利益を害するおそれがあるので、準用されない。

---

[20]　郵便に付する送達について定める民訴107条が準用されるか否かについて、最三小決昭52・3・4刑集31巻2号69頁は、準用を認める。

送達により訴訟行為の法的効果が発生するのが通常である（刑訴規34条、刑訴271条2項、刑訴358条・刑訴規34条[21]、刑訴152条・刑訴153条・刑訴65条1項、刑訴386条1項1号・刑訴規236条2項参照）。送達の効果は、送達を受けるべき者に送達があった時に発生する[22]。

送達の瑕疵があった場合、刑事手続においては、適正手続の保障の見地から、形式よりも実質を重視すべきである。すなわち、形式上は送達があったといえる場合でも、実質に照らしてその効果が否定されることがある。たとえば、収容中の被告人に対する起訴状謄本を民訴102条3項に従って刑事施設の長に送達した場合でも、その謄本が看守らの手違いで同姓同名の他の被収容者の手に渡り、本人がこれを見ることができなかったときは、刑訴271条2項の「送達されないとき」と同視すべきであるとされる[23]。逆に、送達の方式に一部違背があった場合でも、当該書類が送達を受けるべき者に現実に交付されているときは、その瑕疵は治癒されることが多い[24]。

（高倉新喜）

---

[21] なお、裁判書謄本が被告人と弁護人の双方に日を異にして送達された場合の不服申立ての期間は、被告人本人に送達された日から起算すべきであるとされる（最三小決昭27・11・18刑集6巻10号1213頁）。

[22] 大判昭7・2・25刑集11巻122頁、大決昭12・1・23刑集16巻8頁参照。

[23] 最大決昭32・6・12刑集11巻6号1649頁。

[24] 最一小決昭26・4・12刑集5巻5号893頁、最二小決昭27・5・31刑集6巻5号788頁、最三小決平19・4・9刑集61巻3号321頁参照。

第1編第7章　期間

〔前注〕

　期間とは、始期から終期までの一定の長さをもった時間的な区切りであり、刑訴法上意味のあるものをいう。本章は刑事手続上の期間計算の特例であるから、規定がない場合、民138条以下の一般原則に従う。本章の規定は、刑訴法及び刑訴規則における期間について適用されるが、少年法等の刑事手続に関する特別法における期間についても、同様に適用される。

　期間には、一定の法律関係の存続すべき**「存続期間」**（たとえば、勾留期間（刑訴60条2項）、公訴時効期間（刑訴250条）等）、その期間内に一定の訴訟行為をしなければならない**「行為期間」**（たとえば、親告罪の告訴期間（刑訴235条）、上訴申立期間（刑訴373条、刑訴414条、刑訴422条、刑訴433条2項）、付審判手続の請求期間（刑訴262条2項）、略式命令に対する正式裁判の請求期間（刑訴465条1項）等）、その期間内には一定の訴訟行為をしてはならない**「不行為期間」**（たとえば、第1回公判期日の猶予期間（刑訴275条、刑訴規179条）、被告人の召喚の猶予期間（刑訴57条、刑訴規67条）等）がある。また、期間の定め方により、期間の長さが法定されている**「法定期間」**（上訴申立期間等）と、個々の場合に裁判によって定められる**「裁定期間」**（たとえば、鑑定留置期間（刑訴167条1項）、法定期間の延長期間（刑訴規66条）、令状の有効期間（刑訴規300条但書）等）の別がある。

　期間の徒過は、訴訟行為の成立・有効性に重要な意味をもつ。存続期間が徒過すると、それまで存続した一定の法律関係・訴訟行為が消滅する。行為期間を徒過すると、失権の効果を生じ、期間経過後の訴訟行為は効力を認められないのが原則である。ただし例外的に、行為期間の徒過が行為者の責めに帰することができない事由によるものであるときは、一定の条件のもとに権利の回復が認められる。たとえば、上訴権の回復（刑訴362条、刑訴467条）、期間経過後の上訴趣意書の提出（刑訴規238条、刑訴規266条）等である。なお、判例は、抗告に代わる異議の申立て（刑訴428条2項）について上訴権回復の規定の準用があるとするが[1]、訴訟費用執行免除の申立て（刑訴500条）には準用を認めない[2]。

　不行為期間内にした訴訟行為は無効であるが、訴訟関係人に異議がないとき

---

[1] 最一小決昭57・4・7刑集36巻4号556頁、最二小決昭26・10・6刑集5巻11号2177頁。

[2] 最一小決昭36・7・13刑集15巻7号1082頁。団藤重光『新刑事訴訟法綱要　七訂版』（創文社、1967年）182頁は反対。

148 第55条（期間の計算）

は有効とされる場合がある（刑訴57条・刑訴規67条2項、刑訴275条・刑訴規179条3項）※3。

　なお、期間の定めがあっても、それが訓示的意味しかもたない場合には（これを「**訓示期間**」という）、期間の徒過・不遵守は当該行為の効果に影響しない。たとえば、公判調書の整理期間（刑訴48条3項）※4、死刑執行の期間（刑訴475条2項）、抗告申立書の送付期間（刑訴423条2項）、付審判請求書の送付期間（刑訴規171条）、略式命令の発付期間（刑訴規290条1項）※5等である。

（高倉新喜）

（期間の計算）
第55条　期間の計算については、時で計算するものは、即時からこれを起算し、日、月又は年で計算するものは、初日を算入しない。但し、時効期間の初日は、時間を論じないで一日としてこれを計算する。
②　月及び年は、暦に従つてこれを計算する。
③　期間の末日が日曜日、土曜日、国民の祝日に関する法律（昭和二十三年法律第百七十八号）に規定する休日、一月二日、一月三日又は十二月二十九日から十二月三十一日までの日に当たるときは、これを期間に算入しない。ただし、時効期間については、この限りでない。

　本条は期間の計算方法について規定している。

　期間には、時間を単位とするもの（刑訴203条等）、日を単位とするもの（刑訴373条等）、月を単位とするもの（刑訴235条等）、年を単位とするもの（刑訴250条等）がある。

　時間を単位とする期間については、即時から起算して正味の実時間によって計算する自然的計算法を採る（本条1項）。そして、期間の始まった時点からの実時間の計算によって満了点が定まる。

　日を単位とする場合、**月**を単位とする場合、**年**を単位とする場合はいずれも初日を算入せず、その翌日を起算日とする。そして、期間の末日となるべき日の午後12時の経過をもって満了する（民141条参照）。ただし、初日が午前0時から始まるときは、その日が起算日となる（民140条但書参照）※6。なお、上訴は、裁判が告知された当日にも申立てることができる（刑訴358条）が、上訴申立期間は、初日（裁判の告知の日）を算入せず、翌日を起算日として計算す

※3　最二小判昭23・4・23刑集2巻4号422頁。
※4　最三小決昭32・9・10刑集11巻9号2213頁。
※5　最二小決昭39・6・26刑集18巻5号230頁。
※6　最二小決昭40・8・2刑集19巻6号609頁。

る※7。

　月及び年を単位とする期間については、「暦に従って」計算する（本条2項）。「暦に従って」計算するとは、1ヶ月30日、1年を365日として計算するのではなく、現行の太陽暦に従って計算するということである。期間の末日も暦に従って算出されるが、月または年の途中から起算する場合には、民143条2項に従って期間の末日を定めるべきものと解される※8。なお、週を単位とする期間（少年32条等）については、明文規定がないが、月及び年を単位とする場合に準じて考えるべきであろう（民140条、民143条参照）。

　期間の末日が本条3項所定の日に当たるときは、これを期間に算入せず、その翌日が末日となる。たとえば、連休の場合、連休明けの最初の平日が期間の末日となる。

　本条3項但書の「時効期間」とは、公訴時効の期間（刑訴250条）を意味するが、被告人の利益のために、例外的に1日未満の初日をも算入し（本条1項但書）、末日が休日に当たる場合でも、その日が期間の末日となる（刑の時効については刑22条、刑23条、刑24条参照）。勾留期間についても、公訴時効の期間と同様に取扱うのが実務であり、通説も支持する※9。なお、令状の有効期間（刑訴規300条）については、本条1項本文によるべきであり、本条1項但書によるべきではないとされる※10。

（高倉新喜）

（法定期間の延長）
第56条　法定の期間は、裁判所の規則の定めるところにより、訴訟行為をすべき者の住居又は事務所の所在地と裁判所又は検察庁の所在地との距離及び交通通信の便否に従い、これを延長することができる。
②　前項の規定は、宣告した裁判に対する上訴の提起期間には、これを適用しない。

　本条は、法定期間の延長について規定している。

　法定期間は、何人に対しても一律に定められているが、訴訟行為をなすべき者の住居地等と裁判所または検察庁の所在地との距離、交通・通信の便・不便によって、不公平・不都合が生じることがある。本条は、このような不公平・不都合を緩和する趣旨である。

※7　大決大13・4・26刑集3巻368頁。
※8　最二小決昭26・4・27刑集5巻5号957頁参照。
※9　最二小決昭26・4・27刑集5巻5号957頁参照。
※10　昭和24・3・4最高裁刑事局長通達・刑事裁判資料67号418頁。

150 第56条（法定期間の延長）

　本条は、**法定の行為期間についてのみ**適用される。もっとも、法定の行為期間であっても、裁判所・検察庁から裁判所・検察庁以外の者に向けられた行為の期間（刑訴271条2項の起訴状謄本の送達期間等）には適用されない（通説）。不行為期間や存続期間や裁定期間には適用されない。また、起訴前の勾留期間の延長（刑訴208条2項、刑訴208条の2）や上告裁判所への判決訂正申立期間の延長（刑訴415条3項）のように、当該各条に延長できる旨の特別規定が置かれている場合にも本条は適用されない。

　宣告した裁判に対する上訴の提起期間の延長は認められない（本条2項）。裁判の宣告は、それを受ける者が期日の告知を受けて公判廷に出頭することを前提としており、また、出頭する権利・義務を有するので、その者が現実に出頭しなくとも、不服申立期間の延長を認める必要がないからである。これに対し、宣告によらず、送達によって告知された裁判に対する不服申立ての期間については、本条2項ではなく本条1項の適用がある[11]。

　延長の方式は、訴訟行為をなすべき相手方が裁判所か検察官かで異なる。この区別は、その訴訟行為の名宛人によってではなく、その訴訟行為の直接の相手方によって決まる。たとえば、刑訴262条2項の付審判手続の請求書は検察官に差し出されるから、刑訴規66条の2が適用される。また、刑訴423条1項のように不服申立てに関する書面の名宛人と提出先が異なるときは、書面の提出先である裁判所が延長に関する決定をする。

　裁判所に対する訴訟行為の期間の延長（刑訴規66条）の場合、期間延長の決定は、当該訴訟行為のなされる事件が係属する裁判所によってなされる。裁判に対する不服申立期間の場合には、原裁判所と解される（通説）。「裁判所に対する訴訟行為」（刑訴規66条）とは、公判段階のみならず、捜査段階や執行段階のものが含まれる。

　検察官に対する訴訟行為の期間の延長（刑訴規66条の2）の場合、検察官が裁判官にこれを請求し（刑訴規299条参照）、裁判官が延長する期間を定める。裁判官の決定を受けた検察官は、直ちに決定を訴訟行為をなすべき者に通知する。

　延長を決定する時期は、期間開始の前後を問わないが、期間満了後に延長することは手続の安定を害するので許されないと解される。

（高倉新喜）

---

[11] 最一小決昭26・9・6刑集5巻10号1907頁。

第1編第8章　被告人の召喚、勾引及び勾留

〔前注〕

　本章は、起訴後の被告人を公判に出頭させる手段と、それに対する救済手段の一部を定めている。本章で定められている対人的強制処分として、召喚や出頭命令のように観念的な法的義務を負わせつつ、従わない場合に直接強制が行われる類型と、勾引、勾留のように直接強制を伴う処分が定められている。これらはいずれも、公判への被告人の出頭の確保と円滑な審理の実現のために許される、被告人への権利制約の限界を定めている。本章のうち、勾留にかかわる諸規定は、保釈に関する規定を除いて刑訴207条1項により被疑者の勾留にも準用される。また、被告人以外の者の身体検査のための召喚および勾引（刑訴132条、刑訴135条）、証人の召喚および勾引（刑訴150条、刑訴152条）にも本章の規定が準用される（刑訴136条、刑訴153条）。

　憲法の要請に基づく規定も数多く存在しているため、現行の刑事訴訟法の解釈に当たっては、解釈指針として憲法の各条項の趣旨は確認されるべきである。

　たとえば、勾引、勾留のように身体を拘束する処分については、憲33条の要請から令状主義が採用されている。令状主義は、一定の強制処分については、個々の処分ごとに司法府がその適正性を執行前に判断することで、不当な権利侵害を防止しようとする考え方である。

　また、憲34条が「抑留又は拘禁」される者に対しては、その拘禁について正当な理由を求め、また拘禁される者に対しては自身を防御のために弁護人選任権やその理由の開示を求める権利を保障している。これを受けて、本章では弁護人選任にかかわる規定や勾留理由の開示などの制度が設けられている。関連して、憲34条が拘禁による外界からの遮断を回避するための条項であると解するならば、本章で定められている弁護人以外の者との接見も、憲法の趣旨を実現する点で重要な意味を持つ。

　その他、憲31条のデュープロセスの要請の下で刑事裁判の鉄則ともいうべき無罪推定原則が採用され、また現行刑事訴訟法では原則として当事者主義による裁判が採用されている以上、これらの考え方を実現させる諸制度（保釈、勾留執行停止、勾留取消など被告人の身体拘束からの救済手段）はそれぞれ重要な意味を持つ。また、身体を拘束された際の処遇については、刑事収容施設・被収容者法が定めており、施設での処遇にかかわる規律が結果的に刑事手続上の防御権を制限することの問題も、意識されるべきである。

　なお、出頭命令である召喚、24時間以内の拘束である勾引と、要件が具備されれば長期にわたって刑事施設で拘束がなされる勾留の間では、権利制限の大きさに格段の違いがある。2016年の刑訴法改正の際には、被疑者・被告人の身

体拘束は行わずに、居住制限、定期的出頭や定期的連絡、特定の者との接触禁止、指定された証拠となりうる物品の使用・処分・改変の禁止などを義務として課する中間的な処分も議論された。しかし、主として捜査段階において取調べに応じる義務（いわゆる取調べ受忍義務や出頭・滞留義務）を中間的な処分において認めることが可能か否かについて対立が生じた。また、これまで身体拘束の対象とされてこなかったような軽微事犯に対して、中間的な処分が広く適用されることへの懸念も示され、導入されなかった。起訴前保釈の導入については、充分な検討はなされなかった。勾留の判断に関する一般的な指針を設けるべきとの議論も存在したが、これも起訴前勾留は起訴後勾留と異なり勾留請求を却下すべき明らかな場合を除いて勾留が認められるべきとの見解と、起訴前勾留も起訴後勾留と同様に種々の利益を考量して相当性を判断することが認められるべきだとする見解の対立を理由として導入は見送られた。最終的に、裁量保釈（刑訴90条）における考慮事情が明示される改正が行われた。

（緑　大輔）

（召喚）
第57条　裁判所は、裁判所の規則で定める相当の猶予期間を置いて、被告人を召喚することができる。

I　召喚の意味と趣旨

　召喚とは、裁判所が一定の日時場所を指定し、その指定に従って出頭するよう命ずる強制処分である。召喚の際には、召喚状が発せられる（刑訴62条、刑訴63条参照）。公判を行うにあたり、一方当事者たる被告人が不在のまま訴訟が進行することを避けるために、強制処分として被告人に対する召喚の規定が設けられたといえる。

　本条により、「裁判所」すなわち公判裁判所は、被告人に対して出頭を命ずることができる。もっとも、召喚では強制的に指定場所へ引致することはできない。召喚に応じないときや応じないおそれがあるときには、刑訴58条1項2号に該当し、裁判所は勾引により強制的に被告人を引致することになる。この点で召喚は、いわば勾引を背景に間接的に出頭を強制する処分といえる。

　召喚の典型例は、公判期日に在宅の被告人に出頭するよう命じる場合である。第一審の公判期日には被告人を召喚する義務がある（刑訴273条2項）。その他にも、被告人を召喚できる場合として、控訴審での出頭（刑訴390条1項但書、刑訴404条による刑訴273条2項準用）、勾留理由開示の期日の際の出頭（刑訴規82条2項）がある。また、決定または事実の取調べを裁判所が行う際（刑訴43条3項）、準起訴手続・再審における事実取調べ（刑訴265条2項、刑訴445条）

などでも召喚は行われうる。

Ⅱ　猶予期間

　召喚の際には「相当な猶予期間を置くこと」が求められるが、これは被告人の防御上、あるいは生活上の利益を保護するためである。刑事訴訟規則により、召喚状の送達と出頭の間に「少くとも12時間の猶予」が必要となるが（刑訴規67条1項）、被告人に異議がなければこの猶予期間は置かないこととされている（刑訴規67条2）。もっとも、積極的に異議を出さずとも、原則としては猶予期間を確保するのが法律上の要請であり、特に猶予期間を要しない事情がある場合にのみ、異議がなければ猶予期間を置かなくてもよいと解されるべきであろう。

　なお、第1回公判期日は、特に被告人の防御の方針の決定にかかわるなど重要性が高いため、刑訴275条で被告人への召喚状の送達について特に猶予期間を規則で定める旨を規定し、「少くとも五日」という、通常の召喚よりも長めの猶予期間を置くものとされている（刑訴規179条、ただし簡易裁判所では「三日の猶予期間」で足りる）。

（緑　大輔）

（勾引）
第58条　裁判所は、次の場合には、被告人を勾引することができる。
一　被告人が定まつた住居を有しないとき。
二　被告人が、正当な理由がなく、召喚に応じないとき、又は応じないおそれがあるとき。

Ⅰ　勾引の意味と趣旨

　勾引とは、特定の者を一定の場所に引致する強制処分である。勾引の際には勾引状が発せられる（刑訴62条、刑訴64条参照）。召喚（刑訴57条）と同じく、公判時に、一方当事者たる被告人が不在のまま訴訟が行われることを避けるための処分である。しかし、召喚と異なり、物理的な力を行使して目的の場所に被告人を引致できる、直接強制に基づく処分である。召喚に比べて権利制約が大きいため、召喚では被告人の出頭を確保できない場合に勾引が用いられる（本条1号・2号）。また、身体及び名誉の保全に注意するよう、規則で定められている（刑訴規68条）。

　なお、無罪判決を言い渡す場合にも被告人の出頭が必要となるところ（刑訴285条、刑訴286条）、勾引において犯罪の嫌疑を要件にしてしまうと出頭強制

154　第59条（勾引の効力）

が困難になる。そのため、勾引では犯罪の嫌疑は要件とされていない。

Ⅱ　勾引の要件

1　住居の不定（1号）

　被告人の住居が不定では、そもそも召喚による出頭確保は困難である。なぜなら、召喚の場合は原則として、召喚状を住居地に「送達」することによって出頭を要求するからである（刑訴65条）。そこで、住居が不定である場合には、勾引により引致できる。「定まった住居を有しないとき」の意味については、刑訴60条解説参照。

2　召喚に応じないとき、または応じないおそれがあるとき（2号）

　召喚に応じないとき、または応じないおそれがあるときに勾引できる。ここにいう「応じないおそれ」とは、たとえば、召喚状の送達により逃亡するおそれがある場合などを指す。また、不法残留外国人たる被告人が、収容令書により収容され、裁判所に出頭できない場合も本号に該当する。

　なお、本号の「正当な理由」があれば、勾引されない。たとえば、公判期日の出頭義務がない場合（刑訴284条、刑訴285条、刑訴390条、刑訴414条）や、病気等の事実上の理由がここにいう「正当な理由」にあたる。もっとも、住居地から裁判所に出頭することが可能であるのに、被告人が病気を理由に7回にわたり判決言渡しの公判期日に出頭せず、さらに出頭しない旨を連絡してきた事案で、本号に該当する旨を認めた裁判例がある[1]。なお、国会議員には不逮捕特権があり（憲50条）、憲法上の「逮捕」が、広く直接強制による身体拘束を内容とする以上、短期の身体拘束たる勾引も特権の対象にあたりうる。国会法に準じて、国会議員であることが本号の「正当な理由」に該当しうる（国会33条、国会34条、国会34条の2以下、国会100条参照）。

（緑　大輔）

（勾引の効力）
第59条　勾引した被告人は、裁判所に引致した時から二十四時間以内にこれを釈放しなければならない。但し、その時間内に勾留状が発せられたときは、この限りでない。

---

[1]　東京高判昭53・4・6刑月10巻4＝5号709頁。

I　本条の趣旨

　本条は、勾引により身体を拘束することができる時間を定めたものである。勾引そのものは引致を内容とする処分である。しかし、身体拘束としての性質ゆえに、勾引の際には弁護人選任権の告知が必要であり（刑訴76条）、また、本条但書により勾留状を発する場合にはその前に勾留質問が必要となるなど（刑訴61条）、一定の時間を要する。さらに「必要があるとき」には、勾引により引致された被告人を刑事施設に留置できる（刑訴75条）。そこで、身体拘束が可能な時間の上限を、設定する必要が生じるのである。

　24時間以内に他の適法な身体拘束の手段が講じられなければ、時間満了前に被告人を釈放する。但書にあるとおり、勾留（刑訴60条）の要件に該当し、勾留状の発付があれば（刑訴62条）、引き続き勾留として拘束されることになる。

II　「引致したとき」の起算点

　本条の時間制限は、「引致したとき」から即時に起算されるが（刑訴55条）、どのような状態に入れば「引致したとき」に該当するかは問題となりうる。裁判所による強制処分であるので、裁判所の支配下に入ったときが「引致したとき」となる。より具体的には、官署としての裁判所構内に入ったときとする見解と、裁判所職員が勾引の執行者たる検察事務官や司法警察職員から被告人の身体を受け取ったときとする見解の間で、議論がある。裁判所職員が裁判所の構成員である以上、裁判所職員への身体の引渡しを以て、裁判所の支配下に入ったと解するのが妥当だろう。

III　釈放

　期間満了を理由に釈放する場合は、釈放の裁判を要さずに事実上釈放すれば足りる。他方で、期間満了前に釈放する場合は、裁判所の釈放の裁判を要し、検察官の釈放指揮（刑訴472条）による釈放すべきだとされている。

（緑　大輔）

（勾留の理由、期間、期間の更新）
第60条　裁判所は、被告人が罪を犯したことを疑うに足りる相当な理由がある場合で、左の各号の一にあたるときは、これを勾留することができる。
一　被告人が定まつた住居を有しないとき。
二　被告人が罪証を隠滅すると疑うに足りる相当な理由があるとき。

156　第60条（勾留の理由、期間、期間の更新）

　三　被告人が逃亡し又は逃亡すると疑うに足りる相当な理由があるとき。
②　勾留の期間は、公訴の提起があつた日から二箇月とする。特に継続
の必要がある場合においては、具体的にその理由を附した決定で、一箇
月ごとにこれを更新することができる。但し、第八十九条第一号、第三
号、第四号又は第六号にあたる場合を除いては、更新は、一回に限るも
のとする。
③　三十万円（刑法、暴力行為等処罰に関する法律（大正十五年法律第六
十号）及び経済関係罰則の整備に関する法律（昭和十九年法律第四号）の
罪以外の罪については、当分の間、二万円）以下の罰金、拘留又は科料に
当たる事件については、被告人が定まつた住居を有しない場合に限り、
第一項の規定を適用する。

I　本条の趣旨、勾留の意義

1　本条は、**勾留**の要件及び期間、更新について定めている。「勾留」とは、
被告人・被疑者を一定の場所に拘禁する強制処分、そしてその裁判及び執行を
意味する（拘禁される場所については、刑訴64条解説参照）。勾留の目的は、条
文上は、逃亡や所在不明といった事態の防止による公判への出頭確保と罪証隠
滅の防止にある。勾留の場合、本条1項所定の「罪を犯したと疑うに足りる相
当な理由」と本条1項1号から3号の各要件が勾留の「理由」と呼ばれる。他方
で、本条1項に類型的に定められている要件以外の要素を、勾留の「必要性」
として要件化して理解されている（刑訴87条参照）。必要性要件の下で、被疑
者・被告人の被る不利益の程度と勾留することで得られる公益的な利益が衡量
される。逮捕における「理由」「必要性」と用語法が異なる点で注意を要する。

2　本条は直接には被告人の勾留について定めているが、本条が刑訴207条1
項を通じて被疑者の勾留についても準用されるため、被告人・被疑者ともに本
条の要件によって勾留の要否が判断される。もっとも、被疑者勾留の場合は、
逮捕が前置された上で（刑訴207条1項）、検察官の請求によって勾留が行われ
（刑訴204条、刑訴205条、刑訴206条）、勾留の期間の制限が被告人よりも短く
（刑訴208条）、保釈制度がない（刑訴207条1項但書）、などの点が異なる。
　本条では、「裁判所」すなわち公判裁判所が、職権で被告人を勾留するかど
うかを判断する（第1回公判期日前は裁判官が行う。刑訴280条、刑訴規187条1
項）。検察官には勾留請求の権限はない。これに対し、被疑者の場合は、検察
官の請求によって、初めて勾留状を発付できる。

Ⅱ　勾留の要件⑴──勾留の理由

1　罪を犯したと疑うに足りる相当な理由

⑴　本条1項本文が、「罪を犯したと疑うに足りる相当な理由」を要件として掲げる。ここにいう「罪」とは、被告人の場合、公判への出頭の確保を目的としている以上、公訴事実（訴因）たる事実でなければならない。勾留の際に考慮できる「罪」は、被告人単位ではなく、公訴事実1個（一罪）ごとに判断される（**事件単位原則**）。これは、憲33条の令状主義の要請に基づいて、勾留の要否は犯罪事実ごとに、人身の自由を制約する理由があるか否かについて司法審査を受けるべきと考えられていることによる。

　この考え方からすれば、犯罪事実ごとに勾留が行われることになるので、たとえばA罪で勾留されている被告人が、別罪たるB罪でさらに重ねて同時に勾留されるという事態（二重勾留）が生じうる（A罪とB罪の勾留が重なり合っている期間は、被告人は2つ罪で勾留されていることになる）。それぞれの罪ごとに勾留期間が計算され、A罪での勾留期間とB罪での勾留期間が単純に上乗せされて加算されるわけではない。また、保釈（刑訴88条以下）の許否も、同じくそれぞれの罪ごとに判断されることになる。なお、いわゆる別件逮捕勾留の問題と関連して、軽い罪たるA罪で逮捕・勾留していたところ、重いB罪について同時に逮捕・勾留ができたにもかかわらず、意図的にB罪の逮捕・勾留の執行を遅らせて勾留期間を長期化させることは、逮捕・勾留期間の時間的制約を設けた趣旨に反するとして、違法とされた事例があるが、妥当といえよう[2]。

二重勾留と勾留期間

⑵　また、同一の「罪」に対する勾留は、2回以上行うことができない。たとえば、常習一罪である常習窃盗罪において、A事実、B事実、C事実との窃盗の事実がある場合、これらを分割して、勾留を3回にわたって繰り返すことは許されない。なぜならば常習一罪として実体法上は刑罰権が行使されることが想定されており、これを上記のようにばらして繰り返し勾留できるとすると、人身の自由への制約の限界を設定するはずの勾留期間の制限が、無意味なものになってしまうからである。さらに、公訴提起において、実体法上一罪を分割し

※2　福岡地決昭47・1・26刑月4巻1号223頁。

て別々の機会に起訴をすることは許されず、一罪として公訴提起すべきとの同時処理義務が存在する。これと同様に、勾留についても、勾留が刑罰権の個数に対応した公判（及びその準備）を円滑に行うための手段である以上、一罪で処理すべきものを分割して勾留することは許されないとの同時処理義務があるとしばしば説明される。公訴提起における同時処理義務の論理は、起訴前勾留に公判準備の手続としての性質があると考えるなら、起訴前勾留についても当てはまるだろう（同時処理義務による説明に反対する主張も有力になされている）。以上のような理由から、実体法上一罪として同一の「罪」にあたる場合（単純一罪、包括一罪、科刑上一罪）は、勾留を2回以上行うことができない（**一罪一勾留の原則。分割勾留禁止原則**とも呼ばれる）。

　もっとも、常習窃盗罪のA事実で起訴・勾留中の被告人が保釈されたところ、保釈期間中に新たにA事実と常習一罪の関係にある窃盗行為B事実を犯した場合、検察官にとっては同時処理が不可能だったといえるので、この場合は例外的にB事実による勾留が許される。裁判例でもこの考え方を意識したものと理解できるものがみられる※3。

(3)　なお、同一の「罪」たる被疑事実で繰り返し勾留することも、勾留期間制限の潜脱となるので、原則として許されない。つまり、同じA事実について、2度、3度と繰り返し勾留することはできない（**再勾留禁止原則**）。もっとも、新証拠の発見など事情の変更がある場合には、逮捕・勾留の蒸し返しにならず適法と判断される場合がある※4。とりわけ勾留は長期間の拘束であり、人身の自由への制約が大きいことからすれば、同一事実での再勾留は、重大な犯罪の事案で、勾留しなければ確実に逃亡や罪証隠滅が発生するとみとめられる場合を除き、許されるべきではないだろう。特に起訴前勾留の期間を満期まで行い、釈放した後に再逮捕・再勾留する場合は、検察官の意図その他諸般の事情も考慮し、身体拘束の不当な蒸し返しでないこと等も必要である。この点、逮捕の場合は、同一被疑事実に対する再逮捕を想定する文言があるのに対し（刑訴199条3項）、勾留についてはそのような文言がないことは、再勾留に特に抑制的であるべきことを示唆する。

(4)　本条1項本文にいう「相当な理由」とは、緊急逮捕にいう「充分な理由」（刑訴210条）に至らずとも、通常逮捕にいう「相当な理由」（刑訴199条）よりも嫌疑が高いものが要求されると考えられている。緊急逮捕は事前の令状審査も犯行の現認性もないにもかかわらず、拘束を認める制度であり、誤認逮捕を防ぐために嫌疑の程度が非常に高く設定しているが、勾留は事前の令状審査があるため、それよりは低く設定されたのであろう。しかし、通常逮捕と比べる

※3　福岡高決昭42・3・24高刑集20巻2号114頁。
※4　千葉地決昭47・7・8刑月4巻7号1419頁。また、東京地決昭47・4・4刑月4巻4号891頁、東京高判昭48・10・16刑月5巻10号1378頁。

と、拘束の期間が長く権利制約の度合いが大きいため、通常逮捕よりは慎重に審査することが期待され、「相当な嫌疑」よりも高い嫌疑が要求されると解されている。

無罪判決が第一審判決で出た場合、刑訴345条により勾留は失効するが、失効後も刑訴60条1項所定の勾留の理由と控訴審における適正迅速な審理の実現の必要性が認められる場合に、職権で勾留できることができ、その時期に特段の制約はないとされる[5]。その上で、判例は、第一審で無罪判決が出て勾留が刑訴345条により失効したが、控訴裁判所が、退去強制手続が進められている外国人たる被告人を職権で勾留した事案において、刑訴345条の勾留の失効の趣旨について、無罪判決が出た事実を尊重してそれ以上の被告人の拘束を許さないこととしたものと解されるので、被告人が無罪判決を受けた場合は、刑訴60条1項にいう「相当な理由」の有無の判断は、無罪判決の存在を十分に踏まえて慎重になされなければならず、嫌疑の程度は、第一審段階よりも高いものが要求されると判示している[6]。このように一定の条件を付しているとはいえ、無罪判決後の勾留を認める理解に対しては、無罪推定原則との関係からの批判もなされている。また、いずれの事案も外国人が被告人で、勾留を解くと退去強制が執行されて控訴審での審理が困難になりうる事案であり、出入国管理法と刑事訴訟法の調整についての立法上の問題を、勾留で解決しようとする点で問題であるとの批判もある。

2 住居不定

本条1項1号は、被告人が「定まつた住居を有しないとき」を勾留の理由にかかわる要件として掲げている。「定まつた住居を有しない」とは、住所・居所を有していない状態を指す。具体的には、野宿生活を送っている場合や、短期間で転々と簡易旅館等を移り住む場合などが挙げられる。住居が不定だと、召喚状も送達できず、公判への出頭を確保できなくなるため、本号が設けられている。この理解を前提として、住居が不明な場合も、召喚状の送達が困難になるため、本号にあたると解されている[7]。

---

[5] 最一小決平12・6・27刑集54巻5号461頁。

[6] 最三小決平19・12・13刑集61巻9号843頁。なお、最二小決平23・10・5刑集65巻7号977頁は、「第一審裁判所の判決の内容、取り分け無罪とした理由及び関係証拠を検討した結果、なお罪を犯したことを疑うに足りる相当な理由があり、かつ、刑訴法345条の趣旨及び控訴審が事後審審であることを考慮しても、勾留の理由及び必要性が認められるとき」に勾留できるとした。

[7] 東京地決昭43・5・24下刑集10巻5号581頁。

3 罪証隠滅を疑うに足りる相当な理由

本条1項2号は、被告人が「罪証を隠滅すると疑うに足りる相当な理由」があるときを掲げる。この意味は、証拠を隠滅することで、裁判所の終局判断を誤らせるような行為をなすと疑うだけの、相当な理由がある場合を指す。「罪証」とは、構成要件該当事実のみならず、情状事実にかかわる証拠も対象となると解されている。しかし、そのように理解すると、際限なく考慮する範囲が広がり、被告人の防御活動が萎縮してしまう可能性がある。罪証隠滅の考慮対象となる範囲としては、構成要件該当事実のみか、広げても構成要件該当事実に密接に関連するなどの重要な情状事実（犯罪行為に直近の動機にかかわる事実など）に限定されるべきである。なお、証拠の種類としては、物証・書証（毀棄、隠匿、偽造、変造など）、人証（圧迫、働きかけなど）のいずれもが対象となる。

本号における「疑うに足りる相当な理由」とは、裁判例によれば、単なる抽象的な可能性では足りず、罪証を隠滅することが何らかの具体的事実によって蓋然性が推測される場合でなければならない[8]。より具体的な意味としては、被告人が具体的な罪証隠滅行為に出る意図を有し（主観的可能性）、客観的に罪証隠滅行為を実行可能であり（客観的可能性）かつ隠滅行為を為すことが被告人にとって意味がある状態であることが認定されなければならない。最高裁は、迷惑防止条例違反被疑事件において、罪証隠滅の「現実的可能性の程度」が問われると説示した上で、準抗告審が現実的可能性の程度について原々審の判断と異なる判断をした理由を示さずに、勾留請求却下の裁判を覆したことを違法だとしている（なお、最高裁は勾留の「必要性」を左右する要素だとしているが、これについて後述する「勾留の必要性」参照）[9]。また、業務上横領被疑事件では、最高裁が原々決定および原決定の挙げた事実を確認・評価した上で、さらに長期間にわたり身体拘束のないまま捜査が続けられていること、本件前の相当額の余罪部分につき公訴時効の完成が迫っていたにもかかわらず、被疑者は警察からの任意の出頭要請に応じるなどしていたこと、被疑者の身上関係等、具体的な事情を挙げて、「罪証隠滅・逃亡の現実的可能性の程度が高い事案であるとは認められない」と説示している[10]。このように判例は、現実的な可能性を具体的事実に即して判断することを求めている。

なお、被告人の防御権の行使、とりわけ黙秘権の行使や犯罪事実の否認が、罪証隠滅のおそれの認定に結びつけられている、という指摘がなされている（同様の問題は保釈についても指摘されている。刑訴89条、刑訴90条解説参照）。このような問題状況を受けて、勾留を公判への出頭確保手段として純化して理解し、罪証隠滅のおそれを削除すべきとの主張もある。

---

[8] 大阪地決昭38・4・27下刑集5巻3＝4号444頁。

[9] 最一小決平26・11・17判時2245号124頁。

[10] 最二小決平27・10・22裁時1638号2頁。

4　被告人が逃亡しまたは逃亡すると疑うに足りる相当な理由

　本条1項3号が掲げる事由である。「逃亡」とは、被告人が裁判所に対して所在不明になることを指す。被告人が捜査機関の取調べや公判に対して出頭しない場合、逃亡のおそれの徴表だとして、本号に該当するとの理解がある。しかし、特に捜査段階では刑訴198条1項但書が、被疑者の任意出頭や退去を認めているところ、出頭しないことが逃亡のおそれの徴表だと評価されると、任意出頭の要請に応じないことが勾留請求の際に必要性を支える事情となることを意味する。そうすると、任意出頭の要請が、強制処分たる勾留の契機となる点で問題がある。不出頭の場合は、公判では勾引によるのが筋であり、本号による勾留をみとめるべきではないであろう。不出頭の事実によらずに、所在不明となるおそれの有無を認定すべきである。

　なお、本号にいう「相当な理由」も、前号の罪証隠滅の場合と同じように具体的な事実から認定すべきである。

Ⅲ　勾留の要件(2)──勾留の必要性

　勾留の理由がある場合でも、勾留の必要性がなければ勾留は認められない。すなわち、本条各号のいずれかの要件を充たしているものの、自由刑が科される可能性が乏しいような軽微な事案である場合や、住居不定ではあるが、確実な身元引受人がいて公判への出頭が期待できる場合などは、勾留の必要性がないため、勾留は認められるべきではない。この要件は本条1項には明示されていないが、本条3項は、軽微な罪については、住居不定の場合でない限り、勾留できないものとしている。これは、勾留の必要性が乏しいために勾留の要件を厳格化するものだといえる。かような本条3項や刑訴87条は勾留の必要を考慮すべきことを前提とした文言となっていることからも、勾留の必要性にかかわる上記諸事情は本条1項の判断に際しても、当然に求められるといえよう。

　なお、最高裁判例の中には、罪証隠滅を疑うに足りる相当な理由の有無について、「現実的可能性の程度」を勾留の「必要性」を左右する要素として挙げているものがある[11]。その意味について、勾留の理由としての罪証隠滅要件は抽象的な可能性を指し、勾留の必要性としての罪証隠滅要件は「現実的可能性」を指すとする見解がある。しかし、この見解の下では、罪証隠滅を行う現実的可能性が、必要性要件において軽微事案か否か等の利益衡量の対象とされ、結果的に特に重大事件においては勾留が認められやすくなるおそれがある。むしろ、勾留の理由にいう罪証隠滅要件においても、現実的可能性の有無が指針とされるべきである。判例は、勾留の必要性の文脈において、現実的可能性が充分に認定されないまま衡量ないし判断をしていた点を問題視したにとどまり、

※11　最一小決平26・11・17判時2245号124頁。

勾留の理由として罪証隠滅の現実的可能性の程度が問われることは否定されていないと解するべきだろう。

　勾留すべきか否かを判断する際に、被疑者・被告人が身体を拘束される結果として生じる、健康上、経済上、社会生活上または防御の準備上の不利益の程度、その他の事情を考慮すべきか。勾留の「相当性」の問題として論じる見解もあるが、これらの考慮の要否について、条文上は、必ずしも明確ではない。

　少なくとも、起訴後の勾留については、身体拘束に伴う被告人の不利益の程度を衡量した上で、勾留すべきか否かを判断することについて、争いはない。実務上は、勾留の必要性の枠内で、このような利益も衡量してきた。このような考え方は、いわゆる比例原則を表現するものである。しかし、起訴前勾留については、かような利益の衡量を行うべきではないという見解もある。この見解は、逮捕の場合に「明らかに逮捕の必要がないと認める」ときに令状請求を却下すべきだとしているところ（刑訴199条2項）、起訴前勾留の場合も同様に「明らかに必要がない場合」に却下できるにとどまるとする。これに対しては、起訴前勾留の場合も、刑訴法60条本来の場合である起訴後勾留と同じく、相当性を加味して判断すべきだという見解も主張されている。もっとも、実務上は、起訴前勾留においても、被疑者の身体拘束に伴う不利益の範囲・程度についても一定程度考慮される場合もあると思われる。

Ⅳ　勾留の期間と更新

1　勾留期間と更新回数

　本条2項によれば、被告人の勾留は、「公訴の提起があつた日から二箇月」であり、「特に継続の必要がある場合」に「一箇月ごとにこれを更新できる」と定めている。「公訴の提起があつた日」とは、起訴前勾留から継続して起訴後も勾留されている場合などを指す。なお、被疑者を勾留していたところをそのまま被告人になった後も勾留する場合には、検察官が起訴状を提出すると自動的に勾留が継続する。これに対して、被疑者段階で勾留していなかったところ、検察官が公訴提起するのと同時に裁判所の職権による勾留を求める場合を、一般に求令状起訴と呼ぶ（逮捕期間内に起訴を行いつつ、求令状起訴を行う場合には、逮捕中求令状起訴と呼ぶ）。なお、勾留中の被疑者を、当該勾留事実とは異なる別の事実で起訴する場合(被疑事実と公訴事実との間に同一性がない場合)で、当該公訴事実について被告人として勾留することを求める場合は、勾留中求令状と呼ぶ。在宅のままで起訴された場合、本条にいう「公訴の提起のあつた日」という起算日は適用されないと解されている。この場合は、現に勾留が開始された日が起算日とされている。

　なお、刑訴89条1号・3号・4号・6号に該当する場合以外は、更新の回数は1回のみである。逆にいえば、刑訴89条1号・3号・4号・6号に該当する場

合は、勾留期間に明示的な限界はない。もっとも、「不当に長い」勾留になった場合は、刑訴91条により裁判所は勾留取消しまたは保釈を認める義務が生じる（刑訴91条解説参照）。

2　勾留期間の計算

　2ヶ月の期間の計算は、暦によって行われる（刑訴55条2項）。初日は時間を問わずに1日として算入される。この点は、刑訴55条1項の時効期間に関する規定が準用される（もっとも、これに対して、刑期について定める刑22条を準用すべきとの見解もある）。末日は、休日でも期間に算入され、1ヶ月以上の期間は暦によって算出する[12]。この裁判例の事案で計算すると、起算日は4月22日である場合、そのまま勾留されていれば6月21日が勾留期間満了の日となる。この事案で、被告人は4月28日に保釈されたので、勾留期間の残存期間は、4月29日から起算して5月28日で1ヶ月となり、5月31日までの残り3日と6月の残りの21日を加算して、勾留の残存期間は1ヶ月と24日になる。ところが被告人は8月4日に勾留再執行となったため、8月4日から上記残存期間1ヶ月24日を暦に従って算出すると9月27日が上記残存期間の満了日にあたる。

3　更新決定

　勾留更新の際には、「具体的」な理由を付すことが求められる。これは、人身の事由を安易に制約し続けることを予防するために、特に慎重を期したものである（勾留更新決定も裁判である以上、刑訴44条1項により理由が求められるが、本条は理由の中身について具体性を要求する特則といえる）。しかし、実務上は理由の根拠となる事実を述べることまでは要求されないものとして運用され、刑訴60条1項各号か刑訴89条各号の事由を掲げるにとどまっている。勾留更新の理由は、当初の勾留状に記載されていない事由であっても、客観的に存在し、またはその後に生じたものは、本条の「理由」として更新することができるものとされている[13]。

　更新決定は、告知により効果を生じるが、謄本の送達は要さず、更新決定の原本を検察官の指揮により刑事施設の職員が被告人に提示して執行させれば足りるものとされている[14]。しかし、次に述べるように抗告・準抗告といった不服申立ての対象となる以上、本来は謄本の送達をすべきように思われる。

　なお、勾留更新は決定、すなわち裁判として行われるため、勾留開始の決定と同様に、抗告（刑訴420条2項）・準抗告（刑訴429条1項2号）の対象となる。もっとも、勾留更新決定に対する不服申立ての利益は、当該更新決定による勾

---

[12]　最二小決昭26・4・27刑集5巻5号957頁。

[13]　広島高岡山支判昭49・4・9判時741号118頁。

[14]　最三小判昭24・4・26刑集3巻5号653頁。

留の期間満了によって失われる[15]。

(緑　大輔)

(勾留質問)
第61条　被告人の勾留は、被告人に対し被告事件を告げこれに関する陳述を聴いた後でなければ、これをすることができない。但し、被告人が逃亡した場合は、この限りでない。

I　本条の趣旨と勾留質問の手続

　本条は、勾留が長期間にわたって人身の自由を制約する処分であることに鑑み、特に慎重に勾留の理由や必要性を判断するために設けられた、**勾留質問**に関する規定である。慎重に勾留の理由や必要性を判断するために、条文上は被告人に被告事件を告知し、これに関する被告人の陳述を聴取することを求めている。憲34条前段が「抑留又は拘禁」の際には理由の告知を要求している点からも、本条は憲34条前段の要請を受けて設けられていると解すべきである。なお、刑訴207条1項を通じて、被疑者の勾留の場合にも本条は準用され、この場合は特に、検察官からの勾留請求に対する抑制手段、被疑者の権利保障の場としての機能が期待される。また、被疑者段階で勾留された場合、起訴後勾留に切り替わるときに、再度の勾留質問は実務上行われていない。この点、起訴後の勾留に切り替わる際に勾留質問をすべきとの主張もある。

　勾留質問の手続は、被告事件の告知と、それに対する被告人の陳述の聴取から成り、裁判所書記官の立会いの下(刑訴規69条、刑訴規42条)、調書が作成される(刑訴規39条)。この勾留質問における被告人の意見の陳述は、被告人の防御にとっては重要な場面であり、憲34条が「拘禁」に際して弁護人選任権の告知を求めていることからしても、本来は弁護人が立ち会って意見の陳述が実質的なものにすることが必要である。しかし、実務上は弁護人の立会権は認められておらず、特別な事情がある場合に裁判所の裁量で立会いが認められうると理解がなされているようである。

　勾留質問が実施される場所は、通常は裁判所庁舎内であるが、必要があるときは刑事施設、留置施設、警察署などでの実施も憲32条の裁判を受ける権利の保障に反しないものとされている[16]。もっとも、被疑者・被告人からすれば、刑事施設・留置施設や警察署で行われると、公正性に疑義を抱く可能性があり、また手続段階の区別や勾留質問の趣旨を理解できない可能性もある。やむを得

---

[15] 最三小決平6・7・8刑集48巻5号47頁。
[16] 最三小決昭44・7・25刑集23巻8号1077頁。

ない事情がない限り、裁判所庁舎で行うべきである。

　なお、被告人が逃亡している場合は、勾留質問自体を勾留の前に行うことができないため、勾留質問なく勾留できる（本条但書）。もっとも、その場合は勾留後に直ちに公訴事実の要旨を告知しなければならない（刑訴77条2項）。

Ⅱ　被告事件の告知

　勾留質問では、まずは「被告事件を告げ」ることが求められる。ここにいう「被告事件」とは、罪名にとどまらず、公訴事実の要旨（被疑者ならば被疑事実の要旨）を意味する。なぜならば、それらの情報が提供されないと、被告人は弁解のしようがないからである（刑訴77条2項も参照せよ）。なお、逮捕・勾引に引き続く勾留については、すでに被疑事実や公訴事実の要旨が告知されており、本条の告知は要しないとの理解がある。しかし、本条は特に告知を要さない場合についての例外を設けておらず、また権利制約が重大であることを考えると、告知すべきであろう。

　条文上の定めはないが、被告人の意見の陳述を実質化して防御の機会を提供するという本条の目的からすれば、公訴事実の要旨以外にも、勾留の理由にかかわる事由（刑訴60条1項各号）も告知すべきである。実務上は刑訴60条1項各号の事由が犯罪事実とは直接は関係がなく、また、弁解をきいた後に判断する事情であるため、これらを告知する必要はないと理解されている。

　また、被告人は意見・弁解の聴取と取調べの区別がつかないと思われるので、供述拒否権の告知が必要であろう。裁判所書記官が作成する勾留質問調書が（刑訴規69条、刑訴規39条、刑訴規42条）、後に公判において刑訴322条1項により証拠として提出される可能性があることも、供述拒否権の告知を必要とする理由となる。さらに、今後の手続について、捜査機関ではなく裁判官の立場から、勾留質問の場で説明を行うことが望ましいだろう。

　なお、外国人の被疑者への勾留質問について、裁判官が通訳人を介して、勾留質問に先立って黙秘権・被疑事実を告知し、勾留質問が裁判官によって裁判所で実施されていることを説明した上で、弁解を聴き、裁判所書記官が勾留質問調書を読み聞かせ、同調書に署名・押印をさせ、勾留質問手続を終了した事案について、これ以上に勾留質問手続の意義、勾留要件、効果について具体的な説明を欠いていても違法ではないとの裁判例がある[17]。しかし、特に勾留の要件については、被告人が何を弁解すべきか判断するための重要な要素であり、本条の趣旨からすれば説明すべきように思われる。

---

[17]　札幌地決平3・5・10判タ767号280頁。

Ⅲ　被告人陳述の聴取

被告事件の告知が行われた後、被告事件に関する被告人の「陳述」が聴取される。ここにいう「陳述」とは、被告事件についての被告人の意見・弁解を意味する。前述のとおり、意見・弁解は勾留質問調書に裁判所書記官によって記録化されるため、供述拒否権の告知が必要と解すべきである。勾留要件について判断するために、適宜裁判所が質問をすることは許される。

なお、判例は、第1回公判期日の冒頭手続で、刑訴29条1項に基づいて被告事件について陳述する機会を与えた後に被告人を勾留する場合について、すでに冒頭手続で意見を聴取している以上、勾留質問手続は要さないとしている※18。しかし、勾留質問が勾留の要件について陳述を聴取する機会であり、勾留の必要性についても吟味することが期待されるところ、冒頭手続での意見聴取でそこまでのことが充分に行われないならば、勾留質問は別途行われるべきであろう。

（緑　大輔）

（令状）
第62条　被告人の召喚、勾引又は勾留は、召喚状、勾引状又は勾留状を発してこれをしなければならない。

憲33条は、「逮捕」について「司法官憲」が発する令状によらなければならない旨を定めている。本条はこれを受けて、身体拘束を処分の内容として含む勾引と勾留については憲法上の「逮捕」に含まれるため、裁判所の発する令状を要求している。これは、処分の要否について個々の処分ごとに司法審査を行うことで、個人の人身の自由を保障しようとする趣旨による。

召喚については、勾引を背景にした間接強制であることや（刑訴57条、刑訴58条参照）、刑訴63条が種々の記載事項を求めていることからすれば、特に憲法上の「逮捕」に準じる権利制約があるものとして、本条により令状が求められていると思われる。

勾引、勾留については検察官が執行を指揮するため（刑訴70条1項）、本条で裁判所が発した令状は、執行機関たる検察事務官や司法警察職員に対して、検察官を通じて交付されることが一般的である。なお、勾引状については、同時に複数通を作成することが認められている（刑訴規73条）。これは、被告人が転々と居所を変えている場合に備えたものである。

（緑　大輔）

※18　最三小決昭41・10・19刑集20巻8号864頁。

（召喚状の方式）

第63条 召喚状には、被告人の氏名及び住居、罪名、出頭すべき年月日時及び場所並びに正当な理由がなく出頭しないときは勾引状を発することがある旨その他裁判所の規則で定める事項を記載し、裁判長又は受命裁判官が、これに記名押印しなければならない。

　本条は、召喚状の記載事項を具体的に要請するものである。被告人に対しては、召喚に応じずに出頭しない場合には、直接強制たる勾引が行われうることを、召喚状により予告することになる。その他、召喚状のより詳細な記載事項については、刑訴規71条、刑訴規102条、刑訴規216条１項に定めがある。特に、被告人の身体検査を目的として被告人を召喚する場合、その旨を召喚状に記載することが求められる（刑訴規102条）。

　なお、本条にいう「出頭すべき場所」は、必ずしも裁判所に限られない。刑訴68条の出頭命令に代わって、召喚が行われる場合もありうる。たとえば、検証を行い、それへの被告人の立会いを求める場合（刑訴142条）などは、出頭命令と異なり猶予期間がある分、被告人の防御のために召喚による方が望ましいだろう。

（緑　大輔）

（勾引状・勾留状の方式）

第64条 勾引状又は勾留状には、被告人の氏名及び住居、罪名、公訴事実の要旨、引致すべき場所又は勾留すべき刑事施設、有効期間及びその期間経過後は執行に着手することができず令状はこれを返還しなければならない旨並びに発付の年月日その他裁判所の規則で定める事項を記載し、裁判長又は受命裁判官が、これに記名押印しなければならない。
② 被告人の氏名が明らかでないときは、人相、体格その他被告人を特定するに足りる事項で被告人を指示することができる。
③ 被告人の住居が明らかでないときは、これを記載することを要しない。

I　本条の趣旨

　本条は、勾引状と勾留状の記載事項を明記するものである。

　憲33条が「理由となつてゐる犯罪を明示する令状」を要求していることから、憲法の要請に応じて、本条は勾引状・勾留状に「公訴事実の要旨」を明記することを求めている。なお、勾留された被疑者が起訴された際、勾留状に記載さ

168 第64条（勾引状・勾留状の方式）

れた被疑事実が、起訴状記載の公訴事実と異なる場合でも、両者に記載されている犯罪事実に同一性が認められる限りは、勾留状はなお有効とされる[19]。同一性を欠く場合は、令状主義の趣旨に基づき、新たな勾留状の発付を要することになる。

Ⅱ　引致すべき場所、勾留すべき刑事施設

1　勾引状の場合には、「引致すべき場所」として、通常は裁判所が指定される。もっとも、出頭命令（刑訴68条）に応じない場合にも勾引状が用いられるため、「引致すべき場所」は、刑訴68条で指定された場所になることもある。

2　勾留状の場合は、「勾留すべき刑事施設」として、**刑事施設**（いわゆる拘置所、刑事収容施設・被収容者法3条3号）または**留置施設**（刑事収容施設・被収容者法14条2項2号、刑事収容施設・被収容者法15条1項）が記載される。留置施設は、従前から「**代用監獄**」とも呼ばれ、旧監獄法下で、監獄（拘置所）の代用の未決拘禁施設として利用されてきた。下級審裁判例では、代用監獄の利用は特段の事情がある例外的な場合に限定されると判示したものがあったが[20]、他方で代用監獄と拘置所のいずれを勾留場所として指定するかは裁判官の裁量だとする下級審裁判例もある[21]。現在では、特に被疑者の勾留については、刑事施設の慢性的な不足のため、留置施設（代用監獄）への収容が常態化している。

　しかし、留置施設では、捜査と拘禁が分離されず、拘禁状態を利用して捜査官が取調べを行うことにつながり、自白を強いることになっているとの批判も根強い。たとえば、拷問等禁止条約に基づく拷問禁止委員会「第1回政府報告書審査最終見解」（2007年）は、代用監獄が「被拘禁者の権利に対する侵害の危険性を高め」、「黙秘権及び防御権を尊重しないこととなり得る」と指摘している。また、代用監獄内で被告人の同房者を通じて警察が被告人の供述を得たとする事案で、同房者を利用した供述の獲得について、意図的に被告人と同房にしたといえ、「代用監獄への身柄拘束を捜査に利用した」ものであり、虚偽供述を誘発しかねず適正手続の確保の点でも問題として、証拠能力を否定した事例もある[22]。

　なお、勾留されている被告人について、検察官は裁判長の同意を得て、他の

---

[19] 最三小判昭29・12・14刑集8巻13号2142頁。

[20] 和歌山地決昭42・2・7下刑集9巻2号165頁。

[21] 東京地決昭47・12・1刑月4巻12号2030頁。

[22] 福岡地小倉支判平20・3・5判例集未登載。他に、東京高判平3・4・23高刑集44巻1号66頁など。

刑事施設に移送することができる（刑訴規80条）。これに対して、留置施設下では被疑者の防御権の行使が困難であると認められる場合、実務上、弁護人が刑事施設への移送を求めることがありうる。裁判例には、起訴後の被告人の勾留場所について、「実務上拘置所を原則とする運用がなされて」いるとし、「起訴後も引き続き代用監獄に勾留するには、その必要性及び相当性につき、それらを基礎づける特段の事情を要すると考えられる」と判示して職権で被告人を代用監獄から拘置所に移送させた事例がある[23]。また、最高裁は「勾留に関する処分を行う裁判官は職権により被疑者または被告人の勾留場所を変更する旨の移監命令を発することができるものと解すべき」だとして、裁判官の「職権」として移送命令を出すことを認めている[24]。これに対しては、被疑者・被告人の防御権の一環として、移送請求権を認めるべきとの主張もなされている。いずれにせよ、移送を実現するためには、弁護人が裁判官・裁判所の職権発動を促すことが不可欠である。

3 少年事件における勾留について、少年鑑別所に勾留することができ（少年48条2項）、検察官の請求に基づき、裁判官が送致令状（少年43条1項、刑訴規278条）を発する。

（緑　大輔）

（召喚の手続）
第65条 召喚状は、これを送達する。
② 被告人から期日に出頭する旨を記載した書面を差し出し、又は出頭した被告人に対し口頭で次回の出頭を命じたときは、召喚状を送達した場合と同一の効力を有する。口頭で出頭を命じた場合には、その旨を調書に記載しなければならない。
③ 裁判所に近接する刑事施設にいる被告人に対しては、刑事施設職員（刑事施設の長又はその指名する刑事施設の職員をいう。以下同じ。）に通知してこれを召喚することができる。この場合には、被告人が刑事施設職員から通知を受けた時に召喚状の送達があつたものとみなす。

本条は、召喚の手続を定めており、1項は召喚状による召喚を規定するが、2項及び3項は、召喚状の送達によらない召喚の手続が定められている。1項により召喚状を送達する場合は、刑訴54条に従うことになる。

なお、刑事施設に収容されている被告人を召喚する場合には、3項により、

---

[23] 浦和地決平4・11・10判タ812号260頁。
[24] 最三小決平7・4・12刑集49巻4号609頁。

召喚状によらずに刑事施設職員に裁判所が通知して召喚する。この場合の通知方法については、「在監者召喚簿、電話、その他適宜の方法」によるものとされている[25]。

（緑　大輔）

> **（勾引の嘱託）**
> **第66条**　裁判所は、被告人の現在地の地方裁判所、家庭裁判所又は簡易裁判所の裁判官に被告人の勾引を嘱託することができる。
> ②　受託裁判官は、受託の権限を有する他の地方裁判所、家庭裁判所又は簡易裁判所の裁判官に転嘱することができる。
> ③　受託裁判官は、受託事項について権限を有しないときは、受託の権限を有する他の地方裁判所、家庭裁判所又は簡易裁判所の裁判官に嘱託を移送することができる。
> ④　嘱託又は移送を受けた裁判官は、勾引状を発しなければならない。
> ⑤　第六十四条の規定は、前項の勾引状についてこれを準用する。この場合においては、勾引状に嘱託によつてこれを発する旨を記載しなければならない。

　本条は、裁判所の当該管轄区域の外に被告人がいる場合に、その被告人を勾引する方法を定める。

　本条1項は、当該事件を審理する裁判所が、被告人が現在している区域を管轄する「地方裁判所、家庭裁判所または簡易裁判所の裁判官」に、被告人の勾引を嘱託することができる旨を定めている。

　本条2項及び3項にいう「受託裁判官」とは、1項の嘱託を受けた裁判官を指す。なお、本条では、すでに発せられた勾引状を執行するのではなく、勾引状の発付とその執行を受託裁判官に嘱託している点は注意を要する（刑訴72条は勾引状の執行のみを検事長に嘱託している）。これは、勾引状を発した受託裁判官による人違いの有無の確認（刑訴67条1項）や、被勾引者への権利告知（刑訴76条3項）を迅速に行い、被処分者の権利を保障するためだとされている。

　本条2項の「転嘱」とは、たとえば、受託裁判官が権限を受託し、確かに被告人が管轄区域内にいるものの、被告人の現在地からして、別の管轄区域の裁判所の裁判官が受託する方がより適切に勾引を行うことができる場合に、受託裁判官が、受託した権限を、その別の管轄区域の裁判所の裁判官に委託することを意味する。本条3項の「嘱託を移送できる」とは、「受託事項について権限を有しないとき」、すなわち受託裁判官が受託したものの、被告人がその時点

---

[25]　最二小決昭32・8・30刑集11巻8号2128頁。

で現在しておらず勾引の権限がない場合に、受けた嘱託を被告人が現在する管轄区域の裁判所にそのまま送ることができることを意味する。

受託裁判官は、勾引をする際に、刑訴64条の方式に従って勾引状を発する義務を負う（本条4項、5項）。

（緑　大輔）

（嘱託による勾引の手続）
第67条　前条の場合には、嘱託によつて勾引状を発した裁判官は、被告人を引致した時から二十四時間以内にその人違でないかどうかを取り調べなければならない。
②　被告人が人違でないときは、速やかに且つ直接これを指定された裁判所に送致しなければならない。この場合には、嘱託によつて勾引状を発した裁判官は、被告人が指定された裁判所に到着すべき期間を定めなければならない。
③　前項の場合には、第五十九条の期間は、被告人が指定された裁判所に到着した時からこれを起算する。

本条は、刑訴66条の勾引の嘱託について、受託裁判官が行うべき手続を定めている（なお、刑訴規76条も参照）。

受託裁判官は、本条1項に基づき被勾引者が人違いであるか否かを取り調べる。人違いであれば釈放することになる。また、本条では明記されていないが、勾引の嘱託を受けている以上、受託裁判官は刑訴76条1項で定められている弁護人選任権の告知等を行わなければならない。

被告人が人違いではないときには、本条2項により、指定した裁判所に「速やかに且つ直接」送致される。「速やかに且つ直接」とは、被告人をあちらこちらにたらい回しすることなく送致することを要求しているものである。「到着すべき期間」の定めを要求しているのも、同様に不当な遅延を防止するためのものである。

（緑　大輔）

（出頭命令・同行命令・勾引）
第68条　裁判所は、必要があるときは、指定の場所に被告人の出頭又は同行を命ずることができる。被告人が正当な理由がなくこれに応じないときは、その場所に勾引することができる。この場合には、第五十九条の期間は、被告人をその場所に引致した時からこれを起算する。

I　本条の趣旨

1　本条は、被告人への出頭命令、同行命令と、それに応じない場合の勾引を定めている。

「出頭」とは、被告人に一定の場所に出頭することを命ずることであり、「同行」とは、出頭した被告人に対して同行を命ずることを意味する。被告人に出頭や同行を求める例としては、差押状・捜索状の執行への立会い（刑訴113条3項）や、検証への立会い（刑訴142条）を挙げることができる。

II　召喚との関係、本条の勾引の要件

本条の出頭命令・同行命令は、召喚と異なり、令状（刑訴62条）を要さず、また猶予期間（刑訴57条）が設けられていない。この点では、召喚よりも、被告人の防御権との関係では緊張関係に陥る可能性が高い。他方で、出頭命令・同行命令に従わなければ、勾引によって直接強制が為される点は、召喚と同様に間接強制としての性質を持つ。なお、出頭命令・同行命令ともに、裁判であるため、刑訴規34条に基づき告知が行われ、刑訴規53条に基づき裁判書が作成または調書への記載が行われるものとされる。

この違いから、たとえば公判廷への出頭を求める場合のように、被告人の裁判を受ける権利の実現や被告人の防御権を保障する必要がある場面では、召喚によるべきである。この場合は、出頭命令によって出頭を求めるべきではない。逆に、出頭命令によって出頭を求めることが可能であるところを、召喚によって猶予期間を与えるということは、可能であろう。

なお、本条による勾引は、「正当な理由なくこれに応じない場合」に限られ、通常の勾引（刑訴58条）が命令に応じないおそれがあるときにも認められるのとは異なる。これは、召喚の場合には猶予期間をおくことが必要とされるため「おそれ」を観念できるのに対し、出頭命令・同行命令の場合には猶予期間が必要とされていないことに基づく。

（緑　大輔）

（裁判長の権限）
第69条　裁判長は、急速を要する場合には、第五十七条乃至第六十二条、第六十五条、第六十六条及び前条に規定する処分をし、又は合議体の構成員にこれをさせることができる。

被告人を召喚（刑訴57条）、勾引（刑訴58条）、勾留（刑訴60条）する権限は、各条文からわかるとおり、いずれも裁判所の権限であるが（刑訴280条の場合を

除く）、合議体の裁判体では緊急時に裁判官全員による評議（裁75条）を行えない場合があり得る。そのような緊急時について、本条は裁判長のみの権限で、あるいは裁判長が合議体の構成員たる裁判官に授権して、これらの処分を行えるようにしている。

本条に基づき裁判長が召喚状、勾引状、勾留状を発する場合には、刑訴規71条に従い、その旨を令状に記載することになる。これは、裁判所が発したものではないことを明示する趣旨である（通常の令状でも、裁判長が記名押印するので（刑訴63条、刑訴64条）、刑訴規71条による明示がなければ、本条による令状か否かの区別が付かない）。

なお、本条によって勾留が行われたこと自体について不服があれば、刑訴429条1項2号の準抗告の対象になるものと解すべきであろう（立法的な解決をすべきとの主張もある）。なお、この点、裁判長の処分に対する不服を他の合議体が審理するのはおかしいとして、刑訴309条2項を準用して当該合議体に不服を申立てることを許すべきとの理解が主張されているが、処分の実質が人身の自由を制約するものである上、緊急性を理由に本来は合議体の裁判所の権限で行うべきところを裁判長または合議体の構成員がこれを代行している側面があることに鑑み、刑訴429条1項2号の勾留に対する不服申立てを用いる方が馴染むように思われる。

（緑　大輔）

（勾引状・勾留状の執行）
第70条　勾引状又は勾留状は、検察官の指揮によつて、検察事務官又は司法警察職員がこれを執行する。但し、急速を要する場合には、裁判長、受命裁判官又は地方裁判所、家庭裁判所若しくは簡易裁判所の裁判官は、その執行を指揮することができる。
②　刑事施設にいる被告人に対して発せられた勾留状は、検察官の指揮によつて、刑事施設職員がこれを執行する。

1　本条は、勾引状・勾留状の執行機関を定めたものである。

本条1項にいう「検察官」とは、勾引状または勾留状を発付した裁判所に対応する検察庁の検察官を指す（刑訴472条1項）。執行の「指揮」については、刑訴473条但書に定めがあり、これによれば、令状の原本（刑訴規72条）に認印をして、これを検察事務官または司法警察職員に交付して執行させることになる。検察事務官、司法警察職員からすれば、令状を交付されて執行機関としての地位が付与されることになる。したがって、令状を執行する前に、令状が滅失した場合には、令状の再交付を受けなければ執行できない。他方で、執行に着手した後に令状が滅失した場合は、執行を完了しても差し支えないとされる。

もっとも、被告人に対する令状の提示が要求されることを考えると（刑訴73条）、令状の執行に着手した後において、被告人に令状を提示する前に被告人の帰責事由によらない令状の滅失が生じた場合であれば、令状の再交付を受けて執行し、令状を被告人に提示すべきであろう。なお、執行される被告人は、令状の謄本を求めることができる（刑訴規74条）。

2 本条1項但書では、緊急時には検察官を経ずに、裁判長等が勾引状・勾留状の執行を指揮できる旨を定めている。旧刑訴法100条の規定が残ったものであるが、旧法下の説明では、検察官がいない出張先で直ちに執行を要する場合を想定したものだとされていた。なお、ここにいう「裁判長」が執行を指揮する場合とは、刑訴69条による場合を指し、「受命裁判官」が執行を指揮する場合も同様である。「地方裁判所、家庭裁判所若しくは簡易裁判所の裁判官」による執行の指揮は、刑訴67条の嘱託を受けた裁判官による指揮を指す。

3 本条2項にいう「刑事施設にいる被告人」とは、別件で勾留中である場合（勾留状が事件単位で発せられる以上、同一人物である被告人に、二重、三重に勾留状が事件毎に発せられることはありうる）や、刑の執行中である場合の被告人を意味する。このような被告人に対しては、本条項により検察官の指揮によって、刑事施設職員が勾留状を執行する。なお、本条項の「刑事施設」とは、刑訴64条同様に、刑事施設と留置施設を指す。

本条2項では、「勾引状」は対象となっていないため、刑事施設に収容されている被告人に対して収設職員が勾引状を執行することは、原則としてできない。ただし、本条1項が司法警察職員に対して勾引状の執行を認めていることから、刑事施設内の犯罪に対して司法警察職員の身分を有する刑事施設職員は（刑事収容施設・被収容者法290条参照）、その職分の範囲内において、本条1項に従って勾引状を執行することができよう。

（緑　大輔）

（勾引状・勾留状の管轄区域外における執行、執行の嘱託）
第71条　検察事務官又は司法警察職員は、必要があるときは、管轄区域外で、勾引状若しくは勾留状を執行し、又はその地の検察事務官若しくは司法警察職員にその執行を求めることができる。

本条は、勾引状・勾留状の執行に際して、被告人が管轄区域外に逃れている場合などに、令状の執行機関たる検察事務官・司法警察職員が勾引状・勾留状を執行できなくなる不都合を回避するために設けられた規定である。

本条にいう「管轄区域」とは、検察事務官の場合は所属する検察庁の管轄区域、

第72条（被告人の捜査、勾引状・勾留状の執行の嘱託）　*175*

司法警察職員の場合は自らの本来業務の管轄区域を指す。必要があれば、検察事務官・司法警察職員は管轄区域外で自ら令状を執行することができる。また、被告人の現在地の検察事務官・司法警察職員に執行を求めることができ、執行を委嘱された検察事務官・司法警察職員は、その求めに応じる義務がある。

（緑　大輔）

（被告人の捜査、勾引状・勾留状の執行の嘱託）

第72条　被告人の現在地が判らないときは、裁判長は、検事長にその捜査及び勾引状又は勾留状の執行を嘱託することができる。

②　嘱託を受けた検事長は、その管内の検察官に捜査及び勾引状又は勾留状の執行の手続をさせなければならない。

　本条は、被告人の現在地が不明で勾引状・勾留状を執行できない場合に、検事長に被告人の所在についての捜査を求め、また勾引状・勾留状の執行を嘱託することで、勾引・勾留の実現を図るために設けられている。

　本条1項では被告人の所在捜査も含めて嘱託するため、「裁判長」のみが嘱託権限を有する。刑訴66条の受託裁判官には本条の嘱託権限はない。嘱託を受けるのが「検事長」であるのは、所在捜査という嘱託内容の性質上、管轄区域が広い検事長に嘱託するのが適当だからである。検事長への嘱託の際には、所在捜査のみを委嘱することもできるが、その場合に被告人の所在が判明したときは、続けて勾引状・勾留状の執行を嘱託するのではない。被告人の所在が判明した以上、所在が明らかな場合について定めた通常の刑訴70条、刑訴71条の方法によって執行するべきである。

　本条2項では、嘱託を受けた検事長が、その嘱託内容に応じて当該管内の検察官に、捜査や執行の「手続をさせなければならない」旨を定める。この意味は、実質的には、検事長が検察官に捜査・執行の指揮をさせることを指す。そして、実際に執行をするのは、検察事務官・司法警察職員ということになる。

（緑　大輔）

（勾引状・勾留状の執行手続）

第73条　勾引状を執行するには、これを被告人に示した上、できる限り速やかに且つ直接、指定された裁判所その他の場所に引致しなければならない。第六十六条第四項の勾引状については、これを発した裁判官に引致しなければならない。

②　勾留状を執行するには、これを被告人に示した上、できる限り速やかに、かつ、直接、指定された刑事施設に引致しなければならない。

176　第73条（勾引状・勾留状の執行手続）

③　勾引状又は勾留状を所持しないためこれを示すことができない場合において、急速を要するときは、前二項の規定にかかわらず、被告人に対し公訴事実の要旨及び令状が発せられている旨を告げて、その執行をすることができる。但し、令状は、できる限り速やかにこれを示さなければならない。

I　本条の趣旨、通常執行

1　本条は、勾引状・勾留状の執行の手続について、1項・2項で通常の場合を、3項で緊急の場合を定めたものである。

2　本条1項は、通常の勾引状の執行の手続を定めている。まず、被告人に対して勾引状を「示した」上で引致することを求めている。このような令状の提示は、本条2項において勾留状についても同様に求められている。この点、憲34条が「抑留、拘禁」の際に「理由を直ちに告げられ」なければならない旨を要求し、また憲33条で令状主義が採用されていることから、身体の拘束を処分の内容とする勾引・勾留についても、本条により令状の事前提示という形で理由の告知を行うことを執行者に要求したと解すべきであろう。令状が提示されることで、被処分者は、自らに執行される処分が勾引・勾留であることを理解し、その適法性を吟味する機会が与えられることになる点で、実益がある保障である。なお、刑訴76条1項により理由の告知も別途行われるが、本条の令状という書面化された告知により、より令状主義の趣旨を実質的に実現することが可能になる。この点で、本条1項及び2項は、裁判の告知（刑訴規34条参照）にとどまらず、憲法上の要請を充たすものであり価値がある。

令状が提示された上で、勾引状の場合は1項で「指定された裁判所その他の場所」に、勾留状の場合は2項で「指定された刑事施設」に、それぞれ引致される（引致先については、刑訴64条の解説参照）。いずれの場合も、「できる限り速やかに」、そして「直接」、引致しなければならない旨が定められている。ここにいう「直接」とは、被告人を引致先に連れて行くまでにいわゆる「寄り道」をすることを禁じる意味である。

II　緊急執行

本条3項は、勾引状・勾留状を所持していないために提示できない場合で、「急速を要するとき」に、公訴事実の要旨と令状発付の事実を告げて、勾引・勾留を執行することを認める（緊急執行）。緊急逮捕（刑訴210条）の場合と異なり、すでに令状は発付されているため、憲33条の明示的な手続要件は充たしている。

もっとも、令状主義の趣旨からすれば、事前に令状を提示することが期待されるため、「急速を要するとき」の意味は、厳格に解されるべきである。判例上は、本条項を準用する刑訴201条2項の逮捕状の緊急執行の事案であるが、司法警察員の指揮下で司法巡査5名で手分けして被疑者がいる工場内外の各所で被疑者が出てくるのを待って逮捕状を執行しようとしたところ、司法巡査2名が自転車で工場から出てきた被疑者を発見したが、この2名の手許には逮捕状がなく、また逮捕状所持者と連絡して被疑者に逮捕状を示す時間的余裕がなかった場合が、「急速を要するとき」に当たると判示された事例がある[26]。

また、本項では、「公訴事実の要旨」を告げることが求められているが、これは憲34条が「理由を直ちに告げ」ることを求めている趣旨からすれば、罪名では足りないものと解すべきである[27]。

なお、1通の令状によって全国的な指名手配が可能かどうか、執行との関係で問題になりうる。この点については、執行指揮を受ければ執行には着手でき、令状の到達は執行の開始要件ではないと解した上で、電話で執行指揮をして広く指名手配をすることは可能だとされる。この場合、被告人に対しては緊急執行がなされることになる。

（緑　大輔）

（護送中の仮留置）

第74条 勾引状又は勾留状の執行を受けた被告人を護送する場合において必要があるときは、仮に最寄りの刑事施設にこれを留置することができる。

本条は、勾引状・勾留状の執行の際、指定された刑事施設等に引致するまでに距離が遠かったり、交通機関との関係で一時的に留め置く必要が生じた場合に、仮に最寄りの刑事施設に留置することを認めるために設けられている。

本条にいう「最寄りの刑事施設」とは、刑事施設及び留置施設を指すものとされる（刑事収容施設・被収容者法3条5号、刑事収容施設・被収容者法15条1項）。この仮留置は、必要最小限のものでなければならない。なお、この期間は刑訴59の時間に含まれない。

（緑　大輔）

---

[26] 最二小決昭31・3・9刑集10巻3号303頁。

[27] 本項を準用する逮捕状の緊急執行の事案であるが、福岡高判昭27・1・19高刑集5巻1号12頁。なお、大阪高判昭36・12・11下刑集3巻11=12号1010頁は、被逮捕者が被疑事実を罪名告知だけで了知していて、要旨の告知を求めない場合は、罪名と令状発付の事実のみを告げて逮捕することを認めている。

（勾引された被告人の留置）

第75条 勾引状の執行を受けた被告人を引致した場合において必要があるときは、これを刑事施設に留置することができる。

　本条は、勾引された被告人の留置を認め、その場所を定めたものである。勾引の効力は24時間以内であるので（刑訴59条、刑訴67条、刑訴68条）、留置もその時間内でのみ許されることになる。

　本条は、通常は引致場所で留置することになるものの、必要がある場合には、「刑事施設」（刑訴64条の解説参照）に留置できることを定めたものだとされる。このような理解の下では、「留置」の意味は「身体の留め置き」としてとらえられ、「留置」という概念自体に留め置く場所を特定する意味は含ませないことになる。これに対し、「留置」の意味を「刑事施設における身体の留め置き」として理解する立場もある。この立場は、実践的には、留置施設（代用監獄）は「刑事施設」ではない以上（刑事収容施設・被収容者法14条）、「留置」できないという帰結を導こうとする。この立場からすれば、本条は、勾引については特に、「留置」できる場所が刑事施設以外にも存在する旨を創設的に定める規定だということになる。しかし、刑訴59条は明らかに裁判所での「留置」を想定しており、「留置」の意味は純粋に身体を留め置くことと指すにとどまるものとして理解する方が条文に整合的であろう（刑訴153条の2も参照）。

　本条にいう「必要があるとき」とは、たとえば検証のために被告人を引致したものの、その引致時刻によっては就寝させる必要があるときなど、被告人にとっても施設への収容が必要となる場合を挙げられる。

　留置する際には、刑訴76条の公訴事実の要旨及び弁護人選任権等の告知を為した上で、勾引状に特定の刑事施設に留置する旨を付記し、事実上検察官の執行指揮により留置する取扱いをしている例が多いとされる。

（緑　大輔）

（勾引された被告人に対する告知事項）

第76条 被告人を勾引したときは、直ちに被告人に対し、公訴事実の要旨及び弁護人を選任することができる旨並びに貧困その他の事由により自ら弁護人を選任することができないときは弁護人の選任を請求することができる旨を告げなければならない。ただし、被告人に弁護人があるときは、公訴事実の要旨を告げれば足りる。

② 前項の規定により弁護人を選任することができる旨を告げるに当つては、弁護士、弁護士法人又は弁護士会を指定して弁護人の選任を申し出ることができる旨及びその申出先を教示しなければならない。

③　第一項の告知及び前項の教示は、合議体の構成員又は裁判所書記官にこれをさせることができる。

④　第六十六条第四項の規定により勾引状を発した場合には、第一項の告知及び第二項の教示は、その勾引状を発した裁判官がこれをしなければならない。ただし、裁判所書記官にその告知及び教示をさせることができる。

Ⅰ　本条の趣旨

　本条は、勾引された被告人の防御権を保障するために、憲34条、憲37条3項の要請を受けて、弁護人選任権の告知を行い、また勾引された理由の告知を行うことを定めた条項である。とりわけ手続上の権利は、その存在を自覚する者でなければ行使することは困難であり、権利告知は権利行使の前提となる情報提供のための手段として重要である。この点で、被告人の防御権のために欠くことのできない条項である。

Ⅱ　告知事項

1　本条1項ではまず、勾引後に直ちに被告人に対して、「公訴事実の要旨」の告知を求めている。これは、憲34条が拘禁される場合に「理由を直ちに告げ」ることを要求しており、刑事手続上で具体化されたものである。ここにいう「公訴事実の要旨」は、被告人が弁解をするために必要な程度に、犯罪日時、場所、方法等が明らかにされるべきであり、起訴状の朗読よりも内容が乏しいような告知は妥当ではないだろう。

2　また、本条1項は、「弁護人を選任することができる旨」の告知も求めている。この弁護人選任権の告知は、憲34条が「直ちに弁護人に依頼する権利を与へられなければ、抑留又は拘禁されない」旨を定め、また憲37条3項が「刑事被告人は、いかなる場合にも、資格を有する弁護人を依頼することができる」旨を定めていることを受けており、私選弁護人を選任できることが意味する。加えて、本条1項では、「貧困その他の事由により自ら弁護人を選任することができないときは弁護人の選任を請求することができる旨」の告知も求められている。これは、憲37条3項が「被告人が自らこれを依頼することができないときには、国でこれを附する」と定めていることを受けたものであり、国選弁護人（刑訴36条）を選任できることを意味する。これらは憲法上の要求に基づいて告知が必要とされる。もっとも、判例は、国選弁護人選任権について、本条についてではないものの、「特に被告人に告げる義務を裁判所に負わせて

いるものではない」と判示したものがあり※28、本条の告知義務も憲法上の要請とは考えていない可能性がある。

　なお、被告人にすでに「弁護人があるとき」は、弁護人選任権の告知は略され、公訴事実の要旨のみが告知される。ここにいう「弁護人」とは、国選・私選を問わないものとされる。もっとも、刑訴31条2項の特別弁護人が被告人について いる場合、本条の弁護人選任権の告知を要するか否か、理解が分かれているところである。一般的には、特別弁護人の選任も弁護人選任権の行使した結果だとして、本条の告知を要しない「弁護人があるとき」に該当するとされる。しかし、憲37条3項が「資格を有する弁護人」の選任を要求していることからすると、弁護士たる弁護人を選任する権限をまだ行使していない点を重視して、本条の弁護人選任権・国選弁護人選任権の告知を要するものと解すべきだろう。

3　本条1項は、これらの告知事項を「直ちに」被告人に告知することを求めているが、これを憲34条の要請であると考えるならば、文字通り勾引状による引致後、遅滞なく告知すべきことが要求されていると解すべきである。しかし、実務上は、勾引後24時間以内に勾留を前提とした陳述の聴取が行われるため（刑訴61条）、この勾留質問の冒頭で告知する取扱いが多いとされる。

4　本条1項の弁護人選任権に係る事項を告知する際には、本条2項に基づき、「弁護士、弁護士法人又は弁護士会」を指定して弁護人の選任を申し出ることができる旨と、その申出先を教示しなければならない。2016年改正により導入された規定である。被告人に対して特定の弁護士等を指定して選任することができる旨を、勾引された段階で明示的に告知することで、被告人の弁護人選任権を、より実質的に保障する趣旨に基づく。被告人による弁護人選任の申出先は、刑訴78条に基づき、「裁判所又は刑事施設の長若しくはその代理者」となる。

Ⅲ　告知の主体

　本条1項および2項では告知の主体が明示されていないが、当然、勾引状を発付した裁判所が告知するのが原則である。3項により、受命裁判官または裁判所書記官に告知をさせることもできる。また、4項によれば、刑訴66条4項により嘱託を受けた受託裁判官や、嘱託の移送を受けた裁判官が勾引状を発した場合は、これらの裁判官が告知を行うことになる。なお、4項にいう「裁判所書記」とは、勾引状を発した裁判官が所属する裁判所の書記官を指す。

　刑訴規77条は本条の処分の際に裁判所書記官の立会いを求め、さらに刑訴規78条は本条の告知について調書の作成を求めているが、これは憲法上の要請に

※28　最大判昭24・11・30刑集3巻11号1857頁。

かかわる事柄ゆえに慎重を期して調書として記録に残すように求めている趣旨であろう。これに関連して、裁判所書記官に本条の告知をさせられるのも、調書に記録を残すこととの関係で現場に立ち会っている場合が多く、また職権判断等が求められる場面ではないからであろう。

（緑　大輔）

（勾留するときの告知事項等）

第77条　被告人を勾留するには、被告人に対し、弁護人を選任することができる旨及び貧困その他の事由により自ら弁護人を選任することができないときは弁護人の選任を請求することができる旨を告げなければならない。ただし、被告人に弁護人があるときは、この限りでない。

②　前項の規定により弁護人を選任することができる旨を告げるに当つては、勾留された被告人は弁護士、弁護士法人又は弁護士会を指定して弁護人の選任を申し出ることができる旨及びその申出先を教示しなければならない。

③　第六十一条ただし書の場合には、被告人を勾留した後直ちに、第一項に規定する事項及び公訴事実の要旨を告げるとともに、前項に規定する事項を教示しなければならない。ただし、被告人に弁護人があるときは、公訴事実の要旨を告げれば足りる。

④　前条第三項の規定は、第一項の告知、第二項の教示並びに前項の告知及び教示についてこれを準用する。

I　本条の趣旨

本条も前条と同じく、勾留された被告人の防御権を保障するために、憲34条、憲37条3項の要請を受けて、弁護人選任権および国選弁護人選任権の告知を行うことを定めた条項である。刑訴76条解説参照。

II　本条の告知の対象となる被告人

かつて本条1項は、「逮捕又は勾引に引き続き勾留する場合」の被告人に対しては、本条の弁護人選任権の告知が行われない旨が定めていた。これは、逮捕の際には犯罪事実の要旨と弁護人選任権が告知され（刑訴203条、刑訴204条、刑訴216条）、また勾引の際には公訴事実の要旨、弁護人選任権、国選弁護人選任権が告知されるため（刑訴76条）、これら手続に引き続いて勾留する場合には、改めて弁護人選任権等を告知する必要はないと理解していたからであろう。しかし、被疑者が勾留される全事件について、国選弁護の対象になりうるものと

する制度が、2016年の刑訴法改正により導入された（刑訴37条の2）。この改正に合わせて、本条1項は、逮捕または勾引に引き続いて勾留される場合か否かを問わず、勾留される被告人に対して、弁護人選任権および国選弁護人選任権を告知する旨を定めるに至った。長い期間にわたり被告人の身体の拘束を伴う処分である勾留に際して、弁護人の選任がない場合には、防御権の保障を確実なものにすべく、弁護人選任権・国選弁護人選任権の告知を徹底する趣旨の規定だと考えられる。たとえば、在宅事件として起訴されていた被告人が、起訴後に勾留された場合に、勾留されていなかったとき以上に弁護人の選任の必要性が高まる場合に、弁護人選任権と国選弁護人の選任について告知されることで、防御権を十全に行使できるようにすることになると思われる。また、求令状起訴を受けて、起訴後に勾留されるに至った被告人には、本条1項により、国選弁護人選任権が勾留のときに告知されることになる。なお、勾留される被疑者については、刑訴207条2項および同条3項に基づき、本条1項および2項と同様の事項が告知される。

Ⅲ　告知事項

　本条1項では、弁護人選任権と国選弁護人選任権を告知することが求められており、これは前条と同様に憲34条、憲37条3項の要請に基づくものである。しかし、勾引の場合と異なり、公訴事実の要旨の告知が本条では定められていない。これは、すでに勾留質問（刑訴61条）において、被告事件についての告知が行われているからだとされている。もっとも、被告人が逃亡した場合には、勾留質問が行われないため（刑訴61条但書）、被告事件についての告知が行われないことになる。その場合には、本条3項に従い、弁護人選任権、国選弁護人選任権、公訴事実の要旨を告知しなければならない。

　また、2016年の刑訴法改正の結果、本条2項が新設され、勾留された被告人は「弁護士、弁護士法人又は弁護士会」を指定して弁護人の選任を申し出ることができる旨と、その申出先を教示しなければならないことになった。被告人に対して特定の弁護士等を指定して選任することができる旨を、勾留された段階で明示的に告知することで、被告人の弁護人選任権を、より実質的に保障する趣旨に基づく。被告人による弁護人選任の申出先は、刑訴78条に基づき、「裁判所又は刑事施設の長若しくはその代理者」となる。

　なお、これらの告知事項を告知する時期については、本条1項は被告人を「勾留するには」と定めるのみで、勾引の場合のように「直ちに」との文言がないため、不明確さが残る。しかし、「勾留するには」という文言からすれば、勾留状による拘禁の開始に先立って告知することを要すると解すべきであろう。

　告知の主体にかかわる本条4項については、刑訴76条解説参照。また、本条1項但書及び同3項但書の「被告人に弁護人があるとき」の意味について、前条

第78条（弁護人選任の申出）　*183*

解説参照。本条の処分の際には刑訴規77条、刑訴規78条が適用されるが、その趣旨も前条と同様である。

（緑　大輔）

（弁護人選任の申出）
第78条　勾引又は勾留された被告人は、裁判所又は刑事施設の長若しくはその代理者に弁護士、弁護士法人又は弁護士会を指定して弁護人の選任を申し出ることができる。ただし、被告人に弁護人があるときは、この限りでない。
②　前項の申出を受けた裁判所又は刑事施設の長若しくはその代理者は、直ちに被告人の指定した弁護士、弁護士法人又は弁護士会にその旨を通知しなければならない。被告人が二人以上の弁護士又は二以上の弁護士法人若しくは弁護士会を指定して前項の申出をしたときは、そのうちの一人の弁護士又は一の弁護士法人若しくは弁護士会にこれを通知すれば足りる。

　本条は、勾引・勾留された被告人に対して、刑訴77条、刑訴78条と同様に、憲34条及び憲37条3項の弁護人選任権を保障するため、弁護人を選任する手続を定めたものである。なお、本条は、勾留されている被疑者についても、刑訴207条1項を通じて準用される。
　現在の刑事施設の状況では、勾引・勾留されている被告人が電話などにより直接に弁護人を選任することが困難であるため（勾引・勾留されている被告人に対して電話等により連絡する権利は保障されていない）、本条1項は、「裁判所又は刑事施設の長若しくはその代理者」に対して被告人が選任を申し出ることができる旨を定めている。選任時期については、「勾引又は勾留された被告人」が選任できる以上、勾引・勾留されている限り、本条に基づく選任の申出の時期に制限はない。
　被告人が本条1項で指定する「弁護士、弁護士法人又は弁護士会」は、特に限定はなく、またここにいう「弁護人の選任」とは、国選弁護ではなく、私選弁護を指すものと理解されている。もっとも、「当番弁護士を呼んで欲しい」との申出をした場合は、当番弁護士制度を実施している弁護士会に対してその旨を通知すべきである。
　通知を受けた弁護士または弁護士会は、直ちに受任する義務はない（弁護士24条にいう官公署からの委嘱には該当しない）。申出を了解した弁護士や弁護士会派遣弁護士は、「弁護人となろうとする者」（刑訴39条1項）として接見することができる。
　本条2項により、被告人の申出を受けた「裁判所又は刑事施設の長若しくは

その代理者」は、直ちに被告人が指定する弁護士等に選任の申出を通知する義務を負う。刑訴207条1項に基づき本条が準用される被疑者勾留の事案であるが、この通知義務を捜査官が懈怠している間に被疑者が供述をした場合について、憲法上の保障である弁護人依頼権を侵害し、かつ自白を得ることを唯一の目的とする身体拘束の下で作成された供述調書は、被疑者が不当に心理的な影響を受けるおそれがあったとして、その自白の任意性に疑いがあるとした裁判例もあるところであり[29]、本条の通知は「直ちに」行われる必要がある。なお、本条項による通知の費用は、国庫で負担する（たとえば裁判所が通知する場合につき、刑訴規298条参照）。

（緑　大輔）

（勾留と弁護人等への通知）
第79条　被告人を勾留したときは、直ちに弁護人にその旨を通知しなければならない。被告人に弁護人がないときは、被告人の法定代理人、保佐人、配偶者、直系の親族及び兄弟姉妹のうち被告人の指定する者一人にその旨を通知しなければならない。

1　本条は、勾留された被告人が、弁護人と接点を保持して防御権を行使できるようにするために、勾留した裁判所が被告人を勾留した旨を弁護人に通知するものである。憲34条が「抑留、拘禁」された被告人の弁護人依頼権を保障していることを受けて、弁護人は、接見交通権（刑訴39条1項）をはじめとして、勾留された被告人のために勾留理由開示請求（刑訴82条1項）、勾留取消請求（刑訴87条1項）、保釈請求（刑訴88条1項）などの手段を行使する等、被告人の解放を含めた種々の弁護活動を行うことが期待される。このような弁護活動を実現するためには、被告人が勾留された場合にはそのことを速やかに把握する必要がある。そのため、本条は被告人が勾留されたときには「直ちに」弁護人にその旨を通知するよう定めたのである。

　また、本条は、被告人に弁護人がついていない場合に、「被告人の法定代理人、保佐人、配偶者、直系の親族及び兄弟姉妹のうち被告人の指定する者一人」（弁護人以外の者）への通知を求めている（これらの者がいない場合は、刑訴規79条より、被告人が指定する者一人に通知を行う）。これらの者は、刑訴30条2項で、被告人の意思とは独立して、弁護人を選任することができる上、被告人との接見（刑訴80条）、勾留理由開示請求（刑訴82条2項）、勾留取消請求（刑訴87条1項）、保釈請求（刑訴88条1項）をなしうるため、被告人の防御のために弁護人と同じく被告人の勾留を把握する必要がある。これら各権限は

---

[29]　大阪高判昭35・5・26下刑集2巻5＝6号676頁。

被告人から独立して行使できる権限であり、これらを実現するために本条がある以上、被告人が弁護人以外の者への通知を拒絶している場合であっても、裁判所には通知義務が発生する。

弁護人以外の者への通知が、弁護人がいない場合に限定されるのは、弁護人選任が被告人と法定代理人らとの間で競合することを懸念してのことか、あるいは弁護人が法定代理人らに通知することを期待してのことであろう。しかし、より迅速に通知し、また被告人に多様な外界とのチャンネルを確保するためには、弁護人のみならず弁護人以外の者にも通知する運用を行う方が、被告人の外界からの遮断状態を緩和するために望ましいであろう。なお、本条は刑訴207条1項を通じて、被疑者勾留の場合にも準用される。逮捕の場合は、本条の準用がない（刑訴209条）。

2　本条の通知を行うのは、勾留した裁判所であり、起訴前勾留や第1回公判期日前の勾留の場合は裁判官が行う。通知の方法について制限はないが、実務上は、差出人が裁判所であることが直ちにわからない封書に勾留通知と題する書面を入れて郵送する等、被告人・被疑者の名誉等を考慮した取扱いをし、また被疑者勾留の場合は電話によって通知する場合が多いという。

3　なお、検察官の求めにより被告人が他の刑事施設に移送する場合、「裁判長」（第1回公判期日前ならば勾留に関する処分をなす裁判官、第1回公判期日後であれば公判裁判所の裁判長）の同意が必要である（刑訴規80条1項）。これは、裁判所の円滑な審理の進行とともに、勾留場所の変更が被告人の防御にとって不利益を生じさせないか否かの判断を裁判長にさせる趣旨である。移送した場合には、検察官が弁護人等に通知を行う（刑訴規80条2項及び3項、刑訴規79条）。なお、他の刑事施設への移送については、刑訴64条の解説も参照。

（緑　大輔）

（勾留と接見交通）
第80条　勾留されている被告人は、第三十九条第一項に規定する者以外の者と、法令の範囲内で、接見し、又は書類若しくは物の授受をすることができる。勾引状により刑事施設に留置されている被告人も、同様である。

I　本条の趣旨

本条は、勾留されている被告人に対して、弁護人または弁護人になろうとしている者以外の者との接見交通（一般面会）、書類の授受等を保障することで、

勾留によって外界との接点を遮断された状態を最小限にすることを目的とする規定である。それというのも、勾留の目的を超えた自由への制約を行う根拠は存在しないからである。弁護人以外の者との接見により、被告人の心情の安定や、弁護人の選任、家族等による法廷外での証拠収集活動、家族等との社会的関係の維持など拘禁に伴う社会生活上の弊害の除去を期待できる。なお、憲34条がもともとGHQ案では弁護人に限らず外界とのコミュニケーション一般を確保する趣旨（被告人をincommunicadoの状態に置かないようにする趣旨）だったことを受けて、憲34条は家族等との交通も保障しているとの理解がある。この理解からすれば本条は憲34条の要請に基づくものとなる。

なお、本条は刑訴207条1項を通じて、勾留されている被疑者についても適用される。

II　勾留されている被告人

本条が適用されるのは、「勾留されている被告人」である。「勾留されている」とは、現に刑事施設に拘禁されていることをいうと解されている。したがって、勾留状の執行を受け引致されているものの、まだ施設に収容されていない場合は、これに当たらないとされる。また、刑訴207条1項により勾留されている被疑者にも本条が適用されるものの、逮捕により留置されている被疑者について、刑訴209条は本条を準用していない。それゆえ、被逮捕者には本条による接見を認めない見解もある。しかし、勾引された被告人の留置に関する刑訴75条が刑訴209条で逮捕の場合について準用され、「勾引状により刑事施設に留置されている者」について本条第2文により弁護人以外の者との接見が保障されていることに鑑みると、被逮捕者にも本条が準用されると解することもできよう。文言上、本条で被逮捕者が挙がっていないのは、逮捕の性質に由来するのだろう。つまり、逮捕は、勾留質問（刑訴61条）などの勾留審査を裁判官が行うために、捜査機関が被疑者を裁判官の下へ引致するための処分だとの建前ゆえ、引致の最中に一般人の面会を行うことは困難だという趣旨であろう。しかし、現に引致中でなければ、勾留されているときと別異に解する理由はなく、80条の接見を認めるべきである。なお、刑事収容施設・被収容者法115条が、被逮捕者・被勾留者の区別なく「未決拘禁者」に対して面会を認める旨を定めている。

III　法令の範囲内

本条の接見、書類の授受等は、「法令の範囲内」で行える旨が定められている。ここにいう「法令」としては、刑訴81条の接見禁止のほか、刑事施設に収容されている者については刑事収容施設・被収容者法115条以下、留置施設に収容

されている者については刑事収容施設・被収容者法216条以下がある。

　かつては監獄法が弁護人以外の者との面会について定めており、たとえば14歳未満の者と被勾留者との面会を禁じるなどの制限があったが（旧監獄法施行規則120条）、判例で無効とされ[30]、削除されるなどの経緯があった。

　その後、刑事収容施設・被収容者法の制定により、たとえば以下のような制限が定められている。弁護人以外の者と被勾留者の接見については、施設職員が立ち会い、面会状況について録音・録画を行い（刑事収容施設・被収容者法116条、刑事収容施設・被収容者法218条）、面会の際に暗号の使用その他の理由により施設職員が理解できない発言が行われる場合や施設の規律及び秩序を害する結果を生ずるおそれのある行為や発言をする場合には、施設職員が面会を一時停止もしくは終了させることができ（刑事収容施設・被収容者法117条、刑事収容施設・被収容者法219条）、面会の時間帯は施設の執務時間内とされ、被勾留者の面会の相手方の人数は3名までとされる（刑事収容施設・被収容者法118条、刑事収容施設・被収容者法220条）、などである。

　このような、未決拘禁にかかわる施設法による弁護人以外の者との外部交通の制限に対しては、弁護人以外の者との接見が憲法上の保障対象になるとした上で、施設運営が害される現実的な危険が存在する場合に、必要最小限の手段による制限が許されるのみと解すべきだと主張し、遮蔽板の撤廃や自由かつ秘密の面会の保障、面会時間の拡大等、面会の制限のあり方を再検討すべきとの主張もなされている。

Ⅳ　接見、書類若しくは物の授受

　本条で許される「接見」とは、被勾留者との面会を意味する。

　本条の「書類」の意味について、一般書籍を含むか否かで見解がそれぞれあるが、いずれにせよ「物」に該当し、また次条にいう「授受すべき書類その他の物」に含まれると解するならば、争いの実益はない。なお、書籍等の閲読については、刑事施設における場合については刑事収容施設・被収容者法69条以下、留置施設における場合については刑事収容施設・被収容者法206条以下にそれぞれ制限がある。

（緑　大輔）

---

[30]　最三小判平3・7・9民集45巻6号1049頁。

（接見交通の制限）

第81条　裁判所は、逃亡し又は罪証を隠滅すると疑うに足りる相当な理由があるときは、検察官の請求により又は職権で、勾留されている被告人と第三十九条第一項に規定する者以外の者との接見を禁じ、又はこれと授受すべき書類その他の物を検閲し、その授受を禁じ、若しくはこれを差し押えることができる。但し、糧食の授受を禁じ、又はこれを差し押えることはできない。

I　本条の趣旨

　本条は、勾留によって、被告人による逃亡や罪証隠滅行為が防止されているところを、刑訴80条に基づく接見によって、これら勾留の目的が果たせなくなる場合に、裁判所に接見を禁じる権限を与えて、勾留の実効性を担保しようとしたものである。なお、本条の接見交通の禁止は、勾引状により刑事施設に留置されている被告人（刑訴80条）には適用されない。勾引状により留置されている被告人に対して接見を禁止するには、勾留状を発付した上で本条の処分を行うことになる。

　なお、本条は刑訴207条1項を通じて、勾留されている被疑者についても適用される（刑訴80条の接見が被逮捕者にも認められる場合には、本条も被逮捕者に適用されるのか、問題になりうる）。その場合に接見禁止を行うのは、裁判官である。

II　接見等禁止の要件と効果

1　逃亡しまたは罪証を隠滅すると疑うに足りる相当な理由があるとき

　この文言自体は、刑訴60条の勾留の要件とほぼ変わらない表現であるが、勾留によりすでに被告人による逃亡や罪証隠滅行為が防止されているため、ここにいう「逃亡し又は罪証を隠滅すると疑うに足りる相当な理由」とは、勾留の要件に比して、接見や差入れによって逃亡や罪証隠滅が生じる可能性が、より具体的に予見されるものであることを要する。裁判例の中では、本条の接見等禁止決定は、「被疑者を勾留していてもなお逃亡し、または罪証を隠滅すると疑うに足りる相当な理由がある場合に、刑訴80条の例外的措置としてなされるもの」とした上で、「被疑者に対する重大な心理的苦痛をもたらすものであることに鑑み、極めて慎重に、最小限度の運用にとどめるべき」と説示したものがあり、妥当だろう[31]。他方で、この要件は抽象的に判断される結果、緩や

---

[31] 大阪地決昭34・2・17下刑集1巻2号496頁。

かに運用されており、一律の接見等禁止や一審判決後まで接見等禁止が伸長している状況がみられるという指摘もなされており、過度に広汎な制限をかけるものとする批判がある。

2　検察官の請求または裁判所の職権

本条の接見等禁止は、検察官からの請求を受けて裁判所に判断されるか、裁判所の職権に基づいて行われる。実務上は、検察官の請求によるものがほとんどだとされている。なお、検察官による請求や裁判所の職権の発動の時期については、接見等禁止を行う理由と必要性があれば、第1回公判期日後でも認められる。

3　制限の裁判

上記要件を充足した場合、裁判所は、接見禁止、検閲、授受禁止、差押えの決定を下すことになる（なお、起訴前勾留や刑訴280条の勾留の場合は、裁判官による命令となる）。なお、接見等禁止の全部解除あるいは一部解除については明文の規定を欠いているが、そのようなことを裁判所が為しうるのは当然のことであろうし、接見等禁止の理由が消滅した場合には、裁判所は職権で接見等禁止を全部解除する義務を負うものと解すべきである。なお、国会が被告人に対して証人喚問を行うことを理由に、裁判所が接見禁止を一部解除した事案がある※32。しかし、このように国家機関が法律に授権された権限の行使の一環として被収容者の身体を用いる場合と、私人による面会の場合を区別せずに、証人喚問を行うことを「接見」に該当させるべきなのかは、刑訴80条の趣旨からすれば、その法律構成において疑問とする余地がある。

また、本条の決定により、弁護人による接見（刑訴39条1項）の秘密性をも制約しうると解すべきではない。具体的には、被勾留者と弁護人以外の者とが、弁護人を媒介としてコミュニケーションをとることがありうる（たとえば本条により親族の接見が禁止されているときに、親族が被勾留者宛の手紙を弁護人に託し、弁護人が自らの接見の際にそれを被勾留者に閲読させるような事例）。この場合は、基本的には弁護人の職務倫理に基づいて、接見禁止決定の趣旨を損なわぬよう、弁護人が自律的に伝達することの可否を判断すべきである。これに対しては、書類等の授受について、意思・情報の伝達の主体が弁護人以外のものである限り、弁護人が介在しても接見禁止決定による禁止に直接に触れるという理解も示されている。しかし、口頭で第三者からの言葉を伝えるのが弁護人の良識ある判断に委ねられるのと同様に、書類・手紙等についても弁護人の良識ある判断に委ねるべきであろう。無論、弁護人とて逃亡や罪証隠滅に加担することは許されず、そのような事態を招くような伝達を行うことで接見

※32　東京高決平4・11・25高刑集45巻3号120頁。

禁止決定の趣旨を損なう場合は、弁護士会による懲戒などで対処されるべきであろう。

　本条但書により、糧食の授受については、禁止することはできない。糧食は、被勾留者の生命や健康を維持する基礎になるため、被勾留者や差出人の意向を尊重し、特に制限しないようにしたのであろう。もっとも、糧食への検閲は認められ、糧食の中身に逃亡の用具が隠匿されていたり、毒物が混入していたりする場合は、その物に限って差し押さえたり授受を禁じたりすることができる。

Ⅲ　制限の具体的内容

1　接見の禁止

　本条の要件を充たした場合に裁判所が採りうる措置として、まず弁護人以外の者との接見の禁止がある。この接見の禁止の内容としては、全面的な接見の禁止、一部の者との接見の禁止（たとえば親族以外の者との接見禁止）、期限付の接見禁止（たとえば、被疑者勾留の場合には、公訴提起に至るまでの間の接見禁止）などがある。もっとも、弁護人以外の者との接見の価値に鑑みれば（刑訴80条の解説参照）、接見禁止の内容についても、必要最小限の範囲にとどめるべきである。

2　授受すべき書類その他の物の検閲、授受禁止、差押え

　逃亡または罪証を隠滅すると疑うに足りる相当な理由が認められる場合には、裁判所は「授受すべき書類その他の物」について、検閲・授受禁止・差押えを為しうる。

　本条にいう「検閲」は、対象物の外形及び内容を確認する処分を意味するものとして運用されているが、原則的に外形的な確認にとどめるべきとの理解も主張されている。検閲は、憲21条2項により禁止されているが、判例によれば、本条にいう「検閲」は憲法で禁止されている検閲には当たらない[33]。「検閲」の結果、必要に応じて授受を禁じたり、差し押さえたりすることができるものとされる。なお、「授受を禁じ」た場合は、対象となった書類その他の物は差出人に返戻すべきである。

　本条では、「差し押える」ことも認められうるが、本条にいう差押えの意味については、刑訴99条以下の強制処分たる差押えだとする見解がある。この理解からすれば、本条の差押え対象物は、刑訴99条に準じて「証拠物又は没収すべき物」になる。しかし、本条は勾留の目的を実現するための制限であることに鑑みると、本条の差押えは、必ずしも刑訴99条以下の差押えと完全に一致するわけではなく、逃亡や罪証隠滅を防止するための物を一時的に差し止め、あ

---

[33] 最大判昭59・12・12民集38巻12号1308頁。

るいは留め置くことを意味すると解すべきである。

（緑　大輔）

> **（勾留理由開示の請求）**
> **第82条**　勾留されている被告人は、裁判所に勾留の理由の開示を請求することができる。
> ②　勾留されている被告人の弁護人、法定代理人、保佐人、配偶者、直系の親族、兄弟姉妹その他利害関係人も、前項の請求をすることができる。
> ③　前二項の請求は、保釈、勾留の執行停止若しくは勾留の取消があつたとき、又は勾留状の効力が消滅したときは、その効力を失う。

I　本条の趣旨

　本条から刑訴86条までは、いわゆる**勾留理由開示制度**にかかわる規定である。勾留理由開示制度は、憲34条後段が「要求があれば、その（抑留・拘禁の）理由は、直ちに本人及びその弁護人の出席する公開の法廷で示されなければならない」と定めていることを受けて設けられたといわれる。

　なお、憲34条後段の趣旨については理解が分かれるところである。裁判実務は勾留理由の公開を要求するにとどまるとの理解に立つといわれるが、憲34条が英米法のヘイビアス・コーパス（Habeas Corpus）、つまり人身保護令状による被拘禁者の救済を導入して、人身の自由を保障するとの考え方から設けられたものであるため、本条も同様の趣旨を受けて、不当な勾留からの救済手段の1つとして設けられたものと考えられる。具体的な手続の形態としては、本条は、この憲34条の人身保護の趣旨を踏まえれば、英米法の刑事手続上の予備審問（preliminary hearing）に類するものとしても位置づけられる。英米法の予備審問は、検察官の収集した証拠によって公判に付するだけの理由がみとめられるか、公開法廷で審理する手続であり、この予備審問において同時に拘禁を継続する理由の有無も、拘禁の理由が開示された上で検討される。そして、拘禁の理由がない場合や、公判に付するだけの理由がない場合には、被疑者（被拘禁者）を釈放することになる。

　このように、本条の勾留理由開示制度は、公開法廷で勾留理由を開示する点においては予備審問と類似しているが、仮に不当な勾留であることが明らかになった場合であっても、直ちに勾留を取消し、あるいは無効とする効果はない。また、公判に付するか否かを判断する機能も本条の勾留理由開示制度にはない。しかし、勾留理由開示制度が憲34条後段のヘイビアス・コーパスの趣旨を受けて設けられたものであるならば、単に形式的に勾留理由を開示するだけの制度

として解すべきではない。本条は不当な勾留からの救済を直接の目的としつつ、勾留理由を請求者に提示し、請求者からの充分な批判にさらした上で、勾留の要否を再検討するという実質的な運用を目指すものとして理解すべきであろう。もっとも、裁判実務上は、形式的に理由を開示するにとどまっている場合が多いようである。

なお、本条以下の勾留理由開示手続は、刑訴207条1項を通じて被疑者の勾留についても準用されるとともに、鑑定留置（刑訴167条5項）にも準用される。他方で、逮捕、勾引については、本条のような理由開示制度は設けられていない。これは、短期の拘束にとどまるからであろうし、人身保護法による救済を念頭に置いていた可能性もある。なお、少年に対する、勾留に代わる観護措置（少年43条1項、少年17条1項）について、理由開示についての規定が欠如しているが、本条の理由開示が認められるべきである。

II　勾留理由開示の要件

1　請求の主体―勾留されている被告人

本条1項にいう「勾留されている被告人」とは、現に勾留によって身体を拘束されている被告人を意味する。刑訴207条1項により被疑者にも準用される以上、勾留されている被疑者も本条の請求主体となりうる。現に釈放されている、保釈中の被告人や、勾留執行停止の被告人は、本条で請求はできないとされている。

2　請求の主体―弁護人、利害関係人など

本条2項は、「勾留されている被告人の弁護人、法定代理人、保佐人、配偶者、直系の親族、兄弟姉妹その他利害関係人」も理由開示を請求できる旨を定めている。この中でも、「その他利害関係人」が、どの程度の範囲を意味するのか、問題になりうる。

被告人と何ら利害関係を有しない者以外、すべての者を広く認める理解から、被告人と身分的な関係ないしそれに準じる関係を有する者に限る理解、さらに被告人の勾留によって事実上・法律上何らかの影響を受ける者に限る理解がある。裁判例では、たとえば、被告人または被疑者が勾留されることについて身分的関係またはこれに類する直接かつ具体的な利害関係を有する者を指すとした上で、労働組合員である被疑者の勾留について理由開示を請求した同労働組合の執行委員長を「利害関係人」に該当しないものと判示したものがある※34。また、被告人の勾留によって事実上・法律上何らかの影響を受ける者で、かつ

※34　東京地決昭34・8・27下刑集1巻8号1888頁。類似した判断として、山口地岩国支決昭45・5・7刑月2巻5号622頁。

その影響は現在のものに限られるとした上で、大学教員による自主講座の参加者で2ヶ月ほど過去に同居して指導を受けた者を「利害関係人」に該当しないものと判示したものもある[35]。

3　裁判所への請求

　勾留されている被告人は、「裁判所」に理由開示を請求する。本条1項にいう「裁判所」の意味は、手続段階によって変わる。たとえば、被疑者勾留の場合は、勾留状を発付した裁判所の裁判官を意味する（勾留状を発付した裁判官自らが開示するのが原則だが、事情によっては国法上の当該裁判所に属する他の裁判官がおこなうこともできる）。起訴後第1回公判期日までは、公訴提起を受けた裁判所の裁判官が開示を行う。判例は、簡易裁判所裁判官が被疑者に勾留状を発したところ、地方裁判所にその被疑者の事件が起訴された場合、第1回公判期日前の勾留理由開示は、当該地方裁判所の裁判官が行うべきとしている[36]。第1回公判期日後は、公判裁判所が開示を行うことになる。さらに、少年事件における勾留に代わる観護措置の場合は、観護令状を発した裁判所の裁判官が開示することになろう。

4　開示すべき勾留の理由

　本条1項にいう「勾留の理由」とは、勾留の理由となっている、犯罪事実と刑訴60条1項各号所定の事由を意味する。ここにいう「理由」をどの程度明らかにすべきかについては、刑訴84条の解説参照。

5　開示請求の時期と回数

　本条1項は、勾留の理由の開示を「請求することができる」としているが、この文言が、開示請求の時期や回数について限界があることを想定しているのかどうかが、問題となりうる。

　請求の時期については、被疑者段階から勾留された場合は、その期間中及び起訴後まで請求することができる。しかし、判例が開示請求の回数を限定する文脈で、「勾留理由開示の請求は、同一勾留については勾留の開始せられた当該裁判所において一回に限り許される」と判断していることから[37]、勾留が開始された当該裁判所に事件が係属している間、という時期的な限界も存在するとも考えられる。被告人が、控訴裁判所に訴訟記録が到達した後に、「勾留の開始せられた」裁判所である第一審裁判所に対して勾留理由開示を請求した事案について、最高裁は「第一審で被告人の勾留が開始された後、勾留のまま第

---

[35]　岡山地決昭49・2・13刑月6巻2号178頁。
[36]　最三小決昭47・4・28刑集26巻3号249頁。
[37]　最一小決昭29・8・5刑集8巻8号1237頁。

一審裁判所が被告人に対して実刑判決を言い渡し、その後、被告人の控訴により訴訟記録が控訴裁判所に到達している場合には、第一審裁判所に対するものであっても勾留理由開示の請求をすることは許され」ないと説示した※38。上訴裁判所に訴訟記録が到達し、上訴裁判所が勾留の可否について独自に判断することができる段階に至っていることに照らして、第一審裁判所に勾留理由開示を求めても解放される見込みがないことが、このような判断を支えている可能性がある。このような理解は、勾留理由開示を勾留からの救済手段の一環としてとらえる、上述した勾留理由開示制度の趣旨と整合する。これに対して、上訴裁判所に訴訟記録が到達していない場合は、刑訴規92条3項および同条2項により、原裁判所がその決定をしなければならない。なお、同一勾留に対する理由開示請求の回数は1回に限られる（刑訴86条解説参照）。

Ⅲ　請求の方式

　本条の請求は、請求者ごとに各別の書面で行う（刑訴規81条1項）。なお、本条2項により請求をする者は、被告人との関係を書面で具体的に明らかにすることが求められる（刑訴規81条2項）。なお、請求の際には、疎明資料を提出する必要はないものの、刑訴43条3項により、裁判所が必要とする場合には、疎明資料の提出が求められる場合もある（戸籍謄本など）。

Ⅳ　請求の失効

　本条3項により、「保釈、勾留の執行停止若しくは勾留の取消があつたとき、又は勾留状の効力が消滅したとき」には、理由開示の請求は効力を失う。ここにいう「保釈、勾留の執行停止若しくは勾留の取消があつたとき」とは、これらの事情により現実に釈放されたときを意味する。「勾留状の効力が消滅したとき」とは、たとえば、勾留期間が満了した場合（刑訴60条2項）や、刑訴345条に定められた裁判（無罪、免訴など）の告知があった場合を意味する。なお、勾留期間満了前に被疑者が釈放された場合も、これと同様であろう。

　本条3項による失効については、改めて特別の裁判を行う必要はなく、当然に失効することになる。

Ⅴ　人身保護法との関係

　憲34条後段の趣旨を受けて、わが国には人身保護法が定められている。人身保護法は、現に不当に奪われている人身の自由を迅速かつ容易に回復せしめる

※38　最二小決平26・1・22判時2223号129頁

ことを目的として定められた法律であり、法律上正当な手続によらずに身体の自由を拘束されている者がこの法律により救済を求められる。従って、刑事手続上も正当な手続によらない不法な拘束であれば、勾留理由開示制度のほかに、人身保護法による救済を求められるはずである。実際、人保13条などは刑事手続における拘束に対する救済を想定した文言になっている。

しかし、人保規4条が、「他に救済の目的を達するのに適当な方法があるときは、その方法によって相当の期間内に救済の目的が達せられないことが明白でなければ、これをすることができない」と定めており、裁判所が勾留に対する救済手段としては、抗告（刑訴419条）、裁判官が勾留の裁判をした場合は準抗告（刑訴429条）が用いられる。そのため、人身保護法が用いられる余地は狭いものとなっている[39]。

（緑　大輔）

> **（勾留理由開示の手続）**
> **第83条**　勾留の理由の開示は、公開の法廷でこれをしなければならない。
> ②　法廷は、裁判官及び裁判所書記が列席してこれを開く。
> ③　被告人及びその弁護人が出頭しないときは、開廷することはできない。但し、被告人の出頭については、被告人が病気その他やむを得ない事由によつて出頭することができず且つ被告人に異議がないとき、弁護人の出頭については、被告人に異議がないときは、この限りでない。

本条は、勾留理由開示の手続を定めたものである。

本条1項は、「公開の法廷」で理由開示を行うことを求めているが、これは憲34条後段が「公開の法廷」で理由の開示を行うことを求めていることを受けている。その趣旨は、人身の自由を制約する理由の正当性を公開の場で裁判所に説明させることで、勾留の濫用を防ぎ手続の適正性を担保することを期待しているものと考えられる。開示を行う際には、裁判長が開示期日を定めるが（刑訴規82条1項）、公判期日に行うこともできる（刑訴規83条）。なお、憲82条2項と異なり、公開禁止が憲34条では認められておらず、公開禁止は許されない。

本条3項は、「被告人及びその弁護人」の出頭なくば「開廷することはできない」と定めるが、これは被告人と弁護人の出頭が、原則として勾留理由開示の際には必要であることを意味する。憲34条後段が、「本人及びその弁護人の出席する」公開法廷で理由開示を求めていることを受けている。もっとも、本条3項但書で、被告人に病気等のやむを得ない事由があり、被告人に異議がない

---

[39] 刑事手続に人身保護法が用いられた事例として、神戸地判昭39・9・11下民集15巻9号2179頁（大阪高決昭39・11・21高刑集17巻7号717頁）。

場合は、被告人の出頭なきまま理由開示が行われ、弁護人の不出頭についても被告人に異議がなければ、弁護人の出頭なきまま理由開示が行われる。解釈上はこれらに加えて、被告人が、正当な理由なく出頭しない場合に、刑訴286条の2を準用して、そのまま開廷してよいのか、見解が分かれている。少なくとも、人身の自由にかかわる制度であることに鑑みると、本来は裁判を受ける権利を制約する点で例外的に適用されるべき刑訴286条の2を、本条にも準用することについては抑制的であるべきだろう。もっとも、開廷期日に出席している被告人または弁護人が、許可を受けずに退廷した場合や、秩序維持のために退廷を命ぜられた場合は、そのまま開示手続は進められる（刑訴規85条の2）。

（緑　大輔）

> **（勾留理由開示の方式）**
> **第84条**　法廷においては、裁判長は、勾留の理由を告げなければならない。
> ②　検察官又は被告人及び弁護人並びにこれらの者以外の請求者は、意見を述べることができる。但し、裁判長は、相当と認めるときは、意見の陳述に代え意見を記載した書面を差し出すべきことを命ずることができる。

I　本条の趣旨、理由の開示

本条は、勾留理由を開示する期日の法廷での手続を定めたものである。

本条1項は「裁判長」が勾留の理由を開示する旨が定められているが、第1回公判期日前であれば、裁判官が行う（刑訴207条1項、刑訴280条1項）。

本条1項に基づき告げられる「勾留の理由」とは、勾留の理由となった犯罪事実と、刑訴60条1項各号所定の事由を意味するが、これらの理由をどの程度明らかにするのか問題になる。勾留理由開示が不当な勾留からの救済を直接の目的としつつ、勾留理由を請求者に提示し、請求者からの充分な批判にさらした上で、勾留の要否を再検討し、勾留取消し（刑訴87条）を促すための制度である以上（刑訴82条解説参照）、次の刑訴60条1項各号の事由を述べるだけでは足りないと解すべきである。むしろ、開示時点における具体的な詳しい理由を開示すべきであろう（このように勾留後、開示時点での理由の開示を求めるのは、勾留理由開示制度を勾留取消しと関連付けて理解する帰結でもある。勾留取消しに関する刑訴87条解説参照）。

このように、勾留理由開示を勾留取消しと関連付けて、勾留からの救済制度として位置づける理解に対して、刑訴82条の勾留理由開示の請求権者と、刑訴87条の勾留取消しの請求権者が相違する以上、関連付けるべきではないとの批

判がある。批判する見解は、勾留理由開示は勾留の理由や必要性を説明する場に過ぎず、勾留からの救済手段とは理解しないことになる（そのため、この見解では、勾留状発付時についての理由が開示されるにとどまる）。しかし、勾留理由開示は、勾留について再審査を求めることにより、裁判所の職権による勾留取消し（刑訴87条）を期待する制度として解すれば、刑訴82条の請求権者と刑訴87条の請求権者の相違は問題とならない。むしろ、刑訴87条の勾留取消しは、勾留理由開示に接続して用いられる場合と、勾留理由開示とは独立して勾留の理由や必要が消滅した場合、双方のケースを扱う規定である以上、請求権者が刑訴82条と異なっていても、それ自体が刑訴82条を刑訴87条と結び付けて理解することを妨げるものではない。なお、勾留理由の開示の際に、「一件書類の記録によれば、刑訴60条に定める2号・3号の相当な理由が認められます」という「紋切り型の理由開示」しかされない傾向があると指摘されている。

Ⅱ　意見の陳述

　本条2項では、検察官、被告人、弁護人などが、「意見を述べることができる」。ここにいう「意見」とは、勾留の理由についての意見を指す。この意見は、刑訴規85条の3によれば、各10分を超えることができない。勾留理由開示制度では、勾留の裁判を主宰した裁判所が自ら理由開示の手続を主宰するがゆえに、緊張関係が手続参加者の間で生じやすい。そこで、時間制限をすることで過度な緊張関係を回避し、手続を迅速に処理する趣旨だと説明されている。手続の参加者の時間を合計して互いに融通しあう（「被告人1人と弁護人2人、あわせて30分」を互いに融通して使う）ことを否定する理解が有力であるが、被勾留者が、その勾留される理由を吟味する重要な機会であるので、許されるべきように思われる。実務上も、かつては柔軟に対応されてきたとされ、勾留理由開示公判が数時間に及ぶことも稀ではなかったという。このような運用があったことからすれば、刑訴規85条の3は訓示規定として解すべきように思われる。なお、裁判官が充分な勾留理由を開示しない場合には、請求者は求釈明を行うことができ、この求釈明には時間制限の適用はない。

　本条2項但書では、裁判長は「相当と認めるとき」に、意見陳述に代えて書面を差し出すべきことを命ずることができる。ここにいう「相当と認めるとき」とは、口頭による陳述では関連性のないことを述べ、あるいは時間制限を無視するなど、開示手続が円滑に進められなくなるような場合を意味する。もっとも、不当な勾留からの救済という趣旨からすれば、手続の形骸化につながらぬように、意見陳述を禁止して書面を差し出すように命令できるのは例外的な場合に限られるべきであり、はじめから法廷の混乱を理由に書面提出を命じるのは問題であろう。

（緑　大輔）

（受命裁判官による開示）

第85条 勾留の理由の開示は、合議体の構成員にこれをさせることができる。

本条により、勾留理由開示は、便宜上、合議体の構成員たる受命裁判官にさせることが認められる。

（緑　大輔）

（勾留理由開示請求の競合）

第86条 同一の勾留について第八十二条の請求が二以上ある場合には、勾留の理由の開示は、最初の請求についてこれを行う。その他の請求は、勾留の理由の開示が終つた後、決定でこれを却下しなければならない。

勾留理由開示制度では、請求権者が広めに認められているがゆえに、同一の勾留について勾留理由開示請求が複数なされうる。その請求すべてに対して開示手続を行うことが訴訟経済に適うものとはいえず、また審理の促進に対しても足かせとなることから、最初の請求についてのみ開示を行うべく本条が設けられた。

本条にいう「同一の勾留」の意味が問題になりうるが、判例は「同一勾留については勾留の開始せられた当該裁判所において一回に限り許される」と判断している※40。「当該裁判所において一回に限り許される」としていることから、本条の「同一の勾留」の意味を、同一の勾留状による勾留や、同一の公訴事実についてなされている勾留として理解しているものと思われる。つまり、勾留更新の前後の勾留や、保釈前及び保釈取消後の勾留、いずれについても「同一の勾留」に該当することになる。しかし、勾留理由開示制度が職権による勾留取消を促すための制度だとするならば、勾留状や公訴事実が同一であっても、たとえば勾留更新の際に刑訴60条1項各号所定の勾留の理由が変化した場合などは、もはや「同一の勾留」にあたらず、再度の勾留理由開示請求を認めるべきであろう。

なお、本条にいう「最初の請求」とは、裁判所の受付の順序で決まるものとされている。

また、本条は「最初の請求」以外の他の請求について、「勾留の理由の開示が終わった後」に決定で却下するものとしているが、これは「最初の請求」が取下げられた場合には次順位の請求に対して理由開示をする必要が生じるから

※40　最一小決昭29・8・5刑集8巻8号1237頁。

である。

（緑　大輔）

> **（勾留の取消し）**
> **第87条**　勾留の理由又は勾留の必要がなくなつたときは、裁判所は、検察官、勾留されている被告人若しくはその弁護人、法定代理人、保佐人、配偶者、直系の親族若しくは兄弟姉妹の請求により、又は職権で、決定を以て勾留を取り消さなければならない。
> ②　第八十二条第三項の規定は、前項の請求についてこれを準用する。

I　本条の趣旨

　勾留が人身の自由に対して大きな制約を加えることに鑑み、勾留理由が消滅した際に、勾留の効力を将来にわたって消滅させる義務を裁判所に課したのが、本条の**勾留取消し**の制度である。他の救済手段と比較すると、勾留の不服申立て（刑訴420条2項、刑訴429条1項2号）が、勾留の裁判自体の瑕疵を原因として勾留を否定するものであり、保釈（刑訴88条以下）と勾留執行停止（刑訴95条）が、勾留後の事情を考慮して一時的に勾留の効力を停止するものであるのに対し、勾留の取消しは勾留後の事情を原因とする失効の裁判として位置づけられる。

　なお、本条は刑訴207条1項を通じて、被疑者の勾留についても準用される。

II　勾留取消しの要件と効果

1　勾留の理由、勾留の必要の消滅

　本条1項にいう「勾留の理由」がなくなったときとは、刑訴60条1項の要件を充たす事情が消滅したことを意味する。つまり、犯罪の嫌疑の消滅や、刑訴60条1項各号の事由が消滅した場合を指す（刑訴60条3項に当たることが判明し、住居不定事由が存在しない場合も「勾留の理由」がなくなった場合に該当する）。なお、刑訴60条1項各号のいずれかの事由が消滅したとしても、新たに他の事由が発生した場合や、他の事由が残っている場合は該当しない。

　本条1項にいう「勾留の必要」がなくなったときとは、たとえば、住居不定ではあるが（勾留の理由はあるが）、被告人に確実な身元引受人が現れた場合などがこれにあたる。なお、勾留の目的に反して専ら取調べのために勾留が利用されているなどの捜査の違法が、被疑者の勾留の必要性を消滅させる事由にな

りうるとした判例がある[41][42]。他方で、最高裁は、起訴前の別件勾留による取調べの違法性は、起訴後の勾留の効力には影響を及ぼさず、勾留取消しの理由にはならないと判示している[43]。これらの裁判例は、「勾留取消しを判断する時点において、勾留の理由・必要があるか」を問題としている点で、判断枠組みとしては一貫しているといえる。

また、無罪判決後の勾留を認めた裁判に対する異議申立て（刑訴428条2項）が棄却され確定した場合、この異議申立てと同じ論拠に基づいて勾留を違法として取り消すことはできないとの判例がある[44]。この決定は理由を述べていないものの、この判断を支える理解としては、異議審の内容的確定力ゆえに同一論拠で勾留の違法を理由とした取消しができないという理解と、勾留取消自体が、前々から主張されすでに排斥された事情を、場を変えて再び検討することまでは制度上想定していないという理解がありうる。

なお関連して、本条の勾留の理由・勾留の必要が「なくなつたとき」の意味は、当初存在した勾留の理由や必要が後に消滅した場合のみならず、勾留の理由や必要が当初から存在しなかった場合（原始的欠缺）をも、含めて理解されている。これは、原始的欠缺の場合は、原則としては不服申立てである抗告・準抗告で対処されるべきであるものの、誤った拘束からは早急に救済されるべきなので本条を拡張して解釈している、ということである。先に触れた最高裁平成12年決定[45]は、この解釈に基く勾留取消であっても、異議申立てと同じ論拠による請求を認めていない点で、原始的欠缺を理由とする請求にも限界が存在するとの理解を示しているように思われる。

2 検察官、勾留されている被告人、弁護人その他の者の請求、職権

勾留取消しをするには、検察官、被告人らからの請求によるか、裁判所の職権による必要がある。もっとも、検察官が勾留取消しを請求するのは現実にはほとんど考えられない。むしろ、検察官は被告人らの勾留取消し請求に際して、裁判所から意見を聴取される形で参加することになる（刑訴92条2項）。本条1項にいう「勾留されている被告人」とは、現に勾留されている被告人や、勾留されている被疑者（刑訴207条1項）を意味する。保釈中または勾留執行停止中の被告人は、本条の「勾留されている被告人」にはあたらず取消請求はできないものの、裁判所の職権で勾留を取り消すことはできると解されている。

本条2項で、刑訴82条3項が準用されているため、保釈、勾留執行停止によ

---

[41] 岡山地決昭44・9・5判時588号107頁。
[42] 東京地決昭45・8・1判タ252号238頁。
[43] 最一小決昭42・8・31刑集21巻7号890頁。
[44] 最二小決平12・9・27刑集54巻7号710頁。
[45] 最二小決平12・9・27刑集54巻7号710頁。

り、取消請求は失効するが、先の述べたように、職権での勾留取消しは認められる。

3　勾留取消しの効果と不服申立て

　勾留取消しにより、将来に向かって勾留の効力は消滅する。勾留取消しあるいは勾留取消請求却下に対して不服がある場合は、抗告（刑訴420条2項）または準抗告（刑訴429条1項2号）の申立てをすることができる。

（緑　大輔）

（保釈の請求）
第88条　勾留されている被告人又はその弁護人、法定代理人、保佐人、配偶者、直系の親族若しくは兄弟姉妹は、保釈の請求をすることができる。
②　第八十二条第三項の規定は、前項の請求についてこれを準用する。

I　本条の趣旨と保釈の類型

　本条以下で、保釈制度にかかわる規定が設けられている。**保釈**とは、被告人が保証金を納付することを条件として、勾留の執行を停止し、被告人を現に拘束されている状態から解放する制度である。人身を直接に拘束することは避けつつ、逃亡や罪証隠滅など保釈の取消事由が発生した場合には、保釈金を没取するとの精神的・経済的負担を与えて、被告人の公判廷への出頭を確保する。このような保釈制度は、勾留の執行を停止させる効果を有するものの、保証金の納付を条件とし、別種の経済的苦痛と引換えに出頭や保釈条件の遵守を求める点で、勾留執行停止（刑訴95条）とは異なる。他方で、勾留の効果が将来に向かって消滅せず、再度刑事施設に収容される可能性がある点で、勾留取消し（刑訴87条）とも異なる。

　保釈制度は、無罪推定原則の適用を受けている有罪確定前の被告人が、可能な限り通常人と同様の生活状態におけるようにして、人身の自由に対する制約をできるだけ小さくして社会生活上の負担を緩和することが期待できる。また同時に、この制度は、勾留の理由と必要が認められる被告人であっても、身体の拘束から解放され、当事者主義を基本とする現行刑事訴訟法下の裁判において、武器対等の原則に近づいた形で防御活動をすることが可能となる点でも有意義である。また、市民的及び政治的権利に関する国際規約（国際自由権規約）9条3項は、「妥当な期間内に…釈放される権利」の保障を求めている。実務上は、勾留事件中で保釈請求がなされる割合も、勾留事件中で保釈が認められる割合も低下してきていたところ、従前の保釈判断が厳格すぎた可能性を指摘す

る論者もいる。しかし、公判前整理手続適用事件を中心として、保釈決定の時期が同手続の導入前よりも早くなったという指摘も見られる。公判前整理手続によって早い段階で弁護人・被告人の主張・証拠構造が明らかになり、公判前整理手続終結後の証拠調べ請求が制限されることで（刑訴316条の32）、罪証隠滅の虞が相対的に減少すること、公判前整理手続のための弁護人と被告人の打合せの必要性や円滑な訴訟進行等を考慮し、裁量的に保釈許可決定をしている可能性があることが理由として挙げられるところである。

保釈は、その手続が開始される契機としては、一定の保釈請求権者からの請求に基づいて行われる**請求による保釈**（刑訴88条1項）と、裁判所が適当と認めるときに職権で行う**職権による保釈**（刑訴90条）とに分類できる。

また、保釈の要件の違いに応じた種類としては、**権利保釈（必要的保釈）**（刑訴89条）、**裁量保釈（任意的保釈）**（刑訴90条）、**義務的保釈**（刑訴91条）の3種類が設けられている（それぞれにつき各条文解説参照）。

なお、本条以下、保釈にかかわる規定は、刑訴207条1項但書により被疑者の勾留には準用されない。つまり、被疑者段階においては、わが国では保釈制度は存在しない。

Ⅱ 保釈の請求

1 請求権者

本条1項によれば、保釈の請求権者は、勾留されている被告人、弁護人、法定代理人、保佐人、その他一定の親族である。「勾留されている被告人」の意味については前条解説参照。ただし、勾留執行停止中の被告人についても、執行停止期間満了を条件に保釈を請求できると解すべきである。弁護人、法定代理人、保佐人、その他本条に定める親族は、被告人の意思とは独立して請求権を行使できるものとされている（独立代理権）。

2 請求の方式、不服申立て

保釈請求は、口頭でも書面でも可能であるが（刑訴規293条）、実務上は書面で行うのが通常である。現に勾留されている被告人であれば、上訴申立ての有無にかかわらず上訴提起期間中も保釈請求をなしうる。もっとも、判例上、原判決が言い渡された後、原裁判所で保釈を許可されたものの保証金を納付できなかった被告人が、上告審に重ねて保釈請求をした場合、その請求は不適法だと判断されている[46]。

本条2項により、保釈、勾留執行停止、勾留取消があったときは、刑訴82条3項の準用により保釈請求は失効する。

---

[46] 最二小決昭41・4・15判タ191号147頁。

第89条（必要的保釈）　203

　なお、保釈請求が却下された後、事情変更があれば再請求できる。また、保釈の裁判に不服があれば、抗告（刑訴420条2項）または準抗告（刑訴429条1項2号）の申立てをすることができる。判例上は、職権保釈の事案で、抗告裁判所は、保釈に関する裁判が「違法であるかどうかにとどまらず、それが不当であるかどうかをも審査しうる」※47。

（緑　大輔）

（必要的保釈）
第89条　保釈の請求があつたときは、次の場合を除いては、これを許さなければならない。
一　被告人が死刑又は無期若しくは短期一年以上の懲役若しくは禁錮に当たる罪を犯したものであるとき。
二　被告人が前に死刑又は無期若しくは長期十年を超える懲役若しくは禁錮に当たる罪につき有罪の宣告を受けたことがあるとき。
三　被告人が常習として長期三年以上の懲役又は禁錮に当たる罪を犯したものであるとき。
四　被告人が罪証を隠滅すると疑うに足りる相当な理由があるとき。
五　被告人が、被害者その他事件の審判に必要な知識を有すると認められる者若しくはその親族の身体若しくは財産に害を加え又はこれらの者を畏怖させる行為をすると疑うに足りる相当な理由があるとき。
六　被告人の氏名又は住居が分からないとき。

I　本条の趣旨

　本条は、いわゆる権利保釈（必要的保釈）について定めたものである。被告人は有罪が確定するまでは無罪推定原則の適用を受け、また勾留が人身の自由を長期にわたって制約し、当事者主義の下での被告人の防御権の行使をも制約してしまう処分であることから、本条各号に列挙されている事由がない場合には必ず保釈を許さなければならないとし、文言上は保釈することが原則となるように定められている。

　もっとも、第一審、あるいは第二審で禁錮以上の刑に処する旨の判決の宣告がなされた後は、本条の適用がなくなる（刑訴344条、刑訴404条）。他方で、本条による権利保釈が認められない場合であっても、裁量保釈（刑訴90条）は別途認められうる。

※47　最一小決昭29・7・7刑集8巻7号1065頁。

Ⅱ　権利保釈の要件

1　除外事由の不存在

(1)　権利保釈は、本文により「左の場合を除いて」、原則として保釈が認められなけれならない。逆にいえば、「左の場合」として定められている本条各号のいずれかに該当する場合には、保釈は認められないことを意味する。

　本条の除外事由を確認すると、そこには刑訴60条１項で勾留を必要とする事由として定められている、被告人が「逃亡」するおそれが存在しない。これは、保釈において被告人が納付する保証金が、逃亡を予防することが期待されているからである。もっとも、他方で本条１号が、一定の重大な罪を犯したものであるときには類型的に権利保釈を認めていない。これは、刑が重いがゆえに、保証金による逃亡抑止の効果が弱くなると考え、設けられた除外事由だと思われる。この意味では、逃亡のおそれを本条の権利保釈も一定程度考慮しているといえる。

(2)　本条の除外事由の有無を検討するにあたっては、勾留理由となっている事実に限るべきか否か（事件単位で判断すべきか否か）、問題となる。

　複数の犯罪事実について併合審理されている事案において、そのうち１個の犯罪事実について勾留している場合には、権利保釈の要件の有無はその犯罪事実についてのみ考慮すべきだと判示した裁判例がある[48]。これに対しては、余罪事実も考慮すべきとの考え方（人単位で判断する）、併合審理されている場合には併合審理されている犯罪事実について手続単位で考慮すべきとする考え方などがある。しかし、勾留の理由・必要について事件単位で司法審査がなされている以上、勾留の効力も事件単位でしか及ばないはずである。そうであるならば、勾留の効力を停止させる保釈についても同様に、司法審査が及んでいない事実を考慮することは、事件単位原則に反すると解すべきであろう。なお、裁量保釈の事案であるが、保釈一般について事件単位で保釈の許否を判断すべきものとした下級審裁判例がある[49]。余罪を理由に被告人を拘束する必要があるのであれば、別途、その余罪について勾留の要否を審査した上で、勾留状を発するべきである。

　なお、このような事件単位によって判断する論理からすれば、実体法上一罪となる科刑上一罪、包括一罪、常習一罪の事案でも、同様に勾留の基礎となっていない事実を考慮することは許されないことになろう。すなわち、実体法一罪となるA事実とB事実がある事案で、A事実を理由に勾留・起訴されているものの、B事実では起訴されていない場合、B事実には勾留の効力が及んでい

---

[48]　名古屋高決昭30・１・13高刑特２巻１＝３号３頁。

[49]　高松高決昭41・10・20下刑集８巻10号1346頁。なお、仙台高決昭40・９・25下刑集７巻９号1804頁は、本条１号については余罪を考慮することが許されると判示している。

第89条（必要的保釈）　205

ない以上、保釈の許否の判断の際にB事実を考慮することは許されない。

(3)　本条の除外事由がなければ、保釈を「許さなければならない」。すなわち、裁判所は保釈を認める裁判をしなければならない。もっとも、保釈を認める裁判がなされることと、現実に保釈されることは、別問題である。たとえば、保釈を認める裁判がなされても、保証金の納付が現実になされなければ、現実には保釈はされないことになる（刑訴94条1項）。

2　一定の重大な罪を犯したものではないこと（1号）

　本条1号は、「死刑又は無期若しくは短期1年以上の懲役若しくは禁錮にあたる罪」に該当する場合には、権利保釈の対象から除外される旨を定めている。本号の罪にあたるか否かは、法定刑によって判断されるが、法定刑の中に短期1年以上の懲役刑のほかに罰金刑が選択刑として含まれている場合も、本号の罪に当たる[50]。また、幇助犯の場合であっても、正犯の罪の法定刑を基準として本号の罪への該当の有無が判断される[51]。

　本条1号所定の罪を「犯した」との意味は、現にその罪を訴因として起訴されていることを指す。訴因変更（刑訴312条）があった場合には、変更後の訴因によって本号への該当性が判断されるべきであり、また予備的訴因や択一的訴因がある場合は、そのいずれかの訴因が本号に該当していれば足りることになろう。

3　前に一定の重大な罪で有罪の宣告を受けていないこと（2号）

　本条2号は、被告人が前に「死刑又は無期若しくは長期10年を超える懲役若しくは禁錮に当たる罪」で有罪宣告を受けている場合を権利保釈の除外事由としている。本号は前に本号所定の罪で有罪を「宣告」されたことがあれば該当するため、判決の確定までは要しない。もっとも、上訴による刑の変更、刑の消滅、恩赦があった場合には、本号は適用されない。また、執行猶予期間を経過した場合も本号の適用はないとした裁判例がある[52]。

4　常習として一定の重大な罪を犯したものではないこと（3号）

　本条3号は、被告人が常習として長期3年以上の懲役・禁錮の罪を犯したものである場合、権利保釈の除外事由としている。ここにいう「常習として」とは、現に起訴されている罪について常習性があることを意味する。裁判例によれば、罪質を同じくする犯罪が一種の習癖として反復して行われたと認められる場合を意味し、この常習性が同種前科や犯罪構成要件になっていることを要しな

---

[50]　最二小決昭59・12・10刑集38巻12号3021頁。

[51]　大阪高決平2・7・30高刑集43巻2号96頁。

[52]　広島高決昭47・1・7判時673号95頁。

206　第89条（必要的保釈）

い※53。さらに、構成要件が異なっていても、罪質が類似していて結果的加重犯の関係になりやすい場合には（たとえば、傷害罪と暴行罪）、常習性を認定することができると判断された裁判例がある※54。

　もっとも、常習性の認定が広く行われると、権利保釈を大幅に制限する要件となってしまい、問題がある。

5　被告人が罪証隠滅をすると疑うに足りる相当な理由がないこと（4号）

　本条4号は、勾留に関する刑訴60条1項2号と同じく、罪証隠滅をすると疑うに足りる相当な理由の存在が権利保釈の除外事由となっている。4号は、特に罪種に限定はなく、実務においても多用されている要件である。検察官が「被告人は否認している」「共犯者がいる」「保釈すれば関係者に働きかけるおそれがある」と疎明もないまま抽象的に指摘するだけで、裁判所が本号に該当するものとして保釈請求を認めない事例があるとして、「公訴事実を否認すれば保釈はまず認められない」という指摘もある。また、罪証隠滅のおそれをめぐる判断が抽象化している場合があり、より具体的に認定すべきだとの指摘もなされている。

　証拠収集段階である捜査ならばいざ知らず、公訴提起後は罪証隠滅のおそれは通常は低くなるはずであり、また、人身の自由の価値の高さからすれば、抽象的な理由によって保釈が阻まれる状況があるとすれば、問題がある。さらに、公判前整理手続の下で証拠開示がなされる上、裁判員制度によって連日的開廷に被告人も備える必要があることを考えると、罪証隠滅をすると疑うに足りる相当な理由は具体的な事実に基づいて判断されるべきである。とりわけ、黙秘や否認それ自体が直ちに罪証隠滅の可能性を高めるわけではなく、これらの事情とは別に罪証隠滅の発生を推認させる事情が求められるべきである。

　もっとも、裁判例では、4号の意味について、物証、人証の取調べを不可能にする場合のみならず、消極的に公判の開廷を不可能にする目的で故意に出頭せずに、その間に商人の死亡等の事故の発生や物証の自然的散逸を待つような態度を含むと判断したものがある※55。また、公訴事実が多数あり、被告人が一貫して犯行を否認している事案で、検察官が請求する証人の取調べが一応完了したが、弁護側の証人の取調べが未了である場合についても、4号に該当しないとはいえないと判示したものがある※56。前者は召喚・勾引でも対応が可能であるように思われ、後者は判断が抽象的なものであり、それぞれ問題があるように思われる。本号については勾留における罪証隠滅要件同様に、削除す

※53　高松高決昭30・6・18高刑特2巻13号656頁。

※54　福岡高決昭41・4・28下刑集8巻4号610頁。

※55　東京高決昭29・7・15高刑特1巻1号24頁。

※56　仙台高決昭30・6・8高刑特2巻11号573頁。

ることも検討に値する、との主張も見られるところである。

6　被告人が事件関係者に害を加えるおそれがないこと（5号）

本条5号は、被告人が「審判に必要な知識を有する者」や「その親族」に対して、身体・財産に害を加えたり、畏怖させたりするおそれがある場合には、権利保釈の除外事由にあたると定めている。いわゆる「お礼参り」を予防する趣旨である。

ここにいう「審判に必要な知識を有する者」とは、具体的には証人、共犯者たる共同被告人、鑑定人などが含まれることになろう。「その親族」は、必ずしも民法上の親族に限られず、内縁の配偶者なども含まれる場合があるだろう。本号の該当性についても、4号同様に具体的な事情に基づいて判断されるべきである。

7　被告人の氏名または住居が不明ではないこと（6号）

住居が不定である場合も、6号にいう「不明」に該当する。氏名または住居が不明であると、公判への出頭の確保が困難になるため、権利保釈の除外事由とされている。

（緑　大輔）

（裁量的保釈）
第90条　裁判所は、保釈された場合に被告人が逃亡し又は罪証を隠滅するおそれの程度のほか、身体の拘束の継続により被告人が受ける健康上、経済上、社会生活上又は防御の準備上の不利益の程度その他の事情を考慮し、適当と認めるときは、職権で保釈を許すことができる。

I　本条の趣旨

本条は、権利保釈によって保釈されない場合であっても、裁判所の職権による保釈を認めることで保釈される事案を拡大し、よりよく保釈制度の趣旨を実現するために設けられている。権利保釈を補完する重要な制度であり、権利保釈の要件を充足しない場合でも、この裁量保釈によって保釈が認められる場合も多い。典型的には、第一審、あるいは第二審で禁錮以上の刑に処する旨の判決の宣告がなされた後は、権利保釈（必要的保釈）の適用がなくなるが（刑訴344条、刑訴404条）、本条による保釈は認められうる。

2016（平成28）年の刑訴法改正により、裁量保釈の考慮事情が明記された。「保釈された場合に被告人が逃亡し又は罪証を隠滅するおそれの程度のほか、身体の拘束の継続により被告人が受ける健康上、経済上、社会生活上又は防御

の準備上の不利益の程度その他の事情」との文言がそれに当たる。実務上確立している解釈を明記し、法文内容を明確化する趣旨だと説明されている。もっとも、衆参両院の法務委員会は、「保釈に係る判断に当たっては、被告人が公訴事実を認める旨の供述等をしないこと又は黙秘していることのほか、検察官請求証拠について刑事訴訟法第326条の同意をしないことについて、これらを過度に評価して、不当に不利益な扱いをすることとならないよう留意するなど、本法の趣旨に沿った運用がなされるよう周知に努めること」という附帯決議をしている点に留意すべきである。

Ⅱ　各考慮事情の意義

1　「保釈された場合に被告人が逃亡し又は罪証を隠滅するおそれの程度」という要素は、保釈された被告人が逃亡し、または罪証を隠滅するおそれが大きい場合には裁量保釈が不許可となる可能性が高まることを意味する。

罪証隠滅のおそれについては、基本的には、勾留請求に対する判断と同様に、具体的・実質的に罪証隠滅のおそれの有無・程度を判断することになる（刑訴60条の解説を参照）。一般的には、手続の進行によって、罪証隠滅のおそれは低下すると説明されている。現在の実務によれば、起訴前勾留の請求時と比べると、公訴提起後である保釈請求時においては、検察官は証拠収集をかなりの程度終えているはずである。そのため、罪証隠滅の対象となりうる事実は、起訴前勾留の請求時に比べて限定される。公判前整理手続に付された場合には、さらに争点が明確になり、罪証隠滅の対象となる事実はより一層限定される。また、証拠調べが進行すれば取調べ済みの証拠の隠滅は困難である上、裁判所は心証を形成している以上、隠滅しても実効性が乏しい状況になる等の事情により、罪証隠滅の可能性はさらに低下する。もっとも、保釈保証金の心理的負担によって、罪証隠滅行為の抑止効果が生じうることにも着目すれば、公訴提起後の早期の段階で罪証隠滅のおそれが低いと判断できる場合も少なくないように思われる。改正前の90条の下での事案であるが、強盗致傷等被告事件で被告人が否認していた事案において、公判前整理手続が実質的に終了した段階で保釈を認めた判例がある[57]。

逃亡のおそれは、保釈保証金の心理的負担によっても逃亡を予防できないか否かという観点から判断される。このことは、刑訴93条2項が保釈保証金の金額について、被告人の出頭を保証するに足りる相当な金額を設定するよう求めていることからも読み取れる。事案の重大性や、被告人を監督できる者の有無、被告人が生計を維持していたり、幼児を養育していたりする等のような家族状況、定職の有無や疾病の有無といった生活状況も、逃亡のおそれを低下させる

---

[57]　最二小決平22・7・2判タ1331号93頁。

か否かという観点から考慮されうる。また、被告人の主観的な逃亡の意図の有無を判断する観点から、被告人の更生への意欲や公訴事実についての認否や供述の状況が考慮されうると言われている。もっとも、被告人が公訴事実を否認していることや、自白をしていないことを重視して、逃亡のおそれがあると推論することについては、推論そのものに合理性がなく、黙秘権の行使を困難ならしめるなどの批判がある。

2　「身体の拘束の継続により被告人が受ける健康上、経済上、社会生活上又は防御の準備上の不利益の程度」とは、身体拘束を継続することによって被る被告人の不利益の程度が大きい場合には、保釈を許可すべきことを意味する。

　健康上の不利益としては、身体拘束の継続により、被告人が罹患している疾病が重篤化するおそれがある場合が想定されている。経済上の不利益としては、被告人が自営業者等であり、自らが業務に従事しないと事業の継続が困難に陥るため、被告人が事業に従事することが不可欠な場合等が想定されている。社会生活上の不利益としては、被告人が大学院入試の受験日を目前に控えている場合等が想定されている。

　また、防御の準備上の不利益としては、たとえば、裁判員裁判対象事件において、複数の事件を併合して審理するため、証拠が多く争点が複雑である場合のように、保釈を認めた上で、被告人と弁護人の間で十分な打合せを行わなければ連日開廷が難しくなるような場合等が想定されている。なお、取調べの録音・録画制度（刑訴301条の2）の導入に伴い、録音・録画の記録媒体を被告人本人が確認して争点を設定する場合等は、接見室では電源が供給されず、再生機器にも限定が生じる。これら録音・録画の記録媒体の視聴した上での準備が不可欠な場合等も、防御の準備上の不利益として考慮しうるように思われる。

3　「その他の事情」としては、被告人に介護・養育を要する親族がおり、被告人がいなければ当該親族の生活が困難に陥る場合や、被告人が事件関係者を逆恨みして報復行為を行うおそれがある場合が想定されている。なお、権利保釈が認められないにもかかわらず、特別な事情で裁量保釈を認める場合は、「その他の事情」に含まれうる。たとえば、改正前の事案であるが、被告人が刑訴89条4号、6号所定の事由に該当する場合であっても、検察官の立証がほぼ終了し、自分の刑事責任とは無関係の相被告人の事件の審理に長期間を要する等の事情がある場合には、裁量による保釈を認めるのが相当だと判示した裁判例がある[58]。また、強制わいせつ被告事件の被告人で、当該被告人には刑訴法89条3号及び4号に該当する事由があると認められ、常習性も強い事案について、最高裁は、被告人が捜査・公判を通じて犯罪事実を認めていること、先

---

[58]　東京高決昭60・4・11判時1179号152頁。

行して起訴された5件の同種強制わいせつ事件の間に本件が行われていること、被告人は上記先行事件の公判で、先行事件全てにつき公訴事実を認めており、検察官請求証拠についても全て同意をして、その取調べが終了していること、先行事件で保釈が許可されていること、被告人の両親らが被告人の身元を引き受け、公判期日への出頭確保・日常生活の監督を誓約していること、被告人は釈放後に本件犯行場所から離れた父親の単身赴任先に母親と共に転居して両親と同居予定であること、被告人は、現在勾留先で受けている臨床心理士のカウンセリングを釈放後も受け続ける意向を示していること、被告人に前科前歴がないことを挙げて、保釈を許可した受訴裁判所の裁量に逸脱はないと説示した上で、保釈決定を取り消した抗告審の判断を覆している※59。

4 本条の考慮事情の範囲に関連して、裁量保釈の許否を判断する基礎となる公訴事実の範囲が、勾留の理由となる事実に限られるか（事件単位に限定されるか）が問題となりうる。判例は、この点について、勾留状が発付された訴因に限定されないとしている。A、B、Cの3つの公訴事実のうち、A事実についてのみ勾留状が発せられていた事案で、裁量保釈の判断に際して、A事実の事案の内容や性質、被告人の経歴、行状、性格等の事情を考察するための一資料として、B事実・C事実を考慮してもよい旨を判示した※60。

これは一見、勾留状における事件単位原則と矛盾するようにも思える。しかし、勾留状の基礎となった事実について判断するために、間接的に他の事実を考慮したにとどまるため、事件単位原則と矛盾しない、との論理はありうる。本決定が、勾留の基礎となった公訴事実の「事案の内容や性質、被告人の経歴、行状、性格等の事情を考察するための一資料」として余罪事実を考慮できるとしたことは、このような理解を表現したものと思われる。したがって、余罪事実を独立に考慮することまでは認められるわけではない。

Ⅲ　適当と認めるとき

「適当と認めるとき」は、上述した考慮事情を衡量した上で、適当と認められる場合に保釈を許可できることを意味する。本条に基づく保釈の判断は、上述した考慮事情を踏まえた上で、受訴裁判所の裁量に基づいて判断されるところ、抗告審がこれを覆すためには、裁量の逸脱が存在することを具体的に示す必要がある。

詐欺被告事件において、被告人が共謀の事実や欺罔のための発言をしたことを否認し、共犯者らと被告人の主張も対立していたところ、検察側の最重要証

※59　最三小決平24・10・26裁判集刑308号481頁。

※60　最三小決昭44・7・14刑集23巻8号1057頁。

人の主尋問が終わった段階で、裁判所が共犯者その他事件関係者への接触を禁止する条件を付した上で、保釈を許可したところ、抗告審が罪証隠滅のおそれがあるとして、これを取り消した事案について、最高裁は「抗告審としては、受訴裁判所の判断が、委ねられた裁量の範囲を逸脱していないかどうか、すなわち、不合理でないかどうかを審査すべきであり、受訴裁判所の判断を覆す場合には、その判断が不合理であることを具体的に示す必要がある」と説示して、抗告審の判断を取り消している[61]。同様の判断は、準強制わいせつ被告事件の事案で被害者への証人尋問後に保釈請求された事案においても示されている[62]。

（緑　大輔）

（不当に長い拘禁と勾留の取消し・保釈）
第91条　勾留による拘禁が不当に長くなつたときは、裁判所は、第八十八条に規定する者の請求により、又は職権で、決定を以て勾留を取り消し、又は保釈を許さなければならない。
②　第八十二条第三項の規定は、前項の請求についてこれを準用する。

　本条は、憲38条2項が「不当に長く抑留若しくは拘禁された後の自白」に証拠能力がない旨を定めており、自白の証拠能力の問題を通じてであるとはいえ、憲法が不当に長い拘禁が人身の自由に対する侵害の度合いが大きいために禁圧する趣旨を示していることを受けて、不当に長い勾留による拘禁について、裁判所に勾留取消しまたは保釈を許す義務を課したものである。
　本条にいう「勾留による拘禁」とは、勾留によって現に身体を拘束されている状態を意味する。また、本条にいう「不当に長くなつたとき」とは、単なる時間的な観念ではなく、事案の性質、態様、審判の難易、被告人の健康状態その他の状況から総合的に判断されるべき相対的観念であるとされ、たとえば勾留が1年5月余に及んでも、訴因の数や証人の人数が多く、被告人の健康状態に応じて勾留中に2回、勾留執行停止を行っているときは、本条にいう「不当に長くなつたとき」にはあたらないと判示した裁判例がある[63]。より具体的な基準としては、自白の証拠能力をめぐる裁判例が、本条においても参考になると思われる[64]。また、未決勾留日数の本刑算入に際して、法定刑の軽微さに比して「身柄拘束の不必要な長期化を避けるための配慮が十分であったとはい

---

[61]　最一小決平26・11・18刑集68巻9号1210頁。
[62]　最二小決平27・4・15判時2260号129頁。
[63]　名古屋高決昭34・4・30高刑集12巻4号456頁。
[64]　たとえば、最大判昭23・7・19刑集2巻8号944頁など。

212 第92条（検察官の意見の聴取）

えない上、……未決勾留期間のすべてが本件の審理にとって通常必要な期間であったとも認め難い」と判断した裁判例も参考になるであろう※65。

本条は、不当に長い勾留による拘禁がある場合には、裁判所に勾留取消しまたは保釈を「許さなければならない」が、これは刑訴89条の権利保釈、刑訴90条の裁量保釈が認められない場合であっても保釈しなければならないことを意味する。勾留の取消しと保釈のいずれを選択するかについて、本条は基準を明示していないが、不当に拘禁が長くなっている場合は、被告人に過重な人身に対する制約を課していることを意味するので、より被告人にとって負担が軽い、勾留取消しを選択することを原則とすべきであろう。もっとも、保釈を選択肢に含めているということは、被告人の逃亡のおそれ等、勾留の要件にかかわる事実を考慮することが許されることを意味すると解されるので、例外的に逃亡のおそれ等が推認される特別の事情が認められる場合に限り、保釈を選択することができると解すべきである。これに対し、保釈を原則として選択すべきとして、保釈保証金を納付できない場合に限り勾留を取り消すべきとの見解もあるが、不当に長い拘禁で本来ならば早急に権利侵害状態から救済すべきであるにもかかわらず、なお勾留の可能性を残す保釈を行うことは望ましくないように思われる。

なお、本条2項により、保釈、勾留執行停止、勾留取消しがあったときや、勾留状の効力が消滅した場合には、本条1項の請求の効力は失われる。

（緑　大輔）

> **（検察官の意見の聴取）**
> **第92条**　裁判所は、保釈を許す決定又は保釈の請求を却下する決定をするには、検察官の意見を聴かなければならない。
> ②　検察官の請求による場合を除いて、勾留を取り消す決定をするときも、前項と同様である。但し、急速を要する場合は、この限りでない。

本条は、保釈について裁判所が保釈の許否について決定をするに当たって、検察官の意見を聴取することで、より実質的に事実を吟味・分析して判断できるようにするための規定である。

本条で「保釈を許す決定」「保釈の請求を却下する決定」を裁判所がする旨が示されているが、この決定は、保釈請求が競合している場合には一括して行える。2個以上の勾留状が並行して発付されているときは、保釈が事件単位の判断である以上、勾留ごとに保釈の許否を決定することになる。なお実務上、決定謄本は、被告人、保釈請求者、検察官、刑訴94条2項の代納許可を受けた者、

※65　最二小決平14・6・5判時1786号160頁。

刑訴94条3項の保証書等の差出しを許された者に対して送達され、弁護人にも謄本送達かその他適当な方法で告知されている。このように謄本を送達することは、不服申立てをするか否かについて、個々の関係者が判断するのに資する。

「検察官の意見を聴かなければならない」と定められていることから、裁判所は検察官から保釈の許否についての意見を聴取する（実務上、検察官の意見は通常は書面による）。刑訴89条、刑訴90条を裁判所が具体的に判断するためにも、検察官は意見を述べる際には具体的な事実を摘示して説明をすべきである。とりわけ、保釈を不相当と考える場合は、被告人にとって不利益な方向での主張であるだけに、丁寧な意見の陳述が求められる。なお、被告人側には意見の聴取の手続が条文上定められていないが、特に検察官が保釈を不相当とする意見を陳述する場合には、被告人側にも意見を述べる機会を与えるべきであろう。

なお、本条は、検察官からの請求によらない勾留取消についても、準用される（本条2項）。

（緑　大輔）

（保証金額、保釈の条件）
第93条　保釈を許す場合には、保証金額を定めなければならない。
②　保証金額は、犯罪の性質及び情状、証拠の証明力並びに被告人の性格及び資産を考慮して、被告人の出頭を保証するに足りる相当な金額でなければならない。
③　保釈を許す場合には、被告人の住居を制限しその他適当と認める条件を附することができる。

本条は、保釈の条件たる保証金額の設定とその際の考慮事項について定め、保証金額以外の条件の付加を認めるものである。逃亡や罪証隠滅などを予防することを目指す反面、その条件が過重になってしまうことを防ぐためにも、必要な条文といえる。

本条1項は、保釈に際しての保証金額の設定を義務付ける。保釈制度における本質的な要素ということができる。

本条2項では、保証金額は「被告人の出頭を保証するに足りる相当な金額」であることを求めている。これは、保証金額が「被告人の出頭」を実現するために必要充分な金額であるべきことを意味する。「被告人の出頭」の実現を超えた過重な保証金額の設定は、「相当な金額」とはいえず、本条項に反して違法となる。なお、本条項では「被告人の出頭」の確保のみが保証金設定の目的であるかのように定められているが、少なくとも刑訴89条の権利保釈の除外事由や、刑訴96条の保証金が没取される事由からすれば、罪証隠滅のおそれや、

214　第94条（保釈の手続）

その他の事由を考慮に入れることは許容されることになろう。

　保証金額の設定に不服がある場合には、抗告（刑訴420条2項）または準抗告（刑訴429条1項2号）の申立てを行うことができる。いったん保証金を納付した後であっても、金額に不服があれば、準抗告が可能だとされる[66]。

　本条3項は、保証金以外に、保釈を許す際に住居制限や「その他適当と認める条件」を付することができる旨を定めている。ここにいう「その他適当と認める条件」は、当然、逃亡や罪証隠滅を防ぐ目的での条件を意味する。なお、これらの目的に加えて、保釈後の被告人の公判への出廷と有罪判決確定後の刑の執行を確保するための条件を意味するとの理解もある[67]。適当と認める条件の例としては、「被告人は、弁護人を介さずして事件関係者に対し面接、電話、文書その他いかなる方法によるとを問わず一切接触しないこと」との条件がある[68]。他方で、この「条件」として、再犯防止を目的とした自宅謹慎などを条件として付することは許されず[69]、「本件公訴事実と同種犯行を行ったときは保釈を取り消す」との条件も違法と判断されている[70]。なお、保釈後に事情変更があり、従前の保釈条件では対処できないような場合は、必要かつ相当とされる場合に限って、保釈条件を追加・変更できる[71]。

　保釈を許可された被告人は、制限住居に不服があっても変更を請求する権利はないとされ、制限住居を許さないとの措置に対する抗告は認められないという裁判例がある[72]。しかし、保証金額について不服申立てが認められることとの均衡がとれているのか、疑問がある。

（緑　大輔）

（保釈の手続）

第94条　保釈を許す決定は、保証金の納付があつた後でなければ、これを執行することができない。

②　裁判所は、保釈請求者でない者に保証金を納めることを許すことができる。

③　裁判所は、有価証券又は裁判所の適当と認める被告人以外の者の差し出した保証書を以て保証金に代えることを許すことができる。

---

[66]　東京地決平6・3・29判時1520号154頁。

[67]　福岡高決昭30・10・21高刑特2号20号1061頁。

[68]　大阪高決昭63・9・9判時1317号157頁。

[69]　前掲[67]福岡高決昭30・10・21高刑特2巻20号1061頁。

[70]　高松高決昭39・10・28下刑集6巻9=10号999頁。

[71]　東京高決昭54・5・2高刑集32巻2号129頁。

[72]　東京高決昭53・10・17東高時報29巻10号176頁。

本条は、保釈許可の裁判が出た場合の、執行の手続を定めたものである。2項、3項は保釈の際に納付が求められる保証金について、その納付者や納付方法を広げることで、保釈許可の裁判がより円滑に執行できるようにするものである。

保釈許可決定の執行に際しては、保証金の納付が条件となる（保証金の納付がなければ保釈は執行されない）。本条1項の「保証金の納付」は、裁判所に対する納付を意味する。裁判所は保証金の納付を受けると、保釈決定書の原本に保証金を納付した旨の記載をして、検察官に謄本を送付する（刑訴規36条1項）。検察官は、この保証金納付の事実を確認の上で、保釈許可の裁判の執行を指揮する。つまり、本条にいう「執行」は、刑訴472条に従って裁判をした裁判所に対応する検察官が指揮することになる。

本条2項により、保釈請求者以外の者でも、裁判所の許可があれば保証金の全部または一部を代納できる。「許すことができる」との定めから、代納の許可の判断は裁判所の裁量にかかる。

本条3項により、有価証券または保証書（裁判所が適当と認める被告人以外の者が差し出したもの）を、裁判所による許可を条件に保証金の全部または一部に代用することができる。ここにいう「有価証券」の金額は、時価により判断されることになろう。この裁判所による許可は、前項と同じく裁判所の裁量にかかる。なお、保釈保証金の6割につき、全国弁護士協同組合連合会発行の保証書の提出に納付方法を変更することは、被告人の出頭確保および罪証隠滅行為の防止のための担保機能を著しく損なうとして、納付方法の変更を許可した原決定を取り消した裁判例がある[73]。また、納付済みの保釈保証金250万円の全額を被告人の父親の保証書による納付方法に変更することについても、同様に担保機能を損なうとした裁判例がある[74]。

本条2項・3項による場合は、代納者、差出人らは保釈取消しによる没取のリスクを負うことになる。

(緑　大輔)

（勾留の執行停止）
第95条　裁判所は、適当と認めるときは、決定で、勾留されている被告人を親族、保護団体その他の者に委託し、又は被告人の住居を制限して、勾留の執行を停止することができる。

---

[73] 東京高決平27・5・19判時2298号142頁。
[74] 東京高決平27・5・29高刑速平成27年127頁。

216 第95条（勾留の執行停止）

I 本条の趣旨

本条は、**勾留の執行停止**について定めた規定である。この制度は、勾留の執行を一時的に停止し、被告人の拘束を解くものであり、保釈と異なり保証金を必要としない。もっとも、本条は被告人からの請求によるものではなく、裁判所が「適当と認めるとき」に職権によって行う処分であることからわかるとおり、保釈保証金を納付できないなどの事情があるときに、それでもなお被告人の拘束を解く手段として、保釈を補完する制度の意味合いがあるものと思われる（保証金を要しない点で、出頭確保を担保する機能が保釈よりも弱い点でも、補完的な制度と位置づけることになろう）。

なお、本条は被疑者の勾留の場合にも刑訴207条1項を通じて準用される。その場合は、起訴前保釈の制度がない以上、本条は保釈の補完という性質がなくなる。そうすると、本条を裁判所の職権によってのみ適用する理由はなく、被告人等からの請求によっても認められるべきである。また、勾留執行停止は、鑑定留置の際にも行われるが、これについては本条と性質が異なり、鑑定留置を目的としたものであるため、別途規定がある（刑訴167条の2）。

II 勾留執行の要件

1 裁判所の職権

勾留執行停止は、勾留取消しや保釈と異なり、請求による発動は法文上規定されていない。被告人等から勾留執行停止の申請がある場合も、それは裁判所の職権発動を促す趣旨として理解されることになる。そのため、裁判所は被告人からの勾留執行停止の申請に対して、これを裁判し、告知する訴訟法上の義務はないものとされる[75]。また、同様の理由により、勾留執行停止について裁判所が職権を発動しない場合、裁判があったとは認めることができない以上、これに対して不服申立ては認められないとされる。特に、起訴前の被疑者に本条の請求権を認めるべきことは、前述の通りである。

なお、刑訴規88条により、勾留執行停止に際しても裁量保釈同様に、裁判所は検察官から意見を聴かなければならない（刑訴92条解説参照）。

2 適当と認めるとき

本条にいう「適当と認めるとき」とは、逃亡や罪証隠滅のおそれが認められないような事情がある場合を意味する。勾留の執行を停止する「緊急かつ切実」な必要性がある場合を指すものと判示した裁判例もあり、被告人が市長選挙に立候補したことによる選挙運動の必要性は、これにあたらないものと判断され

---

[75] 最一小判昭24・2・17刑集3巻2号184頁。ただし、旧法事件である。

ている※76。また、暴力団の解散式への出席も「適当」とは認められていない※77。

実務上は、被告人が病気になった場合や、被告人と特に親しい近親者との冠婚葬祭、学生たる被告人の試験等で本条の勾留執行停止が認められた事案がある。しかし、常にこれらの場合には勾留執行停止が認められるわけではなく、被告人が実弟の結婚式に出席する場合であっても、勾留の理由や必要性、被告人の逮捕前の生活状況、家族関係などを考慮して否定した事例もある※78。もっとも、この「適当と認めるとき」については、委託者の状況なども勘案しつつ、柔軟に運用することが望ましいと思われる。

3　保護団体その他の者への委託と住居の制限

勾留執行停止を行うためには、「保護団体その他の者への委託」、もしくは住居の制限がなされる。本条にいう「保護団体」として、具体的には更生保護法人（更生保護2条参照）などが挙げられる。また、「その他の者」について、特に制限はなく、個人・団体ともに認められうる。なお、委託を受ける者から、「何時でも召喚に応じ被告人を出頭させる旨の書面を差し出させなければならない」（刑訴規90条）。もっとも、仮に不出頭の事態が発生したとしても、委託を受けた者に対して法律上の制裁が課されることはない。その場合は、裁判所が被告人の勾留執行停止を取り消すことができる（刑訴96条1項1号）。

なお、本条で明記されている条件以外にも、期間やその他の条件を付しうる。保釈同様の条件を付することができるものと解されている。

（緑　大輔）

（保釈等の取消し、保証金の没取）

第96条　裁判所は、左の各号の一にあたる場合には、検察官の請求により、又は職権で、決定を以て保釈又は勾留の執行停止を取り消すことができる。

一　被告人が、召喚を受け正当な理由がなく出頭しないとき。

二　被告人が逃亡し又は逃亡すると疑うに足りる相当な理由があるとき。

三　被告人が罪証を隠滅し又は罪証を隠滅すると疑うに足りる相当な理由があるとき。

四　被告人が、被害者その他事件の審判に必要な知識を有すると認められる者若しくはその親族の身体若しくは財産に害を加え若しくは加えようとし、又はこれらの者を畏怖させる行為をしたとき。

※76　広島高決昭60・10・25判時1180号161頁。

※77　名古屋地決昭40・9・28下刑集7巻9号1847頁。

※78　大阪高決昭60・11・22判時1185号167頁。

五　被告人が住居の制限その他裁判所の定めた条件に違反したとき。
②　保釈を取り消す場合には、裁判所は、決定で保証金の全部又は一部を没取することができる。
③　保釈された者が、刑の言渡を受けその判決が確定した後、執行のため呼出を受け正当な理由がなく出頭しないとき、又は逃亡したときは、検察官の請求により、決定で保証金の全部又は一部を没取しなければならない。

I　本条の趣旨

本条は、保釈または勾留執行停止の取消しと、保釈における保証金の没取について規定するものである。保釈、勾留執行停止がそれぞれ被告人の逃亡や罪証隠滅を予防する機能を果たす際に、刑訴93条の保証金の設定及びその他条件の付加、刑訴95条の勾留執行停止の条件の付加と対になって意味を持つ規定である。なお、没取されなかった保証金の還付については、刑訴規91条に規定がある。

II　保釈・勾留執行停止の取消し

1　主体としての裁判所

保釈または勾留執行停止の取消しは、本条1項により「裁判所」が行う。ここにいう「裁判所」とは、公判裁判所である。公訴提起後、第1回公判期日までは、裁判官が行うことになる（刑訴280条）。本条は勾留執行停止の場合については、刑訴207条1項を通じて被疑者勾留にも準用されるため、その場合も取消しの主体は裁判官である。

2　各号所定事由にあたる場合

保釈または勾留執行停止の取消しに際して、本条各号の事由に「あたる」と判断する基礎となる事実は、保釈や勾留執行停止の期間において生じた事由を意味する。もっとも、保釈決定後、現実に保釈が執行されるまでの間に生じた事実が、本条各号に該当しうる場合、その事実を考慮しうるか問題になりうる。この点、たとえば、保釈決定後、保証金を納付する前に、事件の被害者等に被告人の主張に沿う供述をするよう、被告人が働きかけた事案について、本条1項4号に該当するとして保釈許可決定を取り消した裁判例がある[79]。もっとも、本条2項が保証金の没取も行うことを想定していることからすれば、保証

---

[79]　東京地決平6・12・20判時1530号143頁。

金納付前に保釈取消しをすることは想定されていないように思われる。むしろ、検察官が抗告・準抗告をするのが妥当である。

また、本条各号に「あたる」とされる事実は、当該勾留状に記載されている犯罪事実を基準に事件単位で考慮されるべきである。たとえば、併合審理中の他の犯罪事実についての罪証隠滅のおそれの有無などを考慮に入れて判断すべきではない[80][81]。

3　取消しの決定

裁判所は、本条1項各号所定の事由に該当する事実をみとめられる場合に、決定によって「取り消すことができる」。文言から、本条1項各号所定の事由に該当する事実がみとめられても、裁量で取り消さないこともできる。なお、保釈や勾留執行停止のときと異なり、検察官や被告人等から意見を聴取する旨の規定は設けられていない。しかし、保釈取消しが不利益処分となることに鑑みると、取消しの決定の前に、被告人等から意見を聴取することが必要であるように思われる。

なお、取消し決定がなした場合は、その決定について謄本の送達を以って告知することになる（刑訴規34条）。実務上は、本条2項の没取決定の通知とともに1通の書面で送達されている。

4　取消し事由

保釈または勾留執行停止の取消し事由として、本条1項は1-5号の事由を定めている。これらの解釈に当たっては、保釈取消しや勾留執行取消しによって勾留が行われることに鑑みると、勾留の理由・必要に関する要件（刑訴60条1項）と合致するようにすべきであろう。なお、被告人自身が保釈取消しを希望し、かつ保釈取消しに相当な理由がある場合には、裁判所が本条1項各号の事由がなくとも、職権で保釈を取り消すことができるとの裁判例がある[82]。

(1)　1号は、召喚に対して正当な事由なく出頭しないことを挙げる。本号にいう「正当な理由がなく」とは、被告人に帰責事由があることを意味するものとされる。たとえば、保釈中に他事件で勾留された際、本件の公判期日に出頭できるように、自分の現在の立場が保釈され現に公判審中であることを申し出なかった結果、公判に出頭できなかった場合は、これにあたると判断されている[83]。逆に本号に当たらなかった事例としては、被告人が急病のため公判期日の召喚に応じられなかったが、規則に定められた手続をとらなかった場

---

[80] 福岡高決昭30・7・12高刑集8巻6号769頁。

[81] 大阪高決昭37・11・14高刑集15巻8号639頁。

[82] 鳥取地米子支決平5・10・26判時1482号161頁。

[83] 東京高決昭31・3・22高刑集9巻2号182頁。

合※84、別件で勾留中であるところ、留守宅に召喚状が送達され、被告人の手許に召喚状が届かなかった場合※85がある。

本号の「出頭」とは、公判廷に審判のために出席することを意味する。刑訴規則は、被告人が理由なく出頭しない場合に、勾引（刑訴58条）や本条1号の活用を求めている（刑訴規179条の3）。

(2)　2号は逃亡のおそれを挙げている。ここにいう「逃亡のおそれ」とは、保釈中または勾留執行停止中に新たにそのようなおそれが発生し、あるいは保釈前からのおそれが著しく高まることを意味する。不法残留外国人たる被告人が保釈後に、退去強制のため収容され、自ら出国費用を提出した場合は、本号にあたるとする見解もあるが※86、本来は出入国管理法との間で調整を行うための立法的な解決が必要な問題であるように思われる。

(3)　3号は罪証隠滅のおそれを挙げている。前号同様に、保釈中または勾留執行停止中の事実から判断され、当該勾留状に記載されている事件を単位として判断される。なお、被告人が冒頭手続の罪状認否で公訴事実を否認したというだけでは、本号に該当するとはいえない※87。

(4)　4号は権利保釈の除外事由たる刑訴89条5号を受けている。刑訴89条解説参照。

(5)　5号は住居制限などの条件に反した場合を挙げている。住居の制限を遵守できない状況が生じた場合は、遅滞なく裁判所に連絡する義務があるとの裁判例がある※88。

III　保証金の没取

1　没取の主体

本条2項により、保釈を取り消す場合に、裁判所は裁量で、保釈保証金の全部または一部を没取できる。もっとも、本条3項により、保釈された者が、刑の言渡しを受けて判決が確定した後に、刑の執行のための呼出を受けたにもかかわらず、正当な理由なく出頭しないとき（あるいは逃亡したとき）には検察官の請求を受けて、保釈保証金の全部または一部を没取する義務が生ずる。後者の場合は、検察官は当該本案の事件記録がある検察庁に対応する裁判所に請求するべきとされる※89。

※84　東京高決昭29・4・1特報40号60頁。
※85　東京高決昭34・2・7東高時報10巻2号97頁。
※86　松尾浩也監修『条解刑事訴訟法（第4版増補版）』（弘文堂、2016年）198頁。
※87　仙台高決昭29・3・22高刑集7巻3号317頁。
※88　大阪地決昭34・12・26下刑集1巻12号2725頁。
※89　最三小決昭32・10・23刑集11巻10号2694頁。

なお、本条3項が刑の執行を確保するために保証金を没収する旨を定めていることから、勾留には刑の執行を確保する目的も含まれているとの見解もある。しかし、刑の執行確保という目的は、本条の文言からすれば判決確定後にのみ観念しうるにとどまり、勾留の本来的な目的としては含まれていないものと理解すべきであろう（勾留に刑の執行確保の目的を含めることについては、無罪推定原則に反するとの批判もあり、これに対しては同原則は証拠法上の立証責任に関するものにすぎないとの理解も示されている）。

2　没取の対象

　没取の対象となるのは「保証金」である。なお、刑訴343条により保釈の効力が失われた後、新たに保釈決定があり、刑訴規91条2項により以前に納付した保証金が新たな保証金の一部として納付されたものとみなされる場合であっても、残額が納付されないまま逃亡した場合（本条3項該当）、当該保証金は、前の保釈の保証金として、没取しなければならないとの判例がある[90]。また、本条3項は、保釈保証金を没収するという制裁の下で、これによって逃亡等を防止するとともに、保釈された者が逃亡等をした場合には没取を制裁として科すことにより、刑の確実な執行を担保する趣旨のものであるから、「保釈された者について、同項所定の事由が認められる場合には、刑事施設に収容され刑の執行が開始された後であっても、保釈保証金を没取できる」とした判例がある[91]。本条3項の趣旨をこのように「刑の確実な執行を担保する」点に見出すのだとすれば、保釈された者が実刑判決を受け、その判決が確定するまでの間に逃亡等を行ったとしても、判決確定までにそれが解消され，判決確定後の時期において逃亡等の事実がない場合には、本条3項の適用ないし準用により保釈保証金を没取することはできないということになろう[92]。

3　没取の決定

　裁判所は、本条1項に基づき「保釈を取り消す場合」、2項により保証金の没取を決定できる。2項にいう「保釈を取り消す場合」とは、通常は保釈取消し裁判とともに行われており（保釈取消しと保証金没取を同一の裁判書で同時に行う）、原則として保釈取消し裁判との同時性を意味する。もっとも、保釈取消し後、収監までの没取は認められると判示した裁判例もあり[93]、保釈の取消し後も没取についてはなお事実関係を調べる必要がある場合などは許されうる。なお、保証金没取決定においても、その決定前に検察官や被告人等から意

---

[90] 最三小決昭50・3・28刑集29巻3号59頁。
[91] 最一小決平21・12・9裁時1497号17頁。
[92] 最二小決平22・12・20刑集64巻8号1356頁。
[93] 東京高決昭52・8・31高刑集30巻3号399頁。

見を聴取する旨の規定は設けられていない。本条2項の保証金没取決定の場合も、被告人、刑訴94条2項・3項による保証金代納者または保証書差出者を含めて、告知・聴聞の機会が与えられるべきであるが、判例は事後の不服申立てが可能であれば憲31条、憲29条に反しないものと判示している※94。

没取の裁判に対しては、抗告（刑訴420条2項）または準抗告（刑訴429条1項2号）の申立てが可能である。最高裁判所が保釈保証金没取の決定をした場合には、刑訴428条を準用して異議を申立てることができる※95。不服申立ての申立権者は被告人に限られず、保証金代納者（刑訴94条2項）、保証書差出者（刑訴94条3項）も、刑訴352条にいう「検察官又は被告人以外で決定を受けたもの」に含まれ、申立権者に含まれる※96。

（緑　大輔）

> **（上訴と勾留に関する処分）**
> **第97条**　上訴の提起期間内の事件でまだ上訴の提起がないものについて、勾留の期間を更新し、勾留を取り消し、又は保釈若しくは勾留の執行停止をし、若しくはこれを取り消すべき場合には、原裁判所が、その決定をしなければならない。
> ②　上訴中の事件で訴訟記録が上訴裁判所に到達していないものについて前項の決定をすべき裁判所は、裁判所の規則の定めるところによる。
> ③　前二項の規定は、勾留の理由の開示をすべき場合にこれを準用する。

本条は、終局裁判後で、上訴提起期間内の上訴提起前（本条1項）及び上訴提起後に訴訟記録が上訴裁判所に到達する前の時点において（本条2項）、勾留に関する処分をする裁判所がどこなのか、定めている。

終局裁判後、上訴提起までは移審の効果が生じていないため、当該事件の勾留についての処分は原裁判所が行う（本条1項）。上訴が提起された後、移審の効果がいつ発生するかについては議論があるが、いずれの見解によるにせよ、訴訟記録が到達しないと判断は実質的に困難であるので、当該事件の勾留についての処分は同じく原裁判所が行う（本条2項の要請を受けて、刑訴規92条2項が定めている）。

なお、本条1項・2項ともに勾留状の新たな発付については文言がない。上訴提起後、訴訟記録が上訴裁判所に到達しない間は、原裁判所が被告人を勾留

※94　最大判昭43・6・12刑集22巻6号462頁。
※95　最二小決昭52・4・4刑集31巻3号163頁。
※96　最大判昭43・6・12刑集22巻6号462頁。

することができる旨の裁判例[97]、判決の宣告後でまだ上訴の提起がないものについて、原裁判所が新たに勾留状を発付できる旨の裁判例がある[98][99]。

本条3項により、勾留理由開示についても1項・2項に従って原裁判所が行う。判例によれば、上訴審裁判所に訴訟記録が到達した場合には、原裁判所に勾留理由開示を請求することはできない[100]。判例の詳細については、刑訴82条の解説を参照。

（緑　大輔）

（保釈の取消し等と収監の手続）

第98条　保釈若しくは勾留の執行停止を取り消す決定があつたとき、又は勾留の執行停止の期間が満了したときは、検察事務官、司法警察職員又は刑事施設職員は、検察官の指揮により、勾留状の謄本及び保釈若しくは勾留の執行停止を取り消す決定の謄本又は期間を指定した勾留の執行停止の決定の謄本を被告人に示してこれを刑事施設に収容しなければならない。

②　前項の書面を所持しないためこれを示すことができない場合において、急速を要するときは、同項の規定にかかわらず、検察官の指揮により、被告人に対し保釈若しくは勾留の執行停止が取り消された旨又は勾留の執行停止の期間が満了した旨を告げて、これを刑事施設に収容することができる。ただし、その書面は、できる限り速やかにこれを示さなければならない。

③　第七十一条の規定は、前二項の規定による収容についてこれを準用する。

本条は、保釈・勾留執行停止の取消決定がなされた場合に、もとの勾留の状態に服する旨の効果と、その執行機関・執行手続を定めたものである。なお、本条は刑訴343条によって準用され、禁錮以上の刑が宣告されて保釈・勾留執行停止が効力を失った場合も、本条の手続によることになる。

本条1項では、刑事施設への被告人の収容を、検察官の指揮の下、「検察事務官、司法警察職員又は刑事施設職員」が行う旨を定めるが、通常は検察事務官または司法警察職員が行うという。刑事施設職員が収容を行う例として、取消しの裁判が公判期日に行われる場合が挙げられる。また、刑事施設への収容

　※97　最三小決昭41・10・19刑集20巻8号864頁。
　※98　福岡高決昭39・6・13下刑集6巻5＝6号621頁。
　※99　大阪高決昭49・6・19判時749号114頁。
　※100　最二小決平26・1・22判時2223号129頁。

の際には、取消決定の告知（刑訴96条）とは別に、被告人に「勾留状の謄本及び保釈若しくは勾留の執行停止を取り消す決定の謄本又は期間を指定した勾留の執行停止の決定の謄本」を提示することを求めている。これら謄本の提示は、刑事施設への再収容に理由があることを被告人に示すためのものである。他方で、謄本で足りるのは、すでに被告人は勾留を受けており、改めて令状を発付する必要がないからである。

　本条2項は、謄本の提示についての緊急執行を定めており、刑訴73条3項の勾引状・勾留状の緊急執行と類似する。刑訴73条3項の解説参照。また、本条3項は管轄区域外における執行、執行の嘱託について、刑訴71条を準用する。刑訴71条解説参照。

（緑　大輔）

第1編第9章　押収及び捜索

〔前注〕

　第9章は、裁判所が第1回公判期日後に行う押収・捜索について規定している。一方、第1回公判期日前は、捜査機関が、刑訴218条により強制捜査として捜索・押収を行うことができ、被告人側は、刑訴179条により証拠保全として行うことができる。第1回公判期日後は、双方とも本章の規定によらなければならない（反対説もある）。本章の押収・捜索は公判準備（刑訴303条）として公判期日外にもできる。もっとも、本章の規定の大部分は、刑訴222条により、捜査機関による押収・捜索に準用されている。実際に利用されるのは、こちらの場合の方が多いので、実務上の問題は、こちらの場合についてのものがほとんどである。公判ではせいぜい提出命令や領置の規定が利用されるにすぎない。

　裁判所の行う押収・捜索も、憲35条の**「正当な理由」**に基づかなければならない。押収・捜索は、重大な人権侵害（逮捕等と異なり第三者の場合もありうる）を伴うのであるから、公正な裁判実現のために、必要最小限になされる必要がある。判例は、捜査段階における差押えの必要性について、「犯罪の態様、軽重、差押物の証拠としての価値、重要性、差押物が隠滅毀損されるおそれの有無、差押えによって受ける被差押者の不利益の程度その他諸般の事情に照らし明らかに差押えの必要がないと認められるときにまで、差押えを是認しなければならない理由はない。」と述べている[1]。これは、捜索・押収に対するプライバシーの不可侵を宣言した憲35条の趣旨に由来すると考えられる。この理念は、裁判所による押収・捜索に関する本章の各規定の解釈にも反映されるべきである。

（高倉新喜）

（差押え、提出命令）
第99条　裁判所は、必要があるときは、証拠物又は没収すべき物と思料するものを差し押えることができる。但し、特別の定のある場合は、この限りでない。
②　差し押さえるべき物が電子計算機であるときは、当該電子計算機に電気通信回線で接続している記録媒体であつて、当該電子計算機で作成若しくは変更をした電磁的記録又は当該電子計算機で変更若しくは消去

---

[1]　最三小決昭44・3・18刑集23巻3号153頁。

をすることができることとされている電磁的記録を保管するために使用されていると認めるに足りる状況にあるものから、その電磁的記録を当該電子計算機又は他の記録媒体に複写した上、当該電子計算機又は当該他の記録媒体を差し押さえることができる。

③　裁判所は、差し押えるべき物を指定し、所有者、所持者又は保管者にその物の提出を命ずることができる。

I　本条の趣旨と準用関係

1　本条の趣旨

物の占有を取得しまたはこれを継続する強制処分を押収というが、これには**差押え・提出命令**・領置の3種類がある。本条は、これらのうち前二者についての裁判所の権限を定めている。裁判所は、起訴状一本主義や予断排除の原則との関係から、第1回公判期日の後に限り、本条の措置をとりうる（刑訴規188条但し書参照）。

2　準用関係

本条は、差押え・提出命令の一般的規定であるが、受命裁判官・受託裁判官による押収（刑訴125条4項本文）、証拠保全（刑訴179条2項）および捜査機関による押収（刑訴222条1項）の場合に準用される。ただし、提出命令の規定（本条3項）は、捜査機関の令状による差押えの場合にはその性質上準用されない。

II　「必要があるとき」

差押え・提出命令は、「必要があるとき」（本条1項）に限られる[2]。裁判所は、その必要性について審査できる[3]。報道機関の取材ビデオテープの差押え・提出命令の場合には、取材の自由に対する制約の程度なども考慮して、必要性を判断することになる。

---

[2]　東京地決昭40・7・23下刑7巻7号1540頁、千葉地判昭53・5・8判時889号20頁、大阪高決平5・11・29高刑集46巻3号306頁参照。

[3]　裁判所が捜査機関の差押えの必要性を審査することにつき、最三小決昭44・3・18刑集23巻3号153頁参照。

Ⅲ　差押え

1　差押えとは
　差押えとは、**物の占有を強制的に取得継続する強制処分（裁判およびその執行）**をいう。占有取得過程で強制力が用いられる点で領置（刑訴101条）と区別される。公判廷外での差押えは令状を要する（刑訴106条）。

2　差押えの許される場合
　(a)被告人の占有に属する物でも、供述の強制を禁ずる憲38条1項とは直接関係しないと解されるから、差押えできる。(b)身体の拘束を受けている被告人と弁護人との間に授受される物については、刑訴105条の限度で差押えができないとすれば足りるとされているが、接見交通権（刑訴39条1項）との関係で差押えが許されないと考えるべきであろう。(c)他の国家機関による差押え中の物、たとえば、民事上または行政上の差押え手続により差し押さえられた物についても差押えできる。また、他の捜査機関や裁判所が押収中の物についても理論上は差押え可能である。もっとも、この場合、取寄せの方法（裁79条の裁判所間の共助）によるべきものとされ、さらに必要があれば領置の手続をとる。

Ⅳ　電気通信回線で接続している記録媒体からの複写

本条2項は、裁判所が行う差押えに関し、電気通信回線で接続している記録媒体からの複写についての規定である（刑訴218条2項も参照）。

1　本条2項の処分の前提
　本条2項の処分は、「差し押さえるべき物が電子計算機であるとき」に行うことができるが、令状において電子計算機が「差し押さえるべき物」（刑訴107条1項）として特定されていることが必要である（現実に電子計算機を差し押さえることまでは要しない）。
　「電子計算機」とは、自動的に計算やデータ処理を行う電子装置である。パソコン等のほか、このような機能を有するものであれば、携帯電話等もこれに当たる。

2　本条2項の処分の対象となる記録媒体
　本条2項の処分の対象となる記録媒体は、差押対象物である「当該電子計算機に電気通信回線で接続している記録媒体」のうち、①「当該電子計算機で作成若しくは変更をした電磁的記録」または「当該電子計算機で変更若しくは消去をすることができることとされている電磁的記録」を、②保管するために使用されていると認めるに足りる状況にあるものである。たとえば、差押対象物

たる電子計算機で作成したメールを保管するために使用されているメールサーバ等である。ただし、実際に複写の対象になるのは、「その電磁的記録を複写すべきものの範囲」（刑訴107条2項）として令状に記載されたものに限られる（刑訴219条2項も参照）。

(1)　「電気通信回線で接続している記録媒体」とは、電気通信回線設備と結合して、電子計算機からの電気通信が可能な状態に構成されている記録媒体である（接続の都度、コードを接続して、インターネットを利用しているような場合も、これに当たる）。「電気通信回線」とは、電気通信（有線、無線その他の電磁的方式により、符号、音響または影像を送り、伝え、または受けること）を行うために設定される回線であり、有線、無線を問わない。

(2)　「当該電子計算機で作成若しくは変更をした電磁的記録」とは、差押対象物である電子計算機を用いて、作成（記録媒体上に新たな電磁的記録を存在するに至らしめること）または変更（記録媒体上に存在している電磁的記録に改変を加えること）をした電磁的記録である。

(3)　「当該電子計算機で変更若しくは消去をすることができることとされている電磁的記録」とは、差押対象物である電子計算機を用いて、変更または消去（記録媒体上に存在している電磁的記録を消すこと）をする権限が認められている電磁的記録である。ここにいう権限とは、事実上のものも含まれるが、単に技術的に変更・消去が可能な状態にあるに過ぎない場合は含まれない。「変更若しくは消去をすることができる電磁的記録」ではなく、「変更若しくは消去をすることができることとされている電磁的記録」と規定されているのは、そのためである。

(4)　「保管するために使用されていると認めるに足りる状況にある」とは、当該電子計算機の使用状況等に照らし、その記録媒体が当該電子計算機で作成・変更した電磁的記録等を保管するために使用されている蓋然性が認められることをいう。たとえば、差し押さえるべきパソコンにインストールされているメールソフトにアカウントの設定がなされている場合には、そのアカウントに対応するメールボックスの記録領域については、当該パソコンで作成・変更した電磁的記録等を保管するために使用されている蓋然性が認められることになる。

3　「その電磁的記録を当該電子計算機又は他の記録媒体に複写」すること

　本条2項の処分として可能な行為は、電磁的記録の複写（電磁的記録を他の記録媒体にコピーすること）である。この複写は、差押えの前に行われなければならない。たとえば、他の場所で既に差し押さえた電子計算機を使用して、事後的に警察署からメールサーバ等の記録媒体にアクセスし、電磁的記録を複写することはできない。移転（電磁的記録を他の記録媒体に複写するとともに、元の記録媒体から消去すること）は、本条2項の処分として行うことはできな

第99条（差押え、提出命令） 229

い。

本条2項の処分は、対象となる電磁的記録を、差押対象物である電子計算機のほか、「他の記録媒体」にも複写することができるものとされている。これは、差押対象物である当該電子計算機の記憶容量が足りない場合や、当該電子計算機に関し、電磁的記録の削除痕跡についても解析を行う必要がある場合などが生じ得ると考えられたことによる。電磁的記録の複写先となる「他の記録媒体」は、差押えを受ける側が用意する場合もあれば、差押えをする側が用意する場合もあり得る。

4 「当該電子計算機又は当該他の記録媒体を差し押さえることができる」

電磁的記録を複写して差し押さえることとなる物については、当該電子計算機または他の記録媒体のいずれかであれば足りる。必要な電磁的記録を「他の記録媒体」に複写してこれを差し押さえ、当該電子計算機自体は差し押さえないことも可能である。

V　提出命令

1　提出命令とは

提出命令とは、対象物の所有者・所持者・保管者にその提出義務を生じさせる裁判（本条3項）※4で、これに応じない場合に差押えが予定されている点で間接強制の一種である。提出命令の制度が設けられたのは、提出命令によって目的を達成できる場合には、直接強制を控えるのが望ましいからである。提出命令は決定であり、告知（刑訴規34条）によって効力を生じ、告知を受けた者は、当該物を裁判所に提出する義務を負う。

2　提出命令によって提出された物

提出命令によって提出された物は、押収の効果として、裁判所が強制的に占有を継続しうる※5。提出命令は、差押えではないから令状は不要である。しかし、提出命令は、刑訴420条2項または刑訴429条1項2号の「押収に関する」決定または裁判に当たるから、抗告または準抗告が認められる※6。

3　提出命令によって差し押さえるべき物の指定

提出命令は、「差押えるべき物を指定し」て発せられなければならない。捜

※4　刑訴100条1項2項にいう「提出させることができる」も「提出命令」を意味する。
※5　ただし、最一小決昭44・9・18刑集23巻9号1146頁は、占有を継続するためには領置を要するとする。
※6　最一小決昭44・9・18刑集23巻9号1146頁。

索差押令状の記載に求められるのと同様の特定が必要である。もっとも、捜査の発展性・流動性を考慮してある程度の概括的な記載が認められる傾向にある捜査段階の捜索差押令状と異なり、提出命令の場合は、命令を受けた者が、これを提出できる程度に特定することが必要である。

4 上告審における提出命令

判例は、法律審である上告審においても提出命令を発することを認めている（松川事件のいわゆる諏訪メモ）[7]。

5 提出命令を受ける者

(a)被告人が所有者・所持者・保管者である場合でも、提出命令ができるとするのが通説である。提出命令は、単に提出の義務を課するにとどまり、憲38条1項に違反せず、被告人の当事者としての地位とも矛盾しないと考えられるからである。(b)取材フィルムについて報道機関に提出命令をすることは、憲21条1項に違反しないとされる[8]。しかし、報道機関の取材フィルムに対する提出命令が許されるか否かは、審判の対象とされている犯罪の性質、態様、軽重および取材したものの証拠としての価値、公正な刑事裁判を実現するに当たっての必要性の有無を考慮するとともに、これによって報道機関の取材の自由が妨げられる程度、これが報道の自由に及ぼす影響の度合その他諸般の事情を比較衡量して決せられるべきであり、これを刑事裁判の証拠として使用することがやむを得ないと認められる場合でも、それによって受ける報道機関の不利益が必要な限度を超えないように配慮しなければならない[9]。

V 対象物

差押えの対象物は「証拠物と思料するもの」（本条1項）または「没収すべき物と思料するもの」（本条1項）であり、提出命令の対象物は「差押えるべき物」（本条3項）である。「証拠物と思料するもの」とは、当該事件と関連性があり、（前述の）差し押さえる必要性があるものをいう。憲35条1項は、「正当な理由」に基づいて発せられる令状があることを要件として、住居等の不可侵の権利が

---

[7] 最大判昭34・8・10刑集13巻9号1419頁。

[8] 福岡高決昭44・9・20高刑集22巻4号616頁（最大決昭44・11・26刑集23巻11号1490頁の原決定）。

[9] 最大決昭44・11・26刑集23巻11号1490頁。この比較衡量は、捜査機関による報道機関の取材ビデオの差押えについても適用された（最二小決平1・1・30刑集43巻1号19頁、最二小決平2・7・9刑集44巻5号421頁参照）。なお、東京高決平22・10・29判タ1350号252頁も参照。

例外的に侵害されることを許容しているからである。この「正当な理由」の要請があるからこそ、当該事件との関連性と差し押さえる必要性が厳格に要求される。裁判所は、問題の物と当該事件との関連性の程度が高いと考えるならば、通常、差押えの必要性も肯認するから、その物が「証拠物と思料するもの」に該当すると判断するであろう。本条2項の処分の対象となる電磁的記録についても、同様のことがいえる。

「証拠物」とは、証拠（情状に関するものも含む）となる物で代替性のない物をいう。証拠調べの方式としての証拠物と証拠書類との区別（刑訴305条、刑訴306条）をそのまま当てはめる必要はない。当該事件のために作成された証拠書類等は、通常は代替性を有するので、証拠物になることはない[10]。もっとも、証拠書類であっても、その存在または状態が証明のため必要とされるような場合には、代替性がないので証拠物となりうる[11]。

「没収すべき物」とは、その事件において没収の言渡しのなされる可能性のある物である。必要的没収（刑197条の5等）の場合と任意的没収（刑19条）の場合とを含む。没収の対象となる物は通常は証拠物と重なるが、没収と押収との間に必然的な関係はない。押収されていない物でも没収できるからである[12]。

これらの対象物は、動産・不動産を問わないが、性質上有体物に限られる。人の会話やコンピュータに入力されている情報そのものなどは差押えの対象にならない[13]。人の身体は差押えの対象にならないが、死体、身体から離断した身体の一部、唾液、血液、尿[14]等は差押えの対象になりうる。

VI 特別の定め

「特別の定」（本条1項但し書）とは、刑訴103条、刑訴104条、刑訴105条、刑訴81条但し書で押収が制限される場合をいう。ただ、接見交通権（刑訴39条1項）は、憲34条（憲37条3項も）を受けて設けられた規定であるから[15]、これも「特別の定」に含めてもよいのではないだろうか。なお、公証人25条等の定める禁止規定については、持出しが禁止されるだけで、差押えは可能と解さ

---

[10] 名古屋高決昭32・11・13高刑集10巻12号799頁。

[11] 福岡高決昭44・1・31刑月1巻1号39頁。

[12] 最三小決昭29・3・23刑集8巻3号318頁。

[13] ただ、電磁的記録の媒体である磁気テープやディスクについては、差押えの対象になる（最二小決平10・5・1刑集52巻4号275頁）。

[14] 最一小決昭55・10・23刑集34巻5号300頁。

[15] 最一小判昭53・7・10民集32巻5号820頁参照。

れている。

（高倉新喜）

（記録命令付差押え）

第99条の2　裁判所は、必要があるときは、記録命令付差押え（電磁的記録を保管する者その他電磁的記録を利用する権限を有する者に命じて必要な電磁的記録を記録媒体に記録させ、又は印刷させた上、当該記録媒体を差し押さえることをいう。以下同じ。）をすることができる。

I　本条の趣旨

　従来、プロバイダ等のデータ管理者が管理する電磁的記録のなかに証拠となるべきものが存在する場合に、捜査機関がこれを取得するための従来の処分としては、当該記録が保存された媒体物を差し押さえるというやり方によらざるをえなかった。しかし、電磁的記録媒体は伝統的な記録媒体である紙などとは異なり情報を大量に保存することが可能であるため、1個の媒体物に大量の無関係情報が含まれることがある。そのため、媒体物を単位として差押えを実施すると、被疑事実とは無関係の情報までもが一緒に取得されてしまうという問題が生じることになる。また、プロバイダ等の保管するサーバ等を差し押さえることになれば、その業務への支障にも繋がる。他方、紙に代表される従来の情報記録媒体に保存された記録と異なり、電磁的記録は情報の可分性を有するため、必要な情報だけを選択して取得することも可能であるが、以前はそのような処分を認める規定が存在しなかった。本条の規定する記録命令付差押えは、このような状況に対応すべく、2011（平成23）年の法改正によって導入された新しい処分の1つである。

II　提出命令（刑訴99条3項）との類似性

　一般に、本条の規定する処分は提出命令（刑訴99条3項）の一種といわれるが、記録命令付差押えの場合は、「物」ではなく「情報」の提出（記録）が行われるという違いがある。提出命令が裁判所のみに認められる処分であったのに対し、改正された刑訴218条1項は捜査機関が行いうる処分として記録命令付差押えを規定したため、以前より認められていた照会（刑訴197条2項）では行うことのできなかった情報の取得が可能となった。すなわち、照会では通信の秘密保護の例外を正当化するには不十分であると考えられるのに対し、本条の処分は裁判官による令状に基づくため、管理者による捜査機関へのデータの提供が第三者（管理委託者）に対する免責効果をもつことになったわけである（刑

第100条（郵便物等の押収）　*233*

訴218条参照）。

Ⅲ　処分の対象者

　本条によって記録を命じられるのは「電磁的記録を保管する者その他電磁的記録を利用する権限を有する者」であり、具体的には主にプロバイダ等のデータ管理者を対象とした処分であると考えられる。これらのデータ管理者が命令に反したとしても、罰則はない。というのは、通常、データ管理者は協力的であると考えられ、命令に応じないことは想定しにくいし、仮にそうなった場合は、通常の捜索・差押えによって媒体物（サーバ等）の差押えを実施すれば目的は達成できるためであると考えられる。このような措置をとった場合、プロバイダ等の業務に大きな影響が及ぶことからも、プロバイダ等は記録命令に応じるのが一般的であろう。ただし、データに対するプライバシーの期待権はその管理を委託しているサーバ等の利用者にある。データ管理者を被処分者とする見解もあるが※16、実質的に権利制約を受けるのは利用者であることに鑑みれば、被処分者の不知のままに強制処分が行われることになりかねない。そのため、令状の呈示等、解決すべき問題が残されているといえる。

Ⅳ　「記録」の意義

　本条で命じられる処分は「記録」および「印刷」である。刑訴110条の2では、「複写」、「印刷」、「移転」の3つの処分が規定されているが、本条の「記録」とは、電磁的記録の複写を含み、散在する複数の電磁的記録を1つにまとめて新たに電磁的記録を作成する作業も含む。記録元の電磁的記録媒体に保存されている電磁的記録の消去を伴う移転は記録に含まれない。そのため、保全対象となるデータは管理者の管理する記録媒体（サーバ等）のなかに残ることになる（「複写」、「印刷」、「移転」の各概念については、刑訴110条の2参照）。

（内藤大海）

（郵便物等の押収）
第100条　裁判所は、被告人から発し、又は被告人に対して発した郵便物、信書便物又は電信に関する書類で法令の規定に基づき通信事務を取り扱う者が保管し、又は所持するものを差し押え、又は提出させることができる。

※16　杉山徳明＝吉田雅之「『情報処理の高度化に対処するための刑法等の一部を改正する法律』について」警察学論集64巻10号17頁（2011年）。

② 前項の規定に該当しない郵便物、信書便物又は電信に関する書類で法令の規定に基づき通信事務を取り扱う者が保管し、又は所持するものは、被告事件に関係があると認めるに足りる状況のあるものに限り、これを差し押え、又は提出させることができる。
③ 前二項の規定による処分をしたときは、その旨を発信人又は受信人に通知しなければならない。但し、通知によつて審理が妨げられる虞がある場合は、この限りでない。

　本条は、被告人が受発信人である郵便物等の押収（本条1項）と被告人以外の者が受発信人である郵便物等の押収（本条2項）について規定している。
　郵便物等については、憲21条2項が通信の秘密を保障しているが、これも個人のプライバシー保護の問題であるから、**「正当な理由」**（憲35条）に基づき、裁判所（裁判官）の発する令状によってのみ差押え・提出命令を受ける（その限度で違憲のそしりを免れる）。本条は、郵便物等も刑訴99条にいう押収の対象物となりうることを注意的に規定したものであり、本条の要件も刑訴99条の要件を推認させるものとして解釈する必要がある。本条は、捜索について定めるところがないが、通信の秘密の侵害を最小限に止めるためにも、郵便物等については刑訴102条による捜索は許されないものと解される。
　「被告人から発し、又は被告人に対して発した」（本条1項）の意義は、必ずしも表示による必要はなく、実質的に判断して差し支えない。ただ、身体の拘束を受けている被告人・被疑者と弁護人間の郵便物等については、刑訴105条の限度で押収できるとされているが、接見交通権（刑訴39条1項）との関係で押収できないと考えるべきである。
　「被告事件に関係があると認めるに足りる状況」（本条2項）とは、当該郵便物等が「証拠物又は没収すべき物と思料」（刑訴99条1項）できる状況とほぼ同じである。

（高倉新喜）

（領置）
第101条　被告人その他の者が遺留した物又は所有者、所持者若しくは保管者が任意に提出した物は、これを領置することができる。

　領置とは、遺留物または任意提出物の占有を取得する処分であるが、対象物の占有を取得する際に強制力を伴わない点で差押えと異なる。この点、領置は憲法上の「押収」には含まれない。もっとも、本条の領置による占有取得後は、差押えの場合と同様の効力が生じる。すなわち、強制的に占有を継続でき、提

出者が還付を求めても、必要がある場合には還付が拒否されうる。この点、領置も刑訴法上は押収の一種である。なお、捜査機関による領置については、刑訴221条参照。

領置は令状を必要とせず、「証拠物または没収すべき物と思料するもの」（刑訴99条1項）以外の物も領置の対象になる。ただし、領置された物が証拠物でも没収すべき物でもないことが明らかになれば、還付しなければならない（刑訴123条、刑訴124条）。

「領置」も押収に関する裁判であるから、不服のある者は、刑訴420条2項による抗告または刑訴429条1項2号による準抗告を申立てることができる。

捜査機関が押収した物を検察官の請求により公判廷で証拠として取り調べた場合、その物は裁判所に提出されるのが原則であるが（刑訴310条）、その際、裁判所は改めて領置しなければその占有を取得できない[17]。本条の領置がなされれば、押収関係は、裁判所と被押収者（所有者、差出人）との間に生じ、これらの者が直接に裁判所に対し当該物件の還付等の請求をする[18]。また、押収を解く言渡しがあったときも（刑訴346条）、裁判所から直接に被押収者にその物を返還する。

（高倉新喜）

> **（捜索）**
> **第102条**　裁判所は、必要があるときは、被告人の身体、物又は住居その他の場所に就き、捜索をすることができる。
> ②　被告人以外の者の身体、物又は住居その他の場所については、押収すべき物の存在を認めるに足りる状況のある場合に限り、捜索をすることができる。

本条は、裁判所の物に対する捜索についてその対象及び要件を定めた規定である。**捜索**とは、一定の場所、物または人の身体について、物または人の発見を目的として行われる強制処分である。人の捜索については刑訴126条参照。

I　被告人の住居等の捜索（本条1項）

本条1項の場合は、押収すべき物の存在する蓋然性が強いので、「必要がある」ことのみで憲35条にいう**「正当な理由」**があるものと法律上推定され、捜索が許される。捜索する場所が被告人の住居等であるときは、押収すべき物の

---

[17]　最二小決昭26・1・19刑集5巻1号58頁。
[18]　最二小決昭30・11・18刑集9巻12号2483頁。

236 第103条（公務上の秘密と押収拒絶権1）

存在する蓋然性が高いからである。

　身体の捜索は、身体そのもののほか、着衣の捜索を含む。また、身体の外表だけでなくその内部についても捜索しうるとするのが通説である。判例は、カテーテルなどを用いて体内にある尿を強制的に採取する行為も、捜索・差押えの一種とした※19。本条によりなしうる身体の捜索は、着衣の外部からさわったり、髪の中を調べる程度に止まるべきだとされる。全裸にした上での捜索や、肛門や膣内などの捜索は、検証としての身体検査（刑訴129条）として行われる。また、レントゲン照射の方法によってなされる身体内部の捜索は、特別の知識経験による操作、判断を必要とするので鑑定としての身体検査（刑訴168条、刑訴172条）として行われる。これらの場合は、捜索令状のほか、身体検査令状、鑑定処分許可状が必要となる。

　「被告人の物又は住居」とは、被告人が現実に支配・管理している物または住居をいう。したがって被告人の所有に属していても、現に他人に賃貸している場合は除かれるし、他人の所有に属していても、現に被告人が所持、保管している物はこれに含まれる。

　なお、捜索に対しては不服申立てできないが、国家賠償の対象にはなりうる。

II　被告人以外の者の住居等の捜索（本条2項）

　本条2項の場合は、本条1項の場合と異なり、「押収すべき物の存在を認めるに足りる状況のある場合に限り」捜索が許される。第三者に対する強制力の行使はより慎重でなければならない。

（高倉新喜）

（公務上の秘密と押収拒絶権1）

第103条　公務員又は公務員であつた者が保管し、又は所持する物について、本人又は当該公務所から職務上の秘密に関するものであることを申し立てたときは、当該監督官庁の承諾がなければ、押収をすることはできない。但し、当該監督官庁は、国の重大な利益を害する場合を除いては、承諾を拒むことができない。

　本条は、公務員の押収拒絶権を認めたものである。国の重大な利益に関する公務上の秘密を保護するために、刑事手続における事案の真相の解明という訴訟法的要請を譲歩させるものである。押収を拒絶された物については、捜索も

※19　最一小決昭55・10・23刑集34巻5号300頁。

検証も許されない。本条に違反した押収の執行については、抗告（準抗告）ができる（刑訴420条2項、刑訴429条）。

「公務員」とは、国家公務員のほか、国の重大な利益にかかわる公務を遂行する地方公務員を含む。他の法律によって公務員とみなされる者についても同じである。

「公務所」とは、当該公務員の属する公務所及びその上級の公務所をいう。

「職務上の秘密」の認定は、申立てをする公務員または公務所が判断する。裁判所は、その認定の審査をすることはできない。ただし、その判断が客観的に根拠のないことが明白な場合にはその申立てを拒否できる。

「当該監督官庁」とは、行政組織上当該公務員の属する行政機関において、当該秘密を保持すべきか開示すべきかを判断できる上級の機関ないしその機関の長をいう。

本条の申立てがあれば、裁判所は、その公務員等の監督官庁に承諾を求める手続をしなければならない。承諾の拒絶は「国の重大な利益を害する場合」に限られる。「国の重大な利益を害する」かどうかは、監督官庁にその認定権がある。承諾を拒絶された物の押収は違法であり、証拠能力がない。

（高倉新喜）

（公務上の秘密と押収拒絶権2）
第104条　左に掲げる者が前条の申立をしたときは、第一号に掲げる者についてはその院、第二号に掲げる者については内閣の承諾がなければ、押収をすることはできない。
一　衆議院若しくは参議院の議員又はその職に在つた者
二　内閣総理大臣その他の国務大臣又はその職に在つた者
②　前項の場合において、衆議院、参議院又は内閣は、国の重大な利益を害する場合を除いては、承諾を拒むことができない。

刑訴103条の適用上監督官庁がない場合についての特則を定めたものである。立法及び行政の最高機関についての規定である。議院の休会中及び衆議院の解散後成立前には、承諾権行使の機関がないので、これらの場合に議員が申立てをしたときは押収できないことになる。

（高倉新喜）

（業務上秘密と押収）
第105条　医師、歯科医師、助産師、看護師、弁護士（外国法事務弁護士を含む。）、弁理士、公証人、宗教の職に在る者又はこれらの職に在つた

者は、業務上委託を受けたため、保管し、又は所持する物で他人の秘密に関するものについては、押収を拒むことができる。但し、本人が承諾した場合、押収の拒絶が被告人のためのみにする権利の濫用と認められる場合（被告人が本人である場合を除く。）その他裁判所の規則で定める事由がある場合は、この限りでない。

I　本条の趣旨

　本条は、刑訴103条と同様、業務上の秘密の保護という超訴訟法的な利益を刑事訴訟における真実発見に優先させて押収拒絶権を認めたものである（刑訴149条の証言拒絶権も同趣旨）。その目的は、業務者そのものの秘密を保護したり、業務上の秘密の中に含まれている個人の秘密そのものを直接に保護しようとすることではなく、秘密を委託されることの多い業務（弁護士23条、弁護士職務基本規程23条、弁護士職務基本規程56条、弁護士職務基本規程62条、刑134条など参照）及びその業務を利用する社会一般を保護して、有益な業務の遂行に支障をきたさないようにすることである。より端的には、**委託者と秘密を委託される業務者との信頼関係を保護**するものといえよう。本条は、刑訴222条1項により捜査機関による差押えに準用される。ただし、後述するように、押収拒絶権の行使が許されない場合がある（本条但し書）。なお、国税犯則取締法による差押えについても、業務上の秘密を理由とする押収拒絶権が認められている[20]。

II　押収拒絶権者

1　制限列挙

　押収拒絶権者たる業務者の種類は、本条に掲げられたものに限ると解するのが通説である[21]。したがって、医療関係技術者や公認会計士や各種コンサルタントなどは、個人の秘密に関係する業務であることは確かであるが、本条に掲げられた業務者には含まれない。また、本条でいう「弁護士」は、その資格を有しこれを業とする者に限られ、特別弁護人はこれに含まれないものと解される。押収拒絶権者をどの範囲にまで認めるかは立法政策上の問題である。

---

[20]　熊本地決昭60・4・25判タ557号290頁。

[21]　福岡高決昭44・9・20高刑集22巻4号616頁（最大決昭44・11・26刑集23巻11号1490頁の原決定）は、報道機関に対しては本条の適用がないとした。また、判例は、本条に対応する刑訴149条の業務者についても同様の立場をとっている（最大判昭27・8・6刑集6巻8号974頁）。なお、この範囲を解釈によって拡張しようとする説もある。

2 押収拒絶権の行使

(a)押収の拒絶は権利であって義務ではない。この権利を行使するかどうかは、当の**押収拒絶権者の意思**に委ねられる。押収拒絶権の行使がなければ、押収できる。(b)ただ、押収拒絶権者の中でも、弁護士（弁護人）の場合は、原則として押収を拒絶する義務があると考えるべきではないか。弁護士（弁護人）には守秘義務（弁護士23条、弁護士職務基本規程23条、弁護士職務基本規程56条、弁護士職務基本規程62条、刑134条）があり、これは、弁護士（弁護人）の職務上不可欠の制度だからである。たとえば、弁護士（弁護人）が、自白を内容とする被疑者・被告人からの信書を捜査機関に任意提出（刑訴101条、刑訴221条参照）すれば、秘密漏示罪（刑134条1項）や懲戒処分（弁護士56条）の問題が生じるであろうし、その任意提出物の証拠排除も考えられよう。秘密であることを認識しながら押収を拒絶しなかった場合も同様であろう。(c)**押収拒絶権者に対する捜索・差押え**については、事実の取調べ（刑訴43条3項）を行い、処分を受ける者の意見を聴取することが必要であろう。なぜなら、捜索・差押えの必要性の判断の中には、被処分者が目的物について押収拒絶権を有するか否かという判断もまた含まれるからである[22]。そして、この事実の取調べをする場合において必要と認めるときは、検察官、被告人、被疑者または弁護人を取調べまたは処分に立ち会わせることができる（刑訴規33条4項）。

3 報道機関

前述のとおり、本条が規定する押収拒絶権者たる業務者の種類は、制限列挙であって、報道機関は含まれない。しかし、現代社会おける報道の自由の重要性からして、報道機関の取材した物の押収については、その必要性・相当性の判断を慎重にすることが必要である。報道機関については別途の考慮が必要である。最高裁判例は、この点を明確にしているが、報道機関の取材フィルムに対する提出命令について、憲21条に由来する取材の自由と公正な刑事裁判の必要性とを比較衡量し、後者がより重大であれば、押収は拒絶できないとしている[23]。この比較衡量は、後の最高裁判例において、捜査機関による報道機関の取材ビデオの差押えについても適用された[24]。

---

[22] 上口裕『刑事司法における取材報道の自由』（成文堂、1989年）313頁。

[23] 最大決昭44・11・26刑集23巻11号1490頁。この判例は、仮に取材の自由を保護する利益が公正な刑事裁判の必要性を上回るときは、報道機関が押収を拒む権利を有することを暗に示唆するものとも解しうる。

[24] 最二小決平1・1・30刑集43巻1号19頁、最二小決平2・7・9刑集44巻5号421頁参照。

Ⅲ　押収拒絶権の対象（「保管し又は所持する物」）

　押収拒絶権の対象は、本条に業務上委託を受けた「ため」と定められているので、秘密事項を記述した信書など委託により保管・所持する物に限らず、事務の委託の結果として作成し収集した物（たとえば、医師のカルテや弁護士の業務日誌）も含まれる[25]。また、「物」とは、書簡その他供述を記載した書面に限らず、あらゆる物を意味する。

Ⅳ　他人の秘密

1　秘密とは
　秘密とは、客観的に秘密であるもの（非公知性と秘匿利益のあるもの）に限らず、委託の趣旨において秘密とされたものも含まれる（通説）。

2　秘密であるか否かの判断
　秘密であるか否かの判断は、委託を受けた業務者が行い、裁判所はこれに拘束される（通説）。裁判所は業務者の申立てに従うほかない。しかし、本条但し書に該当するか否かの判断は裁判所がするので、その審査において、秘密でないことが客観的に明白であると認められる場合は、業務者の申立てにかかわらず押収できるとするべきである。

Ⅴ　押収拒絶権が行使できない場合（本条但し書）

1　本人が秘密の公表を承諾している場合
　「本人」とは、秘密の主体である者をいい、必ずしも委託者に限らない（通説）。本人が秘密の公表を承諾している場合は、そもそも秘密保持の必要がなくなるから、有益な業務の遂行に支障をきたすことがない。本人が死亡した場合も押収拒絶権を行使できないとするのが通説である。

2　本人が業務者と通謀して被告人に罪責を免れさせることをもっぱら意図して公表を拒んだ場合
　この場合は、押収拒絶権の制度目的を逸脱しており、権利の濫用である。**押収拒絶は、秘密の主体である本人と業務者との信頼関係の保護のために認められる**のであるから、このためでなく、もっぱら被告人のためだけのときは権利

---

[25]　医師のカルテや弁護士の業務日誌については、文理上は本条の押収拒否ができる物には含まれず、証言を拒否できる事項に限って押収拒絶を認めるべきであるとする説もある。

の濫用になり、押収拒絶は認められない。もっとも、被告人が本人である場合は除外される。したがって、被告人が証拠物を秘密として弁護士に委託すれば押収拒絶権が認められることになる[26]。この場合の押収拒絶は、被告人自身による証拠隠滅行為に類似するもので、やむを得ない行為と考えられるからである。一概に権利の濫用とは言い切れない。罪証隠滅のおそれに対しては、弁護士懲戒（弁護士56条）や刑罰（刑104条）で対処すべきことになろう。

3　その他裁判所が規則で定める事由

　現在までのところ、このような規則は制定されていない。今後において規則が制定されるとすれば、本人が死亡した場合、本人が国外にいるなどで承諾ができないような状況にある場合、犯人と被告人の同一性を立証する必要のある場合などが考えられる[27]。

（高倉新喜）

（令状）

第106条　公判廷外における差押え、記録命令付差押え又は捜索は、差押状、記録命令付差押状又は捜索状を発してこれをしなければならない。

　本条は、憲35条の**令状主義**の趣旨を受けて設けられた。公判廷外における差押え・記録命令付差押え・捜索は、差押状・記録命令付差押状・捜索状を発してこれをしなければならない（新設の記録命令付差押えにも令状主義が適用される）。裁判所による差押え・記録命令付差押え・捜索でも、公判廷外でなされるものについては、検察事務官または司法警察職員によって執行されるのが通常だからである（刑訴108条）。また、被処分者に対しては、なぜそのような処分を受けるのかを知らしめる必要があるからである。これに対して、公判廷における差押え・記録命令付差押え・捜索には令状を必要としない。

　憲35条2項は捜索・押収について各別の令状を要求しているので、それぞれの場合ごとに令状が必要となる。同一の機会に特定の場所を捜索し、それに引き続いて特定の物を差し押さえる場合には、捜索状と差押状とを合わせ1個の**「捜索差押令状」**を作成することも許されるとするのが通説である[28]。数個の別の場所で行う捜索・差押えを1個の令状で行うことは許されない。同一の場

---

[26]　平場安治他著『注解刑事訴訟法（上巻）（全訂新版）』（青林書院、1989年）349頁〔高田卓爾〕は、この点は立法論として疑問だとする。

[27]　青柳文雄『五訂刑事訴訟法通論（上）』（立花書房、1976年）590頁。

[28]　最大判昭27・3・19刑集6巻3号502頁参照。

242　第107条（差押状・捜索状の方式）

所における捜索・差押えも、その機会が異なれば各別の令状を必要とする。

（高倉新喜）

> **（差押状・捜索状の方式）**
> **第107条**　差押状、記録命令付差押状又は捜索状には、被告人の氏名、罪名、差し押さえるべき物、記録させ若しくは印刷させるべき電磁的記録及びこれを記録させ若しくは印刷させるべき者又は捜索すべき場所、身体若しくは物、有効期間及びその期間経過後は執行に着手することができず令状はこれを返還しなければならない旨並びに発付の年月日その他裁判所の規則で定める事項を記載し、裁判長が、これに記名押印しなければならない。
> ②　第九十九条第二項の規定による処分をするときは、前項の差押状に、同項に規定する事項のほか、差し押さえるべき電子計算機に電気通信回線で接続している記録媒体であつて、その電磁的記録を複写すべきものの範囲を記載しなければならない。
> ③　第六十四条第二項の規定は、第一項の差押状、記録命令付差押状又は捜索状についてこれを準用する。

Ⅰ　本条の趣旨

　本条は、憲35条を受けて、差押状・記録命令付差押状・捜索状の方式を規定したものである。すなわち、差押状・記録命令付差押状・捜索状は、**「捜索する場所及び押収する物を明示する令状」**（憲35条1項）でなければならず、本条によって要求される記載要件のすべてを充足しなければならない。かかる明示が要求されるのは、令状発付に際して裁判官の事前の審査に慎重を期し、執行の際の捜査機関の権限濫用を防止し、令状の呈示により処分を受ける者に侵害される範囲を知らせて、不服申立てを効果的に行わせるためである。なお、差押状と捜索状とを一括して**「捜索差押令状」**を作成することが許される[29]。

Ⅱ　差押状・記録命令付差押状・捜索状の記載要件

1　「被告人の氏名」（同条1項）

　「被告人の氏名」のみを記載すれば足り、住居は記載要件になっていない。差押状・記録命令付差押状・捜索状のいずれにおいても、被告人の氏名が不明の場合は、刑訴64条2項を準用して特定することができる（本条3項）。

---

[29]　最大判昭27・3・19刑集6巻3号502頁参照。

第107条（差押状・捜索状の方式）　243

2　「罪名」（同条1項）

　「罪名」が令状の記載要件とされるのは、主として、令状の流用を防止するためである。罪名に関しては、勾留状（刑訴64条1項）等と異なり、公訴事実の要旨は要求されていない。実務上は、罪名として刑法犯については殺人、窃盗というように各構成要件に当たる犯罪の一般的名称が記載され、特別法犯については「○○法違反」とのみ記載されることが多い。判例は、罪名の記載は憲法上の直接の要求ではないとしている[30]。しかし、令状の流用を防止するために罪名の記載が要求されていることを考えると、特別法については少なくとも条文を記載することが必要であろう。

3　「差し押さえるべき物、記録させ若しくは印刷させるべき電磁的記録及びこれを記録させ若しくは印刷させるべき者又は捜索すべき場所、身体若しくは物」（同条1項）

　これらの記載はまさに憲35条1項の要請である。

(1)　「差し押さえるべき物」については、その対象物が何であるかを明確に特定しうる程度に具体的に記載することが必要である（「差し押さえるべき物」は、差押状に固有の記載事項であり、記録命令付差押状に記載する必要はない）。ただ、捜査段階では、ある程度緩やかな特定もやむを得ない面がある。判例は、差し押さえるべき物として「会議議事録……メモその他本件に関係ありと思料せられる一切の文書及び物件」と記載された捜索差押令状につき、「その他」以下の記載は「具体的な例示に付加されたものであって……例示の物件に準じられるような」物に限られるから、物の明示に欠けるところはない、と判示した[31]。

(2)　「捜索すべき場所、身体若しくは物」についても、特定される必要がある。最高裁は「場所の表示は、合理的に解釈してその場所を特定しうる程度」で足りるとする（「捜索すべき場所、身体若しくは物」は、捜索状に固有の記載事項であり、記録命令付差押状に記載する必要はない）[32]。具体的には、地名等によって特定し、管理権の数によって1個の令状で足りる範囲を定めることになろう。2個以上の場所を捜索するときは、場所ごとに令状を必要とし、1通の令状に2個以上の場所を記載することは許されない。1個の場所（同一の敷地・建物内）における捜索であっても、管理者が異なれば別個の令状を要する。

　本条は捜索すべき場所、身体、物を区別していることを考えると、「場所」に対する捜索状によって、その場所にある管理権を異にする「物」およびその場所にいる人の「身体」に対する捜索をすることは原則として許されないと解

---

[30]　最大決昭33・7・29刑集12巻12号2776頁。

[31]　前掲[30]最大決昭33・7・29刑集12巻12号2776頁。

[32]　最三小決昭30・11・22刑集9巻12号2484頁。

244　第107条（差押状・捜索状の方式）

するべきである。もっとも、判例では、人については、捜索すべき物を所持していると認めるに足りる状況のある場合に限って許されるとされた[33]。

(3)　「記録させ若しくは印刷させるべき電磁的記録」と「これを記録させ若しくは印刷させるべき者」は、記録命令付差押状に記載すべき事項である。前者の具体的な記載の在り方は、個別の事案ごとに具体的な事実関係に応じて決すべきものである。一般的な記載例としては、たとえば、「□年□月□日から同月×日までの間における電話番号△△△△△番の携帯電話の通話履歴（通話日時・通話先）」といったものが考えられる。後者は、記録命令付差押えの名宛人となる者であり、「電磁的記録を保管する者」または「電磁的記録を利用する権限を有する者」（刑訴99条の2）の中から、個別の事案ごとに具体的な事実関係に応じて特定することとなる。

4　「有効期間」およびその他の事項（同条1項）

差押状・記録命令付差押状・捜索状には、令状の有効期間が原則として令状発付の日から7日間であること（刑訴規300条）および有効期間経過後の執行が不可能であることを記載しなければならない。また、必要があると認めるときは、差押え・記録命令付差押え・捜索をすべき事由をも記載しなければならない（刑訴規94条）。夜間でも執行できる旨（刑訴116条1項）、差押状・記録命令付差押状・捜索状の執行に関して適当と認める指示（刑訴108条2項）等も令状に記載する。

5　電気通信回線で接続している記録媒体からの複写（刑訴99条2項）の場合

刑訴99条2項の処分をするときは、差押状に刑訴107条1項に規定する事項のほか、「差し押さえるべき電子計算機に電気通信回線で接続している記録媒体であつて、その電磁的記録を複写すべきものの範囲」（同条2項）を記載しなければならない。その具体的な記載の在り方は、個別の事案に応じて、接続先のサーバに係るサービスの種類（メールサーバかファイルサーバか等）、アクセスのためのID、記録媒体のうち記録領域の利用方法（フォルダによるファイルの分類）等によって定められることになる。一般的な記載例としては、たとえば、「メールサーバのメールボックスの記録領域であって、被疑者の使用するパーソナルコンピュータにインストールされているメールソフトに記録されているアカウントに対応するもの」といったものなどが考えられる。

(高倉新喜)

---

[33] 最一小決平6・9・8刑集48巻6号263頁、東京高判平6・5・11高刑集47巻2号237頁。

第108条（差押状・捜索状の執行）　245

（差押状・捜索状の執行）
第108条　差押状、記録命令付差押状又は捜索状は、検察官の指揮によつて、検察事務官又は司法警察職員がこれを執行する。ただし、裁判所が被告人の保護のため必要があると認めるときは、裁判長は、裁判所書記官又は司法警察職員にその執行を命ずることができる。
②　裁判所は、差押状、記録命令付差押状又は捜索状の執行に関し、その執行をする者に対し書面で適当と認める指示をすることができる。
③　前項の指示は、合議体の構成員にこれをさせることができる。
④　第七十一条の規定は、差押状、記録命令付差押状又は捜索状の執行についてこれを準用する。

　本条は、差押状・記録命令付差押状・捜索状を執行する機関とその執行方法について規定したものである。
　差押状・記録命令付差押状・捜索状の執行は、原則として、**検察官の指揮**（刑訴472条、刑訴473条）によって検察事務官または司法警察職員が執行する（本条1項本文）。この点は、勾引状・勾留状の場合（刑訴70条1項）と同様である。差押状・記録命令付差押状・捜索状の執行に当たっては、それぞれ他の検察事務官、司法警察職員または裁判所書記官の立会いを必要とする（刑訴規100条2項）。
　裁判所が被告人の保護のために必要と認めれば、裁判長は裁判所書記官または司法警察職員に「執行を命ずる」（執行を指揮する）ことができる（本条1項但し書）。被告人側の請求によって差押え・記録命令付差押え・捜索が行われる場合が考えられるが、この場合、反対当事者である検察官に執行の指揮をさせるのは適当でない。
　裁判所は執行に関して適当と認める指示をすることができる（本条2項）が、口頭によることは認められない。書面による限り、令状に記載してもよいし、別個の書面でもよい。指示事項に制限はない。この指示は、令状発付から執行完了までの間、いつでもなしうる。この指示は、合議体の構成員にさせることができる（本条3項）。
　勾引状・勾留状の管轄区域外における執行等について規定する刑訴71条は、差押状・記録命令付差押状・捜索状の執行について準用される（本条4項）。
　執行した者は執行調書を作らなければならず（刑訴規43条1項）、速やかに執行に関する書類および差押物を、令状を発した裁判所に差し出さなければならない（刑訴規97条）。

（高倉新喜）

246　第109条（執行の補助）

> **（執行の補助）**
> **第109条**　検察事務官又は裁判所書記官は、差押状、記録命令付差押状
> 又は捜索状の執行について必要があるときは、司法警察職員に補助を求
> めることができる。

　検察事務官・裁判所書記官は、差押状・記録命令付差押状・捜索状について
必要があるときは、司法警察職員に補助を求めることができる。補助を求めら
れた司法警察職員はその補助をなすべき義務を負い、検察事務官・裁判所書記
官の指示に従わなければならない。刑訴71条の規定により管轄区域外で執行を
求められた検察事務官・裁判所書記官（刑訴108条4項）が執行する場合も含ま
れる。
　「必要があるとき」とは、執行そのものに必要な場合のほか、警備の必要が
ある場合も含まれる。

（髙倉新喜）

> **（令状の提示）**
> **第110条**　差押状、記録命令付差押状又は捜索状は、処分を受ける者に
> これを示さなければならない。

I　本条の趣旨

　差押状・記録命令付差押状・捜索状は、処分を受ける者（被処分者）に呈示
しなければならない。差押え・記録命令付差押え・捜索の執行はプライバシー
侵害等の受忍を義務づける重大な処分であるから、その処分が実体的にも手続
的にも正当なものであることを令状の呈示によって被処分者に知らせる必要が
ある。そうすれば、被処分者に処分の内容・範囲・程度を知らせることで手続
の公正が担保され、違法・不当な執行に対する不服申立ての機会が保障される。
本条は、刑訴218条・刑訴220条・刑訴221条による押収・捜索と刑訴218条・刑
訴220条による検証に準用されている（刑訴222条1項）が、憲35条の直接要求
するところではないというのが通説である。しかし、令状の呈示は、令状が適
正な手続に基づいて差押え・記録命令付差押え・捜索の範囲を特定した形で発
せられたことを知らせ、それを通して実際の執行をチェックさせる点にあるか
ら、憲法の直接の要請である、とする見解も有力である。

Ⅱ　処分を受ける者

　「**処分を受ける者**」とは、身体の捜索を受ける者、差し押さえるべき物または捜索場所を直接にまたは事実上支配している者を意味する。マンション、公団住宅等の集合住宅の場合は、各居住部分が独立の捜索（と差押え）の行われる場所であるから、それぞれの居住者のみが「処分を受ける者」である。これに対して、玄関や廊下等を共有しているアパートの場合は、居住者のほか管理人もこれに含まれる。

　捜索場所の占有管理者と差押物の所有者とが異なる場合には、両者が「処分を受ける者」に当たるので、両者に令状を呈示する必要がある。もっとも、捜索場所の管理者のみに呈示すれば足りるとする裁判例がある[34]。

　記録命令付差押えの場合の「処分を受ける者」は、電磁的記録の記録・印刷を命じられた者（刑訴99条の２）である。

Ⅲ　呈示

　令状の呈示は執行のための条件と考えられるから、原則として、処分を受ける者の要求の有無にかかわらず、執行着手前に呈示しなければならない。**呈示**とは、令状の内容を知る機会を与えることであり、単に令状の存在を示したのみでは足りず、令状の内容を理解できると思われる時間は示す必要がある。差押状・記録命令付差押状・捜索状の執行において、緊急執行（刑訴73条３項）は認められない。

　もっとも、執行の着手前に呈示したのでは執行の目的を達成できないようなときは、例外的に、着手した上でその直後に呈示すれば足りることもある[35]。また、令状呈示前でも、何らかの妨害的行為や証拠隠滅工作がなされる状況にあれば、本来の捜索の準備行為として一定の現場保存的行為をなしうる[36]。なお、令状の存在は、執行開始の要件であり、執行継続の要件ではないから、執行開始後、令状を奪取されまたは破棄されても、引き続き差押え・記録命令付差押え・捜索をすることができる。

　処分を受ける者が不在の場合は、令状の執行が許されないわけではなく、その者に令状を呈示せずに執行に着手することができるとするのが通説である。ただし、この場合、通説においても、代人がいるときはその代人に、代人もいないときは立会人（刑訴114条）に呈示するのが妥当である。

---

[34] 東京地判平３・４・26判時1402号74頁。

[35] 最一小決平14・10・４刑集56巻８号507頁参照。

[36] 東京地決昭44・６・６判時570号97頁、東京高判昭58・３・29刑月15巻３号247頁、大阪高判平５・10・７判時1497号134頁。

248 第110条の2（電磁的記録媒体の差押えに代わる処分）

Ⅳ 令状の筆写、コピー、テープ録音等

処分を受ける者から令状の写しの交付請求や筆写（撮影）の要求があっても、執行する者は、謄本の交付はもちろん筆写・コピーの要請にも応じる義務はないとされている[37]。しかしながら、令状の呈示が要求されるのは、被処分者に処分の内容・範囲・程度を知らせることで手続の公正を担保し、違法・不当な執行に対する不服申立ての機会を保障するためであることを考えれば、令状の記載内容の分量や複雑さの程度如何によって令状の筆写、コピー、テープ録音等が保障されるべきであろう。視覚障害者については点訳文を、外国人については翻訳文を添付することが必要と考えるべきであろう。なお、令状呈示の場面を写真撮影することは、後日の紛争に備えるために許される。

（高倉新喜）

> **（電磁的記録媒体の差押えに代わる処分）**
> **第110条の2** 差し押さえるべき物が電磁的記録に係る記録媒体であるときは、差押状の執行をする者は、その差押えに代えて次に掲げる処分をすることができる。公判廷で差押えをする場合も、同様である。
> 一 差し押さえるべき記録媒体に記録された電磁的記録を他の記録媒体に複写し、印刷し、又は移転した上、当該他の記録媒体を差し押さえること。
> 二 差押えを受ける者に差し押さえるべき記録媒体に記録された電磁的記録を他の記録媒体に複写させ、印刷させ、又は移転させた上、当該他の記録媒体を差し押さえること。

Ⅰ 本条の趣旨

従来、差押えの対象は有体物であるとされ、情報それ自体は差押えの対象となりえないと考えられてきた。そのため、コンピュータ等の電磁的記録媒体に含まれる情報の取得が問題となる場合、情報そのものではなく媒体物を差し押さえるというやり方がとられることになる。しかし、電磁的記録媒体は、伝統的な情報記録媒体である紙などとは比較にならないほどの情報収集能力を有するため、その中には犯罪とは無関係の情報も大量に保存されていることが多い。判例は、その中に証拠となるべき情報を含んでいる蓋然性があることを要件に、

---

[37] 東京地決昭34・5・22下刑集1巻5号1339頁、金沢地決昭48・6・30刑月5巻6号1073頁参照。

媒体物を単位として差押えを実施することを認めてきた[38]。しかし、このような差押えの執行方法については、以前から、捜査とは無関係の情報が同時に取得されてしまうという問題が指摘されていた。この点、本条の処分は、媒体物自体の差押えに代わる措置として対象情報のみの取得を規定するものである点で、刑訴99条の2の規定する記録命令付差押と共通している。すなわち、差押えの本来的な執行方法は電磁的記録媒体を単位とした処分であるため、媒体物のなかに保全すべき電磁的記録が含まれる蓋然性があれば、他の無関係情報が多く含まれているとしても差押えが認められてきた[39]。しかし、保全すべき電磁的記録のみを処分の対象とすることができれば、無関係の電磁的記録に対する利用ないしプライバシーの制約を回避することができる。本条の規定する代替的執行方法は、このような処分を可能とするものとして2011（平成23）年の法改正で新設された。ただし、後述するように、本来的な執行方法と本条の執行方法とのどちらを優先すべきかについては明文の規定はなく、一般には現場の捜査官の判断に委ねられると考えられている。

II 「複写」、「印刷」、「移転」

本条の規定する処分は、電磁的記録の「複写」、「印刷」および「移転」である。「複写」とは、保全対象たる電磁的記録を他の記録媒体に複写（コピー・アンド・ペースト）することを意味し、「印刷」とは、電磁的記録を紙媒体にプリントアウトすることをいう。これらの処分に際しては、オリジナルの電磁的記録が保存元の情報記録媒体（差押えの対象とされていたコンピュータ等）のなかに残されることとなる。これに対し、「移転」とは他の記録媒体に複写後、保存元の情報記録媒体から当該電磁的記録を消去すること（カット・アンド・ペースト）をいう。いずれの処分もそれ自体としては物の占有移転を伴わないため、差押えの概念に該当しない[40]。また、「移転」を検証とみなしうるかについても、保存元の電磁的記録に変更が加わるため、検証の概念にも収まらないとされる。なお、移転の概念は刑訴498条の2の規定する没収との関係で実益がある[41]。

なお、「他の記録媒体」（電磁的記録媒体または紙）に関して、現場に存在す

---

[38] 最二小決平10・5・1刑集52巻4号275頁。

[39] 前掲※38最二小決平10・5・1刑集52巻4号275頁。

[40] ただし、差し押さえるべき「他の記録媒体」を捜査機関が持参した場合でなく、被処分者の所有する「他の記録媒体」に複写等を行い持ち去った場合は、当該媒体物に対する差押えがあったとみることができる。

[41] 長沼範良「コンピュータ犯罪と新たな捜査手法の導入」Law and Technology 26号20頁（2005年）。

るものを用いる場合と捜査機関が自ら持参したものを用いる場合とが考えられるが、通常は後者であると思われる（この場合の還付に相当する処分として刑訴123条3項参照）。

Ⅲ　「差押え」としての執行方法

　本条で規定されるのは、あくまでも「差押え」の新たな執行方法である。この点、「複写」についていえば、検証と酷似した処分であるという見方もできる。しかし、コンピュータ等の電磁的記録媒体内を検査して対象情報を見つけ出す行為は実質的な捜索に当たるところ、検証のための捜索は認められていないため、検証処分として本条の処分を行うことには問題がある。また、準抗告の認められない検証とすることは、被処分者にとっても不利益である。新たな強制処分としてではなく差押えの一類型として位置づけたのは、このためである。

Ⅳ　通常の執行方法と本条の措置の関係

　本条の趣旨が無関係の電磁的記録に対する不要な制約の回避にあるとすれば、比例原則との関係上、本条の代替的執行方法を優先すべきようにも思われる。ただし、紙媒体に記された文書と同様に電磁的記録についても、その真実性や関連性は記録されている情報それ自体のみならず、記録されている状況を含めた全体から判断されるべき場合がある。そのため、代替的執行方法が原則的なあり方となるわけではない[42]。ただ、証拠価値保全のために記録媒体自体の差押えが必要である場合でなければ、被処分者の受ける不利益に鑑み、記録媒体それ自体を差し押さえることは相当ではない。どちらの執行方法を優先すべきかについて明文の規定はなく、執行方法の選択については執行者に委ねられるとしても、本来的執行方法による場合は、「処分の相当性」ひいては憲法35条1項にいう「正当な理由」が求められることになろう。そうでない場合は、準抗告により取り消されることもありうる。

（内藤大海）

---

[42] データの削除痕等も含めて検討する必要性もある（杉山徳明＝吉田雅之「『情報処理の高度化に対処するための刑法等の一部を改正する法律』について」警察学論集64巻10号19頁（2011年））。

第 111 条（押収・捜索と必要な処分）　*251*

（押収・捜索と必要な処分）
第111条　差押状、記録命令付差押状又は捜索状の執行については、錠をはずし、封を開き、その他必要な処分をすることができる。公判廷で差押え、記録命令付差押え又は捜索をする場合も、同様である。
②　前項の処分は、押収物についても、これをすることができる。

I　本条の趣旨

本条は、差押え・記録命令付差押え・捜索の実効性を確保するために、必要最低限度の対物的強制処分を付随的処分として許容しようとするものである。本条は、刑訴222条1項により捜査機関による押収・捜索に準用される。

II　執行について必要な処分

1　「執行について」

「執行について」 は「執行」よりも広く、それに接着し、かつ、執行するのに不可欠な行動を含むものと解される。

2　「必要な処分」

「錠をはずし、封を開き」とは、**「必要な処分」** の例示である。ただし、「必要な処分」は無制限ではなく、執行の目的達成のために必要かつ妥当な範囲に限られ、方法も社会的に相当なものでなければならない。(a)住居に入るために門の錠を開く行為等は許される。捜索差押令状の呈示に先立ち、ホテル客室のドアをマスターキーで開けて入室することも、差押対象物である覚せい剤が短時間のうちに破棄隠匿されるおそれがある場合には、必要な処分として許される[43]。(b)捜索すべき金庫に鍵がかかっている場合に、合鍵で金庫を開けることは許されるが、破壊することは、他に方法がなく、かつ、緊急の事情がある場合にのみ許される[44]。(c)刑訴107条が、捜索すべき「場所」と「身体」と「物」を区別している以上、「場所」に対する捜索令状の執行によって「物」や「身体」に対する捜索を行うことは原則として許されないが、もともとその場所に存在した物を居合わせた者が隠匿したような場合に原状回復の行為をすることは、本条の処分として許される。(d)最高裁判例においては、いわゆる強制採

---

[43]　最一小決平14・10・4刑集56巻8号507頁。
[44]　東京地判昭44・12・16下民集20巻11=12号913頁。

第1編第9章

252 第111条（押収・捜索と必要な処分）

尿も捜索・差押えの一種であると解しているから[45]、導尿管を尿道に挿入するなどの措置も「必要な処分」の1つに当たることになる。(e)差押物の証拠価値を保全するために必要な限度で、それが発見された状況を写真撮影することは本条の「必要な処分」として許される[46]。(f)物の破壊もできるが、被処分者に最も損害の少ない方法によるべきである。(g)身体捜索もできるが、肉体的な傷害を加えることは許されず、精神面への影響も最小限度にすべきである。

Ⅲ　押収物についての処分（本条2項）

1　「押収物」の意義

これは、裁判所によって差し押さえられた物に限らず、裁判所によって領置された物や提出命令によって提出された物も含まれる。

2　「押収物について」の処分

押収物を証拠物として証拠調べ（検証）する場合には必要な処分をすることができるから（刑訴129条）、本条2項で認められているのは、押収物が証拠物であるか否かを確かめるための必要な処分、すなわち、検証をすべきか否か（または領置をすべきか否か）の前提としての必要な処分である。すでに裁判所によって押収された物について認められるものであるから、執行機関のなしうる処分ではない[47]。たとえば、刑訴100条によって押収した封書の開披、押収した未現像のフィルムの現像[48]、押収した磁気テープやディスクから印字出力すること等が「必要な処分」として許される。

Ⅳ　磁気テープやディスク等の捜索・差押え

磁気テープやディスク等の電磁的記録に係る記録媒体（有体物）とは区別された電磁的記録それ自体（無体情報）は、有体物ではないので、捜索・差押えの対象とはなりえないが、記録媒体は有体物であるから、捜索・差押えの対象になる[49]。本条に関連して、(a)その記録媒体が差押えの対象物に当たるか否

---

[45] 最一小決昭55・10・23刑集34巻5号300頁。なお、最三小決平6・9・16刑集48巻6号420頁は、いわゆる強制採尿令状の効力として、在宅の被疑者を採尿場所まで強制的に連行することを認めた。

[46] 名古屋地決昭54・3・30判タ389号157頁、東京地決平1・3・1判時1598号161頁は、捜索・差押えに当然に付随する処分とする。

[47] ただし、異論あり（『条解刑事訴訟法（第4版）』（弘文堂、2009年）226頁参照）。

[48] 東京高判昭45・10・21高刑集23巻4号749頁。

[49] 最二小決平10・5・1刑集52巻4号275頁、大阪高判平3・11・6判タ796号264頁参照。

かの判断のために、被処分者のコンピュータを用いてその内容をディスプレーに出力したり、プリントアウトしたりすることが本条1項の処分として許されるか、(b)押収した記録媒体をプリントアウトすることが本条2項の処分として許されるか、という問題がある。これらは、本条の「必要な処分」として許されよう。

(高倉新喜)

> **（電子計算機操作などの協力要請）**
> **第111条の2**　差し押さえるべき物が電磁的記録に係る記録媒体であるときは、差押状又は捜索状の執行をする者は、処分を受ける者に対し、電子計算機の操作その他の必要な協力を求めることができる。公判廷で差押え又は捜索をする場合も、同様である。

I　本条の趣旨

　コンピュータ・システムの複雑化にともない、技術的・専門的な知識が要求される場合が多い。具体的には、コンピュータ・システムの構成、システムを構成する個々の電子計算機の役割・機能、操作方法、パスワードの解除方法、処分の対象となる電磁的記録が保存されているファイルの特定方法について、専門的な技術・知識が必要となってこよう。このような状況が認められる今日的状況において、電磁的記録に係る捜索・差押えを執行者が自ら行おうとすると、処分が長期化し、目的達成が著しく困難になる場合が想定される[50]。この点、処分を受ける者がプロバイダ等の協力的な者の場合であれば、電磁的記録の確認ないし選別のために、その者自身にコンピュータ等を操作させる方が効率的である[51]。また、捜査機関が自らデータの選別等に当たることになれば、取得すべき電磁的記録が保存されている蓋然性のある媒体について、一々全部検査することになり、結果として膨大な無関係情報に触れてしまうことに繋がる。そのため、被処分者等の権利保護の観点からも、本条の規定する協力要請は望ましい処分であるといえる。本条は、このような趣旨から2011（平成23）年の法改正によって新設されたものである。処分の対象となる電磁的記録に対して権限を有する者が別に存在する場合（プロバイダの利用者等）であっても、本条により被処分者（プロバイダ等）が当該記録を開示するための法的

---

[50] 杉山徳明＝吉田雅之「『情報処理の高度化に対処するための刑法等の一部を改正する法律』について」警察学論集64巻10号23頁以下（2011年）。

[51] 長沼範良「コンピュータ犯罪と新たな捜査手法の導入」Law and Technology 26号18頁（2005年）。

根拠が明らかにされたことの意味は小さくない※52。

　なお、本条は刑訴142条により裁判所が行う検証に準用されるとともに、刑訴222条1項によって捜査機関によって行われる押収・捜索についても準用される。

II　処分を受ける者

　協力要請を受ける者は、捜索を受ける者および差押えを受ける者である。本条は、たんに「処分を受ける者」としているため、被疑者・被告人も協力要請の対象者に含まれることになる。ただし、協力要請を拒否した場合の罰則はないため、非協力的な者に対する実効性はそれほど期待できない※53。したがって、実際上はプロバイダ等の情報管理者を対象とした処分となるものと考えられる。

III　協力要請の内容

　本条の協力要請の内容は、「電子計算機の操作その他必要な協力」である。したがって、まず捜索差押執行者にとって困難なコンピュータ操作がこれに含まれる。具体的には、コンピュータ・システムの構成やシステムを構成する個々の電子計算機の役割・機能・操作方法を説明することになる。次に、「その他必要な協力」としては、電磁的記録の選別・指定、パスワード等の解除作業等が考えられる。

　協力の内容が被処分者の知識、技術の範囲を超えるものである場合は、協力を拒むことができるのはもちろん、被処分者の事業に大きな支障を来す場合も拒否することができるとされる。

IV　協力が得られない場合の措置

　前述の通り、協力要請に応じない場合の間接強制については定めがなく、あくまでも協力的な被処分者に対する要請にとどまる。したがって、協力が得られない場合は、令状に記載された記録媒体であると思料されるもの全てを差し押さえたうえで、差押物に対する必要な処分（刑訴111条2項）として、執行者

　※52　指宿信「サイバースペースにおける証拠収集とデジタル証拠の確保」法律時報83巻7号89頁（2011年）。
　※53　長沼・前掲※51論文18頁。

第 112 条（執行中の出入禁止）　255

の側で必要な解析作業をすることになろう※54。

（内藤大海）

> **（執行中の出入禁止）**
> **第112条**　差押状、記録命令付差押状又は捜索状の執行中は、何人に対しても、許可を得ないでその場所に出入りすることを禁止することができる。
> ②　前項の禁止に従わない者は、これを退去させ、又は執行が終わるまでこれに看守者を付することができる。

　本条は、差押え・記録命令付差押え・捜索をするについて妨害があるときにこれを排除して目的を達成するために、令状の執行者に一定の権限を与えたものである（本条は、刑訴222条1項により捜査機関による押収・捜索・検証に準用される）。

　令状の執行者は、本条1項により、差押え・記録命令付差押え・捜索開始後その終了までの間、何人に対しても無許可での出入りを禁止できる。**「執行中」**（本条1項）とは、執行開始後その終了までをいう（執行中止中の期間も含まれる）。**「その場所」**（本条1項）とは、捜索すべき場所・差し押さえるべき物・記録媒体（刑訴99条の2）の現存する場所のほか、そこへの出入り禁止の目的を達成するために最小限度必要不可欠と考えられる近接の場所も含まれる。本条の**「許可」**および**「禁止」**は、令状を執行する者によってなされる。なお、執行の立会権者（刑訴113条、刑訴114条）は、本条の処分の対象者から除かれる。

　本条の禁止に従わない者（本条2項）に対する直接の制約は設けられていないが、必要な場合には、相当と認められる程度の実力を行使して**「退去」**させることができる。そのためには刑訴109条で補助を求めることもできる。**「看守者」**（本条2項）の資格に制限はなく、承諾があれば私人でもよい。看守の方法については特別の規定はないが、相手方の身体を拘束したり、実力を用いて退去させることは許されない。

（高倉新喜）

> **（当事者の立会い）**
> **第113条**　検察官、被告人又は弁護人は、差押状、記録命令付差押状又は捜索状の執行に立ち会うことができる。ただし、身体の拘束を受けて

※54　長沼・前掲※51論文18頁。なお、その際、パスワード解読ソフト、ハッキングツールの使用による特定領域への侵入が刑訴111条の必要な処分として許されるかという問題がある（指宿・前掲※52論文89頁）。

256　第114条（住居主等の立会い）

いる被告人は、この限りでない。
②　差押状、記録命令付差押状又は捜索状の執行をする者は、あらかじ
め、執行の日時及び場所を前項の規定により立ち会うことができる者に
通知しなければならない。ただし、これらの者があらかじめ裁判所に立
ち会わない意思を明示した場合及び急速を要する場合は、この限りでな
い。
③　裁判所は、差押状又は捜索状の執行について必要があるときは、被
告人をこれに立ち会わせることができる。

　本条は、差押状・記録命令付差押状・捜索状の**執行の公正を保障**するために
検察官・被告人・弁護人に立会権を認めたものである。ただし、捜査機関によ
る押収・捜索・検証については、本条は準用されていない（刑訴222条1項）。
すなわち、捜査機関が令状を得て行う押収・捜索・検証おいては、弁護人と被
告人の立会権は認められていない。
　「被告人又は弁護人」（本条1項）とは、被告人と弁護人いずれか一方のみに
立会権を認める趣旨ではない。両者それぞれに立会権が認められている。この
立会権を実効的にするために**事前の通知**が要求されている（本条2項）。ただし、
身体の拘束を受けている被告人は、その理由のいかんを問わず、立会権を有し
ない（本条1項但し書）。当該事件以外の事件により逮捕、勾引、勾留されてい
る者、自由刑または換刑処分（刑18条）執行中の者も立会権を有しない。
　裁判所は、「執行について必要があるとき」は、被告人の立会いを強制でき
る（本条3項）。**「執行について必要があるとき」**とは、差押え・記録命令付差
押え・捜索の便宜のみならず、被告人の権利保護の必要性も含む。立ち会わせ
るための方法としては、出頭命令・同行命令・勾引（刑訴68条）が考えられる。
本条3項は、身体を拘束されている被告人につき、裁判所の裁量で立会いを保
障しようとするものであって、身体を拘束されていない被告人についてまで立
会いを強制できる趣旨ではない。在宅の被疑者を捜索に立ち会わせるため、強
制的に捜索場所に連行して立ち会わせることは違法である※55。

（高倉新喜）

（住居主等の立会い）
第114条　公務所内で差押状、記録命令付差押状又は捜索状の執行をす
るときは、その長又はこれに代わるべき者に通知してその処分に立ち会
わせなければならない。
②　前項の規定による場合を除いて、人の住居又は人の看守する邸宅、

※55　大阪高判昭59・8・1判タ541号257頁参照。

建造物若しくは船舶内で差押状、記録命令付差押状又は捜索状の執行をするときは、住居主若しくは看守者又はこれらの者に代わるべき者をこれに立ち会わせなければならない。これらの者を立ち会わせることができないときは、隣人又は地方公共団体の職員を立ち会わせなければならない。

I 本条の趣旨

本条は、建物等の内での差押状・記録命令付差押状・捜索状の執行に際し、その建物の管理者等の責任者を立ち会わせることにより、執行を受ける者の権利保護（押収拒絶権の行使・不服申立て等の確保）を図り、かつ、執行手続の公正を担保しようとするものである。本条の立会いがなければ原則として執行に着手できず、本条により立会いを求められた者は、応ずる義務がある。ただし、立ち会わなくても制裁はない。

本条は、刑訴222条1項により、捜査機関による押収・捜索・検証に準用される。ただし、被疑者を逮捕する場合に無状で被疑者の所在を捜索するときは、本条2項は準用されない（刑訴222条2項）。

II 公務所内での立会い（本条1項）

1 「公務所」

「公務所」とは、公務員が本来公務を執行する場所（施設）をいい、官公署の建物およびその構内（建物に付属する施設および囲繞地も含む）をいう。刑7条の「公務所」と必ずしも同じではない。いわゆる合同庁舎のような場合は、それぞれの官庁の使用部分ごとに別個の公務所となる。

2 「長又はこれに代わるべき者」

「長」とは、当該公務所の施設を直接管理する最上級者をいう。施設が異なった場所に独立・分散している場合には、それぞれの施設ごとの最上級管理者が「長」である。**「これに代わるべき者」**とは、長に準ずる者で、長の不在または差し支えのある場合に長に代わって当該公務所の施設に対する管理権を行使する者をいう。

3 「通知」

執行者は、立ち会わせる者に対して執行着手前（直前でもよい）に**「通知」**しなければならない。執行を行うこと、その場所、立会いを求める旨のほか、執行着手の時刻も通知すべきである。

4 「長又はこれに代わるべき者」が立会いを拒否した場合

この場合は、本条2項の場合とは異なり、第三者の立会いを求める手続が法規上予定されていない。他の者を立ち会わせて行うことはできず、監督官庁の監督権の発動を求め、結局立会いがなければ執行できないとする説と、正当な理由が示されないときは執行できるとする説がある。

Ⅲ 公務所以外の場所での立会い（本条2項）

1 「人の住居」「人の看取する邸宅」「建造物」

これらの意義は、刑130条の場合と同様である。**「人の住居」**とは、人の起臥寝食等の日常生活に使用される場所をいい、建物のみならずそれに付属する施設・囲繞地を含む。**「人の看取する」**とは、人が事実上管理・支配していることであり（その態様は、直接管理、警備員の駐在、鍵の保管等さまざまである）、**「邸宅」**とは、住居用に作られた建造物およびそれに付属する施設や囲繞地をいう。**「建造物」**とは、住居および邸宅以外の建造物（私立の学校、工場、倉庫等）およびそれに付属する施設や囲繞地をいう。

2 「船舶」

小船のようなきわめて小規模のものは除かれる。汽車、電車、航空機等の船舶以外の乗物にも本項の準用ないし類推適用があろう。

3 「住居主若しくは看守者又はこれらの者に代わるべき者」

住居主・看守者に代わるべき者とは、これらの者に準じて住居等を管理している者を意味する。なお、これらの者は弁護士に立会権の行使を委任することができる[56]。

本条2項は、立会人の人数については明示していないが、単に形式的に立会人を置くだけでは十分でない。執行に際し立会人が実質的に立会いの目的を達しうるような状況を作出しなければならず、具体的状況に応じて可能な人数を立ち会わせるべきである[57]。

4 「立ち会わせることができないとき」

住居主・看守者・これらの者に代わるべき者が不在のときのほか、立会いを拒否した場合も含まれる。

---

[56] 村井敏邦＝後藤昭編著『現代令状実務25講』（日本評論社、1993年）48頁〔後藤昭〕。
[57] 東京地決昭40・7・23下刑集7巻7号1540頁、東京地判昭51・4・15判時833号82頁参照。

5 「隣人又は地方公共団体の職員」

これらの者の立会いを求める趣旨は、執行手続の公正さを監視することに加えて、一定の地縁的関係に立つ者に執行を受ける者の利益を代替して保護させることである。「**隣人**」とは、執行を受ける者の利益を保護しうる程度に当該住居等についてある程度知りうる範囲の近隣に居住する者であれば足りる。「**地方公共団体の職員**」には、消防署※58や市役所の職員は含まれるが、地方公務員である警察官（警56条2項）は、手続の公正さを担保する趣旨から含まれないと考えるべきである。

Ⅳ　公務所内にある労働組合の事務所等

これらのものに差押状・記録命令付差押状・捜索状を執行する場合の本条の適用関係については、判例・学説とも一致していない。公務所として本条1項によるか、事実支配を重視して本条2項によるか、あるいは、1項2項の重複適用となるかについて、説が分かれている。当該部分の占有・使用の具体的状況等の実態に即して、直接の管理者の立会いを求めるのが妥当であろう。

（高倉新喜）

（女子の身体捜索と立会い）

第115条　女子の身体について捜索状の執行をする場合には、成年の女子をこれに立ち会わせなければならない。但し、急速を要する場合は、この限りでない。

本条は、女子の身体の捜索について、捜索の対象者の貞操、羞恥心を保護するために設けられた規定である（本条は、刑訴222条1項により、捜査機関による捜索に準用される）。

「**女子の身体**」とは、身体そのもののほか、現に着用している衣服について捜索する場合も含む。女子の身体の捜索をする場合には、急速を要する場合（たとえば、立会人を得るまでの間に証拠隠滅のおそれがあるような場合）を除いて、成人の女子の立会いが必要であり、たとえ本人の承諾があっても立会いを省略することは許されない。「**急速を要する場合**」であるか否かは、令状執行者が判断する。ただし、執行について裁判所の指示（刑訴108条2項）があるときは、その指示に従わなければならない。

本条は、「**捜索状の執行**」とある以上、公判廷で女子の身体を捜索する場合

※58　東京地決昭45・3・9刑月2巻3号341頁参照。

260 第116条（夜間の押収・捜索1）

には適用されないが、その場合でも、本条の趣旨は準用されるべきである。

（高倉新喜）

（夜間の押収・捜索1）
第116条 日出前、日没後には、令状に夜間でも執行することができる旨の記載がなければ、差押状、記録命令付差押状又は捜索状の執行のため、人の住居又は人の看守する邸宅、建造物若しくは船舶内に入ることはできない。
② 日没前に差押状、記録命令付差押状又は捜索状の執行に着手したときは、日没後でも、その処分を継続することができる。

　本条は、**夜間における私生活の平穏**を保護するための規定である（本条は、刑訴222条3項により、捜査機関による差押え・記録命令付差押え・捜索に準用される）。公務所の捜索には適用がなく、「住居」等（本条1項）に公務所は含まれない。
　夜間執行の許可が令状に記載されていなければ、たとえ住居主等の承諾があっても、日出前および日没後の執行は許されない（本条1項）[59]。「日出前」および「日没後」は、暦によって決められる。夜間執行の許可の記載は、刑訴108条2項に規定する書面による指示の1つと解される。
　本条2項は、執行が長引いた場合の例外規定である。日没前に執行の着手があり、その執行が継続しているうちに日没になった場合の規定である。したがって、日没前に執行を中止している間に日没になり、日没後にこれを再開する場合には、日没後の新たな処分として本条1項が適用されるべきである。

（高倉新喜）

（夜間の押収・捜索2）
第117条 次に掲げる場所で差押状、記録命令付差押状又は捜索状の執行をするについては、前条第一項に規定する制限によることを要しない。
一　賭博、富くじ又は風俗を害する行為に常用されるものと認められる場所
二　旅館、飲食店その他夜間でも公衆が出入りすることができる場所。ただし、公開した時間内に限る。

[59] もっとも、東京高判平10・6・25判タ992号281頁は、夜間執行できる旨の記載のない捜索差押令状によって、逮捕されている被疑者に夜間の強制採尿をしても違法ではないとした。

本条は、刑訴116条の例外規定である（本条は、刑訴222条3項により、捜査機関による差押え・記録命令付差押え・捜索に準用される）。本条1号2号に挙げられている場所は、いずれも夜間における私生活の平穏を特に保護する必要性が少ないためである。

「風俗を害する行為」（本条1号）については、刑法第22章の各条に当たる行為等、犯罪を構成する行為に限るか否か争いがある。微妙な場合は、刑訴116条の夜間執行の許可をとるべきであろう。

「旅館」等（本条2号）には、劇場やパチンコ店等も含まれる。旅館等の場所への立ち入りについては、公開時間内に限るため（本条2号但し書）、公開時間中の執行が公開時間後まで継続した場合にはどうなるかが問題になるが、公開した時間内に執行の着手があれば、公開時間後も継続して処分を継続しうる（通説）。

（高倉新喜）

（執行の中止と必要な処置）

第118条 差押状、記録命令付差押状又は捜索状の執行を中止する場合において必要があるときは、執行が終わるまでその場所を閉鎖し、又は看守者を置くことができる。

本条は、差押状・記録命令付差押状・捜索状の執行を一時的に中止する場合の必要な処分として、場所の閉鎖や看守者を置くことができることを規定したものである（本条は、刑訴222条1項により、捜査機関による押収・捜索・検証に準用される）。**「中止」**とは、執行の一時的停止である。執行を一時的に中止する場合には、別の令状を必要としない。ただし、本条は、執行を一時的に短時間中止する場合に限られるのであって、中断が長期にわたる場合には、新たな令状が必要である。

閉鎖の方式については、特別の規定はなく任意の方法によってなしうるが、閉鎖の事実を明らかにする措置を講じなければならない。この場合、多くは封印が用いられる。封印を破棄すれば、刑96条の罪に当たる。

（高倉新喜）

（証明書の交付）

第119条 捜索をした場合において証拠物又は没収すべきものがないときは、捜索を受けた者の請求により、その旨の証明書を交付しなければならない。

本条は捜索の結果、捜索の対象とされた証拠物または没収すべき物がなかったことを明らかにし、**捜索を受けた者の権利を保護**しようとする規定である（本条は、刑訴222条1項により、捜査機関による捜索に準用される）。

「捜索をした場合」には、捜索状を執行した場合のほか、裁判所が公判廷で捜索状を発しないで執行指揮した場合も含まれる。**「捜索を受けた者」**（「処分を受ける者」（刑訴110条）と同義）は、捜索証明書の交付を請求できる。捜索証明書の様式には特別の規定はないが、公判廷における捜索の場合は裁判所書記官が作成・交付者であり（刑訴規37条）、公判廷外における捜索の場合は令状の執行者が作成・交付者である（刑訴規96条）。

捜索証明書の交付によって、捜索の終了が明らかになり、同一捜索令状による再度の執行はできなくなる。しかし、新たな令状が発付されれば、同一場所・同一物に対する捜索はできる。もっとも、その場合は、証拠物や没収すべき物が存在することがかなりの程度に確実に示される必要があり、しかも、それは、前の執行後に生じた特別の事情によって示されなければならない。

（高倉新喜）

（押収目録の交付）
第120条 押収をした場合には、その目録を作り、所有者、所持者若しくは保管者（第百十条の二の規定による処分を受けた者を含む。）又はこれらの者に代わるべき者に、これを交付しなければならない。

押収をした場合には、刑訴119条と異なり、請求の有無にかかわらず、押収の処分を受けた者に押収目録が交付されなければならない。本条は、押収という処分が財産権を侵害する処分であるところから、押収物品を明らかにして、**被押収者の財産権の保護**を図るとともに、押収された物が令状により明示され許容される範囲に含まれるか否かなどの判断資料を残し、不服申立て等の実効性を確保して、**押収の公正さを担保**しようとするものである（本条は、刑訴222条1項により、捜査機関による押収に準用される）。それに併せて、捜索の終了を宣言する機能も有している。

「押収」には、令状による差押えのほか、公判廷における差押え、領置、提出命令による提出も含まれる。押収目録の作成者は、差押状執行の場合は執行者であり（刑訴規96条）、その他の場合は裁判所書記官（刑訴規37条）である。**押収目録の様式**について特別の規定はないが、一般的には刑訴規58条、刑訴規59条、刑訴規60条の2の定めるところに従うべきであろう。押収日時・場所・事件名・押収品と特定するに足りる名称・数量・種類・形状等を記載すべきで

ある※60。

目録の交付の相手方は、「所有者、所持者若しくは保管者（第百十条の二の規定による処分を受けた者を含む。）又はこれらの者に代わるべき者」である。これらの者のうち、直接押収の処分を受けた者に交付すればよいと考えられている。所有者等に「代わるべき者」とは、代わって目録を受け取ることが適当な者であれば、資格に制限はない。立会人もこれに該当しよう。

刑訴110条の2の処分を受けた者も、本条の押収目録を交付される。(a)被処分者が用意した他の記録媒体に電磁的記録を複写・印刷・移転してこれを差し押さえた場合、その被処分者は、当該他の記録媒体の占有を奪われるという財産上の不利益を被っているから、本条の押収目録を交付されるべきである。(b)他の記録媒体を捜査機関が用意した場合も含め、他の記録媒体に電磁的記録を移転してこれを差し押さえた場合、その被処分者は、当該電磁的記録に係る権利を奪われるという財産上の不利益を被っているから、本条の押収目録を交付されるべきである。(c)捜査機関が用意した他の記録媒体に電磁的記録を複写・印刷してこれを差し押さえた場合、被処分者の財産権を直接侵害するものではないものの、刑訴110条の2の処分が、差し押さえるべき記録媒体に記録された電磁的記録を他の記録媒体に複写するなどして取得するという一連の手続を、強制的に行うものであることに鑑みれば、被処分者に対し、押収目録を交付することによって、押収機関がどのような処分を行ったのかを明らかにし、また、捜索の終了を宣言することが適当である。

（高倉新喜）

> **（押収物の保管・廃棄）**
> **第121条** 運搬又は保管に不便な押収物については、看守者を置き、又は所有者その他の者に、その承諾を得て、これを保管させることができる。
> ② 危険を生ずる虞がある押収物は、これを廃棄することができる。
> ③ 前二項の処分は、裁判所が特別の指示をした場合を除いては、差押状の執行をした者も、これをすることができる。

押収物は、押収を行った裁判所（本条3項）が、還付・仮還付または没収が行われるまでの間、その裁判所に運搬し、その庁舎内で保管するのが原則である（刑訴規98条）。しかしながら、押収物の中には、裁判所の庁舎までの運搬に不便なもの、そこでの保管に不便なもの、そもそも保管に適さないものもあるので、この原則をいかなる場合にも貫くことは困難である。本条と刑訴122条

※60　東京地八王子支決平9・2・7判時1612号146頁参照。

は、この原則の例外規定である（本条は、刑訴222条1項により、捜査機関による押収に準用される）。

「**運搬又は保管に不便な押収物**」（本条1項）とは、自動車、船、大きな機械類等、公判廷に持ち出せないような大きさ・形状の物や、麻薬類や死体等、保管方法に特別の配慮が必要なものをいう。これらの物の保管は、看守者を置いて行うか、または所有者その他の者に委託して行わせることができる。「**看守者**」（本条1項）は、刑訴112条2項の「看守者」と同義であり、特に資格の制限はない。「**その他の者**」（本条1項）とは、押収物の所持者、その他保管を委託するのに適当な者をいう。保管者は、善良な管理者として注意義務を負う。保管者が注意義務に違反し押収物を違法に滅失させて所有者に損害を与えたときは、国または地方公共団体が国賠法により損害賠償責任を負う。このような保管者は、刑事上の責任（刑252条、刑259条、刑262条）を負うこともある。なお、保管場所や保管者の変更は、押収の効力に何ら影響を与えずに行うことができる。

「**廃棄**」（本条2項）は、保管が困難な場合だけでなく、爆発物や伝染病原菌が付着している物等、危険を生ずる蓋然性の極めて高い場合にも許される。

本条の処分は、押収をした裁判所及び受命・受託裁判官（刑訴125条）の権限であるが、差押状の執行者ができる場合もある（本条3項）。「裁判所が特別の指示をした場合」（本条3項）とは、刑訴108条2項の裁判所の指示をいう。

（高倉新喜）

（押収物の代価保管）

第122条 没収することができる押収物で滅失若しくは破損の虞があるもの又は保管に不便なものについては、これを売却してその代価を保管することができる。

本条は、保管が性質上困難な押収物について裁判所の換価処分を認めたものであり、刑訴121条と同様、押収物の保管についての例外規定である（本条は、刑訴222条1項により、捜査機関による押収に準用される）。裁判所による換価処分は、決定によって行う。

換価処分をなしうる押収物は、**没収することができる物**で、かつ、**証拠物でないもの**に限られる。必要的没収の対象となる押収物のみならず、任意的没収の対象となるものも含まれる。**証拠物として押収されたもの**は、刑訴121条2項によって廃棄処分が認められる物でない限り、そのままの状態で保管するべきであり、換価処分をなしえない。

証拠物であると同時に没収の対象となるものについて換価処分をなしうるかについては、肯定説と否定説がある。証拠物の押収の目的は、その証拠価値の

保全であり、これについて換価処分を認めることは押収の目的を失わせる。証拠物は、保管によって危険が生じるおそれのある場合以外は、できるだけそのままの状態で保全すべきである。換価処分のように押収物の存在自体を失わせてしまう処分は、きわめて例外的に許されるべきである。否定説が妥当である。

「滅失若しくは破損の虞があるもの又は保管に不便なもの」とは、刑訴121条の場合と異なり、社会通念上、押収物そのものの特性から保管に不便なことをいう。たとえば、米・小豆・生鮮食料品・密造酒・生きた動物・船舶・自動車などがある。

「売却」は、裁判所が決定し、公売等公正な方法で行う。換価処分は、押収それ自体よりも権利侵害の程度が高く、その程度を最小限にする必要があるからである。

売却による**「代価」**は、没収に関しては、その押収物と同一性があり[61]、没収の裁判は代価について行うべきである。

（高倉新喜）

（押収物の還付・仮還付）
第123条 押収物で留置の必要がないものは、被告事件の終結を待たないで、決定でこれを還付しなければならない。
② 押収物は、所有者、所持者、保管者又は差出人の請求により、決定で仮にこれを還付することができる。
③ 押収物が第百十条の二の規定により電磁的記録を移転し、又は移転させた上差し押さえた記録媒体で留置の必要がないものである場合において、差押えを受けた者と当該記録媒体の所有者、所持者又は保管者とが異なるときは、被告事件の終結を待たないで、決定で、当該差押えを受けた者に対し、当該記録媒体を交付し、又は当該電磁的記録の複写を許さなければならない。
④ 前三項の決定をするについては、検察官及び被告人又は弁護人の意見を聴かなければならない。

I 本条の趣旨

本来、裁判所が押収した物は、被告事件が終結するまで押収の効果が維持される。しかし、押収物でも、押収すべきではなかった場合や押収の必要がない場合には、終局裁判確定前に元の持ち主等に返還するのが適当である。本条は、終局裁判確定前に、裁判所が押収した物のうち、贓物（盗品等）でないものを

---

[61] 最大判昭33・3・5刑集12巻3号384頁。

266　第123条（押収物の還付・仮還付）

還付、仮還付する場合の原則を定めたものである（本条は、刑訴222条1項により、捜査機関による押収に準用される）。押収は被押収者の権利侵害を伴うので、その継続を最小限にするためである。

Ⅱ　還付（本条1項）

「還付」とは、押収処分を解いて、物を元の所有者その他その物を本来受け取るべき者に返還することをいう。還付は、適法な押収を前提とする[62]。還付の決定により押収は効力を失う。還付を受ける者は、原則として被押収者である[63]。捜査機関の押収した物が証拠として裁判所に提出され、裁判所で領置の手続がとられた場合、裁判所の押収となるから（刑訴310条）、裁判所は直接押収の処分を受けた者に対して還付をすることを要する[64]。捜査機関の押収した物でも、裁判所が押収していない物については、還付の決定ができない[65]。なお、判例では、押収の処分を受けた者の還付請求権が認められただけでなく、押収者（捜査機関）の原状回復義務が明確にされた[66]。

還付できる時期は、終局裁判の確定に至るまでである。判決宣告後、上訴前または確定前でも還付できる。しかし、上訴申立て後は、原裁判所に訴訟記録が留まっている場合でも、原裁判所は還付できないとされる。また、判決主文で還付の言渡しがあった場合、確定前に本条による還付をすることはできない。

「留置の必要のない」とは、没収すべき物として押収したが、没収不可能ないし不適当と判明した場合、証拠物が事件と関連性がないこと、または証拠価値が乏しいことなどが判明した場合をいう。留置の必要性に比して被押収者の不利益が著しい場合も含まれる。これらの場合は、裁判所においてその物の占有を継続する必要がない。

Ⅲ　仮還付（本条2項）

「仮還付」とは、押収の効力を消滅させず、再提出を求めることを留保しながら、差出人等の請求により、一時的に押収物を返還することである。還付の場合よりも広く認められる。請求権者は、本条2項列挙の者であり、被押収者に限られない。

---

[62] 最二小決平4・10・13刑集46巻7号611頁参照。
[63] 最三小決平2・4・20刑集44巻3号283頁。
[64] 最二小決昭30・11・18刑集9巻12号2483頁。
[65] 最二小決昭26・1・19刑集5巻1号58頁。
[66] 最一小決平15・6・30刑集57巻6号893頁。

Ⅳ　刑訴110条の2により電磁的記録の移転をした場合における原状回復措置（本条3項）

　被差押者が用意した他の記録媒体に電磁的記録を複写等してこれを差し押さえた場合、その被差押者が当該他の記録媒体の「所有者、所持者又は保管者」であり、その者から当該他の記録媒体の占有を奪っていることになるから、留置の必要がなくなったときには、原状回復として、その者に当該他の記録媒体を還付することになる。

　これに対して、捜査機関が用意した他の記録媒体に電磁的記録を複写等してこれを差し押さえた場合、捜査機関は被差押者から当該他の記録媒体の占有の移転を受けたことにはならず、捜査機関が当該他の記録媒体の「所有者、所持者又は保管者」ということになる。この場合、当該他の記録媒体を被差押者に返還すべき理由がないから、被差押者には当該他の記録媒体を還付しないことになる。しかしながら、当該他の記録媒体に電磁的記録を「移転」してこれを差し押さえた場合には、被差押者のもとから電磁的記録が消去されているから、原状回復の方法を認める必要がある。そこで本条3項は、このような「移転」の場合に、被差押者に対し、当該他の記録媒体を交付し、または当該電磁的記録の複写を許さなければならないことにした。

（高倉新喜）

> **（押収贓物の被害者還付）**
> **第124条**　押収した贓物で留置の必要がないものは、被害者に還付すべき理由が明らかなときに限り、被告事件の終結を待たないで、検察官及び被告人又は弁護人の意見を聴き、決定でこれを被害者に還付しなければならない。
> ②　前項の規定は、民事訴訟の手続に従い、利害関係人がその権利を主張することを妨げない。

　本条は、刑訴123条の特則である（本条は、刑訴222条1項により、捜査機関による押収に準用される）。被害者に贓物（盗品等）の引渡しを請求する権利があることが明らかな場合は、被害者に還付するのが適当である。

　「贓物」（本条1項）とは、財産犯により不法に領得された財物で、被害者が法律上追求できるもの（刑256条）をいう。ただし、刑190条・刑191条の場合の死体は、贓物罪における贓物には当たらないが、本条の贓物に含まれるとされる。**「被害者」**（本条1項）とは、問題となっている被告事件の保護法益の主体として、贓物について正当な権利をもつ者である。物の占有者であった者が被害者とされるのが通常である。**「還付する理由が明らかなとき」**（本条1項）とは、

臓物についての返還請求権をもっていることが明らかな場合のように、被害者がその物の占有を回復すべきことが明らかな場合をいう。恐喝、詐欺の被害者が処分行為を取り消す旨の意思表示をしないときは、還付すべき理由が明らかとはいえない。被害者であるとして還付の請求がなされても、権利関係が不明瞭な場合は、原則どおり、被押収者に返還しなければならない。

本条によりなされた臓物の還付は、実体上の権利関係を確定したり、権利変動を生ずる効力をもつものではない（本条2項）。還付後も自己の権利を主張する者は、民事手続により争うことができる。

（高倉新喜）

（受命裁判官・受託裁判官）
第125条 押収又は捜索は、合議体の構成員にこれをさせ、又はこれをすべき地の地方裁判所、家庭裁判所若しくは簡易裁判所の裁判官にこれを嘱託することができる。
②　受託裁判官は、受託の権限を有する他の地方裁判所、家庭裁判所又は簡易裁判所の裁判官に転嘱することができる。
③　受託裁判官は、受託事項について権限を有しないときは、受託の権限を有する他の地方裁判所、家庭裁判所又は簡易裁判所の裁判官に嘱託を移送することができる。
④　受命裁判官又は受託裁判官がする押収又は捜索については、裁判所がする押収又は捜索に関する規定を準用する。但し、第百条第三項の通知は、裁判所がこれをしなければならない。

押収・捜索の裁判は、裁判所が決定という形式で行うのが原則であるが、本条は、その例外として、押収・捜索すべき裁判所を構成する裁判官の1人（**受命裁判官**）にさせ、または押収・捜索の執行をする土地を管轄する裁判所の裁判官（**受託裁判官**）に嘱託することができることを規定している。この場合には、裁判所がする押収・捜索に関する規定が準用される（本条4項）。ただし、刑訴100条3項の通知は裁判所がしなければならない（同但し書）。

押収物の換価処分（刑訴122条）、還付と仮還付（刑訴123条）、押収臓物の被害者還付（刑訴124条）については、そこまで受命裁判官・受託裁判官がなしうるのかという問題がある。**消極説**は、これらは押収そのものではなく、その効果を減殺・減却するもので、受命・受託の範囲を超えるとして、裁判所の判断を待つべきである、とする。一方、**積極説**は、本条がこれらの規定の後に置かれ、準用を制限する文言がないこと、刑訴429条1項2号が、受命裁判官・受託裁判官の押収・捜索に刑訴123条、刑訴124条を準用することを前提とした文言になっていることを理由に、積極に解している。積極説が有力である。

第126条（勾引状・勾留状の執行と被告人の捜索）　269

「受託事項について権限を有しないとき」（本条3項）とは、執行行為の目的となる物がその地に存在しなかったとき、他の地へ移動したときなどである。

（高倉新喜）

（勾引状・勾留状の執行と被告人の捜索）
第126条　検察事務官又は司法警察職員は、勾引状又は勾留状を執行する場合において必要があるときは、人の住居又は人の看守する邸宅、建造物若しくは船舶内に入り、被告人の捜索をすることができる。この場合には、捜索状は、これを必要としない。

　本条は、正当な令状により被告人を逮捕する場合に準じ、被告人を拘束するに当たって発せられた勾引状また勾留状がある場合に、検察事務官または司法警察職員が、別個に捜索状がなくても、被告人を捜索するために人の住居等へ立ち入ることを認めたものであり、**令状主義の例外**を定めている。「勾引状又は勾留状の執行」は、憲35条にいう「第33条の場合」に当たる。**「人の住居」**等は、刑訴114条2項に定める場合と同じである。被告人の住居等だけでなく、被告人以外の者の住居等も含まれる。ただし、被告人以外の者の住居等に対しては、被告人所在の蓋然性があり、かつ、捜索をしなければ勾引状・勾留状の執行ができない場合でなければならない（刑訴102条2項参照）。本条は、刑訴110条を明文で準用していないが、捜索を受ける住居主等（刑訴114条）に勾引状・勾留状を呈示しなければならないと考えられる。

（高倉新喜）

（準用規定）
第127条　第百十一条、第百十二条、第百十四条及び第百十八条の規定は、前条の規定により検察事務官又は司法警察職員がする捜索についてこれを準用する。但し、急速を要する場合は、第百十四条第二項の規定によることを要しない。

　本条は、刑訴126条による被告人の発見を目的とする捜索について、物の発見を目的とする捜索に関する規定を準用したものである。人の発見を目的とする捜索も物の発見を目的とする捜索も、捜索としての性格は同じだからである。
　執行に際しての必要な処分（刑訴111条）、執行中の出入り禁止（刑訴112条）、責任者の立会い（刑訴114条）及び執行の中止（刑訴118条）の規定は、明文で準用されている。

刑訴110条は準用されていないが、同条の趣旨に従うべきであろう。

（高倉新喜）

第1編第10章　検証

〔前注〕

I　本章の位置付け

　本章は、受訴裁判所（刑訴142条が刑訴125条を準用していることにより、受命、受託裁判官も含む。以下同様）が行う**検証**について定める。そのうち刑訴131条以下の10箇条は、検証の対象が人の身体である**身体検査**に関わる。身体検査は人権に大きな影響を与えるので、このように特段の規定が設けられている。

　本章の規定は、証拠保全のための検証（刑訴179条）及び付審判請求手続（準起訴手続）における事実の取調べとしての検証（刑訴265条）に準用される。捜査機関が行う検証（刑訴218条、刑訴220条）についても、刑訴222条により本章の規定が一部（刑訴129条、刑訴131条、刑訴137条、刑訴138条、刑訴139条、刑訴140条）準用される。

II　検証と通信・公務・業務の秘密

　検証は**強制処分**であるから、これを拒むことは許されない。もっとも、秘密保持による利益保護のために押収について認められている制限、たとえば刑訴100条、刑訴103条、刑訴104条、刑訴105条は、刑訴142条の準用規定に挙げられていなくとも検証に準用すべきであるとの有力説がある。この点、憲21条によって通信の秘密が保障されていること、また刑事訴訟法が公務上ないし業務上の秘密の保護に関する押収拒絶権（刑訴103条、刑訴104条）や証言拒絶権（刑訴144条、刑訴145条、刑訴149条）を定めているのは、かかる秘密の保護という訴訟法外の利益を、真実発見という訴訟法的要請よりも優先させるという政策的決断の表れであることに鑑み、準用を認めるべきであろう。

III　電話傍受（盗聴）と検証

　通信傍受法施行以前の刑訴法の下で、判例は、捜査機関による検証令状を用いた**電話傍受**（盗聴）を適法としていた[※1]。しかし、傍受は会話の内容を理解することによってはじめて意味を持つものであって性質上検証となじまない、無関係な通話を聴取せざるを得ない傍受は刑訴129条所定の「必要な処分」の範

[※1]　最三小決平11・12・16刑集53巻9号1327頁。

囲を超えるなどの点で検証として電話傍受を行うことは違憲である、あるいは、かかる傍受は通信の自由やプライバシーを著しく侵害しおよそ憲35条に反するといった批判があった。その後、通信傍受法の成立・施行により、傍受令状による傍受が行われることとなった（通信傍受3条1項、刑訴222条の2）。

Ⅳ　エックス線検査と検証

　判例は、荷送人の依頼に基づき宅配便業者の運送過程下にある荷物について、捜査機関が、荷送人や荷受人の承諾を得ずに、これに外部からのエックス線を照射して内容物の射影を観察する行為は、荷送人や荷受人の内容物に対するプライバシー等を大きく侵害するものであるから、検証としての性質を有する強制処分にあたるとする[2]。すなわち、通常の五官の働きでは認識できないが、機器を用いながら五官（**エックス線検査**の場合には視覚）の作用により認識する処分についても、検証とみるべきものとされる。

Ⅴ　GPS捜査と検証

　判例は、車両に使用者らの承諾なく秘かにGPS端末を取り付けて位置情報を検索し把握する刑事手続上の捜査である**GPS捜査**は、個人のプライバシーの侵害を可能とする機器をその所持品に秘かに装着することによって、合理的に推認される個人の意思に反してその私的領域に侵入する捜査手法であり、令状がなければ行うことができない強制の処分であるとした上で、「GPS捜査は、情報機器の画面表示を読み取って対象車両の所在と移動状況を把握する点では刑訴法上の『検証』と同様の性質を有するものの、対象車両にGPS端末を取り付けることにより対象車両及びその使用者の所在の検索を行う点において、『検証』では捉えきれない性質を有することも否定し難い」として、「憲法，刑訴法の諸原則に適合する立法的な措置が講じられることが望ましい」とする[3]。

(豊崎七絵)

（検証）
第128条　裁判所は、事実発見のため必要があるときは、検証することができる。

---

[2]　最三小決平21・9・28刑集63巻7号868頁。
[3]　最大判平29・3・15刑集71巻3号13頁。

I　本条の趣旨

1　検証の意義

　検証とは、物・場所・人等の存否、形態、性状、作用等を人の五官（視覚・聴覚・嗅覚・触覚・味覚）の作用によって認識する**強制処分**をいう。本条は、受訴裁判所（刑訴142条により受命、受託裁判官にも準用される。以下同様）による検証について規定する。

　任意処分として検証と同様の認識を行う場合には、これを**実況見分**という。実務上、捜査機関は強制処分としての検証（刑訴218条、刑訴220条、刑訴222条）のほか任意処分としての実況見分を行っている一方、裁判所による実況見分はみられない。裁判所も実況見分ができるという考え方もあるが、裁判所の検証は令状なしで行える強制処分であるので実況見分と区別する実益がないことや、検証によって手続の明確性が確保され、当事者に立会等を含め争う機会が与えられ、また身体検査の場合の適正手続の保障が確保されることから、実況見分はできないとするのが有力である。

2　憲35条との関係

　捜査機関が行う検証については憲35条の趣旨から令状が要求される（刑訴218条）。他方裁判所が直接行う検証の場合、憲35条の解釈として全く疑問がないわけではないともいわれるが、令状発付の権限を有する裁判所自身が行うので、形式的には令状が発付されなくとも実質的には令状を発付した場合に等しい保障が得られるとして、令状を不要とする考え方が従来から一般的であった。

　もっとも、住居への立ち入り等の不利益を受ける被処分者に対して、権限や手続の明確化の観点から、検証に関する令状を設けて、その呈示・謄本交付を制度化すべきとの立法論[※4]もある。この点、憲35条が被処分者に対する令状呈示をも保障すると解するならば、裁判所による検証についても憲法上令状を要することになるが、少なくとも同条の趣旨を汲んだ制度論が検討されるべきである。

3　証拠調べとしての検証と当事者の請求権

　裁判所の行う検証は、強制処分としての性格と同時に証拠調べの性格も持つ。従って検証についても証拠調べに関する一般的規定が適用され、検察官・被告人または弁護人は検証を請求することができ（刑訴298条1項）、検証を行う際には証拠調べの決定（刑訴規190条1項）がなされなければならない。

　証拠調べ決定に関連して、最高裁は、被告人の容貌体格を犯人と被告人との

※4　小田中聰樹＝大出良知＝川崎英明編著『刑事弁護コンメンタールⅠ　刑事訴訟法』（現代人文社、1998年）104頁〔福島至〕。

同一性を確認するための資料とする場合について、その性質は検証に属するが、公判廷において裁判官が特段の方法を用いずに当然に認知でき当事者もこれを知り得るような場合には、原則として証拠物の取調べまたは公判廷における検証として特段の証拠調べ手続を履践する必要はないとした[5]。しかし、当事者主義が強化された現行刑訴法の下では証拠決定なしに行われる公判廷の検証は不適法であるといった批判は強い。またこのように証拠調べ手続を不要と解すると、上級審が記録に基づき事実誤認について審査しようとしても、その手がかり——公判調書（刑訴48条、刑訴規44条1項）——がない点でも問題がある。

なお被告人質問や証人尋問の際に、供述者の表情や態度等を観察して供述の信用性を判断する場合、証人尋問等に付随するものとして、検証の手続を要しないとされる。

また当事者の請求権に関し、検証の申請を採用するか否かは裁判所の自由裁量に委ねられているともいわれるが、刑訴298条が当事者の請求に基づく証拠調べを原則とした当事者主義の考え方を基調とし、その証拠調べ請求の一環として検証の請求も位置付けられる以上、重複請求など合理的な理由がない限り却下できないと解すべきである。これに関連して、検証請求を却下したことが刑訴298条1項及び刑訴1条に違反する訴訟手続の法令違反があるとした裁判例がある[6]。

4　「事実発見のため必要があるとき」

本条は「事実発見のため必要があるとき」検証が可能であるとする。当事者の請求によらない検証は、この文言から、実体的真実の発見のため裁判所が積極的に介入するためのものと解し得るか。ここにいう「事実発見」は刑訴1条の解釈とも関係する（同条解説参照）が、さらに検証が証拠調べの性格を持つことに照らし以下のように解しうる。すなわち職権による証拠調べ（刑訴298条2項）は挙証責任を負う検察官に対してその立証を補充するために証拠調べの義務を課すものではなく、むしろ被告人側の防御の不備を後見的に補うためにある。このことから、当事者の請求によらない検証もまた被告人の後見的立場から行われるべきであり、「事実発見」とは**消極的実体的真実主義**の意味に解すべきである。またとりわけ被告人の請求の場合には、前掲3で述べた通り、合理的理由がなければ却下すべきでない。もちろん、消極的実体的真実主義という意味での「事実発見」とは、検証結果も必然的に被告人に利益な内容になるという意味ではなく、裁判所が検証を実施するか否かを判断するにあたり被告人の後見的立場に立つべきだということである。

---

[5]　最二小決昭28・7・8刑集7巻7号1462頁。

[6]　福岡高判昭60・7・16判タ566号316頁。

Ⅱ　公判廷での検証

　公判期日において証拠物を取り調べること（刑訴306条、刑訴307条）も検証の一種である。ただし検証と一般的にいう場合、押収不可能な物や現状のまま法廷に顕出できない物を証拠とすることを指し、狭義の検証ともいわれる。しかし本条以下の諸規定は、証拠物の取調べを含む検証一般に妥当するものであって、狭義の検証に限られない。故に証拠物の取調べにあたり、物の破壊その他必要な処分をすることができる（刑訴129条）。

　公判廷での検証は、検証調書を作成せずに、その観察の結果を公判調書に記載すればよい（刑訴規44条1項31号）。証拠物の取調べの場合、公判調書には証拠の標目と取調べの順序を明らかにしておけば足りる（刑訴規44条1項30号）。ただし展示以外の特別の取調べ方法を実施したときには、性質上純然たる検証であるから、その観察の結果も記載すべきであろう。

Ⅲ　公判廷外の検証

1　証拠の意義

　公判廷外の検証の結果は検証調書に記載され、この調書が公判期日において取り調べられる（刑訴303条）。公判廷外の検証の場合に何が証拠（事実認定の基礎）となるかという問題について、(1)受訴裁判所によるときは検証調書ではなく検証自体が証拠となる、(2)公判廷で検証調書を取り調べた結果が証拠となる、(3)受命・受託裁判官によるときは(2)だが、受訴裁判所による場合には公判廷外の検証と公判廷での検証調書の取調べとが合して1つの採証行為・証拠調べになるといった考え方がある。

　これについて、受訴裁判所自ら検証を行う場合でも、現場では心証形成自体を行うのではなくむしろ検証の結果を如実に記録した上で、公判廷で検証調書を取調べ、またこれに対する当事者の攻撃・防御の機会を通して心証を形成してゆくことが公判中心主義と当事者主義にふさわしいから、(2)が正当である。

2　検証調書

　公判廷外の検証を行った場合には検証調書を作成しなければならない（刑訴規41条、刑訴規42条）。検証に立ち会った裁判所書記官が、この検証調書を作成する（刑訴規105条、刑訴規37条）。検証調書には検証の結果すなわち検証を行った裁判官の認識を記載することになるが、公判廷（場合によっては上訴審）で検証調書を取り調べることに備え検証方法も記載すべきであろう。裁判所が合議体で検証を行った場合には裁判官全員の認識したところを記載し[7]、認

※7　大判大13・3・29刑集3巻289頁。

識が一致しないときには各裁判官の認識をそれぞれ記載すべきである。

　裁判所による検証調書については、無条件で証拠能力が認められる（刑訴321条2項後段、同条解説参照）。なお、図面、写真、ビデオテープ等を利用することもでき、検証の結果の理解に便宜である限り検証調書と一体不可分のものとして証拠能力を認めて差し支えないとの見解もある。もっとも具体的ケースにおいて、検証調書と一体不可分とみるべきか、それとも別の証拠とみるべきかを区別するのは難しい場合がある。これは、次項で検討する指示説明の問題と類する。

Ⅳ　検証における指示説明

　裁判所が検証の現場で被告人その他の者を立ち会わせ検証事項を明確にするため場所や物等の指示説明をさせることは、検証の手段とされている。これは刑訴129条の「必要な処分」の1つと考えられている。

　従来の判例は、被告人以外の立会人の供述が目的物の指示陳述の域を出ず独立の証言事項に関する供述と認められない場合には検証の手段にすぎないから証人尋問の手続は不要であるし、立会人の署名押印がなくとも検証調書中の供述記載部分は刑訴321条2項により証拠能力を有するとする[8]。

　この検証と一体的な供述は「現場指示」と呼ばれる一方、検証現場を利用してなされたものであっても検証と別個の供述は「現場供述」とされ、これには刑訴321条2項の適用はないとされてきた。「現場指示」が検証の対象について指示を与える供述であるのに対し、検証現場でなされた供述であっても検証に必要な範囲を超えたり、検証の対象とは直接の関連性を欠く場合が「現場供述」に該当することは明らかである。しかし学説においては、「現場指示」であっても、その供述内容の信憑性を問題にして犯罪事実認定のための供述証拠として利用する場合には「現場供述」と同様に扱うべきである、つまり単に刑訴321条2項で証拠能力を認めるべきでなく、供述主体ごとに（すなわち被告人以外の者か被告人かによって）伝聞例外の要件を満たさなければならないという有力説もある。

　前述した通り、従来の判例は当該供述が単に「現場指示」か「現場供述」かで区別しており、その内容の信憑性が問題とされるか否かは問うてこなかった。もっとも、被害・犯行状況の再現結果を記録した実況見分調書等の証拠能力を扱った最二小決平17・9・27刑集59巻7号753頁は、立証趣旨が「被害再現状況」、「犯行再現状況」とされていても、実質においては再現されたとおりの犯罪事実の存在が要証事実になるものと解される場合、このような内容の実況見分調

---

[8]　福岡高判昭25・3・27特報10号101頁、広島高岡山支判昭27・2・27高刑集5巻2号274頁。実況見分調書につき、最二小判昭36・5・26刑集15巻5号893頁。

書等の証拠能力については、刑訴326条の同意が得られない場合には、刑訴321条3項所定の要件を満たす必要があることはもとより、再現者の供述の録取部分及び写真については、再現者が被告人以外の者である場合には刑訴321条1項2号ないし3号所定の、被告人である場合には刑訴322条1項所定の要件を満たす必要がある、とした。この判例は直接的には捜査機関による実況見分を取扱っているが、その内容は検証にも該当しうるものであり、当該供述の信憑性が問題とされるならば供述主体ごとに伝聞例外の要件を充足することを要求する点で、先の有力説の趣旨に沿うものといえよう。

「現場供述」の証拠能力（その供述内容の信憑性が問われる「現場指示」の証拠能力も含む）については、被告人以外の立会人の場合、(1)刑訴321条1項1号による、(2)公判準備かどうかにより刑訴321条2項前段（ただし被告人に反対尋問の機会を与えたことが必要）または刑訴321条1項1号による、(3)信用性保障の重要な前提である宣誓が欠けているので刑訴321条1項3号によるという各説がある。この中では(3)が一番厳格な要件となる。また被告人の場合には刑訴322条による※9。

しかし、そもそも「現場指示」と「現場供述」とを截然と区別することは困難であり、伝聞法則潜脱の危険を否めない。そこで、むしろ指示説明も立会人の経験に基づく供述である点で証言と同じであることに着目して、立会人を同時に証人とし検証と証人尋問を同時に行うべきではないか、そのような手続がとられていない限り、指示説明部分の証拠能力は刑訴321条1項3号によって判断するしかない、また被告人の供述の場合についても「現場指示」と「現場供述」との区別の困難性と供述という点での共通性から、その供述全てにつき刑訴322条によると解すべきであるとの、証拠能力付与要件を厳格に解する見解もある。

（豊崎七絵）

（検証と必要な処分）

第129条 検証については、身体の検査、死体の解剖、墳墓の発掘、物の破壊その他必要な処分をすることができる。

本条は、検証に際して行いうる「必要な処分」を定める。「必要な処分」は、社会的に相当な方法で、かつ検証の目的を達する上で最小限度の処分にとどめるべきである。

身体検査は、人相、容ぼう、体格、痕跡等の人の特徴を観察認識するもので

※9 福岡高判昭26・10・18高刑集4巻12号1611頁は、公判準備における検証に立ち会った被告人の供述を録取した検証調書は刑訴322条2項の書面に該当するとした。

ある。着衣のまま外面から観察する程度にとどまれば通常の検証にあたるが、典型的には全部ないし一部の着衣をとらせて身体的特徴を観察する程度に至れば、本条の身体検査として行われなければならない。このように身体検査は人権を侵害する可能性があるため、刑訴131条以下に特別の規定が設けられている。

観察対象について裁判所の通常の知識・経験によって認識できる場合には、裁判所は、必要があれば医師等の専門家を補助者として身体検査を行うことができる。他方、裁判所の通常の知識・経験では認識できない性状を把握しようとする場合には、鑑定（刑訴165条）によらなければならない。指紋・足型の採取、アルコール濃度検査のための血液採取などは、鑑定として行うべきである（鑑定のほかに検証も必要な場合には、検証と競合して行いうる）。

本条の死体の解剖も、特別の知識・経験に基づく判断を必要としない観察認識のため行われるものであるから、少なくとも専門家の補助がない限り、一般人が行いうる簡単な死体の開披などに限られると解する。もっとも通常は鑑定として行われる場合が多いといわれる。

墳墓の発掘は刑法上の犯罪とされる（刑189条）。本条によって墳墓の発掘が特に規定されているのは、検証としてのそれが許されることを明らかにする趣旨と解される。祭祀礼拝の対象とならない古墳の発掘は、墳墓の発掘にあたらない。

死体解剖ならびに墳墓発掘の場合には、礼を失わないよう注意し、配偶者等の一定の者に通知しなければならない（刑訴規101条）。

物の破壊その他必要な処分が行われた場合、権利者に財産的損害を与える可能性があるが、補償について実定法上規定がない。しかし、憲29条3項を根拠に損害の補償請求ができるとの見解もある。

（豊崎七絵）

> **（夜間の検証）**
> **第130条** 日出前、日没後には、住居主若しくは看守者又はこれらの者に代るべき者の承諾がなければ、検証のため、人の住居又は人の看守する邸宅、建造物若しくは船舶内に入ることはできない。但し、日出後では検証の目的を達することができない虞がある場合は、この限りでない。
> ② 日没前検証に着手したときは、日没後でもその処分を継続することができる。
> ③ 第百十七条に規定する場所については、第一項に規定する制限によることを要しない。

本条は、夜間の住居等の立入りは生活の平穏を侵害しうるので、一定の制限

を設けたものであり、夜間の捜索差押の制限と同趣旨である（刑訴116条及び刑訴117条の解説参照）。

　「日出前、日没後」は暦によって決められる。夜間の検証は、日出後では検証の目的を達することができない場合に認められる。具体的には、日出を待っていたのでは現状に変化が生じる場合や夜間の状態での検証が必要な場合である。

　本条2項の趣旨は、捜索差押の場合と同じであり、刑訴116条の解説参照。

　本条3項の趣旨は、捜索差押の場合と同じであり、刑訴117条の解説参照。

（豊崎七絵）

（身体検査に関する注意）
第131条　身体の検査については、これを受ける者の性別、健康状態その他の事情を考慮した上、特にその方法に注意し、その者の名誉を害しないように注意しなければならない。
②　女子の身体を検査する場合には、医師又は成年の女子をこれに立ち会わせなければならない。

　本条は、**身体検査**が人の身体に関する直接関わる強制処分であるため、個人の名誉やプライバシー、ひいては人間の尊厳を損なうことがないよう、また個人の健康を害することがないよう、人権保障の観点から身体検査を行うにあたっての注意を定める。

　従って1項の「特にその方法に注意し」とは、単にその者の名誉を害しないように注意することに限定されない。すなわち、被検者に対し、健康状態を悪化させたり、病気治療に支障をきたさせたり、女性の羞恥心を傷つけたりすることのない方法をとる必要がある。旧刑事訴訟法176条2項は「被告人ニ非サル者ノ身体ノ検査ハ一定ノ証跡ノ存否ヲ確認スルニ必要ナル場合ニ限リ之ヲ為スコトヲ得」としていた。現行刑事訴訟法にはこのような規定はないが、被告人以外の者の身体検査については、旧法に準じた必要性が充たされることを前提とした上で、特に慎重な方法を要するであろう。

　2項は、女性の身体検査について、その名誉と羞恥心を保護し、かつ検査の適正性を客観的に担保するために立会を定める。この趣旨は、捜索状の執行の場合（刑訴115条）と同様と解される。もっとも本項は、立会について一切例外を認めず、また成年の女子に限らず医師の立会も可能とする点で、刑訴115条と異なっている。また、戸籍上及び生物学上の性は男性であるが、内心や身体の外形において女性である者の身体検査についても、2項が適用されるべきで

ある[10]。

(豊崎七絵)

> **(身体検査のための召喚)**
> **第132条** 裁判所は、身体の検査のため、被告人以外の者を裁判所又は指定の場所に召喚することができる。

　本条は、身体検査のための被告人以外の者の**召喚**について定める。出頭の方法は召喚だけで、被告人の場合のような出頭命令・同行命令（刑訴68条）は認められていない。召喚に応じない場合には制裁（刑訴133条、刑訴134条）や勾引（刑訴135条）が可能である。召喚状の記載要件については、刑訴規103条1項を参照。

　なお被告人の召喚については第8章の規定による。被告人が召喚に応じない場合の制裁はなく、勾引によるほかない（刑訴58条）。被告人に対する身体検査のための召喚状・勾引状には、身体検査のために召喚・勾引する旨を記載しなければならない（刑訴規102条）。

(豊崎七絵)

> **(不出頭に対する過料等)**
> **第133条** 前条の規定により召喚を受けた者が正当な理由がなく出頭しないときは、決定で、十万円以下の過料に処し、かつ、出頭しないために生じた費用の賠償を命ずることができる。
> ② 前項の決定に対しては、即時抗告をすることができる。

I　本条の趣旨

　身体検査のための召喚に応じない場合には勾引が認められている（刑訴135条）が、本条は、**過料**及び**費用賠償**を命じうるとすることによって、直接強制である勾引よりも人権侵害の程度が低い**間接強制**を定めた。これに対し、被告人については間接強制はなく、勾引するほかない。

　次条と異なり、過失による不出頭も含むと一般的に解されている。

---

[10] 東京地判平18・3・29判タ1243号78頁参照。

Ⅱ 「正当な理由」

「正当な理由」とは、家族等の結婚・葬式、病気等健康上の理由、交通機関の利用不能、緊急やむを得ない業務、過失なくして召喚の事実を知らなかった場合、出張旅費の不足などが挙げられる。

Ⅲ 併科

召喚に応じない者に本条の過料と次条の刑罰とが併科されても、憲31条・憲39条後段に違反しないとするのが通説である[11]。なお通説の立場に立っても、本条の過料について制裁としての性格を重視して、すでに出頭している場合であっても過去の不出頭につき過料を科すことができるとする説がある一方、むしろ本条の過料の本質は間接強制の手段であると解して、これを否定する説がある。後者は、過料は刑罰でないとしても、その実質は罰金や科料とほとんど差がないことや、本条の過料の上限と次条の罰金のそれとが同じであることに着目して、純然たる制裁として両者を併科し得ないとする。

Ⅳ 「かつ」

本条1項にいう「かつ」とは、過料と費用賠償とを同時にまたは別個に行うことを妨げないと解するのが通説である。

Ⅴ 制裁手続

過料・費用賠償は裁判所の決定によるもので、また刑罰ではないとしても、財産的利益の剥奪という制裁的性格をもつため、憲31条の適用があり、決定をする前に、本人に告知、弁解、防御の機会を与えるべきである。

Ⅵ 即時抗告

過料または費用賠償の決定を受けた者は、**即時抗告**を申立てることができる（本条2項、刑訴352条）。受命裁判官または受託裁判官による過料・費用賠償の裁判（刑訴142条、刑訴125条）については、**準抗告**を申立てることができる

---

[11] 最二小判昭39・6・5刑集18巻5号189頁は、刑訴160条と刑訴161条との関係について、同一行為についての過料と刑罰との併科は、憲31条・憲39条後段に違反しないとする。これに対しては、行政罰と刑事罰との峻別に対する疑問から、二重処罰の禁止にあたる可能性があるとの説もある。

（刑訴429条1項5号）。

（豊崎七絵）

（不出頭に対する刑罰）
第134条　第百三十二条の規定により召喚を受け正当な理由がなく出頭しない者は、十万円以下の罰金又は拘留に処する。
② 　前項の罪を犯した者には、情状により、罰金及び拘留を併科することができる。

　本条は、身体検査のため召喚された被告人以外の者の不出頭を犯罪とする。故に、その適用は故意がある場合に限られる（刑38条1項）。通常の刑事手続に従って審理裁判される。本条は、刑罰によって出頭を間接的に強制する意味もあるが、通説は、その本質を刑事司法への協力義務違反に対する罪に対する刑罰（制裁）と解し、また一旦本罪が成立した後、再度の召喚に応じて出頭し、あるいは勾引されても、本罪の成立または処罰を阻却しないとする。
　「正当な理由」、また前条の過料と本条の刑罰との併科については、前条の解説を参照。

（豊崎七絵）

（不出頭と勾引）
第135条　第百三十二条の規定による召喚に応じない者は、更にこれを召喚し、又はこれを勾引することができる。

　本条は、身体検査のため召喚された被告人以外の者の出頭を、**勾引**という**直接強制**によって確保することを定める。再度の召喚は、刑訴132条によって可能であり、本条によりはじめて可能となるわけではない。勾引以外にも召喚という手段があることを注意的に規定したものと解される。直接強制であるから、正当な理由なく召喚に応じない場合に限られる。また被告人と異なり、召喚に応じないおそれがある（刑訴58条2号参照）だけでは足りず、現に召喚に応じない場合に限られる。

（豊崎七絵）

（準用規定）

第136条 第六十二条、第六十三条及び第六十五条の規定は、第百三十二条及び前条の規定による召喚について、第六十二条、第六十四条、第六十六条、第六十七条、第七十条、第七十一条及び第七十三条第一項の規定は、前条の規定による勾引についてこれを準用する。

被告人以外の者に対する身体検査のための召喚については、被告人の場合に関する若干の規定、すなわち刑訴62条（召喚状）、刑訴63条（召喚状の方式）、刑訴65条（召喚の手続）が準用される。刑訴57条が準用されていないので、法律上は、裁判所の規則で定める猶予期間（刑訴規67条の定める「12時間」）を置くことは要求されていないが、相当の猶予期間を置かない場合には、不出頭につき正当な理由があると認められることになろう（刑訴133条、刑訴134条）。また刑訴69条の準用がないので、急速を要する場合でも裁判長には召喚の権限がない。

被告人以外の者に対する身体検査のための召喚に応じない場合の勾引については、被告人の場合に関する若干の規定、すなわち刑訴62条（勾引状）、刑訴64条（勾引状の方式）、刑訴66条（勾引の嘱託）、刑訴67条（嘱託による勾引の手続）、刑訴70条（勾引状の執行）、刑訴71条（勾引状の管轄区域外における執行）、刑訴73条1項（勾引状の執行手続）が準用される。勾引後の留置の時間制限（24時間以内）を定める刑訴59条の準用はないが、勾引後できる限り迅速に身体検査を行い、その終了後直ちに釈放しなければならない。刑訴68条（出頭命令・同行命令・勾引）が準用されないのは、指定の場所に召喚または勾引すれば足りるからである。刑訴69条の準用がないことは、召喚の場合と同様である。刑訴72条（検事長に対する捜査・勾引状執行の嘱託）、刑訴73条3項（勾引状の緊急執行）の準用がないのは、その必要性が乏しいからであろう。刑訴74条（護送中の仮留置）及び刑訴75条（勾引後の留置）の準用がないことは、1953（昭和28）年の法改正で証人につき刑訴153条の2（証人の留置）が追加されたことと比較して立法の過誤とみる説もあるが、むしろこの場合に留置の必要性に乏しく、また被検者の権利保護の観点から出頭後直ちに身体検査を行うべきである、と解する。刑訴126条（勾引状の執行と被告人の捜索）の準用がないので、勾引の際の捜索が問題となる。これについて、(1)被疑者・被告人以外の者については令状により強制的に捜索する方法はないとする説、(2)憲35条の趣旨から、人の住居等に立ち入って被告人以外の被検者を捜索するについては、勾引状と別に捜索状を要するとの説、そして(3)捜索の必要性から刑訴126条の適用を認める説がある。令状なしの捜索の例外性に鑑み、(2)が正当である。

（豊崎七絵）

284 第137条（身体検査の拒否に対する過料等）

（身体検査の拒否に対する過料等）

第137条 被告人又は被告人以外の者が正当な理由がなく身体の検査を拒んだときは、決定で、十万円以下の過料に処し、かつ、その拒絶により生じた費用の賠償を命ずることができる。

② 前項の決定に対しては、即時抗告をすることができる。

本条は、刑訴133条と異なり、被告人にも適用される。身体検査は直接強制もできるが（刑訴139条）、本条は、より人権侵害の少ない**間接強制**として**過料**と**費用負担**を規定した。

「正当な理由」とは、実行されようとしている身体検査を現時点で拒むに正当な理由（健康状態不良、場所の不適切性など）である。被告人に対する身体検査の強制は、供述の強制ではないから憲38条1項に違反しないと一般的に解されている。

「身体検査を拒んだとき」とは、身体検査が行われ、あるいは少なくともなされようとしたときに、その実行を現実に拒否したことを意味する。予め身体検査を拒む意思を表明していたとしても、実際に拒否しない限り、本条に該当しない。

本条の過料と次条の刑罰との併科、本条の「かつ」の解釈、そして即時抗告については、刑訴133条の解説Ⅲ、Ⅳ、及びⅥ参照。本条の適用にあたっては、刑訴140条所定の手続が要求される。

（豊崎七絵）

（身体検査の拒否に対する刑罰）

第138条 正当な理由がなく身体の検査を拒んだ者は、十万円以下の罰金又は拘留に処する。

② 前項の罪を犯した者には、情状により、罰金及び拘留を併科することができる。

本条は、正当な理由のない身体検査の拒否を犯罪とする。故に、その適用は故意がある場合に限られる（刑38条1項）。通常の刑事手続に従って審理裁判される。一旦本罪が成立した後、直接強制により、あるいは再度の身体検査に応じたことにより、結局は身体検査が実施されたとしても、一旦成立した本罪の成立または処罰を阻却するものではないとするのが通説である。拒否に際して暴行または脅迫があれば、公務執行妨害罪（刑95条）が成立し、本罪はそれに吸収される。

通説によれば、身体検査の一回の施行ごとに一罪が成立する。

本条は、被告人にも適用されると一般的に解されている。もっとも本条の犯罪の本質が、刑訴134条と同じく刑事司法への協力義務違反に対する刑罰（制裁）と解されるとすると、被告人の場合、自己の刑事訴追のための手続に協力しなかったので処罰されるということになる。それは、いわば自己の負罪証明に協力を強いられるに実質的に等しい点で問題がある。

本条は、刑罰によって身体検査を間接的に強制する意味もある。

「正当な理由」ならびに「身体検査を拒んだとき」の趣旨については、刑訴137条の解説参照。

（豊崎七絵）

（身体検査の直接強制）
第139条　裁判所は、身体の検査を拒む者を過料に処し、又はこれに刑を科しても、その効果がないと認めるときは、そのまま、身体の検査を行うことができる。

本条は、身体検査を実施する最後の手段として、直接実力を行使して身体検査を行うことを認める。

直接強制は、科料や刑罰による間接強制によっても身体検査に応じないことが明らかな場合に限られる。現実に間接強制をとったかどうかは問わないものの、直接強制は最後の手段であるから、できる限り間接的な方法によるべきである。従って、説得あるいは過料・刑罰・直接強制の予告等の措置がとられる必要があろう。

直接強制の方法は、必要最小限で、かつ社会的にみて相当なものでなければならない。直接強制によって行いうる身体検査の程度は、間接強制によりも限定されるとの有力説がある。具体的には、本人の協力がないと危険性が高くなる場合や、人権侵害が著しい場合など、その強行が社会的に相当な限度を超えるときは除かれることにより、間接強制の場合より限定されるとする。

直接強制に際し、司法警察職員（刑訴141条）や専門家に補助を求めることができる。

事前に、刑訴140条の手続がとられなければならない。

（豊崎七絵）

286　第140条（身体検査の強制に関する訓示規定）

> **（身体検査の強制に関する訓示規定）**
> **第140条**　裁判所は、第百三十七条の規定により過料を科し、又は前条の規定により身体の検査をするにあたつては、あらかじめ、検察官の意見を聴き、且つ、身体の検査を受ける者の異議の理由を知るため適当な努力をしなければならない。

I　本条の趣旨

　本条は、裁判所が、身体検査の拒否に対して過料を科し、または直接強制を行うにあたって、予め検察官の意見を聴くと同時に、被検者の拒否の理由を知る努力をすることによって、当該手段をなすことに慎重を期すことを要求し、被検者にとっての適正手続を保障するものである。

II　検察官の意見聴取

　検察官から意見を聴取するのは、検察官が過料の手続一般に関与するものとされていること（非訟120条、非訟121条）、刑訴138条所定の身体検査拒否罪に関する公訴権を有することによる。

III　「異議の理由」

　異議の理由とは身体検査を拒否する理由のことであり、刑訴137条所定の正当な理由の有無及び内容を指す。拒否の理由を聴取するのは、適正手続を保障するためである。なお過料を科すか否かは裁判所の裁量によるから、正当な理由がない場合であっても、拒否について斟酌すべき事情があれば過料の裁判の判断資料となる。故に、かかる事情の有無及び内容も異議の理由に含めてよい。

IV　「適当な努力」の方法

　努力の方法について具体的な定めはない。過料の裁判については事実の取調べを行うことができる（刑訴43条3項4項）。直接強制についても同様に考えられよう。

V　本条の効果

　本条を訓示規定と解する説、また本条の手続を行わなかった場合、過料の決定については抗告による取消の理由となるとの説がある。この点、過料は刑事

制裁ではないとしても、それに類する財産的負担を科する処分であり、直接強制も身体の自由を直接侵害する処分であるから、被検者本人に何ら告知・弁解・聴聞等の機会を与えずにこれらの処分を行うことは、憲31条の適正手続違反を構成すると考えるべきである。故に本条は訓示規定とはいえない。

よって、本条の手続を行わない場合には、過料の裁判に対する抗告・準抗告において取消事由となり、直接強制も違法となる。

（豊崎七絵）

（検証の補助）
第141条　検証をするについて必要があるときは、司法警察職員に補助をさせることができる。

本条は、検証の際に必要があるとき、司法警察職員の補助を求めることができる旨定める。裁判所は、捜査機関たる司法警察職員に対し原則として指揮命令の権限を持っていないが、検証の便宜を図るため、特に司法警察職員に検証の補助をさせることができるとされた。従って、司法警察職員は、これに応じて、必要な補助を行う権限と義務を有する。

司法警察職員については、一般司法警察職員（刑訴189条）のほか、特別司法警察職員（刑訴190条）も含まれるが、後者による補助はその職務権限に関係のある事件ないし事項に限ると解される。

刑訴71条、刑訴108条4項に相当する規定がないため、補助にあたるのは、検証すべき地をその管轄区域に持つ司法警察職員でなければならないと解される。

補助の内容としては、たとえば、検証の事実上の手助け、検証対象の看守、検証中の出入り禁止、検証中止中の看守（刑訴142条、刑訴112条、刑訴118条）等が挙げられる。検証現場・検証関係者の警備や道路上の検証における交通整理等は、警察官の本来の職務であって、検証の補助には含まれない。

（豊崎七絵）

（準用規定）
第142条　第百十一条の二から第百十四条まで、第百十八条及び第百二十五条の規定は、検証についてこれを準用する。

I　本条の趣旨

本条は、検証について、押収・捜索に関する規定の一部、すなわち刑訴111

288 第142条（準用規定）

条の2（電子計算機操作などの協力要請）、刑訴112条（執行中の出入り禁止）、刑訴113条（当事者の立会い）、刑訴114条（住居主等の立会い）、刑訴118条（執行の中止と必要な処分）、刑訴125条（受命裁判官・受託裁判官）の準用を定める。

詳細については、準用される各条文の解説を参照。

以下、検証に関し特に問題となる事項を解説する。

Ⅱ　当事者の立会い

刑訴113条の準用により、検察官、被告人、弁護人は検証の**立会権**を有する。この立会権は、検証手続の公正を確保するためのものであるが、特に被告人の立会権は防御権の一環として認められる。また立会いは、検証目的を十分に達成するためにも必要とされる。通説は、同条但書により身体を拘束されている被告人には立会権が認められていないとし、その理由として身体拘束中の被告人を検証現場に連行することに伴う困難や、被告人の立会いがなくとも、被告人に保障された証人尋問権を侵害する問題は生じず、また弁護人の立会権によって被告人の利益保護は十分であることを挙げる。また立会いの内容として、指示説明のための立会人に対し発問等をする権利はないとされる。しかし検証調書は刑訴321条2項後段によって無条件に証拠能力が与えられるから、反対尋問権の保障があるのと実質上同等の権利を保障すべきであろう※12。具体的には、検証で明らかにすべき事項、立会人に求めるべき指示説明について裁判官に申し出たり、裁判官の指示説明の要求が不適切なときや検証方法・態様が不適切・不十分な場合、注意喚起のみならず、異議申立てもできると解すべきである。また、身体拘束中の被告人の立会権を確保するため、刑訴113条3項の活用が求められる。

被告人及び弁護人は、それぞれ固有の立会権を持っているから、刑訴113条2項の準用による通知は各人に行うべきである。最大判昭24・5・18刑集3巻6号783頁は、弁護人に立会いの機会を与えずに公判廷外でした検証調書を証拠とすることは違法であるとした。被告人も固有の立会権を持っている以上、被告人に検証の日時・場所を通知しないことにより被告人に立会いの機会を与えなかった場合、その検証手続は違法である。もっとも、その検証の結果としての検証調書の証拠能力は肯定されるとの説がある。その理由として、弁護人に立会いの機会が与えられている限り、被告人に立会いの機会を与えなかったという手続の違法は検証調書の証拠能力に影響しないとされる。しかし、被告人は独立して立会権を持っており、検証目的の達成のみならず、手続の公正を確保することが重要であるから、被告人に立会いの機会が与えられなかった場合

※12　平野龍一『刑事訴訟法』（有斐閣、1958年）217頁、鈴木茂嗣『刑事訴訟法（改訂版）』（青林書院、1990年）209頁。

にも、検証調書の証拠能力は否定すべきであろう。

Ⅲ 勾留中の被告人に対する検証現場への連行

勾留中の被告人について、勾留の効果により検証現場へ連行できるとの見解がある。しかし勾留は、勾留の理由と必要性（刑訴60条）があるときに「勾留すべき刑事施設」に被告人を拘束する処分であって、検証立会いのような積極的な証拠調べのための処分ではない。従って、召喚（刑訴57条）または出頭・同行命令（刑訴68条）によるべきである。

Ⅳ 公務上・業務上の秘密に基づく押収拒絶権に関する規定の準用

押収拒絶権に関する刑訴103条、刑訴104条、刑訴105条、郵便物の押収に関する刑訴100条について、明文による準用はないが、検証に準用すべきであることについて、第10章〔前注〕参照。

（豊崎七絵）

第1編第11章　証人尋問

〔前注〕

Ⅰ　証人

1　証人の意義

　証人とは、裁判所または裁判官（起訴前の証人尋問、証拠保全の場合）に対し自己の体験した事実及び体験事実から推測した事実を供述する第三者をいい、その供述を証言という。捜査機関に対し供述する被疑者以外の者は証人ではなく参考人と呼ばれる。

　証人尋問は、証拠調べの1つであるから、主として**受訴裁判所**で行われるが、裁判所外で行われる場合もある。この場合は、**受命裁判官、受託裁判官**も証人を尋問することができる（刑訴163条）。

2　証人と鑑定人の区別

　証人と**鑑定人**との区別が問題となる。刑訴法上、それぞれ取扱いが異なる。両者の違いは次の点にある。すなわち、(1)証人は自己の体験事実の報告者であるが（非代替的）、鑑定人は特別の知識経験に基づく判断の報告者であること（代替できる）。したがって、証人は**勾引**できるが（刑訴171条）、鑑定人は勾引できない。(2)鑑定人は実験を行う必要がある場合、裁判所の許可により、身体検査、死体解剖、墳墓発掘等の「鑑定処分」を行うことができること（刑訴168条）、(3)鑑定人は、旅費・日当の他、鑑定料や鑑定費用の請求ができること（刑訴173条）である。

Ⅱ　証人の権利及び義務

　証人の権利、義務は次のようなものがある。第1に、証人は出頭義務を負う（刑訴150条、刑訴151条）。**召喚**に応じない証人に対しては、**勾引**することが許される（刑訴152条）。第2に、証人は**宣誓**の義務を負う（刑訴154条）。宣誓無能力者に対しては、宣誓なしで尋問する（刑訴155条）。第3に、証人は証言義務を負う。刑訴法は、一定の場合に**証言拒絶権**を認めるが（刑訴146条、刑訴147条）、出頭の上、正当な理由なく宣誓、証言を拒んだ時は制裁が科される（刑訴160条、刑訴161条）。その他、刑訴法は、一定の身分、職業にある者に対し、その秘密性を保持する必要のある場合に証言を拒絶する権利を認める（刑訴144条、刑訴145条、刑訴149条）。これは、**押収**についての刑訴103条ないし刑訴105条と同趣旨である。

Ⅲ　証人の尋問

　憲37条2項は、「刑事被告人は、すべての証人に対して審問する機会を充分に与えられ、又、公費で自己のために強制的手続により証人を求める権利を有する」と規定している。判例は、前段（反対尋問権）の「すべての証人」とは、被告人側申請の証人すべてを取り調べなければならないという趣旨ではないとし[※1]、また、後段も裁判所が公費で証人の所在調査をしなければならないものではない[※2]、という立場を採っている。

　証人尋問権（反対尋問権）の重要性を考慮して、法は、公判期日外（刑訴281条）、特に裁判所外（刑訴158条）の証人尋問の際に、当事者に立会権を認め、特に被告人の立会権は身柄拘束の有無にかかわらずこれを認めている（刑訴157条）。

　被告人の証人適格は、自己負罪拒否特権（憲38条1項）が放棄されえない権利であることから、否定される。共同被告人の証人適格は、判例・通説は弁論を分離することによって認められるとするが、手続の分離自体を安易に許すべきではないとする慎重論があることに留意すべきである[※3]。

（上田信太郎）

（証人の尋問）
第143条　裁判所は、この法律に特別の定のある場合を除いては、何人でも証人としてこれを尋問することができる。

Ⅰ　本条の趣旨

　本条は、裁判所の証人尋問についての権限を定めた一般的規定である。裁判所は何人でも証人として尋問できるから、原則として誰にも証人適格がある。

　本条の「裁判所」とは原則として**受訴裁判所**のことである。例外として、裁判所外の証人尋問（刑訴158条）では、**受命裁判官**または受託裁判官による尋問（刑訴163条）が行われる。また、起訴前または第1回公判期日前の検察官請求による証人尋問（刑訴226条ないし刑訴228条）や、証拠保全として被告人、被疑者または弁護人が請求して行われる証人尋問（刑訴179条）では、裁判官がこれを行うこととなる。

　「特別の定め」とは、刑訴144条・刑訴145条（証人不適格）、刑訴146条ない

[※1]　最大判昭25・10・4刑集4巻10号1866頁。
[※2]　最三小判昭38・12・24刑集17巻12号2526頁。
[※3]　田宮裕『刑事訴訟法（新版）』（有斐閣、1996年）387頁。

し刑訴149条（証言拒絶権）の規定がこれにあたる。

Ⅱ　証人適格

1　意義
証人適格とは証人となし得る資格をいう。原則として、証人適格は何人にも認められるが、例外がある。

2　法律による適格制限
公務員または公務員であった者は、一定の条件により、証人とすることはできない（刑訴145条）。

3　理論上の適格制限
理論上、証人適格を欠く者として、まず訴訟関係人が挙げられる。

(1)　訴訟関係人

　(ⅰ)　裁判官・書記官

裁判官は当該公判手続に係属する事件の判断者であるから、そのままでは証人となることはできない。当該事件の職務を外れれば証人となりえ、訴訟外の事実について証言することができる。しかし、その後は、当該事件の執行から除斥される（刑訴20条4号）。裁判所書記官も裁判官と同様である（刑訴26条1項）。

　(ⅱ)　検察官

当該事件の公判立会いの検察官も、そのままでは証人となることはできない。しかし、立会い検察官がその職務を離れ、他の検察官と交替すれば、証人となることができる[4]。証言後は、再びその事件の当事者とはなりえないとする説と除斥規定がないので違法とはいえないとする説がある。なお、書記官と異なり、捜査や公訴提起に関与した検察官、検察事務官、司法警察職員は訴訟当事者ではないから、証人適格を有する。

　(ⅲ)　弁護人・特別弁護人・補佐人

弁護人（国選、私選、特別弁護人）は、被告人にとって利益・不利益を問わず、当該事件についての証人となりうる。しかし、被告人との信頼関係を理由にこれを疑問視する見解も有力である。弁護人の**証言拒絶権**があるから、公判立会い検察官と同様、証人適格を認めるとする見解がある。

弁護人が証人となる場合、辞任の必要があるかどうか問題となる。証人となった場合は、弁護人としての役割を果たすことができないので、被告人にとって利益・不利益を問わず、その職務から離れるべきである。証人となる場

---

[4]　東京高判昭27・6・26高刑集5巻9号1467頁。

合、弁護人を辞任（私選）、解任（国選）、許可の取消（特別弁護人の場合）をすべきかどうか問題となる。必ずしも辞任等の必要はないとする説と証人と弁護人との地位は両立しないから、辞任等が必要であるとの説に分かれる。

(iv)　被告人・共同被告人

被告人の証人適格は認められない。**黙秘権**（憲38条1項、刑訴311条1項）を放棄し、任意に証人となることができるかどうか問題となるが、証人にならないことによって、不利益に判断されるおそれがある。したがって、被告人の証人適格は否定すべきである[※5]。

共同被告人については、弁論を分離すれば、相被告人との関係では証人適格を有する[※6]。また、分離後、証人としての供述（証人尋問調書）は、併合後、本人自身の証拠となしうるとされる[※7]。しかし、黙秘権侵害の危険などを理由として、反対説も多い。

(v)　法人の代表者、意思無能力者の代理人

法人の代表者（刑訴27条）、意思無能力者の代理人（刑訴28条）は、訴訟当事者ではないので、証人適格を有するが、訴訟行為の代表者、代理人の地位と証人の地位と両立しないので、証人である間は、その地位を離脱しなければならない。

(2)　証言能力

証言能力とは、自己の過去において経験した事実をその記憶に基づいて供述しうる精神的能力とする[※8]。証言能力の内容について、法は特に規定をおいていないため、原則として、すべての者は証言能力を有することになる。したがって、個別的に証人ごとに、精神的能力の発達度、体験時・供述時の精神的状況、証言事項・内容等を考慮し裁判所、裁判官が証言能力の有無を判断することになる。

年少者、精神障害者もそのことを理由として証言能力が否定されるわけではない。近時の判例に、幼児虐待による傷害致死事件で、被害者Aの兄であるB（事件当時5歳1ヶ月、証人尋問当時6歳4ヶ月）の証言能力を認めたものがある[※9]。精神障害者の証言の信用性が問題となった事案として、いわゆる甲山事件において、精神薄弱児の目撃証言の信用性を否定した第一審判決と、その

[※5]　大阪高判昭27・7・18高刑集5巻7号1170頁。

[※6]　最一小決昭29・6・3刑集8巻6号802頁。

[※7]　最一小決昭31・12・13刑集10巻12号1629頁、最二小判昭35・9・9刑集14巻11号1477頁。

[※8]　京都地判昭42・9・28下刑集9巻9号1214頁。

[※9]　横浜地判平17・3・31判タ1186号342頁。

294　第143条（証人の尋問）

信用性を認め差し戻した控訴審判決がある※10。

(3)　裁判権が及ばない者

なお、外交特権を有する外交官など裁判権が及ばない者は、裁判所の喚問に応じたり、宣誓、供述をする義務を負わない。ただし、任意で証人となることはでき、その場合の証言は証拠能力を有する※11。

Ⅲ　証人尋問の手続

1　証人尋問の請求及び決定

(1)　証人尋問の請求・決定

証人尋問の手続は、証拠調べ一般に関する規定の他、本章及び刑訴規第1編第11章が適用される。

証人尋問は原則として当事者の請求によって、また必要と認めるときに裁判所の職権で行われる（刑訴298条）。当事者が証人尋問の請求をする際は、あらかじめ相手方に証人の氏名及び住居を知る機会を与えなければならない（刑訴299条1項）。

裁判所は、証人尋問の請求があったときは、相手方またはその弁護人の意見を聴いた上で、採用または不採用の決定をしなければならない（刑訴規190条1項・2項）。裁判所が職権で証人尋問の決定をするについては、検察官、被告人またはその弁護人の意見を聴かなければならない（刑訴299条2項）。

(2)　尋問事項書

証人尋問を請求した者は、裁判官の尋問の参考に供するために尋問事項または証人が証言すべき事項を記載した書面（尋問事項書）を提出しなければならない（刑訴規106条1項）。これは、法文上、裁判所から尋問を始めることになっているため（刑訴304条）、裁判所が尋問する際の資料にする趣旨がある。しかし、実務では、**交互尋問制**が定着し、裁判所は補充的に尋問するに過ぎない（刑訴304条3項）、尋問事項書を提出させることは少ないようである。

公判期日外において証人の尋問をする場合は、尋問事項書の提出は義務的であり、その場合は速やかに相手方及びその弁護人の数に応ずる通数の謄本を裁判所に提出しなければならない（刑訴規106条4項・5項）。

2　証人尋問決定後の手続

証人尋問を決定した証人に対して、**召喚**し、同行命令を発し、**勾引**することが許される（刑訴150条以下、刑訴162条）。証人が裁判所構内にいるときは、召

※10　神戸地判昭60・10・17刑月17巻10号979頁、大阪高判平2・3・23判時1354号26頁、判タ729号50頁。

※11　最二小判昭24・7・9刑集3巻8号1193頁。

喚することなく、在廷証人として尋問することができる（刑訴規113条2項）。

　証人尋問の請求をした検察官または弁護人は、証人その他の関係者に事実を確かめる等の方法によって、適切な尋問をすることができるように準備しなければならない（刑訴規191条の3）。

3　証人尋問の実施

(1)　人定尋問等

　証人尋問には裁判所書記官が立ち会わなければならない（刑訴規114条）。証人に対しては、まず、**人定尋問**を行い（刑訴規115条）、原則として尋問前に宣誓をさせなければならない（刑訴154条、刑訴規117条）。

　証人は各別に尋問しなければならず、後に尋問すべき証人が在廷するときは、退廷を命じなければならない（刑訴規123条）。これは、別の証人の証言を聞いたことにより、他の証言が影響されるおそれがあるからである。ただし、個別尋問は、訓示規定とされ、これに違反しても証言の証拠能力に影響はないというのが判例である[12]。

　尋問は各別に行うのが原則であるが、必要があるときは、証人と他の証人または被告人と対質させることができる（刑訴規124条）。

(2)　書面による尋問または供述

　証人に対する尋問及びその供述は口頭で行うのが原則である。しかし、証人が耳が聞こえないときは書面で問い、口がきけないときは、書面で答えさせることができる（刑訴規125条）。この場合は、**口頭主義**、**公開主義**の要請から、書面の朗読が必要である。また、これら以外の場合に尋問または供述に代えて書面を用いることはできない。証人に不当な影響を与えることを避け、あるいは反対尋問権を確保するためである。

　しかし、書面を用いることが許される場合がある。第1に、書面の成立、同一性その他これに準ずる事項について証人を尋問する場合において必要があるときは、その書面を証人に示すことができる（刑訴規199条の10第1項）。第2に、証人の記憶が明らかでない事項について、その記憶を喚起するため必要があるときは、裁判長の許可を受けて、その書面を示して尋問することができる（刑訴規199条の11第1項）。ただし、その場合でも供述録取書を示すことはできない。未だ証拠能力の付与されていない司法警察員に対する供述書をその供述者である証人に読み聞かせて、証人がそのとおり間違いないと答えても、その証言には証拠能力がない[13]。

(3)　尋問の方式、調書の作成

　前述したように、刑訴法上、公判期日における証人尋問は、まず裁判官が尋

---

[12]　仙台高判昭26・10・15高刑集4巻11号1394頁。

[13]　東京高判昭36・6・15判タ121号50頁。

問した後に当事者が尋問する規定となっているが（刑訴304条）、実務上、交互尋問方式が定着している（刑訴規199条の2、刑訴規199条の3、刑訴規199条の4、刑訴規199条の5、刑訴規199条の6、刑訴規199条の7、刑訴規199条の8、刑訴規199条の9、刑訴規199条の10、刑訴規199条の11、刑訴規199条の12、刑訴規199条の13）。

公判期日に行われた証人尋問の結果は、公判調書に記載され（刑訴48条、刑訴規44条）、また公判期日外に行われた証人尋問の結果は、証人尋問調書に記載される（刑訴規38条）。

（上田信太郎）

> **（証人の召喚）**
> **第143条の2**　裁判所は、裁判所の規則で定める相当の猶予期間を置いて、証人を召喚することができる。

I　本条の趣旨

本条は、証人が正当な理由がないのに召喚に応じず、出頭しない事態に関連して新設された規定である。従来、被告人の召喚に関する規定はあったが（刑訴57条）、証人の召喚を直接、規制する規定はなかった。ただ、証人が正当な理由がなく召喚に応じない場合の対処規定は存していたし、刑訴57条の客体には証人、鑑定人などの人証もこれに含まれるものと解釈されていた[14]。

しかし、改正法の基本理念である「真正な証拠の顕出」、「活発で充実した公判審理」を実現するために、証人に関わる諸規定も整備されることとなった。証人の不出頭、宣誓・証言拒絶に対する法定刑の引上げ（刑訴151条・161条）、証人の勾引要件の緩和などがその例である。特に、証人の勾引については、従来、「召喚に応じない証人に対しては、さらにこれを召喚し、又はこれを勾引することができる。」（旧152条）となっていたが、改正法によって緩和され、証人が召喚に「応じないおそれがあるとき」も勾引できる旨規定された（152条）。その結果、証人を召喚する際には、相当の猶予期間を置くことが求められる。猶予される期間は刑訴規則に委ねられたが、これによれば、証人に対する召喚状の送達と出頭との間には、急速を要する場合を除いて、少なくとも24時間の猶予を置かなければならないとされる（刑訴規111条）。

なお、本条は、2016年12月1日から施行されている。

（上田信太郎）

---

[14] 河上和雄他編『大コンメンタール2巻〔第2版〕』11頁〔川上拓一〕（青林書院、2010年）。

（公務上の秘密と証人資格１）

第144条　公務員又は公務員であつた者が知り得た事実について、本人又は当該公務所から職務上の秘密に関するものであることを申し立てたときは、当該監督官庁の承諾がなければ証人としてこれを尋問することはできない。但し、当該監督官庁は、国の重大な利益を害する場合を除いては、承諾を拒むことができない。

Ⅰ　本条の趣旨

　本条は、刑訴103条と同様、実体的真実の発見という訴訟法上の利益と公務上の秘密保持という国家的利益との調和を図るために設けられた規定である。公務員または公務員であった者の証言が国の重大な利益を害する限りにおいて、その利益を優先させ、証人適格に一定の制限を設けたわけである。そもそも証人として尋問することを禁じているから、証人適格自体がないことになり、個々の尋問に拒絶権を認める刑訴149条とは趣旨を異にするものといえる。

Ⅱ　公務員または公務員であった者

　本条の主体は、公務員または公務員であった者に限られる。国家公務員は守秘義務を有し、法令による証人、鑑定人等になり、職務上の秘密に属する事項を発表するには、所轄庁の長の許可を要する（国公100条１項・２項）。地方公務員もこれと同様に守秘義務を有するから（地公34条１項・２項）、本条の「公務員」に地方公務員が含まれるか問題となる。国の事務の機関委任を受けている地方公務員は、これに含まれると捉える見解が多数説であった。しかし、地方分権推進法（平７年）の制定などにみられるように地方分権の動きが加速する中で、機関委任事務制度が廃止されたため※15、この見解は修正されるべきといえよう。機関委任事務は廃止されたが、法定受託事務の形で本来、国が担うべき事務（たとえば、国政選挙、旅券の発行、国道の管理など。特に第１号法定受託事務が本条の対象事務と考えられよう）を地方公務員が担当している限りで、当該地方公務員は本条の公務員に含まれるものといえる（自治２条９項１号参照）。

　なお、犯罪捜査に関する秘密事項等を扱う都道府県警察職員など、また法令で認められる「みなし公務員」もこれに含まれる。

※15　平成29年法54による改正前の、国の地方自治体に対する包括的指揮監督権を規定していた地方自治法150条、151条は平成11年に削除された。

Ⅲ　職務上の秘密に関するものであるとの申立て

　本条にいう「秘密」とは、刑訴103条と同様、指定秘ではなく、実質秘である。したがって、形式的に秘密扱いとされたものだけをいうのではない。また、「職務上の秘密」とは、「職務上知りえた秘密」（国公100条1項、地公34条1項）の意味よりも狭く、当該公務員の所管に属する職務自体に含まれる秘密であって、国の利害に関わるものであることを要する※16。

　「職務上の秘密」にあたるか否かの判断は、当該公務員または公務所であって、裁判所ではない。当該尋問事項が秘密にあたるかどう公開の法廷で審理するのは、そのこと自体、自己矛盾である。

　職務上の秘密に関するものであるとの申立てがあった場合には、申立ての時期及び秘密に関する事項の範囲に応じて、召喚、宣誓、尋問等の証人尋問手続に入ることはされず、あるいは直ちに尋問手続、当該部分の尋問を中断して監督官庁の承諾を求め、承諾があれば、その範囲で証人尋問手続を行うこととなる※17。

　実際の証人尋問では、証人尋問をする当事者が証人に尋問事項を知らせ、あらかじめ監督官庁の承諾を得ておくか、また、裁判所が証人尋問の請求をする当事者に尋問事項書（刑訴規106条1項）を提出させ、承諾を得ることが望ましい※18。

Ⅳ　当該監督官庁

　「当該監督官庁」とは、当該秘密の保持という職務自体について指揮監督の権限ないし処分権能を有する官庁をいう。したがって、当該公務員の身分上の監督官庁とは必ずしも一致しない。公務員が官庁の所属をかえても、当該秘密につき処分権を有する監督官庁が依然として承諾権を有する。公正取引委員会（内閣府の外局）のように、組織構成の上では内閣に属しているが、職務上独立している委員会の監督官庁は、本人を承諾権者とする見解や、合議体としての行政委員会とする見解などに分かれる。警察官が検察庁所属職員の場合は警察庁長官、都道府県職員の場合は警視総監・警察本部長が当該監督官庁であり、裁判官については、司法行政上の問題については、裁判官会議（裁80条参照）が承諾権者であり、評議の秘密に関わることについては、当該裁判官が承諾権者である。

※16　藤永幸治他編『大コンメンタール刑事訴訟法第2巻』（青林書院、1994年）575頁〔仲家暢彦〕。
※17　藤永他編・前掲※16書576頁〔仲家暢彦〕。
※18　藤永他編・前掲※16書577頁〔仲家暢彦〕。

V 国の重大な利益を害する場合

「国の重大な利益を害する場合」とは、当該秘密が公開されることにより、国の安全または外交上の利益に重大な支障が及ぶ可能性がある場合、公安の維持に重大な支障を生ずるおそれがある場合、その他各種行政の運営上著しい支障を生ずるおそれがある場合をいう[19]。

その判断権者は、当該監督官庁であるが、その権限を濫用し、明らかにこれに該当しない事項についてまで不承諾とする場合は、証言を強制できると解すべきである。

判例には、騒擾等被告事件において、検察官証人として証言した警察官が、情報提供者の氏名等を明らかにせよとの反対尋問に対し、職務上の秘密にあたるとして証言を拒否したため、その監督官庁である警視総監に裁判所が証言承諾の有無を照会し、警視総監が「不承諾」の回答を行った特別抗告の事案がある。ただし最高裁は、本件証拠調べに関する異議申立棄却決定は、「訴訟手続に関し判決前にした決定」にあたり、刑訴433条1項にいういわゆる「この法律により不服を申立てることができない決定」にあたらないとして特別抗告を棄却したため、実質的な判断はなされなかった[20]。

（上田信太郎）

> **（公務上の秘密と証人資格2）**
> **第145条**　左に掲げる者が前条の申立をしたときは、第一号に掲げる者についてはその院、第二号に掲げる者については内閣の承諾がなければ、証人としてこれを尋問することはできない。
> 一　衆議院若しくは参議院の議員又はその職に在つた者
> 二　内閣総理大臣その他の国務大臣又はその職に在つた者
> ②　前項の場合において、衆議院、参議院又は内閣は、国の重大な利益を害する場合を除いては、承諾を拒むことができない。

本条は、刑訴143条の証人尋問の承諾をするに際し、監督官庁がない場合について、前条を適用するための特則を定めた規定であり、刑訴104条と同様の趣旨をもつ。

（上田信太郎）

---

[19] 藤永他編・前掲[16]書601頁〔仲家暢彦〕。
[20] 最二小決昭33・4・18刑集12巻6号1109頁。

300 第146条（自己の刑事責任と証言拒絶権）

> **（自己の刑事責任と証言拒絶権）**
> **第146条** 何人も、自己が刑事訴追を受け、又は有罪判決を受ける虞の
> ある証言を拒むことができる。

I 本条の趣旨

　本条は、憲38条1項の**自己負罪拒否特権**を証人について保障することを規定
したものである。同様の規定は、民訴196条にもある。このような特権が認め
られる根拠は、積極的に自己を有罪に導く行為をとるのを法律的に強制するこ
とは、個人の人格の尊厳を冒すことになるからであり、このような内容の証言
については、法は個人の人格の尊厳に対して譲歩し、そのような証言を拒否す
る権利を認めたということに求められる[21]。

　被疑者・被告人の**黙秘権**と証言拒絶権の違いは、前者があらゆる事項につい
て供述を拒否できるのに対し（包括的）、後者は個々の尋問について行使しうる
にとどまる点にある。また、拒絶権を理由に出頭、宣誓を拒否することはでき
ない。

II 証言拒絶権の範囲

1 主体

　何人も証言拒絶権はあるが、自然人に限られ、法人には認められない。した
がって、法人の代表者は、法人の不利益となるという理由で証言を拒むことは
できない。

2 証言拒絶の対象となる事項

(1) 刑事訴追を受ける虞、有罪判決を受ける虞のある事項

　本人がまだ起訴されていない段階で証言をすれば、将来、本人を起訴するた
めの資料となる虞がある事項をいう。「刑事訴追」とは、検察官による公訴提
起はむろん、**付審判**の決定（刑訴266条2号）を含む。また、証言自体から起訴
の可能性を生ずるおそれがある場合に限られず、その他の資料とあいまって起
訴の可能性を高める場合も含まれる。

　「刑事訴追を受ける虞のある証言」とは、証言の内容自体に刑事訴追を受け
るおそれのある事項をいう。証言することによって、偽証罪で刑事訴追を受け
るおそれを生ずる場合をいうのではないから、これを理由に証言を拒絶するこ

---

[21] 大阪高判昭40・8・26下刑集7巻8号1563頁。

とはできない[22]。

　自己の刑事責任に関わる、犯罪事実の全部または一部についてはむろん証言を拒絶できる。また、犯罪構成事実そのものではなくても、犯罪事実の存否、自己と犯罪との結びつきを推測させる基礎となる密接な関連事実についても証言を拒絶できる。しかし、単に犯罪発覚となる端緒となるに過ぎないような事項、証人の全く主観的な不安を招くに過ぎないような事項は範囲外である[23]。

　「有罪判決を受ける虞のある証言」とは、証人自らがすでにある事件の被告人となっていて、判決前である場合、他人の事件における証言がその者自身の有罪判決の資料となる可能性のあることをいう。拒絶できる証言事項として、前記「刑事訴追の虞のある証言」事項に加え、証人が自己の事件で有罪判決を受けたときにその刑事責任について一層不利益を受ける根拠となるもの、たとえば累犯加重の原因となる事実、常習性認定の基礎となる事実など刑の加重原因となる事実についても証言拒絶ができるとする見解[24]と、これを疑問とする見解[25]がある。

　なお氏名については、それによって犯人と判明するような場合に、拒絶の対象となる。氏名のごときは黙秘権保障の対象外とするのが判例であるが、そのこと自体の問題性は別途おくとしても、本条の趣旨から、被告人と同様に考えることはできない。

(2)　刑事訴追を受ける虞、有罪判決を受ける虞の程度

　この場合の「虞」とは、客観性、合理性をもった可能性であることを要する。証人の主観的な危惧、不安は含まれない。

　証人が犯罪を犯したとしても、それに対して刑事訴追を受ける可能性がない場合や有罪判決を受ける可能性がない場合は、証言を拒むことはできない。有罪、無罪、免訴の確定判決がある場合は**一事不再理効**が働くからこれにあたる。これとは逆に、検察官の不起訴処分は、再訴の危険があるから、証言を拒絶することができる。

　刑事免責を与えて証言拒絶権を放棄させ、証言させた上で作成した嘱託尋問調書の証拠能力が問題となった。いわゆる「ロッキード事件」において、証言を拒否したアメリカ合衆国在住の米国人証人に対し、刑事免責（検事総長及び検事正による不起訴宣明）を与えた上で供述をさせ、これに基いて嘱託尋問調書が作られた。この調書について最高裁は、刑訴法には刑事免責に関する規定

---

[22]　最三小決昭28・9・1刑集7巻9号1796頁。

[23]　松尾浩也監修『条解刑事訴訟法（第4版）』（弘文堂、2009年）261頁、大阪高判昭40・8・26下刑集7巻8号1563頁。

[24]　高田卓爾編『新・判例コンメンタール刑事訴訟法2』（三省堂、1995年）140頁〔浅田和茂〕。

[25]　松尾監修・前掲[23]書262頁。

が置かれていないことを理由とし、刑事免責を付与して得られた供述を事実認定の証拠とすることは許されないとした[26]。

Ⅲ　証言拒絶権の告知

　裁判長（官）は、証人に対し、尋問前に証言拒絶権を告げなければならない（刑訴規121条1項）。それに加えて、証言を拒む場合は、その事由を示さなければならない（刑訴規122条1項）ことも告知すべきである[27]。

　証言拒絶権の告知を欠いたまま自己負罪の証言がなされた場合、証言の効力に影響はないと解されている[28]。しかし、当該証人に対する証拠として用いることはできないとする見解もある[29]。

Ⅳ　証言拒絶権の行使・不行使

　証言拒絶権を行使するか否かは証人の自由である。拒絶権を行使せず証言した場合は、その証言に証拠能力が付与され、虚偽の供述をすれば偽証罪が成立する[30]。証人が証言拒絶権を有する事項について、いったん供述した以上は、その事項について拒絶権を放棄したものとみなされ、反対尋問でさらに詳細な供述を求められても、証言を拒むことはできない。

　証言拒絶権を行使する場合は、証人が個々の尋問ごとに証言拒絶の事由を示さなければならない。この事由は、裁判所によって証言拒絶権の存否が合理的に判断できるような内容をもったものでなければならない。証人が「自分に不利益になる、罪になると思われる」と供述しただけでは拒絶事由を示したことにならないとした判例がある[31]。

　証言を拒む者がこれを拒む事由を示さないときは、過料その他の制裁を受けることがある旨を告げて、証言を命じなければならない（刑訴規122条2項）。証言命令を発しなくても、証言拒否罪の成否には影響しない（刑訴161条後述）。

（上田信太郎）

---

[26] 最大判平7・2・22刑集49巻2号1頁。

[27] 藤永幸治他編『大コンメンタール刑事訴訟法第2巻』（青林書院、1994年）588頁〔仲家暢彦〕。

[28] 松尾監修・前掲[23]書262頁。

[29] 平野龍一『刑事訴訟法』（有斐閣、1958年）200頁。

[30] 最二小決昭28・10・19刑集7巻10号1945頁。

[31] 神戸地判昭34・8・3下刑集1巻8号1854頁。

第147条（近親者の刑事責任と証言拒絶権）　303

> **（近親者の刑事責任と証言拒絶権）**
> **第147条**　何人も、左に掲げる者が刑事訴追を受け、又は有罪判決を受ける虞のある証言を拒むことができる。
> 一　自己の配偶者、三親等内の血族若しくは二親等内の姻族又は自己とこれらの親族関係があつた者
> 二　自己の後見人、後見監督人又は保佐人
> 三　自己を後見人、後見監督人又は保佐人とする者

I　本条の趣旨

　本条は、前条とは異なり、憲38条1項が直接要求するものではない。自己と一定の身分関係を有する者に強制的に証言させることは情宜において忍びないことから設けられた立法政策上考慮された規定である[32]。

II　適用範囲

　各号は限定列挙であり、したがって、1号の配偶者に内縁の者は含まれない。配偶者等の身分関係は民法の規定による。親等の計算、血族、姻族、親族関係及び姻族・親族の関係の終了につき民725条、民726条、民727条、民728条、民729条、後見人につき民839条、民840条、民841条、民842条、民843条、後見監督人につき、民848条、民849条、民849条の2、民850条、民851条、民852条、保佐人につき民876条・民876条の2参照。

（上田信太郎）

> **（近親者の刑事責任と証言拒絶権の例外）**
> **第148条**　共犯又は共同被告人の一人又は数人に対し前条の関係がある者でも、他の共犯又は共同被告人のみに関する事項については、証言を拒むことはできない。

　本条は、証人と刑訴147条所定の身分関係にない共犯者や共同被告人のみに関する事項については、証言拒絶権がないことを注意的に明らかにした規定である。刑訴147条は、証人と一定の身分関係のある者に不利益な証言に限り証言拒絶権を認めたのであるから、そうした身分関係がない者にのみ関する事項

---

[32]　最大判昭27・8・6刑集6巻8号974頁。

304　第149条（業務上の秘密と証言拒絶権）

について、証言を拒むことができないのは、当然のことである。

（上田信太郎）

> **（業務上の秘密と証言拒絶権）**
> **第149条**　医師、歯科医師、助産師、看護師、弁護士（外国法事務弁護士
> を含む。）、弁理士、公証人、宗教の職に在る者又はこれらの職に在つた
> 者は、業務上委託を受けたため知り得た事実で他人の秘密に関するもの
> については、証言を拒むことができる。但し、本人が承諾した場合、証
> 言の拒絶が被告人のためのみにする権利の濫用と認められる場合（被告人
> が本人である場合を除く。）その他裁判所の規則で定める事由がある場合
> は、この限りでない。

I　本条の趣旨

　本条は、刑訴105条同様、他人の秘密を取扱う機会の多い業務に従事してい
る者に対し、業務上の秘密の保持を認め、これらの業務を利用する社会一般の
業務に対する信頼を保護し、これら業務に携わる者に秘密を託する者の信頼を
保護しようとするための規定である。

II　適用範囲

1　主体
(1)　制限列挙か例示列挙か

　通説は、**証言拒絶権**を有する主体を本条に列挙されたものに限っている（制
限列挙）。判例も、証言義務は国民の司法裁判の適正な行為に協力すべき重大
な義務であるから、証言拒絶権を認められる場合は極めて例外に属し、また制
限的であると述べている[33]。

　他方、業務に携わる者と秘密を託する者との信頼関係の保護を重視する立場
から、本条に列挙された者以外は絶対に拡張されないとすることは解釈が生硬
に過ぎるとの見解[34]もある。これによれば、薬剤師や本条所定の直接の補助
者もこの中に含めて考えるべきだとする。

　また、レントゲン技師、公認会計士、各種コンサルタント等、個人の秘密に
関係する業種がますます増えてきている現代社会では、客観的真実を解明し、
刑罰権の適正な実現を目指すという意味で、他に代替手段のない場合は本条に

---

[33] 最大判昭27・8・6刑集6巻8号974頁。
[34] 鴨良弼『刑事証拠法』（日本評論社、1962年）120頁。

掲げる者以外に証言拒絶権を認めることはできないが、他に適当な代替手段があるときは、証人に対しあくまで証言を強制することは適当ではないとする見解もある。これによれば、証言を求める必要性と他面において証言させることにより憲法上の権利その他保護すべき利益が侵害される程度を比較衡量して、できる限りそのような権利や利益の侵害が必要な程度を超えないように配慮すべきこととなる[35]。

(2)　報道機関に対する適用

　本条との関連で報道機関の取材源についての証言拒絶権の有無が問題となる。判例は、新聞記者は本条の業務者に含まれず、ニュースの取材源秘匿に対する拒絶権はないものとしていた[36]。しかし、学説の中には、(1)本条の保護法益は、一定の職業にある者の地位を保護することにあるのではなく、一定の業務に関して知りえた依頼者の秘密の保護にあるとする立場から、報道機関の態様、記者の置かれている社会的立場、ニュース源の秘密を与えた者の記者に対する信頼関係等を考慮し、裁判官が実質的に判断すべき余地を残すべきであるとする見解[37]や、(2)押収拒絶権に関する最高裁判例[38]の趣旨（公正な刑事裁判を実現するにあたっての証拠の必要性の有無と、取材したものを証拠として提出させられることによって報道機関の取材の自由が妨げられる程度、それに対する影響等、諸般の事情を比較衡量して決せられるべきであるとした）を踏まえ、この最高裁の趣旨は取材源の秘匿の場面にも推及されるべきだとする見解[39]がある。

　なお、民事裁判に関する判例であるが、証人となった報道関係者が、民訴197条1項3号に基づいて取材源に係る証言を拒絶することができるかどうか争われた事案につき、最高裁は、「報道機関の報道は、民主主義社会において、国民が国政に関与するにつき、重要な判断の資料を提供し、国民の知る権利に奉仕するものである」ことを踏まえ、「思想の表明の自由と並んで、事実報道の自由は、表現の自由を規定した憲21条の保障の下にあることはいうまでもない。また、このような報道機関の報道が正しい内容を持つためには、報道の自由とともに、報道のための取材の自由も、憲21条の精神に照らし、十分尊重に値するものといわなければならない。取材の自由の持つ上記のような意義に照らして考えれば、取材源の秘密は、取材の自由を確保するために必要なものとして、重要な社会的価値を有するというべきである。そうすると、当該報道が公共の利益に関するものであって、その取材の手段、方法が一般の刑罰法令に

---

[35]　松尾浩也監修『条解刑事訴訟法（第4版）』（弘文堂、2009年）265頁。

[36]　前掲[33]最大判昭27・8・6刑集6巻8号974頁。

[37]　鴨・前掲[34]書122頁。

[38]　最大決昭44・11・26刑集23巻11号1490頁。

[39]　光藤景皎『口述刑事訴訟法（中）（補訂）』（成文堂、2005年）80頁。

306　第149条（業務上の秘密と証言拒絶権）

触れるとか、取材源となった者が取材源の秘密の開示を承諾しているなどの事情がなく、しかも、当該民事事件が社会的意義や影響のある重大な民事事件であるため、当該取材源の秘密の社会的価値を考慮してもなお公正な裁判を実現すべき必要性が高く、そのために当該証言を得ることが必要不可欠であるといった事情が認められない場合には、当該取材源の秘密は保護に値すると解すべきであり、証人は、原則として、当該取材源に係る証言を拒絶することができると解するのが相当である」とし、一定の場合に報道機関の取材源の秘匿を認める場合がありうる旨判示した[40]。

　もとより、民訴197条1項3号は、証言拒絶権者を制限列挙の形で規定しないし、そもそも刑罰適用の適正な実現を目的とする刑訴法とは訴訟目的も異なるから短絡に比較できない。しかし、個人情報を取扱う業種が増えていること、また個人情報の保護に対する意識が高まっていることを考えると、本条の業務に携わる者を「極めて例外に属する」としたかつての最大判昭27・8・6刑集6巻8号974頁の今日的意義は、再考の余地があるというべきである。

(3)　弁護士への適用

　刑事弁護人の倫理、役割論が近時、注目されている。この問題と本条の適用とは無関係といえない場合がある。判例には、強姦被告事件で私選弁護人として被告人と接見をした弁護士が辞任後、検察官・弁護人双方の申請にかかる証人として、公判廷で証言した事案がある。この証言について裁判所は、「弁護士がたとえ辞任後であろうと、自分が担当していた刑事事件に関して、身柄拘束中の被疑者または被告人が信頼して明かした内容を法廷で証言することには弁護士倫理に違反すると主張する向きもあるであろう。したがって、その証言を被告人の刑事裁判の証拠資料にすることには若干のためらいもある。しかも、その証言の端々には独特とも思われる表現もみられるので、その証拠価値、証明力については慎重な検討が必要であるが、原審で前示のように検察官、弁護人双方の請求により証人として尋問がなされ、しかも、接見中の被告人の自白内容が証言されても、弁護人の方から何ら異議を出した形跡がない以上、証拠とすることに法律上の障害はない」と判示し、被告人の自白の信用性を判断する資料として、弁護士の証言を用いることを認めた[41]。

2　証言拒絶事項

　証言を拒絶できるのは、「業務上委託を受けたため知り得た事実で他人の秘密に関するもの」である。「秘密」の意義については、客観的または主観的に秘密であることで足りるとするのが一般である。

---

[40]　最三小決平18・10・3民集60巻8号2647頁。
[41]　大阪高判平4・3・12判タ802号233頁。

第 150 条（出頭義務違反に対する過料等）　307

3　適用除外

　まず、本人（依頼者）が承諾した場合は、証言拒絶権は行使できない。本人とは秘密の利益主体であり、必ずしも業務の委託者には限らない。本人が死亡した場合の本条ただし書の取扱いは、本人が生存している場合と比べ、業務者との信頼関係を保護する必要性が減少していることを理由に適用はないとする見解と適用ありとする見解に分かれる。

　また、裁判所が、拒絶権の行使を権利濫用と認めた場合には、本条の適用はないとされる。「裁判所の規則で定める事由」は、未だ規則で規定されていない。

Ⅲ　証言拒絶権の告知・行使・不行使

　本条が適用される証言拒絶権の告知は、刑訴146条、刑訴147条の拒絶権とは異なり、裁判官が必要と認めるときに行えばよい（刑訴規121条2項）。拒絶の事由の提示、証言命令などの告知は、刑訴規122条が適用される。

　また、医師、助産婦、公証人、宗教の職にある者は、刑134条により秘密漏洩罪の主体とされているが、これらの者が証言拒絶権を行使せず供述した場合、違法性が阻却され秘密漏洩罪は成立しないとする見解、違法性は阻却されず本罪が成立するとの見解などに分かれる。刑訴149条の保護目的を業務者の地位と解するか、業務者と依頼者の信頼関係と捉えるかの違いによる。

（上田信太郎）

> **（出頭義務違反に対する過料等）**
> **第150条**　召喚を受けた証人が正当な理由がなく出頭しないときは、決定で、十万円以下の過料に処し、かつ、出頭しないために生じた費用の賠償を命ずることができる。
> ②　前項の決定に対しては、即時抗告をすることができる。

Ⅰ　本条の趣旨

　本条は、召喚を受けながら正当な理由なく出頭に応じない証人に対する秩序罰を定めた規定であって、証人の出頭に対する間接強制の意味を持つ（身体検査のための召喚に関する刑訴133条と同趣旨）。公判期日に召喚を受けた証人が正当な理由がなく出頭しない場合、裁判所は刑訴150条、刑訴151条、刑訴152条、刑訴153条の規定の活用を考慮しなければならない（刑訴規179条の3）。同行命令を受けた証人に対しては、本条の適用はなく、勾引（直接強制）の措置がとられる（刑訴162条）。

第1編第11章

II 正当な理由

不出頭の正当な理由とは、出頭できないほどの病気、緊急やむを得ない業務、家族等の結婚式・葬式など、交通機関の故障などをいう。過失による不出頭は正当な理由にはあてはまらないと解されている[42]。

III 制裁手続

出頭を命じた裁判所が過料、費用賠償の決定を行う（刑訴43条、刑訴規33条）。行政罰であるから、制裁を受ける者の陳述を聴く必要はないとも考えられるが、財産的利益の剥奪処分であるから、憲31条の適用があり、必ず本人の陳述を聴かなければならない[43]。制裁を科すかどうかは裁判所の裁量による。

過料は、1回の不出頭ごとに科すことができ、また、次条の刑罰と併科することも裁判所の裁量により許される。費用賠償の範囲は、費用の公平な負担、範囲の明確性の観点から、証人不出頭により無駄になった期日の国選弁護人の日当、報酬など訴訟費用に属するものに限るとする見解と、裁判所外における証人尋問の際の裁判所の出頭費用等を含む無駄になったすべての費用とする見解の対立がある[44]。

過料、費用賠償に対しては、決定を受けた者を申立権者として、即時抗告をすることができる。

（上田信太郎）

（出頭義務違反に対する刑罰）
第151条 証人として召喚を受け正当な理由がなく出頭しない者は、一年以下の懲役又は三十万円以下の罰金に処する。

I 本条の趣旨

本条は、**召喚**を受けながら正当な理由なく出頭に応じない証人に対する刑罰を定めた規定である。裁判所は、証人の不出頭に正当な理由がないと判断した場合には、告発する義務を負い（刑訴239条2項）、検察官の起訴後、通常の手続で審理される。

---

[42] 松尾浩也監修『条解刑事訴訟法（第4版）』（弘文堂、2009年）266頁。

[43] 藤永幸治他編『大コンメンタール刑事訴訟法第2巻』（青林書院、1994年）601頁〔仲家暢彦〕。

[44] 藤永他編・前掲[43]書601頁〔仲家暢彦〕。

刑訴150条と同様、**同行命令**を受けた証人には適用はない。

Ⅱ　本罪の成立

不出頭の正当な理由は、刑訴150条と同様である。1回の不出頭ごとに本条の罪が成立し、各不出頭は併合罪の関係に立つ。

（上田信太郎）

（再度の召喚・勾引）
第152条　裁判所は、証人が、正当な理由がなく、召喚に応じないとき、又は応じないおそれがあるときは、その証人を勾引することができる。

Ⅰ　本条の趣旨

本条は、召喚に応じない証人に対し、**勾引**によって強制的に出頭させることができる旨を定めた規定である。

Ⅱ　再度の召喚、勾引

召喚に応じない証人に対し、召喚を繰り返すことができる。再度の召喚をするか、勾引するかは裁判所の裁量による。

召喚に応じない証人に対し、勾引が許されるのは、現に召喚に応じない場合に限られ、被告人の場合とは異なり（刑訴58条2号）、召喚に応じないおそれがあるだけでは足りない。

（上田信太郎）

（準用規定）
第153条　第六十二条、第六十三条及び第六十五条の規定は、証人の召喚について、第六十二条、第六十四条、第六十六条、第六十七条、第七十条、第七十一条及び第七十三条第一項の規定は、証人の勾引についてこれを準用する。

Ⅰ　本条の趣旨

本条は、証人の召喚について、被告人の召喚、勾引の手続を準用する旨を規定した。すなわち、証人の召喚については、刑訴62条（召喚状）、刑訴63条（方

式)、刑訴65条(手続)が準用され、勾引については、刑訴62条(勾引状)、刑訴64条(方式)、刑訴67条(嘱託による勾引の手続)、刑訴70条(勾引状の執行)、刑訴71条(管轄区域外の執行)、刑訴73条1項(執行の手続)がそれぞれ準用される。身体検査のための召喚、勾引と同様の規定となっている(刑訴136条)。

Ⅱ 召喚

証人の召喚には、被告人の召喚とは異なり(刑訴57条)、裁判所の権限に関する直接規定がない。しかし、刑訴150条及び刑訴151条の趣旨からみて、当然、その権限を有しているといえる。裁判所に出頭させる場合のほか、裁判所外の指定場所に出頭させることもできる(刑訴158条)。証人が裁判所構内にいる場合(在廷証人)には、召喚の手続をとることなく、直ちに尋問できる(刑訴規113条2項)。

証人に対する召喚状の送達と出頭の間には、急速を要する場合を除き、24時間以上の猶予期間を置かなければならない(刑訴規111条)。急速を要する場合でないのに、この猶予期間を置かなかった場合は、適法な召喚とはいえず、刑訴150条、刑訴151条の制裁を科すことはできない。

Ⅲ 勾引

本条の勾引には刑訴162条の勾引を含む。身柄の捜索に関する刑訴126条は準用されていない。そのため、これが許されるかどうか問題になる。必要があれば人の住居等に立ち入って証人を捜索できるとする見解、憲35条に照らし、法の明文なしに刑訴126条の準用を認めることは疑問とする見解、屋内に証人がいることが客観的に明らかであるのに、大声で呼んでも出てこないような場合は、現に証人がいる部屋まで立ち入って勾引状を現実的に執行する程度の実力の行使は許されるとする見解がある[45]。

(上田信太郎)

> **(証人の留置)**
> **第153条の2** 勾引状の執行を受けた証人を護送する場合又は引致した場合において必要があるときは、一時最寄の警察署その他の適当な場所にこれを留置することができる。

---

[45] 藤永幸治他編『大コンメンタール刑事訴訟法第2巻』(青林書院、1994年)609頁〔仲家暢彦〕。

I 本条の趣旨

本条は、特に遠隔地の証人を勾引する際、証人を一時留置する必要がある場合の留置場所を定めた規定である。勾引状の執行を受けた被告人の留置に関する刑訴74条、刑訴75条に相当し、1953（昭和28）年の法改正により追加された。

II 留置期間

被告人の場合（刑訴59条）とは異なり、引致後の留置期間に関する規定がないが、当該証人に対する尋問に必要な合理的な時間内の留置であることが必要である。証人尋問が1日以上の間隔をおいて実施される場合について見解が分かれている。再度の召喚手続は不要だが、再度の勾引を要するとする見解、尋問が終了するまで留置できるとする見解、当日夜、いったん尋問を打ち切り、翌朝尋問を再開するような場合には当日夜の留置は許されるとする見解がある[46]。

III 留置場所

被告人の留置場所について、刑訴74条、刑訴75条が「刑事施設」（平成17年改正前は「監獄」）としているのに対し、本条は単に警察署というのみであることから、警察署の留置場がこれに入るか問題となる。被疑者・被告人の場合とは法的地位が異なることを考慮し、証人としてふさわしい取扱いをするのであれば、留置場の使用も妨げないとするのが通説である。しかし、警察署に留め置く場合には、宿直室等を使用することを原則とすべきであるし、証人の社会的地位、年齢等から、逃亡のおそれがない場合には、旅館など宿泊施設を利用すべきであろう[47]。

（上田信太郎）

（宣誓）
第154条 証人には、この法律に特別の定のある場合を除いて、宣誓をさせなければならない。

---

[46] 藤永幸治他編『大コンメンタール刑事訴訟法第2巻』（青林書院、1994年）612頁〔仲家暢彦〕。
[47] 松尾浩也監修『条解刑事訴訟法（第4版）』（弘文堂、2009年）270頁。

312　第154条（宣誓）

I　本条の趣旨

　本条は、証言内容の真実性を担保するために、証人には原則として宣誓させなければならないことを定めた規定である。わが国における**宣誓**とは、良心に従って真実を述べることを誓う誓約であり、諸外国にみられるような宗教色はない。

II　本条の適用除外

　本条の適用除外として、**宣誓無能力者**についての規定がある（刑訴155条）。その他、外国の元首、使節及びその随員は、治外法権があり、外交官もわが国の刑事裁判権が及ばないから宣誓を命ずることはできない。日本に駐留する米軍の構成員、その家族は、証言、宣誓の義務を免除されているわけではないので、証言する以上、宣誓させなければならない。また、共犯者であっても証人である場合は当然に宣誓義務を負う[48]。

III　宣誓の手続と効力

1　宣誓の方式

　宣誓は、（「良心に従って真実を述べ、何事も隠さず、偽りを述べないことを誓います。」）と記載された宣誓書を証人に朗読させ、かつこれに署名・押印させることによって行う。証人が宣誓書を朗読できないときは、裁判長は裁判所書記官に朗読させなければならない。宣誓は起立して厳粛に行う（刑訴規118条1項-4項）。

　宣誓は各別に行わなければならない（刑訴規119条）。複数の証人に宣誓させる場合、声をそろえて同時に宣誓書を朗読させる。代表宣誓は不適法であるが、証言の証拠能力までは否定されないとされる[49]。

　宣誓は証言の真実性を担保するものであるから尋問前にさせなければならない（事前宣誓。刑訴規117条）。事後宣誓によってした証言に証拠能力はない。

　宣誓させた証人には、尋問前に、虚偽の内容を供述するときは、偽証罪（刑169条）により罰せられる旨を告げなければならない（刑訴規120条）。ただし、これは訓示規定であって、偽証罪を告知すべき場合において、告知しなかったとしても証言の効力を影響を与えず[50]、また、偽証罪の告知を宣誓前に行っ

---

[48]　最三小判昭27・2・26裁判集刑61号597頁。

[49]　藤永幸治他編『大コンメンタール刑事訴訟法第2巻』（青林書院、1994年）617頁〔仲家暢彦〕。

[50]　最一小判昭26・3・15刑集5巻4号535頁。

ても違法ではない[51]。

2　宣誓の効力

宣誓は1個の証人尋問の継続と認められる限り、当初の宣誓の効力がすべての尋問に及ぶ。したがって、個々の尋問ごとに宣誓をさせる必要はない。しかし、同一証人について新たな証拠決定に基づいて再尋問がなされる場合には問題となる。大審院判例によれば、この場合、新たに宣誓をさせる必要はなく、公判廷外における証人尋問の際に宣誓した以上、同一証人を公判期日において尋問する場合、新たな宣誓は不要とされていた[52]。現行法でも、新たな証拠決定に基づく場合、宣誓を繰り返す必要はないとした高裁判例がある[53]。

しかし、これら諸判例は古く、現在では新たな証拠決定に基づく場合は、改めて宣誓をさせるべきであるとする学説、見解が有力で、実務も証拠決定のつど、宣誓させる運用が採られているようである[54]。

（上田信太郎）

（宣誓無能力）
第155条　宣誓の趣旨を理解することができない者は、宣誓をさせないで、これを尋問しなければならない。
②　前項に掲げる者が宣誓をしたときでも、その供述は、証言としての効力を妨げられない。

I　本条の趣旨

本条1項は、宣誓の趣旨を理解できない者については、宣誓させないで尋問しなければならない旨を定めた規定である。宣誓の趣旨とは、刑訴規118条2項の意味であり、また、この趣旨を理解できるかどうか疑いがあるときは、この点について尋問し、かつ必要と認めるときは宣誓の趣旨を説明しなければならない（刑訴規116条）。

旧法（旧刑訴201条）は、16歳未満の者、被告人と共犯関係にある者などを宣

---

[51]　高松高判昭28・2・27特報36・5。
[52]　大判昭4・1・24刑集8巻1頁。
[53]　大阪高判昭25・9・6特報14号36頁、東京高判昭26・9・18特報24号59頁、高松高判昭28・3・9高刑集6巻5号635頁。
[54]　藤永他編・前掲[49]書620頁〔仲家暢彦〕、松尾浩也監修『条解刑事訴訟法（第4版）』（弘文堂、2009年）271頁、高田卓爾編『新・判例コンメンタール刑事訴訟法2』（三省堂、1995年）165頁〔浅田和茂〕。

誓させないで尋問できる旨規定していたが、現行法は、証人の宣誓義務・真実義務を強化し、宣誓無能力者に限定した。

Ⅱ　宣誓能力

　宣誓能力とは、宣誓の趣旨を理解する能力をいう。責任能力、**証言能力**とは必ずしも一致しない。証言能力がなければ宣誓能力もないが、宣誓能力がなくても、証言能力があれば、証言義務は存し、その証言には証拠能力が認められる。その場合の証言にどの程度の証明力があるか、その判断は裁判官の自由心証の問題である[55]。なお、宣誓させないで証言させる場合、その旨と事由を尋問調書に記載しなければならない（刑訴規38条2項2号）。

　宣誓無能力者に宣誓させるのは違法だが、証言の証拠価値に直ちに影響しない。しかし、偽証しても偽証罪は成立しない[56]。

（上田信太郎）

（推測事項の供述）
第156条　証人には、その実験した事実により推測した事項を供述させることができる。
②　前項の供述は、鑑定に属するものでも、証言としての効力を妨げられない。

Ⅰ　本条の趣旨

　本条1項は、証人に対し、一定の範囲で推測した事項の供述を認めるものである。元来、証人は、自己が直接経験した事実を供述すべきものであって、事実に対する評価・判断は述べることは許されず、法文上も、正当な理由がある場合を除いて、尋問者が証人に対し、意見を求めまたは議論にわたる尋問をしてはならないことを定める（刑訴規199条の13第2項3号）。その趣旨は、事実の評価・判断は、裁判官（裁判員）が行うべきであり、その機能に立ち入らせるべきではないこと、意見は主観的になりやすく、偏見や予断を生む資料を提供するなど、公正な事実認定を妨げる危険があることなどに求められる[57]。

　もっとも、経験した事実とそれに基づく推測とを区別することは事実上困難で、特に大きさ、重さ、速さ、時間、明るさ、年齢等の価値概念の認識、伝達

---

[55]　東京高判昭25・8・29特報16号129頁。
[56]　最大判昭27・11・5刑集6巻10号1159頁。
[57]　鴨良弼『刑事証拠法』（日本評論社、1962年）246頁。

に、評価・判断を入れないというのはほとんど不可能である※58。証人の実験事実に基づく推測は、単なる意見とは異なり、ある程度の客観性を持ち、また他人では代えられない個別の知覚に基づくものであるから（非代替性）、証言させることに一定の合理性があるものと考えられる。

本条2項は、実験事実から特別の知識経験によって推測した事項の供述は本来鑑定に属するものであるが、供述の基礎となった実験事実の非代替性によって、そのような推測事実についても証言としての効力を認める趣旨である（鑑定人としての宣誓と証人としてのそれとの相違については、刑訴154条参照）。

II　許容される推測と許容されない推測

許容される推測は、証人が直接経験した事実から推測した事項（事実の推測）に限られ、価値判断、法的判断の証言は許容されない。推測の基礎となる経験事実は、ある程度、具体性を持ち、明らかにされる必要があり、これが不明な場合は、単なる意見、「想像」として許容されない。ただ、実際上、その区別は極めて難しく、推測の基礎となった経験事実をどの程度述べさせるか、推測事項の供述としてどの範囲までを許容するかは、具体的に事案に応じた裁判官の合理的な裁量に委ねる他ない※59。

III　判例に現れた事例

体験事実に基づく推測として許容された事例として、(1)盗品有償譲受事件において、被告人の「自分は余分な急行券はないと断わると佐藤はない筈はないと主張し窓口に来ては客の邪魔をしたり夜は飲酒して来てどなりつけたりした、そして佐藤は絶対に急行券が貰えるものと決めてかかって無理をいうので困つて盗むようになつたのであるが自分は佐藤に盗んだということはいはなかったが佐藤には盗んだことが当然判る筈である」との供述を、単に一片の想像ではなく、同人が実験した事実に因り推測した事項であると認められるから、盗品であるとの知情の事実を認定しても違法ではないとしたもの※60。(2)公然猥褻事件において、上演中の演技が公然猥褻の行為に当るかどうかを判断するに際し、その資料としてこれを観覧した証人を取り調べる場合、証人が観覧によって生じた感想を述べることは、事案の性質上証人の実験した事実のうちに当然

※58　藤永幸治他編『大コンメンタール刑事訴訟法第2巻』（青林書院、1994年）624頁〔仲家暢彦〕。

※59　藤永他編・前掲※58書624頁〔仲家暢彦〕、高田卓爾編『新・判例コンメンタール刑事訴訟法2』（三省堂、1995年）171頁〔浅田和茂〕。

※60　最三小決昭25・9・5刑集4巻9号1620頁。

包含されるのであって、これを証人の意見または根拠のない想像ということはできず、したがって原判決になんら採証法則の違反はないとしたものなどがある※61。

　他方、単なる意見として許容されなかった事例としては、(3)「検事廷における証言は別に嘘を申し上げたという訳ではないのであります、只骨子においては違いがないと思うのであります」との証人の陳述は、実験した事実でも実験した事実によって推測した事項でもなく、意見の表示に過ぎないとしたもの※62、(4)被告人を取り調べた捜査官の控訴審における「品物を強奪すべくやったというように印象に残っている」との供述は、「被告人が警察において本件強盗の犯意を自白した結果、該自白に基いて本件事案は強盗なりとの印象を得たものの如く、原審において供述したもの」であり、この供述部分は被告人が証人に対してした自白とは全く関係のない、単なる捜査官の意見の陳述に外ならないこと極めて明らかであるとしたものがある※63。

　これらの判例について、学説の評価は分かれている。許容される推測事項かどうかの判断が困難であることを示すものといえよう。

Ⅳ　訴訟手続上の問題

　「供述させることができる」とは、証言内容が推測事項であっても、証拠能力を付与する意味である。単なる意見は証拠として許容されない。刑訴規199条の13第2項により、反対当事者から異議の当否の判断をどうすべきか問題となる。許容されない推測事項の証言が見過ごされた場合は、職権でその部分を証拠から排除すべきことになるが、刑訴326条によって証拠能力が付与される場合もあるし、単なる意見の場合、証明力の点で実質的に証拠として用いられないのが実務上の運用であって、証拠排除がなされることは極めて稀のようである※64。

（上田信太郎）

※61　最三小判昭29・3・2裁判集刑93号59頁。

※62　最大判昭24・6・13刑集3巻7号1039頁。

※63　最二小判昭26・3・30刑集5巻4号731頁。

※64　藤永他編・前掲※58書630頁〔仲家暢彦〕、松尾浩也監修『条解刑事訴訟法（第4版）』（弘文堂、2009年）275頁。

（当事者の立会権・尋問権）
第157条 検察官、被告人又は弁護人は、証人の尋問に立ち会うことができる。
② 証人尋問の日時及び場所は、あらかじめ、前項の規定により尋問に立ち会うことができる者にこれを通知しなければならない。但し、これらの者があらかじめ裁判所に立ち会わない意思を明示したときは、この限りでない。
③ 第一項に規定する者は、証人の尋問に立ち会つたときは、裁判長に告げて、その証人を尋問することができる。

I 本条の趣旨

本条は、証人尋問への当事者の立会権、尋問権を定めた規定である。証人尋問が公判期日に行われる場合及び公判期日外に行われる場合双方に適用がある。裁判所は証人尋問にあたって、当事者に立会いの機会を与えなければならない。

被告人の証人尋問への立会権、尋問権は、憲37条2項によって付与される。弁護人の立会権、尋問権も憲37条3項の趣旨、憲37条2項の実効的観点から認められるべきことがらといえる。その意味で、本条の権利は、被告人、弁護人双方の固有の権利として認められる。検察官の証人尋問権、立会権は、憲法の要請するところではない。現行刑訴法が当事者主義を採用していることから帰結される。

II 本条の適用範囲

本条は、公判期日における証人尋問、公判期日外の証人尋問双方に適用される。しかし、公判期日における取調べは、検察官の出席が必要的であるし（刑訴282条2項）、被告人は軽微事件等を除いては、その出頭がなければ開廷できない（刑訴284条ないし刑訴286条）。また弁護人も、必要的弁護事件では、立会いが必要である（刑訴289条）。それゆえ、本条が主として適用されるのは、公判期日外における証人尋問の場合である（刑訴158条、刑訴281条）。

受命裁判官、受託裁判官による証人尋問（刑訴163条）、証拠保全のための証人尋問（刑訴226条、刑訴227条）にも本条が準用される。

捜査段階において、第1回公判期日前に検察官の請求によって行われる裁判官の証人尋問（刑訴226条、刑訴227条）には、捜査の非公開性から被告人（被疑者）、弁護人に立会権はなく、裁判官が捜査に支障を生ずるおそれがないと

認めた場合に限り、立会いが許されるにとどまる（刑訴228条2項）※65。もっとも、立会いを認めた場合には、被告人（被疑者）、弁護人に対し、本条3項を根拠に尋問権が付与されると解される※66。

証人が被告人の面前では圧迫を受けて充分な供述ができないと認められるときは、証言の間被告人を退廷させることができる（刑訴281条の2、刑訴304条の2）。2000（平成12）年に新設された**証人の遮へい**（刑訴157条の3第1項）、また**ビデオリンク方式**による証人尋問の際も同様の措置を採ることができる。したがって、被告人の立会権は一定の場合、制約を受ける。

控訴審における被告人の証人尋問への立会いについては、控訴審の構造の捉え方にもよるが、「必ずしも常に事実の取調べに被告人を立会わせ被告人に弁論の機会を与えなければならないものということはできない」としながらも、事実の取調べの一方法として証人の尋問をし、これを裁判の資料とするような場合には、憲37条2項の刑事被告人の権利保護のため、特に被告人をこれに立会わせ、その証人を審問する機会を与えなければならないとした判例がある※67。

Ⅲ　立会権

本条の立会いは権利であるから、立会権を有する検察官、被告人、弁護人を証人尋問に立ち会う機会を与えれば足りる。しかし、公判期日外の証人尋問に尋問権を行使させなかったときの供述は証拠能力がなく、訴訟関係人に尋問の機会を与えた事跡の認められない証人尋問調書は無効であるとした判例がある※68。

被告人と弁護人双方の立会権の関係が問題となることがある。判例は、被告人が証人審問の機会を与えられていたにかかわらず、証人に対ししばしば怒声を上げ、その審問を妨害し、秩序維持のため遂に退廷させられたような場合には、被告人自らの責において反対尋問権を喪失したものというべきであって、証人審問の機会を与えられなかったということはできず、また本件のように被告人の弁護人が終始証人尋問に立会い、かつ被告人のためにその証人を尋問しているときは被告人の反対尋問権は弁護人によって行使されているものというべきであって、被告人自身がその審問に立会っていなくとも差し支えないとし

※65 証人尋問への立会権が認められていないのは、立法上疑問とする見解として、高田卓爾編『新・判例コンメンタール刑事訴訟法2』（三省堂、1995年）183頁〔阪村幸男〕。
※66 藤永幸治他編『大コンメンタール刑事訴訟法第2巻』（青林書院、1994年）633頁〔仲家暢彦〕。
※67 最大判昭27・2・6刑集6巻2号134頁。
※68 東京高判昭25・7・7特報10号34頁。

ている※69。

　他方で、控訴裁判所が事実の取調べとして行う場合であっても、あらかじめ被告人に証人の氏名、立証趣旨すら知る機会を与えることなく、公判期日外において職権をもって証人尋問を決定して施行することは、検察官及び弁護人が立会い、かつ、異議がないとしても、訴訟法上許されないとし、証人尋問に対する被告人の固有の権利を強調する判例もある※70。後者の判例は、被告人が証人尋問の機会期日の指定告知もなされなかった事案であり、被告人に前者の判例のような帰責性があるわけではないことに留意すべきである。

Ⅳ　本条違反の効果

　⑴被告人・弁護人双方に立会いの機会を与えなかった場合、⑵弁護人には与えたがあらかじめ立会いの意思を表明していた被告人にその機会を与えなかった場合、⑶被告人には立会いの機会を与えたが弁護人には与えなかった場合は、⑴ないし⑶のいずれも憲37条2項に違反し、このような重大な瑕疵があった場合は、その後の手続で、単に異議が述べられなかっただけでは足りず、責問権の放棄が明示されない限り、瑕疵は治癒されないとされる※71。したがって、その場合の証人の証言には、原則として証拠能力は付与されない。

Ⅴ　証人尋問の日時・場所の通知

　日時の通知は年月日の他、時刻も含めて通知すべきである。場所の通知は、証拠決定をした尋問場所の最寄の適当な場所に変更されてもよく、「あらかじめ」とは、立会いのための必要な時間的余裕をもってなされることを要する、の意味である。尋問のための必要最小限の準備期間を含むとされる※72。

Ⅵ　尋問権

　証人尋問に立ち会った当事者は、裁判長に告げて、その証人を尋問することができる。弁護人が尋問した後であっても、被告人が尋問を希望するときはその機会を与えなければならない。当事者の尋問の順序は、公判期日においては刑訴304条による。公判期日外においては裁判長の訴訟指揮によるが、実務上、

　※69　最一小判昭29・2・25刑集8巻2号189頁。

　※70　最三小決昭43・6・25刑集22巻6号552頁。

　※71　藤永他編・前掲※66書637頁〔仲家暢彦〕、松尾浩也監修『条解刑事訴訟法（第4版）』（弘文堂、2009年）277頁。

　※72　藤永他編・前掲※66書638頁〔仲家暢彦〕。

交互尋問によっている。

（上田信太郎）

（証人尋問開始前の免責請求）
第157条の2　検察官は、証人が刑事訴追を受け、又は有罪判決を受けるおそれのある事項についての尋問を予定している場合であつて、当該事項についての証言の重要性、関係する犯罪の軽重及び情状その他の事情を考慮し、必要と認めるときは、あらかじめ、裁判所に対し、当該証人尋問を次に掲げる条件により行うことを請求することができる。
一　尋問に応じてした供述及びこれに基づいて得られた証拠は、証人が当該証人尋問においてした行為が第百六十一条又は刑法第百六十九条の罪に当たる場合に当該行為に係るこれらの罪に係る事件において用いるときを除き、証人の刑事事件において、これらを証人に不利益な証拠とすることができないこと。
二　第百四十六条の規定にかかわらず、自己が刑事訴追を受け、又は有罪判決を受けるおそれのある証言を拒むことができないこと。
②　裁判所は、前項の請求を受けたときは、その証人に尋問すべき事項に証人が刑事訴追を受け、又は有罪判決を受けるおそれのある事項が含まれないと明らかに認められる場合を除き、当該証人尋問を同項各号に掲げる条件により行う旨の決定をするものとする。

I　本条の趣旨

　刑事免責制度は、証人が証言するに際し、**自己負罪拒否特権**（憲法38条1項）とそれに基づく証言拒絶権（刑訴146条）を失わせ、証言を義務づける制度である。会社犯罪に係る事件などにおいて、証人から必要な供述を得られず真相解明に支障を来たす事態を回避すること、さらに取調べ以外の方法によって適切な供述証拠を獲得することが本条の趣旨である。これによって、公判活動の充実化が期待される。
　対象犯罪に限定はない。したがって、**協議・合意制度**（刑訴350条の2以下）の対象事件以外の事件や、同制度を活用しても必要な供述が得られないといった事態に対して本制度の活用が想定される。本条は、証人尋問開始前の免責規定である。その狙いは、予め証人の証言が得られないことが想定されるような場合、事前の免責決定により、事後の公判手続を円滑に進行させる点にある。
　なお、制度上、免責の付与をめぐって、検察官と証人及びその弁護人との間で協議、合意がなされることはない。本制度にはいわゆる取引的要素はないことに留意すべきである。

II　免責の根拠と証言義務

　憲法38条1項は、「何人も、自己に不利益な供述を強要されない。」と規定し、またこれを受けた刑訴146条は「自己が刑事訴追を受け、又は有罪判決を受ける虞のある証言を拒むことができる。」と規定している。したがって、本条が予定する免責対象となる供述とは、自己が刑事上の責任を問われるおそれのある事項について行った供述（証言）である（1項1号）。それゆえ、本条の免責内容は、その証言及びその証言に基づいて得られた証拠（派生証拠）を当該証人の刑事事件において、当人に不利益となるよう用いることができない、というものとなる（派生使用免責）。これにより、当該証言は証人にとって不利益な供述ではなくなり、証人に対し証言を義務づけることができるようになる。

　免責決定がなされた証人に対しては、証言拒絶権（刑訴146条）の規定にかかわらず、自己負罪証言であっても証言を拒むことはできない（2号）。その結果、正当な理由なく証言を拒絶すると、証言拒絶罪（刑訴161条）により処罰されることがある。免責の効果といえる。

　なお、証人が当該証人尋問においてした行為が宣誓・証言拒絶の罪（刑訴161条）、又は偽証罪（刑169条）に当たり、当該行為に係る事件に用いられる場合は免責対象から外れる。

III　免責請求とその決定

　免責請求は、検察官が、証人が刑事訴追を受け、又は有罪判決を受ける虞のある事項について尋問を予定している場合において、証言の重要性、関係する犯罪の軽重及び情状その他の事情を考慮し、必要と認めるときにこれを行う（1項）。本条の免責は既述したように派生使用免責であって行為免責ではないから、証人に対する刑事訴追を免除するものではない。したがって、証人を訴追することも可能である。しかし、その場合、検察官は、訴追するに足る証拠が「尋問に応じてした供述」に基づいて得られた証拠に当たらないことを示す必要がある。そのため、事実上、当該証人を刑事訴追し処罰を求めることは困難となることが予想される[73]。刑事訴追権行使は検察官の専権事項であり、裁量権を有していることから、免責の必要性の判断も検察官がこれを行うものとされた。したがって、裁判所は検察官の請求に基づいて一定の審査をした上で、免責決定を行うに過ぎない（2項）。この場合の審査は、尋問すべき事項に証人が刑事訴追を受け、あるいは有罪判決を受けるおそれのある事項が含まれない

---

[73]　川出敏裕「協議・合意制度および刑事免責制度」論究ジュリスト12号70頁、酒巻匡「刑事訴訟法等の改正(2)」法学教室434号71頁。

322　第157条の3（証人尋問開始後の免責請求）

と明らかに認められるかどうかといった形式審査に留まる。

（上田信太郎）

> **（証人尋問開始後の免責請求）**
> **第157条の3**　検察官は、証人が刑事訴追を受け、又は有罪判決を受けるおそれのある事項について証言を拒んだと認める場合であつて、当該事項についての証言の重要性、関係する犯罪の軽重及び情状その他の事情を考慮し、必要と認めるときは、裁判所に対し、それ以後の当該証人尋問を前条第一項各号に掲げる条件により行うことを請求することができる。
> ②　裁判所は、前項の請求を受けたときは、その証人が証言を拒んでいないと認められる場合又はその証人に尋問すべき事項に証人が刑事訴追を受け、若しくは有罪判決を受けるおそれのある事項が含まれないと明らかに認められる場合を除き、それ以後の当該証人尋問を前条第一項各号に掲げる条件により行う旨の決定をするものとする。

I　本条の趣旨

　刑事免責の付与は、証人尋問開始の前後を問わない。証人が証人喚問に応じたものの、予想に反して自己負罪事項が含まれることを理由に証言を拒絶することもありうる。本条は、そうした事態に対応するため、証人尋問開始後も免責制度の活用を認めた。

II　免責請求及び決定とその効果

　本条の免責請求は、前条と同様、検察官が「関係する犯罪の軽重及び情状その他の事情を考慮し、必要と認めるとき」に、証人が「証言を拒んだと認める場合」に行われる。裁判所による免責決定は前条と同様の要件の下で行われるが、免責対象となるのは、免責請求及び決定後の証人尋問である。
　その他、免責による効果は前条1項1号・2号と同様である。

（上田信太郎）

> **（証人への付添い）**
> **第157条の4**　裁判所は、証人を尋問する場合において、証人の年齢、心身の状態その他の事情を考慮し、証人が著しく不安又は緊張を覚えるおそれがあると認めるときは、検察官及び被告人又は弁護人の意見を聴

き、その不安又は緊張を緩和するのに適当であり、かつ、裁判官若しく
は訴訟関係人の尋問若しくは証人の供述を妨げ、又はその供述の内容に
不当な影響を与えるおそれがないと認める者を、その証人の供述中、証
人に付き添わせることができる。
②　前項の規定により証人に付き添うこととされた者は、その証人の供
述中、裁判官若しくは訴訟関係人の尋問若しくは証人の供述を妨げ、又
はその供述の内容に不当な影響を与えるような言動をしてはならない。

I　本条の趣旨

　本条は、2000（平成12）年法律第74号により新設された規定である。性犯罪
の被害者、年少者等が証人尋問手続において証人として証言する際、大きな心
理的、精神的負担を負い、著しい不安や緊張を覚えることがある。本条は、そ
うした証人に対する負担を軽減する目的で規定された。後述する遮へい措置
（刑訴157条の3）、ビデオリンク方式による証人尋問（刑訴157条の4）と本条の
措置を併用することも許される。

II　付添いの要件

　付添いの要件の1つである「証人の年齢」とは、高齢者、年少者がこれにあ
たる。「証人の心身の状態」とは、精神的被害が回復していない性犯罪の被害者、
知的障がい者等がこれに該当する。「その他の事情」は、証人の年齢、心身の
状態以外の証人の個別の事情によって、付添いが認められる場合をいう。さら
に、「証人が著しく不安または緊張を覚えるおそれ」とは、証人の精神状態に
即して判断されるべきであり、証人の証言を得ることができるかどうかといっ
た証拠採取上の困難は考慮されるべきでない[74]。

III　意見の聴取

　条文上、付添いを認めるかどうかは、裁判所の職権判断となっているが、実
際には、訴訟関係人の意見を聴いた上で付添いの必要性を判断することとなる。
検察側証人、弁護側証人のそれぞれについて、事前に証人尋問テストが行われ
ているであろうから、その際の当該証人の状態が具体的に裁判所に示されるこ
ととなる。

---

[74] 松尾浩也監修『条解刑事訴訟法（第4版）』（弘文堂、2009年）280頁。

Ⅳ　付添人として認められる者

　証人の緊張感、不安感などを除くに適した者であれば、付添人としての資格に制限はない。通常、家族、心理カウンセラーなどが考えられる。但し、当初から性犯罪の相談に応じてきた、たとえば女性警察官、検察事務官等を付添人として認めることは、「不当な影響を与えるおそれ」なしとしない。さらに、事件を担当した取調官を付き添わせることは、最初から除くべきである。

Ⅴ　付添いの態様と付添人の禁止行為

　付添いの態様は、証人のそばに着席し、その様子を見守ることである。臨席して見守ることにとどまり、尋問中に付添人が証人にアドバイスをすることや、尋問に対してうなづいたり、首を横に振るなどといった行為は不当な言動に当たる。裁判所の訴訟指揮によって、そのような言動は制止させるべきである。もっとも、尋問中に証人が泣き出すなどして精神状態が不安定になったときに、具合を尋ねるために声をかける、何らかの動作をすることなどは許される。
　なお、不当な言動があった際の証言は、証拠として排除すべきか、証明力の問題として捉えれば足りるか問題となるが、相手方当事者の指摘があれば、少なくとも裁判記録に残しておく必要がある。

Ⅵ　決定の告知

　付添いの決定は、簡易迅速に行うため、公判期日前に決定する場合においても送達することを要しない。適宜の方法で通知すれば足りる（刑訴規34条但書、刑訴規107条2項）。付添い措置を採る決定は、証拠調べに関する決定であるから、異議申立て（刑訴309条1項）の対象となる。他方、付添いの措置を求める当事者の要求は、裁判所に職権発動を求める申出に過ぎないから、職権を発動しない旨の決定に対しては、異議を申立てることはできない。

（上田信太郎）

（証人尋問の際の証人の遮へい）
第157条の5　裁判所は、証人を尋問する場合において、犯罪の性質、証人の年齢、心身の状態、被告人との関係その他の事情により、証人が被告人の面前（次条第一項及び第二項に規定する方法による場合を含む。）において供述するときは圧迫を受け精神の平穏を著しく害されるおそれがあると認める場合であつて、相当と認めるときは、検察官及び被告人又は弁護人の意見を聴き、被告人とその証人との間で、一方から又

は相互に相手の状態を認識することができないようにするための措置を採ることができる。ただし、被告人から証人の状態を認識することができないようにするための措置については、弁護人が出頭している場合に限り、採ることができる。
② 裁判所は、証人を尋問する場合において、犯罪の性質、証人の年齢、心身の状態、名誉に対する影響その他の事情を考慮し、相当と認めるときは、検察官及び被告人又は弁護人の意見を聴き、傍聴人とその証人との間で、相互に相手の状態を認識することができないようにするための措置を採ることができる。

I 本条の趣旨

本条は、前条同様、法律第74号により新設された証人保護の規定である。その趣旨は、証人尋問手続において、証人が被告人（1項）あるいは傍聴人（2項）から見られることによって負う精神的負担を軽減することにある。後述するビデオリンク（刑訴157条の4）と併用することも許される。

II 遮へいの要件

証人と被告人との間の遮へいについては、犯罪の性質、証人の年齢、心身の状態、被告人との関係、その他の事情と、さらに被告人と証人との人間関係を重視して、「圧迫を受け精神の平穏を著しく害されるおそれがある」ことが要件に加えられている。これは、羞恥心、恐怖心など強い心理的、精神的圧迫を指し、この要件が認められるときは、通常、相当性の要件を満たすと考えられる。ただ、刑訴157条の4のビデオリンクとの併用も認められているから、当該証人が、遮へいは不要であるがビデオリンク方式の尋問を求めたときは、本条の相当性は失われる。また、被告人と証人との間の遮へいは、反対尋問権の実質的保障の観点から、弁護人が出頭している場合に限られている。

他方、証人と傍聴人との間の遮へいには、「被告人との関係」及び「圧迫を受け精神の平穏を著しく害されるおそれ」の要件はないが、「名誉に対する影響」が加わっている。

III 意見の聴取

付添いの場合と同様、条文上、遮へい措置を採るかどうかは、裁判所の職権判断である。実際には、当事者が遮へいの必要性について、具体的事情を疎明し、裁判所がそれに基づいて判断することとなる。

IV　遮へいの態様

　遮へいは、被告人と証人との間、あるいは傍聴人と証人との間に衝立等を設置することにより、相手の声は聞こえるが姿を視認することはできないようにして行われる。被告人と証人との遮へいは、一方から、または相互に相手が認識できないようにする遮へいの態様が可能である。傍聴人と証人との遮へいはこれと異なり、一方向のみ遮へいをする必要はないことから、双方向遮へいのみ認められる。ビデオリンクと遮へいを併用する場合には、被告人あるいは傍聴人にモニターを向けない、あるいは画面を映さない措置を採ることで遮へいの効果を確保することとなる。

　問題は遮へい措置の合憲性である。被告人は直接、証人を観察できないことから、有効な反対尋問権の行使ができないのではないか問題となる。この点につき、最高裁は、「証人尋問の際、被告人から証人の状態を認識できなくする遮へい措置が採られた場合、被告人は、証人の姿を見ることはできないけれども、供述を聞くことはでき、自ら尋問することもでき、さらに、この措置は、弁護人が出頭している場合に限り採ることができるのであって、弁護人による証人の供述態度等の観察は妨げられない」とし、被告人の証人審問権は侵害されていないとの判断を示した[75]。弁護人にとって不自由なく証人の状態を認識できるよう、衝立の位置などを工夫する必要がある[76]。

V　決定の告知

　なお、本条の遮へい措置の決定は、付添いと同様、簡易迅速に行うため、公判期日前に決定する場合においても送達することを要しない。また、異議申立て（刑訴309条1項）の対象となることも付添いと同じである。

（上田信太郎）

（ビデオリンク方式による証人尋問）
第157条の6　裁判所は、次に掲げる者を証人として尋問する場合において、相当と認めるときは、検察官及び被告人又は弁護人の意見を聴き、裁判官及び訴訟関係人が証人を尋問するために在席する場所以外の場所であつて、同一構内（これらの者が在席する場所と同一の構内をいう。次項において同じ。）にあるものにその証人を在席させ、映像と音声の送受信により相手の状態を相互に認識しながら通話をすることができる方法

---

[75]　最一小判平17・4・14刑集59巻3号259頁。
[76]　松尾浩也監修『条解刑事訴訟法（第4版）』（弘文堂、2009年）282頁。

によつて、尋問することができる。

一　刑法第百七十六条から第百七十九条まで若しくは第百八十一条の罪、同法第二百二十五条若しくは第二百二十六条の二第三項の罪（わいせつ又は結婚の目的に係る部分に限る。以下この号において同じ。）、同法第二百二十七条第一項（第二百二十五条又は第二百二十六条の二第三項の罪を犯した者を幇助する目的に係る部分に限る。）若しくは第三項（わいせつの目的に係る部分に限る。）若しくは第二百四十一条第一項若しくは第三項の罪又はこれらの罪の未遂罪の被害者

二　児童福祉法（昭和二十二年法律第百六十四号）第六十条第一項の罪若しくは同法第三十四条第一項第九号に係る同法第六十条第二項の罪又は児童買春、児童ポルノに係る行為等の規制及び処罰並びに児童の保護等に関する法律（平成十一年法律第五十二号）第四条から第八条までの罪の被害者

三　前二号に掲げる者のほか、犯罪の性質、証人の年齢、心身の状態、被告人との関係その他の事情により、裁判官及び訴訟関係人が証人を尋問するために在席する場所において供述するときは圧迫を受け精神の平穏を著しく害されるおそれがあると認められる者

②　裁判所は、証人を尋問する場合において、次に掲げる場合であつて、相当と認めるときは、検察官及び被告人又は弁護人の意見を聴き、同一構内以外にある場所であつて裁判所の規則で定めるものに証人を在席させ、映像と音声の送受信により相手の状態を相互に認識しながら通話をすることができる方法によつて、尋問することができる。

一　犯罪の性質、証人の年齢、心身の状態、被告人との関係その他の事情により、証人が同一構内に出頭するときは精神の平穏を著しく害されるおそれがあると認めるとき。

二　同一構内への出頭に伴う移動に際し、証人の身体若しくは財産に害を加え又は証人を畏怖させ若しくは困惑させる行為がなされるおそれがあると認めるとき。

三　同一構内への出頭後の移動に際し尾行その他の方法で証人の住居、勤務先その他その通常所在する場所が特定されることにより、証人若しくはその親族の身体若しくは財産に害を加え又はこれらの者を畏怖させ若しくは困惑させる行為がなされるおそれがあると認めるとき。

四　証人が遠隔地に居住し、その年齢、職業、健康状態その他の事情により、同一構内に出頭することが著しく困難であると認めるとき。

③　前二項に規定する方法により証人尋問を行う場合（前項第四号の規定による場合を除く。）において、裁判所は、その証人が後の刑事手続において同一の事実につき再び証人として供述を求められることがあると思料する場合であつて、証人の同意があるときは、検察官及び被告人又は

弁護人の意見を聴き、その証人の尋問及び供述並びにその状況を記録媒体（映像及び音声を同時に記録することができるものに限る。）に記録することができる。

④　前項の規定により証人の尋問及び供述並びにその状況を記録した記録媒体は、訴訟記録に添付して調書の一部とするものとする。

I　本条の趣旨

　ビデオリンク方式による証人尋問は、性犯罪の被害者や年少の目撃者等が公開の法廷で証言を行うことによって負う、強い精神的苦痛、心理的負担を軽減することを目的とする。本条は、前2条と同様、2000（平成12）年法律74号により新設された。この方式は、証人が被告人らと直接対面せずに証言できるようにするため、証人を法廷外の別室に在室させ、テレビモニターを通じて証人尋問を行う方法で実施される（1項）。

　また、28年改正により、証人及び被害者保護等のための施策の一環として、ビデオリンク方式による証人尋問の拡充が図られた。これにより、同方式によって行われる証人尋問の対象者は、性犯罪の被害者、年少者等に限られず、精神的圧迫を受けることが予想される者に拡張された（2項）。また、従来、ビデオリンク方式による証人尋問は、証人が裁判官や訴訟関係人が在席する場所以外の場所ではあっても、同一構内（たとえば、同一裁判所内の別室）に在席することが前提となっていたが、一定の要件がある場合には、同一構内に出頭しなくても可能となった（構外ビデオリンク方式。2項1号ないし3号）。

　さらに、証人が複数の公判で繰り返し同じ証言を求められることも大きな精神的負担を伴うことから、被告人側に反対尋問の機会を保障した上で、ビデオリンク方式による証人尋問の状況を録画した記録媒体を別の公判でも証拠として使用できるようにし（3項）、その記録媒体を訴訟記録に添付して調書の一部とすることも定められた（4項）。

II　対象者

　本条1項は、精神の平穏を著しく害されるおそれが類型的に大きく、特にその必要性が高いと考えられる犯罪類型の被害者を対象とする（1号、2号）。また、被害者以外の者についても（たとえば目撃者）、一定の要件を満たす場合には、ビデオリンクによる尋問方式を認める（3号）。年少の証人、知的障がいのある証人、暴力団など組織的な犯罪の被害者などが想定される。

　さらに、本条2項は、ビデオリンク方式の対象者を拡張している。すなわち、①犯罪の性質、年齢やその他の事情により、証人として同一構内に出頭するこ

と自体、著しい精神・心理的負担を負うおそれがある者（1号）、②暴力団など組織的犯罪に係る事件で、同一構内での証人尋問では、危害を加えられ、あるいは畏怖、困惑させられるおそれがある者（2号）、③やはり同様の事件において、証人尋問後の証人の移動により尾行されるなどして証人やその親族の所在等が特定され、危害が加えられあるいは畏怖、困惑させられるおそれがある者（3号）、④証人が遠隔地に居住しており、高齢や勤務等の理由で同一構内に出頭することが著しく困難である者（4号）にそれぞれ拡張された。

Ⅲ　相当性

　刑訴157条の3の遮へいと同様に、ビデオリンク方式による尋問が「相当と認めるとき」にその措置が採られる。1項1号から3号の対象者については、「圧迫を受け精神の平穏を著しく害されるおそれがある」場合、また2項の対象者については、精神の平穏が害されるおそれ、加害等のおそれがある他、年齢や勤務状況などにより出頭が著しく困難であると認められれば、前条の遮へいと同様、相当性の要件を満たすと考えられる。また、1項及び2項とも、付添い、遮へいとの併用も認められているから（157条の5）、証人の事情を考慮してどのような措置を採ることが最も適切か判断されることとなろう。

Ⅳ　意見の聴取

　ビデオリンク方式の措置決定は、刑訴157条の2、刑訴157条の3同様、裁判所の職権判断による。もっとも、証人の状態をよく知るのは検察官、弁護人等であろうから、裁判所は証人の心理状態、精神状態の具体的事情につき疎明し、意見を聴いた上で判断することになる。
　また、後述する録画も裁判所がその必要性の判断を行う。記録媒体への録画は証人の負担軽減のためであり、検察官等の請求に係らしめるのは適当でないこと、また、記録媒体への録画は調書の作成方法の1つであるから、裁判所が責任を持って行う事柄であることによる。もっとも、事実上、録画を必要とするかどうかの判断は、当事者がその事情を把握していることから、やはり意見を聴いた上で行われることとなる。

Ⅴ　証人の在席場所

　1項の場合、証人が在席する場所は、「裁判官及び訴訟関係人が証人を尋問するために在席する場所以外の場所」であり、かつ「これらの者が在席する場所と同一の構内」である。したがって、遠隔地の証人に対するビデオリンク方式による尋問は認められていない。なお、付添い、遮へいが主として証人と被

告人の人的関係に起因して採られる措置であるのに対し、ビデオリンク方式は、公開の法廷とは異なる別室での証言という空間的要素が考慮されている点に違いがある。

2項の場合、証人の在席する場所は、「同一構内以外にある場所であって裁判所の規則で定めるもの」とされている。証人に不当な影響を与えるおそれがあるような場所は当然、除外されるべきであるし、裁判所の訴訟指揮権や法廷警察権の行使の観点などを考慮すると、適切な場所は公判裁判所以外の他の裁判所の一室などに限定されよう。

Ⅵ　尋問方法

ビデオリンク方式による尋問は、映像と音声の送受信により、相手の状態を相互に認識しながら通話をすることによって行われる。法廷等には裁判官、訴訟関係人、傍聴人が在廷し、証人は同一構内の別室あるいは同一構内以外の別室に在室し、双方にモニターとカメラが設置され、回線でリンクされる。尋問者と証人は、ビデオカメラから送られるモニター映像・音声により、相手の姿を認識しながらリアルタイムでやり取りができる。裁判官と訴訟関係人の前にはそれぞれモニター等が設置され、証人尋問が円滑に実施できるように配慮されている。また、付添い措置が併用された場合は、付添人の言動が把握できるよう別室全体が映し出される。

ビデオリンク方式による証人尋問に対しても合憲性が問題となる。前述した遮へい措置の合憲性が争われた同一事件において、最高裁は、ビデオリンク方式による場合であっても、「被告人は、映像と音声の送受信を通じてであれ、証人の姿を見ながら供述を聞き、自ら尋問することができるのであるから、被告人の証人審問権は侵害されていない」との判断を示した[77]。やや形式論である感を否めないが、証人と直接対面して尋問するという被告人の尋問権保障が、被害者等の証人保護の要請に譲る形となっている。

Ⅶ　決定の告知

ビデオリンクを実施する場合の告知方法は、付添い、遮へい措置の決定と同様、送達することを要しない。また、異議申立て（刑訴309条1項）の対象となることも同様である。

---

[77] 最一小判平17・4・14刑集59巻3号259頁。

第158条（裁判所外における証人尋問1） *331*

Ⅷ　記録媒体への記録とその扱い

　同一の犯罪事実について、証人が再度証言を求められる精神的負担、心理的負担を軽減するため、ビデオリンク方式による証人尋問に際し、裁判所は、証人の同意を得て「証人の尋問及び供述ならびにその状況」の映像及び音声を記録媒体に記録することができる。「証人の同意」が要件とされているのは、録画され、その時の状態が残ることがかえって証人の精神的苦痛となる場合もありうるため、まず証人の同意を要件としたのである。

　「後の刑事手続において同一の事実」とは、共犯者が起訴され、それぞれの公判が分離されている場合が典型である。さらに、同一被告人の事件でも、第1回公判期日までの証人尋問や証拠保全手続における証人尋問でビデオリンク方式が採られた場合、本項の録画を用いることが可能である[78]。

　この記録媒体は、訴訟記録に添付され、調書の一部とされる。この記録媒体の証拠調べの方式は、刑訴305条及び刑訴321条の2による方式がある。

　なお、本条2項にいう「記録媒体」とは、2011（平成23）年改正前は、「映像及び音声を同時に記録することができる物をいう」とされていたが、平成23年改正により、「映像及び音声を同時に記録することができるものに限る」と定義された。これは、刑事訴訟法において、「記録媒体」を一般的な意味で用いた条項があるため（たとえば、刑訴110条の2は、「紙媒体」等も含むものとされている）、それら条項との区別を図ったものである。

（上田信太郎）

（裁判所外における証人尋問1）
第158条　裁判所は、証人の重要性、年齢、職業、健康状態その他の事情と事案の軽重とを考慮した上、検察官及び被告人又は弁護人の意見を聴き、必要と認めるときは、裁判所外にこれを召喚し、又はその現在場所でこれを尋問することができる。
②　前項の場合には、裁判所は、あらかじめ、検察官、被告人及び弁護人に、尋問事項を知る機会を与えなければならない。
③　検察官、被告人又は弁護人は、前項の尋問事項に附加して、必要な事項の尋問を請求することができる。

第1編第11章

Ⅰ　本条の趣旨

　証人尋問は、裁判の**公開の原則**、**公判中心主義**、**直接審理主義**などの要請に

---

[78]　松尾浩也監修『条解刑事訴訟法（第4版）』（弘文堂、2009年）285頁。

より、公開の法廷で当事者立会いの下で行われるのが原則である。しかし、本条に列挙された事由により、証人の裁判所への喚問が困難で、裁判所外の尋問によらなければならない場合がある。そこで、本条は、公判期日外における証人尋問のうち、受訴裁判所外での尋問に関して、実体的・手続的要件と当事者の証人尋問権を実質的に保障する旨を定めた。

公判期日外の証人尋問については、刑訴281条にも規定がある。本条は、裁判所外での証人尋問（所在地尋問）を、刑訴281条は受訴裁判所構内における公判期日外の証人尋問に関する規定といえる。本条の尋問に際しても、証人の付添い（刑訴157条の2）、証人の遮へい（刑訴157条の3）、ビデオリンク方式（刑訴157条の4）の適用がある。

また、尋問事項の告知等に関する刑訴規108条、刑訴規109条、尋問調書の閲覧等に関する刑訴規126条の規定も本条及び刑訴281条に適用される。

Ⅱ　裁判所外の証人尋問の要件

裁判所外の証人尋問は、証人の重要性、年齢、職業、健康状態その他の事情及び事案の軽重を考慮して、その必要性がある場合に限って認められる（実体的要件）。また、決定に際しては当事者に意見を聴かなければならない（手続的要件）。

1　実体的要件

(1)　証人の重要性

重要性とは、当該事件においてその証人の証拠としてもつ重みをいう[79]。したがって、その証人の供述が主要事実に関わる内容を有するときで、公判廷に召喚することが困難な場合は、裁判所外で尋問を行う必要性があるといえる（もっとも、証人が重要であればあるほど、反対尋問権の保障もそれだけ強く要請されるべきであって、ここに本条適用の1つのジレンマがある）。反対に、供述の重要性が低く、証人に代替性がある場合は、他に必要性を認めるべき各別の事情がない限り、本条の適用はない。

(2)　年齢

証人が著しい高齢であるか、逆に幼少であって、出頭が困難な場合がこれにあたる。

(3)　職業

証人の職業により、所在地を離れると、職務に重大な支障や極めて過重な経済的損失が生じるおそれがある場合などがこれにあたる。当該職務に就いている者の非代替性、経済的損失が考慮される。

---

[79]　松尾浩也監修『条解刑事訴訟法（第4版）』（弘文堂、2009年）287頁。

第158条（裁判所外における証人尋問1）　333

⑷　健康状態

　主に証人が病気や負傷などのため裁判所への出頭が困難な場合がこれにあたる。

⑸　その他の事情

　裁判所への出頭が証人にとって困難な場合、及び検証現場などで尋問した方が適切な供述を得られる場合がこれにあたる。選挙違反事件、汚職事件などで多数の証人が一地域に集中しているとき、証人の全部または一部を一挙に取り調べないと罪証隠滅等により、真相が把握し難くなるおそれがある場合は、証人の居住地に近い場所で一挙に尋問する必要が認められる※80。

⑹　事案の軽重

　法定刑の軽重ではなく、事実上の重大性の程度、社会的評価の程度をいう。

2　手続的要件

　裁判所は、裁判所外の証人尋問を決定するに際し、検察官及び被告人または弁護人に意見を聴かなければならない。裁判所外で尋問することの可否について尋ねれば足り、尋問すべき具体的な場所まで聴く必要はない※81。

Ⅲ　尋問の場所、召喚等

　「裁判所外」とは、受訴裁判所の建物外の特定の場所をいい、決定に際してはこれを明示しなければならない。もっとも、必ずしも証拠決定で指定した場所に限定されず、天候、環境その他、証拠決定施行の都合により、指定場所の最寄の適当な場所で尋問することも許される※82。

Ⅳ　尋問事項の告知・附加

　裁判所外の証人尋問をする場合、裁判所は予め当事者に対し、尋問事項を知る機会を与えなければならない。弁護人が数人いる場合には、主任弁護人に知る機会を与えれば足りる（刑訴規25条）。尋問事項の告知の方法には特に制限はない。実質的に尋問事項を知りうる状態におけば足りる。しかし、判例は、予め被告人に証人の氏名、立証趣旨を知る機会を与えなかった場合には、弁護人

※80　藤永幸治他編『大コンメンタール刑事訴訟法第2巻』（青林書院、1994年）643頁〔仲家暢彦〕、高田卓爾『基本法コンメンタール』（日本評論社、1993年）134頁〔阪村幸男〕。

※81　東京高判昭25・1・14高刑集3巻1号5頁。

※82　最一小判昭24・12・15刑集3巻12号2011頁、最二小判昭25・4・14刑集4巻4号578頁。

第1編第11章

がこれに立会い、異議がなかったとしても、訴訟上許されないとしている※83。

　尋問事項の附加は書面で行わなければならない（刑訴規108条2項、刑訴規109条2項）。尋問事項の附加が請求された場合の扱いは裁判所の裁量によるが、他の尋問事項と重複してほとんど意味がないと考えられる場合を除き、これを採用すべきである※84。

（上田信太郎）

（裁判所外における証人尋問2）
第159条　裁判所は、検察官、被告人又は弁護人が前条の証人尋問に立ち会わなかつたときは、立ち会わなかつた者に、証人の供述の内容を知る機会を与えなければならない。
②　前項の証人の供述が被告人に予期しなかつた著しい不利益なものである場合には、被告人又は弁護人は、更に必要な事項の尋問を請求することができる。
③　裁判所は、前項の請求を理由がないものと認めるときは、これを却下することができる。

I　本条の趣旨

　本条は、検察官、被告人または弁護人が裁判所外の証人尋問に立ち会わなかったときに、証言の内容を知る機会を与え、被告人側には、一定の場合に再尋問の請求権を与えて憲37条2項の証人審問権の保障をさらに徹底させようとした規定である。

II　証言内容を知る機会の付与（1項）

　証言内容を知る機会を与える相手は、裁判所外の証人尋問に立ち会わなかった当事者である。被告人と弁護人双方が立ち会わなかった場合は双方に、弁護人と被告人のいずれかが立ち会わなかったときは、立ち会わなかった者に知る機会を与えなければならない。弁護人が数名いる場合でその一部が立ち会わなかったときには、本条の適用はない。

　知る機会を与える方法は、被告人については裁判所で証人尋問調書を閲覧することにより（刑訴規126条2項・4項）、これに加えて検察官は刑訴270条によって、弁護人は刑訴40条によって、それぞれ謄写権を行使することができる。

※83　最三小決昭43・6・25刑集22巻6号552頁。
※84　藤永他編・前掲※80書647頁〔仲家暢彦〕、高田・前掲※80書134頁〔阪村幸男〕。

第160条（宣誓・証言の拒絶に対する過料等）　335

Ⅲ　再尋問の請求（2項）

　「被告人に予期しなかった著しい不利益な」証言とは、現実に予期しなかったというだけでなく、刑訴158条2項の尋問事項からは通常予期しえないような供述で、被告人にとって著しく不利益なものをいう。また、被告人は証人尋問に立ち会っていたが、これに立ち会っていなかった弁護人にとって予期しえなかった場合を含む[85]。
　再尋問の方法は法定されていないから、口頭でもできる（刑訴規296条）。

Ⅳ　再尋問請求の却下（3項）

　再尋問請求が却下されるのは、前項の要件を欠く場合の他、再尋問請求の尋問事項が事件の審判に必要がないと判断される場合も含まれる。却下決定に抗告することはできない（刑訴420条1項）。請求に理由があるときは、再び証人尋問を行うことになる。この場合、刑訴157条、刑訴158条の適用がある。

（上田信太郎）

（宣誓・証言の拒絶に対する過料等）
第160条　証人が正当な理由がなく宣誓又は証言を拒んだときは、決定で、十万円以下の過料に処し、かつ、その拒絶により生じた費用の賠償を命ずることができる。
②　前項の決定に対しては、即時抗告をすることができる。

Ⅰ　本条の趣旨

　本条は、宣誓または証言を拒絶する証人に対する秩序罰を定めた規定である。身体検査に関する刑訴133条、刑訴137条、召喚を拒絶する証人に関する刑訴150条にも同様の制裁が定められている。

Ⅱ　制裁の要件

　宣誓義務（刑訴154条、刑訴155条）があるのに宣誓を拒んだ場合、証言拒絶権（刑訴146条、刑訴147条、刑訴148条、刑訴149条）がないのに証言を拒否するのは、「正当な理由がない」場合にあたる。また、公務上の秘密について、

---

[85]　藤永幸治他編『大コンメンタール刑事訴訟法第2巻』（青林書院、1994年）650頁〔仲家暢彦〕。

監督官庁の承諾があるのに証言を拒んだ場合（刑訴144条、刑訴145条）も同様である。

証言拒絶権がある場合でも、拒否の理由を示さず、また虚偽の理由であったり、正当な理由でなかったときも「正当な理由がない」場合にあたる。

Ⅲ　制裁の内容・手続き

同一の証拠決定に基づく証人尋問において、証人が複数回、証言を拒絶した場合、数個の尋問事項につき証言を拒絶しても、制裁は一回しか科されないが、一度、制裁を科した後で再度、証言を拒否した場合には、別個の過料を科すことができる。また、制裁を科す際には、予め制裁を受ける者に告知と証言命令を行わなければならない（刑訴規122条2項）。

制裁は裁判所の裁量によるから、証人が正当な理由なく証言を拒絶したが、これに対して制裁を科さなかったとしても、刑訴309条1項の異議を申立てることはできないとするのが判例である[86]。

（上田信太郎）

（宣誓・証言の拒絶に対する刑罰）

第161条　正当な理由がなく宣誓又は証言を拒んだ者は、一年以下の懲役又は三十万円以下の罰金に処する。

Ⅰ　本条の趣旨

本条は、正当な理由なく、宣誓または証言を拒絶する証人に対する刑罰を定めたものであり、召喚を受けた証人が正当な理由がなく出頭を拒んだ際の刑訴151条と同趣旨の規定である。証言義務を強化するため、刑訴160条の過料に加えて本条の刑罰規定を設けた。したがって、刑訴160条の過料と本条の罰金、拘留の併科を妨げないものとされる[87]。

Ⅱ　本罪の成立

1　正当な理由

判例は、証人が尋問に対し証言を拒めば直ちに同罪の構成要件を充足し、証言拒否が適法とされる事由にあたる場合にのみ違法性が阻却され、本条の罪は

---

[86] 最二小決昭32・11・2刑集11巻12号3056頁。

[87] 最二小判昭39・6・5刑集18巻5号189頁。

成立しないとしている※88。「正当な理由」の内容につき、(1)前条の「正当な理由」と同様、刑訴146条ないし刑訴149条の規定に当たる場合及び刑訴144条、刑訴145条に規定する場合に限定されるとする見解と、(2)法定の証言拒絶権を有する場合のほか、刑罰を科すべき実質的な違法性を阻却する事由がある場合を含むとする見解がある※89。

　この点に関し判例は、新聞記者が取材源につき証言を拒絶するのは「正当な理由」による証言拒絶とはいえず、本罪の成立を認める※90。しかし、憲法ないし訴訟法上証言拒絶権がないということと証言拒否の可罰的違法性とは直ちに結びつくものではなく、一定の状況下で憲法その他の趣旨から個別的、具体的に証言拒否が正当化される余地を問題とすべきとする反対説もある※91。

2　本罪の成立

　刑訴規122条は、証言拒否をする場合はその事由を明らかにしなければならないとし（1項）、この事由を示さないときは、過料等の制裁を告知し、証言命令を発しなければならないとする（2項）。判例によれば、この規定は、証人尋問の手続を円滑、迅速に進行させるための手続的な規定に過ぎず、同規則の証言命令は本罪の成立要件ではない※92。これに対し、本条の「証言を拒んだ」とは、最終的に明確に証言を拒んだという趣旨であり、裁判官の証言命令に反して初めて確定的に証言拒否があったとみるべきだと見解がある※93。

3　罪数

　本罪の罪数は、公判期日を基準とし、数個の尋問事項について数回にわたって証言を拒否しても、包括一罪とし、証言拒否が複数の公判期日に及んだときは、公判期日ごとに一罪を構成し、併合罪の関係に立つとする見解が多数説である。ただ、同一の尋問手続において、同一の尋問事項に対し、証言拒否がなされた場合、それが数回の期日にわたる場合であっても、包括一罪とする見解

※88　最三小決昭46・3・23刑集25巻2号177頁。
※89　藤永幸治他編『大コンメンタール刑事訴訟法第2巻』（青林書院、1994年）656頁〔仲家暢彦〕、松尾浩也監修『条解刑事訴訟法（第4版）』（弘文堂、2009年）292頁。
※90　最大判昭27・8・6刑集6巻8号974頁。
※91　平場安治他著『注解刑事訴訟法（上巻）（全訂新版）』（青林書院、1987年）481頁〔鈴木茂嗣〕。なお、取材の自由と押収拒絶権との関係につき、最大決昭44・11・26刑集23巻11号1490頁。
※92　最三小決昭46・3・23刑集25巻2号177頁。
※93　平場他著・前掲※91書481頁〔鈴木茂嗣〕、高田卓爾編『新・判例コンメンタール刑事訴訟法2』（三省堂、1995年）229頁〔浅田和茂〕。

がある※94。

（上田信太郎）

（同行命令・勾引）
第162条 裁判所は、必要があるときは、決定で指定の場所に証人の同行を命ずることができる。証人が正当な理由がなく同行に応じないときは、これを勾引することができる。

I 本条の趣旨

本条は、裁判所外の証人尋問における証人尋問のために、所定の場所に証人を同行させ、さらに勾引することができることを規定した。被告人の場合と異なり、出頭命令を発することはできない。なお、被告人に対する出頭命令・同行命令については、刑訴68条参照。

II 同行命令

本条の同行命令とは、一定の場所に出頭している証人に対し、裁判所あるいは受命裁判官とともに、裁判所外における証人尋問の場所にいくことを命ずる裁判（決定）をいう。召喚の場合（刑訴規111条）と異なり、猶予期間の定めがない。

同行命令は、すでに証人が裁判所その他指定の場所に出頭している場合に命ぜられると解される。それ以外の場合は、召喚の手続による。

命令を発するに際しては、決定書謄本の送達は不要であり、その場で証人に命令を告知し、公判調書・証人尋問調書に記載することで足りる。

III 勾引

証人が同行命令に従わないときは、間接強制を定めた刑訴150条、刑訴151条の適用はなく、直ちに勾引することになる。間接強制を行っていては、当該場所における証人尋問が迅速に行えないからである。

（上田信太郎）

※94 松尾監修・前掲※89書293頁。

（受命裁判官・受託裁判官）

第163条 裁判所外で証人を尋問すべきときは、合議体の構成員にこれをさせ、又は証人の現在地の地方裁判所、家庭裁判所若しくは簡易裁判所の裁判官にこれを嘱託することができる。

② 受託裁判官は、受託の権限を有する他の地方裁判所、家庭裁判所又は簡易裁判所の裁判官に転嘱することができる。

③ 受託裁判官は、受託事項について権限を有しないときは、受託の権限を有する他の地方裁判所、家庭裁判所又は簡易裁判所の裁判官に嘱託を移送することができる。

④ 受命裁判官又は受託裁判官は、証人の尋問に関し、裁判所又は裁判長に属する処分をすることができる。但し、第百五十条及び第百六十条の決定は、裁判所もこれをすることができる。

⑤ 第百五十八条第二項及び第三項並びに第百五十九条に規定する手続は、前項の規定にかかわらず、裁判所がこれをしなければならない。

I 本条の趣旨

本条は、受命裁判官・受託裁判官による証人尋問の実施に関する規定である。受命裁判官とは、受訴裁判所が合議体で構成されている場合、事実の取調べまたは証拠調べを行うよう命じられた一部の裁判官をいう。受託裁判官とは、受訴裁判所が国法上の意味における地方裁判所、家庭裁判所または簡易裁判所の裁判官に事実の取調べまたは証拠調べを嘱託した場合で、その嘱託を受けた裁判官をいう。

II 尋問

本条の尋問が行われるのは、裁判所外における証人尋問に限られる。公判期日外の尋問（刑訴281条）でも、受訴裁判所内で行われる場合、受命裁判官に行わせるのは違法である。ただし、判例は、当事者の事前の同意があり、かつ、当該証人尋問に被告人、弁護人が立ち会って異議を述べておらず、その後の公判における証人尋問調書の証拠調べに際し何ら異議を述べていない場合には、手続上の瑕疵は治癒されるとする[95]。

受訴裁判所は、証人及び尋問事項を決定し、尋問の実施を受命裁判官に命じ、あるいは受託裁判官に嘱託する。受命裁判官による証人尋問に際し、尋問場所も受訴裁判所が決定しなければならないものの、天候、環境などを考慮して受

---

[95] 最二小決昭29・9・24刑集8巻9号1519頁。

340 第163条（受命裁判官・受託裁判官）

命裁判官が選択することは許される[96]。

外国に対して嘱託してなされた証人尋問の可否について、いわゆるロッキード事件控訴審判決は、「実体的真実の発見を使命とする裁判所は、訴訟指揮権に基づく公正な措置として、外国裁判所に対し証人尋問の嘱託をする権限を有するものと解すべき」であるとし、これを認める判決を下した[97]。

本条2項の「転嘱」とは、受託裁判官の属する裁判所の管轄区域内に証人が現在しており、自らも証人尋問の権限を有するが、他の地方裁判所等の裁判官が尋問を行うことがより適切と思われる場合に、当該裁判所の裁判官に尋問を委託することをいう。本条3項の「嘱託の移送」とは、証人の現在地が受託裁判官所属の裁判所管轄区域外にいるため、嘱託尋問の権限がなく、証人の現在する管轄裁判所所属の裁判官に嘱託を送付することをいう。

Ⅲ　受命・受託裁判官の権限

受命裁判官、受託裁判官については、本条5項所定の事項を除き、第1編第11章の規定及び刑訴規則がすべて、本条の証人尋問について準用される。受命・受託裁判官は、尋問を行った場合には、尋問調書を受訴裁判所に送付する。証人の所在不明などにより尋問ができなかった場合は、その旨を受訴裁判所に通知しなければならない。また、それにより証拠決定は施行したことになる。

Ⅳ　受訴裁判所の権限

受訴裁判所は、証人の出頭拒否及び宣誓・証言拒否につき、過料等の制裁を科すことができる。制裁の実施は、当該訴訟の事案全体から考慮することがらであるため、受訴裁判所も決定できるのであり、同一の行為につき、受命・受託裁判官による二重の制裁を認めるものではない。

受訴裁判所の権限として、尋問事項書の提出（刑訴規106条、刑訴規107条）、尋問事項の決定及び告知（刑訴158条2項、刑訴規108条、刑訴規109条）、証言内容を知る機会の付与（刑訴159条、刑訴規126条）の手続がある。事案に通じている裁判所に委ねるほうが合理的であるというのがその理由である。

（上田信太郎）

---

[96] 最二小判昭25・4・14刑集4巻4号578頁。
[97] 東京高判昭62・7・29高刑集40巻2号77頁。ただし、その上告審は、この点について言及していない。最大判平7・2・22刑集49巻2号1頁。

> **（証人の旅費・日当・宿泊料）**
> **第164条**　証人は、旅費、日当及び宿泊料を請求することができる。但
> し、正当な理由がなく宣誓又は証言を拒んだ者は、この限りでない。
> ②　証人は、あらかじめ旅費、日当又は宿泊料の支給を受けた場合にお
> いて、正当な理由がなく、出頭せず又は宣誓若しくは証言を拒んだとき
> は、その支給を受けた費用を返納しなければならない。

I　本条の趣旨

　本条は、証人の旅費、日当、宿泊料の請求権を規定した。支給額や支給方法
等については、「刑事訴訟費用に関する法律（昭和46年法律41号）」及び「刑事
の手続における証人等に対する給付に関する規則（昭和46年最高裁規則8号）」
による。訴訟費用に関して刑訴181条以下参照。

II　旅費等の請求

　証人は、旅費等の請求ができる。勾引した証人、刑事施設の被収容者が証人
として出廷している場合もその請求により、旅費等が支給され、また外国から
出頭した証人も同様である。ただし、請求については期限がある（刑訴費10条）。

III　費用の返納等

　正当な理由がなく、出頭を拒み、または宣誓・証言を拒んだ時は、請求権が
なくなり、旅費等は支給されない。前払いを受けた費用を実際に費消してし
まった場合でも、全額返納することを要する。これは、会計法規に基づくもの
であり、裁判の執行として返納させるものではない。

（上田信太郎）

第1編第12章　鑑定

〔前注〕

Ⅰ　鑑定の意義と機能

　刑事裁判において、証拠の評価は、注意則、経験則等にしたがって客観的、分析的に行われる必要があり、そのことを通じて適正な事実認定が実現されなければならない。ところが、適正な事実認定を担保するうえで必要な経験則、実験則のなかには、裁判官・裁判員の知識経験として習得することができないと考えられる事項が存在する。**鑑定**は、そのような事項について、特別の知識・経験を用いて裁判官・裁判員の知識経験不足を補い、適正な事実認定を行わせることを目的とする。

Ⅱ　鑑定と嘱託鑑定

1　鑑定と嘱託鑑定の異同

　本章の鑑定は、受訴裁判所によって命じられる鑑定について規定する。刑事手続において行われる鑑定には、本章による鑑定のほか、捜査機関が犯罪の捜査をするについて必要があるときに鑑定を嘱託する場合（この場合の鑑定を指して一般に**嘱託鑑定**という）（刑訴223条）と、第1回公判期日前に被告人側の請求により**証拠保全**として行われる場合（刑訴179条）とがある（この場合に鑑定に関する処分を行うのは、受訴裁判所ではないことに注意する必要がある。刑訴179条解説Ⅴ参照）。刑訴223条に基づいて鑑定を嘱託された者のことを一般に、**鑑定受託者**という。本章による鑑定を行うのは鑑定人である。実務上は、捜査機関によって捜査段階で資料が収集されていることが多いため、裁判上の鑑定よりも嘱託鑑定の方が多用される傾向にある。嘱託鑑定は、鑑定受託者の宣誓がない、直接強制が認められていない、弁護人の立会い権が認められていない点で本章の鑑定と違いがある（刑訴225条参照）。

　なお、裁判員の加わった合議体で取扱う事件については、公判前整理手続において鑑定を行うことを決定した場合で、当該鑑定の結果の報告がなされるまでに相当の期間を要すると認めるときは、鑑定の経過及び結果の報告を除いて、公判前整理手続において鑑定の手続を行う旨の決定をすることができる（裁50条）。この場合の決定は、言うまでもなく、本章の鑑定の実施であり、受訴裁判所が行うものである。

2 嘱託鑑定書の証拠能力

　嘱託鑑定による場合でも、鑑定受託者が作成した嘱託鑑定書は、実務上、刑訴321条4項の要件を満たせば証拠として採用される扱いになっている。しかし、嘱託鑑定の場合には鑑定受託者の宣誓がないこと、弁護人の立会いがないこととの関係で、嘱託鑑定書に刑訴321条4項による伝聞例外を認めてよいのか、それとも刑訴321条1項3号の要件を満たす必要があるのかという点については理論上なお争いがある。刑訴321条の解説を参照。

Ⅲ　鑑定資料の全量費消問題

　鑑定の方法には原則として制約がないとされ、物の破壊（刑訴168条1項）についても、鑑定の手段として必要であれば、修復不可能になってもかまわないと解されている。しかし、破壊自体が鑑定の内容をなす場合や嘱託鑑定人が資料の全量費消をしてしまった場合には再鑑定の機会が失われることになる。この点が、被疑者・被告人側の**防御権**を侵害することにならないか、問題となりうる。とりわけ、実務で多用される嘱託鑑定においては、被疑者側には、鑑定人の選定について意見を述べる機会もなく、鑑定への立会い権もないことから、一層、深刻な問題になりうる。

　この点、裁判例は、ことさら**再鑑定**を避けるためにわざと費消するなどの不適切な事情がないことを理由にして、全量費消した場合にも鑑定の証拠能力を認める判断を重ねている[1]。

　しかし、被告人の防御権保障の重要性に鑑みれば、再鑑定ないし追試の可能性が担保されていることは極めて重要な意味を持つので鑑定資料は極力残すべきであり、積極的な資料保存への配慮が欠けた場合には鑑定の証拠能力を否定すべきとする見解[2]や、当事者主義に基づき、被告人の防御権を保障する観点からは被告人側にも対等に資料を利用する機会を保障すべきであるとして、嘱託鑑定の場合であっても、被告人側の証拠保全を通じた事実上の共同鑑定を行う可能性を提案する見解[3]の方が正当であるように思われる。また、鑑定人の再鑑定妨害の主観的意図を明らかにすることは現実にはほとんど不可能に近いから、基準として適当ではないという指摘もなされていること[4]とあわ

---

[1]　東京高判平8・5・9高刑集49巻2号181頁、東京高判平11・3・1判タ998号293頁、福岡高判平13・10・10高検速報（平成13年）219頁。司法研修所編『科学的証拠とこれを用いた裁判の在り方』（法曹会、2013年）52頁以下も同意見。

[2]　三井誠『刑事手続法Ⅲ』（有斐閣、2004年）257頁、田淵浩二「『在り方』の意義と限界──証明論・冤罪防止の観点から」季刊刑事弁護76号（2013年）98頁。

[3]　徳永光「鑑定資料の保存に関する一考察」甲南法学45巻1＝2号（2004年）254頁以下。

[4]　徳永・前掲※3論文257頁。

せて考えても、全量費消に対する裁判例の態度にはなお疑問が残る。

(渕野貴生)

(鑑定)
第165条 裁判所は、学識経験のある者に鑑定を命ずることができる。

I 本条の趣旨と鑑定の意義

1 趣旨
　本条は、裁判所の鑑定を命じる権限及び鑑定人の資格について定めるものである。

2 鑑定の意義
　鑑定とは、「裁判上必要な実験則等に関する知識経験の不足を補給する目的でその指示する事項につき第三者をして新たに調査をなさしめて法則そのものまたはこれを適用して得た具体的事実判断等を報告せしめるものである」[5]。

3 鑑定の対象
　鑑定の対象となる事柄は、裁判官・裁判員の知識経験が不足しているため、裁判官・裁判員単独では適正な事実認定が不可能ないし困難である領域であれば特に限定はない。法律の解釈適用に関する事項についても、裁判所といえども特殊分野の法律や外国法令など全ての法領域で必要な専門知識をもっているとは限らないことから、鑑定の対象たりうると解する見解が多数である。実務上も、法令解釈について鑑定を命じた事例がある[6]。
　さらに、近時、とりわけ少年逆送事件や知的障害を持つ被告人に対する処遇方法を決定するために必要な知識の提供を目的とする**情状鑑定**や、従来は経験則や注意則に頼って心証形成をしてきた供述の信用性に関する評価をより科学的なものにする目的で行われた**供述心理鑑定**の有用性が広く認識されるようになってきている[7]。実際、供述心理鑑定について、「司法の場での総合的な信

---

[5] 最一小判昭28・2・19刑集7巻2号305頁。

[6] 最二小決昭45・9・30刑集24巻10号1435頁の判例解説を参照。

[7] 白取祐司編『刑事裁判における心理学・心理鑑定の可能性』(日本評論社、2013年)、サトウタツヤ＝廣井亮一「司法臨床としての情状心理鑑定」日本弁護士連合会編『現代法律実務の諸問題＜平成25年度研修版＞』(第一法規、2014年)909頁以下。

用性判断に際し、有意な情報として利用することができる」と評価した事例※8や、少年逆送事件で情状鑑定を活用した事例が散見されるようになっている※9。

ただし、鑑定は実験則などの法則あるいは法則を適用して得た事実判断を報告させるものであるから、鑑定の実施は、法則が法則として確立していることが前提となるはずである。したがって、一般に、**科学的証拠**の許容性の問題として指摘されるところは、鑑定の許容性としても論じられるべきであろう。

実際、判例は、ＤＮＡ鑑定について、「科学的原理が理論的正確性を有し、具体的な実施の方法も、その技術を習得した者により、科学的に信頼される方法で行われたと認められる」ことを理由に証拠能力を認めており※10、科学的証拠として鑑定に付されるために必要な要件として、科学的原理の理論的正確性と当該検査方法が科学的に信頼される方法であることを課したものと解するべきであろう※11。そうすると、たとえば、犬の臭気選別※12、筆跡鑑定※13、声紋鑑定※14などについて、いずれも判例は証拠能力を認めているが、他方で、これらの証拠については科学的証拠としての一般的な許容性に疑いも投げかけられていることを想起すれば※15、少なくとも検察官が許容性について一般に争いのある科学的法則を用いた鑑定を請求する場合には、裁判所は、鑑定命令を出す前に、鑑定事項としての適格性について被告人に十分に争う機会を与えるべきであろう。

※8　鹿児島地決平29・6・28判時2343号23頁。ただし、抗告審の福岡高宮崎支決平30・3・12判例集未登載は証拠の新規性を否定した。

※9　武内謙治編『少年事件の裁判員裁判』（現代人文社、2014年）。

※10　最二小決平12・7・17刑集54巻6号550頁。

※11　長沼範良「科学的証拠の許容性」法学教室271号（2003年）96頁。要件を課したものと理解することに消極的なものとして、司法研修所編『科学的証拠とこれを用いた裁判の在り方』（法曹会、2013年）26頁以下。同書が、証拠能力と証明力との区別を軽視していることの問題性を指摘するものとして、徳永光「『司法研究』の意義と限界─科学的証拠への信頼性と許容性の観点から」季刊刑事弁護76号（2013年）84頁以下。同書の科学的誤りについて指摘するものとして、本田克也「ＤＮＡ鑑定の有用性と課題─法医学的観点から（第2章を中心に）」季刊刑事弁護76号（2013年）109頁以下。

※12　最一小決昭62・3・3刑集41巻2号60頁。

※13　最二小決昭41・2・21判時450号60頁。

※14　東京高判昭55・2・1東高時報31巻2号5頁。

※15　三井誠＝馬場義宣＝佐藤博史・植村立郎編『新刑事手続Ⅲ』（悠々社、2002年）177頁〔岩田務〕、臭気選別事件弁護団編『臭気選別と刑事裁判──イヌ神話の崩壊』（現代人文社、2002年）、小田中聰樹＝大出良知＝川崎英明『刑事弁護コンメンタールⅠ 刑事訴訟法』（現代人文社、1998年）123頁〔川崎英明〕。

II 鑑定人

1 「学識経験のある者」

「学識経験のある者」とは、裁判所がもっていない特別の知識経験を有する者のことである。複数人の鑑定人に共同して報告するように命じること（共同鑑定）も可能である（刑訴規129条2項）。ただし、法人や団体に鑑定を命じることはできず、鑑定人はあくまで自然人であることを要する。裁判所の判断を補助するのに役立つ特別の知識経験であることが重要であり、研究を通じた学術的な知識経験に限られない。すなわち日常的経験に基づく特別の知識を有する者も鑑定人となりうる。

逆に、鑑定事項に関連する研究機関や調査機関所属の肩書きを有していても、当該事項について特別の知識経験を有していない場合もありうる。そのような者は鑑定人としての適格性を有しないので、人選に当たっては、専門領域との適合性の有無、程度に注意しなければならない。特別の知識経験の乏しさの程度によっては、鑑定命令は違法となり、鑑定結果の証拠能力に影響することもありうる。この点に関して、航空事故の原因を解明するために航空事故調査委員会（のメンバー）に嘱託鑑定（共同鑑定）がなされた事案において、委員会のメンバーに専門のパイロットが含まれていないことは信用性の程度として検討すれば足り、証拠価値を失わせるものではないと判断した裁判例がある※16。確かに理系の委員については裁判所のような判断もありうるだろうが、委員会のメンバーの中には社会科学系の学部を卒業した行政官僚出身者も含まれており、少なくともこの委員について鑑定人としての適格性があったかどうかは検討の余地がある。

2 鑑定人の中立性・公平性

特別の知識経験を有している者であっても中立公平性を欠く立場にある者の場合は、鑑定人としての適格性に疑いが生じる。現在の実務では、科学捜査研究所等の捜査機関が付設する鑑定機関に所属する者や**嘱託鑑定人**として活動した者が鑑定人になることも稀ではないとされるが※17、これらの者を鑑定人とすることが許されるかどうかについては見解が分かれている。また、民訴214条に準じて、**除斥**や**忌避**の趣旨を鑑定人にも及ぼすべきかどうかについても争

※16 名古屋地判平16・7・30判時1897号144頁。

※17 三井他編・前掲※15書123頁〔長岡哲次〕。なお、公判前整理手続段階において、裁判所が、当事者からの鑑定申請に対し、その必要性を判断し、鑑定の採否を決定するための事実の取調べとして、刑訴43条3項、刑訴規33条3項を根拠に行った鑑定（いわゆるインテーク鑑定）で本鑑定の必要性なしと判断した医師を改めて本鑑定の鑑定人として選任した事例として、東京高判平23・8・30東高時報62巻1-12号72頁。

いがある。鑑定人はあくまで**証拠方法**であるから適格性の重点は鑑定能力にあり、また宣誓や虚偽鑑定への制裁などによって中立公正性は担保されているから、捜査機関に所属するからといって直ちに鑑定人としての適格性を失うものではないし、捜査段階において嘱託鑑定人として活動した者を鑑定人の範囲から除く必要はないとの見解もあるが[18]、鑑定には鑑定に携わる者の個人的意識とは別に制度としての公平らしさが必要であるとか、宣誓や刑罰による制裁威嚇などの鑑定人の主観的意識に働きかけるだけで客観的な中立公正性を確保することは難しいといった指摘もなされている。少なくとも、裁判所が行う鑑定において捜査機関付設の組織に所属する者及び嘱託鑑定人として活動した者を鑑定人に選任することには慎重であるべきである。

　客観的な中立公正性の確保の方法としては、中立的鑑定機関の創設[19]や第三者機関による監査[20]などが提案されている。また、鑑定人個々人の中立公平性を確保するという考え方をとらずに、当事者双方が選んだ専門家証人による鑑定の競合によって全体としての中立性を確保するという考え方もありうるが、日本の場合、検察官と被告人側とでは鑑定人を探し出す力に圧倒的な差があることから、弁護人が私的に鑑定人を頼んで歩く方法には根本的な限界があるとの指摘がなされている[21]。

3　選任への当事者の関与

　憲37条2項の**証人審問権**の要請として、鑑定人の能力の点についても、中立性の点についても、当事者に十分争う機会を与えるべきである。特に、いったん鑑定が実施されてしまうと再鑑定が困難になるような場合には、鑑定の実施前の宣誓手続のときに異議申立ての機会を与えることが必須であろう。

Ⅲ　鑑定の要否

1　鑑定の必要性

　判例は、鑑定の要否の判断は裁判所の裁量に委ねられていると理解しており、

---

[18] 村越一浩＝坂口裕俊「精神鑑定が問題となる事案の審理計画・審理のあり方」判例タイムズ1414号（2015年）116頁以下。

[19] 浅田和茂『科学捜査と刑事鑑定』（有斐閣、1994年）207頁、渥美東洋「鑑定をめぐる諸問題」植松博士還暦祝賀『刑法と科学　法律編』（有斐閣、1971年）756頁、平岡義博＝藤田義彦「科学鑑定の検証」日本弁護士連合会編『現代法律実務の諸問題＜平成27年度研修版＞』（第一法規、2016年）499頁以下。

[20] 徳永光「刑事裁判における科学的証拠の利用──DNA鑑定に関する日本の状況をアメリカにおける議論と比較して」一橋研究25巻2号（2000年）6頁。

[21] 田淵浩二「刑事手続における科学的証拠の許容性」法経研究（静岡大学）41巻4号（1993年）76頁。

348　第165条（鑑定）

その他の証拠から要証事実を認定できるのであれば、当事者から鑑定の申請が
ある場合にも、必ずしも鑑定を行わなければならないものではないとの判断を
積み重ねている。具体的には、被告人や共犯者の供述などから鑑定を経ずに覚
せい剤であることの認定をした事例[22]、麻薬中毒者か否かの認定は鑑定を必
要とするものではないとした事例[23]などがある。

　もちろん、鑑定を経なくてもその他の証拠から要証事実を認定可能であると
いう判断は、経験則、合理則に反しない合理的なものでなければならない。そ
れゆえ、鑑定の要否が裁判所の裁量に委ねられるとはいっても、特別の知識経
験によらなければ判断できない事実が要証事実である場合や被告人側が必要性
について一応の証拠を提出して請求する場合には、鑑定は必要的になると解す
るべきである。

2　精神鑑定の場合

　鑑定の要否について、とりわけ問題になることが多いのは、被告人の**責任能
力**を判定するために**精神鑑定**を要するか否かという点である。判例は責任能力
に関しても、必ずしも精神鑑定によらず、他の証拠を使って判断してもよいと
の立場を崩していない[24]。他方、学説では、被告人側が精神鑑定の請求をし、
かつ責任能力のないことについて一応の証明がなされているような場合や、精
神異常の疑いがある場合には、精神鑑定が必要的であるとする見解も強い。精
神鑑定の場合も他の鑑定の場合と同様に、要証事実の認定を疑わせる事情が認
められれば、鑑定は必要的になると解するべきであろう。それゆえ、たとえば、
精神病の既往歴がある[25]とか、幻覚・幻聴等の症状が現れている場合には、
原則として、精神鑑定を行う必要があるといえよう。

　一方、裁判所からは、裁判員のわかりやすさを優先するあまり、複数鑑定を
可能な限り回避すべきであるという見解も出されている[26]。

　裁判例においても、嘱託鑑定によって専門的な知見を十分に得ることができ
るものと合理的に判断できる限り、弁護人からなされた鑑定請求を却下するこ
とも裁判所の裁量の範囲内であると判断した事例がある[27]。しかし、鑑定人
間で判断が異なりうる難しい事案の場合に他の見解を検討・評価する機会を奪

---

[22]　最三小判昭31・10・23裁判集刑115号131頁。

[23]　最一小決昭27・8・21裁判集刑67号103頁。

[24]　最三小判昭23・7・6刑集2巻8号785頁、最大判昭23・11・17刑集2巻12号1588頁、
最三小判昭23・12・24刑集2巻14号1883頁。

[25]　既往症の存在を認めながら精神鑑定を不要と判断したものとして、最二小判昭25・
1・13刑集4巻1号12頁。

[26]　司法研修所編『難解な法律概念と裁判員裁判』（法曹会、2009年）48頁以下。

[27]　東京高判平23・6・16判タ1395号379頁。

うのは、適正な事実認定という観点からも、被告人の防御権保障という観点からも問題である[28]。裁判員の負担軽減という政策論を理由に、複数鑑定を否定することは許されないというべきであろう。

Ⅳ　鑑定結果の報告と採否

1　鑑定結果の報告

　鑑定が終了したら、鑑定人は、鑑定の経過及び結果を鑑定書により、または口頭でこれを報告しなければならない。いずれの方法によるかは、裁判所の裁量による。鑑定書で報告させる場合には、刑訴321条4項の要件と手続に従わなければならない。したがって、鑑定人は、鑑定書に記載した事項に関して、公判期日において尋問を受けることがあり、裁判所はその旨を鑑定人に告知しなければならない（刑訴規129条3項）。

　必要とされる報告の詳しさについて判例は、鑑定の結果に対し一々科学的説明をなすことは必ずしも必要ではないとしている[29]。しかし、鑑定の手順、技法、結果に誤りがないかどうかを被告人側がチェックすることは防御権行使の一環であるから、鑑定の経過は、実験の生データや写真を示すなど鑑定の全プロセスが客観的に明らかになるような形で報告すべきであり、判例の態度には疑問がある[30]。裁判員裁判のもとでも、鑑定経過の適否は鑑定結果の証明力の評価を行うために不可欠であるから、簡潔を目指すあまり経過が不明になるような説明は避けるべきである。むしろ生データを示しつつ当該データがもつ意味をわかりやすく提示する工夫が必要であろう。逆に、何億人に1人などといった天文学的数値による出現頻度のように、事実認定者に偏見を生ぜしめ、証明力について過大に誤った評価を行わせる危険性の高い結果は[31]、**法律的関連性**を欠くものとして証拠能力を否定すべきであり、報告させるべきではないといえよう。

---

[28]　本庄武「裁判員制度下における精神鑑定の課題」法律時報84巻9号（2012年）23頁以下、中島宏「複数鑑定回避論の批判的検討」季刊刑事弁護60号（2009年）55頁以下、高倉新喜「裁判員裁判における公判前整理手続と刑事精神鑑定──複数鑑定回避論について」白取祐司編『刑事裁判における心理学・心理鑑定の可能性』（日本評論社、2013年）187頁以下。

[29]　最三小判昭24・3・15刑集3巻3号299頁。

[30]　三井他編・前掲[15]書150頁〔神山啓史〕は、このような形の鑑定書でなければ証拠能力を認めるべきでないとする。

[31]　出現頻度算出の問題性について、参照、本田克也「ＤＮＡ鑑定の正しい適用とその解釈(2)」季刊刑事弁護84号（2015年）148頁以下。

2 鑑定結果の採否と再鑑定

従来、証拠調べを経た鑑定結果を裁判所が採用するかどうかは裁判所の自由裁量であるとされ[32]、複数の鑑定の結果が食い違う場合にも取捨選択は裁判所の裁量に委ねられるし[33]、必ずしも**再鑑定**を命ずる必要はないと考えられてきた[34]。しかし、その後、判例は、精神鑑定について、「生物学的要素である精神障害の有無及び程度並びにこれが心理学的要素に与えた影響の有無及び程度については、その診断が臨床精神医学の本分であることにかんがみれば、専門家たる精神医学者の意見が鑑定等として証拠になっている場合には、鑑定人の公正さや能力に疑いが生じたり、鑑定の前提条件に問題があったりするなど、これを採用し得ない合理的な事情が認められるのでない限り、その意見を十分に尊重して認定すべき」とする注目すべき判断を示した[35]。

ところが、判例はさらにその後、精神「鑑定の前提条件に問題があるなど、合理的事情が認められれば」、鑑定意見の一部を採用しつつ、他の部分を採用せず、他の事情を総合して責任能力の有無・程度を判断できるとした[36]。この判例は、最二小判平成20・4・25とは形式的には齟齬していないが、鑑定意見に対する尊重姿勢が後退するのではないか、鑑定意見のつまみ食いを許し、鑑定意見の取り扱いについて不安定な状態に戻るのではないかといった懸念も指摘されている[37]。実際、その後、事例判断であるが、鑑定中、被告人が、妄想性障害により、その判断能力に著しい程度の障害を受けていたとする部分は、前提事実の評価を誤っており、合理性を欠く旨、判示して、精神科医の鑑定意見を採用しえない合理的な事情を認める判例が出現した[38]。この判断に対しては、最高裁は、本件犯行は妄想性障害の影響がなければ起き得なかったという鑑定人の疑問を覆すに足りる理由をなお十分に説明しつくしていないのではないかとの指摘もなされている[39]。結局のところ、裁判所が先取的に心

---

[32] 最三小決昭33・2・11刑集12巻2号168頁、最三小決昭58・9・13判時1100号156頁、最三小決昭59・7・3刑集38巻8号2783頁。心神喪失との鑑定及び心神耗弱との鑑定のいずれも採用しなかった事例として、宇都宮地判平10・3・24判時1665号145頁。

[33] 結論の分かれた複数の精神鑑定のうち心神耗弱等の意見を排除して完全責任能力を認めた事例として、東京地判平9・4・14判時1609号3頁（最三小判平18・1・17判タ1205号129頁で上告棄却）。

[34] 三井他編・前掲※15書125頁〔長岡哲次〕。

[35] 最二小判平20・4・25刑集62巻5号1559頁。

[36] 最一小決平21・12・8刑集63巻11号2829頁。

[37] 正木祐史「精神鑑定の一部採用と責任能力判断」法学セミナー663号（2010年）124頁。

[38] 最二小判平27・5・25裁判集刑317号1頁。

[39] 岡上雅美「医師の鑑定意見を採用し得ず、妄想性障害に罹患していた被告人に完全責任能力があるとされた事例」ジュリスト増刊『平成27年度重要判例解説』(2016年) 150頁。

証を形成しておいて、鑑定意見を後付けで否定しているのではないかとの疑問を払拭するためには、鑑定意見を採用し得ない理由について専門的知見を踏まえて具体的かつ説得的に説明することができる場合に限って「合理的事情」要件を満たすことができるといった明確な基準を確立すべきであろう[40]。

鑑定結果の採否については、学説においても、特別の専門的な知識・経験を必要とするために鑑定をさせた以上、原則としてその鑑定結果を基礎として判断すべきであり、かかる特別の専門知識に当たる部分について鑑定結果を採用せずに被告人に不利益な判断をしようとする場合には再鑑定を行うべきであるとの意見も強い[41]。さらに、たとえ信頼性の認められる方法によっても、必ず人的エラーの可能性を考慮しなければならないから、鑑定結果が一見信頼できるように見える（したがって裁判所として採用したいと考える）場合にも、被告人が請求する以上、被告人の権利として、原則として検察側の鑑定結果を吟味するための再鑑定が実施されなければならないとも指摘されている[42]。

他方で、逆に、当該事案に関して唯一行われた鑑定について、鑑定手法に誤りが含まれていることが明らかな場合に[43]、専門的な知識・経験に基づく判断だからという理由で、鑑定結果を無批判に採用することが許されないことは当然である。このような場合は、専門的な知識・経験に基づいているとさえ言えない。したがって、特別の専門的知識・経験を必要とする状況は、いまだ解消されていないことになるから、再鑑定の実施が必須不可欠となる。

（渕野貴生）

（宣誓）
第166条　鑑定人には、宣誓をさせなければならない。

I　本条の趣旨

鑑定の真実性及び正確性を担保するために、証人同様（刑訴154条）、**鑑定人**にも良心に従って誠実に鑑定することを誓約させる（刑訴規128条3項）。宣誓した鑑定人が偽りの鑑定をしたときは、**虚偽鑑定罪**が成立する（刑171条）。

なお、宣誓についても、証人尋問に関する規定が準用される（刑訴171条、刑

---

[40] 島本吉規「鑑定証拠の評価と証拠評価の自由原則——ドイツの状況」判例タイムズ1417号（2015年）44頁以下。

[41] 浅田和茂・前掲[19]書170頁以下。

[42] 徳永光・前掲[20]論文15頁。

[43] 河合潤「検査回数が1回だけの鑑定は無効」季刊刑事弁護84号（2015年）156頁以下に誤りの典型例が示されている。

訴規135条）ので、形式的には、**宣誓無能力**の場合には、宣誓は不要となる。しかし、鑑定人が宣誓無能力であることは考えられないから、実際には、全ての鑑定人について宣誓が必要である。

Ⅱ 宣誓の時期

宣誓は、鑑定の真実性及び正確性を担保するためのものであるから、鑑定をする前に行われなければならない（刑訴規128条1項）。宣誓後、裁判所は、鑑定事項を告げて、鑑定を命じる。

Ⅲ 宣誓の効果

宣誓をさせないでした鑑定人に対する尋問は手続的に違法であり、尋問結果に証拠能力は認められない。また、宣誓を欠いたままの鑑定人が行った鑑定のための処分も違法である。

他方、宣誓を欠く鑑定人が作成した鑑定書については、刑訴321条4項の適用を認め、鑑定人が作成の真正について供述すれば証拠能力を取得するという見解が有力である。その理由は、捜査における鑑定受託者の作成した鑑定書について、宣誓を経ていないにもかかわらず刑訴321条4項の準用が肯定されている[44]こととのつりあいに求められている。しかし、宣誓を欠く鑑定人が作成した鑑定書に証拠能力を認めるとした場合、今度は、口頭での報告をし、かつ反対尋問まで受けた**鑑定人尋問**であっても宣誓を欠く場合には尋問結果に証拠能力は認められないとする結論と矛盾することになる。また、宣誓を欠く鑑定人が、鑑定書の記載事項について尋問を受けた場合には、尋問に対する供述には証拠能力が認められず、鑑定書には証拠能力が認められるということになるように思うが、それでは鑑定書の記載事項について尋問する意味はなくなってしまうという問題も残る。

（渕野貴生）

（鑑定留置）
第167条 被告人の心神又は身体に関する鑑定をさせるについて必要があるときは、裁判所は、期間を定め、病院その他の相当な場所に被告人を留置することができる。
② 前項の留置は、鑑定留置状を発してこれをしなければならない。
③ 第一項の留置につき必要があるときは、裁判所は、被告人を収容す

---

[44] 最一小判昭28・10・15刑集7巻10号1934頁参照。

べき病院その他の場所の管理者の申出により、又は職権で、司法警察職員に被告人の看守を命ずることができる。

④　裁判所は、必要があるときは、留置の期間を延長し又は短縮することができる。

⑤　勾留に関する規定は、この法律に特別の定のある場合を除いては、第一項の留置についてこれを準用する。但し、保釈に関する規定は、この限りでない。

⑥　第一項の留置は、未決勾留日数の算入については、これを勾留とみなす。

I　本条の趣旨

人の心神または身体に関する鑑定をするにあたって、継続的な処置や観察等を必要とし、そのために鑑定対象者の身体を一定期間、鑑定実施上、適当な場所に留置する必要が生じる場合がある。本条は、このような必要性に応じて、被告人の留置ができることを定めた規定で、**鑑定留置**といわれる。被告人のほか、刑訴224条により被疑者についても、被告人の場合に準じた鑑定留置が認められている。また、少年14条2項によって、家庭裁判所の審判に付された少年についても、本条が準用され、鑑定留置が認められる。これに対して、被害者等のその他の第三者に対する鑑定留置は認められていない。

II　要件

1　鑑定留置の必要性

鑑定留置の要件は、被告人の身体または精神の鑑定を行うために、その身体を一定期間、一定の場所に留置する必要があることであるが、鑑定留置といえども、刑事手続上の身体拘束の一種であって、被告人の身体の自由に対する重大な制約であり、しかもその期間は相当長期に及びうるから、必要性は厳格に判断されなければならない。裁判例でも、留置が、「ただ鑑定目的を達するために必要であるというだけでは、いまだその留置の必要性を肯定することができず、当該場合に、被疑者の身体を拘束（しかもかなりの長期間）してまで当該鑑定を行うことの必要性ないしその正当性が肯定されなければ、被疑者の留置を認めることが許されない」から、「鑑定の方法を若干工夫することにより、留置を伴わないで、容易に、同様の鑑定目的が達成されると認められる場合等」には、留置の必要性が否定されるべきであるとしたものがある※45。

※45　東京地決昭42・8・5判タ209号198頁。

2 身体拘束の理由

鑑定留置については、勾留に関する規定が準用されるが（本条5項）、本条1項は特別の定めにあたるので、留置の必要性のほかに刑訴60条1項各号に定める理由は不要であると解されている。鑑定留置の性質上、**保釈**に関する規定も準用されない。さらに、軽微犯罪の場合に勾留においては要件として課される「住居不定」要件も不要であると解されている。しかし、身体拘束が身体の自由に対する重大な制約であることに鑑みると、事案の軽重との間で権衡を全くとる必要がないと考えてよいかどうかには疑問が残る。裁判例の中にも、事案の軽微性をも考慮事項に組み入れつつ鑑定留置期間の延長を取り消したものがあり※46、その趣旨を及ぼすならば、事案が軽微な場合には、鑑定留置自体が正当化されない場合もありうると考えるべきではなかろうか。

3 嫌疑の要否

刑訴60条1項本文の「罪を犯したことを疑うに足りる相当な理由」のあることを要するか否かについては、解釈は一致していない。不要説は、刑法上の**責任能力**などの点で罪とならないことが予測されるような事案でも、むしろその点を明らかにするために鑑定が行われる場合などがあることを根拠とする。これに対して、必要説は、「鑑定留置も、勾留と同様に、被告人なるがゆえに科される特別の不利益である」と主張し、被告人の身体の自由を制限するという処分の不利益性の観点から嫌疑を要すると結論づける※47。

確かに、構成要件に該当する違法な行為を行ったという点で嫌疑のある被告人について**責任能力**の欠如が疑われる場合に、犯罪の嫌疑がないとして、鑑定留置ができないとしたら、責任能力を判断するための鑑定はほとんど不可能になってしまいかねない。しかし、必要説はそのような事態を想定して主張されたものとは思えない。一方、不要説も、鑑定事項として問題となっている点を除いてもなお犯罪の嫌疑が認められないような場合にまで、つまり犯人でないことがわかっている場合にまで、あえて鑑定（したがって鑑定留置）を行うことを認める趣旨ではないだろう。それゆえ、嫌疑の要否の問題は、どちらの説からも、結論的には、犯罪事実と被告人（被疑者）との結びつきについて「疑うに足りる相当な理由」が必要であり、またそれで足りるということになりそうであり、実質的には両説の間にそれほど隔たりがあるわけではない。

※46 大阪地堺支決平8・10・8判時1598号161頁。
※47 両説の中間的な立場として、刑訴60条1項本文の要件を「犯罪構成要件に該当する違法な行為をしたと疑うに足りる相当な理由がある場合」と読み替えて、鑑定留置に準用するという見解をとるものとして、新関雅夫＝佐々木史朗他『増補 令状基本問題 下』（一粒社、1997年）366頁〔金谷利廣〕。

Ⅲ　期間

　鑑定留置の期間には、法律上は特に制限はない。留置して鑑定をする必要のある期間を裁判所が定めることになる。裁判所の決定によって、いったん定めた期間を変更することも可能である（刑訴規130条の4）。もちろん、必要のある期間を超える期間を定めたり、必要性が失われているのにもかかわらず期間延長決定をしたりすることは許されない[48]。

Ⅳ　場所

1　刑事施設

　鑑定留置の場所として、刑事収容施設を利用することの是非については争いがある。従来は、旧監獄11条の行政解釈を根拠に**監獄**に留置することが認められてきた。学説においても、かかる取扱いを肯定する見解も少なくない。また、旧監獄法に代わる刑事収容施設・被収容者法3条5号においても、刑事施設は「法令の規定により刑事施設に収容すべきこととされる者」を収容することができるとされているから（留置施設についても刑事収容施設・被収容者法14条2項3号に同様の規定が置かれている）、本条1項が刑事収容施設・被収容者法3条5号及び刑事収容施設・被収容者法14条2項3号にいう「法令の規定」に該当すると解釈することができるならば、従前に引き続き、肯定説を維持することも可能となろう。

　しかし、鑑定留置の場合には、その期間は勾留の執行が停止されることから、法の趣旨としては勾留と鑑定留置とを別個のものとして扱うことを前提としているので、勾留を執行する刑事施設・留置施設に鑑定留置することは不当であるし、刑事施設・留置施設に鑑定留置することを認めると、勾留期間の制限を免れるために鑑定留置が利用されるおそれがあるので、この点からも、刑事施設・留置施設を留置場所とすることには問題があるとする反対説も有力である。

　否定説が指摘する理論的及び運用上の問題点は、刑事施設に関する法の成立前後を問わず存在することに変わりない。また、条文上も、本条1項ではたかだか「その他の相当な場所」としか規定されておらず刑事施設などが明示されていないのに、同項を刑事収容施設・被収容者法3条5号や刑事収容施設・被収容者法14条2項3号にいう「法令の規定」として読むことができるかどうかは疑問である。否定説に従うのが正当であると考える。

---

[48] 大阪地裁堺支決平8・10・8判時1598号161頁、東京高決昭49・5・23判時744号109頁。

2 病院

鑑定留置場所として病院を指定した場合には、「鑑定留置された者を当該病院においていかなる病室に収容するかは、同人の心身の状況及び鑑定の目的を勘案して鑑定人及び当該病院の管理者が定めるべきものである」から、病院が被留置者を保護室に収容したからといって、鑑定留置を認めた裁判の鑑定留置場所に関する部分に違法が生じるわけではないとする裁判例がある[49]。一般論としては、その通りであろう。しかし、保護室に収容する必要がないことが明白であるにもかかわらず保護室に収容するなど、鑑定人が、鑑定留置の具体的状況として合理性を欠くような処置をとることまでが許されるわけではない。鑑定人が不適切な処置をとっているにもかかわらず、裁判所が当該処置を漫然と放置したような場合には、違法と評価されることがありうると解するべきである。

V 鑑定留置手続

鑑定留置も憲33条、憲34条にいう**抑留拘禁**にあたる。したがって、**令状主義**の保障が必要である（本条2項）。**勾留**に関する規定が準用されるから、鑑定留置を決定するにあたっては、予め勾留質問に相当する**鑑定留置質問**を行わなければならない。この点に関して、被告人が勾留中の場合及び第1回公判期日後は、すでに被告事件の告知や弁護人選任権の告知が行われているから、鑑定留置質問は不要であるとする考え方が強く、実務上もそのように運用されているようであるが、勾留質問は単に裁判所が一方的に告知事項を伝達するためだけに行われるのではなく、被告人側からの陳述を聞き、裁判所が、被告人側の陳述をも資料にしたうえで、適切妥当な決定を行うことを保障する手続である。そして、勾留と鑑定留置とでは、身体拘束の理由及び必要性について判断すべき内容が異なるのだから、仮に勾留中起訴の場合には再度の勾留質問を不要とする考え方に立つとしても、少なくとも鑑定留置の場合には、改めて被告人が意見弁解を述べる機会を保障すべきと考える。

VI 鑑定留置と勾留との関係

1 取調べの可否

鑑定留置期間中は、勾留の執行は停止されており、刑訴198条1項の適用上も勾留中ではないから、身体拘束中の被疑者の**取調べ**について受忍義務を肯定する立場に立つとしても、鑑定留置中に受忍義務を課した取調べができないこ

---

[49] 東京高決平16・8・16家月58巻1号114頁（最一小決平16・9・2家月58巻1号116頁にて確定）。

とに疑いはない。それでは、任意の取調べであれば可能か。鑑定の妨げにならない範囲では可能とする考え方も有力であり、同趣旨の裁判例も存在する[50]。しかし、取調べがありうるとすれば、被疑者・被告人本人は取調べに対する防御活動に全力を注ざるを得ないから、被疑者・被告人としてみれば、いわば鑑定の諸検査、諸調査に応じることのできるような心身の状態ではなくなるおそれが高い。そうすると正確な観察やテスト結果を得られず鑑定作業や鑑定結果に著しい悪影響を及ぼすことになる。したがって、原則として、鑑定留置期間中の取調べは鑑定と両立し得ないものであって許されないと考えるべきである。

2 接見指定の可否

弁護人との接見については、刑訴39条は、身体の拘束を受けている被疑者・被告人に関する一般的規定であるので、刑訴39条が直接適用される。鑑定人は接見等により鑑定に支障が生じるおそれがある場合などに弁護人と被疑者との間の接見を制限できるとする見解もあるが、鑑定人に対して刑訴39条3項のような接見指定権限を与える規定は存在しないから、かかる見解は明らかに根拠を欠く。

一般接見については、勾留中の被告人に対して刑訴81条により**接見禁止処分**が課されている場合にも、鑑定留置によって勾留の執行は停止されるから、接見禁止決定も当然に失効すると考えられている。ただし、本条5項により、刑訴81条は鑑定留置の場合に準用されると解されているから、被告人に逃亡あるいは罪証隠滅のおそれが存在する場合には、改めて刑訴81条の接見禁止決定をすることは可能である[51]。

3 未決通算

鑑定留置は、未決勾留日数の算入については、勾留とみなされる（本条6項）。鑑定留置が行われている間は、勾留は停止されるが、審判のために被疑者・被告人の身体を拘束している点では、鑑定留置も勾留も径庭がないから、未決勾留日数の算入において勾留と同様に取扱われるべきであるのは当然である。

4 刑事補償

鑑定留置も憲法上の**抑留拘禁**（憲40条）にあたる。したがって、後に無罪等の判決を受け、刑事補償法による補償の要件を満たしたとき（刑補1条1項）に

---

[50] 広島高判昭49・12・10判時792号95頁。
[51] 宮崎地決昭45・7・24刑月2巻7号783頁。同決定は他方で、「鑑定人の被疑者に対する行動観察や精神状態観察を容易ならしめる目的で、被疑者に対する接見交通の制限の命令を発することは許されない」とする。

358　第167条の2（鑑定留置と勾留の執行停止）

は、鑑定留置されていた期間も**刑事補償**の対象になると考えるべきである※52。

（渕野貴生）

（鑑定留置と勾留の執行停止）
第167条の2　勾留中の被告人に対し鑑定留置状が執行されたときは、被告人が留置されている間、勾留は、その執行を停止されたものとする。
②　前項の場合において、前条第一項の処分が取り消され又は留置の期間が満了したときは、第九十八条の規定を準用する。

　本条により、被告人を鑑定留置した期間は勾留の執行が停止されるから、当該期間は勾留期間に算入されない。すなわち、それまで進行していた勾留期間は鑑定留置の開始によっていったんその進行を停止し、鑑定留置終了後（あるいは取消後）、鑑定留置前に勾留されていた期間を除いた残りの法定期間について再び進行を開始する。
　鑑定留置の処分が取り消され、または鑑定留置の期間が満了したときは、勾留の執行停止が取り消され、または勾留の執行停止の期間が満了した場合と同様の状態になる。そこで、刑訴98条が準用されて、刑事施設等への収容の手続がとられることになる。

（渕野貴生）

（鑑定上必要な処分・許可状）
第168条　鑑定人は、鑑定について必要がある場合には、裁判所の許可を受けて、人の住居若しくは人の看守する邸宅、建造物若しくは船舶内に入り、身体を検査し、死体を解剖し、墳墓を発掘し、又は物を破壊することができる。
②　裁判所は、前項の許可をするには、被告人の氏名、罪名及び立ち入るべき場所、検査すべき身体、解剖すべき死体、発掘すべき墳墓又は破壊すべき物並びに鑑定人の氏名その他裁判所の規則で定める事項を記載した許可状を発して、これをしなければならない。
③　裁判所は、身体の検査に関し、適当と認める条件を附することができる。
④　鑑定人は、第一項の処分を受ける者に許可状を示さなければならない。
⑤　前三項の規定は、鑑定人が公判廷でする第一項の処分については、

※52　高田卓爾『刑事補償法』（有斐閣、1963年）45頁。

これを適用しない。

⑥　第百三十一条、第百三十七条、第百三十八条及び第百四十条の規定は、鑑定人の第一項の規定によつてする身体の検査についてこれを準用する。

I　本条の趣旨

1　強制処分法定主義・令状主義

　鑑定は、裁判所に対して正確な専門的知識を提供して、裁判所の適正な判断を補助することを目的として行われるものであるから、鑑定人には、当該鑑定の目的を達成するために必要な事実的措置をとることが予定されている。しかし、その処分等が処分を受ける者の権利や利益の侵害にわたるときには、鑑定人が直ちに強制的措置等をとることを認めることはできない。鑑定人が行う場合であっても、刑事手続上の強制処分であることに変わりはないので、**強制処分法定主義**及び**令状主義**の要請を満たさなければならないからである。そこで本条は、鑑定人が行う強制的契機を伴う処分について、裁判所の許可を必要とすることを定めた。本条に定められた以外の強制処分を行うことは、強制処分法定主義や令状主義に反することになるので、認められない。また、本条に定められた強制処分であっても裁判所から令状の発付を受けずに行った場合には当然違法である[53]。

2　鑑定人の一般的権限

　強制的措置にわたらない行為については、鑑定命令において資料の範囲や鑑定方法に制限が加えられていない限り、資料を入手するために必要かつ相当な範囲内であれば、鑑定人は、いかなる処分も行うことができるとする意見が一般的である。判例も、「鑑定命令において資料につき特別に制限されたものでないかぎり、鑑定命令に指定されない物を用いて鑑定したからといってその物が鑑定をなすについて必要かつ相当である以上」、鑑定書が無効になるわけではないと解している[54]。他人の著作等から体得した知識経験を使うことも認められているし[55]、鑑定人自らが犯行現場に出かけて実地調査した結果を使用することも認められている[56]。

---

[53]　鑑定人が、身体検査令状の発付を受けずに麻酔分析を行い、かつ直接強制に及んで得た資料をもとに作成された鑑定書を違法収集証拠として証拠排除した事例として、宮崎地決昭45・7・24刑月2巻7号783頁。

[54]　最一小判昭35・6・9刑集14巻7号957頁。

[55]　最一小判昭28・2・19刑集7巻2号305頁。

[56]　広島高判昭51・11・15判時841号112頁。

鑑定人の一般的権限のうち、鑑定に関する物の受領権（刑訴規130条2項）ならびに書類や証拠物の閲覧謄写権及び被告人に対して質問する場合もしくは証人を尋問する場合の立会権（刑訴規134条1項）、被告人質問や証人尋問の際の発問権（刑訴規134条3項）など、鑑定人が行うことが多いと考えられる主なものについては、刑事訴訟規則において規定されているが、これらの規定も、鑑定人が行える鑑定活動を刑事訴訟規則に列挙された類型の行為に限定しようとする趣旨ではないと解されている。ただし、ビデオリンク方式による証人尋問を記録した記録媒体（刑訴157条の6）については謄写できない（刑訴規134条2項）。

Ⅱ　鑑定の方法

1　資料の範囲—伝聞証拠の使用の可否

　鑑定の資料や方法に原則として制約がないとすると、被告人本人から陳述を聞くこと、被告人の親族、被害者、目撃者、治療に当たった医師等に陳述を求めること、病院、学校等に鑑定上必要な事項を照会することなども、相手方の承諾ないし同意がある限り自由に行えるということになる。実際に鑑定活動としてこれらの資料が収集されることも少なくないようであり、このようなやり方は一般に是認される傾向にある。さらに、刑事訴訟規則に定められた規定の解釈としても、たとえば、書類や証拠物の閲覧権について、証拠調べ前のものやその段階では証拠能力を取得していない書類等であっても差し支えないとの解釈が有力である。

　確かに、鑑定資料をあまり厳格に限定すると、鑑定人の活動を過度に拘束することになり、できる限り多くの専門的知識や資料を活用して正確な鑑定結果を導き出すという鑑定の本来の機能を阻害しかねないという主張にも一理ある。しかし、たとえば被告人の家族や被害者などの第三者から得た供述を記載した供述録取書は本来、**伝聞証拠**であり、刑事訴訟法上、証拠能力の付与が厳格に規制されている種類の証拠である。それゆえ、これらの資料について、鑑定の目的であるからといって、**伝聞法則**の適用を外してよいとすることに対して疑問を呈する見解もみられる。実際、鑑定人が中立であるからといって、供述者が体験したことを再現する過程で誤りの入り込むおそれがなくなるわけではないから、犯罪の成否そのものに直接結びつく重要性を有することも少なくない鑑定書の判断の基礎となる事実について、**反対尋問**によるチェックを経ないで済ますことを認めるのは妥当ではない。したがって、第1に、証拠能力を厳格に問うことまではしないとしても、裁判所は、最低限、鑑定を行うために必要かつ相当な資料かどうかの判断を厳格に行い、具体的な関連性が認められない資料が漫然と利用されることのないように鑑定を命ずる際に利用範囲を制限すべきである。また、鑑定人が独自に資料を収集して鑑定資料とした場合には、

同資料について適式の証拠調べを経るべきである※57。

　このように解した場合に、鑑定資料を限定することにならないか、という懸念が生じるかもしれないが、最近の実務では、「すでに適法に取り調べられた証拠を編綴した刑事裁判記録及び証拠物を資料として実施されているように思う。鑑定人が、裁判所に無断で被害者や被告人の近親者に面接して新たな情報を得て、鑑定するというような事例はほとんどな〔い〕」とする指摘や、鑑定人尋問の機会に、資料に不足があり関係者に対する尋問等が必要になった場合には、まず裁判所に連絡するように指示しておくことが望ましい、といった指摘もなされている※58ことに鑑みても、資料の制約の問題は、鑑定の時期等を工夫することで解決しうるように思われる。

　ただし、裁判員50条に基づき第1回公判期日前の鑑定が実施される場合には、証拠調べを経ていない資料を用いざるをえないが、その場合にも、不適正な資料が一方的に鑑定人に提供されないことを保障する必要がある。そこで、一方当事者の提出した鑑定資料それぞれについて相手方から意見を提出してもらい、その意見を鑑定人に伝えるという方法が提起されており※59、傾聴に値する。

2　鑑定補助者の利用の限界

　鑑定の方法に関連して、鑑定人は、鑑定活動を行う際に補助者を用いることも妨げられない※60。しかし、鑑定人は名義のみで、鑑定の実質部分を補助者に委ねるようなやり方をとることは、作成の真正を欠くことになるので許されないというべきである。鑑定の実質部分を補助者が行うのであれば、補助者を正式な鑑定人（少なくとも共同鑑定）とすべきである※61。もちろんその場合には、鑑定の実質部分を実施する者に専門的知識が備わっていなければならない。また、補助的作業にとどまる場合であっても、価値判断を要する事項を補助させる場合には、鑑定人の適切な指導監督のもとで行い、かつ補助者自身が当該作業を適切に実施しうるに足りる専門的知識や作業能力を有している必要があるというべきである※62。

※57　この点を指摘するものとして、佐々木史朗「刑事鑑定の実務上の諸問題」岩田誠先生傘寿祝賀『刑事裁判の諸問題』（判例タイムズ社、1982年）286頁以下。

※58　三井誠＝馬場義宣＝佐藤博史＝植村立郎編『新刑事手続Ⅲ』（悠々社、2002年）121頁以下〔長岡哲次〕。

※59　斎藤正人＝近道暁郎＝西村真人「責任能力2(2)」判例タイムズ1379号（2012年）78頁。

※60　福岡高判昭28・12・25特報26号62頁。

※61　佐々木・前掲※57書288頁。

※62　いわゆる財田川事件再審請求差戻審においては、補助者が血液検査に習熟していたかどうかという点も問題となった。参照、高松地決昭54・6・6刑月11巻6号700頁、高松高決昭56・3・14高刑集34巻1号1頁。

Ⅲ　裁判所の許可を要する鑑定に必要な処分

1　身体検査

　鑑定としての**身体検査**は、体表のみならず身体の内部に侵入する検査も許される。肉体的不快感や精神的屈辱感を伴う検査であっても、身体検査に通常伴うと認められる範囲のものであれば許される。身体検査に通常伴う範囲内に収まっているかどうかにつき、見解が分かれる行為として、強制採尿及び麻酔分析が挙げられる。強制採尿についてはこれを認める判例が確立しており（ただし、判例は捜索差押えとして許容している[63]）、麻酔分析についても鑑定方法として使用することを認めた裁判例があるが[64]、いずれについても、人間の尊厳を冒すものであって強制処分としても許されないとする意見もなお存在する。

　本条に従って、鑑定人が裁判所から身体検査の許可を得た場合にも、本条6項において刑訴139条が準用されていないので、検査対象者が検査をあくまでも拒否した場合には、鑑定人自らが**直接強制**をすることはできない。その場合には、鑑定人は、刑訴172条1項に従って、裁判官に身体検査を請求し、裁判官が直接強制することになる。執行の具体的なやり方については、刑訴172条の解説を参照されたい。

2　住居への立ち入り・物の破壊・死体解剖

　本条に基づけば、居住者等の意思に反しても人の住居等に立ち入ることができる。

　死体解剖についても、配偶者等への通知は必要であるが（刑訴規132条）、解剖の方法、程度について何らかの制約があるわけではない。

　物の破壊については、鑑定の手段として必要であれば、修復不可能であってもかまわない。破壊自体が鑑定の内容をなす場合や資料の全量費消が必要な場合に、被告人側の防御権をいかなる方法で保障するかという点については、第1編12章　鑑定〔前注〕参照。

　なお、これらの行為については、身体検査とは異なり、鑑定人自らが直接強制できる。

（渕野貴生）

---

[63]　最一小決昭55・10・23刑集34巻5号300頁。

[64]　静岡地判昭41・3・31下刑集8巻3号506頁。

（受命裁判官）
第169条 裁判所は、合議体の構成員に鑑定について必要な処分をさせることができる。但し、第百六十七条第一項に規定する処分については、この限りでない。

I 本条の趣旨

鑑定を命ずるべきかどうかは、裁判所が決定すべきであるが、鑑定の決定をした後の個々の処分の全てについて裁判所の決定を要するとすることはあまりに煩雑であって、その必要性もない。そこで、鑑定について必要な処分は、**受命裁判官**にさせることができるとしたものである。

II 受命裁判官の権限

1 必要な処分

「鑑定について必要な処分」の主なものは、鑑定人のなす鑑定処分の許可（刑訴168条）である。鑑定人尋問の施行も受命裁判官に行わせることができるが、これは本条ではなく、刑訴171条によって準用される刑訴163条に基づく。

これに対して、証拠決定である鑑定決定自体及び鑑定事項の決定は裁判所が行うべきことであり、受命裁判官に行わせることはできない。

鑑定人の選任について受命裁判官に委ねることができるかどうかについては争いがあるが、この点については、刑訴171条の解説を参照されたい。

2 鑑定留置

鑑定留置に関する処分はできない。鑑定留置は、被告人の権利に重大な影響を与える処分であるからである。鑑定留置をすること自体ができないことはもちろんだが、それに加えて鑑定留置期間の延長や短縮及び鑑定留置の取消しも受命裁判官に行わせることはできない。ただし、刑訴167条5項によって準用される鑑定留置状の執行指揮（刑訴70条）や理由開示（刑訴82条）などの鑑定留置に付随する処分については、受命裁判官に行わせることができる。鑑定留置質問についても受命裁判官に委ねることができると解されているが、この手続の趣旨を単に被告事件や権利の告知にとどまらず、被告人側からの陳述を聞き、裁判所が、被告人側の陳述をも資料にしたうえで、適切妥当な決定を行うためのものと理解するならば、裁判所が行うのが望ましいということになろう。

（渕野貴生）

364　第170条（当事者の立会い）

（当事者の立会い）
第170条　検察官及び弁護人は、鑑定に立ち会うことができる。この場合には、第百五十七条第二項の規定を準用する。

I　本条の趣旨

　本条は、鑑定の経過と過程を可視化することによって、鑑定の公正性・客観性を担保するために、当事者に立会権を認めたものである。本条の立会権は、一般に、憲37条2項に基づく鑑定人尋問の立会権とは異なり、鑑定手続の公正さを担保するための訴訟法上の権利にすぎないと解されている（A説）。
　しかし、本条の立会いについては、さらに、当事者が立ち会い、鑑定過程に関する情報を取得することによって、鑑定経過の事後的検証を実効化するためという趣旨を読み込む説もある（B説）[※65]。B説の考え方に従うならば、本条の立会権も、後の公判で鑑定書の証拠能力の有無や証明力の程度を争うという形で防御権を行使するための前提として位置づけられることになる。この考え方自体は、弁護人の立会権が防御権行使にとって有する重要性を明らかにするものであって、説得的であると思われる。ただし、この論理をさらに推し進めれば、本条も憲37条2項と無関係とは必ずしもいえないということになるようにも思われる。その場合、被告人に立会権が認められていないことをどのように評価するかという新たな問題が生じよう。

II　鑑定とは

　本条にいう「鑑定」とは、鑑定人の行う鑑定のための処分（刑訴168条）などの事実行為のことを指す。**鑑定人尋問**は、本条の鑑定に含まれず、刑訴171条によって準用される刑訴157条を根拠とする。
　精神鑑定における面接調査や身体検査の場合を取り上げて、鑑定のための処分の中には当事者の立会いを許すことが適当でない場合がある、との考え方をとる者もある。しかし、明文で立会権を制限できる場合の規定がないにもかかわらず、かかる解釈をとることは不当であると考える。また、そもそも、精神鑑定における面接調査や身体検査が立会いが適当でない場合なのかも疑問である。面接や身体検査で不当、違法な質問や検査が行われていないか、あるいは第三者に陳述を求める場面で、第三者が間違った陳述やあやふやな陳述をしていないか、といった点をチェックする必要性は高いともいえるからである。

[※65] 小田中聰樹＝大出良知＝川崎英明編著『刑事弁護コンメンタールI 刑事訴訟法』（現代人文社、1998年）127頁以下。

III 立会権者

検察官及び弁護人である。数人の弁護人がいる場合は、それぞれの弁護人が立会権を有する。

被告人には立会権は認められていない。しかし、とりわけ本条の立会いに防御権行使の趣旨を読み込むならば、少なくとも被告人自身が立ち会うことも可能とすべきであり（特に身体拘束されていない場合）、立会いを認めると適正な鑑定を阻害するといった事情がない場合にまで、被告人の立会いが認められないと解する必要はないだろう。

IV 立会権の内容

通説は刑訴157条との対比から、本条の立会権には尋問権は含まれないと解している。ただし、発問自体は認めたうえで、応答義務がないという帰結を導き出している。

これに対して、立会権の機能が鑑定の公正性・客観性を確保するところにあることからすれば、鑑定方法や鑑定資料についての意見表明をしたり、鑑定人から説明を求めたり、実験データの記録化を要請したりすることも立会権の内容に含まれるとする見解もある[66]。

V 鑑定日時の通知

通知は、裁判所が行うとされている。したがって、鑑定人は鑑定のための処分などを行うときには、裁判所にその日時場所を連絡しておく必要がある。

鑑定日時の通知が必要的であるかどうかについては、常に通知を必要とする説、裁判所が鑑定立会いの必要なしと認めて立会いすべき日時場所を定めなかった場合には当事者に通知する必要はないとする説、立会権者に鑑定に立ち会う意思のないことが明白である場合には通知しなくてもよいとする説に分かれている。本条による立会いが訴訟法上の権利であるとしても（A説）、権利として保障されている以上、裁判所の判断で立会いや通知を省略することは許されないといわなければならない。通知すべき処分が多すぎて煩雑になるというのは、手続的保障を不要とする理由にはならない。

---

[66] 北山六郎監修／丹治初彦=浦功=渡辺修編『実務刑事弁護』（三省堂、1991年）165頁〔髙野嘉雄〕。

Ⅵ　権利保障がなされなかった場合の効果

　裁判例には、本条の立会いならびに通知を訓示規定と解して、立会いの機会を与えず、通知をしなかった点が違法であるとしても鑑定の効力には影響しないと判断するものがあり※67、これを支持する学説も多い。しかし、本条の立会いに防御権行使としての趣旨を読み込む考え方からすれば、この結論は支持しがたいということになろう。B説は、通知を欠いた鑑定は無効であるとしている。

　また、**鑑定書**が刑訴321条4項の伝聞例外とされる根拠の1つに立会権の保障があるならば、立会権が保障されないままに作成された鑑定書に、同条の伝聞例外は認められないことになろう。B説は、「当事者の立会いは鑑定書の伝聞例外性を根拠づける特信性を確保する基本的要件であるから、立会権の保障を欠いた鑑定書には伝聞例外性は否定されなければならない」とする。

（渕野貴生）

（準用規定）
第171条　前章の規定は、勾引に関する規定を除いて、鑑定についてこれを準用する。

Ⅰ　本条の趣旨

　憲37条2項において被告人には**証人審問権**が保障されているが、憲37条2項の証人に鑑定人が含まれることに異論はなく、鑑定人尋問にも反対尋問権が保障されなければならない※68。また鑑定人は、供述によって証拠資料を提出する証拠方法である点で証人と類似するから、鑑定について、前章の証人尋問に関する規定を準用することとしたのである。ただし、鑑定人には証人とは異なり代替性があるから、直接強制してまで出頭を確保する必要はなく、**勾引**に関する規定は準用されない。

Ⅱ　準用関係に注意が必要な規定

　宣誓そのものについては、刑訴166条が直接適用されるので、刑訴154条は準用されない。

　当事者の立会権や尋問権について定める刑訴157条は準用されるが、公判期

※67　広島高判昭51・11・15判時841号112頁。
※68　東京高判昭28・4・20高刑特38号93頁。

日に証拠調べとして行う**鑑定人尋問**については刑訴304条が直接規定する。

鑑定料・鑑定費用については刑訴173条が適用されるが、旅費日当などについては刑訴164条が準用される。

Ⅲ　受命裁判官・受託裁判官に関する刑訴163条の準用範囲

刑訴163条が鑑定人尋問の施行について準用があることには疑いがない。

他方、鑑定人の選任について刑訴163条の準用が及ぶかどうかについては見解が分かれる。

鑑定人は代替的であり、鑑定能力を有する限り、誰を選定するかは必ずしも重要ではないから、その選定を受命裁判官に委ねることができるとする考え方もある。

しかし、裁判所が行うべき事項である鑑定決定は、当該裁判所が審理している事項の判断に役立つ専門知識を提供してくれる人がいることを前提としてなされるものであって、具体的な鑑定人の存在を念頭におかずに鑑定を実施することのみを決定するというのは理論的にありえないように思う。また、鑑定人の選定にあたっては、裁判所が当該事案の審理事項に関して補助を要する事項と鑑定人が有する専門知識との間に適合性があるかどうかという事案の個別性に関わる点についての実質的判断を要するものであり、鑑定人として誰を選定するかは実際上も重要な事項でもあるから、受命裁判官や受託裁判官の権限に委ねることはできないと考えるべきであろう。

（渕野貴生）

> **（裁判官に対する身体検査の請求）**
> **第172条**　身体の検査を受ける者が、鑑定人の第百六十八条第一項の規定によつてする身体の検査を拒んだ場合には、鑑定人は、裁判官にその者の身体の検査を請求することができる。
> ②　前項の請求を受けた裁判官は、第十章の規定に準じ身体の検査をすることができる。

Ⅰ　本条の趣旨

本条は、鑑定人が刑訴168条に基づいて行う身体検査について、鑑定人自身による直接強制を認めない（刑訴168条6項）こととの関係で、裁判官に対してその直接強制を請求することができることを定めたものである。なお、本条の反対解釈として、鑑定人は、刑訴168条1項に定める鑑定に伴う処分で身体検査以外のものについては自ら直接強制をすることができると解される。

Ⅱ　裁判官の行う身体検査

　本条に基づいて裁判官が身体検査を行う場合にも、裁判官自らが鑑定人に代わって被検査者の身体への侵襲を行わなければならないわけではない。本条の身体検査は、鑑定として行う身体検査であるから専門的知識を有している人が行うことが予定され、また被検査者の身体の安全上の観点からも、鑑定の有効性の観点からも裁判官自らが行うのはむしろ適当ではない場合が多いだろう。鑑定人に直接強制を認めないとした趣旨は、身体検査にあたり司法的抑制を働かせようというところにあるのだから、裁判官が指揮監督を及ぼすことが重要であり、裁判官のコントロールに基づいていれば、実際の身体検査行為を鑑定人が行っても何ら問題はない。

Ⅲ　第1編10章　検証の準用

　形式的に「第1編10章　検証」に含まれる規定のみが準用されるという意味ではなく、裁判所が行う**検証**としての身体検査に適用される規定が準用されるという意味である。準用される主な規定は次の通りである。

　直接強制を行う前に間接強制の手段を尽くすことを要求する刑訴139条。刑訴137条も準用されるが、公判裁判所が刑訴168条6項に基づきこれらの制裁を課しているときには、重ねて間接強制の措置をとる必要はない。

　執行に関する刑訴131条、刑訴140条、刑訴141条。

　被告人以外の者に対する身体検査の場合の召喚や勾引について定める刑訴132条、刑訴135条、刑訴136条及びこれによって準用される第1編8章　被告人の召喚、勾引及び勾留の各規定。被告人の場合には、第1編8章　被告人の召喚、勾引及び勾留が直接適用される。

　刑訴142条が準用する規定のうち、刑訴113条以外の規定は事柄の性質上準用されないと解される。刑訴113条については、事柄の性質上は準用の可能性が認められなくはないが、当事者の立会いについては刑訴170条に規定があることから、やはり刑訴142条による準用はないという結論になる。

　なお、刑訴134条、刑訴138条の刑事罰規定が準用されるかどうかについては争いがある。

（渕野貴生）

（鑑定料・立替金等）

第173条　鑑定人は、旅費、日当及び宿泊料の外、鑑定料を請求し、及び鑑定に必要な費用の支払又は償還を受けることができる。

②　鑑定人は、あらかじめ鑑定に必要な費用の支払を受けた場合において、正当な理由がなく、出頭せず又は宣誓若しくは鑑定を拒んだときは、その支払を受けた費用を返納しなければならない。

I　本条の趣旨

鑑定人には、鑑定に要した費用及び鑑定に対する報酬の支払いを受ける権利があることを規定したものである。

II　旅費、日当、宿泊料

鑑定人尋問のために出頭した場合の費用及び日当を指す。これらの費用は、本条ではなく、刑訴171条によって準用される刑訴164条1項に従って支払われる。刑訴164条1項但書も準用されるとするのが通説である。

III　支払いと償還

支払いは前払いのことである。償還は、立替払いをした場合の弁償のことである。

IV　前払いを受けた場合の返納

鑑定補助者に対する謝金、鑑定書の印刷代金、病院の検査代金など、鑑定人がすでに第三者に費用を支払っている場合でも返納義務がある。

旅費、宿泊費、日当の返還は、刑訴171条によって準用される刑訴164条2項に基づく。

鑑定料については、前払いはなされないので返納規定もない。

（渕野貴生）

（鑑定証人）

第174条　特別の知識によつて知り得た過去の事実に関する尋問については、この章の規定によらないで、前章の規定を適用する。

370 第174条（鑑定証人）

I　本条の趣旨

　鑑定証人とは、過去において自己の特別の知識経験に基づいて知り得た事実を供述する者をいう。自己の経験によって知り得た過去の事実を供述するのだから、非代替的であり、法的には証言としての性質を有する。それゆえ、それに対する尋問は本質上、証人尋問である。本条はこの当然の帰結を注意的に規定した以上の意味はない。

II　意義

　知り得た原因を問わないので、鑑定人として知った場合であってもよい。したがって、鑑定後に改めてそれらの事実について述べるときには、証人として尋問されることになる。
　また、特別の知識経験によって知り得た過去の事実から、さらに特別の知識によって推測・判断した事項を供述する場合には、本条による証言と鑑定とが複合することになるから、刑訴156条2項が適用される。

（渕野貴生）

第1編第13章　通訳及び翻訳

〔前注〕

Ⅰ　意義

　裁判所における用語は日本語を用いることが定められている（裁74条）。公式用語として日本語が要求される実質的理由は、裁判所の実質的審理を担保し、訴訟当事者に十分な攻撃防御を尽くさせ、さらに**裁判公開**原則（憲82条）を実質的に保障するところにある。裁判の公開は、市民の知る権利を担保するという側面もさることながら、恣意的な裁判を防止する制度としてそれ自体、被告人の憲法上の権利として保障されているものであるから（憲37条1項）、実質的に公開の趣旨を失わせるような裁判手続を行うことは許されない。したがって、訴訟関係者全員が特定の外国語を理解しうる場合であっても、当該外国語で審理を進めることはできない。

　加えて、裁74条は一般に、裁判所内での手続のみならず、訴訟手続全般にわたっての原則であると解されている。そこから、訴訟手続において日本語以外の表現方法が用いられる場合に、**通訳・翻訳**を行って、日本語でのコミュニケーションを確保する必要性が生じる。本章は、裁74条をうけて、刑事手続における通訳・翻訳について規定する。

Ⅱ　法的性質と通訳の権利性

　通訳・翻訳は、第1に、専門的知識や経験に基づく具体的事実についての判断の報告であるという意味で、言語に関する一種の**鑑定**としての法的性質を持っている。証拠資料となる外国語の供述を通訳する場合に、鑑定としての法的性質が典型的にあらわれる。この場合、通訳人は**証拠方法**と捉えられることになる。

　しかし、通訳・翻訳の対象は、訴訟関係者の訴訟手続に関する発言や被告人の申立てなど証拠資料としての側面を有しない場面にも及ぶ。このような場合には、通訳人は証拠方法ではなく、訴訟関係者相互間の言語の伝達補助者としての役割を果たしていると見るべきである。

　このように、本章の定める通訳・翻訳は、証拠方法の意味での通訳と、通訳を介することにより訴訟関係者間の意思疎通を十分なものとし、もって公正な審理を担保するとともに被告人の権利保護を図る趣旨との両方をあわせ持つ規定であることについて、学説の理解はほぼ一致している。

　ただし、訴訟関係人相互のコミュニケーションの媒介者・伝達補助者という

場面での通訳について、主として裁判所の補助者と位置づけるか、それとも被告人の通訳・翻訳を受ける権利として位置づけるかという点では、必ずしも学説の理解は一致していない。

　裁判例及び学説の多くは、裁判所の補助者としての性格づけに重きを置き、被告人の通訳を受ける権利を正面から根拠に上げて個々の論点を解釈するという態度は取っていないように見える。その結果、たとえば、被告人が通訳を求めたときには、裁判所には原則として通訳を付す義務があるかという点について、裁判例では、刑訴175条の国語に通じない者であるかどうかは裁判所が、当該人物の「経歴や環境、理解と表現との能力や態度、その他の資料」によって合理的に判断すべきであって、通訳を付すかどうかの決定は「専ら裁判所の訴訟指揮権の範囲に属する」と判示するものがあり[1]、同裁判例の考え方を支持する学説も少なくない。また、別の裁判例では、捜査段階で録取された供述調書について、被告人質問や証人尋問を通じて通訳の正確性を吟味する機会を十分に与えられた場合には、捜査段階における通訳人の不適格性や通訳の不正確性の問題から、直ちに訴訟手続の法令違反は生じないという判断もなされている[2]。さらに、捜査段階において求められる通訳の能力は、日常の社会生活において会話を理解し、自己の意思や思考を相手に伝達できる程度で足りるし、法律の専門知識についても、「法廷における通訳人とは異なり」、通常一般の常識程度の知識があれば足りると述べて、捜査において必要とされる通訳能力の程度を緩和することを認める裁判例も見られる[3]。

　しかし、被疑者・被告人が権利の内容を理解し、捜査段階を含めて対立当事者たる検察官や捜査機関の主張や攻撃内容を知り、弁護人と防御方法を練るためには、被疑者・被告人と捜査機関、司法機関、弁護人との間の十全なコミュニケーションが保障されていることが前提となるから、被疑者・被告人の通訳を受ける権利は、**裁判を受ける権利**（憲32条）や防御権（憲34条）行使の不可欠の前提であるとする理解も有力である[4]。また、この点について、国際人権法においては、より明確に、人権B規約14条3項(a)及び(f)が、無料の通訳を受ける権利を規定し、人権B規約とほとんど同文のヨーロッパ人権規約6条3項(e)は手続上のいかなる段階においても有効な通訳の援助を要請していると解されている[5]ことに鑑みると、捜査段階も含めて、被疑者・被告人には通

---

[1] 大阪高決昭27・1・22高刑集5巻3号301頁。

[2] 東京高判平4・7・20判時1434号143頁。

[3] 東京高判平8・7・16高刑集49巻2号354頁。

[4] 小田中聰樹＝大出良知＝川崎英明編著『刑事弁護コンメンタールⅠ　刑事訴訟法』（現代人文社、1998年）129頁〔白取祐司〕。

[5] 水谷規男「国際人権法と外国人刑事事件」刑法雑誌33巻4号（1994年）196頁以下、坂巻静佳「刑事裁判手続において通訳の援助を付する自由権規約上の義務の射程」水野かほる＝津田守編『裁判員裁判時代の法廷通訳人』（大阪大学出版会、2016年）267頁以下。

訳・翻訳を受ける権利があり、その権利は適正手続保障の一部をなしていると
理解するのが妥当である。

（渕野貴生）

（通訳1）
第175条　国語に通じない者に陳述をさせる場合には、通訳人に通訳を
させなければならない。

I　本条の趣旨

　裁判所の手続では、日本語を使用することが定められている（裁74条）。本条
は、日本語を用いたコミュニケーションをすることができない者が刑事裁判手
続に関与する場合に、当該手続関与者が使用する言語を日本語に置き換え、あ
るいはまた、日本語で行われる手続を当該手続関与者が理解する言語に置き換
えることによって、日本語を媒介として意思疎通が行われることを可能にする
ための規定である。

II　国語に通じない者

1　「国語に通じない者」の範囲
　国語に通じない者とは、日本において一般的に用いられている日本語につい
て、標準的な理解力及び表現力を欠いている者のことをいう。外国人であって
も、日本語について標準的理解力及び表現力を備えている者は当たらない。逆
に、多くの日本人が理解することができない方言は、日本において一般的に用
いられているとはいえないので、かかる方言によるコミュニケーションしかで
きない者は、国語に通じない者に該当する。また、対象となる手続関係者は、
被告人だけでなく、**証人**や**鑑定人**も含まれる。ただし、鑑定人は、多くの場合、
国語に通じる者で代替可能であろう。

2　コミュニケーション能力
　標準的な理解力及び表現力とはどの程度のコミュニケーション能力のことを
指すかについては争いがある。実務上は、日常会話に相当の支障があるかどう
かを基準に判断されるとされ、このような判断基準を支持する学説も多い。
　しかし、これに対しては、法廷で自己の権利を主張したり、防御をしたりす
るには、相当程度の会話力を必要とするから、日本語で日常会話を行っている
者でも、法廷で自己を防御するに足りる言語能力には達していないことが少な
くなく、そのような者も含めて、国語に通じない者に当たると解するべきであ

374 第175条（通訳1）

るという指摘がなされている※6。

　確かに、刑事裁判では、複雑で厳格な仕組みにのっとって手続が進行し、そこにおいては、法律の専門用語や難解な条文解釈のやり取りが行われる。犯罪事実についても、単にその概要を知れば足りるというものではなく、検察官の主張する事実のどの部分がどの証拠によって裏付けられ、どこに疑いが残っているかを確認し、証拠によって裏付けられた事実が犯罪を構成するかという法律への当てはめの当否を判断しなければならない。すなわち、総じて刑事裁判におけるコミュニケーションは、日常会話以上の高度の日本語理解能力と表現能力を必要とする。そして、被告人には、刑事手続の仕組みを理解した上で、適時に必要な反論や主張、弾劾を行う権利、すなわち**防御権**が保障されなければならないから、少なくとも被告人の場合は、これらの防御権を適切に行使できる程度の日本語理解・表現能力が必要であり、その程度に至らない被告人については、日常会話を日本語で行うことに支障がないとしても、本条にいう国語に通じない者に該当すると解するべきであろう。

3　母国語以外の言語による通訳

　国語に通じない者について通訳をする場合、判例は、被告人が十分に理解できる言語について適切な通訳人を得ることが困難な場合等には、被告人が理解でき、意思の疎通ができる他の言語によって通訳することも許されると解している※7。判例が、母国語原則をある程度緩和することを認める背景には、実際上の問題として、少数言語の場合に通訳人の確保が容易ではないという事情があるものと思われる。

　確かに、少数言語の場合に**通訳人**の確保に難渋するという事情が存在することは否定すべくもない。しかし、代替言語を母国語に匹敵するほど流暢に操れるならばともかく、母国語以外の言語の使用は、程度の差はあれ一般に被告人の理解力や表現力の低下をもたらすという事実も否定することはできないだろ

※6　植村立郎「通訳を巡る若干の問題」中山善房判事退官記念『刑事裁判の理論と実務』（成文堂、1998年）116頁以下、田中康郎「外国人事件における正確な法廷通訳の実践と適正な訴訟運営」中山善房判事退官記念『刑事裁判の理論と実務』（成文堂、1998年）172頁、本上博丈「ベトナム人事件の刑事弁護」渡辺修＝長尾ひろみ編著『外国人と刑事手続──適正な通訳のために』（成文堂、1998年）259頁以下。

※7　東京高判平6・11・1判時1546号139頁（イロカノ語を使用する被告人について、母国の公用語であるタガログ語での通訳を認めた事例）、東京高判平4・7・20判時1434号143頁（被告人の出身州の言語であるパンジャブ語ではなく、ウルドゥ語で行われた通訳を適法とした事例）。

う※8。そうだとすると、**防御権**行使という高度なコミュニケーションが必要
とされる被告人の場合には、やはり原則として母国語による通訳を保障すべき
であると考える。仮に、通訳人の確保の困難による代替言語の使用を例外的に
認めるとしても、裁判が行われる管轄を越えて広く通訳人を探索するなど通訳
人確保の手段を尽くしたことを条件とすべきである。探索のための調査費用や
通訳人の交通費に費用がかかるということは、かかる手段を尽さないことの理
由にはならない。

Ⅲ　通訳人

1　選任方法

　裁判所のパンフレットなどによると、現在、**通訳人**は、実務上、次のような
方式で選任されるのが一般的であるようである※9。すなわち、通訳人となる
ことを希望し、法廷傍聴や裁判官の面接を経て、通訳人としての適性をそなえ
ていると認められた者を裁判所が通訳人候補者として名簿に登載し、個々の裁
判においては、手続の複雑性や通訳人の経験・能力を考慮して、名簿の中から
適宜、通訳人を選任するというやり方である。言い換えれば、現在、法廷通訳
人となるのに、特別の資格は要求されていない※10。確かに、候補者として名
簿に登載された後も、裁判所は積極的に各種の研修やセミナーを開催して、能
力の向上を図る機会を提供しているが、それでも、適性の確保は実質的には裁
判官の面接にたよっているといっても過言ではない。

2　能力の判断方法

　このような現在の選任方式では、とりわけ少数言語の場合には、一定数の通
訳人候補者を確保しておきたいという裁判所側の事情が優先されるおそれがあ
り、その結果、日常会話程度の言語能力にとどまる者が**通訳人**として選任され
る可能性がないとはいえない。実際、裁判例でも、通訳人の通訳能力について
疑義が出された事例が散見される。
　しかし、判例は、通訳人の客観的な通訳能力のみから本条違反の有無を判断

※8　ヤコブ・E・マルシャレンコ「要通訳の刑事手続における＜リンガフランカ＞とし
　ての英語」水野かほる＝津田守編『裁判員裁判時代の法廷通訳人』（大阪大学出版会、
　2016年）145頁以下。

※9　津田守＝高畑幸「日本の裁判所における通訳と翻訳」水野＝津田編・前掲※8書17
　頁以下。

※10　資格制度の導入を主張するものとして、たとえば、参照、長尾ひろみ「英語通訳の
　現場から(1)」渡辺＝長尾編著・前掲※6書72頁以下。なお、参照、日本弁護士連合会「法
　廷通訳についての立法提案に関する意見書」（2013年7月18日）https://
　www.nichibenren.or.jp/library/ja/opinion/report/data/2013/opinion_130718_3.pdf

せずに、具体的な訴訟の状況を総合的に判断して結論を出す傾向が強い。たとえば、ペルシャ語の通訳として選任された通訳人の通訳能力が低く、ペルシャ語だけでなくダリー語をも交えて通訳したことが訴訟手続の法令違反として争われた例において裁判所は、通訳人に重大な誤訳があったからといって、直ちに当該通訳人に通訳能力が欠けていることになるわけではなく、通訳人が「通訳能力を有しているかどうかは、当該通訳人の具体的状況殊に誤訳の有無・程度に加えて、当該事案の性質、内容、被告人の防御方針、審理の状況、被告人の通訳言語以外の言語能力等を総合して、被告人が手続の趣旨を理解し、適切な攻撃防御を行う上で、当該通訳人がこれに必要な通訳能力を有しているか否かという観点から判断すべきである」として、原審通訳人が重大な誤訳をしたことを認めつつ、誤訳部分が通訳全体からすればごく一部に過ぎないこと、事案が比較的単純であること、被告人が被疑事実を争っていないこと、被告人が日常会話程度の日本語の能力を有していたことなどを考慮して、通訳の違法性を否定した[11]。また、通訳人の能力が低かったため被告人は通訳人のタイ語を十分に理解できず、結局、被告人質問の際もほとんど日本語のみでやり取りを行った事案でも、裁判所は、被告人に日常生活に必要な日本語の知識が相当程度備わっていたことなどを理由に適切な通訳人の援助を受けることができなかったとはいえないと判断した[12]。

しかし、このような裁判所の考え方には、疑問がある。第1に、通訳能力は、通訳対象言語と日本語に関する知識・経験の量を問題にしているのであり、その有無は、手続へ関与する前の時点で、客観的・抽象的に判断されているはずのものである。すなわち、手続の具体的進行状況に照らして後付け的に判断されるべきではない。しかも、裁判所の判断方法によれば、能力不足であっても、結果的に当該通訳人の能力不足が手続の枢要部分や被告人の防御権に直接関わるところで顕在化しなかったら、通訳能力が肯定されることになるが、能力不足の部分が手続のどの局面で顕在化するかは全くの偶然に左右されるから、手続が非常に不安定になる。

3 必要な能力の程度

通訳人の能力は客観的・絶対的基準で判断されることを前提として、その上でさらに、必要とされる能力の程度をどのレベルとすべきかが問題となる。この点、仮に、通訳人の通訳能力が日常会話程度の理解・表現能力で足りるとした場合には、訴訟で行われている情報や証拠の内容を被告人へ伝達する場面でも、被告人の主張・質問を裁判所や証人等に伝達する場面でも、不完全な伝達がなされ、その結果、防御上必要な情報のやり取りが行われなかったり、被告

---

[11] 東京高判平15・12・2東高時報54巻1-12号78頁。
[12] 高松高判平10・3・3高刑速（平10）号167頁。

人の発言が被告人の意図する趣旨とは異なる意味で伝えられたりするおそれが残らざるを得ない。また、日本語または要通訳言語について日常会話レベルの理解・表現能力しかない通訳人と、日本語について日常会話レベルの理解・表現能力しかない被告人を足し合わせても、日常会話以上のコミュニケーションができるわけはないから、被告人が日常会話程度の日本語を操れる場合であっても、結局、全体としてのコミュニケーションレベルは、日常会話レベルにとどまる。

　しかしながら、刑事手続において被告人が通訳人に対して求めているのは、防御権の保障として、日常会話以上の、刑事手続で取り交わされるある程度複雑高度なコミュニケーションを伝達・表現してもらうことである。それゆえ、通訳人には、被告人が防御をするために要するコミュニケーション能力の不足分を補えるだけの能力、すなわち、刑事手続で取り交わされるある程度複雑高度なコミュニケーションを表現できる能力を持っていることが求められるのであり、かかる基準に照らして通訳人の適正性が判断されるべきである[13]。

4　公正・中立性

　裁判例には、通訳人の公正・中立性にかかわるその属性について、「捜査段階の通訳人が法廷の通訳人に選任されることは、決して望ましいことではないが、それ自体直ちに不当又は違法であるとはいえない」と判断したものがある[14]。また、捜査段階の通訳ではあるが、警察官が通訳人となっても、通訳人として不公正であるとはいえない[15]とした裁判例もある。

　学説も裁判例の動向を受けて、捜査段階の通訳人を公判で選任することについて、望ましくはないがという留保をつけつつ、通訳人の確保が容易でない事情や通訳が機械的な作業としての面を持っていることなどを理由に違法ではないと結論づけるものが多い[16]。

　しかし、通訳は、話者の発言を理解し、解釈し、自らの有する他言語の知識の範囲で相当する言語を選択し、文章として構成して表現するという過程を経るもので、発言の意図についての理解や解釈などに通訳者の予断や主観的感情が入り込み、あるいは解釈や表現の過程で誤りが入り込む危険も少なくなく、いわゆる科学的鑑定と同じレベルの客観的作業といえるかどうかは疑問の余地

---

[13]　呉満「外国人刑事事件の司法通訳の現状と問題点」刑法雑誌33巻4号（1994年）163頁など。

[14]　大阪高判平3・11・19判時1436号143頁。

[15]　東京高判平6・11・1判時1546号139頁、東京高判平4・7・20判時1434号143頁。

[16]　裁判官による同旨の見解として、参照、角田正紀「外国人被告人と法廷通訳」刑事訴訟法判例百選（第8版）（2005年）125頁、秋山敬「刑事裁判の現場から　裁判官の視点」渡辺＝長尾編著・前掲※6書274頁。

378 第175条（通訳1）

がある。また、鑑定であっても鑑定者の中立性の問題として、捜査機関に所属する者の行う鑑定の公正性や嘱託鑑定者を裁判所の鑑定人として用いることには争いがあるのだから、仮に通訳と科学的鑑定とが機能的に同一であるという前提に立つとしても、直ちに問題点が解消するわけではない。原則としては、捜査段階の通訳人が公判の通訳人を兼ねることは許されないと解すべきであり、その上で、例外を認めるとしても、母国語原則の場合と同様に、他の通訳人の探索に尽したことが条件とされるべきであろう。

Ⅳ　通訳の正確性

通訳人に通訳能力が備わっていることを前提として、実際に行われた手続でなされた具体的な通訳の正確性が問題となる。この点、誤訳部分のうち重要な点や微妙な点は補充質問などで是正措置が取られていることをも考慮しつつ、法廷通訳の一部の誤りは審理、判断に影響しないとする裁判例がある[17]。逆にいえば、犯罪の成否などにかかわる重要な点について重大な誤訳の存在が判明したときは、判決に影響する重大な違法と評価すべきことになろう[18]。

事後的な通訳の正確性の検証を可能にして、適正な判断に資するために、公判を録音しておくべきであるとの意見が強い。裁判例でも、原審が通訳内容を録音していなかった点をも問題にして、通訳の正確性について「一抹の危惧を払拭することができない」と述べたものがある[19]。実務上も、現在では、最高裁の通達にしたがって、外国語の原供述及びその通訳を録音する取扱いが確立しているようである。学説ではさらに、複数選任とペア通訳のルールを確立すべきとの意見もある[20]。

Ⅴ　陳述をさせる場合

1　訴訟手続の通訳

本条の文言上は陳述であるが、一般に、通訳を要する部分は陳述に限られず、少なくとも重要部分あるいは被告人の利害関係ある部分については手続の説明にあたる部分であっても通訳を要すると解されている[21]。判例も、本条の規

---

[17]　東京高判平6・11・1判時1546号139頁。

[18]　加藤克佳「外国人事件における通訳の適正」重判解（平成7年度）（1996年）174頁。

[19]　大阪高判平3・11・19判時1436号143頁。

[20]　渡辺修「裁判員裁判と『誤訳えん罪』——ガルスパハ・ベニース事件」『三井誠先生古稀祝賀論文集』（有斐閣、2012年）749頁。なお、参照、前掲[10]、日本弁護士連合会「法廷通訳についての立法提案に関する意見書」（2013年7月18日）。

[21]　田中・前掲[6]論文171頁は、手続の全事項について被告人の利害関係があるとする。

定は、「裁判等の趣旨を了解させるためにも通訳人を用いなければならない趣旨を含むものと解すべき」であるとして、**判決の宣告**につき、通訳を要すると判示している[22]。その後の裁判例でも、**起訴状朗読**の一部を通訳しなかったことを違法としたものがある[23]。

　一方、最高裁判例の判示に沿いつつも、被告人質問で実質的に要旨の告知が通訳されたのと同等の措置が取られているとして、証拠書類の**要旨の告知**自体の通訳をしなかったことを違法とせず、さらに判決についても刑訴335条の必要的事項ではない部分でありかつ判決内容を正確に伝達するのが困難であると見込まれることを理由に事実認定の補足説明の項の通訳をしなかったことを違法と判断しなかった裁判例があるが[24]、判例の趣旨を不当に矮小化するおそれがある。

2　起訴状謄本の翻訳

　起訴状謄本の送達に関して、起訴状謄本に翻訳文が添付されていなくても、公判手続全体を通じて、被告人が自己に対する訴追事実を明確に告げられ、これに対する防御の機会を与えられているならば、憲31条には違反しないとした裁判例[25]及び、公判手続冒頭において朗読された起訴状が通訳されることにより、自由権規約14条3項(a)の「その理解する言語で速やかにかつ詳細にその罪の性質及び理由を告げられる」という要請は最低限充たされると解した裁判例[26]がある。しかし、起訴状送達は捜査段階ではまだ浮動的であった防御対象を確定的に示し、本格的な防御活動をはじめる端緒となる重要な要式行為であり、実態としても、起訴から第1回公判期日までの間は、被告人側にとって実質的に防御の準備を行う貴重な時期であるから、被告人の防御上、非常に重要な手続にあたる。翻訳文の添付が法的に義務づけられると解するべきである[27]。また、このように解しても、捜査の段階ですでに通訳の手当てがなされているのが通例であろうから、実務上も困難を生じることにはならないであ

---

[22]　最三小判昭30・2・15刑集9巻2号282頁。

[23]　東京高判平15・12・2東高時報54巻1-12号78頁。

[24]　高松高判平10・3・3高刑速（平10）号167頁。

[25]　東京高判平2・11・29高刑集43巻3号202頁。ただし、この判決を契機として、実務においては、裁判所において起訴状の概要を当該被告人に理解できる言語で翻訳した文書を被告人に送付する運用が一般的に行われているそうである。参照、河上和雄他編『大コンメンタール刑事訴訟法（第2版）　第5巻』（青林書院、2013年）361頁〔高橋省吾〕。

[26]　東京高判平3・9・18高刑集44巻3号187頁。

[27]　高田昭正「外国語の翻訳文を添付しない起訴状謄本の送達」法学セミナー435号（1991年）121頁。

ろう※28。

Ⅵ　捜査手続の通訳

1　準用の可否

　一般に、本条は、捜査手続には適用ないし準用されないと理解されている。そのため、捜査においては、裁判手続での通訳人に対して要求されるほどの能力や中立性が確保されていなくてもやむを得ないと解される傾向がある。実際、裁判例には、自由権規約14条3項(a)及び(f)が捜査段階の**被疑者取調べ**には適用されないことを明言するものや※29、捜査段階において求められる通訳の能力は、日常の社会生活において会話を理解し、自己の意思や思考を相手に伝達できる程度で足りるし、法律の専門知識についても、「法廷における通訳人とは異なり」、通常一般の常識程度の知識があれば足りると述べて、捜査において必要とされる通訳能力の程度を緩和することを認めるものが見られる※30。

2　必要な通訳能力の程度・公正性

　確かに、たとえば、捜査において**宣誓**を行うことはあり得ないから、宣誓手続を経ない通訳人の通訳を介して取調べをして供述調書を作成しても違法ではない※31。しかし、被疑者・被告人が権利の内容を理解し、捜査機関の主張や攻撃内容を知り、弁護人と防御方法を練る必要があること、そのためには捜査機関及び弁護人との間で適切なコミュニケーションが保障されなければならないこと、それゆえ捜査手続においても、被疑者が通訳を受ける権利は**防御権**保障の必須不可欠の要素であることは、裁判手続と変わるところがない。したがって、正確・適切なコミュニケーションの確保に直接かかわる通訳人の能力や公正性などは、捜査における通訳にも要求されるべきであり、その意味で、本条の趣旨は、捜査手続にも推し及ぼされると考えることができる。

　そうすると、たとえば、捜査段階において不公正な、あるいは能力不足の通訳人の下で作成された調書は、直接証拠能力が問議される可能性があるということになろう。実際、放火事件について、警察に被告人を突き出した被害者当人らに取調べの通訳をさせたため、これらの者が欺罔的あるいは偽計的な働きかけを行って得た自白及び、法律的素養が極めて乏しい通訳人に黙秘権の告知をさせた結果、被疑者が黙秘権や弁護人選任権などの被疑者に対して保障され

※28　白取祐司『刑事訴訟法（第9版）』（日本評論社、2017年）228頁以下、愛知正博「外国人被告人と起訴状」刑事訴訟法判例百選（第7版）（1998年）90頁以下。

※29　東京高判平4・4・8判時1434号140頁。

※30　東京高判平8・7・16高刑集49巻2号354頁。

※31　東京高判昭28・5・20東高時報3巻5号197頁。

る基本的権利の意味を理解することないままに行った自白は虚偽自白を誘発しやすい著しく不当な方法により獲得した自白であるとして、**自白の任意性**を否定した裁判例もある[32]。この裁判例からも、少なくとも、不適正な通訳が違法な自白の採取や黙秘権の不告知と結びついて違法・無効との評価を受けることは十分ありうるといえるだろう。

3 接見への通訳人の同行

弁護人と被疑者との接見の際に、通訳人が帯同するのを拒否することも許されない。通訳人は弁護人の補助者であり、かつ補助者たる通訳人が同行しなければ弁護人が被疑者と「交通」することは不可能であるから、この場合、通訳人は弁護人と一体のものとみなすべきである。通訳の同行のために**接見禁止処分**（刑訴81条）の解除を求める必要はない[33]。

（渕野貴生）

（通訳２）
第176条 耳の聞えない者又は口のきけない者に陳述をさせる場合には、通訳人に通訳をさせることができる。

Ⅰ 本条の趣旨

耳の聞こえない者や口のきけない者は、日本語に通じない者ではないから、筆記などの手段（刑訴規125条参照）によって訴訟関係者との間のコミュニケーションを実現することができる場合がある。しかし、筆記を通じたコミュニケーションでは、自分の意思を十分に伝えることができない場合や裁判所や訴訟関係者が進める手続や陳述の意味を十分に理解することができない場合もありうる。そこで、これらの場合に、通訳人を選任して通訳をさせることができることを規定したものである。

Ⅱ 耳の聞こえない者、口のきけない者

聴覚障害等の原因は、問わない。また、障害が永続的であるか、一時的であ

---

[32] 浦和地判平2・10・12判時1376号24頁。

[33] 梓澤和幸＝三木恵美子「外国人事件の弁護はどのように行うか」竹澤哲夫＝渡部保夫＝村井敏邦編『刑事弁護の技術（下）』（第一法規出版、1994年）469頁に、接見禁止がされていた事件で、ウルドゥ語の通訳者も弁護人以外の者だとして同行を拒否された事例があることが紹介されている。

るかも問わない。

　聴覚障害や失語症に加えて、文字もほとんど理解できないため、意思交換の手段あるいは手続の内容を伝達する手段がない者が、本条にいう「耳の聞こえない者、口のきけない者」に当たるかどうかについては裁判例においても見解は一致していない。ある事案で大阪地決は、本条は、耳の聞こえない者、口のきけない者が日本語には通じているが、障害のために手続において必要なコミュニケーションを取ることができない場合を想定しており、したがって、言語能力の水準が4歳程度であって、訴訟行為の内容を伝達したり被告人の意思を表明させることが極めて困難な状態にある被告人は、本条ではなく、刑訴175条の「国語に通じない者」に当たる[34]とした。これに対して、別の事案で名古屋高判は、脳内出血による失語症及び知能低下のため訴訟能力に重大な疑問があるが、精神医学と神経心理学の専門家の協力があれば判決内容をある程度理解できる能力のある者について本条に該当すると判断した[35]。

　しかしながら、聴覚障害等が原因で日本語を理解する能力がない場合には、**訴訟能力**を欠いていると評価すべき場合が少なくないのではなかろうか。そうだとすると、このような場合は、本条に当たるか、刑訴175条に当たるかという問題ではなく、むしろ、判例[36]にしたがって手続打切りあるいは少なくとも公判手続を停止（刑訴314条1項）すべきであるように思われる。実際、大阪地決は、訴訟能力の欠如を理由に結論としては刑訴314条1項を準用して公判手続を停止している。また、名古屋高判も、被告人が脳内出血を発症したのは、結審後で、判決宣告のみを残していたという事案である。

Ⅲ　通訳人

　本条の場合に最も一般的に利用されるのは、**手話**通訳であろう。手話については、現在、厚生労働省令に基づく、手話通訳士試験による資格制度が確立している。刑事手続においては、複雑高度かつ専門的な言語コミュニケーションが要求され、そのような情報や意思伝達を確実に保障することが被告人の**防御権**行使の不可欠の前提になることは、外国語の通訳の場合と変わりないから、本条の通訳人の能力もかかる要求を満たすものである必要があり、したがって、少なくとも手話通訳士の資格を有する者のなかから選任すべきであろう。実務上も、そのように運用されているようである。

---

[34] 大阪地決昭63・2・29判時1275号142頁。

[35] 名古屋高判平9・2・10高刑速（平9）号105頁。

[36] 最三小決平7・2・28刑集49巻2号481頁、最一小判平28・12・19刑集70巻8号865頁。

Ⅳ　裁量による通訳

　本条は、刑訴175条とは異なり、通訳をつけるかどうかを裁判所の裁量に委ねる文言になっている。裁判例でも、通訳に代えて筆問・筆答し、あるいは陳述を書面によるなどすることによって被告人に公判手続の内容を了知させ、かつ訴訟手続を行わせることができる場合には、その方法によることを著しく不相当とする事情がない限り、通訳人を付さないこと自体を違法ということはできないとしたものがある[37]。

　確かに、後天的な理由により聴覚等に障害を持つことになった人や一時的に聴覚障害等を患っている人のなかには、手話による通訳が必ずしも意思疎通を助ける手段にはならず、むしろ筆問・筆答など文字を媒介にした方が、十分な意思疎通や意見表明を保障することになる場合もあるだろう。しかし、手話によるコミュニケーションが当該障害者にとって最も有効・適切なコミュニケーション手段であるときには手話通訳人を付すべきであり、とりわけ障害を持った人が**被告人**である場合には、**防御権**保障を全うするために、通訳は必要的になると解するべきである。したがって、被告人について、文字を通じたコミュニケーション能力の方が、手話によるコミュニケーション能力よりも劣ることが疑われる場合にまで、通訳に代えて筆問・筆答方式で手続を進めることは、不相当な方法として、違法と評価すべきであろう。

（渕野貴生）

> **（翻訳）**
> **第177条**　国語でない文字又は符号は、これを翻訳させることができる。

Ⅰ　本条の趣旨

　裁74条は、裁判所では日本語を用いることを規定しており、同条は、当事者が訴訟手続に関して裁判所に提出する書類や証拠書類にも及ぶから、これらの書面は、日本語で作成されるか、外国語等で作成された場合には翻訳文を付して提出する必要がある。しかし、外国語等で作成された書面に翻訳文が付されていなくても、提出された裁判所の側で翻訳すれば日本語になるのであるから、直ちに無効とする必要はない。本条は、外国語等で作成された書面が提出された場合に、裁判所が翻訳人を選任し、日本語に翻訳させたうえで有効な訴訟資料または証拠資料とすることができることを規定したものである。

　なお、国語の外国語等への翻訳については本条の規定するところではない。

---

[37] 大阪高判昭50・11・28判時814号157頁。

しかし、起訴状謄本の送達など、書面による告知が求められている訴訟手続の場合に翻訳文の添付がなくてもやむを得ないと解することは要式行為の意味を失わせるものであって不当であり、翻訳文の添付が義務づけられると解するべきである（詳しくは、刑訴175条の解説Vを参照）。

Ⅱ　翻訳

　翻訳とは、国語以外の文字または符号による表現を日本語に変換することをいう。符号とは、速記記号、電信記号、暗号などの文字以外で一定の意味を表す記号のことをいう。

Ⅲ　裁量による翻訳

　本条も、刑訴176条と同様に、翻訳させるかどうかを裁判所の裁量に委ねる文言になっている。したがって、裁判所は、翻訳文の付いていない外国語等の書面が提出された場合には、提出者に翻訳文の提出を命ずることができるし、また翻訳文の提出に応じない場合には、書面を無効にすることもできると解されている。判例にも、中国語による上告趣意書を不適法としたものがある[38]。
　しかし、被告人の防御権を保障する観点から、裁判所が職権で採用した証拠、あるいは当事者によって提出された書面であっても重要な証拠である場合[39]、さらには**控訴趣意書**や**上告趣意書**などの書面提出までの法定期限が短期間に定められていて翻訳文の添付を求めることが具体的事案において被告人側に過剰な負担を負わせることになる場合にまで、翻訳文が付いていないことをもって直ちに書面を無効とすることは許されず、そのような個別的事情が存する場合には、裁判所には**翻訳義務**が生じると解すべきであろう。判例も被告人が日本語を理解し、さらに弁護人による上告趣意書もあわせて提出されていた事案についての判断であり、かかる事情が存在しない場合にまで不適法とすることを認めたものと解すべきではない。
　また、当事者が添付した翻訳文の正確性に疑義が生じた場合にも改めて裁判所が翻訳を行う義務があるというべきである。

（渕野貴生）

　（準用規定）
　第178条　前章の規定は、通訳及び翻訳についてこれを準用する。

---

[38]　最二小決昭35・3・23刑集14巻4号439頁。
[39]　平野龍一『刑事訴訟法』（有斐閣、1958年）168頁。

通訳及び翻訳は、言語に関する一種の鑑定に類似した性質・機能を有することから、前章の鑑定に関する規定が準用される。

本条によって刑訴171条も準用されるから、同条が準用する第11章の証人尋問に関する規定も、勾引に関する規定を除いて、通訳・翻訳にも準用されることになる。

とはいえ、代替性のない証人とは異なり、通訳人及び翻訳人には代替性がある場合が一般的であり、刑訴166条の宣誓及び刑訴173条の鑑定料・鑑定費用に関する規定を除いては、実際上、準用すべき必要がある場合はほとんど考えられないだろう。ただ、鑑定人については、専門領域における一般的承認基準のように科学的証拠の許容性を厳格に解釈した場合には、代替性がない場合は原則として生じないのに対して、通訳人・翻訳人の場合、利用可能な人がごく少数に限定され、当該通訳人・翻訳人が刑事手続を進めるうえで不可欠であることが、鑑定人の場合よりはありうるように思われる。したがって、たとえば、出頭義務違反に対する制裁（刑訴150条）の準用の可能性について、純然たる理論的な問題にとどまらない場合もありうる。

証人尋問に関する規定が準用される場合の尋問には、通訳・翻訳それ自体だけでなく、通訳・翻訳に関する説明や疑義の解明等に必要な尋問を含む。

（渕野貴生）

第1編第14章　証拠保全

〔前注〕

I　趣旨及び意義

1　総説

　当事者主義化した刑事手続のもとでは、公判前の段階から、それぞれの当事者が自ら証拠を収集し、収集した証拠を吟味して自らの主張を組み立て、あるいは手続のさまざまな場面で活用したうえで、最終的には、公判に必要な証拠を提出して立証あるいは反証の根拠とするという役割が求められる。そして、このような当事者の訴訟活動を可能とするために、捜査機関には、各種の**強制処分**権限をはじめとする証拠収集の手段が与えられている。

　ところが、これに対して被疑者・被告人側には、強制的に証拠を収集する権限は認められておらず、実際に証拠を収集する能力も捜査機関に比して格段に劣る。このような証拠収集能力・権限の格差を放置したままでは、公判において真に対等な攻撃・防御は成り立たず、被疑者・被告人の**防御権**が実質的に保障されないおそれがある。また、対等な攻撃防御が行われないと検察官の主張の疑問点が明らかにされないまま判決が下されるおそれがあるから、**真実発見**という観点からも適切でない。

　そこで、法は、被疑者・被告人にも、裁判官を通じて、公判が開始される前に予め強制的に証拠を収集・保全させる権利を認め、**当事者対等主義**の強化と防御権の充実を図ろうとした。

　本章は、以上の趣旨に基づく被疑者・被告人の証拠保全制度について定めたものであり、戦後の当事者主義化した刑事訴訟法において新たに設けられたものである。

2　捜査機関の証拠収集との関係

　証拠保全制度が、刑事手続の当事者主義化を強化し、被疑者・被告人の防御権保障の充実化を図るという重要な意義を持つことについては共通の理解が存する。しかし、さらに、捜査における捜査機関の**強制処分**権限との関係をいかに捉えるかという点にまで立ち入ってみると、論者の理解は必ずしも一様ではない。

　1つの立場は、捜査機関に捜査手段として捜索・押収などの強制処分権限が与えられていることを重視して、将来公判において使用すべき証拠を収集・保全することは、原則として捜査機関によって担われており、かつとりわけ**検察官**は、**公益の代表者**として真実発見のために、被疑者・被告人に有利か不利か

を問わず関連する証拠を十分に収集しているから、被疑者・被告人が裁判所を通じて証拠を保全する措置は、あくまで捜査機関の証拠収集を補完する例外的・補充的なものである、と理解する[1]。

これに対しては、実質的な**当事者対等主義**の実現のためには、捜査段階から被疑者に対して**防御主体**としての地位が認められなければならず、証拠保全制度は、そのような被疑者・被告人の主体的な**防御権**行使を可能とするために被疑者・被告人側に保障されている数少ない積極的な証拠収集手段であるから、捜査機関の証拠収集を補完する例外的なものではないし、また、保全された証拠の利用の仕方も公判における使用にとどまらず、捜査段階を含めた防御方針の決定や捜査手続における各種の申立てのための活用など、幅広い範囲の利用が予定されているという理解[2]が対立しており、この対立は、証拠保全を認めるべき範囲や証拠を使用することが困難な事情（刑訴179条）の判断方法・判断基準などをめぐって顕在化することとなる。証拠保全制度が当事者主義の充実強化を目的として導入された趣旨に鑑みれば、後者の理解を基本とするのが妥当であると考える。

Ⅱ　運用状況

しかしながら、被疑者・被告人の**防御権**の充実・強化を図るために重要な意義を有するはずの証拠保全制度は、実務上、十分に活用されているというにはほど遠いのが現状である[3]。その理由として、検察官は公益の代表者として、真実発見のために、被疑者・被告人に有利か不利かを問わず関連する証拠を十分に収集していること、被疑者段階ではまだ弁護人が選任されていない場合が少なくないこと、報酬や弁護人の熱意不足ならびに社会の無理解などから被疑者・被告人側の証拠を収集する弁護活動が十分に行われていないこと、弁護人の側で保全すべき証拠を把握することが困難なことなど、さまざまな事情が挙げられている。しかし、**実質的当事者対等主義**の実現のためには、本来、本制

---

[1]　たとえば、参照、藤永幸治「証拠保全制度（刑訴法179条）の問題点」判例タイムズ455号（1982年）51頁以下。捜査機関が収集保管している証拠に対する証拠保全の可否をめぐっても、島根悟「捜査機関が収集、保管している証拠に対する刑事訴訟法179条の証拠保全の可否」研修696号（2006年）26頁以下が、このような理解に基づく立論を行っている。

[2]　たとえば、参照、石松竹雄『刑事裁判の空洞化──改革への道標』（勁草書房、1993年）117頁。捜査機関が収集保管している証拠に対する証拠保全の可否をめぐっても、豊崎七絵「捜査機関が収集・保管している証拠に対する証拠保全」法学セミナー619号（2006年）121頁がこのような理解に基づく立論を行っている。

[3]　司法統計年報によると年間数十件程度である。ただし、2000年以降はデータが掲載されなくなっており、近年の正確な数字は不明である。

度のいっそう積極的な活用が望まれるところであり、また、**当番弁護士**制度が定着化し、起訴前の**被疑者国選弁護**制度が実現した現在では、次第にその環境も整いつつあるといえよう。

（渕野貴生）

> **（証拠保全の請求・手続）**
> **第179条** 被告人、被疑者又は弁護人は、あらかじめ証拠を保全しておかなければその証拠を使用することが困難な事情があるときは、第一回の公判期日前に限り、裁判官に押収、捜索、検証、証人の尋問又は鑑定の処分を請求することができる。
> ② 前項の請求を受けた裁判官は、その処分に関し、裁判所又は裁判長と同一の権限を有する。

I　本条の趣旨

当事者主義構造下における一方当事者でありながら、**強制処分権限**を持たない被疑者・被告人に、第1回公判前に限って裁判官に対して**押収**、**捜索**、**検証**、**証人尋問**または**鑑定**の各強制処分を請求する権利を認め、被疑者・被告人が自らに有利な証拠を収集・保全することを可能にしたものである。

II　請求権者

証拠保全の請求権を有するのは、**被疑者・被告人**または**弁護人**である。被疑者の概念は必ずしも明確でないが、証拠保全制度が捜査の対象となる者の防御権の充実を目的とするものであることに鑑みて、ある程度幅広く解すべきことについて、異論は見られない。したがって、たとえば、A事件での身体拘束中に別件のB事件について取調べが行われるに至った場合には、当該被疑者は、B事件についての証拠保全請求ができると考えるべきである[4]。

弁護人は、数人いる場合には各々が請求権を持ち、また被疑者・被告人の意思にかかわらず独立して請求権を行使できる。

III　要件—証拠を使用することが困難な事情

1　総説

「証拠を使用することが困難な事情」とは、当該証拠の証拠調べが困難であ

---

[4] 長沼範良「証拠保全の運用とその問題点」金沢法学37巻2号（1995年）78頁以下。

る場合だけでなく、**証明力**が変化するおそれがある場合も含むと解するのが通説である。したがって、物証、書証については、滅失、廃棄、散逸、改ざん、隠匿のほか、**性状変更**のおそれのある場合も含み、証人については、死亡や外国旅行のおそれのみならず、**供述変更**のおそれがある場合にも、本条の要件を満たす。

また、**要証事実**との関係でも特に制限はなく、罪体立証にかかわる証拠だけでなく、**訴訟法上の事実**に関する証拠や**量刑**事情に関する証拠も含むと解されている。実際の裁判例でも、**自白の任意性**に関する証拠は本条による証拠保全の対象となるとして、被告人が取調べ警察官に暴行された事実を留置場の壁面にこっそり記載しておいたという事案で、留置場の壁面の**検証**を証拠保全として認めた事例がある[5]。

2 「使用」の範囲及び「困難な事情」の判断基準

しかし、具体的事案において、実際にどのくらい広範囲に証拠保全が認められるかは、証拠保全の理論的性格について、捜査機関の証拠収集を補完する例外的なものと位置づけるか、被疑者・被告人が主体的に**防御権**を行使することを可能とするための積極的な証拠収集手段であると位置づけるかによって、結論に大きな差が生じる。とりわけ、「使用することが困難な事情」をどのくらい具体的に示す必要があるかといった点や、「使用」の意味の解釈にはかなり大きな見解の相違が見られる。

この点について判例は、捜査機関が収集したうえで、検察官に送致せずに警察署に保管している証拠写真に対して証拠保全請求がなされた事案において、捜査機関が収集し保管している証拠については、特段の事情が存しない限り、本条による証拠保全の対象にならないとした[6]。判例が是認した原審は、捜査機関が収集・保管している証拠について保全の必要性が肯認できるのは、「捜査機関が、証拠を故意に毀滅したり、紛失させたりするおそれがあることが疑われる特段の事情が疎明された場合に限られる」と判示していることから、少なくとも、捜査機関が収集保管している証拠については、使用が困難である事情をかなり具体的に疎明することを求めているようにも見える[7]。また、原審は、被疑者側は、公訴提起後、**証拠開示**を受けるなどして当該証拠を使用すればよいのだから、証拠保全の必要性が欠けるとも述べているところから、判例は、証拠利用として「公判における使用」のみを念頭に置いているとも解される。

学説も、判例を支持する見解が少なくない。そして判例を支持する学説の多

---

[5] 千葉地決昭57・8・4判時1064号144頁。
[6] 最二小決平17・11・25刑集59巻9号1831頁。
[7] 京都地決平17・9・9刑集59巻9号1836頁。

くが、証拠開示制度との整合性を理由の1つに掲げているところから、これらの論者も証拠の利用として「公判における使用」を前提にしていることが伺える[8]。

　しかし、これに対して、疎明の程度の点でも、使用の意味の点でも、判例とは異なる見解も有力である。そして、証拠保全制度の本来の趣旨が、被疑者・被告人側の積極的防御活動を充実させ、当事者対等性を強化するところにあるのだとすれば、判例のように、証拠保全の機能を限定的に解するのは疑問である。すなわち、第1に、捜査機関が収集・保管する証拠といえども、捜査機関が被疑者側の弁解を全く聞こうとせず、自らの描くストーリーに固執しているといった事情や、そのあらわれとして否認の意思が明確な被疑者に対して執拗に取調べを続けているといった事情が存在すれば、証拠開示がなされないおそれがあるから、「使用することが困難な事情」として十分であり、それ以上に、当該証拠そのものを隠滅しようとしている事実の疎明を要求すべきではなかろう[9]。とくに、警察が検察官に送致せずに保管している証拠は、**証拠開示**がなされないリスクが高いばかりか、そもそも検察官への事件・証拠の送致義務（刑訴246条）に違反しているわけだから、証拠利用を妨害しようとする意図が推認され、「使用することが困難な事情」が類型的に認められるべきであろう。

　また、証拠の利用を、公判における使用に限定して解さなければならない必然性もない[10]。そもそも捜査機関も、収集した証拠を公判における証拠調べのときにだけ利用するわけではない。さまざまな証拠を組み合わせ、あるいは取捨選択して、公判でどのような事実を主張していくか（要するに、**訴因**をどのように構成するか）は、捜査段階から念入りに検討されるはずだし、各種**令状**を請求する際の疎明資料としても使っているはずである。

　そうだとすれば、被疑者側も防御の主体として、同じように、捜査段階から証拠を検討して防御の戦略を練る必要があり、そのための手段として捜査段階では証拠開示制度を利用できない状況のもとでは、防御のために設けられた制

---

[8]　島根悟「捜査機関が収集、保管している証拠に対する刑事訴訟法179条の証拠保全の可否」研修696号（2006年）21頁以下、大野勝則「捜査機関が収集し保管している証拠を証拠保全手続の対象とすることの可否」ジュリスト1329号（2007年）101頁以下。

[9]　豊崎七絵「捜査機関が収集・保管している証拠に対する証拠保全」法学セミナー619号（2006年）121頁。

[10]　長沼・前掲※4論文87頁以下。

度を最大限利用することは何ら不当なことではないと考える※11。また、捜査機関が、令状請求の疎明資料に利用できるのならば、被疑者側が、たとえば**勾留**に対する**準抗告**などの各種の申立ての際に、当該証拠を援用することもできるのでなければ、著しく公平性を欠くように思われる。

Ⅳ　請求の時期

　本条の文言上の時期的限界は、「第1回の公判期日前」である。起訴の前後で分けなかった趣旨は、仮に「起訴前」とすると起訴後は公判裁判所に請求することになるが、裁判所が実質審理に入る前の段階で**公判裁判所**に対して請求させることは公判裁判所に**予断**を生じさせ、**起訴状一本主義**の要請に反してしまうという問題があるからである。そこで、学説は、以上の趣旨を踏まえて、「第1回の公判期日前」という文言を実質的に解釈して、刑訴291条4項による被告人の事件に対する**認否**が終わるまでと理解するか、検察官の**冒頭陳述**（刑訴296条）が行われるまでと理解するかのいずれかによっている。前者で理解する論者も、被告人認否が終了すれば期日外の証拠調べ請求など、公判裁判所は実体審理に立ち入ることが可能であるという点を前提としているから、見解の相違は見かけほど大きなものではない。

　いずれにしても、正式の証拠調べが可能となった時点以降は、公判期日に証拠調べ請求をすれば足り、証拠保全による必要はなくなるから、本条は適用されない。**控訴審**にも適用されないというのが判例の立場である※12。解釈論としてはそのように解さざるを得ないだろうが、第一審判決後控訴申立て前に新証拠が発見されたような場合には、証拠保全の必要性が存在する場合も想定されることから、立法論としては検討が必要ではないかと指摘する見解も有力である※13。なお、破棄差戻し後の手続においては証拠保全請求を行うことができない点について、刑訴規上、明文の規定が置かれている（刑訴規217条3号）。

※11　丹治初彦「証拠保全請求権について」神戸学院法学41巻2号（2011年）52頁。また、被疑者の占有するもの、第三者所持の物で所持者から任意に提出できるものを裁判所に持参し、裁判官による押収を請求することで、弁護人が被告人や被告人の関係者のもとから押収された証拠物を閲覧謄写できないという不当な事態を避けることができ、また検察官が、被告人に有利な証拠を提出・開示しないという不都合を防止できるのではないか、と指摘するものとして、参照、石松竹雄『刑事裁判の空洞化──改革への道標』（勁草書房、1993年）117頁。

※12　最一小決昭35・5・28刑集14巻7号925頁。

※13　小田中聰樹=大出良知=川崎英明編著『刑事弁護コンメンタールⅠ　刑事訴訟法』（現代人文社、1998年）134頁〔新屋達之〕。

Ⅴ　裁判官の行う処分

　本条で請求を受け、処分を行う裁判官は、言うまでもなく、受訴裁判所＝公判裁判所ではなく、これとは別個の裁判官である。

　裁判官が、請求を受けた処分をするときには、公判裁判所または裁判長が行う場合と同じく、刑訴法第9章から第13章の諸規定が準用され、当事者も同様に対応する権利を持つと解されている。その結果、検察官にも**立会権**（刑訴113条、刑訴142条、刑訴157条など）がある。

Ⅵ　不服申立て

1　証拠保全請求却下に対する不服申立ての可否

　押収の請求を却下する裁判に対しては、刑訴429条1項2号の「押収…に関する裁判」に当たるとして**準抗告**を認めた判例がある[14]。しかし、**押収**以外の証拠保全請求を却下する裁判に対しては、不服申立ての規定がないため、救済手段がないのが現状である[15]。

2　証拠保全を認める決定に対する不服申立ての可否

　証拠保全（押収）を認める決定に対する検察官による不服申立ての可否について、最二小決平17・11・25の原審は肯定している[16]。しかし、この事案は、捜査機関に対して差押えが行われた事例であるから、捜査機関は差押えの対象者であったという特殊事情があり、かつ判例自体は、この点について何らの判断もしていないので、捜査機関がまだ収集していない証拠の差押えについては当然のこととして、捜査機関に対する差押えの場合も含めて、最高裁判例では、結論は出されていない。

（渕野貴生）

（関係書類・証拠物の閲覧・謄写）
　第180条　検察官及び弁護人は、裁判所において、前条第一項の処分に関する書類及び証拠物を閲覧し、且つ謄写することができる。但し、弁護人が証拠物の謄写をするについては、裁判官の許可を受けなければならない。
　②　前項の規定にかかわらず、第百五十七条の六第四項に規定する記録

---

[14] 最二小決昭55・11・18刑集34巻6号421頁。

[15] 証人尋問請求却下の裁判について、不服申立ての途がないとして、準抗告を却下した事例として、東京地決昭36・12・6下刑集3巻11＝12号1300頁。

[16] 京都地決平17・9・9刑集59巻9号1836頁。

媒体は、謄写することができない。

③　被告人又は被疑者は、裁判官の許可を受け、裁判所において、第一項の書類及び証拠物を閲覧することができる。ただし、被告人又は被疑者に弁護人があるときは、この限りでない。

I　本条の趣旨

刑訴179条によって収集された書類及び証拠物に対する当事者の**閲覧・謄写権**を定めた規定である。

II　閲覧・謄写の場所及び対象

1　裁判所

官署としての裁判所の意味である。**証拠保全**によって収集された証拠は、処分を行った裁判官が所属する裁判所に保管され、**受訴裁判所**には送られない。したがって、当事者の閲覧・謄写は、証拠保全処分を行った裁判官が所属する裁判所のなかで行わなければならない。刑訴270条とは異なり、**検察官**も借り出しはできない。これは、証拠保全が被疑者・被告人側の証拠利用のために行われるものである以上、当然のことというべきであろう。

受訴裁判所においてこれらの証拠を取り調べるためには、**取寄決定**をして当該証拠の送付を受けたうえで証拠調べ手続を行う。

2　対象

書類とは、刑訴179条の処分に関して作成された一切の書類を意味し、**証人尋問調書**や**検証調書**などの調書類に限らない。ただし、押収された書類は**証拠物**に当たる。

III　当事者の閲覧・謄写権

1　閲覧・謄写権の偏頗性

弁護人及び検察官は、無条件に書類・証拠物の閲覧権がある。検察官は、謄写も無条件に行うことができる。検察官にも全面的な閲覧・謄写権を認めたのは、検察官の公益の代表者としての地位（検察4条）に由来するとされる。これに対して弁護人が証拠物の謄写をするには裁判所の許可を要する。さらに、**被疑者・被告人**は、弁護人がいない場合に限って、裁判所の許可を受けたうえで、**閲覧**のみが許され、弁護人がいる場合には閲覧も許されない。

しかしながら、本来、証拠保全制度は被疑者・被告人の防御権の実質的保障

を目的としたものであるから、権利の主体である被疑者・被告人側の方が保全証拠の利用について制限をかけられなければならないいわれはないというべきであり、本条のような取扱いは不当であると考える。被疑者・被告人本人の閲覧権を制限し、謄写権を否定する点も、被疑者・被告人の防御主体性を不当に侵害する結果になっているように思う。また、被疑者・被告人側は、検察官手持ち証拠について公訴提起前には閲覧・謄写が認められず、公訴提起後も全面的に**証拠開示**がなされるわけではないにもかかわらず、検察官は被疑者・被告人側が保全した証拠を無条件に利用できるというのは、両当事者の形式的均衡さえ失しているという点でも問題である。少なくとも立法論としては、弁護人及び被疑者・被告人にも保全証拠の無条件の利用を認めて両当事者の（形式的）対等性を確保すべきである。現在の規定の解釈としても、弁護人から謄写請求があった場合には、裁判所は、原則として必ず許可しなければならないと解すべきである。

2 謄写したものの被疑者・被告人の閲覧

謄写したものを裁判所の外で閲覧することができるのは当然であるから、本条が「裁判所において」閲覧・謄写できると規定した趣旨は、書類及び証拠物の原本を裁判所の外に持ち出すことによって、紛失されたり、他方当事者が利用できなくなることを防止しようとするところにあると考えるべきである。弁護人のいない被疑者・被告人の閲覧が裁判所に限られているのも、被疑者・被告人には**謄写**が許されていないために、被疑者・被告人本人の証拠の検討の必要性と裁判所外に書類・証拠物の原本を持ち出させないこととを両立させるためには、裁判所内での**閲覧**によるしか方法がないからである。それゆえ、弁護人が謄写したものを裁判所外で被疑者・被告人に閲覧させることは問題ないと解する。

そもそも、被疑者・被告人とともに証拠を閲覧して、弁護人と被疑者・被告人双方が互いに有する情報を交換しながら証拠の検討を行ってはじめて、当該証拠の証拠調べを請求するか否か、被告人側の主張をどのように組み立て、それぞれの証拠を主張のなかにどのように位置づけるかなどの防御方針を決めることができるのであり、弁護人の謄写を通じた被告人の閲覧は、防御権の行使として当然の前提とされていると考えなければならない。弁護人の適正な管理のもとで閲覧させれば、関係者のプライバシーの不当な侵害も防げるものと思われる。

3 証人保護のための謄写権の制限

証人尋問が**ビデオリンク方式**で行われ、刑訴157条の6第3項にしたがって、記録媒体に記録された場合の**記録媒体**は、調書の一部であるが、**謄写**は認められない。記録媒体を除く証人尋問調書自体の謄写は可能である。記録媒体が添

付される調書は、通常の証人尋問調書と同様に作成され、証言の内容は文字情報として調書に記載されるから、証言内容を謄写して検討することは文字情報としては可能である。

Ⅳ　被告人

　被告人には、証拠保全の請求をした被告人だけでなく、その事件についての**共同被告人**及びその弁護人を含むという理解が多数であるが、共同被告人間で利害が対立することも多いことを理由に、安易に閲覧を認めることに慎重な姿勢を示し、被告人の同意を要件として付加しようとする意見や、逆に、共同被告人を含むという考え方を貫くならば、共犯として捜査されている被疑者などにも閲覧権を及ぼしてもよいとしつつも、捜査段階では共同性に手続上明確な基準がないことが障碍になって、共同被疑者に広げることを断念する見解もある。

　方向性としては、共同被告人を含むという考え方にしたがい、さらに共同被疑者の閲覧にも道を開いてもよいと考える。なぜなら、いくら他の被疑者・被告人に対してある証拠の検討の機会を与えることで証拠保全を行った被疑者・被告人自身が相対的に不利益になりうるとしても、他の被疑者・被告人にも防御権は保障されているのだから、それを妨害するという形での防御権行使まで保全を行った被疑者・被告人に認められているわけではないはずだからである。そして、各々の被疑者・被告人に対する捜査の着手時期の違い等の不可抗力や、防御方法の多様性から、同一の証拠への到達時点が前後することはありうる事態である。そうだとすると、たまたま先に証拠に到達した被疑者・被告人のみが十全な防御権行使を保障され、後から到達した被疑者・被告人には不完全な防御権しか保障されないというのはやはり不合理であるといわざるを得ない。

　また、被疑者については、共同性の基準が不明確であることが指摘されるが、裁判所が許可・不許可の判断をすれば足りるように思われる。

（渕野貴生）

第1編第15章　訴訟費用

〔前注〕

I　総説

1　費用負担の根拠

　本章は、刑事訴訟手続を行ううえで要した費用のうち一定範囲を被告人やその他の訴訟関係者に負担させる場合の要件、負担区分及び負担を課すための手続について定めたものである。

　訴訟にかかった費用を一部であれ、被告人や訴訟関係者に負担させることができる実質的な根拠は、主として行為の不法性と有責性の点に求められよう。第1に、被告人が刑の言渡しを受けた場合には、当該事件の審理にかかった費用は被告人の犯罪の結果として生じたもの、すなわち、被告人が不法に生じさせた費用であるといえるから、被告人に負担させることが正当化されうる。また、第2に、不法に生じさせた費用でなくても、被告人あるいはその他の訴訟関係者の個人の責に帰すべき事由によって刑事訴訟手続が発動され、あるいは個人の責めに帰すべき事由がなければ行う必要のなかった手続が追加された場合には、そのような費用発生の原因を作り出した者に費用を負担させることがあってもよい、といえるだろう。

　しかし、これらの根拠はあくまで訴訟に関する費用を被告人等に負担させうる前提条件にすぎず、直ちに、最終的な費用負担を正当化しうるわけではない。すなわちまず、被告人や訴訟関係者の重要な権利を侵害することになるような費用の負担のさせ方は許されない。そのうえで、被告人等の権利と抵触しない範囲で、国は、実際に、費用を負担させるか、負担させるとしてどの範囲で負担させるかを国民感情や訴訟構造、国家の経済力などを勘案しながら立法政策として決定していくことになる。

2　費用負担の範囲

　刑事訴訟手続において要した費用のうち、どの範囲の費用が本章で被告人等に負担させる**訴訟費用**に当たるのかについては、刑事訴訟法ではなく、刑訴費2条等に定められている。その内容は次の3つである。

　第1に、**公判期日**若しくは**公判準備**につき出頭させ、または公判期日若しくは公判準備において取り調べた**証人**等に支給すべき旅費、日当及び宿泊料。

　第2に、**公判期日**又は**公判準備**において鑑定、通訳又は翻訳をさせた**鑑定人**、**通訳人**又は**翻訳人**に支給すべき鑑定料、通訳料又は鑑定料及び支払い、又は償還すべき費用。

第3に、刑訴38条2項または法律支援39条2項の規定により**弁護人**に支給すべき旅費、日当、宿泊料及び報酬。

したがって、これらの3類型にあてはまらないもの、たとえば、捜査において取り調べた参考人（刑訴223条）や嘱託鑑定人（刑訴223条、刑訴225条）及び捜査機関が捜査の過程で依頼した通訳（刑訴223条）の旅費、日当などの捜査費用、裁判所又は裁判官が付審判（刑訴266条）、再審請求（刑訴447条、刑訴448条）、被疑者の勾留（刑訴207条）等について決定するにあたり事実の取調べ（刑訴265条、刑訴445条）として行う証人尋問、第1回公判期日前の証拠保全として行う証人尋問や鑑定（刑訴179条）にかかる費用などは、いずれも本章の訴訟費用には含まれない。

公判期日または公判準備とは、刑訴321条、刑訴322条の場合と同意義である。その場合、公判準備とは、受訴裁判所、裁判長、受命裁判官、受託裁判官が公判期日における審理の準備のために、公判期日外で行う手続のことを指す。したがって、第1回公判期日後に公判期日外で行う証人尋問（刑訴281条）のほか、**公判前整理手続**および**期日間整理手続**で行う証人等の尋問などに要する訴訟費用が費用負担の範囲に含まれることになる。これに対して、第1回公判期日前の裁判官による証人尋問手続等（刑訴179条、刑訴226条、刑訴227条）は、受訴裁判所が行う手続ではないから、公判準備には入らず、訴訟費用負担の範囲にも含まれない。

II　被告人の権利との関係

1　証人喚問権との関係

刑事訴訟費用法が定める訴訟費用の範囲が、被告人等に負担を負わせてもよい範囲にとどまっているかどうかについては、検討を要する点が少なくない。

第1に、憲37条2項は、「公費で」自己のために強制的手続により**証人**を求める権利を被告人に保障しているから、証人に支給する旅費、日当等を被告人に負担させることが憲37条2項に反しないのかが問題になる。

判例は、憲37条2項について「被告人の無資産などの事情のために、充分に証人の喚問を請求するの自由が妨げられてはならないという趣旨であって、もっぱら刑事被告人をして、訴訟上の防禦を遺憾なく行使せしめんとする法意にもとずくものである」としつつ、その趣旨は、被告人が「訴訟の当事者たる地位にある限度において」及ぶものであって、被告人が「有罪の言渡を受けた場合にも、なおかつその被告人に訴訟費用の負担を命じてはならないという趣意の規定ではない」と解して、証人の費用を被告人に負担させても、憲37条2

項に反するものではないと結論付けている[1]。

　しかし、これに対して学説では、判例の考え方によれば、結局のところ、**証人尋問**に要する費用を訴訟終結に至るまで国が立て替えるに過ぎないことになり、憲法が「公費で」というのと明らかに矛盾するという批判が強い。憲法の文言だけからも、批判が正当であることは明白であろう。実際上も、被告人があとから取り立てられるとわかっていながら自由に証人喚問請求できると想定するのはおよそフィクションでしかないといわざるを得ず、防御権の実質的行使を著しく困難にする結果を招来しかねない。

　もっとも、学説の多くは、刑訴181条1項但書及び刑訴500条において**貧困**の場合には費用負担を免除しうることになっているから、実質的には問題は解決されているとする。しかしながら、憲法は、公費による**証人喚問請求権**の保障を「貧困な」被告人に限って認めているのではないから、免除の規定が存在するからといって憲法との矛盾が解消されるわけではないように思う。

2　国選弁護人依頼権との関係

　さらに、**国選弁護人**に関する費用を被告人に負担させることが、憲37条3項の**国選弁護人依頼権**に反しないかが問題となる。

　この点についても判例は、弁護人の費用を誰に負担させるかという問題は、憲37条3項の関知するところではないとして、**貧困**の場合には**執行免除**を申立てることができるから（刑訴500条）、弁護人の費用を被告人に負担させる刑事訴訟費用法は憲法に違反するものではないとの立場を確立している[2]。また、裁判例では、**任意的弁護事件**について裁判所が職権で**国選弁護人**を付した場合でも、弁護人に関する費用を被告人に負担させることができるとしたものがある[3]。さらに、貧困を理由とした請求に基づいて国選弁護人を選任した場合であっても、弁護人に支給した訴訟費用を被告人に負担させることは違法ではないとした事例もある[4]。そして、学説においても、「被告人が自ら弁護人を依頼することができないとき」とは、貧困を理由とする場合に限られず、貧困以外の理由で国選弁護人を依頼する場合には、障害となっている事由を取り除くことができれば、本来、私選弁護人を選任できるはずであるから、このような場合にまで国が弁護人の費用を負担すべき理由はないとして、貧困である場合の負担免除に関する規定（刑訴181条1項但書、刑訴500条）があることとあわせて、制度の合憲性を肯定できるとする見解が強い。

---

[1]　最大判昭23・12・27刑集2巻14号1934頁。最三小判昭35・1・19刑集14巻1号18頁も最大判昭23・12・27を引用して、同趣旨の結論を踏襲している。

[2]　最大判昭25・6・7刑集4巻6号966頁、最三小判昭63・9・27判時1290号152頁。

[3]　東京高決昭37・12・28下刑集4巻11=12号1030頁。

[4]　東京高判昭30・9・19高刑集8巻7号921頁。

しかし、これに対しては、貧困を理由に国選弁護人を附したときに訴訟費用を負担させるのは自己矛盾ではないかという批判も強い[5]。また、刑訴181条1項但書の**負担免除**を受けられないと考えた被告人が、将来の過大な費用負担を恐れて、**国選弁護人**の請求を躊躇する事態を招きかねないという問題点が残ることを指摘して、弁護人の費用を被告人に負担させる制度の合憲性になお疑問を投げ掛ける見解もある[6]。

弁護人の費用は、そのなかに弁護人に対する報酬も含まれることから、金額が相当に高額なものになりうる。それゆえ、費用負担の可能性があることが被告人に与える萎縮効果は、証人喚問請求の場合にも増して強く、またその萎縮効果は、単に国選弁護人を請求するかどうかだけでなく、付された国選弁護人にどのくらい積極的な防御活動を依頼するかという点についても働きうる。とすれば、単に負担免除の可能性があるというだけでは合憲性を担保する制度として不十分で、萎縮効果を発生させないような実効的な免除制度があってはじめて、違憲の疑いを払拭することができるというべきである。一般に刑訴181条1項但書の貧困要件の立証責任は被告人側にあると解されていることに鑑みれば、現在の制度では、憲37条3項の要求を満たさないおそれがあると考える。

3　通訳を受ける権利との関係

同様の抵触問題は、被告人に「無料で通訳の援助を受けること」を保障する人権B規約14条3項（f）との間でも生じる。この点でも、裁判例には、人権B規約14条3項（f）は、「刑事上の罪の決定に当たり、通訳人を付す場合には、『無料で』、すなわち、公費で、付すことを規定したもので、『決定』確定後の段階において、その通訳料を被告人に負担させない趣旨までを含むものではない」として、訴訟が終結した後に**通訳**費用を負担させても、人権B規約に反しないと結論付けたものがある[7]。

しかし、後から支払うことを予定している場合に、「無料で」とはいわない。決定も、「無料」と後払いとを結びつけることはさすがに難しいと考えたのか、判例が後払いを認めている「公費で」という言葉に言い換えているが、単なる言葉の言い換えでは解決しないことは、**証人**の場合の検討において明らかにしたとおりである。文理の解釈を離れて考えても、国語に通じない被告人にとって、通訳を得ることは防御権を行使するための不可欠の前提であるから、費用負担のおそれが被告人に通訳人を十分に活用することを躊躇させるとすれば、被告人の防御権を侵害することになる。裁判における通訳人は職権で付するから被告人に通訳人を得るかどうかの選択の余地はないとしても、付された通訳

---

[5]　平野龍一『刑事訴訟法』（有斐閣、1958年）354頁。

[6]　白取祐司「判批（最判昭和63年9月27日判例時報1290号152頁）」判評370号67頁。

[7]　浦和地決平6・9・1判タ867号298頁。

400　第181条（被告人の費用負担）

人の仕事量に比例して費用は加算されていくから、職権で付される弁護人の費用負担の場合と同じく、防御活動を消極化する危険は消えないのである。

（渕野貴生）

（被告人の費用負担）
第181条　刑の言渡をしたときは、被告人に訴訟費用の全部又は一部を負担させなければならない。但し、被告人が貧困のため訴訟費用を納付することのできないことが明らかであるときは、この限りでない。
②　被告人の責に帰すべき事由によつて生じた費用は、刑の言渡をしない場合にも、被告人にこれを負担させることができる。
③　検察官のみが上訴を申し立てた場合において、上訴が棄却されたとき、又は上訴の取下げがあつたときは、上訴に関する訴訟費用は、これを被告人に負担させることができない。ただし、被告人の責めに帰すべき事由によつて生じた費用については、この限りでない。
④　公訴が提起されなかつた場合において、被疑者の責めに帰すべき事由により生じた費用があるときは、被疑者にこれを負担させることができる。

Ⅰ　本条の趣旨

本条は、被告人に対する**訴訟費用**の負担関係を定めた規定である。刑の言渡しを受けた場合には、訴訟費用の負担は貧困要件を満たさない限り、義務的である。

Ⅱ　刑の言渡しをした場合

1　刑の言渡しをした事件の範囲

刑の言渡しをした事件の範囲を画する基準として、一般に、裁判例は、公訴事実の同一性概念を用いて判断しているといえよう。具体的には次のような判断例が蓄積されている。

第1に、**予備的訴因**に基づいて有罪判決をした場合に、予備的訴因追加前の証拠調べに関して生じた訴訟費用であっても被告人に負担させることができる[8]。同様に、**訴因変更**前の事実に関する証人の費用でも、被告人に負担させることができる[9]。また、**包括一罪**の一部について犯罪の証明がないとし、

---

[8]　高松高判昭29・4・6高刑集7巻8号1169頁。
[9]　高松高判昭25・12・20高刑特15号209頁。

その余の部分についてのみ判決を言渡した場合に、証明なしとされた部分に要した訴訟費用も被告人に負担させることができる[10]。しかし、**併合罪**として起訴された事実の一部が無罪とされた場合に、無罪とされた部分のみに関して生じた訴訟費用を被告人に負担させることは許されない[11]。ただし、無罪部分の事実の証人として喚問された場合でも、その証言が有罪の言渡しを受けた事実の証拠になっていれば、当該証人の費用を被告人に負担させることができる[12]。

　一方、共同被告人の併合審理において、一人の被告人のみに関係する証人の証言は、他の被告人との関係では証拠にならないから、当該証人の費用を他の被告人に負担させることは許されない[13]。

　学説においては、訴訟は流動的なものなので、ある程度の見込み違いが生じるのはやむを得ないから、刑の言渡しをした事件とは判決で有罪の認定をした事実に限定されず、これと基本的事実関係において同一である事実をも包含するとして、判例の考え方に従うものと、刑の言渡しの基礎となった訴因の審理及び量刑の基礎事実の審理の範囲に限られるとする説とが対立している。ただし、後者の立場に立つ論者でも、**択一的**または**予備的訴因**の場合は、一方を肯定するために他方を否定しなければならないという論理関係において訴訟上一体となるから、否定された訴因に関して要した費用についても被告人に負担せうると解するものもある。

　しかし、**科刑上一罪**や**包括一罪**のうち犯罪の証明がない部分は、費用負担を根拠づける不法が被告人にないのであるから、この部分を含めて被告人に費用負担をさせることができるとするのは不当である。同じことは、**訴因変更**についてもいえる。すなわち、立証されなかった訴因については、被告人に費用負担させる根拠がない。さらに訴因変更については、起訴の際の検察官の事件に対する見通しの甘さを救済して、同一訴訟内で有罪を確保することを認めるという検察官救済の意味合いが強いから、変更前の訴因に関する費用を訴訟費用から除外しないと、いわば検察官のミスで生じた費用を被告人に負担させることになるという観点からも判例の態度は不合理である。

2　上訴等のあった場合の事件の範囲

　上訴審において破棄自判のうえ刑が言渡された場合は、原審において刑の言

---

[10]　東京高判昭30・4・4東高時報6巻3号83頁。

[11]　最二小判昭30・1・14刑集9巻1号52頁、東京高判昭53・5・8東高時報29巻5号75頁。

[12]　福岡高判昭24・11・29高刑特6号43頁。

[13]　東京高判昭38・1・17東高時報14巻1号5頁、最三小判昭46・4・27刑集25巻3号534頁。

渡しが行われていなくても、上訴審部分の訴訟費用だけでなく、原審部分の訴訟費用も被告人に負担させるべきと考えられている[14]。同様に、破棄差戻しまたは移送後の下級審が刑を言渡した場合には、当初の第一審からの訴訟費用を被告人に負担させる[15]。そして、訴訟費用の裁判は、刑の言渡しではないから、原審において生じた費用で原審では負担させなかった費用を上訴審で新たに負担させることにしても、上訴審において生じた費用を追加して負担させても**不利益変更禁止原則**（刑訴402条）には抵触しないとされる[16]。しかし、刑罰でないといっても、実質的にみて、追加的負担が過大になる場合には、少なくとも不利益変更禁止原則の趣旨に反することは否定できないと思われる。判例のように解するためには、本条1項但書の費用負担の免除や本条1項本文に従った一部負担を積極的に活用して実質的な負担が過重にならないようにすることが必須条件というべきである。

3 審理のうえでの必要性

　刑の言渡しを行うに至った訴因事実の審理において実際に生じた費用であっても、審理のうえで必要がなかったものについては被告人に負担させることはできない。これらの費用は、被告人の不法に基づいたものではないからである。

　裁判例では、検察官の過失不注意により略式命令を受けられるはずの事件につき正式裁判手続に付された結果発生した費用は被告人に負担させないとしたもの[17]、法令に基づかないで誤って国選弁護人を付してしまったために生じた弁護人に関する費用を被告人に負担させるのは違法であるとしたもの[18]、司法巡査が作成した現認報告書の記載に誤りがなかったならば、同人を遠隔地の受訴裁判所まで召喚する必要はなかったとして、旅費、日当、宿泊料のうち、日当のみを被告人の負担としたもの[19]などがある。

4 全部負担または一部負担

　訴訟費用の全部を負担させるか一部を負担させるかは、裁判所の自由裁量に委ねられるが、一応全て被告人が不法に生じさせたものといえるから、全部負担が原則であるという考え方が強い。

　しかし、不法性は、被告人等に負担させうる前提条件にすぎず、直ちに、最

---

[14]　最三小判昭63・9・27判時1290号152頁。

[15]　東京高判昭27・7・1高刑集5巻7号1108頁。

[16]　最一小判昭26・12・20刑集5巻13号2556頁、最一小判昭26・3・8刑集5巻4号495頁。

[17]　近江八幡簡判昭46・6・28判タ266号237頁。

[18]　東京高判昭27・2・7高刑集5巻3号328頁。

[19]　紋別簡判昭38・9・5下刑集5巻9＝10号855頁。

終的な費用負担を正当化しうるわけではないと考えるならば、全部負担原則が自動的に導かれることにはならない。最終的に負担させる範囲を決めるに当たっては、立法の場面だけでなく、個別のケースにおける裁判所の判断の場面でも、行為者に及ぼす不利益の程度（とりわけ行為者の経済状況）、国民感情、その他の法制度との関係などを十分に勘案して行うべきである。この点に関して、特に留意すべきは、過度な費用負担を負わせることが、行為者の**社会復帰**の利益・機会を著しく阻害するという点である。そもそも、実際に刑罰が科される段階に至れば、刑罰の目的の重点は、行為者の社会復帰にシフトすると考えるべきであり、そうだとすると刑罰目的（の重要な1つ）を阻害するような費用負担を行為者に負わせるのは、刑事司法としての一貫性を欠くといわなければならない。

　また、国民感情の点でも、現在の法制度では、被害者への損害回復の責任は主として行為者が担うことになっているから、被害者への賠償よりも国への支払いを優先させることになるような費用負担のさせ方が、国民感情に合致するかも疑問である。そうだとすると、全部負担を原則とするという考え方の妥当性には、なお検討の余地があるように思われる。

5　貧困による訴訟費用負担の免除

　訴訟費用の負担能力がない場合には、訴訟費用を負担させないことができるが、負担能力がないことの**立証責任**は被告人側にあるとされている。裁判例には、申立人の資力では訴訟費用の負担ができない旨の居村村長の証明書があっても、2名の私選弁護人を選任している点から見て、訴訟費用の負担免除は相当でないと判断したもの[20]がある。なお、被告人は貧困のため訴訟費用を納付することができないときには、刑訴500条により執行免除の申立てをすることができるから、本条1項但書を適用しなかったからといって不当とはいえないとしたものがあるが[21]、このように但書の適用を限定するのは不当である。

Ⅲ　刑の言渡しをしない場合

　刑の言渡しをしない場合には不法性がないわけであるから、原則として、被告人が費用を負わされることはない。ただし、刑の言渡しがなくても、被告人の責任で無用な費用が生じた場合には負担すべき場合が生じる。例としては、被告人が正当な理由なく公判廷に出頭しなかったために証人の再喚問が必要になった場合の再喚問のための費用、身代わり犯人を被告人としてなされた訴訟手続に要した費用などがありえよう。

---

[20]　東京高決昭32・7・24東高時報8巻8号240頁。
[21]　東京高判昭58・6・6判時1107号143頁。

なお、刑の言渡しをしない場合とは、**終局裁判**において刑の言渡しをしない場合をいうから、高等裁判所から管轄地方裁判所への移送決定（刑訴19条）などの中間的裁判は、刑の言渡しをしない場合には当たらない。ただし、刑事裁判所から家庭裁判所への移送決定（少年55条）は、中間的裁判ではあるが、刑事訴訟手続を終了させるものであるから、刑の言渡しをしない場合に当たる。

Ⅳ　不起訴の場合の訴訟費用の負担

　被疑者に対する**国選弁護制度**の導入に伴って、被疑者に対しても国選弁護費用が発生することになったのに対応して、事件が起訴されなくても、被疑者の責任で国選弁護人に関する費用が発生し、その費用を被疑者に負担させるのがふさわしい場合がありうるので、本条4項が新設された。

　起訴されて本案が裁判所に係属した場合は、被疑者段階の国選弁護費用も含めて、本条1項、2項が適用されるので、本条4項の適用はない。なお、家庭裁判所に送致された少年被疑者の場合は、家庭裁判所が少年に訴訟費用を負担させるかどうかを決めるので（少年45条の3第1項）、本条4項は適用されない。

　不起訴処分には**起訴猶予処分**の場合があるが、本条4項の文言が本条2項や3項の文言と同一であって、本条2項及び3項にいう「責めに帰すべき事由」には被告人の不法性は含まれないこと、そもそも起訴猶予処分における不法性は裁判所による確定的な判断ではないから不法があることを前提とした不利益取扱いをするとすれば**無罪推定法理**の趣旨に反すること、不起訴処分を起訴猶予処分として行うかどうかは多分に検察官の裁量にかかる部分が大きいことなどを考えると、本条4項の場合も被疑者の不法性を理由にした費用負担は認められないと解するべきである。このような前提に立って、本条2項、3項の場合に準じて本条4項の下で被疑者の費用負担がありうる例を想定するならば、被疑者が身代わり犯人であるような場合に限られるように思われる。

（渕野貴生）

（共犯の費用）
第182条　共犯の訴訟費用は、共犯人に、連帯して、これを負担させることができる。

Ⅰ　本条の趣旨

　共犯関係にある者は、**共同被告人**として、同一手続により同一の事実を共犯者間で合一的に認定するのが通常であり、証拠も共同被告人間で共通することが多い。そのため、証拠調べに要した費用も共犯者全員から一律に納付させる

のが合一的認定の趣旨に沿う。そこで、共犯者が**併合審理**されている場合には、**訴訟費用**を連帯して負担させることができるようにしたのが、本条の趣旨である。

Ⅱ　共犯の意義

共犯には、**共同正犯、教唆犯、従犯**といった刑法総則に規定する共犯のほか、同時傷害犯（刑207条）ならびに、教唆犯や従犯を独立の犯罪として規定した内乱幇助者（刑79条）、逃走幇助者（刑100条）、傷害助勢者（刑206条）、さらに**必要的共犯**も含まれる。

しかし、刑訴9条2項により共に犯したものとみなされる場合は、これらの罪の間には、通常、実体的手続的な関連があるとはいえないから、本条の共犯には含まれないと解されている。裁判例では、犯罪遂行前後の過程において実質的に密接に関連がある者も本条にいう共犯に含まれるとして、公文書を偽造した者とこの公文書を譲り受けて行使した者に対して、偽造公文書作成の顛末を証言した証人の費用を連帯負担させた例があるが[22]、学説からは強く批判されている。

Ⅲ　共犯の訴訟費用

共犯の訴訟費用とは、共犯者が**共同被告人**として同一の手続で併合審理された場合に共犯者に共通して生じた訴訟費用のことをいう。したがって、弁論併合前あるいは弁論分離後に生じた費用は共犯の費用とはいえない。

また、併合審理を受けていても、他の共犯者に関係のない事項について証言した証人の費用は、関係する被告人のみに負わされ、本条にいう共犯者が連帯して負担すべき範囲には入らない[23]。共同被告人の1人について選任された国選弁護人の費用は、国選弁護人を付された被告人のみに生じた費用であるから、共犯の費用には当たらない[24]。

なお、本条にいう共犯の訴訟費用は、通常、刑訴181条1項により負担させられる訴訟費用のことを指す。刑訴181条2項による訴訟費用の負担は、有責性のある行為を行ったことを理由として課されるものであり、有責行為のない共犯者に負担させる根拠はないからである。

---

[22]　福岡高判昭25・12・21高刑集3巻4号662頁。

[23]　最三小判昭46・4・27刑集25巻3号534頁、名古屋高金沢支判昭47・11・21刑月4巻11号1796頁、東京高判昭38・1・17東高時報14巻1号5頁。

[24]　名古屋高判昭27・10・13高刑集5巻11号1952頁、広島地決昭35・5・2下刑集2巻5＝6号949頁。

406　第183条（告訴人等の費用負担）

　連帯負担を命じられた場合、共犯者間の**求償**関係は、**連帯債務**に関する民法の規定が準用されると解されている（民442条以下）。その場合の内部的負担割合は、民427条の趣旨に従い、原則として、平等であると解されている。

Ⅳ　上訴した場合

　被告人全員が上訴し、共同審理を受け、ともに上訴棄却になった場合には、上訴審における訴訟費用も連帯して負担させることができる。全員について破棄自判され、新たに刑の言渡しを受けた場合も同様に、連帯して負担させることができる。これに対して、被告人のうちの1人が破棄自判されて刑の言渡しを受け、他の被告人は上訴棄却となった場合に連帯負担にすることができるのは、下級審の訴訟費用の部分に限られる。

　共同被告人AとBのうち、Aのみが上訴し、Bは上訴せずにBの連帯負担が確定した場合、その後のAの訴訟の推移に応じて、下級審の費用負担の処理の仕方は分かれる。まず、Aについて上訴審が破棄自判し、原審訴訟費用の負担を命じなかったときは、下級審の費用はBの単独負担になる。次に、Aが上訴審で破棄自判され刑の言渡しを受けた場合には、上訴審の裁判の出し方として、下級審の費用についてAの単独負担とするか、AとBの連帯負担とするか、意見が分かれている。しかし、いずれにしても原審についてBが訴訟費用を負担すべきことは、Bに対する連帯負担の確定によって揺るがず、単独負担にしても国がAとBから二重に徴収することはできないから、結論において大きな違いはない。

（渕野貴生）

> **（告訴人等の費用負担）**
> **第183条**　告訴、告発又は請求により公訴の提起があつた事件について被告人が無罪又は免訴の裁判を受けた場合において、告訴人、告発人又は請求人に故意又は重大な過失があつたときは、その者に訴訟費用を負担させることができる。
> ②　告訴、告発又は請求があつた事件について公訴が提起されなかつた場合において、告訴人、告発人又は請求人に故意又は重大な過失があつたときも、前項と同様とする。

Ⅰ　本条の趣旨

　被告人が**無罪**または**免訴**の判決を受けるであろうと認識しながらあえて、あるいはきわめて容易に認識できたはずであるのに重大な不注意で**告訴、告発、**

請求をなした結果、現実に無罪または免訴の判決がなされた場合には、被告人の裁判の過程で生じた訴訟費用は、告訴、告発、請求をした者の不法または有責が原因で生じたものであるから、濫告訴等を防止する見地からも、当該告訴人等に負担させるのが妥当である。本条は、告訴人等が不法または有責に刑事訴訟を利用した場合の費用負担を可能とするための規定である。

Ⅱ　無罪または免訴の場合の費用負担の要件

1　公訴提起との間の因果関係
　公訴提起と**告訴、告発、請求**との間には**因果関係**が必要である。ただ、公訴提起は、捜査の過程で集積された諸種の情報を総合して行われるものであるから、安易に因果関係を肯定するのは妥当ではないだろう。告訴等が費用を発生させる主たる原因となっていること、すなわち、告訴等の存在または内容が検察官の起訴の判断に重大な影響を与えたことを要すると解すべきである。その意味での因果関係があれば、告訴等が訴訟条件になっている必要はないし、無効なものであって誤って受理されたものであっても本条の対象になる。
　また、一般に、告訴等が起訴前に取り消されている場合（刑訴237条）には、因果関係の存在は否定されるので、事実上、起訴に大きな影響力を持っている場合でも告訴人等に費用を負担させることはできないと解されているが、当該告訴等が費用発生の主原因である場合には、起訴時に告訴等が取り消されていても、「告訴等により」の要件を満たす場合はありうる。もともと本条で告訴人等に費用を負担させる根拠は、訴訟費用が告訴、告発、請求をした者の不法または有責が原因で生じたというところにあるのだから、費用発生の根拠となる公訴提起との因果関係は実質的に捉えられるべきである。また、費用負担の可能性すら認めないとすると、新設された本条2項において、告訴等の取消しによって不起訴処分が導かれた結果、費用負担の可能性が生じるという考え方と整合性が取れなくなる。もちろん、多くの場合は、告訴等が取り消されたにもかかわらず起訴したという事情自体が、検察官の起訴判断の独自性を高め、告訴等と公訴提起との間の因果関係の程度を弱めるであろうから、起訴時に告訴等を取消していた場合になお訴訟費用の負担を負うべき場合は、実際には稀であるといえるだろう。
　なお、**告訴不可分の原則**（刑訴238条）により、一個の犯罪事実の一部についてなされた告訴等は犯罪事実の全部について効力を生じ、一部の共犯者についてなされた告訴等の効力は共犯者全員に及ぶから、告訴等と異なった者が起訴された場合も、因果関係があれば、本条の適用がある。

2　無罪または免訴の判決
　無罪または免訴の判決は、**上訴審**や**再審**で言い渡される場合を含む。上訴審

で無罪等が言い渡された場合には、一審以来の全訴訟費用を負担させることができ、再審で無罪等が言い渡された場合には、確定審における訴訟費用を含む全訴訟費用を負担させることができる。

3 故意または重大な過失

故意とは、被告人が無罪はまたは免訴の判決を受けるであろうと認識しながらあえて告訴等を行ったことをいう。**未必の故意**である場合を含む。なお、故意の場合は、通常は、**虚偽告訴罪**（刑172条）に当たるだろう。一方、重大な過失とは、被告人が無罪または免訴の判決を受けるであろうことをきわめて容易に認識できたはずであるのに重大な不注意で告訴、告発、請求をなした場合である。いずれの場合も、その多くは、捜査官あるいは検察官の過失が競合するであろうが、捜査官・検察官に過失があったからといって、故意または重大な過失のある告訴人等が免責されるわけではない[25]。

Ⅲ 不起訴の場合の費用負担の要件

1 趣旨

被疑者に対する**国選弁護制度**の導入に伴って、被疑者の段階から国選弁護費用が発生することになったのに対応して、事件が起訴されなくても、告訴人、告発人、請求人の責任で国選弁護人に関する費用が発生し、告訴人等に負担させるのがふさわしい場合がありうることになったので、本条2項が新設された。

起訴されて本案が裁判所に係属した場合は、被疑者段階の国選弁護費用も含めて、本条1項が適用されるので、本条2項の適用はない。

2 要件

告訴、告発、請求があったこと、告訴等をした事件が**不起訴処分**になったことが本条2項が適用されるための要件である。いったん告訴等をしたが後に取り消された場合（刑訴237条）も、告訴等が「あった」ことに変わりはなく、2項の適用を免れることにはならないと解する。実質的に考えても、告訴等の取下げが不起訴処分の決定的要因になることも少なくないから、本条2項の適用を不起訴処分時に告訴等が存続している場合に限定してしまうと、故意または重大な過失により、刑事手続の費用を生み出す原因を作った者に費用を負担させるという本条の趣旨を汲み取りきれない憾みがある。

他方で、告訴等は、もともと犯罪事実が存在すると考えることに合理性があれば行うことができるのであり、その後の捜査の進展や検察官の処分を考慮し

---

[25] 反対の立場に立つものとして、黒澤睦「告訴権の濫用的行使と訴訟費用の負担」法律論叢（明治大学）85巻6号（2013年）246頁。

て、起訴されそうだという場合にしか行えないものではない。その意味で、**起訴猶予処分**の場合は、告訴等をしたことに本来的に不法性や有責性はないと考えるべきであるように思われ、したがって、本条2項にいう不起訴処分に起訴猶予処分は含まれないと解するべきである※26。

なお、仮にそのような解釈が困難だとしても、本条1項と照らし合わせて考えれば、故意とは、被疑者が不起訴処分を受けるであろうと認識しながらあえて告訴等を行ったことをいい、重大な過失とは、被疑者が不起訴処分を受けるであろうことをきわめて容易に認識できたはずであるのに重大な不注意で告訴、告発、請求をなした場合のことを指すことになろうが、起訴猶予処分の場合、検察官の広範な訴追裁量権に基づいて処分がなされるから、被疑者が起訴猶予処分を受けるであろうと予め認識すること自体が、ほとんど不可能であろう。それゆえ、結論において故意あるいは重大な過失が認められることはほとんどなかろう。

（渕野貴生）

（上訴等の取下げと費用負担）
第184条 　検察官以外の者が上訴又は再審若しくは正式裁判の請求を取り下げた場合には、その者に上訴、再審又は正式裁判に関する費用を負担させることができる。

Ⅰ　本条の趣旨

検察官以外の者が**上訴**、**再審**または**正式裁判の請求**をいったん行った後に、訴訟の状況等を判断して、上訴等を取下げて原判決が確定した場合には、上訴審において刑の言渡しを受けた場合と状況が類似し、上訴審にかかる費用は、取下げた者が不法または有責に生じさせたものと評価できる場合がある。そこで、そのような場合に、**訴訟費用**の負担をさせることができるように規定したのが本条である。

Ⅱ　要件

本条において費用を負担させられうる者は、現実に上訴等を取下げた者であ

※26　この場合には、たとえ検察官が不起訴処分のうち起訴猶予処分に該当する事件の範囲を広めに解したとしても、告訴人等にとって不利益にはならないから、告訴人との関係では、問題とする必要がない。もちろん、そのような場合に、被告人との関係で、費用負担の点に限らず問題となりうることは別論である。

る。具体的には、上訴については、被告人（刑訴359条）、その法定代理人、保佐人（刑訴360条）であり、再審については、有罪の言渡しを受けた者（刑訴439条1項2号）、その法定代理人及び保佐人（刑訴439条1項3号）、刑訴439条1項4号に定める場合の配偶者、直系の親族または兄弟姉妹であり、正式裁判請求については、略式命令を受けた者（刑訴467条、刑訴359条）、その法定代理人及び保佐人（刑訴467条、刑訴360条）である。このように、被告人以外の者に訴訟費用負担が命じられることもある。

また、被告人ら本人は、他の者の代理権に基づく上訴等を取下げることができるから、上訴等の申立てをした者と本条の訴訟費用の負担を命じられうる者とは必ずしも一致しない。

なお、**弁護人**の取下げは**従属代理権**の行使であって被告人の取下げに当たるから、弁護人に訴訟費用を負担させることはできない。

本条は、検察官の上訴が並存しない場合に限って適用がある。検察官も上訴等をし、その後被告人側のみが取下げ、検察官の上訴が認容された場合には、本条ではなく、刑訴181条1項が適用される。また、検察官の上訴が棄却されあるいは検察官が上訴を取下げるとともに、被告人も上訴を取下げた場合には、刑訴181条2項が類推適用されると解されている。

（渕野貴生）

> **（被告人負担の裁判）**
> **第185条**　裁判によつて訴訟手続が終了する場合において、被告人に訴訟費用を負担させるときは、職権でその裁判をしなければならない。この裁判に対しては、本案の裁判について上訴があつたときに限り、不服を申し立てることができる。

I　本条の趣旨

終局裁判によって訴訟が終了し、刑訴181条1項本文、刑訴181条2項、刑訴181条3項但書により被告人に**訴訟費用**を負担させる場合の裁判及び不服申立てについて規定したものである。

II　訴訟費用負担の裁判

被告人に**訴訟費用**を負担させる裁判は、裁判所の職権で行い、検察官の請求や当事者の弁論を経る必要はないと解されている。裁判は、終局裁判と同一の形式で行い（判決なら判決、決定なら決定）、主文のなかで示される。

裁判においては、負担させるべき訴訟費用の具体的金額までを示す必要はな

い。具体的な金額が示されていない場合は、刑訴188条にしたがって検察官が機械的に額を計算して執行する。しかし、負担の範囲あるいは割合は明示する必要があり、「訴訟費用は各自のために要したる分は各自の負担とする」といった記載では、「訴訟費用中如何なる部分が被告人のために要した分であるかはこれを確定することを得ず」、「負担額の算定費用の基準を明確にしないもの」であって違法である[27]。

また、裁判例では、訴訟費用の負担を命ずる裁判は有罪判決そのものではないから、刑訴335条1項で要求されている法令の適用を示す必要はないし、理由を示す必要もないと理解されている[28]。しかし、学説では、訴訟費用を負担させる裁判は、内容において刑とは別個の負担を被告人に科するものであり、形式上も主文を構成しているのだから、刑訴44条により理由を示す必要があるという意見も強い。ただし、理由の記載としては、関係条文を掲げる程度で足りると解されている。

被告人に訴訟費用の負担を命じる裁判をすべき場合であるにもかかわらず、裁判所が裁判をし忘れたり、あるいは裁判はしたが数額を誤って命じた場合には、本案について上訴があった場合に限って、上訴審または差戻し審が改めて訴訟費用の負担を命じまたは数額を訂正することができるが、判例は、訴訟費用の負担は刑ではないから、この場合、不利益変更禁止の原則は適用されないとしている[29]。遺脱のまま裁判が確定すれば、訴訟費用の裁判だけを是正する方法はないから、結局国庫の負担になる。

一方、訴訟費用がないにもかかわらず負担を命じたり、訴訟費用を超過した負担を命ずる裁判が確定した場合には、実際の訴訟費用を超過した部分の裁判は当然に無効であると解されている[30]。

Ⅲ 不服申立て

1 本案裁判に付随する不服申立て

被告人に**訴訟費用**の負担を命じる裁判に対しては、**本案の裁判**について上訴があったときに限って不服申立てをすることができる。その理由は、訴訟費用の負担を命じる裁判は、本案裁判に付随するものなので、独立して不服を申立てることはできないというところに求められている。しかし、その結果、本案裁判が**無罪**、**免訴**等被告人にとって有利な裁判で、それ自体に上訴の利益が認

---

[27] 東京高判昭27・11・6東高時報2巻15号39頁。

[28] 東京高判昭31・5・16東高時報7巻5号205頁。

[29] 最一小判昭26・3・8刑集5巻4号495頁、最一小判昭26・12・20刑集5巻13号2556頁。

[30] 最三小判昭30・7・19裁判集刑107号571頁。

められない場合には、訴訟費用の負担を命じられた部分に不服があっても、被告人は不服申立てをする手段がないということになる。また、本案裁判で刑の言渡しがなされ、訴訟費用の**免除**もなされなかったという場合に、被告人としては、本案裁判自体には従うつもりだが、訴訟費用の負担については承服しがたいというときでも、訴訟費用の負担部分のみを取り出して不服申立てをすることはできず、訴訟費用の負担を争うためには、本案自体の上訴を行うしかないことになる。

なお、本案裁判につき上訴を行い、訴訟費用の裁判についての不服申立ても適法に行える場合も、被告人が訴訟費用の裁判については不服がなく（本案裁判にのみ不服がある）、不服申立てをしないということもありうる。しかし、その場合でも、裁判所は職権で訴訟費用について判断することになる。また、本案裁判に対する上訴は相手方のしたものであっても、上訴審が訴訟費用の判断をすることを妨げないと解されている。

2 判例

訴訟費用の負担を命じる部分のみに対する上訴が不適法であることを前提として、判例はさらに、本案裁判について上訴した場合にも、訴訟費用の負担を命じる裁判を是正できるのは、上訴が適法で、かつ上訴に理由があって本案についての下級審判決を取り消す場合に限られ、単に形式的に上訴があっただけでは訴訟費用の負担を命じる裁判の是正はできないという立場を取っている。その理由について判例は、形式的上訴だけで訴訟費用の負担の裁判の是正を認めると、「当初からその理由なきことを予期しながら敢えて形式的に本案につき上訴の申立てをなすことによって、訴訟費用の裁判に対して独立して上訴を申し立て得る結果を招来するからである」と述べている[31]。学説も判例の考え方に従うものが少なくない。しかし、学説のなかには、本条の文言は「上訴があったとき」であって「上訴の理由があったとき」ではないから判例のように限定的に解釈するのは文理上困難であること、刑訴186条、刑訴187条では**即時抗告**という独立の不服申立てが認められていることとの間で均衡を失することを根拠に、判例のように是正の機会を限定する考え方を批判するものもある[32]。

他方、判例のもう1つの流れとして、訴訟費用負担の裁判に対する不服申立ては適法な上告理由に当たらないとしつつ、訴訟費用を被告人に負担させたことが違法で、その違法が判決に影響を及ぼし、著しく正義に反するとして、刑

---

[31] 最一小判昭31・12・13刑集10巻12号1633頁。なお、下級審の裁判例で、本判例の考え方にしたがったものとして、たとえば、参照、東京高判昭45・11・19刑月2巻11号1160頁、東京高判昭38・7・4判時352号83頁。

[32] 平野龍一『刑事訴訟法』（有斐閣、1958年）355頁。

訴411条1号に基づき**職権**で原判決を破棄するという結論をとるものもある※33。
さらに刑訴411条のような規定のない控訴審においても、職権破棄を認めた最高裁判例を参照しつつ、原裁判所が被告人に負担させることのできない訴訟費用につき誤って負担を命じたため、著しく正義に反する場合には、職権で調査し、その誤りを是正することができると判断した裁判例や※34、被告人には控訴の理由がないが相被告人には控訴の理由が有り、かつ両被告人に共通して訴訟費用の負担の裁判に誤りがあった場合に、刑訴401条に基づき、控訴の理由のない被告人のためにも原判決を破棄した裁判例もある※35。

　これらの一連の裁判例は、訴訟費用の負担を命じる裁判の是正は上訴に理由がある場合に限るとする判例との間で相互に実質的な矛盾をきたしているようにも思われるが、当事者からの不服申立ては不適法だが、裁判所は著しく正義に反する場合には職権で調査し是正できると理解すれば形式的には両系列の判例は両立するといえなくもない。

　判例の2つの考え方を矛盾していると考えるか、両立すると考えるかにかかわらず、そもそも、訴訟費用の負担を命じる裁判が財産的負担を命じる不利益裁判であるにもかかわらず、事前に弁論の機会がなく※36、事後的に独立に救済を求めることもできないということ自体が不当であると考える。同様に、訴訟費用の点についてだけしか不服がないのに、本案の裁判の上訴をしなければならないというのは不条理である。したがって、本来的には独立の不服申立てを認める立法が必要であるというべきである。また、**無罪、免訴、公訴棄却**の裁判を受けた者は適法な上訴ができないから、刑訴181条2項により訴訟費用の負担を命じられた場合に現行の規定では救済手段がないという問題も残る。最終的にはやはり立法的解決が望まれる。

（渕野貴生）

（第三者負担の裁判）
第186条　裁判によつて訴訟手続が終了する場合において、被告人以外の者に訴訟費用を負担させるときは、職権で別にその決定をしなければならない。この決定に対しては、即時抗告をすることができる。

※33　最二小判昭30・1・14刑集9巻1号52頁、最三小判昭37・9・4判時319号48頁、最三小判昭46・4・27刑集25巻3号534頁。

※34　名古屋高金沢支判昭47・11・21刑月4巻11号1796頁。

※35　東京高判昭53・5・8東高時報29巻5号75頁。

※36　この点については、本案裁判のなかで、実質的に弁論の機会を与えるようにしなければ憲31条の違反のおそれが生じることになろう。

I　訴訟費用負担の裁判

　本条の適用があるのは刑訴183条の場合のみである。

　この場合の裁判は、被告人を対象とするものではないから、本案裁判の無罪または免訴の判決と合一して言い渡すことはできず、別個に被告事件が係属した裁判所が**職権**により決定でもって行う。対象となる第三者にとって不利益な処分を課すことになるから、その者に弁解の機会を与えなければ憲31条違反のおそれが生じるが、現行法では、該当する手続規定は置かれていない。憲法違反の問題を回避するためには、事実の取調べ（刑訴43条3項）によって、費用を負担させられようとする者に弁解の機会を与える必要があろう。

　この裁判は、本案の裁判に付随するものでなく、また独立して不服申立ての対象にもなるから、理由を付さなければならない（刑訴44条1項）。

II　不服申立て

　本条の裁判に対しては、本案の判決に対する上訴の有無と無関係に独立して**即時抗告**をすることができる。抗告権者は、訴訟費用の負担を命じられた者及び公益の代表者としての検察官である。

　即時抗告が棄却されると、特別抗告が許される場合を除いて訴訟費用の負担を命じる裁判は確定する。ところが、その後に、本案の裁判が検察官の上訴を容れて破棄され、刑が言い渡される場合がありうる。その場合には、訴訟費用を命じられた者は、検察官の執行処分に対する異議申立て（刑訴502条）によって救済を求めるしか方法がない。

（渕野貴生）

（裁判によらないで訴訟手続が終了する場合）
第187条　裁判によらないで訴訟手続が終了する場合において、訴訟費用を負担させるときは、最終に事件の係属した裁判所が、職権でその決定をしなければならない。この決定に対しては、即時抗告をすることができる。

　上訴などの取下げで訴訟が終了する場合の訴訟費用の負担について定める刑訴184条を適用する場合の決定手続について定めたものである。

　最終に事件の係属した裁判所とは、上訴取下げの場合は、通常、上訴裁判所である。ただし、記録が上訴審に送付される前に取下げがなされたときは、一般に、原裁判所が最終に事件の係属した裁判所にあたると解されている。再審請求の取下げの場合は、再審請求事件として係属していると見て、再審請求審

がこれに当たると解されている。

本案の裁判はすでに確定しているから、独立して不服申立てが可能であり、**即時抗告**が許される。抗告権者は、訴訟費用の負担を命じられた者と公益の代表者としての検察官である。

（渕野貴生）

（不起訴と費用負担）

第187条の2　公訴が提起されなかつた場合において、訴訟費用を負担させるときは、検察官の請求により、裁判所が決定をもつてこれを行う。この決定に対しては、即時抗告をすることができる。

本条の適用があるのは、刑訴181条4項及び刑訴183条2項の場合である。

公訴が提起されている場合と異なり、公訴が提起されていない場合には、事件が裁判所に係属していないので、裁判所が職権で決定することはできない。そこで、この場合には、検察官の請求を待つことになるのである。本案の裁判が存在しないから、費用負担の裁判を行うために独立した（訴訟法上の意味における）裁判所が構成され、決定を行う。

決定手続において費用負担を命じられようとしている者に対する弁解の機会を与えるべきこと、即時抗告権者、抗告棄却となった後にたとえば検察審査会の起訴議決をきっかけとして不起訴処分が見直され、当該被疑事件が起訴されたときの救済が執行異議の申立て（刑訴502条）によるしかないといった点については、刑訴186条の場合と共通する（詳細は刑訴186条の解説を参照）。

（渕野貴生）

（負担額の算定）

第188条　訴訟費用の負担を命ずる裁判にその額を表示しないときは、執行の指揮をすべき検察官が、これを算定する。

訴訟費用の具体的金額について常に裁判で明示しなければならないとすると、時間がかかり**裁判の迅速**を妨げるおそれがあるし、**訴訟記録**を調べれば金額は機械的に算定可能なので、訴訟費用の負担を命ずる裁判において具体的な金額を表示しないことを認め、具体的な金額が表示されない場合には、執行を指揮する検察官（刑訴472条）が算定することを定めた。

具体的な金額が表示されている必要はないが、算定基準（負担させる範囲や負担させる割合）は示さなければならない。算定基準が明確でなく、負担額が確定できない場合には、その裁判は無効である（詳細は、刑訴185条の解説IIを

参照)。

　検察官の算定に不服がある場合には、執行処分に対する異議の申立て（刑訴502条）ができる。

（渕野貴生）

第1編第16章　費用の補償

〔前注〕

I　費用補償制度の意義

　本章は、**費用補償**制度について規定する。1976（昭和51）年法律第23号「刑事訴訟法の一部を改正する法律」により新設された章である。
　費用補償は、無罪の判決が確定したとき、国が被告人であった者に対して裁判に要した費用を補償する制度である。従来、無罪となった者の訴訟費用のうち、第1に、訴訟の過程で裁判所が負担した部分に関しては、第1編第15章の規定により、原則として被告人であった者に負担させないこととしている。また、被告人であった者が訴訟の過程で負わされていたさまざまな負担のうち、身体拘束に対する補償は、**刑事補償法**によってなされてきた。さらに、検察官のみが上訴をし、その上訴が棄却され、または上訴の取下げがあったときに限っては、当該審級における費用の補償を行う制度は存在した。
　しかし、改正前の規定では、第一審及び、検察官のみが上訴した場合を除く第二審以降の審級において、被告人であった者が自ら支出した費用については、国家が補償する仕組みがなく、ほとんどの場合、被告人であった者やその関係者あるいは、弁護を担当した弁護士が最終的にその負担を被る形になっていた。もちろん、刑事手続を行った国家機関が故意過失によって被告人であった者に対して違法に損害を加えたことが立証された場合には、国家賠償法による損害賠償が行われるが、**国家賠償法**における刑事訴追機関あるいは裁判所の故意過失の立証は実際上、きわめて困難であり、また稀に立証に成功して請求が認容されることがあっても認定までに相当に時間を要するため、実効性は甚だ乏しいと言わざるを得ない。本章の制度は、被告人であった者が負わされてきたいわれのない訴訟費用に対する補償の空白部分を埋めることを目的に新設されたものであり、重要な意義を有するが、空白を完全に埋められているかどうかについてはなお検討すべき点が多く残されている。

II　費用補償の根拠

1　立法当局の説明
　費用補償制度が新設された際に、新設の根拠とされた点は、以下の3点であ

る※1。

第1に、公訴を提起された被告人は公判廷への出頭を義務付けられるが、出頭するためには旅費や宿泊費等を支出しなければならない。また、効果的な防御活動を行おうとすれば、弁護人を選任してその援助を受ける必要が生じるが、そのためには相当高額の費用を要する。そこで、このような応訴を強制されたことによってやむを得ず被ることになった財産上の損害については、国がこれを補償するのが相当であると考えられた。

第2に、検察官による上訴が結果的に不当であった場合には、改正前から費用補償がなされていたことと比して、公訴の提起が不当であった場合に費用補償がなされないのは法制度として均衡を欠くと認められるに至った。

第3に、被告人であった者が**国選弁護人**の弁護を受けていた場合には、第1編第15章の規定に基づき、原則として、弁護費用は訴訟費用として国が負担することになっている（刑訴181条2項）ことと比較したとき、私選弁護の場合にも国が国選弁護の場合と同程度の負担をすることが合理的であると考えられた。

以上の3点の理由は、いずれも国家の活動によって結果的に特定の人に負担が集中することとなってしまった場合に、その負担を社会全体で共有して負担の公平化を図るという**衡平の観念**や他の制度との均衡といういわばバランス論に根ざしている。負担の公平化は、それ自体、重要な課題であるから、費用補償制度の必要性を根拠づける1つの柱であることには異論はない。しかし、この制度をもっぱら衡平の見地のみから捉えるのは、必ずしも十分な理解とは思われない。

2　費用補償と防御権保障

すでに、立法について議論されていたときから、費用補償制度の趣旨について、刑事事件では、防御活動に著しい労力と費用を要するのに、報酬について弁護人は多くを期待することができないという現状があり、その結果、「弁護人は、無罪を争うことを躊躇し、法の適正な運用に相応する弁護活動ができない状況にある」という現状把握を前提にして、「費用補償制度は、さしあたり、無罪となった被告人に対する弁護士報酬・費用の補償によって、刑事裁判の適正な運用をはかり、無罪の推定を受けている被告人の権利を確保するために必要な制度」であると理解する有力な見解が主張されていた※2。この見解は、直

※1　山本和昭「刑事訴訟法の一部を改正する法律の解説（一）」法曹時報28巻7号（1976年）37頁、藤永幸治「費用補償制度の新設について──刑事訴訟法の一部を改正する法律の解説」警察学論集29巻7号（1976年）102頁以下。

※2　大谷實「刑事訴訟法の一部を改正する法律案について」ジュリスト610号（1976年）64頁以下。同様の主張をするものとして、参照、小田中聰樹＝大出良知＝川崎英明編著『刑事弁護コンメンタールⅠ　刑事訴訟法』（現代人文社、1998年）143頁以下〔福島至〕。

接的には、弁護人の弁護活動に対する萎縮効果を問題にしているが、費用補償の有無及び範囲は、被告人自身の防御活動に対する萎縮効果の問題でもある。なぜなら、私選弁護の場合、最終的には弁護人が報酬や費用の受給を諦めている場合も少なくないとしても、被告人としては、実際に防御の方針を決め、防御活動を依頼する際には、いずれ依頼した弁護活動に要した費用は自らが負担しなければならないと想定した上で行動選択を行うからである。また、被告人に生じる費用は弁護費用だけではなく、被告人には、裁判への出頭にかかる費用などもろもろの金銭的損失が生じるから、その費用を最終的に被告人自身が負担しなければならないとすると、争うことで公判期日が積み重なり、裁判が長く続けば続くほど、経済的に追い込まれていくことになる。

　結局、費用の最終的な負担を被告人に負わせるという制度には、被告人が、経済的負担の大きさに耐えられずに、どこかの時点で臨界点に達して、お金がないという理由で防御権の行使を諦めるという危険がつきまとうことを否定できない。要するに、訴訟費用の負担において指摘した**防御権**侵害の危険性という問題が費用補償においても全く同じ形で生じるのである。

　さらに言えば、**防御権**の行使は、被疑者・被告人の権利行使ではあるが、表現の自由などの他の基本権とは異なり、被疑者・被告人自らが望んで行った権利行使とは言えない。**防御権**は、捜査・訴追機関が一方的に一人の市民に対して嫌疑をかけ、応訴を強制しさえしなければ、行使せずに済んだものであり、いわば強いられた権利行使である。そうすると、少なくとも、本来行使せずに済んだはずの権利を国家の都合で行使せざるを得なかった無罪になった者に対して、権利行使に伴う経済的負担をも強いるようなありようを指して、防御権保障に欠けるところはないと評価して良いのか、はなはだ疑問と言わなければならない。

　以上に見てきたような**防御権**保障にとっての費用補償の重要性・不可欠性に照らすならば、本章の各条文についても、第1編第15章の費用負担と同じく、費用の補償をしないことが被告人の防御権を侵害することにならないか、という観点を組み込んで解釈していく必要がある。総じて、補償の範囲は広がることになるだろう。このように補償を広げることに対しては、衡平の観点を重視する立場からの、社会情勢が衡平な負担として是認する限界以上に広範に費用を補償することにならないか、という批判があるかもしれない。しかし、刑事手続における費用補償は被告人の**防御権**保障と密接に関係する。また、手続において生じた費用を手厚く補償することによってなるべく、結果として被告人としての地位に由来する負担が生じないようにすることは、刑事手続の遂行において被告人にできる限り特別の不利益を被らせないようにするという**無罪推**

420 第188条の2（無罪判決と費用の補償）

定法理の保障の要請でもある※3。このように、費用補償が被告人の適正手続を受ける権利の保障と関係を有する以上、単なるバランス論で解決すべきではないことは改めて繰り返すまでもないだろう。

（渕野貴生）

（無罪判決と費用の補償）
第188条の2　無罪の判決が確定したときは、国は、当該事件の被告人であつた者に対し、その裁判に要した費用の補償をする。ただし、被告人であつた者の責めに帰すべき事由によつて生じた費用については、補償をしないことができる。
②　被告人であつた者が、捜査又は審判を誤らせる目的で、虚偽の自白をし、又は他の有罪の証拠を作ることにより、公訴の提起を受けるに至つたものと認められるときは、前項の補償の全部又は一部をしないことができる。
③　第百八十八条の五第一項の規定による補償の請求がされている場合には、第百八十八条の四の規定により補償される費用については、第一項の補償をしない。

I　本条の趣旨

本条は、**費用補償**をなすべき場合の実体要件を定めるとともに、例外的に費用補償をしない場合について定めた規定である。

II　補償の対象

1　総説

補償の要件は、**無罪判決**が**確定**したことである。無罪の理由は問わない。刑事訴訟法には、いわゆる「灰色無罪」なる概念は存在しないから、無罪の理由を問わないのは当然の帰結である。

数個の罪について同時に審判され、その一部について無罪が言渡されたときには、無罪になった事実の審理に要した費用が補償されるというのが判例・通

※3　したがって、理論的にも、実際上も特別の不利益が避けられないことを直視することなく、無罪推定法理を「特別の不利益はない建前になっている」と形式的に理解し、その理解を前提に広範な補償は無罪推定法理と矛盾すると論難する山本和昭・前掲※1論文41頁の批判は明らかに失当である。

説である。**併合罪**についてはもちろん※4、主文では無罪が言渡されず、理由中に無罪であることが明らかにされる**科刑上一罪**などの場合であっても無罪部分の費用は補償される※5。したがって、請求期間も併合罪等の各一部につきそれぞれ無罪判決が確定したときから別個に進行し始める※6ことに注意が必要である。

　なお、無罪となった事実の審理に要した費用が他の部分と可分できるときは区別して補償するが、無罪の審理に要した費用が他の部分と混在して区別できないときは、無罪部分の訴因の数や審理の具体的状況を勘案して、割合部分を補償する方法を取るのが一般的である※7。

　これに対して、**本位的訴因**が認められず**予備的訴因**で有罪となった場合、**択一的訴因**の一方で有罪となった場合、**縮小認定**がなされた場合は、それぞれ補償の対象にはならないと解されている。しかしながら、具体的社会的事実として有罪を認定することのできない事実があり、その事実が有罪を認定できる事実と明確に区別可能なのであれば、予備的・択一的訴因で有罪になる場合や縮小認定された場合であっても、実質的な無罪部分を取り出して費用補償することこそ、支出しなくてもよかったはずの事実について、防御のために支出を強いられた費用について補償するという費用補償制度の趣旨に沿うはずである。判決文中のどこかに「無罪」という言葉が存在するか否かといった形式論で、費用補償を否定するのは合理的ではないと考える※8。

　1つの刑事手続のうちどの範囲までが補償の対象か、という問題について、通説・判例は、**捜査**段階や**再審請求審**段階は裁判の前段階をなす手続に過ぎず、当事者主義が採られていないため、被告人であった者及び弁護人が出頭すべき公判期日等はなく、また弁護人の報酬について客観的に相当な基準もないから、これらの各手続において生じた費用は補償されないものと解している※9。しかし、それぞれの手続について、そのような形式的な解釈で足りるとすること

※4　最一小決昭58・11・7刑集37巻9号1353頁、東京高決昭57・9・16高刑集35巻2号182頁、福岡高決昭60・5・8高検速報（昭和60年）347頁。

※5　観念的競合の場合について、京都地決昭53・1・25判時898号129頁。包括一罪の場合にも同様の処理がなされている。参照、名古屋高決昭59・7・9高刑集37巻2号348頁。

※6　最一小決昭58・11・7刑集37巻9号1353頁、東京高決昭57・9・16高刑集35巻2号182頁。

※7　上記※5、※6に掲げた各裁判例ともこの方式によっている。

※8　渕野貴生「縮小認定と刑事補償」内田博文先生古稀祝賀論文集『刑事法と歴史的価値とその交錯』（法律文化社、2016年）374頁以下。

※9　再審請求手続について、最二小決昭53・7・18刑集32巻5号1055頁及びその原審である広島高決昭52・10・29刑集32巻5号1057頁、仙台地決昭60・9・4判時1168号157頁。

422　第188条の2（無罪判決と費用の補償）

には疑問がある。

2　捜査手続・公判前整理手続

　まず、**捜査手続**については、費用補償制度が新設された当時から、捜査段階で防御活動に要した費用や弁護人への報酬について、何らかの補償をする必要が指摘されていた[10]。しかも、**被疑者国選弁護制度**が導入されたことによって、もはや弁護人の報酬・活動費用について客観的に相当な基準がないとはいえない。**国選弁護人**が付いた被疑者が刑事裁判において最終的に無罪になった場合には被疑者段階の弁護費用も負担する必要がないのに、**私選弁護人**を依頼した被疑者が無罪になった場合には、弁護人に対する報酬やその他の弁護費用を被告人であった者が負担しなければならないというのは、衡平の見地からしても説明が付かないはずである[11]。刑訴188条の6の文言から、捜査手続を公判準備に入れ込むのは解釈上、苦しいことは認めざるを得ないが、実質論としては、補償の不必要性を根拠付ける理由は失われていると考えるべきであろう[12]。また、**公判前整理手続**（刑訴316条の2以下）は、弁護人の出頭義務（刑訴316条の7）及び被告人の出席権（刑訴316条の9）があること、従前、本条の補償の範囲に含まれると解されてきた**削除前の準備手続**（刑訴規194条、刑訴規195条）と実質的に同内容の手続であることから、本条の補償の範囲に含まれると解する。なお、捜査手続、公判前整理手続において要した費用の補償について、詳しくは、刑訴188条の6の解説を参照されたい。

3　再審請求審

　次に、**再審請求審**については、費用補償制度新設のときから、補償の範囲に含めないことに対する強い批判があった。論者によれば、次のように主張される[13]。第1に、いわゆる最高裁白鳥決定[14]及び財田川決定[15]において、再審開始の実質的要件である「証拠の明白性」の判断方法として**総合評価**を採用し、

---

[10]　大谷實「刑事訴訟法の一部を改正する法律案について」ジュリスト610号（1976年）68頁。

[11]　衡平の見地から私選の被疑者弁護人の報酬に対する補償の必要性を指摘するものとして、河上和雄他編『大コンメンタール刑事訴訟法　第3巻〔第2版〕』（青林書院、2010年）501頁〔福崎伸一郎〕。

[12]　岡田悦典「無罪判決における費用補償と弁護人報酬額の算定」判例評論534号（2003年）47頁。

[13]　大出良知「再審請求手続において要した費用と刑訴法188条の2による補償」警察研究51巻4号（1980年）81頁以下、能勢弘之「刑訴法188条の2、188条の6により補償すべき費用の算定基準時」判例評論263号（1981年）216頁以下。

[14]　最一小決昭50・5・20刑集29巻5号177頁。

[15]　最一小決昭51・10・12刑集30巻9号1673頁。

さらにこの判断に当たって「**疑わしいときには被告人の利益に**」原則が適用されるとされた以上、再審請求審において取り調べられる対象は性質上、罪責問題に近く、実質的には公判審理と同質の判断である。また、実際にも、再審請求審における審理の結果は、再審公判において利用されている。第2に、再審請求審は、実際上、証拠調べ等への当事者の立会いを認め、証人尋問についても交互尋問方式を取るなど、**当事者主義的構造**をとるようになっている。また、再審請求を受け入れられる請求とするためには、**弁護人**の援助は不可欠であるから、補償すべき費用があり得ないなどということはあり得ない。第3に、「再審無罪の事例においては、誤った有罪判決がいったん確定してしまったからこそ、請求人の費用負担を生じさせてしまったのであり、それについては明らかに不必要な費用と考えられない限り、原則として負担した費用の全てを補償するのが、制度趣旨に合致する」[※16]。

　各論者による以上の指摘は、いずれも正当である。裁判例のなかにも、実質的に再審請求段階の報酬を取り込んで弁護人の報酬額を算定した事例も存在する[※17]。そうだとすると、再審請求審は、解釈上も、**公判準備**に順ずるものとして、費用補償の対象に含まれると解する余地は十分にある。

　これに対して、**再審開始決定**がなされた後の**再審公判手続**は、通常の公判手続によって行われるから、費用補償の対象に当然含まれる。この場合、再審の対象になった原判決に至る公判手続における費用も、無罪判決が確定するに至った事件の公判手続であるから、補償の対象になる。なお、再審請求をしたのが検察官等、確定有罪判決を受けた者以外の者であっても、再審公判を経て無罪が確定すれば、被告人であった者が費用補償の対象になることに変わりはない。ただし、**死後再審**の場合は、通常の手続で被告人以外の者が費用を支出したときと同じと解され、補償されない扱いになっている。

4　無罪判決以外の裁判

　免訴（刑訴337条）や**公訴棄却**（刑訴338条、刑訴339条）など、無罪判決以外の裁判については、一律に補償の対象から外れるというのが通説・判例である[※18]。「既に実体審理が尽くされていて、有罪か無罪かを究明するために更に実体審理を行う必要がなく、かつ、公訴権濫用を理由として公訴棄却の判決がなされたものであっても」、本条の補償の対象には含まれないとされる[※19]。そ

[※16]　小田中聰樹＝大出良知＝川崎英明編著『刑事弁護コンメンタールⅠ　刑事訴訟法』（現代人文社、1998年）144頁以下〔福島至〕。

[※17]　高松高決平6・9・12判例集未登載。日本弁護士連合会＝香川県弁護士会編『やっとらんものはやっとらん　下巻』（1994年）988頁以下。

[※18]　公訴棄却が含まれないことについて、最一小決昭58・9・27刑集37巻7号1092頁。

[※19]　東京高決昭58・1・18高刑集36巻1号1頁。

の理由は、形式的には、本条には、「もし免訴又公訴棄却の裁判をすべき事由がなかったならば無罪の裁判を受けるべきものと認められる充分な事由があるとき」は補償請求できると規定する刑補25条1項のような規定がないこと、実質的には、費用補償という比較的軽微な損害の回復のために、決定手続で改めて有罪、無罪の判断をすることは不適当であるという点に求められている。しかし、これに対しては、迅速な補償が制度の趣旨だとすれば、実質的に無罪とわかっているような場合にまで補償の適用を除外するのは疑問であるというもっともな批判がなされている[20]。少なくとも立法論としては、刑補25条1項のような規定を設けるべきであろう。

5　費用負担者

補償される費用は、被告人であった者が自ら支払うか、第三者が支払った場合にはその償還義務を負うなど被告人であった者の負担において支出されたものに限られ、親族、友人、支援団体等そのほかのものにおいて支出された費用は含まないとする解釈が一般的である[21]。

Ⅲ　補償しない場合

1　責めに帰すべき事由

無罪となった事実について生じた費用は、原則として、被告人であった者に対して補償しなければならないが、その費用発生が被告人の不当な訴訟活動によるものである場合にまで、常に補償しなければならないとすると衡平の原則に反するし、そのような訴訟活動は正当な防御権の行使ともいえないので、防御権保障の観点からも補償が必ず必要という結論は出てこない。そこで、本条1項但書と2項が例外的に費用の補償をしないことができる場合を定めている。これらの例外はいずれも裁量的な補償の除外事由であるから、不当性の内容や程度に応じて、合理的な裁量を働かせるべきであり、例外要件にあてはまったことを以て自動的に不補償とするような判断を行うべきではない。

本条1項但書に定める「責めに帰すべき事由」とは、被告人が公判期日に出頭しなかったために公判が開廷できなかった場合、単なる引き伸ばしのためとしか認められない訴訟行為のために公判期日や証拠調べ手続が実施された場合、被告人が証人の出頭を妨げたために証拠調べが実施できなかった場合等、被告

---

[20] 大谷・前掲[10]論文66頁。なお、小田中他編・前掲[16]書145頁〔福島至〕は、抗告にかかわる費用の一定範囲について本条の準用可能性を主張している。

[21] ただし、被告人の死後、その配偶者等が再審請求して無罪が確定した場合にも費用補償が認められないことを疑問視する見解もあり、傾聴に値する。参照、小田中他編・前掲[16]書145頁〔福島至〕。

人の訴訟手続が不当である場合全般を意味する。**黙秘権**の行使は被告人の権利であるから、そのために期日を積み重ねることになっても、「被告人の責めに帰すべき事由」には当然当たらない。

「被告人であった者の責めに帰すべき事由によって生じた費用」とは、特定の個別の訴訟手続に生じた具体的な費用のことであり、帰責事由の有無と費用の計算は、個別の訴訟手続ごとに行われる。個別の訴訟手続について、帰責事由があると認めて補償しないという決定をした場合には、当該訴訟手続で生じた費用の全額が補償されないことになり、費用を一部減額するというやり方は予定されていない。

しかし、一部減額が予定されていない以上、例外を適用して補償しない決定ができるのは、当該訴訟手続がほとんど無意味に帰したといえる費用に限られると解するべきであろう。このような考え方に基づいて、公判期日に被告人が出頭せず、公判期日が開けなかった場合でも、**期日外証人尋問手続**に切り替えて証人尋問を実施したような場合には補償すべきであるとの見解も見られるところであり、傾聴にあたいする[22]。ただし、安易に期日外証人尋問に切り替えることは、被告人の証人審問権の侵害につながるおそれがあるから、切り替え自体も慎重に判断されるべきである。むしろ、出頭できなかった理由に汲むべき事情がないかを最大限考慮して、責めに帰すべき事由に当たらないと判断するか、裁量によって費用不補償を発動させない判断をするのが先決であろう。

さらに、**証人尋問**については、無用であった証人を召喚した場合に本人負担とすることは、憲37条2項との関係で疑問が残るという指摘もある[23]。この点、誰の目から見ても客観的に無用と判断されるような証人の場合にまで証人審問権の侵害にあたるとはいえないだろうが、証人審問権が被告人の**防御権**の中核の1つをなすきわめて重要な刑事手続上の権利であって最大限保障されなければならないこと、無用であるとの評価を安易に行うと、費用が補償されないことを懸念して、必要な証人であっても証拠調べ請求を行うことを差し控えてしまう萎縮効果が発生すること、そもそも証拠調べ決定をしたということは、裁判所が証拠調べの必要性を認めたということであり、その証人が無用でないことが推定されると考えるべきこと等に鑑みれば、「無用」であったとの判断はよほど慎重にするべきである。

2　虚偽自白・有罪証拠作出の場合

本条2項の例外は、被告人の責めに帰すべき事由の1つでもあるが、2項に該当するような場合には、費用補償をすることが適当でない場合が多いので、

---

[22] 伊藤栄樹他編『新版注釈刑事訴訟法（第2巻）』（立花書房、1997年）501頁以下〔古田佑紀〕。

[23] 大谷・前掲※10論文67頁。

特に補償の全部または一部の除外事由として定めたものである。本条2項は、全訴訟手続についての規定であり、裁判所は全体の費用について補償するか否かを裁量で判断するとともに、一部補償がありうるので補償の程度についても裁量によって判断することになる。

　捜査または審理を誤らせる目的とは、刑事補償法の場合と同様に、単なる認識では足りず、誤らせようとする積極的な意思を必要とする。身代わり犯人となるような場合がその典型例である。証拠を作るとは、偽の目撃者を立てるなど積極的な行為が必要で、不作為は該当しないと解するのが多数である。また、虚偽の自白または証拠の作出と公訴提起との間には因果関係が必要である。

Ⅳ　上訴費用補償との関係

　本条3項は、無罪の場合の費用補償と上訴費用補償とが重複してなされることを避けるために設けられた調整規定である。

　検察官のみがした上訴が棄却されまたは取下げられて原裁判が確定した場合のうち、無罪判決が確定した場合は、上訴審において生じた費用は無罪の裁判に要した費用の一部として本条1項のみによって補償される（刑訴188条の4）。これに対して、無罪判決以外の判決が確定しその後無罪判決が確定した場合は、上訴審において生じた費用は本条1項にも、刑訴188条の4にもあてはまるので、本条3項によって、上訴費用補償請求がなされている場合には、上訴費用補償で補償される費用については本条1項の補償をしないと定めている。このような場合が生じる例は、控訴審において**破棄差戻し**の判決があり、これに対して検察官のみが上告したが棄却され破棄差戻し判決が確定した後、差戻し第一審において無罪判決があり確定した場合の上告審の費用などがある。この場合、上告審で確定した破棄差戻し判決は無罪判決ではないから刑訴188条の4の要件を満たす一方で、差戻し審の無罪判決の確定によって、最初の第一審から差戻し第一審までを通じた全ての裁判が本条1項の補償の対象に含まれるから、二重の補償にならないように、上訴費用補償請求がなされている場合は刑訴188条の4のみで補償することとしたのである。

　上訴費用補償請求がされている場合とは、請求がされていれば、その請求に対する判断がまだなされていない場合も含む。なお、上訴費用補償の請求をしなかった場合は、上訴費用補償請求の期間を徒過した場合も無罪の裁判に要した費用の一部として、すなわち、本条1項に基づき、上訴費用の補償を受けることができる。

（渕野貴生）

（費用補償の手続）
第188条の3　前条第一項の補償は、被告人であつた者の請求により、無罪の判決をした裁判所が、決定をもつてこれを行う。
②　前項の請求は、無罪の判決が確定した後六箇月以内にこれをしなければならない。
③　補償に関する決定に対しては、即時抗告をすることができる。

I　本条の趣旨

　本条は、**費用補償**の手続についての基本的事項を定めた規定である。補償の手続は本条のほか、刑訴188条の7により、刑事補償法に定める刑事補償の手続が適用される。

II　管轄裁判所

　費用補償は、被告人であった者の請求を待って行われる。請求は、確定した無罪の判決を言渡した裁判所に対して行う。上訴棄却または上訴の取下げにより原審の無罪判決が確定したときは、**上訴審**において生じた費用を含めて、無罪判決を出した**原審裁判所**に請求する。裁判所が補償決定を行う場合には、補償すべき費用を具体的に決定しなければならないことから、事件の内容、審理状況等を熟知している無罪の判決を出した裁判所とするのが妥当と考えられること、最後に係属した裁判所を管轄とすると被告人にとっても不便なことが少なくないこと[24]、また「無罪の裁判をした裁判所」に補償請求すべきと定めている刑補6条との制度的な整合性からも、管轄裁判所を無罪判決裁判所に指定すること自体には合理性があるといえよう。ただし、事件を熟知していることが管轄指定の主たる理由であれば、ここでいう裁判所は、**訴訟法上の裁判所**と解するのが理論的に一貫するはずだが、この点、通説・判例とも、本条の裁判所は、訴訟法上の裁判所ではなくて、**国法上の裁判所**であると解している[25]。刑補6条についても同様に解されていることや、裁判官の構成が全く変っている場合も少なくないという実際上の考慮を優先しているのであろう。

---

[24]　山本和昭「刑事訴訟法の一部を改正する法律の解説（二・完）」法曹時報28巻8号（1976年）34頁以下参照。

[25]　最二小決昭30・12・26刑集9巻14号3060頁。

428　第188条の3（費用補償の手続）

Ⅲ　請求期間

　補償請求期間は、無罪の判決が確定したときから6ヶ月間である。刑事補償の請求期間は3年であるが、費用補償は重大な損害を対象としておらず、訴訟に要した費用の負担の問題として簡易かつ迅速な解決が要請されるので、刑事補償と期間を合わせる必要はないと説明される[26]。しかし、刑事補償の請求期間が3年であるのに対比して、短期に過ぎないかという疑問は拭えない。損害についての理解の仕方も、訴訟費用が防御権の行使に要した費用という側面を持つこと、防御権を十全に行使できるように担保するためには補償の範囲を狭く解すべきなく、したがって金額として低額であることを前提とすること自体が不当であることに鑑みると、損害の性質上も、損害額においても、重大でないとは必ずしもいえない。

　併合罪として起訴された数個の訴因の一部について無罪の裁判が確定したときには、その余の訴因についての裁判が未確定であっても、確定した無罪判決部分の審理に要した費用の請求をすることができると解されている[27]。このことは、無罪判決を受けた者にとっては、無罪が確定した部分から順次費用補償を受けることができるから利益でもある。しかし他方で、無罪判決が確定した部分から順次、請求期間も進行を開始するから、判例は、併合罪として起訴された甲事実が第一審において、乙事実が控訴審において、丙事実が上告審においてそれぞれ無罪判決を受け確定し、上告審が丙事実の裁判に要した費用を補償する場合において、甲、乙各事実について無罪判決の各確定後6ヶ月を経過しているときには、甲、乙事実についての費用補償を請求することは許されない、としている[28]。また、甲、乙事実の無罪判決の確定後、6ヶ月を経過していない場合も、無罪判決の単位を甲、乙、丙の各事実ごとに捉える理解の仕方を貫けば、上告審は、甲、乙各事実についての管轄を有しないから、上告審に対して甲、乙、丙の各事実の費用をまとめて請求することはいずれにしてもできないことになる。ただし、判例は、甲、乙事実の無罪判決確定後6ヶ月経過しているという事実も根拠にして、上告審に、甲、乙事実に対する請求することはできないという結論を出しているから、甲、乙事実について、無罪判決確定後6ヶ月を経過していない場合に、いずれかの裁判所にまとめて費用補償請求をすることまで否定する趣旨ではないとも読めそうである[29]。

　しかし、仮にそのように判例を解釈するとしても、上訴審判決が原審確定後

---

[26] 山本・前掲[24]論文・36頁。

[27] 東京高決昭57・9・16高刑集35巻2号182頁。

[28] 最一小決昭58・11・7刑集37巻9号1353頁。

[29] 同決定をこのように解するものとして、参照、河上和雄他編『大コンメンタール刑事訴訟法(第2版)　第3巻』（青林書院、2010年）507頁〔福崎伸一郎〕。

6ヶ月以内に出されるかどうかは、上訴審開始当初はわからないのが通常であるから、いずれにしても、無罪判決を受けた者は、乙、丙事実については被告人として刑事裁判での防御活動を控訴審裁判所において行いつつ、並行して、甲事実について第一審裁判所に費用補償請求を行わなければならない、という事態が生じる。このような手続の重複は、被告人にとって大きな負担になりかねない。少なくとも、請求期間を6ヶ月という短期間に限定する以上は、甲、乙事実についての費用補償請求期間も、丙事実の確定を待って進行すると解する方が、無罪判決を受けた者にとっての利益は大きいのではなかろうか。

Ⅳ　不服申立て

費用補償に関する決定に対しては、**即時抗告**をすることができる。高等裁判所の決定に対しては、**抗告に代わる異議申立て**ができる（刑訴428条2項）。刑補19条のように不服申立ての対象を限定していないから、補償の額、範囲のみならず、請求権の有無や請求期間の判断等についても即時抗告できる。刑訴351条1項の一般原則により、請求人だけでなく、検察官も抗告することができると解されている。この点、刑補19条が、検察官に不服申立権を認めていないのと取扱いを異にする。

（渕野貴生）

（検察官上訴と費用の補償1）
第188条の4　検察官のみが上訴をした場合において、上訴が棄却され又は取り下げられて当該上訴に係る原裁判が確定したときは、これによつて無罪の判決が確定した場合を除き、国は、当該事件の被告人又は被告人であつた者に対し、上訴によりその審級において生じた費用の補償をする。ただし、被告人又は被告人であつた者の責めに帰すべき事由によつて生じた費用については、補償をしないことができる。

Ⅰ　本条の趣旨

本条は、**上訴費用**の補償の要件を定めた規定である。上訴費用の補償については、本条を含む第1編第16章の費用補償制度が新設される前から、本条に相当する規定が刑訴368条として設けられていたが、費用補償制度を新設する改正に伴い、必要な修正を加えて位置を移動させ、同時に、刑訴368条から刑訴371条までを廃止した。

上訴費用を補償する趣旨は、検察官のみが上訴し、これが棄却され、または取下げられた場合には、被告人にとって見れば、自らの側には不服がないにも

かかわらず、結果的に理由のない検察官の上訴によって新たに費用の負担を余儀なくされたことになるので、これを補償するというところにある。

Ⅱ 補償の要件

1 検察官のみの上訴

補償が受けられるのは、検察官のみが上訴し、これが棄却されまたは取下げられて、無罪判決以外の原裁判が確定したときである。したがって、被告人も上訴しているときは含まれない。ただし、原裁判の内容が可分であり一部上訴が可能であって、検察官のみが上訴している部分があるときに、検察官のみが行った上訴部分が棄却され、または取下げられた場合には、当該部分に関しては本条の適用がある[30]。また双方から上訴があったときでも、被告人が先に上訴を取下げて、検察官による上訴のみが残った場合にも、被告人の上訴取下げ後の費用は補償されると解される[31]。

2 無罪判決以外の原判決の確定

原判決が確定することが必要であるから、上訴費用が補償されるのは、結局、以下のような場合である。なお、無罪判決が除かれているのは、無罪判決の場合は、刑訴188条の2で補償されるからである。

第1に、第一審判決に対して検察官が控訴し、控訴棄却または取下げにより第一審判決が確定したとき。

第2に、検察官の控訴を棄却する判決に対して、検察官がさらに上告し、上告も棄却されて第一審判決が確定したときは、上告棄却の裁判により控訴棄却の判決が確定し、その控訴棄却判決によって第一審判決が確定するので、控訴審及び上告審の費用が補償される。

第3に、第一審判決を破棄自判あるいは破棄差戻しした控訴審判決に対して、検察官のみが上告し、上告が棄却されまたは取下げられて控訴審判決が確定したときは、上告審の費用が補償される。なお、破棄差戻しの場合には、控訴審判決が確定しても被告人の身分を失っておらず、被告人のままで上訴費用の補償を受けることがありうるので、本条では、補償を受ける者として「被告人」も含められている。

第4に、検察官の控訴を容れて第一審判決を破棄した控訴審判決に対して、被告人が上告し、上告審が控訴審判決を取消し、控訴棄却の自判をしたときま

---

[30] いずれも改正前の旧規定に関するものであるが、参照、福岡高決昭29・2・10高刑集7巻1号73頁、高松高決昭44・4・9刑月1巻4号393頁など。

[31] 伊藤栄樹他『新版注釈刑事訴訟法第2巻』（立花書房、1997年）513頁以下〔古田佑紀〕。

たは控訴審に差し戻して控訴審が控訴棄却の判決をしたときは、結局、検察官の控訴が棄却されて原判決が確定したことになるので、控訴審における費用は本条の補償の対象になる。

Ⅲ　但書

本条但書は刑訴188条の2但書と同趣旨であるので、本条但書の解釈については刑訴188条の2但書に関する解説部分を参照されたい。

（渕野貴生）

（検察官上訴と費用の補償2）
第188条の5　前条の補償は、被告人又は被告人であつた者の請求により、当該上訴裁判所であつた最高裁判所又は高等裁判所が、決定をもつてこれを行う。
②　前項の請求は、当該上訴に係る原裁判が確定した後二箇月以内にこれをしなければならない。
③　補償に関する決定で高等裁判所がしたものに対しては、第四百二十八条第二項の異議の申立てをすることができる。この場合には、即時抗告に関する規定をも準用する。

Ⅰ　本条の趣旨

本条は、**上訴費用補償**の手続についての基本的事項を定めた規定である。補償の手続は本条のほか、刑訴188条の7により、**刑事補償法**に定める刑事補償の手続が適用される。

Ⅱ　補償の手続

上訴の費用補償は、被告人又は被告人であった者の請求を待って行われる。
当該上訴裁判所とは、上訴を棄却した、または上訴が係属中にその上訴が取下げられたところの裁判所を指す。したがって、たとえば、第一審判決に対して検察官のみが控訴し、控訴審が控訴棄却し、さらに検察官のみが上告し、この上告も棄却されまたは取下げられたときは、控訴審の費用については高等裁判所が決定し、上告審の費用については最高裁判所が決定することになるが、論者のなかには、あまりに煩雑であるとして、上告の申立てを一個の上訴と見て、上告を棄却した最高裁判所が控訴審における訴訟費用の決定もできると解

432　第188条の6（補償の範囲）

する余地があるとする者も見られる※32。

　本条の裁判所も、刑訴188条の3と同じく、**訴訟法上の裁判所ではなく、国法上の裁判所**と解されている※33。

Ⅲ　不服申立て

　高等裁判所がした本条の補償に関する決定に対しては、刑訴428条2項の異議の申立てをすることができる。刑補19条のように不服申立ての対象を限定していないこと、刑訴351条1項の一般原則により、請求人だけでなく、検察官も異議申立てすることができると解されていることは、刑訴188条の3第3項の場合と同じである（刑訴188条の3の解説Ⅳを参照）。

（渕野貴生）

（補償の範囲）
第188条の6　第百八十八条の二第一項又は第百八十八条の四の規定により補償される費用の範囲は、被告人若しくは被告人であつた者又はそれらの者の弁護人であつた者が公判準備及び公判期日に出頭するに要した旅費、日当及び宿泊料並びに弁護人であつた者に対する報酬に限るものとし、その額に関しては、刑事訴訟費用に関する法律の規定中、被告人又は被告人であつた者については証人、弁護人であつた者については弁護人に関する規定を準用する。
②　裁判所は、公判準備又は公判期日に出頭した弁護人が二人以上あつたときは、事件の性質、審理の状況その他の事情を考慮して、前項の弁護人であつた者の旅費、日当及び宿泊料を主任弁護人その他一部の弁護人に係るものに限ることができる。

Ⅰ　本条の趣旨

1　補償範囲を限定する趣旨

　本条は、補償される費用の範囲及びその額について定める規定である。

　本条は、被告人が支出した防御のための費用の全範囲・全額を補償するという考え方を取っていない。その理由については以下のように説明されてきた。すなわち、無罪を獲得するために要した防御費用にはさまざまな類型のものが含まれており、その範囲は必ずしも明らかでなく、また、仮に一応その範囲に

※32　伊藤栄樹他編『新版注釈刑事訴訟法第2巻』（立花書房、1997年）518頁〔古田佑紀〕。
※33　最二小決昭30・12・26刑集9巻14号3060頁。

属すると認められる種類の費用であっても具体的な支出額は、被告人の社会的、経済的な地位などによって較差があるから、全額を補償することとすると、不必要に過大な防御費用を支出した被告人を優遇する不公平な結果になりかねない。また、全額補償とすると、費用補償がなされていない他の**行政処分**と区別して刑事裁判の費用を補償する根拠があいまいになる。さらに、刑の言渡しをする場合に被告人に負担させる**訴訟費用**の範囲も限定されている。したがって、制度としての合理性を保ちつつ、簡易迅速な費用補償を実現するには、補償すべき費用の範囲を、刑事裁判に特有かつ不可欠な制度に関するもので、しかもその類型化が可能なものに限定するとともに、その金額を通常のいわば平均的な相当額に限定するのが妥当である、とされるのである[34]。

2　全額補償原則の可能性

しかし、当該支出が防御活動のための費用だったのか、それ以外を目的とする支出であったのかを領収書などの資料により疎明させることが果たしてそれほど困難なのだろうか、疑問なしとしない。また、そもそも刑罰という峻厳・苛酷な不利益を科されることが予定されている刑事手続における防御活動の重要性と他の行政処分における訴訟活動とを同列に論じることの方がよほど不合理である。同様に、刑の言渡しに伴う訴訟費用の負担と比較することにも合理性はない。被告人は自ら望んで刑事裁判所に訴えを起こしたわけではなく、応訴を強制されて裁判に関わることになり、防御をせざるを得ない状況に追い込まれている存在である。そして、その**防御権**を十分に行使できるように保障することが適正手続の要請である。そうだとすれば、**訴訟費用**負担は、応訴を強制された被告人がさらに、防御権を行使することで多額の費用負担を命じられることを恐れて、必要な防御活動を差し控えるといった事態を招かないように、防御権の十全な行使を妨げない範囲にいわば抑制的に負担の範囲や金額を設定していくというのが、基本的考え方でなければならない。

これに対して、**費用補償**では、被告人であった者は本来、刑事手続に関わる必要はなかったのであり、捜査・訴追機関の見込み違いにより、無理やり刑事手続に引っ張りこまれ、防御活動をすることを余儀なくされたのである。つまり、被告人であった者にとって、刑事手続でかかった防御費用は、本来、1円たりとも支出する必要のなかった負担である。また、無罪になるべき者が、刑事手続において防御活動のための支出をした場合に、それが将来自己負担になってしまうことを恐れて、防御活動を差し控えるという事態が生じるとすれば、誤判の発生にもつながる重大な問題である。訴訟費用の負担の場合と同様

---

[34] 山本和昭「刑事訴訟法の一部を改正する法律の解説（二・完）」法曹時報28巻8号（1976年）44頁以下。

に、防御権の十全な行使を保障するという観点[35]からも、全額補償が原則であるべきである。

　もちろん、経済的地位・社会的地位に恵まれた被告人が、金に糸目をつけない防御活動をした結果、本来必要な範囲を超えて過大な防御費用がかかったという場合も稀にはあるだろう。したがって、何らかの上限を設定し、あるいは場合によっては防御活動を類型化して標準的な額を定めることが一切に認められないということではない。しかし、上限額や標準額の設定にあたっても、大多数の被告人であった者にとっては、全額がカバーされるような額として設定されること、上限額や標準額を超えた支出をした者に対しても一律に支払わないという形式的な対応をするのでなく、個別具体的な防御活動の中身と照らし合わせて、必要性が明らかに認められないものを除き、上限額、標準額を超える支払いを柔軟に行うことが必要であるように思われる。

　本条は文言上、保障の範囲を相当に絞り込んでいるが、費用補償に対する上述の基本的考え方を踏まえ、各文言はある程度柔軟に解釈する必要がある場合もある[36]。

Ⅱ　補償の範囲

1　公判準備

　公判準備とは、一般には、公判期日における審理の準備のために、**受訴裁判所、受命裁判官**または**受託裁判官**が第1回公判期日後に公判期日外でする証拠調べ、証拠収集手続及び弁論をいうと解されている。そこから具体的に導き出される範囲は、公判期日外または裁判所外の証人尋問（刑訴281条、刑訴158条）、鑑定人、通訳人、翻訳人などの尋問（刑訴171条、刑訴178条）、公判廷外の検証（刑訴128条）、鑑定（刑訴170条）、差押状または捜索状の執行（刑訴113条）に被告人、弁護人が立ち会った場合となる。

　刑訴規194条、刑訴規195条の準備手続は、第1回公判期日後に争点及び証拠の整理のために行うものであるが、原則として被告人及び弁護人が出頭しなければならないものであるから公判準備に含まれると解されていたが、「期日間整理手続（刑訴316条の28）が新設されたことに伴い、守備範囲が重なる」ため、削除された[37]。したがって、現在は、**期日間整理手続**が本条にいう公判準備に当たると解されることとなろう。

---

[35] 同様の観点に立つものとして、参照、岡田悦典「無罪判決における費用補償と弁護人報酬額の算定」判例評論534号（2003年）47頁。

[36] 同旨、岡田・前掲[35]論文46頁以下。

[37] 伊藤雅人＝高橋康明「刑事訴訟規則の一部を改正する規則の解説」法曹時報57巻9号（2005年）46頁以下。

第188条の6（補償の範囲）　435

　また、**公判前整理手続**（刑訴316条の２以下）も、弁護人の出頭は義務的で（刑訴316条の７）、被告人も出頭する権利があり（刑訴316条の９第１項）、さらに裁判所が必要と認めるときは、被告人に対して出頭を求めることができる（刑訴316条の９第２項）という点で、削除された刑訴規194条以下の公判準備と異ならないこと、また期日間整理手続自体が、公判前整理手続の規定を基本的に準用しており、両者の間に質的な違いはないこと、何より公判前整理手続では、**証拠調べ請求**や**証拠開示**など刑事手続の結論を左右しかねない極めて重要な事項が取扱われ、さらに公判前整理手続で請求しなかった証拠を公判開始後に証拠調べ請求することには制限がかかっているから（刑訴316条の32）、公判前整理手続は、防御活動上、刑事公判に勝るとも劣らない重要性を持つこと等を鑑みれば、本条にいう公判準備に含まれると解すべきである。
　一方、刑訴規178条の15による第１回公判期日前の準備手続は、実体に立ち入ることが禁止され、被告人の出頭が予定されていないことを根拠に、本条の公判準備に含まれないと解されてきた[38]。この解釈を維持しつつ公判前整理手続は公判準備に含まれるとする結論をとることはもちろん矛盾しないが、刑訴規178条の15の準備手続においても、実体には入らなくても、訴訟進行上、防御活動に影響する事柄について打ち合わせが行われるのであれば、本条の公判準備に含まれないと解さなければならない必然性はない。

2　捜査手続

　さらに、論者のなかには、今や「公判における弁護活動は、捜査段階からの一貫的な弁護活動によって十分に行われること」が認識されていることなどをも根拠にして、本条について、被告人とは「結果的に被告人となった者が無罪判決を受けた場合の者」を想定しており、少なくとも弁護人報酬について**捜査**段階の報酬を除外する理由はないと解釈する者も見られる[39]。
　費用補償制度の根拠の１つとして、弁護人の報酬等については、国選弁護人の弁護を受けた場合には訴訟費用として国が負担することとなっていることとのバランスが挙げられていたことに鑑みると、**被疑者国選弁護制度**（刑訴37条の２、刑訴37条の４）が導入された現在においては、被疑者段階の弁護報酬を除外するという考え方は、一層根拠を失っているといわなければならない。捜査も公判準備のために行われるという弾劾的捜査観ともあわせて考えれば、捜査段階の弁護人の活動の報酬も補償の範囲に含めるべきという主張は、十分に傾聴に値する見解である。かりに、条文上使用されている「公判準備」という文言の解釈として、捜査段階まで広げるのはやや無理があることは否定できない

---

[38] 山本・前掲[34]論文47頁。
[39] 岡田・前掲[35]論文47頁。なお、参照、大谷實「刑事訴訟法の一部を改正する法律案について」ジュリスト610号（1976年）68頁。

としても、捜査段階の弁護活動が防御権保障上重要であることは、現在ではさらに共通の理解となっているのだから、公判準備の解釈論として捜査段階を取り込むことに限界があるとしたら、柔軟な解釈が可能な被告人の弁護人に対する報酬額などで調整すべきであろう。

3　出頭と審理内容

なお、被告人が期日の通知を受けて出頭した場合には、その期日においてたまたま無罪部分についての実質的審理が行われなかったとしても、その当日に生じた費用は補償の対象になる[40]。出頭したことですでに費用は生じているからである。

Ⅲ　補償額

1　被告人の旅費、日当及び宿泊料

被告人の旅費、日当及び宿泊料の額に関しては刑事訴訟費用に関する法律の規定中の証人に関する部分が準用されるが、「刑事訴訟費用に関する法律」とは、具体的には、刑事訴訟費用等に関する法律3条を指す。**勾留**中の被告人の公判準備、公判期日への出頭の際の日当について、日当は出頭雑費等の補償という性格を有しているから身体拘束の日数に応じ一日あたりの定額で補償する刑事補償ではまかないきれないとして、費用補償もあわせて行うことを肯定する立場も有力であり[41]、補償を認めた下級審裁判例も少なくない[42]。

2　弁護人の旅費、日当及び宿泊料

弁護人の旅費、日当及び宿泊料の額に関しても、刑事訴訟費用に関する法律の規定中の国選弁護人に関する部分が準用される。具体的には、刑訴費8条である。一方、**記録謄写費用**、反証収集費用などを直接補償する規定はなく、反証収集のための旅費、宿泊費も、公判準備や公判期日へ出頭するためのものではないので、本条にいう旅費、宿泊費には含まれない。そのため、これらの費用については、実務上、弁護人に対する報酬を算定する際に考慮するという取扱いをしている[43]。これらは、本来は、報酬ではなくて経費であって、報酬

---

[40]　高松高決昭44・4・9刑月1巻4号393頁。

[41]　山本・前掲※34論文66頁、藤永幸治「費用補償制度の新設について―刑事訴訟法の一部を改正する法律の解説」警察学論集29巻7号（1976年）120頁以下。

[42]　仙台高決昭53・2・14高刑集31巻1号12頁、仙台地決昭60・9・4判時1168号157頁、東京高決平25・7・16判タ1417号190頁。

[43]　山本・前掲※34論文51頁。

とは区別して支払うべきものであるが※44、条文解釈として難しいということ
であれば、報酬額の算定に当たって十分に考慮すべきである※45。

3 弁護人の報酬

　弁護人であった者に対する報酬の額についても、刑訴費8条2項が準用され
る。すなわち、裁判所が相当と認めるところによる。
　「相当と認めるところ」について判例は、一般に、国の行う補償として客観
的に適正な額のことを意味し、現実に支払われた報酬の額や日弁連の報酬基準
規定が基準になるわけではないと解したうえで、具体的な報酬額は、**国選弁護
人**に支給される報酬額に準じて算定されるべきであるとしている※46。学説に
おいても、この解釈を支持する論者も少なくない。
　確かに、本条における弁護人の報酬額を国選弁護人に対して支給される報酬
額に合わせるという考え方自体は、算定基準として一定の合理性を認めること
ができよう。しかし、すでに指摘されているように、問題の本質は、基準とし
て使われている国選弁護人に対する報酬額が低廉すぎて、防御活動を正当に評
価した額になっていない、というところにある※47。被告人の防御権行使に対
する桎梏にならないように、そもそも国選弁護人に対する報酬基準額について
（被告人あるいは弁護人が）自己負担の憂いなく充分な防御活動を行えるだけの
額を支給すべきである。そうすれば費用補償の報酬額もおのずと正当なものに
近づいていくだろう。
　報酬額の算定に当たっては、上述のように、本来は別個に支給すべき**記録謄
写費用**や**反証収集費用**を十分に盛り込んで具体的金額を決定すべきである※48。
この点で、アメリカを犯罪地とする被告事件の第一審段階において、弁護人ら
がアメリカに赴いて犯行現場や事件関係者らの調査等を行うとともに、アメリ

※44　大谷・前掲※39論文68頁。

※45　同旨、山本・前掲※34論文51、66頁、河上和雄他編『大コンメンタール刑事訴訟法
　　　第3巻〔第2版〕』（青林書院、2010年）518頁〔福崎伸一郎〕、高田卓爾＝鈴木茂嗣
　　　編『新・判例コンメンタール刑事訴訟法2　総則(2)』（三省堂、1995年）345頁〔村上健〕、
　　　平場安治＝高田卓爾＝中武靖夫＝鈴木茂嗣編『注解・刑事訴訟法（上巻）全訂新版』（青
　　　林書院、1987年）568頁〔平場安治〕、佐藤文哉「費用補償における弁護人報酬額の算
　　　定」ジュリスト増刊『平成13年度重要判例解説』（2002年）201頁。

※46　仙台高決昭53・2・14高刑集31巻1号12頁、東京高決昭57・3・24判時1064号136頁。
　　　実際に本文のような基準で報酬額を算定した例として、京都地決昭53・1・25判時898
　　　号129頁、広島高決昭52・10・29刑集32巻5号1057頁。

※47　岡田・前掲※35論文46頁。

※48　報酬額の決定に際して、これらの費用を勘案しているものとして、たとえば、参照、
　　　仙台高決昭53・2・14高刑集31巻1号12頁、仙台地決昭60・9・4判時1168号157頁、東
　　　京高決昭52・11・2刑月9巻11＝12号839頁。

438　第188条の6（補償の範囲）

カの弁護士に依頼してアメリカの裁判所に対して証拠開示請求を行うなど、高額の費用を支出したこと、当該調査に基づいて行われた弁護活動が第一審でも無罪判決に大きく寄与していることを勘案して、原決定が認定した弁護人報酬額は低きに過ぎて不当であると判断して、増額を認めた裁判例があり[49]、注目される。ただし、無罪判決への寄与度を過度に重視すべきではないと考える。記録を謄写したり反証を収集しようとした時点では、防御活動に使用する見込みがあれば、それは必要な防御活動だったのであり、結果的に、防御活動に使用できなかったとしても、算定の基礎に組み込むべきであろう。弁護人が行った記録謄写や反証収集活動を安易に不必要だったと評価して費用として算定しない対応を行わないようにしなければならない。

4　算定基準時

さらに費用や報酬の算定の基準時については、被告人、弁護人の旅費、日当及び宿泊料については各出頭の時点、弁護人の報酬については当該審級の判決言渡しの時点と解するのが判例である[50]。しかし、これに対しては、費用補償は損害填補であって、原状回復の機能を持つべきであることなどを理由に、無罪判決確定時を基準にすべきとする有力な反対説がある[51]。実際上も、再審事件を典型として、起訴から無罪確定まで長期間を要した事例においては、出頭時や原判決の判決言渡し時を基準とすると、現在の貨幣価値に照らしておよそ意味のない額を算定することになりかねないが、そのような帰結は、衡平という立法者が理解するところの制度趣旨自体に反する[52]。

Ⅳ　複数弁護人の場合の費用の制限

弁護人の旅費、日当及び宿泊費については、公判準備または公判期日に出頭した弁護人が2人以上あったときは、事件の性質や審理の状況その他の事情を考慮して、その支給を一部の弁護人に限ることができる。弁護人として名を連ねてはいるが、出頭するだけで、具体的な法廷での防御活動を行わなかったような場合を想定した規定である[53]。補償の範囲を一部の弁護人の費用に限るか否か及びその範囲をどのようにするかは、各期日を単位に定めるべきである

---

[49]　東京高決平13・2・13判時1763号216頁。
[50]　最三小決昭54・12・14刑集33巻7号917頁、東京高決昭57・3・24判時1064号136頁。
[51]　能勢弘之「刑訴法188条の2、188条の6により補償すべき費用の算定基準時」判例評論263号（1981年）218頁。
[52]　小田中聰樹＝大出良知＝川崎英明編著『刑事弁護コンメンタールⅠ　刑事訴訟法』（現代人文社、1998年）147頁〔福島至〕。
[53]　実際の適用例として、東京高決昭57・3・24判時1064号136頁。

とされている。

(渕野貴生)

（刑事補償法の準用）
第188条の7 補償の請求その他補償に関する手続、補償と他の法律による損害賠償との関係、補償を受ける権利の譲渡又は差押え及び被告人又は被告人であつた者の相続人に対する補償については、この法律に特別の定めがある場合のほか、刑事補償法（昭和二十五年法律第一号）第一条に規定する補償の例による。

I 本条の趣旨

本条は、補償の手続、**損害賠償**との関係、補償を受ける権利の**譲渡**または**差押え**及び**相続人**に対する補償について、**刑事補償法**及びその付属法令（たとえば、**刑事補償規則**）を適用することを定めた規定である。

II 適用条文

補償の手続については、刑補9条（代理人による補償の請求）、刑補13条（補償請求の取消しの効果）、刑補14条（補償請求に対する裁判）、刑補15条（補償請求却下の裁判）、刑補16条（補償又は請求棄却の決定）、刑補19条3項（即時抗告又は異議の申立）（ただし、刑補15条を準用する部分を除く）、刑補20条（補償払渡しの請求）である。

これに対して、刑補6条（管轄裁判所）、刑補7条（補償請求の期間）及び刑補19条1項、2項（即時抗告又は異議の申立）は、刑訴188条の3及び刑訴188条の5に特別の定めがあるので適用されない。また、刑訴188条の3第3項及び刑訴188条の5第3項に**即時抗告**等についての特別規定があるから、即時抗告に対する決定に対しては刑訴426条、**異議申立て**に対する決定については刑訴428条3項が適用され、その結果、刑補19条3項中の刑補15条を準用する部分の適用はない。

他の法律による損害賠償との関係については、刑補5条（損害賠償との関係）が適用される。したがって、**国家賠償法**による損害賠償請求や、誣告などに対して不法行為に基づく損害賠償請求（民709条等）を別途行うことは妨げられない。ただし、国や第三者から損害賠償を受けた場合には、その額は費用補償額から差し引かれ、また、費用補償をすでに受けているときは、その額は、損害賠償の額から差し引かれる。

補償を受ける権利の**譲渡**及び**差押え**については、刑補22条が適用される。し

たがって、補償の請求権及び払渡しの請求権は、譲り渡しまたは差押えることはできない。

被告人または被告人であった者の**相続人**に対する補償については、刑補2条（相続人による補償の請求）、刑補8条（相続人の疎明）、刑補10条（同順位相続人の補償請求）、刑補11条（同順位相続人に対する通知）、刑補12条（同順位相続人の補償請求の取消し）、刑補17条（同順位相続人に対する決定の効果）、刑補18条（補償請求手続の中断及び受継ぎ）、刑補21条（補償払渡しの効果）が適用される。

（渕野貴生）

第2編　第一審

〔前注〕

　本編は、「捜査」、「公訴」、「公判」の3章を収める。内容的には、刑事手続の初期段階をなす捜査から、公訴提起、そして第一審の裁判までを規定しており、刑事訴訟法の中でも最も重要な部分を占めている。しかも、それだけでなく、現行法の特色をなす当事者主義を最もよく示す部分でもある。

　本編は、「第一審」と題されているが、第一審の手続について規定しているのは、厳密にいえば「公判」だけである。それにもかかわらず、「捜査」及び「公訴」が本編に収められているのは、第一審の公判が公訴提起によって開始されるという意味で密接な関連性があること、そして捜査も性質上は公判の準備手続たる意義をもつことが、その理由であると解される。しかし、立法論としては、「捜査」と「公訴」を本編「第一審」から分離して、独立の編とすべきであろう。

（多田辰也）

第2編第1章　捜査

〔前注〕

Ⅰ　捜査の意義

　捜査とは、捜査機関が犯罪が発生したと考えるときに、公訴の提起・遂行のため、犯人を発見・保全し、証拠を収集・確保する行為をいう。

　留意点につき若干補足する。捜査は、上記のような性格をもつ活動・処分の集積にすぎず、公判手続とか上訴のような手続段階をさす語ではない。また、被疑者及び弁護人も防御のための準備活動を行うが、これは捜査機関によって行われるものではないので、一般的には捜査には含まれない。私人による現行犯逮捕（刑訴213条）も、捜査行為とはいわない。さらに、たとえば、収税官吏が行う国税犯則事件の調査、独禁法違反事件の調査、各種税法上の税務調査など、国家による捜査類似の調査活動も、公訴の提起・遂行に直接つながるものでない以上、捜査とはいえない※1。

　なお、捜査の目的を、犯罪の嫌疑の有無を明らかにし、起訴不起訴を決定することにあると捉え、そのため起訴後の捜査は認められないと解する見解がある。これは、後に述べる訴訟的捜査観を前提として主張されたものであるが、現行法の解釈としてそのように解すべき根拠はない。通説は、起訴後における捜査をも認めている。もっとも、公訴提起の前後、あるいは第1回公判期日の前後によって、捜査機関の権限に差異が生じることは否定できない。

　ところで、捜査の定義に関しては、通信傍受法の制定過程で、将来起こりうる犯罪についての捜査、換言すれば、犯罪発生前の捜査は可能か、という問題がクローズアップされることになった※2。捜査時期の問題として捉える限り、現行刑訴法の解釈上は、消極説を基本とせざるを得ない。しかし、捜査を訴追・裁判の準備活動というように、目的論的に実質機能で定義すれば、立法論として、犯罪発生前の捜査を認めることも不可能ではないであろう。ただ、その場合には、濫用防止策を含めた強制処分法定主義の強調とともに、令状主義の実効性という観点から、正当事由の存在及び捜索場所や差押物の特定・明示が特に強く要請されることになろう。

　※1　もっとも、捜査に近似した法的規制が要請される。最大判昭47・11・22刑集26巻9号554頁〔川崎民商事件〕、最三小判昭59・3・27刑集38巻5号2037頁等参照。
　※2　ビデオカメラによる監視が問題となった事案で、東京高判昭63・4・1判時1278号152頁、大阪地判平6・4・27判タ861号160頁等は、犯罪発生前の捜査を適法としていた。

Ⅱ 捜査機関

捜査を担当する機関は、検察官、検察事務官及び司法警察職員である。司法警察職員は、さらに、警察官たる一般司法警察職員と、たとえば森林犯罪など特定の事項について司法警察職員として職務を行う特別司法警察職員とに分かれる。これらの捜査機関の組織や権限等については、刑訴189条ないし刑訴191条参照。

なお、特別司法警察職員とはされていないが、国税庁監察官は、特定の事項については捜査権をもつ（財務省設置27条）。

Ⅲ 捜査の条件

捜査については、個々の捜査処分の要件は重要であるものの、捜査が許されるための一般的要件ということは論じにくい。もっとも、確定判決の存在、刑の廃止、大赦、公訴時効の完成、裁判権の不存在などのように、これらの事情の存在が明らかになったときは訴訟条件を具備する可能性がまったくなく、したがって公訴提起の余地が認められない場合には、公訴の提起・遂行の準備活動としての捜査の必要性は認められず、許されない。親告罪につき、すべての告訴権者の告訴権が喪失した場合も同様となる。

それでは、捜査段階では訴訟条件を欠くものの、将来具備する余地を残している場合はどうであろうか。実務上最も問題となるのは、親告罪の告訴が欠ける場合である。犯罪が発生した以上、被疑者及び証拠を保全しておく必要性を否定することはできないので、捜査は行いうると解すべきである[3]。もっとも、被害者の名誉保護のため親告罪とされているようなときは、直ちに捜査を行うべき緊急性があり、被害者の名誉等を侵害するおそれのない場合に限定すべきであり（犯罪捜査規範70条参照）、逮捕等の強制処分は、近い将来告訴が期待できる場合に限るべきであろう（犯罪捜査規範121条参照）。

告発または請求を訴訟条件とする犯罪についても、告発または請求前の捜査も許されるが[4]、どのような場合に、どの程度の捜査が許されるかは、ケース・バイ・ケースで判断すべきであろう。

なお、議院証言8条については、捜査権の介入自体を告発にかからせていると解し、同条の告発がない限り捜査は許されないとの見解もみられる[5]。しかし、捜査そのものを禁止したとまで解するのは疑問があり、告発前の捜査は

---

[3] 福岡高宮崎支判昭28・10・30特報26号116頁参照。

[4] 告発につき、最三小決昭35・12・23刑集14巻14号2213頁、請求につき、犯罪捜査規範72条参照。

[5] 平野龍一『刑事訴訟法』（有斐閣、1958年）85頁。

なるべく避けるべきであり、特に議院内における強制捜査はできないと解しておけばよいであろう。

Ⅳ　捜査の構造

「**捜査の構造**」論とは、捜査が刑事手続全体において占める地位ないし性格を解明するための原理論である。公判手続の構造について、職権主義か当事者主義かが問題となるように、捜査の基本的性格についても、同様の手法で観察してみることはできないか、という議論である。

1　糾問的捜査観と弾劾的捜査観

捜査の構造については、**糾問的捜査観**と**弾劾的捜査観**という2つの対照的な見方が対置される[6]。前者によれば、捜査は本来、捜査機関が被疑者を取り調べるための手続であって、強制が認められるのもそのためであるが、濫用防止のために裁判所または裁判官による抑制が行われるとされる。これに対し、後者では、捜査は捜査機関が単独で行う準備活動にすぎず、被疑者も対等な当事者として独立に準備活動を行うのであり、強制は将来の公判に備えて裁判所または裁判官が行うだけであり、当事者はその結果を利用しうるにすぎないと説かれる。換言すれば、糾問的捜査観によれば、捜査機関は職権主義のもとにおける裁判所のような立場であり、弾劾的捜査観によれば、それは当事者主義のもとにおける原告のような立場にあると考えるわけである。両者の差異を一言でいえば、被疑者に対する捜査機関の優越的地位を認めるか否かにあるといえよう。

両者の対立から導き出される解釈論的帰結は、ほぼ次のようなものである。

(1)逮捕状や捜索差押令状などの令状の性質をどう捉えるかである。糾問的捜査観によれば、強制処分は本来捜査機関の権限であり、令状裁判官による抑制はその濫用を防止するという意味しかもたないから、令状は許可状となる。これに対し、弾劾的捜査観に立つと、裁判所（裁判官）が強制処分権限をもつのであるから、令状は、裁判官が捜査機関に強制処分の執行を命じる命令状と解することになる。

(2)第1の問題とも関連するが、強制処分の必要性の判断権者は捜査機関か裁判所（裁判官）か、という問題である。糾問的捜査観によれば捜査機関だという結論を導くのに対して、弾劾的捜査観によれば裁判所（裁判官）という帰結を導くことになる。もっとも、逮捕については、1953（昭和28）年の一部改正によって立法的解決がはかられた（刑訴199条2項但書）し、差押えについては

---

[6]　平野・前掲[5]書83-84頁。

判例によって、裁判官に必要性の判断権があることが認められた[7]。

(3)身体拘束中の被疑者に取調べ受忍義務があるかという問題であり、両説が対立する最大の論点である。糾問的捜査観によれば、逮捕勾留は取調べのためのものとなるから、被疑者に供述を強要することはできないものの、取調べのための強制は認められる、つまり受忍義務を肯定することになる。これに対し、弾劾的捜査観によれば、逮捕勾留は出頭確保のためのものであるし、受忍義務を課すことは、被疑者の包括的黙秘権を侵害するだけでなく、被疑者の当事者的地位と矛盾することになる。

(4)被疑者と弁護人との接見交通権を制約するための「捜査の必要」（刑訴39条3項）の解釈問題である。糾問的捜査観によれば、捜査の便宜が優越的根拠となり、罪証隠滅を含む捜査全般の必要を意味するのに対し、弾劾的捜査観からは、きわめて厳格に解釈されることになる[8]。

(5)公判との関係で、捜査の権威性・終局性を強調するか、それともその当事者性・準備手続性を強調するかという問題である。糾問的捜査観は、捜査手続の司法的性格を強調するものであり、前者の立場に結びつくのに対し、弾劾的捜査観は、捜査を一方当事者の準備たる性格をもつとするものであるため、後者の立場に結びつき、公判中心主義の徹底を図ることになる。

同じ規定について、ここまで対照的な解釈論的帰結が導かれる背景には、歴史的由来がある。旧法下では、公判前手続を主宰するのは予審であったが、諸種の弊害があったため戦後廃止された。そこで、廃止された予審の捜査権が、捜査機関に委譲されたとみるか（糾問的捜査観）、それとも令状裁判官に帰属するとみるか（弾劾的捜査観）が問題となった。現行刑訴法の法文からは、そのいずれにも解する余地があるため、構造論的な対立が生まれたのである。

2 訴訟的捜査観

糾問的捜査観と弾劾的捜査観とは異なった観点から、まったく独自の構造論の提言として、**訴訟的捜査観**がある[9]。それは、捜査は公判とはまったく独立した手続段階で、検察官による起訴・不起訴のふるい分けを目的とし、そのため、検察官を頂点として、司法警察職員と被疑者（弁護人）とが対立する三面構造をとる、とするものである。そして、そこから、起訴・不起訴の決定権をもつ検察官に働きかける被疑者の防御活動と、それを支える弁護人の活動の意義が強調されるほか、被疑者取調べは被疑者の弁解・主張を聴くための手続

---

[7] 最三小決昭44・3・18刑集23巻3号153頁。

[8] 最一小判昭53・7・10民集32巻5号820頁、最三小判平3・5・10民集45巻5号919頁等参照。

[9] 井戸田侃『刑事手続の構造序説』（有斐閣、1971年）67頁、石川才顕『刑事手続と人権』（日本評論社、1986年）59頁等参照。

であり、むしろ被疑者の権利であること、起訴後の捜査は許されないことなどの結論を導く。しかし、訴訟的捜査観の最大の特徴は、検察官の準司法官的性格を肯定する点にある。

確かに、訴訟的捜査観は、従来軽視されがちであった検察官の捜査上の役割・地位を、司法警察職員との関係で捉え直し、併せてそれに対する被疑者・弁護人の防御活動を強調したもので、重要な問題提起を含んでいることは否定できない。しかし、捜査手続を公判手続とは独立した自己完結的なものと捉え、起訴・不起訴の慎重なふるい分けを強調することは、検察官の権限強化につながりかねない。また、捜査の主体であり訴追裁量権を独占している検察官に、裁判官に求められるような（準）司法官的役割を期待することにも大きな問題がある。つまり、捜査の権威性・終局性を強調する訴訟的捜査観には、糾問的捜査観に対するのと同じ批判が向けられるのである。

3　捜査構造論の意義と限界

捜査の構造論は、戦後の刑事訴訟法学界において盛んに議論されたテーマの1つであり、捜査手続の重要性を自覚させるとともに、捜査の構造的理解を可能にしたことの意義は大きい。また、捜査の構造論は、刑訴法の解釈・運用を枠付けるだけでなく、絶えざる改善を求めるための理論（立法論的改善策を示唆する指針）としても機能するところに、いぜんとして重要な意味をもつ。

しかし、構造論のもつ限界についても、認識しておかなければならない。構造論は、あくまで解釈や立法の基本的な考え方を示す道具に過ぎないということである。したがって、捜査の構造論によって、捜査をめぐるすべての問題が解決されるわけではない。

V　捜査の開始

1　捜査の端緒

捜査は、司法警察職員が「犯罪があると思料」（刑訴189条2項）したときに始まる（検察官については、「必要と認めるとき」（刑訴191条1項））。犯罪があると思料するとは、なんらかの犯罪があると推測し、その嫌疑を抱くことであるから、刑訴法は、捜査の開始について主観的な基準を用いていることになる。そして、嫌疑を抱くきっかけとなる事象を、**捜査の端緒**という。

刑訴法は、捜査の端緒について一般的な規定を設けずに、個人の権利義務に関連するものと特殊な法的効果を伴うものとして、現行犯（刑訴212条）、検視（刑訴229条）、告訴（刑訴230条）、告発（刑訴239条）、請求及び自首（刑訴245条）について規定するのみである。しかし、捜査の端緒は多種多様であり、法律によって禁止されていない限り、捜査機関はあらゆる方法を利用することができる（犯罪捜査規範59条参照）。便宜上、(1)犯人や被害者の申告・告知による

場合（告訴や被害届、自首、私人による現行犯逮捕など）、(2)第三者の申告・告知による場合（告発、請求、匿名の申告、質屋・古物商の確認・申告など）、(3)警察官の活動に由来する場合（聞込み、変死体の検視、職務質問、自動車検問、他事件捜査での認知、警察官による現行犯逮捕など）に区分することが可能である。現実には、全体の8割以上は、市民活動に由来する。

捜査の端緒としてどのようなものを利用するかについて制限はないとはいえ、捜査自体にデュー・プロセスの要請がある以上、端緒の探知についても、同様の要請があることを忘れてはならない。

刑訴法の規定する捜査の端緒については、各条文を参照されたい。ここでは、職務質問、所持品検査及び自動車検問についてのみ説明する。

2 職務質問

警察官は、異常な挙動その他周囲の事情から合理的に判断して、何らかの犯罪を犯し、もしくは犯そうとしていると疑うに足りる相当な理由のある者や、すでに行われた犯罪等について知っていると認められる者を、停止させて質問することができる（警職2条1項）。これを、**職務質問**という。また、その場で質問することが本人に対して不利であり、または交通の妨害になると認められる場合には、付近の警察署等に同行を求めることができるとされ（警職2条2項）、これを**任意同行**と呼ぶが、質問形態のひとつのバリエーションなので、広義ではこれも職務質問に含まれる。

このように、警察官は、職務質問のために対象者を停止させて質問し、あるいは同行を求めることができるものの、刑事訴訟法の規定によらない限り、身体の拘束、強制連行、答弁の強要は許されない（警職2条3項）。そのため、職務質問は任意処分であるということが強調されることになった。

しかし、職務質問の背景にある犯罪の予防鎮圧という警察目的と職務質問の本質に照らし、ことばの純粋な意味での任意の受忍を前提とするならば、対象者が職務質問に応じず、これを拒否する場合には、それ以上質問することができないことになり、それではとうてい職務質問の目的を達成することはできないであろう。そのため、職務質問のために最終的に許容される有形力行使の限界が問題とされてきたのである。

判例は、いずれも停止・質問のためには、強制にわたらない程度の有形力の行使は許容されるとの立場をとっている※10。判例のとる適法性の基準を類型化することは容易ではないが、一般的には、必要性、緊急性などをも考慮したうえで、具体的状況のもとでの相当性という観点から適法性判断を行っている

※10 最一小決昭29・7・15刑集8巻7号1137頁、最一小決昭29・12・27刑集8巻13号2435頁、最一小決昭53・9・22刑集32巻6号1774頁、最三小決平6・9・16刑集48巻6号420頁等。

といえよう※11。

　この点学説は、(1)任意の受忍を前提とする厳格任意説、(2)任意を原則としつつ、犯罪の重大性、嫌疑の濃厚を要件とする例外的実力説、(3)執拗な説得の続行を予定する説得説、(4)任意と強制の中間たる実力までが許されるとする実力説、(5)強制捜査に至らない程度の自由の制約を認める制約説が対立しているが、このうち、(3)(4)(5)には実際上の差異はなく、多くの場合、判例の結論を支持することになる。

　もっとも、職務質問継続のための長時間の留め置きが問題となることも多い。そして、留め置きの適法性判断にあたっては、純粋に任意処分として行われている段階と、強制採尿令状等の請求手続が開始されてから同令状が執行されるまでの段階とでは、その判断基準が異なることを認める裁判例もみられる（いわゆる二分論）※12。

3　所持品検査

　職務質問に際し、対象者の携帯品や身につけている衣類等について、外部から触れたり、中身を点検したり、内容物を取り出して点検することが行われる。これを**所持品検査**という。最近では、所持品検査を行うために職務質問をするとさえいわれるほど、その重要性・有用性が強調されているが、現行法には、所持品検査を許容する明文規定は存在しない（なお、警職2条4項、銃刀所持24条の2参照）。

　判例は、猟銃等をもった銀行強盗事件が発生したので緊急配備についていた警察官が、通報で停止させた被告人らにボーリングバッグの開披を繰り返し求めたが応じなかったので、その承諾のないままチャックを開けると札束が出てきたという事案（いわゆる、米子銀行強盗事件）において、次のように判示した。すなわち、最高裁は、所持品検査を職務質問の付随行為と位置づけ、原則として承諾のうえで行うべきだが、必要性、緊急性、相当性が認められる場合には、たとえ相手方の承諾がなくても例外的に許されるとして、ボーリングバッグの開披行為を適法としたのである※13。その後、一般的基準としては同じものを用いながら、覚せい剤使用ないし所持の疑いのある者の上衣の内ポケットに手を入れて所持品を取り出した行為を違法とした判例がある※14。

　上記2つの判例を対比して、バッグのチャックを開ける行為は適法だが、上

　※11　最三小決昭51・3・16刑集30巻2号187頁参照。
　※12　東京高判平21・7・1判タ1314号302頁、東京高判平22・11・8高刑集63巻3号4頁等参照。ただし、札幌高判平26・12・18判タ1416号129頁等は、二分論という判断枠組みを採用していない。
　※13　最三小判昭53・6・20刑集32巻4号670頁。
　※14　最一小判昭53・9・7刑集32巻6号1672頁。

衣の内ポケットに手を入れるのは違法であるとの結論を導き出すのは妥当ではない。判例は、「必要性、緊急性、相当性」という要件の中に、犯罪の重大性、嫌疑の濃淡、法益侵害の軽重等という考慮事項を読み込んでいると考えるべきであろう。

4　自動車検問

　自動車検問とは、犯罪の予防・検挙のため、警察官が走行中の車両を停止させ、自動車を見分したり、その運転者や同乗者に対して必要な事項について質問することをいう。モータリゼーションの進展によって、自動車検問の必要性は高まったといえるが、しかし、これを直接的に許容する規定は存在しない。

　自動車検問は、(1)交通違反の予防・検挙を目的とする**交通検問**、(2)不特定の犯罪の予防・検挙を目的とする**警戒検問**、(3)特定の犯罪が発生した際に、犯人の検挙と情報収集を目的として行う**緊急配備検問**の三種に分けられる。このうち、(3)は、刑訴法197条1項の任意捜査として、あるいは警職法上の職務質問として許される。また、(1)(2)についても、外見上不審事由のある車両を対象とするときは、警職法によるほか、道交法上の交通違反車両としての停止が可能である（道交61条、道交63条、道交67条等）。したがって問題は、(1)(2)における無差別の一斉検問の適法性ということになる。

　判例は、このうち一斉交通検問について、停止が任意手段であること、国民の権利・自由の干渉にわたるおそれがあるとはいえ、交通違反の多発する地域等で、一斉に短時間の停止を求めて必要な質問をするにとどめるなどの形で行われた場合には、その権利・自由の不当な制約とはいえないことを理由に、自動車利用者が取り締まりに協力する義務のあることを実質上の根拠として、警察法2条1項を援用しつつ、これを適法とした※15。

　従来、一斉検問については、法的根拠がないとする違法説のほか、何を根拠として認めるかにより、警職法2条1項説、警察法2条1項説及び憲法31条説が対立していた。対立の所以は、停止にどの程度の警察活動が許されるかにある。警職法2条1項説は、説得を続けるために必要な範囲での有形力の行使を認めるのに対し、警察法2条1項説は、警察活動をより厳格に規制することになる。憲法31条説は、両者の中間として、具体的必要性と相当性にみあった警察力の行使を認める。

　しかし、警職法2条1項説については、職務質問の要件なき質問を認めることになり、解釈論の枠を超えるといわざるを得ない※16。また、警察法2条1項

※15　最三小決昭55・9・22刑集34巻5号272頁。

※16　ちなみに、大阪高判昭38・9・6高刑集16巻7号526頁は、一斉警戒検問について、警職法2条1項説に立つが、交通検問に関するとはいえ昭和55年の最高裁判例が出された以上、そのまま維持することはできないであろう。

説に対しては、警察法は組織法であって作用法ではないとの批判が可能であろう。憲法31条説に対しても、憲法を直接の根拠として裁判所に合理的な規制を期待することは法的安定性に欠ける、との批判が向けられる。なお、一斉検問の根拠を警職法8条に求める見解もあるが、同条を具体的権限付与の規定と解することはできない。

ちなみに、近時は、判例は一斉検問を任意処分として認めたのであり、その意味で法的根拠は必ずしも必要ないとの見解もみられる。確かに、法的根拠がない以上、いかなる場合にも一斉検問が許されないとはいえないであろう。しかし、先の最高裁判例は、一斉検問の法的根拠を問題とする上告趣意に答えたものであるし、特段の根拠規定を不要とも判示していない。しかも、当該事案は「任意の協力」が得られた場合であり、協力が得られなければ違法になるともしていない。そうである以上、判例は、警察法2条1項に法的根拠を求めたとみるべきであるし、それだけに先の批判がそのまま当てはまることになる。立法的措置を講ずるべきである。

5 行政警察活動の違法と捜査

先に述べた、職務質問、所持品検査及び自動車検問は、いずれも行政警察作用とされているものである。しかし、それらによって犯罪の嫌疑が生ずれば、捜査（司法警察作用）が開始されることになるが、その推移はしばしば微妙である。そして、両者が異なる作用を有することから、行政警察活動の違法が、その後の司法警察活動（捜査）に影響を及ぼすかが問題とされる。たとえば、警職法上の任意同行が違法であった場合に、それに引き続く刑訴法上の任意同行・取調べも違法となるか、という問題である。

この点、権限行使の主体である警察官が、両者の権限を明確に意識して使い分ける限り、前者の違法性は後者には影響を及ぼさないとの見解もないわけではない。しかし、両者の区別は結局のところ警察官の主観にしかなく、その区別の標準も曖昧である以上、前者の違法性は後者をも違法とすると解すべきである。

Ⅵ 捜査の基本原則

捜査は、それが円滑かつ効果的に行われ、迅速な犯人検挙に結びつけば、社会の治安維持に役立つことはいうまでもない。しかし、捜査は、被疑者を含む一般市民の自由、財産その他私生活上の利益に、直接重大な影響を及ぼすものでもある。そのため、法は、次のような捜査の基本原則を設けている（詳しくは、刑訴197条の解説参照）。

(1) 任意捜査の原則

刑訴197条1項は、捜査においては任意捜査が原則であり、強制捜査は法律

上も例外であることを定めている。これを受けて、犯罪捜査規範99条も、「捜査は、なるべく任意捜査の方法によって行わなければならない」と規定している。

(2) 強制処分法定主義

　刑訴197条1項但書は、「強制の処分は、この法律に特別の定めのある場合でなければ、これをすることができない」と規定し、強制処分法定主義を宣言している。法定とは、事前に要件や手続等が定められていることを意味するものであり、憲31条に基づくものといわれる。

　なお、最高裁は、車両に使用者らの承諾なく秘かにGPS端末を取り付けて位置情報を検索して移動状況を把握する**GPS捜査**に関して、合理的に推認される個人の意思に反してその私的領域に侵入（プライバシーを侵害）する捜査手法であり、令状がなければ行うことができない強制処分であることを認めるとともに、GPS捜査は刑訴法上の検証と同様の性質を有するものの、それだけでは捉えきれない性質を有することも否定し難いこと、GPS端末を取り付けるべき車両及び罪名を特定しただけでは被疑事実と関係のない使用者の行動の過剰な把握を抑制することができないこと、さらには、令状の事前呈示の要請に代わる公正の担保手続が仕組みとして確保されていないことなどを理由に、事案ごとに令状裁判官の判断により多様な選択肢の中から的確な条件の選択が行われない限り是認できないような強制処分を認めることは、強制処分法定主義の趣旨に沿うものとはいえず、もしGPS捜査が今後も広く用いられる有力な捜査手法であるとすれば、その特質に着目して憲法、刑訴法の諸原則に適合する立法的措置が講じられることが望ましいとの判断を示した[※17]。強制処分法定主義と令状主義との関係についても触れられており興味深い。

(3) 令状主義

　強制処分を行うためには、原則として裁判官の発する令状に基づかなければならないというものであり、憲33条、憲35条が直接要請するところである。例外は、現行犯逮捕や逮捕に伴う捜索・差押え・検証に限られる。

(4) 捜査比例の原則

　捜査は、被疑者を含む一般市民の権利・自由に重大な影響を及ぼすものである以上、捜査の必要と人権保障との間にはほどよい調和が求められなければならないことから、捜査上の処分は、必要性にみあった相当なものでなければならないという捜査比例の原則が生まれる。任意捜査の原則も、この原則の1つ

[※17] 最大判平29・3・15刑集71巻3号13頁。これを受けて、警察庁は、検証令状を取得して行うものも含め、全てのGPS捜査を控えるよう通達を出した。ちなみに、同判決は、検証令状の発付を受けたうえで、携帯電話やスマートフォンのGPS機能を利用して携帯電話等の位置情報を電気通信事業者等から取得する捜査方法について触れるものではない。

の現れである。また、強制処分を行う場合にも、できる限り権利・自由の侵害の程度が低い方法を選択することが要請される。

(5) 関係者の名誉保護の原則

刑訴196条が定める。旧刑訴253条と異なり、捜査密行主義を正面から規定していないことからすれば、捜査の秘密を認めるとしても、それは、個人の名誉の保護という観点に重点が置かれていると解すべきであろう。

Ⅶ 捜査に対する法的規制

捜査に対する法的規制は、捜査活動が有効に行われるために敷かれた軌道であると同時に、デュー・プロセスの観点からの抑制という意味もある。また、違法捜査が行われたときには、その違法を摘示し、関係者の救済をはかることによって、間接的に将来の違法捜査を防止し、捜査の適正を確保することも必要となる。

捜査に対する法的規制については、いくつかの類型に分けることが可能である。

1 法的規制—総論

(1) 任意捜査に対する法的規制

任意捜査については、いちいち厳格な法律要件は規定されておらず、一般的に必要性、緊急性及び相当性という観点から、ケース・バイ・ケースの判断がなされる。しかし、任意捜査といえども捜査手続の一環である以上、手続一般の理念であるデュー・プロセスの要請が妥当することはいうまでもない。

(2) 強制捜査に対する法的規制

強制捜査に対する法的規制の中心は、強制処分法定主義（刑訴197条1項但書）と令状主義（憲33条、憲35条）である。つまり、強制の処分は、刑事訴訟法に特別の定めのある場合でなければすることができないだけでなく、原則として、事前に裁判官の発する令状が必要なのである。

(3) 被疑者取調べに対する法的規制

被疑者取調べ、特に身体拘束中の被疑者取調べに対する法的規制は、黙秘権（憲38条1項、刑訴198条2項）と弁護権（憲34条）ならびに自白法則（憲38条2項、刑訴319条1項）である。弁護権に関しては、接見交通権（刑訴39条）だけでなく、取調べへの立会権を認めるべきとの主張もみられる。また、2016（平成28）年の法改正によって、裁判員裁判対象事件と検察官独自捜査事件に限ってではあるが、取調べの録音・録画制度が導入された（詳しくは、刑訴301条の2の解説参照）。

2 法的規制―各論

(1) 事前規制と事後規制

事前規制としては、強制処分法定主義、令状主義あるいは黙秘権の告知などが存在する。これに対し、事後規制としては、準抗告（刑訴429条等）、勾留や鑑定留置の取消し請求（刑訴87条、刑訴167条5項、刑訴207条1項）、自白法則（憲38条2項、刑訴319条1項）、違法収集証拠の排除法則及び違法捜査に基づく公訴提起を無効とする公訴権濫用論の主張などが存在する。ちなみに、捜査の違法を量刑上考慮するとの理論も、事後規制の1つといえよう※18。

(2) 手続的規制と証拠法的規制

(1)とは違った観点からの分類として、手続的規制と証拠法的規制というものも考えうる。前者は、令状主義、準抗告、取消請求及び公訴権濫用論などであり、後者には、自白法則及び違法収集証拠の排除法則が含まれる。

(3) 刑事手続内での規制と刑事手続外の規制

これまで述べてきた強制処分法定主義、令状主義、黙秘権、弁護権、準抗告、取消請求、自白法則、違法収集証拠の排除法則及び公訴権濫用論などは、すべて当該刑事手続の中で認められる法的規制であるのに対し、刑事手続外でも、いくつかの規制策が存在する。

(i) 懲戒処分　違法捜査が法律違反、職務上の義務違反、職務怠慢等にあたれば、当該公務員の懲戒事由となる（国公82条2号、地公29条1項2号）。

(ii) 刑事罰　違法捜査の内容が、職権濫用罪（刑193条以下）のほか、各種刑罰法令に触れた場合には、刑事訴追が可能であり、検察官の不起訴処分に対しては付審判制度も用意されている（刑訴262条以下）。

(iii) 民事賠償　違法捜査の内容が不法行為にあたる場合、わが国では、捜査官個人に対する損害賠償請求（民709条）だけでなく、国家賠償請求が可能である（国賠1条）。

(iv) 人身保護請求　違法な身体拘束から自由を回復する手段として人身保護請求が認められるが（人保2条）、刑訴法上の救済手段をとることができないときにしか利用できないので、活用の余地はあまりない。

3 法的規制―まとめ

以上述べてきた法的規制の多くは、必ずしも排他的なものではない。それぞれ、目的も要件も機能も異なっている。したがって、法的規制のあり方を考える際には、個別の事案ごとに、どの規制方法が有効かを見極める必要がある。違法収集証拠の排除法則や公訴権濫用論などは、刑事手続外の規制がほとんど有効に機能していないことから、ふたたび刑事手続内での規制をねらったもの

※18　浦和地判平1・12・21判タ723号257頁、浦和地判平3・9・26判時1410号121頁等参照。

といえる。もっとも、むやみに排除法則の主張をすることによって、違法ではあるが、その違法は重大ではないとして、結果的に証拠能力を肯定する判断があいつげば、排除法則による捜査の規制の有効性にもかげりが出てくるおそれすら存在するのである。

ちなみに、マス・メディアや世論による捜査批判も、一定の抑制効果を及ぼすことは否定できない。

(多田辰也)

> **(一般司法警察職員と捜査)**
> **第189条** 警察官は、それぞれ、他の法律又は国家公安委員会若しくは都道府県公安委員会の定めるところにより、司法警察職員として職務を行う。
> ② 司法警察職員は、犯罪があると思料するときは、犯人及び証拠を捜査するものとする。

I 本条の趣旨

本条から刑訴195条までは、捜査機関の種類とその権限及び捜査機関相互の関係についての基本的事項を定めているが、本条は、警察官が一般司法警察職員として、第一次的な捜査機関であることを明らかにした規定である。

犯罪の捜査が警察の責務に属すること、したがって、警察官が捜査機関であることは、警2条1項に定められているが、同条項は組織体としての抽象的な責務を規定したにすぎない。これに対し、刑訴法は、捜査上の具体的権限を行使する主体を、フランス法の概念を用いて**「司法警察職員」**としたので、警察官がこれにあたることを明らかにするために設けられたのが本条である。

しかも、本条2項からは、検察官についての規定である刑訴191条との対比において、司法警察職員が第一次的な捜査機関となったことを読み取ることができる。これは、捜査の主宰者は検察官であるという旧制度の捜査機構の基本原則を変革したものとして、大きな意味をもつ。

ちなみに、本条2項は、特別司法警察職員についても妥当する。

II 改正の経緯

本条1項は、もともと「警察官及び警察吏員は、それぞれ、他の法律又は国家公安委員会、都道府県公安委員会、市町村公安委員会若しくは特別区公安委員会の定めるところにより、……」と規定されていたが、1954（昭和29）年に、国家地方警察と自治体警察の二本建てを廃止して、都道府県警察に一元化する

現行の警察法が施行されたことに伴い、現在のように改められた。

Ⅲ　司法警察職員

　司法警察職員は、捜査権限が一般的に認められるか特別の事項についてのみ認められるかにより、一般司法警察職員と特別司法警察職員とに分かれる。警察官は、本条1項により、司法警察職員として職務を行うべきものとされ、しかも、その権限に事項的制限はないから、**一般司法警察職員**である（特別司法警察職員については、刑訴190条参照）。

1　警察官の階級

　警察官とは、警察法によって規定された警察組織に所属する職員のうち、警察官という身分を有する国家公務員または地方公務員である（警34条、警55条、警56条）。

　警察官の階級は、警視総監、警視監、警視長、警視正、警視、警部、警部補、巡査部長及び巡査である（警62条）。警察庁長官は、警察官ではあるが（警34条3項）階級を持たない。なお、巡査のうち一定の者は、巡査長に任命されるが（昭和42国公委規3号）、これは階級ではない。

2　司法警察員と司法巡査の区分

(1)　権限の違い

　司法警察職員は、**司法警察員**と**司法巡査**に分けられる（刑訴39条3項）。もっとも、これらは、官名でも職名でもなく、刑訴法上の捜査権限を行使しうる資格にすぎない。下記のような比較的重要な処分が、司法警察員の権限に委ねられている。

　　(i)　令状請求の権限（ただし、緊急逮捕状の請求については限定はない。これに対し、通常逮捕状の請求については、公安委員会指定の警部以上の階級にある司法警察員に限られる。さらに、傍受令状の請求については厳しい制限がある）（刑訴199条2項、刑訴218条4項）。

　　(ii)　被逮捕被疑者に対する犯罪事実の要旨等の告知、弁解聴取、被疑者の釈放、送致（刑訴203条、刑訴211条、刑訴216条）。

　　(iii)　告訴、告発、自首を受ける権限（刑訴241条、刑訴245条）。

　　(iv)　事件を送致・送付する権限（刑訴242条、刑訴245条、刑訴246条）。

　　(v)　押収物の換価・還付・現状回復措置等の権限（刑訴222条1項但書）。

　　(vi)　被疑者の鑑定留置請求権、鑑定処分許可請求権（刑訴224条1項、刑訴225条2項）。

　　(vii)　検察官の命により検視する権限（刑訴229条2項）。

　　(viii)　検察官の命により収監状を発する権限（刑訴485条）。

(2) 区分指定

　警察官である司法警察職員について、司法警察員と司法巡査との区別を定めた法律は、これまでのところ制定されていない。したがって、その所属に従い、公安委員会の定めるところにより区分されることになる。

　警察庁（管区警察局を含む）に勤務する警察官については、国家公安委員会規則により、巡査部長以上の階級にあるものを司法警察員とし、巡査の階級にあるものを司法巡査としている（**昭和29年国家公安委員会規則5号**）。もっとも、警察庁長官または管区警察局長は、特に必要があると認めるときは、巡査の階級にある警察官を司法警察員に指定することができる[19]。

　都道府県警察の警察官については、各都道府県公安委員会規則により同様の定めがなされているが、巡査の階級にある者のうち、捜査に従事するものや、離島など警察署から遠隔の地にある駐在所に勤務するものについては、あらかじめ同規則によって司法警察員に指定している例が多い。

IV　司法警察職員の捜査権限

1　「捜査するものとする」の意義

　「捜査するものとする」とは、捜査の義務があるという強い意味でもないし、また、捜査の権限があるというだけの弱い意味でもなく、捜査をするのが建前であることの宣言である。捜査をするか否かが、司法警察職員の自由裁量に任されているわけではない。しかし、いやしくも犯罪があると思料する場合には、その犯罪がいかに軽微な犯罪であっても、すべて捜査しなければならないという絶対的な義務を課したものでもない。要は、司法警察職員にある程度の合理的な裁量の余地を認める趣旨と解される。

2　「犯罪があると思料するとき」の意義

　特定の犯罪の嫌疑があると認められるとき、という意味である。嫌疑の有無の認定権限は、司法警察職員にある。もっとも、その認定は司法警察職員の恣意的判断であってはならず、特定の犯罪が行われたことを疑うにたる客観的な事情の存在を必要とすると解する。特定の犯罪についての嫌疑が存在せず、何らかの犯罪が行われたかもしれないと認められるにすぎない段階でなされる活動は、刑訴法上の捜査とはいえない。

　なお、犯罪があると思料するに至った原因を捜査の端緒というが、これについては何の限定もない。刑訴法は、一応、現行犯人の発見（刑訴212条）、検視（刑訴229条）、告訴（刑訴230条）、告発（刑訴239条）、自首（刑訴245条）等を規定しているが、その他、投書やテレビの報道等であってもかまわない。

---

[19] 最二小決昭31・8・22刑集10巻8号1266頁は、この指定を適法とする。

3 管轄等による制限

　一般司法警察職員たる警察官の捜査権限については、事項的な制限はなく、あらゆる犯罪について捜査することができる。地域的制限に関しては、都道府県警察の警察官は、原則として当該都道府県警察の管轄区域内において職権を行うものとされており（警64条）、犯罪捜査についても、管轄区域の制限に従うべきものと解される。ただし、管轄区域の制限には種々の例外が認められており（警60条の2、警61条、警65条、警66条1項等参照）、その制限が緩和されていることも否定できない[20]。

　ちなみに、司法警察職員は、訴訟条件が具備していない事件についても捜査することができる[21]。また、少年の被疑者を家庭裁判所に送致した後においても、補充捜査をすることができるとされている[22]。

（多田辰也）

（特別司法警察職員）

第190条　森林、鉄道その他特別の事項について司法警察職員として職務を行うべき者及びその職務の範囲は、別に法律でこれを定める。

I　本条の趣旨

　本条は、警察官以外の者で、特定の事項または地域について捜査権が与えられている、いわゆる**特別司法警察職員**について定めた規定である。特別司法警察職員の制度は、旧法時代にも存在したが（旧刑訴251条）、当時は、特別な地域や施設のため一般司法警察職員（警察官）を配置することが困難な場合などに置かれていた。その後、一定の職務に従事する者は、その職務に関する犯罪については、犯罪発見の機会も多く、また、その専門性ゆえに、捜査を機能的・効率的に行いうることを考慮して、司法警察権限が与えられているものである。ちなみに、特別司法警察職員及びその職務の範囲は、旧法下では勅令で定められていたが、現行法はこれを改め、法律事項としている。司法警察権限を誰に、どの範囲で認めるかは、人権にかかわる重要な問題だからである。

---

[20] 管轄区域外における捜査を適法としたものとして、名古屋高判昭36・10・30高民集14巻8号523頁、福岡地決昭41・3・9下刑集8巻3号521頁、神戸地決昭46・2・10刑月3巻2号302頁等参照。

[21] 最三小決昭35・12・23刑集14巻14号2213頁。

[22] 最一小決平2・10・24刑集44巻7号639頁。

Ⅱ　特別司法警察職員の捜査権限

　特別司法警察職員は、その捜査権が制限されているものの、その範囲内では、原則として、刑訴法上の権限において、一般司法警察職員と異なるところはない[23]。刑訴189条2項の適用もあると解される。

　ところで、特別司法警察職員の捜査権が認められる事項であっても、一般司法警察職員の捜査権が排斥されるわけではなく、両者の捜査権が競合することになる。ただ、特別司法警察職員が置かれた趣旨からいえば、第一次的な捜査の責任は、特別司法警察職員が有するものと解される（なお、犯罪捜査規範50条ないし犯罪捜査規範54条参照）。もっとも、具体的事件の捜査にあたっては、特別司法警察職員と一般司法警察職員との間で、その権限と責任の配分を明らかにする共助協定等があればそれに基づき、それがなければその都度協議して捜査を進めることになる。協議が整わなければ、刑訴193条2項の検察官の指揮権の発動を促し、調整を図ることになろう。

Ⅲ　特別司法警察職員の種類と職務範囲

　本条に基づいて別に法律で定められた特別司法警察職員として、「司法警察職員等指定応急措置法」、「司法警察吏及司法警察官吏ノ職務ヲ行フヘキ者ノ指定等ニ関スル件」によるものと、その他の特別法によるものとが存在する（別表参照）。なお、司法警察職員ではないが、特定の事項に関して捜査権が与えられているものに、国税庁監察官がある。これは、国税庁の職員に関係ある犯罪につき捜査権を有するものの（財務省設置27条）、強制捜査権を持たない。

　特別司法警察職員をめぐる法制は複雑をきわめており、その整理、再編、関係法令の整備・統合、権限の統一、さらには一般司法警察職員との関係の調整等の必要性が指摘されている。

---

[23] ただし、特別司法警察職員の捜査権がどこまで及ぶかが問題となるケースもみられる（大阪高判昭60・7・18刑月17巻7＝8号653頁等参照）。もっとも、捜査権限のない犯罪について捜査したとしても、これに基づき検察官が公訴を提起したときは、その公訴提起の手続は無効とはいえないとする裁判例も存在する（東京高判昭39・6・19高刑集17巻4号400頁）。

第190条(特別司法警察職員)　別表

	官名	根拠法規	職務の範囲
1	刑事施設の長および指名された職員	刑事収容施設法290	刑事施設における犯罪
2	森林管理局署の職員で指名された者	司法警察職員等指定応急措置法1	国有林野・部分林・公有林野官行造林・その林野の産物またはその林野もしくは国営猟区における狩猟に関する罪
3	公有林野の事務を担当する北海道吏員で指名された者	同上	北海道における公有林野、その林野の産物またはその林野における狩猟に関する罪
4	船長、職掌上上位の海員	同上	船舶内における犯罪
5	皇宮護衛官	警察法69 (3)	天皇および皇后、皇太子その他の皇族の生命、身体もしくは財産に対する罪、皇室用財産に関する罪または皇居、御所その他皇室用財産である施設もしくは天皇および皇后その他の皇族の宿泊の用に供されている施設における犯罪
6	鳥獣の保護または狩猟の適正化に関する取締りの事務を担当する都道府県職員で指名された者	鳥獣保護及び狩猟適正化法76	鳥獣の保護及び狩猟の適正化法または同法に基づく命令の規定に違反する罪
7	労働基準監督官	労働基準法102	労働基準法違反の罪
8	船員労務官	船員法108	船員法、労働基準法および船員法に基づいて発する命令違反の罪
9	海上保安官および海上保安官補	海上保安庁法31	海上における犯罪
10	麻薬取締官　麻薬取締員	麻薬及び向精神薬取締法54	麻薬及び向精神薬取締法、大麻取締法、あへん法、覚せい剤取締法、麻薬及び向精神薬取締法等の特例等に関する法律に違反する罪、刑法第2編第14章に定める罪または麻薬、あへん、覚せい剤の中毒により犯された罪
11	鉱務監督官	鉱山保安法37	鉱山保安法違反の罪
12	漁業監督官および漁業監督吏員で指名された者	漁業法74 (5)	漁業に関する罪
13	自衛隊の警務官および警務官補	自衛隊法96　同法施行令109	(1)隊員の犯した犯罪または職務に従事中の隊員に対する犯罪、その他隊員の職務に関し隊員以外の者の犯した犯罪、(2)自衛隊の使用する船舶・庁舎・営舎その他の施設内における犯罪、(3)自衛隊の所有し、または使用する施設または物に対する犯罪

松尾浩也監修・松本時夫＝土本武司＝池田修＝酒巻匡編集代表『条解刑事訴訟法(第4版増補版)』(2016年) 360～361頁による。

(多田辰也)

460　第191条（検察官・検察事務官と捜査）

（検察官・検察事務官と捜査）
第191条　検察官は、必要と認めるときは、自ら犯罪を捜査することができる。
②　検察事務官は、検察官の指揮を受け、捜査をしなければならない。

I　本条の趣旨

　本条は、検察官及び検察事務官の犯罪捜査権について規定したものである。両者の捜査権については、検察6条及び検察27条3項が抽象的な形で規定しているが、本条は、両者の刑事訴訟法上の捜査機関としての権限を、具体的に明らかにしたものである。
　司法警察職員の捜査権に関する刑訴189条2項と対比して、本条は、検察官の捜査機能が二次的・補充的なものであることを示すとともに、本条2項は、検察事務官が独立の捜査機関ではなく、検察官直属の補助的捜査機関であることを明らかにしている。
　検察官と司法警察職員との関係についてみると、旧法までは、検察官が捜査の主宰者であり、司法警察職員はその補助機関にすぎなかった（旧刑訴246条）。現行法において、両者の立場が逆転したことになる。

II　検察官

1　検察官の意義・任免
　検察官の意義、任命資格及び身分保障については、検察庁法参照。

2　検察官の職務
　検察官の職務は、検察4条及び検察6条1項に規定されている。検察官は、検察事務に関しては、法務大臣や検事総長の補助機関としてではなく、すべて自己の名において検察権を行使する権限を有し、ただ上官の指揮・命令に服するにすぎない。そのため、検察官は**「独任制の官庁」**だといわれる。もっとも、検察官は、全国的に統一的・階層的な組織をなし、上命下服の関係の下で有機的に連携しつつ一体となって活動する。これを、**「検察官同一体の原則」**という。このようにみると、検察官には相反する2つの性格があることになるが、行政官である検察官について、あえて「同一体の原則」を強調すること自体、「独任制の官庁」としての性格の強さを物語るものといえよう。

3　法務大臣の指揮監督権
　検察事務は、行政権の作用として、内閣が国会に対して責任を負う関係にあ

るが、他方で、検察事務が司法権と密接な関係を有することから、検察事務の遂行については政治的圧力を排除する必要がある。そこで、この両者を調和させる手段として、検察14条は、法務大臣は検察官を一般に指揮監督することはできるが、個々の事件の取調べや処分については、検事総長のみを指揮できるものとした。

Ⅲ　検察官の捜査権限

1　検察官の役割

　検察官の職務に関して、かつては、検察官は公訴官として、起訴・不起訴の決定及び起訴された事件の公判活動に専念すべきで、犯罪捜査からは手を引くべきだとの主張がみられた。いわゆる**「公判専従論」**である。現行法における公判手続の当事者主義化に伴って、公判における検察官の活動が多岐広範にわたり、その重要性が増したことなどがその契機とされた。

　しかし、わが国の検察官はこれまでも捜査に深くかかわってきたという伝統、捜査の当事者主義化が徹底されていないという事情、そして、検察官に強い捜査権限を与えている現行法の規定の存在（後述）などにより、検察官の職務は、捜査にかなりの比重が置かれているのが実情である。これを、捜査における検察官の役割という観点からながめると、捜査の実行者たる面を持つとともに、司法警察職員に対する指示・指揮（刑訴193条）をとおして、捜査の規律者としての面をもあわせ持つといえる。しかも、捜査の実行者たる面は、警察捜査が先行した事件についての二次的・補充的捜査機関としての側面と、汚職、脱税事件や知能犯罪などにおける捜査の中心的実行者の側面にわかれる。そして、捜査の規律者としての側面が、検察官の司法官的性格の強調や客観義務論と結びついているのである。

2　捜査権限

　現行法上、検察官の捜査権は二次的・補充的なものとされているが、具体的な捜査権限は、司法警察職員よりも検察官のほうが強い。検察官は、被疑者の勾留請求権（刑訴204条・刑訴205条・刑訴206条・刑訴211条・刑訴216条）、第1回公判期日前の証人尋問請求権（刑訴226条・刑訴227条）、検視の権限（刑訴229条）、微罪処分事件の指定権（刑訴246条但書）など、司法警察職員には認められていない権限を有している。また、検察官には、司法警察職員に対する指示権及び指揮権が認められているだけでなく（刑訴193条）、参考人等の供述を録取した検察官面前調書は、司法警察職員が作成した調書よりも、証拠能力の要件が緩和されている（刑訴321条1項2号・刑訴321条1項3号）。

　なお、「必要と認めるとき」とは、検察官が自ら捜査をする必要があると認めるすべての場合をいう。一般的には、司法警察職員の捜査が不十分な場合、

あるいは司法警察職員が捜査することができないか、または捜査させるのが適当でない場合で、しかも検察官が自ら捜査するのを必要とする場合である。必要性の認定権は検察官にある。そして、検察官が必要と認める限り、司法警察職員が捜査に着手しているか否かにかかわりなく、いかなる犯罪についても捜査することができる。

「犯罪を捜査する」とは、刑訴189条2項の「犯人及び証拠を捜査する」と同義である。また、「捜査することができる」とは、捜査権限を規定したものであり、必要と認めるにかかわらず捜査しなくてもよいという趣旨ではない。

3 職務執行の管轄

検察官は、その所属する検察庁の対応する裁判所の管轄事項について、その管轄区域内で職務を行う（検察5条）。しかし、捜査については、管轄事項についての制限はないから（検察6条1項）、いかなる犯罪についても捜査することができるし、捜査のため必要があるときは、管轄区域外でも職務を行うことができる（刑訴195条）。

Ⅳ 検察事務官の捜査権限

検察事務官は、独立の捜査機関ではなく、検察官直属の補助的捜査機関とされている。そのため、検察事務官は、検察官の行う捜査を単に補佐する場合を除き、自ら捜査活動を行うには、必ず検察官の指揮を受けなければならず、また検察官の指揮があればそれに従って捜査する義務を負うことになる。もっとも、検察官の指揮は、個別具体的なものである必要はなく、ある程度包括的なものであっても差し支えない。

刑訴法上、検察事務官に認められている権限としては、被疑者の取調べ（刑訴198条）、逮捕状による逮捕（刑訴199条）、緊急逮捕（刑訴210条）、差押え、記録命令付差押え、捜索、検証または身体検査令状の請求（刑訴218条）、押収物に関する処分（刑訴222条1項）、参考人等の取調べ及び鑑定などの嘱託（刑訴223条）、鑑定留置の請求（刑訴224条1項）、鑑定処分許可の請求（刑訴225条1項）、検察官の命による検視（刑訴229条2項）などがある。しかし、通常逮捕状請求権（刑訴199条2項）や告訴・告発受理権（刑訴241条1項）は有しない。したがって、検察事務官の捜査権限は、司法警察員のそれよりやや弱く、司法巡査のそれよりやや強いといえよう。

なお、検察事務官のなかには、検察官事務取扱検察事務官として、区検察庁の検察事務を取扱う者がいるが（検察36条）、この者は、検察事務を行うについては検察官と同一の権限を有し、また、刑訴法上も区検察庁検察官としての権

限を行使することができる[24]。

(多田辰也)

(検察官と公安委員会・司法警察職員との関係)
第192条 検察官と都道府県公安委員会及び司法警察職員とは、捜査に
関し、互に協力しなければならない。

I 本条の趣旨

刑訴189条2項及び刑訴191条により、司法警察職員と検察官とはそれぞれ独立の捜査機関であることを前提として、この両者及び一般司法警察職員（警察官）を管理する都道府県公安委員会との関係について規定したのが本条である。検察6条2項は、「検察官と他の法令により捜査の職権を有する者との関係は、刑事訴訟法の定めるところによる。」と規定し、警76条1項は、「都道府県公安委員会及び警察官と検察官との関係は、刑事訴訟法の定めるところによる。」と規定している。本条から刑訴194条までは、これらの規定に対応するものである。

II 改正の経緯

本条はもともと、「検察官と都道府県公安委員会、市町村公安委員会、特別区公安委員会及び司法警察職員とは……」と規定されていたが、1954（昭和29）年に国家地方警察と自治体警察の二本建を廃して都道府県警察に一元化されたことに伴い、現行のように改められたものである。

III 「捜査に関し」の意義

「捜査に関し」とは、個々具体的な事件の捜査に限らず、一般的捜査方針の策定、犯罪情勢の認識、犯罪防圧の方法等、広く捜査に関連する事項を含む。

IV 検察官と公安委員会との関係

都道府県公安委員会は、それ自体は捜査機関ではないが、捜査権を行使する都道府県警察を管理する機関であるので（警38条3項）、検察官との関係が規定された。両者は完全な協力関係で、例外はない。したがって、検察官が都道府

---

[24] 最三小決昭28・7・14刑集7巻7号1529頁。

県公安委員会に対して指示または指揮を行うことはできない。なお、本条は、検察官と国家公安委員会との関係については何も規定していない。国家公安委員会は「国の公安に係る警察運営」（警5条1項）をつかさどり、その限りで犯罪捜査に関する指揮にあたるが、その範囲が限定されており、しかも国家公安委員会は国務大臣が委員長を勤める機構であることなどから、本条の規定からは除外されたものと解される。そのかわり、国家公安委員会及び警察庁長官は検事総長と緊密な関係を保つことが求められている（警76条2項）。

ちなみに、北海道には方面本部を管理する機関として方面公安委員会が置かれているが（警46条）、本条は、これと検察官との関係についても触れるところがない。しかし、両者の間においても、捜査に関し互いに協力すべきことはいうまでもない。

V　検察官と司法警察職員との関係

検察官と司法警察職員（一般司法警察職員だけでなく、特別司法警察職員も含む）とは、捜査に関し原則として対等な協力関係にあるが、一定の場合には、司法警察職員は検察官の指示または指揮に従わなければならない（刑訴193条）。つまり、両者の関係は、指示権・指揮権に裏打ちされた協力関係という微妙な関係にあるといえよう（刑訴194条参照）。

ちなみに、検察官の指示または指揮と一般司法警察職員に対する都道府県公安委員会の管理とが矛盾する場合は、検察官と都道府県公安委員会との「協力」という観点に立って、問題解決をはかるべきであろう。

VI　その他の関係

国家公安委員会、都道府県公安委員会及び方面公安委員会相互の関係については、警察法が緊密な連絡を保たなければならないと規定している（警46条2項、警5条4項、警38条6項）。

一般司法警察職員相互の関係については、警察法が規定している（警59条、警60条、警61条、警65条、警66条、警71条ないし警75条）。一般司法警察職員と特別司法警察職員との関係については、刑訴190条の解説参照。

（多田辰也）

（検察官の司法警察職員に対する指示・指揮）
第193条　検察官は、その管轄区域により、司法警察職員に対し、その捜査に関し、必要な一般的指示をすることができる。この場合における指示は、捜査を適正にし、その他公訴の遂行を全うするために必要な事

項に関する一般的な準則を定めることによつて行うものとする。

② 検察官は、その管轄区域により、司法警察職員に対し、捜査の協力を求めるため必要な一般的指揮をすることができる。

③ 検察官は、自ら犯罪を捜査する場合において必要があるときは、司法警察職員を指揮して捜査の補助をさせることができる。

④ 前三項の場合において、司法警察職員は、検察官の指示又は指揮に従わなければならない。

I 本条の趣旨

本条は、検察官の司法警察職員に対する指示権及び指揮権を規定したものである。

前条により、検察官と司法警察職員とは、捜査に関し原則として対等な協力関係にあるが、捜査は結局公訴の準備として行われるものであり、事件は原則として全て起訴・不起訴の決定権をもつ検察官に送致される仕組みになっているので、一定限度で検察官の優位を認めておく必要がある。そこで、本条は、検察官の司法警察職員に対する一般的指示権、一般的指揮権及び具体的指揮権を認めるとともに、指示または指揮を受けた司法警察職員の服従義務を定めたものといえる。

II 改正の経緯

検察官の一般的指示権を定めた本条1項の後段は、もともと「この場合における一般的指示は、公訴を実行するため必要な犯罪捜査の重要な事項に関する準則を定めるものに限られる。」と規定されていたが、1953（昭和28）年の刑訴法一部改正によって現行の文言に改められた。この改正の背景には、司法警察職員の行う犯罪捜査に対する検察官の介入を幅広く認めるか（主として法務省）、それともあくまで公訴官としての立場から必要とされる限度での介入に止めるか（主として警察関係）という、基本的な考え方の対立があったのであり、その対立が、ある意味で、現行法の解釈にも影響を及ぼしている（後述）。

III 一般的指示権

1 検察官、管轄区域、司法警察職員等の意義

「検察官」とは、検事総長、次長検事、検事長、検事及び副検事を指す。また、「管轄区域により」とは、当該検察官の属する検察庁に対応する裁判所の管轄区域内の司法警察職員に対してのみ指示できるという意味である。もっとも、

一般的な準則という形式によることになる一般的指示の場合は、その性質上、実際に指示を行うのは、各検察庁の長またはそれを補佐する検察官（たとえば、最高検察庁であれば、検事総長または次長検事）となるのに対し、具体的事件の存在を前提とする一般的指揮及び具体的指揮の場合は、通常は当該事件の捜査を担当している検察官ということになる。

「司法警察職員」には、特別司法警察職員も含まれる。なお、一般的指示は、管轄区域内のすべての司法警察職員を対象とするものである必要はなく、問題の性質上、必要な範囲の司法警察職員を対象として発してもかまわないが、個々の司法警察職員を対象とすることはできない。また、「捜査に関し」とは、司法警察職員がその権限に基づいて行う捜査についてという意味であり、一般的指示によって、捜査が検察官の主催するものになるわけではない。なお、一般的指示の必要性の判断権限は、検察官にある。

2 一般的指示の内容

一般的指示の内容に関しては、「捜査を適正」にすることと「公訴の遂行を全うする」こととの関係をどう捉えるかについて、見解が分かれている。すなわち、一方は、捜査自体の適正を図るための一般的指示が認められると解するのに対し、他方は、公訴遂行を全うするために必要な限度においてのみ、捜査を適性にするための一般的指示が認められるにすぎないと解するのである。実務上の差異があるとは思われないが、改正前からの基本的な考え方の対立があることは否定できないであろう。

3 一般的指示の対象事項

一般的指示の対象事項は、(1)犯罪捜査を適正に遂行させるための遵守事項に関するもの（たとえば、1952（昭和27）年の破防法に関する一般的指示）、(2)公訴を実行するための書類の作成に関するもの（たとえば、1961（昭和36）年の検事総長一般的指示「司法警察職員捜査書類基本書式例」）、(3)事件送致に関するもの（たとえば、1950（昭和25）年のいわゆる微罪事件の送致の特例に関する各検事正の一般的指示。なお、この指示は、刑訴246条にも根拠を置く）、(4)公訴を実行するために必要な証拠の収集保全に関するもの（たとえば、1951（昭和26）年の未検挙重要事件の検挙前送致に関する各検事正の一般的指示）、(5)公訴を実行するために必要な重要事項についての報告に関するもの、などである。

Ⅳ 一般的指揮権

一般的指揮権は、検察官が自ら捜査を行う場合に、司法警察職員の捜査協力を求めるためのものである。したがって、検察官が自ら捜査し、または捜査しようとしている具体的事件の存在を前提とするのであり、司法警察職員自身の

行う捜査について一般的指揮を認めるものでないことはもちろん、司法警察職員相互を協力させるためだけに一般的指揮を認めたものでもない。

なお、「一般的」指揮権とは、具体的事件の捜査に関し、司法警察職員一般を指揮することを意味する。つまり、この指揮権の一般性は、対象たる司法警察職員の一般性にある。もっとも、それは、検察官の管轄区域内の全司法警察職員を対象とする必要はなく、個々の特定の司法警察職員を対象としないという程度であればよい。

一般的指揮が行われる場合としては、⑴検察官が具体的事件につき、捜査の方針・計画を立て、関係司法警察職員に対して、それに基づく捜査協力を求める場合、⑵各司法警察職員の具体的捜査に不均衡があるときに、検察官自らが当該事件の捜査を主催して、その是正ないし調整を図る場合が考えられる。なお、一般的指揮は、検察官が自らの捜査への協力を求めるものであるから、もし協力関係に障害を与えるような捜査を司法警察職員が行っているときは、その中止または変更を求めることができる。

V 具体的指揮権

1 具体的指揮権の行使と管轄

本条3項の具体的指揮権の行使については、一般的指示や一般的指揮の場合と異なり、「その管轄区域により」との制限がない。これは、検察官がその管轄区域外において職務を行う場合（刑訴195条）に、その地の司法警察職員を直接指揮して捜査の補助をさせる必要のありうることを想定したものと解される。もっとも、実務上は、検察官が管轄区域外で捜査を行う際には、その地の検察官に捜査の一部を嘱託して（検察31条）、嘱託を受けた検察官が具体的指揮権を行使して司法警察職員の補助を得る方法がとられるのが一般的である。

具体的指揮を受けた司法警察職員は、その固有の管轄区域においてのみ、検察官の補助をなしうるにとどまる。

2 具体的指揮権の内容

具体的指揮権は、検察官が「自ら犯罪を捜査する場合」に認められるものであるから、当然具体的事件の存在を前提とする。検察官が自ら事件を認知して捜査する場合だけでなく、検察官が直接、告訴、告発、自首を受理した場合や、司法警察員から事件送致を受けて自ら捜査することを必要と認めた場合も含まれる。

具体的指揮は、その性質上、特定の司法警察職員に対してなされ、指揮を受けた当該司法警察職員は、捜査を主宰する検察官の指揮下に入って、その補助を行うことになるから、一時的に独立の捜査機関としての地位を失うことになる。

468　第194条（司法警察職員に対する懲戒・罷免の訴追）

「捜査の補助」として司法警察職員にさせることのできる事項に関しては、それが司法警察職員の職務権限内であれば、制限がない。被疑者や参考人の取調べなどの任意捜査であろうと、逮捕や捜索・差押えなどの強制捜査であろうとかまわない。なお、「補助」はあくまで捜査の補助であって、個々の行為や処分の補助ではないので、取調べや逮捕などを司法警察職員の名において行わせることが可能である。

Ⅵ　司法警察職員の服従義務

司法警察職員は、検察官が適法な指示または指揮を行った場合には、それに従う義務がある。司法警察職員が検察官の指示または指揮に従わなかった場合の措置については、刑訴194条参照。

なお、本条4項は、検察官の指示・指揮と公安委員会の指示その他司法警察職員の組織法上の指揮・命令とが矛盾する場合には、前者が優先することを規定したものと解される。

（多田辰也）

> **（司法警察職員に対する懲戒・罷免の訴追）**
> **第194条**　検事総長、検事長又は検事正は、司法警察職員が正当な理由がなく検察官の指示又は指揮に従わない場合において必要と認めるときは、警察官たる司法警察職員については、国家公安委員会又は都道府県公安委員会に、警察官たる者以外の司法警察職員については、その者を懲戒し又は罷免する権限を有する者に、それぞれ懲戒又は罷免の訴追をすることができる。
> ②　国家公安委員会、都道府県公安委員会又は警察官たる者以外の司法警察職員を懲戒し若しくは罷免する権限を有する者は、前項の訴追が理由のあるものと認めるときは、別に法律の定めるところにより、訴追を受けた者を懲戒し又は罷免しなければならない。

Ⅰ　本条の趣旨

本条は、刑訴193条に定められた検察官の指示権及び指揮権の実効性を担保するために設けられた規定である（1954（昭和29）年の警察法改正に伴い、条文の文言が現行のように改められた）。本条2項にいう「別の法律」として、「刑事訴訟法194条に基く懲戒処分に関する法律」（以下、「懲戒法」という）が制定されている。

なお、本条とは別に、一般的な懲戒手続によることも、もちろん可能である。

第194条（司法警察職員に対する懲戒・罷免の訴追）　469

Ⅱ　懲戒・罷免の訴追

1　訴追権者
　検事総長、検事長または検事正は、それぞれの管轄区域内の司法警察職員について訴追することができると解されている。そのため、理論的には訴追権が重複することになる。一般的には、指示または指揮を行った検察官の所属する検察庁の長が訴追するのが効率的とも解されるが、検察庁内部では、本条の訴追はすべて検事総長に請訓することとされ、慎重な運用を期そうとの態度がみられる。

2　訴追の根拠
　懲戒・罷免の訴追を行うことができるのは、司法警察職員が、正当な理由なく、検察官の一般的指示、一般的指揮または具体的指揮に従わない場合において、必要と認めるときである。検察官の指示・指揮が違法な場合や、司法警察職員としての権限を逸脱する行為を要求されたような場合は、それに従わないことは「正当な理由」にあたる。しかし、検察官の指示・指揮が当該司法警察職員の組織法上の上司の命令等と矛盾するため、検察官の指示・指揮に従わないことは、「正当な理由」には該当しない。

3　訴追先
　懲戒・罷免の訴追先は、一般司法警察職員のうち、国家公務員である者、すなわち警察庁に属する警察官及び都道府県警察に属する警視正以上の階級にある警察官については国家公安委員会、その他の者については都道府県公安委員会であり、特別司法警察職員については、その者を懲戒しまたは罷免する権限を有する者となる。北海道に置かれている方面公安委員会は、本条による懲戒権を有しないと解されている。なお、特別司法警察職員のうち、公務員でない船長などについては、本条及び懲戒法の適用の余地があるかにつき見解が対立している。捜査権が認められているものの司法警察職員ではない国税監察官については、本条及び懲戒法は適用されない。
　ところで、国家公務員でない警察官の任命権者（懲戒権者）は、警視総監または警察本部長である（警55条3項）。その意味で、本条は警察法の特則をなす。

4　訴追の方式
　懲戒・罷免の訴追は、国家公安委員会、都道府県公安委員会または懲戒・罷免の権限を有する者に対して、書面で行う（刑事訴訟法第百九十四条に基く懲戒処分に関する法律1条）。懲戒法では「請求」としているが、「訴追」と同義と考えてよい。罷免も懲戒処分の一種であるから、訴追に際して、懲戒と罷免とを区別する必要はない。訴追にあたっては、それを必要とする理由を記載す

470　第195条（検察官・検察事務官の管轄区域外での職務の執行）

るとともに、必要があれば資料を添付すべきであろう。また、相当とする懲戒処分の種類・程度についての意見を付することもできる。

Ⅲ　懲戒権者による処分

懲戒・罷免の訴追を受けた機関は、必ず懲戒処分手続を開始しなければならない。懲戒処分の種類、手続及び効果については、刑事訴訟法に定めがあるもののほか、当該司法警察職員に対する通常の懲戒処分の例による（刑事訴訟法第百九十四条に基く懲戒処分に関する法律2条）。したがって、国家公務員については国家公務員法に、地方公務員については地方公務員法に、自衛官たる司法警察職員については自衛隊法に、それぞれよることになる。

「訴追が理由がある」と認められた場合には、懲戒権者は必ず懲戒処分をしなければならず、処分をするか否かについての裁量権をもたない。もっとも、懲戒処分の種類・程度については、検察官の意見に拘束されず、自らの判断によることができる。

（多田辰也）

（検察官・検察事務官の管轄区域外での職務の執行）
第195条　検察官及び検察事務官は、捜査のため必要があるときは、管轄区域外で職務を行うことができる。

Ⅰ　本条の趣旨

本条は、検察官及び検察事務官の行う捜査について、管轄区域外での職務の執行を例外的に認めた規定である。

Ⅱ　「管轄区域」の意義

検察5条は、検察官は、「他の法令に特別の定のある場合を除いて」、その属する検察庁の対応する裁判所の管轄区域内において職務を行う旨規定しており、この管轄区域の制限は、検察官の行う捜査についても適用されると解されている。検察庁の支部に勤務する検察官の管轄区域も、いわゆる本庁の検察官のそれと同じである。検察事務官の管轄区域に関する規定は存在しないが、検察事務官は、検察官を補佐するとともに、その指揮を受けて捜査を行うものである（検察27条3項）から、その管轄区域は、検察官の管轄区域と同一と解される。

本条にいう「管轄区域」は、検察5条に規定する管轄区域を意味するから、結局のところ本条は、検察5条にいう「他の法令」による「特別の定」にあたる。

第196条（捜査関係者に対する訓示規定）　471

なお、司法警察職員について規定がないのは、個別の法規制に委ねるのが適当だと考えられたためであろう（警60条、警60条の2、警61条、警64条、警65条、警66条、警73条3項参照）。

Ⅲ　職務

旧刑訴法252条は、管轄区域外の職務執行を「真実発見ノ為必要アルトキ」に限定していたが、本条は、捜査上必要があればよいとして内容の限定は加えていない。必要性の認定権は、当該検察官または検察事務官がもつ。「職務」には、捜査活動である限り、任意捜査だけでなく強制捜査も含まれる。

ちなみに、刑訴71条、刑訴108条4項、刑訴136条、刑訴153条、刑訴489条、刑訴505条などは、検察事務官による管轄区域外での権限行使を認めているが、これらはいずれも捜査に属さない職務であるため、特に規定が置かれたものである。

Ⅳ　国際捜査

本条の「管轄区域外」が外国をも含むかについて、学説上争いがないわけではないが、わが国の裁判例は、当該外国の承認あるいは共助協定があれば、検察官等による捜査は可能だとする[25]。

（多田辰也）

（捜査関係者に対する訓示規定）
第196条　検察官、検察事務官及び司法警察職員並びに弁護人その他職務上捜査に関係のある者は、被疑者その他の者の名誉を害しないように注意し、且つ、捜査の妨げとならないように注意しなければならない。

Ⅰ　本条の趣旨

本条は、職務上捜査に携わる者に対して、事件関係者の名誉保護及び捜査妨害の禁止を求める訓示規定である。本条を具体化した規定が、刑訴法や犯罪捜査規範のなかにみられる（たとえば、刑訴115条、刑訴131条等、犯罪捜査規範9条ないし犯罪捜査規範11条）。

旧刑訴法253条は、「捜査ニツイテハ秘密ヲ保チ被疑者ソノ他ノ者ノ名誉ヲ毀

---

[25]　東京地判昭36・5・13下刑集3巻5＝6号469頁及びその控訴審たる東京高判昭40・3・15高刑集18巻2号89頁参照。

損セサルコトニ注意スヘシ」と定め、名誉の保護と並んで、捜査密行主義を正面から規定していた。これに対し、本条が捜査密行主義を正面から規定せず、捜査妨害の禁止の面から規定したことをどう捉えるかについては見解が分かれているが、少なくとも現行法においては、捜査の秘密は個人の名誉の保護という観点に重点が置かれていると解すべきであろう[26]。

なお、本条は訓示規定とされているが、公務員の守秘義務違背（国公100条1項、国公109条12号、地公34条1項、地公60条2号）や名誉毀損による刑事訴追の可能性は、もちろんありうる（弁護士に対する秘密保持につき、弁護士23条、刑134条1項参照）。

Ⅱ　職務上の捜査関係者

「その他職務上捜査に関係のある者」とは、裁判官、裁判所書記官、裁判所事務官、家庭裁判所調査官などの裁判所の職員、押送等に従事する拘置所等の職員、鑑定人、通訳人、翻訳人などである。司法警察職員ではないが、捜査権を与えられている者も含まれる（刑訴190条参照）。租税関係事件について調査・告発を行う収税官吏や独禁法違反事件について調査・告発を行う公正取引委員会の職員等も、当該告発事件に関する限り、本条の対象となる。新聞記者などの報道関係者はこれにあたらないが、本条の趣旨は尊重すべきであろう。

Ⅲ　名誉の保護

「その他の者」とは、被害者やその親族、参考人のほか、捜索・差押えなどの処分を受けた者をいう。

「名誉を害」するとは、積極的に被疑者等を侮辱する場合だけでなく、消極的にそれらの者が犯人ではないかと疑わせるような行為等も含まれる。犯罪の再発防止や捜査に対する国民の理解と協力を得るため、被疑者等の住所・氏名や捜査の経過を公表しなければならないこともあるが、いたずらに被疑者等の名誉を傷つけることのないよう、事案の重大性、公表の時期・内容等について慎重な配慮が必要となる[27]。なお、少年事件につき、氏名等の公表を禁止している少年61条参照。

---

[26]　最二小判平5・1・25民集47巻1号310頁は、逮捕状の更新が繰り返されている時点で、被疑者の近親者が、被疑者のアリバイの存在を理由に、逮捕状の請求、発付における捜査機関または令状裁判官の判断の違法を主張して、国家賠償請求を行ったのを、捜査密行主義を根拠に認めなかった。

[27]　本条に反するとされた捜査機関の広報活動として、仙台高判昭25・12・23特報14号204頁、大津地判昭33・8・12下民集9巻8号1575頁参照。

Ⅳ　捜査妨害の禁止

　「捜査の妨げ」とは、証拠隠滅や犯人蔵匿などはもちろん、捜査上の秘密漏泄を含む。もっとも、捜査妨害と弁護権の行使との限界は非常に微妙である。たとえば、弁護人が被疑者に黙秘権行使や弁護人の立会いのない取調べを拒否するよう勧めることが、捜査妨害となるかが問題となった[28]。しかし、防御権の範囲を明らかに逸脱した積極的な妨害行為があった場合にはじめて違法とされるべきで、正当な防御権の行使である限り、本条の捜査妨害にはあたらないと解すべきである。

（多田辰也）

（捜査に必要な取調べ・照会・通信履歴の保存要請）
第197条　捜査については、その目的を達するため必要な取調をすることができる。但し、強制の処分は、この法律に特別の定のある場合でなければ、これをすることができない。
②　捜査については、公務所又は公私の団体に照会して必要な事項の報告を求めることができる。
③　検察官、検察事務官又は司法警察員は、差押え又は記録命令付差押えをするため必要があるときは、電気通信を行うための設備を他人の通信の用に供する事業を営む者又は自己の業務のために不特定若しくは多数の者の通信を媒介することのできる電気通信を行うための設備を設置している者に対し、その業務上記録している電気通信の送信元、送信先、通信日時その他の通信履歴の電磁的記録のうち必要なものを特定し、三十日を超えない期間を定めて、これを消去しないよう、書面で求めることができる。この場合において、当該電磁的記録について差押え又は記録命令付差押えをする必要がないと認めるに至つたときは、当該求めを取り消さなければならない。
④　前項の規定により消去しないよう求める期間については、特に必要があるときは、三十日を超えない範囲内で延長することができる。ただし、消去しないよう求める期間は、通じて六十日を超えることができない。
⑤　第二項又は第三項の規定による求めを行う場合において、必要があるときは、みだりにこれらに関する事項を漏らさないよう求めることができる。

---

[28]　この点に関しては、東京地判平6・12・16判時1562号141頁、浦和地越谷支判平9・1・21判時1599号155頁等参照。

474 第197条（捜査に必要な取調べ・照会・通信履歴の保存要請）

Ⅰ　本条の趣旨

1　任意捜査の原則

　本条1項は、捜査においては、強制処分を用いない**任意捜査**が原則であることを示している。任意捜査は、刑事訴訟法の個別の条文に拠らなくても、本条によって許される。強制処分は、任意捜査では目的を達することができない場合に、初めて正当化される。強制処分を手段とする捜査は、**強制捜査**と呼ばれる。

2　照会

本条2項は捜査機関から公務所等への照会権限を定め、3項・4項は通信履歴の保存要請の権限を定める。これらは、令状に拠らずに対象者に一定の義務づけをする権限であると、一般に理解されている。具体的な内容は、ⅤとⅥに解説する。

Ⅱ　捜査の意味

1　捜査と将来の犯罪

　捜査とは、公訴の提起と維持に備えて、犯人と証拠を発見して保全する手続である。捜査は犯罪を摘発して刑法を執行することを目的とするから、すでに行われた犯罪を対象とするのが原則である。これを警察が行う場合には、**司法警察作用**という位置づけになる。これに対して、刑法の執行を目的とするのであれば、犯罪が行われる前から、行われた場合の摘発に備えて準備的な活動として捜査をすることができるという主張がある。このような議論は、特に犯罪発生前に強制捜査が許されるかどうかの場面で重要な意味を持つ。強制捜査は人権の制約を伴うから、その必要性が明確な場合、すなわち原則としてすでに犯罪が行われたと考えられる場合に限るべきであろう。しかし、個々の強制処分が許されるかどうかは、それぞれの条文が定める要件によって決まる。通信傍受3条は、一定の場合に、将来予測される犯罪についても捜査の対象とすることを認めている。

2　行政警察作用との区別

　犯罪の予防鎮圧、安全確保などを目的として警察が行う**行政警察作用**と捜査との区別も問題となる。警職2条に基づいて警察官が不審者に対して行う**職務質問**は、一般に行政警察作用であって、犯罪摘発につながる場合でも、それ自体は捜査の端緒にとどまると理解されている。それは、職務質問が具体的な犯罪の嫌疑を前提としていないためである。しかし、現実には職務質問から犯罪の摘発に至る事例は多い。また、すでに発生した犯罪の犯人を捜すために職務

質問が行われることもある。初めから捜査目的で職務質問を行うことができるかどうかについては、争いがある。いずれにせよ、職務質問が捜査の実質を持つ場合には、警職法と刑事訴訟法の両方の規制を受ける。たとえば、質問が被疑者取調べの実質を持つ場合には、供述拒否権の告知（刑訴198条2項）が必要となる（職務質問の諸問題に関しては、本章前注Ⅴ2参照）。

3　行政調査と捜査

　行政機関が個別の決定をするために事実を調べる行政調査は、犯罪の摘発を目的とするものではないから、捜査とは異なる。しかし、判例は、行政調査の結果得られた情報を捜査や訴追のために用いることを禁じてはいない[29]。

Ⅲ　強制処分法定主義

1　強制処分法定主義と令状主義

　本条1項但し書きは、強制処分は刑事訴訟法に定めのある場合に、その定めに従って行われる限りで適法となるという原則を定める。これを**強制処分法定主義**と呼ぶ。その結果、強制処分には法律上の、しかも刑訴法典上の個別条文という根拠が必要となる。通信傍受法の制定に伴って刑訴222条の2が設けられたのも、そのためである。

　強制処分には、**令状主義**が適用されるので、強制処分法定主義と令状主義の適用範囲は同じであるとする説が多い。しかし、憲法にも刑事訴訟法にも、すべての強制処分について令状が必要であるという定めはない。強制処分だから刑訴法上の根拠は必要であっても、令状は必要ないという捜査手段の類型がありうる。領置（刑訴211条）は、その例である。

　強制処分法定主義と令状主義とは、いずれも捜査権限の濫用から人権を守ろうとする目的を持つ。しかし、令状主義が裁判官による個別抑制を目指すのに対して、強制処分法定主義は、立法による基準設定を通じての抑制を目指す点で、違いがある。強制処分法定主義は、議会による立法を重視する点で、民主主義的な性格を持つ。憲31条が刑罰を科す前提として「法律の定める手続」を要求していることが、その根拠となる。

　罪刑法定主義は刑法の類推適用を禁じる。それと同じように、強制処分法定主義も強制処分の根拠規定の厳格な解釈を要求するはずである。ただし、判例は、強制処分に関する規定をかなり柔軟に解釈することによって、新しい捜査方法を根拠付けている。通信傍受法制定以前の**電話傍受**を検証の一種として適法とした判例[30]や、特別な記載のある捜索差押え令状による**強制採尿**を認め

---

[29]　最二小決平16・1・20刑集58巻1号26頁。

[30]　最三小決平11・12・16刑集53巻9号1327頁。

た判例※31がその例である。これに対してGPS捜査に関する大法廷判決※32は、刑訴法改正の必要性を指摘した。

2 強制処分と任意捜査の区別

　一定の捜査手段に対して強制処分法定主義が適用されるかどうかは、それが「強制の処分」であるか否かによって決まる。強制処分に当たらない手段であれば、刑訴法上の個別根拠規定はなくても、本条1項本文によって、一応正当化される。そのため、強制処分の意義が重要となる。刑訴法は、その明確な定義を示していない。

　強制処分法定主義が人権保障のためにあるとすれば、強制処分とは、人の権利を制約する捜査手段であると推論することができる。この場合の権利とは、法律上の保護に値する利益であり、○○権という名前が付けられているかどうかは、重要ではない。しかし、軽微な権利制約にも刑訴法上の根拠が必要だとすると、捜査の柔軟性が失われるという理由から、多数説は、重要な権利制約を伴うものだけを強制処分とする。他方で、人の権利を制約するものでも、権利者が自由な意思で同意し、権利を放棄したときには、強制とはいえない。そこで、強制処分とは、権利者の意思に反して、重要な権利制約を行う捜査手段であるというのが、現在の多数説の理解となっている。この権利制約の中には、義務を課すことも含まれるであろう。

　判例は、捜査のための「強制手段」の意義について「有形力行使を意味するものではなく、個人の意思を制圧し、身体、住居、財産等に制約を加えて強制的に捜査目的を実現するなど、特別の根拠規定がなければ許容することが相当でない手段を意味する」※33とした。この判例は、任意同行後、警察署から立ち去ろうとした被疑者に対して、警察官がその手首をつかんで止めたという事案について、これを強制処分に当たらないとした。この判例が、有形力の行使であっても直ちに強制処分とはならないとしたことは明らかである。また、重要な権利を伴うことを強制処分の属性と考えていることもうかがうことができる。しかし、通信傍受のように権利者に気づかれないままに重大な権利制約が行われることもあり得るし、それは立法によって規制されるべきである。したがって、この判例を強制処分一般の意義を示したものとして理解するのであれば、「意思を制圧し」とは、意思に反してという意味に解釈しなければならない※34。上記GPS捜査の判例も「意思の制圧」を伴うことを認めている。そうすると、前に述べた多数説の強制処分の理解は、判例と同じになる。

※31　最一小決昭55・10・23刑集34巻5号300頁。

※32　最大判平29・3・15刑集71巻3号13頁。

※33　最三小決昭51・3・16刑集30巻2号187頁。

※34　井上正仁『強制捜査と任意捜査』（有斐閣、2006年）9-10頁参照。

第197条（捜査に必要な取調べ・照会・通信履歴の保存要請）　477

公道上で事故の痕跡を調べるような活動は、人の権利を制約しないので、任意処分である実況見分として行うことができる。それに対して、公衆が自由に出入りできない場所に立ち入って調べるためには、場所の管理権者の同意がない限り、強制処分である検証として行う必要がある。

以下、強制処分に当たるかどうかが問題になりうる捜査手段について解説する。

3　任意同行

刑訴198条1項に基づいて出頭を求める方法として警察官が被疑者などの自宅に行って警察署までの同行を求めることができる。また、**職務質問**の目的でも、一定の場合に対象者に対して、警察署などへの同行を求めることができる（警職2条2項）。これが**任意同行**である。それは強制処分ではない。しかし、任意同行という名目でも、実質的に行動の自由を奪って連行すれば、強制処分となる。任意同行の後に、退去の自由を奪って警察署に留まることを強制すれば、やはり強制処分となる[35]。ただし、判例は、任意同行後、数日間警察署の近くの宿泊施設に監視付で泊まらせた場合でも、強制処分になったとは認めない傾向がある[36]。

4　所持品検査

職務質問に伴って、警察官が対象者の同意なしに鞄などその所持品を調べることを判例は、必要性、緊急性、相当性という条件の下に適法とした。もちろんこれには、強制処分としての捜索に当たるほどのプライバシー侵害には至らない行為であったという評価が前提となる[37]。

5　容貌の撮影

判例は、人はみだりに容貌を撮影されない権利があると認めつつ、現行犯的な状況があり、証拠保全の必要性、緊急性があり、手段も相当な範囲内であれば、令状に拠らずに人の容貌を写真撮影することを適法とした[38]。最近の判例は、ビデオ撮影について、現行犯的な状況は、必ずしも必要ではないとして緊急性にも言及しないまま適法としている[39]。これらの判例は、容貌の撮影が強制処分であるかどうかを明言していない。しかし、このような撮影につい

---

[35]　富山地決昭54・7・26判時946号137頁。

[36]　最二小決昭59・2・29刑集38巻3号479頁、東京高判平14・9・4判時1808号144頁。

[37]　最三小決昭53・6・20刑集32巻4号670頁。職務質問に伴う所持品検査については、本章前注V3参照。

[38]　最大判昭44・12・24刑集23巻12号1625頁。

[39]　最二小決平20・4・15刑集62巻5号1398頁。

ては、刑訴法上の明確な根拠条文はないので、通説は、これらの判例は、容貌の写真撮影を任意捜査として許容したものと理解している。ただし、これらはいずれも道路など公衆に開かれた場所での撮影の事例である。そのために、プライバシーの期待が低く、重要な権利制約には当たらないとされた。これに対して、室内にいるところを外から盗撮するといった事例では、強制処分とされる可能性がある。

6 傍受・盗聴

1999年の改正によって刑訴222条の2が設けられる以前は、**通信傍受**に関する明文規定はなかった。しかし、他人に聞かれることを想定していない通信の内容を当事者に無断で調べることは、**通信の秘密**（憲21条2項）の侵害であるから、強制処分に当たるというのが、通説であった。判例は、捜査目的での電話通話の傍受が強制処分に当たることを認めつつ、上記改正前の刑訴法上、検証令状によってそれが可能であったとした[40]。刑訴222条2項は、電気通信の傍受であっても、通信の一方当事者が承諾している場合には、強制処分には当たらないという解釈を示唆する。このような扱いは、通信の各当事者は、相手の承諾なしに通信の秘密を第三者に開示することができるという理解に基づいている。

通信を介しない直接の会話であっても、個室内など、他人に聞かれることを想定していない場所での会話であれば、それを**盗聴**することはプライバシーの合理的期待を侵し、強制処分になると考えられる。

7 物のエックス線検査

判例は、捜査機関が宅配便業者の協力を得て、運送中の荷物の内容をエックス線で透視検査することは、荷送人と荷受人のプライバシーを大きく侵害するから、強制処分たる検証に当たるとした[41]。

8 GPS捜査

被疑者の自動車などに密にGPS端末を取り付けて、長期間にわたって移動を追跡する捜査方法について、判例[42]は「個人の意思を制圧して」「私的領域に侵入する」強制処分であり、憲法35条の適用を受けるとした。

---

[40] 前掲※30最三小決平11・12・16。

[41] 最三小決平21・9・28刑集63巻7号868頁。

[42] 前掲※32最大判平29・3・15。

第 197 条（捜査に必要な取調べ・照会・通信履歴の保存要請）　479

Ⅳ　任意捜査の限界

1　同意の有効性

　権利制約を伴う捜査手段であっても、権利者の同意すなわち承諾があれば、任意捜査となる。この同意は、権利放棄であるから、処分権のある者[43]が自由な意思に基づいてしなければならない。現実には、同意が強制されるおそれもあるので、特に重大な権利制約を同意に基づいて行うのは適切ではない。犯罪捜査規範は、女子を裸にする身体検査や家宅捜索を同意に基づいて行うことを禁じている（犯罪捜査規範107条、犯罪捜査規範108条）。一般に**承諾留置**は許されないといわれるのも、同じ理由による。重要な事実について権利者を騙して同意させた場合には、同意は無効である。

2　利益制約の限界

　判例、多数説は、重要な権利制約を伴う手段を強制処分であるとする。そのため、任意捜査であっても、対象者の承諾なしに、ある程度の権利ないし利益の制約を伴うものが生じる。判例は、そのような任意捜査が許容されるためには、必要性、緊急性及び手段の相当性という要件を備えることを要求していると理解されてきた。このような要件は、初め、容貌の写真撮影に関する判例[44]に現れ、後に有形力を伴う任意捜査[45]や職務質問に伴う所持品検査の場面[46]でも援用されてきた。

　しかし、本来の意味での緊急性とは、緊急逮捕に表現されるように、事前に令状を得るゆとりがないという意味である。令状を要しない任意捜査において、緊急性が許容要件になることの意味は明確ではない。そこでの緊急性は、おそらく必要性の一要素として理解するべきであろう。最近の最高裁判例は、容貌のビデオ撮影の事案で、緊急性に言及しないまま、捜査を適法とした[47]。これは、必要性が高い場合には、必ずしも緊急性は要件ではないことを示唆している可能性がある。

　手段の相当性は、必要性の大きさと利益制約の程度とがつり合っていることを意味する。これは**捜査比例原則**の表現の1つである。相当性を逸脱する行為は、違法な任意捜査となる。強制処分に当たるかどうかは、それ以前に権利制約の大きさと同意の有無といういわば絶対的な基準で決まる。そこで強制処分

---

[43] 前掲※40最三小決平21・9・28の結論は、宅配便業者には、運送中の荷物のエックス線検査について同意する権限がないことを示唆している。

[44] 前掲※37最大判昭44・12・24。

[45] 前掲※32最三小決昭51・3・16。

[46] 前掲※36最三小決昭53・6・20。

[47] 前掲※38最二小決平20・4・15。

480 第197条（捜査に必要な取調べ・照会・通信履歴の保存要請）

とされないものは、相当性を欠いても、強制処分になるわけではない※48。

　相当性は、同意に基づく任意捜査においても必要である。任意同行後の取調べについて、相当性が問題となることが少なくない。これについては、刑訴198条解説参照。

3　おとり捜査

　捜査官が身分を隠して対象者に犯罪を行うように働きかけて犯罪を実行させることによって検挙する手法を**おとり捜査**という。これは、対象者の権利を侵害していないと考えれば、任意捜査となる。しかし、法執行の公正さを保つためには、一定の制約が必要である。判例は、被害者のいない薬物犯罪のように通常の捜査方法では摘発が難しいものについて、機会があれば犯罪を行う意思を持っている者に対して、機会を与える方法で行う場合には、適法であるとした※49。これは、犯罪を行う意思がない者に犯意を誘発させるおとり捜査は、許されないことを示唆している。麻薬特3条、麻薬特4条が定める**コントロールド・デリバリー**も犯罪機会を提供するおとり捜査の一種である。

V　照会

　本条2項は、捜査機関が公務所あるいは公私の団体に必要な事項の報告を求める権限を定める。個人は要請の対象となっていない。通説は、照会された側には報告義務があるとしている。ただし、その根拠は、必ずしも明らかではない。おそらく裁判所の権限に関する刑訴279条と同様と理解するからであろう。いずれにしても、報告を強制する手段はない。照会された側が報告を拒絶する正当な理由があると判断するときは、報告義務もないと考えるべきであろう。

　本項の照会に際しても、本条5項による秘密保持要請をすることができる。

VI　通信履歴の保存要請

　2011年の改正によって導入された制度である。通信履歴の電磁的記録について差押えまたは記録命令付差押えをすることが予想されながら、すぐには令状を得られないときに、当該記録の消去を防止するために、保存を要請することができる。

　本項の要請の主体には、司法巡査は入らない。要請の相手方となる者の中に

※48 最一小判昭53・9・7刑集32巻6号1672頁は、職務質問に伴う所持品検査が「捜索に類するもの」で相当性を欠いたという理由で違法としている。しかし、だからといって「捜索」に該当するとは述べていない。

※49 最一小決平16・7・12刑集58巻5号333頁。

は、電気通信事業者、プロバイダーのほか、LANを設置して組織内で多数の者のメール交換を媒介している業務者も含まれる。

相手方が「その業務上記録している……通信履歴の電磁的記録」が保存要請の対象となる。通信内容であるメールの本文や、件名は通信履歴には入らない[50]。

保存要請は、書面で、保存が必要な記録を特定し、かつ期間を定めて行う。その際、本条5項により、対象者に秘密保持を要請することができる。期間は原則として30日以内である。特に必要があるときは、本条4項に拠り、30日以内の延長ができる。ただし、要請の期間は通じて60日以内に止まらなければならない。この期間内でも保存の必要がなくなれば、3項に拠り、保存要請を取り消さなければならない。

要請された者には、保存義務が生じると理解されている。ただし、罰則はない。法令、契約などによって保管者に消去義務がある場合でも、保存要請を受けたことは消去しない正当事由となる。

（後藤　昭）

（被疑者の出頭要求・取調べ）
第198条　検察官、検察事務官又は司法警察職員は、犯罪の捜査をするについて必要があるときは、被疑者の出頭を求め、これを取り調べることができる。但し、被疑者は、逮捕又は勾留されている場合を除いては、出頭を拒み、又は出頭後、何時でも退去することができる。
②　前項の取調に際しては、被疑者に対し、あらかじめ、自己の意思に反して供述をする必要がない旨を告げなければならない。
③　被疑者の供述は、これを調書に録取することができる。
④　前項の調書は、これを被疑者に閲覧させ、又は読み聞かせて、誤がないかどうかを問い、被疑者が増減変更の申立をしたときは、その供述を調書に記載しなければならない。
⑤　被疑者が、調書に誤のないことを申し立てたときは、これに署名押印することを求めることができる。但し、これを拒絶した場合は、この限りでない。

I　本条の趣旨

本条は、捜査機関による被疑者の出頭要求及び取調べの手続を規定したもの

---

[50]　杉山徳明＝吉田雅之「『情報処理の高度化等に対処するための刑法等の一部を改正する法律』について（下）」法曹時報64巻5号（2012年）117頁。

482 第198条（被疑者の出頭要求・取調べ）

である。供述を求める捜査活動としての取調べだけでなく、たとえば身体検査（刑訴218条）のための出頭要求も許されるし、被疑者のもとに赴いて取り調べるのも本条による。

本条による**被疑者取調べ**が、任意処分でありながら（後述）明文規定されたのは、捜査機関の権限を明示するとともに、他方で、それに対して厳格な法的規制を加えることによって、権限の濫用を防止するためである。

Ⅱ　身体不拘束被疑者の取調べ

1　実質的逮捕との限界

身体拘束されていない被疑者については、本条1項但書から明らかなように、出頭強制や退去を妨げる形での取調べは許されない。被疑者に対する出頭要求は、通常呼出状によるが（犯罪捜査規範102条1項）、出頭確保のため、捜査機関が被疑者宅に赴きそこから警察署等へ同行させる、いわゆる**任意同行**がなされることがある。ただ、同行を求めた時間・場所、同行の方法・態様、同行を求める必要性、同行後の取調べ時間・方法、監視の状況、被疑者の対応の仕方などから、任意同行とその後の取調べが、実質的逮捕と評価されることもある。

2　取調べの許容限度

実質的逮捕とは評価されなくても、取調べ自体の許容限度が問題となる。この点、判例は、宿泊を伴う取調べ[51]や徹夜の取調べ[52]など、かなり長時間の執拗な取調べを、いずれも任意捜査の許容限度の問題と捉え認めているが、むしろ実質的逮捕と評価しうる事案だったようにも思われる。

Ⅲ　身体拘束被疑者の取調べ

1　取調べ受忍義務論

身体拘束中の被疑者には、取調室へ出頭しそこに留まる義務、つまりは**取調べ受忍義務**があるかが、最大の論点とされている。この争いの根源は、旧法までは予審に属していた強制的取調べ権が、現行法では捜査機関に委譲されたと考えるか否かという点にあり、その意味で捜査構造論の中核をなす。

(1)　受忍義務肯定説

捜査実務家のとるところであり、少数の学説もこれに従う。最高裁はいまだ

---

[51] 最二小決昭59・2・29刑集38巻3号479頁。なお、東京高判平14・9・4判時1808号144頁参照。

[52] 最三小決平1・7・4刑集43巻7号581頁。

明確な判断を示していないが※53、これを肯定する下級審裁判例はかなりの数にのぼる※54。本条1項但書の反対解釈が根拠とされる。

しかし、但書の反対解釈から導かれるに過ぎない受忍義務は、強制処分法定主義に反する。しかも、受忍義務を肯定することは、包括的な黙秘権を保障した現行法の理念にも反するといわなければならない。

(2) 受忍義務否定説

学説の多くは、受忍義務否定説に立つ。黙秘権の実質的保障、取調べ目的の逮捕・勾留は認められていないこと、被疑者の当事者としての地位などがその論拠としてあげられる。

問題は、本条1項但書の解釈である。(a)出頭拒否とか退去を認めることが逮捕・勾留の効力自体を否定するものではない趣旨を注意的に明らかにしたと解する見解、(b)逮捕・勾留されている場合については法は明文を置かずに解釈に委ねた趣旨と捉えたうえで、前述のような実質的理由により受忍義務を否定する見解、(c)本条1項は在宅被疑者に対する出頭要求の規定であり、そうであれば身体拘束中の被疑者については出頭要求は問題となりえないので、念のため除外規定が設けられたとの見解のほか、(d)原則的に受忍義務を否定するが、例外的に相当の根拠がある場合に義務を認める見解などが主張されている※55。

いずれの解釈にも問題があることは否定できない。しかし、憲法及び刑訴法の精神に照らせば、受忍義務否定説に与すべきは明らかである。

2 取調べ禁止説

証拠収集方法としての被疑者取調べを否定し、取調べを被疑者の権利としての「告知と聴聞」の機会と捉える見解もある。しかし、そのよって立つ訴訟的捜査観自体に問題があるだけでなく、現行法の解釈としても無理がある。

さらに、現行法上、身体拘束中の被疑者取調べは許されないとの主張も展開されているが、解釈論としても現実論としても、説得性に乏しい。

※53 最大判平11・3・24民集53巻3号514頁は、厳密には傍論としてではあるが、「身体の拘束を受けている被疑者に取調べのために出頭し、滞留する義務があると解することが、直ちに被疑者からその意思に反して供述することを拒否する自由を奪うことを意味するものでないことは明らかである」と判示する。

※54 東京地決昭49・12・9刑月6巻12号1270頁等。

※55 その他、本条1項については、身体拘束の有無にかかわらず、1項本文で任意捜査としての被疑者取調べを規定し、但書で取調べのための身体拘束の禁止を規定したとの見解や、取調べの権限と身体拘束の権限を厳格に峻別するとの観点から、取調べ受忍義務を否定する見解もある。

なお、身体拘束中の被疑者には出頭拒否・退去の自由はないが、取調べの任意性を確保するためには、取調べ拒否権が認められるとの見解も、その区別の現実性という問題を抜きにすれば、黙秘権の実質的保障という点では、受忍義務否定説と同様である。

3 取調べの法的性質

受忍義務肯定説は、受忍義務を認めても供述義務を課すわけではないとして、身体拘束中の被疑者取調べを任意処分に分類する。しかし、取調べという形での拘束を肯定する以上、強制処分と解すべきである。

これに対し、受忍義務否定説は、供述だけでなく、取調べに応じるか否かの自由をも認めるのであるから、取調べは任意処分ということになる。もっとも、受忍義務否定説に立ちながら、現実の取調べが密室で弁護人の立会いもなしに行われている点を捉えて、強制処分と解する見解もある。被告人取調べ等を規制しようとの実践的意図が窺えるが、現状を肯定することにもなりかねない。

Ⅳ 余罪の取調べ

余罪取調べとは、被疑事実A（本罪）で逮捕・勾留されている被疑者を、それ以外の被疑事実B（余罪）について取り調べることをいう。元来、この問題は、適法な身体拘束下における取調べの限界の問題であり、端的に逮捕・勾留の違法を問題とする別件逮捕・勾留とは理論的に区別すべきであるが、両者が密接に関連していることも否定できない（別件逮捕・勾留については、刑訴199条の解説参照）。

かつては、身体拘束中の被疑者の余罪取調べに限界はないと解されていたが、近時は、そこに一定の限界があること自体は認められている。

1 事件単位説

限界設定を行う理論構成の1つは、身体拘束中の取調べは受忍義務を伴う強制処分であるから、事件単位の原則が適用になり、取調べも原則として逮捕・勾留の基礎となった本罪に限定されるとの考えである[56]。しかし、受忍義務を前提とすること自体妥当でないし、逮捕・勾留の効力に関する事件単位の原則を取調べに適用することには理論的問題もある。

2 令状主義潜脱説

理論構成の2つめは、本罪と余罪との関係、罪質・軽重の相違、余罪の嫌疑の程度、余罪取調べの態様などを総合的に判断して、余罪取調べが令状主義を

---

[56] 東京地決昭49・12・9刑月6巻12号1270頁等。ちなみに、受忍義務否定説の中にも、被疑者取調べのもつ事実上の強制的要素を否定できないことを理由に、事件単位の原則の適用を肯定する見解もみられる。

実質的に潜脱する場合には取調べは違法となるとの考えである[57]。しかし、その判断は、実質上、別件逮捕・勾留の違法判断と重なることになる。そうであれば、取調べではなく、逮捕・勾留そのものを違法とすべきであろう。

V 被告人の取調べ

起訴された当該事件での**被告人取調べ**について、学説上は消極説が通説である。判例は、第1回公判期日前の事案に関し、なるべく避けなければならないとしつつ、刑訴197条1項は任意捜査について何ら制限していないとしてこれを認めた[58]。もっとも、起訴後の捜査を補正・補充する場合に限られるとするもの[59]や、受忍義務があるとされる被疑者取調べと区別するために、出頭拒否権や退去権があることを知ったうえで取調べに応じた場合に限られるとするもの[60]、あるいは取調べへの弁護人立会いを条件とするものもみられる[61]。

Ⅵ 知的障害を持つ被疑者及び外国人被疑者の取調べ

知的障害を持つ被疑者の取調べに関し、捜査機関が取調方法として誘導尋問を行う場合には、虚偽の自白の誘発を防ぐため、被疑者の知的能力などの属性に応じて、被疑者の尋問に対する受け答えが捜査機関の意図する方向に偏っていないか、被疑者の態度が迎合的でないか等を常に検証し、尋問の方法・態様が誘導として許容される範囲を逸脱しないよう十分注意を払わなければならないとされる[62]（犯罪捜査規範168条の2参照）。

日本語の理解が十分でない外国人被疑者については、通訳人を介するなどして取調べを行う必要がある（犯罪捜査規範233条以下）。しかし、英語等のいわゆる主要言語以外の言語を母国語とする被疑者に対し、母国語の通訳人を確保するのは非常な困難を伴う。そのため、母国語の通訳を確保できない場合には、

---

[57] 大阪高判昭59・4・19高刑集37巻1号98頁、福岡地判平12・6・29判タ1085号308頁、佐賀地決平16・9・16判時1947号3頁等。ちなみに、裁判例は、受忍義務を当然の前提としているが、学説は基本的に受忍義務否定説を前提とする。

[58] 最三小決昭36・11・21刑集15巻10号1764頁。その他、最二小決昭53・9・4刑集32巻6号1077頁参照。なお、大阪高判昭50・9・11判時803号24頁は、第1回公判期日後の取調べは許されないとするが、最二小決昭57・3・2裁判集刑225号689頁は、前掲・最三小決昭36・11・21の趣旨は被告人の取調べを第1回公判期日前に限定するものではないとする。

[59] 大阪高判昭48・3・27刑月5巻3号236頁。

[60] 大阪高判昭43・12・9判時574号83頁。

[61] 東京地決昭50・1・29刑月7巻1号63頁。

[62] 宇都宮地判平20・2・28判時2026号104頁

正確な意思疎通がなされる限り、母国語以外の言語による通訳も許される※63。

Ⅶ　取調べの法的規制

　被疑者取調べは、黙秘権及び自白法則による事前・事後の規制を受ける（そして、弁護権がこれらを担保する）。2016（平成28）年の法改正によって、取調べの録音・録画制度も導入された。しかし、取調べへの弁護人立会いは制度化されなかった。また取調べ方法等を直接規制する規定は、刑訴法には存在しない（犯罪捜査規範166条以下参照）。法律上の厳格な取調べ時刻や取調べ時間の制約も設けられていない（犯罪捜査規範168条3項及び被疑者取調べ適正化のための監督に関する規則3条2項参照）。

1　黙秘権による規制

(1)　黙秘権の告知

　本条2項は、取調べに際し、**黙秘権の告知**を捜査機関に義務づけている。制定当初は、「供述を拒むことができる旨」告知すべきとされていたが、捜査機関の反対が強く、1953（昭和28）年の改正で現行の告知に改められたものの、実質的変更ではない。

　判例は、告知は本来取調べのたびごとになすべきであるが、同じ捜査官が引き続いて取調べを行う場合はその都度告知する必要はないし※64、黙秘権は被疑事実ごとに存在するものではないから、その告知も被疑事実ごとに行う必要はなく※65、告知を怠っても、それのみで供述の任意性を失うものではないとする※66。

　しかし、告知は取調べの適正化のために重要な手続であるから、告知の懈怠の正当化事由については、検察官が立証責任を負うと解すべきであろう。

(2)　黙秘権の範囲

　本条2項は黙秘しうる事項を限定していないから、被疑者はすべてを黙秘することができる。もっとも、これに対し、黙秘できるのは、憲38条1項が定める「自己に不利益な供述」に限られるとの説もある。また、判例は、氏名等は原則として不利益な事項にあたらないとする※67。しかし、学説上は、被疑者の黙秘権は、憲法上も一切の供述を拒否できる権利であると解する見解が有力である。

※63　東京高判平4・4・8判時1434号140頁。
※64　最三小判昭28・4・14刑集7巻4号841頁。
※65　東京高判昭57・12・9判時1102号148頁。
※66　最三小判昭25・11・21刑集4巻11号2359頁。
※67　最大判昭32・2・20刑集11巻2号802頁。

ポリグラフ検査については、心理検査の結果を非供述証拠として用いるにすぎないから黙秘権侵害の問題は起こらないとする見解※68と、生理的変化それ自体が独立の証拠になるのではなく、質問との対応関係で意味をもつのであるから、黙秘権侵害となりうるとの見解が対立している。学説上は後説が有力であるが、検査結果は供述ではない。ただ、心理鑑定としての性質上、同意のない検査は許されないと解すべきであろう。**麻酔分析**は、あきらかに供述の自由を奪うものであり、黙秘権侵害となる。

　ちなみに、行政法規における報告義務等に関し、判例は、公共性が強く、行政目的達成のためには報告義務を課すのが必要不可欠であるとか、事前に黙秘権を放棄していたと構成できることなどを理由に、いずれも憲38条1項に違反しないとする※69。

2　自白法則による規制

　強制等を用いる取調べや、任意性を疑われるような取調べが許されないことは明らかであるが、何をもって強制等というか必ずしも明確でなく、さらに自白法則による規制は、実際の取調べ状況が明らかにならなければ、有効には機能しえないのである。自白の任意性等をめぐって公判廷で供述合戦が行われる原因の1つは、取調べの可視性の低さにあるといえよう（刑訴319条の解説参照）。もっとも、この点に関しては、裁判員裁判対象事件と検察官独自捜査事件に限られるとはいえ、2016（平成28）年の法改正によって新たに導入された被疑者取調べの録音・録画制度が、自白の任意性立証に資することは明らかであろう（刑訴301条の2の解説参照）。

Ⅷ　供述調書の作成

1　調書の作成

　被疑者の供述を録取した調書（供述録取書）は、実務上、被疑者調書と呼ばれる。本条3項が、「録取することができる」と規定していることから、実務においては、録取の要否、録取の方法や内容等は、捜査機関の裁量に委ねられていると考えられている。

　しかし、その結果、否認供述が調書化されないなど、被疑者供述の変遷過程

※68　東京高決昭41・6・30高刑集19巻4号447頁参照。
※69　道交法の規定につき、最大判昭37・5・2刑集16巻5号495頁等、麻薬及び向精神薬取締法の規定につき、最二小判昭29・7・16刑集8巻7号1151頁等、医師法の規定につき、最三小判平16・4・13刑集58巻4号247頁参照。なお、最一小判平9・1・30刑集51巻1号335頁は、呼気検査の拒否を処罰する道交法の規定を、それが「供述」を強制するものではないとの理由で合憲とする。

488　第198条（被疑者の出頭要求・取調べ）

が明らかにならないことも多く、自白の任意性・信用性判断に支障をきたすことにもなる。少なくとも、黙秘や否認の場合も含めて、取調べごとに調書を作成する（犯罪捜査規範177条1項参照）とともに、できる限り被疑者の供述を正確に記録することが必要である。

　もっとも、被疑者取調べの録音・録画制度の導入に伴って、調書の作成にも変化がもたらされるかもしれない。

2　供述内容の正確性確認

　調書の閲覧または読み聞かせは、調書の内容を被疑者に理解させ、その正確性について被疑者の確認を求めるための重要な手続である。判例は、この手続を省略したのみでは、調書の証拠能力を失うわけではないとするが※70、正確性は相当に失われると解すべきであろう。

　被疑者が増減変更の申立てをしたときは、原記載の変更・訂正ではなく、申立て内容をそのまま調書に記載する。追加部分も調書の一部をなすから、閲覧または読み聞かせが必要になる。なお、判例は、すでに適法に作成された供述調書の記載に対して、被疑者がその後の取調べで増減変更の申立てをしても、本条4項の申立てにはあたらないとする※71。

　被疑者が調書の内容に誤りがない旨申立てたときは、その旨を調書に記載し、被疑者の署名・押印を求めることができる。被疑者が署名できないときは、他人が代署のうえ、その旨を調書に記載して、代署者が署名・押印するのが実務の扱いである。押印できないときは、その指印を求めることになる。なお、内容に誤りがない旨申立てた被疑者が、署名・押印を拒絶した場合には、作成者がその旨を調書に記載して、作成者の署名・押印をすることになる（犯罪捜査規範181条3項）。

　被疑者の署名もしくは押印のない調書は、証拠能力を有しない（刑訴322条）。現行法上、この署名・押印のみが、調書の正確性を担保するものとなっている。

　ちなみに、被疑者の署名・押印に関しては、これを自己の供述の証拠化への同意と捉え、被疑者に処分権を認める見解も存在する。

IX　取調べの可視化・適正化

　取調べの可視化・適正化の方策として、従来主張されてきたのが、取調べの録音・録画、あるいは取調べへの弁護人立会いである。捜査実務家の中には、いまだに強いアレルギー反応を示す者もいるが、裁判員制度導入との関係で、

※70　最三小判昭28・1・27刑集7巻1号64頁。
※71　最一小決昭26・9・6刑集5巻10号1878頁。

録音・録画については、元裁判官の支持が表明されたり※72、2006（平成17）年6月の刑訴規則の一部改正で198条の4が新設されるなど、新たな動きもみられた。また、検察庁や警察庁においても録音・録画の試験的運用が開始され、その範囲も次第に拡大されていた。

そして、法制審議会新時代の刑事司法制度特別部会の答申（案）等を経て、ついに2016（平成28）年の法改正によって被疑者**取調べの録音・録画制度**が導入された（刑訴301条の2）。対象事件が裁判員裁判対象事件及び検察官独自捜査事件に限られていること、また、対象となる取調べ等は、逮捕勾留中の被疑者の対象事件についての取調べ（刑訴198条1項）と弁解録取（刑訴203条1項、204条1項及び205条1項）のみであること、さらに一定の例外事由が認められていることなどから、その不十分さが指摘されてもいる。その他、録音・録画記録媒体の実質証拠利用の可否等の問題もある。しかし、その意義を否定することはできないであろう（詳しくは、刑訴301条の2の解説参照）。

ちなみに、取調べへの弁護人立会いについては、先の特別部会においても取調べの機能を害する等の強硬な反対意見が出されたことなどもあり、法改正は実現していない。

（多田辰也）

（逮捕状による逮捕の要件）
第199条 検察官、検察事務官又は司法警察職員は、被疑者が罪を犯したことを疑うに足りる相当な理由があるときは、裁判官のあらかじめ発する逮捕状により、これを逮捕することができる。ただし、三十万円（刑法、暴力行為等処罰に関する法律及び経済関係罰則の整備に関する法律の罪以外の罪については、当分の間、二万円）以下の罰金、拘留又は科料に当たる罪については、被疑者が定まつた住居を有しない場合又は正当な理由がなく前条の規定による出頭の求めに応じない場合に限る。
② 裁判官は、被疑者が罪を犯したことを疑うに足りる相当な理由があると認めるときは、検察官又は司法警察員（警察官たる司法警察員については、国家公安委員会又は都道府県公安委員会が指定する警部以上の者に限る。以下本条において同じ。）の請求により、前項の逮捕状を発する。但し、明らかに逮捕の必要がないと認めるときは、この限りでない。
③ 検察官又は司法警察員は、第一項の逮捕状を請求する場合において、同一の犯罪事実についてその被疑者に対し前に逮捕状の請求又はその発付があつたときは、その旨を裁判所に通知しなければならない。

※72 吉丸眞「裁判員制度の下における公判手続きの在り方に関する若干の問題」判例時報1807号7頁（2003年）、佐藤文哉「裁判員裁判にふさわしい証拠調べと合議について」判例タイムズ1110号9頁（2003年）等参照。

I 本条の趣旨

本条は、事前に発付された逮捕状による逮捕（いわゆる**通常逮捕**）に関する規定である。現行犯の場合を除いては令状によらなければ逮捕することができない旨規定する憲33条の要求に基づき、通常逮捕の場合における逮捕の要件（1項）及び逮捕状発付の要件（2項、3項）を規定したのが本条である。

また、憲33条は、令状の発付権者を「司法官憲」としているにすぎず、立法当初においては、これは検察官をも含む趣旨だとされていた。しかし、それでは司法的抑制の機能が失われるので、本条で発付権者を「裁判官」と明規することによって、この考え方を排斥したのである。

II 逮捕の意義、性格

1 逮捕の意義

逮捕とは、被疑者に対して最初に行われる強制的な身体拘束処分であり、法に定められた短時間の留置という効果を伴う。身体の拘束を意味するから、被疑者を実力支配下に置き、その行動の自由を制圧すればよいので、手錠をはめるなどの物理力を使う必要は必ずしもない。しかし他方で、強制処分であるので、その実効確保のため合理的に必要な実力の行使は、当然に許される。

なお、近時は、被疑者を逮捕するために、第三者の身体、財産に対する規制がどの程度許されるかが問題とされている（**逮捕のための第三者規制**）。被疑者を捜索するために人の住居等に立ち入ることについては明文規定（刑訴220条1項1号）があるが、それ以外にも、第三者による妨害のおそれがある場合には、逮捕の実効化に不可欠な限度での実力行使は許されると解する[73]。

2 逮捕の性格

逮捕の性格をどのように理解するかについては、見解が対立している。糾問的捜査観によれば、逮捕は捜査、特に被疑者取調べのための処分であり、逮捕の必要性についても捜査機関の判断が優先すると解するのに対し、弾劾的捜査観によれば、逮捕は裁判官自身が捜査機関に命じて行う被疑者の身体保全処分であり、必要性の判断権は裁判官がもつと解する。

前説に立てば、逮捕状は許可状と解されるのに対し、後説では命令状と解することになる。もっとも、後説においても、逮捕の理由や必要性が消滅した場合にまで逮捕を義務づけるものではないから、事情が変更したならば逮捕しな

---

[73] 東京高判昭53・5・31刑月10巻4＝5号883頁。

くともよいという条件付の命令状ということになる。

　憲法の令状主義の精神、取調べ目的の逮捕と黙秘権保障の相克、刑訴199条2項但書、さらには、いわゆる国際人権B規約9条3項等からすれば、現行法の逮捕の性格については、弾劾的捜査観の理解を基礎に据えるべきと考える。

Ⅲ　逮捕権者、逮捕状請求権者、逮捕状発付権者

1　逮捕権者

　検察官、検察事務官、司法警察職員のすべてが逮捕の権限をもつ。逮捕状請求権者よりも広い。また、逮捕にあたるのは、逮捕状を請求した者と同一である必要はない。

2　逮捕状請求権者

　検察官と司法警察員である。警察官である司法警察員については、1953（昭和28）年の法改正により、国家公安委員会または都道府県公安委員会が指定する警部以上の者に限られることになった（指定の通知については、刑訴規141条の2）。特別司法警察職員で司法警察員の職務を行う者については、このような指定の制度はない。

　法改正の背景には、逮捕状濫発に対する批判があり、その改善策として当初は、逮捕状請求に検察官の同意を必要とする案が出された。しかし、結局は、検察官に準司法官的抑制を期待するよりも、請求権者を絞りつつ、裁判官に必要性の審査を委ねて（本条2項但書が同時に追加された）、司法的抑制の強化をねらうほうが妥当と考えられたため、現行法の規定に落ち着いたといわれている。

3　逮捕状発付権者

　裁判官であれば、その所属裁判所のいかんを問わない。もっとも、逮捕状の請求を受けるべき裁判官（請求先）については、一定の制限がある。請求先については、刑訴規299条1項、少年事件については、刑訴規299条2項参照。ただし、この制限に違反して発せられた逮捕状も、その効力に影響はない。

Ⅳ　通常逮捕の要件

　裁判官が逮捕状を発することができるのは、適式な請求手続がとられ（形式的要件）、かつ逮捕の理由と必要性（実体的要件）が存在する場合である。なお、逮捕状発付の要件を定めた本条2項には、1項但書の軽微事件についての要件が規定されていないが、これは、但書の要件を除外する趣旨ではなく、当然のこととして略されたものと解する。

1 逮捕の理由

「被疑者が罪を犯したことを疑うに足りる相当な理由」である。憲33条が「犯罪を明示する令状」を要求している以上、特定の犯罪に関する相当な嫌疑でなければならない。相当な嫌疑は、捜査機関の単なる主観的嫌疑では足りず、証拠資料に基づく客観的・合理的判断過程により、相当高度な嫌疑が必要とされる[74]。

なお、嫌疑の程度については、刑訴210条にいう「充分な理由」よりも低くてもよい。また、判例[75]・通説は、逮捕と勾留の身体拘束期間の差などを理由に、勾留の要件としての「相当な理由」（刑訴60条1項）よりも、実質的に低くてかまわないとする。しかし、逮捕が人身の自由に対する重大な制約であることを考えれば、同程度の嫌疑を必要とすると解すべきである。逮捕と勾留の違いは、捜査機関側の一方的資料に基づく判断か、被疑者の反論をも前提とした判断かという、その違いにあるのではないだろうか。

2 逮捕の必要性

(1) 逮捕の必要性の意義

逮捕の必要性とは、逃亡または罪証隠滅のおそれがあるため、身体の拘束が相当であることを意味する。刑訴規143条の3は、明らかに逮捕の必要がない場合として、「逃亡する虞がなく、かつ、罪証を隠滅する虞がない等」と規定するが、この「等」は、逃亡または罪証隠滅のおそれがあっても、具体的状況によって、逮捕するのが相当でないとか、逮捕するまでもないと判断しうる場合をいう。

(2) 裁判官による必要性判断

裁判官に逮捕の必要性についての判断権があるかについては、刑訴法制定当初から争いがあった。しかし、1953（昭和28）年の一部改正によって本条2項但書が追加され、その判断権が（創設ではなく）確認されることになった[76]。

もっとも、必要性の存在が積極的要件とされているのではなく、明らかな不存在が阻却事由とされているにすぎない。しかし、裁判官としてはその存否を判断する必要があるので、請求者には立証のための資料の提出が求められる。

3 軽微事件における逮捕

本条1項但書は、逮捕のための独立の要件を規定したものではなく、軽微事件については、逃亡または罪証隠滅のおそれだけでは逮捕できず、それに加え

---

[74] 国家賠償請求事件ではあるが、東京地判平16・3・17判時1852号69頁参照。

[75] 大阪高判昭50・12・2判タ335号232頁。

[76] 国家賠償請求事件においてではあるが、逮捕の必要性について判断したものとして、最二小判平10・9・7判時1661号70頁、大阪地判平10・3・26判時1652号3頁参照。

て、住居不定または正当な理由のない不出頭という事情があってはじめて逮捕できるとしたもので、逮捕の加重要件を規定したものである。しかも、不出頭は一度では足りず、複数回に及ぶことが必要と解されている。

なお、30万円以下の罰金等は、法定刑であり、幇助犯等の場合についても正犯の法定刑を基準とする。

V　逮捕状請求の方式・手続、請求に対する裁判

1　逮捕状請求の方式・手続

逮捕状請求の方式・手続については、刑訴規139条、刑訴規142条、刑訴規143条参照。

ちなみに、実務においては、明文規定のない請求の撤回ということが行われている。裁判官が逮捕要件の審査を開始する前であれば、問題はないかもしれない。しかし、裁判官が逮捕の理由または必要性が欠けると判断したときに、請求を却下することなく撤回させることは、請求が安易に行われる危険を生じるため、違法と解すべきである。

2　請求に対する裁判

請求を受けた裁判官は、提出された資料及び請求者からの陳述の聴取等（刑訴規143条の2）によって、逮捕状発付の可否について判断することになる。問題は、それらの方法のみによっては判断を下せない場合である。逮捕状発付も裁判（命令）である以上、刑訴43条3項、刑訴規33条3項により、証人尋問を含む事実の取調べが可能であると解する説と、刑訴規143条の2は捜査の密行性等を考慮して定められた特則であり、その限度でしか事実の取調べはできないと解する説が対立している。逮捕が人身の自由に対する重大な制約であることからすれば、前説が妥当である。

請求の却下については、刑訴規140条、刑訴規141条参照。

なお、請求却下の裁判に対してだけでなく、逮捕状発付の裁判に対しても、不服申立てはできないとされている[77]。しかし、刑訴429条1項2号は、「勾留……に関する裁判」に対する準抗告を認めており、逮捕は勾留のための引致であることからすれば、逮捕状発付の裁判に対する準抗告を認めることは可能であると解する。

---

[77]　最一小決昭57・8・27刑集36巻6号726頁。なお、最二小判平5・1・25民集47巻1号310頁参照。

VI 逮捕・勾留に関する一回性の原則

　訴訟行為の一回性の原則が逮捕にも妥当するし、法は逮捕による留置や勾留の期間を厳格に法定していることからしても、逮捕・勾留は、一罪につき1回だけ許される。これを、**逮捕・勾留に関する一回性の原則**という。これは、2つの側面で問題となる。第1は、同一の犯罪事実につき同時に2個以上の身体拘束は許さないというもので、**一罪一逮捕一勾留の原則**と呼ばれる。第2は、同一の犯罪事実について、逮捕・勾留を時を異にして繰り返すことはできないというもので、**再逮捕・再勾留の禁止の原則**と呼ばれる。

1　一罪一逮捕一勾留の原則

　同一犯罪に関して重複的な逮捕・勾留は許されないという、重複逮捕・勾留の禁止を意味する。そこで、ここにいう同一犯罪とはどの範囲の事実を指すかが問題となるが、基本的には、公訴事実の同一性を基準に判断すべきである。したがって、科刑上一罪をも含めて、実体法上一個の犯罪を分割して、複数の逮捕・勾留を行うことは許されない。

　ただし、実体法上一罪であっても、常習一罪については、例外が認められる場合がある。たとえば、常習傷害罪で起訴・保釈中に、それと常習一罪の関係にある傷害事件を起こしたような場合には、それによる逮捕・勾留が例外的に認められる[78]。

2　再逮捕・再勾留禁止の原則

　逮捕・勾留が何らかの理由で終結したときは、その蒸し返しも禁止されるという原則である。もっとも、いかなる理由で終結しても絶対に再逮捕が許されないとするのはゆきすぎであるから、この原則にも当然例外が認められる。

　逮捕については、本条3項及び刑訴規142条1項8号に、その例外を予想した規定がある。逮捕前に、逮捕状の有効期間を経過してそれが失効した場合に、再度の逮捕状発付が認められることはいうまでもない。その他にも、新たに重要な証拠が発見されたとか、あるいは新たな拘束の必要が生じた等の釈放後の事情変更により、再逮捕の合理的な必要が生じた場合は許されると解されている[79]。再勾留については、これを予想した規定はないが、よほどの例外的事情があれば、許される場合があるといえよう[80]。

　ちなみに、引致途中に逃亡した被疑者を拘束するのは再逮捕ではない。また、

---

[78] 福岡高決昭42・3・24高刑集20巻2号114頁。

[79] 東京高判昭48・10・16刑月5巻10号1378頁。

[80] 東京地決昭47・4・4刑月4巻4号891頁、千葉地決昭47・7・8刑月4巻7号1422頁。

引致後の留置期間内に逃亡したときは、新たな逮捕状によって再逮捕できると
するのが通説である。

Ⅶ 逮捕・勾留と余罪

1 事件単位の原則

　被疑者が複数の罪を犯している場合に、それぞれの犯罪事実について各別に
逮捕・勾留することができるのか、それとも被疑者が1人である以上、そのう
ちの1つを理由として、あるいは包括的に一個の逮捕・勾留しか許されないの
かという問題がある。この点については、犯罪事実を単位に考え複数の逮捕・
勾留を認める**事件単位説**と、人を単位に考え一個の逮捕・勾留しか認めない**人
単位説**とが対立している。両説の違いは、二重逮捕・勾留（逮捕・勾留の競合）
の肯否という解釈論上の対立に帰する。

　人単位説のほうが被疑者に有利なようにもみえるが、その本質は、表面には
出ていない余罪を、勾留延長や保釈の許否といった各種処分の根拠とすること
を認めるところにある。しかし、司法審査を経ていない被疑事実を被疑者の不
利益処分の根拠とするのは、明らかに令状主義に反する。実務も通説も、事件
単位説に立つ。

2 別件逮捕・勾留

　不当な逮捕の蒸し返しが許されないのは、同一犯罪についてばかりでなく、
別罪を理由にする場合でも同様である。これに関連して問題となるのが、別件
逮捕・勾留である。

　別件逮捕とは、本件（通常は重大な犯罪）について逮捕の要件が具備してい
ないのに、その取調べのため、要件の具備している別件（通常は軽微な犯罪）
で逮捕するという捜査方法をさす。このような別件逮捕問題の本質は、表面に
出ている別件を基準にすれば適法な場合でも、実質的に判断すれば、逮捕権の
濫用として違法な場合があるのではないかという点にある。

　判例には、「専ら、いまだ証拠の揃っていない本件について取調べる目的で、
証拠の揃っている別件の逮捕に名を借り、その身体の拘束を利用して、本件に
ついて逮捕して取調べるのと同様な効果を得ることをねらいとした」場合を違
法としたものがある[81]。このような場合が違法とされるのは、(1)逮捕を自白
獲得の手段視し、(2)別件による拘束後に本件の拘束が見込まれる点で、法定の

---

[81] 最二小決昭52・8・9刑集31巻5号821頁〔狭山事件〕。なお、最大判昭30・4・6
刑集9巻4号663頁〔帝銀事件〕、最三小判昭58・7・12刑集37巻6号791頁参照。

拘束期間を潜脱し、(3)令状主義に反するためである[82]。これは、別件による逮捕について本件を基準にその適否を判断するので、**本件基準説**と呼ばれ、学説上は通説といえる。

これに対し、別件逮捕が違法となるのは、別件について逮捕の要件を欠く場合だけだとする考え方がある[83]。**別件基準説**と呼ばれ、捜査実務はこれによっているといえよう。もっとも、この考え方をとる論者も、別件による逮捕・勾留中の取調べを無制限に認めるわけではなく、余罪取調べの限度論を用いて、一定の規制を加えようとする（刑訴198条の解説参照）。しかし、そもそも別件基準説の考え方は、狭山事件をはじめとする最高裁判例の趣旨に沿わないばかりか、逮捕権の濫用という別件逮捕の本質を無視するものである。

なお、近時は、身体拘束の理由とされた別件について、起訴・不起訴の決定に向けた捜査が完了したにもかかわらず、その身体拘束が主として本件捜査のために利用されるに至った場合には、別件による身体拘束の実体を喪失し、それ以後の身体拘束は違法になるとする**実体喪失説**も主張されている[84]。しかし、別件の捜査がいつ完了したかの判断には困難が伴うし、一定範囲で適法な別件逮捕・勾留を認めることにもなる。

Ⅷ　その他の問題

国会議員は、院外における現行犯の場合を除いては、その属する議院の承諾がない限り、国会の会期中は逮捕されず、会期前に逮捕された議員は、その属する議院の要求があれば、会期中釈放される（憲50条、国会33条ないし国会34条の3）。

少年事件について、少年43条3項及び少年48条1項は、「やむを得ない場合」にのみ少年の勾留を認めている。逮捕についての規定はないが、両条項の趣旨を考慮すれば、逮捕についても「やむを得ない場合」に限られると解すべきであろう（犯罪捜査規範208条参照）。

（多田辰也）

---

[82]　金沢地七尾支判昭44・6・3刑月1巻6号657頁〔蛸島事件〕、東京地判昭45・2・26刑月2巻2号137頁〔東京ベッド事件〕、福岡地判昭46・6・16刑月3巻6号783頁〔曲川事件〕等参照。

[83]　東京地決昭49・12・9刑月6巻12号1270頁〔富士高校放火事件〕、福岡高判昭52・5・30判時861号125頁〔有田事件〕等参照。

[84]　東京地決平12・11・13判タ1067号283頁参照。

第200条（逮捕状の方式） 497

（逮捕状の方式）
第200条 逮捕状には、被疑者の氏名及び住居、罪名、被疑事実の要旨、引致すべき官公署その他の場所、有効期間及びその期間経過後は逮捕をすることができず令状はこれを返還しなければならない旨並びに発付の年月日その他裁判所の規則で定める事項を記載し、裁判官が、これに記名押印しなければならない。
② 第六十四条第二項及び第三項の規定は、逮捕状についてこれを準用する。

I 本条の趣旨

本条は、逮捕状の記載要件を規定したものである。逮捕状の記載要件は人権に密接に関係する重要な事項であるため、裁判所の規則ではなく、特に法律で規定したのである。

II 逮捕状の記載要件

1 被疑者の特定

法が被疑者の特定を要求したのは、過って他の者に対して逮捕状が執行されることを防止するためである。被疑者特定のため、その氏名及び住居の記載が求められている（なお、逮捕状請求書については、刑訴規142条1項1号で、年齢及び職業の記載も求められている）。もっとも、氏名が明らかでないときは、人相、体格その他被疑者を特定するに足りる事項（たとえば、通称[85]や写真など）で指示してもよい（刑訴64条2項参照）。住居不明の場合は記載しなくてもよい（刑訴64条3項参照）。

なお、裁判例の中には、通称、体格、年齢などの記載と被疑事実の記載とが相まって被疑者の特定がなされてもよいとするものがある[86]。しかし、被疑者の特定と被疑事実とは本来別個のものであることを考えると、後者を重視することには疑問が残る。

2 罪名、被疑事実の要旨

被疑事実の記載は、憲33条の直接の要請である。しかも、犯罪の「明示」が要求されている趣旨からすれば、被疑事実が具体的に特定されていることが必要である。捜査の初期の段階であることを考えれば、ある程度の不明確さは許

---

[85] 札幌高判昭27・3・12高刑集5巻3号413頁。
[86] 東京高判昭38・4・18東高時報14巻4号70頁。

されようが、構成要件的特定は必要であろう。予備的ないし択一的記載は許されないと解される。

罰条の記載は要件とされていない。刑法犯の場合には、たとえば「殺人」とか「窃盗」という罪名が記載されるが、特別法違反の場合の罪名は、たとえば「地方公務員法違反」と記載されるのみである。被疑事実の要旨が記載されるとはいえ、憲33条の趣旨からすれば、特別法違反の場合には、罰条も記載することが望ましい。

3　引致場所

一般的には、逮捕状を請求した司法警察員または検察官の所属する警察署または検察庁が指定されるが、これらに限られるわけではない。官公署以外の場所が捜査本部とされることもありうるため、「その他の場所」という文言が付加されている。また、引致場所は、逮捕状を発付する裁判官の所属する裁判所の管轄区域内であることも要しないし、請求者の所属官公署または行政組織上同一系統の官公署である必要もない。

なお、引致場所の特定に関しては、実務上は、「〇〇警察署又は逮捕地を管轄する警察署」のように、択一的記載がなされることが多い。それが、捜査機関の恣意的選択を認めるようであれば問題であるが、逮捕後できるだけ早く被疑事実の要旨や弁護権の告知等がなされることをも考慮すれば、択一的記載をいちがいに否定することはできないであろう。

ちなみに、逮捕後の留置場所に関しては、引致場所と異なってよいし、捜査機関の判断で留置場所の変更もできるとされる（刑訴209条の解説参照）。

4　有効期間

逮捕状の有効期間は、発付の日から7日間を原則とするが、必要な場合には7日を超える期間を定めることもできる（刑訴規300条・刑訴規142条1項6号）。実務上は、1ヶ月とされることが多い。有効期間の記載がない場合には、本則に戻り、有効期間7日間の逮捕状として有効である[87]。7日より短い期間を定めることは原則として許されないが、7日よりも早く公訴時効が完成するような場合には、例外的に許されると解される。

逮捕状の有効期間とは、逮捕状の執行に着手しうる期間を意味する。したがって、有効期間が経過すれば逮捕状が失効するのは当然であり、「期間経過後は逮捕することができ（ない）」旨の記載は、注意的な意味で記載事項とされたものといえる。有効期間経過後の逮捕は違法である。もっとも、いわゆる緊急執行（刑訴201条2項・刑訴73条3項）の場合は、執行が期間内であれば、逮捕状の呈示は期間経過後であってもかまわない。なお、有効期間内であっても、

---

[87]　勾留状につき、最一小決昭25・6・29刑集4巻6号1133頁。

逮捕の必要がなくなったときは、直ちに返還しなければならない（刑訴規157条の2）。

5　裁判官の記名押印その他の記載事項

逮捕状の発付年月日は、有効期間との関係で意味を持つ。また、裁判官の記名押印が求められているのは、当該逮捕状が権限ある裁判官により真正に発せられたものであることを示すためであるから、令状主義の直接の要請といえ、これを欠いた逮捕状は無効である[88]。

逮捕状には、その他、請求者の官公職氏名の記載が要求される（刑訴規144条）が、これは、逮捕状請求に関して責任の所在を明らかにするとともに、通常逮捕の場合には、刑訴199条2項の請求権者であることを示す意味をも有する。また、逮捕の必要がなくなった場合の逮捕状の返還義務に関する記載も必要である（刑訴規157条の2）。

Ⅲ　逮捕状の作成等

逮捕状の作成に際しては、逮捕状請求書及びその記載を利用することができる（刑訴規145条）。たとえば、被疑事実について、逮捕状請求書記載のとおりと記載し、請求書を編綴し、契印する（刑訴規58条2項）ことによって作成することができる。この場合、請求書は逮捕状の一部となる。

また、逮捕状は、請求により（刑訴規142条1項7号）数通発することができる（刑訴規146条）。被疑者の所在が明らかでない場合に意味をもつ。発付された数通の逮捕状は、いずれも正本であり、それぞれ独立に逮捕状としての効力を有する。そのうちの1通によって被疑者が逮捕されれば、他の逮捕状は当然失効する。

Ⅳ　記載事項の変更

逮捕状の発付後、逮捕前に、記載事項の変更が許されるであろうか。逮捕状の発付は裁判の一種であり、その記載は外部的に成立した裁判内容であるから、記載事項の変更を認めることは、理論上裁判の変更を認めることになる。もっとも、終局裁判ほどの法的安定性が要求されるわけではないので、一切の変更が許されないと解するまでの必要はない。そこで、一般には、令状の本質的部分の変更は許されないが、それ以外の記載事項については変更が可能であるといわれている。たとえば、被疑者の氏名、被疑事実及び有効期間などの本質的部分の変更が必要であれば、すでに発付された逮捕状を返還して、新たな逮捕

---

[88]　東京地決昭39・10・15下刑集6巻9＝10号1185頁。

500 第201条（逮捕状による逮捕の手続）

状の発付を求めるべきことになる。これに対し、引致場所の変更については、非本質的部分の変更であるとして、これを肯定する見解が有力である（犯罪捜査規範124条参照）が、これに疑問を呈する見解もある。

(多田辰也)

（逮捕状による逮捕の手続）
第201条 逮捕状により被疑者を逮捕するには、逮捕状を被疑者に示さなければならない。
② 第七十三条第三項の規定は、逮捕状により被疑者を逮捕する場合にこれを準用する。

I 本条の趣旨

本条は、逮捕状による逮捕手続について、令状の事前呈示の原則（1項）と、その例外としての緊急執行（2項）を規定したものである。逮捕前に、逮捕状が発付されていなければならないことはいうまでもない。

本条に関しては、「理由の告知」を要求する憲34条の直接の要請か否かが論じられることもある。しかし、本条が規定する逮捕状の呈示は、「令状によらなければ」ならないという意味を補完するものであるから、憲33条の直接的要請、あるいはこれと密接不可分の手続的要請と解すべきである。したがって、本条の定める手続の違背は、当該逮捕そのものを違法とする[89]。

II 逮捕状の呈示

逮捕状により被疑者を逮捕する場合には、被疑者に逮捕状を示さなければならない。これを、**逮捕状の通常執行**という。**逮捕状の呈示**は、逮捕着手前に行うのが原則であるが、被疑者が逃走を企てたり、あるいは抵抗するような場合は、逮捕と同時か、あるいは逮捕直後であってもかまわない[90]。

本条が直接規定しているのは逮捕状の呈示であるが、これは、被疑事実を明示した令状に基づく逮捕であることを被疑者に知らせるためである。したがって、被疑者が被疑事実の内容を知ることができる程度に示さなければならない。もっとも、呈示すれば足り、手渡したり謄写させる必要はない。また、呈示すると破棄されるおそれが強い場合は、その内容を読み聞かせれば足りる。呈示したが被疑者がこれを閲読しようとしない場合や、閲読しないで破棄したよう

---

[89] 東京高判昭34・4・21高刑集12巻5号473頁。
[90] 東京高判昭60・3・19刑月17巻3＝4号57頁。

な場合でも、呈示がなされている以上、その適法性に影響はない。

　なお、視力障害者や文盲の者に対しては、被疑事実の内容を読み聞かせるなどの方法をとる必要があるし、日本語を理解できない外国人の場合には、令状による逮捕であることを理解させるとともに、被疑事実の内容をできる限り速やかに告知する手段（たとえば、通訳）を講ずることが要求されよう。

Ⅲ　逮捕状の緊急執行

　本条2項は、勾引状・勾留状を所持しないで執行する場合に関する刑訴73条3項を準用する。すなわち、逮捕状を所持していないためこれを示すことができない場合において、急速を要するときは、被疑者に対し被疑事実の要旨及び逮捕状が発付されている旨を告げて、逮捕することができるが、その場合には、逮捕後できる限り速やかに逮捕状を示さなければならない。

1　「急速を要するとき」の意義

　「急速を要するとき」とは、逮捕状を所持する者から逮捕状を入手し、あるいはその到着を待ってから逮捕に着手したのでは、被疑者が逃走するなどして、逮捕が著しく困難になる場合をいう。たとえば、被疑者の在宅が不明確なまま被疑者宅に赴いたところ、たまたま被疑者が在宅していたが、被疑者が自宅に定住せず、いつどこに出かけるかもわからないのみならず、逮捕状所持者に連絡が取れず、またその到着も予測しがたい状況にある場合に、緊急執行が認められている※91。これに対し、逮捕状所持者がすぐ近くにまで来ているなど、逮捕の時機を失する前に通常執行が可能な場合には、緊急執行は許されない※92。

2　被疑事実の要旨等の告知

　緊急執行に際しては、被疑事実の要旨及び逮捕状が発付されている旨の告知をしなければならない。後者の告知のみでは不十分である※93。緊急執行は、逮捕状呈示の例外として認められるものであるから、被疑事実の要旨の告知は、被疑者にどのような犯罪の嫌疑で逮捕されるのかがわかる程度でなければならない。罪名の告知を受けただけで、被逮捕者が被疑事実の要旨の告知を受けようとしなかったような場合には、罪名（と逮捕状発付の事実）の告知だけでも

※91　東京高判昭34・4・30高刑集12巻5号486頁。その他、最二小決昭31・3・9刑集10巻3号303頁参照。

※92　前掲※89東京高判昭34・4・21。

※93　大阪高判昭32・7・22高刑集10巻6号521頁。

適法とする裁判例もある[94]が、一般的には、罪名のみの告知では足りない[95]。被疑事実の要旨の告知を欠けば、当該逮捕は違法となる。

3 逮捕状の事後呈示の時期

緊急執行の場合には、逮捕後「できる限り速やかに」、逮捕状を被疑者に示さなければならない。これは、事後的ではあれ、逮捕が令状に基づいたものであったことを被疑者に確認させるためである。そして、この呈示によって緊急執行の手続が完了することになるが、呈示は逮捕の適法要件である以上、呈示を欠いたままでの勾留請求は認められない。

法は、「できる限り速やかに」と規定するのみで、具体的な制限時間を示してはいない。この点、学説には、逮捕後48時間以内とする説、72時間以内とする説、さらには勾留請求の時または勾留に関する裁判の時までとする説が対立している。しかし、事件ごとの特殊事情を無視することはできないとしても、逮捕状の事前呈示が原則である以上、あまり緩やかな解釈は許されないといえよう。警察逮捕の場合には検察官送致前に、検察官逮捕の場合には勾留請求前に、逮捕状を呈示すべきであろう。しかも、これはあくまで「遅くともその時点までに」という意味であり、それ以前でも可能な限り速やかに呈示する必要があることはいうまでもない。

（多田辰也）

（検察官・司法警察員への引致）
第202条 検察事務官又は司法巡査が逮捕状により被疑者を逮捕したときは、直ちに、検察事務官はこれを検察官に、司法巡査はこれを司法警察員に引致しなければならない。

I 本条の趣旨

本条は、被疑者を通常逮捕した検察事務官または司法巡査のとるべき措置を定めた規定である。逮捕した被疑者の身柄の処置を決める権限は、検察官と司法警察員にあるが、本条は、被逮捕被疑者をこれらの権限ある者に直ちに引致すべきことを明らかにし、手続の明確性と被逮捕被疑者の人権の保障を図ろうとするものである。なお、本条は、緊急逮捕及び現行犯逮捕の場合に準用される（刑訴211条、刑訴216条）。

---

[94] 大阪高判昭36・12・11下刑集3巻11=12号1010頁。
[95] 前掲[91]東京高判昭34・4・30、大阪地判昭45・10・30刑月2巻10号1127頁。

Ⅱ　引致の相手方

　検察事務官が被疑者を逮捕した場合は、指揮機関である検察官に、司法巡査の場合は、組織法上の上司機関である司法警察員にそれぞれ引致する。検察官が刑訴193条3項の具体的指揮権に基づき司法警察職員に被疑者を逮捕させたときは、逮捕した司法警察職員は、被逮捕被疑者を当該検察官に引致しなければならない。司法警察員が、他の司法警察員に引致することも許される。

　なお、事件の内容によっては、警察官である司法巡査が特別司法警察員に引致することも許される。さらに、管轄区域の制限もないから、管轄区域を異にする検察官または司法警察員に引致することも可能である。また、引致すべき場所は、必ずしも引致を受ける者の所属する官公署である必要はないから、検察官が警察署で検察事務官から引致を受けることも、司法警察員が検察庁で司法巡査から引致を受けることもできる。

Ⅲ　「直ちに」の意義

　逮捕後の引致は、「直ちに」なされなければならない。これは、引致場所に身柄を連行するのに必要な最小限度の合理的時間内に、という趣旨である。逮捕状の緊急執行を行った場合でも、逮捕状の取り寄せを待って引致を遅らせることは許されず、直ちに引致しなければならない。引致が「直ちに」なされなかった場合は、逮捕手続は違法となる。ただ、引致が「直ちに」なされたといえるか否かは、具体的事案ごとに事情を総合的に判断して決められるのであり、一義的に明確な基準が存在するわけではない※96。

Ⅳ　引致前の釈放

　検察事務官や司法巡査は、被逮捕被疑者の身柄の処置を決める権限を持たないから、引致前に自らの判断で被逮捕被疑者を釈放することは許されない。もっとも、逮捕状記載の被疑者と実際に逮捕された者とがまったくの別人であることが判明したような場合は、検察事務官や司法巡査の判断で、引致前に釈放することができると解すべきであろう。

（多田辰也）

※96　大阪地決昭58・6・28判タ512号199頁は、引致までに約11時間15分を要したのを違法としたのに対し、盛岡地決昭63・1・5判タ658号243頁は、引致までに約23時間50分を要したのを適法としている。

504　第203条（司法警察員の手続、検察官送致の時間制限）

（司法警察員の手続、検察官送致の時間制限）
第203条　司法警察員は、逮捕状により被疑者を逮捕したとき、又は逮捕状により逮捕された被疑者を受け取つたときは、直ちに犯罪事実の要旨及び弁護人を選任することができる旨を告げた上、弁解の機会を与え、留置の必要がないと思料するときは直ちにこれを釈放し、留置の必要があると思料するときは被疑者が身体を拘束された時から四十八時間以内に書類及び証拠物とともにこれを検察官に送致する手続をしなければならない。
②　前項の場合において、被疑者に弁護人の有無を尋ね、弁護人があるときは、弁護人を選任することができる旨は、これを告げることを要しない。
③　司法警察員は、第一項の規定により弁護人を選任することができる旨を告げるに当つては、被疑者に対し、弁護士、弁護士法人又は弁護士会を指定して弁護人の選任を申し出ることができる旨及びその申出先を教示しなければならない。
④　司法警察員は、第一項の規定により弁護人を選任することができる旨を告げるに当つては、被疑者に対し、引き続き勾留を請求された場合において貧困その他の事由により自ら弁護人を選任することができないときは裁判官に対して弁護人の選任を請求することができる旨並びに裁判官に対して弁護人の選任を請求するには資力申告書を提出しなければならない旨及びその資力が基準額以上であるときは、あらかじめ、弁護士会（第三十七条の三第二項の規定により第三十一条の二第一項の申出をすべき弁護士会をいう。）に弁護人の選任の申出をしていなければならない旨を教示しなければならない。
⑤　第一項の時間の制限内に送致の手続をしないときは、直ちに被疑者を釈放しなければならない。

I　本条の趣旨

　本条は、通常逮捕された被疑者について、司法警察員のとるべき手続、すなわち、犯罪事実の要旨及び弁護人選任権の告知、弁護人選任に係る事項の教示と弁解の聴取、さらにはその後とるべき被疑者の身柄の処置について規定したものである。緊急逮捕及び現行犯逮捕の場合にも、同様の手続がとられる（刑訴211条、刑訴216条）。
　このうち、犯罪事実の要旨及び弁護人選任権の告知は、憲34条前段の要求に由来するが、同条は、もともと英米における予備出頭ないし予備審問を規定したものであり、逮捕された被疑者を遅滞なく裁判官のもとへ引致し、そこで裁

判官によってこれらの告知がなされるべきものであった。しかし、立法当時は英米の制度についての理解が不十分だったこともあり、裁判官のもとへの引致という制度は採用されず、捜査機関である司法警察員による告知という中途半端な制度になってしまったのである。

なお、本条の弁護人選任権の告知は、従来は私選弁護人選任権の告知にすぎなかったが、2004（平成16）年の法改正により、被疑者に対する国選弁護人制度（刑訴37条の2）が導入されたことにともない、国選弁護人選任請求権の告知も求められることになった。さらに、2016（平成28）年の法改正により、被疑者の国選弁護制度の対象がすべての勾留事件に拡大されるとともに、弁護人選任申出先の教示等が司法警察員に義務づけられ（本条3項が追加され、旧3項は改正のうえ4項に、旧4項は5項になった）、被疑者の弁護権の実効的保障が図られている（刑訴77条2項参照）。

Ⅱ　犯罪事実の要旨及び弁護人選任権の告知、弁護人選任に係る事項の教示

1　犯罪事実の要旨の告知

本条1項の「犯罪事実」は、刑訴200条1項にいう「被疑事実」と同じである。ただし、「犯罪事実の要旨」の告知は、被疑者に弁解の機会を与えるためであるから、弁解するのに必要な程度に具体的事実を告知しなければならない。したがって、罪名の告知だけというのは論外であり、場合によっては、逮捕状記載の「被疑事実の要旨」をそのまま告知しただけでは不十分ということもありえよう。

2　弁護人選任権の告知及び弁護人選任に係る事項の教示

弁護権は被疑者にとって重要な憲法上の権利であるから、単に選任権があることを形式的に伝えるだけでは足りず、被疑者がその内容を理解できるように告げるべきである[97]。したがって、選任の意思を確かめ、その意思がある場合には、選任方法についての情報を与えることまで告知内容に含まれると解する。身体を拘束された被疑者は、裁判官や刑事施設の長等に対して、弁護士、弁護士法人または弁護士会を指定して弁護人選任を申し出ることができ、申出を受けた者は、直ちに被疑者の指定した弁護士等にその旨を通知しなければならないとされていた（刑訴78条）が、裁判官等には、そのような方法で弁護人選任の申出ができる旨及び申出先を教示すべき義務は課せられていなかった。それが、2016（平成28）年の法改正によって、弁護人選任権の告知に際して、

---

[97] 外国人に対する弁護人選任権等の告知に関するものではあるが、浦和地判平2・10・12判時1376号24頁。

申出先の教示等が義務づけられることになった（刑訴77条2項）。それを受けて、捜査機関にも弁護人選任に係る事項の教示が義務づけられたのである。当番弁護士制度についての情報提供も、当然告知内容に含まれると解すべきである。また、弁護人選任権の告知に際しては、被疑者に対し、引き続き勾留を請求された場合についての国選弁護人の選任請求権を告知するとともに、選任請求に関する事項を教示しなければならない。

なお、領事関係に関するウィーン条約36条との関係で、外国人被疑者を逮捕した場合には、当該被疑者が自国の領事に通報することを要請するか否かを確認するとともに、領事官との面談や文通ができること、弁護人の斡旋を依頼できることなどを説明しなければならない。

ちなみに、被疑者に弁護人の有無を尋ね、弁護人があるときは、選任権の告知は必要ない（本条2項）。被疑者本人が選任したものであると、それ以外の弁護人選任権者（刑訴30条2項）が選任したものであるとを問わない。弁護人の有無につき、被疑者がわからない旨答えたときは、選任権を告知すべきである。

ところで、弁護人選任権の告知については、一般に弁解録取書の冒頭に、それを行った旨不動文字で印刷記載されているが、この記載の有無が告知の有無の決定的証拠となるわけではない[98]。

Ⅲ　弁解の聴取

犯罪事実の要旨の告知等についで、司法警察員は、被疑事実及び逮捕処分に対する被疑者の弁解を聴取することが求められている。これは、被疑者の身柄処置を決めるための判断資料を得るためである。弁解するか否かは被疑者の自由である。弁解聴取は取調べとは性格を異にするので、黙秘権の告知は必要ないとされる[99]。弁解聴取に引き続いて、取調べを行ってもよい。ただ、両者の区別は必ずしも明確でなく、また「弁解録取書」（犯罪捜査規範130条1項3号）が、刑訴322条1項によって証拠能力が認められる点なども考慮すると、弁解聴取に際しても黙秘権を告知すべきであろう。

Ⅳ　司法警察員のとるべき措置

1　留置の必要

司法警察員は、弁解聴取をうけて、被疑者の留置の必要があるか否かを判断しなければならない。留置の必要性とは、犯罪の嫌疑のほか、逃亡や罪証隠滅

---

[98] 最三小判昭25・12・5刑集4巻12号2481頁参照。
[99] 最一小判昭27・3・27刑集6巻3号520頁。

のおそれなどを意味すると解されている※100。したがって、犯罪の嫌疑がないことがわかった場合はもちろん、嫌疑はあるものの、逃亡や罪証隠滅のおそれがないなど、身体拘束を継続する必要がないと判断された場合も、留置の必要がないことになり、直ちに被疑者を釈放しなければならない。

ちなみに、この段階で、司法警察員に被疑者を釈放する権限が与えられていることを、逮捕状が許可状であることの根拠の1つとする考えがあるが、釈放権限の有無によって逮捕状の性格が決まるわけではない。

2 検察官送致の時間制限

留置の必要があると判断した場合には、被疑者が身体を拘束されたときから48時間以内に、書類及び証拠物とともに、被疑者を検察官に送致する手続をとらなければならない。48時間以内に送致手続が完了していればよく、その時間内に検察官のもとに到着している必要はない（ただし、刑訴205条2項参照）。なお、48時間というのは、当然に許される留置の法定時間ではなく、あくまで最大限の定めである。したがって、時間内であっても、できるだけ速やかな送致手続がとられるべきことはいうまでもない。48時間以内に送致しないときは、被疑者を釈放しなければならないが（本条5項）、この場合でも、事件は検察官に送らなければならない（刑訴246条）。むろん、この場合、時間の制限はない。

ところで、任意同行の中には、実質的に逮捕と評価すべきものもみられるが、そのような場合には、48時間の起算点は、実質逮捕と判断された時点となる。もっとも、実質逮捕の時点から48時間以内に送致がなされても、違法の重大性判断等との関係で、その後の勾留が常に認められるわけではない※101。

なお、検察官送致後は、被疑者の身柄処置についての権限と事件処理の責任は検察官に移るが、司法警察職員の捜査権が失われるわけではない。

3 留置の性格

問題は、この留置の性格をどう捉えるかである。一方は、逮捕後の留置は捜査を主たる目的とした捜査機関の手持ち時間と捉えるのに対し、他方は、留置は本来の身体拘束処分である勾留につなぐための短時間の処分にすぎないと捉えるのである。捜査実務は前者の考え方に立つが、憲法の令状主義の規定及び当時の交通事情を考慮したという本条の立法経緯からすれば、後者の考え方が

※100 最二小判平8・3・8民集50巻3号408頁。

※101 48時間以内に送致されなかったことを理由に勾留を認めなかったものとして、神戸地決昭43・7・9下刑集10巻7号801頁、佐賀地決昭43・12・1下刑集10巻12号1252頁等、48時間以内に送致があっても勾留を認めなかったものとして、青森地決昭52・8・17判時871号113頁、富山地決昭54・7・26判時946号137頁等参照。

508 第204条（検察官の手続、勾留請求の時間制限）

妥当である。

（多田辰也）

（検察官の手続、勾留請求の時間制限）

第204条 　検察官は、逮捕状により被疑者を逮捕したとき、又は逮捕状により逮捕された被疑者（前条の規定により送致された被疑者を除く。）を受け取つたときは、直ちに犯罪事実の要旨及び弁護人を選任することができる旨を告げた上、弁解の機会を与え、留置の必要がないと思料するときは直ちにこれを釈放し、留置の必要があると思料するときは被疑者が身体を拘束された時から四十八時間以内に裁判官に被疑者の勾留を請求しなければならない。但し、その時間の制限内に公訴を提起したときは、勾留の請求をすることを要しない。

② 　検察官は、前項の規定により弁護人を選任することができる旨を告げるに当たつては、被疑者に対し、弁護士、弁護士法人又は弁護士会を指定して弁護人の選任を申し出ることができる旨及びその申出先を教示しなければならない。

③ 　検察官は、第一項の規定により弁護人を選任することができる旨を告げるに当たつては、被疑者に対し、引き続き勾留を請求された場合において貧困その他の事由により自ら弁護人を選任することができないときは裁判官に対して弁護人の選任を請求することができる旨並びに裁判官に対して弁護人の選任を請求するには資力申告書を提出しなければならない旨及びその資力が基準額以上であるときは、あらかじめ、弁護士会（第三十七条の三第二項の規定により第三十一条の二第一項の申出をすべき弁護士会をいう。）に弁護人の選任の申出をしていなければならない旨を教示しなければならない。

④ 　第一項の時間の制限内に勾留の請求又は公訴の提起をしないときは、直ちに被疑者を釈放しなければならない。

⑤ 　前条第二項の規定は、第一項の場合にこれを準用する。

I　本条の趣旨

　本条は、いわゆる検察逮捕がなされたときの手続について定めたものである。すなわち、検察官が自ら被疑者を逮捕したとき、または、検察事務官ないし検察官の具体的指揮を受けた司法警察職員から被逮捕被疑者の引致を受けて身柄を受け取つたときに、検察官のとるべき手続について定めたのが本条である。刑訴203条によつて司法警察員からの送致を受けた被疑者については、刑訴205条による手続がとられるのであり、本条によるのではない。

Ⅱ　犯罪事実の要旨及び弁護人選任権の告知、弁護人選任に係る事項の教示

　検察官がまず行うべきことは、被疑者に犯罪事実の要旨及び弁護人選任権を告知するとともに、弁護人選任に係る事項を教示することであり（本条2項が追加され、旧2項は一部削除のうえ3項に、旧3項は4項に、旧4項は5項になった）、これは憲34条前段の要請と解される。この点については、刑訴203条の解説参照。

　ちなみに、犯罪事実の要旨及び弁護人選任権の告知、弁護人選任に係る事項の教示、さらには次の弁解聴取は、すべて検察官が行わなければならず、検察事務官に命じて行わせることは許されない。もっとも、検察官であれば、地方裁判所の事物管轄に属する事件について、区検察庁の検察官が本条の手続を行っても問題ない。

Ⅲ　弁解の聴取

　犯罪事実の要旨の告知等、一連の告知・教示終了後、検察官は、被疑事実及び逮捕処分に対する被疑者の弁解聴取を行う。この点については、刑訴203条の解説参照。

Ⅳ　検察官のとるべき措置

1　留置の必要

　検察官は、弁解聴取の結果、留置の必要がない、換言すれば犯罪の嫌疑がない、または逃亡や罪証隠滅のおそれがないなど、身体拘束の必要性がないと判断したときは、直ちに被疑者を釈放しなければならない。これに対し、留置の必要があると判断したときは、被疑者が最初に身体拘束された時から48時間以内に勾留請求を行うか、あるいは公訴提起しなければならず、それをしないときは、直ちに被疑者を釈放しなければならない。

2　勾留請求と留置

　勾留請求にあたっては、逮捕にかかる被疑事実と勾留請求にかかる被疑事実とが基本的に同一でなければならない。48時間以内に勾留請求書が裁判官に到達すれば、その後においても勾留状が発せられその執行がなされるまで、または勾留請求が却下されるまでは、勾留請求の効力として引き続き被疑者を留置することが許される。

　勾留請求の方式につき、刑訴規139条1項、刑訴規147条、資料の提供につき、刑訴規148条参照。

なお、検察官は、留置時間内に鑑定留置の請求を行うことも可能である（刑訴167条5項）。少年事件については、やむを得ない場合でなければ勾留請求はできず（少年43条3項）、勾留の請求に代えて観護措置の請求をすることができる（少年43条1項）。

3　公訴提起と留置

48時間内に公訴が提起されたときは、被疑者勾留ではなく被告人勾留の問題となるため、裁判官が職権で勾留するか否かを決定することになる（刑訴280条2項）。そのため、検察官が勾留が必要であると判断した場合は、裁判官に職権発動を促す意味で、起訴状に「逮捕中求令状」と記載して、いわゆる求令状起訴を行う。裁判官が釈放を命じない限り、制限時間経過後も引き続き留置しておくことができる。なお、少年の場合には、公訴提起ではなく、家庭裁判所に送致することになる（少年42条）。

4　留置の性格

本条の留置時間については、これを検察官の持ち時間と解する見解と、「留置」すなわち「勾留」であり、検察官がその必要があると判断した場合には直ちに勾留請求を行い、勾留の必要性についての最終的な判断を裁判官に委ねるべきだとする見解とが対立しているが、わが国の実務は前者の考え方に立っている。

（多田辰也）

（司法警察員から送致を受けた検察官の手続、勾留請求の時間制限）
第205条　検察官は、第二百三条の規定により送致された被疑者を受け取つたときは、弁解の機会を与え、留置の必要がないと思料するときは直ちにこれを釈放し、留置の必要があると思料するときは被疑者を受け取つた時から二十四時間以内に裁判官に被疑者の勾留を請求しなければならない。
②　前項の時間の制限は、被疑者が身体を拘束された時から七十二時間を超えることができない。
③　前二項の時間の制限内に公訴を提起したときは、勾留の請求をすることを要しない。
④　第一項及び第二項の時間の制限内に勾留の請求又は公訴の提起をしないときは、直ちに被疑者を釈放しなければならない。

I 本条の趣旨

本条は、刑訴203条の規定により司法警察員から送致された被疑者を受け取った検察官の取るべき措置について規定したものである。

刑訴203条により送致された被疑者を対象とするため、そこで行われた手続は繰り返す必要はないとの趣旨で、本条はもともとは、弁解の聴取と時間制限を伴う身柄の処置についてのみ規定していた。それが、2004（平成16）年の法改正により、被疑者に対する国選弁護人選任制度（刑訴37条の2）が導入されたことに伴い、本条旧5項が追加され、一定の場合に国選弁護人選任請求権の告知が求められるようになった。しかし、2016（平成28）年の法改正により、旧5項は削除されることになる。

II 弁解の聴取

犯罪事実の要旨及び弁護人選任権の告知、弁護人選任に係る事項の教示は、すでに司法警察員によって行われているため、この段階での検察官による告知等は、法律上要求されていない。しかし、重ねて告知等することは差し支えないし、実務上は、念のため告知等しているといわれている。

これに対し、弁解の聴取は、検察官自らが被疑者の身柄の処置を決定する必要上、司法警察員とは無関係に、重ねて要求されている。弁解聴取に際し、黙秘権の告知は不要とされている。なお、本条は、受理後「直ちに」弁解を聴取すべきことを求めてはいないが、なるべく速やかに行われなければならない。

III 検察官のとるべき措置

1 先行手続が違法な場合

逮捕の要件を備えていないなど、逮捕手続が違法であったり、司法警察員の送致手続が48時間の制限時間を超え、しかもその遅延がやむを得ない事由に基づく正当なもの（刑訴206条）であると認められない場合には、検察官は、被疑者を直ちに釈放すべきである。任意同行に引き続く取調べが実質逮捕と判断された場合も、実質逮捕の時点から起算して、送致が制限時間を超えているのであれば、同様に釈放すべきである。また、司法警察員が、犯罪事実の要旨及び弁護人選任権の告知、弁護人選任に係る事項の教示を行っていなかった場合について、検察官がこの段階で告知等すれば瑕疵は治癒されるとする見解もあるが、憲34条前段の要請に反するものとして、検察官は被疑者を釈放すべきものと解する。

ところで、制限時間超過等を理由に被疑者の釈放が行われた場合について、なお留置の必要があれば、検察官自らが、逮捕状を得て被疑者を逮捕し、また

は緊急逮捕することは許されるとの見解がある。しかし、無条件の再逮捕を認めることには疑問がある。むしろ、原則として、再逮捕はできないと解すべきであろう。

2 時間の制限

弁解聴取の結果、留置の必要がないと思料するときは、検察官は直ちに被疑者を釈放しなければならない。これに対し、留置の必要があると思料したときは、被疑者を受け取った時から24時間以内で、かつ被疑者の身体が拘束された時から72時間以内に、勾留請求を行わなければならない。二重の時間的制約を受けるのであり、身柄の押送に手間どるなどして被疑者を受け取った時に48時間を超えているときは、その超過分は24時間にくい込むことになる。

制限時間内の勾留請求とは、時間内に勾留請求書が裁判所に到達し、それに引き続いて勾留質問（刑訴61条）をなしうる体勢を整えなければならないことを意味するが、現実に被疑者が裁判所に到着することまでは必要ない。制限時間内に勾留請求がなされたものの、裁判所への被疑者の到着が制限時間を45分経過していたという事案について、「それが特に捜査機関の怠慢あるいは余罪捜査のため身柄を拘束していたなど特別の事情のない限り、やむを得ないものと考えるのが相当である」とした裁判例がある[102]。

制限時間内に公訴を提起したときは、勾留の請求をする必要はない。この場合には、裁判官が職権で勾留するか否かを決定することになる（刑訴280条2項）が、検察官が起訴後の被告人勾留が必要であると判断したときは、実務においては、起訴状に「逮捕中求令状」と表示し、裁判官の職権発動を求めている。

制限時間内に勾留の請求も公訴の提起も行わないときは、検察官は、直ちに被疑者を釈放しなければならない。

（多田辰也）

（制限時間の遵守不能の場合）

第206条 検察官又は司法警察員がやむを得ない事情によつて前三条の時間の制限に従うことができなかつたときは、検察官は、裁判官にその事由を疎明して、被疑者の勾留を請求することができる。

② 前項の請求を受けた裁判官は、その遅延がやむを得ない事由に基く正当なものであると認める場合でなければ、勾留状を発することができない。

---

[102] 富山地決昭46・4・15刑月3巻4号614頁。

I　本条の趣旨

本条は、司法警察員または検察官が、刑訴203条、刑訴204条、刑訴205条に定める制限時間を遵守できなかった場合の救済措置を定めた規定である。

II　「やむを得ない事情」の意義

「やむを得ない事情」は、単に司法警察員または検察官の無過失だけではたりず、客観的にみてやむを得ないものであることが必要であるとされ、一般的には、天災地変のような突発的な事情や不可抗力的な交通・通信の混乱などに限定される[103]。前3条の制限時間は遵守すべき法定期間であり、法はこの間に捜査が完了することを必ずしも予定しているわけではないので、事案の複雑・困難性、捜査員の不足、他事件の輻輳などの事情は、これに該当しない。その意味で、勾留延長を求める際の「やむを得ない事由」(刑訴208条2項)に比べ、はるかに厳格に解されている。

III　制限時間

制限時間は、司法警察員と検察官につき個別に定められているので、「やむを得ない事情」も個別に検討されなければならない。司法警察員の時間不遵守がやむを得ないものと認められるときは、検察官は、その後24時間以内に勾留を請求し、勾留請求書に「やむを得ない事情」を記載する(刑訴規147条1項4号)とともに、それを認めるべき資料を添付しなければならない(刑訴規148条2項)。これに対し、司法警察員の時間不遵守がやむを得ないものと認められなければ、直ちに被疑者の釈放を命ずべきで、検察官のもとにおける留置時間を短縮してそれを補正すべきではない。

本条による勾留請求を受けた裁判官は、逮捕後72時間または48時間という全体の制限時間だけでなく、司法警察員と検察官のそれぞれにつき、制限時間が遵守されているか否かを審査しなければならない。そして、時間不遵守が「やむを得ない事情」に該当すると判断したときは勾留決定をなし、そうでないときは勾留請求を却下しなければならない。

---

[103] 旭川地決昭42・5・13下刑集9巻5号747頁は、被疑者の逮捕地である熊本市から旭川市までの護送に約51時間を要しているが、当時の交通事情からすれば必要最小限と認められるし、その間なんら取調べをすることができなかった本件の場合は、被疑者に相当の休養を与えた後取調べをしたために、さらに刑訴203条の制限時間を超過したとしても、その遅延はやむを得ないものと解するのが相当だとする。

Ⅳ 公訴提起

本条による勾留請求を行った場合にも、刑訴204条及び刑訴205条の場合と同様に、勾留請求の効力として身柄拘束を継続することが可能であるが、勾留請求せずに公訴を提起した場合には、刑訴280条2項の規定の適用がないため、勾留状発付までの間身柄を引き続き拘束しておくことはできないと解される。

(多田辰也)

（被疑者の勾留）
第207条 前三条の規定による勾留の請求を受けた裁判官は、その処分に関し裁判所又は裁判長と同一の権限を有する。但し、保釈については、この限りでない。
② 前項の裁判官は、勾留を請求された被疑者に被疑事件を告げる際に、被疑者に対し、弁護人を選任することができる旨及び貧困その他の事由により自ら弁護人を選任することができないときは弁護人の選任を請求することができる旨を告げなければならない。ただし、被疑者に弁護人があるときは、この限りでない。
③ 前項の規定により弁護人を選任することができる旨を告げるに当たつては、勾留された被疑者は弁護士、弁護士法人又は弁護士会を指定して弁護人の選任を申し出ることができる旨及びその申出先を教示しなければならない。
④ 第二項の規定により弁護人の選任を請求することができる旨を告げるに当たつては、弁護人の選任を請求するには資力申告書を提出しなければならない旨及びその資力が基準額以上であるときは、あらかじめ、弁護士会（第三十七条の三第二項の規定により第三十一条の二第一項の申出をすべき弁護士会をいう。）に弁護人の選任の申出をしていなければならない旨を教示しなければならない。
⑤ 裁判官は、第一項の勾留の請求を受けたときは、速やかに勾留状を発しなければならない。ただし、勾留の理由がないと認めるとき、及び前条第二項の規定により勾留状を発することができないときは、勾留状を発しないで、直ちに被疑者の釈放を命じなければならない。

Ⅰ 本条の趣旨

本条は、被疑者勾留の手続と裁判内容について規定したものである。本条1項は、多少理解しにくい規定となっているが、被疑者を逮捕し、または受け取った検察官から、勾留の請求を受けた裁判官は、刑訴法や規則が裁判所また

は裁判長に認めている権限と同一の権限を有すること、換言すれば、被告人勾留に関する総則の規定が、各別の明文規定のある場合または性質上準用できない場合を除いて、すべて準用されることを定めたものである。したがって、勾留の要件や手続等について、刑訴60条以下の規定が妥当することになる。

　2004（平成16）年の法改正によって、被疑者に国選弁護人選任請求権（刑訴旧37条の2）が認められたことに伴い、国選弁護人の選任請求に関する事項の教示についての規定が追加された（本条旧2項及び旧3項）。しかし、2016（平成28）年の法改正により、被疑者の国選弁護制度の対象がすべての勾留事件に拡大されることにともなって、旧2項が改正され、さらに刑訴77条2項にあわせて、弁護人選任に係る事項の教示に関する本条3項が追加されることになった（本条旧3項は一部改正のうえ4項に、旧4項は5項になった）。

Ⅱ　被疑者勾留の意義・目的

　被疑者勾留とは、逮捕された被疑者の身体をさらに継続して拘束するための裁判及びその執行をいう（**起訴前勾留**ともいう）。刑訴60条以下の被告人勾留（起訴後勾留ともいう）と対比してみると、被疑者勾留は、検察官の請求により行うこと、必ず逮捕が先行しなければならないこと、勾留期間が別に短く法定されていること、保釈が許されないことなどの点で相違がみられる。

　つぎに、勾留の目的に関して、判例は、逃亡または罪証隠滅の防止にあることを明言する※104。もっとも、学説の中には、被疑者取調べを勾留の目的に加える見解もある。しかし、このような考え方は、現行法上、被疑者勾留の性質・目的が被告人勾留のそれと同一と考えられることなどから、支持することはできない。

Ⅲ　勾留関連規定の準用

1　1項により準用される規定

(1)　刑訴60条1項、刑訴60条3項（勾留の要件）。2項は性質上準用されない。

(2)　刑訴61条（勾留質問）。但書は、勾留請求後勾留前に被疑者が逃亡した場合などに準用される。

(3)　刑訴62条、刑訴64条（勾留状・勾留状の記載内容）。被疑者の勾留状については、刑訴規149条参照。代用留置施設問題については、刑訴64条参照。

(4)　刑訴70条、刑訴73条、刑訴74条（勾留状の執行）。

(5)　刑訴77条（弁護人選任権の告知等）。

(6)　刑訴78条（弁護人選任の申出）。1項の申出は裁判官にすべきであり、2項

※104　最大判昭58・6・22民集37巻5号793頁。

の通知は裁判官がすることになる。

(7) 刑訴79条、刑訴規79条（弁護人への通知）。通知は、裁判官がすることになる。

(8) 刑訴80条、刑訴81条（接見交通及びその制限）。81条の制限は、裁判官がすることになる。

(9) 刑訴82条ないし刑訴86条、刑訴規81条ないし刑訴規86条の2（勾留理由の開示）。

(10) 刑訴87条（勾留の取消し）。

(11) 刑訴91条（不当長期勾留の取消し）。本条の準用を認める見解は非常に少ないが、理論的にこれを否定すべき理由はない。

(12) 刑訴95条、刑訴規88条、刑訴規90条（勾留の執行停止）。

(13) 刑訴規72条（勾留状の原本の送付）。

(14) 刑訴規74条（勾留状の謄本交付の請求）。

(15) 刑訴規75条（勾留状執行後の措置）。

(16) 刑訴規80条（移送）。判例は、職権による移送命令を認めている[105]。

2　保釈の不許

被疑者については、保釈は認められない（1項但書）。これは、起訴前勾留は比較的短く保釈を認める必要が乏しいうえ、捜査上罪証隠滅防止の要請が強いためとされる。しかし、勾留期間の延長まで考慮すると決して短期間とはいえず、また、起訴前勾留と保釈とが性質上相容れないものではないので、立法論としては、被疑者にも保釈を認めるべきである。

Ⅳ　被疑者勾留の要件

1　勾留の実体的要件

被疑者勾留の実体的要件は、勾留の理由と必要性である。

(1)　勾留の理由

刑訴法60条1項掲記の事由、すなわち、「被疑者が罪を犯したことを疑うに足りる相当な理由」がある場合で、(i)住居不定、(ii)罪証隠滅のおそれ、(iii)逃亡のおそれ、のいずれかにあたることである。もっとも、一定の軽微事件については、住居不定の場合に限られるし、少年事件については、やむを得ない場合でなければ検察官は勾留請求できない（少年43条3項）。さらに、国会議員の不逮捕特権には、勾留も含まれる（憲50条）。

嫌疑の相当性は、犯罪事実の存在と被疑者による犯行の双方について要求される。その程度については、一般に、緊急逮捕の「充分な嫌疑」よりも低い心

---

[105] 最三小決平7・4・12刑集49巻4号609頁。

証で足りるが、通常逮捕の場合よりも高いものが要求されるといわれている（ただし、刑訴199条の解説Ⅳの１参照）。なお、罪証隠滅及び逃亡のおそれについては、「相当な理由」が必要なので、単なる抽象的可能性では足りず、具体的事実に基づく蓋然性の程度が要求される[106]。

その他、詳しくは、刑訴60条参照。

(2) 勾留の必要性

ここにいう必要性は、**勾留の「相当性」**を意味し、相当性のない場合は勾留は認められないという方向で、阻却的に機能する。たとえば、訴訟条件を欠き公訴提起の可能性がない場合、住居不定ではあるが確実な身元引受人がいる場合、事案が軽微で起訴相当といえない場合などである。

かつては、裁判官は勾留の必要性の判断権を持たないとの見解もあったが、現在では、その判断権は異論なく認められている（刑訴87条、刑訴199条２項但書参照）。

その他、詳しくは、刑訴60条参照。

2　勾留の手続的要件

(1) 逮捕前置主義

検察官による被疑者の勾留請求は、必ず逮捕が先行しなければならない。「前３条の規定による」とはその意味であり、これを**逮捕前置主義**という。勾留という長期の拘束をする前に、逮捕段階で第一次審査をし、続いて勾留の審査をするというように二段階の審査システムを設けたほうが、人権保障上望ましいと考えられたためである。

また、勾留には事件単位の原則が妥当するので、逮捕と勾留請求の理由たる被疑事実は、実質的に同一でなければならない。実質的に同一である限り、罪名は異なってもかまわない。しかし、A事実で逮捕しながら、別のB事実で勾留請求することは許されない。ただ、逮捕理由たるA事実にB事実を付加して勾留請求することは許される。

なお、勾留請求の方式（刑訴規139条）、請求書の記載要件（刑訴規147条）、提供すべき資料（刑訴規148条）、勾留の請求先（刑訴規299条）等参照。

(2) 勾留質問

勾留の請求を受けた裁判官は、勾留質問をなすことになる。そのためには被疑者を裁判所に引致しなければならないが、これは勾留請求によって継続している留置の効力によってなしうると解されている。勾留質問については、刑訴61条参照。

なお、勾留の請求を受けた裁判官は、勾留質問に際し、弁護人選任権の告知、弁護人選任に係る事項の教示及び国選弁護人の選任請求に関する事項を教示し

---

[106]　大阪地決昭38・４・27下刑集５巻３＝４号444頁。

なければならない（本条2項及び3項）。

3　逮捕の違法と勾留

逮捕と勾留を全く別個のものと捉え、かりに逮捕が違法であっても、それは勾留請求の適否に影響を及ぼさない、との考えもなかったわけではない[107]。しかし、現在では、違法な逮捕に引き続く勾留請求が認められないことについては、判例・学説ともほぼ異論をみない。たとえば、逮捕状請求書に刑訴規142条1項8号（再度の令状請求）の記載を欠いていた場合[108]、現行犯逮捕や緊急逮捕の要件を欠いていたり、逮捕手続に重大な違法がある場合[109]、被疑事実の要旨等を告知せずに緊急逮捕した場合[110]、緊急逮捕状に裁判官の押印がなかった場合[111]などである。なお、勾留状の発付後に逮捕手続の違法が明らかになった場合には、準抗告や勾留取消しによって対応すべきであろう[112]。

4　同一被疑事実についての再勾留

同一の犯罪事実についての再逮捕・再勾留は、原則として許されない。しかし、刑訴法は、再逮捕を予定した規定を置いている（刑訴199条3項、刑訴規142条1項8号）。再勾留に関する規定は存在しないが、よほどの例外的事情があれば許されるとするのが通説である。その判断基準については、先行の勾留期間の長短、その期間中の捜査経過、釈放後の事情変更の内容、事案の軽重、検察官の意図その他諸般の事情を考慮し、社会通念上捜査機関に強制捜査を断念させることが首肯しがたく、また身体拘束の不当な蒸し返しでないと認められる場合に限られるといわれている[113]。

---

[107]　最三小判昭24・7・26刑集3巻8号1391頁。

[108]　大阪地決昭43・3・26下刑集10巻3号330頁。

[109]　京都地決昭44・7・4刑月1巻7号780頁、神戸地決昭46・9・25刑月3巻9号1288頁、東京地決平22・2・25判タ1320号282頁等。

[110]　大阪地判平3・3・7判タ771号278頁等。

[111]　東京地決昭39・10・15下刑集6巻9＝10号1185頁等。

[112]　ただし、最大判昭23・12・1刑集2巻13号1679頁は、勾留の効力に影響はないとする。

[113]　東京地決昭47・4・4刑月4巻4号891頁、千葉地決昭47・7・8刑月4巻7号1419頁等。ちなみに、大阪地決平21・6・11判タ1321号283頁は、検察官による勾留請求が、被疑事件の人的共通性、経済的関連性および時間的近接性等の観点からみて、前回の勾留に係る被疑事実と実質的に同一であるとして、違法な再勾留請求にあたるとする。

V　勾留の裁判

1　勾留請求を認める裁判

　勾留請求を受けた裁判官は、勾留の実体的要件及び手続的要件の存否を判断することになるが、必要があれば事実の取調べを行うこともできる（刑訴43条3項）。勾留の裁判については、少年17条2項のような時間制限が設けられていない。しかし、「速やかに」と規定したのは、勾留請求後の不安定な状態に被疑者を長く置くことを避ける趣旨であることは明らかである。実務上は、最大限2日以内に判断することを要するとされている。ちなみに、「速やかに」という要件は、勾留状を発する場合だけでなく、勾留請求を却下する場合の要件でもあると解すべきである。

　なお、勾留裁判は、勾留状を発することによってなされるが、この勾留状には、勾留の請求年月日を記載しなければならない（刑訴規149条）。これは、刑訴208条の定める10日間の起算点を明確にする趣旨である。

2　勾留請求却下の裁判

　本条5項但書にいう「勾留の理由」とは、刑訴60条1項に規定する勾留の理由だけでなく、相当性という意味での勾留の必要性をも含む。実務上、勾留請求却下の理由として最も多いのが必要性なしであり、そのなかでも、罪証隠滅のおそれの判断が勾留の可否を左右するといわれている。罪証消滅のおそれは、まず勾留の理由として現実的可能性の有無を検討し、あるとされた場合、つぎに勾留の必要性の判断要素の1つとして、その程度が考慮されることになる。最高裁は、勾留の必要性に関してではあるが、単なる現実的可能性ではなく、具体的な事情によって根拠づけられた高度の現実的可能性が必要であると判示し、慎重な判断を求めている※114。また、「前条第2項の規定により」とは、制限時間不遵守の場合だけでなく、勾留請求の形式的要件が欠けている場合（たとえば、必要な資料の不提出）を含むものと解する。逮捕が違法な場合も、勾留請求は却下される。

　勾留請求却下の裁判については、刑訴規140条の適用の有無について争いがある。確かに、勾留の請求は、令状の請求ではなく、勾留処分の請求ではある。しかし、実質的にみれば勾留状の請求といえなくもないし、迅速性が求められる勾留請求却下の裁判に、裁判書の作成（刑訴規53条等）などを求めるのは相当でない。刑訴規140条の適用を肯定してよいと解する。実務もこれによっている。

　さらに、5項但書が「釈放を命じなければならない」と規定している点に関

※114　最一小決平26・11・17判時2245号124頁②事件、最二小決平27・10・22裁時1638号2頁。

して、勾留請求却下の裁判のほかに、釈放を命ずる裁判を必要とする趣旨なのかについても争いがある。しかし、勾留請求が却下されれば、被疑者を留置しておく根拠が失われるので、検察官は被疑者を釈放しなければならないのは当然であり、先の規定はいわば当然のことを強調するために置かれたものと解すべきであろう。

Ⅵ 勾留の裁判と準抗告

勾留請求却下決定に対しては検察官から、勾留決定に対しては被疑者側から、それぞれ準抗告を申立てることができる（刑訴429条1項2号）。

1 勾留決定に対する準抗告

被疑者が準抗告する場合、刑訴429条2項が刑訴420条3項を準用しているので、「犯罪の嫌疑」がないことを理由にはできないというのが通説であり、その旨を明言した裁判例も存在する[115]。しかし、検察官の準抗告については犯罪の嫌疑があることを理由とする申立てが認められること、刑訴420条3項は犯罪事実の存否については公判手続に委ねるという趣旨であり、起訴前勾留には妥当しないことなどから、むしろ積極説を支持すべきである[116]。

2 勾留請求却下決定に対する準抗告

検察官が準抗告をする場合、併せて勾留請求却下決定の執行停止を申し立てて、被疑者の身体拘束を継続することがあるが、これは許されるであろうか。この点、まず、勾留請求却下決定の執行停止が可能かについて争いがある。停止できないとすれば、勾留請求却下後、直ちに被疑者を釈放しなければならないことになる。しかし、執行停止が可能だとしても、停止されるまでの間の身体拘束の根拠が存在しないことに変わりはない。実務は、判断に必要な合理的時間内は拘束が認められるべきだとの考えで運用されている。確かに、そのような必要性は理解しうるが、身体拘束の継続という強制処分を法的根拠なしに認めることは、やはり許されないと解する（憲31条、憲33条、刑訴197条1項）。どうしても必要なら、法改正すべきである。

（多田辰也）

---

[115] 札幌地決昭36・3・3下刑集3巻3＝4号385頁、前橋地決昭35・7・10下刑集2巻7＝8号1173頁。

[116] 大阪地決昭46・6・1判時637号106頁は、積極説に立つ。

（勾留期間、期間の延長）
第208条 前条の規定により被疑者を勾留した事件につき、勾留の請求をした日から十日以内に公訴を提起しないときは、検察官は、直ちに被疑者を釈放しなければならない。
② 裁判官は、やむを得ない事由があると認めるときは、検察官の請求により、前項の期間を延長することができる。この期間の延長は、通じて十日を超えることができない。

I 本条の趣旨

本条は、起訴前の被疑者勾留の期間及びその延長について規定したものであり、起訴後の被告人勾留（刑訴60条2項）に対する勾留期間の特例である。

本条が定めるのは、被疑者を勾留することのできる期間であって、公訴提起までの期間ではないから、期間経過後においても、釈放した被疑者を在宅起訴することは許される。

II 起訴前の勾留期間

1 勾留期間の算定

勾留期間の起算点は、勾留請求した日である。家庭裁判所から少年鑑別所送致の監護措置（少年17条1項2号）を受けた少年が検察官に送致（少年20条）された場合は、検察官が事件の送致を受けた日が起算点となる（少年45条4号）。

10日の勾留期間については、起訴後の勾留期間の場合と同様、初日は時間にかかわりなく一日として計算し、末日が日曜祝祭日であっても算入される。なお、この期間中に被疑者が逃走した場合や、あるいは勾留の執行停止（刑訴95条）や鑑定留置（刑訴167条）がなされた場合は、その期間は算入されない。また、勾留請求が却下され、被疑者が釈放された後、準抗告審によって勾留が認められた場合について、起算日は勾留請求の日であるが、被疑者が釈放されていた日数は、勾留期間から控除される。

2 10日より短い勾留期間を定めることの可否

勾留請求を受けた裁判官が、10日より短期の勾留状を発することは可能か。実務は、刑訴法が勾留期間を一律に10日と定め、期間が勾留状の記載要件にもなっていないことなどを根拠に、消極説に立つ[117]。しかし、裁判官が不必要と判断した場合にまで画一的に10日間の勾留を認めなければならないというの

※117 大阪地決昭40・8・14下刑集7巻8号1760頁。

は不合理であるし、また裁判官に勾留取消権（刑訴87条、刑訴207条）があることをも考慮すると、積極説が妥当である。

3　被疑事実と勾留期間

勾留期間は、被疑事実ごとに決められる。もっとも、同一被疑者に複数の被疑事実がある場合、それらを一括して一個の勾留状で勾留することが認められる（この場合には、複数の被疑事実に対して一個の勾留期間があることになる）。むしろ、当初より複数の被疑事実の存在が判明しているのに、勾留期間の制限を免れる等の目的で故意に、それぞれの被疑事実ごとに順次勾留を繰り返すことは許されない。ただ、A罪で勾留中にB罪が発覚したような場合には、B罪で重ねて勾留することが許される（二重勾留）が、この場合の勾留期間は、当然A罪、B罪それぞれ独立に考えることになる。

4　勾留期間の終了

勾留期間中に検察官が公訴を提起したときは、起訴後の被告人勾留となり、その期間は公訴提起の日から2ヶ月である（刑訴60条2項）。これに対し、公訴提起がないまま勾留期間が満了した場合は、勾留の裁判が当然に失効するから、検察官は、直ちに被疑者を釈放しなければならない。また、10日の期間経過前に不起訴処分を行ったときは、その時点で勾留が失効すると解すべきであるから、検察官は、直ちに被疑者を釈放すべきである。

勾留期間中でも、勾留の理由または必要性が消滅した場合に被疑者を釈放すべきは当然である。実務上は、裁判官による勾留取消しの裁判（刑訴87条、刑訴207条）を待たず、検察官の判断で釈放することが行われているが、このような運用に対しては、学説上批判も強い。しかし、被疑者にとっては利益処分であるし、また、勾留の裁判を理由または必要性が消滅した場合の釈放を予定した条件付命令であると捉えれば、実務の運用を是認することも可能である。

Ⅲ　勾留期間の延長

1　「やむを得ない事由」の意義

「やむを得ない事由」があるときは、10日を越えない範囲で**勾留期間の延長**が認められる。「やむを得ない事由」とは、事案の複雑性、証拠収集の遅延もしくは困難等により勾留期間を延長してさらに捜査しなければ、起訴・不起訴の決定ができない場合をいう[118]。検察官の個人的事情などは、もちろん含まれない。被疑者の黙秘それ自体も勾留延長の理由とはならないが、現実には、黙秘により他の証拠の信用性チェックが困難になり、延長が認められることも

---

[118]　最三小判昭37・7・3民集16巻7号1408頁。

ないわけではない。

2 余罪捜査の必要性と勾留期間の延長

　余罪捜査の必要性が「やむを得ない事由」に該当するかについては、人単位説の立場から、これを肯定する見解がないわけではない。しかし、通説は、余罪が勾留の基礎をなす被疑事実と無関係である場合には「やむを得ない事由」にあたらないが、余罪の捜査が勾留事実の起訴・不起訴を決定するのに不可欠である場合には、これに該当すると解している。

3 延長請求の手続

　勾留延長請求の方式については、刑訴規151条及び刑訴規152条参照。勾留請求の場合には、留置時間内に請求すれば被疑者を釈放する必要はない（刑訴204条以下）のに対し、延長請求については、そのような規定がない。しかも、延長の裁判は、勾留状に延長の期間と理由を記載し、これを検察官に交付することによってその効力を生じる（刑訴規153条2項）。したがって、延長請求は、期間満了前に裁判官が許否の判断を行ったうえで交付するだけの時間的余裕をもって行う必要がある。勾留期間経過後に勾留状が交付されても、期間延長の裁判は無効となる。

4 延長の期間

　延長期間は最長10日であるから、検察官が請求しうるのも10日以内であるが、どんなケースでも常に10日の延長を請求することは、法の趣旨に反する。請求を受けた裁判官は、検察官の請求日数に拘束されることなく、裁量によって10日を超えない範囲で延長の期間を定めることになる。ただし、延長制度の趣旨から考えて、検察官の請求した期間以上の延長を認めることはできないと解される。「やむを得ない事由」があれば、通じて10日を超えない限り、延長の回数に制限はない。なお、少年法45条4号に例外規定がある。

5 延長の裁判に対する不服申立て

　勾留延長の裁判または延長請求を却下する裁判に対しては、準抗告が可能である（刑訴429条）。勾留期間延長の裁判が、最初の10日の勾留期間経過後に、準抗告で取り消された場合、検察官は直ちに被疑者を釈放しなければならな

い※119。

(多田辰也)

(勾留期間の再延長)
第208条の2　裁判官は、刑法第二編第二章乃至第四章又は第八章の罪にあたる事件については、検察官の請求により、前条第二項の規定により延長された期間を更に延長することができる。この期間の延長は、通じて五日を超えることができない。

I　本条の趣旨

本条は、特に捜査の困難が予想される一定の事件について、**勾留期間の再延長**を認めるものであり、1953（昭和28）年の刑訴法一部改正に際して追加された規定である。

II　対象事件

再延長が認められるのは、刑法の内乱罪、外患罪、国交に関する罪及び騒擾罪の4つの章に規定された罪に限られる。これらの事件では、被疑者が多数にのぼることが多かったり、国際関係を伴ったりするため、捜査の困難が予想されることが理由とされる。もっとも、これらのなかには、騒擾附和随行や多衆不解散のように、法定刑が罰金にすぎない罪が含まれているだけでなく、単独犯として外国国章損壊を犯すということもありうるので、これらを一律に扱うのは妥当でなく、再延長を必要とするかどうかは、あくまで具体的な個々の事件ないし個々の被疑者について判断されなければならない。

なお、内乱罪等に「あたる事件」とは、勾留の基礎となっている被疑事実がこれらの罪である場合をいう。もちろん、内乱罪等にあたるか否かの最終判断は、勾留請求を受けた裁判官が行う。内乱罪等で再延長が認められたが、結局他の罪、たとえば殺人罪で起訴した場合でも、再延長が違法となるわけではないが、検察官が起訴罪名による「求令状」を行い、裁判所による被告人勾留の職権発動を求めることになる。

※119　もっとも、最一小決昭53・10・31刑集32巻7号1847頁は、勾留期間延長の裁判が準抗告で取り消されたのに、検察官が釈放の手続をとらなかったのは違法であるが、即日公訴を提起し、裁判官に勾留状発付の職権発動を促し、裁判官が勾留質問を行って勾留した場合には、その勾留の裁判の効力に影響を及ぼさないとする。

Ⅲ　請求の方式

　本条による再延長請求、再延長の裁判及びその告知等の方式は、すべて刑訴208条に関連する刑訴規（151条、152条、153条、154条）による。なお、刑訴208条と異なり、本条には「やむを得ない事由」が要件として明記されていないが、本条は勾留期間についての特則を設けたにすぎず、その他の要件は刑訴208条と同じものが必要なことは当然である（その意味で、刑訴規150条の2は、当然のことを規定したにすぎない）。もっとも、「やむを得ない事由」の内容については、本条は「再」延長の場合であるから、刑訴208条と比較して、より一層切実な事情が必要とされるとの見解もないわけではない。

Ⅳ　再延長期間

　再延長の期間は通じて5日であるが、通説は、刑訴208条によって延長しうる期間が残存している時点で、その残存期間に本条の5日を加えること（たとえば、18日目にさらに7日間の延長をすること）も認められるとする。

（多田辰也）

（準用規定）
第209条　第七十四条、第七十五条及び第七十八条の規定は、逮捕状による逮捕についてこれを準用する。

Ⅰ　本条の趣旨

　本条は、逮捕に際して、護送中の刑事施設仮留置（刑訴74条）、引致後の刑事施設留置（刑訴75条）及び弁護人選任の申出（刑訴78条）の各制度を準用することを明らかにした規定である。逮捕状による逮捕が、その性質上、勾引状の執行に類似するためだといわれる。

　なお、現行犯逮捕については刑訴216条によって、緊急逮捕については刑訴211条によって、本条が準用される。

Ⅱ　刑訴74条の準用

　遠隔地で被疑者を逮捕した場合など、護送の途中で必要があるときは、仮に最寄の刑事施設に留置することができる。必要があるか否かは、護送する者の判断によると解されている。仮留置の期間は、当然刑訴203条ないし刑訴205条の制限時間に算入される。

III 刑訴75条の準用

1 留置場所の決定

逮捕した被疑者を引致した場合、必要があれば、これを刑事施設に留置することができる。警察署に設置される留置施設に留置してもかまわない（刑事収容施設・被収容者法14条、刑事収容施設・被収容者法15条）。実務においては、留置場所としてどの刑事施設を選ぶかは捜査機関の判断に任されており、引致場所が留置場所となるわけではない[120]。

2 留置場所の変更

勾留中の被疑者・被告人の移送については、検察官は裁判官（または裁判所）の同意を得て、その勾留場所を変更することができるとされている（刑訴規80条、刑訴207条）のに対し、逮捕留置中の被疑者の留置場所の変更に関しては、明文規定が存在しない。裁判官の許可を得て変更することができるとする見解もあったが、最高裁は、本条による刑訴75条の準用を根拠として、逮捕留置中の被疑者の留置場所の変更は、必要がある場合に、裁判官の同意や許可を必要とせず、捜査機関の判断によって行うことができるとした[121]。

しかし、これに対しては、被疑者の防御権の保障という観点から批判が向けられている。留置場所の施設状況や収容能力等の物理的理由による変更のほかには、留置場所に共犯者等が収容されており、証拠隠滅の具体的おそれがある場合など、合理性のある場合に限られるべきであろう。また、単なる取調べの必要性を理由とする留置場所の変更は許されるべきではない。

なお、留置場所を変更する場合には、刑訴規80条2項に準じて弁護人等に通知すべきとの主張もある。解釈論としてはともかく、傾聴すべき提言であるといえよう。

IV 刑訴78条の準用

逮捕された被疑者が裁判所に引致されることはないから、刑訴78条の準用にあたっては、同条の「裁判所」を「検察官又は司法警察員」と読み替えることになる。

（多田辰也）

---

[120] もっとも、仙台地判昭48・4・2刑月5巻4号501頁は、逮捕状記載の引致場所と留置場所とは同一であるのが原則とする。
[121] 最一小決昭39・4・9刑集18巻4号127頁。

（緊急逮捕）

第210条　検察官、検察事務官又は司法警察職員は、死刑又は無期若しくは長期三年以上の懲役若しくは禁錮にあたる罪を犯したことを疑うに足りる充分な理由がある場合で、急速を要し、裁判官の逮捕状を求めることができないときは、その理由を告げて被疑者を逮捕することができる。この場合には、直ちに裁判官の逮捕状を求める手続をしなければならない。逮捕状が発せられないときは、直ちに被疑者を釈放しなければならない。

②　第二百条の規定は、前項の逮捕状についてこれを準用する。

I　本条の趣旨

　本条は、犯罪の重大性、嫌疑の充分性及び緊急性が認められる場合に、その理由を告げて無令状で被疑者を逮捕することのできる緊急逮捕について規定したものである。

　戦後の刑訴法改正に際し、検察官や司法警察員には憲法上令状発付権限がないことが明らかになるとともに、旧法と異なり、現行犯が犯行に接着した時間的概念と捉えられるようになったことから、令状による通常逮捕と現行犯逮捕との間に、逮捕の必要性や緊急性が極めて高いにもかかわらず逮捕しえない事態が生ずることが懸念され、その実際上の必要から提案されたのが、緊急逮捕である。つまり、緊急逮捕は、憲法の規定する厳格な令状主義及び現行犯逮捕の要件の厳格性と重大犯罪の被疑者の身柄拘束の緊急な必要性とを調整する制度として設けられたのである。

II　緊急逮捕の合憲性

　憲33条は、現行犯の場合だけが例外であるかのような厳格な令状主義を宣言していることから、**緊急逮捕の合憲性**が問題とされてきた。判例は、「憲法の趣旨」に反しないとしたが[122]、学説にはなお違憲説がある。通説は合憲説に立っているが、その理由付けとしては、(1)逮捕手続を全体としてみれば、令状による逮捕といってよいとする令状逮捕説、(2)現行犯に準じて合理的と称しうるとする合理的逮捕説、(3)治安維持上の緊急行為として認めてよいとする必要説が存在する。(2)(3)は実質上ほぼ同じ考え方で、アメリカの憲法解釈（修正4条）が参考にされているが、わが国の憲33条の文言が修正4条よりも厳格であることを考えると、(1)も併せて合憲性を肯定するしかないであろう（競合説）。

---

[122] 最大判昭30・12・14刑集9巻13号2760頁。

528　第210条（緊急逮捕）

そのため、緊急逮捕の要件についても厳格な解釈が要求され、そうでなければ運用違憲の疑いが生じる可能性も否定できない。

Ⅲ　緊急逮捕の要件

1　犯罪の重大性

　法定刑として、「死刑又は無期若しくは長期3年以上の懲役若しくは禁錮」が定められている罪が対象となる。いわゆる必要的弁護事件（刑訴289条）の範囲よりも広い。その意味で、現行法が「重罪」を対象としているとはいい難い面がある。なお、従犯についても、正犯の法定刑による。

2　嫌疑の充分性

　「充分な理由」は、通常逮捕の要件たる「相当な理由」よりは高度の嫌疑を意味する。しかし、有罪判決の際の「合理的な疑いを超える確信」の程度までは要求されないし、起訴の際に求められる嫌疑の程度よりも低くてよいとされる。問題は、勾留の要件としての「相当な理由」との対比である。文理上、緊急逮捕のほうがより高い嫌疑を要すると解する立場と、捜査の段階的前後関係と身柄拘束期間の違いを考えれば、勾留の要件としての嫌疑よりも低いもので足りると解する立場が対立している。

　しかし、緊急逮捕が令状主義の重大な例外であることからすれば、むしろ現行犯に準ずる程度の嫌疑が必要と解すべきであろう。

3　緊急性

　「急速を要し、裁判官の逮捕状を求めることができないとき」とは、基本的に、緊急逮捕によらなければ、被疑者の逃亡ないし罪証隠滅行為を阻止することがきわめて困難になる場合を意味する[123]。

　ちなみに、指名手配中の被疑者を緊急逮捕することができるかも問題となる。通常は、逮捕時に逮捕状を所持していない捜査機関は、緊急執行の手続（刑訴201条2項、刑訴73条3項）をとることになるが、それでは「できる限り速やか」な逮捕状の事後呈示が困難になるような非常に例外的な場合には、緊急逮捕を認めてもよいであろう。その意味で、すでに逮捕状が発付されている場合でも、緊急性の要件を充たすこともありうると解する。

4　理由の告知

　本条所定の罪を犯した嫌疑が充分にあること、及び急を要する事情のあることの両者を告知しなければならない。いずれか一方の告知を欠いても、緊急逮

---

[123]　最三小判昭32・5・28刑集11巻5号1548頁参照。

捕は違法となる※124。

5 逮捕の必要性

　緊急逮捕については、通常逮捕の場合のように、逮捕の必要性に関する明文規定（刑訴199条2項但書）は存在しない。緊急性の概念の中に必要性を含ませる見解もあるが、緊急性と必要性とは本来異質の要件である。しかし、急速を要し裁判官の逮捕状を求めることができないという規定の趣旨は、逮捕時に通常逮捕の要件が備わっていることを当然の前提とするから、緊急逮捕の場合にも必要性は要件となっていると解する。

IV　逮捕状の請求手続

1　「直ちに」の意義

　逮捕後、「直ちに」逮捕状を請求する手続をとることが、緊急逮捕の形式的要件である。「直ちに」とは、「即刻」に近い意味であり、「できる限り速やかに」という趣旨ではない（刑訴203条1項と刑訴73条を対比せよ）。もっとも、被疑事実の要旨及び弁護人選任権の告知や疎明録取などの手続をとったり（刑訴211条）、逮捕状請求書の作成や疎明資料の準備の必要（刑訴規139条以下）もあるから、逮捕と令状請求との間に時間的な幅があることは否定できない。しかも、これらは事件の性質や被疑者の数などによっても変わりうるし、現実問題として、逮捕場所、警察署、裁判所間の距離や交通事情等が影響を及ぼすことも否定できない。したがって、必要最小限の時間的猶予は認めざるを得ない。

　しかし、その範囲を越えて、詳細な自白調書を作成したり、被疑者を立会わせての実況見分を行うなど、積極的な証拠収集活動のために遅延することは許されない※125。

　ちなみに、実務においては、夜間に被疑者を緊急逮捕した場合、翌朝令状請求を行うことも多い。これは、主として裁判所の執務体制からくるものではあるが、法解釈としては、「直ちに」の要件を欠き違法といわざるを得ない※126。

2　請求権者及び請求先

　緊急逮捕状の請求権者については、通常逮捕の場合のような資格の制限（刑訴199条2項）がないから、検察事務官や司法巡査でもよい。逮捕後「直ちに」

※124　刑訴応急措置法8条2項につき、最大判昭24・12・14刑集3巻12号1999頁参照。
※125　大阪高判昭50・11・19判時813号102頁。なお、最一小決昭50・6・12判時779号124頁の団藤裁判官の補足意見参照。
※126　京都地決昭45・10・2判時634号103頁は、裁判官の指示により、緊急逮捕後12時間30分後の翌朝になした逮捕状請求を、「直ちに」の要件を欠き違法とした。

逮捕状請求を行うことが求められているからである。逮捕者と請求者が同一である必要はない（犯罪捜査規範120条1項参照）。

請求先は、通常逮捕状の場合と同じである（刑訴規299条1項）。

3　緊急逮捕後被疑者を釈放した場合等の逮捕状請求

緊急逮捕後、人違いなど犯罪の嫌疑がないことが明らかになった場合や、留置の必要のないことがわかった場合には、捜査機関は被疑者を釈放すべきであるが、その場合でも、「直ちに」逮捕状請求の手続をとらなければならない（犯罪捜査規範120条3項）。被疑者が逮捕状請求前に逃走した場合も同様である。

これは、緊急逮捕状の請求が、逮捕行為の追認とその後の留置の継続を求めるという性格を有していることから、たとえ被疑者の釈放後等であっても、逮捕そのものの適法性を追認してもらわなければならないからである。したがって、たとえ実質的に緊急逮捕の要件を具備していても、逮捕状請求の手続をとらないと、当該逮捕は違法となる。

4　逮捕状請求の方式

逮捕状請求の方式は、通常逮捕の場合と同様である（刑訴規139条）。もっとも、請求書の記載事項（刑訴規142条）については、1号（被疑者の氏名等）、2号（罪名及び被疑事実の要旨）、3号（逮捕を必要とする理由）、4号（請求者の官公職氏名）及び8号（前に逮捕状の請求等があった事実）は、通常逮捕の場合と同じであるが、緊急逮捕の場合は、そのほか、(1)逮捕者の官公職氏名、(2)逮捕の年月日時及び場所、(3)引致の年月日時及び場所、(4)被疑者が罪を犯したことを疑うに足りる充分な理由、(5)急速を要し、裁判官の逮捕状を求めることができなかった理由の記載が必要となる。

V　逮捕状の発付

1　逮捕状発付の要件

緊急逮捕状は、被疑者の逮捕を追認するとともに、逮捕状発付後の留置の継続を認める裁判の裁判書である。したがって、逮捕状の請求を受けた裁判官は、逮捕時に緊急逮捕の要件が備わっていたかだけでなく、逮捕状発付時において少なくとも通常逮捕の要件が備わっているかを審査しなければならない。前者の要件が具備していても、後者の要件が欠けるときは、逮捕状を発することは許されない。

なお、逮捕状発付に関して、逮捕の必要性は明文上要求されていない。しかし、逮捕状発付時に通常逮捕の要件の具備が求められると解する以上、必要性は当然要求されるものといえる。

2 要件存否の判断資料

　逮捕時の緊急逮捕の要件は、まさに逮捕時に存在することが必要であり、しかもその判断は、逮捕者が認識しえた具体的状況に基づかなければならない。逮捕後に生じた状況や獲得された資料によって判断することは許されない[127]。もっとも、このことは、逮捕状請求書添付の資料が逮捕後に作成されたものであってはならないという意味ではない。たとえば、逮捕時に傷害事件の被害者が判明している場合には、被疑者の逮捕後に、被害者の診断書が作成されたとしてもかまわない。

　これに対し、逮捕状発付時の通常逮捕の要件については、逮捕後に明らかになった事情や獲得された資料を考慮することが許される。

3 緊急逮捕後に被疑罪名が変わった場合

　たとえば、傷害罪で緊急逮捕したところ、逮捕状請求時までに被害者が死亡した場合、逮捕状請求書や逮捕状に記載すべき被疑事実及び罪名をどうするかという問題である。

　緊急逮捕状の発付が逮捕行為を追認するという性格をもち、しかも緊急逮捕の要件の存否を逮捕時を基準として判断すべきである以上、逮捕状請求書や逮捕状の被疑事実及び罪名は、逮捕時の傷害罪によるべきと解することになる。

4 逮捕状発付までの時間制限

　本条は、逮捕後「直ちに」逮捕状を求める手続をとることと、逮捕状が発せられないときは「直ちに」被疑者を釈放すべきことを規定しているが、裁判官による逮捕状発付までの時間制限に関する明文規定は存在しない。そのため、逮捕状の発付が遅延したときに、被疑者を留置したまま手続を進めることができるのか、それとも被疑者を釈放すべきかが問題となる。

　逮捕状を求める手続を「直ちに」とるべきことを命じている法の趣旨からすれば、裁判官による逮捕状発付の許否の裁判も、「直ちに」なされなければならないことは明らかである。したがって、その裁判が遅延することは、実質的には法の禁ずるところであるといわなければならない。実務上、このような事態が起きることは考えにくいが、仮に遅延が生じた場合には、被疑者を釈放すべきである。

5 緊急逮捕状の方式

　本条2項により、逮捕状の方式については、通常逮捕に関する刑訴200条が準用される。「準用」とされたのは、有効期間及び令状の返還義務の記載は、緊急逮捕の性質上不要だからである。その他、緊急逮捕状には、逮捕者の官公

---

[127]　最三小判昭25・6・20刑集4巻6号1025頁参照。

職氏名、逮捕の年月日時及び場所のほか、引致した年月日時及び場所が記載される。

6 逮捕状の呈示

逮捕状が発せられた場合、これを被疑者に示すことは法律上求められていない。しかし、被疑者の人権保障の観点からも示すべきであり、実務上も示されている（刑訴211条の解説参照）。

Ⅵ 逮捕状請求の却下

逮捕時における緊急逮捕の要件または逮捕状発付時における通常逮捕の要件のいずれかが欠ける場合は、逮捕状請求は却下される。前者の要件が欠けることを理由とする却下の場合は、緊急逮捕はそもそも違法だったということになる。これに対し、前者の要件は備わっていたものの、後者の要件が欠けることを理由とする却下の場合には、緊急逮捕自体は適法であった旨を理由中で明示したうえで、請求を却下することになる。いずれの場合も、請求が却下されたときは、直ちに被疑者を釈放しなければならない。

なお、緊急逮捕の要件を欠くとして請求が却下された場合でも、その違法の性質や程度によっては、通常逮捕状による（再）逮捕が認められる場合もありうるであろう[128]。

逮捕状請求の却下については、刑訴規140条、刑訴規141条、刑訴規143条の3が適用される。

（多田辰也）

（準用規定）

第211条 前条の規定により被疑者が逮捕された場合には、第百九十九条の規定により被疑者が逮捕された場合に関する規定を準用する。

Ⅰ 本条の趣旨

本条は、被疑者が緊急逮捕された後の手続について、通常逮捕に関する規定を準用することを定めたものである。これは、逮捕に関する法制が、令状による通常逮捕を原則型とすることのあらわれでもある。

---

[128] 浦和地決昭48・4・21刑月5巻4号874頁参照。

Ⅱ　準用されない規定

　本条が、「逮捕された場合」と規定していることからすれば、逮捕する場合についての刑訴199条の規定は準用されない。もっとも、不当な逮捕の蒸し返しを防止するという点を重視し、同条3項については準用を肯定する見解もみられるが、逮捕状請求書の記載要件について規定する刑訴規142条1項8号は、緊急逮捕状請求にも適用されるから、積極・消極いずれの見解をとっても結論的には同じになる。

　また、刑訴201条も準用されない。ただ、刑訴201条2項の準用を認め、緊急逮捕状の呈示が法律上要求されると解せないか、との提言もみられる。しかし、同条項の準用がなくとも、令状は相手方に示すのが原則であること、緊急逮捕状は逮捕行為を追認するだけでなく、逮捕状発付後の留置の継続を認めるものであり、この点で、起訴前勾留の延長に際し、延長期間等の記載された勾留状を被疑者に呈示しなければならない旨規定している刑訴規153条4項が参考になることなどを考慮すれば、被疑者に逮捕状を示すべきである。実務上も示されている。

Ⅲ　準用される規定

　本条によって準用される規定は、刑訴202条ないし刑訴209条である。刑訴203条1項の48時間、刑訴204条1項の48時間、刑訴205条2項の72時間の起算点は、被疑者の身体が拘束された時であり、緊急逮捕状が発付された時ではない。緊急逮捕状の請求が却下されたときは、その段階で逮捕後の手続を打ち切らなければならず、被疑者を釈放しなければならない。しかし、その場合でも、身柄不拘束のまま、いわゆる在宅事件として捜査を続けることは可能であり、いずれの場合でも、刑訴246条による事件送致は必要である。

（多田辰也）

（現行犯人・準現行犯人）
第212条　現に罪を行い、又は現に罪を行い終つた者を現行犯人とする。
②　左の各号の一にあたる者が、罪を行い終つてから間がないと明らかに認められるときは、これを現行犯人とみなす。
一　犯人として追呼されているとき。
二　贓物又は明らかに犯罪の用に供したと思われる兇器その他の物を所持しているとき。
三　身体又は被服に犯罪の顕著な証跡があるとき。
四　誰何されて逃走しようとするとき。

534　第212条（現行犯人・準現行犯人）

I　本条の趣旨

　本条は、令状主義の例外として、何人でも逮捕状なくして逮捕することができる現行犯人についての定義的規定である。1項は固有の意味での**現行犯人**について、2項はいわゆる**準現行犯人**について規定している（両者を併せて、広義の現行犯ということもある）。

　旧法までは、犯行の際に発覚しさえすれば、そこで現行犯という身分が生じ、それがいつまでも続いたのであり、いわば身分的・実体法的概念であった。これに対し、現行法は、現行犯を時間的概念として捉えており、犯行の際に発覚しても、犯行後時間が経てば現行犯人性が失われることになる。

II　現行犯逮捕の要件

　現行犯人としての逮捕が認められるのは、現場の状況等から、被逮捕者が「現に罪を行い、又は現に罪を行い終った者」であることが、逮捕者にとって明らかな場合である。すなわち、「犯罪と犯人の明白性」と「犯罪の現行性・時間的接着性の明白性」の2つが現行犯逮捕の要件である。

1　犯罪と犯人の明白性

(1)　犯罪の特定

　犯罪は特定されていなければならないが、罪の種類や法定刑の軽重は問わない（ただし、刑訴217条参照）。また、訴訟条件の存否は、犯罪の明白性とは関係がないから、親告罪につき告訴がなくても、現行犯逮捕は可能である。

　構成要件該当性が疑わしい場合には現行犯逮捕すべきではないし、その他にも、責任能力の存在が疑わしい場合や阻却事由が存在する疑いがある場合にも、現行犯たりえないと解される。

(2)　「明白性」の意義

　現行犯逮捕は、犯罪と犯人の明白性が外見上明らかでなければならないから、現場における状況などから判断して犯罪行為であることが明白でなければ、逮捕はできないと解すべきであろう。したがって、たとえば、贈収賄事件における金品授受行為のように、客観的には犯罪が行われていても、外観だけでは犯罪であるか否かが明確でない場合には、現行犯逮捕はできない。不真正不作為犯や一定の過失犯についても、同様のことがいえる。

　なお、犯罪と犯人とが客観的に明白でなければならないとはいえ、必ずしも逮捕者以外の者にも現に明白である必要はなく、逮捕者が、犯人であることを誤りなく判断できる状況にあればよい[129]。

---

[129]　東京高判昭41・1・27下刑集8巻1号11頁。

2 犯罪の現行性・時間的接着性の明白性

(1) 「現に罪を行っている者」の意義

　「現に罪を行っている者」とは、逮捕者の眼前において、特定の犯罪の実行行為を行いつつある者をいう。監禁罪（刑220条）や銃の不法所持（銃刀所持3条1項）のような継続犯、公務執行妨害罪（刑95条）や凶器準備集合罪（刑208条の3）などに多くみられる。

　予備、陰謀、煽動、共謀、教唆、幇助行為それ自体が処罰対象となっている場合には、これらの行為も実行行為に含まれる。しかし、現行犯というためには、実行行為と共謀行為等の双方について、外見上現行犯性が必要となる[130]。

(2) 「現に罪を行い終った者」の意義

　「現に罪を行い終った者」とは、特定の犯罪の実行行為を終了した直後の者であって、そのことが逮捕者に明白である場合をいう。「直後」とは、行為を終了した瞬間かこれに極めて接着した時間的段階をいうものと解される。結果発生の有無は問わないし、また実行行為の全部を完了したことも要しない。したがって、着手未遂の場合も含まれる。

(3) 時間的接着性の程度

　「現に罪を行い終った者」にあたるか否かの認定は、結局のところ、時間的接着性を中心としながらも、その他、場所的近接性、犯行発覚の経緯、犯行現場の状況、追跡継続の有無等を考慮し、具体的事案ごとの総合的判断によって決せられるといわざるを得ない。判例には、犯行から3、40分後の逮捕を適法としたものがある[131]。なお、逮捕に着手した後犯人の追跡が継続していれば、3時間以上経過しても適法な現行犯逮捕とされる[132]。

III　準現行犯逮捕の要件

1　準現行犯逮捕の合憲性

　準現行犯逮捕の要件は、(1)犯罪と犯人の明白性、(2)犯罪の時間的接着性、(3)時間的接着性の明白性、(4)逮捕者による本条2項各号の状況の認識である。現行犯逮捕の要件と比較すると、(2)の時間的接着性が「間がない」というように、いくぶん緩和されている。しかし、準現行犯という概念は旧法以来伝統的に認められてきたもので、憲法もこれを前提にしていたと考えてよいし、また、(4)を要求することで、(1)及び(3)の判断が不明確にならぬように配慮されている。したがって、それぞれの要件を厳格しぼれば、違憲とまではいえないであろ

---

[130] 現場共謀につき、東京高判昭57・3・8判時1047号157頁。

[131] 最一小決昭31・10・25刑集10巻10号1439頁。

[132] 最一小判昭50・4・3刑集29巻4号132頁。

う※133。

2 犯罪と犯人の明白性、時間的接着性の明白性

犯人が特定の犯罪を行ったこと、及びその犯罪を行ってから間がないことの双方が逮捕者に明らかでなければならないことは当然である。

ところで、本条2項各号の事由は、もともと犯行後間がないことを推知せしめる事情を類型化したものであり、それは犯罪と犯人の明白性を推認する認識根拠にほかならない。しかし、各号を具体的に眺めると、犯行との関連性にかなりの差異がみられる（1号が最も強く、4号が最も弱い）。そのため、準現行犯逮捕の適法性判断に際しては、各号該当事実の存在を前提としたうえで、「罪を行い終ってから間がないと明らかに認められる」という実質的要件についての考察が重要となる。

3 時間的接着性

「間がない」とは、時間的に極めて接着していることを意味する。本来時間的概念であるが、その内容として場所的近接性も考慮される。また、本条2項各号ごとに犯行との関連性を示す力が異なるため、要求される時間的接着性の程度も異なりうるし、被逮捕者が各号の事由に重複して該当する場合には、犯人の明白性が強まり、その分、時間的接着性が緩和される余地もあるといわれている。

このように、「間がない」が柔軟な相対的概念であるばかりか、準現行犯自体が価値的な概念であるため、時間的な基準だけで判断することは困難である。結局は、犯行との時間的・場所的関係、犯人の挙動、所持品、犯罪の態様や結果などを総合して、そこから犯罪と犯人の明白性が合理的に認定できるかという観点から判断せざるを得ない。判例には、犯行後1時間ないし1時間40分経過後、犯行場所から約4キロメートル離れた地点での逮捕を適法としたものがある※134。

4 逮捕者による本条2項各号の状況の認識

準現行犯については、まず、逮捕者による本条2項各号の状況の認識が必要となる。しかも、各号に該当する状況は、逮捕時に逮捕者が直接覚知しなければならない。

(1) 「犯人として追呼されているとき」（1号）

その者が犯人であることを明確に認識している者により、逮捕を前提とする

※133 最大判昭23・12・1刑集2巻13号1679頁。

※134 最三小決平8・1・29刑集50巻1号1頁。その他、最二小判昭30・12・16刑集9巻14号2791頁、最三小決昭42・9・13刑集21巻7号904頁参照。

追跡または呼号を受けていることを意味する※135。追呼の方法としては、「泥棒」などと叫びながら追いかけるのが典型的であるが、無言で追跡する場合や、逆に追跡せずに声だけで叫んでいる場合も含まれる。

犯罪終了後から継続して追呼されていることを要する。途中で犯人を見失っても、間もなく付近で発見して再び追呼した場合、その中断がごく短時間であれば、全体が一個の追呼であるといえよう。しかし、追呼を断念した後たまたま再発見したにすぎない場合は、本号にあたらないと解される。

追呼の主体は、被害者に限られず、目撃者のような第三者であってもよい。犯行を現認した者が引き続き追呼する場合だけでなく、現認者から第三者が追呼を引き継いだ場合でも差し支えないとされている※136。

(2) 「贓物又は明らかに犯罪の用に供したと思われる兇器その他の物を所持しているとき」(2号)

「贓物」とは、財産犯罪によって不法に領得された物で被害者が法律上追求することができるものをいう(刑256条参照)※137。また、「兇器」とは、人を殺傷しうる器物で一般人をして危険を感じさせるものをいい、性質上の兇器と用法上の兇器の両者を含む(刑208条の3参照)。

「その他の物」にも文理上、「明らかに犯罪の用に供したと思われる」という文言がかかると解すべきであるから、窃盗に使用したドライバー、偽造に用いた偽造道具、賭博に用いた賭具、狩猟法違反における猟具などは含まれるが、犯罪を組成した物、犯罪から生じた物、犯罪から得た物などは含まれない。なお、兇器その他の物については、犯罪との結びつきが客観的に明らかでなければならない。

「所持」とは、現実に身につけたり、携帯している場合や、実質的にこれに準じるような事実上の支配下にあることを意味する。所持は現行犯と認定した

※135 仙台高判昭44・4・1刑月1巻4号353頁、大阪高判平8・9・26判時1597号81頁。
※136 横浜地判昭54・7・10刑月11巻7＝8号801頁は、ヘリコプターからパトカーによる順次追跡を認めた。
※137 1995(平成7)年の改正以前は、刑256条は「贓物」を客体としていた。しかし、法は「贓物」の内容を明確にしていなかったため、その意義については、同条の罪の本質をいかに解するかという問題ともからんで、追求権説(判例・通説)と違法状態維持説が対立していた。改正により、その文言が「盗品とその他財産に対する罪に当たる行為によって領得された物」と改められたため、客体に関する限り追求権説をとることが立法的に明確にされた。しかし、森林法は、刑法改正後も、「贓物」のまま改正されておらず(森林201条)、しかも、森林窃盗の客体が刑法上の窃盗の客体よりも拡大されている(森林197条)ほか、森林窃盗の贓物を原料として木材、木炭その他の物品を製造した場合には、その物品も、森林窃盗の贓物とみなされている(森林199条)ことなどから、刑訴法も「贓物」という文言をそのまま用いている。

ときにあればよく、逮捕の瞬間に所持していることを要しない[138]。

(3) 「身体又は被服に犯罪の顕著な証跡があるとき」(3号)

殺人事件や傷害事件の直後に、負傷したり着衣が破れて返り血と認められる血痕が付着している者を発見したような場合が典型的な例である。本人が着用している場合だけでなく、行動をともにしている共犯者の被服に血痕が認められるような場合も、本号にあたるとされる[139]。また、酒気帯び運転の被疑者について、規定量以上のアルコールを検出したときも、本号にあたるとする裁判例もある[140]。

(4) 「誰何されて逃走しようとするとき」(4号)

「誰何」とは、元来「とがめて名前を聞く」ことを意味するが、必ずしも名前を問う必要はなく、呼び止められて逃げ出したような場合でもよいとされている。捜査機関による誰何だけでなく、私人によるものでもよい。

判例には、警察官が犯人と思われる者を懐中電灯で照らし、同人に向かって警笛を鳴らしたのに対し、相手方がこれによって警察官と知って逃走しようとしたときも、本号にあたるとしたものがある[141]。これは、懐中電灯で照らし警笛を鳴らしたのを「誰何」と捉えたのであろう。

Ⅳ 要件認定の資料

現行犯及び準現行犯の要件の認定は、逮捕時における具体的状況に基づき客観的・合理的に判断されるべきであって、事後的な判断によるのではない[142]。また、明白性等の判断にあたっては、逮捕現場の客観的状況だけでなく、逮捕者が事前に得ていた情報等を用いることも許される[143]。

なお、逮捕者自身が直接犯行を現認しなくとも、被害者の供述や自白に基づいて、現に罪を行い終った客観的状況を認定できる場合には、現行犯逮捕が許されるとする裁判例も存在する[144]。しかし、現行犯逮捕は、外観上、犯罪と犯人の明白性について逮捕者が直接覚知しうる状況を要するから、被害者の供述等によってはじめて犯罪と犯人の明白性が認められるような場合には、現行犯逮捕は許されないと解する[145]。

---

[138] 最二小判昭30・12・16刑集9巻14号2791頁。

[139] 東京高判昭62・4・16判時1244号140頁。

[140] 名古屋高判平1・1・18判タ696号229頁。

[141] 最三小決昭42・9・13刑集21巻7号904頁。

[142] 最一小決昭41・4・14判時449号64頁、東京高判平3・5・9判時1394号70頁。

[143] 最三小決平8・1・29刑集50巻1号1頁。

[144] 釧路地決昭48・3・22刑月5巻3号372頁。

[145] 京都地決昭44・11・5判時629号103頁、青森地決昭48・8・25刑月5巻8号1246頁。

ちなみに、犯行を直接現認した被害者等の要求によって、現場に赴いた捜査機関が、代わって現行犯逮捕することは許されるとの見解もみられる。確かに、被害者の現行犯逮捕に協力したにすぎない場合には、例外的に認められることもあろう。しかし、逮捕者による現認という点を重視する限り、現行犯逮捕は許されず、緊急逮捕によって対応すべきであろう。

V　現行犯逮捕の必要性

現行犯逮捕については、逮捕の必要性を要求する明文規定がない。また、現行犯逮捕は私人もなしうること（刑訴213条）、軽微な事件についても許容されること（刑訴217条）などを理由に、現行犯の場合には逮捕の必要性は要件とされていないとの見解もみられる。

しかし、明らかに逮捕の必要のない場合は、身柄を拘束する実質的根拠に乏しく、現行犯逮捕についても、必要性は要件となっていると解すべきである[146]。

(多田辰也)

（現行犯逮捕）
第213条　現行犯人は、何人でも、逮捕状なくしてこれを逮捕することができる。

I　本条の趣旨

本条は、前条の規定する現行犯人（準現行犯人を含む）については、捜査機関だけでなく一般私人も、逮捕状なしに逮捕できることを明らかにした規定である。

憲33条により、**現行犯逮捕**が令状主義の例外とされているのは、犯罪と犯人との結びつきが明白で、誤認逮捕のおそれがないとみられたからである。もっとも、私人による現行犯逮捕は、せいぜい捜査の補助行為にすぎず、捜査そのものではない。

II　逮捕権者

憲33条は、現行犯逮捕を令状主義の例外と規定しているが、逮捕権者については言及していない。本条は「何人でも」と規定し、逮捕権者に制限を設けず、

---

[146] 大阪高判昭60・12・18判時1201号93頁。

捜査機関のみならず一般私人にも、逮捕権があることを明らかにした。もっとも、捜査機関でも、その権限が制限されている場合には、権限外の犯罪（たとえば、特別司法警察職員の場合に与えられた犯罪捜査権の及ばない犯罪）については、本条により私人として逮捕することになる[147]。ただし、警察官の場合は、いかなる地域においても、公務として現行犯逮捕を行うことができる（警65条）。

ところで、本条は、逮捕権限について規定したにとどまり、義務を課すものではない。したがって、一般私人については、逮捕の義務はなく、権限を行使するか否かは逮捕権者の自由である。これに対し、司法警察職員は、犯罪捜査の第一次的責任を負うものとして、逮捕しないことが職務の懈怠となると解される。

Ⅲ　逮捕の際の実力行使の限界

現行犯逮捕に際して、現行犯人から抵抗を受けたときは、逮捕しようとする者は、警察官であると私人であるとを問わず、その際の状況から見て社会通念上必要かつ相当と認められる限度内での実力行使が許され、その実力行使が刑罰法令に触れることがあったとしても、刑35条により違法性が阻却され罰せられることはない[148]。私人による現行犯逮捕の際の実力行使の限界は、その性質上、若干緩やかに認められることになろう[149]。

ちなみに、現行犯逮捕に際し、第三者からの妨害や危害が加えられた場合には、逮捕に必要最小限の範囲において、第三者に対する実力行使が認められる[150]。

Ⅳ　逮捕の必要性

通常逮捕の場合は、刑訴199条2項但書及び刑訴規143条の3により、逮捕の必要性が要件となっているが、現行犯逮捕については、必要性に関する明文規定は存在しない。かつての裁判例には、これを消極に解するものもみられたが[151]、近時の裁判例は、現行犯逮捕の場合にも逮捕の必要性は要件となって

---

[147] 大阪高判昭34・5・4高刑集12巻3号252頁は、税関職員は関税法違反の現行犯人を逮捕する権限を有しないから、税関職員による現行犯人の逮捕は公務の執行とはいえないとする。

[148] 最一小判昭50・4・3刑集29巻4号132頁。

[149] 東京高判昭37・2・20下刑集4巻1＝2号31頁等。

[150] 岡山地判昭54・10・19判タ410号155頁（もっとも、本件では違法とされた）参照。

[151] 東京高判昭41・1・27下刑集8巻1号11頁。

いるとの立場から、具体的逮捕行為の適否を判断する傾向にある※152。

　そもそも、現行犯それじたいが急速な処理を要する事態なのであるから、必要性を問題にする余地は現実には少ないであろう。しかし、身柄関係が明らかで、逃亡や罪証隠滅のおそれもないような場合は、明らかに逮捕の必要がないとして、現行犯逮捕は許されないと解すべきことはいうまでもない。

V　その他の関連規定

　捜査機関が現行犯逮捕を行う場合には、被疑者の捜索や逮捕に伴う捜索、差押え等ができる（刑訴220条）が、私人にはこれらの権限は認められていない。ただし、犯人の武器を一時的に取り上げる行為などは、逮捕を完遂するための抵抗抑圧行為であり、私人の場合も当然許される。

　現行犯人を逮捕した場合、実務においては現行犯人逮捕手続書を作成し、逮捕の日時場所のほか、現行犯人と認めた状況などを具体的に記載することになる（犯罪捜査規範136条）。逮捕後の手続については、刑訴214条、刑訴215条、刑訴216条参照。

　なお、現行犯逮捕の制限される場合として、(1)軽微な犯罪（刑訴217条）、(2)国会議員の院内における現行犯（国会33条）、(3)国会の議院内部における現行犯人（衆規210条、参規219条）がある。

（多田辰也）

（私人による現行犯逮捕）
第214条　検察官、検察事務官及び司法警察職員以外の者は、現行犯人を逮捕したときは、直ちにこれを地方検察庁若しくは区検察庁の検察官又は司法警察職員に引き渡さなければならない。

I　本条の趣旨

　本条は、私人による現行犯逮捕がなされた場合の手続を規定する。直ちに引渡しがなされることによって、私人による不当監禁を防止するとともに、捜査機関による被疑事実の要旨及び弁護人選任権の告知、弁護人選任に係る事項の教示、さらには留置の必要性判断が迅速になされることを保障しようとするものである（刑訴216条参照）。捜査機関でも、その権限外の犯罪について現行犯

※152　前橋地判昭60・3・14判時1161号171頁、東京地八王子支判昭63・8・31判時1298号130頁、京都地判平3・6・4判時1409号102頁、東京地判平19・10・16判タ1275号122頁、東京高判平20・5・15判時2050号103頁等。

542　第214条（私人による現行犯逮捕）

人を逮捕した場合には、本条による。

II　「直ちに」の意義

　「直ちに」とは、時間的接着性が最も強く要求される場合である。私人には、逮捕した犯人を自ら取り調べたり、留置したりする権限はないから、漫然と犯人を拘束しておけば、監禁罪の責任を問われることもありうる[153]。

III　引渡しを受ける権限のある者

　現行犯人の引渡しを受ける権限のある者の中に、検察事務官は含まれていない。これは、検察事務官は検察官の補助機関にすぎず、また刑訴204条所定の手続をなす権限も認められていないからだといわれる。司法警察職員には特別司法警察職員も含まれるが、その職務の範囲外の犯人については、引渡しを受けることを拒否することができる。

IV　私人による釈放の可否

　私人が逮捕した現行犯人を捜査機関に引き渡さず、自らの判断で釈放することが許されるであろうか。この点、本条が禁止しているのは、私人による被疑者の留置の継続であって、これを釈放することまで禁止しているとは解されないこと、逮捕後引渡しまでの間に明らかに逮捕の理由ないし必要性のないことが判明した場合にまで引渡しを義務付けるのは、あまりにも不都合であること、もともと私人には現行犯人の逮捕義務もないことなどを理由に、釈放することが許されるとする積極説も存在する。しかし、通説（多数説）は、刑事事件という公の秩序、とりわけ人身の拘束について、私人に処分権を認めるのは相当でないこと、引渡しを義務的なものとし、私人による現行犯逮捕について捜査機関による審査を受けさせるようにしないと、逮捕権の濫用を招くおそれがあることなどを理由に、これを消極に解する[154]。

（多田辰也）

---

[153]　東京高判昭55・10・7刑月12巻10号1101頁。

[154]　ちなみに、東京高判平3・5・9判時1394号70頁は、鉄道公安職員に関してであるが、私人から現行犯人の身柄引渡しを受けた場合、誤認逮捕等が明らかであれば鉄道公安職員の権限において釈放すべきであるとする。

第215条（現行犯人を受け取った司法巡査の手続）　543

（現行犯人を受け取った司法巡査の手続）
第215条　司法巡査は、現行犯人を受け取つたときは、速やかにこれを司法警察員に引致しなければならない。
②　司法巡査は、犯人を受け取つた場合には、逮捕者の氏名、住居及び逮捕の事由を聴き取らなければならない。必要があるときは、逮捕者に対しともに官公署に行くことを求めることができる。

I　本条の趣旨

　本条は、司法巡査が前条によって私人から現行犯人の引渡しを受けた後の手続を規定したものであり、通常逮捕に関する刑訴202条に照応する特別規定である。もっとも、刑訴202条が「直ちに」としているのに対し、本条1項は、2項の手続に要する時間を考慮して「速やかに」と規定し、若干の猶予を与えている。なお、引致を行う司法巡査は、犯人を受け取った者と同一である必要はない。

II　逮捕者の確認等

　司法巡査には、「逮捕者の氏名、住居及び逮捕の事由」の聴取が義務付けられている（犯罪捜査規範129条）が、実務では「現行犯人逮捕手続書（乙）」を作成し、逮捕者の署名・押印を求めている。本条2項による逮捕者の確認等は、司法巡査についての規定であるが、司法警察員あるいは検察官が現行犯人の引渡しを受けた場合も同様である。

　なお、司法巡査は、逮捕事由や逮捕時の状況等について詳細に事情聴取するなどの必要があるときは、逮捕者に対し、自ら勤務する官公署への同行を求めることができるが、同行を強制することができないことはいうまでもない。

（多田辰也）

（準用規定）
第216条　現行犯人が逮捕された場合には、第百九十九条の規定により被疑者が逮捕された場合に関する規定を準用する。

I　本条の趣旨

　本条は、現行犯人逮捕後の手続について、通常逮捕に関する規定を準用することを定めた規定である。

Ⅱ　準用規定

　本条によって準用される規定は、刑訴202条ないし刑訴209条である。

　逮捕後の留置時間制限については、私人による現行犯逮捕の場合にも、現実に犯人の身体を拘束した時点が起算点となるのであり、捜査機関が現行犯人を受け取った時ではない。刑訴214条1項が、被逮捕者を「直ちに」検察官または司法警察職員に引き渡さなければならない旨規定するのは、その意味でも重要である。

　なお、現行犯逮捕については、緊急逮捕のように事後的に司法審査を受ける機会もない。したがって、その適法性については、勾留裁判の段階で初めて司法審査を受けることになる。

（多田辰也）

（軽微事件と現行犯逮捕）
第217条　三十万円（刑法、暴力行為等処罰に関する法律及び経済関係罰則の整備に関する法律の罪以外の罪については、当分の間、二万円）以下の罰金、拘留又は科料に当たる罪の現行犯については、犯人の住居若しくは氏名が明らかでない場合又は犯人が逃亡するおそれがある場合に限り、第二百十三条から前条までの規定を適用する。

Ⅰ　本条の趣旨

　本条は、軽微な犯罪についての現行犯逮捕の加重要件を規定したものである。つまり、軽微な犯罪については、逮捕の理由や必要性が認められても、犯人の住居もしくは氏名が明らかでない場合または逃亡のおそれが認められる場合でなければ、現行犯逮捕は許されないことになる。たとえ現行犯であっても、軽微な犯罪について、他の重い犯罪と同様に逮捕を許すのは、人権尊重の観点から適当でないからである。

Ⅱ　軽微事件の意義

　「30万円（カッコ内は省略）以下の罰金、拘留又は科料にあたる罪」とは、法定刑の最高がこれらの刑である罪をいう。これらの罪にあたるか否かの判断は、逮捕当時における実体形成を基準とする。また、幇助犯等の場合も、正犯の法定刑を基準とすべきである。

Ⅲ　住居もしくは氏名の不明

　住居と氏名の双方が不明な場合はもちろん、いずれか一方が明らかでない場合であればよい。「定まった住居を有しない場合」（刑訴199条1項）も、これに含まれる。また、定まった住居があっても、逮捕の時点でそれを明らかにできないときは、やはり住居不明にあたる。氏名については、本人を特定するに足りる通称等が明らかであれば、戸籍上の氏名が明らかでなくてもよい。

　なお、被疑者が住居及び氏名について黙秘しても、逮捕者がその双方を知っている場合には、これにあたらない。もっとも、被疑者の供述のみから、住居及び氏名が明らかであると判断することには慎重であるべきであろう。

Ⅳ　逃亡のおそれ

　逃亡の「おそれ」について、それは現実になければならないという意味において、勾留の要件としての「逃亡すると疑うに足りる相当な理由」（刑訴60条1項3号）よりも、その認定は厳格でなければならない、との見解もみられる。しかし、現行犯逮捕は私人にも認められること、逮捕現場での詳細な認定が困難であることなどを考慮すると、本条は、勾留の場合のように逃亡の蓋然性まで要求するものではなく、より緩やかなもので足りると解すべきであろう（通説）。

Ⅴ　加重要件の存否の判断時期

　軽微な犯罪を現認しても、本条の規定する加重要件の存在を確認したうえでなければ逮捕できないと解するのは現実的でないし、私人にこれらの判断を要求することは非常に困難であろう。したがって、軽微犯罪についても、「犯人の住居もしくは氏名の不明」や「逃亡のおそれ」の不存在が明らかでない限り、犯人を逮捕することが許され、後にそれらの要件が存在しないことがわかっても、逮捕自体が違法となるものではないと解さざるを得ないであろう。

（多田辰也）

（令状による差押え・記録命令付差押え・捜索・検証）
第218条　検察官、検察事務官又は司法警察職員は、犯罪の捜査をするについて必要があるときは、裁判官の発する令状により、差押え、記録命令付差押え、捜索又は検証をすることができる。この場合において、身体の検査は、身体検査令状によらなければならない。
②　差し押さえるべき物が電子計算機であるときは、当該電子計算機に

電気通信回線で接続している記録媒体であつて、当該電子計算機で作成若しくは変更をした電磁的記録又は当該電子計算機で変更若しくは消去をすることができることとされている電磁的記録を保管するために使用されていると認めるに足りる状況にあるものから、その電磁的記録を当該電子計算機又は他の記録媒体に複写した上、当該電子計算機又は当該他の記録媒体を差し押さえることができる。

③　身体の拘束を受けている被疑者の指紋若しくは足型を採取し、身長若しくは体重を測定し、又は写真を撮影するには、被疑者を裸にしない限り、第一項の令状によることを要しない。

④　第一項の令状は、検察官、検察事務官又は司法警察員の請求により、これを発する。

⑤　検察官、検察事務官又は司法警察員は、身体検査令状の請求をするには、身体の検査を必要とする理由及び身体の検査を受ける者の性別、健康状態その他裁判所の規則で定める事項を示さなければならない。

⑥　裁判官は、身体の検査に関し、適当と認める条件を附することができる。

I　本条の趣旨

本条は、憲35条を受けて、捜査機関による対物的強制処分としての差押え、記録命令付差押え、捜索及び検証についての令状主義を規定したものである。なお、本条2項により、差押対象物が電子計算機であるときは、当該電子計算機と電気通信回線で接続している他の記録媒体に記録されている電磁的記録を、当該電子計算機又は他の記録媒体に複写したうえで、これを差押えることが可能になった（リモートアクセス）。もちろん、事前に差押許可状の発付を受けることが必要である。

憲法には検証に関する規定はないが、これは母法たるアメリカ法にそのような概念が存在しないため規定されなかったもので、令状主義の趣旨は、当然検証にも妥当する。

なお、憲35条の保障する権利も、その放棄を許さないものではないから、処分を受ける者の同意・承諾がある場合には、令状は不要である。ただ、この同意・承諾の任意性判断がルーズになされれば、令状主義を実質的に潜脱することにもなりかねない（犯罪捜査規範107条、犯罪捜査規範108条参照）。

第218条（令状による差押え・記録命令付差押え・捜索・検証）　547

Ⅱ　差押え・記録命令付差押え・捜索・検証の意義、令状の性質

1　差押え・記録命令付差押え・捜索・検証の意義

　本条1項にいう差押え・記録命令付差押え・捜索・検証は、裁判所によるものと同意義である。したがって、差押えについては刑訴99条、記録命令付差押えについては刑訴99条の2、捜索については刑訴102条、検証※155については刑訴128条参照。

　本条2項にいう電気通信回線で接続している記録媒体からの複写物の差押えについては、裁判所が行う場合に関する刑訴99条2項参照。

　ちなみに、検証の一種である身体検査について、身体検査令状という特別の令状が要求されたのは、身体の自由を侵害するだけでなく、被疑者の名誉など個人の尊厳に深くかかわるためである。これに対し、同じく検証の性質をもつ指紋の採取等が令状主義の例外とされたのは、身体の拘束という強制処分に付随する処分として、新たな法益侵害を伴わないと考えられたからである（本条3項は、この点を明確にするため、1949（昭和24）年の刑訴法一部改正により追加されたものである）。

2　令状の性質

　差押令状等の性質については、逮捕状を命令状と解する論者でも、許可状と解するものが多い。実務も許可状説に立っている。

　なお、令状により各種処分を行うことができるのは、検察官、検察事務官及び司法警察職員であり、令状請求権者よりも広い。

Ⅲ　令状の請求、請求に対する裁判

1　令状の請求

(1)　請求権者

　検察官、検察事務官及び司法警察員である。司法巡査は除かれる。逮捕状の場合と異なり、司法警察員については限定がない（ただし、犯罪捜査規範137条1項参照）。

(2)　請求の方式・手続

※155　なお、最三小決平21・9・28刑集63巻7号868頁は、荷送人の依頼に基づき宅配便業者の運送過程下にある荷物について、捜査機関が、捜査目的を達成するため、荷送人や荷受人の承諾を得ることなく、これに外部からエックス線を照射して内容物の射影を観察した行為につき、本件エックス線捜査は、その射影によって荷物の内容物の形状や材質をうかがい知ることができるうえ、内容物によってはその品目等を相当程度具体的に特定することも可能であって、荷送人や荷受人の内容物に対するプライバシー等を大きく侵害するものであるから、検証としての性質を有する強制処分に当たるとした。

548   第218条（令状による差押え・記録命令付差押え・捜索・検証）

　請求の方式につき刑訴規139条、請求書の記載事項につき刑訴規155条、資料の提供につき刑訴規156条、請求先につき刑訴規299条参照。
　憲35条は、「各別の令状」を要求しているが、判例は、捜索・差押えについて一通の令状に記載することを認めている※156ことからして、請求書についても同様に解しうる。また、刑訴規155条1項3号等が、「被疑者又は被告人」との文言を用いていることからすれば、差押え等の時期に制限はなく、公訴提起の前後を問わないが、第1回公判期日後は、証拠調べ請求（刑訴298条1項）の方法によるべきであろう。

2　請求に対する裁判

(1)　令状発付権者
　令状を発するのは、もちろん「司法官憲」たる裁判官である。
(2)　令状の方式等
　令状の方式・記載事項につき刑訴219条、刑訴規157条、刑訴規157条の2、請求却下の方式につき刑訴規140条、請求書の返還につき刑訴規141条参照。
(3)　不服申立て
　差押令状の発付または請求却下の裁判に対して、刑訴429条1項2号の規定する「押収」に関する裁判に対するものとして準抗告が認められるかについては争いがあり、実務は消極説で運用されてきた※157。しかし、判例は、刑訴179条1項に基づく証拠保全としての押収の請求を却下する裁判に対して準抗告を認めた※158ことから、本条に基づく裁判についても準抗告を認めるべきという積極説が有力になってきた。

Ⅳ　差押え・記録命令付差押え・捜索・検証の要件

1　犯罪の嫌疑の存在

　本条には犯罪の嫌疑の存在を要求する文言はないが、令状は「正当な理由」に基づくことが必要であり、強制処分としての性質上も、それは当然の要件である（刑訴規156条1項参照）。もっとも、嫌疑の程度については、逮捕の場合に要求される「相当な理由」よりも低くてよいとされている（刑訴199条1項と刑訴規156条1項の文言を比較せよ）。

2　刑訴99条1項、刑訴100条、刑訴102条の要件の存在

　これらの要件が具備されなければならないことは、本条による差押え等につ

※156　最大判昭27・3・19刑集6巻3号502頁。
※157　消極説の根拠の1つとして、最大決昭44・12・3刑集23巻12号1525頁があげられる。
※158　最二小決昭55・11・18刑集34巻6号421頁。

いて、刑訴222条1項が上記の各規定を準用していることからも明らかである。なお、刑訴222条1項が検証について刑訴128条を準用していないのは、同条所定の要件が本条1項において言い尽くされているためである。

3 処分の必要性

(1) 必要性の意義

強制処分としての差押え・記録命令付差押え・捜索・検証を行わなければ、捜査の目的を達することができない場合をいう。つまり、任意捜査で容易にその目的を達しうる場合には、差押え等を行うことはできないのである。もっとも、これは必ずしも予め任意捜査を行わなければならないという意味ではなく、具体的情況から、任意捜査では目的を達成できないと判断される場合であればよい。なお、差押え等を受ける者が第三者である場合には、必要性の判断をより慎重に行うべきことはいうまでもない[159]。

(2) 裁判官による必要性判断

逮捕については1953（昭和28）年の法改正により、裁判官に必要性の判断権があることが明らかにされた（刑訴199条2項但書の追加）のに、差押え等については立法的な手当てが加えられなかったため、裁判官が必要性についての判断権をもつかについて争いがあった。

しかし、その後、判例は、「明らかに差押の必要がないと認められるときにまで、差押を是認しなければならない理由はない」と判示し[160]、裁判官に必要性の判断権があることを認めた。

4 差押えの許される限界

(1) 報道機関のビデオ等

報道機関は押収拒絶権者（刑訴105条1項）には含まれないが、報道の自由の憲法上の地位や社会的重要性にかんがみれば、取材結果たるビデオテープ等の差押えについては、特段の配慮が要求される。

判例は、公正な刑事裁判の実現ないしは適正迅速な捜査の必要性と、差押えによって報道の自由が妨げられる程度及び将来の取材の自由が受ける影響等を比較衡量したうえで、差押えの可否を判断するとの立場をとっている[161]。

(2) 投票済みの選挙投票用紙

選挙における投票の秘密を保障した憲15条4項との関係で、投票済み投票用

---

[159] 京都地決昭46・4・30刑月3巻4号617頁。

[160] 最三小決昭44・3・18刑集23巻3号153頁。

[161] 最大決昭44・11・26刑集23巻11号1490頁、最二小決平1・1・30刑集43巻1号19頁、最二小決平2・7・9刑集44巻5号421頁。

550 第218条（令状による差押え・記録命令付差押え・捜索・検証）

紙の差押えが違法とされた事例がある[162]。

(3) 電磁的記録媒体

近年、コンピュータ関連犯罪やその捜査をめぐって、新たに厄介な問題が発生している。磁気ディスク等の電磁的記憶媒体は容量が大きいだけでなく、それ自体には可視性・可読性がないため、被疑事実との関連性の確認が困難となる。

判例は、フロッピーディスクの中に被疑事実に関する情報が記録されている蓋然性が認められる場合において、現場で関連性の確認をすることが容易でないときは、内容を確認することなく全部を包括的に差し押さえることができるとしている[163]。ただ、処分を受ける者の不利益を考えると、関連部分をプリントアウトしたうえでの提出命令のような制度も、立法論としては考えられていた。そして、その後、情報処理の高度化等に対処するための刑法等の一部を改正する法律（平成23年法74号）により、電磁的記録物に対する新たな強制処分が規定され、2012（平成24）年5月から施行された。

V 電磁的記録物の差押え

1 記録命令付差押え

本条1項前段において、捜査機関は、犯罪の捜査をするについて必要があるときは、裁判官の発する令状により、記録命令付差押えという新たな強制処分を行うことができるようになった。

捜査機関による記録命令付差押えにおいては、命令するのは捜査機関であり、裁判官の発する令状は、捜査機関が、電磁的記録の利用権限がある者に対し、必要な電磁的記録を特定の記録媒体に記録または印刷するよう命じたうえで、その記録媒体を差し押さえることを許可するものである。

ちなみに、刑訴220条2項は、差押え・捜索・検証のみを認めていることから、逮捕の現場において無令状で記録命令付差押えを行うことは許されない。

2 電気通信回線で接続している記録媒体からの複写物の差押え

本条2項は、差押対象物たる電子計算機で作成等したデータを保管しているサーバ等から、当該電子計算機にデータを複写して、これを差し押さえることを認めるものである（**リモートアクセス**）。本来、電気通信回線で結ばれた先の記録媒体にアクセスする権限は、差押え対象の電子計算機に付随するものではなく、それを利用する個々のユーザに帰属する権限である。その意味で、これは、強制処分の対象の拡張を意味する。

---

[162] 大阪地堺支決昭61・10・20判時1213号59頁。

[163] 最二小決平10・5・1刑集52巻4号275頁。

本項の処分については、令状において電子計算機が「差し押さえるべき物」（刑訴107条2項参照）として特定されていることが必要であるから、逮捕の現場において無令状で行うことは許されない。また、処分対象となる接続可能な記録媒体には法定の要件があるし、電磁的記録を複写すべき記録媒体の範囲等は、令状で明示されなければならない（刑訴219条2項）。

ログインするためのパスワードが判明していなかったため、差押えに先立ってリモートアクセスを行うことができなかったものの、差押え済のパソコンを解析したところパスワード等が判明したため、当該パソコンを「検証すべき物」とする検証許可状を得て、本件パソコンの内容を複製したパソコンからインターネットに接続してメールサーバにアクセスし、メール等を閲覧保存した行為を違法とした裁判例がある。「検証すべき物」として、メールサーバが特定・明示されていないためである[164]。それ以外にも、情報通信技術の高度化に伴い、リモートアクセスに関する規定が必ずしも捜査の現状に適合しなくなっていることは否定できない。

なお、差押対象物である電子計算機に電気通信回線で接続している記録媒体が国外にある場合には、国際捜査共助の問題も起こりうる（サイバー犯罪条約32条参照）。

Ⅵ　令状による身体検査

1　身体検査に特有の問題

身体検査も検証の一種であるため、その要件や手続等は、基本的に検証と同じである。

身体検査令状の請求にあたっては、身体検査を必要とする理由、身体検査を受ける者の性別、健康状態を記載しなければならず（本条5項、刑訴規155条2項）、裁判官は、それらを考慮して、身体検査の場所、時期、方法などの条件を附することができる（本条6項）。なお、「その他裁判所の規則で定める事項」は、今のところ存在しない。

ちなみに、身体検査を拒否した場合は、間接強制（刑訴137条、刑訴138条）だけでなく直接強制（刑訴139条）も可能であるが、身体の拘束を受けていない者について出頭を強制する方法はなく、任意出頭を求めるほかないとされてきた。しかし、いわゆる強制採尿令状による強制連行を認めた判例[165]を前提とする限り、この結論が変わりうる可能性も否定できない。

---

[164]　東京高判平28・12・7高刑集69巻2号5頁。

[165]　最三小決平6・9・16刑集48巻6号420頁。

2　身体検査令状による身体検査の限界

　捜索令状による身体の捜索及び鑑定処分許可状による鑑定のための身体検査との関係で、その限界が問題となるが、かつては次のように考えられていた。捜索令状による場合には、着衣のまま外部から行う外部的検査が限度である。身体検査令状による場合には、被検者を裸にして体表ないし体腔を検査することができる。鑑定処分許可状による場合には、専門的知識・経験をもつ者が主体となって行うものであるから、血液の採取、嚥下物のレントゲン照射または機械器具の使用も許される。

　つまり、プライバシー侵害の度合いとそれに応じた担当者の違いによる処分の分類は、各行為の性質・態様の差異にも対応していたのである（ちなみに、身体検査令状による身体検査の場合には、直接強制が可能であるが（刑訴139条）、鑑定処分許可状による鑑定のための身体検査に関しては、直接強制は認められない。この点については、刑訴225条の解説参照）。しかし、強制採尿に関する判例の出現によって、このような分類は意味をなさなくなってしまったかの感がある。

Ⅶ　身体の拘束を受けている被疑者の指紋採取等

1　「身体の拘束を受けている被疑者」の意義

　逮捕または勾留中の被疑者だけでなく、鑑定留置中（刑訴224条）の被疑者や準起訴手続（刑訴265条）において勾引された被疑者も含む。しかし、他事件で拘束されている被疑者や被告人は含まれない。

2　なしうる処分

　「裸に」するとは、人が通常露出しない部分を露出させることをいうのであり、男女の別や被疑者の置かれた具体的情況によっても異なる。裸にする場合には、身体検査令状が必要である。

　本条3項に列挙された処分が例示列挙なのかについては争いがあるが、逮捕された者を特定するのに必要で、本人の利益に深くかかわらない行為（たとえば、歯並びを見るとか、黒子を調べる）は許されよう。

　なお、本条の処分もその性質は検証であるから、強制に関する規定（刑訴137条、刑訴138条、刑訴139条、刑訴140条）や立会いに関する規定（刑訴131条）等が準用される。

Ⅷ　体液等の採取

1　強制採尿

　強制的に尿を採取するという捜査手法の許否自体も問題となりうるが、実務

上問題となったのは、いかなる令状によるべきかということであった。この点、従来の通説も実務も、身体検査令状と鑑定処分許可状の併用によるとしてきた。

しかし、最高裁は、「体内に存在する尿を強制的に採取する行為は捜索・差押えの性質を有する」から、捜索差押令状によるべきであり、ただ、人権の侵害にわたるおそれがあるため、刑訴218条5項（現6項）を準用し、「医師をして医学的に相当認められる方法による」旨の条件の記載が不可欠だとした※166。これは、強制採尿令状ともいうべき新たな令状を創出したことを意味する。

実務はただちにこれに従ったが、その後、錯乱状態に陥り尿の任意提出が期待できない場合にも強制採尿が許されること※167、さらには、令状の効力として、在宅の被疑者を採尿場所まで強制的に連行することも認められるに至った※168。そのため、令状には、強制採尿のため必要があるときは、一定の場所まで連行することができる旨も記載されている。もちろん、強制採尿は、最終的手段としてのみ認められる。

2　強制採血等

強制採尿に関する最高裁決定後も、**強制採血**については、身体検査令状と鑑定処分許可状を併用する方法がとられており、これを支持する見解も多い。これは、「物」としての尿と血液との違いを重視するものといえよう。しかし、血液も尿も生命維持にとって必要不可欠なものであることにかわりはない。その意味で、血液と尿との違いを強調することは妥当とは思われない。強制採尿について、条件付の捜索差押令状によるとの判断に踏み切った以上、採血についても同様に扱うのが判例法の理解として筋が通っているといえよう。

ちなみに、嚥下物の有無をレントゲンで照射したうえ、下剤を用いて嚥下物を排泄させるなどの行為についても、それらが許されるとすれば、同様に条件付の捜索差押令状によると解すべきことになろう。もっとも、実務上は、併せて鑑定処分許可状も必要と解されている。

IX　その他の問題

1　捜索場所に居る第三者に対する捜索差押え

判例には、マンションの居室を捜索場所とする令状で、被告人の同居人が携帯するボストンバッグの捜索を認めたものがある※169。しかし、たまたま居合わせにすぎない者については、その者が差し押さえるべき物を隠匿所持して

※166　最一小決昭55・10・23刑集34巻5号300頁。
※167　最二小決平3・7・16刑集45巻6号201頁。
※168　最三小決平6・9・16刑集48巻6号420頁。
※169　最一小決平6・9・8刑集48巻6号263頁。

554　第218条（令状による差押え・記録命令付差押え・捜索・検証）

いると疑うに足りる相当な理由がある場合にのみ認められ[170]、それ以外の場合には、職務質問に付随する所持品検査の限度に限られると解すべきであろう。

2　捜索・差押えの際の写真撮影

捜索・差押えの際に、令状執行の適法性を担保する目的、あるいは差押物の発見状況を保全して証拠価値を高める目的で、捜査機関が現場の写真撮影を行うことは認められてよい[171]。しかし、差押対象物以外の物を保全するための写真撮影は、令状なしの検証行為として違法と解されるし、さらには、日記帳の内容を逐一撮影する行為は、実質的には無令状で日記帳を差し押さえたといわざるを得ないであろう[172]。

3　電話の傍受

捜査機関が、電話回線に器具を取り付けて通話内容を傍受する捜査方法について、これを検証令状により許されるとした判例[173]もあるが、1999（平成11）年のいわゆる通信傍受法制定後は、もはや許されない（詳しくは、刑訴222条の2の解説参照）。

4　別件捜索差押え

別件捜索差押えとは、本件についての証拠を発見・収集する目的で、捜索差押えの理由や必要性の乏しい別件の捜索差押えを行うことをいう。別件逮捕同様、捜索差押え権限の濫用として違法といわざるを得ない[174]。

ちなみに、捜索の過程でたまたま他事件の証拠や法禁物を発見した場合でも、現行法上はそれをそのまま差し押さえることはできず、(1)任意提出を受けて領置する、(2)あらたに令状を得て差し押さえる、(3)法禁物の場合には、所持者を現行犯逮捕し、それに伴って差し押さえる、のいずれかの方法をとらなければならない。

もっとも、この点については、アメリカ法の**プレインビューの法理**を参考に、そのまま差押えを認めてもよいとの見解もないわけではない。しかし、わが国の憲35条の規定は、アメリカ合衆国憲法修正4条よりも、はるかに厳格であることを忘れてはならない。

(多田辰也)

---

[170]　東京高判平6・5・11高刑集47巻2号237頁参照。
[171]　東京地決平1・3・1判時1321号160頁等参照。
[172]　最二小決平2・6・27刑集44巻4号385頁の藤島裁判官の補足意見参照。
[173]　最三小決平11・12・16刑集53巻9号1327頁。
[174]　広島高判昭56・11・26判時1047号162頁、札幌高判平1・5・9判時1324号156頁等。

第219条（差押え等の令状の方式）　555

（差押え等の令状の方式）
第219条　前条の令状には、被疑者若しくは被告人の氏名、罪名、差し押さえるべき物、記録させ若しくは印刷させるべき電磁的記録及びこれを記録させ若しくは印刷させるべき者、捜索すべき場所、身体若しくは物、検証すべき場所若しくは物又は検査すべき身体及び身体の検査に関する条件、有効期間及びその期間経過後は差押え、記録命令付差押え、捜索又は検証に着手することができず令状はこれを返還しなければならない旨並びに発付の年月日その他裁判所の規則で定める事項を記載し、裁判官が、これに記名押印しなければならない。
②　前条第二項の場合には、同条の令状に、前項に規定する事項のほか、差し押さえるべき電子計算機に電気通信回線で接続している記録媒体であつて、その電磁的記録を複写すべきものの範囲を記載しなければならない。
③　第六十四条第二項の規定は、前条の令状についてこれを準用する。

I　本条の趣旨

　本条は、前条に規定する捜査のための差押え、記録命令付差押え、捜索、検証、身体検査および電気通信回線で接続している記録媒体からの複写物の差押えに関して、令状の方式及び記載事項を規定したものであり、捜索場所や押収物を明示する令状を要求する憲35条の要請に基づく。差押令状、記録命令付差押令状および捜索令状の方式等は、刑訴107条の規定する裁判所によるものとほぼ同じである。
　憲35条は、「各別の令状」を要求しているが、同一機会に同一場所で行われる捜索、差押えについては、一通の捜索差押許状を作成することも許される。
　なお、本条は、被告人に対する令状請求をも予定しているが、刑訴107条との関係で、第1回公判期日前に限られると解すべきであろう。

II　氏名・罪名の記載

1　氏名の記載

　本条3項により、刑訴64条2項が準用されるため、被疑者、被告人の氏名が不明のときは、人相、体格その他本人を特定するに足りる事項で指示することができる。被疑者そのものが不明な場合については規定がないが、令状発付を禁止する趣旨ではないと解する。実務上は、被疑者氏名欄に「不詳」と記載されることになる。被疑者死亡の場合でも、令状発付は可能である。

2 罪名の記載

犯罪事実に関しては、被疑事実の要旨の記載が要求される逮捕状と異なり、罪名だけで足りる。これは、憲35条が、令状は正当な理由に基づいて発せられなければならない旨規定しながら、それを明示することまで要求していないからである。刑法犯の場合は、「窃盗」、「殺人」という具合に、特定の構成要件が明らかにされるが、特別法犯については、法令名の記載で足り、適用法条まで示す必要はないというのが判例である[175]。

しかし、罪名の記載は事件を特定し、令状の流用防止を図るためであるから、特別法犯の場合も適用法条まで示すべきだとする説や、さらには被疑事実の要旨の記載まで求める説もある。

Ⅲ 捜索場所等の特定

判例は、「合理的に解釈してその場所を特定し得る程度に記載することを必要とするとともに、その程度の記載があれば足りる」とする[176]。ただ、捜索場所の特定は、地理的特定だけでなく、人の居住権・管理権保護の観点から判断すべきで、同一敷地・建物内でも管理主体が異なる場合は、別の令状が必要となる。もっとも、複数の捜索すべき場所が1通の捜索差押許可状に記載されていた事案に関して、その複数の場所が明確に特定されており、裁判官がそれぞれの場所について捜索を許容したことが明示されているときは、差し押さえるべき物がそれぞれの場所について本件被疑事実との関連で限定され、明確に特定されている場合には、憲法35条2項の趣旨に反するものではないとする裁判例もみられる[177]。

捜索場所内に存在する机、金庫やバッグなどについては、別途の令状を要しない[178]が、その場所にいた人の身体については、保護法益が異なることを考えると、原則として別の令状が必要であろう[179]。自動車などの可動物については、登録番号などによる特定が必要である。身体については、特定の個人を

---

[175] 最大決昭33・7・29刑集12巻12号2776頁。

[176] 最三小決昭30・11・22刑集9巻12号2484頁。ちなみに、前掲[175]最大決昭33・7・29は、「東京都千代田区神田一ツ橋二丁目九番地 教育会館内 東京都教職員組合本部」との記載で、特定性に欠けることはないとした。

[177] 東京地判平21・6・9判タ1313号164頁。

[178] 最一小決平19・2・8刑集61巻1号1頁は、被疑者方居室に対する捜索差押令状により同居室を捜索中に被疑者あてに配達され同人が受領した荷物についても、同令状に基づき捜索することができる、とした。

[179] 最一小決平6・9・8刑集48巻6号263頁は、捜索場所で被告人と同居する者がその場で携帯していたボストンバッグの捜索を認めたが、安易な一般化には注意が必要であろう。

指示する氏名等によって対象者を明示するのが原則である。

IV　目的物の明示

1　明示が要求される趣旨

　目的物の明示が要求される趣旨は、(1)明示手続を通じて令状裁判官の判断を慎重ならしめること、(2)捜査機関に権限の範囲を周知、徹底させて恣意を防止すること、(3)処分を受ける者への令状呈示によって、即時の異議申立てや事後の裁判所への不服申立てを可能にすること、にある。そうだとすると、目的物は、捜索差押えの現場で、捜査機関が令状を見れば誤りなく識別できる程度に明確に表示されていることが必要となり、個別的な特徴の明示が理想といえる。

　しかし、捜索差押えは捜査の初期の段階で行われることが多いので、そこまでの明示は困難なことも多いし、むやみに明示を要求すると、供述証拠の獲得に力点が置かれすぎるという弊害もある。そこで実務では、一種の妥協として、ある程度の概括的記載が許されている。

2　具体例

　判例は、地方公務員法違反事件で、差し押さえるべきものとして、「会議議事録、闘争日誌、指令、通達類、連絡文書、報告書、メモその他本件に関係ありと思料せられる一切の文書及び物件」と記載された令状を適法としている※180。しかし、批判も多い。そのため、実務においても、被疑事実の要旨を記載することによって差押対象物の特定をはかろうとの動きもみられる。

　もっとも、目的物が明示されても、実際に差し押さえられた物がそれにあたるか否かの判断は、別途必要である※181。

V　身体検査令状の記載事項

1　身体検査の条件

　刑訴218条6項の規定を受けたものであり、一般的には、身体検査の時期、場所、方法について条件が付されることになる。たとえば、「医師をして医学的に相当と認められる方法により行わせること」という条件などが考えられ

※180　前掲※175最大決昭33・7・29。もっとも、東京地決昭33・6・12第一審刑集1巻追録2367頁は、公選法違反事件で、「本件犯罪に関係ある文書簿冊その他関係文書（頒布先メモ、頒布指示文書、同印刷関係書類等）及び犯罪に関係ありと認められる郵便関係物件（封筒印鑑等）」との表示を違法とした。

※181　最一小判昭51・11・18判時837号104頁等参照。

る※182。

2 拒否に対する制裁

捜査段階における身体検査についても、刑訴222条1項により、刑訴137条および刑訴138条が準用されるため、拒否した場合に過料、罰金、拘留に処されることがありうる旨、身体検査令状に記載すべきこととされている（刑訴規157条）。

Ⅵ 電磁的記録物に対する差押許可状の記載事項

本条1項の改正は、記録命令付差押許可状の記載事項を整備するためのものであり、その内容は、基本的に刑訴107条1項と同じである（同条項の解説参照）。一般の差押許可状の記載事項のほかに、「記録させ若しくは印刷させるべき電磁的記録及びこれを記録させ若しくは印刷させるべき者」が記載されることになる。

なお、「記録させ若しくは印刷させるべき電磁的記録」については、捜査の進捗状況等によっては、ある程度幅を持たせた記載をせざるをえない場合もありうると思われる。しかし、記録命令という処分の性質上、最低限、被処分者が何を記録等すればよいのかを判断できる程度には特定されていなければならない。

本条2項は、刑訴218条2項の処分（電気通信回線で接続している記録媒体からの複写物の差押え）を行う場合における令状の記載事項について規定したものであり、その内容は刑訴107条2項と同じである（同条項の解説参照。）

Ⅶ その他の記載事項

令状の有効期間につき刑訴規300条、返還義務につき刑訴規157条の2参照。

（多田辰也）

（令状によらない差押え・捜索・検証）
第220条 検察官、検察事務官又は司法警察職員は、第百九十九条の規定により被疑者を逮捕する場合又は現行犯人を逮捕する場合において必要があるときは、左の処分をすることができる。第二百十条の規定により被疑者を逮捕する場合において必要があるときも、同様である。

※182 ちなみに、強制採尿のための捜索差押令状につき、最一小決昭55・10・23刑集34巻5号300頁参照。

一　人の住居又は人の看守する邸宅、建造物若しくは船舶内に入り被疑者の捜索をすること。
二　逮捕の現場で差押、捜索又は検証をすること。
②　前項後段の場合において逮捕状が得られなかつたときは、差押物は、直ちにこれを還付しなければならない。第百二十三条第三項の規定は、この場合についてこれを準用する。
③　第一項の処分をするには、令状は、これを必要としない。
④　第一項第二号及び前項の規定は、検察事務官又は司法警察職員が勾引状又は勾留状を執行する場合にこれを準用する。被疑者に対して発せられた勾引状又は勾留状を執行する場合には、第一項第一号の規定をも準用する。

I　本条の趣旨

　本条は、対物的強制処分について令状主義を定めた憲35条1項が、「第33条の場合を除いて」としているのを受けて、令状によらずに差押え、捜索または検証をなしうる場合について規定したものである。刑訴218条1項の規定する記録命令付差押え及び同条2項の規定する電気通信回線で接続している記録媒体からの複写物の差押えについては、逮捕現場で無令状で行うことが許されていないことに注意。
　なお、憲33条にいう「逮捕」は、刑訴法上の逮捕だけでなく、身体の拘束が行われるすべての場合をさすものと解されている。したがって、通常逮捕、現行犯逮捕及び緊急逮捕のほか、勾引や勾留も含まれる。本条4項が、勾引状や勾留状の執行の場合にも、無令状の差押え等ができる旨定めているのはそのためである。
　ちなみに、本条1項において、緊急逮捕の場合を特に後段を設けて規定したのは、本条2項を設けるための立法技術にすぎず、特に意味はない。

II　無令状で許される実質的根拠

　逮捕に伴う捜索・差押えが無令状で許される実質的根拠をどう解するかについては、見解が対立している。ただ、いずれの見解も、逮捕の現場には証拠の存在する蓋然性が高いことは議論の前提としている。一方は、捜索・差押えは令状によるのが原則で逮捕に伴う場合は例外であるが、令状の発付を待っていたのでは証拠が散逸したり破棄されるおそれがあるので、それを防止するために被逮捕者の身体やその直接の支配下にあるものに限って、無令状での捜索・差押えを認めたと解する（限定説ないし緊急処分説）。これに対し、他方は、逮

捕に伴う捜索・差押えは令状による場合と並ぶ合理的な捜索・差押えの一類型なので、必ずしも令状を得られない緊急事態である必要はなく、許容範囲も令状を請求すれば許されるであろう範囲で広く認められると解する（合理説ないし相当説）。

刑訴法の規定だけからでは、いずれの見解が妥当かの答えは出てこない。判例は、逮捕に伴う捜索・差押えを「令状主義の例外」と位置付け[183]、緊急性についても考慮していないわけではないが[184]、具体的事案の解決をみる限り、合理説に立つように思われる。しかし、令状主義を規定した憲35条の趣旨からすれば、限定説に沿った解釈をすべきである。

Ⅲ 処分権者、必要性の判断権者

本条1項各号の処分は、検察官、検察事務官または司法警察職員のみがなしうる。私人も、現行犯人を逮捕することはできるが（刑訴213条）、同項の処分をなすことはできない[185]。

なお、「必要があるとき」の認定は、捜査機関が行うことになるが、主観的判断では足りず、客観的にもその必要性が認められる場合であることを要する[186]。特に、被疑者以外の者の住居等について捜索する場合には、被疑者が存在すると認めるに足りる状況を要するといえよう（刑訴222条1項、刑訴102条2項）。

Ⅳ 逮捕のための被疑者の捜索（1号）

本条1項1号による捜索は、被疑者を発見するための活動である。したがって、すでに被疑者を発見して追跡している場合は、被疑者を追って人の住居等に立ち入ったとしても、それは逮捕行為そのものであり、本号の被疑者の捜索ではない。

本号は、正当な権限に基づく被疑者の逮捕という捜査目的達成のためには、住居主等の生活の平穏が乱されてもやむを得ないとするものである。住居主等は、被疑者だけでなく、それ以外の第三者の場合もあるが、第三者に対しても無令状での被疑者の捜索を受忍する義務を課している。しかし、不利益を受ける者の権利保護や手続の公正を担保するため、責任者の立会いが認められている（刑訴222条1項、刑訴114条2項。但し、刑訴222条2項に例外規定がある）。

---

[183] 最大判昭36・6・7刑集15巻6号915頁。

[184] 大阪高判昭49・11・5判タ329号290頁。

[185] 名古屋高判昭26・3・3高刑集4巻2号148頁。

[186] 札幌高函館支判昭37・9・11高刑集15巻6号503頁。

なお、通常逮捕の場合には、住居等への立入りの正当性を理解してもらうために、住居主等に逮捕状を呈示すべきであろう（刑訴222条1項、刑訴110条）。

ちなみに、本号は、被疑者の捜索に関するので、被疑者の逮捕前に若干ゆるやかな範囲で捜索が許されることはいうまでもない。本号については、同趣旨の規定である刑訴126条参照。

V 逮捕に伴う無令状の捜索・差押え（2号）

1 時間的限界

「逮捕する場合において」の解釈として、事前・事後の捜索・差押えが許されるかが問題となる。

まず、事前の捜索・差押えについて、判例は、「単なる時点よりも幅のある逮捕する際をいうのであり、……逮捕との時間的接着を必要とするけれども、逮捕着手時の前後関係は、これを問わない」として、緊急逮捕着手前の捜索・差押え手続を適法とした[187]。事前捜索・差押えの適法性は、その後の判例によっても確認されている[188]。

確かに、逮捕に着手した後でなければ捜索・差押えは絶対許されないと解するのは、あまりにも厳格すぎる。しかし、限定説に立つ以上、事前の捜索・差押えを一定範囲で認めるとしても、少なくてもその場に被疑者が存在し、まさに逮捕に着手しうる状況にある場合に限るべきであろう。もっとも、逮捕に成功したかどうかは問わない。

つぎに、事後の捜索・差押えについては、逮捕行為が完了したからといって、寸刻の誤差もなく捜索等も終了しなければならないというわけではなく、逮捕に伴って開始された捜索等は、なおしばらく継続することが許されよう。しかし、被疑者を警察署に連行した後、捜査機関が逮捕現場に戻って改めて捜索等を行うことは許されない。

2 場所的限界

「逮捕の現場」の解釈問題である。限定説を厳格に貫くならば、被疑者の身体及びその直接の支配下にある場所を意味するのに対し、合理説では、令状を請求すれば許容されるであろう相当な範囲ということになるので、同一管理権の及ぶ場所を意味することになる。したがって、逮捕が家屋の一室で行われた場合には、その家屋全体、また屋外で逮捕された場合も、同一敷地内にある家屋も捜索の対象となる。

なお、「逮捕の現場」について、逮捕着手、追跡中、完遂の場所及びそれら

---

[187] 前掲※183最大判昭36・6・7。

[188] 最三小判昭53・6・20刑集32巻4号670頁。

の場所と直接接続する範囲の空間を意味するとの見解も有力であるが、その根底には、合理説の考えがあるといえよう。また、ホテル5階の待合室で被疑者を逮捕後、7階の同人宿泊の居室を捜索した行為を適法とした裁判例も存在する[189]。

しかし、仮に限定説の立場をとらないとしても、「逮捕の現場」を日常的用語例以上に恣意的に解してならないことはいうまでもない。

3 物的限界

逮捕に伴って差押えができるのは、逮捕の理由となった被疑事実に関する証拠物及び逮捕者の身体に危険を及ぼす可能性のある兇器等に限られる[190]。したがって、捜索の過程で、他事件の証拠や法禁物を発見しても、それらを無令状で差し押さえることはできない。つまり、現行法は、**緊急捜索・差押え**を認めていないのである。アメリカ法の**プレインビューの法理**を参考に、無令状での差押えを認めようとの見解もあるが、わが国の憲35条の規定は、**アメリカ合衆国憲法修正4条**よりもはるかに厳格なのである。しかがって、その場合は、任意提出を求めて領置するか、あるいは改めて令状を得て差し押さえることになるが、法禁物の場合には、所持者を現行犯逮捕して、それに伴って差し押さえることになる。

4 逮捕現場から離れた場所での被疑者の身体に対する捜索

「逮捕する場合」及び「逮捕の現場」両方の解釈問題である。被疑者の身体という現場性には実質的な変更はないし、公道上で逮捕したような場合、その場で捜索することが不適当なケースも考えられ、そのような場合には、適当な場所に連行してから捜索することも許されよう。

しかし、連行は、場所的限界だけでなく時間的限界の問題とも絡むだけに、特別の事情もないのに、遠く離れた場所で、かなりの時間的経過後に行うことは許されないといえよう[191]。

5 逮捕現場に居合せた第三者の身体に対する捜索

逮捕の現場における捜索は、逮捕行為が行われた場所に所在する物または人の身体がその対象となるので、捜索は許されるといわざるを得ないであろう。しかし、第三者のプライバシー保護の観点から、逮捕場所、被疑者との関係、

---

[189] 東京高判昭44・6・20高刑集22巻3号352頁。

[190] 札幌高判昭58・12・26刑月15巻11=12号1219頁。

[191] 詳細な事実関係を前提にする必要があるが、最三小決平8・1・29刑集50巻1号1頁は、逮捕現場から約3キロメートル離れた警察署に連行し、逮捕から約1時間後に行われた差押えを適法としている。

当時の言動など諸般の事情を総合して、押収すべき物の存在を認めるに足りる状況（刑訴222条1項、刑訴102条2項）が存在するかについて、厳格な認定を必要としよう[192]。

6　差押物の還付・現状回復措置

　緊急逮捕の現場で証拠物が差し押さえられたにもかかわらず、その後、逮捕状が発せられなかったときは、その差押物は、直ちに還付しなければならない。また、緊急逮捕の現場において無令状で刑訴110条の2による電磁的記録の移転をしたものの、その後、逮捕状が得られなかった場合であって、電磁的記録の移転先である他の記録媒体の所有者、所持者または保管者が捜査機関であるときは、還付に代わるものとして、刑訴123条3項が規定する原状回復措置が必要になる（本条2項）。

　捜索や検証については特段の規定が置かれていないが、逮捕状が発せられなかった場合は、捜索や検証も違法ということになるので、検証調書等の証拠能力は否定されることになろう。

VI　逮捕に伴う無令状の検証（身体検査）

　本条1項2号の「検証」には、身体検査も含まれる（刑訴222条1項、刑訴129条）。問題は、本号による身体検査に限界があるのかということである。身体検査令状という特別な令状を要求した法の趣旨を考えると、なるべくプライバシー侵害の少ない処分に限定すべきだとの意見は、傾聴に値しよう。

　ちなみに、判例は、条件付の捜索差押令状による強制採尿を認めたが[193]、そこで示された条件等を考慮すれば、逮捕に伴う無令状の強制採尿まで認めたと解することができないのはいうまでもない。

VII　勾引状・勾留状を執行する場合

　本条4項前段につき、被告人及び被疑者に対する勾引状または勾留状の執行の場合（刑訴70条、刑訴73条）が含まれることに問題はない。しかし、証人に対する勾引状（刑訴152条、刑訴153条）及び身体検査のための勾引状（刑訴135条、刑訴136条）の執行の場合も含まれるかについては、見解が対立している。消極説は、憲35条1項が令状主義の例外を設けた趣旨からみて、被告人・被疑者に限ると解すべきだとするが、積極説は、文理上これらの場合を除外する理

---

[192] 函館地決昭55・1・9刑月12巻1＝2号50頁は、被疑者を逮捕した居室に同室していた共犯者の身体捜索を適法とした。

[193] 最一小決昭55・10・23刑集34巻5号300頁。

由がないこと、及び共犯者たる証人の勾引の場合に実際の必要があることを根拠とする。実務は積極説に立つが、その場合でも、捜索等は勾引状が発せられることになった事件に関するものに限られることはいうまでもない。

本条4項後段が被疑者についてのみ規定し、被告人について規定していないのは、刑訴126条に同趣旨の規定があるからである。

被疑者が勾引されるのは、準起訴手続の場合（刑訴265条）に限られる。身柄拘束されていない被疑者に勾留状が発せられるのは、準起訴手続の場合のほか、通常の手続において、勾留状発付前または執行前に逮捕中の被疑者が逃亡したときや、勾留請求却下の裁判に対する準抗告の結果、原裁判が取り消され勾留状が発付されたときくらいであろう。

差押え等が行われた場合には、差押物等は捜査機関が保有することになる。

（多田辰也）

（領置）
第221条　検察官、検察事務官又は司法警察職員は、被疑者その他の者が遺留した物又は所有者、所持者若しくは保管者が任意に提出した物は、これを領置することができる。

Ⅰ　本条の趣旨

本条は、捜査機関の行う**領置**について規定したものであるが、その規定内容は、裁判所の行う領置に関する刑訴101条と同一である。

旧法には、捜査機関の行う領置に関する規定がなく、権限の範囲が明確でなかったが、現行刑訴法は、本条を設けたうえ、これに総則中の押収に関する諸規定を準用することによって（刑訴222条1項）、領置に関する権限及び効果を明確にしたのである。

Ⅱ　領置の主体

領置の主体は、検察官、検察事務官または司法警察職員であり、それぞれが自らの判断によって、領置の可否を判断する。なお、捜査機関による領置は、任意捜査（あくまで、占有の取得態様について）として行われるだけでなく、いまだ捜査に着手していない内偵段階で行われる場合もあるが、いずれも本条により行われる。

Ⅲ 領置の意義、領置対象物の意義

領置の意義、領置の対象物たる遺留物及び任意提出物の意義については、刑訴101条の解説参照※194。本条による領置の対象物は、差押えの場合と異なり、証拠物や没収すべき物に限られない。

Ⅳ 領置の手続

領置は、物についての占有の取得態様は任意であるものの、占有を取得した以上は強制的に占有を継続することができるため、差押えと同じく押収の一種とされている。したがって、領置にあたっては、領置調書を作成（**事件事務規程12条**、犯罪捜査規範109条、犯罪捜査規範110条）するだけでなく、押収品目録の作成、所有者等への交付が求められている（刑訴222条1項、刑訴120条）。

(多田辰也)

（準用規定、検証の時間的制限、被疑者の立会い等）
第222条 第九十九条第一項、第百条、第百二条から第百五条まで、第百十条から第百十二条まで、第百十四条、第百十五条及び第百十八条から第百二十四条までの規定は、検察官、検察事務官又は司法警察職員が第二百十八条、第二百二十条及び前条の規定によつてする押収又は捜索について、第百十条、第百十一条の二、第百十二条、第百十四条、第百十八条、第百二十九条、第百三十一条及び第百三十七条から第百四十条までの規定は、検察官、検察事務官又は司法警察職員が第二百十八条又は第二百二十条の規定によつてする検証についてこれを準用する。ただし、司法巡査は、第百二十二条から第百二十四条までに規定する処分をすることができない。
② 第二百二十条の規定により被疑者を捜索する場合において急速を要するときは、第百十四条第二項の規定によることを要しない。
③ 第百十六条及び第百十七条の規定は、検察官、検察事務官又は司法警察職員が第二百十八条の規定によつてする差押え、記録命令付差押え又は捜索について、これを準用する。
④ 日出前、日没後には、令状に夜間でも検証をすることができる旨の

※194 ちなみに、最二小決平20・4・15刑集62巻5号1398頁は、被告人及びその妻が自宅付近の公道上にあるごみ集積所に出したごみ袋について、「不要物として公道上のごみ集積所に排出し、その占有を放棄したもの」であるとして、これが「遺留物」に当たると判示した。なお、被疑者宅敷地内から収集されたごみの領置に関して、東京高判平29・8・3判例集未登載参照。

記載がなければ、検察官、検察事務官又は司法警察職員は、第二百十八条の規定によつてする検証のため、人の住居又は人の看守する邸宅、建造物若しくは船舶内に入ることができない。但し、第百十七条に規定する場所については、この限りでない。

⑤　日没前検証に着手したときは、日没後でもその処分を継続することができる。

⑥　検察官、検察事務官又は司法警察職員は、第二百十八条の規定により差押、捜索又は検証をするについて必要があるときは、被疑者をこれに立ち会わせることができる。

⑦　第一項の規定により、身体の検査を拒んだ者を過料に処し、又はこれに賠償を命ずべきときは、裁判所にその処分を請求しなければならない。

I　本条の趣旨

　本条は、捜査機関の行う押収（差押え、記録命令付差押えと領置）、捜索及び検証（身体検査を含む）に関し、総則の諸規定を準用するとともに、これに必要な修正補充事項を規定したものである。

　実務においては、押収、捜索及び検証は、そのほとんどが捜査機関によって行われているにもかかわらず、刑訴法は、総則で裁判所の権限としての押収、捜索等を規定し、捜査機関の行うこれらの処分については、概括的な規定を置くほかは、総則の規定を大幅に準用するというかたちをとっている。そのため、条文関係が複雑で参照が煩雑になるだけでなく、両者の相違を解釈によって補う必要が生じるなど、刑訴法をわかりにくいものにしている。

　なお、本条による準用・適用関係については別表参照。以下では、特に注意すべき点についてのみ触れる。また、同じ論点については、他の処分で問題となる場合でも繰り返さない。

II　令状による差押えに関する準用・適用関係

1　刑訴99条1項（差押え）
　2011（平成23）年改正前の本条1項は、刑訴99条全体を準用するような規定をしていたが、今回の改正により、準用されるのは同条1項のみであり、同条2項の提出命令に関する規定は準用されないことを明らかにした。

2　刑訴100条（郵便物の押収）
　刑訴100条1項及び2項後段のうち、提出命令に関する部分は準用されない。

また、同条3項の発信人等への通知は、現実に差押えを行った捜査機関が行うことになるし、同項但書は、「通知によって捜査が妨げられる虞がある場合」と読み替えることになる。

3 刑訴103条（公務上の秘密と押収）、刑訴104条（同）及び刑訴105条（業務上の秘密と押収）

押収拒絶権は、裁判官による令状発付時ではなく、捜査機関が現実に差押えをするときに問題となる。したがって、公務上または業務上の秘密に関するものである旨の申立てや押収の拒絶は、捜査機関に対してなされ、承諾権者からの承諾を求めるのも捜査機関である。もっとも、裁判官が令状を発付するときすでに、申立てや拒絶がなされている場合は、裁判官が承諾を求めてもかまわない。しかし、それは、国会議員の逮捕状発付についての事前承諾義務（国会34条）とは異なるから、承諾を求めないまま令状を発付しても違法ではない。

4 刑訴110条の2（電磁的記録に係る記録媒体の差押えの執行方法）

捜査機関が刑訴218条または刑訴220条によって行う差押えについても、刑訴110条の2が準用されるため、電磁的記録に係る記録媒体の差押えに代えて、その記録媒体に記録された電磁的記録を他の記録媒体に複写、印刷、移転し、または被処分者にそれらをさせたうえで、他の記録媒体を差し押さえることができる。差押えに代えて刑訴110条の2の処分を行うか否かの判断は、捜査機関に委ねられているが、被処分者の被る不利益を考えると、刑訴110条の2による代替執行が望ましいといえよう。

5 刑訴111条の2（捜索・差押えの際の協力要請）

捜査機関が刑訴218条または刑訴220条によって捜索・差押えを行う場合にも、刑訴111条の2が準用されるため、電磁的記録に係る記録媒体についての捜索・差押許可状の執行を受ける者に対する協力要請ができる。

第222条（準用規定、検証の時間的制限、被疑者の立会い等）　別表

区分	準用・適用される条文	規定の内容	差押え－令状による	差押え－令状によらない	領置	捜索－令状による	捜索－令状によらない－逮捕の現場	捜索－令状によらない－被疑者捜索	検証－令状による	検証－令状によらない	身体検査－令状による	身体検査－令状によらない	記録命令付差押え－令状による
準用	99 I	差押え	○	○									
	100 I,II	郵便物の押収	△	△									
	100 III	郵便物の押収の通知	○	○									
	102	捜索				○	○						
	103	公務上の秘密と押収	○	○									
	104	同上	○	○									
	105	業務上の秘密と押収	○	○									
	110	令状の呈示				○			○		○		○
	110条の2	電磁的記録に係る記録媒体の差押えの執行方法	○	○									
	111 I	押収，捜索と必要な処分	○	○		○	○	○					○
	111 II	押収物と必要な処分	○	○	○	○	○	○					○
	111条の2	捜索・差押えの際の協力要請	○	○		○	○		○	○			
	112	執行中の出入禁止				○	○		○		○		
	114	住居主等の立合い	○	○		○	○*		○		○		○
	115	女子の身体捜索と立合い				○	○						
	116	時刻の制限	○			○							○
	117	時刻の制限の例外	○			○							○
	118	執行の中止と必要な処置	○	○		○			○	○			○
	119	証明書の交付				○	○						
	120	押収目録の交付	○	○	○								
	121 I,II	押収物の保管・廃棄	○	○	○								
	122	押収物の代価保管	○	○	○								
	123 I,II,III	押収物の還付，仮還付，現状回復措置	○	○	○								○
	124	押収物の被害者還付	○	○	○								○
	129	検証と必要な処分							○	○	○	○	
	131	身体検査に関する注意									○	○	
	137	身体検査の拒否に対する過料等									○	○	
	138	身体検査の拒否に対する刑罰									○	○	
	139	身体検査の直接強制									○	○	
	140	身体検査の強制に関する訓示規定									○	○	
適用	222 IV,V	時刻の制限とその例外							○				
	222 VI	被疑者の立会	○			○			○		○		
	222 VII	過料等の処分の請求									○	○	

△：後段の提出命令は準用されない。

＊：222 II に例外を定めた規定がある。

6 刑訴222条6項（被疑者の立会い）

刑訴113条が準用されていないため、被疑者、弁護人は立会権を有しない。そこで、本条6項が重要となる。通説は、この規定を、捜査目的達成のため、被疑者を強制的に立会わせることを認めたものであるが、身柄拘束されていない被疑者については、強制の手段がないと解している。しかし、同項は、被告人と異なり被疑者については捜査の利益を考慮して、捜索等への立会いを権利とまではしなかっただけであり、被疑者の利益保護の観点からは広く立会いを認めるべきとの見解も有力である。

7 刑訴121条1項、刑訴121条2項（押収物の保管、廃棄）

押収物の保管、廃棄は、捜査機関が行う。なお、同条3項の準用はない。

8 刑訴122条（押収物の代価保管）

捜査機関が適法に押収した物を換価処分することは、憲35条に違反しない[195]。また、公訴提起後、当該被告事件の係属する裁判所の許可を得て換価処分をすることができる[196]。もっとも、第1回公判期日前は、予断排除の観点から、受訴裁判所ではなく裁判官の許可が必要と解される。司法巡査は、この処分を行うことはできない（本条1項但書）。

9 刑訴123条1項、刑訴123条2項、刑訴123条3項（還付、仮還付、現状回復措置）及び刑訴124条（押収物の被害者還付）

還付等について当事者の意見聴取を義務付けた刑訴123条4項は、性質上準用されない。公判不提出の押収物については、特段の事情のない限り、その押収を継続している検察庁の検察官が、還付等の処分を行うべきである[197]。司法巡査は、これらの処分を行うことはできない（本条1項但書）。

Ⅲ 令状によらない差押えに関する準用関係

令状による差押えの場合と対比すると、令状の存在を前提とする刑訴110条（執行の方式）はその性質上準用がなく、また、本条3項の規定上、刑訴116条（時刻の制限）及び刑訴117条（時刻の制限の例外）の準用もない。さらに、本条6項（被疑者の立会い）も明文上適用がない。

---

[195] 最大判昭25・7・19刑集4巻8号1481頁。
[196] 最二小決昭30・3・18刑集9巻3号508頁。
[197] 最三小決昭58・4・28刑集37巻3号369頁。

IV 令状による記録命令付差押えに関する準用関係

1 刑訴116条（時刻の制限）、刑訴117条（時刻の制限の例外）

本条3項の改正は、記録命令付差押えの新設に伴って準用条文を整備したものであり、捜査機関が刑訴218条によって行う記録命令付差押えについて、刑訴116条および刑訴117条が準用されることになった。

V 領置に関する準用関係

VI 令状による捜索に関する準用・適用関係

VII 令状によらない捜索に関する準用・適用関係

1 刑訴114条（責任者の立会い）

逮捕のための被疑者の捜索について、本条2項は、急速を要するときは刑訴114条2項の規定する責任者の立会いを要しないとする。「急速を要する」の意義につき、被疑者の逃亡のおそれがあり、立会人が立ち会うために必要な時間すら待てない場合であるとした裁判例がある※198。急速を要するか否かは、捜査機関の判断に委ねられる。なお、刑訴114条1項の準用は排除されていないから、急速を要する場合でも、公務所の長等の立会いは必要である。

VIII 令状による検証に関する準用・適用関係

1 刑訴111条の2（捜索・差押えの際の協力要請）

検証すべき物が電磁的記録に係わる記録媒体である場合にも、被処分者に対して協力要請をすることができるようにするため、捜査機関が刑訴218条または刑訴220条によって行う検証についても、刑訴111条の2が準用されることになった。

2 刑訴222条4項、刑訴222条5項（日出前、日没後の検証）

検証の時刻制限に関する刑訴130条の準用はなく、その代わりに本条4項、5項が置かれている。したがって、令状に夜間でも検証できる旨の記載がなければ、人の住居等に入ることはできない。ただし、賭博場や旅館など刑訴117条の規定する場所については、この限りでない。また、日没前に検証に着手したときは、日没後も継続することができる（本条5項）。

※198 大阪地判昭38・9・17下刑集5巻9＝10号870頁。

IX 令状によらない検証に関する準用規定

X 令状による身体検査に関する準用・適用関係

1 刑訴222条7項（過料処分等の請求）
処分の請求先につき刑訴規158条参照。

2 刑訴140条（身体検査の強制に関する訓示規定）
捜査機関は、身体検査を受ける者の異議の理由を知るため適当な努力をしなければならないが、性質上、「検察官の意見を聴」く必要はない。

XI 令状によらない身体検査に関する準用・適用関係

（多田辰也）

（電気通信の傍受を行う強制処分）
第222条の2 通信の当事者のいずれの同意も得ないで電気通信の傍受を行う強制の処分については、別に法律で定めるところによる。

I 本条の趣旨

1 強制処分法定主義との関係
本条は、刑訴197条1項但書が、「強制の処分は、この法律に特別の定のある場合でなければ、これをすることができない」と定めたのを受けて、通信当事者の同意のない電気通信の傍受については、別に法律で定めるところによる旨規定したものである。別の法律として制定されたのが、平成11年（1999年）法律第137号「犯罪捜査のための通信傍受に関する法律」（以下、通信傍受法という）である。刑訴197条1項但書の趣旨が、強制処分はこの法律、すなわち刑事訴訟法に定められたものに限るというものであるから、本条がなければ、通信傍受法のみがあっても、強制捜査としての通信傍受は行いえないことになる。

通信傍受法制定以前においても、電話等の傍受は、個人のプライバシーないし人格権を侵害する強制処分であると解されていたが、判例は、一定の条件を附した検証令状による電話傍受を認めていた[199]。しかし、通信傍受法の成立によって、電気通信の傍受は同法の**傍受令状**で行われることになったので、検

---

[199] 決定が出されたのは通信傍受法制定日より後になるが、最三小決平11・12・16刑集53巻9号1327頁参照。

証令状によって実施することは許されなくなった。

2 通信当事者の同意の不存在

　本条は、「通信当事者のいずれの同意もない」電気通信の傍受のみを強制処分にあたるものと規定している。つまり、一方当事者の同意がある場合の傍受は、任意捜査として許容されるとの立場を示しているといえよう[200]。なお、誘拐事件で脅迫電話の発信元を一方当事者の同意を得て逆探知することも、一種の正当防衛的な行為として許されると解されるし、そもそも通信の傍受ではないので、本条の対象外となる。

3 電気通信の傍受

　本条は、「電気通信」の傍受のみを対象とする。傍受の対象となる「通信」には、固定電話、携帯電話、ファクシミリ、電子メールが含まれる。もっとも、傍受は、現に行われている通信が対象となる（通信傍受2条2項）から、電話番号や通信履歴等の探知のみを目的とする場合は、本条の規定するところではない。また、電子メールでも、すでにサーバーに蓄積されているものについては、通常の捜索・差押えの問題となる。

　その他、無線通信の傍受や住居内の口頭会話の傍受等が、本条の「電気通信」に該当しないことはいうまでもない。

Ⅱ 通信傍受法の概要

1 傍受の実質的要件

(1) 対象犯罪

　通信傍受の対象犯罪は、当初、通信傍受法の別表に規定する薬物関連犯罪、銃器関連犯罪、集団密航の罪及び組織的な殺人の4罪種に限定されていた。しかし、近時、暴力団組員が一般市民を標的として組織的に行ったとみられる殺傷事件や、振り込め詐欺などのいわゆる特殊詐欺など、市民生活を脅かす組織的な犯罪が相次いで発生していることなどを踏まえ、それらの組織的な犯罪に適切に対処しつつ、証拠収集方法の適正化・多様化を図るため、殺傷犯関係の罪（刑108条、199条、204条、205条及び爆発物取締罰則1条）、逮捕・監禁、略取・誘拐関係の罪（刑220条、221条、224条、225条、225条の2、226条、226条の2、226条の3及び227条）、窃盗・強盗、詐欺・恐喝関係の罪（刑235条、236条1項、240条、246条1項、246条の2及び249条）及び児童ポルノ関係の罪（児童買春等に関する法律7条6項及び7項）が対象犯罪に追加された。

---

[200] 最二小決平12・7・12刑集54巻6号513頁、最三小決昭56・11・20刑集35巻8号797頁参照。

(2) 令状発付の要件

令状発付の一般的な要件は、犯罪の嫌疑、犯罪関連通信の蓋然性及び補充性であるが、新たに追加された対象犯罪については要件が加重されている（通信傍受3条1項）。

(i) 犯罪の嫌疑

a) 対象犯罪が犯されたこと（1号）、b) 対象犯罪が犯され、かつ、引き続き同一または同種の対象犯罪または当該対象犯罪の実行を含む一連の犯行の計画に基づき対象犯罪が犯されること（2号）、c) 死刑または無期もしくは長期2年以上の懲役・禁錮にあたる罪が対象犯罪と一体のものとしてその実行に必要な準備のために犯され、かつ、引き続き当該対象犯罪が犯されること（3号）、のいずれかを疑うに足りる十分な理由がある場合において、それらの犯罪が数人の共謀によるものであると疑うに足りる状況にあることが要件である。嫌疑の程度としては、緊急逮捕と同じ程度のものが要求されているといえよう。

(ii) 犯罪関連通信の蓋然性

各号規定の犯罪の実行、準備または証拠隠滅等の謀議、指示等に関連する通信が行われると疑うに足りる状況があることが必要である。もちろん、その蓋然性は、具体的根拠に基づく客観的なものでなければならない。

(iii) 補充性

他の方法によっては、犯人を特定し、または犯行の状況もしくは内容を明らかにすることが著しく困難であることが必要である。補充性の要件は、通信傍受という捜査方法が、例外的・最終的なものであることを示すことになる。

(iv) 新たに追加された対象犯罪についての加重要件

追加された対象犯罪は、当初の対象犯罪と異なり、犯罪の性質や構成要件自体から組織的に行われるものとは必ずしもいい難いことから、組織的な犯罪に適切に対処するという通信傍受法の趣旨に鑑み、これまでの要件に加えて、「当該罪に当たる行為が、あらかじめ定められた役割の分担に従って行動する人の結合体により行われるもの」であると疑うに足りる状況の存在が求められる。

2　傍受の手続的要件

傍受令状の請求権者は、検事総長が指定する検事や国家公安委員会または都道府県公安委員会が指定する警視以上の警察官等に限られ、発付権者も地方裁判所の裁判官のみである（通信傍受4条1項）。

請求を受けた裁判官は、請求に理由があると認めたときは、10日以内の期間を定めて傍受令状を発付する（通信傍受5条1項）。もっとも、検察官等の請求により、裁判官が必要と認めたときは、10日以内の期間を定めて延長することができるが、通じて30日を超えることはできない（通信傍受7条1項）。

傍受令状には、被疑者の氏名、被疑事実の要旨、罪名、罰条、傍受すべき通

信、傍受の実施対象とすべき通信手段、傍受の実施方法及び場所、傍受できる期間、実施条件などが記載される（通信傍受6条）。

3　傍受の実施

　実施については、傍受すべき通信手段を管理する者等への令状の呈示（通信傍受10条）、管理者等の立会い（通信傍受13条1項）、立会人の意見陳述（通信傍受13条2項）及び立会人による傍受記録媒体の封印（通信傍受25条1項）等が規定されている。

　なお、傍受すべき通信に該当するか否かが明らかでない場合には、その該当性判断に必要な限度で傍受が可能とされている（通信傍受14条1項）。また、傍受の実施中に、他の傍受対象犯罪（法改正により追加された対象犯罪を含む）のほか、死刑または無期もしくは短期1年以上の懲役・禁錮にあたる重大犯罪に関する明白な通信が行われた場合には、傍受令状に記載された犯罪以外のものであっても傍受できるとされている（通信傍受15条）。

　傍受した通信は、記録媒体に記録し（通信傍受24条1項）、立会人が封印し（通信傍受25条1項）たうえで、傍受の実施状況を記録した書面等とともに、傍受令状を発付した裁判官の所属する裁判所の裁判官に提出される（通信傍受25条4項、27条）。

　ちなみに、従来の傍受実施手続においては、通信管理者等の常時立会いや実施場所の確保等の問題から、捜査の必要に応じて臨機に通信傍受を行うことが難しいうえ、通信をリアルタイムで傍受するために、捜査官や立会人が傍受の実施期間中常に待機し、通信を長時間にわたって待たなければならないなどの問題が生じていた。そこで、通信管理者等の負担を軽減するとともに、傍受実施の機動性を確保し、より効果的・効率的な通信傍受を行うため、一時的保存命令方式と特定電子計算機方式が、2016（平成28）年の法改正によって新たに導入された。

　一時的保存命令方式は、通信管理者等に命じて、傍受の実施中に行われた通信を暗号化させたうえで一旦保存させておき、その後、通信管理者等に命じてこれを復号させ、その立会いのもとで再生してその内容を聴取する手続である（通信傍受20条以下）。捜査機関が再生によってその内容を知ることができる通信の範囲は、従来と同じである。一時的保存された暗号化信号は、再生の実施後、通信管理者等によりすべて消去される。再生した通信の記録や記録媒体の封印等は、従来と同じである。

　特定電子計算機方式は、通信管理者等に命じて、傍受の実施中に行われた通信を暗号化させたうえで、捜査機関の施設等に設置された特定電子計算機に伝送させ、①受信と同時に復号して傍受し（特定電子計算機リアルタイム方式）、または、②受信と同時に一旦保存して、後に特定電子計算機を用いて復号して再生し（特定電子計算機一時的保存方式）、その内容の聴取等をするという手続

である（通信傍受23条以下）。特定電子計算機方式により傍受または再生した通信は、暗号化して記録媒体に記録され、この記録媒体が裁判官に提出される。ちなみに、特定電子計算機の機能によって、傍受し、または再生した通信がすべて改変できない形で自動的に記録媒体に記録され、事後的な検証を可能とすることで、その適正が担保されることから、傍受及び再生の実施いずれにおいても、通信管理者等による立会いや記録媒体の封印は不要とされる。

4 被傍受者の権利保障

この点に関しては、傍受記録に記録された通信当事者に対する通知（通信傍受30条1項）、傍受記録等の聴取及び閲覧（通信傍受31条、通信傍受32条）ならびに当事者の不服申立て（通信傍受33条）などが規定されている。

5 その他の規則

通信傍受については、通信傍受法のほかに、最高裁判所規則（犯罪捜査のための通信傍受に関する規則）及び国家公安委員会規則（通信傍受規則）が制定されている。いずれも、通信傍受の適正な執行を担保するための規定を置いている。

Ⅲ 残された問題

電気通信の傍受については、法律が整備され、強制処分法定主義及び令状主義の要請を満たすに至ったようにも思われる。しかし、いわゆる盗聴は憲法上許されないとの見解は、いまだに根強い[201]。また、会話等、電気通信以外の傍受については、明確な規定がないままである。この点については、本条及び通信傍受法を、単純な強制処分法定主義の要求を充たしただけの規定と解するのか、それとも、通信の傍受等はこの法律に基づく場合にしか許さないという、いわゆる排他的な強制処分法定主義の規定と解するかによって、結論が違ってくる。後者であれば、電気通信以外の傍受は許されないことになるのに対し、前者であれば、検証令状による電話傍受を認めた1999（平成11）年の最高裁決定との関係で、議論を詰めていくことが必要になろう。もちろん、排他的な強制処分法定主義の規定と解すべきである。2016（平成28）年の法改正に際しても、会話等の傍受については、立法提案がみおくられたことも忘れてはならない（ただし、将来的に再検討される可能性については否定できないであろう）。

---

[201] 通信傍受法の成立に中心的役割を果たした研究者の論稿として、井上正仁『捜査手段としての通信・会話の傍受』（有斐閣、1997年）、これに批判的な研究者の論稿として、小田中聰樹他『盗聴立法批判』（日本評論社、1997年）、奥平康弘＝小田中聰樹監修『盗聴法の総合的研究』（日本評論社、2001年）参照。

つぎに、通信傍受法は、将来の犯罪をも傍受対象とする（通信傍受3条1項2号、通信傍受3条1項3号）が、これが憲35条の規定する対象物の特定性の要請を満たすかについても議論がある。そして、それとの関連で、従来の捜査概念を変更する必要があるのかについても問題となるかもしれない（第2編第1章捜査〔前注〕の解説参照）。

さらに、通信傍受法は、一定の場合に他罪傍受を認めているが、これが憲35条の令状主義の要請に反しないかも問題となろう。

最後に、法律の規定だけでなく、実務の運用が、強制処分法定主義及び令状主義の観点から、どれだけ厳格になされるかをチェックしていく必要があることはいうまでもない。

（多田辰也）

（第三者に対する出頭要求・取調べ・鑑定等の嘱託）
第223条　検察官、検察事務官又は司法警察職員は、犯罪の捜査をするについて必要があるときは、被疑者以外の者の出頭を求め、これを取り調べ、又はこれに鑑定、通訳若しくは翻訳を嘱託することができる。
②　第百九十八条第一項但書及び第三項乃至第五項の規定は、前項の場合にこれを準用する。

I　本条の趣旨

本条は、任意捜査の1つである被疑者以外の者（一般に、**参考人**と呼ばれる）に対する取調べと、鑑定、通訳及び翻訳の嘱託について規定したものである。刑訴197条1項は、「捜査については、その目的を達するため必要な取調べをすることができる」旨定めているが、本条は、被疑者取調べに関する刑訴198条と並んで、代表的な任意捜査方法を規定したものといえる。

II　取調べ等の時期

本条による取調べや鑑定等の嘱託については、時期的制約は設けられていない。そのため、捜査は公訴提起のためだけでなく、公訴維持のためにも行われることなどを根拠に、本条による取調べ等は、起訴の前後を問わず、また、第1回公判期日の前後を問わず許されるとされている[202]。

しかし、公判中心主義等の見地からは、少なくとも第1回公判期日以降は、特殊例外的な場合を除いて、本条による取調べ等は避けて、検察官による証人

---

[202]　東京高判昭36・11・14高刑集14巻8号577頁。

第223条（第三者に対する出頭要求・取調べ・鑑定等の嘱託）　577

尋問請求という方法をとるべきであろう。

Ⅲ　参考人の取調べ

1　「被疑者以外の者」の意義

　「被疑者」とは、犯罪の嫌疑を受け捜査の対象とされているが、いまだ公訴を提起されていない者をいう。これに対し、「被疑者以外の者」とは、当該被疑者以外の者を指し、共犯関係にある者もこれに含まれるとするのが、判例の一貫した立場である[203]。そして、この立場からは、共犯関係にありすでに起訴されている被告人も、「被疑者以外の者」にあたることになる。なお、他事件の被疑者・被告人が、「被疑者以外の者」にあたることは勿論である。さらに、捜査対象になっているものの、嫌疑が十分でないため、いまだ被疑者とはいえない、いわゆる重要参考人もこれに含まれるとされるが、その限界が微妙なこともある。

　被疑者か被疑者以外の者かを区別する実益は、黙秘権の告知を要するか否か（本条2項は、刑訴198条2項を準用していない）と、第1回公判期日前の証人尋問請求（刑訴226条、刑訴227条）が許されるか否かにある。

2　出頭要求及び刑訴198条1項但書の準用

　参考人に出頭を求める方法に限定はないので、書面や電話等適当な方法でよい。出頭を求める場所は、通常は捜査機関の属する官署であろうが、それ以外の場所でもかまわない。捜査機関が参考人の所在地に赴いて取り調べることも可能である。

　ところで、本条2項は、刑訴198条1項但書を準用しているが、但書中の「逮捕又は勾留されている場合を除いては」の部分がそのまま準用されるかについては争いがある。この点に関しては、逮捕・勾留中の被疑者に出頭義務、滞留義務（いわゆる取調べ受忍義務）を認める見解と、これを否定する見解が対立しているが、前者の立場でも、逮捕・勾留の理由となっている犯罪事実の取調べに限って取調べ受忍義務を認める見解からは、参考人の場合には、上記文言部分の準用については消極に解することになる。これに対し、取調べ受忍義務は逮捕・勾留の理由となっている犯罪事実の取調べに限られないとの見解をとれば、参考人についても上記文言部分が準用されることになり、他事件で逮捕・勾留されている参考人は、出頭を拒み、または出頭後随時退去することは許されないことになる。

　しかし、そもそも、刑訴198条1項但書が逮捕・勾留中の被疑者に取調べ受忍義務を課したと解することは、憲38条に反する（刑訴198条の解説参照）。し

---

[203]　最三小決昭49・3・5判時741号117頁、最三小決昭52・10・14判時867号50頁。

たがって、参考人は、逮捕・勾留の有無にかかわらず、出頭を拒み、または出頭後随時退去することができると解すべきである（ただし、刑訴226条参照）。

3　取調べ方法

　黙秘権の告知を要しない[204]ことのほかは、供述録取書の作成等、被疑者取調べの場合と同じである。ただ、形式的には参考人とされていても、実質的に被疑者たりうる者に対しては、黙秘権を告知すべきであろう。なお、犯罪捜査規範175条は、参考人が公判期日に供述できないおそれがあり、供述が特に重要な内容を含むときは、被疑者、弁護人等を立会わせるか、検察官が取調べにあたるなどの配慮が必要とする。参考人の取調べは、任意捜査の一方法にすぎないから、捜査機関は供述を拒む参考人に対して供述を強要することはできない（ただし、刑訴226条参照）。

Ⅳ　鑑定、通訳または翻訳の嘱託

　鑑定、通訳、翻訳については、第1編12章及び13章（刑訴165条ないし刑訴178条）の解説参照。

　嘱託の方法について特別の規定はないから、適宜の方法によることができる。犯罪捜査規範188条は、鑑定の嘱託は鑑定嘱託書によるとしているが、重要なのは嘱託の内容が鑑定か否かなので、たとえば医師に対して口頭で診断依頼を行うのも、鑑定の嘱託である。

　鑑定等の嘱託を受けた者は、**鑑定受託者**、通訳受託者、翻訳受託者と呼ばれ、裁判所や裁判官から鑑定等を命じられた鑑定人、通訳人、翻訳人と区別される。嘱託には強制力はなく、また鑑定受託者等は宣誓（刑訴166条、刑訴178条）を行わないから偽証の制裁もない。なお、鑑定等について、証人尋問に関する刑訴226条に相当する規定が置かれていないのは、鑑定等を行う者については代替性があるため、ある者に嘱託を拒否されても、他に適当な人を見つけることができるからである。

　鑑定及び翻訳は、通常書面で報告される。書面の名称は問題ではなく、その実質が鑑定、翻訳であれば、鑑定書、翻訳書である。口頭による場合は、供述調書を作成することになる。なお、通訳を用いて被疑者や参考人の取調べを行ったときは、被疑者等の供述調書に通訳人を用いた旨を記載し、通訳者の署名押印を求めることになる（犯罪捜査規範182条1項）。

（多田辰也）

---

[204]　最三小判昭25・6・13刑集4巻6号995頁。

第224条（鑑定留置の請求）　579

（鑑定留置の請求）
第224条　前条第一項の規定により鑑定を嘱託する場合において第百六十七条第一項に規定する処分を必要とするときは、検察官、検察事務官又は司法警察員は、裁判官にその処分を請求しなければならない。
②　裁判官は、前項の請求を相当と認めるときは、第百六十七条の場合に準じてその処分をしなければならない。この場合には、第百六十七条の二の規定を準用する。

I　本条の趣旨

　本条は、捜査段階における鑑定留置について規定したものである。**鑑定留置**は、被疑者の心神または身体に関する鑑定のため必要があるときに、捜査機関の請求により、裁判官が、期間を定め、病院その他相当な場所に被疑者を留置する処分である。被疑者の身体的自由を拘束するものであるから、憲33条、憲34条の規定に照らして、裁判官の発する令状によるべきものとされている。
　もっとも、鑑定留置は、鑑定のため被疑者を病院等に留置する処分であって、身体等の検査を当然に許容するものではないから、検査を行う場合には、刑訴225条の定める鑑定処分許可状が必要になる。
　ちなみに、本条2項後段は、裁判所の行う鑑定留置と勾留との関係を明らかにするために刑訴167条の2が新設されたのに併せて設けられたものである。

II　鑑定留置の請求

1　請求権者と請求先

　鑑定留置を請求することができるのは、検察官、検察事務官及び司法警察員であり、司法巡査は含まれない。
　鑑定留置の必要性については、専門的な判断を要するため、鑑定受託者の判断が尊重されるべきであるが、捜査機関において明らかにその必要がないと認める場合には、請求すべきではない。その意味で、判断権は捜査機関にあるといえるが、それは、鑑定受託者の判断を消極的に抑制する方向においてである。
　請求先につき刑訴規299条参照。鑑定留置請求書の記載要件につき刑訴規158条の2参照。

2　鑑定留置の客体

　被疑者が客体となることについては、争いがない。被害者など第三者が客体とならないことも、明らかである。第1回公判期日後の被告人に対する鑑定留置は、受訴裁判所が刑訴167条によって行うことができるので、本条の対象に

はならないと解すべきである。

問題は、起訴後第1回公判期日前の被告人が、本条の対象となりうるかである。通説は、鑑定留置の前提となる鑑定嘱託（刑訴223条1項）について時期的制約がないことなどを理由に、これを肯定する。しかし、一方当事者となった被告人を捜査上の鑑定留置の対象とすることは、当事者主義の観点から重大な疑問があるとして、これを否定する見解も有力である（刑訴規158条の2は、被疑者のみを対象とする）。

Ⅲ 鑑定留置状の発付

1 鑑定留置の必要性・相当性

鑑定留置の請求を受けた裁判官は、その請求を相当と認めるときは、鑑定留置状を発しなければならない。相当性の判断が明文で求められていることから、裁判官による処分の必要性に関する審査の範囲は、他の令状の場合よりも広いと解されている。

明らかに必要がないと認める場合には、請求を却下することになる[205]。また、鑑定留置について刑訴60条1項本文の準用があるかについては争いがあるが、嫌疑の相当性さえ認められないような場合には、請求の相当性が否定されることになろう。請求された留置期間が明らかに長すぎる場合には、裁判官は、相当と認める期間に短縮して鑑定留置状を発しうるが、請求された期間より長い留置期間を認めることはできないと解される。なお、鑑定留置状の発付に対しては、準抗告が可能である（刑訴429条1項3号）。

2 「167条の場合に準じて」の意味

これは、刑訴167条が準用されるという意味である。つまり、受訴裁判所が鑑定留置の処分を行う場合に適用ないし準用される諸規定が、その性質に反しない限りすべて効力を有することになる。詳細は、刑訴167条の解説参照。

Ⅳ 捜査上の鑑定留置における問題点

1 鑑定留置期間の延長・短縮

鑑定留置期間について法律上の制限はないが、必要性等を考慮して、必要最小限の期間を定めるべきことはいうまでもない。留置期間の延長・短縮は、捜査機関の請求（裁判官の職権発動を促す趣旨）に応じて、裁判官が決定すべきである（**事件事務規程29条2項**、犯罪捜査規範189条3項）。

---

[205] 東京地決昭42・8・5判タ209号198頁は、裁判官は留置の必要性だけでなく、鑑定の必要性についても審査しうるとする。

2 鑑定留置からの釈放

鑑定留置の期間内であっても、留置の必要がなくなったときは、捜査機関の判断で被疑者を釈放できるとの見解もあるが、通説は、裁判官の鑑定留置取消し決定を必要とすると解している（刑訴87条参照）。

3 鑑定留置場所の変更

留置場所は留置の相当性を判断する際の重要な要素となるから、その変更は、受訴裁判所による鑑定留置の場合と同様、裁判官の決定を得て行うべきである。したがって、被告人の移送に関する刑訴規80条の準用はないと解する。

4 看守命令

捜査機関は、鑑定留置の請求と同時に、または個別に、裁判官に対して看守命令の請求をすることができるが、これは、裁判官に職権発動を促す趣旨のものと解する。

5 鑑定留置と接見交通

鑑定留置を受けている被疑者の接見交通に関しては、刑訴80条、刑訴81条が準用されるほか、弁護人との接見に関する刑訴39条が直接適用される。

勾留中になされた接見等禁止決定は、鑑定留置によって効力を失い、鑑定留置の取消しまたは期間満了によって再収監されて（勾留の状態に戻る）も、その効力は復活しない。したがって、接見等禁止が必要であれば、鑑定留置についても、再収監後の勾留についても、個別に接見等禁止決定がなされなければならない。

6 鑑定留置と取調べ

鑑定に支障をきたさない限りで許されるとする裁判例がある[206]。確かに、鑑定留置中の被疑者取調べを禁止した規定は存在しない。しかし、鑑定留置の制度趣旨から考えて、取調べは真に必要やむを得ない場合に限られると解すべきであろう。勾留日数の制限を潜脱し、取調べに利用する目的で鑑定留置を請求するなどは論外である。

7 鑑定留置と勾留の執行停止、未決勾留日数の算入

刑訴167条の2の準用により、鑑定留置期間中は、勾留はその執行を停止されたものとみなされるから、起訴前の勾留日数には算入されない。もっとも、刑訴167条6項の準用により、未決勾留日数の本刑算入の対象にはなる。

（多田辰也）

---

[206] 広島高判昭49・12・10判時792号95頁。

（鑑定に必要な処分、許可状）

第225条 　第二百二十三条第一項の規定による鑑定の嘱託を受けた者は、裁判官の許可を受けて、第百六十八条第一項に規定する処分をすることができる。

②　前項の許可の請求は、検察官、検察事務官又は司法警察員からこれをしなければならない。

③　裁判官は、前項の請求を相当と認めるときは、許可状を発しなければならない。

④　第百六十八条第二項乃至第四項及び第六項の規定は、前項の許可状についてこれを準用する。

I　本条の趣旨

　本条は、捜査機関の嘱託を受けた鑑定受託者も、鑑定人と同様、裁判官の発付した鑑定処分許可状により、鑑定に必要な処分をすることができることを定めた規定である。

　本条の請求は、前条の鑑定留置と異なり、起訴前に限定すべき理由はないように思われる（刑訴規159条1項3号も、「被疑者又は被告人」とする）。ただし、被告人の身体検査については、起訴後、特に第1回公判期日後の請求は許されないと解する。

　ちなみに、本条の鑑定処分許可状は、命令状ではなく、鑑定受託者に一定の権限を付与するものにすぎない。

　なお、鑑定に必要な処分一般については、刑訴168条の解説参照。

II　鑑定処分許可状の請求

　鑑定処分許可状の請求権者は、検察官、検察事務官及び司法警察員であり、司法巡査は含まれない。鑑定受託者自身にも請求権は認められていない。

　鑑定処分の必要性については、専門的な判断を要するため、鑑定受託者の判断が尊重されるべきであるが、捜査機関において明らかにその必要がないと認める場合には、請求すべきではない。その意味で、判断権は捜査機関にあるといえるが、それは、たとえば、一度物の破壊等の処分をしてしまうと、同一の状態で再鑑定することが不可能となることが多いので、より慎重を期するという方向においてである。

　請求先につき刑訴規299条1項参照。鑑定処分許可請求書の記載要件につき刑訴規159条参照。

Ⅲ　鑑定処分許可状の発付

　請求を受けた裁判官は、その請求を相当と認めるときは、鑑定処分許可状を発しなければならない。相当性の判断が明文で求められていることから、裁判官による処分の必要性に関する審査の範囲は、鑑定留置の請求の場合と同様、他の令状の場合よりも広いと解されている。したがって、明らかに必要がないと判断した場合に請求を却下できるだけでなく、処分の必要性の程度や法益侵害の程度などをも考慮し、処分内容を限定したり、あるいは条件を付すことも可能である（刑訴168条3項）。

　なお、鑑定処分許可状の記載事項につき刑訴168条2項参照。

Ⅳ　鑑定のための身体検査と直接強制

1　問題の所在

　身体検査は個人のプライバシーに直接関連するので、本条4項の準用規定により、被検査者の健康状態を考慮すべきことや、女子については医師または成年の女子を立ち会わせなければならないことなど（刑訴131条）、特別の配慮がなされている。

　しかし、本条4項が準用する刑訴168条6項は、間接強制を規定した刑訴137条及び刑訴138条を準用しているものの、直接強制に関する刑訴139条を準用していない。また、本条は、身体検査を拒んだ者について裁判官に直接強制を求めることができる旨を規定した刑訴172条も準用していない。そこで、鑑定としての身体検査を拒否し、間接強制の方法によってもその目的を達しえない場合はどうしたらよいかが問題となる。

2　学説の対立

　この点については、直接強制を否定する見解を別にすれば、(1)刑訴172条は刑訴168条の補充的な規定であるから、本条が刑訴168条1項の処分ができる旨定めた以上、拒否の場合には刑訴172条が実質的に準用されると解しても不当ではないとして、鑑定処分許可状のみで直接強制が可能だとする説、(2)捜査機関が鑑定処分許可状のほかに検証としての身体検査令状（刑訴218条1項後段）を得て、検証としての身体検査を強行し（刑訴222条1項は、刑訴139条を準用している）、それに鑑定受託者が立ち会って鑑定の目的を達するべきであるとの説とが対立している。

　しかし、直接強制という重大な処分を、明文規定なく準用することを認める(1)説には、人権保障上大きな問題がある。また、検証の枠を超えるから鑑定処分を利用するのであるから、両者は異質で排斥しあうはずのものであるし、他方、直接強制しようにも身体検査の限度では無意味のはずであるから、(2)説も

理論上の破綻をきたしている。しかし、実務においては、人権の尊重と現実の必要から、強制採尿等については、(2)説に基づく運用が行われていた。

3　強制採尿に関する最高裁判例

ところが、最高裁は、**強制採尿**の事案について、身体検査令状と鑑定処分許可状の併用という従来の実務の運用を否定し、刑訴218条5項を準用して、「医師をして医学的に相当と認められる方法による」旨の条件を附した捜索差押令状によるべきことを明らかにした[207]。この決定以降、強制採尿については、これに従った運用がなされているが、**強制採血**については、老廃物たる尿と同視することはできないなどとして、いまだに身体検査令状と鑑定処分許可状を併用した運用がなされている。しかし、強制採尿に関する最高裁決定を前提とする以上、採血についても同様に扱うのが判例法の理解として筋が通っているといえよう。

もっとも、強制採尿や強制採血が許されると解するのであれば、鑑定処分としての身体検査と位置づけたうえで、直接強制の手段を立法的に用意するのが最も妥当な解決方法である。

（多田辰也）

（証人尋問の請求1）
第226条　犯罪の捜査に欠くことのできない知識を有すると明らかに認められる者が、第二百二十三条第一項の規定による取調に対して、出頭又は供述を拒んだ場合には、第一回の公判期日前に限り、検察官は、裁判官にその者の証人尋問を請求することができる。

I　本条の趣旨

本条から刑訴228条までは、捜査上の必要から認められる**証人尋問**に関する規定であり、本条及び次条は証人尋問請求の要件を、刑訴228条は証人尋問の手続を定めている。そして、次条が主として証拠保全の観点から規定されたものであるとすれば、本条は、被疑者以外の第三者（以下、参考人という）が捜査機関の任意取調べ（刑訴223条）に協力的でないときに、検察官から裁判官に証人尋問を請求しうるとしたものであり、どちらかといえば、捜査の進展という観点から規定されたものといえる。

「証人尋問」は強制処分に属するが、刑訴法は、捜査に協力的でない参考人に対する強制的な取調べ権限を、捜査機関ではなく裁判官に与え、捜査目的の

---

[207]　最一小決昭55・10・23刑集34巻5号300頁。

達成と出頭・供述を強制される参考人の権利保護との調和を図ろうとしたのである。捜査機関に強制的な取調べ権限を付与しなかった理由については、捜査をも可及的に当事者主義化しようとした現行法の基本理念が背景にあるとか、参考人に対する強制力の行使には特に慎重を期すべきであるとの要請からであると説明されている。

　なお、いわゆるロッキード事件においては、本条による証人尋問請求に基づいて、請求を受けた日本の裁判官が、アメリカ在住の参考人（アメリカ人）に対する尋問を、同人の居住地を管轄するアメリカの裁判所の裁判官に嘱託するということが行われた[208]。

II　請求の要件

1　被疑事実の存在
　証人尋問の請求にあたっては、被疑事実の存在を要する（刑訴規160条1項3号）が、それは、捜査機関において犯罪ありと思料することが相当であると認められる程度で足り、当該被疑事実が客観的に存在することを要せず、また、被疑者不明であってもかまわない[209]。

2　犯罪の捜査に欠くことのできない知識を有すると明らかに認められる者
　「犯罪捜査に欠くことができない」とは、「犯罪の証明に欠くことができない」（刑訴227条1項）や「犯罪事実の存否の証明に欠くことができない」（刑訴321条1項3号）よりも広い概念であり、犯罪の成否に関する事実のほか、起訴・不起訴の決定や刑の量定に重大な影響を及ぼす事実についての知識も含まれる[210]。被疑者や証人の所在を知っている者の尋問もできるし、さらにすでに捜査機関に判明している事項や他の証拠で証明可能な事項についても、証人尋問の請求は可能である[211]。

　本条の証人尋問請求は、刑訴223条による取調べの対象となる「被疑者以外の者」に限定される。共犯者や実質的被疑者については、本条による証人尋問請求は許されないとの見解もあるが、判例は、共犯者ないし共同被疑者であっても、他の者の被疑事実に関する事項については証人適格を有するとしてい

---

[208] 最大判平7・2・22刑集49巻2号1頁は、外国の裁判官に尋問を嘱託すること自体を違法とはしていない。

[209] 最大判昭27・8・6刑集6巻8号974頁。

[210] 東京高判昭48・11・7高刑集26巻5号534頁。

[211] 大阪高判昭40・8・26下刑集7巻8号1563頁。

る※212。

3 出頭拒否・供述拒否

　出頭または供述の拒否は、検察官に対するものに限らず、検察事務官や司法警察職員に対するものも含む。刑訴144条ないし刑訴147条及び刑訴149条によって、公務上の秘密や証言拒絶権を行使しうる事項について供述を拒否した者についても、本条の証人尋問請求は可能である。

　供述の拒否は、供述を全面的に拒んだ場合のみならず、供述の一部を拒んだ場合でも、その部分が犯罪の捜査に欠くことのできない事項に関するものであるときは、これにあたる。捜査機関の取調べに対し供述はしたが、供述調書への署名押印を拒否した場合についても、本条の適用を否定する必要はないと解する。

III 請求の時期

　第1回公判期日前であれば、公訴提起の前後を問わない。第1回公判期日後は、受訴裁判所に対する証拠調べ請求（刑訴298条1項）として行われることになる。第1回公判期日前に証人尋問請求がなされても、第1回公判期日後は、もはや証人尋問は許されなくなると解する。

　なお、「第1回公判期日」の意義については、形式的に理解すべきではないといわれるものの、それが冒頭手続（刑訴291条）の終了時点と解すべきか、検察官の冒頭陳述（刑訴296条）時と解すべきかについては、争いがある。この点については、刑訴179条の解説参照。

IV 請求権者及び請求の方式

　証人尋問請求権者は検察官に限られているが、これは、本条の要件となる出頭拒否・供述拒否が検察官に対するものに限られる趣旨でないことは、先に述べたとおりである。証人尋問の必要を認めた司法警察職員は、証人尋問請求方連絡書に本条の定める要件の存在を疎明する資料を添えて、検察官に申し出ることになる（犯罪捜査規範176条）。事件送致の前後を問わない。この申出を受けた検察官は、それを相当と認めたとき、証人尋問を請求することになる。

　請求先につき刑訴規299条1項参照。証人尋問請求書の記載要件につき刑訴規160条参照。なお、弁護人がいればその氏名も記載されるが、証人尋問の日

※212　大阪高判昭26・12・24高刑集4巻12号1674頁、高松高判昭27・6・14高刑集5巻8号1209頁等。

時・場所を通知する必要はないとされている※213。

　証人尋問の請求が要件を欠くとして却下された場合、不服申立ての方法はないが、その後要件を充足するに至れば再度請求することは可能であるし、一度証人尋問を経た者につき、新たな必要が生じた場合、再度尋問を請求することも許される。なお、適法な請求があれば、裁判官は、証人尋問を義務づけられる。

（多田辰也）

（証人尋問の請求２）
第227条　第二百二十三条第一項の規定による検察官、検察事務官又は司法警察職員の取調べに際して任意の供述をした者が、公判期日においては前にした供述と異なる供述をするおそれがあり、かつ、その者の供述が犯罪の証明に欠くことができないと認められる場合には、第一回の公判期日前に限り、検察官は、裁判官にその者の証人尋問を請求することができる。
②　前項の請求をするには、検察官は、証人尋問を必要とする理由及びそれが犯罪の証明に欠くことができないものであることを疎明しなければならない。

I　本条の趣旨

　本条は、捜査機関の取調べに際して任意に供述したものの、公判期日における証人尋問の際には前の供述と異なる供述をするおそれのある参考人について、一定の要件のもと、検察官が裁判官に対して証人尋問の請求をすることができることを規定したものである。捜査機関に対する供述を録取した書面と裁判官に対する供述を録取した書面との間に、証拠能力上大きな差がある（刑訴321条1項1号、2号、3号）ことから設けられたものであり、証拠保全を目的とした規定といえよう。

　なお、本条はもともと、「公判期日においては『圧迫を受け』前にした供述」と規定されていたが、2004（平成16）年の改正で「圧迫を受け」という部分が削除され、要件が緩和されることになった。これは、本条に基づく証人尋問の活用を促進することによって、捜査段階における供述録取書の作成状況をめぐる争いや、捜査段階での供述と公判供述が相反する場合の供述の信用性をめぐる争いを減らし、結果として刑事裁判の充実・迅速化を図ろうとの趣旨による。

※213　最二小決昭28・3・18刑集7巻3号568頁。

Ⅱ 請求の要件

1 被疑事実の存在

本条による証人尋問請求についても、被疑事実の存在を要する（刑訴規160条1項3号）。嫌疑の程度等については、前条（刑訴226条）の解説参照。

2 「前にした供述と異なる供述をするおそれ」

「前にした供述」とは、捜査機関の取調べに際して任意になした供述を指す。任意か否かは、取調べを行った捜査機関の判断に委ねるほかないであろう。なお、判例は、その供述をした者が、共犯者や共同被疑者であってもかまわないとする※214。

「異なる供述」かどうかは、犯罪事実の認定を左右する程度の違いがあるか否かによって判断すべきであり、末梢的な点で異なるにすぎない場合は含まれない。そして、そのような実質的な差異をもたらす程度のものであれば、供述態度や表現などの差異であっても、これに含まれることもありうる。また、供述が被疑者・被告人に利益に変更される場合だけでなく、不利に変更される場合も含まれる。

なお、異なる供述をする「おそれ」は、抽象的な蓋然性では足りず、具体的な状況から合理的に認められることが必要である。

3 「犯罪の証明に欠くことができない」

被疑事実（公訴提起後は、公訴事実）たる犯罪構成事実の存在についての積極的な証明に不可欠であることをいう。犯罪事実の全部の証明に不可欠であると、一部の証明に不可欠であるとを問わない。また、被疑事実が数個ある場合に、そのうちの一個の証明に不可欠である場合はもちろん、科刑上一罪の一部、特に牽連犯を構成する手段または結果たる犯罪事実の一方の存在の証明に不可欠なものも含まれる。違法阻却事由や責任阻却事由の不存在の証明に不可欠なものも同様である。処罰条件の存在や処罰阻却事由の不存在の証明は、厳密には「犯罪の証明」にはあたらないが、理論的にはこれに準じると考えることができよう。これに対し、刑の加重減免の事由となる事実や単なる情状に関する事実の証明に欠くことができないものにとどまる場合は、本条の要件を充たさない。

なお、「欠くことができない」とは、当該供述が唯一の証拠であることを必要とするという趣旨ではない。また、直接証拠であると間接証拠であるとを問わない。

※214 最一小判昭36・2・23刑集15巻2号396頁。

第228条（証人尋問）　589

Ⅲ　請求の時期

　第1回公判期日前であれば、公訴提起の前後を問わない[215]。「第1回公判期日」の意義等については、前条（刑訴226条）の解説参照。

Ⅳ　請求権者及び請求の方式

　請求権者は、検察官に限られる。司法警察職員が本条の証人尋問の必要性を認めた場合の手続等については、前条（刑訴226条）の解説参照。
　請求先につき刑訴規299条参照。証人尋問請求書の記載要件につき刑訴規160条参照。
　なお、本条2項は、検察官に、本条1項の要件の疎明を命じている。疎明の方法については特に規定されていないから、書面または口頭によるなど適宜な方法で行ってよい。また、「疎明」であるから、裁判官に一応の推測を得させれば足りる。
　証人尋問請求が却下された場合に不服申立ての方法がないこと、その後要件を充足するに至れば再度の証人尋問請求が可能であること、適法な請求があれば裁判官は証人訊問を義務付けられることなどは、前条（刑訴226条）の場合と同じである。

（多田辰也）

　（証人尋問）
　第228条　前二条の請求を受けた裁判官は、証人の尋問に関し、裁判所又は裁判長と同一の権限を有する。
　②　裁判官は、捜査に支障を生ずる虞がないと認めるときは、被告人、被疑者又は弁護人を前項の尋問に立ち会わせることができる。

Ⅰ　本条の趣旨

　本条は、刑訴226条または刑訴227条による証人尋問の請求を受けた裁判官の権限とその手続について規定したものである。

Ⅱ　裁判官の権限

　証人尋問の請求を受けた裁判官は、本条1項及び刑訴規302条1項により、裁

---

[215]　札幌高判昭27・2・11高刑集5巻1号101頁。

判所または裁判長と同一の権限を有する。つまり、証人尋問に関する総則の規定（第1編総則第11章・刑訴143条ないし刑訴164条）が、特別の例外規定（本条2項及び刑訴規162条）があるとき、及び性質に反するものを除いて、全面的に準用されることになる。

証人尋問の請求を受けた裁判官が、外国の裁判所に対して尋問の嘱託をなしうるかにつき、これを肯定した裁判例がある[216]。もちろん、司法共助の取決めがあることが前提条件である。

Ⅲ　尋問の手続等

公判期日における証人尋問の方法を定めた刑訴304条は準用されず、訊問方法は裁判官の裁量に委ねられている。

証人尋問の結果を録取した証人尋問調書は、あらかじめ提出されていた資料とともに、速やかに検察官に送付しなければならない（刑訴規163条）。証人尋問調書は、刑訴321条1項1号の書面として証拠能力を有する。

Ⅳ　当事者の立会い

本条2項は、証人尋問への検察官の立会いについては何ら言及していないが、刑訴157条により立会権をもつ。これに対し、被告人、被疑者、弁護人の立会いは、裁判官が捜査に支障を生ずるおそれがないと認めたときに、その裁量によって許容されるにとどまる[217]。立会いが認められたときは、刑訴157条2項・3項、刑訴157条の3第1項、刑訴158条2項・3項の準用があるとするのが通説であるが、判例は、刑訴157条2項の準用を否定している[218]。刑訴159条に関しては、同条が立会権の存在を前提とするものであることを理由に、その準用が否定される。

ちなみに、刑訴規162条は、被告人らの立会権を前提とする、刑訴規106条5項、刑訴規108条、刑訴規126条等の適用がないことを示すための規定である。

このように、本条に基づく証人尋問には、被告人、被疑者、弁護人は立会権をもたず、その結果、反対尋問権も保障されないのに、証人尋問調書に証拠能力を与えることは、憲37条2項に反するのではないかが問題となるが、判例は

---

[216]　東京高判昭59・4・27高刑集37巻2号153頁、東京高判昭62・7・29高刑集40巻2号77頁参照。最大判平7・2・22刑集49巻2号1頁も、訊問の嘱託自体を違法とはしていない。

[217]　最一小決昭28・4・25刑集7巻4号876頁は、立会いの許否、立会いを許す者の範囲、立会人にどの程度の準備期間を与えるかは、すべて裁判官の裁量に属するとする。

[218]　最二小決昭28・3・18刑集7巻3号568頁。

一貫して本条の合憲性を認めている※219。しかし、できる限り広く立会いを認めることが、憲法の趣旨に沿うことはいうまでもない。

（多田辰也）

> **（検視）**
> **第229条**　変死者又は変死の疑のある死体があるときは、その所在地を管轄する地方検察庁又は区検察庁の検察官は、検視をしなければならない。
> ②　検察官は、検察事務官又は司法警察員に前項の処分をさせることができる。

I　本条の趣旨

　本条は、捜査の端緒の1つである検視（司法検視）について規定したものである。

　検視とは、人の死亡が犯罪に起因するものであるか否かを判断するために、五官の作用により死体の状況を外表から見分する処分をいう。犯罪の嫌疑の存在を前提とせず、その有無を判断するために行われるものであるから、犯罪捜査そのものではなく、捜査の端緒にすぎない。本条が告訴に関する規定の直前に置かれたのも、そのような意味においてであろう。

　本条による検視は、捜査と密接な関連を有することから、司法検視と呼ばれる。これに対し、犯罪による疑いの全くない不自然死の死体（たとえば、自殺死体等）につき、警察署長等が、身元の確認、公衆衛生、伝染病予防等の行政目的のために行う検視を、行政検視と呼ぶ。検視の対象及び目的において、司法検視とは全く異なるが、行政検視の過程で「変死者又は変死の疑のある死体」と認められるに至ったときは、司法検視に切り替えることになる。

II　検視の対象

　「変死者又は変死の疑のある死体」が検視の対象とされているが、それは、そのような死体が存在する場合には、一般に犯罪との関連が疑われることが多いので、検視によって犯罪との関連性の有無を確認し、関連性が認められる場合には直ちに的確な捜査を行わせようとしたためである。

　「変死者」とは、老衰死や疾病による死亡等の自然死ではなく、いわゆる不

※219　最大決昭25・10・4刑集4巻10号1866頁、最大判昭27・6・18刑集6巻6号800頁等参照。

自然死で、犯罪による死亡ではないかとの疑いのある死体をいい、「変死の疑のある死体」とは、自然死か不自然死か不明の死体で、不自然死の疑いがあり、かつ犯罪によるものかどうか不明のものをいう。結局は、犯罪によるものでないと断定できない死体はすべて検視の対象となるのであるから、両者を区別する実益はない。検視規1条も、両者を併せて「変死体」と呼ぶ（ちなみに、刑192条参照）。

　脳死に関しては、臓器の移植に関する法律が、「脳死した者の身体」を死体に含める旨規定している（臓器移植6条）ことから、これも検視の対象となりうるだけでなく、当該死体からの臓器の摘出は、検視その他の犯罪捜査に関する手続終了後でなければならない旨定めている（臓器移植7条）。

　なお、死体は完全な姿を保っている必要はない。白骨死体やばらばら事件における被害者の身体の一部も死体である。死胎は、母体の中で死亡したものであれば、死体とはいえず、検視の対象にならない。もっとも、母体から一部でも露出した後に死亡したのであれば、検視の対象になるし、また、母体内で死亡したかどうかが不明の場合にも、検視の対象となる。

　自然死であることが明らかな死体や、不自然死のうちでも犯罪によらないことが明らかな死体は、検視の対象にならないことはいうまでもない。これに対し、初めから犯罪によることが明らかな死体については、「変死者又は変死の疑のある死体」とはいえないとして、直ちに捜査を開始し、検証（刑訴218条）を行うべきであるとの見解もある。しかし、明らかに犯罪死といいうるかは検視の結果判断されることも多いので、実務上は、この場合にも検視が行われることが多い。

Ⅲ　検視の手続

1　検視の権限・義務

　検視を行うことは、検察官の権限であると同時に義務でもある。検視の権限を検察官に限ったのは、検視の実際上の重要性を考慮したためといわれる。もっとも、検察官は、自ら検視を行うかわりに、検察事務官または司法警察員（司法巡査は除く）に命じて検視をさせることができる（本条2項）。これを「代行検視」と呼ぶが、実際の検視の多くが、司法警察員によって行われている。その場合、司法警察員は、検察官の補助者としてではなく、自らの責任と権限において検視を行い、その結果を検察官に報告することになる。ちなみに、検察官が、あらかじめ包括的に検視の代行を命じておくことは許されないと解する。

2　検視の際に許される処分

　検視に際しては、その目的を達するため、変死体のある住居への立ち入り、

対象となる死体からの指掌紋の採取、死体の写真・ビデオ撮影、外表検査として認められる限度での眼瞼、口腔、肛門等の検査、必要最小限度での衣類の破壊、所持品や遺留された凶器等の調査などを行うことが許される。いずれも身元の特定、死因の解明、死亡時期、犯罪に基因する死か否かなどを判断するために必要な処分である。

3　憲35条との関係

　上記の処分は、それが強制的なものであっても、いずれも令状なしで行うことができるとされている。その理由として、検視は要急処分であるとともに、捜査手続そのものではないからということがいわれる。しかし、憲35条に照らせば、少なくとも他人の住居への立ち入りについては、住居主の同意を要すると解すべきであろう。

　なお、犯罪によることが明らかな死体を発見した場合に直ちに行われる検証についても、検視の場合と同様、令状を要しないとの見解もあるが、令状主義の観点から疑問が残る。

4　検視調書の作成等

　検視を行ったときは、検視調書を作成しなければならない（検察官及び検察事務官については、事件事務規程7条2項、司法警察員については、検視規5条）。なお、司法警察員が行う代行検視に際しては、医師が立ち会うこともあるが、その場合には、死体を検案した医師が、死亡日時、場所、死亡原因等を記載した死体検案書を作成する（医師20条）。

　検視の結果、犯罪の嫌疑が生じた場合には、直ちに捜査が開始され、鑑定処分許可状を得たうえで、医師による当該死体の司法解剖が行われることになる。

（多田辰也）

（告訴権者1）
第230条　犯罪により害を被つた者は、告訴をすることができる。

I　本条の趣旨

　本条から刑訴234条までは告訴権者に関する規定であるが、本条は、その中でも最も基本的な被害者の告訴権について規定したものである。

　刑訴法は、被害者等による私人訴追を認めず、原則として検察官が起訴・不起訴の権限を独占している（刑訴247条）。しかし、被害者の意思を無視することはできないため、すべての犯罪について被害者に告訴権を認め、告訴を捜査の端緒とするとともに、これに一定の法律上の効果を与えている。さらに、一

定の犯罪については、被害者の名誉保護などの観点から、犯人の処罰を求める被害者意思を尊重し、告訴がなければ公訴を提起できないものとしている（親告罪）。つまり、告訴の制度は、犯人に対する被害者等の処罰感情と国家刑罰権とを結びつける役割を担っているのである。

II　告訴の意義及び対象等

1　告訴の意義

　告訴とは、犯罪の被害者その他法律上特に権限を与えられた者が、捜査機関に犯罪事実を申告して、犯人の訴追を求める意思表示である[220]。したがって、単なる被害届や捜査機関の取調べに対する被害事実の供述などは、訴追を求める意思表示を含まないから、告訴とはいえない。もっとも、訴追要求の有無は、申告者の意思内容にかかわるので、形式にとらわれることなく、実質的に判断すべきである[221]。ただ、捜査機関としては、申告者の取調べや告訴調書の作成にあたっては、訴追要求の有無や範囲等が明確になるよう留意すべきことはいうまでもない。

2　告訴の対象・犯罪事実の特定

　告訴は、犯人を特定して訴追を求めるのではなく、犯罪事実を申告してそれに関与した者の訴追を求めるところに重点がある。そのため、必ずしも犯人を指定する必要はないし[222]、また、犯人の特定を誤っていたとしても告訴は有効である[223]。

　申告は、いかなる犯罪事実かを概括的に特定しうる程度であればよく、犯罪の日時、場所、態様等の詳細を明らかにする必要はないし[224]、事実の同一性を有する限り、数量等に差異があっても告訴の効力に影響を及ぼさない。また、告訴状に示された罪名と起訴ないし判決の際の罪名が異なっても、両者間に犯罪事実の同一性が認められる限り、告訴の効力は後者にも及ぶと解されている[225]。

　非親告罪に対する告訴を親告罪の告訴として認めうるかについては、問題が

---

[220]　最一小判昭26・7・12刑集5巻8号1427頁参照。

[221]　最一小判昭22・11・24刑集1巻21頁。

[222]　大判昭12・6・5刑集16巻906頁。

[223]　大判大6・4・28刑録23輯433頁。

[224]　大判昭6・10・19刑集10巻462頁。

[225]　大判昭8・10・30刑集12巻1854頁（傷害罪→暴行罪）、大判昭10・4・8刑集14巻401頁（名誉毀損罪→侮辱罪）、高松高判昭27・4・24高刑集5巻8号1193頁（強姦未遂罪→強制わいせつ罪）

第230条（告訴権者1） 595

ないわけではない。たとえば、強姦致傷として告訴があった場合に、これを強姦罪として起訴ないし判決することは許される。しかし、非親告罪である営利目的による誘拐として告訴があった事実を、親告罪であるわいせつ目的による誘拐と認定した判例[226]に対しては、親告罪についての被害者の名誉保護を重視する立場から、疑問も示されていた。

　なお、1個の犯罪事実の一部について告訴がなされたときは、その効力は犯罪事実の全部に及ぶ。これを、告訴不可分の原則という（刑訴238条参照）。

Ⅲ　告訴権者

1　被害者の意義

　本条による告訴権者は、犯罪被害者である。被害者とは、犯罪による直接の被害者をいい、間接的に被害を受けた者は含まれない[227]。直接の被害者とは、当該犯罪の構成要件が規定している保護法益の主体とされている者をいうが、たとえば、公務執行妨害罪における公務員のように、構成要件的行為の客体となる者も含まれると解されている。

　被害者は、自然人に限られない。国や地方公共団体[228]、その他公私の法人はもとより[229]、法人格のない社団や財団も告訴権を有する[230]。

2　親告罪における告訴権者の具体例

　被害者としての告訴権の有無が最も問題となるのは親告罪についてであるが、判例に現れた具体的事例として、たとえば次のようなものがある。

(1)　信書開封罪（刑133条）

　信書開封前は発信人が、開封後は発信人と受信人が告訴権を有する[231]。

(2)　未成年者誘拐罪（刑224条）

　未成年者を事実上監督しているだけの雇主は告訴権を有しないが[232]、実子同様に養育してきた者は告訴権を有する[233]。

(3)　親族相盗（刑244条）

---

[226]　大判大13・4・25刑集3巻360頁。

[227]　たとえば、大判明44・6・8刑録17輯1102頁は、妻の名誉を毀損する行為に対し、その夫に告訴権はないとする。

[228]　最一小決昭35・12・27刑集14巻14号2229頁。

[229]　大判明37・11・7刑録10輯2136頁、大判昭11・7・2刑集15巻857頁。

[230]　大判明37・4・7刑録10輯766頁。

[231]　大判昭11・3・24刑集15巻307頁。

[232]　大判大7・11・11刑録24輯1326頁。

[233]　福岡高判昭31・4・14高刑特3巻8号409頁。

妻の財産については、原則として夫に告訴権はない[234]。

(4) 私用文書等毀棄罪（刑259条）

債権証書の引渡しを受けた債権の譲受人[235]や、裏書禁止手形の所持人[236]も告訴権を有する。

(5) 器物損壊罪（刑261条、刑262条）

刑261条の罪については原則としてその所有者[237]が、刑262条の罪については差押権利者、物権所得者及び賃借人[238]が告訴権を有する。

(6) 著作権侵害罪（著作119条）

著作権者からビデオによる複製、頒布、上映を許された、いわゆる独占ビデオ化権者も告訴権を有する[239]。

3 告訴権の性質

犯罪の被害者が2人以上いるときは、それぞれが独立に告訴権を有する。また、財物につき共有関係にある場合には、共有者の1人がした告訴は、その持分にかかわらず、共有物全部について効力を有する[240]。

告訴権は、告訴当時にあれば足り、その後告訴権の基礎となる資格を喪失したとしても、あるいは告訴後に告訴人が死亡したとしても、公訴の効力に影響がない[241]。また、告訴権は、一身専属権であるから、その譲渡や相続は認められない。判例は、特許権や著作権については、その性質上、権利の承継人も権利移転前の侵害行為に対して告訴することができるとするが[242]、疑問である。

4 訴訟行為能力

告訴は、意思表示を内容とする訴訟行為であるから、訴訟行為能力を必要とする。この場合の能力は、被害を受けた事実を理解するとともに、告訴することに伴う利害関係を理解する能力をいう。そして、このような能力のない者の告訴は無効となる。判例は、強姦の被害者が告訴当時13歳11ヶ月の中学生だった場合について、訴訟行為能力を認めている[243]。結局は、具体的事案ごとに

---

[234] 札幌高判昭28・8・24高刑集6巻7号947頁。

[235] 大判大13・4・5刑集3巻306頁。

[236] 大判大14・5・13刑集4巻301頁。

[237] 大判明45・5・27刑録18輯676頁、最三小判昭45・12・22刑集24巻13号1862頁。

[238] 大判昭14・2・7刑集18巻20頁、千葉地判昭57・5・27判時1062号161頁。

[239] 最三小決平7・4・4刑集49巻4号563頁。

[240] 最二小決昭35・12・22刑集14巻14号2204頁。

[241] 大判昭12・12・23刑集16巻1698頁、大判昭14・2・7刑集18巻20頁。

[242] 大判明37・4・7刑録10輯766頁、大判大7・7・17刑録24輯980頁。

[243] 最一小決昭32・9・26刑集11巻9号2376頁。

ケース・バイ・ケースで判断せざるを得ないが、被害者の訴訟行為能力に疑問がある場合には、親権者等の告訴を得ておくことが望ましい。

なお、告訴は、告訴人の自由意思によることが必要であるが、必ずしも自発的であることを要せず、他人の誘導によるものであってもかまわない[244]。また、告訴をするに至った動機が何かも問わない[245]。

Ⅳ　告訴の効果

1　告訴の法的効力

告訴は、非親告罪については捜査の端緒となるにすぎないから、捜査機関は、告訴の有無にかかわらず捜査することができる。親告罪の告訴がない場合についても、判例は、任意・強制を問わず、必要があれば捜査することができるとしているが[246]、被害者の名誉保護や被害軽微という親告罪の立法趣旨を踏まえ、強制捜査には慎重を期すべきであると解するのが通説である。

告訴は、親告罪においては訴訟条件とされている。したがって、親告罪について有効な告訴がないときは、検察官は公訴を提起することは許されず、もし誤って公訴が提起されても、裁判所は実体審理を行わず、公訴棄却の判決をすることになる（刑訴338条4号）。

これに対し、少年審判においては、全件送致主義、審判前置主義の原則（少年41条、少年42条）がとられていることから、親告罪であっても告訴を要しないとされている[247]ため、家庭裁判所は告訴なしでも保護処分をなすことができるが、いわゆる逆送決定（少年20条）をなすことはできないと解されている。

2　その他の法的効力

親告罪の告訴は、訴訟条件という消極的機能を持つにとどまるから、告訴があったからといって検察官が起訴を強制されるわけではない[248]。

なお、告訴人の意思を尊重するための手続として、起訴・不起訴の通知（刑訴260条）、不起訴理由の告知（刑訴261条）、付審判請求手続（刑訴262条）が規定されているほか、検察審査会の制度が設けられている。

他方、不当な告訴に対する抑制策として、刑法に虚偽告訴罪（刑172条）が設

---

[244]　大判大5・5・8刑録22輯703頁。

[245]　大判昭6・9・7刑集10巻435頁。

[246]　大判明37・7・8刑録10輯1560頁、大判昭8・9・6刑集12巻1593頁、最三小決昭35・12・23刑集14巻14号2213頁。

[247]　東京高決昭29・6・30高刑集7巻7号1087頁、大阪高判昭39・9・18家月17巻5号90頁。

[248]　議院証言法による告発（判例により、訴訟条件とされている）に関し、最三小判平4・9・18刑集46巻6号355頁。

けられているほか、告訴事件について被告人が無罪や免訴になった場合に、故意または重大な過失があった告訴人に対する訴訟費用の負担（刑訴183条）の規定が置かれている。その他、民891条2号（相続欠格事由）、民965条（受遺欠格事由）参照。

3　告訴の追完及び付款

　親告罪につき告訴のないまま起訴がなされたが、その後公訴棄却の判決前に有効な告訴がなされた場合、あるいは、非親告罪として告訴のないまま起訴された事件につき、審理の過程で親告罪であることが判明し、その段階で有効な告訴がなされた場合、裁判所はいかに対応すべきであろうか。これが、**告訴の追完**の問題である。

　判例の中には、前者の場合につき、告訴の追完を認めず、公訴棄却の判決で手続を打ち切ったものもある[249]。しかし、他方で、被害者を異にする2つの名誉毀損の事実が観念的競合の関係にあり、その両者について公訴提起されたが、その一方につき有効な告訴が欠けていた場合でも、後に適法な告訴がなされれば告訴の追完が認められ、その部分についても審判することができるとした裁判例[250]や、起訴状記載の訴因が親族相盗（刑244条1項後段）にあたるのに告訴を欠いていた場合でも、非親告罪たる窃盗の訴因に変更されたときは起訴手続は無効にならないとした判例[251]も存在する。

　学説の多くは、訴訟の動的性格や訴訟経済の観点から、告訴の追完を肯定している。要は、告訴の追完の時期、審理経過、親告罪の訴因の認定が可能になった時期やその理由等を総合判断して、最終的には、その手続での刑罰権の行使を是認しうるか、という観点から判断すべきであろう[252]。

　ちなみに、訴訟行為には、条件その他の付款を付しえないのが原則であり、これは告訴についてもあてはまる。ただ、最終的には、付款が告訴の要素となっているか否かによって、告訴が全体として無効なのか、それとも付款の部分だけが無効となるのかを判断することになろう。

（多田辰也）

---

[249]　大判大5・7・1刑録22輯1191頁。

[250]　東京地判平9・9・25判タ984号288頁。

[251]　最二小決昭29・9・8刑集8巻9号1471頁。もっとも、親告罪か否かはある程度審理してみなければ把握できないことを理由としていたとも解される。

[252]　東京地判昭58・9・30判時1091号159頁は、窃盗罪で起訴された後、親告罪の器物損壊罪と判明した場合、その旨の訴因変更がなされた時点で告訴がなされていればよいとして、告訴の追完を認めた。

（告訴権者２）
第231条　被害者の法定代理人は、独立して告訴をすることができる。
②　被害者が死亡したときは、その配偶者、直系の親族又は兄弟姉妹は、
告訴をすることができる。但し、被害者の明示した意思に反することは
できない。

I　本条の趣旨

本条は、被害者が制限能力者であったり、または告訴をしないで死亡した場
合に、被害者保護の観点から、一定範囲の者に告訴権を与えた規定である。

II　法定代理人の告訴権

被害者が制限能力者である場合の告訴権者は、法定代理人である。

1　「法定代理人」の意義

「法定代理人」とは、親権者（民818条）及び後見人（民839条ないし民841
条）をさし、財産管理人（民25条）や破産管財人（破産7条）は含まれない。
また、実父であっても法律上の父親でない者や、いわゆる継母は、告訴権を持
たない[253]。親権者が2人いるときは、刑訴28条の趣旨に従い、各自が単独で
告訴することができる[254]。法定代理人の地位は告訴時にあればよく、被害時
にその地位にあることを要せず、また、告訴後にその地位を喪失しても、告訴
の効力に影響しない。

なお、本条は、被害者本人の告訴権を排除する趣旨ではないから、被害者が
制限能力者であっても、告訴の能力を有するときは、刑訴230条により告訴す
ることが可能である。

2　法定代理人の告訴権の性質

「独立して」とは、本人の意思とは無関係にという意味であるから、法定代
理人は、被害者の明示の意思に反しても告訴することができる。ただ、この法
定代理人の告訴権の法的性質が固有権なのか独立代理権なのかについて、見解
が分かれている。判例は、旧法以来固有権説をとっている[255]。したがって、

---

[253]　大判昭5・12・23刑集9巻949頁。

[254]　最二小決昭34・2・6刑集13巻1号49頁。

[255]　大判大10・4・2刑録27輯237頁、大判昭8・7・20刑集12巻1367頁、最二小決昭
28・5・29刑集7巻5号1195頁。

法定代理人は、被害者が告訴権を失った場合でも有効に告訴できるし、法定代理人がなした告訴を被害者本人が取り消すことはできない。

Ⅲ　配偶者等の告訴権

被害者が告訴しないで死亡したときの告訴権者は、配偶者、直系の親族または兄弟姉妹である（ただし、刑訴233条2項参照）。

1　「配偶者等」の意義

配偶者等の地位にあるか否かは民法の規定により（民725条ないし民729条）、被害者の死亡当時を基準に判断される。したがって、配偶者については、被害者の死亡後に再婚しても告訴権を失うことはない。

2　配偶者等の告訴権の性質

配偶者等の告訴権の法的性質についても、見解が対立している。しかし、本条2項但書からも明らかなように、被害者の明示の意思に反することができない固有権というのは概念的に矛盾するし、死亡した被害者の告訴権を代理行使するという構成も技巧的すぎる。そもそも、制限能力者の保護を図るための1項と救済措置を定めたにすぎない2項とでは規定の趣旨が異なる。したがって、配偶者等の告訴権については、告訴しうる立場にありながら告訴しないで死亡した被害者の地位を配偶者等が承継したと捉える、いわゆる承継的固有権説が妥当であろう。この見解によれば、被害者が告訴権を失った後に死亡した場合には、配偶者等は告訴することができないことになる。

ちなみに、被害者の意思の内容は、告訴したくないということである。意思の明示の相手方及び方法を問わないが、意思内容が明確なものでなければならない。被害者の明示の意思に反してなされた配偶者等の告訴は、無効である。

（多田辰也）

（告訴権者3）
第232条　被害者の法定代理人が被疑者であるとき、被疑者の配偶者であるとき、又は被疑者の四親等内の血族若しくは三親等内の姻族であるときは、被害者の親族は、独立して告訴をすることができる。

Ⅰ　本条の趣旨

本条は、被害者の法定代理人が当該犯罪の被疑者であったり、または被疑者と特別な身分関係があるため、被害者と法定代理人との利害が対立し、適正な

告訴権の行使が期待できない場合に、前条を補充し告訴権者を広げることによって、制限能力者である被害者の保護を図ることを目的に設けられた規定である。

ちなみに、本条によって被害者の親族に告訴権が認められても、法定代理人自身が被疑者である場合を除いて、法定代理人の告訴権が消滅するわけではない。

Ⅱ　身分関係の存在

被害者と法定代理人との間の身分関係の存在は、告訴時点を基準に判断すべきものであり、犯罪時にこれらの関係があったかどうかは問わない。したがって、被害者がすでに死亡し、法定代理関係が終了している場合には、本条ではなく前条（刑訴231条2項）が適用される。また、親権者たる法定代理人が2人いるときは、その一方に本条所定の事由があればよい。

なお、被疑者と法定代理人とが配偶者、4親等内の血族または3親等内の姻族の関係にあるかは、民法の規定によって判断される。

Ⅲ　親族の告訴権

1　「親族」の範囲

本条によって告訴権が附与される「親族」の範囲は、民725条による。また、この場合の親族関係も、告訴時に存在すればよい。

2　親族の告訴権の性質

「独立して」とは、被害者本人及びその法定代理人の意思とは無関係にという意味であるから、親族は、自らの判断で告訴することができる。親族の告訴権の法的性質をどう捉えるかについては争いがあるが、前条1項の法定代理人の場合と同じく、固有権と解するのが妥当である。

（多田辰也）

（告訴権者4）
第233条　死者の名誉を毀損した罪については、死者の親族又は子孫は、告訴をすることができる。
②　名誉を毀損した罪について被害者が告訴をしないで死亡したときも、前項と同様である。但し、被害者の明示した意思に反することはできない。

I　本条の趣旨

　死者の名誉を毀損する罪（刑230条2項）は親告罪とされているが（刑232条1項）、死者自身は告訴することができないので、刑訴230条に対する特則として本条1項を設け、「死者の親族又は子孫」に告訴権を与えるとともに、これと権衡をはかる意味で、名誉毀損罪の被害者が告訴をしないで死亡した場合について、刑訴231条2項の特則として本条2項を設けたものである。

　なお、刑231条の侮辱罪は含まれず、その場合は刑訴231条2項による。

II　告訴権者

　告訴権者は、死者の「親族」と「子孫」である。「親族」の範囲は、民法による（民725条ないし民729条）。「子孫」とは、血族たる直系卑属のすべてをいい、親等の制限はない。また、「子孫」については、実親子関係のほか、養親子関係も含まれる。問題となるのは、このような一定の身分関係がどの時点で存在することが必要か、という点である。その判断基準については、(a)被害者の死亡時とする説、(b)名誉を毀損された被害当時とする説、(c)被害者の死亡時と告訴時の2時点とする説、(d)名誉を毀損された被害当時と告訴時の2時点とする説が対立している。

　しかし、本条1項については、被害者の死亡後に行われた名誉毀損行為を対象とするから、被害者の死亡当時における身分関係は問題とならないし、また、本条1項は、前条（刑訴232条）よりも、むしろ刑訴231条2項と統一的に理解すべきものと思われる。したがって、一定の身分関係は、被害当事にあればよいと解する。

III　告訴権の性質

1　1項の場合

　死者に対する名誉毀損罪の保護法益については、(a)死者自身の名誉とする説、(b)遺族の名誉とする説、(c)遺族が死者に対して抱いている敬虔感情とする説、(d)死者に対する社会的評価という公共的法益とする説などが主張されているが、本条1項は、この論争とは無関係に、「死者の親族又は子孫」に告訴権を認めたものであり、その法的性質は固有権と解される。

2　2項の場合

　本条2項は、刑訴231条2項の特則として、名誉毀損罪の場合に限って告訴権者の範囲を拡大したものである。したがって、本条における告訴権の性質は、刑訴231条2項の場合と同様、承継的固有権と解すべきことになり、被害者が

告訴権を失った後に死亡した場合には、親族等は告訴できないことになる。また、身分関係の存在時期については、被害者の死亡時と解され、その後に身分関係の変動があってもかまわない。

なお、被害者の意思の内容は、告訴したくないということである。被害者の意思が何らかの方法で対外的に明らかになればよく、意思表示の方法や相手方は問わない。したがって、書面によると口頭によるとを問わないし、たとえば日記に記載するなど、相手方のいない場合でもよい。被害者の明示の意思に反してなされた告訴は、無効である。

（多田辰也）

（告訴権者の指定）
第234条　親告罪について告訴をすることができる者がない場合には、検察官は、利害関係人の申立により告訴をすることができる者を指定することができる。

I　本条の趣旨

告訴が訴訟条件となっている親告罪について、告訴することができる者が存在しない場合には、その罪を犯した者を訴追し、処罰することができなくなる。このような情況は、刑事司法の適正な運営という観点からは好ましくないため、利害関係人の申立てによって、検察官が告訴権者を指定することを認めたのが本条である。

II　指定の要件等

本条による告訴権者の指定は、親告罪につき「告訴をすることができる者がいない場合」に限られる。告訴権者がいない場合とは、刑訴230条ないし刑訴233条に規定する告訴権者がすべて死亡し存在しない場合のほか、存在しても告訴の能力を欠いている場合も含まれる。しかし、告訴期間の徒過等により告訴権者が告訴権を失った場合や、被害者本人が告訴しない旨の意思表示をした後に死亡した場合は、本条にはあたらない。

なお、刑訴230条ないし刑訴233条に規定する告訴権者がすべて生死不明または所在不明の場合に、告訴権者がいないといえるかが問題となる。失踪宣告（民30条）がなされていれば死亡と同視できるが、それ以外の事実上の行方不明にすぎない場合には、検察官の慎重な判断が要求されることになろう。

申立てができる利害関係人について特段の制限はなく、告訴をするについて事実上利害関係があれば、友人や恋人、告訴権のない親族、雇主、債権者等で

あってもかまわない。

検察官の指定権は、利害関係人の申立てがあった場合にのみ行使される。申立ての方式については何らの制約もないが、申立書を提出させるなどの方法で、これを明らかにしておくことが望ましい。

Ⅲ　指定権者及び告訴権者

申立てを受理し、本条の指定を行う検察官についての限定はない。実際上は、その事件を管轄する裁判所に対応する検察庁の検事正から指名された検察官が指定権を行使することになるが、指定権を行使するか否かは検察官の裁量によるし、誰を告訴権者として指定するかも検察官の裁量によるのであり、利害関係人の申立てに拘束されるわけではない。通常は申立てをした利害関係人を指定するであろうが、それ以外の者を指定してもよい。もっとも、指定は１人に限るべきであり、また、いったん指定した以上は、その取消しあるいは変更はできないと解される。

告訴権者の指定を受けた者は、これを辞退することができる。また、仮に指定を受諾した場合でも、告訴の義務を負うわけではなく、告訴するか否かを自由に判断することができる。さらに、いったんした告訴を取り消すこともできる。

(多田辰也)

（告訴期間）
第235条　親告罪の告訴は、犯人を知つた日から六箇月を経過したときは、これをすることができない。ただし、刑法第二百三十二条第二項の規定により外国の代表者が行う告訴及び日本国に派遣された外国の使節に対する同法第二百三十条又は第二百三十一条の罪につきその使節が行う告訴については、この限りでない。

Ⅰ　本条の趣旨

本条は、親告罪の**告訴期間**について規定したものである。親告罪については有効な告訴の存在が訴訟条件とされているので、告訴権の行使期間を無制限に認めると、国家刑罰権の発動が私人である告訴権者の意思によっていつまでも不安定な状態におかれるだけでなく、被疑者の人権保障上も問題が生じる。そこで、本条は、親告罪の告訴期間を定め、その期間経過後は告訴できないものとしたのである。告訴期間経過後になされた告訴は、無効である。

ちなみに、告発または請求を待って論じる罪については、告発や請求は訴訟

条件となるが、告発権者等は国の機関等であるので、期間の制限は設けられていない。

Ⅱ 告訴期間

1 起算点

告訴権者が「犯人を知った日」である。告訴は本来犯罪事実に対するものであるから、それが特定されれば告訴は可能である。しかし、親告罪においては、告訴権者が告訴するか否かを決めるにあたって、犯人が誰であるかが重要な意味を持つことが多いため、「犯人を知った日」が告訴期間の起算点とされている。もっとも、行為の相手方を知っていても、被害事実を認識していなければ犯人を知ったとはいえないから、その場合は、被害を確定的に認識した時点が起算点となる[256]。

2 「犯人を知った」の意義

告訴権者において、犯人の住所、氏名等の詳細を知る必要はないが、少なくとも犯人の何人たるやを特定しうる程度に認識することは必要である[257]。もちろん、単に知りうべきであったというだけでは足りず、現実に知ることが必要である。もっとも、具体的事案においてどの程度の認識があればよいのかは、必ずしも明確でない。告訴権者が面割などで犯人を特定できればよいとの見解もみられるが、本条の趣旨からすれば、告訴権者が告訴するか否かを決定しうる程度に犯人に関する知識を得たことが必要である[258]。なお、犯人が複数いる場合は、正犯者たると教唆者、幇助者たるとを問わず、そのうちの1人を知れば、犯人を知ったことになる。もっとも、親族相盗例の適用のある相対的親告罪については、性質上身分関係のある当該犯人を知る必要がある。

3 犯人を知った「日」の意義

当該犯罪終了後において、告訴権者が、犯人が誰であるかを知った日をいう。犯罪行為継続中になされた告訴も有効ではあるが、告訴権者が犯罪継続中に犯

---

[256] 広島高判平2・12・18判時1394号161頁、広島高判平11・10・14判時1703号169頁。

[257] 最三小決昭39・11・10刑集18巻9号547頁。

[258] 東京高判昭39・4・27高刑集17巻3号295頁、東京高判平9・7・16高刑集50巻2号121頁等参照。

人を知ったとしても、その日が告訴期間の起算点となるわけではない※259。犯罪行為の終了が前提となるから、結果犯については結果発生時、包括一罪については最終行為終了時が基準となる。牽連犯については、全体を通じて最終の犯罪行為が終了した時点を基準とする説と、各罪ごとにその終了時を基準とする説とが対立しているが、前説が妥当である。教唆犯、幇助犯については、その正犯の犯罪行為終了時が基準となる。

4 告訴権者が複数の場合

　同一犯罪につき、被害者たる告訴権者が数人あるときは、各自が犯人を知った日が、それぞれ告訴期間の起算点となる。告訴権者と法定代理人とで犯人を知った日が異なる場合、法定代理人の告訴権を固有権と解する判例の立場からは、それぞれについて起算点が異なることになる※260。

5 期間の計算

　親告罪の告訴期間は、「犯人を知った日」から6ヶ月である。期間の計算については、初日は算入されず、末日が土曜日、日曜日または祭日等の場合には、その翌日が末日となる（刑訴55条）。なお、法定期間の延長に関する刑訴56条の規定は、告訴期間には適用がない。

Ⅲ 例外

1 強制わいせつ罪等についての告訴（改正前）

　強制わいせつ罪（刑176条）、強姦罪（刑177条）、準強制わいせつ罪・準強姦罪（刑178条）、営利目的等拐取罪（刑225条）、営利目的等拐取幇助目的被拐取者収受等の罪（刑227条1項）、営利目的等被拐取者収受等の罪（刑227条3項）またはこれらの罪の未遂罪については、従前、親告罪とされていたが、2000（平成12）年法律第74号により告訴期間の制限が撤廃された。その理由は、これらの犯罪については、被害者が受けた精神的ショックが非常に大きいことなどから、告訴するか否かの意思決定を短期間で行うことが困難な場合があると判断されたためである。しかし、これらの性犯罪を親告罪とすることは、かえって被害者に精神的負担を生じさせる等の理由から、2017（平成29）年の刑法の

※259 最二小決昭45・12・17刑集24巻13号1765頁。なお、大阪高判平16・4・22高刑集57巻2号1頁は、インターネット上のホームページに他人の名誉を毀損する記事を書き込んだ事案について、記事が削除されないままであれば、被害発生の抽象的危険性は維持されたままであるから、犯罪は終了しないとして、その間に告訴期間の開始を認めなかった。

※260 大判昭8・7・20刑集12巻1367頁。

一部改正（法律第72号）により、これらの性犯罪については非親告罪とされ、被害者の告訴は不要となったことに伴い、本条の性犯罪についての告訴期間に関する規定（改正前の本条1項1号及び2項）も削除された。

2　外国の代表者等が行う告訴

外国の君主または大統領に対する名誉毀損罪や侮辱罪につき、その国の代表者が行う告訴や、わが国に派遣された外国の使節に対する名誉毀損罪や侮辱罪につき、その使節が行う告訴については、かねてより告訴期間の制限を設けていない。これは、外交関係の重要性を考慮したためである。

（多田辰也）

（告訴期間の独立）
第236条　告訴をすることができる者が数人ある場合には、一人の期間の徒過は、他の者に対しその効力を及ぼさない。

I　本条の趣旨

本条は、親告罪について告訴権者が数人ある場合には、告訴期間はそれぞれの告訴権者ごとに「犯人を知った日」から起算され、そのうちの1人について告訴期間を徒過し告訴権を喪失するという事態に至っても、他の告訴権者の告訴権には影響がないことを規定したものである。

告訴するか否かは告訴権者の自由意思に委ねられるべきものであることからすれば、本条は、当然の理を規定したものといえる。なお、本条は前条を受けた規定であるから、当然親告罪に関する規定である。

II　本条の適用

本条は、固有権としての告訴権を有する者が数人存在する場合に関するものと解される。その典型例は、犯罪被害者である本来の告訴権者が数人ある場合である。たとえば、共有物に対する器物損壊罪の被害者としての共有者数名や、窃取された財物の所有者と占有者などである。

これに対し、犯罪被害者たる本来の告訴権者と法定代理人またはこれに代わる者との間、あるいは数人の法定代理人等相互間においても本条の適用があるかについては、法定代理人等の告訴権の性質をいかに解するかという問題とからんで争いがある。判例は、法定代理人の告訴権は独立代理権ではなく固有権

であるとして、被害者本人と法定代理人との間[261]だけでなく、数人の法定代理人相互間[262]においても、本条の適用を認める。

（多田辰也）

> **（告訴の取消し）**
> **第237条**　告訴は、公訴の提起があるまでこれを取り消すことができる。
> ②　告訴の取消をした者は、更に告訴をすることができない。
> ③　前二項の規定は、請求を待つて受理すべき事件についての請求についてこれを準用する。

I　本条の趣旨

　本条は、親告罪についての告訴の取消しならびにその効果について規定したものである。告訴を訴訟条件とする親告罪においては、国家刑罰権の発動について、被害者である告訴権者の意思が尊重されているが、これらを完全に被害者の意思に委ねることは、適正かつ公平であるべき刑罰権の行使に支障をきたし、法的安定性を害するだけでなく、被疑者を著しく不安定な立場に置くことになる。そこで、本条は、いったん行った告訴の取消しを認めつつも、その時期を制限し、かつ取消し後の再度の告訴を禁止したのである。請求を待って受理すべき事件についても、同様の制限を設けている。

　ちなみに、本条は非親告罪については適用がないと解される。したがって、非親告罪の告訴は、いつでも取り消しうるし、取消し後の再告訴も可能である。

II　取消権者

　告訴の取消権者は、当該告訴をした者である。告訴権者が告訴後に死亡したときは、当該告訴を取り消しうる者はいなくなる[263]。告訴した者が数人あるときは、他の告訴権者のした告訴を取り消すことはできない。これは、複数の被害者相互間についてだけでなく、法定代理人相互間でも同様である。また、判例は法定代理人の告訴権を固有権と捉えているから[264]、法定代理人のした告訴を被害者本人が取り消すことはできない。被害者本人がした告訴を法定代理人が取り消すことはもちろんできないが、法定代理人が被害者本人からの委

---

[261]　最二小決昭28・5・29刑集7巻5号1195頁。
[262]　広島高判昭30・6・3判時56号26頁。
[263]　大判昭12・12・23刑集16巻1698頁。
[264]　最二小決昭28・5・29刑集7巻5号1195頁。

任に基づく代理人として、告訴を取り消すことは可能である[265]。

Ⅲ　取消し時期

1　公訴提起と取消し

告訴の取消しは、「公訴の提起があるまで」、すなわち当該起訴状が裁判所に到達するまでに限られる。共犯者の1人に対して公訴の提起があれば、もはや他の者についても告訴の取消しはできない[266]。ただし、相対的親告罪の場合は、起訴された被告人以外の関係では、告訴の取消しを認めてもよいであろう。

公訴提起があっても、公訴棄却（刑訴338条、刑訴339条）や管轄違い（刑訴329条）の言渡しがあったとき、あるいは公訴提起が失効したとき（刑訴271条2項）には、再び公訴提起前の状態に戻るので、告訴の取消しも許される。

2　訴因の変更・追加と取消し

強姦罪が親告罪とされていた当時のものではあるが、被害者からの強姦致傷の告訴に基づき検察官が起訴した後、親告罪である強姦の訴因の予備的追加前に、当該告訴の取消しがあった事案について、告訴の取消しを無効とした裁判例がある[267]。しかし、非親告罪の告訴の取消しに時期的制限はないことからすれば、その結論には疑問が残る。

ちなみに、親告罪についての告訴がなされたものの、検察官が非親告罪で起訴した後、親告罪の訴因に変更されるなどした場合は、その時点で親告罪についての起訴がなされたと捉え、それ以降の告訴の取消しは許されないと解すべきであろう。

Ⅳ　告訴の取消し

1　取消しの意義

本条は、告訴の「取り消（し）」という表現を用いているが、有効に行われた告訴の効果を将来に向かって消滅させる訴訟行為の意味で用いられており、その性質は「撤回」である。

2　瑕疵ある意思表示

告訴した相手方が実際は真犯人だったのに犯人ではないと誤信した結果告訴を取り消した事案について、被害を受けた当該犯罪事実について錯誤がなけれ

---

[265] 高松高判昭27・8・30高刑集5巻10号1604頁。

[266] 大判昭3・10・5刑集7巻649頁。

[267] 東京高判昭33・11・12高刑集11巻9号550頁。

ば、告訴の取消しは有効であるとする判例がある※268。これを反対解釈すれば、告訴の対象となった犯罪事実そのものに錯誤があるときは、告訴の取消しが無効になるとも解しえよう。なお、意思無能力者の告訴の取消しや脅迫による告訴の取消しなど、意思表示に重大な瑕疵があると認められる場合には、告訴の取消しは無効というべきである。

3 告訴取消しの取消し

いったん告訴を取り消した場合には、その取消し行為をさらに取り消すことは許されない。ただし、告訴の取消しが捜査機関に到達する前、すなわち取消しの効果が発生する前であれば、告訴の取消しを事実上撤回することは許されよう※269。

4 告訴権の放棄

告訴権の放棄については、現行法上明文の規定はないが、判例は一貫してこれを消極に解している※270。

V 取消しの効果

本条2項の「告訴することができない」とは、告訴権を失うという意味である。一度告訴を取り消しておきながら、ふたたび同じ犯罪事実について告訴することを認めることは、私人の恣意により国家刑罰権の行使が左右され妥当でないからである。告訴不可分の原則は、告訴の取消しについても適用される（刑訴238条1項）。告訴が取り消されると、親告罪について訴訟条件が欠けることになる。

告訴権者が数人ある場合、1人が取消しによって告訴権を失っても、その他の者の告訴権には影響を及ぼさない。

VI 請求の取消し

告訴の取消しに関する規定は、請求を待って受理すべき事件についての請求に準用される。請求が訴訟条件とされるのは、現行法上、刑92条の外国政府の請求を待って論ずる事件、労調42条の労働委員会の請求を待って論ずる事件、義務教5条の学長等の請求を待って論ずる事件などがある。これらの事件については、請求の取消しは公訴提起前に限られ、請求を取り消した者は請求の権

※268 大判大11・2・28刑集1巻88頁。
※269 大判昭14・2・25刑集18巻49頁。
※270 大判昭4・12・16刑集8巻662頁、最三小決昭37・6・26判時313号22頁。

利を失い、再請求することはできないことになる。

なお、告発の取消しについては、刑訴239条の解説参照。

(多田辰也)

（告訴の不可分）
第238条　親告罪について共犯の一人又は数人に対してした告訴又はその取消は、他の共犯に対しても、その効力を生ずる。
②　前項の規定は、告発又は請求を待つて受理すべき事件についての告発若しくは請求又はその取消についてこれを準用する。

Ⅰ　本条の趣旨

本条は、親告罪についての告訴またはその取消しに関し、告訴不可分の原則を定めるとともに、その原則が告発または請求を待って受理すべき事件にも適用されることを規定したものである。

親告罪の告訴の効力は、原則として、犯罪事実の全体に及ぶものとされ、これを**告訴不可分の原則**という。告訴不可分の原則は、犯罪事実についての客観的不可分と、共犯者間における主観的不可分とからなる。本条は、このうち主観的不可分の原則についてのみ規定しているが、この原則自体、客観的不可分の原則を前提として導き出されるものであることからすれば、後者も理論上当然に認められているといえよう。

本条は親告罪についての規定であるが、非親告罪についても、原則として告訴の効力は不可分と解すべきであろう。

Ⅱ　客観的不可分

1　意義

一個の犯罪事実の一部について告訴または取消しがあった場合でも、犯罪事実の全部について効力が及ぶことを意味する。

2　適用範囲とその例外

客観的不可分の原則は、単純一罪及び包括一罪についてはそのまま適用される[271]。科刑上一罪についても、原則として適用を認めてよい[272]。しかし、

---

[271]　東京高判昭33・5・31高刑集11巻5号257頁（包括一罪）。

[272]　最三小決昭38・3・19刑集17巻2号102頁（観念的競合）、東京高判昭45・12・3刑月2巻12号1257（牽連犯）。

科刑上一罪は実体的には本来数罪であるため、つぎのような例外が認められている。

例外の第1は、科刑上一罪を構成する各罪が親告罪で、しかも被害者を異にする場合である。たとえば、一通の文書でA、B2名の名誉を毀損した場合、Aの告訴の効力は、Bに対する名誉毀損の事実には及ばない[273]。

例外の第2は、被害者は同一であるが、科刑上一罪を構成する各罪の一部が親告罪であり、被害者が非親告罪に限定する趣旨で告訴した場合である。たとえば、住居侵入と強制わいせつ（2017（平成29）年法律第72号により非親告罪となった）の事例において、被害者が住居侵入の事実のみに限定して告訴したことが明らかな場合がこれにあたる（もっとも、これは「親告罪の告訴」の問題ではない）[274]。

ちなみに、上記例外のように、告訴の効力が科刑上一罪の一部に限定されたとしても、その部分についての判決が確定すれば、残された部分（Bに対する名誉毀損や強制わいせつ）についても起訴はできなくなる。

3　一罪の一部起訴

親告罪の構成要件の一部をなす行為が非親告罪に該当する場合、たとえば、かつては、強姦について告訴がないのでその一部である暴行で起訴することができるかという問題があった。この場合も客観的不可分の原則の問題として論じられることがあるが、これは、訴因制度と検察官の訴追裁量の問題である。

Ⅲ　主観的不可分

1　意義

共犯の1人または数人に対してした告訴または取消しの効力は、共犯者全員に及ぶことを意味する。この原則の根拠については、告訴は犯罪事実を特定して訴追を求める制度であって、犯人を特定する必要はない点に求めるのが通説であるが、告訴権者の恣意的な選択による不公平を避けるためであることも理由として挙げられる。

なお、本条は、「共犯の1人又は数人に対してした告訴」という文言を用いているが、これはそのような特殊な告訴を認める趣旨ではなく、告訴が事実上犯人を指定して行われる場合が多いという実態を踏まえ、仮にそのような告訴がなされても、その指定に意味はなく、当該告訴の効力は犯人のすべてに及ぶことを定めたものと解すべきである。

---

[273] 名古屋高判昭30・6・21高刑特2巻13号657頁。なお、東京高判昭30・4・23高刑集8巻4号522頁参照。

[274] 浦和地判昭44・3・24刑月1巻3号290頁も、このこと自体は認めている。

2 共犯の意義

本条にいう「共犯」には、共同正犯、教唆犯、幫助犯のほか、必要的共犯も含まれるとするのが通説である。同時犯や共同過失犯、さらには両罰規定が適用される場合の事業主も含まれると解する[275]。

3 共犯認定の時期

告訴またはその取消しの効力は共犯者全員に及ぶので、「共犯」にあたるか否かを、どの段階を基準に判断するかが問題となる。第1は、被害者がA、B両者を共犯と考え告訴したが、その後Bに対する告訴を取り消したため、検察官がAのみを起訴したところ、審理の結果裁判所はAの単独犯と認定した場合、Bに対する告訴取消しの効力はAにも及ぶのであろうか。第2に、捜査段階ではC、Dによる共犯ではないとされており、被害者も、C及びDによる別個の犯罪であるとして両者を告訴し、その後Dに対する告訴を取り消したため、検察官がCのみを起訴したところ、審理の結果裁判所がC、Dの共犯であるとの心証を得た場合、Dに対する告訴取消しの効力はCにも及んでいたと解すべきであろうか。

第1の設例の場合、親告罪の告訴は犯罪事実に対するものであり、告訴人の行った犯人の指定は意味をなさないから、告訴が取り消された以上、もはやAに対する起訴は許されないはずである[276]。もっとも、A、B共謀による強姦としての告訴があった後に、Bに対する告訴が取り消されたとしても、審理の結果共謀はなく各自の単独犯行であることが明らかになった場合には、Bに対する告訴の取消しの効力はAには及ばないと解される[277]。

第2の設例の場合、告訴及びその取消しの時点では、告訴の基礎となる犯罪事実はそれぞれ別個のものとして取扱われていたのであり、告訴人の真意もDに対する告訴のみを取り消す趣旨であったことは明らかであるから、その取消しの効力はCには及ばないと解すべきである。要は、告訴人の恣意的選択を許すのでなければよい。

4 主観的不可分の例外等

主観的不可分の原則は、絶対的親告罪については常に妥当するが、親族相盗例のように身分関係の有無に基づいて親告罪とされている相対的親告罪につい

---

[275] 親告罪について両罰規定が置かれる場合には、主観的不可分に関する規定が設けられることが多い。たとえば、著作124条3号、放送57条2号等。

[276] ただし、Bに対する告訴の取消しが、犯罪自体についての告訴を取り消す趣旨ではないことが明らかな場合には、Aに対する起訴を有効と解しえようか。大判昭13・2・28刑集17巻141頁参照。

[277] 大阪高判昭40・9・28下刑集7巻9号1794頁。

ては、例外が認められ、非身分者に対する告訴の効力は身分関係のある共犯者には及ばない（もっとも、この場合は「親告罪の告訴」ではないともいえる）。ただし、共犯者全員が身分関係を有する者である場合には、主観的不可分の原則がそのまま妥当する。

なお、主観的不可分の原則に関連して、共犯者の1人が起訴された後、まだ起訴されていない他の共犯者に対する告訴の取消しが許されるかが問題とされている。判例は取消しは許されないとしており[278]、通説もこの結論を支持している。

Ⅳ　告発または請求の不可分

「告発を待って受理すべき事件」につき刑訴239条の解説参照。「請求を待って受理すべき事件」につき刑訴237条の解説参照。

本条2項は、直接的には主観的不可分の原則のみを準用しているが[279]、客観的不可分の原則も当然に準用される[280]。

（多田辰也）

> **（告発）**
> **第239条**　何人でも、犯罪があると思料するときは、告発をすることができる。
> **②**　官吏又は公吏は、その職務を行うことにより犯罪があると思料するときは、告発をしなければならない。

Ⅰ　本条の趣旨

本条は、告発権者及び告発義務者について定めたものである。告発は、一般的には権利にすぎないが、公務員がその職務を行うことにより犯罪を発見したときは、告発の義務を負う。

---

[278]　大判昭3・10・5刑集7巻649頁。

[279]　最三小判昭30・2・8刑集9巻2号207頁。

[280]　最三小決昭30・11・1刑集9巻12号2353頁、最三小決昭38・3・19刑集17巻2号102頁、最三小判平4・9・18刑集46巻6号355頁。

II　告発の意義・要件

1　告発の意義

　告発とは、犯人、告訴権者及び捜査機関以外の第三者が、捜査機関に対し犯罪事実を申告して、その犯人の訴追を求める意思表示である。

　告発には犯罪事実の申告を必要とするから、いかなる犯罪事実について訴追を求めるのかが示されていなければならない[281]。もっとも、犯罪事実の特定は、他の犯罪事実と区別しうる程度で足りるし[282]、その判断に際しては、告発状のみではなくその他の参考資料を加えることも許される[283]。また、告発には、罪名・罰条等の指定も犯人の特定も必要ない。さらに、告発状の形式に瑕疵があっても、それが告発人の真意に基づくものであることが推認できれば、告発は有効である[284]。

　なお、告発は、告発人の具体的表示が必要であるから、匿名の投書や氏名を秘しての密告は告発とはいえない。

2　告発の要件

　私人が行う告発については特段の要件はないが、公務員による告発には、一定の要件が具備されて初めて有効となるものがある。たとえば、間接国税に関する犯則事件や関税法違反事件については、原則として通告処分がなされ、それが不履行であったことが告発要件とされている。要件を具備しなければ、その告発は無効となる[285]。

III　告発権者

1　一般犯罪の場合

　「何人でも」と規定しているので、一般の犯罪については、理論上誰でも告発することができる。もっとも、被害者等には告訴（刑訴230条以下）が、犯人には自首（刑訴245条）が認められているから、告発権者から除外される。捜査機関は、犯罪があると思料するときは自ら捜査をなすべき立場にあるから、やはり告発権者ではない。特別司法警察職員も、その職務上取扱うことができる犯罪については、告発権を有しない。

　告発権者は、自然人に限らない。公私の法人でも、さらには法人格のない社

---

[281]　広島高判昭26・11・22高刑集4巻13号1926頁。
[282]　東京高判昭28・4・1高刑集6巻4号452頁。
[283]　高松高判昭27・6・27高刑集5巻8号1322頁。
[284]　最二小判昭59・2・24刑集38巻4号1287頁。
[285]　最三小判昭47・10・24刑集26巻8号455頁。

団・財団でも告発することができる※286。

2 告発が訴訟条件である犯罪の場合

告発は、一般的には捜査の端緒にすぎないが、一定の犯罪については訴訟条件とされ、告発権者が制限されている。独禁89条から独禁91条までの罪についての公正取引委員会（独禁96条）、公選253条1項の罪についての選挙管理委員会（公選253条2項）、関税法違反事件についての税関職員等（関税140条）のように、明文規定のある場合もあるが、解釈上認められる場合もある。間接国税に関する犯則事件についての収税官吏等（国税13条、14条、17条）※287、議院証言法違反事件についての議院等（議院証言8条）※288などである。

IV 告発の手続・効果

1 一般的な手続・効果

告発の手続・効果は、基本的に告訴の場合に準じる。すなわち、告発は「書面又は口頭で検察官又は司法警察員」に行うこと（刑訴241条）、告発を受けた司法警察員の検察官への送付（刑訴242条）、検察官による起訴・不起訴等の通知（刑訴260条）、不起訴理由の告知（刑訴261条）、告発人の準起訴手続請求（刑訴262条）、検察審査会への審査請求（検審2条2項、検審30条）の規定が適用される。不当な告発に対する抑制策として、虚偽告訴等罪（刑172条）や告訴人等の訴訟費用の負担（刑訴183条）の規定も適用される（その他、民891条2項、民965条等参照）。

2 告訴との相違

告発は代理人により行うことができず、期間の制限もない。私人のなした告発の取消しに関しては、刑訴238条2項及び刑訴243条の趣旨から取消しが認められ、しかも刑訴237条1項、刑訴237条2項の準用がないので、取消し時期の制限も取消し後の再告発の禁止もないと解されている。

これに対し、告発が訴訟条件とされている場合の取消しに関しては、独禁96条4項（取消しを起訴前に限る）や関税140条5項（取消しを認めない）以外の場合について、学説上争いがある。しかし、刑訴238条2項は、告発が訴訟条件となる場合にも取消しができることを前提とした規定である以上、起訴後の取消しも、取消し後の再告発も許されると解すべきであろう※289。

※286 最三小決昭36・12・26刑集15巻12号2058頁は、弁護士会の告発権を認めた。
※287 最一小判昭28・9・24刑集7巻9号1825頁。
※288 最大判昭24・6・1刑集3巻7号901頁。
※289 東京高判昭28・6・26高刑集6巻9号1159頁。

3 不可分の原則

　告発が訴訟条件とされている犯罪に関しては、不可分の原則が準用される（刑訴238条2項）。もっとも、通告処分前置主義をとっている関税法違反事件等については、主観的不可分の原則をそのまま適用すると、他の共犯者から通告処分を履行し起訴を免れる機会を奪うことになるとの指摘もみられるが、立法的に解決すべき問題であろう。

V　公務員の告発義務

1　「官吏・公吏」の意義

　「官吏又は公吏」とは、国家公務員及び地方公務員を指す。ただし、捜査機関や捜査機関に準じる捜査権者は含まれない。法令により職務に従事する職員とみなされる者（刑訴268条3項、弁護士54条2項等参照）も含まれる。

2　職務の執行

　「職務を行うことにより」とは、犯罪の発見がその職務内容に含まれる場合及びその職務内容と密接に関連する場合をいい、職務執行に際してたまたま職務と関係のない犯罪を発見したような場合は含まれない。

3　規定の性質

　本条が公務員の告発義務を規定しているのは、刑事司法の適正な運用を図るために、各種行政機関に協力義務を課すとともに、告発に裏付けられた行政運営を行うことで、行政機能がより効果的に発揮されることを期待する趣旨による。したがって、本条の性質については、訓示規定ではなく、義務規定と解すべきであろう。

　もっとも、義務規定と解した場合でも、当該公務員の職務の執行上正当とみられる範囲内の裁量を禁ずるものではない。また、公務員に守秘義務が課される「職務上知ることのできた秘密」や「公務上の秘密」（国公100条、地公34条等）については、刑訴100条及び刑訴144条との均衡上、告発義務はないと解される。しかし、公益上の要請が非常に強い場合には、告発を行うべきであるし、告発したとしても、それは法令行為として、守秘義務違反にはあたらないと解する。

（多田辰也）

（告訴・告訴取消しの代理）
第240条　告訴は、代理人によりこれをすることができる。告訴の取消についても、同様である。

I 本条の趣旨

本条は、告訴及びその取消しの代理について規定したものである。

本条が告訴の代理のみを認めていることから、告発や請求について代理が許されるかが問題となる。しかし、私人は誰でも告発できるし、公務員等の行う告発や請求については、性質上代理は不適当である。代理は許されないとする通説が妥当である。自首については、その性質上代理は許されないと解される。

II 「代理人」の意義

委任に基づく任意代理人を意味する。法定代理人には刑訴231条1項が適用されるし、法人の代表者は、告訴権者たる法人の機関として告訴することができるから、本条の適用はない。代理人の資格については制限がないため、告訴についての訴訟能力を有する者であればよい。

代理人として告訴をするためには、告訴権者の授権を必要とする。授権は、あらかじめ概括的にすることもできるし、特定してすることもできる。なお、告訴について代理権を与えられた者が、当然に告訴の取消しができるわけではなく、取消しについての授権が別に必要である。もっとも、取消しを含めて包括的に委任することは差し支えない。

告訴のための代理権授与は、代理権の存在が実質的に証明されれば足りるから、常に委任状等の書面を必要とするものでもないし、告訴調書に「代理」の記載が必要なわけでもない※290。もっとも、告訴が訴訟条件となっている場合には、手続の確実性を期するため、委任の事実を書面によって証明するのが望ましい（犯罪捜査規範66条参照）。

III 代理の範囲

本条の規定する告訴の代理は、告訴権者の告訴意思を代理人が表示する表示代理に限られるのか、それとも告訴するか否かの意思決定をも代理人に委任する意思代理をも含むかについては争いがみられる。告訴権が一身専属的なものである点を強調すれば前者に、本条が特に設けられた意味等を強調すれば後者に結びつく。判例※291・通説は、意思代理を含むとしている。なお、代理人と使者とは区別すべきで、使者によることは当然に許される。

※290　最二小判昭35・8・19刑集14巻10号1407頁。

※291　東京高判昭40・2・19高刑集18巻2号75頁。

Ⅳ 代理の効果

代理の効果は、告訴権者に帰属する。したがって、代理人が告訴した場合でも、刑訴260条の通知や刑訴261条の告知は告訴権者に対してなされ、刑訴262条の付審判請求も告訴権者が行うことになる。また、刑訴183条による訴訟費用も告訴権者が負担することになる。

Ⅴ 特殊な場合

刑232条2項の規定する「代わって」とは、代理を意味するものではなく、同条の告訴権者の地位の特殊性にかんがみ、内閣総理大臣等が独自の判断で告訴権を行使すべきものとした趣旨であると解されている。したがって、特別の授権を必要としないし、告訴等の効果も内閣総理大臣等に帰属する。

(多田辰也)

(告訴・告発の方式)
第241条 告訴又は告発は、書面又は口頭で検察官又は司法警察員にこれをしなければならない。
② 検察官又は司法警察員は、口頭による告訴又は告発を受けたときは調書を作らなければならない。

Ⅰ 本条の趣旨

本条は、告訴・告発の方式について規定したものである。もともとは告訴等が訴訟条件とされている場合の手続の明確性を確保しようとした規定であるが、その趣旨は、一般の告訴等の場合にも妥当する。

外国の代表者等が行う告訴等については、刑訴244条に特則がある。また、独占禁止法や関税法にも、告発の方式に関する特別規定が置かれている。

請求についても、本条を準用するのが妥当であろう（ただし、たとえば労調42条には特別の規定がある）。

Ⅱ 告訴状・告発状

書面による告訴等は、通常「告訴状」または「告発状」によって行われる。その形式に決まりはないから、犯罪事実の申告と犯人の訴追を求める意思表示

があり、告訴人等が明示されていれば足りる※292。外国語で記載した告訴状も有効であるが※293、これを裁判所に提出する場合、日本語の訳文を添付すべきことになる（裁74条）。

　告訴状等の作成に関し、裁判書類の作成に関する刑訴規58条等の適用があるかについては見解が分かれている。判例は、独禁法96条所定の告発状に関してではあるが、刑訴規58条の適用ないし準用を認めている※294。

　電報による告訴等については、本人の意思確認が困難であるとして、これを否定する見解もみられる※295。しかし、最近では、電報やファクシミリによる告訴等を認める見解も有力である。

Ⅲ　受理権者

　受理権者は、検察官と司法警察員であり、検察事務官や司法巡査は含まれない※296。もっとも、検察事務官等が書面の取次ぎをすることは可能であり、その場合には、書面が検察官等に到達したときに告訴等の効力が生じる。検察官または司法警察員であれば、その所属は問わないが、当該事件についての捜査権限を有しない特別司法警察員は、受理権限がないと解される。

　なお、独禁96条の告発は検事総長に（独禁74条1項）、関税法による告発は検察官（関税137条等）に対して行わなければならない。

　告訴等を受けた検察官等は、原則としてこれを受理する義務がある。

Ⅳ　告訴調書・告発調書

　告訴等を書面で行うか口頭で行うかは、告訴人等の自由である（例外は、独禁96条2項）。口頭の場合には、これを受けた検察官等は、「告訴調書」または「告発調書」を作成することになる。この調書は、その形式において一般の供述調書と異なるものではなく、そこに犯罪事実の申告と犯人の処罰を求める意思表示が録取されていれば、たとえ標題が「供述調書」でもかまわない※297。告訴等の趣旨が不明瞭なときは、告訴人等から補充の書面を提出させるか、または「補充調書」を作成する（犯罪捜査規範65条）。

※292　最一小決昭34・3・12刑集13巻3号302頁。

※293　大判明36・5・14刑録9輯738頁。

※294　最二小判昭59・2・24刑集38巻4号1287頁。

※295　上告申立てに関する大判大12・3・13刑集2巻186頁、大判昭7・1・27刑集11巻10頁参照。

※296　大阪高判昭26・2・5高刑集4巻2号100頁。

※297　最一小決昭34・5・14刑集13巻5号706頁。

第242条（告訴・告発を受けた司法警察員の手続）　*621*

　なお、本条2項は、告訴等が検察官等の面前で行われることを前提としているから、電話による告訴等は許されない[298]。

（多田辰也）

（告訴・告発を受けた司法警察員の手続）
第242条　司法警察員は、告訴又は告発を受けたときは、速やかにこれに関する書類及び証拠物を検察官に送付しなければならない。

I　本条の趣旨

　本条は、司法警察員が受理した告訴・告発事件について、検察官への送付手続を定めた規定であり、刑訴246条の特則をなす。

　本条は、この種事件の重要性にかんがみ、検察官になるべく初期の段階からの介入を期待したものであるが、立法論として一般事件と別異に取扱う必要があるのかについては、疑問も呈されている。

　ちなみに、本条は、告訴・告発が訴訟条件となっていない罪についても適用される。

II　「速やかに」の意義

　「速やかに」とは、刑訴246条本文の例外として、捜査の完結を待たないで、一応の捜査を遂げた段階で検察官に送付することを要求する趣旨である。したがって、告訴内容等の確認、提出された証拠の検討、関係者からの事情聴取など、少なくとも当該事件が刑事事件として成立しうるか否かを見極められる程度の捜査を行うことは可能である。送付前に被疑者を逮捕したり、捜索・差押え等の強制捜査を行うことも、必要があれば認められる。ただし、被疑者を逮捕した場合には、告訴・告発事件であっても、刑訴203条以下の規定が優先して適用される。

　ちなみに、「速やかに」というのは、あくまでも訓示規定であり、これに反したからといって送付手続が無効になるわけではない。

III　「送付」の意義

　本条の「送付」を刑訴246条の「事件の送致」と同義と解する説と、「送付」は事件そのものを残し書類と証拠物だけを検察官に送る処分だと解する説とが

---

[298]　東京高判昭35・2・11高刑集13巻1号47頁。

あるが、実質的差異はない。送付後は、検察官の具体的指揮（刑訴193条3項）を待つことになる。

Ⅳ　送付を受ける検察官

送付を受ける検察官は、事件の管轄裁判所に対応する検察庁の検察官ではなく、当該司法警察員の所属する官公署の所在地を管轄する地方裁判所または簡易裁判所に対応する検察庁の検察官を指すと解されている。送付先を誤った場合は、刑訴258条の規定により、検察庁内部の移送手続によって処理される。

Ⅴ　その他

告訴・告発事件は、本条によって必ず検察官に送付されなければならず、刑訴246条但書による送致義務の例外、つまり微罪処分は認められない。少年による罰金以下の刑にあたる犯罪については、少年41条に従い、司法警察員から直接家庭裁判所に送致すべきとする見解や、少年41条は捜査を遂げた場合の規定であるから、捜査完了前に告訴等があったときは本条が優先し、捜査完了後に告訴等があったときは少年法の規定が優先するとの見解も示されている。しかし、少年41条は刑訴246条の特則ではあっても、本条及び刑訴245条の特則ではないこと、告訴・告発事件については告訴人等に対する通知等（刑訴260条以下）の手続が保障されていることなどを考慮すれば、本条に従って検察官に送付するのが妥当であると解する[299]。

（多田辰也）

> **（準用規定）**
> **第243条**　前二条の規定は、告訴又は告発の取消についてこれを準用する。

Ⅰ　本条の趣旨

本条は、告訴・告発の取消しの方式及びこれに関する書類等の検察官への送付について、刑訴241条及び刑訴242条の準用を定めたものである。告訴・告発の取消しについても手続の明確性が要求されることから、同様の方式によることにしたのである。

なお、請求については規定がないので、便宜の方法によることになるが、本

---

[299]　高松家丸亀支決昭46・12・21家月24巻8号90頁。

条に準じた取扱いをするのが妥当であろう。

Ⅱ　取消しの方式等

　告訴・告発の取消しは、書面または口頭で、検察官または司法警察員にしなければならない。口頭による告訴・告発の取消しがあったときは、検察官または司法警察員は、調書を作成すべきことになる（以上、刑訴241条の準用）。この調書は、一般に「告訴取消調書」、「告発取消調書」と呼ばれる。

　司法警察員が告訴・告発の取消しを受けたときは、速やかに取消しに関する書類及び証拠物を検察官に送付しなければならない（刑訴242条の準用）。

Ⅲ　受理権者

　手続の明確性を考慮すれば、告訴・告発の取消しを受理する権限は、当該告訴・告発を受けた検察官または司法警察員、あるいは現に告訴・告発に係る事件を取扱っている検察官または司法警察員と同一の官公署に所属する検察官または司法警察員が有すると解すべきであろう[300]。

Ⅳ　取消しの効力発生時期

　取消しの効力は、取消しの意思表示が受理権限を有する検察官または司法警察員に到達したときに生じる。もっとも、受理権限を有しない検察官または司法警察員に対してなされた取消しが無効になるというわけではなく、その意思表示がそれらの者を経由して権限ある検察官等に到達したときに、その効力が生じるものと解される。

　なお、司法警察員が受けた告訴・告発に関する書類等が検察官に送付された後に、司法警察員が当該告訴・告発の取消しを受けた場合には、その時点で取消しの効力が生じる[301]。また、送付後に、検察官宛の告訴取消書等を司法警察員が受理した場合でも、その時点で取消しの効力が生じる[302]。そのため、検察官が取消しのあった事実を知らないまま公訴提起することのないよう、取消しに関する書類等が速やかに送付されるべきことはいうまでもないが、実務上は、書類等の送付前に、「直ちに」取消しの事実を電話等で検察官に報告することになっている（犯罪捜査規範71条）。

（多田辰也）

---

[300]　高松高判昭31・1・19高刑特3巻3号53頁参照。
[301]　鳥取地判昭41・11・25判タ200号184頁。
[302]　東京地八王子支判昭35・6・6下刑集2巻5＝6号866頁。

624　第244条（外国代表者等の告訴の特別方式）

（外国代表者等の告訴の特別方式）
第244条　刑法第二百三十二条第二項の規定により外国の代表者が行う告訴又はその取消は、第二百四十一条及び前条の規定にかかわらず、外務大臣にこれをすることができる。日本国に派遣された外国の使節に対する刑法第二百三十条又は第二百三十一条の罪につきその使節が行う告訴又はその取消も、同様である。

I　本条の趣旨

　本条は、外国の代表者等がなす告訴またはその取消しについて、本来の受理権者である検察官及び司法警察員のほか、外務大臣にも受理の権限を認めたもので、外交関係の重要性・特殊性を考慮した特別規定である。決して通常の手続による告訴またはその取消しを禁ずる趣旨ではない。

II　適用範囲

　本条が適用されるのは、外国の君主または大統領に対する名誉毀損ないし侮辱について、その国の代表者が行う告訴またはその取消しと、日本国に派遣された外国の使節に対する名誉毀損ないし侮辱について、その使節が行う告訴ないしその取消しである。つまり、本条の適用は、刑230条の名誉毀損罪及び刑231条の侮辱罪についての告訴及びその取消しに限られており、外国の君主等に対する犯罪であっても、それ以外の罪については適用されない。刑92条の外国国章損壊罪についての外国政府の請求については、本条の適用はないが、準用を認めても不当とはいえないであろう。

III　特別の方式

　本条は、特別に外務大臣に告訴またはその取消しについての受理権限を認めたものであるから、告訴またはその取消しの効力は、その意思表示が外務大臣に到達したときに生じることになる。
　本条による告訴等は、書面または口頭のいずれでもよいが、口頭による場合には、受理権者である外務大臣が直接告訴人等に面接し、口頭による告訴等を受け、調書を作成しなければならない（もっとも、現実の調書作成作業は、大臣を補佐する外務事務官が行い、外務大臣と外務事務官がそれぞれ署名することになろう）。
　受理後の手続について特別の規定はないが、刑訴242条に準じ、速やかに法務大臣を介して検察官に関係書類及び証拠物を送付すべきものと解される。ち

なみに、刑訴260条の起訴・不起訴処分等の通知及び刑訴261条の不起訴処分理由の告知については、特に規定はないが、本条の趣旨を考慮すれば、外務大臣を介して行うのが妥当であろう。

（多田辰也）

（自首）
第245条 第二百四十一条及び第二百四十二条の規定は、自首についてこれを準用する。

I　本条の趣旨

　本条は、自首の方式及びこれを受けた司法警察員のとるべき手続について、告訴・告発に関する刑訴241条及び刑訴242条を準用することを定めた規定である。自首は、刑事訴訟法上は捜査の端緒にすぎないが、刑法上は刑の減免事由となるので、その事実関係等を明確にするため、その方式及び手続について特別の規定が置かれたのである。

II　自首の意義

1　意義
　自首とは、罪を犯しいまだ捜査機関に発覚する前に、犯人が自ら捜査機関に自己の犯罪事実を申告し、その処分に服するとの意思表示をいう。もっとも、意思表示の内容については、自己の処罰ないし訴追を求める意思表示が必要だとする説も有力であり、裁判例のなかにも同様の見解をとったと思われるものが存在する[303]。しかし、そこまでを自首の要件としなければならない実質的理由はないと思われるし、たとえば、正当防衛等犯罪の成立を阻却するような事由の存在を主張した場合に自首といえるかどうか問題となるので、捜査機関の処分に委ねる意思表示があれば足りると解する。単に犯罪事実を申告するだけでは、自首にあたらない。なお、犯人が親告罪の告訴権者に対して犯罪事実を申告して宥恕を求めるのは**首服**であり（刑42条2項）、自首とは区別される。

2　捜査機関に発覚する前であること
　犯罪事実が「捜査機関に発覚する前」（刑42条1項）とは、犯罪事実が全く捜査機関に発覚していない場合のほか、犯罪事実は発覚しているものの犯人が不

---

[303] 東京高判昭54・2・13高検速報2332号、東京高判平2・4・11高検速報2934号等参照。

明である場合も含まれる。しかし、犯罪事実も犯人も判明しているが、犯人の所在のみが不明である場合は含まれない[304]。

なお、1993（平成5）年の銃砲刀剣類所持等取締法改正により、けん銃等の提出自首に係る刑の必要的減免規定が新設された（銃刀所持31条の5）が、この場合の自首については、刑42条と異なり、「捜査機関に発覚する前」という要件がないことに注意する必要がある。その他、身の代金誘拐予備（刑228条の3）も、発覚前ということは要件となっていない。

3　自ら進んで申告すること

自首の動機は問わないが[305]、犯人が自らすすんで犯罪事実を申告することを要するから、職務質問に際し種々弁解した後ようやく自供した場合[306]や、取調べを受けて自白するに至った場合[307]は、いずれも自首にあたらない。なお、余罪取調べ中に犯行を自供したような場合については、当該（同種の）犯罪事実について捜査機関が被疑者の犯行ではないかとの嫌疑を抱いて取調べを行っていたときは自首にならない[308]が、たとえば窃盗罪の取調べ中に、捜査機関に発覚していない殺人罪について自供した場合などは、自首にあたるといえよう。また、自首した者が、捜査機関に対しいったんは虚偽の申告をしたとしても、その後犯罪事実が発覚する前に、自らすすんで犯罪事実を申告した場合には、自首の成立が認められる場合もある[309]。

Ⅲ　自首の方式等

1　刑訴241条の準用

自首は、書面または口頭で検察官または司法警察員にしなければならない。検察事務官や司法巡査には、自首を受理する権限がない。したがって、自首してきた者があるときは、検察事務官は検察官に、司法巡査たる警察官は司法警察員たる警察官に、その取扱いを移牒しなければならない（犯罪捜査規範63条2項参照）。なお、当該事件の捜査について権限を有しない特別司法警察員に対する自首は認められないと解される。

---

[304]　最二小判昭24・5・14刑集3巻6号721頁。

[305]　福島地判昭50・7・11判時792号112頁。

[306]　最二小判昭29・7・16刑集8巻7号1210頁。

[307]　大判昭12・3・20刑集16巻387頁。

[308]　東京高判昭43・4・22東高時報19巻4号90頁。

[309]　最二小決昭60・2・8刑集39巻1号1頁。ちなみに、申告内容に虚偽が含まれていても、自首の成立が認められることもありうる。最三小決平13・2・9刑集55巻1号76頁参照。

検察官または司法警察員は、口頭による自首を受けたときは、自首調書（犯罪捜査規範64条1項）を作成しなければならない。なお、「口頭」とは、捜査機関の面前における陳述を意味するから、電話による自首は許されないと解される※310。自首調書は、自首の事実を立証するために用いられるほか、犯罪事実の立証との関係では、刑訴322条1項の被告人の供述調書にあたるから、同条所定の要件をみたせば証拠能力が認められることになる。実務上、自首調書には、本人の身上、自首に係る犯罪事実の概要及び自首に至る経緯などが録取されることが多い点を考慮すれば、自首調書作成にあたっては、黙秘権を告知（刑訴198条2項）すべきであろう。ちなみに、口頭による自首があった場合に、自首調書が作成されなかったとしても、裁判所は他の資料によって自首の事実を認定することができる。

2　刑訴242条の準用

司法警察員は、自首を受けたときは速やかにこれに関する書類及び証拠物を検察官に送付しなければならない。告訴・告発に係る事件と同様、自首してきた犯人の権利保護の観点から、速やかな事件処理を図らせるためである。もっとも、身代り犯人として自首する場合や、自分が犯したより重い犯罪を隠すために軽微な事件で自首する場合も考えられるので、自首事件の捜査にあたっては、その点の配慮も必要になる（犯罪捜査規範68条）。

3　その他

刑訴240条の準用はないので、代理人による自首は認められない※311が、これは必ずしも使者による自首を排斥するものではないと解される※312。また、刑訴243条も準用されていないから、自首の取消しは認められない。これは、自首が自己の犯罪事実の申告という実体形成行為を要素とする点からいって、当然のことである。

（多田辰也）

※310　東京地判平17・9・15判タ1199号292頁は、犯人が外国から電話でわが国の警察官に自己の犯罪事実を申告した事例に関して、自首の成立を認めなかった。

※311　名古屋高判昭29・7・5高刑特1巻1号6頁。

※312　最二小判昭23・2・18刑集2巻2号104頁。

628 第246条（司法警察員の事件送致）

（司法警察員の事件送致）
第246条 司法警察員は、犯罪の捜査をしたときは、この法律に特別の定のある場合を除いては、速やかに書類及び証拠物とともに事件を検察官に送致しなければならない。但し、検察官が指定した事件については、この限りでない。

I　本条の趣旨

　本条は、検察官への**全件送致主義の原則**を定めた規定である。捜査は公訴の準備として行われるので、事件を公訴官たる検察官の手許に集中させるとともに、検察官に捜査の補正機能を期待する趣旨でもある。

II　送致権者・送致手続等

　事件送致の権限は司法警察員のみが有し、司法巡査にはこの権限はない（通常、当該事件を捜査した警察署の署長名で行われる）。送致を受ける検察官は、当該司法警察員の所属する官公署の所在地を管轄する第一審裁判所に対応する地方検察庁または区検察庁の検察官である。事件の事物管轄に応じ、いずれかの検察官に送致されることになるが、送致の相手方を誤っても、刑訴258条により移送されるだけであり、送致の効力には影響がない。

　事件の送致とは、事件そのものを検察官に引き継ぐことである。事件送致後は、司法警察職員は捜査の主宰者たる地位を失う（もっとも、送致後も当該事件について捜査することはできる。犯罪捜査規範196条）。

III　「捜査をしたとき」の意義

　「捜査をしたとき」の解釈については、警察における捜査が終了したときと解する説と、警察として与えられた条件の下で相当の期間内になしうる捜査をしたときと解する説とが対立している。ある意味理念的な対立にとどまるが、実務上は後説に基づいた取扱いがなされている。なお、捜査が行われれば、証拠不十分の場合や犯罪の嫌疑がないと認められる場合でも、事件を送致する義務がある。

　ちなみに、少年の被疑事件につき、捜査に長期間を要したため家庭裁判所の審判を受ける機会が失われたとしても、捜査手続が違法となるわけではないとした判例がある[313]。

---

[313] 最二小判昭44・12・5刑集23巻12号1583頁。

Ⅳ　特別の定め

　「特別の定」として、逮捕した被疑者の身柄送致（刑訴203条、刑訴211条、刑訴216条）、及び告訴・告発・自首事件の送付（刑訴242条、刑訴245条）がある。少年事件の家庭裁判所への送致（少年41条）も、「特別の定」にあたるといえよう。

Ⅴ　検察官指定事件

　本条但書の「検察官が指定した事件」としては、現在、微罪処分事件、簡易送致事件、反則金の納付のあった**交通反則事件**がある。

　微罪処分事件とは、成人の刑事事件で、犯情の軽微な窃盗、詐欺、横領などの事件につき、検事正（法律上は検察官であればよい）がその検察庁の管轄区域内の司法警察員に対して、特に指定して送致義務を免除したものであり、微罪処分事件報告書により毎月一括して検察官に報告すれば足りる（犯罪捜査規範199条）。

　簡易送致事件とは、少年の刑事事件で、事案が軽微で再犯のおそれもなく、刑事処分や保護処分を要しないことが明らかな事件をいう。通常の送致手続を要せず、被疑者ごとに少年事件簡易送致書を作成して、毎月一括して検察官に送致すれば足りる（犯罪捜査規範214条）。

　交通反則通告制度の対象となる道路交通法違反などで、反則金の納付があった事件については、特に送致を要しない。

（多田辰也）

第2編第2章　公訴

〔前注〕

Ⅰ　本章の構成

　本章は、公訴に関する基本原則、その手続・効力等を定めた諸規定から構成される。すなわち、基本手続に関する規定（刑訴247条、刑訴248条）、人的範囲（刑訴249条）、公訴時効（刑訴250条-255条）、公訴提起に関する手続・措置（刑訴256条-261条）、準起訴手続に関する規定（刑訴262条-269条）、検察官の書類・証拠物の閲覧・謄写権に関する規定（刑訴270条）に分けられる。公訴に関する規定としては、本章のほか、略式命令に関する規定（刑訴461条-470条）、少年刑事事件に関する特則（少年20条、少年45条5号）、検察審査会の起訴議決と公訴提起に関する規定（検審41条の6、検審41条の9）などが重要である。

Ⅱ　公訴権の意義と基本原則

1　公訴権の意義

　公訴権とは、公訴を提起・追行する権能のことをいう。公訴権が行使されることによって公判手続が開始される。もともと公訴権という観念は、フランス法の「action publique」に由来するもので、治罪法で「私訴（action civile）」とともに導入されたが、明治刑訴法で私訴が削除された後も、公訴権という用語だけは残った。類似の概念に刑罰権という観念があるが、（国家）刑罰権が権力作用の一側面をあらわす抽象的なものであるのに対して、公訴権は、正しく訴訟法上の訴追権能を示す技術的概念である。訴追権といってもいいのだが、私的利益のための訴権（私訴権）ではなく、社会公共の利益を代表して訴追権限を行使する点に着目して、法も「公訴」という表現を用いている。民事手続と同様、「訴えなければ裁判なし」の原則が適用されるから、公訴権が発動されなければ刑事裁判は始まらない。

2　国家訴追主義と起訴独占主義

　公訴権の行使を誰に委ねるかについて、法は、旧法あるいは大陸法のように私人が刑事訴追権限を行使することを認める法制（私訴制度）をとらず、もっぱら国家機関（検察官）に委ねることにした（刑訴247条）。この原則を、国家訴追主義という。

　また、刑訴247条は、国家機関のうち検察官にのみ訴追権限を付与しており（検察4条参照）、この点を捉え、同条は起訴独占主義を定めた規定でもあると

解されている。現行法上、国家訴追主義に対する例外はないが、起訴独占主義については、⑴裁判所の付審判決定に公訴提起の擬制があること（刑訴267条）、⑵検察審査会の起訴議決に基づく指定弁護士の公訴提起（検審41条の10）の例外がある。これ以外に、私人が刑事訴追権限を行使することを認める法制（私訴制度）は採用されなかった。判例にも、「私人訴追主義をも認むべきかは立法機関に委かされた立法政策の問題である」としたうえで、「わが訴訟法は刑訴247条において、『公訴は、検察官がこれを行う。』ものと規定して、原則として国家訴追主義のみを採用し、ただ同法262条乃至268条においてその例外を認めているに過ぎないのであつて、右例外の場合を除く外犯罪により害を被つた者は告訴（又は請求）をし、また、一般私人は告発をして、単に、検察官の公訴の職権発動を促し得るに過ぎないのである」と判示したものがある※1。

3　起訴便宜主義

　検察官が、訴訟条件も嫌疑も十分だが、諸般の情況を考慮して不起訴にする処分（起訴猶予）を認める法制度を起訴便宜主義という。これに対して、検察官にそのような裁量を認めず、犯罪の客観的嫌疑と訴訟条件があれば必ず起訴しなければならないとする法制を起訴法定主義というが、現行法は起訴便宜主義を採用している（刑訴248条）。現行法が検察官に広範な裁量権を与えた趣旨は、不必要な起訴を可及的に減少させ、被告人の手続の負担を軽減させるためである。刑事政策的にいえば、訴追の必要性を判断し早期かつ非公式の事件処理を可能とするという一種のディヴァージョン機能を果たさせようというのが法の趣旨である。

Ⅲ　公訴権の理論

　公訴権概念は、フランスの「action publique」に由来するものだが、ドイツの訴権論の影響を受け、学説上公訴権の本質に関する議論がなされ、さまざまな見解が主張されてきた。

⑴　抽象的公訴権説

　検察官が刑事事件について公訴を提起し、訴訟関係を成立させ何らかの裁判を受ける権限が公訴権だとする見解。検察官がこのような権限を有することは、刑訴247条の文言からも明かだが、これだけの意味であれば訴訟法上の理論として論じるまでもない。

⑵　具体的公訴権説（有罪判決請求権説）

　検察官が、具体的事件について、有罪判決を求める権限が公訴権だとする見解。これによれば、具体的「公訴権」は、公訴が適法で理由がある場合にのみ

※1　最大判昭27・12・24民集6巻11号1214頁。

公訴権があったことになり、たとえば公訴棄却や無罪で裁判が終わった場合、遡って公訴権はなかったことになる。しかしそれでは、実体的刑罰権から区別された公訴権論として難点があると指摘された。

(3) 実体判決請求権説

有罪か無罪の実体判決をしてもらう権利が公訴権だとする見解。これによれば、形式裁判で終わる場合は公訴権がなかったことになるが、無罪判決の場合には公訴権はあったが刑罰権がなかったのだと説明されることになる。比較的難の少ない見解だが、理論上刑罰権の実現可能性を要求しない「公訴権」を認めることに対する批判も強い。

以上のように公訴権理論の有用性をめぐっても議論があり、公訴権否認論も有力となったため、近時は正面から公訴権論が論じられることも少なくなった。ただし、公訴権論は、その後、公訴権濫用論というかたちで実務・判例上改めて論じられたが、それも近年は収まりをみせている（刑訴248条解説Ⅲ参照）。

（白取祐司）

（国家訴追主義）
第247条　公訴は、検察官がこれを行う。

Ⅰ　公訴提起の基本原則

公益の代表者とされている検察官が（検察4条参照）、社会及び被害者に代わって訴追権限を独占的に保有する法制ないし理念を、**国家訴追主義**という。さらに、国家機関のうちでも、検察官のみが公訴権を独占するという法制ないし理念を、**起訴独占主義**という。本条は、この両者を規定するものである。国家訴追主義と起訴独占主義をあわせて、検察官起訴専権主義と称されることもある。旧法あるいは大陸法のように、私人が刑事訴追権限を行使することを認める法制（私訴制度）ないし理念を、私人訴追主義と呼ぶことがあるが、現行法は、このような制度を採らなかった。判例にも、「いわゆる、国家訴追主義を採るべきか又は私人訴追主義をも認むべきかは立法機関に委かされた立法政策の問題である」としたうえで、「わが訴訟法は刑訴247条において、『公訴は、検察官がこれを行う。』ものと規定して、原則として国家訴追主義のみを採用し、ただ同法262条乃至268条においてその例外を認めているに過ぎないのであつて、右例外の場合を除く外犯罪により害を被つた者は告訴（又は請求）をし、また、一般私人は告発をして、単に、検察官の公訴の職権発動を促し得るに過ぎないのである」と判示したものがある※2。比較的近年でも、「犯罪の捜査及

※2　最大判昭27・12・24民集6巻1号1214頁。

び検察官による公訴権の行使は、国家及び社会の秩序維持という公益を図るために行われるものであって、犯罪の被害者の被侵害利益ないし損害の回復を目的とするものではな〔い〕」とする判例がある[3]。

II　起訴独占主義に対する例外

　訴追権限が検察官のみに属するという本条の定める原則については、**付審判手続**（刑訴262条、刑訴263条、刑訴264条、刑訴265条、刑訴266条、刑訴267条、刑訴268条、刑訴269条、刑訴270条）という例外がある。これは、公務員の職権濫用罪等について不起訴になったとき、その告訴人、告発人が裁判所に対して事件を審判に付す請求を認める制度であり、上述の起訴独占主義の例外である（準起訴手続とも呼ばれる）。請求を受けた裁判所は、請求が法令上の方式に合致し、理由があるときは、事件を管轄地方裁判所の審判に付す決定をする。つまり、この場合も裁判所という国家機関が裁判を開始させるのであり、その意味では、国家訴追主義の例外をなすものではない。ただし、付審判の決定があった場合、公訴の維持にあたるのは検察官ではなく、裁判所の指定する弁護士である（刑訴268条）。

　このほか、公訴の抑制のための制度として、**検察審査会制度**がある。この制度は、「公訴権の実行に関し民意を反映せしめてその適正を図るため」（検審1条）、抽選で選ばれた11名の市民（検察審査員）が、主に検察官の不起訴処分の当否を審査するものである。検察審査会は、告訴人、告発人の請求により、または職権で検察官の不起訴処分を審査した後、「起訴相当」、「不起訴不当」、「不起訴相当」のいずれかの議決をする（検審39条の5）。このうち、「起訴相当」の議決をするには、検察審査員8人以上の多数によらなければならない（検審39条の5第2項）。検察官は、従前はこの議決に拘束されなかったが、2004年の改正により、検察審査会が再度の不起訴を受けて再審査し、改めて「起訴議決」をしたときは、起訴が強制されることになった。具体的には、起訴議決書を受け取った裁判所が、公訴提起と維持に当たる弁護士を指定し（検審41条の9）、この指定弁護士は、公訴を提起しなければならない（検審41条の10）[4]。改正法の施行後、起訴議決にもとづく強制起訴が相次いだが、強制起訴後の無罪判決が続いたこともあり、新制度に対する批判も強い。

III　公訴権濫用論

　なお、**公訴権濫用論**も、検察官に訴追権限を集中させていることに対する抑

---

[3]　最三小判平2・2・20判時1380号94頁。

[4]　起訴強制を認めるこの改正は、平成21年5月21日から施行された。

制のための理論である（刑訴248条III参照）。

　最近は、被害者の権利保護の観点から、訴追権限が一般公衆や被害者から遮断され起訴陪審も私人訴追も認められていない点に対して批判も強く、旧刑事訴訟法にあったような附帯私訴制度を立法化すべきだという主張もなされている。ただ、私訴制度には固有の弊害もあり、導入には慎重であるべきであろう。

（白取祐司）

> **（起訴便宜主義）**
> **第248条**　犯人の性格、年齢及び境遇、犯罪の軽重及び情状並びに犯罪後の情況により訴追を必要としないときは、公訴を提起しないことができる。

I　本条の趣旨

1　起訴便宜主義の意義

　本条は、いわゆる**起訴便宜主義**を定めた規定である。検察官が、訴訟条件が備わっており犯罪の嫌疑（証拠）も十分であるのに、諸般の情況を考慮して裁量で不起訴にする処分を「起訴猶予」というが、この起訴猶予を認める法制度を起訴便宜主義という（ただし、現行法には少年45条5号の起訴強制の例外がある）。これに対して、検察官にそのような裁量を認めず、犯罪の客観的嫌疑と訴訟条件があれば必ず起訴しなければならないとする法制を、起訴法定主義という（ドイツ刑訴法等）。このように、現行法が検察官に広範な裁量権を与えた趣旨は、不必要な起訴を可及的に減少させ、被告人の手続の負担を軽減させるためである。言い換えれば、検察官が一般予防ないし特別予防という刑事政策的観点から訴追の必要性を判断し、早期かつ非公式の事件処理を可能とすることで、一種のディヴァージョン機能を果たさせようというのが法の趣旨であり、同時に訴訟経済の効果も期待されているのである。

2　起訴便宜主義の欠点

　しかし反面、起訴便宜主義は、(a)起訴猶予に関する罪種の限定がなく外部的基準が設定されていないこともあって、検察官の判断が恣意に流れ、独善に陥る危険性があり、(b)起訴・不起訴を決定するための徹底した捜査をもたらし、弾劾的捜査観、公判中心主義に反するおそれがある。これらの弊害は、官僚組織である検察官が訴追権限を独占していることで（刑訴247条）、さらに深刻なものになる。訴追「裁量」といっても恣意を許すものであってはいけない。

II 起訴猶予の基準

1 条文上の基準

　検察官が、起訴猶予にすべきか否かを判断する際、考慮すべき事項として、刑訴248条は、以下の項目をあげている。すなわち、(a)犯人（行為者）自身に関する事情として犯人の「性格」「年齢」「境遇」、具体的には犯人の性質、素行、前科前歴、常習性、可塑性の有無、家庭環境、交友関係等、(b)犯罪（行為）自体に関する情況である「犯罪の軽重」「情状」、具体的には法定刑の軽重、犯罪の個数、被害の程度・個数等、そして(c)「犯罪後の情況」、具体的には反省の有無、謝罪・被害回復のための努力、被害弁償の有無、被害感情の強弱等である。本条は、これらの一般予防的要素、特別予防的要素などを総合的に考慮の上、起訴・不起訴の決定をすることを要求している。ただ、これらの諸事情をどのように考慮すべきかについては検察官の裁量に委ねられており、外部からはどの要素が重視されて起訴猶予された（されなかった）かは見えない。被疑者の弁護人が被害弁償、示談などを行って検察官と起訴猶予の交渉を行うことも少なくないが、ここで起訴猶予の特別予防的側面を強調しすぎることは、結果として捜査の糾問化に途をひらくことにもなりかねない。起訴猶予制度は、軽微な事案のディバージョン（司法前処理）として、客観的に運用することが望ましい。

2 不起訴「宣明」と刑事免責

　刑訴248条の訴追裁量権の行使によって不起訴を「宣明」しても、いわゆる「**刑事免責**」（Immunity）に代わるわけではなく、格別の法的意味はもちえないというべきである。判例も、「我が国の刑訴法はこの〔刑事免責〕制度に関する規定を置いていないのであるから、結局、この制度を採用していないというべきであ〔る〕」としている[※5]。2016年の刑訴法改正の際、わが国で初めて刑事免責制度が立法化された（刑訴法157条の2、刑訴157条の3）。

III （狭義の）公訴権濫用論

1 公訴権濫用論の意義

　公訴権濫用とは、広義では**訴訟条件**を欠く違法な公訴提起をいうが、狭義では、刑訴248条の訴追裁量権限を違法に行使し、本来起訴すべき事案でないのに起訴した場合をいう。狭義の**公訴権濫用論**とは、そのような訴追裁量を逸脱した起訴の違法を理由に、公訴棄却または免訴で打ち切るべきであるとする理論である。検察官が適正な訴追裁量をしていれば起訴しなかった、あるいは起

[※5] 最大判平7・2・22刑集49巻2号1頁。

訴すべきではなかったといっても、起訴された以上有罪は免れない。そこで、訴追裁量の逸脱ないし濫用を理由に有罪判決を阻止すべきではないか。公訴権濫用論は、そのような問題意識から生まれた理論である。

2　公訴を無効にする理論構成

学説は、公訴権濫用＝公訴無効を認めるが、その理論構成及び無効とすべき基準・範囲については、さまざまな見解がある。(a)説は、「起訴猶予すべき事実」の存在しないことが訴訟条件であり、この訴訟条件を欠くときは免訴によって手続を打ち切るべきだと解する（井戸田）。(b)説は、検察官の訴追裁量権限のチェックという面を重視し、単純な訴訟条件論（裁判打切り論）に解消されることを警戒する（田宮）。(c)説は、問題を不当に応訴を強制された被告人の権利救済という観点からとらえ、チッソ川本事件のような事例は訴追裁量の問題ではなく法の下の平等という基本権を侵害する点で不当な応訴強制として無効（刑訴338条4号）とする（川崎）。(a)説及び(b)説は、訴追裁量判断の各ファクターの評価に踏み込んだ批判的評価が可能となるのに対し、(c)説では、公訴提起＝応訴強制を被告人側の人権の問題としてとらえる。この見解は、方法論的に注目すべきだが、限定的な運用をもたらす危惧も指摘されている。確かに、(c)説が無効とする基本権侵害と認められるような公訴提起があったときは、違憲の応訴強制があったとして端的に処理すればよいと解されるが、そこまでいかない訴追「裁量」の逸脱については、(b)説のいうように「濫用」があったとしてチェックを及ぼすことも考えられる。だとすれば、(b)説(c)説とは適用場面を異にする見解といえよう。

3　判例の立場

公訴権濫用論を、控訴審として初めて具体的事件に適用して公訴棄却の判決を行ったチッソ川本事件・東京高裁判決は、本件犯行の可罰性が微弱であること、背景事情等からみて本件公訴提起が偏頗・不公平であることを指摘したうえ、「本件公訴提起は、合理的裁量基準を著しく逸脱したものであり、……本件は公訴権の濫用であり、刑訴法248条に照らして公訴の提起は無効であり、同法338条4号により公訴を棄却すべきである」と判示した[6]。これに対して、最高裁は、現行法は検察官に広範な裁量権を認めているのであるから、「公訴の提起が検察官の裁量権の逸脱によるものであったからといって直ちに無効となるものでないことは明らか」であるが、刑訴248条、刑訴1条、刑訴規1条2項、検察4条などを総合して考えれば、「検察官の裁量権の逸脱が公訴の提起を無効ならしめる場合のありうることは否定できないが、それはたとえば公訴

※6　東京高判昭52・6・14高刑集30巻3号341頁。

の提起自体が職務犯罪を構成するような極限的な場合に限られる」とした[7]。最高裁は、訴追裁量権の濫用によって公訴提起自体が無効になる場合のあることを理論的には認めたが、それは「公訴の提起自体が職務犯罪を構成するような極限的な場合に限られる」として、事実上公訴権濫用論の適用範囲を著しく狭いものにした。

しかしその後も、実務上公訴権濫用・公訴無効の主張されるケースはあとを絶たず、下級審判例の中には、公訴権濫用論を認めて公訴棄却したものもある[8]。

4 公訴権濫用が認められる場合の処理

訴追裁量を違法に逸脱した場合を訴訟条件の問題として考えると、次のようになる。検察官に与えられた訴追裁量にも一定の制約があり、これを逸脱した公訴提起は訴訟条件を欠く違法なものになる。そして、そのような場合の包括的規定である刑訴338条4号で公訴棄却される。

Ⅳ 一罪の一部起訴

1 問題の所在

検察官は、一罪の一部について起訴しないことも許されるか。いわゆる、**一罪の一部起訴**の問題である。実体的真実発見を重視する立場から許されないという見解も考えられるが、審判の対象は検察官の提示する訴因であり、検察官はそもそも起訴しない裁量も有するのであるから、一罪の一部を起訴しないことも許されてよい（多数説）。これには、次のような場合がある。すなわち、(a)単純一罪（たとえば窃盗）の被害金品の一部を除外して起訴する場合、(b)科刑上一罪、包括一罪の一部を除外して起訴する場合（たとえば、住居侵入・窃盗のうち窃盗のみ起訴）、(c)包摂される構成要件の罪で起訴する場合（たとえば、傷害致死を傷害で、既遂を未遂で起訴するとき）などである。判例も、一罪の一部起訴を認めている[9]。

2 一部起訴が許されない限界

ただ、以上の一般論にも例外がある。まず第1に、次のようなケースがある。親告罪である強姦罪（2017年の改正前）について、告訴が取り消された。そこ

---

[7] 最一小決昭55・12・17刑集34巻7号672頁。最二小判昭56・6・26刑集35巻4号426頁は、共犯者間の不平等な取扱いがあっても公訴無効にならないと判示した。

[8] 山口簡判平2・10・22判時1366号158頁。

[9] 最大判昭28・12・16刑集7巻12号2550頁、最一小決昭59・1・27刑集38巻1号136頁。

で検察官が、強姦の手段である暴行を暴力1条で起訴することが許されるか。刑180条2項が立法される以前の判例にこれを認めたものがあるが、強姦罪を親告罪とした法の趣旨を潜脱するものであり、このような「一部」起訴は許されないというべきである。第2に、重大犯罪で甚大な被害がでているのに、検察官がそのうちのごく一部しか起訴しなかった場合、公訴権の濫用にならないかが問題とされる。起訴するかしないかは、立証の難易、訴訟経済など諸般の事情を考慮のうえ検察官が合理的に判断するものであり（訴追裁量権）、被害が重大だから直ちに起訴すべきであるとはいえないが、当罰性及び可罰性が高く立証も比較的容易であると思料される事件をことさらに起訴しない、という「裁量」は許されないというべきである。

（白取祐司）

（公訴の効力の人的範囲）

第249条　公訴は、検察官の指定した被告人以外の者にその効力を及ぼさない。

　本条は、公訴の効力の及ぶ人的範囲についての規定であり、公訴の効力は検察官の指定した被告人に及び、被告人以外には及ばないと規定する。裁判所は、審判の請求を受けた事件についてのみ審判するという原則を不告不理というが（刑訴378条3号）、本条は事件の主体に関する不告不理を定めた規定ということもできよう。告訴については、告訴の主観的不可分が法定されており（刑訴238条）、1人に対する告訴でもその効力は全部の共犯者に及ぶが、公訴についてはそのようなことはない。本条に「検察官の指定した被告人」とは、起訴状において指定された被告人のことである（刑訴256条2項1号）。

　被告人の特定については、⑴起訴状記載の「被告人」とみる見解（表示説）、⑵検察官の意思を基準にする見解（意思説）、⑶被告人として扱われたか否かを基準にする見解（行動説）に分かれるが、通説は、⑵⑶説を考慮した⑴説、すなわち実質的表示説にたつ。ただし、略式手続（刑訴461条以下）の「被告人」は、もっぱら表示説によって処理されるべきであり、判例も、在宅略式方式の一種である三者即日処理方式の過程で氏名の冒用のあった事案について、「被告人が他人の氏名を冒用して交付を受けた略式命令は冒用者である被告人に効力を生じない」と判示している（最三小決昭50・5・30刑集29巻5号360頁）。

（白取祐司）

（公訴時効の期間）

第250条　時効は、人を死亡させた罪であつて禁錮以上の刑に当たるも

の（死刑に当たるものを除く。）については、次に掲げる期間を経過することによつて完成する。

一　無期の懲役又は禁錮に当たる罪については三十年
二　長期二十年の懲役又は禁錮に当たる罪については二十年
三　前二号に掲げる罪以外の罪については十年

②　時効は、人を死亡させた罪であつて禁錮以上の刑に当たるもの以外の罪については、次に掲げる期間を経過することによつて完成する。

一　死刑に当たる罪については二十五年
二　無期の懲役又は禁錮に当たる罪については十五年
三　長期十五年以上の懲役又は禁錮に当たる罪については十年
四　長期十五年未満の懲役又は禁錮に当たる罪については七年
五　長期十年未満の懲役又は禁錮に当たる罪については五年
六　長期五年未満の懲役若しくは禁錮又は罰金に当たる罪については三年
七　拘留又は科料に当たる罪については一年

I　本条の趣旨

　本条は、**公訴時効**の期間について定める。公訴時効とは、訴追されていない一定の時間の経過を理由に、国家刑罰権を消滅させる制度であり、確定した刑に関する時効と区別される（刑31条以下参照）。時効期間は、刑の期間によって7つに区分されるが、そこでいう刑は法定刑のことである。科刑上一罪のときは、実質数罪だから各罪について時効を考えるべきだとするのが学説だが、判例は一体として重い罪を基準に期間を考える[10]。

　公訴時効制度の根拠をどう説明するかについて、(1)実体法説、(2)訴訟法説、(3)競合説、(4)新訴訟法説の見解が対立する。各説の根拠は、可罰性の消滅（(1)説）、時の経過による証拠の散逸（(2)説）などであるが、それぞれ難点もある（(3)説は両方の難点を引き継ぐ）。(4)説は、前の3説と異なり、訴訟の目的・機能に着目し長時間訴追されないという被告人の法的地位の安定から説明する。公訴時効期間は、2004（平成16）年の改正により、全体に期間が延長され、たとえば、死刑にあたる罪の時効期間は、それまでの15年から25年になった。

　時効期間は、初日を時間で論じないで1日として計算する（刑訴55条1項但書）。時効が完成すると、公訴提起ができない。すなわち、公訴時効の完成は訴訟障害事由であり、起訴されても免訴判決で打ち切られる（刑訴337条4号）。

---

[10]　最一小判昭41・4・21刑集20巻4号275頁。

Ⅱ 人を死亡させた死刑にあたる罪に関する公訴時効の廃止

　2010年の法改正により、250条に新たに1項追加され、人を死亡させた罪で死刑に当たるものについては公訴時効を廃止し、禁錮以上の刑にあたる罪については時効期間を延長した（平成22年法律第26号）。この法改正の背景に、殺人事件等について時効の廃止とその遡及適用を求める被害者団体の運動があり、それに応えるため、立法は異例の早さで進められた。この動きに対しては、学界及び日弁連から、(1) 2004年の公訴時効期間を延長する改正から時間があまりたっておらずその検証が十分になされていない、(2)長期間を経た後に裁判が行われるため、十分な弁護もできないまま誤判が生じるのではないか、(3)すでに発生した犯罪について遡及適用されるのは（改正法附則3条2項）、憲39条の遡及処罰禁止原則に反するのではないか、といった疑問が提起された。しかし、法制審での2ケ月半の審議と国会における1ケ月半の審議を経て、2010年4月27日、法案は可決され即日施行された（附則1条）。最高裁は、(3)について憲法39条に反しないと判示した[11]。個別の事件を「救済」するために法改正が急がれたようだが、公訴時効は国家刑罰権に対する控制という役割も有するのであり、慎重な審議が望まれるところであった。

　本改正により、死刑にあたる「人を死亡させる罪」、すなわち殺人、強盗殺人（致死）、強盗強姦致死など12種類の犯罪について公訴時効が廃止されたが、死刑にあたらない「人を死亡させる罪」、強制わいせつ等致死、集団強姦致死などについては、公訴時効が30年に延長されることになった（本条1項）。

（白取祐司）

（時効期間の基準となる刑1）
第251条　二以上の主刑を併科し、又は二以上の主刑中その一を科すべき罪については、その重い刑に従つて、前条の規定を適用する。

　本条は、刑訴252条とあいまって、刑訴250条の適用に際して標準となる刑を明らかにした規定である。「2以上の主刑を併科し」とは、たとえば懲役刑と罰金刑の併科を規定する盗品有償譲受罪（刑256条）のような場合である。また、「2以上の主刑中その1を科すべき罪」とは、たとえば懲役または罰金の選択刑を定める窃盗罪（刑235条）、死刑または懲役刑の選択刑を定める殺人罪（刑199条）などの罪がこれにあたる。法税159条1項のように、「懲役若しくは罰金に処し、又はこれを併科する」とされているときは、併科刑を基準とすべきであるという解釈もあるが、いずれによっても結論に変わりはなく、議論の実益は

---

[11]　最一小判平27・12・3刑集69巻8号815頁。

第252条（時効期間の基準となる刑2）　641

ないというべきである。情状により刑が併科できるものとされている場合も、本条により最も重い刑が標準になる（覚せい剤41条2項等）（福岡高判昭29・4・28高刑7巻4号595頁）。何が「重い刑」にあたるかは、刑10条によって判断されることになる。

　科刑上一罪の場合に、時効期間算定の標準となるのは、⑴科刑上一罪を構成する各罪の最も重い罪の刑によるべきか、⑵科刑上一罪の各罪ごとに個別に公訴時効の有無を決するべきか、争いがある。判例は⑴説にたち、観念的競合の公訴時効の算定については、一体として観察し、その最も重い罪の刑につき定めた時効期間によるとしている※12。しかし、科刑上一罪は、本来的には数罪であり、⑴説にはこの点で若干の疑問がある。

（白取祐司）

（時効期間の基準となる刑2）
第252条　刑法により刑を加重し、又は減軽すべき場合には、加重し、又は減軽しない刑に従つて、第二百五十条の規定を適用する。

　本条は、時効期間の標準となるのは、処断刑ではなく法定刑であることを定めたものである。刑の免除をすべき場合も（刑80条など）、その法定刑が基準になるとされている。

　処断刑とは、法定刑に対して刑を加重・減軽して導かれるものである。刑法上刑を加重する場合として、再犯加重（刑56条以下）、併合罪加重（刑45条）があり、減軽する場合として、心神耗弱（刑39条2項）、従犯（刑63条）のような法律上の減軽と、酌量減軽（刑66条）がある。これらの加重・減軽には必要的なものと任意的なものがあるが、いずれの場合も処断刑ではなく、法定刑が基準となる。

（白取祐司）

（時効の起算点）
第253条　時効は、犯罪行為が終つた時から進行する。
②　共犯の場合には、最終の行為が終つた時から、すべての共犯に対して時効の期間を起算する。

※12　最一小判昭41・4・21刑集20巻4号275頁。

I 本条の趣旨

本条は、**公訴時効の起算点**について規定する。本条は旧刑訴法284条をそのまま引き継いだものだが、同条の「犯罪行為ノ終リタル時ヨリ進行ス」という文言解釈につき犯罪行為時説（牧野）と結果発生時説（小野、団藤）の争いがあり、行為時説が通説だった。現行の刑訴253条は、ほぼ同じ文言を採用しているが、今日の判例・通説は、旧法時と異なり、結果発生時説を採っている。本条2項も、旧法284条2項が共犯者の最終の行為の終わった時からとしていたのを受け継いだものである。

II 「犯罪行為が終った時」の意義

1 総説

「犯罪行為が終った時」という場合の「犯罪行為」の意義が問題になる。刑法上の犯罪には、単純行為犯（挙動犯）と結果犯があるが、単純行為犯（たとえば、住居侵入罪）については、文字通り「犯罪行為」、すなわち犯罪の実行行為の終了時点から時効が進行することについて争いはない。しかし、結果犯については、実行行為の終了時（犯罪行為時説）か、結果の発生時から時効を起算するのか（結果発生時説）について、見解の対立がある。結果発生時説は、刑訴253条の文言に反するようにも見えるが、結果犯について行為時説を採ると結果発生前に時効が完成するという妥当性を欠く事態も招きかねず、また、結果発生によって訴追されていない事実状態が破られるという点からも、結果発生時説が適当であろう（通説）。判例も、業務上過失致死傷事件（**水俣病事件**）において、行為の終了から結果（死亡）の発生まで12年9ヶ月経過した場合について、刑訴253条1項の「犯罪行為」とは、「刑法各本条所定の結果をも含む趣旨と解する」と判示している[13]。

2 科刑上一罪の場合

科刑上一罪の場合、公訴時効の起算点をどの時点におくかについて、見解が分かれている。すなわち、科刑上一罪は、本来的数罪なのであるから時効も各罪ごとに開始すると考える個別説と、科刑上一罪を構成する各犯罪を全体的に考察し、最終の犯罪行為ないし結果が発生したときから全体について時効が開始すると考える一体説の対立がある。判例は後者にたち、観念的競合の場合について、「その全部を一体として観察すべきものと解するのが相当である」と

---

[13] 最三小決昭63・2・29刑集42巻2号314頁。

第 253 条（時効の起算点） 643

の見地から一体説にたつことを明らかにし※14、牽連犯の場合についても、「目的行為がその手段行為についての時効期間の満了前に実行されたときは、両者の公訴時効は不可分的に最も重い刑を標準に最終行為の時より起算すべきものと解するのが相当である」と判示し、一体説を採ることを表明している※15。

学説は、科刑上一罪が実体上は一罪であることに着目し、個別説にたつものが多いが、水俣病事件の原審に示唆を得て、時効連鎖説を採るべきだという主張もある※16。これは、科刑上一罪を一罪か数罪か割り切って処理するのではなく、基本的に各罪個別的起算の発想を維持しながら、観念的競合の関係にたつ各結果が時を隔てて発生した場合には、以前の結果による社会的影響がなおも残存しているとみなされる間に次の結果が発生したときに限り、一体としても社会的反応を引き起こすものと捉え、時効の連鎖を認める（起算点は最後の結果の時点とする）考え方である。注目すべき見解であるが、「社会的反応」基準は、公訴時効成否の基準として明確性を欠くように思われる。

3 包括一罪等

判例は、包括一罪についても、全体を包括的に扱い、その最終行為が終わったときから公訴時効は進行するとしている※17。営業犯についても、判例は、一連の貸金業法違反行為につき「公訴時効は、いわゆる包括一罪の場合と同様に、その最後の犯罪行為が終つたときから進行する」と解している※18。これらの場合については、通説も賛成するが、実質数罪であるから個別説によるべきだという見解も有力である。

Ⅲ 共犯の場合の特則

共犯者については特則があり（2項）、最終の行為が終わった時からすべての共犯者について時効が開始される。公訴時効制度の存在理由からみて、共犯者を一律に扱うのが適当であり、処罰の公平性も図れるというのが立法趣旨である。通説は、ここにいう「共犯」には、共同正犯、教唆犯、幇助犯だけでなく、いわゆる「必要的共犯」も含むと解する。

※14 最三小決昭63・2・29刑集42巻2号314頁、最一小判昭41・4・21刑集20巻4号275頁。

※15 最三小判昭47・5・30民集26巻4号826頁。この判例は、単純な一体説を採用したものではなく、目的行為が手段行為の満了前に実行されることを求めている点で、時効連鎖説を採っているといえなくもない。

※16 福岡高判昭57・9・6高刑集35巻2号85頁。

※17 最二小判昭31・8・3刑集10巻8号1202頁。

※18 最一小決昭31・10・25刑集10巻10号1447頁。継続犯についても判例は一体説を採っている。最一小判昭28・5・14刑集7巻5号1026頁。

644　第254条（時効の停止1）

　「最終の行為」とは、共犯者間に共通した最終行為を指す。したがって、たとえば共犯者Aが科刑上一罪を犯し、他の共犯者Bはそのうち一部についてのみ共犯関係にある場合、Bの犯行についての公訴時効の進行は、Aの科刑上一罪の最終行為ではなく、共犯関係が認められる部分の最終行為を標準として起算されることになる[19]。

（白取祐司）

> **（時効の停止1）**
> **第254条**　時効は、当該事件についてした公訴の提起によつてその進行を停止し、管轄違又は公訴棄却の裁判が確定した時からその進行を始める。
> ②　共犯の一人に対してした公訴の提起による時効の停止は、他の共犯に対してその効力を有する。この場合において、停止した時効は、当該事件についてした裁判が確定した時からその進行を始める。

I　本条の趣旨

　本条は、**公訴時効の停止**と共犯の場合の適用について規定する。旧刑訴法では、公訴時効の中断の制度を認めていたが（旧法285条、286条）、現行法は被告人に有利な「停止」のみを認める。すなわち、中断制度のもとでは、公訴提起等によって時効は効力を失い改めて進行を開始するのに対し、現行の停止制度のもとでは、公訴提起で停止していた時効の残存期間が公訴棄却、管轄違いの裁判の確定後、進行を開始するのである。ただし、現行法規のなかに、時効の中断を認める規定が若干あり、本条との整合性が問題になるが、判例はそれらの規定の効力を認めている[20]。

　公訴時効停止の効力は、客観面では公訴事実の同一性の範囲に及び、主観面では起訴された被告人にのみ及び、真犯人に対しては効力は及ばないと解されるが、反対説もあり見解が対立している。

II　「公訴の提起」について

　時効が停止するのは公訴提起があったときであるが、判例は、公訴事実の記

---

[19]　旧法事件だが、この立場をとる判例として、大判昭13・6・16刑集17巻455頁。
[20]　国税15条、関税法138条3号などであるが、前者について、最大判昭39・11・25刑集18巻9号669頁は、刑訴法が時効中断の制度を採らなかったからといって15条の効力を否定することはできないとした。

載に不備があり、実体審理を継続するのに十分な程度に訴因が特定していなくても、検察官の訴追意思が裁判所に明示されていれば時効は停止すると判示している[21]。準起訴手続の場合は、刑訴266条2号の決定があったときに公訴時効が停止するというのが多数説・判例であるが[22]、事件の困難さ等から決定までに時間のかかることもあり、官憲の意識的な引き延ばしのおそれなども考えると、付審判請求時に時効が停止するという有力説が正しいように思われる。

起訴状謄本が不送達のため公訴棄却された場合、公訴の提起は遡って効力を失うこととされているが（刑訴271条2項）、この場合、時効停止の効力も遡って失われると解していいか。判例は、このような場合にも刑訴254条1項は適用され、刑訴339条1項1号の公訴棄却決定の確定したときから時効は再び進行すると解している[23]。確かに、1953年刑訴法改正の経緯からみて、判例の解釈[24]にも理由がある。しかし、刑訴271条2項の文言を素直に読む限り、起訴状不送達のときはおよそ公訴提起がなかったものと扱い、時効停止効も否定されると解する有力説がより説得的であろう。

Ⅲ　共犯者と時効の停止

他の共犯者に対しても時効停止の効力が及ぶのは、共犯者間の不公平を避けるためであり、ここに「共犯者」というのは、刑訴253条2項の共犯者と同じ意味である。検察官が、共犯がいるかどうかわからず、単独犯として公訴提起した場合も、その時効停止の効力は共犯者に及ぶ[25]。また、共犯者の1人として起訴された被告人が期待可能性を欠くという理由で無罪とされた場合においても、他の共犯者との関係では時効停止効を生じるという下級審判例がある[26]。

（白取祐司）

---

[21] 最三小決昭56・7・14刑集35巻5号497頁。

[22] 最三小決昭33・5・27刑集12巻8号1665頁。

[23] 最二小決昭55・5・12刑集34巻3号185頁。

[24] 1953年改正法は、起訴状謄本の不送達の場合は時効は停止しない旨定めていた旧254条1項但書きを削除した。日本刑法学会編『改正刑事訴訟法』（刑法雑誌別冊）63頁参照。

[25] 仙台高判昭34・2・24高刑集12巻2号65頁。

[26] 福岡高宮崎支判昭31・4・4高刑集9巻6号559頁。

（時効の停止２）

第255条 犯人が国外にいる場合又は犯人が逃げ隠れているため有効に起訴状の謄本の送達若しくは略式命令の告知ができなかつた場合には、時効は、その国外にいる期間又は逃げ隠れている期間その進行を停止する。

② 犯人が国外にいること又は犯人が逃げ隠れているため有効に起訴状の謄本の送達若しくは略式命令の告知ができなかつたことの証明に必要な事項は、裁判所の規則でこれを定める。

本条は、公訴提起以外の、犯人の積極的行為によって訴追できない２つの場合について時効停止事由を定めている。

その１つが、「犯人が国外にいる場合」で、ここに国外とは、日本の行政権の及ばない外国及び公海を指す。住居を国内に残した一時的な外国旅行の場合、国外にいる場合にあたり、公訴時効は停止するというのが判例である[27]。この要件は、犯人がたんに国外にいれば足り、捜査機関が当該犯罪の発生またはその犯人を知っていたか否かは問わない[28]。

２つ目は、「犯人が逃げ隠れしているため有効に起訴状の送達若しくは略式命令の告知ができなかった場合」である。「逃げ隠れ」とは、犯人が捜査機関の発覚を避けるため所在を移転させることで、自分が被疑者であることを知らずに転居したような場合を含まない。この第２の要件は、(1)「逃げ隠れ」の事実があり、その結果、(2)適法な送達（刑訴271条）または告知（刑訴463条の２）ができなかったことの２点を満たすことが必要である。

本条１項の時効停止事由の証明に必要な事項については刑訴規166条が定めており（同２項）、刑訴規166条は、検察官に、「公訴の提起後、速やかにこれを証明すべき資料を裁判所に差し出さなければならない」ことを義務づけたが、裁判官に予断を生ぜしめる虞のある書類等の提出を禁じている。

なお、法律上の訴追不能による公訴時効の停止事由としてほかに、国務大臣として在任中の不訴追（憲75条）、摂政の在任中の不訴追（典範21条）、少年事件で家裁に係属中のとき（少年47条）がある。

（白取祐司）

（起訴状、訴因、罰条）

第256条 公訴の提起は、起訴状を提出してこれをしなければならない。

---

[27] 最一小決平21・10・20刑集63巻8号1052頁。

[28] 最三小判昭37・9・18刑集16巻9号1386頁（白山丸事件）。

② 起訴状には、左の事項を記載しなければならない。
一 被告人の氏名その他被告人を特定するに足りる事項
二 公訴事実
三 罪名
③ 公訴事実は、訴因を明示してこれを記載しなければならない。訴因を明示するには、できる限り日時、場所及び方法を以て罪となるべき事実を特定してこれをしなければならない。
④ 罪名は、適用すべき罰条を示してこれを記載しなければならない。但し、罰条の記載の誤は、被告人の防禦に実質的な不利益を生ずる虞がない限り、公訴提起の効力に影響を及ぼさない。
⑤ 数個の訴因及び罰条は、予備的に又は択一的にこれを記載することができる。
⑥ 起訴状には、裁判官に事件につき予断を生ぜしめる虞のある書類その他の物を添附し、又はその内容を引用してはならない。

I 本条の趣旨

　本条は、検察官の公訴提起の方式に関する基本的事項を定める。公訴は公判手続を開始させる重要な訴訟行為であるため書面主義が採られ、必ず起訴状という書面によることが要求されている（刑訴256条1項）。また、起訴状以外のものの添付は禁止される（刑訴256条6項）。起訴状に記載すべき事項は、法律、規則によって明文で定められている（刑訴256条2項、刑訴規164条1項）。そのうち、「**公訴事実**」（訴因）が最も重要な記載事項であり、起訴状に公訴事実が記載されることで審判の対象が明示的に示されることになる。
　起訴状が本条に定める方式に違反したときは、公訴棄却の判決によって手続が打ち切られる（刑訴338条4号）。

II 起訴状と被告人の特定

1 総説
　起訴状に記載すべき事項は、本条及び刑訴規164条1項によれば、以下のとおりである。
(1) 被告人の氏名、年齢、職業、住居及び本籍
(2) 公訴事実（訴因）
(3) 罪名及び罰条
(4) 身柄の表示（被告人が逮捕・勾留中であればその旨の記載）

2 被告人の特定

　このうち、被告人の特定に関する(1)は、誰について公訴提起の効力が生じるかの基準になる点で重要であるが、詳しくは「検察官の指定した被告人」は誰を指すのかの問題として、刑訴249条で扱う。ここでは、本条2項の、「被告人を特定するに足りる事項」について解説する。同項は、被告人の氏名のほか「被告人を特定するに足りる事項」の記載を要求し、刑訴規164条1項1号は、これを承けて、「被告人の年齢、職業、住居及び本籍」、被告人が法人である場合にはその「事務所並びに代表者又は管理人の氏名及び住居」を記載することとしている。被告人の氏名に黙秘権はないというのが判例であるが[29]、被告人が氏名を名乗らなかったり不明であるときは、起訴状の氏名を記載すべき箇所に「氏名不詳」と記載したうえで、人相、体格など被告人を特定するに足りる事項（指紋、留置番号など）を具体的に記載し、写真を別添する[30]。

Ⅲ　訴因の特定

1　総説

　起訴状には、審判の対象として「公訴事実」が記載される（本条2項2号）。公訴事実は「訴因を明示して」記載しなければならず、訴因を明示するには「できる限り日時、場所及び方法」を特定する必要がある（本条3項）。これが**訴因の特定**の問題である。なぜ、訴因の特定が必要なのか。それは、審判の対象である訴因が特定されず、一義的に明確になっていないと裁判所にとって審判の対象が提示されないのみならず、被告人にとっても、防御の対象が定まらず、不意打ちの判決を下されることにもなりかねないからである[31]。しかし他方で、あまり特定を厳格に要求すると、自白の重視など捜査の糾問化を招くなどの弊害のおそれもある。条文にある「できる限り」という文言も、前者を重視すれば「できる限り厳格に」ということになるし、後者を重視すれば訴因の特定が要請される意義、目的から合目的的に解釈されるべきものだということになる[32]。

2　判例(1)特別刑法犯など

　判例は、訴因の特定について比較的緩やかな態度をとってきた。リーディン

---

[29]　最大判昭32・2・20刑集11巻2号802頁。

[30]　司法研修所検察教官室編『検察講義案（平成21年版）』（法曹会、2010年）65頁。

[31]　前者を訴因の識別機能、後者を保障機能と呼ぶ論者もいる。高田昭正「訴因の特定」『刑事訴訟法の争点（新版）』136頁。最大判昭37・11・28刑集16巻11号1633頁（白山丸事件）も、同旨を述べている。

[32]　後者の見解として、『大コンメンタール刑事訴訟法［第二版］5巻』171-172頁。

グ・ケースとされる白山丸事件・最高裁判決は、密出国事件（出入国管理令違反）についてのものであるが、「被告人は、昭和27年4月頃より同33年6月下旬までの間に、有効な旅券に出国の証印を受けないで、本邦より本邦外の地域たる中国に出国したものである」という訴因について、「犯罪の種類、性質等の如何により、これを詳らかにすることができない特殊事情がある場合は、……幅のある表示をしても……違法があるということはできない」とした[33]。その後最高裁は、覚せい剤自己使用の事案について、本件訴因に「日時、場所の表示にある程度の幅があり、かつ、使用量、使用方法の表示にも明確を欠くところがあるとしても、検察官において起訴当時の証拠に基づきできる限り特定したものである以上、覚せい剤使用罪の訴因の特定に欠けるところはないというべきである」とした[34]。問題になった訴因は、「被告人は、法定の除外事由がないのに、昭和54年9月26日ころから同年10月3日までの間、広島県高田郡吉田町内及びその周辺において、覚せい剤であるフエニルメチルアミノプロパン塩類を含有するもの若干量を自己の身体に注射又は服用して施用し、もつて覚せい剤を使用したものである。」というものであった。

麻薬特5条違反（規制薬物の譲渡行為を業とすること等を構成要件とする業態犯）の訴因の特定について、覚せい剤の譲渡行為を「〔4回にわたりA等に譲り渡すほか〕多数回にわたり、同市内において、上記Aほか氏名不詳の多数人に対し、覚せい剤様の結晶を覚せい剤として有償で譲り渡し、もつて……業としたものである」という訴因の記載を、「訴因の特定として欠けるところはない」とした判例がある（最一小決平17・10・12刑集59巻8号1425頁）。この判例は、「多数回」「多数人」という概括的記載を一般的に肯認したものではなく、(1)一定期間内に業として行われた一連の行為を総体として重く罰することで薬物犯罪を広く禁圧しようという麻薬特5条の罪質、(2)4回の覚せい剤譲渡について譲渡年月日、譲渡場所、譲渡相手、譲渡代金を記載した別表を添付したうえでなされていることを考慮したうえで訴因の特定を認めたものであることに注意しなければならない。

3　判例(2)一般刑法犯

一般刑法犯については、行為の日時・場所、犯行方法といった基本的な事項は具体的に明示・特定する必要がある。しかし、傷害致死事件につき、「被告人は、単独又はA及びBと共謀の上、平成9年9月30日午後8時30分ころ、（場所略）〔旅館〕2階7号室において、被害者に対し、その頭部等に手段不明の暴行を加え、頭蓋冠、頭蓋底骨折等の傷害を負わせ、よって、そのころ、同所において、頭蓋冠、頭蓋底骨折に基づく外傷性脳障害又は何らかの傷害により死

---

[33] 最大判昭37・11・28刑集16巻11号1633頁。

[34] 最一小決昭56・4・25刑集35巻3号116頁。

亡させた。」という訴因であっても、「検察官において、当時の証拠に基づき、できる限り日時、場所、方法等をもって傷害致死の罪となるべき事実を特定して訴因を明示したものと認められるから、訴因の特定に欠けるところはない」とした[35]。「できる限り」特定しなければいけないはずが、「できなければやむを得ない」と特定が安易に流れるようなことがあってはならない。

Ⅳ　罪名と罰条

起訴状には、「罪名」の記載が要求され（本条2項3号）、「罪名」は「罰条」を示してこれを記載しなければならない（本条4項）。「罪名」とは、殺人、窃盗など犯罪類型を示す名称であり、未遂、共犯などの場合には、殺人未遂、窃盗教唆などのように、その旨付加される[36]。「罰条」の記載は、犯罪構成要件を定める規定を挙げる。結果的加重犯のように、ある条文が他の条文を引用している場合、これも挙げる必要がある。

罪名・罰条の記載が要求される趣旨は、訴因の記載とあいまって、審判の対象を明らかにし、被告人の防御権行使を容易にするためである。ただ、訴因と比べれば補助的なものにすぎず、重要性に差があるので、罰条の記載の誤りは公訴提起の効力に影響を及ぼさないとされている（本条4項但し書）。

Ⅴ　訴因の予備的・択一的記載

数個の訴因、罰条がある場合に、これを予備的または択一的に記載することが認められている（本条5項）。その趣旨は、立法の経過をたどっても判然としないが、民事訴訟における請求の併合の観念が引き合いにだされたのではないかと言われている[37]。訴因の予備的記載は、本位的訴因が認められなかった場合に備えて予備的に訴因を掲げるもの、択一的記載とは、各訴因の間に優先順位を設けず、認められたいずれかについて処罰を求めるものである。罰条の予備的・択一的記載は、訴因のそれに伴う場合が多いと思われるが、それに限定されるわけではない。

予備的記載、択一的記載のいずれも、被告人の側からみると、防御の対象が

---

[35]　最一小決平14・7・18刑集56巻6号307頁。最一小決平26・3・17刑集68巻3号368頁は、約4か月にわたって同一被害者に対して暴力を加えた事案について、「訴因の特定に欠けるところはない」と判示している。

[36]　刑法犯の「罪名」は、「刑事統計調査規程」（法務大臣訓令）で定められた罪名を基本にある程度細分化したものを用いるのが実務慣行だという（司法研修所検察教官室編・前掲※30書71頁）。

[37]　松尾浩也『刑事法学の地平』（有斐閣、2006年）141頁。

定まっていないことを意味し防御に困惑をきたす。実務上も、かつては判例ないし実例もあったが、近年は、訴因変更において予備的・択一的訴因変更がなされることは別にして、起訴状に記載される例はあまり見られなくなったようである。

VI 起訴状一本主義

1 意義——予断排除

公訴提起の際、起訴状のみを提出し、裁判官に予断を生じさせるおそれのある書類その他のものを添付したり、引用してはいけない（本条6項）。これを**起訴状一本主義**といい、憲37条1項の保障する「**公平な裁判所**」の理念を具体化した原則である。旧法時代の裁判官が、公訴提起と同時に、検察官から証拠等の一件記録を引き継ぎ、（有罪の）心証を固めて公判に臨んだのに対して、現行法では、裁判官は法廷で証拠調べが開始されるまで記録に接することはなく、白紙の状態で当事者の主張・立証に耳を傾けることになった。起訴状一本主義は、この点で、当事者主義と結びつき、さらに直接主義・口頭主義を活かすうえでも重要な意義を有するのである。

2 判例の検討

最大判昭27・3・5刑集6巻3号351頁は、詐欺事件の公訴事実中に、「被告人は詐欺罪により既に2度処罰を受けたものであるが」と記載があるのは、「公訴犯罪事実につき、裁判官に予断を生ぜしめるおそれのある事項にあたると解しなければならない」として違法性を認め、この「違法性は、その性質上もはや治癒することができない」という厳格な解釈を示した。しかしその後は、恐喝の手段として送付された文書を全文公訴事実に記載しても違法ではないとし（最三小判昭33・5・20刑集12巻7号1398頁）、名誉毀損事件で「外遊はもうかりまっせ、大阪府会滑稽譚」と題する文書全文の引用は、「検察官が同文書のうち犯罪構成要件に該当すると思料する部分を抽出して記載し、もって罪となるべき事実のうち犯罪の方法に関する部分をできるかぎり特定しようとしたもの」であり、引用も許されると判示している[38]。確かに、訴因の特定の要請から要約より全文引用が望ましい場合はありうるが、予断排除は、いったん予断をもってしまうと取り返しがつかないわけで、引用には慎重な姿勢が望まれる。

3 公判前整理手続と予断排除

公判前整理手続（刑訴316条の2以下）を行う裁判長は、受訴裁判所の裁判長である。このように、受訴裁判所が公判前整理手続において当事者の主張・立

---

[38] 最一小決昭44・10・2刑集23巻10号1199頁。

証について知識を得ることが**予断排除の原則**に反しないか。これについては同手続には訴追側だけでなく、弁護人も出席するから一方に偏った予断・偏見を与えるおそれはないという反論もある。しかし、訴訟の全過程において、裁判官を予断・偏見から守るのが予断排除の原則であるととらえれば、裁判官は「白紙の状態」で公判廷に臨むべきであり、心証形成をしないとはいえ、公判期日前に証拠に触れることじたい望ましいことではない。裁判員との情報格差の問題も生じることになるわけで、やはり問題は残る。

(白取祐司)

（公訴の取消し）
第257条 公訴は、第一審の判決があるまでこれを取り消すことができる。

I 本条の趣旨

1 起訴変更主義

現行法は、起訴便宜主義（刑訴248条）を採り、犯罪の嫌疑も訴訟条件も十分だが諸般の事情を考慮して起訴しない裁量権を検察官に付与したが、その帰結として、起訴後において起訴猶予にすべき事情が発見されたときにも、検察官に公訴を取り消す権限を付与することが適当である（起訴変更主義）。これが、本条の趣旨である。

ただ、この条文は実際にはあまり活用されていない。実務上、公訴が取り消されるのは、法人の消滅、被告人の死亡・所在不明、確定判決の存在、起訴のもとになった重要判例の判例変更など、公訴の維持・追行が不可能な場合がほとんどといってよい。立法趣旨である事後的に起訴猶予事由が生じた場合の取消しは、皆無に近い。その理由として、起訴前に慎重に起訴・不起訴の選別が行われていることがあげられるが、そのほかに、制度自体のもつ以下のような問題性が本条の適用を躊躇させているようにも思われる。

2 変更主義と一事不再理原則

検察官が公訴を取り消して手続が終了した後、検察官は、新たに重要な証拠を発見すれば、同一事件について再起訴することが認められている（刑訴340条）。そうすると、検察官は公判で有罪立証に失敗し無罪の可能性が生じたら公訴を取り消し、改めて重要証拠を探して再起訴できることになる。これでは被告人の防御の利益を著しく害し、運用によって違憲になりうるとの指摘もあるが、幸いそのような濫用的運用はなされていない。

第257条（公訴の取消し）　653

II　公訴取消しの理由

　公訴を取り消す理由に、法律上制限はない。実際にも、被告人の死亡など訴訟条件を欠くにいたった場合にも、公訴取消しは行われている。ただし、有罪の見込みがないことを理由に公訴を取り消し、重要証拠を探すため捜査を再開するといった運用は、被告人の地位を著しく害するものとして、許されないとすべきであろう。

　公訴取消し理由に制限がなく、訴訟条件を欠く場合にも可能であるところから、公訴取消しを「手続打切り」の観点から捉え直し、活用すべきであるという主張がある[39]。傾聴すべき見解ではあるが、公訴取消し制度自体に先に述べたような問題があるとすれば、論者のいう手続打切りの目的は別な手段による方がいいように思われる。

III　公訴取消しの時期

　本条による公訴の取消しは、「第一審の判決があるまで」認められる。したがって、控訴審、上告審において公訴の取消しをすることはできない。問題は、上訴審による破棄差戻し、または移送後の一審においても、公訴取消しは認められるかである。下級審判例には、認められるとしたものが多い[40]。しかし、通説は条文の文言に忠実に、ひとたび「第一審の判決」が言い渡された以上、控訴審で破棄されても、公訴の取消しは認められないと解してきた。訴因変更に時機的限界のあることが判例・学説上認知されてきたことも合わせて考慮すれば、破棄差戻し（移送）後の公訴取消しは認めるべきではない。判例が認めた事例も、長期にわたる被告人の所在不明など、かなり特殊な案件のようである。

IV　公訴取消しの方法・効果

　公訴の取消しは、理由を記載した書面で行わなければならない（刑訴規168条）。これを受けた裁判所は、決定で公訴を棄却する（刑訴339条1項3号）。ただし、先に述べたように、新たに重要な証拠を発見した場合は再度起訴することが可能となる（刑訴340条）。そのような場合でないのに起訴がなされると、判決で公訴棄却される（刑訴338条2号）。なお、即決裁判手続の申立てが却下

---

[39]　指宿信『刑事手続打切りの研究』（日本評論社、1995年）3頁以下参照。

[40]　千葉地佐倉支昭60・3・29判時1148号107頁、福岡地飯塚支決昭61・4・1刑月18巻4号481頁、名古屋地決昭63・11・7判タ684号253頁。

654 第258条（他管送致）

され公訴が取り消された場合について、特則がある（刑訴350条の26）。

（白取祐司）

（他管送致）
第258条　検察官は、事件がその所属検察庁の対応する裁判所の管轄に属しないものと思料するときは、書類及び証拠物とともにその事件を管轄裁判所に対応する検察庁の検察官に送致しなければならない。

　本条は、検察官の行う中間処分の一種である他管送致（移送）の規定である。公訴提起は、管轄裁判所に対応する検察庁に属する検察官でなければ行うことができないので（検察4条、検察5条）[41]、そうでない場合に、書類、証拠物とともに事件を管轄裁判所に対応する検察庁の検察官に送致することを義務づけた（必要移送）。不起訴処分にする場合にも移送する必要があるのかについて、実務では、移送せず捜査を担当した検察官の手元で不起訴の処分をするようである。これに対して、検察庁法5条が検察官の職務管轄を定めている点を重視し、不起訴処分をする場合にも常に他管移送すべきだという主張もあるが、捜査を遂げて不起訴処分が適当であることが明かな場合にまで常に移送を要求するのは形式的にすぎる。実務の取扱いで足りると解される。

　送致の時期について、特に制限はない。所属検察庁に対応する裁判所の管轄に属しないことが判明しても、必要な捜査を継続することは許される。また、送致前に行った行為の効力は、送致によって影響を受けない。

　なお、告訴人、告発人がいるときは、検察官は、送致の事実を速やかに告訴人等に通知しなければならない（刑訴260条）。

（白取祐司）

（被疑者に対する不起訴処分の告知）
第259条　検察官は、事件につき公訴を提起しない処分をした場合において、被疑者の請求があるときは、速やかにその旨をこれに告げなければならない。

---

[41] 検察官は、管轄外では公訴提起できないが、捜査は事物管轄の制限を受けずに自由に行うことができる（検察6条参照）。なお、本条は「送致」と表現しているが、同種機関に対するものであるから厳密には「移送」が正しい。

I　本条の趣旨

　被疑者には、起訴処分のときは起訴状謄本が送達されるが（刑訴271条）、広義の不起訴の場合、被疑者に対する特別の手続が定められているわけではなく、被疑者は不安な状態におかれる。そこで、いったん捜査の対象とされた被疑者の不安解消のため、被疑者に不起訴処分の告知を求める権利を認めたのが、本条の趣旨である。

II　通知すべき場合

　検察官が直接取り調べたか否かを問わないから、司法警察員から送致を受け（刑訴246条）、検察官が取調べをせずに不起訴処分にした場合にも、本条は適用される。通知の対象となる不起訴処分は、起訴猶予（刑訴248条）であるか狭義の不起訴処分か否かを問わない。他管移送や中止処分については本条の適用がないとされるが、問題であろう。

III　通知の方式など

　通知は、被疑者の請求があったときである。この請求は、文書でなくても、口頭でも構わない。さらに進んで、請求がなくても通知すべきか。法文上は要求されていないが、告訴人には無条件の通知を認めていることとの対比で通知を立法で義務づけるべきだという主張がある（刑訴260条参照）。運用としても、請求を待たずに通知することが望ましい。

　通知の方法について、本条の解釈としては特別の方式は要求されていないが、実務上は、法務省訓令によって「不起訴処分告知書（様式第113号）」によることとされている（事件事務規程73条1項）。

　なお、通知は不起訴処分となった事実だけを告げれば足り、理由は必要ないというのが実務であるが、本条の趣旨からみて、理由を告げるのが望ましいであろう。

（白取祐司）

（告訴人等に対する起訴・不起訴等の通知）
第260条　検察官は、告訴、告発又は請求のあつた事件について、公訴を提起し、又はこれを提起しない処分をしたときは、速やかにその旨を告訴人、告発人又は請求人に通知しなければならない。公訴を取り消し、又は事件を他の検察庁の検察官に送致したときも、同様である。

656　第260条（告訴人等に対する起訴・不起訴等の通知）

I　本条の趣旨

　告訴、告発または請求は、犯罪事実を申告し訴追を求める意思表示であり、訴追権限を独占する検察官としては、起訴・不起訴の決定をしたとき、その結果について強い関心・利害を有する告訴人等に通知するのは、いわば当然のことである。のみならず、特に不起訴処分（広義）のときは、告訴人等は、⑴検察審査会に審査の申立てをしたり（検審30条）、⑵公務員による職権濫用罪など一定の犯罪（刑193条ないし刑訴196条、破防45条の罪等）については、付審判請求をすることができ（刑訴262条以下）、さらに、⑶実務上、当該不起訴処分をした上級検察庁に対して監督権の発動を求めることが認められており※42、本条による通知は、これらの手段をとる機会を確保するのに役立つ。これが本条の趣旨である。なお、本条及び次条の通知・告知を義務づけることで、不当な不起訴を間接的に抑制する効果も期待される。

II　通知の内容・方法

　起訴・不起訴等の通知の内容は、公訴を提起したこと、しなかったこと、公訴を取り消したこと、移送したこと等の結果を告げるだけでよいと解されている。しかし、上述した本条の趣旨からすれば、処分の理由についても通知するのが望ましい。不起訴処分については、刑訴261条で理由の告知が義務づけられているが、それ以外の場合も理由を告訴人等に告げる運用が図られるべきである。

　通知の方法については、特に法の定めはなく本条の解釈としては口頭でも足りると解されるが、実務上は「処分通知書」という書面で行われるようである。また、付審判対象事件（刑訴262条1項参照）については、本条の通知を受けた日から7日以内に付審判請求書を提出しなければならないので（刑訴262条2項）、配達証明郵便によるなどの配慮がなされているようである。

III　その他

　本条は、告訴等をしなかった被害者については適用されないが、1999年4月より事件処理の結果等を通知する被害者等通知制度実施要領（検察庁）が実施された結果、全国の検察庁は、被害者に対して事件処理の結果、公判期日、刑事裁判の結果等を通知するようになった。

※42　行審4条1項6号は、刑事訴訟法上の検察官の処分について、審査請求ないし異議申立てはできないとしており、ここでの申立ては上級官庁（検察庁）の職権発動を求めるものにすぎない。ただし、立法論として疑問が残る。

本条の特則として、独占禁止法違反として公正取引委員会が検事総長に告発した事件について公訴を提起しない処分をしたときは、検事総長が、遅滞なく法務大臣を経由してその旨及びその理由を文書をもって内閣総理大臣に報告しなければならないとされている（独禁74条3項）。

（白取祐司）

> **（告訴人等に対する不起訴理由の告知）**
> **第261条**　検察官は、告訴、告発又は請求のあつた事件について公訴を提起しない処分をした場合において、告訴人、告発人又は請求人の請求があるときは、速やかに告訴人、告発人又は請求人にその理由を告げなければならない。

I　本条の趣旨

　告訴、告発または請求をした者は、刑訴260条により起訴不起訴の結果の通知を受けるが、不起訴処分のときは、告訴人等に認められている付審判請求、検察審査会への申立てなどの諸権利を実効あらしめるため、告訴人等の請求があった場合に、検察官に不起訴理由の告知を義務づけた。本条も、刑訴260条と同様、このような告知をさせることで、不当な不起訴を抑制する役割が期待されている。

　本条の「公訴を提起しない処分」とは、狭義の不起訴処分のほか、起訴猶予処分も含む。公訴の取消しについては見解が分かれる。告訴人等への通知の必要性が高いことにかんがみると、文理上はやや無理があるが、公訴取消しも「公訴を提起しない処分」に含まれると解する[43]。

II　告知の方式と告知すべき理由

　本条の不起訴理由の告知の方式については、口頭によることを排除していないようにも読めるが、法務省訓令・事件事務規程73条2項に規定があり、「不起訴処分理由告知書（様式第114号）」という書面によらなければならないとされている。実務上、同書面によって告げられる理由の内容は、「起訴猶予」「嫌疑不十分」「罪とならず」などの不起訴の主文だけであり、そこに到達する理由については一切言及がない。実務のこのような取扱いは、捜査の密行性の原則、被疑者など関係者のプライバシーの保護の必要性、不起訴記録は原則として非

---

[43] 平場安治他著『注解刑事訴訟法中巻（全訂新版）』（青林書院新社、1982年）351頁〔鈴木茂嗣〕。

公開とされていること（刑訴47条）などがその理由としてあげられるが、学説上かねてより批判されてきた※44。不起訴処分の理由を告知するのは、付審判請求や検察審査会への申立て等の機会を保障するためであるところ、前者については審判請求書に当該事件の「犯罪事実及び証拠」を記載しなければならず（刑訴規169条）、後者の申立てをするには書面（申立書）に「申立の理由」（検審31条）を述べなければならない。だとすると、不起訴裁定主文の告知だけでは足りないというべきである。

なお、1999年4月より実施された被害者等通知制度実施要領（検察庁）（刑訴260条III参照）によれば、被害者等に対して、不起訴裁定の主文のほか、「不起訴裁定の理由の骨子」も通知されることとされている。

III　その他

本条の告知の請求時期について、法令上特に制限はないが、長期間経過し記録が廃棄されたり公訴時効が完成したような場合、告知の実益は実質的には失われたとみることができよう。ただ、その場合でも検察官の告知義務が一般的に免除されるとはいえない。

これに対して、請求があった場合の告知の時期については、本条は「速やかに」告知することを要求している。

（白取祐司）

（準起訴手続・付審判の請求）
第262条　刑法第百九十三条から第百九十六条まで又は破壊活動防止法（昭和二十七年法律第二百四十号）第四十五条若しくは無差別大量殺人行為を行った団体の規制に関する法律（平成十一年法律第百四十七号）第四十二条若しくは第四十三条の罪について告訴又は告発をした者は、検察官の公訴を提起しない処分に不服があるときは、その検察官所属の検察庁の所在地を管轄する地方裁判所に事件を裁判所の審判に付することを請求することができる。
②　前項の請求は、第二百六十条の通知を受けた日から七日以内に、請求書を公訴を提起しない処分をした検察官に差し出してこれをしなければならない。

※44　平野龍一『刑事訴訟法』（有斐閣、1958年）126頁等。

第262条（準起訴手続・付審判の請求） 659

I 本条の趣旨

本条の趣旨は、検察官の起訴独占主義（刑訴247条）の例外として、刑193条ないし刑196条または破防45条の罪、団体規制法42条若しくは団体規制法43条の罪について検察官の不起訴処分があった場合に、告訴人等に審判を開始するよう裁判所に請求することを認めることで、不当な不起訴処分を是正することである（付審判手続）。私訴制度をもたない現行法のもとでは、不起訴に対する適切なコントロールが重要になるが、とりわけ訴追裁量権行使の公平性に疑問が生じ得る公務員の職権濫用犯罪について、同じ公務員である検察・警察の仲間意識から馴れ合い的で安易な不起訴処分が生じやすいことを慮ってチェックすることにしたのである[45]。付審判の決定がなされると起訴に準じて審判が開始されるところから、準起訴手続とも呼ばれる。

不当な不起訴に対するコントロールのための制度として、ほかに、検察審査会がある（検審1条参照）。付審判手続と異なり、罪種の限定なしに検察官の公訴を提起しない処分を、市民から抽選で選ばれる検察審査員11名によって審査するものである。審査会の議決は原則として拘束力を持たなかったが、2004年の法改正により、2009年5月より検審41条の6の起訴議決に拘束力が生じることとなった。

II 付審判手続の構造

付審判手続は、要するに付審判請求に理由があるか否かを裁判所が審理し決定する手続であるが、審理手続について条文上明確な規定を欠いていることもあって、請求審の手続構造をどのように理解するかについて、(1)捜査説、(2)裁判説、(3)中間手続説の争いがある。この論点は、請求人の審理手続への当事者的関与を認めるか否かという問題に関わり、(1)捜査説からはこれが否定されるのに対して、(2)裁判説では当然のこととして肯定される。判例は、審判に「捜査に類似する性格」を認め（(1)捜査説）、「審理の公開、被疑者の在廷等は法の予定するところでなく、また請求人はなんら手続の進行に関与すべき地位にない」ので、「対立的当事者の存在を前提とする諸規定、たとえば、訴訟関係人の書類・証拠物の閲覧謄写権（刑訴40条、刑訴270条）、証拠申請権（刑訴298条）、証人尋問における立会権及び尋問権（刑訴157条）等の規定の適用ないし準用がないと解すべきである」としている[46]。付審判制度を、公務員の権力犯罪からの人権救済的役割を実効的なものにするための制度と解する見地からは、

---

[45] 石丸俊彦他『刑事訴訟の実務（新版）上』（新日本法規、2005年）459頁。

[46] 最二小決昭47・11・16刑集26巻9号515頁。同旨、最二小決昭49・3・13刑集28巻2号1頁参照。

660 第262条（準起訴手続・付審判の請求）

請求人の関与を大幅に制限するこのような判例の理解には、強い批判もなされている。

Ⅲ 請求の要件

1 請求権者

付審判請求をできる者は、本条1項所定の犯罪について告訴または告発をした者である。自然人だけでなく、法人も請求権者となりうる。判例に、弁護士会が自ら告発した後、付審判請求することは「弁護士会の権能に属するものと解すべきである」としたものがある[47]。

告訴人、告発人が必ずしも自ら請求する必要はなく、弁護士を代理人として請求することも許される[48]。なお、告訴・告発を取り消した者は（刑訴237条参照）、請求権者にはなれない。

2 対象犯罪

付審判請求ができる対象犯罪は、本条所定の公務員犯罪に限られる。もっとも、たとえば、請求人が殺人罪として付審判請求した場合であっても、主張された被疑事実の中に本条1項所定の犯罪の構成要件（職権濫用罪など）が内在しているときは、「右内在部分は審判の対象となり得るものというべく、従って、その範囲では付審判請求手続の対象でもあり得るものと解するのが相当である」とした判例がある[49]。職権濫用にあたる罪が他の罪と科刑上1罪にたつ場合も、全体として不起訴処分になるのであれば、職権濫用の部分について付審判請求をすることができる。

3 請求書の宛先と記載要件

付審判請求書は、不起訴処分をした検察官所属の検察庁の所在地を管轄する地方裁判所であるが（本条1項）、直接裁判所に提出するのではなく、不起訴処分にした検察官に差し出してこれをしなければならない（本条2項）。このような迂遠な提出方法をとったのは、検察官に再考を促す趣旨だとされている。請求書には、審判に付せられるべき事件の「犯罪事実及び証拠」（刑訴規169条）を記載しなければならない。

4 請求の時期

請求は刑訴260条の通知を受けた日から7日以内にしなければならない。期

---

[47] 最三小決昭36・12・26刑集15巻12号2058頁。
[48] 最二小決昭24・4・6刑集3巻4号469頁。
[49] 東京高判昭51・11・8判時843号120頁。

間の計算については、刑訴55条、刑訴56条、刑訴規66条の２など一般の例による。ただし、判例は、在監者の上訴申立てに関する刑訴366条１項は、「付審判請求には準用されておらず、また、類推適用されないものと解するのが相当」であるとしている※50。しかし、もともと通知を受けてから７日間という請求期間は十分なものではなく、刑事施設の被収容者の人権救済という観点からみて、類推適用を認めないことには疑問がもたれる。

（白取祐司）

（請求の取下げ）
第263条　前条第一項の請求は、第二百六十六条の決定があるまでこれを取り下げることができる。
②　前項の取下をした者は、その事件について更に前条第一項の請求をすることができない。

　付審判の請求は、刑訴266条の請求棄却または付審判の決定があるまでは、取り下げることができる。「決定があるまで」とは、決定が外部的に成立したときである。決定前であっても、検察官が刑訴264条により公訴を提起したときは、請求はこれにより目的を達し効力を失うので、取下げは許されない。数個の事件について請求をしているときは、その一部を取り下げることもできる。
　この取下げの効果として重要なのは、請求を取り下げると再度の請求ができなくなることである（本条２項）。私人の恣意によって裁判所の負担が不当に加重されないためだと説明されるが、この取下げ（法的には訴訟行為の撤回）じたいに錯誤などの瑕疵があった場合などには、例外が認められる余地がないとはいえないであろう。
　請求取下げの手続であるが、手続の確実性と安定性を図るため書面によることが要求されている（刑訴規170条）。この取下書は、付審判を請求した検察官に提出すべきものであるが、付審判請求書等がすでに裁判所に送付された後は（刑訴規171条参照）、裁判所に提出することになる。ただ、請求人には、書類が検察官の手元にあるのか裁判所に送付されたのか知ることが困難であるから、提出先を誤ったとしても、取下げの効力に影響しないと解される。いずれにしても、取下げのあったときは、裁判所書記官は、速やかにこれを検察官及び被疑者に通知しなければならない（刑訴規172条２項）。

（白取祐司）

※50　最三小決平16・10・１判タ1168号138頁。

（公訴提起の義務）

第264条 検察官は、第二百六十二条第一項の請求を理由があるものと認めるときは、公訴を提起しなければならない。

Ⅰ 本条の趣旨

本条は、検察官に起訴について再度考案する機会を付与する規定であり、検察官の起訴独占主義をできるだけ維持するための規定だと解されている。それとともに、付審判制度の趣旨からいっても、検察官がこの段階で再考のうえ起訴に踏み切ることは、訴訟経済に資するだけでなく、より迅速に国民の人権救済を図ることができるという利点がある。本条はこれらの趣旨を実現するための制度とみるべきである。

Ⅱ 検察官の処置

1 理由があるとき

検察官は、付審判請求に「理由がある」と認めたときは、公訴提起の義務を負う。本条の趣旨からいって、この「理由がある」を狭く解する必要はなく、要するに起訴するのが相当であるときだと解される。したがって、請求人の請求及び請求書記載の証拠によっては起訴する理由は十分ではないが、検察官が独自の資料等を加えて相当と判断できる場合も、本条にいう「理由がある」場合として公訴提起しなければならない。

2 理由がないとき

検察官は、請求に理由がないと認めるときは、請求書を受け取った日から7日以内に、公訴提起しない理由を記載した意見書を添えて、書類及び証拠とともに、裁判所に送付しなければならない（刑訴規171条）。

この送付を行った後、検察官が公訴提起することは許されるか。これについては、(1)許されないとする説、(2)原則として裁判所の判断を待つべきであるが、新証拠を発見したとき、公訴時効が完成しそうなときなど、例外的に公訴提起を認める説、(3)公訴は適法であるとする説が主張されている。本条の趣旨からみて、およそ公訴提起を許さないとするまでの必要はなく、必要があれば公訴を認める(2)説が妥当であろう。

（白取祐司）

（準起訴手続の審判）

第265条　第二百六十二条第一項の請求についての審理及び裁判は、合議体でこれをしなければならない。

②　裁判所は、必要があるときは、合議体の構成員に事実の取調をさせ、又は地方裁判所若しくは簡易裁判所の裁判官にこれを嘱託することができる。この場合には、受命裁判官及び受託裁判官は、裁判所又は裁判長と同一の権限を有する。

I　審理の主体

本条は、準起訴手続の審理に関する基本的な事項を定める。もっとも、他の条項も含め審理の基本的な構造、具体的審理手続についての言及がほとんどないため、たとえば請求人の関与のあり方等について争いがある。

審理手続の主体について、本条は、その重要性にかんがみて、合議体で行われることを定めている（本条1項）。合議体の裁判は、地方裁判所の3人の裁判官によって構成される（裁26条2項4号、3項参照）。裁判所は、必要があるときは、合議体の構成員に事実の取調べをさせ、または地方裁判所若しくは簡易裁判所の裁判官にこれを嘱託することができる（本条2項）。ただし、家庭裁判所の裁判官を含まない点で通常の手続とは異なることに注意する必要がある。

II　審理方式

1　審理の方式

請求を受けた裁判所は、これについて審理し決定を下すことになる（刑訴266条参照）。判決ではなく決定なので、口頭弁論を開く必要はなく（刑訴43条2項）、関係者の陳述を聞かなければならない義務はない（刑訴規33条1項）。審理の構造については、先に述べたように、規定の不備のため解釈上さまざまな説が主張されているが、判例・実務は、付審判請求の審理手続は対審構造ではなく、捜査類似の職権手続であると解している（刑訴262条II参照）。付審判手続の構造を、判例のように捜査類似の職権構造とみるか（捜査説）、有力学説のように請求人に当事者性を認める対審構造とみるか（裁判説）によって、次のような相違が生じる。第1に、判例の捜査説によれば、対立的当事者の存在を前提とする諸規定、たとえば、「訴訟関係人の書類・証拠物の閲覧謄写権（刑訴40条、刑訴270条）、証拠申請権（刑訴298条）、証人尋問における立会権及び尋問権（刑訴157条）等の規定の適用ないし準用がないと解すべき」ことにな

る※51。裁判説にたてば、反対にこれらの権利を請求人にも認めるべきことになろう。第2に、これも判例だが、請求人に弁護士の代理人がついたケースについて、最高裁は、捜査説にたつことを明らかにしたうえで、裁判所の適切な裁量で必要な審理方式を採りうるにしても、「検察官から送付された捜査記録等の閲覧謄写を請求人代理人に許可することは、これによつて被疑者その他捜査協力者らの名誉・プライバシーを不当に侵害する可能性や、真実歪曲の危険性などの存在を否定しきれないのであるから、このような密行性の解除によつてもたらされる弊害に優越すべき特段の必要性のないかぎり、裁判所に許される裁量の範囲を逸脱し、違法となると解するのを相当とする」として、捜査記録を全面開示した原裁判所の措置に重大な違法があると判示している※52。付審判制度の趣旨を活かすためには、裁判説にたって請求人の関与を認めていくことが適当である。刑訴規173条3項が刑訴規38条2項1号（尋問に立ち会った者の氏名の調書への記載）を準用していないことなどを根拠に、現行法は対審構造を予定していないとする見解も有力だが、運用として請求人の主体性を認めるような措置をとるのが望ましいといえよう。

2　被疑者に対する強制処分

　請求を受けた裁判所は、必要があるときは被疑者を召喚、勾引することができると解されている。刑訴57条以下の規定する召喚、勾引等は、被告人に関する強制処分として定められたものだが、これらの規定を準用しないと、審理に困難を来すことも予想されるところであり、明文規定はないが準用を認めてよいであろう。勾留についても基本的に同様だが、勾留期間について、(1)起訴前の捜査に準じる点を重視して被疑者勾留（刑訴208条、刑訴208条の2）の期間とする説と、(2)受訴裁判所と同じ権限を有するのだから総則規定の定める被告人勾留（刑訴60条2項）の期間とする説に分かれる。(1)説も逮捕の前置を要求するものではなく、いずれにしても特殊な勾留であり、強制処分法定主義（刑訴197条1項）からすれば、立法による解決が図られるべきである。上記2つの説のうちでは、筋からいくと(2)説が正しいようにも思われるが、2ケ月という勾留期間は第1回公判までの期間を忖度したものであり、付審判の審理にはあてはまらない。判例の捜査類似という考え方を前提にすれば、(1)説が適当であろう。

　強制処分ではないが、被疑者の取調べについて、付審判請求を受けた裁判所に権限があるかという問題がある。これも法の明文がないために生じる問題だが、これを認めるのが通説である。付審判手続を捜査類似とみれば認められる

※51　最二小決昭47・11・16刑集26巻9号515頁。同旨の下級審判例として、大阪高決昭45・3・5刑月2巻3号231頁、東京高判昭48・3・28高刑集26巻1号93頁等。
※52　最二小決昭49・3・13刑集28巻2号1頁。

第265条（準起訴手続の審判）　665

のは当然だが、対審構造とみたとしても、任意の取調べを禁じる理由はないというべきである。規則にも取調べを予定した規定がある（刑訴規173条）。取り調べる前に黙秘権の告知をしなければならない（刑訴198条2項）。

3　証拠の収集保全のための強制処分

裁判所は、受訴裁判所と同様に、総則規定にある押収、捜索、検証、証人尋問、鑑定、通訳及び翻訳などの権限を有する。判例には、付審判請求事件の審理のため、報道機関の取材フィルムに対して提出命令（刑訴99条）を発した事案につき、報道の自由と証拠としての必要性について次のような利益衡量を行ったうえでこれを是認したものがある[53]。すなわち、公正な刑事裁判実現のため取材の自由を制約する場合においても、「一面において、審判の対象とされている犯罪の性質、態様、軽重及び取材したものの証拠としての価値、ひいては、公正な刑事裁判を実現するにあたつての必要性の有無を考慮するとともに、他面において取材したものを証拠として提出させられることによつて報道機関の取材の自由が妨げられる程度及びこれが報道の自由に及ぼす影響の度合その他諸般の事情を比較衡量して決せられるべきであり、これを刑事裁判の証拠として使用することがやむを得ないと認められる場合においても、それによつて受ける報道機関の不利益が必要な限度をこえないように配慮されなければならない」。また、判例は、付審判請求裁判所によつてなされた提出命令に対する不服申立てについて、同申立ては刑訴420条1項の「訴訟手続に関し判決前にした決定」に準ずるが、同条2項の押収に関する決定にあたるから同条1項の制限は解除される結果、「本件各提出命令は、419条にいう『裁判所の決定』として、これを受けた者は352条により……通常の抗告をすることができる」としている[54]。

4　審理方式に対する異議申立て

審理方式に関する不服申立てについて、刑訴309条の準用ないし類推適用によって許されないか。判例は、審理方式なるものは「裁判所が当該事件について審理に関する方針を宣明するにすぎないのが一般であつて、審理方式中、これを関係人に告知することにより一定の訴訟法上の効果を生じさせる裁判の性質を有する部分を除き、審理方式自体を対象に不服申立てをすることは、不適法として許されない」とし、一般論としてこれを否定する。そして、請求人及び被疑者の弁護人への捜査記録の閲覧謄写の許可などのように訴訟上の効果を生じさせる部分であっても、「訴訟手続に関し判決前にした決定に準ずるものとして、原則としてこれに対し刑訴433条の抗告をすることは許されない」が

---

[53]　最大決昭44・11・26刑集23巻11号1490頁。

[54]　最一小決昭44・9・18刑集23巻9号1146頁。

（刑訴420条1項参照）、ただ、「重大な違法があり、かつ付審判請求事件の終局裁判に対する上訴によつては効果的な救済を期待しがたい場合には、例外的に刑訴433条の抗告をすることが許され［る］」としている[55]。

Ⅲ　その他

　付審判請求審の裁判官を、請求人である被疑者が忌避申立てをすることは許されるか。忌避を定める刑訴20条2号、3号、5号、刑訴21条が「被告人」という文言を用いていること、ここでの裁判官はむしろ捜査官的立場にあることなどから、これを否定する見解もあったが、最高裁は、裁判官の職務の公正を期するという見地にたち、次のように述べて忌避申立権を肯定した。すなわち、「付審判請求は、現行法において、はじめておかれた制度であるが、それは、特殊の犯罪について、検察官の不起訴処分の当否に対する審査を裁判所に委ねたものであり、その審査にあたる裁判所は、いうまでもなく、職務の独立性を保障された裁判官をもつて構成され、かつ、その権限は極めて広範なものである（刑訴265条2項）。かような裁判所を構成する裁判官について、その職務執行の公正を期するため、除斥、忌避及び回避の規定の適用のあることは、その制度のおかれた趣旨等にかんがみるときは、いうをまたずして明らかである」[56]。

（白取祐司）

（付審判請求に対する決定）
第266条　裁判所は、第二百六十二条第一項の請求を受けたときは、左の区別に従い、決定をしなければならない。
一　請求が法令上の方式に違反し、若しくは請求権の消滅後にされたものであるとき、又は請求が理由のないときは、請求を棄却する。
二　請求が理由のあるときは、事件を管轄地方裁判所の審判に付する。

Ⅰ　本条の趣旨

　本条は、付審判請求に対する裁判の要件と方式を定めたものである。決定は、各請求ごとに行わなければならない。ただし、共通の決定書にこれを記載することまで禁じられてはいない。しかし、一部の請求を認容し、他の請求を棄却

---

[55]　最二小決昭49・3・13刑集28巻2号1頁。
[56]　最一小決昭44・9・11刑集23巻9号1100頁。同旨、最二小決昭47・11・16刑集26巻9号515頁。

する場合、認容の決定書には起訴状と同様の効力が認められ、そのため余事記載が禁じられているので（刑訴256条6項）、決定書を別にわける必要がある。

II　請求棄却の決定

1　棄却事由

　本条1号は、請求を棄却すべき場合として、(1)請求が法令上の方式に違反するとき、(2)請求権の消滅後にされたものであるとき、(3)請求に理由がないときを列挙している。(1)(2)が手続的事由であるのに対し、(3)は主に実体的事由であるが訴訟条件を欠く場合などの手続的事由を含む。

　(1)の場合として、付審判請求書の記載要件（刑訴規169条）を欠くとき、請求書を直接裁判所に提出したとき（刑訴262条2項参照）、請求権者以外の者が請求したとき（刑訴262条1項参照）、法の定める犯罪以外の犯罪について付審判請求がなされたとき（刑訴262条1項参照）などがある。検察官が、意見書を添付せず、または証拠などを添付しないで裁判所に請求書を提出しても、棄却すべき事由にはあたらない。

　(2)の場合とは、刑訴262条2項の期間を経過の後に請求がなされたとき、請求の取下げ後に請求がなされたとき（刑訴263条2項）、検察官の公訴提起の後に請求がなされたときなどである。

　(3)の場合として、請求書記載の被疑事実が罪とならないとき、犯罪の嫌疑がないとき、訴訟条件を欠くときのほか、起訴猶予事由のあるときなどである。

2　決定書の送達

　棄却の決定は、裁判の告知一般の例にならって、請求者に送達される（刑訴規34条）。これに対して、検察官、被疑者に対しては、刑訴規174条の反対解釈をすれば送達は不要であるかにみえる。しかし、検察官らも重要な関心を抱いているのであるから、送達か少なくとも通知をするのが適当であろう。

3　棄却決定の効果

　棄却の決定があると、不起訴処分が正当であったことが確定されるので、事情変更がないかぎり重ねて付審判請求できなくなるとするのが通説である。事情変更があっても、不起訴処分から7日（刑訴262条2項）を過ぎていれば請求できない。付審判請求棄却決定を受けた同一事実について、同じ請求人が再度請求することも許されない[57]。

---

[57]　東京地判昭55・9・15判時1020号140頁。

4 不服申立て

棄却の決定は、刑訴419条1項の「裁判所のした決定」にあたり、同条項にいう「特に即時抗告をすることができる旨の規定」も存在しないので、「審判請求を棄却する決定に対しては、刑訴421条によつて何時でも高等裁判所に通常の抗告をすることができる」というのが判例である※58。

III 付審判の決定

1 付審判決定の要件

付審判請求に理由のあるときは、事件を管轄地方裁判所の審判に付する決定をする（本条2号）。理由があるときとは、公訴を提起するのが相当な場合をいう。心証の程度としては、審判を開始する決定にすぎないことからすれば、有罪を得る相当程度の見込みは必要であるが、有罪判決を言い渡すのに必要な「合理的疑いを超える」程度の心証までは要らない。問題は、検察官の起訴猶予処分に対する付審判請求があったときである。従前の通説は、嫌疑はあるが起訴猶予事由がある場合、請求に理由がある場合にあたらないと解してきた。しかし、付審判請求制度の趣旨にかんがみると、裁判所が積極的に起訴猶予相当であるとの心証を抱かない以上、むしろ事件を審判に付して公開の場で事案の真相を明らかにすべきである※59。

2 決定書の記載内容

審判に付す決定をするには、決定書に、起訴状に記載すべき事項（刑訴256条2項、刑訴規164条）を記載しなければならない（刑訴規174条1項）。付審判手続では、決定書が起訴状と同一の機能を有するからである。また、起訴状と同様、裁判官に事件につき予断を生じさせるおそれのある書類その他の物を添付し、またはその内容を引用してはならない（刑訴256条6項）。同じ理由で、決定書には理由を付すべきではないと解されている。

3 決定書の送達と効力

付審判決定書は、その謄本を請求人に送達するほか、検察官及び被疑者にも送達しなければならない（刑訴規174条2項）。したがって、被告人に対する起訴状送達を定める刑訴271条の適用はない。付審判の決定がいつから効力を生じるかについて、(1)付審判の請求は請求人に対するものであるから、請求人に

※58 最大決昭28・12・22刑集7巻13号2595頁。

※59 平場安治他著『注解刑事訴訟法（中）』375頁〔鈴木茂嗣〕、小田中聰樹＝大出良知＝川崎英明編著『刑事弁護コンメンタールI 刑事訴訟法』（現代人文社、1998年）233頁〔新屋達之〕。

第267条（公訴提起の擬制）　669

決定書の謄本が送達されたときにその効力が生じるとする見解と、⑵決定を受ける者は請求人、検察官、被疑者であるから（刑訴規174条2項）、この3者のうち1人に決定書が送達されたときに効力が生じるとする見解に分かれる。裁判の告知は、裁判書の謄本の送達によるところ（刑訴規34条）、⑴説は送達を受けるべき者は付審判申立人である請求者のみであると考え、⑵説は付審判請求者、検察官及び被疑者はいずれも刑訴規34条の送達を受ける者と考えるのであるが、刑訴規174条2項の送達は付審判決定の効力発生要件とまでは考え難く、現行法の理解としては⑴説が妥当であろう。ただし、被疑者に決定書が送達されなかったときは、刑訴271条2項の準用があると解すべきである※60。

4　不服申立て

付審判の決定は、訴訟手続に関し判決前にした決定であるから、通常抗告をすることができないのみならず（刑訴420条1項）、刑訴433条の特別抗告もできないと解される。特別抗告が認められないのは、審判に付された被告事件の訴訟手続において被疑者はその瑕疵を主張することができ、刑訴433条にいう「この法律により不服を申立てることができない決定」にあたらないからである※61。

(白取祐司)

> **（公訴提起の擬制）**
> **第267条**　前条第二号の決定があつたときは、その事件について公訴の提起があつたものとみなす。

本条は、付審判の決定によって公訴提起の効力が生じることを規定する。この効力により、被疑者は被告人になる。効力の生じる時点は、付審判の申立人である請求人に決定書が送達された時点（刑訴規34条）と解する。請求人、検察官、被疑者のいずれかに送達されたときと解する説もあるが、正しくない（刑訴266条Ⅲ3参照）。

公訴時効は、この公訴提起の効力が生じたときに停止するというのが判例である※62。ただ、そうすると、請求書の提出を受けた検察官、請求された裁判所が時間を徒過したため時効が完成してしまうことも生じうるところから、立法論ないし解釈論として、付審判請求時に時効停止の効力を認める見解も主張されている。立法論として、十分傾聴に値する見解といえよう。

※60　法曹会編『刑事訴訟規則逐条説明・捜査・公訴』（法曹会、1993年）107-108頁参照。
※61　最一小決昭52・8・25刑集31巻4号803頁。
※62　最三小決昭33・5・27刑集12巻8号1665頁。

670　第267条の2（検察審査会などへの通知）

　付審判決定後、裁判所は、事件を管轄することになる裁判所に、裁判書（付審判決定をした裁判所が管轄裁判所のときは不要。刑訴規175条1号）、書類及び証拠物を事件について公判維持にあたる弁護士に送付しなければならない（刑訴規175条）。被告人に対して、弁護人選任権告知も必要となる（刑訴272条）。

（白取祐司）

（検察審査会などへの通知）
第267条の2　裁判所は、第二百六十六条第二号の決定をした場合において、同一の事件について、検察審査会法（昭和二十三年法律第百四十七号）第二条第一項第一号に規定する審査を行う検察審査会又は同法第四十一条の六第一項の起訴議決をした検察審査会(同法第四十一条の九第一項の規定により公訴の提起及びその維持に当たる者が指定された後は、その者)があるときは、これに当該決定をした旨を通知しなければならない。

　2004年の刑事訴訟法及び検察審査会法の改正の際、新たに挿入された規定である。検察官の不起訴処分に対しては、付審判制度のほかに、検察官の「公訴を提起しない処分」を審査する検察審査会制度（検審1条参照）がある。同制度の不起訴控制機能を一層強化するため、2004年の改正で審査会の「起訴議決」（検審41条の6）に拘束力が認められるにいたった。その立法過程で、付審判請求手続との調整規定を設けるか否かについて、付審判請求と検察審査会審査申立てが並行して行われた場合についてA案（調整規定を設けない）にするかB案（付審判請求棄却決定が確定した場合には、検察審査会は同一事件について法的拘束力のある起訴議決をすることはできない）にするかの検討がなされ、最終的に、A案に落ち着いた[63]。ただ、付審判決定がなされたときは、検察審査会の審理は不要になるため、裁判所に、検察審査会に対して決定のあったことを通知するよう義務づけたのである。

（白取祐司）

（公訴の維持と指定弁護士）
第268条　裁判所は、第二百六十六条第二号の規定により事件がその裁判所の審判に付されたときは、その事件について公訴の維持にあたる者を弁護士の中から指定しなければならない。
②　前項の指定を受けた弁護士は、事件について公訴を維持するため、裁判の確定に至るまで検察官の職務を行う。但し、検察事務官及び司法

---

[63]　辻裕教『司法制度改革概説6裁判員法・刑事訴訟法』（商事法務、2005年）125頁。

第 268 条（公訴の維持と指定弁護士）　671

警察職員に対する捜査の指揮は、検察官に嘱託してこれをしなければならない。
③　前項の規定により検察官の職務を行う弁護士は、これを法令により公務に従事する職員とみなす。
④　裁判所は、第一項の指定を受けた弁護士がその職務を行うに適さないと認めるときその他特別の事情があるときは、何時でもその指定を取り消すことができる。
⑤　第一項の指定を受けた弁護士には、政令で定める額の手当を給する。

I　本条の趣旨

　付審判決定があった後の公判手続は、原則として一般事件と同様の手続によって行われるが、公訴維持を検察官に行わせることは、検察官が不起訴処分にしたことにかんがみれば適当でないので（その検察官が不起訴処分をした検察官でなくても、検察官同一体の原則からみて不適）、この場合の公訴の維持を指定弁護士に行わせることにした。本条の趣旨として、このように説明されるのが一般である。ただし、付審判の決定があった以上、検察官としては、指定弁護士に全面的に協力することが求められるのであり、たとえば付審判事件と一般事件が併合審理されたときは（刑訴 313 条参照）、指定弁護士と検察官はともに法廷に出席し、連携協力しなければならない。

II　指定弁護士の指定と取消し

　指定弁護士の指定は、裁判長ではなく、公判裁判所（付審判請求審ではない）が行う（本条 1 項）。どの弁護士を指定するかについて、国選弁護人の場合のような特別な制限（刑訴規 29 条）はなく、人数も 1 人とは限らず事件によって 2 名選任されることもある。
　指定弁護士が、(1)職務を行うに適さないと認めるとき、(2)その他特別の事情があるときは、裁判所はその指定を取り消すことができる。(1)の事由として、裁判官の除斥事由（刑訴 20 条）にあたる事由があるとき、その他事件と利害関係があるときがこれにあたり、(2)の事由として、転居、病気、外国旅行などが考えられる。いずれにしろ、裁判所が取消しの裁量権限をもつことで、指定弁護士に対して裁判所が一種の監督権を有しているような関係が生じる。しかし、裁判をする主体が訴追主体に対して監督権をもつのは、審判構造として好ましいものではなく、運用としても自制的であるべきであろう。

672　第269条（請求者に対する費用賠償の決定）

Ⅲ　指定弁護士の職務権限

指定弁護士は、事件について検察官の職務を行う（本条2項）。ただし、検察官の身分を得るわけではないので、検察庁法の適用はない。指定弁護士は、刑事訴訟法上の検察官の職務権限をすべて有するが、検察事務官、司法警察職員に対する捜査の指揮については、人的関係を考慮して、検察官に嘱託して行うこととされている（本条2項但書き）。嘱託を受けた検察官は、これに応じる義務を有する。指定弁護士は、検察官を指揮することはできないが、検察官、検察事務官、司法警察職員に対してあらゆる援助を求めることができ、検察官等はこれに応じなければいけない。たとえば、参考人の取調べのための呼出手続、調書の作成、取調場所の提供、押収物の保管などについて、検察庁の協力を求めることができる。

指定弁護士は、公訴の取消し（刑訴257条）をすることはできない。指定弁護士は、付審判決定によって係属した事件の公訴維持者として指定された者であり、その役割と矛盾した職権の行使はできないと解すべきだからである。これに対して、訴因変更は、付審判決定の趣旨に反しない限度で行うことができる。刑訴262条1項に掲げる犯罪以外の罪への訴因変更が許されるかについて争いがあるが、訴因変更せずに無罪を甘受することが必ずしも付審判制度に沿わない場合もありうることを考えると、予備的訴因（の追加）の限度でなら訴因変更を認めうると解する。

なお、指定弁護士は、公務員とみなされる（本条3項）。その結果、指定弁護士の作成する文書は公文書であり（刑訴規58条、刑訴規59条、刑156条参照）、職務に関して賄賂を受け取れば収賄罪が成立する（刑197条以下）。

（白取祐司）

（請求者に対する費用賠償の決定）

第269条　裁判所は、第二百六十二条第一項の請求を棄却する場合又はその請求の取下があつた場合には、決定で、請求者に、その請求に関する手続によつて生じた費用の全部又は一部の賠償を命ずることができる。この決定に対しては、即時抗告をすることができる。

本条は、付審判請求の濫用を防止するための規定である。告訴人等に訴訟費用を負担させることを認めた刑訴183条と同趣旨の規定である。ただ、刑訴183条が費用負担を訴訟費用に限っているのに対して、本条は、「請求に関する手続によって生じた費用」とされており、訴訟費用より広いと解されている。具体的には、刑事訴訟費用等に関する法律2条に掲記された費用のほか、被疑者・弁護人の旅費・日当、裁判官の旅費も含まれるとされる（多数説）。しかし、

特に裁判官の旅費まで賠償させることについては疑問がある[64]。

　本条の決定に対しては、即時抗告をすることができる（刑訴422条、刑訴425条等）。

（白取祐司）

（検察官の書類・証拠物の閲覧謄写権）
第270条　検察官は、公訴の提起後は、訴訟に関する書類及び証拠物を閲覧し、且つ謄写することができる。
②　前項の規定にかかわらず、第百五十七条の六第四項に規定する記録媒体は、謄写することができない。

　本条は、起訴後訴訟書類及び証拠物に関する検察官の閲覧・謄写権を定めた規定で、付審判手続に限らず一般的な規定である。弁護人の閲覧謄写権については、刑訴40条、刑訴規31条があるが、それと比べると、本条は、謄写について裁判所の許可を不要としており、閲覧・謄写場所に制約がなくいわゆる「借り出し」も認めている点で広い。ただし、刑訴規301条1項は、裁判所または裁判長に、閲覧または謄写について日時・場所・時間を指定することを認めている。いずれにしても、当事者対等原則からみて、弁護人との格差は是正されるべきものである。

（白取祐司）

---

[64]　小田中聰樹＝大出良知＝川崎英明編著『刑事弁護コンメンタールⅠ　刑事訴訟法』（現代人文社、1998年）237頁〔新屋達之〕。

674　第2編第3章　公判〔前注〕

第2編第3章　公判

〔前注〕

I　公判の意義

　公判（手続）とは、公訴が提起されてから終局裁判の確定までの手続段階を
いい（広義）、狭義では、特に公判期日における訴訟手続をいう。本章は、主と
して第一審における（広義の）公判に関する手続を定める。本章は、立法当時
は全3節、すなわち「公判準備及び公判手続」、「証拠」、「公判の裁判」から
成っていたが、2004年の改正で、第2節「争点及び証拠の整理手続」が、2007
年の改正で、第3節「被害者参加」が加わり、全5節となった。また、2004年に
裁判員法が成立し、裁判員の参加する公判手続に関しては、主に同法が規定す
ることになった。この裁判員公判手続については、ここで述べることにする
（後述）。

II　公判の基本原則

1　公開主義
　公開主義とは、訴訟手続を広く一般国民に公開することを認める原則をいう。
憲法は、憲37条1項において、被告人に対して公開裁判を受ける権利を保障す
るとともに、憲82条で、一般市民のために、刑事事件に限らず広く裁判の公開
を制度的に保障している。両者あいまって、公判手続及び判決手続を市民に公
開し、その監視のもとにおいて、司法の公正を担保し、刑事裁判への市民の信
頼を確保するのが、公開主義の趣旨である[1]。
　公開主義の結果、法廷は誰でも自由に傍聴することができ、また、傍聴の際
メモをとることも原則として許される[2]。

2　直接主義
　直接主義とは、裁判所は自ら取り調べた証拠に基づいて裁判しなければなら
ないとする原則である。直接審理主義とも呼ばれる。直接主義は、次に述べる
口頭主義とともに、裁判官・裁判員が、自ら直接に証拠調べを行うことによっ
て、新鮮で正確な心証形成をすることをねらいとしている。この原則は、公判

---

[1]　奥平康弘『憲法III』（有斐閣、1993年）342頁。
[2]　最大判平1・3・8民集43巻2号89頁は、傍聴人のメモについて裁判所が配慮すべ
　きことを明言し、この判決以降、運用上自由にメモがとれるようになった。

審理の原則であるとともに、証拠法則としての意味もある。実務で行われている形式的な弁論の更新は（刑訴規213条の2の手続は行われない）、直接主義からみて問題があるように見受けられる。

3　口頭主義・口頭弁論主義

　口頭主義とは、書面主義に対する対概念であり、裁判所は、公判期日における手続は口頭によって行われなければならず、証拠法則としては、口頭によって提供された訴訟資料に基づいて審判をしなければならないとするものである。書面主義に対する口頭主義の長所は、裁判官・裁判員に印象深く訴えかけることができ、事案の真相把握に適していることである。口頭主義をとると、公判廷のすべての者に等しく聴取させることができるので、公開主義に資するというメリットもある。

　口頭主義と弁論主義が結びついたものを口頭弁論主義という。この原則によるときは、裁判所は、その面前で、口頭で提供され、かつ当事者が口頭で検討し意見を述べた証拠に基づいて裁判をしなければならない。弁論主義とは、もともと民事訴訟の概念で、当事者の弁論（主張・立証）に基づいてしか判決できない原則のことであるが、刑事ではそこまで徹底していない。すなわち、裁判所の職権証拠調べ（刑訴298条2項）、訴因変更命令（刑訴312条2項）など、当事者の弁論に委ねない重大な例外が認められている。

4　継続審理主義

　継続審理主義とは、審理を連日開廷ないし連日的開廷によって行う原則をいう。2004年の刑事訴訟法改正までは、刑訴規179条の2に「審理に2日以上を要する事件」についてできる限り連日開廷する旨規定されるにとどまっていたが、2004年に刑訴281条の6が新設され、連日開廷の原則が法律によって明らかにされるとともに、同年の同じ改正法によって、公判前整理手続の新設（刑訴316条の2以下）、裁判所の出頭在廷命令違反への罰則等の導入（刑訴278条の2、刑訴289条、刑訴295条）、即決裁判手続の導入（刑訴350条の2以下）など、継続審理主義を支える立法が実現した。ただし、裁判のやみくもな「迅速」化は、当事者の防御活動を制約ないし切り捨てるおそれもあり、留意する必要がある。

Ⅲ　裁判員公判手続

　裁判員の参加する裁判手続（裁判員裁判）は、一定の重大事件、たとえば殺人、強盗致死傷、強制性交等致死傷、放火、危険運転致死などの罪について行われる（裁判員2条）。ただし、裁判員候補者、裁判員等に対して危害が加えられるおそれのあるときは、裁判官のみの合議体で取扱うことができる（裁判員3条）。裁判員裁判は、非法律家の裁判員が参加して審判を行うものであるから、その

審判は「迅速でわかりやすい」ものである必要がある。

1　起訴後第1回公判期日まで

　まず、裁判員裁判では、公判前整理手続に付すことが義務づけられている（裁判員49条）。公判前整理手続は、「充実した公判の審理を継続的、計画的かつ迅速に行うため必要があると認めるとき」にとられる手続であるが（刑訴316条の2）、裁判員裁判は、まさにこのような場合にあたるからである。

　裁判員裁判を迅速に進めるため、裁判所の決定により、公判前整理手続において鑑定の手続を行うことができる（裁50条）。従来の公判手続において、鑑定、特に精神鑑定の実施に長期間を要し、審理の長期化の要因になっていたことに鑑み、裁判員裁判においては、鑑定の結果がでるまでに相当の期間を要すると認められるときは検察官、被告人もしくは弁護人の請求により、または職権で公判前整理手続において鑑定の手続を行う旨の決定（鑑定手続実施決定）をすることができるようにしたものである。

2　公判期日と手続の更新

　公判期日は、裁判員が参加することになるため、「審理を迅速でわかりやすいものとすることに努めなければならない」（裁判員51条）。起訴状の公訴事実の表記についても、理解が容易になるような工夫が必要である。迅速化については、2004年の法改正により、審理に2日以上要する事件については「できる限り、連日開廷し、継続して審理を行わなければならない」とされている（刑訴281条の6）。

　裁判員が欠けた場合に備えて補充裁判員を置くことができるが（裁判員10条）、補充裁判員がいないときに、新たな裁判員を加える必要が生じたときは公判手続の更新をする（裁判員61条1項）。

3　公判における証拠調べ手続

　まず、冒頭陳述については、公判前整理手続における争点及び証拠の整理の結果に基づき、証拠との関連を明示しなければならない（裁判員55条）。従前の例では、冒頭陳述は物語式に事実を叙述するかたちのものが多かったが、「迅速でわかりやすい」審理のために、裁判員裁判においては、各争点について証明すべき事実と証拠との関係を明示することが義務づけられた。被告人または弁護人が冒頭陳述をする場合も同様である（刑訴316条の30参照）。多くの裁判員裁判では、冒頭陳述の要点がパワーポイントなどの使用により視覚化され、「わかりやすい」かたちで提示されるようになった。なお、公判前整理手続の結果も公判期日において陳述されることになるが（刑訴316条の31第1項）、両当事者の冒頭陳述がそれを十分反映している場合、この結果の陳述は簡潔なもので足りることになろう。

証拠調べの実施にあたっても、迅速でわかりやすい工夫が要請される。具体的には、公判前整理手続で整理された争点を中心として、厳選された証拠に基づいて行われる。供述調書の任意性、信用性についての立証も、裁判員に理解しやすい立証方法がとられる必要があるが、公判における供述が可能であれば原則として調書に依存せず証人尋問によるべきである。裁判員は、証人に対して、裁判長に告げたうえで裁判員の関与する判断に必要な事項について尋問することが認められるほか（裁判員56条）、被害者等に対する質問、被告人に対する質問も許されている（裁判員58条、裁判員59条）。

従前は、反対尋問は、主尋問とは別の期日に行われることも少なくなかったが、裁判員裁判以外の裁判においても、主尋問の後直ちに行う方が、裁判官・裁判員の理解及び審理の迅速化にも資するという点からみて望ましいといえよう。

刑訴321条1項2号書面について、特に法改正されなかったため、検察官は従来どおりの要件でこれを法廷に提出することができるが、裁判員51条の趣旨からみて、なるべく法廷での証人尋問により立証すべきである。実務もそのような運用を行っている。同号書面を提出する場合、「前の供述を信用すべき特別の情況」を立証しなければならないが（刑訴321条1項2号但書き）、この立証は、裁判員裁判のもとでは特に証人尋問の過程で行うのが適当である。

裁判員が適正な事実認定を行うため、犯罪事実に関する立証と量刑に関する立証は分けて行うのが望ましい。たとえば、前科に関する証拠などは、特に無罪が争われている場合については、罪体立証が終わった後に取り調べるべきである。なお、実務の運用として、罪体立証後に量刑立証を行う例（運用による手続二分）も報告されている。

4　判決と上訴

審理が終わると、裁判官と裁判員によって評議が行われる。裁判員も裁判官同様、証拠の証明力について自由に判断できる（裁判員62条）。具体的な評議にあたっては、裁判長は、裁判員に対して、必要な法令に関する説明をていねいに行うとともに、評議を裁判員にわかりやすいものとなるよう整理し、裁判員が発言する機会を十分に設けるなど、裁判員がその職責を十分に果たすことができるように配慮する義務がある（裁判員66条5項）。裁判員は、評議に出席し意見を述べなければならない（同条2項）。

評決は、裁判官及び裁判員の双方の意見を含む合議体の過半数の意見による（裁判員67条1項）。量刑について意見が分かれ、その説が裁判官と裁判員の双方の意見を含む過半数にならないときは、裁判官及び裁判員の双方の意見を含む合議体の員数の過半数の意見になるまで、被告人に最も不利な意見の数を順次利益な数に加え、その中で最も利益な意見によるとされている（裁判員67条2項）。

678　第271条（起訴状謄本の送達、不送達と公訴提起の失効）

　有罪、無罪の判決、少年55条による家庭裁判所への移送決定をするときは、裁判員はそれらを宣告する公判期日に出頭する義務を負う（裁判員63条1項）。ただし、裁判員が出頭しなくても宣告じたいは妨げられない。この宣告により裁判員の任務は終了する（裁判員48条1号）。

　上訴について、裁判員裁判に関する特則は定められていない。したがって、裁判官のみによる控訴審が事後審として裁判員の参加した裁判について審査することになるが、裁判員裁判の趣旨から、原判決は尊重されなければならない。この点について、近時の最高裁は、とくに裁判員裁判を事実誤認を理由に破棄する場合を念頭に、「事実誤認があるというためには、第一審判決の事実認定が論理則、経験則に照らして不合理であることを具体的に示すことが必要である」と判示している[3]。

5　裁判員の保護・罰則等

　裁判員の保護のため、種々の規定がおかれている。まず、労働者が裁判員の職務を行ったことを理由に解雇その他不利益な取扱いをしてはならない（裁判員100条）。次に、何人も、裁判員・補充裁判員のほか、裁判員候補者、同予定者についてもその氏名、住所その他の個人を特定するに足りる情報を公にしてはならない（裁判員101条）。また、何人も、被告事件に関し当該事件の裁判員に接触すること、裁判員が職務上知り得た秘密を知る目的で接触することは禁止される（裁判員102条）。その他、裁判員に対する請託、威迫はそれぞれ請託罪、威迫罪となり、罰則が科される（裁判員106条、裁判員107条）。他方、裁判員が評議の秘密を漏らしたときは、秘密漏示罪として処罰される（裁判員108条）。裁判員に対する罰則は、萎縮効果が生じることがないよう、慎重な適用が望まれる。

（白取祐司）

第2編第3章第1節　公判準備及び公判手続

（起訴状謄本の送達、不送達と公訴提起の失効）
第271条　裁判所は、公訴の提起があつたときは、遅滞なく起訴状の謄本を被告人に送達しなければならない。
②　公訴の提起があつた日から二箇月以内に起訴状の謄本が送達されないときは、公訴の提起は、さかのぼつてその効力を失う。

---

[3]　最一小判平24・2・13刑集66巻4号482頁。

I 本条の趣旨

適正手続保障の要請の1つとして「告知と聴聞」があるが、起訴状送達はその「**告知**」に当たるものである。本条1項は公訴事実を被告人に早く知らせて、被告人に防御の準備の機会を与える趣旨の規定であり、2項で不送達の効果を定めている。

II 内容

裁判所は、公訴提起後、遅滞なく起訴状謄本を被告人に送達しなければならず（本条1項）、起訴後2ヶ月以内に送達がなされないときは、公訴は遡って効力を失い（本条2項）、公訴棄却されることになる（刑訴339条1項1号）。

本条1項にいう「遅滞なく」とは、「直ちに」の意味である（刑訴規176条1項）。

被告人が国語に通じない外国人である場合、その使用する言語による翻訳文を起訴状謄本に添付することは、法律上または条約上の義務ではないが[4][5]、裁判所が翻訳文を添付するという運用が一般化されてきている。

送達は被告人にしなければならない。しかし、弁護人にのみ起訴状謄本が送達された場合であっても、第一審第1回公判が起訴の日から2ヶ月以内に開かれており、被告人の防御の準備の期間が十分にあったということができ、かつ被告人が異議を申立てないときは、瑕疵は治癒されるであろう[6]。

送達の方法は、民訴101条に従い、交付送達の方法によるのが原則である（刑訴54条）。なお、被告人が訴訟能力を欠く場合でも、起訴状謄本送達の効力は認められる[7]。

本条2項にいう「さかのぼってその効力を失う」とは、訴訟法上公訴提起がなかったと同じになるということであり、この場合には、決定で公訴を棄却しなければならない（刑訴339条1項1号）。この公訴棄却の決定は、被告人に送達することを要しないが、弁護人にはその旨を通知しなければならない（刑訴規219条の2）。公訴時効の停止については、刑訴254条の解説を参照。

（伊藤博路）

（弁護人選任権等の告知）
第272条　裁判所は、公訴の提起があつたときは、遅滞なく被告人に対

---

[4]　東京高判平2・11・29高刑集43巻3号202頁。

[5]　東京高判平3・9・18高刑集44巻3号187頁。

[6]　最二小決昭27・7・18刑集6巻7号913頁。

[7]　大阪高判平7・12・7高刑集48巻3号199頁。

> し、弁護人を選任することができる旨及び貧困その他の事由により弁護人を選任することができないときは弁護人の選任を請求することができる旨を知らせなければならない。但し、被告人に弁護人があるときは、この限りでない。
> ②　裁判所は、この法律により弁護人を要する場合を除いて、前項の規定により弁護人の選任を請求することができる旨を知らせるに当たつては、弁護人の選任を請求するには資力申告書を提出しなければならない旨及びその資力が基準額以上であるときは、あらかじめ、弁護士会（第三十六条の三第一項の規定により第三十一条の二第一項の申出をすべき弁護士会をいう。）に弁護人の選任の申出をしていなければならない旨を教示しなければならない。

　本条は、刑訴30条及び刑訴36条の権利を被告人に十分に行使させるための規定である。憲37条3項の弁護人選任権をより実質的に保障しようとするものである。本条の手続自体は憲法の要求ではないとするのが判例である[8]。なお、2004（平成16）年の改正で、資力申告書の提出などについての規定が置かれた（本条2項）。

　本条の趣旨は、刑訴規177条、刑訴規178条において具体的に述べられ明確にされている。

（伊藤博路）

（公判期日の指定、召喚、通知）
第273条　裁判長は、公判期日を定めなければならない。
②　公判期日には、被告人を召喚しなければならない。
③　公判期日は、これを検察官、弁護人及び補佐人に通知しなければならない。

　公判期日とは、裁判所、当事者その他訴訟関係人が公判廷で訴訟行為することを定められた日時をいう。条文には、期日とあるので、時刻を定めなかったとしても違法ではないが[9]、実務では、月日と時刻をもって指定される。

　裁判長は、公判期日の指定権をもつ（本条1項）。これは裁判長単独の権限であり、裁判長の命令としての性格をもつ。指定の方式について特に規定はなく、必ずしも文書によることを要せず、適宜の方法によることができる[10]。指定

---

[8]　最大判昭24・11・30刑集3巻11号1857頁。
[9]　最二小判昭24・6・18刑集3巻7号1099頁。
[10]　最一小判昭23・10・28刑集2巻11号1420頁。

する際に、当事者の意見を聴くことは要求されていないが、実務では、当事者の都合を聴いて指定するという運用が一般的になされている。なお、**迅速な裁判**の要請との関係について、刑訴281条の6の解説を参照。

第1回公判期日の指定に際しては、被告人に対する召喚状の送達との間に一定の猶予期間を置くことが求められる（刑訴275条、刑訴規179条2項。ただし、被告人に異議がないときは、この猶予期間を置かないことができる（刑訴規179条3項））。また、この指定においては、訴訟関係人がなすべき訴訟の準備を考慮しなければならない（刑訴規178条の4）。

公判期日には、原則として被告人が出頭しないと審理することはできないから（刑訴286条）、被告人を召喚しなければならない（本条2項）。ただし、例外的に出頭義務を負わない場合には、被告人を召喚する必要はなく、通知で足りると解される[11]。

公判期日は、検察官、弁護人及び補佐人に通知しなければならない（本条3項）。通知の方式は、文書、口頭、電話など適宜の方法でよいが[12]、これを記録上明らかにしておかなければならない（刑訴規298条3項）。

（伊藤博路）

（召喚状送達の擬制）

第274条 裁判所の構内にいる被告人に対し公判期日を通知したときは、召喚状の送達があつた場合と同一の効力を有する。

被告人に対する召喚状の送達を擬制するものである。

構内とは、裁判所の建物の中だけでなく、その敷地内を含む。

なお、召喚の場合と同様に、正当な理由がなく被告人が出頭しなければ勾引することができる（刑訴58条2号）。

（伊藤博路）

（期日の猶予期間）

第275条 第一回の公判期日と被告人に対する召喚状の送達との間には、裁判所の規則で定める猶予期間を置かなければならない。

本条の趣旨は、被告人に防御の準備をさせることにある。この要請は絶対的なものではなく、被告人に異議がないときは、猶予期間を置かなくてもよい

---

[11] 最一小判昭27・12・25刑集6巻12号1401頁。
[12] 最三小判昭25・12・26刑集4巻12号2632頁。

（刑訴規179条3項）。刑訴規179条3項は、本条の規定に抵触しない※13。

　召喚状の送達は、起訴状謄本の送達後または同時に行われなければならない（刑訴規179条1項）。なお、召喚状の送達が起訴状送達より前になされた場合であっても、被告人の防御にとって実質的な不利益が認められない場合には、その違法は判決に影響を及ぼさないと解される※14。

（伊藤博路）

> **（公判期日の変更）**
> **第276条**　裁判所は、検察官、被告人若しくは弁護人の請求により又は職権で、公判期日を変更することができる。
> ②　公判期日を変更するには、裁判所の規則の定めるところにより、あらかじめ、検察官及び被告人又は弁護人の意見を聴かなければならない。但し、急速を要する場合は、この限りでない。
> ③　前項但書の場合には、変更後の公判期日において、まず、検察官及び被告人又は弁護人に対し、異議を申し立てる機会を与えなければならない。

I　本条の趣旨

　本条は、公判期日の変更に厳格な手続を要求し、変更が容易に許されないことによって当事者の予定を乱すことがないように配慮しつつ、審理の円滑な進行を図ろうとした規定である。

II　内容

　公判期日の指定は裁判長の権限であるが（刑訴273条1項）、公判期日の変更は裁判所が訴訟関係人の意見を聴いたうえで決定しなければならない（本条1項、2項）。公判期日の変更請求には、変更を必要とする事由を明らかにし、その存在を疎明することを要する（刑訴規179条の4第1項）。裁判所は、変更請求の事由がやむを得ないものと認める場合以外は、その請求を却下しなければならない（刑訴規179条の4第2項）。この却下決定については送達を要しない（刑訴規181条）。

　公判期日を変更する際には、職権による場合には、検察官及び被告人または弁護人の意見を、請求による場合には、相手方またはその弁護人の意見を聴か

※13　最二小決昭27・10・25裁判集刑68号675頁。
※14　最二小決昭33・9・12刑集12巻13号3007頁。

第277条（不当な期日変更に対する救済）　683

なければならない。ただし、急速を要する場合は、これを要しない（本条2項、刑訴規180条）。この場合には、変更後の公判期日において、まず、訴訟関係人に対し、異議を申立てる機会を与えなければならない（本条3項）。

(伊藤博路)

(不当な期日変更に対する救済)
第277条　裁判所がその権限を濫用して公判期日を変更したときは、訴訟関係人は、最高裁判所の規則又は訓令の定めるところにより、司法行政監督上の措置を求めることができる。

　裁判所は、請求、職権のいずれの場合についても、やむを得ないと認める場合のほかは公判期日を変更することができない（刑訴規182条）。この制限を無視して期日変更がなされた場合は、権限を濫用して公判期日を変更したことに当たる。もっとも、権限を濫用してなされた公判期日の変更も、その決定が取り消されない限り有効である。また抗告の対象にもならない。そこで、本条により司法行政上の監督権の発動（裁80条、裁82条参照）を求める途が設けられた[15]。

　もっとも、監督裁判所が変更決定を取り消すことができるわけではないので、救済としての意義は小さい[16]。実際にも、本条により措置を求められた例はほとんどない。

(伊藤博路)

(不出頭と診断書の提出)
第278条　公判期日に召喚を受けた者が病気その他の事由によつて出頭することができないときは、裁判所の規則の定めるところにより、医師の診断書その他の資料を提出しなければならない。

I　本条の趣旨

　公判期日に召喚を受けた者が病気などを理由に出頭しないことがある。本条は、不出頭の事由を疎明する資料を提出させ、不当な不出頭を防止しようとする規定である。

---

[15]　松尾浩也監修『条解刑事訴訟法（第4版）』（弘文堂、2009年）560頁。
[16]　田宮裕『注釈刑事訴訟法』（有斐閣、1980年）303頁。

Ⅱ　内容

　「病気その他の事由」とは、病気のほか、家庭内の事故、先に指定された公判期日への出頭など不出頭がやむを得ないと認められる事由を指す。このような場合は、裁判所の規則に従って、出頭することができない事由を記載した書面と医師の診断書など不出頭事由の疎明資料を提出しなければならない。

　診断書の方式については刑訴規183条に規定されており、これに反した場合には不受理となる（刑訴規184条1項）。また、内容が疑わしい場合は、裁判所は診断書を作成した医師を証人として尋問するなどの措置を講じなければならない（刑訴規184条2項）。なお、医師が召還に応じない場合には、「正当な理由がなく」出頭しなかった者と解され、勾引または過料等の制裁を科しうることとなる（刑訴規179条の3）。

（伊藤博路）

（検察官・弁護人に対する出頭・在廷命令）

第278条の2　裁判所は、必要と認めるときは、検察官又は弁護人に対し、公判準備又は公判期日に出頭し、かつ、これらの手続が行われている間在席し又は在廷することを命ずることができる。

②　裁判長は、急速を要する場合には、前項に規定する命令をし、又は合議体の構成員にこれをさせることができる。

③　前二項の規定による命令を受けた検察官又は弁護人が正当な理由がなくこれに従わないときは、決定で、十万円以下の過料に処し、かつ、その命令に従わないために生じた費用の賠償を命ずることができる。

④　前項の決定に対しては、即時抗告をすることができる。

⑤　裁判所は、第三項の決定をしたときは、検察官については当該検察官を指揮監督する権限を有する者に、弁護士である弁護人については当該弁護士の所属する弁護士会又は日本弁護士連合会に通知し、適当な処置をとるべきことを請求しなければならない。

⑥　前項の規定による請求を受けた者は、そのとつた処置を裁判所に通知しなければならない。

Ⅰ　本条の趣旨

　本条は、検察官または弁護人に対する公判準備への出頭在席命令及び公判出頭在廷命令、命令に従わない場合の制裁等について規定する。当事者が指定された公判期日に出頭しないと期日が空転することとなる。これが審理が遅延する原因の1つとなっていた。また、裁判員制度との関係で、連日的・計画的な

審理の実施は不可欠の要請である。このような事情を背景に2004（平成16）年の改正で、審理遅延を防止し、裁判所による期日指定の実効性を担保するために本条が設けられた。

II 内容

本条1項で、裁判所が「必要と認めるとき」に検察官または弁護人の出頭、在席・在廷を命じる（以下、「出頭在廷命令」という）ことができるとし、2項で、急速を要する場合の裁判官または受命裁判官による出頭在廷命令について規定する。そして本条3項で、出頭在廷命令を受けても、正当な理由なくこれに従わない場合について、裁判所は、決定で10万円以下の過料に処し、費用賠償を命ずることができるとした。この決定に対しては、即時抗告をすることができる（本条4項）。なお、裁判所は、当該決定をしたときには、本条5項の規定のとおり、適当な処置をとるべきことを請求しなければならない。これを請求された者は、そのとった措置を裁判所に通知しなければならない（本条6項）。

本条6項は、処置請求を受けた者がどのような処置をとるのかの判断（積極的な措置をとらないとの判断を含む）を放置することを防止し、できる限り早期に判断させようとする趣旨による[17]。

（伊藤博路）

（公務所等に対する照会）
第279条　裁判所は、検察官、被告人若しくは弁護人の請求により又は職権で、公務所又は公私の団体に照会して必要な事項の報告を求めることができる。

本条による照会は、裁判所が公判準備として行うものであり、証拠調べの準備行為的な性格をもつ。当事者の請求は証拠調べの請求そのものではなく、また報告を求める旨の決定も証拠決定ではないが、証拠調べに関する請求及び決定として証拠等関係カードに記載される。報告書を受け取った後、当事者がその内容を検討した上で改めて証拠調べの請求、証拠決定がなされるのが通例である[18]。

なお、起訴状一本主義（**予断排除**）との関係で、第1回公判期日前に事件の実体にかかわる事項について照会することは許されないと解される。第1回公

---

[17] 辻裕教「刑事訴訟法等の一部を改正する法律（平成16年法律第62号）について」法曹時報57巻7号24頁（2005年）。

[18] 松尾浩也監修『条解刑事訴訟法（第4版）』（弘文堂、2009年）564頁。

686　第280条（勾留に関する処分）

判期日前に前科照会し回答書を徴したことを違法とした裁判例[19]がある。

　報告を求められた団体は、報告の義務を負う。そのため強制処分の一種と解されているが、義務に違反してもこれに対する制裁はない。報告の方法は、書面でも口頭でもよい。一般的には書面によってなされる。報告書の証拠能力は、証拠についての一般原則（刑訴320条以下）によって判断される。

（伊藤博路）

> **（勾留に関する処分）**
> **第280条**　公訴の提起があつた後第一回の公判期日までは、勾留に関する処分は、裁判官がこれを行う。
> ②　第百九十九条若しくは第二百十条の規定により逮捕され、又は現行犯人として逮捕された被疑者でまだ勾留されていないものについて第二百四条又は第二百五条の時間の制限内に公訴の提起があつた場合には、裁判官は、速やかに、被告事件を告げ、これに関する陳述を聴き、勾留状を発しないときは、直ちにその釈放を命じなければならない。
> ③　前二項の裁判官は、その処分に関し、裁判所又は裁判長と同一の権限を有する。

　本条は、**予断排除**の趣旨から、第1回公判期日前の被告人の勾留に関する処分について、公判裁判所ではなく裁判官がこれを行うことを定めた（本条1項）。そして、逮捕中に起訴された場合の被告人の身柄の措置についても規定した（本条2項）。

　勾留に関する処分とは、勾留、勾留更新、接見交通の制限、勾留の取消、勾留の執行停止など勾留に関するすべての処分を意味する。この処分を行う裁判官は、原則として、当該事件の審理に関与しない裁判官でなければならない（刑訴規187条1項）。実務では、勾留係裁判官を設けてこれに当たらせている庁が多い[20]。もっとも、急速を要する場合または同一の地に他の裁判官がいない場合には、審理に関与する裁判官が処分を行うことも許される（刑訴規187条1、2、5項）。なお、勾留の処分をした裁判官が審理に関与しても、除斥理由には当たらず、忌避理由ともならない[21]。

　逮捕中の被疑者については、裁判官が職権で勾留するか釈放を命ずるかの判断をしなければならない（本条2項）。実務上は、検察官が起訴状に「逮捕中求

---

[19]　東京高判昭28・3・16高刑特38号63頁。
[20]　松尾浩也監修『条解刑事訴訟法（第4版）』（弘文堂、2009年）567頁。
[21]　最大判昭25・4・12刑集4巻4号535頁。

「令状」と付記して、裁判官の職権発動を促すのが一般的である。

（伊藤博路）

（期日外の証人尋問）
第281条 証人については、裁判所は、第百五十八条に掲げる事項を考慮した上、検察官及び被告人又は弁護人の意見を聴き必要と認めるときに限り、公判期日外においてこれを尋問することができる。

刑訴158条は裁判所外で証人尋問を行うことを許す規定であるが、本条は、公判期日外においての証人尋問を許す規定である。本条による証人尋問は、証人の重要性、年齢、職業、健康状態その他の事情ならびに事案の軽重を考慮し、当事者の意見を聴き、必要と認められる場合にのみ許される。公判廷を開くことを回避する目的で本条の証人尋問をすることは許されない。本条が適用される典型的な事例は、証人の突然の都合により指定された公判期日まで証人尋問を待つ余裕がない場合である。**予断排除**との関係から、第1回公判期日前に本条が適用される余地はない。公判期日前は刑訴226条、刑訴227条による尋問が求められる。

本条による証人尋問の結果も、証人尋問調書（刑訴303条）の形で公判廷に提出される。また、期日外尋問にも、刑訴158条2項3項、刑訴159条の準用があり、当事者に尋問事項を告知しなければならない（刑訴規108条、刑訴規109条、刑訴規126条）。

（伊藤博路）

（被告人の退席）
第281条の2 裁判所は、公判期日外における証人尋問に被告人が立ち会つた場合において、証人が被告人の面前（第百五十七条の五第一項に規定する措置を採る場合並びに第百五十七条の六第一項及び第二項に規定する方法による場合を含む。）においては圧迫を受け充分な供述をすることができないと認めるときは、弁護人が立ち会つている場合に限り、検察官及び弁護人の意見を聴き、その証人の供述中被告人を退席させることができる。この場合には、供述終了後被告人に証言の要旨を告知し、その証人を尋問する機会を与えなければならない。

I 本条の趣旨

本条は、1958（昭和33）年の改正で、いわゆるお礼参りなどを防止するため

に加えられた規定の1つである。公判期日におけるものについては刑訴304条の2が規定し、公判期日外について本条が規定する。

Ⅱ 内容

　本条及び刑訴304条の2は、暴力団に関係する事件等においては被害者等が被告人をおそれて証人として出頭することをしぶり、出頭しても真実を供述することができない場合があるので、そのような場合に証人に十分な供述をさせるための方策の1つとして設けられた規定である。弁護人が立ち会っている場合に限り、検察官、被告人の意見を聴いたうえで、その証人の供述中被告人を退席させることができる。本条によって被告人を退席させた場合には、供述終了直後、被告人に証言の要旨を告知し、証人尋問の機会を与えなければならない。これによって証人審問権（憲37条2項前段）は侵害されないこととなろう。
　証人と被告人との間に遮蔽措置をとって行われる場合（刑訴157条の3第1項）、ビデオリンク方式による場合（刑訴157条の4第1項）にも、なお証人が十分な供述ができない場合がありうるので、本条によって被告人を退席させることができる。遮蔽措置、ビデオリンク方式による証人尋問については、証人に対する十分な反対尋問には直接的に証人を観察することも含まれるため証人審問権の保障との関係が問題となるが、最高裁は、被告人は証人の供述を聞き、自ら尋問することもでき、弁護人による供述態度等の観察は妨げられないから、「証人審問権は侵害されていない」[22]とした。この方式による場合であっても、弁護人が立ち会っており、事後の供述内容の要旨の告知と証人尋問の機会が認められるため、違憲とはいえないであろう。

（伊藤博路）

（開示証拠の管理）
第281条の3　弁護人は、検察官において被告事件の審理の準備のために閲覧又は謄写の機会を与えた証拠に係る複製等（複製その他証拠の全部又は一部をそのまま記録した物及び書面をいう。以下同じ。）を適正に管理し、その保管をみだりに他人にゆだねてはならない。

　本条は、検察官が開示した証拠の複製等を適正に管理するなどの責任を弁護人が負うことを定めたものである。弁護人は、開示証拠の複製等を適正に管理し、その保管をみだりに他人にゆだねてはならない。なお、「他人」には被告

---

[22] 最一小判平17・4・14刑集59巻3号259頁。

人も含まれる。

（伊藤博路）

（開示証拠の第三者提供制限）
第281条の4 被告人若しくは弁護人（第四百四十条に規定する弁護人を含む。）又はこれらであつた者は、検察官において被告事件の審理の準備のために閲覧又は謄写の機会を与えた証拠に係る複製等を、次に掲げる手続又はその準備に使用する目的以外の目的で、人に交付し、又は提示し、若しくは電気通信回線を通じて提供してはならない。
一　当該被告事件の審理その他の当該被告事件に係る裁判のための審理
二　当該被告事件に関する次に掲げる手続
イ　第一編第十六章の規定による費用の補償の手続
ロ　第三百四十九条第一項の請求があつた場合の手続
ハ　第三百五十条の請求があつた場合の手続
ニ　上訴権回復の請求の手続
ホ　再審の請求の手続
ヘ　非常上告の手続
ト　第五百条第一項の申立ての手続
チ　第五百二条の申立ての手続
リ　刑事補償法の規定による補償の請求の手続
②　前項の規定に違反した場合の措置については、被告人の防御権を踏まえ、複製等の内容、行為の目的及び態様、関係人の名誉、その私生活又は業務の平穏を害されているかどうか、当該複製等に係る証拠が公判期日において取り調べられたものであるかどうか、その取調べの方法その他の事情を考慮するものとする。

I　本条の趣旨

　検察官による被告事件の審理の準備のための証拠開示は、十分な争点整理を可能とし、被告人側の準備活動を充実させるためになされるものである。
　他方、証拠開示に係る複製等が本来の目的以外の目的で第三者に交付されるなどすると、罪証隠滅、証人威迫、関係人の名誉・プライバシーの侵害等の弊害が拡大するおそれが大きい。
　また、証拠開示に係る複製等の目的外使用が許されるものとすると、証拠開示の要否の判断において目的外使用による弊害の可能性をも考慮しなければならず、かえって証拠開示の範囲が狭くなるおそれがある。また、証拠開示に関する明確なルールは定められていなかった。そこで、証拠開示が本来の目的に

のみ使用されることを担保し、証拠開示がされやすい環境を整え、ひいては証拠開示制度の適正な運用を確保するため、本条の規定が設けられた[23]。

Ⅱ　内容

　本条1項では、被告人、弁護人またはこれらであった者は、証拠開示に係る複製等を、(1)当該被告事件の審理、(2)勾留、保釈に関する裁判のための審理など、その他の当該被告事件に係る裁判のための審理、(3)再審請求手続など、当該被告事件に関する刑訴281条の4第1項2号所定の手続の各手続またはその準備に使用する目的以外の目的で、第三者に交付することなどを禁止している。

　この1項の規定に違反した場合の措置については、被告人の防御権を踏まえ、複製等の内容、行為の目的・態様、関係人の名誉、その私生活または業務の平穏を害されているかどうか、複製等の証拠が公判期日において取り調べられたかどうか、その取調べの方法その他の事情が考慮される（本条2項）。

（伊藤博路）

（開示証拠の第三者提供・罰則）
第281条の5　被告人又は被告人であつた者が、検察官において被告事件の審理の準備のために閲覧又は謄写の機会を与えた証拠に係る複製等を、前条第一項各号に掲げる手続又はその準備に使用する目的以外の目的で、人に交付し、又は提示し、若しくは電気通信回線を通じて提供したときは、一年以下の懲役又は五十万円以下の罰金に処する。
②　弁護人（第四百四十条に規定する弁護人を含む。以下この項において同じ。）又は弁護人であつた者が、検察官において被告事件の審理の準備のために閲覧又は謄写の機会を与えた証拠に係る複製等を、対価として財産上の利益その他の利益を得る目的で、人に交付し、又は提示し、若しくは電気通信回線を通じて提供したときも、前項と同様とする。

　刑訴281条の4で述べた開示された証拠の目的外使用禁止の趣旨から、違反行為に対する刑事罰則規定が設けられた。

　本条1項で、被告人または被告人であった者の違反に対して、刑訴281条の4第1項各号所定の各手続またはその準備に使用する目的以外の目的で、第三者に交付するなどしたときに、2項で、弁護人または弁護人であった者の違反に対して、対価として財産上の利益その他の利益を得る目的で、第三者に交付するなどしたときに、1年以下の懲役または50万円以下の罰金に処することを規

---

[23]　辻裕教『司法制度改革概説6裁判員法/刑事訴訟法』（商事法務、2005年）33頁。

定する。

　開示証拠の目的外使用禁止の実効性を確保するため、被告人等については、目的外使用一般について罰則を設け、弁護人等については、関係者の名誉・プライバシーの侵害等の危険性が高く、行為の違法性が大きいものについて罰則を設けた[24]。

（伊藤博路）

> **（連日開廷）**
> **第281条の6**　裁判所は、審理に二日以上を要する事件については、できる限り、連日開廷し、継続して審理を行わなければならない。
> ②　訴訟関係人は、期日を厳守し、審理に支障を来さないようにしなければならない。

　2004（平成16）年の改正で法律上明らかにされた原則（**連日的開廷**の原則）である。刑訴規179条の2において連日開廷を原則とする旨の規定が設けられていたが（本条が規定されたことに伴い、同じ内容の規則179条の2は削除された）、その実効性には疑問が指摘されていた。

　2004（平成16）年の改正は、公判前整理手続において、あらかじめ事件の争点や証拠を十分に整理し、明確な審理計画を立てたうえで、争点中心の充実した公判審理を継続的、計画的かつ迅速に行うことにより、刑事裁判の充実・迅速を図ることを目的としていた。裁判員裁判においては、公判前整理手続は必要的であるが（裁判員49条）、迅速化が期待されるとともに、争点や証拠が整理、明確化されることによって、連日的開廷にも資することになろう。

　また、裁判員裁判との関係では、裁判員の負担を軽減するためにも、できる限り連日的に開廷する必要があろう。審理が長期化すれば、出頭の困難な事態が生じる可能性が高まるし、また、従来のように期日と期日の間隔があけば、前に取り調べた証拠に関する記憶が薄れ、かといって職業裁判官のようにその都度記録を精査し直すよう求めることもできず、判断者としての実質的関与が困難となるからである[25]。裁判員制度との関係を措いても、**迅速な裁判**の要請との関係で連日的開廷が望ましいことはもちろんである。

　なお、裁判員制度にとって、連日的な開廷は必須の前提であり、数開廷で済む場合には、連日実施するというのが最も適切であろうが、多数回の公判が必要とされるような事案であれば、たとえば、1週間の内3日間を連続して実施

---

[24] 辻裕教「刑事訴訟法等の一部を改正する法律（平成16年法律第62号）について(1)」法曹時報57巻7号45頁（2005年）。

[25] 池田修『解説裁判員法——立法の経緯と課題』（弘文堂、2005年）95頁。

692　第282条（公判廷）

し、これを数週間にわたって行うというように、ある程度柔軟な運用が求められよう[26]。裁判員制度が実施されてから3年間の統計によれば、裁判員が関与してから行われる公判に要した実審理の期間について見ると、3から4日というのが最も多いという結果が示されている。しかし、審理が長期間にわたる場合もあり、たとえば、期日指定については予備日を設ける、評議については中間評議を行う、かなり余裕を持たせた日程を確保するなど[27]、裁判員の（時間的、精神的・体力的）負担にも配慮しつつ刑事裁判の充実・迅速を図る具体的方策についての工夫がより一層求められよう。

（伊藤博路）

（公判廷）
第282条　公判期日における取調は、公判廷でこれを行う。
②　公判廷は、裁判官及び裁判所書記が列席し、且つ検察官が出席してこれを開く。

憲82条1項による公開主義の原則及び憲37条1項による被告人の公開裁判を受ける権利の保障を受けて、公判期日に行うすべての手続は、公判廷で行われなければいけないとした規定である。なお、判決の宣告については、刑訴342条に別に規定があるので、本条のいう「取調」には含まれない。

公判期日における訴訟手続（対審）については、審判に関する重要な事項を記載した公判調書を作成しなければならない（刑訴43条、刑訴規44条）。

公判期日に行う対審については、憲82条2項により、一定の要件のもとに非公開とすることが認められている。公開を禁じたこと及びその理由は公判調書の必要的記載事項とされている（刑訴規44条1項8号）。一度した公開禁止の効力は、以後の公判期日に及ぶため[28]、これを解除する旨の決定がなされなければならない。また、公開禁止の効力は、結審後の判決宣告期日の公判には及ばない[29]。憲82条2項による非公開の対象となるのは対審のみである。判決を宣告するときには、再び公衆を入廷させなければならない（裁70条後段）。

本条2項は開廷のための要件を規定する裁判員が参加する場合については、裁判員54条に定められている。なお、検察官の出席がないまま行われた第一審の判決宣告手続は、本条2項に違反し、この違反は判決に影響を及ぼすことに

---

[26] 長沼範良「裁判員裁判における審理の在り方」法律のひろば60巻12号5頁（2007年）。
[27] 若園敦雄「長期の審理期間を要する争点が複雑困難な事件の取扱い」論究ジュリスト2号75-76頁（2012年）。
[28] 最三小判昭24・12・20刑集3巻12号2036頁。
[29] 最大判昭23・6・14刑集2巻7号680頁。

なる[30]。

（伊藤博路）

（代理人の出頭）
第283条 被告人が法人である場合には、代理人を出頭させることができる。

　公判廷は、被告人が出頭することができないときには開廷することができないのが原則である（刑訴286条）。本条ないし刑訴285条はその例外規定である。
　被告人が法人である場合、出頭すべき立場にあるのはその代表者であるが、常にその出頭を求めるのは不便であるし、その必要もないため、代理人の出頭を認めた。代理人とは、法人の代表者以外の者で代理権を授与された者をいう。代理権を授与されていれば誰でも代理人となることができるが、当該事件の弁護人が代理人を兼ねることは許されない。
　代表者、代理人がともに不出頭のときは、弁護人が出廷していたとしても開廷できない[31]。

（伊藤博路）

（出頭義務の免除1）
第284条 五十万円（刑法、暴力行為等処罰に関する法律及び経済関係罰則の整備に関する法律の罪以外の罪については、当分の間、五万円）以下の罰金又は科料に当たる事件については、被告人は、公判期日に出頭することを要しない。ただし、被告人は、代理人を出頭させることができる。

　本条は、刑訴283条と同様に、被告人が出頭しなければ開廷できないとの原則に対する例外規定である。本条の趣旨は、法定刑が比較的軽い財産刑の場合にも常に被告人に出頭を要求することは被告人にとって酷であろうという点にある[32]。
　このような趣旨から代理人の出頭が認められる（本条但書）。なお、被告人にも出頭の権利は残っているので召喚の手続は必要とされる（ただし、勾引はできない）。

---

[30]　最二小決平19・6・19刑集61巻4号369頁参照。
[31]　大阪高判昭43・3・30判タ225号219頁。
[32]　伊藤栄樹他『注釈刑事訴訟法第4巻（新版）』（立花書房、1997年）79頁〔小林充〕。

694　第285条（出頭義務の免除2）

　法定刑のうちに罰金または科料の定めがある場合でも、選択刑として懲役、禁錮、拘留のいずれかが規定されているときは、もとより本条の適用はない。また処断刑とは全く関係がない。

（伊藤博路）

（出頭義務の免除2）
第285条　拘留にあたる事件の被告人は、判決の宣告をする場合には、公判期日に出頭しなければならない。その他の場合には、裁判所は、被告人の出頭がその権利の保護のため重要でないと認めるときは、被告人に対し公判期日に出頭しないことを許すことができる。
②　長期三年以下の懲役若しくは禁錮又は五十万円（刑法、暴力行為等処罰に関する法律及び経済関係罰則の整備に関する法律の罪以外の罪については、当分の間、五万円）を超える罰金に当たる事件の被告人は、第二百九十一条の手続をする場合及び判決の宣告をする場合には、公判期日に出頭しなければならない。その他の場合には、前項後段の例による。

　本条も前2条と同様の例外規定である。
　法定刑のうち最も重い刑が拘留である場合のほか、前条に定める罰金が選択刑あるいは併科刑として定められている罪の事件にも、刑の軽重（刑10条、刑9条参照）にかかわりなく、本条の適用があると解される[33]。
　被告人の権利保護の判断は、具体的な事情に応じて判断される。また、被告人の出頭の許否については、裁判所の裁量により許可または不許可の決定がなされる。なお、裁判所が被告人不出頭のまま審理をし、公判調書にもその旨記載されているときには、裁判所の不出頭許可があったものと解される[34]。

（伊藤博路）

（被告人の出頭の権利義務）
第286条　前三条に規定する場合の外、被告人が公判期日に出頭しないときは、開廷することはできない。

　公判期日は当事者の攻撃及び防御の場であって、被告人自身を出廷させることがその権利保護のために必要であると同時に裁判所の審理を適正にするためにも役立つと考えられるところから、原則として被告人の出頭を開廷の要件と

---

[33] 松尾浩也監修『条解刑事訴訟法（第4版）』（弘文堂、2009年）580頁。
[34] 最二小判昭31・3・30刑集10巻3号422頁。

したものである※35。**適正手続**の観点からも、当然の規定である※36。

　なお、被告人不出頭のまま開廷しても、弁護人からの証人尋問請求の放棄の申出に基づき、前にした証拠決定を取り消す決定をしたにすぎないときは本条に違反しない※37。

（伊藤博路）

（出頭拒否と公判手続）
第286条の2　被告人が出頭しなければ開廷することができない場合において、勾留されている被告人が、公判期日に召喚を受け、正当な理由がなく出頭を拒否し、刑事施設職員による引致を著しく困難にしたときは、裁判所は、被告人が出頭しないでも、その期日の公判手続を行うことができる。

　本条は、集団事件の公判期日において、勾留中の被告人が出頭を拒否し、あるいは引致を著しく困難にし、開廷することができない事例が生じたため、このような事態に対処し審理を円滑に進行させるため1953（昭和28）年の改正により設けられた規定である。被告人が出廷する権利を放棄したものといえよう。

　このように欠席裁判を認めることがやむを得ない場合が肯定されようが、引致を著しく困難にしたかどうかの判断に際して、裁判所には慎重な判断が求められる。出頭拒否の意思表示をしただけでは足りず、外部的な挙動となって表れたもの（出頭拒否の目的で全裸となるなど）を重視して判断すべきである※38。

　本条は当該期日の公判手続についてのみ適用が認められる。公判期日の手続であればよいので、冒頭手続、証拠調べ、判決の宣告もこれをなすことができる。

（伊藤博路）

※35　松尾浩也監修『条解刑事訴訟法（第4版）』（弘文堂、2009年）581頁。
※36　田宮裕『注釈刑事訴訟法』（有斐閣、1980年）312頁。
※37　最三小判昭28・9・29刑集7巻9号1848頁。
※38　松尾浩也監修『条解刑事訴訟法（第4版）』（弘文堂、2009年）582頁。

（身体の不拘束）

第287条　公判廷においては、被告人の身体を拘束してはならない。但し、被告人が暴力を振い又は逃亡を企てた場合は、この限りでない。

②　被告人の身体を拘束しない場合にも、これに看守者を附することができる。

　本条は、被告人の自由な防御活動を保障し、手続の公正を確保するため、公判廷においては原則として被告人を拘束しないこととするものである。しかし、被告人が暴力を振るいまたは逃亡を企てた場合には手錠をかけるなどして身体を拘束することが許される（本条1項但書）。被告人の身体を拘束したまま審理を続行することはできるが、手続の公正の確保の点からこれはなるべく避けるべきである。

　本条2項は、1項但書を補充する規定であり、被告人に手錠をかけずに、看守者（たとえば法廷警備員）を付することで審理を続行することができるとしたものである。身柄拘束中の被告人については、刑事施設職員（看守）が付き添って在廷するのが通例である。この場合、刑事施設職員は関係法規に基づき戒護権を行使するために在廷しているものと解される[39]。

（伊藤博路）

（被告人の在廷義務、法廷警察権）

第288条　被告人は、裁判長の許可がなければ、退廷することができない。

②　裁判長は、被告人を在廷させるため、又は法廷の秩序を維持するため相当な処分をすることができる。

　本条1項は被告人の在廷義務、2項は法廷秩序維持についての規定である。

　被告人は、裁判長の許可がなければ、退廷することができない（本条1項）。裁判長は、被告人を在廷させるため相当な処分をすることができる（本条2項）。本条が検察官及び弁護人にも準用されるかどうかについては積極説と消極説とに分かれている。もっともいずれの見解も、検察官・弁護人が許可なく退廷しようとするときには、裁判長は在廷命令を発することができるとするので、実務上余り差異は生じない[40]。

---

[39]　松尾浩也監修『条解刑事訴訟法（第4版）』（弘文堂、2009年）584頁。

[40]　藤永幸治他編『大コンメンタール刑事訴訟法第4巻』（青林書院、1994年）448頁〔高橋省吾〕。

法廷警察権とは、法廷の秩序を維持し、審判の妨害を制止、排除するために裁判所が行使する権限である。これは、司法行政権の作用である（通説）。

法廷警察権は、訴訟指揮権と同様に、裁判長に委ねられている（本条2項、裁71条）。

法廷警察権行使の範囲については、開廷中の法廷がその主たる時間的・場所的な範囲であるが、これは法廷の秩序維持の観点から合目的的に解されるべきである。たとえば、傍聴人が多数であって、裁判官が退廷を促してもこれに応じないで喧噪を極めている場合には、その傍聴人を建物の外まで退去させたとしても必要かつ相当な措置である[41]。

公判廷において傍聴人（報道機関を含む）のする写真撮影、録音、放送に裁判所の許可を要するとする刑訴規215条の規定については、報道の自由、表現の自由（憲21条）との関係が問題となるが、判例はこれを合憲とする[42]。なお、1989（平成1）年[43]以後、報道関係者以外の者のメモも一般に許容されるようになった。

（伊藤博路）

（必要的弁護）

第289条　死刑又は無期若しくは長期三年を超える懲役若しくは禁錮にあたる事件を審理する場合には、弁護人がなければ開廷することはできない。

②　弁護人がなければ開廷することができない場合において、弁護人が出頭しないとき若しくは在廷しなくなつたとき、又は弁護人がないときは、裁判長は、職権で弁護人を付さなければならない。

③　弁護人がなければ開廷することができない場合において、弁護人が出頭しないおそれがあるときは、裁判所は、職権で弁護人を付することができる。

Ⅰ　本条の趣旨

本条は、いわゆる必要的弁護制度に関する規定である。本条は、被告人の権利保護及び当事者主義の強化を図ると同時に公判審理の公正を確保するため、弁護人の出頭が開廷及び審理続行のための要件である場合を規定する[44]。

---

[41]　東京高判昭29・4・20高刑集7巻3号425頁。

[42]　最大決昭33・2・17刑集12巻2号253頁。

[43]　最大判平1・3・8民集43巻2号89頁。

[44]　松尾浩也監修『条解刑事訴訟法（第4版）』（弘文堂、2009年）587頁。

698　第289条（必要的弁護）

　必要的弁護とは、被告人の意思にかかわらず、一定の事件の訴訟手続では弁護人を必要と定め、被告人がこれを依頼しないときは国で選任することとし、かつ、弁護人の立会いなどの関与を認めている制度をいう[45]。この制度は、大陸法の伝統であるため、旧刑訴法でも事件の範囲に差はあるもののこの制度は設けられていたが[46]、他方、「弁護人の援助を受ける権利」を保障する英米法に由来する憲37条3項とは関係がないとされる[47][48]。アメリカでは、弁護人の効果的な援助を受ける権利が被告人に保障されているが、必要的弁護という考え方はなく、被告人は弁護人依頼権を放棄し、自らが弁護人となる権利を有するとされている[49]。大陸法の流れを汲む必要的弁護制度の構想と英米法に由来する「弁護人の援助を受ける権利」という観念は、刑事弁護の中核的な理念において一致する側面はあるが、相互に異質の存在であることは否定できない[50]。

Ⅱ　内容

1　適用範囲

　必要的弁護事件とされるのは、「死刑又は無期若しくは長期3年を超える懲役若しくは禁錮にあたる事件」である（本条1項）。これに当たるか否かは、起訴された各罪についてその法定刑を基準として判断される[51][52]。なお、2004（平成16）年の改正により設けられた刑訴316条の29によって、公判前整理手続や期日間整理手続に付された事件についても必要的弁護事件に該当することとなった。

　「審理する場合」とは、実体的審理をする場合をいう。したがって、人定質問[53]、弁論分離決定、弁論再開決定、公判期日の変更、判決の宣告[54]などにとどまる場合は、本条の適用はない。本条は控訴審にも準用され（刑訴404条）、必要的弁護事件について控訴審が弁護人なしに開廷し審判するのは違法であ

---

[45]　伊藤栄樹他『注釈刑事訴訟法第4巻（新版）』（立花書房、1997年）130頁〔香城敏麿〕。

[46]　松尾浩也『総合判例研究叢書刑訴⑾』（有斐閣、1961年）94頁参照。

[47]　最大判昭25・2・1刑集4巻2号100頁。

[48]　最三小判昭26・11・20刑集5巻12号2408頁。

[49]　ロランド　V. デル＝カーメン『アメリカ刑事手続法概説』（第一法規、1994年）399頁参照。

[50]　松尾・前掲[46]書95頁参照。

[51]　福岡高判昭25・1・25特報4号16頁。

[52]　東京高判昭28・6・29高刑集6巻7号852頁。

[53]　最一小決昭30・3・17刑集9巻3号500頁。

[54]　最三小判昭30・1・11刑集9巻1号8頁。

る[※55]。

2　違反の効果と例外

　本条1項に違反したときには、判決に影響を及ぼすことが明らかな訴訟手続の法令違反の場合（刑訴379条）に当たる。しかし、無罪判決がなされた場合には、判決に影響を及ぼすことが明らかとはいえない[※56]。

　問題となるのは、必要的弁護制度に例外が認められるかである。弁護人が在廷しない場合であっても、被告人が弁護人にさまざまな嫌がらせを繰り返し、ついに弁護人に退廷を余儀なくさせたり出頭できないような状況を作出したり、被告人と弁護人とが組んで、ことさらに法廷内を混乱に陥れるようなことを繰り返し、弁護人まで退廷を命ぜられたような場合であって、いわば極限的な状態にあると認められるときには、弁護人なしでも開廷できるという主張が実務上有力に主張されている[※57]。最高裁も、必要的弁護事件において、裁判所が公判期日への弁護人出頭確保のための方策を尽くしたにもかかわらず、被告人において弁護人在廷の公判審理ができない事態を生じさせ、かつ、その事態を解消することが極めて困難な場合には、当該公判期日には、本条1項の適用がないとした[※58]。

　学説は、刑訴289条1項の適用例外を認めない見解が多数説であった。これに対して例外を認める立場からは、その根拠について、刑訴286条の2ないし刑訴341条の類推適用あるいは被告人の権利放棄などに求められていた。他方、最高裁は、当該事案において極めて厳格な要件のもとに、刑訴289条1項に内在的制約として適用例外を認めたものと解される[※59]。

3　弁護人の不出頭等に対する措置

　必要的弁護事件において、弁護人が出頭、在廷しないまたは弁護人がないときは、裁判長は職権で弁護人を付さなければならない（本条2項）。

　さらに、必要的弁護事件において、弁護人が出頭しないおそれがあるときは、裁判所は、職権で弁護人を付することができる（本条3項）。弁護人の不出頭による審理の遅延を防止しようという趣旨である。

（伊藤博路）

[※55]　最大判昭26・11・28刑集5巻12号2423頁。

[※56]　東京高判昭32・3・2高刑集10巻2号123頁。

[※57]　松尾・前掲※44書588頁。

[※58]　最二小決平7・3・27刑集49巻3号525頁。

[※59]　古江頼隆『刑事訴訟法判例百選（第8版）』122頁。

（任意的国選弁護）
第290条 第三十七条各号の場合に弁護人が出頭しないときは、裁判所は、職権で弁護人を附することができる。

I　本条の趣旨

　本条は、刑訴37条各号の事由がある場合にすでに選任されている弁護人（私選弁護人、国選弁護人の両者を指す）が出頭しないときに、裁判所が職権でさらに弁護人を選任することができるとした。公正のために弁護人の選任を裁判所に認めた規定である[60]。

II　内容

　弁護人が出頭しないときとは、弁護人が適法な公判期日の通知を受けながら、正当な理由がなく出頭しないことを指す。弁護人に公判期日の通知をせずに、弁護人の不出頭を理由として直ちに本条により他の弁護人を選任して審理するのは、弁護権を不法に制限することになる[61]。

　裁判所が弁護人を付する旨の裁判をし、これに基づき裁判長が具体的な選任行為をする（刑訴規29条）。

　弁護人の選任は裁判所の裁量によるが、刑訴37条により国選弁護人が付されていた場合のほか、弁護人の立会が被告人の防御に必要と認められる場合には、本条により選任すべきである。具体的な事情によっては、選任を懈怠すれば弁護権の保障を奪うことにもなろう[62]。

（伊藤博路）

（公開の法廷における被害者特定事項の秘匿）
第290条の2 裁判所は、次に掲げる事件を取り扱う場合において、当該事件の被害者等（被害者又は被害者が死亡した場合若しくはその心身に重大な故障がある場合におけるその配偶者、直系の親族若しくは兄弟姉妹をいう。以下同じ。）若しくは当該被害者の法定代理人又はこれらの者から委託を受けた弁護士から申出があるときは、被告人又は弁護人の意見を聴き、相当と認めるときは、被害者特定事項（氏名及び住所その他の当該事件の被害者を特定させることとなる事項をいう。以下同じ。）を公

---

[60] 田宮裕『注釈刑事訴訟法』（有斐閣、1980年）317頁。
[61] 札幌高函館支判昭25・2・22特報6号169頁。
[62] 田宮・前掲※60書317頁。

開の法廷で明らかにしない旨の決定をすることができる。

一　刑法第百七十六条から第百七十九条まで若しくは第百八十一条の罪、同法第二百二十五条若しくは第二百二十六条の二第三項の罪（わいせつ又は結婚の目的に係る部分に限る。以下この号において同じ。）、同法第二百二十七条第一項（第二百二十五条又は第二百二十六条の二第三項の罪を犯した者を幇助する目的に係る部分に限る。）若しくは第三項（わいせつの目的に係る部分に限る。）若しくは第二百四十一条第一項若しくは第三項の罪又はこれらの罪の未遂罪に係る事件

二　児童福祉法第六十条第一項の罪若しくは同法第三十四条第一項第九号に係る同法第六十条第二項の罪又は児童買春、児童ポルノに係る行為等の規制及び処罰並びに児童の保護等に関する法律第四条から第八条までの罪に係る事件

三　前二号に掲げる事件のほか、犯行の態様、被害の状況その他の事情により、被害者特定事項が公開の法廷で明らかにされることにより被害者等の名誉又は社会生活の平穏が著しく害されるおそれがあると認められる事件

②　前項の申出は、あらかじめ、検察官にしなければならない。この場合において、検察官は、意見を付して、これを裁判所に通知するものとする。

③　裁判所は、第一項に定めるもののほか、犯行の態様、被害の状況その他の事情により、被害者特定事項が公開の法廷で明らかにされることにより被害者若しくはその親族の身体若しくは財産に害を加え又はこれらの者を畏怖させ若しくは困惑させる行為がなされるおそれがあると認められる事件を取り扱う場合において、検察官及び被告人又は弁護人の意見を聴き、相当と認めるときは、被害者特定事項を公開の法廷で明らかにしない旨の決定をすることができる。

④　裁判所は、第一項又は前項の決定をした事件について、被害者特定事項を公開の法廷で明らかにしないことが相当でないと認めるに至つたとき、第三百十二条の規定により罰条が撤回若しくは変更されたため第一項第一号若しくは第二号に掲げる事件に該当しなくなつたとき又は同項第三号に掲げる事件若しくは前項に規定する事件に該当しないと認めるに至つたときは、決定で、第一項又は前項の決定を取り消さなければならない。

I　本条の趣旨

本条は、2007年6月に公布された「犯罪被害者等の権利利益の保護を図るた

702 第290条の2（公開の法廷における被害者特定事項の秘匿）

めの刑事訴訟法等の一部を改正する法律」によって新設された、被害者等の保護を図るための規定である。同法は、2004年に成立した犯罪被害者等基本法及び2005年の犯罪被害者等基本計画（閣議決定）に基づき、これらに示された施策の具体化として立法化されたものである。本条は、特に性犯罪に係る事件について、公判手続において被害者がどこの誰であるかが明らかにされ、被害者等の名誉やプライバシーが著しく害されることを防止するため、公開の法廷で性犯罪等の被害者の氏名等を秘匿することができるようにしたものである。

なお、ここで氏名等の秘匿といっても、公開の法廷で傍聴人に聞かれないようにするということであって、被告人・弁護人に対して秘匿することを意味するものではない。被告人の防御権については、別にこれを不当に侵害しないように一定の配慮がなされている（本条及び刑訴295条3項）。したがって、本条の秘匿決定は裁判を非公開で行う旨のものではなく、憲37条の公開裁判を受ける権利を侵害するものではない[63]。

Ⅱ　「被害者等」と「被害者特定事項」

まず、本条1項で、同項各号にかかる事件の「被害者等」の定義がなされている。すなわち、「被害者又は被害者が死亡した場合若しくはその心身に重大な故障がある場合におけるその配偶者、直系の親族若しくは兄弟姉妹」とあり、以下「被害者等」とあるときは、この意味に解されることになる。次に、「被害者特定事項」について、本条1項は、「氏名及び住所その他の当該事件の被害者を特定させることとなる事項」と定義している。氏名、住所以外の特定事項としては、被害者の勤務先や通学先、父母の氏名などの情報もこれにあたる場合があると解されている[64]。被害者特定事項を公開の法廷で明らかにしない旨の決定は、裁判所が行う。

なお、本条は、性犯罪等の事件のほか、犯行の態様、被害の状況その他の事情により、被害者特定事項が公開の法廷で明らかにされることにより被害者もしくはその親族の身体・財産に害を加え、またはこれらの者を畏怖・困惑させる行為がなされるおそれがあると認められる事件を取扱う場合についても、裁判所は、被害者特定事項を公開の法廷で明らかにしない旨決定することができるとしている（本条3項）。

---

[63] 最一小決平20・3・5判タ1266号149頁。

[64] 白木功=飯島泰=馬場嘉郎「『犯罪被害者等の権利利益保護を図るための刑事訴訟法等の一部を改正する法律』の解説(1)」法曹時報60巻9号60頁。

第 290 条の 2（公開の法廷における被害者特定事項の秘匿）　703

Ⅲ　秘匿決定の手続

　秘匿決定までの手続であるが、まず、本条所定の犯罪に関する被害者等若しくは当該被害者の法定代理人またはこれらの者から委託を受けた弁護士からの申出が必要である（本条1項）。被害者等の中には、被害者の氏名を明らかにして裁判を行ってほしいとの考えを有している者もいると考えられるところから、まずはその申出を得たうえで、裁判所が判断するのが適当だからである※65。この申出は、あらかじめ検察官にしなければならない（本条2項）。裁判所に直接申出をするより、捜査等を通じて何らかの接触があると考えられる検察官を通じて申出を行う方が、被害者等の負担も少ないと考えられたためである※66。申出の時期については特に規定はなく、当該事件が終結するまでいつでも可能であるが、第1回公判前に行う場合が多いであろう。

　申出を受けた裁判所は、被告人または弁護人の意見を聴き、相当と認めるときは被害者特定事項を公開の法廷で明らかにしない旨の決定をすることができる（本条1項）。「相当と認めるとき」とは、秘匿によって得られる利益が公開の法廷で明らかにすることにより得られる利益を上回ると認められる場合をいう※67。性犯罪で「相当と認められるとき」にあたらない場合というのは通常考え難いが、ないわけではない※68。秘匿決定の主文は、「本件の被害者Aにつき、被害者特定事項を公開の法廷で明らかにしない。」のように記載される。この決定があると、公判期日においてなされた場合を除き、裁判所はその旨を訴訟関係人に通知しなければならない（刑訴規196条の5第1項）。

　なお、いったん秘匿の決定があった場合でも、後に公開の法廷で明らかにしないことが相当でなくなったとき、罰条の変更（刑訴312条）によって本条1項1号若しくは2号に該当しないと認められるにいたったときは、裁判所は秘匿の決定を取り消さなければならない（本条4項）。

Ⅳ　秘匿決定の効果

　本条の秘匿決定があったときは、起訴状の朗読及び証拠書類の朗読は、被害者特定事項を明らかにしない方法で行わなければならない（刑訴291条2項、刑訴305条3項）。具体的には、たとえば仮名を用いたり、たんに「被害者」と称することが考えられる。また、裁判長は、訴訟関係人のする尋問または陳述が被害者特定事項にわたるときは、当該陳述または尋問を制限することができる

※65　白木他・前掲※64論文60頁。

※66　白木他・前掲※64論文64頁。

※67　白木他・前掲※64論文61頁。

※68　『大コンメンタール刑事訴訟法（第2版）5巻』89頁。

704　第290条の3（公開の法廷における証人等特定事項の秘匿）

（刑訴295条3項）。ただし、それによって犯罪の証明に重大な支障を生ずるおそれがある場合または被告人の防御に実質的な不利益が生ずるおそればある場合には制限できないことに注意する必要がある（同条項）。

（白取祐司）

> **（公開の法廷における証人等特定事項の秘匿）**
> **第290条の3**　裁判所は、次に掲げる場合において、証人、鑑定人、通訳人、翻訳人又は供述録取書等（供述書、供述を録取した書面で供述者の署名若しくは押印のあるもの又は映像若しくは音声を記録することができる記録媒体であつて供述を記録したものをいう。以下同じ。）の供述者（以下この項において「証人等」という。）から申出があるときは、検察官及び被告人又は弁護人の意見を聴き、相当と認めるときは、証人等特定事項（氏名及び住所その他の当該証人等を特定させることとなる事項をいう。以下同じ。）を公開の法廷で明らかにしない旨の決定をすることができる。
> 一　証人等特定事項が公開の法廷で明らかにされることにより証人等若しくはその親族の身体若しくは財産に害を加え又はこれらの者を畏怖させ若しくは困惑させる行為がなされるおそれがあると認めるとき。
> 二　前号に掲げる場合のほか、証人等特定事項が公開の法廷で明らかにされることにより証人等の名誉又は社会生活の平穏が著しく害されるおそれがあると認めるとき。
> ②　裁判所は、前項の決定をした事件について、証人等特定事項を公開の法廷で明らかにしないことが相当でないと認めるに至つたときは、決定で、同項の決定を取り消さなければならない。

I　本条の趣旨

　本条は、証人等に対する加害行為を防止し、その負担軽減を図ることによって、十分な協力を確保し得るようにし、より充実した公判審理を図ることをねらいとして2016年に新設された規定である[69]。証人等のうち、性犯罪の被害者については、2007年に刑訴法290条の2が新設され、公判廷での氏名等の秘匿について要件・手続きが法定されている。しかし、性犯罪以外の証人等については規定がなかったため、2016年の刑訴法改正で新たに氏名等の秘匿が可能になった。刑訴290条の2と同様、この場合も法廷の傍聴人に証人等の氏名が

---

[69]　保坂和人＝吉田雅之＝鶴瀬昌二「刑事訴訟法等の一部を改正する法律（平成28年法律第54号）について⑵」法曹時報69巻3号（2017年）73頁。

知られないようにするだけであり、被告人・弁護人には明らかにされる（ただし、刑訴299条の3）。この制度は、公開裁判を受ける権利に抵触するものであるが、最高裁は、刑訴290条の2について、「公開裁判を受ける権利を侵害するものとはなりえない」※70と判示しており、本条についても同様に解されることになろう。

Ⅱ　秘匿の対象となる者

個人の特定事項の秘匿措置を請求できる者として、本条は、証人のほか、鑑定人、通訳人、翻訳人または供述録取書の供述者を列挙している。これらの者のうち、鑑定人、通訳人、翻訳人については、私的住居など純粋なプライバシーに関する事項はともかく、その専門的知見の有無を判断するのに必要な経歴や経験に関する事項は秘匿されるべきではないであろう※71。これらの者は専門家として、いわば公的立場で証言するのであって、その職務の公正さを担保するためにも、彼らの専門的情報に関する事項は公開の法廷で明らかにされなければならない。

Ⅲ　証人特定事項の秘匿決定が許される場合

本条1項1号は、秘匿決定が許されるひとつ目の場合として、「証人等特定事項が公開の法廷で明らかにされることにより証人等若しくはその親族の身体若しくは財産に害を加えまたはこれらの者を畏怖させ若しくは困惑させる行為がなされるおそれがあると認められるとき」を挙げる。この文言は、前条第3項と同様のものであり、前条の解説を参照されたい。この要件は、立法時の議論ではもっぱら訴追側の証人等を念頭に論じられてきたが、弁護側の証人等についても、たとえば処罰感情が非常に強い事件などでは利用することが考えられよう※72。

1項2号は、2つ目として、「証人等特定事項が公開の法廷で明らかにされることにより証人等の名誉又は社会生活の平穏が著しく害されるおそれがあるとき」を挙げる。今日、マスコミに大きく取り上げられた事件では、被告人に有利な証言をした証人が、新聞・テレビのほか、ネット上で激しいバッシングを受ける事態も予想されうるが、そのような場合2号にあたるであろう。

※70　最一小決平20・3・5判タ1266号149頁。

※71　川崎英明他『2016年改正刑事訴訟法・通信傍受法条文解析』（日本評論社、2017年）107頁〔水谷規男〕。

※72　川崎他・前掲※71書108頁。

Ⅳ 証人特定事項秘匿決定の手続

　証人特定事項秘匿決定の手続で重要なのは、刑訴290条の2の場合と異なり、証人等の申出が要件とされていることである。申出なしに裁判所が秘匿決定をすることはない。この申出があると、裁判所は、検察官および被告人または弁護人の意見を聴く。弁護人としては、この決定によって、心理的に虚偽供述が容易になるおそれがあること、尋問や弁論が不当に制限されるおそれが生じることにも留意して意見を述べることになろう※73。

　裁判所は、両当事者の意見を聴いた後、「相当と認めるとき」は、証人等特定事項の秘匿措置の決定をする。相当性判断は、証人等特定事項を秘匿することによって得られる利益と、これを公開の法廷で明らかにして得られる利益とを考量して前者が上回る場合をいう。この決定に対して即時抗告できる旨の規定はなく、検察官、被告人・弁護人のみならず、申出した証人等も不服申立てをすることができないとされる※74。

　本条2項は、秘匿決定があった後、相当でないと認められるときは決定で先の秘匿決定を取り消すことができると規定する。秘匿決定に対する不服申立ができないという瑕疵をカバーするために、この事後的取消請求権を活用することも検討されてよい。

（白取祐司）

（冒頭手続）
第291条　検察官は、まず、起訴状を朗読しなければならない。
②　第二百九十条の二第一項又は第三項の決定があつたときは、前項の起訴状の朗読は、被害者特定事項を明らかにしない方法でこれを行うものとする。この場合において、検察官は、被告人に起訴状を示さなければならない。
③　前条第一項の決定があつた場合における第一項の起訴状の朗読についても、前項と同様とする。この場合において、同項中「被害者特定事項」とあるのは、「証人等特定事項」とする。
④　裁判長は、起訴状の朗読が終つた後、被告人に対し、終始沈黙し、又は個々の質問に対し陳述を拒むことができる旨その他裁判所の規則で定める被告人の権利を保護するため必要な事項を告げた上、被告人及び弁護人に対し、被告事件について陳述する機会を与えなければならない。

※73　小坂井久他編『実務に活かすQ&A平成28年改正刑事訴訟法等のポイント』（新日本法規、2016年）182頁。
※74　保坂他・前掲※69論文77頁。

第 291 条（冒頭手続）　707

Ⅰ　意義

　第一審の公判手続は、審理手続と判決の宣告手続とからなるが、**冒頭手続**は審理手続の最初の手続である。これは、被告人の人定質問から、証拠調べ手続の前までをいい、手続の順序としては、人定質問、起訴状の朗読、権利保護事項の告知、被告人及び弁護人の被告事件についての陳述の順に進んでゆく。

Ⅱ　人定質問

　裁判長は、検察官の起訴状朗読に先立ち、被告人に対し、起訴状に表示された人物と同一人であるかを確かめるために一定の事項を質問しなければならない（刑訴規196条）。これを**人定質問**という。

　人定質問の方式は法文では示されていないが、その本籍、住居、職業、年齢、氏名など起訴状に記載されている事項を質問しながら確認するというのが実務慣行となっている。人定質問に対して被告人が黙秘する場合がある。判例[75]によれば被告人の氏名には黙秘権は及ばないと解されるが、被告人が氏名を明らかにしない場合なんらかの方法で被告人との同一性を確認する必要があることから、被告人の顔写真を検察官に提出させて裁判所が照合確認するなどの方法がとられる[76]。

Ⅲ　起訴状の朗読

　人定質問終了後、裁判長は、検察官に起訴状朗読（本条1項）を命じる。本条1項に「まず」起訴状を朗読しなければならないとあるのは、人定質問後直ちにという意味である。

　起訴状の朗読が要求されるのは、**口頭主義**、**弁論主義**の要請に基づき、まず、公判廷において審判の対象を明らかにしたうえで、実質的審理に入ろうという趣旨である。このような趣旨から、起訴状は必ず朗読しなければならず、これを省略したり、要旨の告知でこれに代えることはできない[77]。起訴状の朗読を欠いた場合、判決に影響を及ぼすことが明らかな訴訟手続の法令違反となる[78]。

　なお、訴因の追加、撤回、変更を書面で行ったときも、公判期日でその書面

---

[75]　最大判昭32・2・20刑集11巻2号802頁。

[76]　松尾浩也監修『条解刑事訴訟法（第4版）』（弘文堂、2009年）595頁。

[77]　伊藤栄樹他『注釈刑事訴訟法第4巻（新版）』（立花書房、1997年）165頁〔佐々木史朗〕。

[78]　高松高判昭25・5・31特報10号171頁。

を朗読しなければならない（刑訴規209条4項）。

朗読された起訴状の文言、内容に不明確な点がある場合には、裁判長は、検察官に釈明を求めることができる（刑訴規208条1項）。被告人・弁護人も、起訴状の記載に関して、裁判長に対し、釈明のための発問を求めることができる（刑訴規208条3項）。たとえば、訴因の特定が不十分な場合に、釈明がなされることになろう。

被害者特定事項、証人等特定事項を公開の法廷で明らかにしない旨の決定（刑訴290条の2第1項、第3項、刑訴290条の3第1項）がなされた場合、起訴状の朗読はそれを明らかにしない方法で行われる。この場合、検察官は被告人に起訴状を示さなければならない（本条2項、3項）。

Ⅳ　権利保護事項の告知

起訴状朗読後、裁判長は、被告人に対し、被告人が被告事件について陳述するに先立ち**黙秘権**があることや供述した場合それが自己に不利益にも利益にも用いられうることを告げなければならない（本条4項、刑訴規197条1項）。実際には、告知に際して、必ずしも法文の文言に縛られることなく、個々の裁判官によってその内容が理解されやすいように工夫がなされている。

黙秘権を告知せず、被告人が供述義務があると誤信したとしても、憲38条1項に違反することにはならない[79]。黙秘権の不告知は、供述の任意性を否定する一要素となるが、このことのみをもって任意性を否定することにはならない。黙秘権の不告知は、訴訟手続の法令違反にはなるが、これが直ちに判決に影響を及ぼすことにはならないであろう[80]。

Ⅴ　被告人及び弁護人の被告事件についての陳述

裁判長は、被告人及び弁護人に対し、被告事件について陳述する機会を与えなければならない（本条4項）。これは、**当事者主義**の要請により、審理の冒頭段階から被告人側に防御の機会を与えるとともに、被告事件に対する被告人側の意見を聴き争点を明らかにし、以後の審理方針の明確化に資することを目的とする。

冒頭手続での被告人の公訴事実を認める旨の陳述は、被告人の公判廷における自白として証拠となりうる[81]。

（伊藤博路）

---

[79] 最一小判昭28・4・2刑集7巻4号745頁。
[80] 松尾・前掲※76書599頁。
[81] 最一小判昭26・7・26刑集5巻8号1652頁。

第291条の2（簡易公判手続の決定）　709

（簡易公判手続の決定）
第291条の2　被告人が、前条第四項の手続に際し、起訴状に記載された訴因について有罪である旨を陳述したときは、裁判所は、検察官、被告人及び弁護人の意見を聴き、有罪である旨の陳述のあつた訴因に限り、簡易公判手続によつて審判をする旨の決定をすることができる。ただし、死刑又は無期若しくは短期一年以上の懲役若しくは禁錮に当たる事件については、この限りでない。

I　本条の趣旨

　本条は、1953（昭和28）年の改正によって設けられた証拠調べ手続を簡易化した公判手続についての規定である。
　英米法系の制度である、被告人が**有罪の答弁**をすると、事実審理を省略し、量刑手続に移ることのできる**アレインメント**（arraignment）制度は、憲38条3項との関係で問題があるなどと指摘されたため、採用されなかったという経緯がある。しかし、特に争いがない場合にも、通常手続によるとするのは実際問題として煩雑にすぎる。そこで、アレインメント制度を参考として、本条の規定が設けられた。なお、簡易公判手続の合憲性は最高裁で確認されている※82。

II　内容

　簡易公判手続の対象事件は、比較的軽い罪（死刑または無期若しくは短期1年以上の懲役・禁錮にあたる罪以外の罪）の場合に限られる。被告人が冒頭手続において起訴状記載の訴因に対して有罪である旨の陳述をした場合、裁判所は、両当事者の意見を聴いたうえで、その訴因に限り簡易公判手続による旨の決定をすることができる。
　この手続では、検察官の冒頭陳述を省略することができ、通常の証拠調べ手続の主な規定が除外されるため、証拠の取調べも朗読・展示等の厳格な方法によらず、適当と認める方法でできる（刑訴307条の2）。
　さらに、被告人らから特に異議が出なければ、供述調書などの伝聞証拠もすべて証拠にできる（刑訴320条2項）。しかし、刑訴319条の適用は除外されておらず、自白の任意性、補強証拠などに関する法則は通常の手続と同様適用がある。

※82　最一小判昭37・2・22刑集16巻2号203頁。

Ⅲ　アレインメントとの関係

　このように、アレインメント制度とは異なり、簡易公判手続では、有罪の答弁があっても証拠調べを経なければならず、証拠調べ手続が簡略化されるにすぎない。実際の運用をみても、簡易裁判所ではかなり利用されているが、地方裁判所ではあまり行われていない。

　ところで、司法制度改革審議会意見書は、手続の合理化・効率化との関連で、簡易公判手続の見直しも視野に入れて「さらに検討すべき」としている。また、同意見書に従って、**即決裁判手続**が実現されるにいたった。

　立法論として、特に対象事件の範囲を緩和し、簡易公判手続をさらに活用すべきとの主張がある。他方、アレインメントに倣おうという立法論に対しては、刑事裁判の本質に背くとの反対説が有力に主張され、またアメリカにおいては有罪答弁と密接不可分の関係にある「取引」に対する批判が強いという指摘もなされている。このような中で、組織的犯罪等に対する新たな捜査手法の必要性が強調されるようになり、2017（平成28）年の改正において取引的要素をもつ協議・合意制度（刑訴350条の2）が導入された。

（伊藤博路）

（決定の取消し）
　第291条の3　裁判所は、前条の決定があつた事件が簡易公判手続によることができないものであり、又はこれによることが相当でないものであると認めるときは、その決定を取り消さなければならない。

Ⅰ　本条の趣旨

　本条は簡易公判手続の取消についての規定である。取消事由として、⑴事件が簡易公判手続によることができない場合、⑵事件が簡易公判手続によることが相当でない場合の2つが定められている。

　本条は、そのような事由があることが判明した場合には簡易公判手続の決定を取り消して通常の手続に従って審理をやり直すべきとしたものである。

Ⅱ　内容

　上記⑴の事由は、簡易公判手続の法律上の要件を欠く場合、すなわち不適法な場合である。

簡易公判手続の審理においても、訴因の変更、追加、撤回は許される[83]。簡易公判手続の審理中に、訴因が変更され、新訴因が刑訴291条の2但書に当たらないものとなったとき、または新訴因について被告人が有罪の陳述をしないときは、簡易公判手続の決定は取り消されなければならない[84]。

(2)の事由は、簡易公判手続の法律上の要件は認められるものの相当性を欠く場合である。このような例としては、有罪の陳述が被告人の真意に出たものではないとの疑いを生じた場合、証拠調べの結果、有罪の陳述の真実性に疑問が生じ、公訴事実の存否について慎重な証拠調べを必要となった場合[85]が、これに当たることになろう。

（伊藤博路）

（証拠調べ）
第292条　証拠調べは、第二百九十一条の手続が終つた後、これを行う。ただし、次節第一款に定める公判前整理手続において争点及び証拠の整理のために行う手続については、この限りでない。

公判手続で主要となるのは証拠調べである。本条は、本文で、公判手続において証拠調べの行われる時期について、冒頭手続の終了後でなければならないことを規定し、但書で、公判前整理手続における争点・証拠整理のための手続が除外されることを規定している。

証拠調べとは、狭義では、裁判所が起訴された被告事件に関する事実認定及び刑の量定について心証を得るため、公判期日において人証・書証・物証等各種の証拠方法を取り調べてその内容を感得する訴訟行為をいう[86]。広義では、狭義の証拠調べのほか、冒頭陳述、証拠調べの請求、証拠調べの決定などその準備的行為をも含むが、本条は、広義の証拠調べを指す。公判前整理手続における争点・証拠整理のための手続（検察官による証明予定事実の明示、被告人側の主張の明示、証拠調べ請求や証拠調べの決定など）もこれに当たるが、但書で刑訴291条の冒頭手続前であってもそれを行うことができることを明らかにした。

本条の証拠調べは、被告事件に関する事実認定、刑の量定に関する事実の取調べを意味するため、それら以外の事項、たとえば、公判開廷の要件、訴訟条

---

[83] 東京高判昭38・10・3東高時報14巻10号169頁。

[84] 福岡高宮崎支判昭34・10・20下刑集1巻10号2116頁。

[85] 東京高判昭33・3・11高刑特5巻4号112頁。

[86] 伊藤栄樹他『注釈刑事訴訟法第4巻（新版）』（立花書房、1997年）184頁〔佐々木史朗〕。

件の存否についての証拠調べは、本条とは関係がない。したがって、それらについては、必要があれば冒頭手続終了前の段階であっても証拠調べをしても差し支えない。

(伊藤博路)

（被害者等の意見の陳述）

第292条の2　裁判所は、被害者等又は当該被害者の法定代理人から、被害に関する心情その他の被告事件に関する意見の陳述の申出があるときは、公判期日において、その意見を陳述させるものとする。

②　前項の規定による意見の陳述の申出は、あらかじめ、検察官にしなければならない。この場合において、検察官は、意見を付して、これを裁判所に通知するものとする。

③　裁判長又は陪席の裁判官は、被害者等又は当該被害者の法定代理人が意見を陳述した後、その趣旨を明確にするため、これらの者に質問することができる。

④　訴訟関係人は、被害者等又は当該被害者の法定代理人が意見を陳述した後、その趣旨を明確にするため、裁判長に告げて、これらの者に質問することができる。

⑤　裁判長は、被害者等若しくは当該被害者の法定代理人の意見の陳述又は訴訟関係人の被害者等若しくは当該被害者の法定代理人に対する質問が既にした陳述若しくは質問と重複するとき、又は事件に関係のない事項にわたるときその他相当でないときは、これを制限することができる。

⑥　第百五十七条の四、第百五十七条の五並びに第百五十七条の六第一項及び第二項の規定は、第一項の規定による意見の陳述について準用する。

⑦　裁判所は、審理の状況その他の事情を考慮して、相当でないと認めるときは、意見の陳述に代え意見を記載した書面を提出させ、又は意見の陳述をさせないことができる。

⑧　前項の規定により書面が提出された場合には、裁判長は、公判期日において、その旨を明らかにしなければならない。この場合において、裁判長は、相当と認めるときは、その書面を朗読し、又はその要旨を告げることができる。

⑨　第一項の規定による陳述又は第七項の規定による書面は、犯罪事実の認定のための証拠とすることができない。

Ⅰ　本条の趣旨

従来から実務では被害者が証人として喚問される際には、被害感情や被告人に対する処罰感情についても供述を求められていた。また、重大事件において被害者またはその遺族が希望する場合に、情状証人として法廷で意見を述べるという形で、被害者の心情等に関する意見を述べる機会も与えられることが多かった[87]。

本条は、2000（平成12）年に新設された規定で、被害者が公判で主体的に被害に関する心情その他の被告事件に関する意見を陳述することを認めたものである。これにより、被害者の疎外感を解消するように努め、また刑事手続が被害者の尊厳を配慮しつつ、公平に進められていることを実感させることとなり、被害者及び国民の刑事司法に対するより一層の理解と信頼を確保することに資するであろう[88]。

Ⅱ　内容

1　意見陳述の申出

意見の陳述の申出は、あらかじめ検察官にしなければならない（本条2項）。被害者等から申出があると、例外的な場合（本条7項）を除き、意見を陳述させることになる。しかし、被害者の権利として認められるわけではないので、希望する被害者すべてに認められるのではない。たとえば、意見陳述なのか証言したいのかが判然としない場合には、認められないということもありえよう[89]。もちろん、検察官には、適正な運用がなされるように被害者に対する十分な配慮が求められよう。

2　意見陳述の方式と内容

口頭での陳述が原則であるが、裁判所は、例外的に、意見の陳述に代えて、書面を提出させることもできる（本条7項）。書面による場合、裁判長は、公判期日にその旨を明らかにしなければならず、相当と認めるときは、その書面を朗読し、またはその要旨を告げることができる（本条8項）。

被害者が陳述する意見の内容については、被害に関する感情が基本となるが、意見の前提となる被害事実等の事実についても、必要な範囲で触れることは許

---

[87]　長島裕「犯罪被害者をめぐる現状」法律のひろば50巻3号18頁（1997年）。

[88]　椎橋隆幸「被害者等の心情その他の意見陳述権」現代刑事法19号43頁（2000年）。

[89]　「座談会／犯罪被害者のための施策をめぐって」ジュリスト1302号12頁（2005年）〔大久保発言〕。

される[90]。被害感情や処罰感情については、陳述が許されるのは当然であり、量刑についての意見も処罰感情の一種として許される[91]。被害者等が意見を陳述した後、その趣旨が明確でない場合には、裁判長・陪席裁判官、訴訟関係人は被害者等に質問することができる（本条3項、4項参照）。また、意見陳述や質問が重複するとき、または事件に関係のない事項にわたるときその他相当でないときには、裁判長はこれを制限できる（本条5項）。

3　証拠能力の制限

この意見陳述を犯罪事実を認定するための証拠として用いることは許されない（本条9項）。犯罪事実を認定するための証拠とするには、改めて証人尋問をすることが求められる。

4　意見陳述の時期

意見陳述の時期について明文の規定はないが、通常は証拠調べ終了後、検察官の論告及び弁護人の弁論に先立って行われることになろう[92]。実際にもこのような運用がなされることが多いが、特に否認事件の場合には、犯罪事実に関する証拠調べの最中に実施することは不相当な場合が少なくないであろう[93]。

5　その他

なお、意見陳述は、付添い（刑訴157条の2）、遮蔽措置（刑訴157条の3）、ビデオリンク方式（刑訴157条の4第1項）によって行うことも可能である（本条6項）。

また、意見陳述に対しては、量刑に不当な影響を与えるかどうかにつき議論がある。個々の具体的事案によっても異なるであろうが、なんらかの影響を及ぼすことが考えられるから、重罰化を招くのではないかとの反対論にも理由があるように思われる。

（伊藤博路）

---

[90]　神村昌道=飯島泰「犯罪被害者保護のための二法の概要等」警察公論55巻8号22頁（2000年）。

[91]　伊藤栄樹他『注釈刑事訴訟法第4巻補遺』7頁〔河村=神村〕。

[92]　村越一浩「『刑事訴訟法及び検察審査会法の一部を改正する法律』の概要」捜査研究585号7頁（2000年）。

[93]　松尾浩也監修『条解刑事訴訟法（第4版）』（弘文堂、2009年）613頁。

第293条（最終弁論）　715

（最終弁論）
第293条　証拠調が終つた後、検察官は、事実及び法律の適用について意見を陳述しなければならない。
② 　被告人及び弁護人は、意見を陳述することができる。

I　本条の趣旨

　本条は証拠調べ終了後の意見陳述についての規定である。本条1項の検察官の意見陳述は論告・求刑、2項の被告人・弁護人の意見陳述は弁論、刑訴規211条の意見陳述は最終陳述といわれる。実務では、まず検察官が論告・求刑を行い、次に弁護人が弁論をし、最後に被告人が最終陳述を行うのが通常である。

　これら意見陳述の目的は、訴訟の全過程を通じて行われた訴訟活動の結果を明らかにし、裁判所に当事者の主張するところを確認させ、その判断形成に寄与することにあり、当事者にとってきわめて重要な訴訟行為の1つである[94]。しかし、この目的を逸脱するような意見の陳述は許されない。そこで、裁判長は、訴訟指揮によって、必要と認めるときは、当事者の本質的な権利を害しない限り、意見陳述の時間を制限することができる（刑訴295条、刑訴規212条）。

　また、2007（平成19）年の改正で、本条1項の検察官の意見陳述後に、被害者参加人の意見陳述（刑訴316条の38）が一定の要件の下に認められることになった。

II　内容

1　論告・求刑

　検察官の**論告**は義務として規定されているが、裁判所を拘束するものではもちろんなく、単に参考にされるにすぎない[95]。他方、証拠調べ終了後、検察官に対し、事実及び法律について意見を陳述する機会を与えれば足り、検察官が意見を述べなくても、訴訟手続が違法となるものではない[96]。**求刑**は、検察官が論告で有罪の主張をしたときに、最後に科せられるべき具体的刑罰の種類と量刑に関する意見を述べることをいう。これが量刑の指針的な役割をもつことが否定できないため、当初は、これを行わせるべきでないとの議論もあった。しかし、求刑も法律の適用に関する意見であって、裁判官がこれに拘束さ

---

[94] 松尾浩也監修『条解刑事訴訟法（第4版）』（弘文堂、2009年）615頁。

[95] 田宮裕『注釈刑事訴訟法』（有斐閣、1980年）322頁。

[96] 最一小決昭29・6・24刑集8巻6号977頁。

716 第294条（訴訟指揮権）

れるというものではないため、違憲、違法ではないとするのが判例である※97。そして求刑は現在の実務では慣行として定着している。

2 弁論

弁護人の**弁論**は、権利であって義務ではない。裁判所は弁護人に対し意見陳述の機会を与えなければならず、これを与えることなく弁論を終結したときは違法となる※98。裁判所が弁護人に機会を与えたにもかかわらず陳述をしないときには、その権利を放棄したことになる※99。このように現実の陳述を求めるものではないが、任意的弁護事件において弁論すべき公判期日に出頭しない場合など、弁論の権利を放棄したといえるかどうかについては、弁論の防御方法としての重要性から、慎重な判断が求められよう※100。

3 最終陳述

被告人または弁護人に最終に陳述する機会を与えなければならない（刑訴規211条）。**最終陳述**権は被告人側に与えるという趣旨であるから、被告人、弁護人のいずれかに与えれば足りる。しかし、双方に陳述の機会を与えることが望ましく、そのような運用がなされている※101。最終陳述権は被告人側にあるので、被告人側の意見陳述後に、検察官が再度意見陳述（いわゆる補充論告）をした場合には、被告人側にも再度の意見陳述の機会を与えなければならない。

（伊藤博路）

（訴訟指揮権）
第294条 公判期日における訴訟の指揮は、裁判長がこれを行う。

I 本条の趣旨

本条は、公判期日における訴訟指揮の主体についての一般的規定である。訴訟指揮権は、本来具体的事件について裁判権を行使する公判裁判所の有する権限であるが、公判期日における訴訟指揮は、その性質上、迅速かつ明確に行使されることが必要であるため、いちいち合議体の決定に基づくことは適当でな

※97 最一小判昭24・3・17刑集3巻3号318頁。
※98 最三小決昭41・12・27刑集20巻10号1242頁。
※99 東京高判昭30・4・2高刑集8巻4号449頁。
※100 東京高判昭51・1・27東高時報27巻1号9頁。
※101 伊藤栄樹他『注釈刑事訴訟法第4巻（新版）』（立花書房、1997年）192頁〔佐々木史朗〕。

い。そこで、これを合議体の代表機関である裁判長に包括的に委ねることにしたものである※102。

本条は合議体の場合を規定したものであるが、一人制の場合にはこれを構成する裁判官が訴訟指揮権を行使する。

Ⅱ 内容

訴訟指揮とは、訴訟の進行を秩序づけ、審理の円滑を図る裁判所の合目的的活動をいう。このような目的に適うものであれば、明文法規と訴訟の基本構造に反しない限り、明文の根拠規定がなくても訴訟指揮権が認められる。その内容はさまざまであり、公判期日のみならず、公判期日の指定（刑訴273条1項）等のように公判期日外で使われるものも訴訟指揮権の範囲に含まれる。公判期日における裁判長の訴訟指揮権として法及び規則で明示されているものとして、訴訟関係人の陳述等の制限（刑訴295条）、証拠調べの方式（刑訴304条1項、刑訴304条2項、刑訴305条ないし刑訴307条、刑訴規201条ないし刑訴規203条の2）、釈明権の行使（刑訴規208条）、最終弁論の時間制限（刑訴規212条）等がある。他方、訴訟の進行上特に重要なものについては訴訟指揮権を裁判所の権限として留保しており、簡易公判手続による旨の決定（刑訴291条の2）、証拠調べの範囲・順序・方法の予定・変更（刑訴297条）、証人等の尋問の順序の変更（刑訴304条3項）、訴因・罰条の変更等の許可・命令（刑訴312条1項、2項）、弁論の分離・併合（刑訴313条）、証拠調べ請求の許否及び職権証拠調べ（刑訴規190条、刑訴298条2項）等が挙げられる。

訴訟指揮権は、単なる事実行為のほか裁判の形式でも行使される。裁判所の合目的的活動であるから、事情の変更によりそれが不必要または不相当となった場合等には、随時前の処分を撤回、変更することができる。

当事者は、裁判長の訴訟指揮に基く処分に法令違反があることを理由に、異議を申立てることができる（刑訴309条2項、刑訴規205条2項）。証拠調べに関するものについては、相当でないことをも理由に異議申立てができる（刑訴規205条1項）。

訴訟指揮を不当として、裁判官の忌避申立てをすることはできない。このような申立ては、訴訟遅延のみを目的とすることが明らかな場合に当たり、裁判所はこれを簡易却下すべきであるとするのが判例の立場である※103。しかし、訴訟指揮を理由とする忌避申立てを認める余地がないかについては学説上異論がある。

なお、**法廷警察権**（刑訴288条2項）も裁判所が行使する権限であるが、審理

※102 松尾浩也監修『条解刑事訴訟法（第4版）』（弘文堂、2009年）619頁。
※103 最一小決昭48・10・8刑集27巻9号1415頁。

718　第295条（重複尋問等の制限）

内容とは関係がないことから訴訟指揮と区別される。また、裁判所の訴訟指揮権に基づく証拠開示命令について、刑訴299条の解説Ⅳを参照。

(伊藤博路)

（重複尋問等の制限）
第295条　裁判長は、訴訟関係人のする尋問又は陳述が既にした尋問若しくは陳述と重複するとき、又は事件に関係のない事項にわたるときその他相当でないときは、訴訟関係人の本質的な権利を害しない限り、これを制限することができる。訴訟関係人の被告人に対する供述を求める行為についても同様である。
②　裁判長は、証人、鑑定人、通訳人又は翻訳人を尋問する場合において、証人、鑑定人、通訳人若しくは翻訳人若しくはこれらの親族の身体若しくは財産に害を加え又はこれらの者を畏怖させ若しくは困惑させる行為がなされるおそれがあり、これらの者の住居、勤務先その他その通常所在する場所が特定される事項が明らかにされたならば証人、鑑定人、通訳人又は翻訳人が十分な供述をすることができないと認めるときは、当該事項についての尋問を制限することができる。ただし、検察官のする尋問を制限することにより犯罪の証明に重大な支障を生ずるおそれがあるとき、又は被告人若しくは弁護人のする尋問を制限することにより被告人の防御に実質的な不利益を生ずるおそれがあるときは、この限りでない。
③　裁判長は、第二百九十条の二第一項又は第三項の決定があつた場合において、訴訟関係人のする尋問又は陳述が被害者特定事項にわたるときは、これを制限することにより、犯罪の証明に重大な支障を生ずるおそれがある場合又は被告人の防御に実質的な不利益を生ずるおそれがある場合を除き、当該尋問又は陳述を制限することができる。訴訟関係人の被告人に対する供述を求める行為についても、同様とする。
④　第二百九十条の三第一項の決定があつた場合における訴訟関係人のする尋問若しくは陳述又は訴訟関係人の被告人に対する供述を求める行為についても、前項と同様とする。この場合において、同項中「被害者特定事項」とあるのは、「証人等特定事項」とする。
⑤　裁判所は、前各項の規定による命令を受けた検察官又は弁護士である弁護人がこれに従わなかつた場合には、検察官については当該検察官を指揮監督する権限を有する者に、弁護士である弁護人については当該弁護士の所属する弁護士会又は日本弁護士連合会に通知し、適当な処置をとるべきことを請求することができる。
⑥　前項の規定による請求を受けた者は、そのとつた処置を裁判所に通

第 295 条（重複尋問等の制限）　719

知しなければならない。

　本条は、裁判長の訴訟指揮権の具体的内容の1つを明示的に規定している。

　本条1項は、尋問、陳述の重複、事件との関連性の欠如等相当でないとき、訴訟関係人がする尋問、陳述を制限できることを規定する。しかし、訴訟関係人の「本質的な権利」を害してはならない。この本質的な権利とは、検察官にとっては訴訟追行の利益であり、被告人側については防御権ないしこれに必要不可欠の権利、たとえば証人審問権（憲37条2項前段）等をいう[104]。なお最高裁は、証人の取調べに際し、裁判長が訴訟指揮権に基づき、事件に関連性のない被告人の発問を制限しても、憲37条2項に反しない、としている[105]。2005（平成17）年に刑訴規199条の14が新設され、訴訟関係人が尋問する場合に関連性を明らかにすることが義務付けられたが、これは争点を意識したメリハリのある尋問が行われるようにすることを目的としている。

　また、被告人質問（刑訴311条）についても、同様に制限することができる。公判前整理手続終了後、公判期日において、被告人が新たな主張に沿った供述をしようとした場合、被告人質問等を本条1項により制限できる場合がある[106]。さらに、裁判長の制限措置に関しては、本項以外に、刑訴規則の中に証拠調べ終了後に行う訴訟関係人の意見陳述の時間を制限することを認める規定がある（刑訴規212条）。

　本条2項は、証人等の身体または財産への加害行為等を防止するための措置として、1999（平成11）年に新設された。証人の所在場所を特定する尋問を制限することにより、証人等に危害が加えられることを防止し、証人等の自由な供述を確保しようとする趣旨である。他方本条3項は、被害者保護のための措置として、2007（平成19）年に新設されたものである。被害者特定事項（刑訴290条の2参照）に関する尋問、陳述が制限されうる。本条2項、3項では、「犯罪の証明に重大な支障を生ずるおそれ」または「被告人の防御に実質的な不利益を生ずるおそれ」があるときは尋問（本条3項は陳述を含む）を制限することはできないとされているが、これは証人保護ないし被害者保護と真実発見ないし被告人の防御権との調和を図ったものである。このような保護の必要性は被害者に限られないため、2016（平成28）年の改正でその対象を証人等として拡大された（本条4項）。

　本条5項、6項は、検察官の指揮監督（検察7条以下）及び弁護士会、日本弁護士連合会による弁護士への指導、監督（弁護士31条以下）をもとに尋問等の

---

[104] 松尾浩也監修『条解刑事訴訟法（第4版）』（弘文堂、2009年）626頁。

[105] 最大判昭30・4・6刑集9巻4号663頁〔帝銀事件〕。

[106] 最二小決平27・5・25刑集69巻4号636頁（結論として、制限できないとされた事例）。

720　第296条（検察官の冒頭陳述）

制限の実効性を担保しようとする趣旨である。

（伊藤博路）

> **（検察官の冒頭陳述）**
> **第296条**　証拠調のはじめに、検察官は、証拠により証明すべき事実を明らかにしなければならない。但し、証拠とすることができず、又は証拠としてその取調を請求する意思のない資料に基いて、裁判所に事件について偏見又は予断を生ぜしめる虞のある事項を述べることはできない。

I　本条の趣旨

証拠調べは、検察官の**冒頭陳述**によってはじまる。本条は、検察官が手続の冒頭で事件の概要と立証方針を明らかにすることによって、審理の円滑な進行を図ろうとする趣旨である。被告人側にとっては、防御の対象が明らかとなり、防御のための機会が与えられることにもなる。また冒頭陳述では、事実について具体的に述べられるため、裁判所に予断を抱かせることのないような配慮を要する。

II　冒頭陳述の時期

「証拠調のはじめに」とは、個々の証拠を取り調べるのに先立ってという意味ではなく、証拠調べの冒頭にという意味である。検察官の冒頭陳述が始まると証拠調べ手続が開始されたことになり、移送の決定（刑訴19条2項）や管轄違いの申立て（刑訴331条2項）はできなくなる。

III　冒頭陳述の内容等

冒頭陳述によって明らかにされる「証拠により証明すべき事実」とは、公訴事実たる訴因を構成する事実と前科その他情状に関する事実をいう。前者は、訴因を構成する個々の事実またはそれらの事実の存在を推認させる間接事実をいう[107]。後者が「証拠により証明すべき事実」に含まれるかは争いがある。裁判例[108]には、含まれるとするものがある。刑訴法は、犯罪事実の立証と情状立証とを段階的に区別していないことから、冒頭陳述において、両者の立証

---

[107]　藤永幸治他編『大コンメンタール刑事訴訟法第4巻』（青林書院、1994年）550頁〔高橋省吾〕。

[108]　東京高判昭35・4・21高刑集13巻4号271頁。

を一括して行い、情状のみに関する事実を述べたとしても違法ではない。自白事件では両者の立証を一括して行うことでも問題がないであろう。しかし、特に否認事件については、裁判官に予断を与えるおそれを払拭できないため、原則として量刑資料にすぎない単なる情状を明らかにすることは妥当ではない。

　冒頭陳述においては、事実について具体的に述べ、必要であれば犯罪の動機や犯行までの経緯等も陳述してもよい※109。これまでの刑事裁判では、証拠請求に際して、大量の証拠が請求される場合があった。公訴事実や重要な情状事実だけでなく、その事件の背景事情なども事案解明の対象とされたためである。しかし、裁判員裁判ではこのような運用は改められ、争点について的確に裁判員が心証を形成することが可能となるように、立証に必要な証拠に絞り込んで証拠調べ請求するようになってきている。陳述の方法・程度は、事件の性質・内容や争いの有無によって異なる※110。そして陳述は、証拠に基づくものでなければならない。本条但書は、**予断排除**の原則が適用されることを規定する。なお、同意を条件として取調べ請求をする予定の証拠に基づき陳述することが許されるかは見解が分かれるが、証拠能力を取得する見込みが全くないものは別として、同意を条件とする証拠に基づくことも許されると解される※111。また、本条但書違反の陳述に対して被告人側は異議申立て（刑訴309条1項、刑訴規205条1項）が許されるが、その結果違反する部分が削除、訂正されると、その瑕疵は治癒される※112。

Ⅳ　冒頭陳述欠如の効果

　本条は、簡易公判手続に付された事件には適用がないが（刑訴307条の2）、通常の公判手続ではすべての事件で適用があるため、これを省略することは違法である。陳述が簡単すぎて法の趣旨に適合しないときも同様に違法である。冒頭陳述を欠いた違法が判決に影響を及ぼすかどうかについては見解が分かれるが、被告人側が直ちに異議申立てをしないときは、原則として瑕疵は治癒されたとみるべきである※113。なお冒頭陳述は、公判調書の必要的記載事項ではない（刑訴規44条1項参照）。

※109　特殊な事例として、最一小判昭29・12・2刑集8巻12号1923頁参照。

※110　最一小判昭25・5・11刑集4巻5号781頁参照。

※111　名古屋高判昭24・7・14特報1号58頁。

※112　東京高判昭35・4・21高刑集13巻4号271頁。

※113　藤永他編・前掲※107書549、559頁〔高橋省吾〕。

722 第297条（証拠調べの範囲等の予定・変更）

V 弁護人等の冒頭陳述

被告人または弁護人も、検察官の冒頭陳述後に、冒頭陳述が許される（刑訴規198条1項）。その場合にも予断排除の原則が適用される（刑訴規198条2項参照）。なお、公判前整理手続に付された事件については、刑訴316条の30に定めがある。

（伊藤博路）

（証拠調べの範囲等の予定・変更）
第297条 裁判所は、検察官及び被告人又は弁護人の意見を聴き、証拠調の範囲、順序及び方法を定めることができる。
② 前項の手続は、合議体の構成員にこれをさせることができる。
③ 裁判所は、適当と認めるときは、何時でも、検察官及び被告人又は弁護人の意見を聴き、第一項の規定により定めた証拠調の範囲、順序又は方法を変更することができる。

I 本条の趣旨

冒頭陳述によって裁判所は事件の概要を知ることができるが、事件が複雑な場合には証拠調べの範囲等を定める際にこれだけでは十分ではない。本条は、このような場合を考慮して設けられたものである。

II 内容

証拠調べの範囲とは、いかなる争点について、いかなる証拠を取り調べるかということをいう。その決定に際しては、当事者の意見を尊重すべきである。
証拠調べの順序については、刑訴規199条に規定がある。先ずは検察官請求証拠の取調べを行うことが原則となっているが、随時必要な取調べを行うことも許されている。
証拠調べの方法とは、証人を法廷に喚問するかあるいは公判準備で尋問するか、証人を被告人と対質させるかなどのことをいう。

（伊藤博路）

第298条（証拠調べの請求、職権による証拠調べ）　723

> **（証拠調べの請求、職権による証拠調べ）**
> **第298条**　検察官、被告人又は弁護人は、証拠を請求することができる。
> ②　裁判所は、必要と認めるときは、職権で証拠調をすることができる。

Ⅰ　本条の趣旨

　本条は、現行法の当事者主義化により旧刑訴法には明文規定のなかった当事者の証拠調べ請求権を明示するものであり、当事者の請求による証拠調べを原則とし、裁判所の職権による証拠調べを補充的なものとすることを明らかにしたものである。なお、証拠調べ請求の具体的な手続について刑訴規188条ないし刑訴規193条に定めがある。

Ⅱ　請求の時期・順序

　証拠調べの請求の時期は、公判期日でも公判期日前でもよいが、**予断排除**との関係で、公判前整理手続における場合を除き、第1回公判期日前にはできない（刑訴規188条）。請求の順序については、まず検察官が請求することを要し、その後被告人または弁護人にも許される（刑訴規193条）。

Ⅲ　請求の方式・要件

　証拠調べの請求は、その対象となるべき証拠を特定してしなければならない。概括的、択一的認定の許される範囲でその対象となるべき複数の証拠の取調べを請求することは許される[114]。また、鑑定人等については、代替性があることからその人選を裁判所に一任して請求することができる。なお、証拠書類については、原本に代えて謄本を証拠申請することもでき[115]、外国語記載の書類であればその訳文を添付して請求しなければならない（裁74条参照）。
　証拠調べの請求は要式行為ではないから、書面でも口頭でもよい（刑訴規296条）。しかし、証人等の尋問請求では、氏名・住居を記載した書面（刑訴規188条の2第1項）を、証拠書類等の取調べ請求では、標目を記載した書面（刑訴規188条の2第2項）の提出を要する。なお、証人尋問請求に際しては、尋問に要する見込みの時間（反対尋問を含む）の申出を要する（刑訴規188条の3第1項）。
　証拠調べ請求にあたっては、証拠を厳選（刑訴規189条の2）し、証拠と証明

---

[114]　名古屋高金沢支判昭28・5・28高刑集6巻9号1112頁。
[115]　最二小決昭35・2・3刑集14巻1号45頁。

すべき事実との関係すなわち**立証趣旨**を具体的に明示すること（刑訴規189条1項）が求められる。立証趣旨が明示されることによって、裁判所は証拠採否を判断する際の手がかりにできる。裁判所の事実認定が立証趣旨に拘束されるかは1つの問題であるが、立証趣旨によっては証拠の証明力の範囲は画されず拘束されないとするのが通説である。もちろん、刑訴328条により証拠請求された証拠を実質証拠とすることはできないし※116、特定の訴因に限定して伝聞証拠に同意がなされた場合には、その他の訴因の事実認定の資料とすることはできない。なお、最近の実務では、裁判所の心証に基づく実体形成と立証趣旨との間に齟齬が生じてきた場合には、こまめに立証趣旨の追加・拡張の手続を行うという運用が多く見られるようになってきているとされる。

これまでの刑事裁判では、証拠請求に際して、大量の証拠が請求される場合があった。公訴事実や重要な情状事実だけでなく、その事件の背景事情なども事案解明の対象とされたためである。しかし、裁判員裁判ではこのような運用は改められ、争点について的確に裁判員が心証を形成することが可能となるように、立証に必要な証拠に絞り込んで証拠調べ請求するようになってきている。

Ⅳ　請求の撤回・放棄

証拠調べ請求の撤回について明文の規定はないが、証拠調べの実施に着手するまでは可能である。撤回がなされた場合、証拠調べをする決定がなされていなければ請求がなかった状態となるが、この決定がなされれば、決定の効力は撤回によって直ちに影響を受けないため、裁判所が証拠調べをしない場合の手続として取消の決定をするかどうかが問題となる。判例※117には、取消の決定も、当事者の意見を聴く必要もないとするものがあるが、相手方の意見を聴き取消決定をするのが通例である※118。

また、証拠調べの請求について採否を留保したまま証拠調べを終了するに当たり、裁判所が反証の取調べ請求等により証拠の証明力を争うことができる旨を告げたのに対し、当事者が「別に争わない」と述べたとき※119、証拠調べを終了するに当たり、「他に取調べを請求する証拠はない」と述べたとき※120は、請求は放棄されたものと解される。

※116　最三小決昭28・2・17刑集7巻2号237頁。
※117　最一小判昭29・5・20刑集8巻5号706頁。
※118　松尾浩也監修『条解刑事訴訟法（第4版）』（弘文堂、2009年）635頁。
※119　最二小決昭28・4・30刑集7巻4号904頁。
※120　最三小判昭29・4・13刑集8巻4号445頁。

V 証拠決定

　証拠調べの請求に対して、裁判所はその採否を決定する（刑訴規190条1項）。当事者主義の観点から、裁判所は原則として当事者請求証拠を却下すべきでない。**証拠決定**をするのに必要であれば、裁判所は証拠書類または証拠物の提示を命じて、これを見ることができる（刑訴規192条）。この提示命令権は訴訟指揮権の1つである。証拠決定に対しては、法令違反を理由として異議申立てができる（刑訴309条1項、刑訴規205条1項）。

　証拠能力のないものについては証拠調べの決定はできないが、たとえば、検察官が同意を条件として請求した被告人の供述調書に被告人が同意しなかった場合でも、刑訴322条の要件の有無を調査して採否を決定することはできる[121]。

　証拠調べの請求に対し決定をしないまま結審するのは違法である。この場合であっても、異議がなければ、特段の事情のない限り、請求は放棄されたと解するのが判例[122]の趣旨と思われるが[123]、瑕疵が治癒されたと解すべきとの見解もある[124]。なお、このような違法があっても、当該証拠の重要性が低い場合には刑訴411条1号の判決に影響を及ぼす違法には当たらない[125]。また、憲37条2項は被告人申請証人をすべて取り調べなければならないとする趣旨ではなく、申請証人について決定しないまま結審しても同条項に違反しない[126]。

　なお、これまでの実務においては、公判で取り調べるべき証拠（事実）の範囲を画する概念としては、証拠調べを行う必要があるか否かという「証拠調べの必要性」が機能してきた。そこでは裁判所は、時に証拠採否の判断を留保しながら、必要性の高い証拠から取り調べるというやり方が採られていた。他方、裁判員裁判では、裁判員が事実認定において争点に関する適切な心証形成ができるように、証拠を真に立証に必要なものに絞り込むべきだと考えれば、「証拠調べの必要性」の概念はより強い役割を求められることになる。しかし、公判審理が開始される前の段階である公判前整理手続においてもこれが機能することは期待し難い。仮に制限する方向で職権が行使され、証拠調べが厳しく制限されるのであれば、裁判官としては事件に関して一定の心証を形成している

---

[121] 最三小決昭29・12・24刑集8巻13号2411頁。

[122] 最二小決昭30・11・18刑集9巻12号2460頁。

[123] 寺尾正二「判解」昭和30年度最判解説刑事篇120事件330頁参照。

[124] 伊藤栄樹他『注釈刑事訴訟法第4巻（新版）』（立花書房、1997年）239頁〔佐々木史朗〕。

[125] 最三小判昭27・5・13刑集6巻5号744頁。

[126] 前掲[125]最三小判昭27・5・13刑集6巻5号744頁。

のではないかとの疑念が生まれかねないし※127、当事者が請求した証拠はなるべく採用すべきだという当事者主義の観点から本質的な疑問が提起されることになろう。

VI 職権証拠調べ

職権証拠調べの場合にも、訴訟関係人の意見を聴いたうえで、証拠決定を要する（刑訴規190条2項）。当事者の訴訟活動が不十分な場合に裁判所に補充的な役割を認めるものである。例外としての性質上、裁判所は原則として職権発動義務を負わない。しかし、証拠の存在が明らかで検察官の不注意により証拠請求がなされないと考えられる場合に、例外的に証拠調べ請求を促す義務がある※128。なお、職権証拠調べによることが義務的な場合として、刑訴303条がある。

さらに裁判員制度実施後、裁判所による職権が行使される場面として、刑訴326条による同意がある場合であっても、分かりやすい裁判という点から、証拠採否の判断を留保し、当事者に証人尋問請求を促したり、裁判所が職権で証人の取調べを請求することもあるようである。直接主義・口頭主義からは望ましい運用のようにも見えるが、両当事者が証拠能力を認めることを求め、刑訴法の要件は満たしているのに職権を行使しこれを認めないというやり方に問題はないのか検討を要する。

（伊藤博路）

（証拠調べの請求、職権による証拠調べと当事者の権利）

第299条 検察官、被告人又は弁護人が証人、鑑定人、通訳人又は翻訳人の尋問を請求するについては、あらかじめ、相手方に対し、その氏名及び住居を知る機会を与えなければならない。証拠書類又は証拠物の取調を請求するについては、あらかじめ、相手方にこれを閲覧する機会を与えなければならない。但し、相手方に異議のないときは、この限りでない。

② 裁判所が職権で証拠調の決定をするについては、検察官及び被告人又は弁護人の意見を聴かなければならない。

※127 佐々木一夫「証拠の「関連性」あるいは「許容性」について──裁判員制度の下での証拠調べを念頭に」原田國男判事退官記念論文集『新しい時代の刑事裁判』（判例タイムズ社、2010年）203頁参照。

※128 最一小判昭33・2・13刑集12巻2号218頁。

第 299 条（証拠調べの請求、職権による証拠調べと当事者の権利）　727

I　本条の趣旨

　本条1項は、取調べ請求しようとする証拠方法をあらかじめ相手方の知悉可能な状態におくことによって、相手方に証拠能力や証明力について防御の準備を整える機会を与えるとともに、相手方の証拠申請に対し適切な意見を述べることを可能にすることによって、不意打ちを防止し公正な審理を確保しようというものである[129]。

II　本条1項の内容

　「請求するについて」とは、請求する意思のある場合をいう。この意思は確定的なものであることを要しないが、請求を予定している場合が含まれるかどうかについては見解が分かれている。

　「あらかじめ」とは、証拠調べを請求する前にという意味であるが、相手方に防御の準備を整えさせ、証拠申請に対して適切な意見を述べるのに必要な余裕を与えるという趣旨である。第1回公判期日前について、刑事訴訟規則に規定があり、証人等の氏名・住居を知る機会についてはなるべく早い時期に（刑訴規178条の7）、証拠を閲覧する機会はなるべく速やかに（刑訴規178条の6第1項1号、刑訴規178条の6第2項3号）与えることを求めている。

　「機会を与える」とは、相手方が証人等の氏名・住所を尋ね、または証拠書類等の閲覧を求めた場合に、これに応じることができる態勢にあればよい。

　なお、本条但書は本文第1段及び第2段の両者にかかる。

III　職権証拠調べの場合

　本条2項も、1項と同様の趣旨で設けられた規定である。もっとも、意見を聴くだけで足り、本条1項のような機会を与える必要はない。しかし、証拠と証明しようとする事実を明らかにしたうえで意見を求めなければならないから、証人等の氏名はおのずと明らかとされることになる。本条2項による求意見は以上の趣旨で行うべきである[130]。

IV　証拠開示

　本条は、取調べを請求する手持証拠について相手方当事者への開示を義務付

---

[129]　藤永幸治他編『大コンメンタール刑事訴訟法第4巻』（青林書院、1994年）616頁〔高橋省吾〕。

[130]　松尾浩也監修『条解刑事訴訟法（第4版）』（弘文堂、2009年）645頁。

けている。請求する意思のない証拠については、本条による開示の対象とはならないが、最高裁は、裁判所の訴訟指揮権に基づく開示命令を是認した。証拠調べの段階であること、具体的必要性があること、防御のために特に重要であること、罪証隠滅・証人威迫のおそれがないことという条件のもとで個別開示を認めたのである[131]。

しかしこれでは証拠開示として不十分であるため、立法による解決も提案されていたところ、証拠開示の問題については、**公判前整理手続**が重要な役割を果たすようになってきている。

（伊藤博路）

（証人等の身体・財産への加害行為等の防止のための配慮）
第299条の2　検察官又は弁護人は、前条第一項の規定により証人、鑑定人、通訳人若しくは翻訳人の氏名及び住居を知る機会を与え又は証拠書類若しくは証拠物を閲覧する機会を与えるに当たり、証人、鑑定人、通訳人若しくは翻訳人若しくは証拠書類若しくは証拠物にその氏名が記載され若しくは記録されている者若しくはこれらの親族の身体若しくは財産に害を加え又はこれらの者を畏怖させ若しくは困惑させる行為がなされるおそれがあると認めるときは、相手方に対し、その旨を告げ、これらの者の住居、勤務先その他その通常所在する場所が特定される事項が、犯罪の証明若しくは犯罪の捜査又は被告人の防御に関し必要がある場合を除き、関係者（被告人を含む。）に知られないようにすることその他これらの者の安全が脅かされることがないように配慮することを求めることができる。

本条は、証人等の身体または財産への加害行為等を防止するための措置として、刑訴295条2項とともに1999（平成11）年に新設されたものである。検察官または弁護人は、証人等の安全が脅かされるおそれがあると認められる場合、その旨を相手方に告げ、当該証人等の所在場所に関する情報を知られないように配慮することを求めることができる。

（伊藤博路）

（被害者特定事項の秘匿の要請）
第299条の3　検察官は、第二百九十九条第一項の規定により証人の氏名及び住居を知る機会を与え又は証拠書類若しくは証拠物を閲覧する機

---

[131]　最二小決昭44・4・25刑集23巻4号248頁。

会を与えるに当たり、被害者特定事項が明らかにされることにより、被害者等の名誉若しくは社会生活の平穏が著しく害されるおそれがあると認めるとき、又は被害者若しくはその親族の身体若しくは財産に害を加え若しくはこれらの者を畏怖させ若しくは困惑させる行為がなされるおそれがあると認めるときは、弁護人に対し、その旨を告げ、被害者特定事項が、被告人の防御に関し必要がある場合を除き、被告人その他の者に知られないようにすることを求めることができる。ただし、被告人に知られないようにすることを求めることについては、被害者特定事項のうち起訴状に記載された事項以外のものに限る。

　証拠開示の際に、被害者の氏名等が弁護人に明かになり、それらが弁護人を通じて被告人その他の者に知れわたることによって、被害者等の名誉やプライバシーが著しく害されたり、その身体や財産に危害が加えられるようなことが危惧される。本条は、そのような事態を未然に防止するため、検察官が、証拠開示に際して、弁護人に対して被害者特定事項がみだりに他人に知られないように求めることができる旨を定めている。このような配慮は、実務上行われてきたが、被害者保護の観点から明文で規定されたものである。

　検察官が、弁護人に被害者特定事項を被告人その他の者に知られないことを求めることができるのは、(1)それが明らかにされることにより、被害者等の名誉若しくは社会生活上の平穏が著しく害されるおそれがあると認めるとき、(2)被害者若しくはその親族の身体若しくは財産に害を加え若しくはこれらの者を畏怖させ若しくは困惑させる行為がなされるおそれがあると認められるときである（本条本文）。ただし、被害者特定事項が被告人の防御に関して必要がある場合は除かれる。また、被告人に関しては、すでに起訴状謄本によって被害者特定事項は当然了知しているので、本条によって弁護人に求めることができるのは、起訴状に記載された事項以外のものに限る（本条但書き）。

　検察官が本条の要請をしたのに対し、弁護人がこれを守らず被告人等に知らせた結果、被害者等の身体に危害が加えられたりプライバシー侵害が生じたときは、民法上の不法行為や刑法上の共犯（傷害罪、名誉毀損罪など）の成立する可能性もあり、また懲戒事由に該当し得ると説明されている[132]。防御権の保障と本条の趣旨をどのように調和させるのかという問題であるが、少なくとも民事・刑事を問わず制裁の発動によって防御活動が委縮しないように留意すべきである。

（白取祐司）

---

[132] 白木功=飯島泰=馬場嘉郎「『犯罪被害者等の権利利益保護を図るための刑事訴訟法等の一部を改正する法律』の解説(1)」法曹時報60巻9号81頁。

（証人等の氏名・住居の開示に係る制限）

第299条の4　検察官は、第二百九十九条第一項の規定により証人、鑑定人、通訳人又は翻訳人の氏名及び住居を知る機会を与えるべき場合において、その者若しくはその親族の身体若しくは財産に害を加え又はこれらの者を畏怖させ若しくは困惑させる行為がなされるおそれがあると認めるときは、弁護人に対し、当該氏名及び住居を知る機会を与えた上で、当該氏名又は住居を被告人に知らせてはならない旨の条件を付し、又は被告人に知らせる時期若しくは方法を指定することができる。ただし、その証人、鑑定人、通訳人又は翻訳人の供述の証明力の判断に資するような被告人その他の関係者との利害関係の有無を確かめることができなくなるときその他の被告人の防御に実質的な不利益を生ずるおそれがあるときは、この限りでない。

②　検察官は、前項本文の場合において、同項本文の規定による措置によつては同項本文に規定する行為を防止できないおそれがあると認めるとき（被告人に弁護人がないときを含む。）は、その証人、鑑定人、通訳人又は翻訳人の供述の証明力の判断に資するような被告人その他の関係者との利害関係の有無を確かめることができなくなる場合その他の被告人の防御に実質的な不利益を生ずるおそれがある場合を除き、被告人及び弁護人に対し、その証人、鑑定人、通訳人又は翻訳人の氏名又は住居を知る機会を与えないことができる。この場合において、被告人又は弁護人に対し、氏名にあつてはこれに代わる呼称を、住居にあつてはこれに代わる連絡先を知る機会を与えなければならない。

③　検察官は、第二百九十九条第一項の規定により証拠書類又は証拠物を閲覧する機会を与えるべき場合において、証拠書類若しくは証拠物に氏名若しくは住居が記載され若しくは記録されている者であつて検察官が証人、鑑定人、通訳人若しくは翻訳人として尋問を請求するもの若しくは供述録取書等の供述者（以下この項及び次項において「検察官請求証人等」という。）若しくは検察官請求証人等の親族の身体若しくは財産に害を加え又はこれらの者を畏怖させ若しくは困惑させる行為がなされるおそれがあると認めるときは、弁護人に対し、証拠書類又は証拠物を閲覧する機会を与えた上で、その検察官請求証人等の氏名又は住居を被告人に知らせてはならない旨の条件を付し、又は被告人に知らせる時期若しくは方法を指定することができる。ただし、その検察官請求証人等の供述の証明力の判断に資するような被告人その他の関係者との利害関係の有無を確かめることができなくなるときその他の被告人の防御に実質的な不利益を生ずるおそれがあるときは、この限りでない。

④　検察官は、前項本文の場合において、同項本文の規定による措置に

よつては同項本文に規定する行為を防止できないおそれがあると認める
とき（被告人に弁護人がないときを含む。）は、その検察官請求証人等の
供述の証明力の判断に資するような被告人その他の関係者との利害関係
の有無を確かめることができなくなる場合その他の被告人の防御に実質
的な不利益を生ずるおそれがある場合を除き、被告人及び弁護人に対し、
証拠書類又は証拠物のうちその検察官請求証人等の氏名又は住居が記載
され又は記録されている部分について閲覧する機会を与えないことがで
きる。この場合において、被告人又は弁護人に対し、氏名にあつてはこ
れに代わる呼称を、住居にあつてはこれに代わる連絡先を知る機会を与
えなければならない。
⑤　検察官は、前各項の規定による措置をとつたときは、速やかに、裁
判所にその旨を通知しなければならない。

I　本条の趣旨

　刑事訴訟法上、訴訟当事者は、証人、鑑定人、通訳人・翻訳人の尋問をする
については、その氏名及び住居を知る機会を、証拠書類または証拠物（以下、
「証拠書類等」という）の取調べを請求するについては、これを閲覧する機会を
相手側に与えなければならないこととされている（刑訴299条1項）。検察官は、
証人やその親族等に対して加害行為等がなされるおそれがある場合には、弁護
人に対し、それらの機会を与えたうえで、一定の事項が被告人等に知られない
ようにすることを求めることができるが（刑訴299条の2、刑訴299条の3）、こ
れでは証人等の安全の確保や精神的負担の軽減を図るための方策として必ずし
も十分でない場合がある。
　そこで2016（平成28）年の改正で、証人等に対する加害行為を防止し、負担
を軽減することにより、十分な供述を確保しうるようにし、より充実した公判
審理の実現に資するようにとの観点から、より実効性のある方策として、証人
等の氏名及び住居の開示に係る措置が導入された※133。

II　措置の内容

　検察官は、証人等（証人、鑑定人、通訳人・翻訳人または検察官請求証人等
（証拠書類等に氏名・住居が記載・記録されている者であって検察官が証人、
鑑定人、通訳人・翻訳人として尋問を請求する者または供述録取書等の供述者

※133　保坂和人＝吉田雅之＝鷦鷯昌二「刑事訴訟法等の一部を改正する法律（平成28年法
　律第54号）について(2)」法曹時報69巻3号39-40頁（2017年）。

をいう））について、以下の措置をとることができる。これらの措置は、氏名または住居のいずれか一方についてのみとることもできるし、その双方についてとることもできる。

①証人等の氏名・住居を知る機会を与えるべき場合において、弁護人に対し、当該氏名・住居を知る機会を与えたうえで、当該氏名・住居を被告人に知らせてはならない旨の条件を付し、または被告人に知らせる時期・方法を指定する（条件付与等の措置。本条1項）。

②①の場合において、さらに次のような代替的呼称等の開示措置をとることができる。被告人及び弁護人に対し、証人等の氏名・住居を知る機会を与えないこととしたうえで、氏名についてはこれに代わる呼称を、住居についてはこれに代わる連絡先を知る機会を与える（本条2項）。

③証拠書類等を閲覧する機会を与えるべき場合において、弁護人に対し、閲覧の機会を与えたうえで、検察官請求証人等の氏名・住居を被告人に知らせてはならない旨の条件を付し、または被告人に知らせる時期・方法を指定する（本条3項）。

④③の場合において、さらに次のような代替的呼称等の開示措置をとることができる。被告人及び弁護人に対し、証拠書類等のうち検察官請求証人等の氏名・住居が記載・記録されている部分について閲覧する機会を与えないこととしたうえで、氏名に代わる呼称、住居に代わる連絡先を知る機会を与える（本条4項）。

代替的呼称等の開示措置における氏名に代わる呼称については、当該刑事手続においてその者を識別しうるものであることが必要であり、かつ、それで足りる。一方、住居に代わる連絡先については、必要な場合に証人等と連絡をとることができ、かつ、加害行為等を回避するうえで適当なものであることが必要である。具体的には、検察官が、証人等の意向等も踏まえつつ、個別の事案ごとに定める※134。

Ⅲ　要件

条件付与等の措置の要件は、①証人等やその親族の身体・財産に対する加害行為、畏怖・困惑させる行為がなされるおそれがあると認められること、②証人等の供述の証明力の判断に資するような被告人その他の関係者との利害関係の有無を確かめることができなくなるときその他被告人の防御に実質的な不利益を生ずるおそれがあるときでないことである（本条1項、3項）。

代替的呼称等の開示措置の要件は、これらに加えて③条件付与等の措置によっては①の加害行為等を防止できないおそれがあると認められることである

※134　保坂他・前掲※133論文51、53頁。

（本条2項、4項）。被告人の防御権に対する制約の度合いがより強いので、より例外的なものとして位置付けられている※135。

Ⅳ 裁判所に対する通知

検察官は、上記措置をとったときは、速やかに、裁判所にその旨を通知しなければならない（本条5項）。検察官が措置をとった者に対しては、裁判所も刑訴299条の6に基づき所定の措置をとりうるからである。

（伊藤博路）

（同前―裁判所による裁定）
第299条の5 裁判所は、検察官が前条第一項から第四項までの規定による措置をとつた場合において、次の各号のいずれかに該当すると認めるときは、被告人又は弁護人の請求により、決定で、当該措置の全部又は一部を取り消さなければならない。
一 当該措置に係る者若しくはその親族の身体若しくは財産に害を加え又はこれらの者を畏怖させ若しくは困惑させる行為がなされるおそれがないとき。
二 当該措置により、当該措置に係る者の供述の証明力の判断に資するような被告人その他の関係者との利害関係の有無を確かめることができなくなるときその他の被告人の防御に実質的な不利益を生ずるおそれがあるとき。
三 検察官のとつた措置が前条第二項又は第四項の規定によるものである場合において、同条第一項本文又は第三項本文の規定による措置によつて第一号に規定する行為を防止できるとき。
② 裁判所は、前項第二号又は第三号に該当すると認めて検察官がとつた措置の全部又は一部を取り消す場合において、同項第一号に規定する行為がなされるおそれがあると認めるときは、弁護人に対し、当該措置に係る者の氏名又は住居を被告人に知らせてはならない旨の条件を付し、又は被告人に知らせる時期若しくは方法を指定することができる。ただし、当該条件を付し、又は当該時期若しくは方法の指定をすることにより、当該措置に係る者の供述の証明力の判断に資するような被告人その他の関係者との利害関係の有無を確かめることができなくなるときその他の被告人の防御に実質的な不利益を生ずるおそれがあるときは、この限りでない。

※135 保坂他・前掲※133論文50頁。

③　裁判所は、第一項の請求について決定をするときは、検察官の意見を聴かなければならない。
④　第一項の請求についてした決定（第二項の規定により条件を付し、又は時期若しくは方法を指定する裁判を含む。）に対しては、即時抗告をすることができる。

I　本条の趣旨

　本条は、検察官がとった条件付与等の措置または代替的呼称等の開示措置（刑訴299条の4のⅡ参照）に関する裁定について規定するものである。検察官がこれらの措置をとった場合に、加害行為等のおそれの有無や被告人の防御に実質的な不利益を生じるおそれの有無等の要件該当性について、検察官と弁護人との間に争いが生じうる。裁判所が、被告人側の請求により、その要件該当性について判断し、要件に該当しない場合にはこれを是正することが、必要かつ相当である。そのために本条が設けられた[※136]。

Ⅱ　内容

　裁判所は、検察官が上記条件付与等の措置または代替的呼称等の開示措置をとった場合において、次のいずれかに該当すると認めるときは、被告人または弁護人の請求により、決定で、当該措置の全部または一部を取り消さなければならない（本条1項）。
　①　措置をとった者やその親族の身体・財産に対する加害行為、畏怖・困惑させる行為がなされるおそれがないとき（本条1項1号）。
　②　当該措置により、措置をとった者の供述の証明力の判断に資するような被告人その他の関係者との利害関係の有無を確かめることができなくなるときその他被告人の防御に実質的な不利益を生ずるおそれがあるとき（本条1項2号）。
　③　検察官のとった措置が代替的呼称等の開示措置である場合において、条件付与等の措置によって①の加害行為等を防止できるとき（本条1項3号）。
　裁判所は、上記②または③に該当すると認めて検察官がとった措置の全部または一部を取り消す場合において、①の加害行為等がなされるおそれがあると認めるときは、被告人の防御に実質的な不利益を生ずるおそれがある場合を除き、条件付与等の措置をとることができる（本条2項）。

[※136]　保坂和人＝吉田雅之＝鷦鷯昌二「刑事訴訟法等の一部を改正する法律（平成28年法律第54号）について(2)」法曹時報69巻3号56頁（2017年）。

第 299 条の 6（同前─訴訟記録の閲覧等の制限）　735

　裁判所は、被告人または弁護人の請求について決定をするときは、検察官の意見を聴かなければならない（本条3項）。この請求についてした決定（本条2項の規定により条件を付し、または時期・方法を指定する裁判を含む）に対しては、即時抗告をすることができる（本条4項）。

（伊藤博路）

（同前─訴訟記録の閲覧等の制限）
第299条の6　裁判所は、検察官がとつた第二百九十九条の四第一項若しくは第三項の規定による措置に係る者若しくは裁判所がとつた前条第二項の規定による措置に係る者若しくはこれらの親族の身体若しくは財産に害を加え又はこれらの者を畏怖させ若しくは困惑させる行為がなされるおそれがあると認める場合において、検察官及び弁護人の意見を聴き、相当と認めるときは、弁護人が第四十条第一項の規定により訴訟に関する書類又は証拠物を閲覧し又は謄写するに当たり、これらに記載され又は記録されている当該措置に係る者の氏名又は住居を被告人に知らせてはならない旨の条件を付し、又は被告人に知らせる時期若しくは方法を指定することができる。ただし、当該措置に係る者の供述の証明力の判断に資するような被告人その他の関係者との利害関係の有無を確かめることができなくなるときその他の被告人の防御に実質的な不利益を生ずるおそれがあるときは、この限りでない。
②　裁判所は、検察官がとつた第二百九十九条の四第二項若しくは第四項の規定による措置に係る者若しくはその親族の身体若しくは財産に害を加え又はこれらの者を畏怖させ若しくは困惑させる行為がなされるおそれがあると認める場合において、検察官及び弁護人の意見を聴き、相当と認めるときは、弁護人が第四十条第一項の規定により訴訟に関する書類又は証拠物を閲覧し又は謄写するについて、これらのうち当該措置に係る者の氏名若しくは住居が記載され若しくは記録されている部分の閲覧若しくは謄写を禁じ、又は当該氏名若しくは住居を被告人に知らせてはならない旨の条件を付し、若しくは被告人に知らせる時期若しくは方法を指定することができる。ただし、当該措置に係る者の供述の証明力の判断に資するような被告人その他の関係者との利害関係の有無を確かめることができなくなるときその他の被告人の防御に実質的な不利益を生ずるおそれがあるときは、この限りでない。
③　裁判所は、検察官がとつた第二百九十九条の四第一項から第四項までの規定による措置に係る者若しくは裁判所がとつた前条第二項の規定による措置に係る者若しくはこれらの親族の身体若しくは財産に害を加え又はこれらの者を畏怖させ若しくは困惑させる行為がなされるおそれ

第2編第3章

があると認める場合において、検察官及び被告人の意見を聴き、相当と認めるときは、被告人が第四十九条の規定により公判調書を閲覧し又はその朗読を求めるについて、このうち当該措置に係る者の氏名若しくは住居が記載され若しくは記録されている部分の閲覧を禁じ、又は当該部分の朗読の求めを拒むことができる。ただし、当該措置に係る者の供述の証明力の判断に資するような被告人その他の関係者との利害関係の有無を確かめることができなくなるときその他の被告人の防御に実質的な不利益を生ずるおそれがあるときは、この限りでない。

Ⅰ　本条の趣旨

　検察官が条件付与等の措置または代替的呼称等の開示措置（刑訴299条の4の解説Ⅱ参照）をとった場合及び裁判所が条件付与等の措置（刑訴299条の5第2項）をとった場合であっても、その後裁判所に提出される証拠書類等や裁判所が作成する公判調書には、措置の対象となった者の氏名・住所が記載されることがありうる。弁護人には訴訟記録等の閲覧・謄写（刑訴40条1項）、被告人には公判調書の閲覧等（刑訴49条）の機会があるので、その際にこの氏名等が被告人側に知られる可能性がある。本条は、このような機会においても、措置の対象となった者の氏名及び住所の情報が適切に保護されるよう、裁判所が一定の措置をとりうることとするものである※137。

Ⅱ　措置の内容

　検察官または裁判所が条件付与等の措置をとった場合に、弁護人による訴訟書類等の閲覧・謄写に際して、裁判所は、訴訟書類等に記載・記録されている措置をとった者の氏名・住居を被告人に知らせてはならない旨の条件を付し、または被告人に知らせる時期・方法を指定することができる（本条1項）。

　検察官が代替的呼称等の措置をとった場合に、弁護人による訴訟書類等の閲覧・謄写に際して、裁判所は、措置をとった者の氏名・住居が記載・記録されている部分の閲覧・謄写を禁じ、当該氏名・住居を被告人に知らせてはならない旨の条件を付し、または被告人に知らせる時期・方法を指定することができる（本条2項）。

　被告人による公判調書の閲覧等について、裁判所は、措置をとった者の氏名・住居が記載・記録されている部分の閲覧を禁じ、または当該部分の朗読の

※137　保坂和人＝吉田雅之＝鷦鷯昌二「刑事訴訟法等の一部を改正する法律（平成28年法律第54号）について⑵」法曹時報69巻3号63頁（2017年）。

求めを拒むことができる（本条3項）。

Ⅲ　要件

　本条による制限措置の要件は、①措置をとった者やその親族の身体・財産に対する加害行為、畏怖・困惑させる行為がなされるおそれがあること、②検察官及び弁護人の意見を聴き、相当と認められること、③措置をとった者の供述の証明力の判断に資するような被告人その他の関係者との利害関係の有無を確かめることができなくなるときその他被告人の防御に実質的な不利益を生ずるおそれがあるときでないことである（本条1〜3項）。

（伊藤博路）

（同前―弁護士会に対する処置請求）
第299条の7　検察官は、第二百九十九条の四第一項若しくは第三項の規定により付した条件に弁護人が違反したとき、又はこれらの規定による時期若しくは方法の指定に弁護人が従わなかつたときは、弁護士である弁護人については当該弁護士の所属する弁護士会又は日本弁護士連合会に通知し、適当な処置をとるべきことを請求することができる。
②　裁判所は、第二百九十九条の五第二項若しくは前条第一項若しくは第二項の規定により付した条件に弁護人が違反したとき、又はこれらの規定による時期若しくは方法の指定に弁護人が従わなかつたときは、弁護士である弁護人については当該弁護士の所属する弁護士会又は日本弁護士連合会に通知し、適当な処置をとるべきことを請求することができる。
③　前二項の規定による請求を受けた者は、そのとつた処置をその請求をした検察官又は裁判所に通知しなければならない。

　本条は、検察官及び裁判所がとった証人等の氏名・住居の開示に関する条件付与等の措置の実効性を担保するために、弁護士会等に対する処置請求について規定したものである。出頭在廷命令に関する刑訴278条の2第5項、第6項と同趣旨のものである。

（伊藤博路）

738　第300条（検察官の証拠調べ請求の義務）

> **（検察官の証拠調べ請求の義務）**
> **第300条**　第三百二十一条第一項第二号後段の規定により証拠とすることができる書面については、検察官は、必ずその取調を請求しなければならない。

　本条は、被告人の利益のため、一定の書面について検察官に取調べ請求義務を課すものである。本条は、その書面の内容が被告人に有利か不利かを問わないが、被告人に有利なものについて実益がある。

　検察官が本条に該当する書面の取調べ請求をしないとき、被告人側は、釈明（刑訴規208条）を求め、またその書面の取調べを請求することもできる。

　もっともその前提として、被告人側は本条の書面の存在を知る必要がある。実際には、証人が検察官面前調書と異なった供述をした場合、検察官がその調書に基づいて内容の食い違いや供述の信用性等について尋問し、調書を示して署名押印の確認等を求めたりすることが多い。そのため、被告人側でも本条の書面の存在を知ることになるのが通常である。検察官が証人尋問の過程で検察官面前調書の内容に触れなかった場合でも、被告人側がその調書を事前閲覧していた場合には、自らこれに基づき反対尋問することになろう[138]。

　検察官の取調べ請求の時期については特に規定はなく、当該証人尋問が行われた期日に限られないが、証人の取調べ終了後できるだけ早い時期になされることが望ましい。

（伊藤博路）

> **（自白の取調べ請求の制限）**
> **第301条**　第三百二十二条及び第三百二十四条第一項の規定により証拠とすることができる被告人の供述が自白である場合には、犯罪事実に関する他の証拠が取り調べられた後でなければ、その取調を請求することはできない。

I　本条の趣旨

　本条は、自白に補強証拠を必要とした憲38条3項の趣旨を踏まえ、公判廷外の自白を過度に重く評価したり、予断を抱いて審理に臨むことを避けるために、被告人の自白調書等に先立って、自白以外の証拠が取り調べられなければなら

---

[138]　藤永幸治他編『大コンメンタール刑事訴訟法第4巻』（青林書院、1994年）630頁〔高橋省吾〕。

ないことを規定したものである。

そこでまず、被告人の自白、身上関係書類等以外の一切の証拠を「甲号証」として、検察官から一括して証拠調べを行い、その後で被告人の自白などの供述書・供述録取書、身上関係書、前科関係の書類等の「乙号証」の取調べが行われることとした。もっとも実務では通常、自白事件などで甲・乙双方を一括して取調べ請求されている。

Ⅱ　本条にいう自白

本条の自白には、公判廷における自白及び自白に当たらない不利益な事実の承認（刑訴322条1項）は含まれない。もっとも前者については本条の直接規定するものではないが、本条の趣旨に照らして、他の証拠を取り調べる前に詳細な被告人質問をすべきではない。また後者については、自白に準じて扱うべきとの見解がある[139]。

Ⅲ　犯罪事実に関する他の証拠の意義

「犯罪事実に関する他の証拠」とは、犯罪事実に関する自白以外の証拠を意味する。

「犯罪事実に関する他の証拠が取り調べられた後」とは、すべての補強証拠が取り調べられた後という意味ではなく、自白を補強しうる証拠が取り調べられた後であれば足りるとするのが最高裁の立場である[140]。自白を補強しうる証拠で足りるのであるから、証拠の一部が取り調べられれば足りるということになるが、本条の趣旨から予断を抱かせない程度に補強証拠が取り調べられることが必要と解される。

共同被告人の検察官に対する供述調書は、当該被告人との関係では本条の「他の証拠」に当たるため、これを最初に取り調べても違法ではない[141]。

Ⅳ　取調べ請求の制限

刑訴規193条1項の規定との関連で、本条が自白調書の取調べ請求そのものの順序を定めたのか、あるいは自白調書の取調べの順序を定めたにすぎないのかについて学説は分かれている。最高裁は、他の証拠と同時に自白調書の取調

---

[139]　藤永幸治他編『大コンメンタール刑事訴訟法第4巻』（青林書院、1994年）633頁〔高橋省吾〕。

[140]　最二小決昭26・6・1刑集5巻7号1232頁。

[141]　最三小決昭29・3・23刑集8巻3号293頁。

べ請求がなされたとしても、自白調書よりも前に他の証拠の取調べがなされれば、本条に違反しないとし、後者の立場をとった[142][143]。しかし、本条の文言と趣旨から、前者の立場に解すべきである。実務においても、一般的に前者の立場に基づく運用がなされている。

なお、本条は簡易公判手続（刑訴307条の2）、差戻後の第一審[144]には適用がない。

（伊藤博路）

（取調べの録音・録画と証拠調べ請求の義務）

第301条の2 次に掲げる事件については、検察官は、第三百二十二条第一項の規定により証拠とすることができる書面であつて、当該事件についての第百九十八条第一項の規定による取調べ（逮捕又は勾留されている被疑者の取調べに限る。第三項において同じ。）又は第二百三条第一項、第二百四条第一項若しくは第二百五条第一項（第二百十一条及び第二百十六条においてこれらの規定を準用する場合を含む。第三項において同じ。）の弁解の機会に際して作成され、かつ、被告人に不利益な事実の承認を内容とするものの取調べを請求した場合において、被告人又は弁護人が、その取調べの請求に関し、その承認が任意にされたものでない疑いがあることを理由として異議を述べたときは、その承認が任意にされたものであることを証明するため、当該書面が作成された取調べ又は弁解の機会の開始から終了に至るまでの間における被告人の供述及びその状況を第四項の規定により記録した記録媒体の取調べを請求しなければならない。ただし、同項各号のいずれかに該当することにより同項の規定による記録が行われなかつたことその他やむを得ない事情によつて当該記録媒体が存在しないときは、この限りでない。

一　死刑又は無期の懲役若しくは禁錮に当たる罪に係る事件

二　短期一年以上の有期の懲役又は禁錮に当たる罪であつて故意の犯罪行為により被害者を死亡させたものに係る事件

三　司法警察員が送致し又は送付した事件以外の事件（前二号に掲げるものを除く。）

② 検察官が前項の規定に違反して同項に規定する記録媒体の取調べを請求しないときは、裁判所は、決定で、同項に規定する書面の取調べの請求を却下しなければならない。

③ 前二項の規定は、第一項各号に掲げる事件について、第三百二十四

---

[142] 最一小決昭26・5・31刑集5巻6号1211頁。

[143] 前掲[140]最二小決昭26・6・1刑集5巻7号1232頁。

[144] 東京高判昭27・2・26高刑集5巻3号357頁。

条第一項において準用する第三百二十二条第一項の規定により証拠とすることができる被告人以外の者の供述であつて、当該事件についての第百九十八条第一項の規定による取調べ又は第二百三条第一項、第二百四条第一項若しくは第二百五条第一項の弁解の機会に際してされた被告人の供述（被告人に不利益な事実の承認を内容とするものに限る。）をその内容とするものを証拠とすることに関し、被告人又は弁護人が、その承認が任意にされたものでない疑いがあることを理由として異議を述べた場合にこれを準用する。

④　検察官又は検察事務官は、第一項各号に掲げる事件（同項第三号に掲げる事件のうち、関連する事件が送致され又は送付されているものであつて、司法警察員が現に捜査していることその他の事情に照らして司法警察員が送致し又は送付することが見込まれるものを除く。）について、逮捕若しくは勾留されている被疑者を第百九十八条第一項の規定により取り調べるとき又は被疑者に対し第二百四条第一項若しくは第二百五条第一項（第二百十一条及び第二百十六条においてこれらの規定を準用する場合を含む。）の規定により弁解の機会を与えるときは、次の各号のいずれかに該当する場合を除き、被疑者の供述及びその状況を録音及び録画を同時に行う方法により記録媒体に記録しておかなければならない。司法警察職員が、第一項第一号又は第二号に掲げる事件について、逮捕若しくは勾留されている被疑者を第百九十八条第一項の規定により取り調べるとき又は被疑者に対し第二百三条第一項（第二百十一条及び第二百十六条において準用する場合を含む。）の規定により弁解の機会を与えるときも、同様とする。

　一　記録に必要な機器の故障その他のやむを得ない事情により、記録をすることができないとき。

　二　被疑者が記録を拒んだことその他の被疑者の言動により、記録をしたならば被疑者が十分な供述をすることができないと認めるとき。

　三　当該事件が暴力団員による不当な行為の防止等に関する法律（平成三年法律第七十七号）第三条の規定により都道府県公安委員会の指定を受けた暴力団の構成員による犯罪に係るものであると認めるとき。

　四　前二号に掲げるもののほか、犯罪の性質、関係者の言動、被疑者がその構成員である団体の性格その他の事情に照らし、被疑者の供述及びその状況が明らかにされた場合には被疑者若しくはその親族の身体若しくは財産に害を加え又はこれらの者を畏怖させ若しくは困惑させる行為がなされるおそれがあることにより、記録をしたならば被疑者が十分な供述をすることができないと認めるとき。

〔本条は2019（平成31）年6月までに施行〕

I　本条の意義

本条は、2016年刑訴改正によって設けられた。その目的は、いわゆる**取調べの可視化**を実現するために、一定の範囲で取調べ官に録音録画による記録義務を課すことである。ただし、法典中の条文の位置は取調べの手続に関するところではなく、証拠調べ請求に関するところにある。それに伴って、条文内の項の構成も、まず1項〜3項で録音録画記録媒体の証拠調べ請求義務とその懈怠に対する制裁を定めたうえで、4項で録音録画による義務を定めるという順序になっている。この構成の順序に従って解説するよりも、手続の時系列に沿って、先に録音録画による記録義務の適用範囲を確認してから、証拠調べ請求義務の内容を確認するほうが、分かりやすい。

II　記録義務の範囲

1　原則

録音録画で記録をする義務の主体は、被疑者取調べをする捜査官である。記録義務の範囲は、司法警察職員が取り調べる場合と検察官又は検察事務官が取り調べる場合とで若干異なる。司法警察職員が、逮捕または勾留されている被疑者を裁判員裁判の対象となる罪名に当たる被疑事実について、刑訴198条1項に拠る取調べ又は刑訴203条1項などに拠るいわゆる**弁解録取**を行うときには、原則としてその全過程を記録しなければならない（本条1項・4項）。後にそこでの被疑者の供述を証拠とすることになるかどうかに拘わらず、この記録は取調べをする捜査官の義務である。逮捕・勾留の理由となっている罪名が軽いものであっても、取調べの内容が上記の罪名に当たる事件であるときは、余罪取調べでも記録義務がある。供述調書を作らない場合でも、この記録は必要である。参考人取調べは、記録義務の対象ではない。ただし、参考人という名目でも、犯人である疑いがあって結果として自白を得れば、被疑者取調べとなる。また、被疑者でも、逮捕・勾留に至っていないいわゆる在宅被疑者の取調べは、事件の軽重に拘わらず、記録義務の対象ではない。

記録義務の対象となる「取調べ」は、供述調書を作ることを目的とする質問だけに限られない。被疑者に犯行再現を求めてそれを撮影するような行為も、刑訴198条1項に基づいて、被疑者に動作による供述を求める行為なので、取調べに当たると考えなければならない。

検察官又は検察事務官の記録義務の範囲も、基本は司法警察職員と同じである。ただし、司法警察員が検察官に送致ないし送付したのでない事件、すなわち検察官が独自に捜査を始めた事件については、逮捕・勾留中の取調べであれば、罪名に拘わらず、記録義務がある（本条1項3号）。いわゆる特捜事件や直告事件がこれに当たる。**合意**に向けた協議の過程で刑訴350条の5に拠って被

疑者の供述を求めるのは、取調べではないので、本条の対象ではない。

　起訴後の被告人の取調べは、刑訴198条1項に拠るものではないので、記録義務の対象ではない。このことは、起訴後勾留中であっても変わらない。それに対して、起訴後勾留中に、起訴されていない余罪について取調べる場合は、同項に拠る取調べであるから記録義務の対象となる。法案の国会審議の過程で、この場面は**取調べ受忍義務**がないので、記録義務の対象ではないという政府委員の答弁があった[145]。しかし、記録義務と取調べ受忍義務は連動しない。そのことは、起訴前勾留中の余罪取調べが記録義務の対象となることにも示されている。

　記録義務の内容は、「被疑者の供述及びその状況を録音及び録画を同時に行う方法により記録媒体に記録（する）」ことである。条文上、録音と録画は一体として扱われている。

2　例外

　取調べ全過程の録音録画という原則に対して、この記録義務が解除される以下の例外事由がある（本条4項1〜4号）。これら例外事由の存否は、第一次的には取調べ官が判断する。しかし、本条2項により、その判断は事後的に裁判所の審査を受ける。

(1)　1号

　機器の故障その他やむを得ない事由によって、記録ができないとき。使おうとした機器が故障していても、合理的な時間内に使える機器が用意できるときは、これに当たらない。通訳人の少ない言語で、通訳人が録音録画を堅く拒むような場合は、これに当たる可能性がある。

(2)　2号

　被疑者が記録を拒んだことその他の被疑者の言動により、記録したならば被疑者が十分な供述をすることができないと認めるとき。条文上は、被疑者が記録を拒まなくても、取調べ官の判断で、録音録画のために被疑者が十分に供述できないと判断する余地がある。被疑者に供述拒否権があることと、十分な供述ができるかどうかを取調べ官が判断することとは、整合しにくい。とりわけ、被疑者が録音録画を求めている場合に、このような例外に当たるという判断はできないであろう。「十分な供述」ができない原因は、録音録画のためでなければならない。その因果関係を推認する根拠は、「被疑者の言動」でなければならない。そもそも被疑者が供述を拒んでいるときには、このような因果関係は推認できない。

(3)　3号

---

[145] 保坂和人＝吉田雅之「刑事訴訟法の一部を改正する法律（平成28年法律第54号）について(4)」法曹時報70巻2号（2018年）412-413頁も同旨。

744　第301条の2（取調べの録音・録画と証拠調べ請求の義務）

当該事件が、指定暴力団の構成員による犯罪に係るものであるとき。取調べ対象の被疑者自身が暴力団の構成員でなくても、共犯者に暴力団員がいるとみられている場合は、これに含まれる。

(4)　4号

その他に、犯罪の性質など諸般の事情から、被疑者の供述とその状況が明らかにされたときには被疑者又はその親族の身体若しくは財産に害を加え若しくは困惑させる行為がなされるおそれがあるために、記録した状態では被疑者が十分な供述をすることができないと認めるとき、という一般的な例外条項がある。ここにも、2号の例外事由と共通の問題がある。取調べ官は、この例外を適用する前に、証拠開示に当たって検察官が方法を指定し、又は条件を付すことができる（刑訴316条の15第1項など）ことを被疑者に説明するべきである。

Ⅲ　記録媒体の証拠調べ請求義務

1　適用場面

検察官が、記録義務の対象となる事件の公判において、記録義務の対象となる取調べ又は弁解録取の結果である公判外の被告人の供述の記録で、自白調書など不利益な事実の承認を内容とするものについて、刑訴322条1項に拠って証拠採用を求めたたする。それに対して、被告人側が「任意性に疑いがあるから異議がある」と述べたとき、検察官は任意性立証のために、記録媒体の証拠調べを請求しなければならない（本条1項）。被告人の供述記録が、刑訴326条1条の同意によって採用される場合は、この義務はない。また、被告人側の異議の理由が、必要性がないなど任意性以外の問題であれば、記録の証拠調べ請求義務はない。厳密には、訴因が裁判員対象事件に当たる罪又は検察官が初めから捜査をした事件でない場合は、取調べ時に記録義務があっても、供述調書の請求時には記録媒体の証拠調べ請求義務は生じない。たとえば、殺人の被疑事実で逮捕・勾留された被疑者が死体遺棄だけへの関与を認める供述をした後、死体遺棄罪だけについて起訴されたような場合である。

検察官が、被告人の供述調書ではなく刑訴324条1項が準用する刑訴322条1項に拠って、取調べ官による被告人供述の**伝聞証言**の証拠採用を求める場合も、同様の条件で、記録媒体の証拠請求義務がある（本条2項）。

この記録媒体の証拠調べ請求義務が解除される例外は、本条4項1～4号の例外に当たるために記録しなかった場合、その他「やむを得ない事情」によって、記録媒体が存在しないときである。この「その他やむを得ない事情」に当たり得るのは、災害による記録の滅失のような場合である。取調べ官が誤って録音録画義務の例外に当たると判断したために、違法に記録が欠ける場合は、これに当たらない。

第301条の2（取調べの録音・録画と証拠調べ請求の義務）　745

2　証拠調べを請求すべき記録の範囲

　検察官が証拠調べ請求すべき記録媒体の範囲は、「当該書面が作成された取調べ又は弁解の機会の開始から終了に至るまで」である。取調べ官が被告人の自白などを伝聞証言をする場合には、その証言する供述があった取調べ又は弁解の機会の始めから終わりまでの記録となる。数日間の取調べの最後にまとめて供述調書を作ったような場合には、その間の取調べの記録がすべて請求義務の対象となる。したがって、前に供述調書があって、その後取調べが続いて後の供述調書に至った場合は、原則として前の供述調書作成の後、証拠調べ請求している供述調書の作成に至るまでの間の取調べの記録を証拠請求するべきである。

3　証拠の採否

　裁判所は、多くの場合、この記録媒体の証拠請求を採用することになるであろう。ただし、被告人の供述記録又は取調べ官の伝聞証言自体を採用しないと既に決めた場合には、この記録の証拠調べも不要である。また、記録媒体を取り調べる場合に、弁護人の意見も聴いたうえで、重要な意味があると考えられる部分だけを採用して取り調べることも可能である。この記録の証拠調べは、自白などの任意性を判断するためのものである。しかし、裁判員が取調べビデオを視聴した場合には、そこから自白としての心証を形成するおそれが大きい。そのため、裁判員事件では、このような記録媒体の取調べは、**公判前整理手続**においてするのが適切である。

4　証拠調べ請求義務の懈怠

　検察官が必要な記録媒体の証拠調べ請求をしない場合には、本条2項により、自白調書などの証拠調べ請求を却下しなければならない。この却下は義務的であり、裁判所の裁量の余地はない。ただし、この場合、自白などの証拠能力が当然に否定されるのではない。そのため、いったん請求を却下したうえで、職権で自白調書などを採用する余地は残る。しかし、そのような職権採用が適切な場面は、弁護人が主張する任意性を損なう理由をすべて真実と仮定しても、なお自白などの任意性に疑いが生じない場面に限られる。違法に録音録画記録が欠けるのに、捜査官の証言などによって自白の任意性を認定することは、録音録画制度の趣旨に反する。

Ⅳ　ビデオ記録の利用目的

　本条が定める記録媒体の証拠調べの目的は、自白の任意性を判断するためである。自白の信用性判断のため、あるいはさらに進んで実質証拠として取調べビデオを採用することの当否については、現在盛んな議論がある。抽象論では

なく、具体的な事件で何が争点となり、ビデオを観ることによって何を明かにしたいのかを明確にしたうえで、その目的のためにビデオを観ることが有効、適切かどうかを検討するべきである（刑訴322条の解説も参照）。

（後藤　昭）

> **（捜査記録の一部の取調べ請求）**
> **第302条**　第三百二十一条乃至第三百二十三条又は第三百二十六条の規定により証拠とすることができる書面が捜査記録の一部であるときは、検察官は、できる限り他の部分と分離してその取調を請求しなければならない。

I　本条の趣旨

本条は、証拠能力のない書面や証拠として必要でない書面を裁判所の目に触れさせないようにして、裁判所が予断を抱くことを防止しようとするもの（**予断排除**）である。

II　内容

「捜査記録」とは、捜査機関が捜査過程において作成・収集した文書類をいう。

「できる限り他の部分と分離して」とは、たとえば、数回にわたり取調べが行われ、供述調書が数通作成されたときは、証拠とすることができる関係部分の回のみを証拠請求すべきことを意味する。また、1通の供述調書の中に証拠能力のない部分があるときは、その部分を除外し証拠能力のある部分だけを請求すべきである。後者の場合、供述調書は1通に綴られているため、取調べ請求しない部分を切り取って分離するということはできない。そこで実務では、1通の供述調書のうち一部同意、一部不同意により不同意部分の取調べ請求を撤回した場合などには、請求者に不同意部分に白紙を貼らせたり（両端を糊づけし、もし後で証拠能力をもつことになれば使用可能な状態にしておく）、不同意部分を除いた抄本を作成させて提出させることが多い[146]。また、請求者に対し事前に相手方から同意・不同意の連絡（刑訴規178条の6参照）があったときは、当初から抄本で証拠請求することも多いようである[147]。

（伊藤博路）

---

[146] 松尾浩也監修『条解刑事訴訟法（第4版）』（弘文堂、2009年）649頁。
[147] 藤永幸治他編『大コンメンタール刑事訴訟法第4巻』（青林書院、1994年）638頁〔高橋省吾〕。

第303条（公判準備の結果と証拠調べの必要）　747

（公判準備の結果と証拠調べの必要）

第303条　公判準備においてした証人その他の者の尋問、検証、押収及び捜索の結果を記載した書面並びに押収した物については、裁判所は、公判期日において証拠書類又は証拠物としてこれを取り調べなければならない。

　証拠調べは、**公判中心主義、直接審理主義**及び**公開主義**の要請に基づいて、すべて公判期日において本来の証拠方法を法廷に顕出してこれを取り調べるというのが基本原則である。しかし、実際にはこの原則によることが不可能ないし著しく困難な場合がありうるので、公判期日外において当該証拠方法を取り調べて他の形の証拠方法（書面等）に転換したうえで、公判期日において取り調べることも許される。本条は、このことを当然の前提として、公判準備における証人尋問等の証拠調べや押収等の強制処分の結果については、あらためて公判期日において証拠調べをしなければ、事実認定の証拠とすることはできないことを定めたものである※148。

　本条による証拠調べは**職権証拠調べ**（刑訴298条2項）が義務的となる。

（伊藤博路）

（人的証拠に対する証拠調べの方式）

第304条　証人、鑑定人、通訳人又は翻訳人は、裁判長又は陪席の裁判官が、まず、これを尋問する。

②　検察官、被告人又は弁護人は、前項の尋問が終つた後、裁判長に告げて、その証人、鑑定人、通訳人又は翻訳人を尋問することができる。この場合において、その証人、鑑定人、通訳人又は翻訳人の取調が、検察官、被告人又は弁護人の請求にかかるものであるときは、請求をした者が、先に尋問する。

③　裁判所は、適当と認めるときは、検察官及び被告人又は弁護人の意見を聴き、前二項の尋問の順序を変更することができる。

I　本条の趣旨

　本条は、公判期日における証人等の尋問の順序・方式を規定する。尋問の順序について、本条1項、2項は、裁判官がまずは証人等を尋問し、その後に検

※148　藤永幸治他編『大コンメンタール刑事訴訟法第4巻』（青林書院、1994年）640頁〔高橋省吾〕。

察官、被告人または弁護人が尋問できるとしている。このように本条は、大陸法のいわゆる職権尋問制を採用しているが、他方刑訴規199条の2は、英米法のいわゆる交互尋問制度を採用している。実務では、刑事訴訟規則の規定する方式がとられている。

職権尋問制は、立法当初は英米法の方式に慣れていないであろうことに配慮して採用されたようであるが、起訴状一本主義の下では、裁判官が最初に尋問することは困難をともなうし、当事者主義訴訟構造の下では、裁判官に尋問のイニシアティブをとらせることは妥当ではない。そこで、適当と認めるときに、交互尋問の方式によることができるとした（本条3項）。当事者主義の観点からは交互尋問制度が望ましく、実務では立法直後から交互尋問制が実施され、それが常態となったため、刑訴規199条の2以下の規定が整備されるにいたった。また、2007（平成19）年の改正で、被害者参加人の証人尋問（刑訴316条の36）が一定の要件の下に認められることになった。

Ⅱ　交互尋問制

交互尋問制では、尋問に際して、第1に、証人の尋問を請求した者の尋問（主尋問）、第2に、相手方の尋問（反対尋問）、第3に、請求者の再度の尋問（再主尋問）という順序で行われる（刑訴規199条の2第1項）。そして最後に、裁判所が補充的に尋問する（刑訴規199条の2）。裁判員裁判のときは、裁判員も、証人に対して、裁判長に告げたうえで裁判員の関与する判断に必要な事項について尋問することが認められている（裁判員56条）。そのほかに、被害者等に対する質問（裁判員58条）、被告人に対する質問（裁判員59条）も許されている。裁判員制度施行後、補充尋問に関しては、裁判員の自発的な疑問をできる限り尊重する趣旨で、裁判員→陪席裁判官→裁判長という順にこれを行うのが基本的なパターンとなっている[149]。

主尋問は、立証すべき事項及びこれに関連する事項について行い、尋問の際には、証人の供述の証明力を争うために必要な事項についても尋問することができる（刑訴規199条の3第1項、刑訴規199条の3第2項）。また、原則として、尋問者の求める供述が実際の尋問中に含まれる**誘導尋問**は禁止されている（刑訴規199条の3第3項）。誘導尋問が主尋問において原則として禁止されるのは、尋問者の意図する方向に供述が導かれることを防ぐためである。他方、誘導尋問の必要があり、しかもその弊害がないか、または比較的少ない場合には誘導尋問も例外的に許される（刑訴規199条の3第3項但書1号ないし7号参照）。なお、記憶の喚起は必要性が高いため例外とされる。

反対尋問は、主尋問に現れた事項、これに関連する事項、そして証人の供述

---

[149]　杉田宗久『裁判員裁判の理論と実践』（成文堂、2012年）viii頁。

第304条（人的証拠に対する証拠調べの方式）　749

の証明力を争うために必要な事項について行う（刑訴規199条の4第1項）。証人の供述の証明力を争うために必要な事項の尋問は、証人の観察、記憶または表現の正確性等証言の信用性に関する事項及び証人の利害関係等証人の信用性に関する事項について行うが、みだりに証人の名誉を害する事項に及んではならない（刑訴規199条の6）。反対尋問は、特段の事情のない限り、主尋問終了直後に行わなければならない（刑訴規199条の4第2項）。また必要があるときは、誘導尋問をすることができる（刑訴規199条の4第3項）。反対尋問ではすでに主尋問に現れた事項が対象とされるため、尋問者の意図する方向に供述が導かれる危険性は低減しているからである。ただし、誘導尋問が許される場合であっても、供述に不当な影響を及ぼすような方法は許されない（刑訴規199条の3第4項）。裁判長は、誘導尋問を相当でないと認めるときは、これを制限することができる（刑訴規199条の3第5項、刑訴規199条の4第4項）。なお反対尋問においては、例外的に新たな事項について尋問することも許される（刑訴規199条の5第1項）。

　再主尋問は、反対尋問に現れた事項及びこれに関連する事項について行う（刑訴規199条の7第1項）。再主尋問については主尋問の例による（刑訴規199条の7第2項）とされているため、誘導尋問は原則として禁止される。

　なお、訴訟関係人が行う尋問については、補充尋問として、刑訴規199条の8、刑訴規199条の9に規定がある。

Ⅲ　その他

　尋問に際して、必要であれば、書面、物の成立、同一性等を証明するために書面、物を示すことができ（刑訴規199条の10第1項）、さらに裁判長の許可を受けて、記憶喚起のために書面（供述録取書は除く）、物を示しての尋問を（刑訴規199条の11第1項）、証人の供述を明確にするために図画等を利用しての尋問を許される（刑訴規199条の12第1項）。刑訴規199条の12に関して、証人に不当な影響を与えるものでないことも裁判長の許可の要件とされること、裁判所は本条に基づいて証人に提示された写真を証人尋問調書に添付することができるが（刑訴規49条）、この措置については、証言で引用された限度において写真が証言の一部となっているため写真を独立した証拠として扱う趣旨ではないから当事者の同意は不要であることが、最高裁によって確認されている[150][151]。

　訴訟関係人は、立証事項等に関連する事項について尋問する場合、裁判所に

---

[150]　最一小決平23・9・14刑集65巻6号949頁。

[151]　なお、公判調書中の被告人供述調書に添付されたのみで証拠として取り調べられていない電子メールが独立の証拠または被告人の供述の一部にならないとされた事例として、最三小決平25・2・26刑集67巻2号143頁。

その関連性を明らかにしなければならない（刑訴規199条の14第1項）。裁判長は、必要であれば、いつでも尋問を中止させ、また自ら尋問することもできる（刑訴規201条1項）。訴訟関係人の尋問の権利に関して、刑訴規203条に規定がある。

なお、裁判員の証人等に対する尋問権については、裁判員56条に定められている。

（伊藤博路）

> **（被告人の退廷）**
> **第304条の2**　裁判所は、証人を尋問する場合において、証人が被告人の面前（第百五十七条の五第一項に規定する措置を採る場合並びに第百五十七条の六第一項及び第二項に規定する方法による場合を含む。）においては圧迫を受け充分な供述をすることができないと認めるときは、弁護人が出頭している場合に限り、検察官及び弁護人の意見を聴き、その証人の供述中被告人を退廷させることができる。この場合には、供述終了後被告人を入廷させ、これに証言の要旨を告知し、その証人を尋問する機会を与えなければならない。

暴力団等の事件において、被告人の面前では証人が十分な供述をすることが困難となる場合があることから、1958（昭和33）年にこの規定が新設された。本条による措置をとって証人を尋問する場合、被告人の反対尋問権を制約することになるが、判例は憲37条2項には違反しないとする[152]。弁護人の出頭が要件とされていること、被告人に事後の要旨の告知と証人尋問の機会の保障があることから、違憲とまではいえないであろう。

また、2000（平成12）年の改正に伴い、証人保護のための措置である証人尋問の際の証人への遮へい及びビデオリンク方式による証人尋問においても同様の場合がありうることから、被告人を退廷させることができることが明記された。

（伊藤博路）

> **（証拠書類に対する証拠調べの方式）**
> **第305条**　検察官、被告人又は弁護人の請求により、証拠書類の取調べをするについては、裁判長は、その取調べを請求した者にこれを朗読させなければならない。ただし、裁判長は、自らこれを朗読し、又は陪席

---

[152] 最二小判昭35・6・10刑集14巻7号973頁。

の裁判官若しくは裁判所書記官にこれを朗読させることができる。

② 裁判所が職権で証拠書類の取調べをするについては、裁判長は、自らその書類を朗読し、又は陪席の裁判官若しくは裁判所書記官にこれを朗読させなければならない。

③ 第二百九十条の二第一項又は第三項の決定があつたときは、前二項の規定による証拠書類の朗読は、被害者特定事項を明らかにしない方法でこれを行うものとする。

④ 第二百九十条の三第一項の決定があつた場合における第一項又は第二項の規定による証拠書類の朗読についても、前項と同様とする。この場合において、同項中「被害者特定事項」とあるのは、「証人等特定事項」とする。

⑤ 第百五十七条の六第四項の規定により記録媒体がその一部とされた調書の取調べについては、第一項又は第二項の規定による朗読に代えて、当該記録媒体を再生するものとする。ただし、裁判長は、検察官及び被告人又は弁護人の意見を聴き、相当と認めるときは、当該記録媒体の再生に代えて、当該調書の取調べを請求した者、陪席の裁判官若しくは裁判所書記官に当該調書に記録された供述の内容を告げさせ、又は自らこれを告げることができる。

⑥ 裁判所は、前項の規定により第百五十七条の六第四項に規定する記録媒体を再生する場合において、必要と認めるときは、検察官及び被告人又は弁護人の意見を聴き、第百五十七条の五に規定する措置を採ることができる。

I 内容

本条は、証拠書類の取調べ方法について規定する。証拠書類の取調べは**朗読**による（本条1項、2項）。**証拠書類**はその内容が証拠となるものであり、これを取り調べるには朗読によるのが最も適しているためである。もっとも、すべてを朗読によることは実際問題として困難である。そこで裁判長は、訴訟関係人の意見を聴き、相当と認めるときは、朗読に代えて、証拠書類の内容を要約して告げる方法をとることができる（刑訴規203条の2）。実務ではほとんどがこの**要旨の告知**による。もっとも裁判員裁判では、証拠書類の全文を朗読することにより取り調べるという原則に基づく運用が多く見られるようになってきている。他方で、朗読が長時間にわたる場合には適格な心証形成を困難とするのではないかという疑問も出てくる。なお刑訴規203条の2は、本条の定める証拠調べの方式を合目的的に簡易化したにとどまるから、本条に違反しな

い※153。

　証拠書類中において他の書面を引用している場合で、その証拠書類の内容のみでは独立して証拠の意味をもたず、両者相まって証拠となりうる場合には、引用された書面も朗読しなければならない※154※155。この場合、引用された書面の展示は必要でない※156。

　また、図面や写真が添付されている検証調書等については、その内容を理解させるために朗読に加え展示することも許される。外国語文書の場合には、原文と翻訳文とが一体となって証拠となる（通説）が、証拠調べ方法として翻訳文の朗読で足りるのかについては争いがあり、原文の展示も要するとの見解がある※157。

　他方、被害者等保護の観点から、本条3項は被害者特定事項（刑訴290条の2）を、4項は証人等特定事項（刑訴290条の3第1項）を、朗読に際して明らかにしない方法によることを定め、5項、6項は、証人保護のための措置に関連して記録媒体がその一部とされた調書の取調べ方法について規定する。

　なお、裁判員裁判では、証拠調べの際に、パワーポイントを利用したり、書画カメラを用いることにより、その内容をモニターで確認できるようにしながら書面を朗読するという運用が見られるようになってきている。

Ⅱ　記録媒体がその一部とされた調書の取調べ方法

　ビデオリンク方式（刑訴157条の4第3項）による証人尋問等を記録した記録媒体がその一部とされた調書の取調べ方法は、再生による（本条5項）。もっとも常に再生を要するのではなく、たとえば当該記録媒体を証拠とすることそして供述内容を告知することに当事者が同意した場合には、供述内容の告知で足りる。また証人保護の観点から、記録媒体を再生する際に必要であれば遮へいが認められる（本条6項）。

（伊藤博路）

※153　最二小決昭29・6・19裁判集刑96号335頁。
※154　最三小判昭23・5・4刑集2巻5号441頁。
※155　最二小判昭24・4・30刑集3巻5号672頁。
※156　最三小判昭27・3・25刑集6巻3号514頁。
※157　藤永幸治他編『大コンメンタール刑事訴訟法第4巻』（青林書院、1994年）678頁〔高橋省吾〕。

第 306 条（証拠物に対する証拠調べの方式）　753

（証拠物に対する証拠調べの方式）

第306条　検察官、被告人又は弁護人の請求により、証拠物の取調をするについては、裁判長は、請求をした者をしてこれを示させなければならない。但し、裁判長は、自らこれを示し、又は陪席の裁判官若しくは裁判所書記にこれを示させることができる。

②　裁判所が職権で証拠物の取調をするについては、裁判長は、自らこれを訴訟関係人に示し、又は陪席の裁判官若しくは裁判所書記にこれを示させなければならない。

　本条は、証拠物の取調べ方法が法廷において証拠物を示す**展示**であることを規定する。**証拠物**とは、その存在または状態が証拠となるものを指す。文書であるか否かを問わないが、証拠物のうち書面の意義が証拠となるものを証拠物たる書面といい、この区別が問題となるがこれについては刑訴307条の解説を参照。

　証拠物であっても証拠の性質上、展示以外の取調べ方法が認められることもある。録音テープは証拠物であるが、音声を再生する必要があるし、映画フィルムやビデオテープは映写する方法によることとなろう。判例は、本人不知の間に録音された録音テープの証拠調べ方法は、展示と再生によるとする※158。

（伊藤博路）

（証拠物たる書面に対する証拠調べの方式）

第307条　証拠物中書面の意義が証拠となるものの取調をするについては、前条の規定による外、第三百五条の規定による。

　証拠物のうち書面の意義が証拠となるものを、**証拠物たる書面**という。書面に記載されている内容とともにその存在・状態も証拠となるために、展示と朗読により取り調べる。

　証拠書類と証拠物たる書面の区別が問題となるが、その書面に記載されている意味内容だけが証拠になる場合は証拠書類、書面それ自体の存在や状態も証拠になる場合は証拠物たる書面となる※159。判例で証拠物たる書面に当たるとされた例としては、虚偽告訴事件における虚偽告訴の告訴状※160、契約書、受

※158　最一小決昭35・3・24刑集14巻4号462頁。

※159　最三小判昭27・5・6刑集6巻5号736頁。

※160　大判大14・11・6刑集4巻641頁。

754　第307条の2（簡易公判手続における証拠調べ等の特例）

領書と題する書面※161、領収証の謄本または写し※162、税法違反事件における総勘定元帳、金銭出納簿※163、贈収賄事件における小切手帳、金銭出納帳※164等がある。反対に、証拠物たる書面に該当しないとされた例として、捜査官作成の被害者の供述調書、被害者の被害届、被害者に対する医師の診断書、捜査官作成の被告人の供述調書、前科調書等がある※165。後者の書面は、そこに記載されている意味内容だけが証拠となり、その存在や状態が証拠となるものでないと判断されたためである。この判例の基準では、一般的には証拠書類とされるものであっても、具体的状況に照らしてその存在や状態も証拠となるものである場合には、本条により取り調べの際には展示と朗読が必要ということになろう。

（伊藤博路）

（簡易公判手続における証拠調べ等の特例）
第307条の2　第二百九十一条の二の決定があつた事件については、第二百九十六条、第二百九十七条、第三百条乃至第三百二条及び第三百四条乃至前条の規定は、これを適用せず、証拠調は、公判期日において、適当と認める方法でこれを行うことができる。

　簡易公判手続（刑訴291条の2）においては、伝聞法則が原則として排除される（刑訴320条2項）とともに証拠調べ方法が簡略化される。本条は、そのうち証拠調べ方法の簡略化に関する規定である。検察官の冒頭陳述を省略し、証拠の取調べは朗読・展示という厳格な方法を用いずに、「適当と認める方法」によることができる。刑訴規203条の3にも同趣旨の規定がある。「適当と認める方法」でよいとされることから、要旨の告知（刑訴規203条の2）よりも簡易な方法が認められることになる。もっとも、証拠書類について展示で足りるかについては異論もある。

（伊藤博路）

※161　東京高判昭27・7・3特報34号103頁。
※162　東京高判昭26・7・17特報21号138頁。
※163　東京高判昭27・10・14特報37号40頁。
※164　東京高判昭36・6・21下刑集3巻5＝6号428頁。
※165　最一小決昭27・6・26刑集6巻6号860頁。

（証明力を争う権利）
第308条 裁判所は、検察官及び被告人又は弁護人に対し、証拠の証明力を争うために必要とする適当な機会を与えなければならない。

I　本条の趣旨

　本条は、裁判所の証拠判断が適正かつ公正に行われるように、訴訟当事者に対して証拠の証明力を争う機会を十分に与えようとする趣旨で定められた規定である。当事者主義のもとでは、一方当事者の提出した証拠について、公開の法廷において反対当事者の十分な批判を受ける必要があり、予断・偏見をもたない裁判所が中立的立場から両当事者の攻防を吟味・検討して心証形成しなければならない。現行法の採用する自由心証主義（刑訴318条）は、裁判官に対して、そのような証拠評価ないし心証形成を期待しているのである。特に人的証拠に関しては、被告人の証人審問権が憲法上保障されており（憲37条2項）、これを承けて刑訴法上も伝聞法則が採用され（刑訴320条）、供述証拠に対する反対当事者のチェックを被告人の権利として規定している。本条は、これを供述証拠だけでなく、全証拠に拡大したものだということができる。

II　証明力を「争う」の意義

　証明力を「争う」の意義については、当該証拠の証拠価値（証明力）を否定または減殺する行為をいい、増強する場合を含まない（通説）。ただし、自己側に有利な証拠を否定または減殺する証拠が提出されたような場合、後者の証拠を否定または減殺する証明をすることによって、前者の証拠の証明力を増強することは許される。

　証明力を「争う」方法であるが、反証のための証拠調べ請求、証人に対する反対尋問などが考えられる。反証として提出する証拠は、必ずしも証拠能力のある証拠でなくてもよく、伝聞証拠でもよい（刑訴328条参照）。ただし、任意性を欠く自白については消極に解すべきである。

III　「適当な機会」とその告知

　裁判所が、証明力を争うために必要な「適当な機会」をいつ与えるのかについて、刑訴法及び規則に特別の定めはなく裁判所の裁量に委ねられている。個々の立証活動の終了後に与えることが適当な場合もあるが（証人尋問における主尋問の後など）、一般には一方当事者の証拠調べがひととおり終わった後に一括して「機会」を与えるのが適当であろう。

本条の趣旨を手続的に担保するため、規則は、適当な機会に検察官及び被告人または弁護人に対して、反証の取調べ請求その他の方法により証拠の証明力を争うことができる旨を、裁判長が告知しなければならないと定めている（刑訴規204条）。この適当な機会の告知は、告知前に相手方がすすんで反証の請求をしたとき、あるいは証拠の証明力を争う意思がない旨意思表示しているときは、不要だと解されている。

（白取祐司）

> **（証拠調べ・裁判長の処分に対する異議申立て）**
> **第309条**　検察官、被告人又は弁護人は、証拠調に関し異議を申し立てることができる。
> ②　検察官、被告人又は弁護人は、前項に規定する場合の外、裁判長の処分に対して異議を申し立てることができる。
> ③　裁判所は、前二項の申立について決定をしなければならない。

Ⅰ　本条の趣旨

本条は、証拠調べ及び裁判長の処分に対する当事者の異議申立権を認めた規定である。旧刑事訴訟法348条が、裁判長の処分についてのみ異議申立てを認めていたのに対して、本条は、証拠調べについても異議を認めた。裁判長の処分一般について異議申立てが認められるのは、裁判長の訴訟指揮権に関する処分、法廷警察権に関する処分に対して当事者がチェック機能を果たすことを期待したものであり、証拠調べに対する異議が認められることになったのは、伝聞法則の採用など現行証拠法が当事者主義化し、詳細な規定も置かれるようになったことから、当事者の積極的関与のもとで手続を適正かつ公正に進めるためである。また、控訴趣意書には、原則として訴訟記録及び原裁判所において取り調べた証拠に現れている事実以外援用できないことになっているので（刑訴378条、刑訴379条、刑訴381条、刑訴382条）、証拠調べについて異議があればそれを記録にとどめておく必要があるという技術的な理由もある（刑訴規44条1項14号、刑訴379条参照）。なお、本条の異議は、証拠調べを含む裁判長の処分に法令違反があるとき、不利益を受ける当事者がその是正を求める意思表示である。異議申立てに対しては、その裁判長を含めた訴訟上の裁判所が決定するから、ここでの異議申立ては、抗告・準抗告の性格をもつものではない。

Ⅱ　証拠調べに対する異議

本条1項の「証拠調に関し」とは、個々の証拠の取調べに限られず、冒頭陳述、

証拠調べの請求、証拠調べの範囲・順序・方法に関する決定、証拠調べの方式、裁判長の尋問、陳述等の制限など、広く証拠調べ一般についての手続・処分を指し、これらについて異議申立ての対象とすることができる。この手続・処分には、作為のみならず不作為も含むと解される。また、異議の申立ては、法令の違反があること、または相当でないことを理由として申し立てることができるが、証拠調べの決定に関しては法令の違反があることを理由とする場合に限られる（刑訴規205条1項）。

証拠調べ手続に入って以後に行われる被告人質問（刑訴311条）に関する異議申立ても、異説はあるが、被告人質問の結果が証拠になる点では証拠調べに関する処分に準じるのであるから、本条1項の異議申立ての対象になるというべきである。

裁判所の訴訟指揮権に基づく証拠開示命令に関する処分について、本条による異議申立てができるか。見解が対立しているが、訴訟指揮に基づくとはいえ証拠調べに関するものであるから、本条によって異議申立てができると解される。同様に、証拠開示命令を発しない措置に対しても、異議申立ては許されよう。

Ⅲ　裁判長の処分に対する異議

本条2項は、1項に規定する以外の「裁判長の処分」について、検察官、被告人または弁護人が異議申立てをなしうることを定めている。作為・不作為を問わないことは1項同様だが、2項の異議の申立ては、法令の違反がある場合に限られている（刑訴規205条2項）。裁判長の訴訟指揮に関する処分には合目的的な裁量によるものが多く、「相当でない」場合にも異議申立てができるとすると、訴訟が無用に遅延するおそれがあるからである。「裁判長の処分」は、裁判長が合議体の機関として行う場合と裁判長固有の権限として行う場合を問わず、また法律上の命令として行われる場合あるいは事実行為として行われる場合を問わない。

狭義の訴訟指揮権のほか、法廷警察権の行使に関する裁判長の命令に関しても異議申立てができるか否かについて争いがあるが、できると解するのが通説・判例である[166]。

Ⅳ　異議申立ての手続と効果

異議申立ては、個々の行為、処分または決定ごとに、簡潔にその理由を示して直ちにしなければならない（刑訴規205条の2）。異議の申立てがあると放置

---

[166] 東京高決昭28・12・4特報39号211頁。

することは許されず、何らかの決定をしなければならない（本条3項、刑訴規205条の3）。異議の申立てが時期に遅れてなされたり、訴訟を遅延させる目的のみでなされたことが明らかな場合、その他不適法な場合、裁判所はこれを却下する（刑訴規205条の4）。異議申立ては適法だが理由がないと認めるときは、決定で棄却する（刑訴規205条の5）。異議申立てに理由があると認められるときは、異議を申し立てられた行為の中止、撤回、取消しまたは変更を命じるなど、申立てに対応する決定をしなければならない（刑訴規205条の6第1項）。特に証拠排除が必要なときは、職権で証拠の全部または一部を排除する決定をする（刑訴規207条）。

　異議申立ての決定があったときは、重ねて異議を申し立てることはできない（刑訴規206条）。それでは、異議申立てがなかった場合に、その対象とされるべき行為について瑕疵が治癒されるか。学説は一般に、民事訴訟の責問権の放棄のような効果を認めることには否定的であり、とりわけ重大な瑕疵については治癒されないと解している。

（白取祐司）

（証拠調べの終った証拠の提出）
第310条　証拠調を終つた証拠書類又は証拠物は、遅滞なくこれを裁判所に提出しなければならない。但し、裁判所の許可を得たときは、原本に代え、その謄本を提出することができる。

　本条は、証拠を当事者の手元に残しておくと散逸・滅失のおそれがあるところから、取調べ済みの証拠書類及び証拠物を保全のため裁判所に提出することを義務づけた規定である。証拠を裁判所に提出させるのは、このような趣旨に基づくものであり、裁判所が事後的に証拠を見て心証形成に役立たせるためではない。異説はあるが、裁判所は、提出された証拠物等を閲覧してはいけないと解すべきである。提出された証拠書類は、順次訴訟記録に編綴される。

　裁判所は、提出された証拠物等について領置（刑訴101条）の手続をとる。そうしないときは、証拠調べ請求した者に返還されることになる。裁判所が職権で取り調べた証拠については、本条は特に言及していないが、同様にすべきであろう。領置手続が行われると、捜査機関の押収の効力は失効してなくなる。

　当事者は、裁判所の許可を得たときは、原本に代えて謄本を提出することができる（本条2項）。この許可は、裁判所の決定であるから、関係人の意見を聞かなければならない（刑訴規33条1項本文）。本条にいう「謄本」は、作成者が「謄本である」旨記載して署名押印する（認証）必要はなく、要するに内容が正確な写しであればよいと解されている。

（白取祐司）

第311条（被告人の黙秘権・供述拒否権、被告人質問）　759

> **（被告人の黙秘権・供述拒否権、被告人質問）**
> **第311条**　被告人は、終始沈黙し、又は個々の質問に対し、供述を拒む
> ことができる。
> ②　被告人が任意に供述をする場合には、裁判長は、何時でも必要とす
> る事項につき被告人の供述を求めることができる。
> ③　陪席の裁判官、検察官、弁護人、共同被告人又はその弁護人は、裁
> 判長に告げて、前項の供述を求めることができる。

I　本条の意義

　本条は、憲38条１項が自己負罪拒否特権の保障を規定したことを承けて、被
告人に対して、公判廷においておよそ供述義務がないことを明らかにし、しか
し任意に供述するときは裁判長及び訴訟関係人が被告人に対して供述を求める
ことができることを規定したものである。現行法は当事者主義を強化し、被告
人の供述主体性を重視する観点から、被告人の供述拒否の権利を尊重し、被告
人から供述を強制的に引き出すことを禁じ、あくまでも任意に供述する場合に
のみ供述を求めることにしたのである。したがって、旧法のような「被告人訊
問」は許されず（被告人からの供述の聴取は「被告人質問」と呼ばれる）、また
その地位と矛盾する証人の立場に立たされることもない。なお近時、一定の条
件の下で、供述拒否権を消滅させる刑事免責制度が立法化された（刑訴157条の
２）。
　被告人の黙秘権を実効的に保障するため、公判手続の冒頭においてその告知
が裁判長に義務づけられている（刑訴291条３項、刑訴規197条）。

II　黙秘権・供述拒否権

　黙秘権は、供述を一切拒否できる権利である。憲38条１項の文言をみると、
「不利益な」事実についてしか黙秘権が及ばないようにも読めるが、有利・不利
を問わず、供述を一切せず沈黙することも、個々の質問に答えないこともでき
る包括的黙秘権が保障されていると解される。被告人は沈黙する場合、特に沈
黙する旨断る必要もなく、まして沈黙する理由を説明する必要もない。黙秘で
きる事項にも制限はないが、氏名に黙秘権があるかについて争いがあり、判例
は、氏名は憲38条１項の「不利益な事項に該当するものではない」としてい
る[167]。氏名が明らかになることで犯人の特定に結びつくこともありうるので
あるから、氏名に黙秘権を認めないのは不当である。判例の事案は、氏名を黙

---

[167]　最大判昭32・2・20刑集11巻2号802頁。

秘し、監房番号を自署・拇印した弁護人選任届の適法性が問題とされたものだが、被疑者としての同一性が確認されれば、氏名不詳のまま手続を進めて支障ない事案であり、黙秘権を及ぼしてもよかったのではないかと思われる。

黙秘権の効果として、(1)供述を拒否することに対する制裁禁止、(2)黙秘権を侵害して得られた証拠の排除、(3)黙秘したことから有罪を推認することの禁止があげられる。(3)に関して、判例は、殺人被告事件の被告人が捜査段階から一切説明も弁明もせず終始沈黙の態度をしていたとしても、その態度をもって被告人の殺意を立証する証拠とすることはできないとしている※168。それでは、黙秘したことをもって、量刑上不利に扱うことが黙秘権の保障と矛盾しないか。見解は分かれているが、(3)不利益推認禁止の趣旨からみて、黙秘したからといって量刑上不利に扱うことは許されないというべきである。ただ、自白し改悛の情を示している者との比較で、結果的に黙秘した被告人が相対的に重くなるのはやむを得ないと一般に解されているが、その区別は微妙である。

Ⅲ　被告人質問

被告人が任意に供述する場合、裁判長はいつでも必要とする事項につき被告人に供述を求めることができ（本条2項）、陪席裁判官、裁判員（裁判員59条）、検察官、弁護人、共同被告人またはその弁護人も、裁判長に告げて、同様に供述を求めることができる（本条3項）。これを被告人質問という。2007年の法改正で、被害者参加人またはその弁護士も、一定の条件のもとで被告人に質問することができることになった（刑訴316条の37）。被告人は証人ではないが、この場合、当事者であると同時に一種の証拠方法でもある。

被告人質問の時期について、法に特別の規定はないが、ふつうは証拠調べの最終段階、すなわち被告人側の立証段階の最後に行われる。被告人側立証の最初に行われる例もあるようだが、自白に依存しない事実認定が望ましいという法の趣旨（刑訴301条参照）からみて、被告人質問は最終段階に行われるのが適当であろう。被告人質問の順序について、法は裁判長の質問を最初に規定しているが、実務上は弁護人が主尋問的な質問を行い、その後検察官が反対尋問的な質問をし、その後に裁判所が補充的な質問をするという方法によっている。

ここでの「質問」は、宣誓のうえで行われる証人尋問と異なり、答えるかどうかはあくまで任意である。したがって、たとえば、「話すことはない」と繰り返す被告人に、400回にわたる質問をするのは、それ自体被告人の黙秘権の

※168　札幌高判平14・3・19判時1803号147頁。

行使を侵害するものであって許されない[169]。

（白取祐司）

> **（起訴状の変更）**
> **第312条**　裁判所は、検察官の請求があるときは、公訴事実の同一性を害しない限度において、起訴状に記載された訴因又は罰条の追加、撤回又は変更を許さなければならない。
> ②　裁判所は、審理の経過に鑑み適当と認めるときは、訴因又は罰条を追加又は変更すべきことを命ずることができる。
> ③　裁判所は、訴因又は罰条の追加、撤回又は変更があつたときは、速やかに追加、撤回又は変更された部分を被告人に通知しなければならない。
> ④　裁判所は、訴因又は罰条の追加又は変更により被告人の防禦に実質的な不利益を生ずる虞があると認めるときは、被告人又は弁護人の請求により、決定で、被告人に充分な防禦の準備をさせるため必要な期間公判手続を停止しなければならない。

I　本条の趣旨

　現行法は、訴因制度を採用しており、裁判所は起訴された訴因事実を審判の対象としている（訴因対象説）。裁判所が、公判審理を進め心証を形成していく過程で、訴因と異なる事実が判明してくることがある。この場合、公訴事実を審判の対象と解するならともかく（公訴事実対象説）、訴因を逸脱して事実認定をすることはできないから（刑訴378条3号参照）、このままでは無罪を言い渡さざるを得ない。本条は、実体的真実主義の見地を考慮して、検察官の当初の訴因（及び罰条）の設定の不備により無罪になるのを防ぐため訴因・罰条の変更（広義）を許容する規定である。ただし、訴因（罰条）の変更を広い範囲で認めることは被告人の防御の利益を著しく害するので、本条は、その限界として「公訴事実の同一性」を害しない限度でのみ訴因変更は許されるとしている。広義の訴因「変更」は、追加・撤回・（狭義の）変更に区別される。「追加」とは、もとの訴因をそのままにして新訴因を付加することであり（窃盗の訴因で起訴した後、牽連関係にある住居侵入を追加）、「撤回」とは訴因の一部を撤去

---

[169]　札幌高判平14・3・19判時1803号147頁。和歌山カレー事件一審の被告人質問においても、約2時間、100問に及ぶ検察官の「質問」が行われたようだが、黙秘権との関係で問題である。白取祐司「和歌山毒入りカレー事件第一審判決・事実認定上の論点についての考察」法律時報75巻3号75頁参照。

することをいう（住居侵入・窃盗で起訴後、住居侵入を撤回）。いずれも、このような科刑上1罪の場合が典型であり、学説の中には追加・撤回は科刑上1罪の場合についてだけ考えられるとするものもあるが[170]、訴因事実の一部を追加・撤回する場合を排除する理由もないであろう。狭義の「変更」は、訴因事実の一部を撤回するとともに、別の訴因事実を追加することをいう。

なお、訴因変更は、訴因の「訂正」「補正」と区別される。まず、「刃体20メートルの匕首」といった明らかな訴因の誤記があれば、「メートル」を「センチメートル」に「訂正」させればよい（刑訴規44条1項31号、刑訴規213条の2参照）。他方、瑕疵が重大でそのままでは訴因が無効とならざるを得ない場合、手続を打ち切らずに検察官に釈明して有効な訴因に変える、すなわち「補正」を許す見解がある[171]。しかし、法の明文もなしに無効な訴因を有効な訴因に変えることを許すのは妥当ではなく、「補正」の概念は認めるべきではない。

Ⅱ　訴因変更の必要性

どのような場合に訴因変更が必要になるかは、何を訴因と考えるかに規定される。それによって、訴因が「変更」を必要とするほどに変化したか否かが決定されるのである。したがって、この問題は、訴因の同一性の判断基準の問題と言い換えることができる。これについては、法律構成説と事実記載説の対立がある。法律構成説は、法律構成ないし構成要件に着目し、法的評価が変化した場合にのみ、訴因変更が必要だと解する。しかし、公判の攻防では事実こそが重要であるから、重要な点で事実に変化があれば、同一の構成要件であっても、訴因の同一性はないとして訴因変更をするのが適当である。このように、事実の変化に着目する事実記載説が通説・判例である[172]。事実記載説によれば、過失の態様の相違があるとき[173]、横領の態様に着服横領と拐帯横領の相違、犯行の日時場所・横領金額につき相違があるときなどについて[174]、訴因変更が必要とされる。ただ、訴因間に大小関係があり、「大」の訴因から「小」の訴因に縮小認定するような場合、たとえば強盗の訴因を変更せずにその一部たる恐喝の認定するような場合には、被告人の防御の利益を害するおそれもな

---

[170]　小野清一郎他『刑事訴訟法（下）（新版）』［ポケット註釈］（有斐閣、1986年）810頁。

[171]　田宮裕『刑事訴訟法（新版）』（有斐閣、1996年）193頁。

[172]　ただし、手拳で殴ったという暴行の訴因について、殴った回数が起訴状記載の訴因より数回多かったという程度の、わずかな事実のずれであれば、訴因はなお同一であり変更の必要はないであろう。

[173]　最三小判昭46・6・22刑集25巻4号588頁。

[174]　大阪高判昭31・4・26高刑集9巻4号373頁。

いので、訴因変更は不要と解してよいであろう[175]。

　ただし、事実記載説といっても、法律構成が変われば防御方法も変わるから、罪名ないし法的側面が変われば訴因変更は必要だと解すべきである。判例の中に、事実の変化がないことを理由に、罪名の変化があっても訴因変更を不要とするものがあるが（識別説）[176]、疑問が残る。

　その後、判例は、訴因の機能について「審判対象の画定」であると明言し、訴因変更の要否も、この見地から判断すべきであるとする（2001年4月11日の最高裁決定）[177]。この判例によれば、訴因の記載として不可欠な事項の変更には訴因変更が必要だが、他の事項の変更には訴因変更は不要である。ただし、不可欠な事項でなくても、被告人の防禦に重要な事項が訴因に記載されたときは（本件では、共犯事件の実行行為者の明示）、裁判所がそれと実質的に異なる認定をするには訴因変更が必要である。しかし、訴因の不可欠な記載事項でない事実については、①被告人に不意打ちを与えるものではないと認められ、②判決で認定される事実が訴因に記載された事実と比べて被告人にとってより不利益でない場合には、例外的に訴因変更手続を経ずに訴因と異なる認定をすることも許される、とした。最高裁は近時、同様の判断方法を用いて、現住建造物放火事件の「放火の実行行為」について、訴因変更手続を経ることなく被告人が「何らかの方法により」、ガスに引火、爆発させたと認定した原審判決は、上述の①②を欠いて違法と判示している[178]。ただし、結論としては、訴因と原判決の認定の相違は「引火、爆発させた方法が異なるにすぎない」ことなどを理由に、原判決を維持（上告棄却）するとした。「審判対象の画定」には不可欠な事項と、不可欠ではないが防御にとって重要な（訴因に記載されると拘束力をもつ）事項があるとされるが、その境界は分明ではない。

Ⅲ　訴因変更の可能性（公訴事実の同一性）

　訴因の変更は、「公訴事実の同一性」を害しない限度でのみ許される（本条1項）。この公訴事実の同一性は、事実のずれに関する狭義の「同一性」と、罪数判断に関連する「単一性」に分けられる。

　狭義の「同一性」の基準に関して多数の判例があり、学説も多様な議論をし

---

[175] 最二小判昭26・6・15刑集5巻7号1277頁。ほかに、殺人未遂から傷害（最二小決昭28・11・20刑集7巻11号2275頁）、「酒酔い」から「酒気帯び」（最三小決昭55・3・4刑集34巻3号89頁）についても訴因変更は不要とされている。

[176] 最二小判昭28・5・8刑集7巻5号965頁（背任と詐欺）、最二小判昭40・4・21刑集19巻3号166頁（業務上過失致死と重過失致死）等。

[177] 最三小決平13・4・11刑集55巻3号127頁。

[178] 最二小決平24・2・29刑集66巻4号589頁。

てきた。諸説を大別すると、「公訴事実の同一性」を社会的・自然的な拡がりのある事実的基礎をもった枠組みとする見解（事実的限界設定説）と、端的に訴因と訴因の重なりあいを問題にする見解（訴因比較説）に分かれる。ただし、この対立は、理念的・方法論上の争いであって、具体的事案の解決としては際立った違いがあるわけではない。判例の立場は、基本的事実同一説と呼ばれ、日時・場所・被害者などの共通性を重視するとともに、両訴因が「非両立性」の基準を満たせば「基本的事実関係」は同一だという。同一性が肯定されたケースとして、紺色背広一着の窃盗と同背広の処分あっせん[179]、加重収賄と贈賄[180]、変更前と後で覚せい剤自己使用の訴因の使用時間、場所、方法に差異があるがいずれも被告人の尿中からでた同一覚せい剤の自己使用に関する場合[181]、などがある。判例上、同一性が否定されたケースとしては、交通事犯について業務上過失致死と道交法上の無謀運転[182]、窃盗の幇助と盗品関与罪[183]、賭博開帳図利と常習賭博[184]、などがある。

Ⅳ　訴因変更の手続と時機的限界

　訴因（罰条）変更は、実質的には新たな訴追にあたるものであるから、原則として書面によって行わなければならない（刑訴規209条1項）。ただし、被告人が在廷する公判廷では口頭によることもできる（刑訴規209条6項）。検察官は、訴因変更を請求するときは、被告人の数に応じた謄本を添付しなければならず（刑訴規209条2項）、これを受け取った裁判所は、直ちに被告人に送達する（本条3項、刑訴規209条3項）。訴因の変更は、裁判所の許可が必要である（本条1項）。裁判所の許可を条件としたのは、「公訴事実の同一性」の範囲内かどうかの確認が必要だからである。

　訴因変更を請求する時期について、法律上特に制限はなく、終局判決までいつでもできそうである。しかし、たとえば審理が進行し、防御の利益が積み重ねられ当初の訴因について無罪が見込まれる時点、とりわけ結審間際になって訴因変更することは許されるのだろうか。そこに、何らかの時機的限界があるのではないか。学説は、訴因変更に時機的限界を認めるのが一般である。判例にも、控訴審の結審後になって弁論を再開して新たに予備的訴因が追加された事案について時機的限界が問題にされ、補足意見の中で、「実体形成がここま

---

[179]　最二小判昭29・5・14刑集8巻5号676頁。
[180]　最一小決昭53・3・6刑集32巻2号218頁。
[181]　最三小決昭63・10・25刑集42巻8号1100頁。
[182]　最二小決昭33・3・17刑集12巻4号581頁。
[183]　最二小決昭33・2・21刑集12巻2号288頁。
[184]　東京高判昭47・3・27高刑集25巻1号42頁。

で進んだ手続段階において、しかも弁護側の防御活動の結果を逆手にとるような訴因変更をみとめることは、公正な攻撃防御を主眼とする当事者主義の理念にもとる」とされたものがある（ただし、事案としては無罪）（団藤補足意見）※185。

最近は、公判前整理手続を経た事件について、以上の限界論とは別に、訴因変更の時機的限界があるのではないかという問題が指摘されるようになった。

V　訴因変更命令

訴因（罰条）変更の主体は、原告である検察官である（本条1項）。これは、当事者主義を採る現行訴訟構造からいって、当然のことである。しかし、法は裁判所に訴因変更命令権を認めた（本条2項）。その趣旨は判然としないが、当事者主義と矛盾しない範囲で裁判所に訴因変更に関する後見的な役割を認めたものと解するほかない。したがって、訴因変更命令に形成力は認められず、せいぜい検察官に対する「勧告」の意味しかもたない。

また、裁判所に訴因変更を命令する義務はない。判例には、裁判所に訴因変更命令を認めたかにみえるものがあるが※186、検察官が裁判所の心証に気づかず検察官への不意打ち認定となる可能性のあった事案に関するものであり、裁判所に訴因変更命令義務を積極的に認めたものではない。

（白取祐司）

> **（弁論の分離・併合・再開）**
> **第313条**　裁判所は、適当と認めるときは、検察官、被告人若しくは弁護人の請求により又は職権で、決定を以て、弁論を分離し若しくは併合し、又は終結した弁論を再開することができる。
> ②　裁判所は、被告人の権利を保護するため必要があるときは、裁判所の規則の定めるところにより、決定を以て弁論を分離しなければならない。

I　本条の意義

本条は、弁論の分離・併合・再開について、裁判所が、職権または当事者の請求があるとき、決定でこれを決することを規定している。旧法と異なり、当

※185　最一小判昭58・2・24判時1070号5頁。

※186　最三小決昭43・11・26刑集22巻12号1352頁。なお、訴因変更命令の義務を否定した判例として、最三小判昭58・9・6刑集37巻7号930頁。

事者に請求権が認められているのは、現行法が当事者主義の訴訟構造を採用したからである。1人の被告人が数個の犯罪について起訴された場合、あるいは1個の事件に数人の共犯者がいる場合、一面では、できるだけ同一裁判所において一緒に審判したほうが、訴訟経済になるとともに判決間の矛盾を避けることができるなどの長所があり、他面で、共犯者間の利害が相反する場合のように、弁論を別々に開くのが適当な場合もあることから、弁論の分離・併合について、裁判所に裁量権を付与したのである。弁論の分離・併合は、客観的分離・併合と主観的分離・併合に区別できる。前者は、同一被告人に対して複数の公訴事実が問題となる場合であり、後者は複数の被告人に対して同一公訴事実が問題になる場合である。弁論の再開は、いったん終結した公判審理を再開する必要が生じた場合に、裁判所の裁量でこれを認めるものである。

「弁論」とは、公判期日に当事者の関与のもとで行う審理手続をいい、公判手続（刑訴315条）、審理（刑訴289条1項）などと同じ意味である。

なお、数個の国法上の裁判所間の問題である関連事件の分離・移送（刑訴7条）、併合審判（刑訴8条）などは、本条の弁論の分離等とは区別される。

Ⅱ　弁論の客観的分離・併合

客観的分離・併合については、刑法上1回で併合処理する方が量刑面で被告人に有利であるから（刑45条以下、刑51条等）、原則として併合審理すべきである。本条1項は、「適当と認めるときは」とあるが、併合審理するのが適当である場合がほとんどであろう。それでは、弁論を分離するのが「適当と認められる」のはどのような場合か。本条2項が「被告人の権利を保護するため必要があるとき」は分離しなければならないとしていることからみて、たとえば、公訴事実ABCについて審理がほぼ終了し無罪が見込まれる段階で公訴事実Dが追起訴されたような場合、手続を併合しないでABCについて無罪判決を言い渡すことになろう。

Ⅲ　弁論の主観的分離・併合

主観的分離・併合についても、共犯者の事件を併合し共同被告人として審理する方が証拠調べも共通にでき、量刑の均衡を図り判決間の矛盾を回避できるなど、メリットは大きい。しかし、問題はそう単純ではなく、過去において集団的公安事件などで「統一公判」か「分離公判」かで紛糾したことも稀ではなかった。共犯事件を併合することで裁判の遅延が生じたり、共犯者間の利害が対立し審理の複雑化あるいは混乱を招くおそれもある。刑訴規210条も、「被告人の防御が互いに相反する」ときは、弁論を分離すべきとしている。要は、これらの要素を考慮して「適当と認めるとき」、弁論を分離または併合することに

なる※187。たとえば、暴力団の親分、子分が共犯者として起訴された場合、あるいは被告人が多数で法廷の施設面で限界があるような場合は、分離することが適当とされよう。

なお、共同被告人の弁論を分離し、証人として尋問することを認めるのが実務であるが（尋問後、再度弁論を併合することも多い）、このような便宜な方法で被告人の自己負罪拒否特権（憲38条1項）を失わせて尋問することには多大の疑問がある。

Ⅳ　弁論の再開

弁論の再開によって、公判手続は弁論の終結前の状態に復帰し、証拠調べを行うことも可能になる。再開後の証拠調べの結果も、先の弁論と一体のものとして、判決の基礎となるのはもちろんである。その場合、再開後の証拠調べ後に、それを踏まえた論告・最終弁論（刑訴293条）が行われることになる。判例に、弁論再開後に証拠調べが行われたが、その後だされた判決書の日付が再開前になっていたときは、同判決は再開後の証拠調べに基づかないでなされたもので違法だとしたものがある※188。

(白取祐司)

（併合事件についての弁護人選任の効力）

第313条の2　この法律の規定に基づいて裁判所若しくは裁判長又は裁判官が付した弁護人の選任は、弁論が併合された事件についてもその効力を有する。ただし、裁判所がこれと異なる決定をしたときは、この限りでない。

②　前項ただし書の決定をするには、あらかじめ、検察官及び被告人又は弁護人の意見を聴かなければならない。

弁論が併合された事件に関する弁護人の選任の効力について、私選弁護人に関しては刑事訴訟規則に明文の規定がある（刑訴規18条の2）。国選弁護人の選任に関しても同様の取扱いを行うことは、国選弁護人の選任が裁判によるものであることからすると現行法の下でも可能であると解されるが、裁判の充実・迅速化を図るためには、その要件及び手続を明らかにすることが望ましい※189。

※187　東京高判昭32・6・20高刑特4巻14=15号323頁は、共同被告人間で主張が相反するというだけでは弁論を分離しなくても違法ではないという。

※188　最一小判昭41・2・24刑集20巻2号49頁。

※189　辻裕教『司法制度改革概説6裁判員法/刑事訴訟法』（商事法務、2005年）48頁。

そこで本条では、国選弁護人の選任は、原則として、弁論を併合された事件についてもその効力を有することを明確にし、他方裁判所がこれと異なる決定をしたときは、弁論が併合された事件についてその効力を有しないこととした。

（伊藤博路）

> **（公判手続の停止）**
> **第314条** 被告人が心神喪失の状態に在るときは、検察官及び弁護人の意見を聴き、決定で、その状態の続いている間公判手続を停止しなければならない。但し、無罪、免訴、刑の免除又は公訴棄却の裁判をすべきことが明らかな場合には、被告人の出頭を待たないで、直ちにその裁判をすることができる。
> ② 被告人が病気のため出頭することができないときは、検察官及び弁護人の意見を聴き、決定で、出頭することができるまで公判手続を停止しなければならない。但し、第二百八十四条及び第二百八十五条の規定により代理人を出頭させた場合は、この限りでない。
> ③ 犯罪事実の存否の証明に欠くことのできない証人が病気のため公判期日に出頭することができないときは、公判期日外においてその取調をするのを適当と認める場合の外、決定で、出頭することができるまで公判手続を停止しなければならない。
> ④ 前三項の規定により公判手続を停止するには、医師の意見を聴かなければならない。

I 本条の趣旨

本条は、被告人が心神喪失などの事由により、防御できない状態にあるとき、公判手続を停止することを定める。刑訴法上、公判手続が停止される場合として、ほかに刑訴312条4項がある。同旨の規定は旧法にもあったが、現行法は、旧法の停止事由に加えて、犯罪事実の証明に欠くことのできない証人が病気のため公判期日に出頭できないときも停止されることとした。これは、被告人の反対尋問権（憲37条2項参照）など防御の利益を考慮したものである。

本条は、被告人の防御権を保障するための規定であるから、被告人に無罪、免訴、刑の免除または公訴棄却の裁判をすべきことが明かなときは直ちにその裁判をすることができる（本条1項但書き）。

II 心神喪失の意義

本条1項の「心神喪失」とは、刑39条1項の心神喪失ではなく、訴訟法上の概

念である「訴訟無能力」のことである（概念の相対性）。訴訟能力に関しては、(1)意思能力と解する説と、(2)意思疎通能力ないしコミュニケーション能力と解する説がある。判例は、(1)説にたって、本条の「心神喪失」とは、「訴訟能力、すなわち、被告人としての重要な利害を弁別し、それに従って相当な防御をすることのできる能力を欠く状態」だと解している※190。しかし他方で、重度の聴覚障害及び言語を習得しなかったことによる二次的精神遅滞により、抽象的、構造的、仮定的な事柄について理解したり意思疎通を図ることが困難だが、他方で、手話通訳を介することで刑事手続において自己のおかれている立場をある程度正確に理解し、自己の利益を防御するために相当に的確な状況判断ができることを理由に訴訟能力を肯定した判例もある※191。この後者の判例は、意思疎通能力を問題としており、むしろ(2)説によるものといえよう。(1)説にたつようにみえる判例も、聴覚障害、言語障害のほか、手話も会得していないため黙秘権を告知することが不可能な事案であり、意思疎通能力の有無を検討していることからみて、純粋な(1)説ではないと思われる。

　なお、刑訴28条、刑訴29条にあたる場合には本条の適用はなく、公判手続は停止されない。

Ⅲ　停止の手続と効果

　公判手続の停止の決定をするにあたって、検察官及び弁護人の意見を聴取する必要がある（本条1項）。停止の決定をするには、医師の意見を聴かなければならない（本条4項）。以上の意見聴取は、公判手続の停止を取り消す場合にも行わなければならない。

　停止は「決定」によって行う。立法論としては、当事者の申立権を認めるべきであろう。停止決定があると、裁判所は、狭義の公判手続を進めることはできなくなる。訴訟無能力の状態が深刻で回復の見込みがないときは、公判手続の停止ではなく、訴訟関係成立の基礎を欠くものとして、刑訴339条4号で手続を打ち切るべきである※192。

　本条は、判例上、上訴審にも適用があると解されている※193。

（白取祐司）

※190　最三小決平7・2・28刑集49巻2号481頁。

※191　最一小判平10・3・12刑集52巻2号17頁。

※192　控訴審に準用を認めるものとして、最三小判昭53・2・28刑集32巻1号83頁、上告審に準用を認めるものとして、最二小決平5・5・31刑集47巻6号1頁。

※193　最一小判平28・12・19裁時1666号11頁。

770 第315条（公判手続の更新1）

> **（公判手続の更新1）**
> **第315条** 開廷後裁判官がかわつたときは、公判手続を更新しなければならない。但し、判決の宣告をする場合は、この限りでない。

Ⅰ 本条の趣旨

　本条は、直接主義・口頭主義の要請から、裁判官がかわったときは公判手続を更新しなければならないことを規定する。公判手続を更新すべき場合としては、本条のほか、刑訴315条の2、刑訴規213条に規定されているが、更新を必要とする趣旨はそれぞれ異なっており、本条はそれらのうち更新をなすべき基本型を定めている。

　なお、裁判員裁判において、公判手続開始後に合議体（裁判員法2条1項）に加わった裁判員がいる場合も、公判手続を更新しなければならない（裁判員法61条1項）。この場合の更新は、新たに加わった裁判員が、争点及び取り調べた証拠を理解することができ、かつ、その負担が過重にならないようなものにしなければならない（裁判員法61条2項）。

Ⅱ 更新の要否

　更新が必要なのは、「開廷後」「裁判官がかわったとき」である。「開廷後」とは、本条の趣旨からみて、公判廷を開き実体審理を開始したときを意味する。したがって、第1回公判においてたんに人定質問をしただけであるとか、公判期日の変更をしただけの場合を含まないというべきである。開廷後裁判官はかわったが、弁護人の申し出に基づき証人尋問決定を取り消す決定をしたにとどまるときも、決定前に公判手続の更新をする必要はない[194]。

　「裁判官がかわったとき」とは、事件の審理にあたる裁判官が交代することをいい、その理由の如何を問わない。合議体の1人の裁判官がかわったときも、更新が必要であるが、合議体で審理していた事件が単独体に代わり、単独裁判官が合議体構成員の1人として引き続き審理するときは、更新は不要である。なお、補充裁判官（裁78条）が立ち会っているときも、更新するには及ばない。

　更新が必要となるのは、裁判官の交替のほか、開廷後被告人の心神喪失により公判手続を停止した場合（刑訴規213条1項）、開廷後長期間にわたり開廷しなかった場合で必要があると認められる場合（刑訴規213条2項）、簡易公判手続が取り消された場合（刑訴315条の2）がある。

　なお、本条の更新は、判決の宣告をする場合は不要である（但書き）。これは、

---

[194] 最三小判昭28・9・29刑集7巻9号1848頁。

判決がすでに内部的成立をみている場合であり、本条の趣旨からは当然の規定である。

Ⅲ 更新の効果と手続

まず、更新の効果であるが、裁判官の交替によって、それ以前の訴訟行為のうち、更新前の当事者による証拠調べ請求、各種申立、裁判所の決定などの手続形成行為は影響を受けないが、証拠調べの結果得られた有罪・無罪の心証などの実体形成行為は、口頭主義・直接主義に反する限度で効力を失う。

更新の手続に関しては、刑訴規213条の2が次のように定める。まず、(1)裁判長は、検察官に起訴状に基づいて公訴事実の要旨を陳述させなければならない（被告人及び弁護人に異議がないときは、その陳述の全部または一部をさせないことができる）。(2)裁判長は、(1)の手続が終った後、被告人及び弁護人に対し被告事件について陳述する機会を与えなければならない。(3)更新前の公判期日における被告人若しくは被告人以外の者の供述を録取した書面または更新前の公判期日における裁判所の検証の結果を記載した書面ならびに更新前の公判期日において取り調べた書面または物については、原則として職権で証拠書類または証拠物として取り調べなければならない（ただし、当事者に異議がないときはこの限りでない）。(4)裁判長は、(3)に掲げる書面または物を取り調べる場合において訴訟関係人が同意したときは、その全部若しくは一部を朗読しまたは示すことに代えて、相当と認める方法でこれを取り調べることができる。(5)裁判長は、取り調べた各個の証拠について訴訟関係人の意見及び弁解を聴かなければならない。

以上は、いわば基本型であり、実務上かなり簡略化された更新手続が行われている。しかし、直接主義・口頭主義の要請は決して軽いものではなく、簡略すぎる「更新」手続には疑問がもたれる。

本条の手続は、控訴審にも準用される[195]。

（白取祐司）

（公判手続の更新2）
第315条の2 第二百九十一条の二の決定が取り消されたときは、公判手続を更新しなければならない。但し、検察官及び被告人又は弁護人に異議がないときは、この限りでない。

本条は、簡易公判手続が取り消され、簡略化されて行われてきた手続が無効

---

[195] 最三小判昭30・12・26刑集9巻14号3025頁。

となるため、すべて通常の方法でやりなおすことを定めるものである。したがって、前条の公判手続の更新とは、同じ「更新」という文言を用いていても内容的にまったく異なる。本条における「更新」は、刑訴規213条の2をそのまま適用することはできず、また、補充裁判官がいても（裁78条参照）、更新が不要になることはない。

簡易公判手続における証拠調べは「適当と認める方法で」行われるにすぎないので、決定取消し後は、改めて証拠能力の制限に抵触する証拠を排除し、伝聞証拠については、まず当事者の同意（刑訴326条）の有無を確認し、同意が得られない伝聞証拠についてはこれを取り調べない旨の決定をすることとなる（刑訴規213条の2第3項但書き）。そのうえで、証拠能力ある証拠について、適式な証拠調べを行う必要がある。

以上が原則であるが、両当事者に異議がないときは、更新の必要はない（本条但書き）。法文上、「被告人又は弁護人に異議がないとき」とあるが、判例では、弁護人が選任されている事件では、被告人及び弁護人双方に異議がないときと解されている[196]。更新が原則なのであるから、当事者の意思確認は重要であり、判例は支持できる。

（白取祐司）

（合議制事件と一人の裁判官の手続の効力）
第316条　地方裁判所において一人の裁判官のした訴訟手続は、被告事件が合議体で審判すべきものであつた場合にも、その効力を失わない。

裁判を1人制で行うか合議制で行うかについては、裁26条、裁31条の4に定められているが、最初1人の裁判官によって行われていた審理が、途中から合議制にかわることがある。本条は、その場合に、単独制のもとで行われた訴訟手続が、合議体に変更された後においても、手続を無駄にしないため効力を失わないとしたものである。単独制で審理されていた事件（たとえば窃盗）について、訴因変更の結果、法定合議事件（たとえば強盗）になったため合議体に変更された場合だけでなく、もともと合議制をとるべき事件について単独体で審理してしまった場合についても本条の適用があると解すべきである（通説）。

単独体から合議体にかわった場合も、裁判官の交替があった場合であるから、公判手続の更新が必要となる。

（白取祐司）

---

[196]　東京高判昭42・12・5下刑集9巻12号1478頁。

第2編第3章第2節　争点及び証拠の整理手続〔前注〕　773

第2編第3章第2節　争点及び証拠の整理手続

〔前注〕

I　制度新設の経緯と制度趣旨

1　立法経緯

　本節は、主として起訴後公判開始前に事件の争点及び証拠を整理する手続について定めたものである。

　このような手続を新たに設けることが必要であるとの提案は、**司法制度改革審議会**においてはじめて提起された。そして、2年間にわたる同審議会での議論を経て、本節の基礎となる提言が、同審議会意見書に盛り込まれた。次いで、司法制度改革審議会意見書を受け、**司法制度改革推進法**（平成13年法律第119号）が制定され、同法に基づき設置された司法制度改革推進本部「裁判員制度・刑事検討会」において具体的な制度設計に向けた議論が行われた。そして、これらの議論を踏まえて、本節の規定が、刑事訴訟法等の一部を改正する法律（平成16年法律第62号）として、2004年5月に成立した[197]。

2　制度趣旨

　公判開始前に争点及び証拠を整理する手続を新設する必要性については、立法過程において、一般に、次のように説明された。

　第1に、刑事裁判の一部に第一審の審理だけで相当の長期間を要するものがあり、こうした刑事裁判の遅延が国民の刑事司法全体に対する信頼を傷付ける一因となっているので、**刑事裁判の充実・迅速化**を図る必要がある。

　第2に、司法制度改革審議会で争点整理手続と併せて提言され、2004（平成16）年刑訴法改正法と同時に導入が決定された**裁判員制度**を円滑に実施するためには、刑事裁判の充実・迅速化が必須不可欠である。すなわち、一般国民が刑事裁判に参加することを可能にするためには、参加する国民の負担が加重にならないようにする必要があり、そのために公判自体をできる限り短期間に終わらせなければならない。また、公判に要する期間が長期化すると、裁判員は、評議の際に、とりわけ公判の最初の方で行われた証拠調べの結果についての記憶が薄れている可能性があり、正確な事実認定等ができなくなるおそれがある。この点については、従来の職業裁判官は、調書を読み返して記憶を喚起したう

---

[197]　立法の経緯及び概要については、参照、辻裕教『司法制度改革概説6　裁判員法／刑事訴訟法』（商事法務、2005年）、辻裕教「刑事訴訟法等の一部を改正する法律（平成16年法律第62号）について(1)」法曹時報57巻7号（2005年）1頁以下。

えで、全ての証拠調べの結果を吟味して結論を出すことが可能であったが、裁判員の場合、膨大な量の調書を自宅等に持ち帰って読み込んでもらって心証を形成するように要求することは不可能である。

そこで、刑事裁判の現状及び裁判員制度の導入に伴う問題点を解消するべく、「真に争いのある事件につき、当事者の十分な事前準備を前提に、**集中審理（連日的開廷）**により、裁判所の適切な訴訟指揮の下で、明確化された争点を中心に当事者が活発な主張立証活動を行い、効率的かつ効果的な公判審理の実現を図る」[198]という基本的な考え方に立ったうえで、充実した**争点整理**を実現する制度として、本節の手続が新設されたのである。

3 2016年改正の経緯

本節はさらに、2016年、法制審議会「新時代の刑事司法制度特別部会」の答申を受けて作成された法律案に基づいて、改正された。2016年刑事訴訟法改正の趣旨は、現在の捜査・公判が取調べ及び供述調書に過度に依存した状況にあるとの指摘を踏まえ、このような状況を改めて、刑事手続における証拠収集方法の適正化・多様化及び公判審理の充実化を図ろうとしたものとされ、その一環として、証拠開示制度の拡充が盛り込まれた。具体的には、公判前整理手続及び期日間整理手続における証拠開示の手続がより機能的に行われるようにするなどして、公判審理の充実化を図ることを趣旨として、「証拠の一覧表の交付手続の導入」、「公判前整理手続等の請求権の付与」及び「類型証拠開示の対象の拡大」が図られた[199]。

II 問題点

1 問題点の検討の必要性

本節の手続に対しては、導入の目的や制度趣旨の点でも、具体的な制度設計のあり方の点でも、立法過程を通じて、導入必要論・賛成論とともに、批判や問題点の指摘も繰返しなされてきた。したがって、本節の解釈に当たっては、指摘されている問題点や疑問点の存在を考慮しながら、そのような問題点が現実に発生する危険性がある場合には、問題点を顕在化させない解釈を行う必要がある。ここでは、争点整理手続あるいは公判前整理手続全体の制度枠組みにかかわって指摘されている問題点・疑問点について検討する。個別の条文に関して指摘されている問題点の検討は、それぞれの条文を参照されたい。

---

[198] 司法制度改革審議会意見書。

[199] 吉川崇＝保坂和人＝吉田雅之「刑事訴訟法等の一部を改正する法律（平成28年法律第54号）について(1)」法曹時報69巻2号（2017年）29頁、107頁以下。

第2編第3章第2節　争点及び証拠の整理手続〔前注〕　775

2　証拠開示のあり方

　第1に、争点整理手続の目的が、**裁判員**として参加する国民の負担軽減のための迅速化に偏りすぎており、その結果、被告人が、十分に防御権を行使して事件について争う機会を奪われるのではないか、という指摘がなされた※200。これに対しては、新制度は、**証拠開示**の拡充を規定しており、被告人が開示証拠を活用して活発で充実した防御活動を行うことによって争点を顕在化することを意図しており、また**被疑者国選弁護制度**が設けられたことによって、弁護人が捜査段階から関与し、公判前に事件の内容や被疑者の主張を十分に認識できるようになるから、拡充された証拠開示制度と組み合わせて、被告人側が、争点整理手続において、検察官の主張と証拠を十分に吟味する機会は保障されるという説明がなされている※201。

　確かに、**裁判員裁判**においては、公判で審理すべき事項があまりに多く、かつそれぞれの事項間の整理がなされないままに審理が行われると、裁判員が争点を正確に理解することができないおそれがある。また、公判の期間があまりに長期間になると、公判初期の証拠調べ結果が心証形成に反映されない可能性も生じる。したがって、適切な**争点整理**と**審理計画**を策定すること自体は、**適正な事実認定・量刑**を実現するために、その必要性を一概に否定できない。

　しかし、適正な事実認定等は、当事者同士が十分に準備したうえで、対等に攻撃・防御を行ってこそ、つまり、攻撃と防御がかみ合ってこそ実現する。そして、刑事訴訟においては、検察官と被告人との間には、攻撃・防御のよりどころとなる証拠収集について、権限のうえでも、資金力やマンパワーの面でも大きな格差があるから、両者の間に存在する格差を埋め、対等な攻撃・防御が成り立つようにするためには、十分な証拠開示による防御力の対等化が前提となる。要するに、本節の制度が所期の目的を果たすことができるかどうかは、十分な証拠開示に基づき検察官の主張を弾劾し、被告人にとって有利な証拠を完全に提出できるかどうかにかかっているといっても過言ではない※202。そして、被告人側が十分な証拠開示にもとづいて、検察官の主張と証拠を吟味したうえで、的確な防御方針を立てることができてこそ、争点は整理され、結果と

※200　渕野貴生「裁判員制度と刑事手続改革」法律時報76巻10号（2004年）31頁以下。
※201　座談会「刑事司法はどう変わるのか」法律時報76巻10号（2004年）11頁〔安原浩〕、座談会「裁判員制度をめぐって」ジュリスト1268号（2004年）31頁〔井上正仁〕。
※202　日本弁護士連合会裁判員制度実施本部編『公判前整理手続を活かすPart 2（実践編）』（現代人文社、2007年）8頁。

して公判の迅速化につながりうる※203。

そこで、本法律案に対しては、参議院法務委員会においても、「被告人の防御権の十分な保障を確保し、充実した公判の審理を継続的、計画的かつ迅速に行う観点から、公判前整理手続における新たな証拠開示制度及び公判の連日的開廷を含め、本法の運用に当たっては、制度の趣旨を踏まえるとともに、被告人の防御権にも十分配慮するよう周知徹底に努めること」という附帯決議が付された。実際の運用では、裁判所が証拠開示に対して積極的な姿勢を示し、また、検察官も、事案によっては、柔軟な任意開示に応じるなど、開示される証拠の範囲は、制度導入前に比べてかなり広がったといえよう。しかしながら、被告人側は、検察官が持っている証拠の全貌を知ることができないままに、手探りで証拠を特定して請求しなければならない点や、類型証拠開示の範囲がなお限定されている点など、2004年法は、依然として制度上の限界を抱えていた。そこで、2016年改正によって、新たに、証拠一覧表の開示制度が設けられ（刑訴316条の14第2項、第3項）、類型証拠が拡大されるなど（刑訴316条の15）、証拠開示の一層の拡大が図られた。しかしそれでもなお、一覧表の表記の仕方が、類型証拠開示及び争点関連証拠開示を請求する手掛かりとなり得ているかなど、限界や問題点が残されている。したがって、争点整理手続に関する各条文は、残された限界や問題点をできる限り解消する方向で解釈されなければならない。すなわち、被告人側が請求したいと考える証拠を漏れなく特定可能にすることによって、幅広い証拠開示を得られるようにすることを通じて、被告人の防御権を十全に保障した結果として、公判が充実したものになり、迅速化も実現するという争点整理手続の所期の目的に沿った解釈を行っていく必要がある。

3　保釈のあり方

公判前整理手続等において被告人の**防御権**を十分に保障し、被告人側の活発な防御活動を通じて争点を適切に整理するためには、弁護人は、開示された証拠の有用性や活用方法などを被告人と綿密に検討し、あるいは被告人の事件に関する言い分を漏れなく聞き取って、被告人側に有利な証拠の収集につなげていくなど、被告人と弁護人との間の緊密なコミュニケーションを行う必要がある。そして、このようなコミュニケーションの繰返しを通じて、被告人側の主張を組み立てていくことで防御権が保障され、争点も整理されることになる。

しかし、被告人が**勾留**されている場合、このような打ち合わせは弁護人との

※203　岡慎一「証拠開示規定の解釈・運用」自由と正義57巻9号（2006年）72頁、岡慎一「公判前整理手続の課題と証拠開示規定の趣旨・目的」刑事法ジャーナル2号（2006年）36頁以下、門野博「証拠開示に関する最近の最高裁判例と今後の課題——デュープロセスの観点から」原田國男判事退官記念論文集『新しい時代の刑事裁判』(判例タイムズ社、2010年)147頁以下。

接見の機会に行うしかなく、防御の準備は、時間的にも場所的にも、身体拘束を受けていない被告人の場合に比べて著しく制約された条件のもとで行わざるを得なくなる。防御の準備にとっての制約は、単に、被告人が弁護人と会う機会や相談時間が限られるというだけでなく、資料のやり取りにも所定の手続を取る必要があるとか、被告人を連れ立って犯行現場に行き、現場の状況を実際に見ながら、被告人の位置関係や動き方を把握するといった事実調査の方法も取ることができないなど、さまざまな点に及びうる。したがって、公判前整理手続等において被告人が、弁護人と防御方針について十分に打ち合わせを行い、防御の準備をすることを保障するためには、被告人の身体拘束が解かれていることが重要であり、**保釈の必要性はとりわけ大きい**[204]。

被告人を勾留したまま公判前整理手続を行うことに以上のような問題点があることは裁判例でも認識されつつあり、実際に、弁護人と被告人との十分な打合せの機会を保障する必要があるとして、保釈を認める事例も見られるようになっている[205]。

他方、論者のなかには、公判前整理手続において争点が絞り込まれるから、争点以外の細部の事実関係については公判や判決で取り上げる必要がなくなること、したがって、争点とされなかった事項については、原則として**罪証隠滅**の対象となる事実になり得ないこと、被告人側は、刑訴316条の16にしたがって検察官の証拠調べ請求に対して証拠意見を述べなければならず、また刑訴316条の32によって公判に入って新たな証拠調べ請求をすることは原則として許されないから、これらの規定に従い、被告人側が証拠調べに同意し、裁判所が証拠決定した証拠に関しては、罪証隠滅の主観的可能性も実効性も格段に低くなると考えられることなどから、罪証隠滅の余地が相対的に低下し、罪証隠滅のおそれを理由とする勾留や、保釈請求却下の運用に変化を及ぼすことにつながるのではないかと論じるものもある[206]。

確かに、この見解も、防御の準備のために被告人の身体拘束からの解放が重要であるという点の認識は共通している。しかし、防御の準備の重要性を主として公判審理の場面に限定して捉え、保釈の拡大の射程を公判前整理手続終了後に限定している点で疑問が残る。なぜなら、上述の通り、防御の準備の必要性は、公判前整理手続においても公判に勝るとも劣らないほど高いからである。

---

[204] 日本弁護士連合会裁判員制度実施本部編・前掲[202]書29頁以下。

[205] 東京地決平18・4・27判例集未登載。本決定については、参照、高野隆「保釈」季刊刑事弁護48号（2006年）72頁以下及び小出錞一「本件判批」刑事法ジャーナル7号（2007年）92頁以下。

[206] 松本芳希「裁判員裁判と保釈の運用について」ジュリスト1312号（2006年）147頁以下、角田正紀「公判前整理手続の運用について」原田國男判事退官記念論文集『新しい時代の刑事裁判』（判例タイムズ社、2010年）135頁以下。

しかも、公判前整理手続が円滑に終了した後の保釈という考え方は、運用の仕方によっては、公判前整理手続で被告人側が裁判所が納得するレベルの過度に詳細な主張明示に応じることを保釈の条件とされてしまう危険性があり、新たな人質司法を生み出すおそれを否定できないように思われる[207]。

2009年の裁判員裁判の実施後における保釈の実情であるが、保釈率は、裁判官裁判時代より、自白事件、否認事件ともに上昇しているほか、罪名別でも、強盗強姦、強盗致死(強盗殺人)を除くすべての罪名で保釈率が高くなっている[208]。

4 予断排除原則との関係

本節の**争点整理手続**のなかの**公判前整理手続**（第1款）に対しては、**予断排除原則**との抵触も指摘されてきた[209]。というのは、公判前整理手続においては、公判を担当する裁判官が、当事者から請求された証拠の取調べ決定を行ったり、証拠開示の裁定を行ったりするが、そのような決定や裁定を行うにあたって裁判官は、相当広範囲にわたって証拠の内容を認識する可能性があるからである。また、**裁判員裁判**との関係ではさらに、公判前整理手続には裁判官のみが関与することから、公判前整理手続で裁判官が、証拠能力がないと判断した証拠、あるいは証拠調べ請求を却下した証拠も含めて、広範囲にわたって証拠の内容を認識するとすれば、裁判官と裁判員との間に情報格差が生じ、裁判官が裁判員の心証形成を誘導することにもつながりかねないという問題点も指摘されている[210]。

このような疑問に対しては、以下の2つの観点から、批判には根拠がないと

---

[207] すでに、弁護士のなかから、主張明示は、弁護方針の柔軟な変更を難しくするなどの防御上のデメリットもあるから、主張明示をすれば保釈の可能性が高まると考えて、軽々に早期の主張明示に走るべきではない、との警告も出されている。参照、寺田有美子「連日的開廷と弁護人の準備　その2」季刊刑事弁護48号（2006年）61頁。

[208] 最高裁判所事務総局「裁判員裁判実施状況の検証報告書」（2012年12月）31頁。

[209] 東京弁護士会弁護士研修センター運営委員会編『公判前整理手続』(商事法務、2008年) 107頁以下〔細田はづき〕。

[210] 大阪弁護士会裁判員制度実施大阪本部編『コンメンタール公判前整理手続』（現代人文社、2005年）14頁、高平奇恵「公判前整理手続の目的と限界——争点の整理と証拠の厳選に着目して」川崎英明・白取祐司編『刑事訴訟法理論の探究』(日本評論社、2015年) 111頁以下。

の説明がなされている※211。

第1に、公判前整理手続において裁判官が証拠の取調べ決定等のために証拠の内容を認識したとしても、それは証拠の採否や証拠開示の可否を判断する目的に限定して当該証拠を見ているのであって、事件について心証を取る作用として証拠を見ているわけではないとされる。また、証拠の採否等を判断するために証拠を提示させるといったやり方は、従来の公判でも行われているから、同種の行為を公判前整理手続に限っては行えないとすることには合理性がないともされる。なお、心証形成目的で見ていないという説明は、それ自体、裁判官と裁判員との情報格差を否定することにもなりうるだろうが、あわせて、刑訴316条の31が公判前整理手続の結果を公判期日において明らかにする手続を定めていることも、裁判官と裁判員との間の情報格差が杞憂に過ぎないことを根拠づける手がかりの1つとなるだろう。

第2に、予断排除原則の核心は、裁判所が検察官から証拠を引き継ぐことで一方的な説得を受けるのを排除するところにあるが、この点、公判前整理手続は、両当事者が対等に参加したうえで行われるから、予断排除原則に実質的に反することにはならない、とされる。

しかし、これらの説明によってもなお疑問は完全には解消されないという意見もある。第1の説明に対しては、元来、**起訴状一本主義**というのは、裁判官がどんな形態であれ、あるいはどんな目的であれ、事前に証拠に触れれば予断を生じるおそれがあるという発想に基づいて制度化されたのではなかったか、と指摘される※212。また、公判において個々の証拠の採否に際して提示命令を出して証拠に触れる場合と、公判開始前の段階で集中的に証拠に触れる場合とでは予断の生じる範囲が圧倒的に異なるから、公判で証拠の採否等のために証拠を見ることが許されていることが、直ちに公判前整理手続を正当化することにはならない※213、との指摘もなされる。

第2の説明に対しては、被告人側が関与することで裁判官の予断を防止することができるためには、その前提として、被告人側が検察官から出される主張と証拠に適時にかつ適切に反論・弾劾することができるという前提が成り立っ

※211 寺崎嘉博「公判前整理手続の意義と『やむを得ない事由』の解釈」刑事法ジャーナル2号（2006年）6頁以下、辻裕教・前掲※197論文70頁以下、大澤裕「『新たな準備手続』と証拠開示」刑法雑誌43巻3号（2004年）76頁、川出敏裕「新たな準備手続きの創設」現代刑事法4巻11号（2002年）46頁、松本時夫＝土本武司＝池田修＝酒巻匡編『条解刑事訴訟法（第4版増補版）』（弘文堂、2016年）721頁以下、山崎学『公判前整理手続の実務』（弘文堂、2016年）17頁以下。

※212 白取祐司「新たな準備手続と迅速な裁判——自己負罪拒否特権・予断排除の原則との関連において」現代刑事法6巻12号（2004年）14頁、渕野貴生「公判前整理手続の問題点」季刊刑事弁護41号（2005年）27頁以下。

※213 大阪弁護士会裁判員制度実施大阪本部編・前掲※210書14頁。

ていなければならないが、**全面的証拠開示**が制度化されていないことなどに鑑みると、被告人側には公判前整理手続で対等に防御できる条件が整っていないのではないか、との指摘がなされている[214]。

したがって、予断排除原則との整合性の点でも、少なくとも以上のように指摘される問題点が現実の訴訟において発生しないように、証拠開示に関する規定をはじめとする各条文の解釈にあたっては、被告人が検察官と実質的に対等な立場に立って公判前整理手続等に参加し防御活動ができるように保障する方向で解釈していく必要があろう。

5 裁判公開原則との関係

争点整理手続は、現在、非公開で行われている。しかし、争点整理手続において判断され、決定される事項は、証拠開示の可否や証拠の採否など、訴訟上、裁判の結果をも左右しかねない重要な事項を多く含んでおり、これらの手続が非公開で行われるとすると、被告人の公開の裁判を受ける権利（憲37条1項）を侵害しかねないという指摘もある[215]。

これに対しては、刑訴316条の2及び刑訴316条の28は、**公判前整理手続**等を**公判準備**として位置づけており、したがって公判前整理手続等は憲82条1項の言う「対審」には当たらないと解されるし、事件の争点及び証拠の整理など、公判前整理手続で行われる事項は、いずれも公判の審理が計画的かつ円滑に進行するよう準備するために行われるものであって、**刑罰権**の存否並びに範囲を定める裁判手続の核心的部分である公判手続とは性格に異にするものであるから、手続を非公開にしても**裁判公開原則**には反しないとの説明がなされている[216]。

確かに、公判前整理手続等には両当事者が関与しているから、当事者の訴訟活動を通じて、適正手続の観点から問題があると思われる裁判所の恣意的な訴訟指揮や証拠決定を防止することは可能であるといえなくもない。また、昨今の被疑者・被告人に対する社会的雰囲気ないし世論の厳しさに鑑みると、手続を公開するとかえって、たとえば被害者を弾劾するような主張や被害者関係の証拠の開示請求をしにくくなり、被告人の防御活動に制約をもたらす危険さえある。争点整理の段階では、まさに争点を整理していく過程として、最終的には公判で争点にしないと判断するような主張も含めて、検察官の主張と証拠の

---

[214] 渕野貴生・前掲※200論文31頁以下。

[215] 大阪弁護士会裁判員制度実施大阪本部編・前掲※210書15頁以下。なお、公判前整理手続と裁判公開との関係について包括的に論じたものとして、梓澤和幸＝田島泰彦編『裁判員制度と知る権利』（現代書館、2009年）。

[216] 辻裕教・前掲※197論文71頁以下、松本時夫＝土本武司＝池田修＝酒巻匡編・前掲※211書721頁。

状況を見ながら流動的にさまざまな防御の可能性を追求することができなければならず、そのなかには、いわゆる世間受けしない主張もありうる。そのような防御方法がストレートに公開され、報道されることによって、被告人に対して**裁判員**や被害者等を含む**証人**が不当な予断を抱いてしまっては、本末転倒である。公開にって生じうる弊害の点も考え合わせると、公判前整理手続を非公開とした制度設計自体は、是認せざるを得ないように思われる。

　しかし、他方で、裁判官の個々の訴訟指揮や判断を一般市民の目に直接晒すことによって裁判所が恣意的・濫用的に訴訟の進めることを防ぐという機能はやはり軽視すべきではない。この観点から、特に、公判前整理手続において行った個々の手続について、結果を導くに至った経過が分かるような形で公判前整理手続の結果顕出（刑訴316条の31）を行う必要性が高いことを強調しておきたい。

6　黙秘権との関係

　公判前整理手続及び**期日間整理手続**において、被告人に公判での予定主張と証拠調べ請求を義務付け（刑訴316条の17、刑訴316条の28）、公判前整理手続等が終わった後には、原則として証拠調べ請求を認めないこととする（刑訴316条の32）制度に対しては、**黙秘権**や**挙証責任**の原則の侵害につながるのではないかとの疑問が提起されているが、この点については、刑訴316条の17及び刑訴316条の32の解説を参照されたい。

（渕野貴生）

第2編第3章第2節第1款　公判前整理手続

第2編第3章第2節第1款第1目　通則

（公判前整理手続の決定）
　第316条の2　裁判所は、充実した公判の審理を継続的、計画的かつ迅速に行うため必要があると認めるときは、検察官、被告人若しくは弁護人の請求により又は職権で、第一回公判期日前に、決定で、事件の争点及び証拠を整理するための公判準備として、事件を公判前整理手続に付することができる。
　②　前項の決定又は同項の請求を却下する決定をするには、裁判所の規則の定めるところにより、あらかじめ、検察官及び被告人又は弁護人の意見を聴かなければならない。

③ 公判前整理手続は、この款に定めるところにより、訴訟関係人を出頭させて陳述させ、又は訴訟関係人に書面を提出させる方法により、行うものとする。

Ⅰ 本条の趣旨

本条は、**公判前整理手続**の目的及び事件を公判前整理手続に付する決定ならびに決定手続の方法について定めた規定である。

Ⅱ 決定をすることができる場合

1 要件

公判前整理手続を行う目的は、「充実した公判の審理を継続的、計画的かつ迅速に行う」ことである。「充実した公判の審理」とは、**争点**ではない事項については効率的に審理を行って無駄な審理を避け、明確化された争点に集中して審理を行うことを意味する。「継続的」とは、**連日**あるいはそれに近い間隔で開廷することを意味する。「計画的」とは、審理の全過程を見通して、**証拠調べや論告・弁論**までの予定を立てておくことを意味する。「迅速」とは、審理全体が短期間で終了することを意味する。

公判前整理手続に付す決定をすることができるのは、このような意味の審理を行うために必要な場合ということになるが、具体的には、(1)事案の性質、たとえば、争点が多岐にわたることが予想されるなど複雑な事件か否か、(2)公判で取り調べることが見込まれる証拠の内容及び量、たとえば、多数の**証人尋問**が予想されるのか、(3)**証拠調べ**に要することが見込まれる時間や開廷数、(4)被告人側からの**証拠開示**請求が見込まれるか否か、などの事情を考慮し、公判前整理手続を経た場合の方が、同手続を経ない場合よりも、充実した審理がなされるとともに、起訴後判決が出るまでの期間が短縮されることが見込まれるような場合には、公判前整理手続に付すべきであるとされている[217]。

この点に関して、2016年刑事訴訟法改正によって、当事者に対して公判前整理手続請求権が認められたが、裁判所が事件を公判前整理手続に付するための要件に変更はないとされる[218]。

なお、**裁判員裁判**の場合は、公判前整理手続に付することは必要的である（裁判員49条）。その実質的根拠は、第1に、市民である裁判員を一定期間拘束

---

[217] 辻裕教「刑事訴訟法等の一部を改正する法律（平成16年法律第62号）について(1)」法曹時報57巻7号（2005年）77頁。

[218] 吉川崇＝保坂和人＝吉田雅之「刑事訴訟法等の一部を改正する法律（平成28年法律第54号）について(1)」法曹時報69巻2号（2017年）109頁。

することから、審理計画を策定し、審理に無駄がないようにする必要がつねに存在するからである。また、対象事件を裁判官3人と裁判員6人からなる裁判体で行うか、裁判官1人と裁判員4人からなる裁判体で行うかの決定をしなければならず、さらに、裁判員の選任にあたり、「職務従事予定期間」（裁判員34条、裁判員27条1項）を判断しなければならないからである。

2 目的

　争点の明確化は、充実した証拠開示に基づいて被告人側が事件及び検察官の主張の問題点を多角的に検討し、さまざまに考えうる争点を漏れなく把握したうえで、必要に応じて取捨選択したり、重点の置き方を変えたりして提示した結果（場合によっては全ての争点が重要であるとして、証拠と検察官の主張の検討の結果浮かび上がった問題点全てを争点として提示することもありうる）に基づいたものでなければならない。したがって、(1)については、争点が多岐にわたるからいくつかに絞る必要があるという意味で解してはならない[219]。多岐にわたっても被告人が争点とする以上は、全て受け入れて、審理の順序、すなわち審理の計画を立てる必要があるという意味で解するべきである。

　また、**迅速性**の要請は、必要のない無駄な審理を行わないということであって、被告人が争っている点の審理を省略したり、粗雑に行ったりしてよいということではない。したがって、争点が多い事件では、単純に審理に要する時間だけを考えれば短縮しないことも想定しうるが、時間がかかっても毎回の審理が中身の濃い充実したものになるのであれば、公判前整理手続に付することは可能と解するべきである。つまり、判決までの期間短縮は絶対的な要件ではない。

　さらに、公判前整理手続で立てられた**審理計画**は、公判において金科玉条のごとく守らなければならないものではない[220]。事前に証言の全てを予測することはできないことをはじめとして、公判では、両当事者及び裁判所にとって予想外のことが起こりうるからである。したがって、審理計画を守らせることを自己目的化したうえで、たとえば、刑訴316条の32の証拠調べ請求の制限を活用することを目的として事件を公判前整理手続に付す決定をすることは許されない。

---

[219] 中山博之「公判前整理手続における被告人の権利保障・弁護活動のあり方」季刊刑事弁護80号（2014年）142頁。

[220] 大阪弁護士会裁判員制度実施大阪本部編『コンメンタール公判前整理手続』（現代人文社、2005年）30頁。裁判例でも、証人尋問の経過を踏まえ、再度の証人尋問を行うなどの訴訟運営を考えてもよかったのではないか、と述べて、控訴審判決において第一審の硬直的な訴訟進行のあり方に疑問を呈したものがある。参照、東京高判平22・10・6東高時報61巻1-12号231頁。

784 第316条の2（公判前整理手続の決定）

Ⅲ 決定主体

　公判前整理手続に付するか否かは裁判所が決定する。裁判所とは**受訴裁判所**のことを指す。公判前整理手続の主宰者を受訴裁判所としたのは、公判前整理手続において行われる争点整理や証拠調べ決定及び審理計画の策定などは、公判における審理や証拠調べのあり方を決定付けるものであるので、公判の運営に責任を負う受訴裁判所が公判前整理手続も主宰することが必要かつ適当であると考えられたためである。

　この考え方自体には一定の合理性があると考えるが、他方で、公判を主宰する裁判官と公判前整理手続を主宰する裁判官とを同じくすることで、**予断排除原則**や裁判員との**情報格差**問題が発生することとなったことも否定できない。受訴裁判所が公判前整理手続を主宰するという仕組みが唯一の選択肢なのか、改めて検討する必要があるように思われる[※221]。これらの問題点の検討については、前注を参照されたい。

Ⅳ 公判前整理手続請求権

　2016年改正前は、事件を公判前整理手続に付するか否かは、裁判所が職権で判断することとされていた。そのため、当事者は、裁判所に対して、職権発動を促すことができるにとどまっており、裁判所には応答義務もなかった。しかし、事件が公判前整理手続に付されるか否かは、訴訟当事者の公判準備に大きな影響を与えることに鑑み、2016年刑事訴訟法改正によって、当事者に対して**公判前整理手続請求権**が認められた。

　請求権の付与によって、当事者から請求があったときは、裁判所は事件を公判前整理手続に付すか否かを「決定」によって、合理的な期間内に判断しなければならない。すなわち、裁判所は、当事者の請求に対して、応答義務を負うことになった。しかし、裁判所が行った公判前整理手続に付す決定ならびに請求却下決定はいずれも、「訴訟手続に関し判決前にした決定」であるが、即時抗告をすることができる旨の規定は設けられなかったことから、当事者は、決定に不服があっても、抗告をすることはできない（刑訴420条1項）。抗告権が与えられなかった理由は、第一審の訴訟進行は、これを主宰する第一審裁判所に委ねられるべきで、抗告裁判所にその当否を判断させるのは相当でないという点や、訴訟当事者が請求と却下決定に対する即時抗告とを繰り返すと、手続が遅延し、公判前整理手続の趣旨を損なうといった点に求められている[※222]。

[※221] 渕野貴生「裁判員制度と予断排除原則の本質——裁判員制度の見直しに向けて」立命館法学345・346号（2013年）679頁以下。

[※222] 吉川他前掲[※218]論文109頁以下。

第 316 条の 2 （公判前整理手続の決定）　785

Ⅴ　当事者からの意見聴取

1　拘束力についての一般論

　当事者は、事案の内容や証拠関係等を把握しているうえ、**公判前整理手続**の要否は当事者の主張立証の内容によるところもあるので、裁判所が公判前整理手続の要否の判断を適切に行うことができるように、当事者の意見を聴くものとされた。当事者からの意見聴取は、裁判所が職権で公判前整理手続に付そうとする場合であっても、当事者が請求した場合であっても必要的である。

　当事者から出された意見をどのように取扱うかについて、公判前整理手続に付するかどうかは**争点及び証拠の整理**や**審理計画**の策定をする必要性の度合い及び付した場合に生じる負担を勘案して裁判所が判断すべきであり、「当事者の一方が求める以上は付する」という運用にはならないとする見解がある。また、論者によれば、公判前整理手続の必要性が肯定される事案であるのに、これらの手続に付することなく、**訴訟指揮権**に基づく証拠開示の問題として処理し、その結果として**主張明示義務**や**立証制限**が回避されることになるような安易な運用は許されないし、逆に、証拠開示のためだけにこの手続を利用するのも、公判前整理手続の本来の趣旨から外れるものであるとされる[223]。

2　被告人が付すことを求めている場合

　しかし、**公判前整理手続**に付すか否かの判断は裁判所の自由裁量に委ねられていると解することは、公判前整理手続が現実に果たす機能及び、手続上果たすべき機能に照らして、必ずしも妥当ではないように思われる。

　すなわち、公判前整理手続に付されると被告人側は検察官請求証拠だけでなく、**類型証拠**や**争点関連証拠**の証拠開示を受けることができる。また、検察官が提出する**証明予定事実記載書面**では「事実とこれを証明するために用いる主要な証拠との関係を具体的に明示すること」が求められているので、訴因の特定性の要請を満たしていると判断されて相当漠然とした事実しか書かれていないこともある現在の起訴状に比べて格段に防御対象を明確にすることもできる[224]。被告人側は同時に**主張明示義務**などの負担を負うことにもなるが、そのような負担を勘案したうえで、防御上必要かつ有効であるとして、被告人側

---

[223] 米山正明「公判前整理手続の運用と今後の課題──大阪地裁における1年間の実施状況を参考にして」判例タイムズ1228号（2007年）35頁以下。これに対して、大島隆明「公判前整理手続に関する冊子の作成・配付について」判例タイムズ1192号(2006年)8頁は、当事者の意向も尊重すべきとする。ただし、大島の主張は被告人の防御権の観点から根拠付けられたものではない。

[224] 日本弁護士連合会裁判員制度実施本部編『公判前整理手続を活かすPart2（実践編）』（現代人文社、2007年）15頁以下。

が積極的に証拠開示を求めて公判前整理手続に付すことを希望する場合はありうる。そして、その場合には、裁判所は、原則として、事件を公判前整理手続に付すべきである[225]。なぜなら、一般的に、防御上必要な証拠が積極的に開示されることは、被告人の**防御権**保障にとって重要であるし、同時に、防御方針も定めやすくなり、**争点整理**を通じた充実した審理の実現に資すると考えられるからである。

したがって、裁判所は、公判前整理手続に付すことでかえって争点を混乱させ、無駄な審理が行われるという具体的な根拠がある場合を除いては、被告人側からの公判前整理手続に付すことを求める請求および意見には従うべきである。

3 被告人が付さないことを求めている場合

検察官が**公判前整理手続**に付すことを請求していても、被告人側から公判前整理手続に付さないことを求める意見が出ている場合には、被告人側の意見を十分に尊重すべきである。公判前整理手続に付さない場合には、**争点**の整理や**審理計画**の策定がしにくくなる可能性があるから、公判前整理手続に付す必要性の観点からは、被告人側の意見に直ちに従うことに合理性はないという考え方もあるかもしれない。しかし、公判前整理手続が行われれば、被告人側は、**主張明示義務**及び**公判期日**における**証拠調べ請求の制限**などの**防御権**行使の方法に重大な影響をもたらす負担を負うことになるから、たとえば、弁護人が被告人とコミュニケーションを取りにくい事情があり、第1回公判期日前に防御方針を定めるのが困難な場合などには[226]、被告人の防御権を十全に保障するために、公判前整理手続に付すことに反対の意見が被告人側から出されることはありうる。公判前整理手続に付す決定に対して**抗告**することはできないこともあわせて考慮するならば（刑訴420条）、被告人が公判前整理手続に付さないことを求めているにもかかわらず、公判前整理手続に付す決定をしようとする場合には、防御権の保障の観点から、被告人に不利益が生じないかどうかを慎重に判断すべきである[227]。

---

[225] 後藤昭「公判前整理手続をめぐる二つの検討課題」自由と正義57巻9号（2006年）94頁も、被告人側が公判前整理手続の必要性を主張した場合に裁判所がそれを否定するのは困難であろうとしている。

[226] 西村健＝宮村啓太「公判前整理手続の現状と課題——手続的側面から」自由と正義57巻9号（2006年）63頁。

[227] ただし、後藤・前掲[225]論文92頁以下は、裁判所の裁量逸脱の適否を上訴審で争うのは相当に困難であると予測している。

VI 公判前整理手続の実施

1 方法・手続
　公判前整理手続は、**訴訟関係人を出頭**させて**陳述**させる方法でも訴訟関係人に書面を提出させる方法でも行うことができる。両方の方法を組み合わせることも可能である。

　ただし、訴訟関係人を出頭させて陳述させる方法によるときには、**公判前整理手続期日**を開かなければならない（刑訴316条の6）。

　公判前整理手続に付する決定をした場合には、何らかの方法によって当事者に通知される。決定書の**送達**は不要であると解されている（刑訴規217条の4）。

　職権による場合も、請求による場合も、公判前整理手続に付する決定に対して**抗告**することはできない。公判前整理手続請求却下決定に対しても同様である（刑訴420条）。ただし、公判手続に関する決定ではあるので、受訴裁判所が、当事者に請求権を付与した趣旨に反し、請求人の利益を考慮せずに請求を却下し、正式の証拠開示手続を経ないままに第一審の審判を行ったときは、刑訴379条の控訴理由にはなりうる[228]。

2 事前準備との関係
　公判前整理手続と刑訴規178条の2以下に定めるいわゆる**事前準備**とは、別個の手続として両立すると解されるから、個別の事案の事情に応じて使い分けることができるし、事前準備を始めたところ、争点が多岐にわたるなど公判前整理手続を行う必要性が明らかになった場合には、同手続に移行することもありうると解される。

（渕野貴生）

（公判前整理手続の目標）
第316条の3　裁判所は、充実した公判の審理を継続的、計画的かつ迅速に行うことができるよう、公判前整理手続において、十分な準備が行われるようにするとともに、できる限り早期にこれを終結させるように努めなければならない。
②　訴訟関係人は、充実した公判の審理を継続的、計画的かつ迅速に行うことができるよう、公判前整理手続において、相互に協力するとともに、その実施に関し、裁判所に進んで協力しなければならない。

---

[228]　川崎英明＝三島聡＝渕野貴生編『2016年改正刑事訴訟法・通信傍受法条文解析』（日本評論社、2017年）163頁〔田淵浩二〕。

788　第316条の3（公判前整理手続の目標）

I　本条の趣旨

　本条は、充実した公判審理を継続的、計画的かつ迅速に行うという**公判前整理手続**の目的を達成するために、公判前整理手続における裁判所の努力義務及び**訴訟関係人**の協力義務について規定したものである。

II　「十分な準備」と「できる限り早期の終結」との関係

　「十分な準備」と「できる限り早期の終結」との関係について、**公判前整理手続**の目的を達するためには、**争点整理**や**証拠整理**、**審理計画**の策定等の準備が十分に行われなければならないが、それとともに、同手続自体が迅速に行われず、公判審理の開始が遅延すれば、結局のところ、迅速な裁判を実現することはできず、公判前整理手続の目的は達せられない、と整理するものがある[229]。

　他方、公判前整理手続における十分な準備とは、証拠収集能力において圧倒的に劣位にある被告人側に検察官手持ち証拠の開示などを通じて十分な証拠収集の機会を付与し、実質的な**当事者対等主義**（武器対等の原則）を実現することによって、充実した公判審理を行うための準備を意味するが、そのような準備をするためには相当の時間を要することもあるから、裁判所はたんに早く公判前整理手続を終結させるだけではなく、被告人の権利が侵害されることのないように手続を進めることが求められる、と論じるものもある[230]。

　迅速な裁判は、被告人の権利でもあるから、手続が迅速に行われることは被告人の権利保障の観点からも望ましいことである。しかし、訴訟における迅速の要求とは単なる時間的な概念ではなく、無駄な時間を浪費して被告人を手続に無為に拘束してはならないという意味である。準備に長時間を要したとしても、その時間が実りある防御のために必要な時間であるならば、迅速な裁判の要求と反するものでは全くない。そして、被告人側は公判前整理手続においてはじめて**証拠開示**を受け、具体的な防御方針を実質的に検討し始める立場にある。被告人側が、検察官が持っている証拠のなかから防御上有意義な証拠を探して開示請求を行い、開示を受けた証拠を整理し、その整理に基づいて防御の具体的方針を決めるまでには、相当の時間がかかることは容易に想像できるだ

---

[229]　辻裕教「刑事訴訟法等の一部を改正する法律（平成16年法律第62号）について(1)」法曹時報57巻7号（2005年）80頁。同旨、米山正明「公判前整理手続の運用と今後の課題—大阪地裁における1年間の実施状況を参考にして」判例タイムズ1228号（2007年）49頁。

[230]　大阪弁護士会裁判員制度実施大阪本部編『コンメンタール公判前整理手続』（現代人文社、2005年）35頁。

ろう。したがって、裁判所は、単純な時間の長短だけに捉われて、被告人の防御の準備の機会を奪うような進行を行うべきではない。具体的には、たとえば、公判前整理手続の冒頭から**公判期日**を定めるような進行方法は、本条の趣旨に明らかに反するものとして、許されないと解する。

Ⅲ　訴訟関係人の協力義務

訴訟関係人の協力義務とは、**主張の明示**、**証拠調べ請求**、必要な**証拠の開示**、相手方の証拠調べ請求に対する**意見の明示**など、法令の規定により求められている行為を適時に適切に行うべきことを注意的に規定したものと解される。審理予定の策定についての協力義務については、刑訴規217条の2第2項にも規定されている。

（渕野貴生）

（必要的弁護）
第316条の4　公判前整理手続においては、被告人に弁護人がなければその手続を行うことができない。
②　公判前整理手続において被告人に弁護人がないときは、裁判長は、職権で弁護人を付さなければならない。

Ⅰ　本条の趣旨

公判前整理手続では、被告人側は、検察官手持ち証拠の**証拠開示**の請求を行い、証拠開示を受けて、被告人側の**主張明示**及び**証拠調べ請求**を行い、その結果、事件の争点及び証拠の整理が行われる。どれくらい幅広く証拠の開示を受けられるか、あるいは被告人側としてどのような主張をするかは、その後の公判審理のあり方やさらには裁判の帰趨にも影響する重大な手続段階である。しかも、公判前整理手続終了後は、やむを得ない場合を除いて、新たな証拠調べ請求が制限されるから（刑訴316条の32）、公判前整理手続における証拠開示及び証拠調べ請求の判断の誤りや稚拙な主張は、被告人にとって重大な不利益をもたらす。ところが、証拠開示や証拠調べ請求などのそれぞれの手続や請求が認められるために満たすべき要件は複雑で、法律についての高度の専門的知識がなければ、有効に主張、請求することはきわめて困難である。

したがって、被告人の防御上、決定的に重要な段階であり、それぞれの主張・請求に高度の専門的判断を必要とする公判前整理手続において、被告人が**防御権**を有効適切に行使できるように保障するためには、**弁護人**の援助を受けることが不可欠となる。

また、被告人側が、公判前整理手続で提示される検察官の主張や証拠関係を踏まえて、被告人側の証拠や被告人の言い分について法的な観点から整理した形でその主張立証を行うことができなければ、十分な**争点整理**及び**証拠整理**は実現できず、充実した公判の審理を目的とする公判前整理手続の手続目的も達成されないことになる。

本条は、被告人の防御権を保障し、争点整理の実効性を挙げるために、公判前整理手続において、弁護人が必要的であることを規定したものである。公判前整理手続は被告人の防御上重要で、かつ専門的な知識を必要とする決定を行う手続であり、それゆえ、被告人は弁護人がいなければ防御権を適切有効に行使することはできないのであるから、本条の制度は、憲37条3項の**弁護人依頼権**によって憲法上根拠付けられたものと解するべきである[231]。

II 「その手続を行う」

「その手続を行う」とは、**公判前整理手続**において行われるべき事項を行い手続を進行させることを意味するので、被告人に**弁護人**が**選任**されていなくとも、事件を公判前整理手続に付する決定をすること自体はできると解されている。

しかし、公判前整理手続は、**証拠開示**など被告人の防御上有利に働きうる制度と、**主張明示義務**及び公判での**証拠調べ請求**の制限など被告人の防御上重大な不利益をもたらしうる制度とが輻輳しており、公判前整理手続に付すかどうか自体も、被告人のその後の**防御権**保障に関わる重大な問題で、かつ高度な専門的判断を要する問題である。それゆえ、被告人が単独で意見を述べた場合、実質的に有効な防御権の行使とはならないおそれがある。とりわけ、検察官にも**公判前整理手続請求権**が与えられた2016年改正刑事訴訟法のもとでは、有効で実質的な防御権行使を保障するうえで、公判前整理手続に付するかどうかの決定の際にも、弁護人の関与は必須不可欠と考えるべきである。2016年改正の経緯を踏まえれば、今後は、「その手続を行う」とは、手続を行うための前提である「手続に付す決定」を含むと解するべきであろう。少なくとも、裁判所は、起訴後、公判前整理手続に付すかどうかを判断する前に、職権で**国選弁護人**を附すこともできると解されるから（刑訴37条5号）、裁判所は、事件を公判前整理手続に付す可能性があると予想される場合には、積極的に職権で弁護人を附す運用を確立すべきであると思われる。

---

[231] 同旨、大阪弁護士会裁判員制度実施大阪本部編『コンメンタール公判前整理手続』（現代人文社、2005年）39頁。

Ⅲ 職権による弁護人の付与

裁判長が職権で**国選弁護人**を付す場合には、「この法律により弁護人を要する場合」（刑訴36条の2）に当たるので、被告人は、**資力申告書**（刑訴36条の2）を提出する必要はなく、**弁護人紹介手続**（刑訴31条の2）を予め経ておく必要もない。

（渕野貴生）

（公判前整理手続の事項）
第316条の5 公判前整理手続においては、次に掲げる事項を行うことができる。
一 訴因又は罰条を明確にさせること。
二 訴因又は罰条の追加、撤回又は変更を許すこと。
三 公判期日においてすることを予定している主張を明らかにさせて事件の争点を整理すること。
四 証拠調べの請求をさせること。
五 前号の請求に係る証拠について、その立証趣旨、尋問事項等を明らかにさせること。
六 証拠調べの請求に関する意見（証拠書類について第三百二十六条の同意をするかどうかの意見を含む。）を確かめること。
七 証拠調べをする決定又は証拠調べの請求を却下する決定をすること。
八 証拠調べをする決定をした証拠について、その取調べの順序及び方法を定めること。
九 証拠調べに関する異議の申立てに対して決定をすること。
十 第三目の定めるところにより証拠開示に関する裁定をすること。
十一 第三百十六条の三十三第一項の規定による被告事件の手続への参加の申出に対する決定又は当該決定を取り消す決定をすること。
十二 公判期日を定め、又は変更することその他公判手続の進行上必要な事項を定めること。

Ⅰ 本条の趣旨

本条は、事件の争点及び証拠を整理するために**公判前整理手続**において行う必要があると考えられる事項及び、行うことが適当と考えられる事項について列挙した規定である。列挙された事項に該当する個々の行為は、刑訴、刑訴規の他の規定に基づいて行われる。

また、公判前整理手続においては、本条に列挙された事項のほか、本条で列

792　第316条の5（公判前整理手続の事項）

挙された事項を行う前提あるいは手段として必要なことあるいは、列挙された事項に付随して行う必要のあることも刑訴や刑訴規の他の規定に基づいて行うことができる。たとえば、**争点整理**（本条3号）のために、検察官、被告人、弁護人に、その主張の不明確な点について釈明を求めること（刑訴規208条）や**証拠決定**（本条7号）をするために必要な**事実の取調べ**を行うこと（刑訴43条3項、刑訴規33条3項）などがこの例に当たる。

　さらに、公判前整理手続の款の本条以外の条文で規定されている手続的事項も、それぞれの規定に基づいて行うことができる。たとえば、**公判前整理手続期日の指定、通知及び変更**（刑訴316条の6）、**国選弁護人の選任**（刑訴316条の8）、**供述拒否権の告知**（刑訴316条の9第3項）などが、この例に当たる。

Ⅱ　訴因に関する事項

1　訴因の明示・特定（1号関係）

　訴因は、すでに**起訴状**に明示されており、訴因を明示するには、できる限り日時、場所及び方法をもって罪となるべき事実を特定しなければならず、訴因が不特定の場合は、起訴状は無効で**公訴棄却**されるはずだから、刑訴256条を法の趣旨に沿って、文言通りに解釈するならば、**公判前整理手続**で改めて、訴因を明確化する必要がある場合が存在するのか、疑問が生じるかもしれない。

　しかし、判例上、犯行の日時、場所、方法、さらには共謀内容や共謀の態様、実行行為者等を特定しなくても、訴因の特定に欠けるところはないと解されているので[232]、このような判例実務を前提とするならば、刑訴256条との関係では、本条で改めて訴因を明確化する固有の意義が存在することになる。要するに、起訴状の段階では、訴因をおおまかに特定しておいて、公判前整理手続でより具体的かつ詳細に特定するというすみわけを図っていると解することが可能となる。

　そのように解釈する場合には、本号における訴因の明確化は、犯行（共謀）の日時、場所、方法、共謀内容、共謀態様、実行行為者など（以下、日時、場所等の事実と言う）を全て特定する必要があると解するほかない。また、判例は、これらの事実が**争点**として浮上する以上は、争点として顕在化する必要があり[233]、訴因として明示するのが望ましいとしているから[234]、まさに争点を浮かび上がらせ、整理することを目的とする公判前整理手続中の規定である

---

[232]　最大判昭37・11・28刑集16巻11号1633頁、最一小決昭56・4・25刑集35巻3号116頁、最一小決平14・7・18刑集56巻6号307頁、最大判33・5・28刑集12巻8号1718頁、東京高判昭32・12・27東高時報8巻12号443頁。

[233]　最三小判昭58・12・13刑集37巻10号1581頁。

[234]　最三小決平13・4・11刑集55巻3号127頁。

本号については、日時、場所等の事実を特定する必要があると解してこそ、判例の趣旨と整合する。

ただし、公判前整理手続では、検察官は公判期日において証拠により証明しようとする事実（**証明予定事実**）を記載した書面を提出しなければならず（刑訴316条の13）、証明予定事実を明らかにするに当たっては、事実とこれを証明するために用いる主要な証拠との関係を具体的に明示することその他の適当な方法によって、事件の争点及び証拠の整理が円滑に行われるようにすることを求められる（刑訴規217条の21）から、犯行の日時、場所等の事実は、いずれにしろ、**証明予定事実記載書面**では特定して記載されることになるし、仮に特定されていない場合には、本条3号に基づき「明らかにさせる」ことになるから、結局のところ、本号1号が適用される場面は、それほど多くはないと考えられる。

2 訴因変更（2号関係）

訴因及び罰条（以下、訴因等と言う）の変更の必要があるときに、これをしないまま**争点整理**の手続に入っても十分な争点整理は望めないことから、公判前整理手続において訴因等の変更の許可をすることを認めた。

しかし、裁判所がさらに踏み込んで、**訴因変更命令**及び**勧告**を出すことは規定上も想定されていないし、理論的にも許されないと解する。なぜなら、公判前整理手続においては、裁判所が事実についての心証を形成してはならないが、訴因変更命令ないし勧告は、事実について一定の心証を形成していることを前提としてはじめてなし得るものだからである[235]。したがって、本号に基づいて、裁判所がなし得ることは、検察官が訴因変更請求をしてきたときに、変更後の訴因が**公訴事実の同一性**の範囲内にあるかどうかを形式的に判断することに限られると解さなければならない。

Ⅲ 証拠決定と事実の取調べ（7号関係）

1 事実の取調べの一般的限界

公判前整理手続において十分に証拠の整理をするために、いわゆる**証拠決定**をすることができる。証拠調べをする決定または証拠調べ請求を却下する決定のほか、いわゆる決定の**留保**をすることもできると解されている[236]。

---

[235] 大阪弁護士会裁判員制度実施大阪本部編『コンメンタール公判前整理手続』（現代人文社、2005年）47頁。

[236] 辻裕教「刑事訴訟法等の一部を改正する法律（平成16年法律第62号）について(1)」法曹時報57巻7号（2005年）87頁、米山正明「公判前整理手続の運用と今後の課題―大阪地裁における1年間の実施状況を参考にして」判例タイムズ1228号（2007年）46頁。

794 第316条の5（公判前整理手続の事項）

　一般論としては、裁判所は、証拠決定をするに当たって必要がある場合には**事実の取調べ**をすることが可能であり、その一環として、**証拠能力**の有無を判断するための事実の取調べを行うこともできる（刑訴43条3項）。事実取調べの方法として**被告人質問**をすることも、必要であれば許されようが※237、以下に述べるように、公判において証拠決定すべき対象が広がれば、公判前整理手続において被告人質問をしなければならない場面は、現実には、稀にしか生じないように思われる。また、当然のことであるが、事件の実体面にかかわる事実についての供述を得る目的で被告人質問をすることは許されない。もちろん、被告人質問をする場合に、**黙秘権**の告知をしなければならないのはいうまでもない（告知の方法については、刑訴316条の9の解説Ⅲを参照）。

　事実の取調べを行うことができるとはいっても、その範囲は無制限なものではありえない※238。証拠の中身に踏み込んで検討したり、詳細な事実取調べをすることは、いくら事実の有無に関する心証を形成する目的で見ているのではないとしても、無意識のうちに心証を形成してしまうリスクが高まることは否定できないし、証拠の性質によっては、実際上、実体についての心証形成と切り離して証拠能力を判断することが不可能なものもある。したがって、事実の取調べを過度に詳細に行うことは避けなければならず、さらに、証拠能力の判断のためであっても、事実に関する実体的な心証形成が不可分であるような取調べはできない、と解するべきである※239。なお、実体に関する事実の有無について認識してしまうことにより無意識のうちに心証形成してしまうリスクを避けるという観点からは、証拠の中身に直接触れることになってしまう提示命令（刑訴規192条）を活用することはことさら慎重である必要があり、原則として行うべきでないといえよう※240。

　また、仮に事実に関する実体的な心証形成と切り離して証拠能力の判断ができる場合であっても、その証拠の証拠能力の有無が裁判の結果に直結するような決定的な証拠である場合には、**公判中心主義**及び**裁判公開原則**の観点から、やはり公判前整理手続のなかで証拠決定をしてしまうことは問題であろう。個

※237　後藤昭「公判前整理手続をめぐる二つの検討課題」自由と正義57巻9号（2006年）95頁以下。

※238　証人予定者の医師に予定証言の要旨を記載したプレゼンテーション用レジュメを提出させ、その内容について裁判長が意見を述べたことが適法とされた裁判例として、東京高判平27・2・25東高時報66巻1-12号12頁。同様に、鑑定人に対するカンファレンス手続が適法とされた裁判例として、東京高判平23・8・30東高時報62巻1-12号72頁。

※239　大阪弁護士会裁判員制度実施大阪本部編・前掲※235書45頁、49頁。

※240　今崎幸彦「裁判員裁判における審理及び制度運営上の課題―司法研修所における裁判官共同研究の概要」判例タイムズ1255号（2008年）11頁。さらに、大阪弁護士会裁判員制度実施大阪本部編・前掲※235書45頁以下は、公判前整理手続では提示命令はできないという解釈も取りうるのではないかと主張している。

第 316 条の 5（公判前整理手続の事項）　795

別に問題になりうる証拠として、以下のような証拠がある。

2　刑訴321条1項2号前段書面の「供述不能」

　供述不能のうち、**供述人死亡**の場合は、供述人死亡の事実は通常、事件の実体とは関係のない事実であり、また容易に確認することができるから、**公判前整理手続**において、当該死亡事実について取調べを行い、当該**検察官面前調書**を証拠として採用することができると解される[241]。

　一方、供述不能のうち、所在不明若しくは海外にいるという事由の場合は、**公判期日**にはこれらの供述不能事由が解消される可能性があるから、公判前整理手続で採否を決定すべきではないという考え方も主張されている。すなわち、それらの事由の安易な認定は、公開の法廷で直接・口頭で証拠調べをすることにより充実した審理を行うために公判前整理手続を設けた目的そのものに反するとされるが[242]、もっともな意見であると思われる。

　さらに、刑訴321条1項2号前段書面については、**特信状況**も必要であるとする考え方も有力である。この考え方を前提にする場合には、特信状況が供述の信用性判断と事実上、関連づけて判断されていることに鑑みると、供述人死亡の場合であってもそれ以外の場合であっても、いずれにしろ、公判前整理手続で刑訴321条1項2号前段書面の採否の決定をすることはできないという結論になる。ただし、公判における証拠調べの際には、原則として、供述内容には触れさせず、供述の変遷を示す場合にも、変遷部分のみを示すなど、裁判員や裁判官が、特信情況を判断する時点で供述の信用性について心証形成してしまうことを防ぐための工夫が必要であろう。

3　刑訴321条1項2号後段書面

　相反供述による**検察官面前調書**の伝聞例外については、一般に、当該調書が伝聞例外を満たすには、まず、供述の相反性の要件を満たす必要があるが、相反性の有無は公判審理が開始され、供述者の証人尋問が実施されないと判断することができないから、**公判前整理手続**において刑訴321条1項2号後段書面の採否を決定することはできないと解されており[243]、正当である。

　あわせて、刑訴321条1項2号後段書面については、**特信状況**の存在も必要であり、上述の通り、特信状況が供述の信用性判断と事実上、関連づけて判断されていることに鑑みると、この観点からも公判前整理手続で刑訴321条1項2号後段書面の採否の決定をするという結論は取り得ない。裁判員や裁判官が、特信情況を判断する時点で供述の信用性について心証形成してしまうことを防ぐ

---

[241]　辻・前掲※236論文88頁。

[242]　大阪弁護士会裁判員制度実施大阪本部編・前掲※235書50頁。

[243]　辻・前掲※236論文88頁。

796　第316条の5（公判前整理手続の事項）

ための工夫が必要であることは、上述の通りである。

4　検証調書・鑑定書

　検証調書及び**鑑定書**は、作成の真正を立証すれば証拠とすることができるが、作成の真正とは、作成名義の真正と記載の正確性を意味し、記載内容が真実に合致することまでは要しないので、**公判前整理手続**において、当該検証調書等の作成の真正についての**証人尋問**を行い、これを証拠採用することができるとする意見がある[244]。

　一方、検証調書及び鑑定書についての作成の真正は、記載内容の真実性の点も含むとする考え方も有力であり、この考え方にしたがうならば、公判で、記載内容の信用性の点も含めて証人尋問を行わなければ当該書面の採否を決めることはできないという結論になる。

　ただし、作成の真正には記載内容の真実性は含まないという見解も、作成の真正についての証人尋問と記載内容の信用性の証人尋問をあわせて行うことが適当な場合も多いと考えられ、そのような場合には、公判で作成の真正についての証人尋問を行うことになろう、としているので、結論においてはそれほど大きな相違は生じないとも考えられる。

5　自白の任意性

　自白の任意性については、一般に、**公判前整理手続**で判断すべきではないと考えられている[245]。すなわち、自白の任意性は、取調べ担当官の証人尋問等によって判断する場合も、取調べの録画録音によって判断する場合も、それらの取調べによって、自白の信用性について判断する材料が提供されてしまうから、**信用性**判断と切り離すことができない。また、自白の任意性は、公訴事実の立証の成否を大きく左右する重大な事項であり、**公判中心主義**の観点からも公判前整理手続で判断することは適切ではない。とりわけ、自白の任意性は、**裁判員制度**において、裁判員が判断すべき中心的事項の1つと考えられており、制度立案の当初から、公判前整理手続で判断することは予定されていなかったと解される。

　ただし、自白の信用性を判断する際には、任意性に関する事情も考慮される（たとえば、長時間の取調べが行われているから、任意性は否定されないとし

---

[244]　辻・前掲※236論文88頁以下、松本時夫＝土本武司＝池田修＝酒巻匡編『条解刑事訴訟法（第4版増補版）』（弘文堂、2016年）729頁。

[245]　辻・前掲※236論文89頁、大島隆明「公判前整理手続に関する冊子の作成・配付について」判例タイムズ1192号（2006年）30頁、日本弁護士連合会裁判員制度実施本部編『公判前整理手続を活かす　Part 2（実践編）』（現代人文社、2007年）117頁、松本他編・前掲※244書729頁。

ても、自白は信用できないといった評価の仕方）とはいっても、このことは、自白の任意性を判断する際に、信用性についての心証形成をしてもよいということを意味するものではない。それゆえ、証拠調べの際には、原則として、供述内容には触れさせず（録音録画記録媒体も、自白する直前の場面までで再生を止める）、供述の変遷を示す場合にも、変遷部分のみを示すなど、裁判員や裁判官が、任意性を判断する時点で供述の信用性について心証形成してしまうことを防ぐための工夫が必要であろう。

6 違法収集証拠排除

　証拠物の押収手続の適法性についても、一般に、押収手続に関する事実関係は、たとえば、拳銃や麻薬等の法禁物の所持事犯など、犯罪事実そのものと重なる場合が多いと考えられるうえ、当該証拠物の採否が公訴事実の立証の成否を大きく左右する場合が多いと考えられることなどからすると、公判において、収集手続の適法違法に関する証拠調べを行い、その採否を決定すべきであると解されており[246]、正当である。ただし、その結果、証拠を排除した場合には、排除した証拠から心証を形成してしまわないように、とくに裁判員に対して、十分かつ丁寧な説示を行うなどの工夫が必要である。

　なお、論者のなかには、事件の実体に関係のない場面における令状提示の有無など、純粋に手続的な事項のみが問題となっているような場合には、**公判前整理手続**において採否の決定をすることもありうるとするものもある。

Ⅳ　異議申立てに対する決定（9号関係）

　本号の**異議申立て**は、刑訴309条1項に基づくものである。ただし、**公判前整理手続**においては、**事実の取調べ**は行いうるが、**証拠調べ**そのものは行いえないので、本号の異議申立ては、論理上、**証拠調べ請求**と**証拠決定**に対する異議申立てということになる。

Ⅴ　公判期日の指定（12号関係）

1　指定の必要性

　本号については一般に、**争点**に集中した充実した審理を連日的に行うための**審理計画**としては、公判において取り調べるべき証拠、取調べの順序、方法を決定した上で、個々の証拠の取調べに要する時間を見積もり、できる限り、必

---

[246]　辻・前掲[236]論文90頁、大島・前掲[245]論文30頁、日本弁護士連合会裁判員制度実施本部編・前掲[245]書117頁以下、川出敏裕「公判前整理手続」ジュリスト1268号（2004年）74頁、松本他編・前掲[244]書730頁。

要な回数の**公判期日**を予め一括して指定しておくべきであり、そのような取扱いを想定した規定であるとされる[247]。

公判前整理手続の目的から、公判の審理計画を立て、その一環として、公判期日を指定すること自体は認められるだろう。また、刑訴規217条の２第１項が、裁判所は公判前整理手続において「公判の審理予定を定めなければならない」と規定しているところ、公判期日の指定が審理予定の策定に含まれることは否定しがたいから、公判期日を指定することは、公判前整理手続において行うべきこととして、通常、予定されているともいえよう。しかし、指定の仕方には、被告人の**防御権**保障の点から制約があると考えるべきである。

2　指定の時期

第１に、**公判前整理手続**が継続している途中の段階で、**第１回公判期日**の指定をすることは許されないと解するべきである。換言すれば、第１回公判期日の指定も含めて、公判期日の指定は、必ず公判前整理手続の最後に行わなければならない。なぜなら、公判前整理手続が終了していない段階で公判期日を指定すると、指定した公判期日から逆算して、公判前整理手続の終了時期が決められてしまうことにつながり、公判前整理手続において、まだ必要な**証拠開示**や**主張明示**の往復が終了していないのに、強引に争点を絞って公判前整理手続を終わらせるという拙速を招く大きな原因となるからである[248]。この点に関して、公判前整理手続進行中の早い段階で、公判期日の仮置きが行われる実務が広がっているようである。公判期日の仮置きは、「主張・証拠整理自体は段階を踏んで行うこと、当初の見通しと主張・証拠整理の結果とが異なっても不利益に扱わず、仮置きした日程も柔軟に取消し・変更することが前提になっている」[249]と説明されるが、問題は、その前提が実現されることを当事者、とりわけ被告人側が確信することができているかどうかであろう。

そもそも、公判前整理手続が終了しなければ、取り調べるべき証拠の範囲と両当事者の主張の全貌は把握できないのだから、個々の証拠の取調べ順序や方法さらには、取調べに要する時間を見積もることも不可能であるはずである。したがって、必要な回数の公判期日を見積もることもできない。そして、必要な公判期日の回数が変わると、訴訟関係者のスケジュールや裁判員を選択するのに必要な期間等との関係で、いつから公判を始めるかの時期選択も変わってくることがある。たとえば、公判が３回で終わるのであれば、２ヶ月後のある

---

[247] 辻・前掲※236論文92頁。

[248] 西村健＝宮村啓太「公判前整理手続の現状と課題―手続的側面から」自由と正義57巻９号（2006年）64頁、坂根真也「連日的開廷と弁護人の準備　その１」季刊刑事弁護48号（2006年）58頁以下。

[249] 合田悦三「公判前整理手続の長期化」刑事法ジャーナル36号（2013年）42頁。

1週間についてはスケジュール調整を行うことが可能だが、10回を要するのであれば、3週間はかかりそうだから、そうだとするとまとめて3週間のスケジュールを入れられるのは4ヶ月後にしかないとか、10回を要するのであれば、それに耐えられる**裁判員**を選択するのに困難が予想されるから、裁判員を選択するまでに時間がかかるといった事情で、第1回公判期日を入れる時期は容易に変動しうるのである。それゆえ、取り調べるべき証拠の範囲と両当事者の主張の全貌を把握できないことには、公判の終了時期を見据えて行わなければならない第1回公判期日の指定もできないはずである。

3　公判前整理手続終了から第1回公判期日までの期間

　第2に、**公判前整理手続**終了から**第1回公判期日**までの期間は、**訴訟関係人**の意見を聞いたうえで定めるべきである。そして、訴訟関係人のうち特に**被告人側**については、被告人側が防御の準備をするためにどのくらいの期間が必要かについて十分に意見を聞き、原則としてその意見を尊重し、防御の準備に必要な期間を十分に保障する形で公判期日の指定をすべきである（刑訴規178条の4）※250。また、その際、特に被告人が**勾留**されている場合には、弁護人との相談の機会がかなりの程度制約されるという事情も織り込んで判断すべきである。確かに、被告人側の意見に必ず従わなければならないとまではいえないが、明らかに不合理な意見を述べている場合を除いて、被告人側の意見は、基本的には、防御の準備に必要な期間についての見積もりに基づいて行われていると考えるべきである。

4　一括指定と事後的変更

　第3に、**公判期日**を一括指定した場合にも、公判においてその指定を根拠に、被告人の防御活動を制限してはならない。確かに、**公判前整理手続**で策定した審理予定通りに、公判が進行することが望ましいことには疑いはなく、刑訴規217条の30が規定するように、訴訟関係者も審理予定に従って公判が進行するように努める必要はあるだろう。そして、論者のなかには、刑訴規217条の30の存在を重視し、審理予定が大きく崩れると裁判員に大きな負担を強いたり、**裁判員**の出頭確保が困難になるなど裁判の遂行に支障が生じる事態も生じかねないとして、公判審理を予定に従って進行させることが特に重要であると強調

※250　公判前整理手続終了後、第1回公判期日までの間隔を短期間しか設けない例があることを指摘するものとして、参照、西村＝宮村・前掲※248論文64頁。判決で量刑を重くされることを懸念して、間隔が短いと感じても主張しにくいとの悩みを述べるものとして、東京弁護士会弁護士研修センター運営委員会編『公判前整理手続』（商事法務、2008年）108頁〔細田はづき〕。

する見解も見られる※251。

しかし、そもそも、**証拠調べ**等に要する時間はあくまで見込みにしか過ぎず、実際に証拠調べを行ってみると、たとえば、証人が予想以上に要領を得ない話し方で、必要な証言を得るのに、大幅に予定時間を越えてしまったとか、証人が相反供述をしたため、急遽、刑訴321条1項2号後段の検察官面前調書の採否を決めるために、特信状況に関する立証を行う時間が必要になったなど、公判においては、当初の予定通りに証拠調べが進まないことはいくらでもありうる。にもかかわらず、最初に決めた回数で何が何でも結審するというようなやり方をすれば、被告人の**防御権**が侵害されることになるのは明らかである※252。したがって、公判前整理手続における公判期日の指定は、公判の進行状況に応じて、公判の途中で公判期日を順次追加して指定していくことがありうることを前提とした暫定的な指定として理解しなければならない。また、そのような追加指定が裁判員に迷惑をかけることにつながるのであれば、予め必要時間を多めに見積もり、公判期日も多めに指定するなど余裕を持った**審理計画**を立てることによって、追加指定せずに済むように工夫することは十分に可能であると思われる※253。

(渕野貴生)

（期日の指定・変更）

第316条の6　裁判長は、訴訟関係人を出頭させて公判前整理手続をするときは、公判前整理手続期日を定めなければならない。

②　公判前整理手続期日は、これを検察官、被告人及び弁護人に通知しなければならない。

③　裁判長は、検察官、被告人若しくは弁護人の請求により又は職権で、公判前整理手続期日を変更することができる。この場合においては、裁判所の規則の定めるところにより、あらかじめ、検察官及び被告人又は弁護人の意見を聴かなければならない。

※251　伊藤雅人＝高橋康明「刑事訴訟規則の一部を改正する規則の解説」法曹時報57巻9号（2005年）93頁以下、大島・前掲※245論文29頁。ただし、伊藤＝高橋論文、大島論文とも、他方で、あまり硬い計画を立てても常にその通り実行できるわけではないことも認める。なお、各文献中で参照されている刑訴規217条の28は、その後の改正で条文番号が刑訴規217条の30に繰り下がっている。

※252　日本弁護士連合会裁判員制度実施本部編・前掲※245書129頁以下。

※253　伊藤＝高橋・前掲※251論文94頁及び大島・前掲※245論文30頁も、同様の指摘をしている。

第316条の6（期日の指定・変更）　*801*

I　本条の趣旨

　本条は、**訴訟関係人**を出頭させて**公判前整理手続**を行う場合の**公判前整理手続期日**の**指定、通知、変更**について規定したものである。

II　期日の指定

1　当事者からの意見聴取
　期日の**指定**を行うに当たって、**訴訟関係人**に意見を聴く手続は、条文上は設けられていない。しかし、**公判前整理手続**には**弁護人**及び**検察官**の出頭が必要的であるし（刑訴316条の7）、とりわけ、被告人側が防御の準備にどれくらいの時間を要するかを聴かずに指定した結果、被告人の防御の準備をする機会が失われることになれば**防御権**の侵害になってしまうから、期日の指定にあたっては被告人側及び検察官に当然、意見を聴くことになろう[254]。

2　期日指定の際の考慮事項
　裁判所の指定する期日は、**訴訟関係人**が期日前にすべき準備を考慮した日程でなければならない（刑訴規217条の6）。とりわけ、被告人側の**防御権**の保障には十分な配慮が必要であり、防御の準備が十分可能な時間を確保すべきである。公判審理を含めて従前の審理期間よりも短い期間のうちに全ての手続を終結できるように**公判前整理手続**のスケジュールを組んでいく必要があるという考え方もあるが[255]、期間短縮は、あくまでも被告人の防御権を保障することが前提となったうえでの迅速化でなければならない。したがって、期間短縮を至上命題にして期日を指定するとすれば、本末転倒である。
　なお、公判前整理手続において被告人が防御の準備に要する時間は、**証拠開示**請求に対する検察官の対応に左右される場合も少なくない。裁判所は、訴訟関係人に意見を聴く際には、このような背景事情もよく汲み取って、期日指定を行うべきである。
　逆に、裁判所が被告人側の意見を考慮せずに公判前整理手続期日を指定し、さらに、弁護人が裁判所の指定する期日に反対していることを根拠に、不出頭にそなえて職権で新たな弁護人を付す（刑訴316条の8）といった対応を取ることは、被告人の防御権を侵害する違法な処分に当たることは明らかである。
　被告人側が防御の準備を十分に行う時間が保障されるのであれば、公判前整

---

[254]　大阪弁護士会裁判員制度実施大阪本部編『コンメンタール公判前整理手続』（現代人文社、2005年）56頁。

[255]　大島隆明「公判前整理手続に関する冊子の作成・配付について」判例タイムズ1192号（2006年）6頁。

理手続に数期日を要すると見込まれる場合に、おおよそのスケジュールを立てて複数期日を一括指定する運用も可能であると解する[256]。ただし、複数の期日を指定すれば、それだけ公判前整理手続の実際の進行が当初の見込みとずれてくる可能性は高まるから、事後的な期日の変更は、原則として、やむを得ない事由がある場合にあたると解するべきである。

3　異議申立て

　公判前整理手続においても、証拠の採否の決定や訴訟指揮が行われるから、**公判前整理手続期日**の指定に関しても**異議申立て**（刑訴309条2項）ができるとする見解が出されており、正当であると考える[257]。

III　期日の通知

　本条第2項の**通知**は、**弁護人**と**被告人**双方に行われなければならない。通知されなかった**訴訟関係人**が出席せずに**公判前整理手続期日**を行った場合には、その手続は違法となる[258]。

IV　期日の変更

1　変更の請求

　訴訟関係人に**公判前整理手続期日**の**変更**を必要とする事由が生じたときには、裁判長に対して、直ちに、その事由及び当該事由が継続する見込みの期間を具体的に明らかにして、期日の変更を請求しなければならない（刑訴規217条の7）。ただし、一般に、公判前整理手続は、いまだ公判の準備段階であることから、公判期日の変更の場合ほど厳格な手続を求める必要はないので、公判期日の変更請求の場合とは異なり、診断書その他の資料により期日の変更を必要とする事由を**疎明**することまでは求められていないと解されている[259]。

　他方で、裁判長は訴訟関係人に対して期日の変更を要する事由につき疎明を

---

[256] 米山正明「公判前整理手続の運用と今後の課題──大阪地裁における1年間の実施状況を参考にして」判例タイムズ1228号（2007年）38頁以下。

[257] 大阪弁護士会裁判員制度実施大阪本部編・前掲[254]書・56頁以下。公判期日に関するものであるが異議申立てができることを前提とした判断をしたものとして、参照、最大決昭37・2・14刑集16巻2号85頁。

[258] 控訴審の公判期日に関するものであるが、被告人に対する通知をせずに、被告人不出頭のまま開廷したことを違法と判断した判例として、参照、最大決昭44・10・1刑集23巻10号1161頁、最二小判昭44・10・3刑時570号79頁。

[259] 伊藤雅人=高橋康明「刑事訴訟規則の一部を改正する規則の解説」法曹時報57巻9号（2005年）61頁以下。

求めることができ、その場合、訴訟関係人が、期日変更を必要とする事由について疎明しなければならないことは当然であると解する見解もある※260。しかし、そのように解してよいかどうかは疑問も残る。確かに、訴訟関係人の病気が理由で変更を請求された場合には、必要に応じて、診断書等の提出を求めることはありえよう。

しかし、変更の事由が、防御の準備に当初の見込み以上に時間がかかるというような場合には、準備に時間を要している事情を詳細に疎明させると、証拠の内容に裁判長が深く触れることになりかねない。たとえば、開示された証拠を整理して、そこから被告人に有利な主張を組み立てるのにどれくらい時間がかかるかを疎明しようとすれば、証拠関係の複雑さを明らかにするために、結局は、個々の証拠の中身を示すところまで求められることにもなるだろう。

しかしながら、前注で指摘したように、証拠の中身にまで立ち入って防御の準備に要する時間を査定することは、予断排除原則の点で疑義を生じさせることになりかねない。仮に、証拠の中身を見るのは、公判期日変更の可否を判断するためであって心証形成を目的とするものではないから、**予断排除原則**には反しないという説明が成り立つとしても、無意識に心証形成に影響するリスクをも避けるのが、予断排除原則の趣旨から望ましいことは明らかであるから、被告人側の請求が明らかに不合理な場合を除いて、どのような防御の準備をするのかまで具体的に疎明させることは許されないと解する。

2 変更の要件

公判前整理手続の期日は、やむを得ないと認められる場合でなければ、変更することができない（刑訴規217条の7第2項、刑訴規217条の10）。その理由は、**訴訟関係人**の期日変更請求を安易に認めれば、公判前整理手続の迅速な進行が阻害され、結果として訴訟遅延等の弊害が生じる原因になるからであるとされる。一般論としては、このような理由に基づき、期日不変更を原則とすることは認められようが、この原則を過度に硬直的に運用するあまり、被告人の**防御権**を侵害することのないように注意しなければならない。

（渕野貴生）

（検察官と弁護人の出頭）
第316条の7 公判前整理手続期日に検察官又は弁護人が出頭しないときは、その期日の手続を行うことができない。

※260　伊藤＝高橋・前掲※259論文62頁。

I 本条の趣旨

本条は、**公判前整理手続期日**には、**検察官**及び**弁護人**の出頭が必要的であることを規定したものである。**被告人**の出頭は必要的でない（刑訴316条の9参照）。

訴訟関係人を出頭させて**公判前整理手続**を行うときには、当事者間で主張、証拠調べ請求、釈明などのやり取りをしたり、裁判所と両当事者との間で打ち合わせをしたりすることが必要である場合が多く、また、一方当事者のみの出頭では、両当事者が参加し対等に主張しあうという、公判前整理手続が**予断排除原則**に反するものではないとする根拠の1つが崩れてしまうから、当事者双方の出頭が必要的とされた。

（渕野貴生）

（職権による弁護人の選任）
第316条の8　弁護人が公判前整理手続期日に出頭しないとき、又は在席しなくなつたときは、裁判長は、職権で弁護人を付さなければならない。
②　弁護人が公判前整理手続期日に出頭しないおそれがあるときは、裁判所は、職権で弁護人を付することができる。

I 本条の趣旨

1 総説

本条は、刑訴316条の7において**弁護人**が出頭しなければ**公判前整理手続期日**を行うことができないと規定されていることを受けて、弁護人の不在が原因で**公判前整理手続**が行われないということのないように、弁護人の不出頭等の場合の**国選弁護人**の選任について規定するものである。

本条については、国選弁護人選任の目的の重点を公判前整理手続の進行の停滞による手続遅延の防止それ自体に置くか、被告人の**防御権**あるいは迅速な裁判を受ける権利の保障に置くかによって、本条の規定としての性格も条文の具体的な解釈も大きく異なりうることに注意する必要がある。

2 手続遅延と防御権との関係

弁護人が**公判前整理手続期日**に出頭しなかったり、退席してしまうと、被告人は、その間、たとえば、証拠調べ請求などの公判前整理手続で行うべき防御活動を行うことが著しく困難になるし、手続がいたずらに遅延することは、被告人にとっても経済的、精神的に大きな負担になりうる。ましてや被告人が**勾**

留されている場合は、勾留期間の長期化をもたらす可能性もあるから人身の自由に対する重大な制約にもつながりかねない。すなわち、弁護人の不在は、被告人の**防御権**や**迅速な裁判を受ける権利**の侵害につながることもある。したがって、本条による**国選弁護人**選任の目的の重点を迅速な裁判を実現する裁判所ないし国家の利益に置いても、被告人の防御権や迅速な裁判を受ける権利の保障においても、いずれにしても、速やかに国選弁護人を選任すべきという解釈が導かれるようにも見える。

しかし、たとえば、裁判所が、迅速な訴訟の進行に固執するあまり、開示された証拠を十分に検討して被告人側の主張を組み立てるために必要な時間を保障せず、不当に短い間隔で公判前整理手続期日を定めたり、公判前整理手続期日において、過度に詳細な主張明示を求めて、それに従わない被告人側の証拠調べ請求を制裁的に却下するなどの強引な、あるいは恣意的な**訴訟指揮**を行った場合には、不出頭や退席が直ちに防御権の侵害になるとはいえない。とりわけ、公判前整理手続は非公開で行われることから一般公開による裁判所の恣意的な訴訟指揮に対する抑制機能が働きにくい構造になっていることに鑑みれば、むしろ、弁護人として、被告人に十分な防御の機会を確保するために十分な準備が整うまでの間、不出頭という選択をせざる得ないこともありうる。そして、そのような場合には、速やかに国選弁護人を選任することは、かえって拙速な裁判を招き、防御権の侵害になりうるから、弁護人不在の場合に常に、速やかに国選弁護人を選任するという解釈が異論なく導かれるわけでは必ずしもないのである。

Ⅱ　出頭しないとき

在席しなくなったときとは、裁判所の許可なく退席した場合だけでなく、**退去命令**（裁72条1項）を受けて退席させられた場合を含むと解されている。

文言上は、弁護人が出頭しない理由は問われていないから、訴訟遅延防止目的を重視する考え方からは、不出頭や不在席という事実の存在から直ちに裁判所には**国選弁護人**選任義務が発生することになる。

一方、被告人の**防御権**保障を重視する考え方に立ち、裁判所に国選弁護人選任義務が生じるのは、弁護人が正当な理由なく不出頭等をした場合に限られ、裁判所が違法不当な**訴訟指揮**を行っていることを理由に弁護人が不出頭等の行動に出た場合には、その不出頭等の正当性の有無につき、訴訟指揮権行使の違法性、不当性の程度と比較衡量して判断するべきだとする見解もある[261]。被告人に実質的な防御権を保障することの重要性に鑑み、基本的には、こちらの

---

[261] 大阪弁護士会裁判員制度実施大阪本部編『コンメンタール公判前整理手続』（現代人文社、2005年）64頁。

考え方が正当であると思われるが、比較衡量にあたっては、弁護人が公判前整理手続に出席しつつ被告人の防御権を保障する手段を尽くしたかどうか、その裏返しとして、裁判所が弁護人側からの公判前整理手続におけるさまざまな主張や請求をどれだけかたくなに拒否したかという点も考慮すべきであろう。たとえば、弁護人が公判前整理手続期日の変更の請求もせずにいきなり不出頭をしたような場合には正当性は認められにくくなるだろう。これに対して、弁護人が実質的な根拠を示して公判前整理手続の期日変更の請求をしているにもかかわらず、裁判長が、請求を却下し、さらに異議申立ても却下したような場合には、不出頭等には正当な理由があると認められよう。この場合には、裁判所には、国選弁護人選任義務は発生せず、かえって選任行為が防御権を侵害するものとして違法になりうると解する。

Ⅲ　選任後の期日指定

　弁護人の不出頭等によって、新たに**国選弁護人**が選任された場合には、新たな国選弁護人の選任時期と当該国選弁護人が出席すべき**公判前整理期日**との間には十分な期間を置くべきであるとする主張がなされており[262]、正当である。十分な準備期間を置かないと、当該国選弁護人が事件概要や手続の進行状況を把握し、すでに開示された証拠の検討を行い、被告人と十分に相談して、改めて有効適切な防御方針を決めることができず、結局、被告人の**防御権**の侵害状態は解消されないからである。

Ⅳ　出頭しないおそれがあるとき（2項）

　弁護人が指定された**公判前整理手続期日**に出頭しない旨、予め明言しているような場合が、これにあたりうる[263]。不出頭の理由が正当なものでないことを要するか否かは、本条1項の解釈に従うことになろう。

（渕野貴生）

---

[262] 大阪弁護士会裁判員制度実施大阪本部編・前掲[261]書65頁。
[263] 辻裕教「刑事訴訟法等の一部を改正する法律（平成16年法律第62号）について(1)」法曹時報57巻7号（2005年）95頁。

（被告人の出頭）
第316条の9 被告人は、公判前整理手続期日に出頭することができる。
② 裁判所は、必要と認めるときは、被告人に対し、公判前整理手続期日に出頭することを求めることができる。
③ 裁判長は、被告人を出頭させて公判前整理手続をする場合には、被告人が出頭する最初の公判前整理手続期日において、まず、被告人に対し、終始沈黙し、又は個々の質問に対し陳述を拒むことができる旨を告知しなければならない。

I 本条の趣旨

公判前整理手続期日では、両当事者の主張の明示が行われたり、証拠の採否が決定されるなど、防御上重要な意味を持つ手続が進められるから、被告人は、**防御権**主体として、手続に参加し、防御権を行使できる機会を保障されなければならない。そこで、本条第1項は、当事者本人である被告人が**公判前整理手続期日**に出頭する権利を有することを規定した。

他方、公判前整理手続は争点と証拠を整理する手続なので、被告人の出席なしでも弁護人によって十分に行えること、被告人の出頭を必要的とすると、とりわけ被告人が**勾留**されている場合、公判前整理手続期日を機動的に開く上で支障となる可能性があること、必要があれば被告人の出頭を求めることができることなどから、被告人の出頭は必要的でないとされた[※264]。

被告人には、自ら公判前整理手続で主張するという防御方法を選択する権利があるから、被告人が出頭しようとしている場合に、裁判所が、機動的な期日の開催の支障になることを理由に、被告人・弁護人に対して、被告人の出頭を差し控えるように「お願い」することは許されない。被告人の出頭を回避するために、正式の公判前整理手続期日を開かず、**事前打合せ**（刑訴規178条の15）として行うことも許されないことはいうまでもない。

一方、本条2項は、必要と認めるときは、裁判所が被告人に対して公判前整理手続期日への出頭を求めることができることを規定している。

さらに、被告人が公判前整理手続期日で行った発言は将来、公判等で不利益に使用される可能性があることから、本条第3項が、出頭した被告人に対して、**黙秘権**を告知することを規定している。

[※264] 辻裕教「刑事訴訟法等の一部を改正する法律（平成16年法律第62号）について(1)」法曹時報57巻7号（2005年）94頁。

808 第316条の9（被告人の出頭）

Ⅱ 裁判所による出頭要求

1 必要と認めるとき

　必要と認めるときとは、たとえば、弁護人の陳述または弁護人が提出した書面について被告人の意思を確かめるための質問を被告人に対して行ったり（刑訴316条の10）、**公判前整理手続**の終了に当たり、事件の争点及び証拠の整理の結果を被告人本人にも確認する（刑訴316条の24）場合が挙げられている。

　ただし、被告人が出頭して裁判所から意思確認などを求められると、場合によっては被告人にとって不利益な結果をもたらす可能性もあることに鑑みて、必要があるときとは、裁判所が主観的あるいは抽象的に必要性を認めるだけでは足りず、被告人の権利の保護のために重要といいうるような事情がある場合に限るべき、との見解もある[265]。この考え方によれば、必要と認めるときとは、具体的には、弁護人が**公訴事実**を全面的に争いながら、検察官請求証拠を全て同意するといった一見矛盾した弁護活動をしており、弁護人が被告人の意思に反して不適切な弁護活動をしている疑いが濃厚であるといった例外的な状況が存在する場合に限られることになる。

　なお、裁判所は、被告人に対して**公判前整理手続期日**に出頭することを求めたときには、速やかに、その旨を検察官及び弁護人に通知しなければならない（刑訴規217条の11）。

2 勾引の可否

　裁判所が**公判前整理手続期日**への被告人の出頭が必要であると考える場合に、被告人を**召喚**（刑訴57条）、**勾引**（刑訴58条）し、あるいは**出頭命令**または**同行命令**を発して勾引する（刑訴68条）ことができるかどうかについては、見解が分かれている。

　許容説もあるが[266]、被告人の出頭は権利であって、被告人の出頭がなくても公判前整理手続期日を行うことはできるから召喚や勾引の必要性がないこと、また、被告人の出頭は必要的でないから、出頭しないことが、勾引の要件である正当な理由がない場合にはあたらないと解すべきこと、さらに、被告人に出頭の義務がない控訴審においてその出頭を例外的に義務付ける規定（刑訴390条但書）の文言が被告人に出頭を「命ずることができる」となっているのに対して、本条は、単に「求めることができる」とのみ規定していることから、召喚や勾

---

[265] 大阪弁護士会裁判員制度実施大阪本部編『コンメンタール公判前整理手続』（現代人文社、2005年）70頁。

[266] 辻裕教・前掲[264]論文96頁、松本時夫＝土本武司＝池田修＝酒巻匡編『条解刑事訴訟法（第4版増補版）』（弘文堂、2016年）735頁。ただし、そのように解する理由は明らかでない。

引はできないと解する不許容説が妥当であると考える※267。

Ⅲ　黙秘権の告知

　公判前整理手続は争点と証拠を整理する手続であり、そこでの被告人の発言は、本来、一方当事者の行う主張である場合が多い。他方、証拠採否の決定のための事実の取調べの一環として**被告人質問**を行うことはありうるから、この場合の被告人の発言は、供述として取扱われることになる。このように、公判前整理手続における被告人の発言は、当事者の主張である場合と事実の体験（の有無）に関する供述である場合とがある。

　このうち、一方当事者の主張としてなされた被告人の発言を**証拠**として使ってよいかどうかについては争いがある（刑訴316条の10の解説Ⅲを参照）。証拠として使うことができると解する場合には、少なくとも、被告人の発言が有利不利を問わず当然に証拠となりうる旨の告知が必要と解する。本条が刑訴291条とは異なり、「裁判所の規則の定める被告人の権利を保護するために必要な事項」の告知を文言上要求していないという点を形式的に解釈して、被告人に対して証拠となりうる旨の警告を行う必要はないと結論付けるのは、被告人から**黙秘権**を行使する機会を不当に奪うものであって許されないと考える。

　一方、主張としてなされた被告人の発言を証拠として使うことはできないと考える場合、本条における黙秘権の告知は、単に、被告人の発言が有利不利を問わず当然に証拠となりうる旨を告知するだけではなく、公判前整理手続がいかなる手続であり、どのような場合に被告人の発言が被告人にとって不利な証拠として扱われるのかを明らかにする形で黙秘権告知をすべきということになり、そのように主張されている※268。

　一方当事者の主張としてなされた被告人の発言を証拠として使用することは許されないと解する（刑訴316条の10解説Ⅲを参照）場合、さらに、公判前整理手続の進行中に、個々の問いに対する答えや発言について、被告人が自ら、主張か供述かを正確に区別することは困難であるという事情を考慮する必要がある。すなわち、被告人は、自分のこれから行う発言が**供述**として取扱われるのではないかと恐れて、必要以上に発言を差し控え、その結果、必要な主張、すなわち**防御権**の行使を行えなくなってしまう危険がある。したがって、このような萎縮効果をもたらさないためには、冒頭の黙秘権告知では、終始沈黙し、陳述を拒むことができるが、公判前整理手続のなかで陳述したことは、被告人質問において発言する場合を除いて、不利益に使われることはない、ということを被告人に明示する必要があるように思われる。そして、**被告人質問**を行う

※267　大阪弁護士会裁判員制度実施大阪本部編・前掲※265書70頁以下。
※268　大阪弁護士会裁判員制度実施大阪本部編・前掲※265書72頁以下。

場合には、被告人質問の冒頭に改めて、黙秘権及び、「これから先の発言は証拠となりうる」ことを告げなければならないと解するべきである※269。

(渕野貴生)

> **（被告人の意思確認）**
> **第316条の10**　裁判所は、弁護人の陳述又は弁護人が提出する書面について被告人の意思を確かめる必要があると認めるときは、公判前整理手続期日において被告人に対し質問を発し、及び弁護人に対し被告人と連署した書面の提出を求めることができる。

I　本条の趣旨

　公判前整理手続における弁護人の主張や検察官請求証拠についての意見は、弁護人と被告人との信頼関係に基づいた被告人の意思に沿うものでなければならない。被告人が望まない主張や証拠意見を弁護人が述べることは、被告人の**防御権**を直接的に侵害することになる。

　また、被告人と弁護人との間で主張などの防御方針について齟齬があると、**争点**や証拠の整理を実効的に行うという公判前整理手続の目的も達成できなくなり、後の公判などにおいて無用の混乱を生じさせる原因にもなる。そこで、裁判所が、弁護人の意見と被告人の意思が合致しているかどうかを被告人に対して確認することができる旨を規定したのが本条である。

II　必要があるときと認めるとき

　本条の趣旨に鑑み、必要があるときとは、被告人の**防御権**の保護の見地などから、弁護人の意見が被告人の意思に反している疑いを示す具体的な事情が存在する場合を意味しよう。弁護人の示す**予定主張**（刑訴316条の17）の内容が不十分であるという理由で、被告人からより詳細な主張をさせる意図で本条による質問を行うことは許されるべきでない。

※269　被告人質問の際の告知のあり方について、同旨、後藤昭「公判前整理手続をめぐる二つの検討課題」自由と正義57巻9号（2006年）96頁。

Ⅲ　質問

1　質問者
　質問することができるのは、**裁判官**に限られる。**検察官**や**弁護人**から質問を行うことはできない。

2　質問の範囲
　本条による質問等は、被告人側の主張について確認するためのものであり、事実関係について**供述**を求めるものではなく、それゆえ、**争点整理**に必要な限度を超えて、犯行の経緯や態様等について供述を求めることは許されないとする点で、見解は一致している。

3　質問に対する被告人の答えの証拠利用の可否
　たとえば、被告人が公判で正当防衛を主張するつもりであるという主張予定の陳述を「私は確かに彼を刺したけれども、それは正当防衛だった」という答え方で行ったという場合のように[270]、本条による裁判所からの確認目的での質問に対して、被告人が事実を語るような表現で答えた場合に、そのような被告人の**陳述**を**証拠**として用いることができるか、については必ずしも見解は一致していないように思われる。
　確かに、一方で、本条に基づいて裁判所が行った質問とそれに対する被告人の陳述は、**公判前整理手続調書の必要的記載事項**にあたる証明予定事実その他の公判期日においてすることを予定している事実上及び法律上の主張であるから（刑訴316条の12、刑訴規217条の15第1項第8号）、公判前整理手続調書に記載されるという解釈がある[271]。他方、刑訴316条の31が**公判前整理手続結果**の公判手続への顕出を定めていること及び刑訴316条の9第3項が**黙秘権**の告知の必要性を規定していることの帰結として、公判前整理手続における被告人の陳述を記載した公判前整理手続調書は公判期日において証拠として取り調べる

※270　このような状況が起こりうることを指摘するものとして、後藤昭「公判前整理手続をめぐる二つの検討課題」自由と正義57巻9号（2006年）95頁。本文の例も後藤が示したものである。

※271　伊藤雅人＝高橋康明「刑事訴訟規則の一部を改正する規則の解説」法曹時報57巻9号（2005年）73頁。

ことができるという解釈を導き出す考え方がある※272。そこでこれらの2つの解釈を結びつけると、本条に基づく被告人の陳述は公判前整理手続調書に記載され、同調書は、被告人の供述を記載した書面（刑訴322条2項）として証拠採用することができるという結論が導き出される可能性はなくはない。

しかし、本条の質問は、**争点整理**のために被告人の意思を確認するためのもので、事実がどうであったかを問うものではないから、被告人がたまたま事実を語るような表現で答えたとしても、その陳述は**供述**ではなく、**主張予定の陳述**である。にもかかわらず、その陳述を供述として扱うことは、本条による質問を事実審理のための**被告人質問**に変えてしまうことになり、それは争点整理という公判前整理手続の目的に反するという有力な主張もなされている。また、刑訴規217条の15は、**公判調書**とは異なり、「被告人に対する質問及びその供述」（刑訴規44条1項19号）を挙げていないから、刑訴規則上も、本条に基づく被告人の発言が供述として扱われないことは明らかにされているとも主張されている※273。

公判前整理手続の目的との整合性及び刑訴規則の条文の文言という上記の各理由に加えて、被告人の**防御権**保障に鑑みても、公判前整理手続における被告人の発言は、正式に被告人質問として行われる場合を除いて、供述として扱うことは許されないと解する。なぜなら、質問に対する陳述が将来、自己に不利益な証拠として使われる可能性が否定されないなかで被告人が自由に陳述することは不可能であり、被告人が将来の証拠利用を懸念して、弁護人との意見の違いがあってもそのことを裁判所に伝えることを「自粛」してしまうと（たとえば上述の例で、弁護人が正当防御を主張せず、被告人が刺突行為を認めつつ正当防御を主張したいと考えていた場合を想定せよ）、結局、被告人は有効な防御をすることができず、防御権の実効的な行使が妨げられるからである。したがって、本条の質問に対する被告人の陳述は、実質証拠としてであるか、弾

※272　辻裕教「刑事訴訟法等の一部を改正する法律（平成16年法律第62号）について(1)」法曹時報57巻7号（2005年）97頁、同「刑事訴訟法等の一部を改正する法律（平成16年法律第62号）について(2)」法曹時報57巻8号（2005年）110頁。しかし、本条の黙秘権告知については、公判における黙秘権の告知と違って、証拠使用の可能性の警告が告知内容に含まれていないことから、かえって証拠として使用しないことを示す証左であると解する余地もあろう。このように解するものとして、参照、日本弁護士連合会裁判員制度実施本部編『公判前整理手続を活かす　Part 2（実践編）』（現代人文社、2007年）24頁。ただし、公判前整理手続における被告人の発言は原則として証拠として利用することを予定していないと解する場合にも、例外的に被告人質問が行われる場合がありうることは否定できないから、やはり証拠使用可能性の警告の告知は必要である。この点については、刑訴316条の9の解説Ⅲを参照。

※273　後藤・前掲※270論文95頁以下。同旨、西村健=宮村啓太「公判前整理手続の現状と課題─手続的側面から」自由と正義57巻9号（2006年）67頁以下。

効証拠としてであるかを問わず、供述として証拠にすることは許されないと考える[274]。なお、以上の結論は、正式な被告人質問として行われる場合（この点については、刑訴316条の5の解説Ⅲを参照）を除く、公判前整理手続における被告人の陳述全てに当てはまるが、この点については、刑訴316条の17の解説Ⅱを参照。

（渕野貴生）

（受命裁判官）
第316条の11　裁判所は、合議体の構成員に命じ、公判前整理手続（第三百十六条の五第二号、第七号及び第九号から第十一号までの決定を除く。）をさせることができる。この場合において、受命裁判官は、裁判所又は裁判長と同一の権限を有する。

Ⅰ　本条の趣旨

　本条は、**合議事件**の**公判前整理手続**において、公判前整理手続を合議体の構成員全員で行う必要がなく、一部の裁判官で行う方が効率的、機動的に行える場合があると考えられることから、**受命裁判官**に公判前整理手続をさせることができる旨を規定したものである。

　ただし、訴因等の変更の許否（刑訴316条の5第2号）、証拠決定（刑訴316条の5第7号）、異議申立てに対する決定（刑訴316条の5第9号）、証拠開示に関する裁定（刑訴316条の5第10号）は、審判の範囲、証拠調べの範囲、被告人の防御方法など、被告人の**防御権**の行使の範囲や方法に影響する重要な決定であるので、受命裁判官が行うことはできない。

（渕野貴生）

（裁判所書記官の立会い）
第316条の12　公判前整理手続期日には、裁判所書記官を立ち会わせなければならない。
②　公判前整理手続期日における手続については、裁判所の規則の定めるところにより、公判前整理手続調書を作成しなければならない。

---

[274] 同旨、後藤昭・前掲[270]論文95頁以下。

I 本条の趣旨

　公判前整理手続においては、当事者が種々の**訴訟行為**を行うし、裁判所も**証拠決定、訴因変更、証拠開示**に関する**裁定**などを行う。そして、公判前整理手続で行われたこれらの種々の訴訟行為や決定等は、後の公判における検察官の立証及び被告人側の防御活動の範囲、方法を枠付け、あるいは枠付けうる重要な意味を持つから、公判前整理手続でどのようなことが行われ、決定されたのかを明確にしておく必要がある。そこで、本条は、**公判前整理手続期日**に裁判**所書記官**が立ち会うとともに、**調書を作成**することを規定した。

II 被告人の発言

1 記載すべき発言

　公判前整理手続調書においては、「被告人の陳述」や「被告人に対する質問及びその供述」は必要的記載事項ではないが、被告人が自ら事実上及び法律上の主張を行った場合には、公判前整理手続調書の必要的記載事項になる（刑訴規217条の15第1項8号）。被告人が検察官請求証拠に対する同意・不同意の意見を述べた場合も同様である（刑訴規217条の15第1項13号）。

　また、刑訴316条の10に従って裁判官が行った質問に対して被告人が答えた場合、そこにおける被告人の発言は、**主張予定の陳述**と考えられるべきであるから（刑訴316条の10の解説IIIを参照）、刑訴規217条の15第1項8号の「証明予定事実その他の公判期日においてすることを予定している事実上及び法律上の主張」[275]あるいは、刑訴規217条の15第1項13号「法第326条の同意」として記載されることになる[276]。

2 記載された発言の証拠としての利用

　主張予定の陳述として行われた被告人の発言を記載した調書を被告人の供述として**証拠**にすることはできないと解するべきである（刑訴316条の10の解説III及び刑訴316条の17の解説IIを参照）。すなわち**公訴事実**の認定をするための証拠として用いることは許されない。逆にいえば、調書に記載された被告人の発言を公判で証拠として用いることが許されるのは、たとえば、公判になって公判前整理手続段階で刑訴326条の同意があったかなかったかが争われた場合や、

---

[275] 大島隆明「公判前整理手続に関する冊子の作成・配付について」判例タイムズ1192号（2006年）13頁、伊藤雅明＝高橋康明「刑事訴訟規則の一部を改正する規則の解説」法曹時報57巻9号（2005年）73頁。

[276] 大阪弁護士会裁判員制度実施大阪本部編『コンメンタール公判前整理手続』（現代人文社、2005年）84頁。

第316条の13（検察官の証明予定事実） *815*

公判になってはじめて証拠調べ請求をするに際し刑訴316条の32第1項に定める「やむを得ない事由」がある場合に当たるかどうか、あるいは刑訴316条の32第2項に定める「必要と認めるとき」に該当するかどうかを判断するために公判前整理手続における被告人側の主張の有無や内容を資料とする必要がある場合（刑訴316条の32解説Ⅲを参照）など、公判前整理手続において被告人がある主張をしていたかどうか自体が、証拠決定等の**訴訟上の事実**を認定するうえで必要な場合に限られるということになる。

（渕野貴生）

第2編第3章第2節第1款第2目　争点及び証拠の整理

（検察官の証明予定事実）
第316条の13　検察官は、事件が公判前整理手続に付されたときは、その証明予定事実（公判期日において証拠により証明しようとする事実をいう。以下同じ。）を記載した書面を、裁判所に提出し、及び被告人又は弁護人に送付しなければならない。この場合においては、当該書面には、証拠とすることができず、又は証拠としてその取調べを請求する意思のない資料に基づいて、裁判所に事件について偏見又は予断を生じさせるおそれのある事項を記載することができない。
②　検察官は、前項の証明予定事実を証明するために用いる証拠の取調べを請求しなければならない。
③　前項の規定により証拠の取調べを請求するについては、第二百九十九条第一項の規定は適用しない。
④　裁判所は、検察官及び被告人又は弁護人の意見を聴いた上で、第一項の書面の提出及び送付並びに第二項の請求の期限を定めるものとする。

Ⅰ　本条の趣旨

　公判前整理手続において十分に**争点**及び**証拠**の整理を行うとともに、被告人の**防御権**を十分に保障するためには、その出発点として、検察官の主張立証の全体像が具体的かつ明確な形で明らかにされなければならない。そこで、本条は、検察官に対し、公判前整理手続において、**起訴状記載の公訴事実**のみならず、検察官の主張立証の全体像を明らかにさせることを目的として、**証明予定事実**を記載した書面の提出及び、証明予定事実を証明するために用いる証拠の取調べ請求を義務付けた。

Ⅱ　証明予定事実

1　範囲

証明予定事実とは、**公判期日**において証拠により証明しようとする事実のことをいう。ここで示される事実が**公判前整理手続**における争点及び証拠の整理の出発点となることから、記載の範囲には、構成要件に該当する事実（**主要事実**）はもちろん、主要事実を立証するために必要な**間接事実**も含まれるし、さらに、検察官が、間接事実のうちの特定のものについてさらにいくつかの間接事実によって証明しようとする場合には、これらの**再間接事実**も証明予定事実に含まれる[277]。

また**情状事実**及び証拠の**証明力**や**証拠能力**に関する事実（**補助事実**）も、立証の予定があれば本条にいう証明予定事実に含まれる。

2　詳しさ

証明予定事実の範囲に含まれる事実に当たるからといって、証明予定事実記載書面にそれらの事実全てを満遍なく詳細に記載する必要はないし、そのような記載の仕方は適切でもないと解されている[278]。

なぜなら、たとえば、犯行に至る経緯や犯行後の状況、被告人の前科、経歴を含め、一連の事件の流れについてあまりにも詳細な事実を記載することは争点整理にとって不必要であるばかりか、次のような弊害を生じさせるおそれがあるからである。

第1に、検察官による細かな事実の主張に応じて、被告人側に認否を促すと、被告人側が細部にわたって事実を争うことを余儀なくされ、被告人に対して過剰な防御の負担を負わせることになるとともに、かえって争点が拡散したり、防御の準備に多大の時間を要したりするおそれがある[279]。

第2に、検察官が事実を詳細に主張すればするほど、証拠の中身に具体的に立ち入り、場合によっては、証拠の中身を引用するに等しい状態になりかねない。しかし、そのように証拠の中身に具体的に立ち入った主張をすることは、裁判官に不当な予断・偏見を与えるおそれを生じさせ、本条1項後段が定める予断等を生じさせるおそれのある事項の記載の禁止に抵触するおそれがある。

---

[277]　大阪弁護士会裁判員制度実施本部編『コンメンタール公判前整理手続』（現代人文社、2005年）91頁、辻裕教「刑事訴訟法等の一部を改正する法律（平成16年法律第62号）について(1)」法曹時報57巻7号（2005年）59頁以下、同(2)法曹時報57巻8号（2005年）20頁。

[278]　米山正明「公判前整理手続の運用と今後の課題——大阪地裁における1年間の実施状況を参考にして」判例タイムズ1228号（2007年）40頁。

[279]　西田眞基「公判前整理手続運用の現在と課題——裁判官の立場から」刑事法ジャーナル7号（2007年）3頁、辻・前掲[277](1)論文59頁以下。

とりわけ、実質的に証拠の引用に当たる記述、背景的な事情についての詳細な記述、被告人の前科・前歴についての詳細な記述は、原則として、裁判所に予断または偏見を生じさせる事項に該当する記述として証明予定事実書面に記載することは許されないと解するべきである[280]。

しかし、逆に、証明予定事実の記載が簡素すぎると被告人側にとって防御の対象が明確にならないおそれがある。このような観点からは、第1に、犯行の日時、場所、方法（共謀共同正犯の場合は、共謀の日時、場所、方法）は防御の手がかりとなる基本的事実であり、したがって争点を明確化するための基本的情報であるから、仮に、訴因としては明示する必要がないという立場に立ったとしても、証明予定事実として明示しないことは許されないだろう[281]。

第2に、証明予定事実として記載する事実が間接事実である場合には、当該間接事実からどのような推論を経て主要事実の認定にいたるのかという点について論理的に説明する必要がある[282]。

さらに、事実と証拠との関係については、刑訴規217条の21が、「証明予定事実を明らかにするに当たっては、事実とこれを証明するために用いる主要な証拠との関係を具体的に明示することその他の適当な方法によって、事件の争点及び証拠の整理が円滑に行われるように努めなければならない」と規定していることにも鑑み、とりわけ間接事実の積み重ねによって主要事実を認定しようとする事件の場合には、物語形式ではなく、どの証拠のどの部分を用いてどの事実を認定しようとするのかを明らかにする証拠構造式の記述方式が、争点及び証拠の円滑な整理に資する方法として、有力視されつつあるといえる[283]。

Ⅲ　刑訴299条1項の適用除外

本条第3項は、本条第2項の規定による証拠調べ請求には刑訴299条1項を適用しないことを明らかにしている。刑訴299条1項は、検察官等の請求証拠の開示を定める規定であるが、本条第2項の規定により取調べ請求がなされた証拠については、刑訴316条の14にしたがって開示されることとなるので、刑訴299条1項は適用されない。本条第3項は、このことを注意的に規定したものである。

---

[280] 大阪弁護士会裁判員制度実施本部編・前掲[277]書94頁。

[281] 大阪弁護士会裁判員制度実施本部編・前掲[277]書92頁。

[282] 杉田宗久「公判前整理手続における『争点』の明確化について──被告人側の主張明示義務と争点関連証拠開示の運用をめぐって」判例タイムズ1176号（2005年）8頁以下、宮村啓太「公判前整理手続運用の現在と課題──弁護人の立場から」刑事法ジャーナル7号（2007年）19頁以下。

[283] 日本弁護士連合会裁判員制度実施本部編『公判前整理手続を活かす　Part 2（実践編）』（現代人文社、2007年）37頁以下、杉田・前掲[282]論文9頁の注20。

818 第316条の14（検察官請求証拠の開示、証拠一覧表の交付）

Ⅳ　提出期限

　証明予定事実記載書面の提出、送付とその証明のための証拠調べ請求は、争点整理、証拠整理の出発点であり、これらが行われないと公判前整理手続は実質的には進行させることができない。そこで、本条第4項において、期限の設定を必要的なものとして規定し、公判前整理手続の進行の遅延を防止しようとしている。

（渕野貴生）

（検察官請求証拠の開示、証拠一覧表の交付）
第316条の14　検察官は、前条第二項の規定により取調べを請求した証拠（以下「検察官請求証拠」という。）については、速やかに、被告人又は弁護人に対し、次の各号に掲げる証拠の区分に応じ、当該各号に定める方法による開示をしなければならない。
一　証拠書類又は証拠物　当該証拠書類又は証拠物を閲覧する機会（弁護人に対しては、閲覧し、かつ、謄写する機会）を与えること。
二　証人、鑑定人、通訳人又は翻訳人　その氏名及び住居を知る機会を与え、かつ、その者の供述録取書等のうち、その者が公判期日において供述すると思料する内容が明らかになるもの（当該供述録取書等が存在しないとき、又はこれを閲覧させることが相当でないと認めるときにあつては、その者が公判期日において供述すると思料する内容の要旨を記載した書面）を閲覧する機会（弁護人に対しては、閲覧し、かつ、謄写する機会）を与えること。
②　検察官は、前項の規定による証拠の開示をした後、被告人又は弁護人から請求があつたときは、速やかに、被告人又は弁護人に対し、検察官が保管する証拠の一覧表の交付をしなければならない。
③　前項の一覧表には、次の各号に掲げる証拠の区分に応じ、証拠ごとに、当該各号に定める事項を記載しなければならない。
一　証拠物　品名及び数量
二　供述を録取した書面で供述者の署名又は押印のあるもの　当該書面の標目、作成の年月日及び供述者の氏名
三　証拠書類（前号に掲げるものを除く。）　当該証拠書類の標目、作成の年月日及び作成者の氏名
④　前項の規定にかかわらず、検察官は、同項の規定により第二項の一覧表に記載すべき事項であつて、これを記載することにより次に掲げるおそれがあると認めるものは、同項の一覧表に記載しないことができる。
一　人の身体若しくは財産に害を加え又は人を畏怖させ若しくは困惑さ

> せる行為がなされるおそれ
> 二　人の名誉又は社会生活の平穏が著しく害されるおそれ
> 三　犯罪の証明又は犯罪の捜査に支障を生ずるおそれ
> ⑤　検察官は、第二項の規定により一覧表の交付をした後、証拠を新た
> に保管するに至つたときは、速やかに、被告人又は弁護人に対し、当該
> 新たに保管するに至つた証拠の一覧表の交付をしなければならない。こ
> の場合においては、前二項の規定を準用する。

I　1項の趣旨

　本条1項は、**検察官請求証拠の証拠開示**について定めた規定である。本条の
趣旨は、十分な**争点及び証拠の整理**が行われるように、検察官の**証明予定事実**
を明らかにすること（刑訴316条の13）に加えて、検察官請求証拠の開示を行わ
せることにより、検察官の主張立証の全体像を明らかにしようとするところに
あるとされる[284]。

II　開示の時期

　検察官請求証拠の開示時期について、刑訴299条1項では、「あらかじめ」、
すなわち、請求に先立って開示すべきことが規定されている。その理由は、刑
訴299条1項の**証拠開示**の場合、**証拠調べ請求**が**第1回公判期日後**に行われるこ
とを前提とし、当該請求が行われた期日に、直ちに相手方が**証拠意見**を述べ、
証拠決定を行えるようにするために、事前に相手方に対して請求にかかる証拠
について知る機会を与える必要があるためである。
　しかし、**公判前整理手続**においては、証拠調べ請求後直ちに、証拠意見を述
べて証拠決定を行う必要はないから、事前の開示までは要求せず、ただし、検
察官請求証拠の開示が遅れれば、公判前整理手続を進行することができず、**争
点及び証拠**の整理を迅速に行うことができなくなるので、証拠調べ請求後、
「速やかに」開示することを求めたものである。
　この点さらに、条文上は、検察官請求証拠の開示は証明予定事実記載書面の
提出・送付及び証拠調べ請求後に行うことになっているが、証明予定事実記載
書面の作成には請求証拠の選別後、若干の日数を要することから、手続の迅速
化の観点から、検察官は、請求証拠を選別したら、原則として、証明予定事実

---

[284]　辻裕教「刑事訴訟法の一部を改正する法律（平成16年法律第62号）について(2)」法
曹時報57巻8号（2005年）24頁。なお、公判前整理手続における証拠開示の制度と運用
についてまとめたものとして、酒巻匡編著『刑事証拠開示の理論と実務』（判例タイムズ
社、2009年）。

820 第316条の14（検察官請求証拠の開示、証拠一覧表の交付）

記載書面の提出に先立って、請求証拠を被告人側に開示するよう努めるべきであるとする見解も示されており、傾聴に値する[285]。

Ⅲ 開示証拠の謄写

弁護人が**検察官請求証拠**の内容を正確に把握しておくことは、防御の準備を十分に行うための前提であり、十分な**争点整理**等にも資することになる。刑訴299条1項では、条文上、**謄写権**が規定されていないが、閲覧だけでは、証拠の十分な吟味、検討が困難である場合も少なくない。そこで、**公判前整理手続**においては、弁護人に対しては、開示証拠の閲覧だけでなく謄写の機会も与えることとなった。

一方、**被告人**については、閲覧のみが認められ、被告人自身による謄写は認められていない。その理由は、弁護人は、多くの場合**弁護士**であって、懲戒処分によって裏打ちされた高い職業倫理を有することから、謄写した証拠書類等の複製等の適正な管理を期待できるのに対して、被告人にはそのような条件が存在しないから、と解されている[286]。

ただし、本条は、弁護人のコントロールの下で、弁護人が謄写した証拠を一時的に被告人に貸し出すとか、弁護人が謄写した証拠をさらにコピーして被告人に手渡すなどの方法で、被告人に利用させて、被告人本人が十分な証拠の検討をすることができるようにすることまでを妨げるものではない[287]。

Ⅳ 人証についての開示

1 供述内容を示す供述録取書の範囲

証拠調べ請求にかかる**証拠方法**が**証人**等である場合、刑訴299条1項では、単に証人等の氏名及び住居の開示しか規定されていないが、本条では、それらの情報に加えて、公判期日において予定している供述内容が明らかになる**供述録取書**等を開示することとされた。該当する供述録取書等が存在しない場合は、公判において予定している供述内容の要旨を記載した書面が開示される。なお、供述録取書等とは、供述書、供述を録取した書面で供述者の署名若しくは押印

---

[285] 藤田昇三「公判前整理手続と公判手続の運用——裁判員制度を念頭に置いて」刑事法ジャーナル2号（2006年）29頁、米山正明「公判前整理手続の運用と今後の課題——大阪地裁における1年間の実施状況を参考にして」判例タイムズ1228号（2007年）39頁。

[286] 辻・前掲※284論文25頁。

[287] 大阪弁護士会裁判員制度実施大阪本部編『コンメンタール公判前整理手続』（現代人文社、2005年）98頁、辻裕教「刑事訴訟法の一部を改正する法律（平成16年法律第62号）について(1)」法曹時報57巻7号（2005年）32頁。

のあるもの又は映像若しくは音声を記録することができる記録媒体であって供述を記録したものをいうが、この定義部分は、2016年刑事訴訟法改正によって、刑訴290条の3第1項に移して規定されることとなった。

供述内容が明らかになる供述録取書等の範囲について、証人等の供述録取書等が複数通あるものの、内容の重複が多く、そのうち1通を開示すれば、公判期日における供述内容が明らかになる場合には、その1通を開示すれば足りると解するものがある[288]。

確かに、同一証人の複数通の供述録取書のうち1通または一部を開示することで供述予定内容が完全に網羅されるのであれば、1通または一部の供述録取書の開示で本条の要件を満たしているといえるだろう。しかし、たとえば、同一証人の3通の供述録取書等が互いに重複しつつも、それぞれ重なり合わない部分を含む場合に、公判期日における供述内容が互いに重なり合わない部分にも及ぶと考えられるときには、3通の供述録取書全てが開示されなければ、供述内容が明らかになったことにはならない。要するに、供述予定内容を完全に網羅するために最低限必要な供述録取書等は全て、本条の下で開示されなければならないと解するべきである。供述録取書等が存在せず、要旨記載書面の開示による場合も同様に、予定供述に含まれる情報については漏れなく記載した書面である必要がある。

なお、この範囲を超えて、異なった事件についての供述や証言予定内容について記載した供述録取書に関連する供述録取書まで全て、したがって、同一証人の供述録取書は原則として全部開示すべきであると解するものもある[289]。確かに、ある供述録取書の記載に、供述予定内容が含まれているのか、単に関連する事項が記載されているだけなのかの分かれ目は、判然としないことも少なくないだろうから、供述予定内容が含まれている可能性があるものは原則として開示すべきとはいえよう。しかし、供述予定内容を含んでおらず単に関連する事項のみについて記載されている供述録取書等まで、本条での開示範囲に含めるのは、解釈論としては難しいといわざるを得ない。

2　閲覧が相当でない場合

「閲覧させることが相当でないと認めるとき」とは、**証人**等の**供述録取書**等に、供述予定内容にかかる部分と、他の事件の内容や、関係者の名誉・プライバシーを不必要に侵害する内容など、開示するのが相当ではない部分とが渾然一体となって録取されている場合などが該当するとされる[290]。

しかし、この例示が意味するところは必ずしも明らかではない。というのは、

---

[288] 辻・前掲[284]論文27頁。

[289] 大阪弁護士会裁判員制度実施大阪本部編・前掲[287]書99頁以下。

[290] 辻・前掲[284]論文27頁。

第1に、論者自ら指摘するように、供述予定内容にかかる部分と関係者の名誉・プライバシーを不必要に侵害する部分とを区分できる場合には、供述予定内容部分だけを切り出して部分開示すべき、ということになる。一方、供述予定内容にかかる部分であれば、関係者の名誉・プライバシーを侵害する情報が含まれていることをもって、開示が相当でないと解する理由にはなりえないはずである。なぜなら、そのような名誉・プライバシーを侵害する事項を将来、公判において、当該証人は供述する予定だからである。刑事訴追の利益でさえ関係者の名誉・プライバシーの利益より優先するという判断をした以上、被告人の**防御権**保障が関係者の名誉・プライバシーの利益よりも優先するのは明らかであり[291]、仮にこの場合を開示不相当とする趣旨であれば上記の例示は明らかに不当である。

そこで、残るのは、供述予定内容に係る部分か係らない部分かを区別できない箇所に名誉・プライバシー情報が記載されている場合の当該箇所ということになりそうだが、部分開示を認める前提のもとで、両者を区別できない事態が現実にどれほど存在するのか、疑問なしとしない。また、実際に区別できない場合があるとしても、その場合は、当該箇所は供述予定内容に係る部分である可能性を否定できないのだから、本条にいう、供述予定内容に係る部分に当たると解釈することで解消すべき問題であるように思われる。

Ⅴ　検察官保管証拠一覧表の開示

1　趣旨

公判前整理手続のもとで、被告人側が**類型証拠開示**（刑訴316条の15）及び**主張関連証拠開示**（刑訴316条の20）の請求を行うためには、開示の請求に係る証拠を識別するに足りる事項や防御の準備にとっての必要性を明らかにしなればならない。しかし、そもそも検察官が保管する証拠の全貌を知ることができない被告人側にとっては、開示請求証拠を他の証拠から識別するといっても検察官の手持ち証拠にどのような証拠があるのかを想像しながら手探りで行わなければならず、その結果、被告人側にとっておよそ推測がつかないような証拠については、重要な証拠であっても開示漏れが生じるおそれがあったし、一定程度の推測がつく証拠についても、識別事項の記載が不正確なために、開示漏れが生じるおそれもあった。また、仮に識別できたとしても、存在しない証拠について的外れな請求をすることもありえるし、当該証拠の防御上の必要性を他の証拠と比較しながら検討することにも困難をきたすために、防御上必要な証拠にたどり着くまでに、無駄な請求を繰り返したりすることにもなりかねなかった。このような、「被告人側が正解を当てたら教えてあげる」式の証拠開

---

[291]　大阪弁護士会裁判員制度実施大阪本部編・前掲[287]書100頁。

示の仕組みでは、証拠開示をめぐっていたずらに時間を浪費し、円滑で迅速な公判前整理手続の進行に支障を来すこともなる。そこで、2016年刑事訴訟法改正によって、被告人側が検察官の保管する証拠の一覧表の交付を受け、類型証拠開示及び争点関連証拠開示を請求する手掛かりとすることができるような仕組みが導入された。本条2項から5項は、**検察官保管証拠一覧表**の開示手続について新たに規定したものである。

2　趣旨に対する疑問

しかしながら、新設された証拠一覧表制度では、後述するように、記載事項が極めて限定されている。記載事項の詳細化を否定する根拠としては、記載をめぐって紛争が生じることを防止するといった点も挙げられているが、それとは別に、実質的な理由として、記載事項を詳細化すると、被告人側に、「何か有利に使える証拠はないか」という探索目的の証拠開示請求に用いられるという点が指摘されている。被告人に検察官手持ち証拠と矛盾しない虚偽弁解を許す危険が生じるという指摘も同趣旨であろう。つまり、いわゆる「証拠漁り」目的での証拠開示請求を防止するために記載を簡素化する必要があるとされたのである[※292]。

しかし、まさに、「何か有利に使える証拠はないか」と探索して証拠開示請求することこそ、検察官の主張になにか疑わしい点はないかと探して、疑いを投げかけようとする防御活動の本旨である。また、不適正な虚偽弁解を弁護人がそのまま放置するという前提に立っている点でも不適切である。それゆえ、そもそも「証拠漁り」という表現の仕方自体が、極めて、偏向的であって不適切である。しかも、検察官も、収集されたすべての証拠のなかから、検察官にとって有利に使える証拠を探索して、そのような証拠だけを組み合わせて有罪の立証を行っているはずである。検察官だけが証拠漁りをすることを許されて、被告人側にはそれを許さないという理屈は、形式的当事者主義にさえ反する。本条で制度化された証拠一覧表制度は、証拠開示の拡充に向けたささやかな前進ではあるが、証拠開示の原理からすると、立法論として大いに疑問が残る。

3　証拠の一覧表に記載すべき証拠の範囲

証拠の一覧表に記載すべき範囲は、「検察官が保管する証拠」とされている。警察が収集し、検察官に送致していない証拠が、記載すべき範囲に含まれていない理由は、一覧表交付の趣旨が、円滑・迅速な証拠開示請求に資するようにするところにあることに鑑みて、一覧表の作成・交付が円滑・迅速になされるよう、作成・交付を義務付けられる検察官にとって一義的に明確なものであっ

[※292]　大澤裕「証拠開示」ジュリスト増刊『刑事訴訟法の争点』（2013年）138頁以下、川出敏裕「証拠開示制度の現状と課題」刑法雑誌53巻3号（2014年）7頁、11頁。

て、検察官が責任を持って所定の事項を記載できるものとする必要があるという点に求められている※293。検察官が、警察等の他の捜査機関が保管している証拠も含めて証拠の一覧表に記載しなければならないとした場合には、検察官は、他の捜査機関に未送致の証拠の存否及び内容を確認しなければ証拠の一覧表を作成することができないこととなり、自己の責任において証拠の一覧表を作成することが困難になるほか、手続の大幅な遅延を招くおそれもあるという見解も示されている※294。

　しかし、「司法警察員は、犯罪の捜査をしたときは、……速やかに書類及び証拠物とともに事件を検察官に送致しなければならない」(刑訴246条)のであり、検察官は捜査の責任者として、司法警察員が有する上記義務を履行させるために、司法警察職員に対して**具体的指揮権**(刑訴193条3項)を行使すべきある。そこまで行うことが、検察官にとっての「自己の責任」である。確かに、警察等の他の捜査機関が、検察官の具体的指揮に従わず、検察官も与り知らないところで証拠を隠蔽した場合にまで、当該検察官の一覧表作成義務違反が問われるとすれば、検察官に対して酷に過ぎるだろう。そういう意味で、上記解釈は、検察官の違法が問われた結果、関連する証拠の排除や手続打切りといった手続結果に影響することを恐れての予防的な解釈なのかもしれないが、少なくとも、他の捜査機関に未送致の証拠の存否及び内容を確認しないままに一覧表を作成することは、刑訴246条が事件送致を前提としていることとの関係で、「検察官が保管する証拠」の要件を満たしていないと解すべきである。すなわち、本条2項にいう「検察官が保管する証拠」とは、「検察官が他の捜査機関に具体的指揮をして未送致の証拠について送致させたうえで保管した証拠」と解されなければならない。もちろん、当初から送致された証拠と具体的指揮を発動して保管するに至った証拠と間には、検察官の手元に置かれるタイミングにずれが生じることも少なくないから、後者の証拠については、次に述べるように、追加の一覧表交付で対応することは許される。しかし、漫然と具体的指揮権を発動しないことは許されない。

4　交付手続

　検察官が証拠一覧表の交付義務を負うのは、検察官請求証拠の開示(本条1項)をした後、被告人側から一覧表交付の請求があったときである。その場合には、「速やかに」証拠の一覧表を交付しなければならない。一方、証拠一覧表を交付したのちに、検察官が証拠を新たに保管するに至った場合には、被告人側の請求は不要であり、検察官は、新たな証拠の保管後、「速やかに」追加

※293　吉川崇＝保坂和人＝吉田雅之「刑事訴訟法等の一部を改正する法律(平成28年法律第54号)について(1)」法曹時報69巻2号(2017年)115頁。
※294　吉川他・前掲※293論文122頁注1。

第316条の14（検察官請求証拠の開示、証拠一覧表の交付）　825

の一覧表を交付しなければならない（本条５項）。なお、検察官が追加の一覧表を交付すべき義務を負うのは、公判前整理手続終結時までと解されている[295]。

5　不服申立の可否

　証拠一覧表の交付手続については、被告人側が裁判所に対して裁定請求（刑訴316条の25、刑訴316条の26）を行う手続は規定されておらず、一覧表の記載や交付に関して、被告人側が裁判所に不服申し立てをすることはできないとされている。その実質的理由は、第一に、不服申立ての手続を設けた場合には、証拠一覧表の記載の当否等をめぐって争いが生じると、それを解決したうえでなければ証拠開示請求が行われないことになり、その後に予定されている争点及び証拠を整理するための手続が遅延するおそれがあるという点、第二に、一部の証拠の一部の事項が証拠一覧表に記載されていなかったとしても、開示請求をする際に、証拠の一覧表に記載されるべき事項によって特定すべきとなるわけではないから[296]、その証拠についての開示請求は可能であり、さらに開示が不十分として不服がある場合にも証拠開示について裁判所に裁定を求めれば足りるという点に求められている[297]。

　以上のような条文上及び実質的理由から、不服申立てが否定されるのであれば、証拠一覧表の記載が簡素すぎて、被告人側にとって証拠の特定が困難な場合には、裁判所は、緩やかな特定であっても開示請求を認めるべきこととなるのは当然であろう。一覧表で特定できないにもかかわらず、開示請求で特定を厳格に要求するというのでは、被告人側に不可能を強いて、防御権行使を侵害することになり、同時に、類型証拠開示及び争点関連証拠開示を請求する手掛かりとするという一覧表制度の趣旨が無に帰してしまうからである。

　また、記載が抽象的・形式的すぎて、交付された一覧表の標目では証拠の内容が分からない場合に、証拠開示を求めて裁判所に対して裁定請求を行うことはもちろん認められるが、裁定という迂遠な方法を経ずして、一層迅速・円滑な証拠開示請求に結び付く可能性がある以上、求釈明を活用することを否定すべき理由はない[298]。

6　一覧表への記載事項

　証拠の一覧表の記載事項は、証拠の種類に応じて規定されているが、記載される情報は、いずれも、かなり限定的な範囲に留められている。証拠一覧表の

---

[295]　吉川他・前掲[293]論文121頁。

[296]　吉川他・前掲[293]論文122頁注２。

[297]　吉川他・前掲[293]論文116頁。

[298]　菅野亮「新たな刑事司法制度における弁護実践の在り方」法の支配184号（2017年）84頁。

趣旨が、被告人側に証拠開示請求にあたっての手がかりを与えることにより、円滑・迅速な証拠開示請求に資するようにするところにあることに鑑みると、証拠一覧表の作成・交付が円滑・迅速になされかつ、その記載の仕方をめぐる争いが生じないようにする必要があるということが、記載事項を個々の検察官の実質的な判断・評価を要しない情報に限定する理由として示されている。以上のような理由に基づくと、本条第3項第2号および第3号の書面の標目とは、書面の表題のことであり、具体的には、「供述調書」、「弁解録取書」、「捜査報告書」、「実況見分調書」、「鑑定書」などと記載することになるという解釈がなされている※299。さらに、記載事項について被告人から釈明を求められても、これに応じる義務はないとも解されている※300。

　しかし、このような形式的な記載事項では、何に関係する証拠なのかを判別できない場合が続出するように思われる。一覧表の交付の目的が、円滑で迅速な証拠開示を通じた適切な争点整理の実現にあるとすれば、識別不可能な一覧表は、目的に全くそぐわない。むしろ、一覧表で示された証拠の内実が被告人側に伝わる方が、結果的には無用な開示請求や争点形成を回避することにつながるといえよう。少なくとも、類型証拠開示請求や争点関連証拠開示請求で求められる識別事項を満たす程度には、具体的に記載されなければならない※301。具体的には、第1号の「品名」に関しては、物の種類だけを記載しても他の証拠との識別が困難なこともあるため、形状についても簡潔な記載を行うべきである。第3号に関しては、まず、**捜査報告書**について、捜査報告書には多種多様な内容なものが含まれており、単に捜査報告書と記載しても、証拠開示請求の手がかりにすらならず、一覧表制度を導入した意義を失わせてしまいかねないから、少なくとも、捜査の種類が分かる程度の記載を行うべきであるとの主張がなされている※302。また、**実況見分調書や鑑定書**についても、見分対象・鑑定対象の記載がなければ開示請求の手がかりとなるものにならないと指摘さ

※299　吉川他・前掲※293論文117頁以下。

※300　吉川他・前掲※293論文122頁注3。

※301　緑大輔「証拠開示制度」季刊刑事弁護82号（2015年）93頁、斎藤司「証拠開示の現状と課題」後藤昭＝高野隆＝岡慎一編『実務体系　現代の刑事弁護2　刑事弁護の現代的課題』（第一法規、2013年）107頁以下、山本了宣「証拠の一覧表交付制度の導入と弁護活動―弁護活動の充実に向けて＜2＞」村井敏邦＝海渡雄一編『可視化・盗聴・司法取引を問う』（日本評論社、2017年）117頁以下。

※302　川崎英明＝三島聡＝渕野貴生編『2016年改正刑事訴訟法・通信傍受法条文解析』（日本評論社、2017年）172頁以下〔田淵浩二〕、中里智美「裁判官から見た新たな刑事司法制度」法の支配184号（2017年）65頁、斎藤司『公正な刑事手続と証拠開示請求権』（法律文化社、2015年）406頁以下。

第316条の14（検察官請求証拠の開示、証拠一覧表の交付）　827

れている※303。いずれも正当な指摘であると思われる。また、求釈明を活用することを否定すべき理由はないことは上述したとおりである。

7　一覧表の不記載事由

　本条4項は、本条3項に規定する事項を一覧表に記載すると、関係者に危害が加えられたり、その名誉が著しく害されるなどの弊害が生じるおそれがある場合に、当該事項を証拠一覧表に記載しないことを認めるものである。各号のおそれの有無は、「書面の標目」、「作成年月日」、「供述者の氏名」といった記載事項ごとに判断されるものであり、証拠の一覧表に記載しない措置も記載事項ごとに取ることになる。この点に関して、証拠の存在そのものを記載しないことは許さないという見解も主張されている※304。また、本条4項に従って、検察官が一定の事項を証拠の一覧表に記載しなかったとしても、そのような措置を取った証拠について、証拠開示の要件や開示される証拠の範囲が変わるものではない※305。

　第1号は、たとえば、供述者の署名・押印がある供述調書について、その「供述者の氏名」を証拠の一覧表に記載すると、当該供述者が捜査に一定の協力をしたことが被告人側に推知され、報復として第1号に定めた行為が行われるおそれがある場合を想定したものとされる。第1号においては、加害行為等の対象は「人」とされており、供述者本人やその親族等には限定されていないため、報復としての加害行為等が当該供述者の内縁の配偶者や同居人、交際相手等に対してなされるおそれがあるときも、第1号に該当すると解されている※306。

　第2号は、たとえば、供述者の署名・押印がある供述調書について、その「供述者の氏名」を証拠の一覧表に記載すると、当該供述者が何らかの形で事件と関連しているかのように受け止められ、それが不特定多数の者に知られて、当該供述者の名誉等が著しく害されるおそれがある場合を想定したものとされる。本号においても、保護の対象となる名誉等の主体に特段の限定はないと解されている※307。

　第3号は、たとえば、供述者の署名・押印がある供述調書について、その「供述者の氏名」を証拠の一覧表に記載すると、当該供述者が捜査に一定の協力をしたことが被告人側に推知され、偽証や証言拒絶をするように働きかけがな

※303　岡慎一「段階的証拠開示制度の意義と課題」刑法雑誌53巻3号（2014年）21頁、岡慎一「証拠開示制度─『要項（骨子）』の意義と残された課題」論究ジュリスト12号（2015年）78頁。

※304　斎藤司「刑訴法改正と証拠開示」法律時報88巻1号（2016年）34頁。

※305　吉川他・前掲※293論文118頁以下。

※306　吉川他・前掲※293論文119頁。

※307　吉川他・前掲※293論文120頁。

されて、「犯罪の証明」に支障が生じるおそれがある場合を想定したものとされる。「犯罪の証明又は犯罪の捜査に支障を生じるおそれ」があるか否かは、証拠の内容とは無関係に、証拠の一覧表の記載事項自体について判断される。つまり、「書面の標目」、「作成の年月日」、「供述者の氏名」といった記載事項が被告人側に伝わるだけで「おそれ」が生じる否かで判断される。したがって、当該証拠の内容が検察官の主張・立証と齟齬・矛盾するからといって、本号に該当することとはならないと解されている※308。なお、違法捜査により得られた証拠であることを秘匿する意図が、本号の例外に該当しないことは当然のことであるが、そのような意図から証拠一覧表に不記載にした事実が判明すれば、違法収集証拠の排除相当性を考慮する上で重要な要素となるという指摘がなされている※309。

　言うまでもなく、不開示事由が安易に使われて、一覧表のあちこちが空欄だらけという事態が生じれば、一覧表制度は根本から崩壊する。各号の不開示事由は、単なる抽象的なおそれではなく、具体的事実に基づく具体的危険が存在する場合に限定されなければならない。検察官は、被告人側からの求釈明に対して、誰に対して、誰が、どのような方法によって危害や名誉侵害等を生じさせるおそれがあるのかを具体的事実を示して説明する義務を負うと解する。また、不記載事項がある場合に、開示請求の際の証拠の識別を厳密に要求すべきでない。そのような要求は、被告人側に不可能を強いて、防御権行使を侵害することになるからである。

（渕野貴生）

（類型証拠の開示請求）

第316条の15　検察官は、前条第一項の規定による開示をした証拠以外の証拠であつて、次の各号に掲げる証拠の類型のいずれかに該当し、かつ、特定の検察官請求証拠の証明力を判断するために重要であると認められるものについて、被告人又は弁護人から開示の請求があつた場合において、その重要性の程度その他の被告人の防御の準備のために当該開示をすることの必要性の程度並びに当該開示によつて生じるおそれのある弊害の内容及び程度を考慮し、相当と認めるときは、速やかに、同項第一号に定める方法による開示をしなければならない。この場合において、検察官は、必要と認めるときは、開示の時期若しくは方法を指定し、又は条件を付することができる。
　一　証拠物

※308　吉川他・前掲※293論文120頁以下。
※309　川崎他編・前掲※302書175頁〔田淵浩二〕。

二　第三百二十一条第二項に規定する裁判所又は裁判官の検証の結果を記載した書面

三　第三百二十一条第三項に規定する書面又はこれに準ずる書面

四　第三百二十一条第四項に規定する書面又はこれに準ずる書面

五　次に掲げる者の供述録取書等

イ　検察官が証人として尋問を請求した者

ロ　検察官が取調べを請求した供述録取書等の供述者であつて、当該供述録取書等が第三百二十六条の同意がされない場合には、検察官が証人として尋問を請求することを予定しているもの

六　前号に掲げるもののほか、被告人以外の者の供述録取書等であつて、検察官が特定の検察官請求証拠により直接証明しようとする事実の有無に関する供述を内容とするもの

七　被告人の供述録取書等

八　取調べ状況の記録に関する準則に基づき、検察官、検察事務官又は司法警察職員が職務上作成することを義務付けられている書面であつて、身体の拘束を受けている者の取調べに関し、その年月日、時間、場所その他の取調べの状況を記録したもの（被告人又はその共犯として身体を拘束され若しくは公訴を提起された者であつて第五号イ若しくはロに掲げるものに係るものに限る。）

九　検察官請求証拠である証拠物の押収手続記録書面（押収手続の記録に関する準則に基づき、検察官、検察事務官又は司法警察職員が職務上作成することを義務付けられている書面であつて、証拠物の押収に関し、その押収者、押収の年月日、押収場所その他の押収の状況を記録したものをいう。次項及び第三項第二号イにおいて同じ。）

②　前項の規定による開示をすべき証拠物の押収手続記録書面（前条第一項又は前項の規定による開示をしたものを除く。）について、被告人又は弁護人から開示の請求があつた場合において、当該証拠物により特定の検察官請求証拠の証明力を判断するために当該開示をすることの必要性の程度並びに当該開示によつて生じるおそれのある弊害の内容及び程度を考慮し、相当と認めるときも、同項と同様とする。

③　被告人又は弁護人は、前二項の開示の請求をするときは、次の各号に掲げる開示の請求の区分に応じ、当該各号に定める事項を明らかにしなければならない。

一　第一項の開示の請求　次に掲げる事項

イ　第一項各号に掲げる証拠の類型及び開示の請求に係る証拠を識別するに足りる事項

ロ　事案の内容、特定の検察官請求証拠に対応する証明予定事実、開示の請求に係る証拠と当該検察官請求証拠との関係その他の事情に照らし、

当該開示の請求に係る証拠が当該検察官請求証拠の証明力を判断するために重要であることその他の被告人の防御の準備のために当該開示が必要である理由

二　前項の開示の請求　次に掲げる事項

イ　開示の請求に係る押収手続記録書面を識別するに足りる事項

ロ　第一項の規定による開示をすべき証拠物と特定の検察官請求証拠との関係その他の事情に照らし、当該証拠物により当該検察官請求証拠の証明力を判断するために当該開示が必要である理由

I　本条の趣旨

　本条は、**検察官請求証拠**以外の証拠のうち、検察官請求証拠の**証明力**を判断するために重要な一定の**類型証拠**の開示について規定したものである。

　このような類型証拠開示については、一方で、**争点整理**の促進を主たる目的として捉える理解がある。その理解に従えば、本条の目的は、刑訴316条の13及び刑訴316条の14によって、検察官の**証明予定事実**が明らかにされ、その証明に用いる検察官請求証拠が開示されて、検察官の主張立証の全体像が明らかになったところで、これに対し、被告人側においてどのような主張立証をするかを決することができるようにし、ひいては、十分な争点及び証拠の整理と被告人の**防御**の準備が行われるようにするため、検察官請求証拠の証明力を判断するための一定の類型証拠を被告人側に開示して、被告人側が検察官請求証拠の証明力を適切に判断することができるようにするところにあるとされる[310]。

　これに対して、証拠開示の実質的根拠及び理念は、被告人側に検察官が収集した証拠について幅広く検討する機会を保障することによって、被告人側に防御の手段を与え、有効な**防御権**の行使を可能にするところにあるとして、被告人の防御権保障を類型証拠開示の目的の中心に据え、争点整理は、防御権を保障する目的で類型証拠を開示した結果として達成されるものと位置付ける理解も示されている[311]。

　被告人が検察官の主張に対して有効な防御を行うためには、検察官が、捜査機関が収集した証拠のなかからどの証拠を選んで検察官としての主張を組み立てたのか、逆に、検察官が自らの主張を根拠づけるために選択しなかった証拠がどのようなもので、検察官がどういう理由からその証拠を選択しなかったかを知ることが必須不可欠である。とりわけ、検察官が自らの主張を根拠づける

---

[310] 辻裕教「刑事訴訟法等の一部を改正する法律（平成16年法律第62号）について(2)」法曹時報57巻8号（2005年）29頁以下。

[311] 大阪弁護士会裁判員制度実施大阪本部編『コンメンタール公判前整理手続』（現代人文社、2005年）104頁。

ためにあえて選択しなかった証拠は、検察官の主張を立証するうえで何らかの問題点を抱えている可能性があり、その問題点こそ、被告人が検察官の主張に対して投げ掛けるべき疑いそのものである場合が少なくない。このように考えるならば、本条も、被告人の防御権を実効的に保障するという憲法上の要求に照らして解釈すべきであり、基本的には、後者の理解が正当であると考える。

　しかし、仮に本条の趣旨について、前者のような理解に立つとしても、結局のところ、積極的で可及的に広範囲の証拠開示が追求されることになるはずである。なぜならば、第1に、本条各号に掲げられている、証拠物などの客観的証拠、被告人の供述調書、証人の供述調書といった類型証拠は、立法の際の議論経過に鑑みても[312]、開示の必要性が高く、弊害の少ないものとして、被告人側が検察官の主張を検討する際に開示すべきものを範疇的にまとめたものと解されるからである。第2に、検察官の主張のどこを**争点**にするかを決めるためには、争点となりうる点、すなわち争点の候補を広く検討しなければ、争点の適切な選択、決定には至らないからである。そして、そうだとすれば証拠開示の範囲は、本来、争点として選ばれる可能性のある全ての証拠でなければならない。逆に、証拠開示の範囲を狭く限定することは、検察官あるいは裁判所が争点を勝手に指定することにつながり、そうなると、本目の手続は、争点整理手続ではなく、争点削除手続か、あるいは少なくとも争点限定手続になってしまう。刑訴316条の2以下の手続が、そのような趣旨のものではないことは、明らかであろう。したがって、本条の趣旨についていずれの方向で理解するにせよ、開示の範囲をいたずらに狭く解する解釈方法は、妥当ではないということになる。

Ⅱ　検察官手持ち証拠に限るか

1　捜査機関が保管する取調べメモ

　検察官請求証拠以外の証拠に関し、開示対象となる証拠の範囲が現に検察官が保管している証拠に限られるか否かという点について、公判前整理手続施行当初、下級審の対応は混乱したが、判例は、「公判前整理手続及び期日間整理手続における証拠開示制度は、争点整理と証拠調べを有効かつ効率的に行うためのものであり、このような証拠開示制度の趣旨にかんがみれば、刑訴316条の26第1項の証拠開示命令の対象となる証拠は、必ずしも検察官が現に保管している証拠に限られず、当該事件の捜査の過程で作成され、又は入手した書面等であって、公務員が職務上現に保管し、かつ、検察官において入手が容易な

---

[312]　「刑事裁判の充実・迅速化について（その1）」の説明（辻裕教『司法制度改革概説6　裁判員法／刑事訴訟法』（商事法務、2005年）196頁以下所収）。

ものを含むと解するのが相当」[313]と判断し、警察官が作成し保管する**取調べメモ及び備忘録**は開示請求対象証拠になりうると結論付けた。警察が収集保管し、あるいは作成した証拠について検察官に送致しないものがあり、これらの証拠が結果として証拠開示の範囲から外れてしまっていることに対しては、従来、検察官に対する事件送致義務があるにもかかわらず、この義務に反して送致されていない証拠がある場合に、証拠開示の対象から除外されるべき理由はないなどと、強く批判されてきたところである[314]。本決定は、このような批判に正面から答え、**争点整理**が目的の場合も、目的に沿うためには、開示すべき証拠の範囲を限定的に解すべきではないことを明確に示したもので、高く評価すべきであると考える。また、判例の事案は、刑訴316条の20に基づく**主張関連証拠**に関するものであったが、判示は刑訴316条の20に議論を限定しておらず、判例の射程は本条の**類型証拠開示**にも及ぶと解するのが自然であろう[315]。

なお、本決定は、本事案で開示の対象となるメモが犯罪捜査規範13条において警察官が作成・保管すべきものと定められている備忘録に該当する点に言及している。しかし、本決定の犯罪捜査規範13条への言及は、一般に、開示対象になるメモか否かを同条に基づいて作成されたメモかどうかで判断するという趣旨ではなく、「個人的メモの域を越え、捜査関係の公文書」性を有するに至っているかどうかで判断しようとするものであって、犯罪捜査規範13条に基づく文書か否かは、捜査関係の公文書性を判断するための一事情として使われているに過ぎないと解されている[316]。

実際、最高裁は、その後さらに、警察官が私費で購入し、自己が担当ないし関与した事件に関する取調べの経過その他の参考事項をその都度メモとして記載し、警察官が保管していた大学ノートについても、「警察官としての職務を執行するに際して、その職務の執行のために作成したものであり、その意味で公的な性質を有するものであって、職務上保管しているものというべきである」と判示して、当該ノートの証人予定者取調べに関する記載部分の開示を命じる原審を是認する決定を出しており、開示対象証拠は検察官手持ち証拠に限

---

[313] 最三小決平19・12・25刑集61巻9号895頁。

[314] 伊藤睦「被告人に有利な証拠を得る権利」小田中聰樹先生古稀記念論文集『民主主義法学・刑事法学の展望（上巻）』（日本評論社、2005年）271頁、277頁。

[315] 正木祐史「本件判批」法学セミナー639号（2008年）116頁、斎藤司「本件判批」法律時報80巻9号（2008年）117頁以下。

[316] 山口裕之「本件判批」ジュリスト1409号（2010年）178頁。

られないという流れを確かなものにしている※317。

なお、「捜査の過程で作成され、または入手した書面等」の射程に関して、厳密には捜査の過程で作成されたといえないものについても、捜査担当部門に引き継がれ、捜査のための資料になったと評価できるものは、捜査の過程で入手したものにあたると判断した裁判例がある※318。

2　開示対象文書該当性の判断主体

ところで、警察官等の捜査機関関係者が保管しているメモが証拠開示の対象となるか否かを捜査関係の公文書性の有無という基準で判断する場合、さらに、捜査の経過その他の参考となるべき事項が記載された公文書に該当し開示の対象となるのか、それとも、開示の対象ではない全くの私的なメモにとどまるのかを誰が判断するのか、が問題となる。

この点について、当初、下級審においては多少動揺したが※319、その後、最高裁が、「警察官が捜査の過程で作成し保管するメモが証拠開示命令の対象となるものであるか否かの判断は、裁判所が行うべきものである」と判示し※320、開示対象文書該当性の判断主体の問題に決着をつけた。この判例も、検察官の安易な不存在回答をより直接的に規制するものとして、高く評価されるべきものである。

Ⅲ　類型該当性

1　類型証拠の意義

本条による開示の要件は、第1に、1号から9号に定める**類型証拠**のいずれかに該当することである。各号は、検察官請求証拠の証明力を判断するために一般的・類型的に重要といえる証拠を掲げたものと考えられよう。すなわち、本条による開示では、後述するように、類型証拠に該当した証拠につき、さらに個別的に、検察官の請求証拠の証明力判断にとって重要か否かが判断される構造になっている。しかし、重要性要件は評価的な概念であることもあり、判

※317　最一小決平20・9・30刑集62巻8号2753頁。その後の下級審でも、検察官が証拠調べ請求した検証調書等に添付された写真の画像データ（写真の元データ）について、事件が現に係属中であるのに、捜査機関が元データを消去するなどというのは通常考え難いことであって、裁判所としては、検察官の上記のような不合理な主張を容易に受け入れるべきでなく、検察官から消去の経緯や理由について納得のいく説明等がなされなければ、それらの証拠は捜査機関が保管しており、検察官において入手が容易なものとみなすべきである、旨判示したものがある（大阪高決平20・12・3判タ1292号150頁）。
※318　東京高決平24・6・5東高時報63巻1-12号88頁。
※319　大阪地決平20・3・26判タ1264号343頁。
※320　最三小決平20・6・25刑集62巻6号1886頁。

断基準が必ずしも明確とはいいがたい側面があることから、個別的判断の前に、検察官請求証拠の証明力を判断するために一般的・類型的に重要と考えられる証拠類型を掲げ、そのいずれかに該当することを要件としたものと解される。したがって、本条第1項各号に該当すれば、「検察官請求証拠の証明力判断」に一般的・類型的に重要であることになるが、そのうえで、「重要性」要件において、当該開示請求にかかる証拠が「特定の検察官請求証拠」の証明力判断に重要か否かがさらに個別的に判断されることになる[321]。

なお、各号に掲げられた類型に該当するかどうかは、問題となる証拠に付された表題等に左右されるわけではなく、その実質に着目して判断されると解されている[322]。

2 証拠物（1号関係）

証拠物とは、刑訴306条などにいう証拠物と同義であり、その存在または状態が事実認定の資料となる**証拠方法**のことを指す。これに対して、本条5号、6号、7号で定められている**供述録取書**等は、刑訴305条の証拠書類と同じく、捜査や調査の過程で作成されたもので、その存在や状態は証拠とならず、内容や意義だけが証拠となるものをいうと解される。したがって、たとえば、事件発生の過程で作成された会議メモは、メモの記載内容だけでなく、その存在または状態が事実認定の資料になるから、本号の証拠物に当たるのに対して、被疑者等の取調べにおける供述を録音または録画したテープなどの記録媒体は、供述録取書に当たるとされる[323]。

3 検証調書（3号関係）

判例においては、捜査機関が任意捜査として行った実況見分の結果を記載した**実況見分調書**も刑訴321条3項に規定する書面に含まれると解されているので、本条との関係でも、実況見分調書は3号に該当する書面となる。

4 鑑定書（4号関係）

捜査機関から鑑定の嘱託を受けた者（刑訴225条1項）の作成した**嘱託鑑定書**は、本号にいう「これに準ずる書面」に該当する。

5 証人予定者の供述録取書（5号関係）

検察官が**証人**として尋問を請求した者の**供述録取書**等のうち、その者が公判期日において供述すると思料する内容が明らかになる供述録取書等は、刑訴

---

[321] 岡慎一「証拠開示規定の解釈・運用」自由と正義57巻9号（2006年）74頁以下。

[322] 辻・前掲※310論文34頁。

[323] 辻・前掲※310論文35頁以下。

第316条の15（類型証拠の開示請求）　835

316条の14第1項2号によって、すでに開示されているから、本号イに該当する供述録取書等とは、それ以外のもののことを指す。典型的には、その者が捜査段階で取調べを受けている過程で、公判期日で供述する内容とは異なる内容の供述を行い、これを録取した供述録取書等などが該当する。この点に関して、検察官が不起訴の約束をして虚偽内容の供述をさせたなどとして供述の証拠能力が争われた事案において、検察官による不起訴裁定書は検察官の供述書としての性格を有するとして、不起訴裁定書の本号該当性を認めた裁判例がある※324。

　本号ロは、検察官が取調べを請求した供述録取書等について刑訴326条の**同意**がなされなかった場合にはじめて当該供述者の供述録取書等が開示の対象になるという意味ではない。被告人側の同意、不同意の意見が出される前の段階で、仮に同意されなかったときには、**証人尋問請求**を予定しているという場合に、検察官が取調べを請求した供述録取書等以外の当該供述者の供述録取書等が開示の対象となるという意味である。検察官は必要な証拠を厳選して請求しているはずであるから、供述録取書などの証拠請求に同意が得られなければ、通常、原供述者の証人尋問請求を予定していると推定できる。

6　参考人の供述録取書（6号関係）

⑴　「直接証明しようとする事実の有無に関する供述」

　本号の範囲に含まれる可能性のある**供述録取書**等は、証人として尋問請求されている者ならびに証人として尋問を請求することが予定されている者以外の者の供述録取書等である。要するに、捜査の過程で司法警察職員や検察官から取調べを受け、供述録取書等を作成されたが、検察官の主張立証上、必要ないと判断されて、証人申請（あるいは供述録取書の証拠調べを請求）されなかった者の供述録取書等のことである。しかし、これらの者の供述録取書等全てが、無条件で本号に該当するわけではなく、さらに、「検察官が特定の検察官請求証拠により直接証明しようとする事実の有無に関する供述を内容とするもの」に当てはまるものだけが、本号に該当する。そこで、特定の**検察官請求証拠**により直接証明しようとする事実の有無に関する供述が、具体的に何を意味するのかという点の解釈次第で、開示可能性のある供述録取書等の範囲は大きく異なることとなる。

　この点、供述証拠は人の認識、記憶、表現という過程を経るもので、そのそれぞれの段階で誤りの可能性を持つため、その**信用性**の評価には慎重な検討が必要であって、類型的に信用性が高いとはいえないから、開示の必要性も一般

※324　東京地決平26・1・29判タ1401号381頁。

的に高いとはいえないこと[※325]、供述証拠は、供述者への働きかけ等により容易に罪証隠滅がなされるし、供述内容が関係者の名誉やプライバシーに及ぶことも少なくないから、開示により名誉・プライバシーが侵害されるおそれも小さくないこと、といった認識を前提に、本号について、参考人の供述録取書等のうち、特に開示の必要性の高い類型に限って開示対象にするとの観点から、直接証明しようとする事実があったのか、あるいはなかったのかということについての供述が記載されているものに限り、開示対象類型にしたと解するものがある[※326]。

　このような考え方を取る場合には、6号に該当する調書とは、検察官が特定の検察官請求証拠により直接証明しようとする事実と同一の場面、同一の状況、同一の事項について供述しているものが原則となり、逆に、特定の検察官請求証拠により直接証明される事実から推認される事実、すなわち、特定の検察官請求証拠により間接的に証明される事実の有無に関する供述を内容とするものや、特定の検察官請求証拠により直接証明される事実を証明するうえで積極あるいは消極の**間接事実**となる事実についての供述を内容とするものは、本号に該当しないとされることになる。たとえば、殺人被告事件で、犯行と被告人との結びつきを立証するための証拠の1つとして、被害者の死体の運搬に使用されたと思われる乗用車について、「当該乗用車はふだん被告人が使用していたものである」旨供述する証人Aを検察官が証拠調べ請求している場合に、「以前に一度当該乗用車を被告人から一日借りたことがある」旨供述する参考人Bの供述調書があったとしても、本号には該当しないとされる。また、東京都内が犯行現場である殺人被告事件において、検察官が、被告人が犯人であることを立証する証拠として、犯行の目撃者Aの証人尋問を請求している場合に、「被告人が、犯行日前日に、『明日九州に行く』と話していた」と供述する参考人Bの供述調書は、本号に該当しないとされる[※327]。

　しかし、第1に、類型的に信用性が高いとはいえないことを理由に開示対象の範囲を限定するということは、信用性の評価を被告人側に行わせる機会を奪い、警察官や検察官が行った信用性評価を被告人側に押し付けることにな

[※325] 清野憲一「公判前整理手続の在り方―検察の立場から」刑事法ジャーナル47号（2016年）30頁。

[※326] 辻・前掲※310論文41頁、奥谷成之「判批〔東京高決平成18年10月16日・判時1945号166頁〕」研修703号（2007年）23頁、山崎学『公判前整理手続の実務』（弘文堂、2016年）271頁以下。

[※327] 辻・前掲※310論文41頁以下。

る※328。検察官が証拠調べ請求をした証人は、通常、検察官の主張を裏付ける証言をする。一方、検察官が証拠調べ請求をしなかった参考人や捜査官が供述調書を作成しなかった参考人は、検察官や捜査官が想定する事件ストーリーに合致する供述をしなかった場合が多いだろう。検察官が、前者を信じ、後者を信じないのは、特定のストーリーを立証しようとしている立場上、当然といえよう。しかし、その判断が正しいという保証はどこにもない。だからこそ、公判のなかで、検察官の主張と立証が成り立つかどうかを厳格に吟味しようとしているのである。にもかかわらず、検察官が自らの主張に合わないと判断した証拠にだけ、類型的に信用性が低い可能性があるという前提を立て、その一部について範疇的に被告人側に見せること自体を拒否して、被告人側に信用性が本当に低いのかどうかを検討する機会さえ与えないという論理が不当であることは明らかである。

　第2に、そもそも信用性が低いことを証拠開示を制限する根拠として持ち出す立論は、**証拠開示**、**証拠能力**、**証拠評価**がそれぞれ別の次元の問題であることを理解できていないのではないか。開示された証拠に信用性の低い供述が混在していても、その証拠が直ちに**証拠調べ請求**されるわけでもないし、証拠調べ請求された場合にも直ちに証拠能力を与えられるわけでもないし、証拠能力を認められた場合にも誤りの危険性を払拭されないまま事実認定者の心証を形成するわけでもない。むしろ被告人側は、開示された証拠を検討して、一見明白に信用性の低い供述は、弾劾力を有していないから証拠として使用しても無意味などころか、かえって弾劾に失敗したという結果が、事実認定者に与える悪影響を嫌って証拠調べ請求しないだろう。また、一定の弾劾力を有すると判断して、証拠調べ請求をするとしても、供述調書に直ちに証拠能力が認められるわけではない。この場面でこそ、供述証拠が有する知覚、記憶、叙述プロセスで誤りの入り込む危険が考慮されて、**伝聞法則**が働くからである。したがって、通常、証拠調べ請求されるのは、供述調書自体ではなく、その供述をした**証人**である。供述調書はあくまでも証人という証拠方法で証拠調べ請求をするための手がかりとして使われるに過ぎない（証拠開示という制度はもともと、**争点**を明らかにし、防御の方針を立てる材料を提供するという制度なのだから、開示された証拠方法のこのような使い方は、本来の証拠開示制度の利用の仕方

※328　松代剛枝「2004年刑事訴訟法改正と証拠開示」刑法雑誌46巻1号（2006年）140頁以下及び、伊藤・前掲※314論文278頁は、公判前整理手続における証拠開示の拡大が、必要性を判断した者にとっての争点の整理に資するものの範囲に限定され、必要性判断を行った者の描く訴訟像に拘束された、歪な形の拡大につながる危うさを孕んでいることを早くから指摘していた。開示対象証拠の信用性を第一次的に検察官が判断することを容認するような解釈をスタンダードな解釈として定着させ、かかる運用を一般化しようとする動きがあるとすれば、松代・伊藤が指摘した懸念が早くも現実化しつつあるといわざるを得ない。

そのものである）。そして、証人として証拠調べ請求されれば、検察官は信用性を**反対尋問**によって存分に弾劾することができるのだから、誤りは除去されるはずである。したがって、信用性の低い可能性がある証拠を開示しても、真実追求上も、何ら恐れるに足りないのである。

なお、同一判決書のうち証拠請求されていない部分（マスキングされた部分）は本号に該当しないとした下級審裁判例がある※329。しかし、判決書は全体として同一の事項について供述したものと理解すべきであり、一個の判決書を切り刻んで部分ごとに事実の有無に関するか否かを判断する手法は、本号の範囲を不当に矮小化するものである。

(2) 捜査報告書

下級審裁判例は、現在のところ、本号該当性について限定的に解釈する傾向にある。具体的には、被告人や証人予定者の供述を警察官が聴き取ったことを内容とする**捜査報告書**（被告人や証人予定者の署名押印はない）に関して、これらの捜査報告書は、捜査官が作成した供述書に当たるが、他方で、検察官が特定の検察官請求証拠により直接証明しようとしている事実の有無について供述するのは被告人や証人予定者などの原供述者であり、捜査報告書の供述者である捜査官が供述するのは、それらの原供述を聴取したというものに過ぎないから、事実の有無に関する供述を内容とするものではない、と判示するものがある※330。また、検察官が立証しようとする事実は、被告人がCと共謀の上、公訴事実記載の日時に被告人宅で被害者に暴行を加えたかどうかであるから、CがCの自宅で平素から被害者を虐待していた事実に関する証拠は、「検察官が特定の検察官請求証拠により直接証明しようとする事実の有無に関する供述を内容とするもの」に当たらないと判示するものもある※331。刑訴290条の3第1項の「供述録取書等」の定義規定が、供述録取書には原供述者の署名・押印を要求していることが、このような解釈の条文上の根拠となる。

しかし、このような解釈に対しては、本号の「直接証明しようとする」という要件の「直接」とは、検察官請求証拠とその証拠による検察官立証事実との間の直接性であって、開示対象証拠の直接性ではないから、聞き込みの内容を書いた捜査報告書の内容が、検察官が提出しようとしている証人の証言と反するものであれば、直接性要件の充足を否定することはできないし、原供述者の署名押印のある供述録取書のなかに、さらに伝聞供述が含まれていることがあっても、その部分が開示対象から除かれるとは誰も考えないのだから、人の

※329 東京高決平22・12・1東高時報61巻1-12号311頁。

※330 大阪高決平18・10・6判時1945号166頁。同旨、東京高決平18・10・16判時1945号168頁、東京高決平23・11・22判タ1383号382頁。これらの裁判例を支持するものとして、山崎・前掲※326書273頁以下。

※331 東京高決平18・10・16判時1945号168頁。

話を書き留めたもので、原供述者の署名押印がないということは、類型該当性を否定する理由にはならない、というもっともな批判がなされており※332、正当であると考える。

そもそも「事実の有無に関する供述」とは、供述者が事実の有無を直接体験したことを要件とはしていないはずである。また、原供述者の供述するような事実が存在する可能性があることを被告人側において知ることができれば、証人予定者の予定証言や検察官が取調べ請求しようとしている供述調書の**証明力**を判断する重要な手がかりとなることは明らかであろう※333。しかも、判例のような論理で、捜査報告書を類型証拠から除外してしまうならば、捜査機関が、自らの描く事件のストーリーにあわない供述をする者の供述について、供述録取書を作成せず、あえて捜査報告書として作成することで証拠開示を潜脱することを可能にしてしまう※334。ここにも、捜査機関の描く事件ストーリーにあわない供述は信用性が低い（から開示する必要はない）と、捜査機関が一方的に判断することを容認する思考方法が潜んでいるように思われる。

以上を踏まえると、捜査報告書は、作成者の供述書として、原則として本号の類型に該当すると解するのが相当である※335。

7　取調べ状況報告書（8号関係）

取調べ状況等報告書から**不開示希望調書欄**のみを取り出して、特別に**重要性**や**相当性**判断を行うことは、結局、開示要件として必要性を過剰に要求し、逆に一般的弊害のおそれのみで原則不開示を認めてしまうことになるので許されない。最高裁においても、文書全体を一括して類型証拠としての開示基準が適用されるという原審判断を是認する判例が出されており※336、正当である※337。

※332　座談会「公判前整理手続で刑事弁護は変わったか」季刊刑事弁護48号（2006年）29頁〔後藤昭〕、大阪弁護士会裁判員制度実施大阪本部編・前掲※311書116頁以下。

※333　岡・前掲※321論文76頁以下、東京弁護士会弁護士研修センター運営委員会編『裁判員裁判Ⅱ——個別類型的見地からみた実務』（ぎょうせい、2010年）34頁。

※334　大阪弁護士会裁判員制度実施大阪本部編・前掲※311書121頁。実際に、検察実務家のなかに、捜査官から見て証拠価値が低いと判断した供述は、調書を作成せずに捜査報告書としてまとめることがあると述べるものがある。参照、稲川龍也「公判前整理手続の実務」山梨学院ロー・ジャーナル6号（2011年）119頁。

※335　斎藤司『公正な刑事手続と証拠開示請求権』（法律文化社、2015年）400頁以下。

※336　最三小決平18・11・14判時1947号167頁。

※337　松代剛枝「本件判批」判例タイムズ1248号（2007年）88頁以下、斎藤司「刑訴法316条の15にいう、いわゆる類型証拠の開示をめぐる裁定事例」愛媛法学雑誌34巻1＝2号（2007年）108頁以下。

なお、現在、不開示希望調書欄に係る制度は廃止されているようである※338。

2016年刑事訴訟法改正によって、類型証拠開示の対象となる取調べ状況報告書に、一定の共犯者に係る取調べ状況記録書面が追加された。共犯者については、その身体拘束中に被告事件と同一の事件について被疑者としての取調べが継続的に行われることが通常であり、その取調べ状況記録書面は、共犯者の取調べ状況に関する客観的証拠としての性格を有し、検察官が取調べを請求した共犯者の供述録取書等の信用性を判断する上で類型的に重要なものと考えられるからである。本号でいう共犯には、刑法総則上の共犯（共同正犯・教唆犯・従犯）のほか、いわゆる多衆犯（騒乱等）や対向犯（贈収賄等）といった必要的共犯も含まれる。

「共犯として身体を拘束され」とは、逮捕・勾留等の身体拘束の理由となる被疑事実においてその者が被告人の共犯とされていることをいい、「共犯として…公訴提起された」とは、公訴事実においてその者が被告人の共犯とされていることをいうと解するものがある※339。しかし、とくに前者については、別件逮捕・勾留される例も稀ではないから、単に形式的に、身体拘束の根拠とされた被疑事実のみで判断すべきではなく、捜査機関の意図や捜査の具体的内容も考慮して判断すべきである※340。

8　押収手続記録書面（本条1項9号および本条2項関係）

2016年刑事訴訟法改正によって、押収手続記録書面が類型証拠開示の対象に追加された。証拠物の押収の年月日や場所、被押収者等が記録されている領置調書や差押調書は、証拠物と事件との関連性を示す基本的かつ客観的な資料であり、証拠物の証明力を判断する上で類型的に重要なものと考えられたからである。検察官請求証拠である証拠物の押収手続記録書面は、本条1項9号に、類型証拠として開示すべき証拠物の押収手続記録書面は、本条2項に規定されている。

押収手続記録書面は、押収手続の記録に関する準則に基づくものでなければならない。具体的には、任意提出に係る領置調書については、犯罪捜査規範109条1項、事件事務規定13条1項が、遺留物領置については、犯罪捜査規範110条2項、事件事務規定13条3項が、差押調書については、犯罪捜査規範151条、事件事務規定51条が、それぞれ該当する準則として挙げられる。

※338　松本時夫＝土本武司＝池田修＝酒巻匡編『条解刑事訴訟法（第4版増補版）』（弘文堂、2016年）756頁。

※339　吉川崇＝保坂和人＝吉田雅之「刑事訴訟法等の一部を改正する法律（平成28年法律第54号）について(1)」法曹時報69巻2号（2017年）127頁。

※340　川崎英明＝三島聡＝渕野貴生編『2016年改正刑事訴訟法・通信傍受法条文解析』（日本評論社、2017年）185頁〔斎藤司〕。

その結果、逆に、押収の状況を記録した捜査報告書は類型証拠開示の対象には当たらないと解するものがある※341。しかし、そのような解釈は、類型証拠開示の潜脱を惹起するなどさまざまな問題がある（詳細は、本条Ⅲ6(2)の解説を参照）。準則に基づくかどうかは、形式的な書面の表題にとらわれることなく、書面の内容から実質的に判断されるべきである。また、通常の捜査報告書と同様に、刑訴316条の15第1項第6号に該当するという見解も有力である※342。

Ⅳ　重要性

本条による開示が認められるためには、当該**類型証拠**が、「特定の検察官請求証拠の証明力を判断するために重要であると認められるもの」であることが必要である。

重要性を認めるための中核的判断要素を、特定の**検察官請求証拠**や当該証拠によって検察官が証明しようとする事実と齟齬するか、矛盾する証拠、あるいは両立しない証拠であり得ることと解する立場がある※343。**供述録取書**と別項目の供述は、供述録取書の証明力判断のために一般的、類型的に重要とはいえないとする考え方、すなわち、予定供述項目との**関連性**を要求するという考え方も※344、このような理解と発想を同じくするものといえよう。

下級審判例においても、重要性を判断するために、予定供述事項との関連性を考慮するのは当然であるとして、関連性の有無を考慮すべきでないとする被告人側の主張を排斥したものがある※345。

しかし、これに対しては、1つ1つの証拠は、齟齬、矛盾する証拠、あるいは両立しない証拠であり得るとはいえなくとも、それらの証拠を基礎として他の証拠もあわせて判断できる事実から検察官が証明しようとする事実を弾劾できる場合もあり得るから、齟齬、矛盾の可能性を重要性要件を満たす必須条件と考えるべきではないという意見も有力である※346。さらに、予定供述に関して捜査機関に迎合した事情が他項目に表れている場合もあることを考えると、供述の信用性を吟味するためには、他項目の供述経過を含めて、捜査機関と供述の被録取者との力関係等、供述者が置かれた状況を総合的に検討する必要が

※341　吉川他・前掲※339論文128頁。

※342　川崎他編・前掲※340書186頁〔斎藤司〕。

※343　辻・前掲※310論文・46頁。

※344　鈴木朋子「判批〔大阪高決平成18年6月26日・判時1940号164頁〕」研修699号（2006年）36頁。

※345　大阪高決平18・6・26判時1940号164頁。

※346　岡慎一「公判前整理手続の課題と証拠開示規定の趣旨・目的」刑事法ジャーナル2号（2006年）39頁以下、岡慎一「段階的証拠開示制度の意義と課題」刑法雑誌53巻3号（2014年）17頁以下。

あり、**証拠開示**の段階で関連性を要求すべきではないという意見も強い[347]。実質的根拠から考えても、立法経過において「同一の事項に…限る」という条文の文言があえて削除された経緯に鑑みても、関連性を要求することは妥当ではないと考える[348]。仮に、裁判例の理解するように、重要性を判断するために関連性の有無を考慮するという前提に立ったとしても、その趣旨は、重要性判断の前提として関連性を要求するという意味ではなく、関連性は、重要性判断における一要素として考慮されるという意味で理解すべきであろう[349]。

V 必要性、弊害のおそれ

1 必要性

本条による開示の可否は、最終的には、「被告人の防御の準備のために当該開示をすることの必要性の程度」と開示による「弊害の内容と程度」を総合考慮して、開示が相当と認められるかどうかによって、決められる。

条文上、「重要性の程度その他の」と規定されているところから明らかなように、**必要性**の程度を判断するために最も重要な要素が**重要性**であることに疑いはない。ただ、重要性と必要性との関係をどのように理解すべきかという点には争いがある。

第1の立場は、重要性は開示の必要性を裏付ける大きな要素ではあるが、それだけで判断されるわけではなく、事案の内容、特定の**検察官請求証拠**により検察官が証明しようとしている事実の内容、当該事実を証明するうえで、当該検察官請求証拠がどれほど重要か、などの諸事情によって、必要性の程度は変わりうるとする[350]。

しかし、これに対しては、特定の検察官証拠の証明力判断のために重要である場合には、**防御**の準備のための必要性は高いことになるはずであると解する第2の立場も有力である[351]。

この点に関して、判例上、本条1項8号の**取調べ状況報告書**の**不開示希望調書欄**の開示をめぐって争われてきた。下級審裁判例のなかには、取調べ状況報告書が、被告人の供述調書の**証明力**を判断するために重要であるとしても、そ

---

[347] 豊崎七絵「判批〔大阪高決平成18年6月26日・判時1940号164頁〕」法学セミナー625号（2007年）113頁。

[348] 裁判官の立場から、同一事項に限ることに疑問を呈するものとして、参照、村瀬均「公判前整理手続と公判手続の運用——裁判員制度を念頭に置いて」刑事法ジャーナル2号（2006年）24頁以下。

[349] 斎藤・前掲[337]論文104頁以下。

[350] 辻・前掲[310]論文51頁以下。

[351] 大阪弁護士会裁判員制度実施大阪本部編・前掲[311]書113頁、岡慎一「裁判員制度の導入と弁護活動—公判前整理手続を中心に」法律のひろば57巻9号（2004年）43頁。

のことから直ちに、取調べ状況報告書の全ての欄を開示すべきであるということにはならないとしたうえで、開示すべき欄の範囲についてさらに必要性の程度を具体的に検討する必要がある旨の判断を行ったものがある[※352]。このような判断方法は、基本的に第1の立場に立つものといえよう。

しかし、他方で、別の下級審判例は、「弁護人は、被告人の各検察官調書の証明力を判断するため、身柄拘束中の被告人に係る取調べの客観的状況（日時、場所、調書作成の有無、通数等）を知る必要があり、不開示希望調書欄を含め、開示がなければ、作成された調書の通数その他その取調べの外形的全体像を確認点検できないのであるから、防御の準備のため開示を受ける必要性が認められる」と判示して、取調べ状況報告書が被告人の供述録取書の証明力判断のために重要であるという認識から、必要性を直截に肯定する判断方法を取っているように読める判例もある[※353]。そして、この下級審判例は、最高裁においても是認された[※354]。最高裁決定は、端的に「事案を異にする」とのみ判示して、必要性等を肯定する原審判断を是認したので、この判例をもって、重要性と必要性を直結させる一般的規範が定立されたとまでいえるかどうかは、慎重な判断が必要であろう。しかし、少なくとも、判例上も、第2の立場が成り立ちうることは示されたといえよう。

なお、下級審判例のなかに、**争点**になっていない点を問題とするものと窺われる、という点を根拠にして**必要性**を否定したものがあるが[※355]、疑問である。なぜなら、第1に、本条にいう必要性とは、被告人の**防御**の準備のための必要性を意味し、争点との関係での証拠調べの必要性を意味するものではないからである。第2に、刑訴316条の17から明らかなように、被告人側からの主張の提示は、**類型証拠開示**手続が終了した後に行われるものであって、類型証拠開示についての**裁定**判断を行う時点では、争点自体が確定していないのだから、そもそも、争点と関連しない、などという判断ができるはずがないからである[※356]。

2　弊害のおそれ

次に弊害のおそれについては、まず、弊害の内容として、罪証隠滅、証人威迫、関係者への報復、嫌がらせ、関係者の名誉・プライバシー侵害、国民一般

[※352]　大阪高決平18・6・26判時1940号164頁。

[※353]　大阪高決平18・9・22判時1947号169頁。

[※354]　最三小決平18・11・14判時1947号167頁。

[※355]　東京高決平18・2・24東高時報57巻1-12号3頁。

[※356]　高野義雄＝菊池弘之「〔証拠開示〕体験レポート5　裁定手続その2」季刊刑事弁護48号（2006年）54頁。

の捜査への協力確保の困難化などが挙げられている※357。しかし、これらのうち、関係者の名誉・プライバシー侵害や国民一般の捜査への協力確保の困難化といった事情を開示拒否と結びつけるべき弊害に含めてよいかどうかは一考を要する。なぜなら、第1に、名誉やプライバシーが人格権に根拠を持つ重要な権利利益であるとしても、それらの権利利益が、生命・身体の自由を奪うための最低限の保障として絶対的に保障すべき被告人の**防御権**という刑事手続上の権利よりも優先すると考えることはできないように思われるからである※358。第2に、これらの証拠はすでに他方の当事者たる検察官や捜査機関には知られているわけだから、当事者に公開されるという意味でのプライバシー・名誉侵害はすでに発生しているという点でも、検察官や捜査機関に情報を知られることを嫌って協力を拒否されるリスクが存在するという点でも、被告人側と事情は異ならないからである。しかし、捜査機関は、関係者の名誉・プライバシーにかかわる事情であろうと、将来の捜査が困難になるリスクがあろうと、必要とあれば、情報収集をすることに躊躇しないのであり、対等な当事者であるはずの被告人側だけが、名誉・プライバシー侵害を理由に、あるいは将来の捜査の困難を理由に、情報へのアクセスを妨げられるとすれば、形式的な当事者主義にさえ反するといわざるを得ない。

　一方、罪証隠滅や証人威迫は、適正な防御権の行使とはいえないから、かかる事情が開示を否定する根拠となりうることは否定できない。その場合、次に問題となるのは、弊害のおそれの程度である。論者のなかには、個別事件における具体的なおそれの存在を要求すべきとする考え方も少なくなかった※359。一方、下級審判例では、一般的弊害で足りるとするものと※360、検察官に対してあくまで個別事件における具体的事情の主張を要求するもの※361とに分かれていたが、最高裁決定は、後者の判断を是認した※362。必要性の判断方法と同様に、判例の射程については慎重な検討を要するが、少なくとも、判例は具体的な事情を疎明すべきとする考え方※363に親和的な立場を取ったということは

※357　辻・前掲※310論文54頁。

※358　大阪弁護士会裁判員制度実施大阪本部編・前掲※311書110頁、114頁、山田直子「公判前整理手続（証拠開示）改正法案に対する提言（上）」法と政治66巻3号（2015年）21頁。

※359　岡慎一「公判前整理手続における類型証拠の開示」ジュリスト臨時増刊・平成18年度重要判例解説（2007年）193頁、大島隆明「公判前整理手続に関する冊子の作成・配付について」判例タイムズ1192号（2006年）20頁。

※360　大阪高決平18・6・26判時1940号164頁。

※361　大阪高決平18・9・22判時1947号169頁。

※362　最三小決平18・11・14判時1947号167頁。

※363　大阪弁護士会裁判員制度実施大阪本部編・前掲※311書114頁。

できるだろう[※364]。

VI 開示の請求

本条による証拠開示は、被告人側からの請求によって行われる。

開示の請求をするときには、被告人側は、開示請求にかかる証拠を識別するに足りる事項及び開示が必要である理由を明らかにしなければならない。

2016年刑事訴訟法改正によって証拠一覧表の交付制度（刑訴316条の14第2項）が導入された。しかし、同制度は、あくまで被告人側が証拠開示請求の手がかりとして用いることを目的としたもので、記載事項も限定されており（刑訴316条の14第3項）、検証の対象や供述のテーマなどは記載されないことから、証拠一覧表には、個別の証拠を特定するツールとしての役割はもともと期待されていないとされる[※365]。この理解を前提とするならば、証拠一覧表交付制度の下でも、被告人側は、どのような類型の証拠をどのような範囲で開示することを求めるのかということが識別できる程度の特定をすれば足りる。すなわち、一般的には、請求の相手方である検察官、さらには裁定にあたる裁判官が、**重要性**その他の開示の**必要性**や**弊害のおそれ**を判断し、開示の要否を決するためには、どのような類型の証拠をどの範囲で開示することを求められているかが明らかになれば足りる、とされる。具体的には、識別性を満たす場合として、「犯行状況の他の目撃者の供述調書」（第6号関係）で足りるという例示がなされている[※366]。

VII 不開示理由の告知

開示の請求を受けた検察官は、開示請求に対して応答義務がある。

検察官は、被告人側から開示請求を受けた証拠を開示しない場合には、その理由を告知しなければならない（刑訴規217条の26）。不開示理由の告知により、被告人側において証拠開示の**裁定**（刑訴316条の26）を請求するかどうかの検討や、裁定請求するに当たっての主張の検討を実効的に行えるように保障するための制度である。実務運用では、「重要性がない」とか、「相当性の要件を満た

[※364] 松代剛枝「証拠開示理論と2004年刑事訴訟法改正――比較法的検討」関西大学法学論集54巻4号（2004年）63頁以下は、具体的事情を要求した場合に実際に弊害のおそれが現実化することはほとんどないことを詳細な比較法的検討に基づいて論証している。
[※365] 大澤裕「証拠開示制度」法律時報86巻10号（2014年）52頁。
[※366] 辻・前掲[※310]論文・56頁。

846 第316条の15（類型証拠の開示請求）

さない」とだけ告知する例があるようだが※367、そのような告知は、そもそも理由告知とはいえない。重要性がない、あるいは相当性を満たさないと結論付けるに至った具体的根拠を示す必要がある。

Ⅷ　開示の時期、方法等の指定

本条にしたがって証拠の開示をする場合、検察官は必要と認めるとき、開示の時期、方法を指定し、または条件を付すことができる。

本来、本条にしたがって証拠の開示を行う場合、無条件で速やかに開示するのが原則である。しかし、たとえば、原則どおりの開示をすると弊害が生じるおそれが高く、開示不相当と判断されるが、特定の時期、方法を指定し、あるいは一定の条件を付ければ、弊害のおそれの程度が減少して、開示が可能になるというような場合もありうるから、そのような場合については検察官が時期の指定等を行ったうえで開示することができるようにしたとされる※368。

確かに、このような説明のもとで、開示の範囲が広がるとすれば、被告人の防御権保障にとっても有意義であろう。しかし、開示の時期の指定等の具体的な内容によっては、被告人の防御権保障にとってほとんど意味のない開示にもなりうることに注意する必要がある。

第1に、開示の時期については、遅くとも**公判前整理手続**のなかで開示しなければならず、公判前整理手続終了後の開示という指定方法は認めるべきではない※369。公判前整理手続内で開示されなければ、具体的な防御方針の策定には何ら役立たないばかりか、被告人側としては具体的な主張明示をすることも不可能だから、**争点整理**にも資するところがないからである。

仮に、公判期日における**主尋問**終了後に開示するという方法を例外的に認めるとしても※370、その場合には、**期日間整理手続**を行って新たに争点整理をすることが必須不可欠であろうし、期日間整理手続においては、被告人側は、これまでの主張を全て撤回して新しくはじめから主張しなおし、証拠開示請求をしなおし、証拠調べ請求をしなおすことを認められる必要がある。なぜなら、新しい証拠が1つでも加われば、その証拠の位置付け方次第で、これまでの被

※367 この点を指摘するものとして、座談会「公判前整理手続で刑事弁護は変わったか」季刊刑事弁護48号（2006年）31頁〔後藤貞人〕。宮村啓太「公判前整理手続運用の現在と課題——弁護人の立場から」刑事法ジャーナル7号（2007年）20頁によれば、一部の証拠を開示した場合に、開示しなかった他の証拠について、不開示の理由を全く明らかにしない例さえあるようである。

※368 辻・前掲※310論文59頁以下。

※369 大阪弁護士会裁判員制度実施大阪本部編・前掲※311書121頁。

※370 辻・前掲※310論文60頁以下。刑訴316条の25に基づく開示指定について、同様の見解を述べるものとして、参照、大島・前掲※359論文21頁。

告人の主張の全体構造が変わる可能性があるからである。そして、主張が変われば、当然、その主張に連動して新たな**証拠開示**、新たな**証拠調べ請求**が必要になるからである。

第2に、開示の方法や付与条件として、被告人側の防御権の本質的要素を奪うような指定の仕方は許されないと考えるべきであろう[※371]。

たとえば、弁護人に対して**閲覧**のみを認め**謄写**を認めないとか、**弁護人**にのみに開示をし、**被告人**に閲覧させないなどの指定は許されないのではないかとの指摘がなされているが、正当であると思われる[※372]。弁護人に閲覧のみしか認めないというのでは、当該証拠の検討は著しく制限される。他のさまざまな証拠との比較検討をしようとする場合はなおさらである。さらに、指摘されているように、弁護人に対する**謄写禁止**は、刑訴281条の3、刑訴281条の4、刑訴281条の5において、開示証拠の**目的外利用**を防止する制度を設けていることと整合しない。また、被告人は防御権の主体であるから、被告人に閲覧させないとすると防御権行使の本質的部分が損なわれる。いずれも、防御権の実質的な部分が保障されない結果をもたらす条件指定として許されないと考えるべきである[※373]。仮に、そのような指定がなされた場合に、なお刑訴316条の17の**主張明示義務**及び**証拠調べ請求**義務ならびに刑訴316条の32の**証拠調べ請求制限**を課すとすれば、防御権の直接的な侵害として直ちに違法となると解すべきである。

（渕野貴生）

（開示証拠に対する防御側の意見）

第316条の16 被告人又は弁護人は、第三百十六条の十三第一項の書面の送付を受け、かつ、第三百十六条の十四第一項並びに前条第一項及び第二項の規定による開示をすべき証拠の開示を受けたときは、検察官請求証拠について、第三百二十六条の同意をするかどうか又はその取調べの請求に関し異議がないかどうかの意見を明らかにしなければならない。

② 裁判所は、検察官及び被告人又は弁護人の意見を聴いた上で、前項

[※371] 被告人の取調べ状況を撮影したDVDについて、①謄写枚数の制限、複写の禁止等を条件に付した原決定の判断を是認したものとして、東京高決平22・3・17東高時報61巻1-12号60頁、②弁護活動終了後のデータ消去等を条件に付した検察官の処分を適法としたものとして、大阪地決平25・10・15判タ1418号370頁。

[※372] なお、裁判例のなかに、一般論として、弁護人に対して謄写を認めないという開示方法を指定することは許されるとしつつ、本件の具体的事実関係のもとでは、謄写禁止の条件を付したことは法の趣旨に反すると判断したものがある。参照、東京高決平23・11・22判タ1383号382頁。

[※373] 大阪弁護士会裁判員制度実施大阪本部編・前掲[※311]書122頁。

の意見を明らかにすべき期限を定めることができる。

I　本条の趣旨

　公判前整理手続においては、裁判所が**証拠決定**をすることが予定されていることから（刑訴316条の5第7号）、相手方の**証拠調べ請求**に対する**証拠意見**が明らかにされる必要がある。
　そして、被告人側が、検察官の**証明予定事実**を知り（刑訴316条の13）、検察官請求証拠の証拠開示を受けることで（刑訴316条の14）、検察官の主張立証の全体像を把握することができ、そのうえで、検察官請求証拠の証明力を判断するために重要な一定の**類型証拠**の開示を受けた段階であれば（刑訴316条の15）、被告人側に、検察官請求証拠に対する証拠意見を明らかにするように求めても、被告人側の防御の利益を損なうものではないと考えられる。
　そこで、本条は、公判前整理手続において、類型証拠開示がなされた後の時期に、被告人側に対して、検察官請求証拠に対する証拠意見を明らかにするように義務付けた。

II　明示の時期

　被告人側が**証拠意見**を明示すべき時期は、検察官請求証拠及び類型証拠の証拠開示を受けたときである。これらの証拠開示をめぐって争いが生じているときは、裁判所の**裁定**や不服申立て手続（刑訴316条の25、刑訴316条の26）を経て、開示証拠の範囲、方法、条件等が確定したうえで、それに従って開示を受けた後の時期になる。

III　意見の内容

　「その取調べの請求に関し異議がないかどうかの意見」とは、刑訴規190条2項により聴取される意見と同義である。すなわち、**証拠能力**、**関連性**、証拠調べの必要性の点で異議がないかどうかの意見のことを指す。

IV　期限

　本条第2項は、本条第1項の意見を明らかにする期限を定めることができる旨規定している。
　期限は、検察官及び被告人または弁護人の意見を聴いたうえで裁判所が定めるが、被告人側は、検察官の**証明予定事実**及び開示証拠を十分に検討し、必要

な調査を行ってからでないと、適切な**証拠意見**を明らかにすることができないから、被告人の防御の利益を侵害しないように、証拠開示後、意見を明らかにするまでの期限は、十分な期間を置くべきである。被告人側の検討・調査にどのくらいの時間を要するかは、事件や証拠の複雑さ、あるいは被告人の防御能力や弁護人の体制などに応じて事件ごとに異なるから、よほど不合理な期限を提案されない限り、原則として、被告人側の意見を尊重すべきであろう。

（渕野貴生）

（防御側予定主張の開示）
第316条の17　被告人又は弁護人は、第三百十六条の十三第一項の書面の送付を受け、かつ、第三百十六条の十四第一項並びに第三百十六条の十五第一項及び第二項の規定による開示をすべき証拠の開示を受けた場合において、その証明予定事実その他の公判期日においてすることを予定している事実上及び法律上の主張があるときは、裁判所及び検察官に対し、これを明らかにしなければならない。この場合においては、第三百十六条の十三第一項後段の規定を準用する。
②　被告人又は弁護人は、前項の証明予定事実があるときは、これを証明するために用いる証拠の取調べを請求しなければならない。この場合においては、第三百十六条の十三第三項の規定を準用する。
③　裁判所は、検察官及び被告人又は弁護人の意見を聴いた上で、第一項の主張を明らかにすべき期限及び前項の請求の期限を定めることができる。

I　本条の趣旨

本条は、被告人側が検察官の**証明予定事実**を知り、**検察官請求証拠**及び**類型証拠**の証拠開示を受けた後、被告人側に対して、公判においてすることを予定している主張があるときにはこれを明らかにするとともに、証明予定事実があるときは、その証明に用いる証拠の取調べを請求することを義務付ける旨、規定したものである。

被告人側に対する**主張明示**及び**証拠調べ請求**の義務付けの必要性は、**争点整理**という**公判前整理手続**の目的に求められている。すなわち、公判前整理手続において、十分に争点及び証拠を整理するためには、検察官の主張に対する反論として、被告人側の主張やその取調べ請求証拠が明らかにされなければならないとされるのである。

他方、このような義務付けと被告人の防御権保障との関係については、検察官の証明予定事実を知り、検察官請求証拠及び類型証拠の開示を受けた後であ

れば、被告人側に予定主張を明らかにさせ、証拠調べ請求をさせても、被告人の防御の利益を損なうものではないとされる[374]。

しかし、これに対しては、検察官が提出する証明予定事実は、起訴に当たって検察官が十分に練り上げた主張であり、この段階での検察官の主張が、表面上、筋の通った合理的なものでないことはありえないから、検察官が予定する立証に一見して明白な欠陥がある場合や確実な無罪証拠を被告人側が入手している場合を除いて、検察官の主張に対して被告人側が予め実効的な反論を行うことは不可能であって、被告人側が、一見筋の通った合理的な検察側証拠の中に潜む弱さや誤りを発見するための公判手続を経ないうちに、被告人側に検察官の主張立証に対して具体的な弾劾を行うように要求し、その弾劾に基づいて自らの主張を明示するように迫ることは被告人に不可能を強いるものであるという批判がなされている[375]。

また、被告人側に対する主張明示の義務付けに対しては、そのような義務付けが**黙秘権**を侵害するのではないか、という疑問も、立法過程から出されていた。黙秘権とは、単に供述を強制されない権利ではなく、いつ供述するかも強制されない権利であると理解する論者からは、公判前整理手続における主張の義務付けは黙秘権侵害のおそれを孕んでいるとされた[376]。これに対しては、被告人は主張・立証すべきことがない場合にまで何らかの供述を強制されるわけではないから、被告人には終始沈黙する権利は保障されているし、何らかの主張や証拠調べ請求がある場合には、**結審**までのいずれかの時点で当該主張立証をすることになるのだから、公判前整理手続における主張の義務付けは公判で行うであろう主張と同じことを時間的に前倒ししてやってもらうに過ぎず、黙秘権侵害になるわけではない[377]という説明が与えられている。そして、判例もこの説明を踏襲し、本条は、「被告人に対し自己が刑事上の責任を問われるおそれのある事項について認めるように義務付けるものではなく、また、公判期日において主張するかどうかも被告人の判断に委ねられているのであって、主張をすること自体を強要するものでもない」と判示して、本条の合憲性を確

---

[374] 辻裕教「刑事訴訟法等の一部を改正する法律（平成16年法律第62号）について(2)」法曹時報57巻8号（2005年）65頁。

[375] 伊藤睦「対質権と強制手続請求権を貫く基本理念」法学69巻5号（2006年）156頁。

[376] 渕野貴生「裁判員制度と刑事手続改革」法律時報76巻10号（2004年）34頁。

[377] 川出敏裕「新たな準備手続きの創設」現代刑事法4巻11号（2002年）46頁、大澤裕「『新たな準備手続』と証拠開示」刑法雑誌43巻3号（2004年）72頁、寺崎嘉博「公判前整理手続の意義と『やむを得ない事由』の解釈」刑事法ジャーナル2号（2006年）3頁、松本時夫＝土本武司＝池田修＝酒巻匡編『条解刑事訴訟法（第4版増補版）』（弘文堂、2016年）760頁、今崎幸彦「公判前整理手続」ジュリスト増刊『刑事訴訟法の争点』（2013年）136頁。

認した※378。

　この問題は、直接的には、黙秘権の権利内容として主張明示時期の選択権まで含むと解するか否か、という黙秘権理解の違いに起因する。しかし、仮に前倒し論のような黙秘権理解に立つとしても、被告人側に主張立証させることが許される時点は、被告人側が十分に主張立証できる準備が整った時以降でなければならないことは否定されないだろう※379。判例を含め、本条の趣旨についての一般的な説明が、防御権侵害に当たらないという結論を導き出すに当たって、「証拠開示を受けた後であれば」という留保をつけているのも※380、被告人側の主張立証の準備が整わないうちに、主張立証を強制し、その時点で主張立証しなかった場合には、後になってからの立証を認めない（刑訴316条の32）とするならば、不利益な供述を強制することになるのが明らかだからであろう。

　本条は、以上のような原理的・根本的批判がなお根強いことを踏まえて解釈する必要がある。被告人側の主張明示・証拠調べ請求義務と黙秘権・防御権との抵触を避けるためには、少なくとも、刑訴316条の14の検察官請求証拠の開示及び、とりわけ刑訴316条の15の**類型証拠開示**について、開示の範囲をいたずらに狭く解する解釈は許されないこと、逆にいえば、類型証拠開示が、限定的な開示しかもたらさないとすれば、直ちに本条の違憲性が問題になることを銘記すべきである。

　本条に対しては、あわせて、予定主張に関する被告人の陳述を証拠たる「供述」として扱うことを許し、さらにその陳述から、「弁論の全趣旨」として不利益な推認を行い、公判における被告人の主張の信用性を判断することを許すならば（この点に関する検討は、法316条の10の評釈Ⅲ3を参照）、公判において当該主張をすることから生じるものとは別個の、供述経過という情報から新たな不利益評価を加えることになるから、そのような供述を強要することは、**自己負罪拒否特権**に反するという指摘もなされており※381、この点からも、判例を前提としても、本条を適用する段階の合憲性について、なお厳しく吟味さ

※378　最一小決平25・3・18刑集67巻3号325頁。本決定を支持するものとして、細谷泰暢「刑訴法316条の17と自己に不利益な供述の強要」『最高裁判所判例解説刑事篇平成25年度』109頁以下、安井哲章「本件判批」法学新報121巻5＝6号（2014年）391頁以下、山崎学『公判前整理手続の実務』（弘文堂、2016年）94頁以下。

※379　この点について、比較法的検討を踏まえて精緻に主張するものとして、参照、伊藤睦「被告人に有利な証拠を得る権利」小田中聰樹先生古稀記念論文集『民主主義法学・刑事法学の展望（上巻）』（日本評論社、2005年）266頁以下、とりわけ、278頁以下、松代剛枝「2004年刑事訴訟法改正と証拠開示」刑法雑誌46巻1号（2006年）128頁以下、とりわけ、140頁以下。

※380　辻・前掲※374論文・65頁。

※381　葛野尋之「本件判批」判例評論670号（2014年）173頁以下。

852 第316条の17（防御側予定主張の開示）

れなければならない※382。

Ⅱ 証明予定事実及び事実上の主張

1 総説

　証明予定事実とは、被告人側が証拠調べ請求を行って証明しようとする事実のことを指す。それ以外の「事実上の主張」には、第1に、積極的に事実を主張して争点を提示する主張として、犯罪阻却事由となる事実、検察官が主張する主要事実等の不存在の根拠となる重要な間接事実（アリバイ等）、任意性を争う根拠となる事実、量刑上重要な事実の主張があり、第2に、検察官主張事実に対する争点を提示する主張として、検察官が主張する主要事実や重要な間接事実を否認する主張がある。

　被告人側の**主張明示**の目的は**争点**の形成や整理にあるから、この目的を前提とすると、これらの点に対する被告人側の主張はある程度具体的である必要があるという点では、共通の認識がある※383。ただし、主張する事実が明らかになれば証拠調べの範囲や順序を定め、審理計画を立てることは可能になるから、主張する事実に対する評価まで明らかにする必要はない。むしろ、事実に対する評価は、論告や弁論でなされるべきであり、公判前整理手続でそれを先取りすることは公判前整理手続の目的を超えるという指摘がなされており※384、正当である。求められる具体性の程度として、次の点については、実務運用上はほぼ争いは収束しているようである。

　まず、積極否認や犯罪阻却事由など積極的事実を主張する場合には、その主張を根拠づける具体的事実を明示する必要がある。たとえば、アリバイの主張をする場合には、単にアリバイがあるというだけでは足りず、アリバイを構成する具体的事実の明示が必要であるとされる※385。求められる具体化の程度に関して、判例は、のちの公判における被告人質問において、アリバイ主張として、「大阪市西成区内の自宅にいて、その後、西成区内の友人宅に行った」と

※382 予定主張たる被告人の陳述が、事実上、不利益推認に類似する効果をもたらし得る危険を指摘するものとして、中島洋樹「本件判批」刑事法ジャーナル38号（2013年）111頁以下、松倉治代「本件判批」法学セミナー増刊『新・判例解説Watch』15号（2014年）178頁以下。

※383 杉田宗久「公判前整理手続における『争点』の明確化について——被告人側主張明示義務と争点関連証拠開示の運用をめぐって」判例タイムズ1176号（2005年）8頁以下、米山正明「公判前整理手続の運用と今後の課題——大阪地裁における1年間の実施状況を参考にして」判例タイムズ1228号（2007年）41頁以下。

※384 宮村啓太「公判前整理手続の在り方—弁護人の立場から」刑事法ジャーナル47号（2016年）40頁。

※385 岡慎一「証拠開示規定の解釈・運用」自由と正義57巻9号（2006年）80頁以下。

供述した事案において、公判前整理手続では、「西成区の自宅付近にいた」と述べるにとどまっていた事案について、**主張明示義務**に反するものではないと判断している[386]。

他方、検察官の主張する事実を否認する主張は、「検察官の主張する事実を否認する」という主張自体が、具体的な主張にほかならない[387]。

自白の任意性を争う事実についても、たとえば、取調べにおける不当な言動を根拠とする場合には、取調官や時期のおおよその特定や言動の概括的内容（利益誘導の内容など）を明らかにする必要があるとされる[388]。

ただし、これらの点についても、検察官はいずれにせよ現場存在を合理的疑いを超えて立証しなければならないのであるし[389]、取調べ中、任意性が片時も失われていないことを立証しつくさなければならないのだから[390]、アリバイ主張事実の有無や取調べにおける脅迫等の個別のエピソードに争点を矮小化させるのは、検察官に全面的な**挙証責任**がある刑事裁判の原則に反するとの原理的な批判及び、アリバイを具体的に述べたらアリバイつぶしにあうのではないかという現実的な不安とが提起されている[391]ことを軽視すべきではない。

2　弾劾方法の明示の可否

一方、論者のなかには、上記の事実に加えて、**間接事実**や**補助事実**を含め、検察官が明示した個別の証明予定事実について否認する主張や、**検察官請求証拠**の証明力を減殺する事実や、**情状**に関する事実なども具体的に主張すべきであるとするものがある[392]。そして、このように論じる論者はその根拠を、「検察官において、被告人側の否認する間接事実あるいは補助事実の立証を補強するために、追加の証拠の取調べ請求をする（たとえば、同一の事実を証言する別の証人の尋問を請求すること）、あるいは、当該事実の存在を推認させる、下のレベルの間接事実を主張し、その証明のための証拠の取調べ請求をすることなども考えられるので、公判において取り調べるべき証拠を決定し、明

---

[386]　最二小決平27・5・25刑集69巻4号636頁。

[387]　岡慎一「段階的証拠開示制度の意義と課題」刑法雑誌53巻3号（2014年）19頁以下、高野隆「公判前整理手続は事実を認定する手続ではない」季刊刑事弁護78号（2014年）12頁以下。反対の見解として、保坂和人「証拠開示制度の意義と課題」刑法雑誌53巻3号（2014年）33頁以下。

[388]　日本弁護士連合会裁判員制度実施本部編『公判前整理手続を活かす　Part 2（実践編）』（現代人文社、2007年）91頁以下。

[389]　伊藤・前掲[379]論文・272頁以下。

[390]　渕野貴生「被疑者取調べの課題」法律時報79巻12号（2007年）44頁以下。

[391]　後藤貞人「刑事裁判の充実・迅速化——弁護人の立場から」現代刑事法6巻12号（2004年）44頁。

[392]　山崎学『公判前整理手続の実務』（弘文堂、2016年）81頁以下。

確な審理計画を立てるためにも、検察官の主張する個別の事実のうち、被告人側でどの事実の不存在を主張するのかが明らかにされる必要がある」、と説明する※393。

しかし、このような解釈は、まさしく弾劾方法を具体的に明らかにすることまでを要求するもので不当であるといわざるを得ない※394。なぜなら、弾劾方法を具体的に示すということは、検察官の主張のどの点に弱点があるかを検察官に教示するにとどまらず、当該弾劾ポイントをどうやって弾劾するかを教示することになり、そのことは、検察官に対して、主張の弱点をどのように補強すればよいのかまで具体的に教えることにほかならないからである。しかも、論者はあろうことか、「自らの主張の弱点を教えられ、どのように修正したらよいかまで教示された検察官は、教示された通りに自らの主張を補強・修正するために必要だから」ということを正面から根拠に掲げて、被告人側に具体的な弾劾方法の主張を要求している。そして、裁判員は、直接的には、修正され補強された後の「強固な」検察官の主張と弾劾の材料が尽きてしまった結果、事実上の弾劾力を失った（検察官の主張の提示と被告人側の応答とは、刑訴316条の21、刑訴316条の22によって、繰り返されることが予定されているので、論理的には、最終的には必然的に被告人の弾劾の材料は尽きることになる）空疎な被告人側の主張だけを見て、心証を形成するのである。しかし、このような訴訟のあり方は防御権の侵害に当たり、挙証責任を事実上転換することになると考える。

弾劾ポイントの提示のレベルであっても、弾劾ポイントの提示と実際の弾劾との間のタイムラグと手続段階の違いは、検察官にとって主張を増強する機会を与えることにより、検察官に自動的に有利に働く。にもかかわらず、主張と密接に関連する証拠調べ請求が公判開始後は制限され（刑訴316条の32）、被告人側は、証拠的な裏付のある主張を公判前整理手続の段階で主張せざるを得ない。そうだとすると、本来、主張したことによって、公判での弾劾が実質的な意味を失うことがないような保障をすべきであり、たとえば、被告人側の弾劾ポイント提示後に、弾劾ポイントに関連する証人ですでに捜査段階で十分に取調べをしている者については再度の取調べ（補充捜査）を制限すべきであると

※393 辻・前掲※374論文・66頁以下。

※394 岡慎一「公判前整理手続における『争点の整理』」ジュリスト1300号（2005年）63頁以下、座談会「公判前整理手続で刑事弁護は変わったか」季刊刑事弁護48号（2006年）33頁〔中山博之〕、伊藤睦「証拠開示の運用と全面開示の展望」川崎英明＝白取祐司編『刑事訴訟法理論の探究』（日本評論社、2015年）126頁以下、135頁以下、趙誠峰「公判前整理手続と328条—公判中心主義を実現するために」季刊刑事弁護81号（2015年）52頁以下、高野・前掲※387論文12頁以下。

いう議論さえ成り立ちうる※395。ましてや、弾劾方法を具体的に示すことまで要求するならば、防御権及び無罪推定法理に反しないと解する余地は皆無であるといわざるを得ない。

3　被告人の予定主張の有無・変遷を事実認定で考慮することの可否

　被告人の**主張明示義務**と**黙秘権**、**無罪推定法理**との関係に関しては、さらに、**公判前整理手続**における被告人の予定主張の有無や変遷を事実認定において考慮できるか、という問題がある。つまり、公判前整理手続において、被告人が一定の主張をした、またはしなかったことを事実認定において考慮できるか否かという問題である。そして、この点については、公判前整理手続の結果が、**弁論の全趣旨**の一部として、**補助証拠**になるとする見解もある※396。判例でも、補足意見において、「公判段階において、公判前整理手続段階で具体的な主張をしていなかったにもかかわらず、新たな主張に沿った供述を始めた理由を含め、当該供述の信用性を吟味」することを推奨する見解が示されている※397。

　しかしこの見解は、以下のような詳細な批判を受けており※398、失当であると考える。すなわち、刑事訴訟において弁論の趣旨を考慮するということは、被告人の訴訟行動全体を事実に関する情報源として利用すること、すなわち実質的な意味で被告人を**証拠方法**とすることを意味するが、刑訴法は被疑者にも（刑訴198条2項）、被告人にも（刑訴311条1項）包括的な**黙秘権**を保障しており、同時に、被告人は無罪推定を受けるから、被告人が任意に供述するという選択をした場合に限って被告人を証拠方法とすることが許される。しかるに、公判前整理手続で被告人が何の主張もしなかったということ、あるいは一定の主張予定事実を述べたという事実から被告人に不利益な推認をすることは、被告人に対して自らを情報の発信源としての証拠方法とすることを強制することであり、黙秘権を侵害するものである。論者が正しく指摘するように、公判前整理手続における被告人側の主張予定事実の示し方を**弁論の全趣旨**として事実認定上、被告人に不利益に考慮することは許されない。そもそも判例の補足意見は、主張明示義務に反しないとされたはずの公判前整理手続における主張について、釈明を求めて具体的内容を明らかにさせるべきと論じており、法廷意見の「補足」の範囲を逸脱していると言わざるを得ないから、規範的意味を持たせるべ

※395　渕野・前掲※376論文・35頁。被告人側予定主張を利用した不当なアリバイつぶしや強引な参考人供述の作出行為が行われた場合には、憲法31条ないし憲法37条に対する違反が問題となり得ると指摘するものとして、松田岳士「刑訴法316条の17と自己に不利益な供述の強要」ジュリスト増刊『平成25年度重要判例解説』（2014年）191頁。

※396　辻・前掲※374論文110頁、松本他編・前掲※377書・786頁。

※397　最二小決平27・5・25刑集69巻4号636頁〔小貫芳信裁判官の補足意見〕。

※398　後藤昭「公判前整理手続をめぐる二つの検討課題」自由と正義57巻9号（2006年）96頁以下。

きではない。

Ⅲ　法律上の主張

　法律上の主張とは、法令に関する主張であり、刑罰法令に関する解釈、合憲性、法令の適用などに関する主張を指す。証拠能力や訴訟条件のような手続法上の主張も含まれる。

Ⅳ　証拠調べ請求

1　請求義務

　被告人側に**証明予定事実**があるときには、これを証明するために用いる証拠の取調べを請求しなければならない。

2　弾劾的証拠の請求義務の有無

　刑訴328条による**弾劾証拠**は、事実を積極的に証明するための証拠ではないという点からも、弾劾の対象である公判供述がいまだ存在しないという点からも、さらには、公判供述の内容が予想されるとしてもより直接的・効果的な心証形成を狙って**反対尋問**で証言を崩そうと考えていたため、弾劾証拠たる書面を証拠調べ請求するかどうか確定しないという場合があることを考えても、請求すべき証拠には当たらないという意見があり、正当であると思われる[399]。この点、裁判例においても、刑訴328条による「弾劾証拠は、条文上、『公判準備又は公判期日における被告人、証人その他の者の供述の証明力を争うため』のものとされているから、証人尋問が終了しておらず、弾劾の対象となる公判供述が存在しない段階においては、同条の要件該当性を判断することはできないのであって、証人尋問終了以前の取調請求を当事者に要求することは相当でない」との判断が示されている[400]。

　また、より根本的には、弾劾的証拠を**公判前整理手続**において**証拠調べ請求**するように義務付けることは、上述のように、弾劾方法を具体的に明らかにさせることであるから、**挙証責任**の転換を招き、**防御権・無罪推定法理**の侵害になるので許されない。

　ただ、刑訴規217条の15第1項11号が、公判前整理手続において刑訴328条に基づく証拠調べ請求をすることを予定しているかのように読める文言になって

---

[399]　宮村啓太「公判前整理手続運用の現在と課題──弁護人の立場から」刑事法ジャーナル7号（2007年）22頁以下。

[400]　名古屋高金沢支判平20・6・5判タ1275号342頁。

おり※401、この規則の条文との関係をどのように理解するかが問題となるが、供述録取書等が初めから供述不能を理由に伝聞例外として請求、採用されるような場合に、その段階で既に証拠開示を受けている同一人の矛盾供述を弾劾証拠として請求することは考えられるから、刑訴規217条の15第1項11号は、そのような限定的な場合を想定したものと解するべきである。刑訴規217条の15第1項11号が、弾劾的証拠一般について証拠調べ請求をすることを予定していると解するべきではない。

　なお、検察官請求証拠の場合と同様、被告人側の請求証拠の開示は、刑訴316条の18の規定によることとなるので、刑訴299条1項を適用しないことを規定した刑訴316条の13第3項が準用される。

V　時期

　被告人側が主張を明示しなければならない時期は、刑訴316条の16による**証拠意見**と同様、**検察官請求証拠**及び**類型証拠**の証拠開示を受けたときである。これらの証拠開示をめぐって争いが生じているときは、裁判所の裁定や不服申立て手続（刑訴316条の25、刑訴316条の26）を経て、開示証拠の範囲、方法、条件等が確定したうえで、それに従って証拠の開示を受けた後の時期になる。

　裁判官のなかには、検察官が提出する証明予定事実記載書面を弁護人が受け取った段階で、認否や被告人側主張の内容について答えるように催促するものもいるとの指摘がなされているが※402、たとえ「お願い」であっても、このような裁判官の行為は、最低限、類型証拠開示を経なければ、被告人側は具体的な防御の方針を立てることができないにもかかわらず、さらに前倒しして被告人側に主張するように圧力をかけるものであって、防御権行使のあり方に対する不当な侵害として決して許されてはならない。また、この段階で被告人側に無理に主張させたとしても、類型証拠開示を受けていない被告人側としては争点がどこにあるかわからない状態で主張することになるので、その主張はおのずから焦点の定まらない抽象的なものにならざるを得ず、争点整理にも何ら資するところがないということになろう。

（渕野貴生）

（防御側の証拠開示）
第316条の18　被告人又は弁護人は、前条第二項の規定により取調べを

※401　伊藤雅人＝高橋康明「刑事訴訟規則の一部を改正する規則の解説」法曹時報57巻9号（2005年）74頁以下は、本条文をそのように解釈している。
※402　東京弁護士会弁護士研修センター運営委員会編『裁判員裁判Ⅱ──個別類型的見地からみた実務』（ぎょうせい、2010年）44頁以下。

請求した証拠については、速やかに、検察官に対し、次の各号に掲げる証拠の区分に応じ、当該各号に定める方法による開示をしなければならない。

一　証拠書類又は証拠物　当該証拠書類又は証拠物を閲覧し、かつ、謄写する機会を与えること。

二　証人、鑑定人、通訳人又は翻訳人　その氏名及び住居を知る機会を与え、かつ、その者の供述録取書等のうち、その者が公判期日において供述すると思料する内容が明らかになるもの（当該供述録取書等が存在しないとき、又はこれを閲覧させることが相当でないと認めるときにあつては、その者が公判期日において供述すると思料する内容の要旨を記載した書面）を閲覧し、かつ、謄写する機会を与えること。

　本条は、**争点整理**及び**証拠整理**を進めるために、被告人側請求証拠の**証拠開示**について規定したものである。

　すなわち、被告人側は、刑訴316条の17にしたがって、**証明予定事実**その他の事実を明らかにし、証明予定事実の証明に用いる証拠の証拠調べ請求を行うが、被告人側が刑訴316条の17に従って証拠調べを請求した証拠について、検察官に対して開示させることにより、被告人側の主張立証の内容がさらに明らかになる。検察官は、本条によって、被告人側の主張立証についてさらに詳細に知り、被告人側の主張立証に対する検察官の対応の仕方を決めることとなる。

　開示の方法等は、基本的に、刑訴316条の14第1項と同様であるので、同条の解説Ⅲ、Ⅳを参照されたい。

（渕野貴生）

（防御側証拠に対する検察官の意見）

第316条の19　検察官は、前条の規定による開示をすべき証拠の開示を受けたときは、第三百十六条の十七第二項の規定により被告人又は弁護人が取調べを請求した証拠について、第三百二十六条の同意をするかどうか又はその取調べの請求に関し異議がないかどうかの意見を明らかにしなければならない。

②　裁判所は、検察官及び被告人又は弁護人の意見を聴いた上で、前項の意見を明らかにすべき期限を定めることができる。

　本条は、刑訴316条の17及び刑訴316条の18によって、被告人側の主張やその請求証拠が明らかになったところで、裁判所が**被告人側請求証拠**の採否について決定する前提として、検察官に対して、被告人側請求証拠に対する**証拠意見**

第316条の20（防御側主張に関連する証拠開示請求）　859

を明らかにするように義務付けた規定である。

（渕野貴生）

（防御側主張に関連する証拠開示請求）
第316条の20　検察官は、第三百十六条の十四第一項並びに第三百十六条の十五第一項及び第二項の規定による開示をした証拠以外の証拠であつて、第三百十六条の十七第一項の主張に関連すると認められるものについて、被告人又は弁護人から開示の請求があつた場合において、その関連性の程度その他の被告人の防御の準備のために当該開示をすることの必要性の程度並びに当該開示によつて生じるおそれのある弊害の内容及び程度を考慮し、相当と認めるときは、速やかに、第三百十六条の十四第一項第一号に定める方法による開示をしなければならない。この場合において、検察官は、必要と認めるときは、開示の時期若しくは方法を指定し、又は条件を付することができる。
②　被告人又は弁護人は、前項の開示の請求をするときは、次に掲げる事項を明らかにしなければならない。
一　開示の請求に係る証拠を識別するに足りる事項
二　第三百十六条の十七第一項の主張と開示の請求に係る証拠との関連性その他の被告人の防御の準備のために当該開示が必要である理由

I　本条の趣旨

本条は、被告人側が刑訴316条の17により明らかにした主張に関連する証拠を検察官が開示することについて規定したものである。

本条の**証拠開示**の目的は、**争点整理**、**証拠整理**や被告人の防御の準備をさらに深めようとするところにある。すなわち、被告人側の主張に関連する証拠は、当該主張を裏付ける内容のものであれば、被告人側の防御に資するから、開示の必要性は大きいし、そうでなくとも、被告人側において、主張をさらに具体化させたり、開示された証拠内容に沿って主張を変更したり、場合によっては撤回するということも考えられ、争点整理、証拠整理及び被告人の防御の準備に資するとされるのである[403]。

なお、本条で開示の対象となる証拠も検察官が現に保管する証拠に限られないことについては、刑訴316条の15の解説Ⅱを参照されたい。

---

[403] 辻裕教「刑事訴訟法等の一部を改正する法律（平成16年法律第62号）について(2)」法曹時報57巻8号（2005年）77頁。

860 第316条の20（防御側主張に関連する証拠開示請求）

Ⅱ 関連性

1 必要とされる具体化の程度

　刑訴316条の17第1項の主張とは、被告人側が同条同項の規定で明らかにした「その証明予定事実その他の事実上及び法律上の主張」のことである。そこで求められる具体性の程度も、刑訴316条の17の解釈に従う。

　これらの主張と**開示請求証拠**との**関連性**をどの程度具体的に示す必要があるか、という点についても、刑訴316条の17における主張の具体化の程度を巡る議論と同じような見解の対立がある。

　1つの考え方は、いわゆる証拠漁りを防止するためにも、主張との関連性はなるべく具体的なものでなければならないとし、関連性とは、主張事実の「存在、不存在の証明に資すること」を指すと解する。そして、刑訴316条の17の予定主張として、論理的に考えられ得る主張を抽象的に挙げることによって、当該主張に関連する証拠の開示を受け、その検討をしたうえで、具体的にどのような主張をするか、あるいはそもそもその主張をするかを決定するというような対応、すなわち、検察官の手持ち証拠に照らして具体的にどのような主張をするのが適当かを考える手段として本条による**証拠開示**を利用するという対応は許されないとする[※404]。

　しかし、これに対しては、本条によって証拠が開示された場合に当該証拠が証明に実際に資するかどうかを検討するのは被告人側であり、かつ、その検討は、その時点で開示されている全ての証拠と被告人側で把握している事実関係に基づいて、被告人側の視点で行われるものであるから、主張事実の存在の証明に資する「可能性」があるといえるときには関連性があると判断されるべきという反論がなされており[※405]、こちらの考え方が正当であると思われる。

　判例においても、最近、弁護人が「証人予定者の予定証言の信用性を争う」旨の主張はしたが、警察官の証人に対する取調べ状況やその際の供述内容の信用性についての具体的な主張をしていないという場合について、弁護人の主張と、予定証言と異なる供述が録取された調書の作成のために警察官が作ったメモとの間には、一定の関連性を認めることができると判示して、具体性の程度について過剰な要求をしなかった事例が登場しており、注目に値する[※406]。

[※404] 辻・前掲※403論文79頁以下。

[※405] イギリス法の検討を踏まえて関連性判断に被告人側の視点を反映させることの重要性を説くものとして、参照、松代剛枝「証拠開示理論と2004年刑事訴訟法改正――比較法的検討」関西大学法学論集54巻4号（2004年）72頁以下。なお、参照、門野博「証拠開示に関する最近の最高裁判例と今後の課題――デュープロセスの観点から」原田國男判事退官記念論文集『新しい時代の刑事裁判』（判例タイムズ社、2010年）151頁。

[※406] 最一小決平20・9・30刑集62巻8号2753頁。本決定の意義について、参照、斎藤司『公正な刑事手続と証拠開示請求権』（法律文化社、2015年）402頁。

そもそも、被告人側は、検察官の主張や立証しようとする事実に対して何らかの疑いを投げ掛ければよいのであって、**「疑わしきは被告人の利益に」の原則**について、投げ掛けてもよい疑いは1つの事実について1つだけに限る、などという何らの根拠もない制約をしてもかまわないと解釈する者はいないはずである。もちろん、被告人が投げ掛けた疑いのなかには、合理的でない疑いもあるだろう。しかし、被告人の主張が的外れだったり、検察官の主張に対する弾劾の効果を全く持たないものであっても、的外れかどうか、弾劾効果があるかどうかを判断するのは第一次的には被告人側であり、最終的には、公判における裁判員と裁判官である。いずれにしても、**公判前整理手続**における検察官や裁判官は判断者ではない。

そして、被告人側が自らの主張が弾劾力を有するのかどうかを判断しようとしても、判断材料がなければそのような判断をできるはずがないから、まずは、論理的に考えうる主張を行い、それらの主張に関連する証拠の開示を受け、具体的に通りそうな主張を選択していくプロセスこそ、まさに**争点整理**である。論理的に成り立ちうる主張のうち、実際に弾劾効果を有する主張はどれかを判断するのに資する証拠も当然、本条のもとで関連性を認められるべきである[407]。実際、刑訴316条の22は、そのようなプロセスを経て被告人側が主張を追加、変更し、争点を絞っていくことを予定している。これを許さず[408]、材料すなわち証拠を与える前から、疑い方を1つに絞れ、と要求しているに等しい考え方を取る論者は、被告人側に対して人智を超える能力を持つことを要求しているといわざるを得ない。

2 「主張」との関連性

ところが、裁判例のなかには、「被告人がわいせつ目的を有していたか否かは、被告人の本件犯行当時の行為からそのわいせつ目的が推認できるのか否かにつきるのであって、被告人が幼児性愛者でなく、あるいは、被告人の日頃の女性関係及び女性に対する態度が良好なものであったというようなことは、特段の事情がない限り、上記の点について弁護人らの防御に資する事情とはならない」と判示して[409]、裁判所が当該裁判における争点を決めてしまい、その争点に関連しないからという理由で、関連性や必要性を否定するものもあ

---

[407] 同旨、大阪弁護士会裁判員制度実施大阪本部編『コンメンタール公判前整理手続』（現代人文社、2005年）169頁。

[408] この点を指摘するものとして、参照、大阪弁護士会裁判員制度実施大阪本部編・前掲[407]書169頁。

[409] 広島地決平18・4・26判時1940号168頁。本決定を支持するものとして、参照、酒井邦彦「公判前整理手続の実施状況―施行1年を振り返って」判例タイムズ1229号（2007年）36頁。

る[410]。

しかし、これらの裁判例は、本条で求められている要件が**争点**との関連性ではなくて、**主張**との関連性である点と、争点を裁判所が独断で決めている点の2つの点で誤りを犯している。実際、上記の裁判例に対しては、裁判例が弁護人らの防御に資する事情ではないと切り捨てた主張は、わいせつ目的を否定し、さらに犯行時の責任能力に疑問を抱かせる争点につながるものだったと評する論者も見られる[411]。仮に争点の浮上につながらないとしても、争点とするかどうかを決めるのは、被告人側であるはずであり、そのための主張に関連する証拠が、本条のもとで開示の対象にならないとする論理は、およそ成り立たないといわざるを得ない。取調べメモについて関連性を認めた上記最一小決平20・9・30刑集62巻8号2753頁の考え方ともそぐわない。

Ⅲ　必要性・弊害・特定

本条1項の「開示をすることの必要性」、「弊害の内容と程度」の解釈は、刑訴316条の15の解釈に従う。刑訴316条の15における**必要性**と**重要性**との関係は、本条においては**必要性**と**関連性**との関係をどう理解するか、という形に読みかえられる。関連性があれば、必要性が推定されるという考え方も有力である[412]。本条2項の「開示の請求にかかる証拠を識別するに足りる事項」も類型証拠該当性の点を除いて、刑訴316条の15の該当部分の解釈が踏襲される。詳しくは、刑訴316条の15の解説Ⅳ、Ⅴ、Ⅵを参照。

(渕野貴生)

（検察官証明予定事実の追加・変更）
第316条の21　検察官は、第三百十六条の十三から前条まで（第三百十六条の十四第五項を除く。）に規定する手続が終わつた後、その証明予定事実を追加し又は変更する必要があると認めるときは、速やかに、その追加し又は変更すべき証明予定事実を記載した書面を、裁判所に提出し、及び被告人又は弁護人に送付しなければならない。この場合においては、第三百十六条の十三第一項後段の規定を準用する。
②　検察官は、その証明予定事実を証明するために用いる証拠の取調べ

---

[410] 同様の判断手法をとるものとして、参照、東京高決平18・12・28東高時報57巻1-12号77頁、東京高決平22・1・5東高時報61巻1-12号1頁。

[411] 佐藤博史「本件判批」刑事法ジャーナル9号（2007年）160頁以下、門野・前掲注[405]論文154頁。

[412] 日本弁護士連合会裁判員制度実施本部編『公判前整理手続を活かすPart2（実践編）』（現代人文社、2007年）109頁以下。

の請求を追加する必要があると認めるときは、速やかに、その追加すべき証拠の取調べを請求しなければならない。この場合においては、第三百十六条の十三第三項の規定を準用する。

③　裁判所は、検察官及び被告人又は弁護人の意見を聴いた上で、第一項の書面の提出及び送付並びに前項の請求の期限を定めることができる。

④　第三百十六条の十四第一項、第三百十六条の十五及び第三百十六条の十六の規定は、第二項の規定により検察官が取調べを請求した証拠についてこれを準用する。

I　本条の趣旨

　刑訴316条の13から刑訴316条の20までに規定する手続を経て、検察官、被告人側双方の主張立証が明らかになった段階で、両当事者とも、相手方の主張立証を受けて、新たな**主張**や**証拠調べ請求**を行ったり、従来の主張を修正したりする必要が生じる場合がありうる。そこで、本条及び刑訴316条の22は、検察官及び被告人側の双方が相手方の主張を受けて、それぞれの主張立証を追加または変更することを認め、これらの主張立証の追加・変更を繰り返しながら、**争点**及び**証拠**の整理を進めていくことを規定したものである。なお、追加の一覧表交付は、公判前整理手続終了まで継続しうるから、本条1項による証明予定事実の追加変更は、追加の一覧表交付を待たずに行うべきことを確認する趣旨で、2016年刑事訴訟法改正によって、本条1項にカッコ書き部分が挿入された。

　本条は、そのうち、検察官による主張立証の追加、変更等について規定する。

　なお、本条及び刑訴316条の22の手続を経て、なお新たに主張立証を追加変更する必要がある場合には、再び本条及び刑訴316条の22の手続を繰り返すことも可能であろう。つまり、本条及び刑訴316条の22は、最初から数えて3巡目以降のやり取りも含む。

II　証明予定事実の追加変更

　検察官の主張立証に対して、被告人側から提起された主張立証が、検察官の当初の主張立証を揺るがし、検察官として新たな証拠を請求しないと自らの主張の立証に失敗すると考えた場合には、公判前整理手続で新たな**証拠調べ請求**を行っておかないと、公判が始まったのちの証拠調べ請求が制限されてしまうから（刑訴316条の32）、検察官は、追加の証拠調べ請求を行おうと試みるであろう。この場合、新たな証拠調べをともなうから、証明予定事実の追加変更に当たることは疑いがない。検察官が主張すべき事実は、刑訴316条の13の場合

と同様に、構成要件に該当する事実（**主要事実**）はもちろん、主要事実を立証するために必要な**間接事実**も含まれるし、さらに、検察官が、間接事実のうちの特定のものについてさらにいくつかの間接事実によって証明しようとする場合には、これらの**再間接事実**を具体的に主張しなければならない。

これに対して、検察官が、被告人側による**証明予定事実**の提示及び証拠調べ請求を受けて、被告人側による証明予定事実の不存在を主張する場合に、その方法として、不存在を立証するための特段の証拠の取調べ請求を行わずに、被告人側証人に対する反対尋問によるなどして、被告人側証明予定事実を証明するための被告人側請求証拠に証明力がないことを明らかにしようとすることもあり得る。そして、この場合について、検察官としては、被告人側の証明予定事実の不存在を「証拠により証明しようとする」わけではないから、「被告人側が主張・立証しようとしている事実は存在しないこと」は、厳密には、検察官の証明予定事実ではないが、本条の趣旨からして、証明予定事実に準じるものとして、検察官は、被告人側の証明予定事実の不存在の主張も明らかにしなければならない、との解釈する者がある※413。

本条の解釈として、検察官が、被告人側の証明予定事実の不存在の主張を明らかにしなければならないのは、当然である。なぜなら、もともと検察官は、全面的な**挙証責任**を負うものとして、犯罪事実の存在について**合理的な疑いを超える証明**を求められているのだから、被告人側の証明予定事実の提示は、被告人側が提示した証明予定事実が検察官自らが当初に提示した証明予定事実に全く打撃を与えないと確信する場合を除いて、検察官が主張する犯罪事実の証明ができなくなるおそれを生じさせていることにほかならず、したがって常に、被告人側が提示した証明予定事実の不存在を立証する必要があるはずだからである。そして、この場合に検察官が行う被告人側提示の証明予定事実の不存在の証明は、検察官が当初に提示した証明予定事実の証明に追加して行われるものであるから、まさしく証明予定事実の追加そのものである。この点に関連して、被告人が検察官の証明予定事実の不存在を主張する場合を刑訴316条の17が規定する**事実上の主張**と位置づけたうえで、本条1項では、検察官が提示すべき事実に事実上の主張が含まれていないから、被告人側が提示した証明予定事実の不存在の主張は、本条の直接的要求ではないと解することも不当である。というのは、被告人は、検察官の証明予定事実に疑いを投げかければ十分なのであるから、被告人側の主張を常に証明する必要があるわけではない。これに対して、検察官は、挙証責任を負っているから、事実上の主張をするだけでは、自らの望む事実認定をしてもらうことはできず、何らかの事実を主張する場合には常に**証明**をしなければならない。換言すれば、刑事裁判において、

※413　辻裕教「刑事訴訟法等の一部を改正する法律（平成16年法律第62号）について(2)」法曹時報57巻8号（2005年）88頁。

検察官の主張する事実に事実上の主張はありえず、「被告人の提示した証明予定事実の不存在」という事実も含めて、常に証明予定事実なのである。逆に、刑訴316条の17において「その他の事実上の主張及び法律上の主張」が含まれているのは、被告人側に挙証責任がないことを反映した文言に過ぎず、被告人側だけに新たな義務を負わせる趣旨ではありえない。

　第2に、本条が要求しているのは、証明予定事実が追加される場合にその事実を明示せよ、ということであって、追加された証明予定事実に新たな証拠調べ請求が組み合わされているか否かは、本条1項で求められている証明予定事実追加の要否を左右しない。刑訴316条の13において、証明予定事実と証拠とが必ず組み合わされて提示される仕組みになっているのは、検察官の一回目の主張において、証拠の裏付けなく証明予定事実を提示するという場合はありえないからである。しかし、二回目以降の主張においては、以前の主張のときに提示しておいた証拠の再利用のみで新たな主張を立証できる場合もありえなくはないから、証拠が追加されずとも、証明予定事実が追加されることはありうるのである。そして、そのような場合にも、証明予定事実が追加される以上、新たな主張を相手方に提示するのは、本条1項の直接的要求であり、準用ではない。現に、本条2項は、刑訴316条の13第2項とは異なり、追加の証明予定事実を証明するために証拠の取調請求を追加する「必要がある場合には」と規定されており、証明予定事実の追加告知と新たな証拠の証拠調べの追加請求とは、別個の判断事項であることを明らかにしている。

　したがって、検察官は、被告人側の提示した証明予定事実が自らの証明予定事実をまったく揺るがす可能性がないと確信し、被告人の主張を放置してもかまわない、と判断した場合を除いては、本条のもとで常に、「被告人側の提示した証明予定事実が存在しないこと」という新たな証明予定事実を提示しなければならない。これは本条の直接的要求である。

　検察官が行う被告人側の証明予定事実の不存在の主張も、被告人側の主張のどの点について、どのような根拠に基づき不存在を主張できるのかというところまで、反駁の中身を具体的に示さなければならない[414]。反駁の中身を具体的に明らかにしないと、争点と証拠の整理を目的とする公判前整理手続の趣旨に沿わないことになるし、挙証責任を有する検察官の反駁は、単なる弾劾ではなく、常に積極的な立証になるはずだからである。また、刑訴316条の17において、被告人側に対して検察官証明予定事実の不存在主張につき具体的な反論を求めるとの解釈を取る論者の場合はなおさら、本条のもとで検察官が行う被告人側の証明予定事実の不存在の主張は、反証のポイントを明示し、反証の中身を具体的に明らかにしたものでなければならない、と解釈することになるは

---

[414] 大阪弁護士会裁判員制度実施大阪本部編『コンメンタール公判前整理手続』（現代人文社、2005年）178頁。

ずである。そうでなければ、形式的当事者主義にさえ反することになる。

　検察官による被告人側主張に対する自らの主張立証の補強に関して、被告人側主張・証拠調べ請求を受けて補充捜査を行うことを無制限に許してよいかどうかについて、**補充捜査**を無制限に許すと、検察官が被告人側の主張を潰し尽くす危険性があるとして、無制限な補充捜査に対しては疑問も提起されている。具体的には、たとえば、被告人側が弾劾しようとし、あるいは被告人側が新たに証拠調べ請求しようとしている証拠方法が証人である場合には、補充捜査として、弾劾ポイントが明らかになった以降、あるいは被告人側証人の存在が明らかにされた以降、公判廷外で、当該証人予定者に対して**取調べ**（刑訴223条）を行うことは許されないとすべきであるとか[415]、検察官に対して、何ゆえに本条の手続段階に至って補充捜査をしなければならないのかという合理的理由を疎明させるべきである、などの主張がなされている[416]。

III　証拠調べ請求の追加

　本項で請求義務のある証拠は、本条第1項の追加または変更にかかる証明予定事実を証明するための証拠だけでなく、当初の証明予定事実の立証を補強するために追加請求すべき証拠も含まれる。

IV　取調べ請求証拠の開示

　本条のもとで新たに**証拠調べ請求**がなされた場合には、当該証拠が**証拠開示**される。また、被告人側は、新たに請求された証拠に関連する**類型証拠開示請求**も行うことができる。本条第4項は、これらの点を確認したものである。

（渕野貴生）

（防御側予定主張の追加・変更）
第316条の22　被告人又は弁護人は、第三百十六条の十三から第三百十六条の二十まで（第三百十六条の十四第五項を除く。）に規定する手続が終わつた後、第三百十六条の十七第一項の主張を追加し又は変更する必要があると認めるときは、速やかに、裁判所及び検察官に対し、その追加し又は変更すべき主張を明らかにしなければならない。この場合においては、第三百十六条の十三第一項後段の規定を準用する。
②　被告人又は弁護人は、その証明予定事実を証明するために用いる証

---

[415] 渕野貴生「裁判員制度と刑事手続改革」法律時報76巻10号（2004）35頁。
[416] 大阪弁護士会裁判員制度実施大阪本部編・前掲[414]書179頁。

第316条の23（証人等の保護に関する規定の準用）　867

拠の取調べの請求を追加する必要があると認めるときは、速やかに、その追加すべき証拠の取調べを請求しなければならない。この場合においては、第三百十六条の十三第三項の規定を準用する。

③　裁判所は、検察官及び被告人又は弁護人の意見を聴いた上で、第一項の主張を明らかにすべき期限及び前項の請求の期限を定めることができる。

④　第三百十六条の十八及び第三百十六条の十九の規定は、第二項の規定により被告人又は弁護人が取調べを請求した証拠についてこれを準用する。

⑤　第三百十六条の二十の規定は、第一項の追加し又は変更すべき主張に関連すると認められる証拠についてこれを準用する。

　本条は、刑訴316条の21とあわせて、検察官及び被告人側の双方が相手方の主張を受けて、それぞれの主張立証を追加または変更することを認め、これらの主張立証の追加・変更を繰り返しながら、**争点**及び**証拠**の整理を進めていくことを規定したものである。なお、本条1項のカッコ書きの趣旨については、刑訴316条の21の解説Iを参照されたい。

　本条は、そのうち、被告人側による主張立証の追加、変更等について規定する。

　本条に基づく被告人側の主張明示義務、証拠調べ請求義務、請求証拠の検察官への開示義務、請求証拠を受けた検察官の証拠意見を明らかにする義務の内容は、刑訴316条の17、刑訴316条の18、刑訴316条の19による場合と同様であるので、解釈上の問題点を含めて、各条文の解説を参照されたい。

　また、本条5項に基づき、本条1項の規定により追加または変更がなされた主張については刑訴316条の20が準用され、被告人側は、当該主張に関連する証拠の開示を求めることができる。

（渕野貴生）

（証人等の保護に関する規定の準用）

第316条の23　第二百九十九条の二及び第二百九十九条の三の規定は、検察官又は弁護人がこの目の規定による証拠の開示をする場合についてこれを準用する。

②　第二百九十九条の四の規定は、検察官が第三百十六条の十四第一項（第三百十六条の二十一第四項において準用する場合を含む。）の規定による証拠の開示をすべき場合についてこれを準用する。

③　第二百九十九条の五から第二百九十九条の七までの規定は、検察官が前項において準用する第二百九十九条の四第一項から第四項までの規

定による措置をとつた場合についてこれを準用する。

公判前整理手続における証拠開示については、刑訴299条1項の適用がなく（刑訴316条の13第3項、刑訴316条の17第2項）、したがって、刑訴299条1項による証拠開示を前提とする刑訴299条の2から刑訴299条の7までの規定の適用もないため、本条で、準用規定を置いたものである。刑訴299条の2及び刑訴299条の3は、公判前整理手続におけるすべての証拠開示に準用される。

一方、刑訴299条の4から刑訴299条の7は、検察官請求証拠の開示のみに準用されるが、これは、**類型証拠及び争点関連証拠**については、刑訴316条の15第1項及び刑訴320条の20第1項における「検察官は、必要と認めるときは、開示の時期若しくは方法を指定し、又は条件を付することができる」という規定を直接適用することによって、刑訴299条の4が定める指定や条件付けを行うことができるためである。

(渕野貴生)

(結果の確認)
第316条の24　裁判所は、公判前整理手続を終了するに当たり、検察官及び被告人又は弁護人との間で、事件の争点及び証拠の整理の結果を確認しなければならない。

I　本条の趣旨

本条は、**公判前整理手続**の終了時に**争点及び証拠の整理**の結果を確認することによって、検察官、被告人側、裁判所の認識を共通にして、公判における計画的で、充実した審理につなげようとすることを目的に定められた規定である。

II　結果の確認

結果の確認は、具体的には、各当事者が公判においてする予定の主張内容、双方の予定する主張を照らし合わせた結果明らかになった争点、公判において取り調べるべき証拠及びその取調べの順序、方法ならびに採否が留保されている証拠の有無などの点について行われるとされる。

本条により、事件の**争点及び証拠の整理**の結果を確認することなく、**公判前整理手続**を終了させることはできないと解される。

いったん公判前整理手続が終了した後も、第1回公判期日前に、新たな証拠

を発見するなどの事情が発生した場合には、公判前整理手続を再開できると解されている。再開する場合には、手続の明確性の観点なども踏まえ、決定が必要であると解されている※417。

Ⅲ　効果

公判前整理手続が終了すると、やむを得ない事由によって請求できなかった証拠を除いて、新たな証拠調べ請求はできなくなる（刑訴316条の32）。

公判前整理手続の結果は、公判前整理手続調書に記載され（刑訴316条の12第2項）、公判期日において、被告人側の冒頭陳述終了後に明らかにされる（刑訴316条の31）。

（渕野貴生）

第2編第3章第2節第1款第3目　証拠開示に関する裁定

（開示義務者の請求による裁定）
第316条の25　裁判所は、証拠の開示の必要性の程度並びに証拠の開示によつて生じるおそれのある弊害の内容及び程度その他の事情を考慮して、必要と認めるときは、第三百十六条の十四第一項（第三百十六条の二十一第四項において準用する場合を含む。）の規定による開示をすべき証拠については検察官の請求により、第三百十六条の十八（第三百十六条の二十二第四項において準用する場合を含む。）の規定による開示をすべき証拠については被告人又は弁護人の請求により、決定で、当該証拠の開示の時期若しくは方法を指定し、又は条件を付することができる。
②　裁判所は、前項の請求について決定をするときは、相手方の意見を聴かなければならない。
③　第一項の請求についてした決定に対しては、即時抗告をすることができる。

Ⅰ　本条の趣旨

当事者が取調べを請求した証拠については、相手方に開示しなければならないが（刑訴316条の14、刑訴316条の18）、本条は、それらの証拠を開示すること

※417　辻裕教「刑事訴訟法等の一部を改正する法律（平成16年法律第62号）について(2)」法曹時報57巻8号（2005年）93頁以下。

によって、弊害が生じるおそれがある場合などに、開示義務を負う当事者からの請求に基づいて、裁判所が、開示の時期、方法を指定し、または開示に当たって条件を付すことができる旨、規定したものである。

Ⅱ　当事者の請求

　当事者は、その取調べ請求にかかる証拠について開示の時期、方法の指定等が必要であると考えた場合も、**類型証拠開示**（刑訴316条の15）や**主張関連証拠開示**（刑訴316条の20）の場合とは異なり、当事者自らが開示時期の指定等をすることはできず、裁判所に開示時期の指定等の**請求**をしなければならない。当事者の請求証拠については、公判での立証に用いられるものであり、いずれは開示されることが明らかである。また開示の時期等が遅れれば、相手方当事者は請求証拠について意見を述べることもできないから、**公判前整理手続**の目的である**争点及び証拠の整理**が進まないことになる。したがって、**取調べ請求証拠**は、条件を付さずに速やかに開示するのを原則とすべきである。本条は、この原則を貫くために、当事者に開示の時期・方法等を指定することを許さず、裁判所の**裁定**に委ねることとした。

Ⅲ　要件

　「弊害の内容及び程度」の解釈は、基本的に、刑訴316条の15の規定による開示の場合と同様であるので、刑訴316条の15の解説Ⅴを参照されたい。この点に関して、アリバイ主張と内容的に矛盾する証拠であって、アリバイ立証前に開示すると、その証拠を前提とする弁解や証拠が新たに作出される可能性が高い証拠について、一定の立証が終わるまで開示しない合理的な根拠がある場合という例を挙げる論者があるが[418]、刑訴316条の14による検察官請求証拠の開示の段階では、被告人側の主張明示はまだなされていないから、このような例は、およそ想定しがたい。仮に、裁判所がまだなされていない被告人側の主張を推測して、開示の時期を遅らせることを認める主張だとすれば、被告人の**防御権**に対する直接的な侵害に当たり違法であると指摘せざるを得ない。

　「その他の事情」に該当する例として、証拠の性状から、謄写ないし撮影等を行うと、当該証拠が破損ないし変質するために、開示の方法として、閲覧及び筆写のみを認める場合が挙げられている。

---

[418] 大島隆明「公判前整理手続に関する冊子の作成・配付について」判例タイムズ1192号（2006年）21頁。

Ⅳ　時期、方法、条件

開示の時期または方法の指定あるいは条件の付加の限界については、刑訴316条の15の解説Ⅷを参照されたい。

なお、裁判所は、当事者が請求の際に特定した指定や条件の具体的方法に拘束されるわけではなく、より制限的でない方法の指定等が可能かつ適当であると認められる場合には、そのような指定をすることができると解されている[419]。

Ⅴ　即時抗告

本条の決定に対しては、**即時抗告**することができるから、決定には理由を付さなければならない（刑訴44条1項）。即時抗告手続の実効性を担保するために、理由は、単に「弊害のおそれがある」などのように条文の文言をなぞるだけでは不十分であり、弊害の具体的内容及びその程度に対する具体的評価まで根拠を示して明らかにすべきである[420]。

即時抗告することができる決定には、特定の開示の時期若しくは方法を指定し、または一定の条件を付する決定のほか、請求を棄却する決定も含まれる。

（渕野貴生）

（請求による開示命令）

第316条の26　裁判所は、検察官が第三百十六条の十四第一項若しくは第三百十六条の十五第一項若しくは第二項（第三百十六条の二十一第四項においてこれらの規定を準用する場合を含む。）若しくは第三百十六条の二十一第一項（第三百十六条の二十二第五項において準用する場合を含む。）の規定による開示をすべき証拠を開示していないと認めるとき、又は被告人若しくは弁護人が第三百十六条の十八（第三百十六条の二十二第四項において準用する場合を含む。）の規定による開示をすべき証拠を開示していないと認めるときは、相手方の請求により、決定で、当該証拠の開示を命じなければならない。この場合において、裁判所は、開示の時期若しくは方法を指定し、又は条件を付することができる。

②　裁判所は、前項の請求について決定をするときは、相手方の意見を聴かなければならない。

---

[419]　辻裕教「刑事訴訟法等の一部を改正する法律（平成16年法律第62号）について(2)」法曹時報57巻8号（2005年）97頁。

[420]　同旨、大阪弁護士会裁判員制度実施大阪本部編『コンメンタール公判前整理手続』（現代人文社、2005年）194頁。

872 　第316条の26（請求による開示命令）

③　第一項の請求についてした決定に対しては、即時抗告をすることができる。

I　本条の趣旨

　本条は、検察官または被告人側が**公判前整理手続**における**証拠開示**の要件を満たしているにもかかわらず、当該証拠の開示をしていないと認められる場合に、相手方の請求に基づいて、裁判所が当該証拠の開示を命ずることを規定したものである。開示を命じるに当たって、裁判所は、開示の時期・方法を指定し、または条件を付することもできる。その限界については、刑訴316条の15の解説Ⅷを参照されたい。

II　要件

　刑訴316条の14または刑訴316条の18による当事者請求証拠の開示について開示命令が出される場合とは、証拠調べ請求をした証拠物・証拠書類自体を開示しないといった、条文にしたがった開示をしていない場合のほか、次のような場合が考えられる。第1に、当事者が刑訴316条の14第1項2号または刑訴316条の18第2号により開示した供述録取書または証言予定内容の要旨を記載した書面が、予定証言の内容が明らかになるものとして不十分な内容のものである場合である。第2に、予定証言の内容が明らかになる**供述録取書**が存在し、これを**閲覧**させることに支障がないにもかかわらず、当事者が、相手方当事者側に当該供述録取書を見せることが相当でないと判断して、内容の要旨を記載した書面を開示した場合も、供述録取書の方を開示させるべきであろう。

　刑訴316条の15または刑訴316条の20による検察官管理証拠の開示について開示命令が出される場合とは、第1に、相当性を含めて各条文が定める開示の要件を満たしているにもかかわらず、検察官が開示しなかった場合である。この場合、被告人側から請求を受けた裁判所は、検察官の不開示判断の当否を審査するのではなく、改めて相当性を含めた各条文所定の開示の要件を満たすか否かを審査し、開示の要否や条件等を決定する。**開示命令**の対象となる証拠の範囲について、判例は、検察官が現に保管している証拠に限られず、一定の範囲で捜査機関が保管している証拠も含むと解しており[421]、正当である。具体的には刑訴316条の15の解説Ⅱを参照。

　第2に、検察官が開示に当たって指定した時期、方法や付加した条件が不当であった場合である。この場合、裁判所は、開示すべき証拠開示していないも

---

[421]　最三小決平20・6・25刑集62巻6号1886頁。

のとして、時期の指定等のない無条件の開示を命じることもできるし、あるいは、裁判所自らが必要と考える時期の指定等を行い、そのもとで開示すべきことを命じることもできる。

　第3に、検察官が被告人側から開示の請求を受けたにもかかわらず、合理的な期間を超えて開示または不開示の判断を示さなかった場合である。この場合、被告人側は、不開示の判断があったものとみなして、裁判所に対して開示命令を請求することができ、裁判所も不開示の判断があったものとみなして、開示命令の対象とすることになる。

Ⅲ　即時抗告

　即時抗告と決定における理由の必要性との関係については、刑訴316条の25の解説Ⅴを参照されたい。

　弁護人に対して証拠開示することを命じる旨求めた弁護人からの証拠開示命令請求の棄却決定に対する即時抗告提起期間は、弁護人に同決定が送達された日から進行する[422]。

（渕野貴生）

（裁定のための提示命令）

第316条の27　裁判所は、第三百十六条の二十五第一項又は前条第一項の請求について決定をするに当たり、必要があると認めるときは、検察官、被告人又は弁護人に対し、当該請求に係る証拠の提示を命ずることができる。この場合においては、裁判所は、何人にも、当該証拠の閲覧又は謄写をさせることができない。

②　裁判所は、被告人又は弁護人がする前条第一項の請求について決定をするに当たり、必要があると認めるときは、検察官に対し、その保管する証拠であつて、裁判所の指定する範囲に属するものの標目を記載した一覧表の提示を命ずることができる。この場合においては、裁判所は、何人にも、当該一覧表の閲覧又は謄写をさせることができない。

③　第一項の規定は第三百十六条の二十五第三項又は前条第三項の即時抗告が係属する抗告裁判所について、前項の規定は同条第三項の即時抗告が係属する抗告裁判所について、それぞれ準用する。

---

[422]　最三小決平23・8・31刑集65巻5号935頁。

I 本条の趣旨

本条は、裁判所が証拠開示に関する**裁定**を適正に行うことができるように、裁判所に対して、裁定にかかる証拠内容や裁定に関連する**検察官保管証拠**の標目を把握する手段を与え、裁判所に判断材料を提供する手続について規定したものである。

II 請求証拠に対する提示命令

1 要件

裁判所は、**証拠開示**の必要性の有無、程度や開示に伴う弊害の有無、内容、その程度について判断するために必要である場合には、請求されている証拠の内容を確認することができる。

当事者からある証拠につき開示請求がなされたり、開示時期の指定等の請求がなされた場合、裁判所としては、当該証拠の内容を把握しなければ、その証拠を開示すべきか否か、あるいは開示時期の指定等をすべきか否かを判断することができないという場合は、確かにあるだろう。したがって、裁判所に適正妥当な判断を行わせるために、請求されている証拠の提示を命ずる手続を備えておく必要はあろう。

しかし、他方で、裁判所が、公判開始前に具体的な証拠に触れ、その内容を認識してしまうことに対しては、**予断排除原則**に反するおそれがあるとの指摘が、立法の議論のときからなされていた。提示された証拠から心証をとることが許されないのはもちろんだが、証拠を見てしまった以上、当事者から、予断を抱いているのではないかとの懸念を持たれる可能性が常に付きまとわざるを得ない。そのような懸念を抱かれないようにするためにも、「提示命令を出す際には、他の方法によることができない理由のほか、証拠の提示により何を明らかにしようとするのかを明示すべきであり、証拠開示決定においても、具体的内容には踏み込めないものの事案により証拠提示の成果が反映されているような記載を工夫すべき」であるとの主張もなされており[423]、傾聴に値する。

2 対象

検察官側の証拠について**提示命令**が出される場合には、命令の相手方は検察官であるが、判例は、提示命令の対象となる証拠は、検察官が現に保管するものに限られず、捜査機関が保管している証拠も含まれると解しており[424]、正

---

[423] 大島隆明「公判前整理手続に関する冊子の作成・配付について」判例タイムズ1192号（2006年）21頁以下。

[424] 最三小決平20・6・25刑集62巻6号1886頁。

当である。

3　閲覧・謄写の制限

　裁判所は、本条1項の規定により提示を受けて保管している証拠について、何人にもその**閲覧**または**謄写**をさせることができない。本条のもとで、裁判所が証拠の**提示命令**を出すのは、刑訴316条の25第1項の開示の時期の指定等の請求がなされているか、刑訴316条の26第1項の開示命令の請求がなされているかのいずれかの場合である。すなわち、開示の時期指定等の請求をしている側あるいは開示命令の請求をされている側は、いずれにしても、不開示または条件付の開示を求めて争っている状況である。ところが、裁判所が開示に関する裁定をする前に、開示あるいは無条件の開示を求めている側の当事者に当該証拠を閲覧させてしまったら、不開示または条件付開示を求めている側は争う意味を失ってしまう。それゆえ、証拠本体については、反対当事者を含めて、何人にも閲覧・謄写を許さないとすることはやむを得ないだろう。

Ⅲ　標目一覧表の提示

1　標目一覧表提示の目的

　証拠の**標目一覧表**の提示が必要になる場合は、刑訴316条の15による**類型証拠**の開示あるいは、刑訴316条の20による**主張関連証拠**の開示が問題となっている場合である。この場合、被告人側は、刑訴316条の14第2項にしたがって証拠の一覧表の交付を受けている場合であっても、検察官が管理する証拠にどのようなものがあるかを個別具体的に知ったうえで請求することはできない場合もあるから（この点については、刑訴316条の14の解説Ⅴを参照）、証拠の特定はある程度概括的なものにならざるを得ず、刑訴法も、どのような類型の証拠をどのような範囲で開示することを求めるのかを識別できる程度に特定をすれば足りると規定している（刑訴316条の15第3項1号イ、刑訴316条の15第3項2号イ、刑訴316条の20第2項1号）。したがって、場合によっては、複数の証拠が該当することもあり得る。

　また、被告人側が検察官が管理していると想定して、ある証拠の開示を求めたのに対して、検察官が「該当証拠は存在せず」と回答し、これに対してさらに被告人側が、検察官が該当する証拠について誤って該当しないとの判断をしたのではないかと考え、裁判所に対して、請求証拠の該当性について判断を求めてくる場合もありうる。

　これらの場合、裁判所として、開示請求にかかる証拠として、検察官が実際にどのような証拠を管理しているのか把握することができるように、本条2項は、必要と認めるときに、裁判所が検察官に対して、証拠の標目一覧表の提示を命じることができるようにしている。

2 標目一覧表に載せるべき証拠の範囲

標目一覧表に載せるべき証拠の範囲について、規定の文言上は、検察官の保管する証拠とされているが、判例上、開示命令判断の対象となる証拠は、現に検察官が保管する証拠に限られず、捜査機関が保管する証拠にも及びうるとされていることとの整合性を図るためには、検察官が保管すべき証拠と解する必要があろう。現に、下級審裁判例のなかには、捜査機関保管証拠を開示すべきか否かについて、最終的には裁定請求に基づき裁判所が判断すべきという考え方に立つのであれば、裁判所は、検察官に対し、「検察官が保管し又は警察から容易に入手し得る取調べメモ類の一覧表の提示」を命じるのが、「自然な帰結」であるとしている[425]。少なくとも、裁判所は、被告人側が開示を請求している証拠に関連する証拠について本来検察官が保管しているはずのものが標目一覧表に記載されていない場合には、求釈明を行い、捜査機関が保管している証拠の範囲までその概要を把握したうえで、開示命令をすべきかどうかを判断する義務があると解すべきである。

3 本条の証拠標目一覧表と刑訴316条の14の証拠標目一覧表との関係

本条に基づく証拠の標目一覧表と刑訴316条の14に基づいて作成される証拠標目一覧表とは別個のものである。刑訴316条の14に基づく証拠標目一覧表が被告人側に交付されている場合であっても、本条に基づく証拠標目一覧表は、被告人側を含めて何人にも閲覧または謄写をさせることはできない。

本条に基づく証拠の標目一覧表は、裁判官が特定の個別証拠の開示を命じるかどうかを判断するために用いられるものであるから、一覧表に記載すべき標目は、少なくとも、証拠物の形状、捜査報告書で記載されている捜査の種類、検証の対象などが記載されることになろう。そして、裁判官向けにそのような標目一覧表の作成が可能であるなら、なぜ被告人向けに同じものが作成できないのか、理解に苦しむ。

Ⅳ 即時抗告審における提示命令

開示の時期の指定等の請求についてした決定や開示命令の請求についてした決定に対しては即時抗告ができるが（刑訴316条の25第3項、刑訴316条の26第3項）、**即時抗告審**においても、証拠または証拠標目一覧表の提示命令をすることができる。

（渕野貴生）

---

[425] 大阪地決平20・3・26判タ1264号343頁。反対の立場に立つものとして、山崎学『公判前整理手続の実務』（弘文堂、2016年）254頁以下。

第 316 条の 28（期日間整理手続）　877

第２編第３章第２節第２款　期日間整理手続

（期日間整理手続）
第316条の28　裁判所は、審理の経過に鑑み必要と認めるときは、検察官、被告人若しくは弁護人の請求により又は職権で、第一回公判期日後に、決定で、事件の争点及び証拠を整理するための公判準備として、事件を期日間整理手続に付することができる。
②　期日間整理手続については、前款（第三百十六条の二第一項及び第三百十六条の九第三項を除く。）の規定を準用する。この場合において、検察官、被告人又は弁護人が前項の決定前に取調べを請求している証拠については、期日間整理手続において取調べを請求した証拠とみなし、第三百十六条の六から第三百十六条の十まで及び第三百十六条の十二中「公判前整理手続期日」とあるのは「期日間整理手続期日」と、同条第二項中「公判前整理手続調書」とあるのは「期日間整理手続調書」と読み替えるものとする。

Ⅰ　本条の趣旨

　公判前整理手続に付されなかった事件について、**第１回公判期日後**に事件の**争点及び証拠の整理**をする必要が生じる場合がありうる。また、公判前整理手続に付された事件であっても、事情変更等が生じ、第１回公判期日後に改めて事件の争点及び証拠の整理をする必要が生じる場合もあり得る。そこで、本条は、第１回公判期日後においてもそのような公判準備を行うための手続として、**期日間整理手続**を設けたものである。
　期日間整理手続が必要になる場合とは、具体的には、当初事実関係を争っていなかった被告人が争う主張を始めた場合、証人が予想外の証言をした場合、公判が開始された後、新たな証拠の証拠調べが必要になったときなどが考えられよう。ただし、新たな証拠調べ請求があった場合でも、請求の可否、証拠の採否について簡単に結論を出すことができ、審理計画の修正も小幅にとどまるような場合には、常に期日間整理手続を実施する必要はなく、刑訴316条の32第１項及び第２項に基づいて、公判期日内で対応すれば足りる場合もある。

Ⅱ　公判前整理手続の準用

　期日間整理手続については、**公判前整理手続**の規定が準用される。したがって、当事者は、新たな主張及び新たな証拠の証拠調べ請求をすることができる。

878　第316条の29（必要的弁護）

　また、期日間整理手続に付する旨の決定の前に、検察官、被告人または弁護人が取調べ請求している証拠については、期日間整理手続で取調べ請求された証拠とみなされる。このようなみなし規定を置くことにより、刑訴316条の14、刑訴316条の15、刑訴316条の18の証拠開示に関する規定が準用されるようにしたものである。

(渕野貴生)

第2編第3章第2節第3款　公判手続の特例

（必要的弁護）
第316条の29　公判前整理手続又は期日間整理手続に付された事件を審理する場合には、第二百八十九条第一項に規定する事件に該当しないときであつても、弁護人がなければ開廷することはできない。

　本条は、**公判前整理手続**等に付された事件の**公判審理**については**弁護人**が必要的であることを規定したものである。
　公判前整理手続等においては、被告人が防御権を有効適切に行使できるように保障するため、また十分な**争点及び証拠の整理**を実現するために、弁護人の援助が不可欠であることから、刑訴289条1項に規定するいわゆる**必要的弁護事件**に該当しない事件の場合も、弁護人を必要的としている（刑訴316条の4）。
　そして、公判前整理手続等に付された事件は、公判においても、公判前整理手続において策定された**審理計画**に従って、相当迅速に手続が進むことが予定されており、被告人側が即時的な対応をする必要がある場面も少なくないから、公判の進行に臨機応変に対応し、適切有効に防御権を行使することを可能にするためには、公判でも、弁護人の援助を得ることが不可欠である。また、争点整理及び証拠整理の結果にしたがった審理を実現していくうえでも、弁護人の果たす役割は、事実上、非常に大きいといえる。そこで、公判前整理手続等に付された事件については、公判においても引き続き、弁護人を必要的としたのである。

(渕野貴生)

（防御側の冒頭陳述）
第316条の30　公判前整理手続に付された事件については、被告人又は弁護人は、証拠により証明すべき事実その他の事実上及び法律上の主張があるときは、第二百九十六条の手続に引き続き、これを明らかにしなければならない。この場合においては、同条ただし書の規定を準用する。

　本条は、**公判前整理手続**に付された事件において、被告人側の**冒頭陳述**が必要的である旨、定めた規定である。公判において充実した**集中審理**を実現するために、証拠調べの冒頭に被告人側の主張を明示させて、争点をより明確にすることを目的とした公判手続の特例である。

（渕野貴生）

（整理手続の結果の顕出）
第316条の31　公判前整理手続に付された事件については、裁判所は、裁判所の規則の定めるところにより、前条の手続が終わつた後、公判期日において、当該公判前整理手続の結果を明らかにしなければならない。
②　期日間整理手続に付された事件については、裁判所は、裁判所の規則の定めるところにより、その手続が終わつた後、公判期日において、当該期日間整理手続の結果を明らかにしなければならない。

I　本条の趣旨

　公判前整理手続等においては、**争点及び証拠の整理**が行われるが、本条は、このような公判前整理手続等の結果を公判に引き継ぐための手続について定めたものである。公判前整理手続等の結果を公判に引き継ぐ手続は、**公判中心主義、公開主義**を担保するという重要な意義を有している。

II　顕出の時期

　顕出の時期は、**公判前整理手続**の結果については、刑訴316条の30による被告人の**冒頭陳述**の後である（本条1項）。**期日間整理手続**の結果については、期日間整理手続が終わった後の**公判期日**である（本条2項）。

III　顕出すべき結果

　顕出すべき結果とは、一般に、**公判前整理手続**等における**争点及び証拠を整**

880　第316条の32（証拠調べ請求の制限）

理した最終的な結果のみを意味するのではなく、公判前整理手続等の経過、すなわち、個々の段階ごとにおける手続の結果を意味すると解されている。ただし、訴因事実には該当しない主張上の対立点が明示的に挙げられなかったからといって、必然的に公判前整理手続で争点とされなかったと解さなければならなくなるわけではないとされる※428。

　なお、公判前整理手続において当事者が行った主張を裁判所が事実認定するために都合がよいように改変・歪曲することが許されないことは言うまでもない。この点に関して、公判前整理手続において、当事者の主張する事実のなかから、当事者間に争いがない要素だけを摘示し、事実を再構成又は抽象化した結果、事実が持つ本来の意味やそれにより推測される事柄が変わってしまうような争点整理を行うことは許されない旨判示し、第一審裁判所の争点整理を是認できないとして破棄した裁判例がある※429。当然の結論とはいえ、正当な判断を示したものとして高く評価できる。

　個々の段階ごとにおける手続結果の顕出の方法は、具体的には、刑訴規217条の31で定められており、**公判前手続調書**若しくは**期日間手続調書**の朗読または要旨の告知による。

　本条に基づいて明らかにされた公判前整理手続等の結果を弁論の全趣旨の一部として、**補助証拠**にすることの是非については、刑訴316条の17の解説Ⅱを、公判前整理手続における被告人の供述を記載した公判前整理手続調書を証拠として取り調べることの是非については、刑訴316条の10の解説Ⅲをそれぞれ参照されたい。いずれについても、許されないと解する。

（渕野貴生）

（証拠調べ請求の制限）
第316条の32　公判前整理手続又は期日間整理手続に付された事件については、検察官及び被告人又は弁護人は、第二百九十八条第一項の規定にかかわらず、やむを得ない事由によつて公判前整理手続又は期日間整理手続において請求することができなかつたものを除き、当該公判前整理手続又は期日間整理手続が終わつた後には、証拠調べを請求することができない。
②　前項の規定は、裁判所が、必要と認めるときに、職権で証拠調べを

※428　最三小判平26・4・22刑集68巻4号730頁。ただし、本事案は、両当事者が争点であることを認識しており、実際に、その点に関する防御も行われた事案であることには留意が必要である。本判決について、公判前整理手続において争点として明示すべきであったと批判するものとして、小川佳樹「本件判批」ジュリスト増刊『平成26年度重要判例解説』（2015年）187頁。
※429　東京高判平28・1・13判タ1425号233頁。

することを妨げるものではない。

I　本条の趣旨

　本条は、**公判前整理手続**等終了後における**証拠調べ請求**の制限について規定したものである。

　公判前整理手続等終了後において、新たな証拠調べを無制限に許容すると、本来公判前整理手続等においてなされるべき証拠調べ請求が怠られるおそれがあり、公判前整理手続等において十分な**争点及び証拠の整理**ができなくなる可能性がある。また、公判において新たな証拠調べがなされると、相手方の反証の準備のために公判審理を中断したり、**公判期日**の日程を変更したりしなければならなくなる場合があり、そうすると、公判前整理手続等において策定した**審理計画**に修正を迫られることになる。審理計画の修正は、とりわけ裁判員裁判においては、**裁判員**に多大な負担をかけることになるから、できる限り避ける必要がある。そこで、本条は、公判前整理手続または**期日間整理手続**に付された事件については、やむを得ない事由によって当該手続において請求することができなかったものを除き、当該手続の終了後には、証拠調べ請求をすることができないこととした。

　しかし、他方で、公判前整理手続等終了後の証拠調べ請求を厳しく制限しすぎると、刑訴316条の17による被告人側の**主張明示義務・証拠調べ請求義務**と相俟って、被告人側の刑事手続上の権利を侵害する結果となりかねない。仮に本条によって公判前整理手続等終了後の新たな証拠調べ請求がほとんど見込めないとなれば、被告人側は、公判前整理手続等のなかで、弾劾方法を含めた主張と証拠調べ請求を強いられることになる。そのような状態は、**挙証責任**の事実上の転換をもたらすものとして、**無罪推定法理**に対する直接的な侵害であるばかりか、**黙秘権**保障との間にも重大な疑義を生じさせる（刑訴316条の17の解説も参照されたい）。また、とりわけ公判前整理手続等における証拠開示が、被告人が有効な防御をするために必ずしも十分でない場合には、被告人の公判での防御活動は、公判前整理手続等において、時間的に限定されて防御手段も限られた状態で、あわただしく策定した十分に練られたとはいいがたい防御方針に縛られることになりかねない。そして、その結果、被告人に有利な証拠を援用できない事態が発生するとすれば、防御権の侵害であるばかりか、無辜の不処罰という意味での実体的真実発見にも反することになる。

　したがって、本条の解釈に当たっては、裁判員の負担軽減に配慮するあまり、被告人の防御権や無罪推定法理等の被告人の適正手続を侵害する結果とならないように十分に注意して解釈に臨む必要がある。

II やむを得ない事由

やむを得ない事由に当てはまる場合として、一般に、以下のような場合が挙げられている。

第1に、証拠は存在していたが、その存在を知らなかったことがやむを得なかったといえる場合である（物理的不能）。

第2に、証人の所在不明等の理由により**証拠調べ請求**ができなかった場合など、証拠の存在は知っていたが、物理的にその証拠調べ請求が不可能であった場合である（物理的不能）。

第3に、証拠の存在は知っており、証拠調べ請求も物理的には可能であったが、**公判前整理手続**または**期日間整理手続**における相手方の主張や証拠関係などから、証拠調べ請求をする必要がないと考え、そのように判断することについて十分な理由があったと考えられる場合である（心理的不能）[430]。たとえば、証人が、公判において、公判前整理手続等で開示されていた供述調書ないし証言予定供述（刑訴316条の14）と異なった証言をした場合などは、端的に、公判前整理手続において証拠調べ請求をする必要がないと判断したことについて十分な理由があったといえよう[431]。

第4に、弾劾的証拠として使用することを予定している証拠は、原則として、全て、「やむを得ない場合」に当たると考えるべきである[432]。なぜなら、弾劾的証拠を公判前整理手続で証拠調べ請求することは検察官に対して弾劾方法を具体的に知らせて、弾劾の効果を公判開始前に失わせる機会を提供することになり、結局のところ、被告人の防御権を侵害し、挙証責任を事実上転換することになるからである（刑訴316条の17の解説IIを参照）。

さらに、刑訴328条の**弾劾証拠**として使用することを予定している証拠については、公判前整理手続では、弾劾の対象となる公判供述はまだ存在していないから、同条に基づいて使用するかどうかが確定的ではないという点からも、公判前整理手続での請求は考えられないから、常に本条にいう「やむを得ない場合」に当たると解すべきである。裁判例においても、刑訴328条による「弾劾

---

[430] 辻裕教「刑事訴訟法等の一部を改正する法律（平成16年法律第62号）について(2)」法曹時報57巻8号（2005年）116頁。

[431] 大阪弁護士会裁判員制度実施大阪本部編『コンメンタール公判前整理手続』（現代人文社、2005年）228頁。

[432] 大阪弁護士会裁判員制度実施大阪本部編・前掲[431]書229頁、日本弁護士連合会裁判員制度実施本部編『公判前整理手続を活かすPart2（実践編）』（現代人文社、2007年）124頁以下、宮村啓太「公判前整理手続運用の現在と課題——弁護人の立場から」刑事法ジャーナル7号（2007年）22頁以下。反対に、やむを得ない事由に当たらないと解するものとして、酒井邦彦「公判前整理手続の実施状況——施行1年を振り返って」判例タイムズ1229号（2007年）38頁。

証拠は、条文上、『公判準備又は公判期日における被告人、証人その他の者の供述の証明力を争うため』のものとされているから、証人尋問が終了しておらず、弾劾の対象となる公判供述が存在しない段階においては、同条の要件該当性を判断することはできないのであって、証人尋問終了以前の取調請求を当事者に要求することは相当でない」として、公判での証人尋問終了後の刑訴328条に基づく弾劾証拠の取調請求について、本条1項の「やむを得ない事由」があるものと解すべきと結論付けたものがある[433]。

Ⅲ　被告人質問の制限の可否

　本条が制限の対象としているのは、新たな証拠調べ請求であり、公判において新たな主張を行うことは、規制されていない。被告人質問も、証拠の取調べではないから、**被告人質問**のなかで新たな主張を行うことも規制されない。このことは、立法の経緯からも明らかである。すなわち、司法制度改革推進本部裁判員制度・刑事検討会において、被告人が公判廷で何か新たなことを言い出した場合、言いたいというのを無理に止めることはできない」[434]し、弁護人による新たな主張を制限することも、被告人の代理人でもある弁護人の立場との整合性に問題も生じうるとされ、公判前整理手続終了後の主張を制限する制度は設けないこととされたのである[435]。

　ところが、近時、公判前整理手続終了後の新たな主張を制限する規定はなく、公判期日で新たな主張に沿った被告人の供述を当然に制限できるとは解し得ないものの、公判前整理手続における被告人又は弁護人の予定主張の明示状況、新たな主張がされるに至った経緯、新たな主張の内容等の諸般の事情を総合的に考慮し、**主張明示義務**に違反したものと認められ、かつ、新たな主張を許すことが、公判前整理手続を行った意味を失わせるものと認められる場合には、新たな主張に係る事項の重要性等も踏まえた上で、新たな主張が、刑訴295条1項により制限されることもあり得るとする判例が登場した[436]。

　しかし、このような解釈は、条文の文言解釈を逸脱しているうえ、被告人の**黙秘権**、防御権、**無罪推定法理**を侵害しかねない危険性を孕んでいる。被告人に対して主張明示義務と証拠調べ請求義務を課し（刑訴316条の17）、公判前整理手続等終了後の証拠調べ請求に制限を加える制度は、多くの論者から指摘さ

---

[433]　名古屋高金沢支判平20・6・5判タ1275号342頁。

[434]　司法制度改革推進本部裁判員制度・刑事検討会第29回会合における井上正仁座長の発言。

[435]　http://www.kantei.go.jp/jp/singi/sihou/kentoukai/saibanin/dai29/29gijiroku.html

[436]　最二小決平27・5・25刑集69巻4号636頁。

れ続けているように、手放しで合憲性を謳えるものではない。本条は、仮に違憲ではないとしても、一歩解釈を誤れば容易に違憲になりうるいわば合憲性の崖っぷちに立っている条文である。そのような条文について、明文で規定されていない制限を課すことの問題性は小さくない。

むしろ、**公判前整理手続**等終了後の**証拠調べ請求**を制限される被告人側にとって、被告人質問は、新たな主張・立証を行う数少ない残された手段であり、このルートが確保されていることでかろうじて本条は、防御権侵害、無罪推定法理侵害を免れる余地が生まれると解するべきであろう。

実際、被告人の**防御権**保障を重視し、被告人質問で被告人の新たな供述が出てきた時点で、期日間整理手続を活用するなどして当事者に対して必要に応じて立証を促すなどすることが適切であったと判示して、審理計画通りの進行に固執するあまり、本条を硬直的に解釈運用する態度を諌めた裁判例もある[※437]。

判例の解釈には、以上に指摘するような問題点が残されていることを踏まえれば、総合考慮にあたっては、新たな主張の制限が、被告人の防御権、黙秘権の侵害につながらないか、厳格に判断することが求められよう。たとえば、アリバイを具体的に述べたらアリバイつぶしにあうのではないかという現実的な不安から、公判前整理手続ではアリバイを根拠付ける具体的事実を述べなかったという場合には、公判前整理手続において、裁判所が、アリバイ証人予定者に対する捜査機関による不当な取調べを防止する具体的な手立て（たとえば、被告人の弁護人の立会いを認めるなど）を講じていなければ、新たな主張を制限することはできないといった解釈をすべきである。また、もともと、刑訴295条1項による主張制限は、訴訟関係人の本質的な権利を侵害しない限りで、許されるのであり、判例が、「新たな主張に係る事項の重要性等を踏まえ」ることを要求したのも、刑訴295条1項の文言に照らし、被告人の防御上、必要不可欠な場合[※438]には、そもそも新たな主張を制限することはできないという趣旨を明らかにしたものと理解すべきである。

Ⅳ　立証趣旨または新たな尋問事項の追加

公判前整理手続で証拠調べ請求を行い、採用された証人について、公判での証人尋問の際に、立証趣旨の追加を行ったり、主尋問や反対尋問の機会に新たな尋問事項の追加を行おうとした場合に、新たな証拠調べ請求として、それらの追加を制限することが許されるか。当該証人は、当初予定された尋問事項を

[※437]　東京高判平22・10・4東高時報61巻1-12号224頁。

[※438]　山﨑学「本件判批」刑事法ジャーナル46号（2015年）145頁は、被告人の無罪に直結するようなものである場合と解する。三好幹夫「本件判批」判例評論687号（2016年）178頁は、アリバイ成立の可能性がある程度見込まれるような場合と解する。

前提として採用されたものであり、立証趣旨や尋問事項を追加することは、実質的には新たな証人申請にあたるとして、追加するには、「やむを得ない事由」が必要であるとする見解もある[439]。

これに対して、本条1項は、あくまで新たな証拠請求について制限を設けた規定であり、立証趣旨や新たな尋問事項の追加について、直接規律するものではないこと、立証趣旨や新たな尋問事項を追加しても、尋問時間が多少増える程度であって、公判前整理手続の実効性を損なうものではないことも多いことから、立証趣旨を全交換するような場合を除いて、原則として、これらの追加は、新たな証拠調べ請求には当たらず、制限は及ばないと解する見解も有力である[440]。

V 同意の撤回

公判前整理手続等において行った刑訴326条の**同意**を公判前整理手続等終了後に撤回することも、新たな証拠調べには当たらないから、本条の規制はかからない。同意の撤回がいつまで可能か、という点については、公判前整理手続等が行われない公判手続と共通の解釈が及ぼされることになる。具体的な解釈については刑訴326条の解説を参照。

なお、同意の撤回を実質的には新たな証拠調べ請求に等しいと解するものがあるが[441]、同意を撤回した場合に新たに証人尋問請求する当事者は、撤回した側とは反対の当事者だから、撤回を制限し得る根拠足りえない。単に、新たな証人尋問請求を本条のもとで、やむを得ない事由（心理的不能の一パターンといえよう）に当たるものとして処理すればよいだけのことである。

VI 検察官による証拠調べ請求

公判において、検察官が訴因の変更を行おうとする場合に、新訴因を立証するために、新たな証拠調べが必要になる場合があり得る。このような場合に、本条のやむを得ない場合に当たるかどうかが問題となる。

この点、争点の明示と証拠の整理によって充実した公判審理を継続的、計画的かつ迅速に行うことができるようにするという公判前整理手続の制度趣旨に

---

[439] 和田真「公判段階における問題（下）」判タ1309号（2010年）70頁、河上和雄他編『大コンメンタール刑事訴訟法〔第2版〕第7巻』（青林書院、2012年）226頁〔宮田祥次〕、日本弁護士連合会裁判員本部編『公判前整理手続を活かす〔第2版〕』（現代人文社、2011年）80頁。

[440] 山崎学『公判前整理手続の実務』（弘文社、2016年）347頁。

[441] 辻・前掲[430]論文118頁以下。

照らすと、「公判前整理手続を経た後の公判においては、充実した争点整理や審理計画の策定がされた趣旨を没却するような訴因変更請求は許されない」と一般論を述べつつ、訴因変更に伴って追加的に必要とされる証拠調べが極めて限られていることを理由に、具体的事案の解決としては、訴因変更請求を認めた裁判例がある※442。

しかし、被告人側とは異なり、検察官は公訴提起前の段階から捜査機関が収集したすべての証拠を十分に検討する機会を持っている。したがって、検察官には、被告人側のように、起訴後に本節第1款第2目の規定の範囲で開示された限度での証拠について、必ずしも十分な時間を得られない状態で検討せざるを得ないが故に、公判前整理手続段階では十分に練られた主張・立証方針を策定することに制度上の限界があるといった事情は存在しない。そのうえ、公判前整理手続では、被告人側の予定主張の明示もなされるから（刑訴316条の17）、検察官が公判前整理手続のなかで当初の自らの主張を被告人側の主張に応じて変更していくことは現実にも可能である。だとすると、検察官がそのような機会を活用できたにもかかわらず公判前整理手続において訴因変更請求（刑訴316条の5第2号）や追加の証拠調べ請求（刑訴316条の21）を行わず、公判に入ってから訴因変更に伴い、新たな証拠調べ請求をすることが、「やむを得ない事由」に当たる場合は例外的にしか存在しないように思われる。証拠収集能力・権限および、証拠を検討する時間やマンパワーすべてにおいて被告人側とは比べ物にならないくらい優位な立場にある検察官について、被告人側と同様に、「やむを得ない事由」の存在を緩やかに認めるべき根拠は、理論的にも現実にも存在しない。検察官による公判前整理手続後の新たな証拠調べ請求については、「やむを得ない事由」に該当するかどうか、以上のような観点から厳格に判断すべきである。

Ⅶ　職権証拠調べ

本条1項の「やむを得ない事由」に該当しない場合にも、裁判所は、真実発見の見地などから、必要と認めるときは、職権で証拠調べを行うことができる。本条2項は、このことを確認した規定である。

特に、被告人に有利な事実認定につながる可能性のある証拠については、被告人の防御権保障の観点から考えても、また、刑事裁判においては、無辜の不処罰という意味での真実発見が最もゆるがせにしてはならない正義であることに鑑みても、原則として、職権証拠調べの必要性を認めるべきであろう※443。

逆に、証拠の存否を十分に確認しなかった点に検察官の落ち度があると指摘

※442　東京高判平20・11・18判タ1301号307頁。

※443　同旨、大阪弁護士会裁判員制度実施大阪本部編・前掲※431書231頁。

して、本条1項の「やむを得ない事由」に該当しないとして検察官による証拠調べ請求を却下しておきながら、同じ証拠を職権で証拠調べした原審の判断を是認した裁判例があるが※444、裁判所が保つべき中立性・公正性を著しく損ない、検察官の有罪立証に肩入れする行為であって、不当である。

（渕野貴生）

第2編第3章第3節　被害者参加

（被害者等の手続参加の許可等）
第316条の33　裁判所は、次に掲げる罪に係る被告事件の被害者等若しくは当該被害者の法定代理人又はこれらの者から委託を受けた弁護士から、被告事件の手続への参加の申出があるときは、被告人又は弁護人の意見を聴き、犯罪の性質、被告人との関係その他の事情を考慮し、相当と認めるときは、決定で、当該被害者等又は当該被害者の法定代理人の被告事件の手続への参加を許すものとする。
一　故意の犯罪行為により人を死傷させた罪
二　刑法第百七十六条から第百七十九条まで、第二百十一条、第二百二十条又は第二百二十四条から第二百二十七条までの罪
三　前号に掲げる罪のほか、その犯罪行為にこれらの罪の犯罪行為を含む罪（第一号に掲げる罪を除く。）
四　自動車の運転により人を死傷させる行為等の処罰に関する法律（平成二十五年法律第八十六号）第四条、第五条又は第六条第三項若しくは第四項の罪
五　第一号から第三号までに掲げる罪の未遂罪
②　前項の申出は、あらかじめ、検察官にしなければならない。この場合において、検察官は、意見を付して、これを裁判所に通知するものとする。
③　裁判所は、第一項の規定により被告事件の手続への参加を許された者（以下「被害者参加人」という。）が当該被告事件の被害者等若しくは当該被害者の法定代理人に該当せず若しくは該当しなくなつたことが明らかになつたとき、又は第三百十二条の規定により罰条が撤回若しくは変更されたため当該被告事件が同項各号に掲げる罪に係るものに該当しなくなつたときは、決定で、同項の決定を取り消さなければならない。犯罪の性質、被告人との関係その他の事情を考慮して被告事件の手続への参加を認めることが相当でないと認めるに至つたときも、同様とする。

※444　名古屋高判平25・10・28高刑速（平25）号187頁。

I 本条の趣旨

本条ないし刑訴316条の39は、犯罪被害者に「刑事に関する手続への参加の機会を拡充するため」（2004年「犯罪被害者等基本法」18条）、政府の「犯罪被害者等基本計画」（2005年）に沿って立法化されたものであり、犯罪被害者等が特別の地位を得て公判期日に出席し、自ら(1)情状に関する証人尋問、(2)被告人質問、(3)事実または法律の適用に関する意見陳述をすることを認めるものである（**被害者参加制度**）。この制度は、2007年刑事訴訟法の一部改正法によって導入されたが、立法当時、それが当事者主義の訴訟構造に反するのではないか、被告人の防御権に対する圧迫とならないか、とりわけ裁判員制度のもとで裁判員の心証に対して不当な影響を及ぼすのではないかなど強い批判を浴びた[445]。これに対しては、立法関係者から、被害者参加制度は、被害者に公判請求権、訴因設定権、証拠調べ請求権、上訴権などを認めておらず、訴訟の基本構造を変えるものではなく、被告人の防御についても被告人には黙秘権があるから不当に侵害されるものではない、裁判員に対する影響も事実認定及び量刑は裁判官と裁判員が合議体で慎重に行うから裁判員制度が円滑に機能しなくなるということはないと説明されている[446]。また、本改正法の立法過程で批判しても、犯罪被害者等基本計画（上述）によって被害者の刑事裁判に直接関与する制度の創設は所与の前提であったのであり、批判を容れる余地はなかったとも言われている[447]。被害者参加制度は、現行刑事訴訟法がこれまで経験したことのない大きな「変化」をもたらすものであり、手続の基本構造あるいは被告人の適正手続の保障と緊張関係に立つ可能性のある制度であることを忘れてはならない（犯罪被害者等の権利利益の保護を図るための刑事訴訟法等の一部を改正する法律附則9条参照）。成立した被害者参加制度は、比較的活発に利用されており、毎年の参加申し出は千件を超えている（司法統計年報刑事篇平成28年度）。

II 被害者参加の申出ができる者

本条によって参加の申出ができるのは、後述の対象犯罪の「被害者等」、「当該被害者の法定代理人」、「これらの者から委託を受けた弁護士」である。まず、

---

[445] たとえば、川崎英明「刑事裁判への被害者参加制度の批判的検討」季刊刑事弁護50号89頁、日本弁護士連合会「犯罪被害者等が刑事裁判に直接関与することのできる被害者参加制度に対する意見書」（2007年5月）など。

[446] 白木功=飯島泰=馬場嘉郎「『犯罪被害者等の権利利益保護を図るための刑事訴訟法等の一部を改正する法律』の解説(2)」法曹時報60巻10号30頁以下。

[447] 川出敏裕「犯罪被害者の刑事裁判への参加」刑事法ジャーナル9号14-15頁。

「被害者等」であるが、これについては刑訴290条の2第1項が「被害者又は被害者が死亡した場合若しくはその心身に重大な故障がある場合におけるその配偶者、直系の親族若しくは兄弟姉妹」と定義している。ただし、本条の趣旨からみて、ここでの被害者は自然人に限られ、また、たとえば財産犯と身体・生命に対する罪の結合犯である強盗致死傷罪の被害者が両者で異なる場合、財産についてのみ害を被った者は本条以下の被害者にはあたらない[448]。「当該被害者の法定代理人」とは、民法上の法定代理人を指し、被害児童の親権者などがこれにあたる。「これらの者から委託を受けた弁護士」とは、被害者等または被害者の法定代理人から被告事件の手続参加の申出を行うことの委託を受けた弁護士のことである。なお、資力の乏しい被害者参加人のために、国選弁護制度が用意されている（犯罪被害者等保護法5条）。

Ⅲ　被害者参加の対象犯罪

対象犯罪は、本条1項の1号ないし5号に列挙されているものに限る。被害者参加制度の趣旨から、個人的法益に関する罪のうちから、さらに絞り込みがかけられた理由として、立法関係者からは、「まずは、参加を認める必要性が高いと考えられる犯罪の被害者等をその対象とすることが適当」であり、刑訴292条の2（意見陳述）の運用状況からみて申出の比率の多かった犯罪が選ばれたと説明されている[449]。

まず、本条1号は「故意の犯罪行為により人を死傷させた罪」、すなわち殺人、傷害致死罪等を、2号は強制わいせつなどの性犯罪、業過致死傷、逮捕・監禁、未成年者略取誘拐等を、3号は2号犯罪を含む犯罪、たとえば強盗・強制性交等罪などを、4号は過失運転致死傷等を（2016年の改正法で追加）、5号は以上1号から3号までの罪の未遂を、それぞれ対象事件として挙げている。

Ⅳ　参加申出の手続と許否の決定

参加の申出は、あらかじめ検察官に対して行い、これをうけた検察官は意見を付して裁判所にこれを通知する（本条2項）。この通知を受けた裁判所は、被告人または弁護人の意見を聴き、犯罪の性質、被告人との関係その他の事情を考慮して、「相当と認めるとき」は手続参加を許可する決定をする（本条1項柱書き）。

決定に際して考慮すべき事由として、「犯罪の性質」、「被告人との関係」及

---

[448]　白木功＝飯島泰＝馬場嘉郎「『犯罪被害者等の権利利益保護を図るための刑事訴訟法等の一部を改正する法律』の解説(2)」法曹時報60巻10号46頁、56頁注(5)。

[449]　白木ほか・前掲※448論文44頁。

び「その他の事情」があげられている。「犯罪の性質」とは、当該事件の犯罪事実にかかる犯行の動機、態様、手段、計画性、組織性、被害の結果等をいい、暴力団の対立抗争事件などは「犯罪の性質」からみて被害者参加を認めるのが相当でない場合と判断されよう[450]。「被告人との関係」とは、たとえば被告人と被害者が暴力団の主従関係にあった場合のように、被害者が参加すると被告人が萎縮してしまうような場合である。「その他の事情」として、被告人が無罪主張をし、被害者の言い分と真っ向から対立しているような場合が考えられる。被告人が無罪主張をしているというだけで直ちに手続への参加を許さないのは適当でないとしても[451]、「被害者参加人」と被告人が対立・紛糾することで深刻な事態に立ち至るおそれもあり、無罪主張の場合の参加許否の判断は慎重になされなければならない。

（白取祐司）

> **（被害者参加人等の公判期日への出席）**
> **第316条の34**　被害者参加人又はその委託を受けた弁護士は、公判期日に出席することができる。
> ②　公判期日は、これを被害者参加人に通知しなければならない。
> ③　裁判所は、被害者参加人又はその委託を受けた弁護士が多数である場合において、必要があると認めるときは、これらの者の全員又はその一部に対し、その中から、公判期日に出席する代表者を選定するよう求めることができる。
> ④　裁判所は、審理の状況、被害者参加人又はその委託を受けた弁護士の数その他の事情を考慮して、相当でないと認めるときは、公判期日の全部又は一部への出席を許さないことができる。
> ⑤　前各項の規定は、公判準備において証人の尋問又は検証が行われる場合について準用する。

I　本条の趣旨

　本条は、被害者参加人またはその弁護士の、公判期日への出席権について規定する。法は、出席の権利を明記するだけでなく（本条1項）、その実効性を確保するため公判期日を被害者参加人に通知するものとした（本条2項）。ここに「出席」とは、傍聴席に着席することではなく、法廷内すなわちバーの内側に席を占めることである。被害者等がその立場にふさわしい扱いを受けるべきだと

※450　白木ほか・前掲※448論文49頁。
※451　白木ほか・前掲※448論文57頁注(7)。

いう立法の理念と、被害者参加人として一定の要件の下で証人尋問、被告人質問などの訴訟活動が認められていることから、公判期日の間中、法廷内に着席することが認められたのである。具体的に、法廷内のどの場所に位置するのかは、被害者参加人が訴訟活動を行うには検察官に申し出て行うこととされていることなどからみて、意思疎通を図りやすいように検察官席の近くに席を設けるのが適当である。実務上、検察官の隣に座る例が多いようである。

なお、公判前整理手続や期日間整理手続は「公判期日」ではないから、被害者参加人が出席することはできない。

II　代表者による出席

被害者参加人には公判期日への出席権が認められているが、被害者が多数の場合など、全員の出席を認めることが法廷の広さ等との関係で不可能な場合もありうる。このように被害者参加人または委託を受けた弁護士が「多数」である場合、裁判所は、その全員または一部に対して、代表者を選定するよう求めることができる（本条3項）。「多数」とは、この場合2人以上ではなく、法廷の物理的条件からくる制約上席を用意できる人数を超える場合と解すべきである。代表者として選定された者は、速やかにその旨を裁判所に通知しなければならない（刑訴規217条の35）。

なお、代表者として選ばれなかった被害者参加人も、刑訴316条の33第3項によって取り消されないかぎり、被害者参加人でなくなるわけではない。

III　被害者参加人の出席制限

被害者参加人の出席権は、審理の状況、被害者参加人またはその委託を受けた弁護士数その他の事情を考慮して相当でないと認められるときは、制限される（本条4項）。「審理の状況」による制限として、たとえば、被害者参加人が後に証人として証言することが予定されている場合に、その信用性を確保するため、他の証人尋問が行われている間制限することが考えられる[452]。このような場合、そもそも被害者参加人としての地位を認めることじたい避けるべきだったともいえる。次に、「被害者参加人又はその委託を受けた弁護士の数」による制限とは、本条3項によって代表者を決めるよう求めたが、被害者等の間で調整がつかなかったような場合が考えられる。「その他の事情」としては、被害者参加人が法廷内で不規則発言をするなどして裁判所の訴訟指揮に従わない場合が考えられるが、このような場合、手続参加を認めるのが相当でなく

---

[452] 白木功＝飯島泰＝馬場嘉郎「『犯罪被害者等の権利利益保護を図るための刑事訴訟法等の一部を改正する法律』の解説(2)」法曹時報60巻10号66頁。

892 第316条の35（検察官の権限行使に関する、被害者参加人等の意見の申述）

なったとして刑訴316条の33第1項の決定を取り消すべきであろう（刑訴316条の33第3項）。

Ⅳ 公判準備における証人尋問等への準用

本条は、公判準備における証人尋問または検証についても準用される（本条5項）。公判準備とは、刑訴303条の公判準備のほか、公判期日における審理の準備のため公判期日外に行われるものをいう。

（白取祐司）

> **（検察官の権限行使に関する、被害者参加人等の意見の申述）**
> **第316条の35** 被害者参加人又はその委託を受けた弁護士は、検察官に対し、当該被告事件についてのこの法律の規定による検察官の権限の行使に関し、意見を述べることができる。この場合において、検察官は、当該権限を行使し又は行使しないこととしたときは、必要に応じ、当該意見を述べた者に対し、その理由を説明しなければならない。

本条は、被害者参加制度を適正かつ円滑に運用するため、被害者参加人等に意見申述権を認めるとともに、検察官に、これに対する説明義務を定める。両者の密接なコミュニケーションを図ることの重要性に鑑み、規定されたものである。

意見申述権の対象となるのは、「当該被告事件についてのこの法律［刑事訴訟法］の規定による検察官の権限の行使」すべてである。ただし、「被告事件」とあるから、捜査に関する権限や刑の執行に関わる権限は含まれない。被害者参加人には、訴因設定権、証拠調べ請求権、上訴権はないが、これらについても本条で意見を述べることは問題ない。意見の申述の方法について特に定めはないので、口頭、電話など適宜のやり方でよいであろう。

検察官は、被害者参加人等の意見申述に対して、説明義務を負う。この説明義務は、「必要に応じ」することとされているので、説明の必要が認められない場合は説明には及ばない。同じ事項についてすでに何度も説明している場合、被害者参加人等の述べた意見どおりに検察官が権限行使をしているような場合は、説明の必要はないと解される。検察官が説明を要する「理由」とは、申述の対象となった検察官の権限を行使する、あるいは行使しない理由である。この説明の方法についても法の規定はないので、適宜のしかたで行えば足りる。

（白取祐司）

第316条の36（被害者参加人等による証人尋問）　893

（被害者参加人等による証人尋問）
第316条の36　裁判所は、証人を尋問する場合において、被害者参加人
又はその委託を受けた弁護士から、その者がその証人を尋問することの
申出があるときは、被告人又は弁護人の意見を聴き、審理の状況、申出
に係る尋問事項の内容、申出をした者の数その他の事情を考慮し、相当
と認めるときは、情状に関する事項（犯罪事実に関するものを除く。）に
ついての証人の供述の証明力を争うために必要な事項について、申出を
した者がその証人を尋問することを許すものとする。
②　前項の申出は、検察官の尋問が終わつた後（検察官の尋問がないとき
は、被告人又は弁護人の尋問が終わつた後）直ちに、尋問事項を明らかに
して、検察官にしなければならない。この場合において、検察官は、当
該事項について自ら尋問する場合を除き、意見を付して、これを裁判所
に通知するものとする。
③　裁判長は、第二百九十五条第一項から第四項までに規定する場合の
ほか、被害者参加人又はその委託を受けた弁護士のする尋問が第一項に
規定する事項以外の事項にわたるときは、これを制限することができる。

I　本条の趣旨

　本条は、被害者の尊厳の尊重という観点から、情状に関する証人の証言内容
を直接問いただしたい被害者等の心情を尊重して、情状に関する事項に限って、
証人に対する尋問を認めたものである。本条に関しては、被害者に、供述義務
を負う証人に対する発問を許すのは、証人の負担が大きいのではないか、証人
に対する萎縮効果など事実上の影響を生じさせるのではないかなど、立法当時
から強い批判があった。本条による被害者参加人等の証人尋問は、裁判所が相
当と認めた場合に許されるものであるが、運用にあたってはこれらの批判に十
分留意する必要がある。

II　尋問の範囲

　本条によって尋問できるのは、「情状に関する事項（犯罪事実に関するもの
を除く。）についての証人の供述の証明力を争うために必要な事項」のみである。
被害者参加人等による被告人質問（刑訴316条の37）と異なり、犯罪事実に関す
る尋問が除かれているのは、犯罪事実に関する検察官の主張・立証と矛盾する
尋問が行われて真相の解明が困難になったり、犯罪事実に関する被害者等自身

の証言の信用性が損なわれるなどの弊害を避けるためである[453]。また、証人がすでにした供述を弾劾する事項についてだけ尋問が認められるとされたのは、証人の負担が過度に重いものにならないようにするためだとされている[454]。

尋問できるのは犯罪事実に関するものを除いた「情状」というのだから、犯行の態様・動機、被告人の地位・役割などの、いわゆる犯情に関する尋問もできない。被告人の親族が証人として出廷し、被害者と示談を進めていることを証言したような場合がこれにあたる。また、被害者参加人等は、証言された「情状」に関する事項についてのみ、弾劾尋問を行うことができるのであり、それ以外についての尋問は制限される（本条3項）。

Ⅲ　尋問申出の方法

被害者参加人等は、検察官の証人尋問が終わった後（検察官の尋問がないときは被告人または弁護人の尋問後）、直ちに、検察官に対して、尋問事項を明らかにして尋問の申出をする（本条2項）。検察官は、当該事項について自ら尋問しないときは、意見を付してこれを裁判所に通知する（同項）。検察官自ら尋問するときは、裁判所への通知を要しない。申出を受けた裁判所は、被告人または弁護人の意見を聴いたうえで、「審理の状況」「申出にかかる尋問事項の内容」「申出をした者の数」「その他の事情」を考慮して、「相当と認めるとき」、尋問を許す決定をする（本条1項）。「審理の状況」として、たとえば、被害者参加人がその後に証人として証言することが予定されており、被害者参加人が証人に尋問することや、証言内容を聞くことによって後の被害者参加人の証言の信用性が損なわれるような場合が考えられる。「申出にかかる尋問事項の内容」とは、たとえば、その尋問事項がすでになされた尋問と重複する場合等である。「申出をした者の数」とは、たとえば、多数の被害者参加人が尋問の申出をした場合に、すべての申出を許可すると審理がいたずらに遅延するようなときに関する考慮要素である。「その他の事情」とは、たとえば、被害者参加人等が証人と対面することにより感情が異常に高ぶり、過度に攻撃的な尋問が行われるおそれがあるときである[455]。

Ⅳ　尋問の制限

被害者参加人等の証人尋問は、(1)刑訴295条1項から刑訴295条3項に規定す

---

[453]　白木功=飯島泰=馬場嘉郎「『犯罪被害者等の権利利益保護を図るための刑事訴訟法等の一部を改正する法律』の解説(2)」法曹時報60巻10号75頁。

[454]　白木ほか・前掲[453]論文75頁。

[455]　白木ほか・前掲[453]論文74頁。

る場合、⑵被害者参加人等のする尋問が本条1項に規定する事項以外の事項にわたる場合、裁判長によって制限されることがある（本条3項）。⑴の場合とは、尋問が、重複尋問または事件に関係ない事項にわたるときその他相当でないとき（1項）、証人もしくはその親族の身体もしくは財産に害を加えまたはこれらの者を畏怖させるおそれがあり、これらの者の所在が特定されると証人が十分な供述ができないとき（2項）、公開の法廷で被害者特定事項を明らかにしない旨の決定があった場合に尋問が被害者特定事項にわたるとき（3項）であり、⑵の場合とは、「情状に関する事項（犯罪事実に関するものを除く。）」以外の犯情などに関する場合である。被告人の弁護人は、裁判長が速やかに制限できるように、⑴⑵に関する尋問があったときは、適宜異議を申し立てるべきである。

（白取祐司）

（被害者参加人等による被告人に対する質問）

第316条の37　裁判所は、被害者参加人又はその委託を受けた弁護士から、その者が被告人に対して第三百十一条第二項の供述を求めるための質問を発することの申出があるときは、被告人又は弁護人の意見を聴き、被害者参加人又はその委託を受けた弁護士がこの法律の規定による意見の陳述をするために必要があると認める場合であつて、審理の状況、申出に係る質問をする事項の内容、申出をした者の数その他の事情を考慮し、相当と認めるときは、申出をした者が被告人に対してその質問を発することを許すものとする。

②　前項の申出は、あらかじめ、質問をする事項を明らかにして、検察官にしなければならない。この場合において、検察官は、当該事項について自ら供述を求める場合を除き、意見を付して、これを裁判所に通知するものとする。

③　裁判長は、第二百九十五条第一項、第三項及び第四項に規定する場合のほか、被害者参加人又はその委託を受けた弁護士のする質問が第一項に規定する意見の陳述をするために必要がある事項に関係のない事項にわたるときは、これを制限することができる。

I　本条の趣旨

　本条は、被害者の手続への直接関与のひとつとして、被害者参加人等が被告人に直接質問することを認めた規定である。被害者が意見陳述を望む場合、刑訴292条の2の規定によってその心情を中心に述べることができ、また、刑訴316条の38による意見陳述もできるが、本条は、それらの意見の陳述を実質的

かつ効果的に行うことができるために認められたものであり※456、本条1項もそのような場合であることを許可の要件としている。ただ、一般論として、被害者が自己の心情・主張を直接被告人にぶつけることが、真実発見にとってむしろマイナスの場合があることは容易に想像されるが、立法者は、そのようなデメリットより被害者等の名誉の回復や被害からの立ち直りに資するというメリットを選択したということであろう※457。

Ⅱ　被告人質問が許される要件

　本条により被害者参加人等が被告人に質問できるのは、(1)「意見の陳述」をするのに必要があると認められる場合であって、(2)裁判所が、「審理の状況」「質問をする事項の内容」「申出をした者の数」「その他の事情」を考慮して相当と認めるときである。(1)を要件としたのは、先述のとおり、本条が被害者参加人等の「意見陳述」(刑訴292条の2及び刑訴316条の38)をより実質的かつ効果的なものにするために設けられたからであり、また、この質問が訴訟の推移や結果と結びつく目的でなされる訴訟活動であることを明確にするためである（そのようなものでない被告人質問は認められない）※458。(2)「審理の状況」とは、被害者参加人等の意見陳述を希望する時期が、検察官の立証計画ないし審理の流れからみて適当でない場合が考えられる。「質問をする事項の内容」が考慮される例として、その質問事項が、すでになされた尋問と重複する場合などである。「申出をした者の数」とは、たとえば、多数の被害者参加人が尋問の申出をした場合に、すべての申出を許可すると審理がいたずらに遅延するような場合である（刑訴316条の36Ⅲ参照）。「その他の事情」が考慮される場合として、被害者参加人等と被告人が直接対面することで異常に感情がたかぶり、過度に攻撃的な質問が被告人に対してなされるような場合が考えられる。

　いうまでもないが、被告人は、被害者参加人等から質問を受けても供述を拒否することはできる（311条1項）。

Ⅲ　被告人質問の手続

　被害者参加人等は、あらかじめ、質問事項を明らかにして、検察官に対して

※456　白木功=飯島泰=馬場嘉郎「『犯罪被害者等の権利利益保護を図るための刑事訴訟法等の一部を改正する法律』の解説(2)」法曹時報60巻10号83頁、岡本章「被害者参加の制度」法律のひろば60巻11号32頁参照。

※457　堀江慎司「刑事裁判への被害者参加の制度についての覚書」法学論叢162巻1-6号264頁参照。

※458　白木ほか・前掲※456論文84頁。

質問の申出をする（本条2項）。「あらかじめ」といっても、当該被告人質問の行われる公判期日以前の日である必要はなく、当日でも構わないと解される。検察官は、当該事項について自ら質問しないときは、意見を付してこれを裁判所に通知する（同項）。検察官自ら質問するときは、裁判所への通知を要しないのは、前条と同様である。申出を受けた裁判所は、被告人または弁護人の意見を聴いたうえで、一定の要件（Ⅱ参照）を満たす場合で相当と認めるときは、この申出を許すものとする（本条1項）。

Ⅳ　被告人質問の制限

被害者参加人等の被告人質問は、(1)刑訴295条1項及び刑訴295条3項に規定する場合、(2)被害者参加人等のする質問が本条1項に規定する事項以外の事項にわたる場合、裁判長によって制限されることがある（本条3項）。(1)については、刑訴316条の36Ⅳ参照。(2)の場合として、被告人に対して怒りや憎しみの気持ちをぶつけるため繰り返し厳しい言葉を投げかける場合や、被告人にことさらに繰り返し謝罪を求めるような場合があるとされている[459]。このような場合、質問を制限するだけでなく、「手続への参加を認めることが相当でない」として被害者等の手続参加の決定（刑訴316条の33第1項）を取り消すことが検討される場合もあろう（刑訴316条の33第3項）。

（白取祐司）

（事実・法律の適用に関する意見陳述権）
第316条の38　裁判所は、被害者参加人又はその委託を受けた弁護士から、事実又は法律の適用について意見を陳述することの申出がある場合において、審理の状況、申出をした者の数その他の事情を考慮し、相当と認めるときは、公判期日において、第二百九十三条第一項の規定による検察官の意見の陳述の後に、訴因として特定された事実の範囲内で、申出をした者がその意見を陳述することを許すものとする。
②　前項の申出は、あらかじめ、陳述する意見の要旨を明らかにして、検察官にしなければならない。この場合において、検察官は、意見を付して、これを裁判所に通知するものとする。
③　裁判長は、第二百九十五条第一項、第三項及び第四項に規定する場合のほか、被害者参加人又はその委託を受けた弁護士の意見の陳述が第一項に規定する範囲を超えるときは、これを制限することができる。
④　第一項の規定による陳述は、証拠とはならないものとする。

---

[459]　白木ほか・前掲[456]論文88頁。

898　第 316 条の 38（事実・法律の適用に関する意見陳述権）

I　本条の趣旨

　本条は、被害者等が、被害に関する意見や心情の陳述をすることに加えて、証拠上認められる事実や法律を適用した結果としての犯罪の成否等についての意見を述べることを認めたものである。刑訴292条の2は、意見や心情の意見表明について規定しているが、事実や法律適用に関する意見陳述を希望する被害者がおり、その心情は尊重されるべきであるとともに、これを認めることが被害者等の名誉の回復や被害からの立ち直りにも資するというのが本条の趣旨である[460]。この最後の点は、被害者参加人等の意見陳述権が、検察官の行うのとはまったく異質の、カタルシス効果ないし名誉の回復をねらいとしたものと言い換えることができよう[461]。

　しかし、事案解明という要素の希薄なカタルシス効果のみを主眼として被害者にこの種の訴訟行為を行わせることには問題があるばかりでなく、そもそも被害者は証拠調べの全容に関与してきたわけでもなく、それを熟知しているわけでもないのに（法律上そのような事態を排除していない）、検察官の論告・求刑と同様の意見陳述を認めるのは制度として妥当なのかどうか、疑問も提起されている[462]。また、証拠とならない文字通りの「意見陳述」である本条の陳述と（本条4項参照）、量刑資料とすることが明文で許されている刑訴292条の2の「意見陳述」との区別が、とりわけ裁判員に対して期待できるのか。同じ意見陳述という文言を用いているだけに、危惧されるところである。

II　意見陳述が許される要件・範囲

　本条により被害者参加人等が意見陳述できるのは、裁判所が、「審理の状況」「申出をした者の数」「その他の事情」を考慮して相当と認めるときである。「審理の状況」とは、たとえば、証人として証言した際や、刑訴292条の2の規定による心情を中心とした意見陳述をした際などに、今回陳述しようとしている事柄についてもすでに詳細に陳述している場合などである[463]。「申出をした者

---

[460]　白木功＝飯島泰＝馬場嘉郎「『犯罪被害者等の権利利益保護を図るための刑事訴訟法等の一部を改正する法律』の解説(2)」法曹時報60巻10号91頁。

[461]　椎橋隆幸「『犯罪被害者等の権利利益保護法』成立の意義」刑事法ジャーナル9号4頁。

[462]　堀江慎司「刑事裁判への被害者参加の制度についての覚書」法学論叢162巻1-6号269頁以下参照。本条4項は、本条の意見陳述は証拠とならないとしているが、とりわけ裁判員に与える影響について懸念されるところであり、この点についての実証研究が望まれる。

[463]　白木ほか・前掲[460]論文95頁。

第316条の39（被害者参加人への付添い等） 899

の数」「その他の事情」に関しては、刑訴316条の37Ⅱ参照。これらの事情を考慮し、裁判所が相当と認めるときは、意見陳述が認められる。

意見陳述が認められる範囲は、「訴因として特定された事実の範囲内」である（本条1項）。被害者参加人には訴因設定権が認められておらず、本条の意見陳述に関しても、訴因の範囲内でのみ認めるのが適当とされたためである。例として、検察官の起訴事実が傷害致死であるのに、被害者参加人が被告人に殺意があった旨の意見を陳述する、あるいは、自動車運転過失致死傷の訴因で起訴されているのに、被害者参加人が危険運転致死傷が成立するとの意見陳述をすることは許されない。

Ⅲ　意見陳述の手続

被害者参加人等は、事実または法律の適用について意見の陳述を希望するときは、あらかじめ、陳述する意見の要旨を明らかにして検察官に対して申出をしなければならない（本条2項）。この申出は、検察官の意見陳述の後速やかに行われなければならない（刑訴規217条の36）。申出を受けた検察官は、意見を付してこれを裁判所に通知する（同項）。検察官は、自ら行う論告との整合性をも考慮して、意見を述べることになる[464]。裁判所は、先に述べた要件を考慮して相当と認めたときは意見陳述を許可する（本条1項）。このとき、裁判長は、意見陳述の時間についても定めることができる（刑訴規217条の37）。

Ⅳ　意見陳述の制限

被害者参加人等の意見陳述は、(1)刑訴295条1項及び刑訴295条3項に規定する場合、(2)被害者参加人等のする質問が本条1項に規定する事項以外の事項にわたる場合、裁判長によって制限されることがある（本条3項）。(1)については、刑訴316条の36Ⅳ参照。(2)の場合とは、意見陳述の内容が、訴因として特定された事実の範囲を超える場合をいう。どのような場合が訴因事実の範囲を超えるのかについては、上述Ⅱ参照。

（白取祐司）

（被害者参加人への付添い等）
第316条の39　裁判所は、被害者参加人が第三百十六条の三十四第一項（同条第五項において準用する場合を含む。第四項において同じ。）の規定により公判期日又は公判準備に出席する場合において、被害者参加人

---

[464] 白木ほか・前掲[460]論文97-98頁。

の年齢、心身の状態その他の事情を考慮し、被害者参加人が著しく不安又は緊張を覚えるおそれがあると認めるときは、検察官及び被告人又は弁護人の意見を聴き、その不安又は緊張を緩和するのに適当であり、かつ、裁判官若しくは訴訟関係人の尋問若しくは被告人に対する供述を求める行為若しくは訴訟関係人がする陳述を妨げ、又はその陳述の内容に不当な影響を与えるおそれがないと認める者を、被害者参加人に付き添わせることができる。

② 前項の規定により被害者参加人に付き添うこととされた者は、裁判官若しくは訴訟関係人の尋問若しくは被告人に対する供述を求める行為若しくは訴訟関係人がする陳述を妨げ、又はその陳述の内容に不当な影響を与えるような言動をしてはならない。

③ 裁判所は、第一項の規定により被害者参加人に付き添うこととされた者が、裁判官若しくは訴訟関係人の尋問若しくは被告人に対する供述を求める行為若しくは訴訟関係人がする陳述を妨げ、又はその陳述の内容に不当な影響を与えるおそれがあると認めるに至つたときその他その者を被害者参加人に付き添わせることが相当でないと認めるに至つたときは、決定で、同項の決定を取り消すことができる。

④ 裁判所は、被害者参加人が第三百十六条の三十四第一項の規定により公判期日又は公判準備に出席する場合において、犯罪の性質、被害者参加人の年齢、心身の状態、被告人との関係その他の事情により、被害者参加人が被告人の面前において在席、尋問、質問又は陳述をするときは圧迫を受け精神の平穏を著しく害されるおそれがあると認める場合であつて、相当と認めるときは、検察官及び被告人又は弁護人の意見を聴き、弁護人が出頭している場合に限り、被告人とその被害者参加人との間で、被告人から被害者参加人の状態を認識することができないようにするための措置を採ることができる。

⑤ 裁判所は、被害者参加人が第三百十六条の三十四第一項の規定により公判期日に出席する場合において、犯罪の性質、被害者参加人の年齢、心身の状態、名誉に対する影響その他の事情を考慮し、相当と認めるときは、検察官及び被告人又は弁護人の意見を聴き、傍聴人とその被害者参加人との間で、相互に相手の状態を認識することができないようにするための措置を採ることができる。

I 本条の趣旨

本条は、被害者参加人に付添いの措置、あるいは遮へい措置を認める規定である。その趣旨は、被害者参加人が公判期日に出席することに対し著しく不安

や緊張を覚えたり、被告人や傍聴人から見られて精神的圧迫を受け、その結果的確な訴訟活動が困難になることもありうるところから、そのような被害者参加人に適当な者を付き添わせ、あるいは被害者参加人と被告人または傍聴人との間に遮へい措置をとることによって、精神的圧迫を軽減させることが被害者の手続参加を認める趣旨に照らして適当であるというものである※465。これらの措置は、証人に関して（2000年の被害者保護二法によって）すでに採用されている（刑訴157条の2、刑訴157条の3）。ただし、ビデオリンク方式は（刑訴157条の4参照）、被害者参加制度になじまないため、採用されなかった。

　以上が趣旨だが、そもそも、著しく不安または緊張を覚えるおそれがあり付添い等を要するような被害者を手続に参加させることは、被害者の尊厳の尊重という点でむしろマイナスのほうが大きいのではないか。運用論ないし立法論として、検討の余地があろう。

II　付添いの措置

　付添いの措置が必要なのは、「被害者参加人の年齢」、「心身の状態」その他の事情を考慮し、被害者参加人が著しく不安または緊張を覚えるおそれがあると裁判所が認めるときである（本条1項）。「被害者参加人の年齢」とは、たとえば被害者が高齢であることが考えられ、「心身の状態」としては、被害者参加人が被害に遭ったショック等で精神的に不安定な状態にあることなどが考えられる※466。

　裁判所は、このような事情が認められるときは、検察官、被告人または弁護人の意見を聴いたうえで、付添いの措置をとる。この措置は、一時的に、たとえば被害者参加人が証人尋問あるいは被告人質問をするときに限ってすることも可能であると解される。要するに、被害者参加人が著しく不安または緊張を覚えるおそれのあるときに付すのである。

　付添いを認められる者は、被害者参加人の不安または緊張を緩和するのに適当であり、かつ、裁判官もしくは訴訟関係人がする陳述を妨げ、またはその陳述の内容に不当な影響を与えるおそれがないと認める者でなければならない（本条1項）。具体的には、被害者の近親者、心理カウンセラーなどが考えられる。裁判所の決定で「付き添うこととされた者」は、訴訟関係人の陳述を妨げ、またはその陳述内容に不当な影響を与えるような言動をしてはならない（本条2項）。そのような言動にいたったときは、裁判所は、付添いに付す決定を取り消すことができる（本条3項）。

※465　白木功＝飯島泰＝馬場嘉郎「『犯罪被害者等の権利利益保護を図るための刑事訴訟法等の一部を改正する法律』の解説(2)」法曹時報60巻10号103頁。
※466　白木ほか・前掲※465論文105頁。

902 第317条（証拠裁判主義）

付添いの措置をとるか否かの決定に対しては、「訴訟手続に関し判決前にした決定」にあたるので抗告することができない（刑訴420条参照）。また、証拠調べに関する決定でもないので、異議申立てもできない（刑訴309条参照）。

Ⅲ　遮へいの措置

被害者参加人が刑訴316条の34によって公判期日または公判準備に出席する場合で、次のような事情が認められるときは、被害者参加人と被告人との間に遮へい措置がとられる。すなわち、同措置がとられるのは、「犯罪の性質」「被害者参加人の年齢、心身の状態」「被告人との関係その他の事情」により、被害者参加人が被告人の面前において在席、尋問、質問または陳述をするときは圧迫を受け精神の平穏を著しく害されるおそれがあると裁判所が認める場合であって、相当と認めるときである（本条4項）。裁判所は、このような事情が認められるときは、検察官、被告人または弁護人の意見を聴いたうえで、かつ、弁護人が在廷している場合にかぎり、遮へいの措置をとる（同項）。

他方、傍聴人と被害者参加人との関係で遮へい措置がとられるのは、被害者参加人が刑訴316条の34によって公判期日または公判準備に出席する場合で、「犯罪の性質」「被害者参加人の年齢、心身の状態」「名誉に対する影響その他の事情」を考慮し、裁判所が相当と認めるときである。この場合も、決定にあたって、検察官、被告人または弁護人の意見を聴かなければならない。傍聴人との間の遮へい措置は、弁護人が在廷していない場合であっても可能である。

不服申立てに関しては、付添いの措置をとる決定の場合と同様である。また、付添いの措置と遮へいの措置は併用が可能である。

（白取祐司）

第2編第3章第4節　証拠

（証拠裁判主義）
第317条　事実の認定は、証拠による。

Ⅰ　本条の趣旨

本条は、**証拠裁判主義**を定めたものである。証拠裁判主義とは、事実の認定は、古代にみられたような占いや神判のような非合理的な方法によるのではなく、客観的証拠と合理的推論によって行われなければならないという、近代刑

事裁判の当然の原則を確認したものである。それと同時に、本条は、犯罪事実の認定は公判における適式な証拠調べをへた証拠能力のある証拠によらなければならないこと（いわゆる「**厳格な証明**」）をも要求していると解されている。今日、後者の意義が重要である。また、現行法は、いわゆるアレインメント制度を採っていないので（刑訴319条2項、3項）、被告人が事実をまったく争わないときでも、簡易公判手続の場合を除き（刑訴291条の2、刑訴320条2項）、厳格な証明を省略・緩和することはできない。

厳格な証明を必要としない場合に、**自由な証明**がなされる。自由な証明は、必ずしも証拠能力のある証拠によらなくてもよく、また適式な証拠調べによらなくても良い場合の証明方法のことである。

II　証明を要する「事実」

1　本条にいう「事実」の範囲

本条の「事実」の範囲についてであるが、審判の対象は訴因であるから、まず、訴因事実たる構成要件該当事実、違法性・責任を基礎づける事実及び阻却する事実、法律上の刑を加重減免する事実がこれに該当する。これらの事実を「主要事実」という。次に、主要事実を間接的に推認させる「間接事実」、証明力の判定に役立つ「補助事実」はどうか。これらの事実も、証明の対象たる「事実」であり、厳格な証明が必要だと解すべきである（通説）。

「犯罪事実を否定する事実」を、被告人の側で否定しようとするときにも、厳格な証明が必要だろうか。一例をあげれば、被告人がアリバイを立証するとき、厳格な証明と自由な証明のいずれによるべきか。「厳格な証明」説（通説）は、(1)法が「犯罪事実の存否の証明」という言い方をしていること（刑訴314条3項、刑訴321条1項3号）、(2)被告人の公判廷外における被告人に有利な証拠であっても、特信情況がなければ証拠とできないとしていること（刑訴322条1項）、(3)被告人といえども証拠能力のない証拠によって合理的でない疑いを生じさせることは許されないと考えられることなどを理由とする（平野・184頁ほか通説）。しかし、「自由な証明」説も有力に主張されている※467。この説は、(1)被告人に有利な事実の立証は弾劾証拠に基づく立証に類似すること（刑訴328条参照）、(2)無罪証拠に証拠能力がないばかりに有罪になってしまうのでは正義に反すること、(3)無罪判決には証拠の標示が要求されていないこと（刑訴336条参照）などを根拠とする。被告人の証拠収集能力、全面証拠開示の現実の困難性（検察官の非協力）などに鑑みると、立証における当事者対等と適正な事

※467　田宮裕『刑事訴訟法（新版）』（有斐閣、1996年）291頁、能勢弘之『刑事訴訟法25講』（青林書院、1987年）134頁、白取祐司『刑事訴訟法（第9版）』（日本評論社、2017年）341頁。

904 第317条（証拠裁判主義）

実認定を実現するには、「自由な証明」説も説得的である。いずれの説にたつにせよ、検察官が「合理的疑い」を超える立証をしないかぎり被告人は有罪とはされない。

「量刑の事実」（量刑事情）については、量刑事実自体が広範かつ多義的なため一概には言い難い。同じ量刑事実といっても、犯罪の動機・方法・結果など犯罪事実と密接に関連する事実を証明する場合は、犯罪事実との関係では間接事実に準ずるものということもできるから、厳格な証明によるべきであろう。これに対して、被告人の年齢、性格、生育環境、あるいは犯行後の態度などは、そのすべてについて厳格な証明を要求することは現実的でない場合もある。立法論としては、専門家による判決前調査などの方法も検討に値する。現行法の下でも、とりわけ裁判員制度のもとでは、なるべく多面的な角度から量刑事情を集め、適切な量刑を決定できることが望ましい。その意味で、常に厳格な証明による必要はないと解される。ただし、余罪を被告人の不利な方向で量刑資料とすることは、不告不理の原則に反し許されない[※468]。

「訴訟上の事実」は、犯罪事実に直接関わるものではなく、自由な証明で足りると解するのが通説である。これに対して、特に管轄違い、免訴、公訴棄却の判決（刑訴338条）をする場合、これらが判決の形式をとる手続であることを重視して、厳格な証明を要求する見解がある[※469]。しかし、たとえば告訴の有無が争われたような場合、告訴状や告訴の意思が表明されている供述調書について同意（刑訴326条）がなくても取り調べられるのでなければ、事実上その立証はきわめて困難となろう。自由な証明で足りると解すべきである[※470]。

2 証明を要しない「事実」

証明を要しない事実、つまり本条の適用のない事実としては、刑訴法に明文はないが（民訴179条参照）、「公知の事実」と「裁判上顕著な事実」があるとされている。「公知の事実」は、日常の社会生活において一般人が当然に知り、疑いをさしはさまない事実をいう。東京都内において、都の公安委員会の設置する道路標識により、普通自動車の最高速度を40キロ毎時とすることは、公知の事実である[※471]。「裁判上顕著な事実」については、問題が多い。判例は、裁判官が職務上知りえた事実について、民事訴訟と同様（民訴179条）、証明を要しないとしており[※472]、賛成する学説もある。しかし、刑訴でなされるべき証

[※468] 最大判昭42・7・5刑集21巻6号748頁。

[※469] 松尾浩也『刑事訴訟法（下）新版補正（第2版）』（弘文堂、1999年）14頁。

[※470] 最二小決平23・10・26刑集65巻7号1107頁は、訴訟条件である告発の存在につき、「適宜の方法で認定することができる」としている。

[※471] 最三小決昭41・6・10刑集20巻5号365頁。

[※472] 最三小判昭30・9・13刑集9巻10号2059頁。

明は、当事者及び国民の納得する適正かつ適正らしさを備えたものでなければ
ならない。厳格な証明が要らないことになると、裁判官が当該事件の審理を離
れた職務において知りえた事実、たとえば、その裁判官が以前に下した判決が
今回「前科」として問題になった場合、証拠により前科を認定する必要がない
ことになる。また、同じ裁判所内の他の部で審理している別事件の審理内容
（事実）を、裁判所に顕著な事実であるとして不利な量刑事実として用いること
ができることになってしまい、不当である（通説は厳格な証明必要説）※473。
先の最高裁の事案も、ヘロインという言葉が塩酸ジアセチルモルヒネを含有す
る麻薬であることの証明は不要であるとした、一種の公知の事実ともいえるも
のであった。

　「経験則」「法規」は、「事実」ではないので一般に証明の必要はない。ただ
し、特殊な分野における取引慣行のような、公知でない経験則、また、外国法
のような調査を要する法規については、厳格な証明を要すると解される。

Ⅲ　本条の「証拠」

1　証拠能力と証明力

　事実認定に供される「**証拠**」は、証拠能力のある証拠でなければならない。
刑事では、民訴のような「口頭弁論の全趣旨」（民訴247条）といった漠然とし
た心証形成は認められない。ある証拠が事実認定の資料として許容されるうる
かが証拠能力の問題であり、許容された証拠の価値ないし有用性が、**証明力**の
問題である。本条で「証拠」というのは、前者の問題であり、次の318条は後者
に関する基本原則を定める。

2　証拠能力が制限される場合

　旧刑事訴訟法と異なり（旧刑訴336条参照）、現行刑訴法は英米法の影響を受
けて証拠法則を採用し、また、判例が違法収集証拠排除法則を採用したため、
本条の「証拠」はこれらの証拠法則の基準をクリアした「証拠能力」のあるも
のでなければならない。そのほか、証拠能力の有無に関しては、関連性の観念
が重要である。刑事訴訟法上、証拠能力が制限される場合として、以下のよう
なものがある。
(1)　憲法、刑事訴訟法の採用する自白法則（憲38条2項、刑訴319条）、伝聞法
則（憲37条2項、刑訴320条）の2つの証拠法則によって、証拠能力が否定され
る場合がある。自白法則によれば、強制・拷問など違法な手段によってえられ
た自白など、任意性を欠く自白は証拠能力がない。伝聞法則によれば、法廷外

※473　東京高判昭62・1・28判時1228号136頁の原審は、裁判所に顕著な事実であるとし
て認定に利用した。

の供述証拠、反対尋問を経ない供述証拠は、原則として証拠能力が否定される。ただし、広範な伝聞例外が規定されている（刑訴321条以下）。

(2) 刑訴法に規定はないが、判例上、違法収集証拠排除法則が認められている。この証拠法則は、令状主義の精神を没却するような重大な違法が認められる捜査方法によってえられた証拠は排除されるというものである[474]。その根拠は、違法な方法でえられた証拠に基づいて有罪にされないという適正手続の理念（憲31条）、司法の廉潔性の理念、そして将来の違法捜査の抑止という政策的理由などである。実務上、証拠排除されるためには、「重大な違法」があることが要求されていることもあり、実際に証拠排除される事例は多くなかったが、最高裁として排除法則を適用して証拠排除した判例もだされている[475]。

(3) 「関連性」がない場合も証拠能力が否定される。関連性は、英米証拠法で主に情況証拠に関して発展してきた法則であるが、陪審制を採らない日本法でも当然のこととして認められ、かつ発展してきている。この関連性には、自然的関連性と法律的関連性がある。

自然的関連性とは、要証事実を推認させる最小限の証明力もない場合であり、今日重要なのは、「科学的証拠」である。すなわち、科学的証拠に、要証事実の証明に役立つだけの証拠価値を有するかがここで問題になる。この「科学的証拠」として、近年問題とされるものとしては、(1)犬の臭気選別[476]、(2)ポリグラフ検査[477]、(3)声紋鑑定[478]、(4)DNA鑑定[479]などがあるが、判例は一般に証拠能力を広く認める傾向にある。

法律的関連性とは、最小限の証明力はあるが争点を混乱させ、あるいは予断偏見を与えるなど問題のある証拠の証拠能力が否定される場合であり、とくに前科を証拠として用いることができるかが問題になる。判例は、「前科証拠は、単に証拠としての価値があるかどうか、言い換えれば自然的関連性があるかどうかのみによって証拠能力の有無が決せられるものではなく、前科証拠によって証明しようとする事実について、実証的根拠の乏しい人格評価によって誤った事実認定に至るおそれがないと認められるときに初めて証拠とすることが許されると解するべきである」と判示している[480]。

---

[474] 最一小判昭53・9・7刑集32巻6号1672頁等。
[475] 最二小判平15・2・14刑集57巻2号121頁。
[476] 最一小決昭62・3・3刑集41巻2号60頁。
[477] 最一小決昭43・2・8刑集22巻2号55頁。
[478] 東京高判昭55・2・1東高時報31巻2号5頁。
[479] 最二小決平12・7・17刑集54巻6号550頁。
[480] 最二小判平24・9・7刑集66巻9号907頁。

IV 挙証責任

1 意義

　証拠による事実認定といっても、訴訟という場における立証には限界もあり、真偽不明（ノン・リケ）にいたることは避けられない。そこで、そのような場合に不利益な判断を受ける当事者を予め決めておく必要がある。これが、挙証責任（実質的挙証責任）である。民事の実務では、要件事実がかなり実践的意義をもつが、刑事では、挙証責任は原則として検察官にあり、挙証責任の「分配」なるものは行われない。ただ、刑法に挙証責任の転換を認める規定がある（刑230条の2等）。

2 法律上の推定

　法律上の推定規定とは、一定の事実（前提事実）から他の事実（推定事実）を推認（推定）することを法律によって定める場合をいう。この「推定」の効果は、「無罪の推定」原則から、強制的推定ではなく許容的推定であると解すべきである（通説）。法律上の推定の立法例として、公害犯罪5条、麻薬取締18条などがあるが、あまり多くはない。推定規定がある場合、検察官は前提事実を立証すればよく、それによって推定事実が推定される。そうすると、被告人は、事実上、反対事実を立証しなければならなくなるが（形式的挙証責任）、その場合でも実質的挙証責任が変わるわけではない。

（白取祐司）

（自由心証主義）
第318条　証拠の証明力は、裁判官の自由な判断に委ねる。

I 本条の趣旨

　本条は、いわゆる自由心証主義を規定する。自由心証主義は、歴史的には、フランス革命時にナポレオン治罪法典（1808年）で採用されて以来、近代刑事法の基本原則となった。革命前の法定証拠主義、すなわち特定の証拠があれば有罪認定しなければならない（積極的法定証拠主義）、あるいは特定の証拠がなければ有罪にできない（消極的法定証拠主義）という制度は、その特定の証拠（多くの場合「自白」）の獲得のための拷問を必然的に伴った。自由心証主義は、それに対する反省から人間の理性に対する信頼を基礎として採用されたのである。ただ、「自由心証」が恣意に陥らないように、現行法は証拠能力の制限など抑制のための諸制度を設けている（制限された自由心証主義）。

908 第318条（自由心証主義）

Ⅱ　自由心証主義への抑制と例外

1　自由心証主義に対する抑制方法

　裁判官の心証形成を控制し自由心証主義を適正なものにするために、現行刑事手続は、次のような抑制方法を規定している。

(1)　予断・偏見をもった裁判官をあらかじめ排除し、事実認定の適正を期すために、除斥・忌避・回避の制度が設けられている（刑訴20条以下、刑訴規13条）。

(2)　起訴状に予断・偏見を招くものの添付・引用を禁止し（刑訴256条6項）、裁判官が中立・公正な立場で裁判できるよう保障している。

(3)　自白法則（刑訴319条1項）、伝聞法則（刑訴320条）などの証拠法則を採用し、証明力に問題が生じやすい証拠をあらかじめ排除して、裁判官の事実認定が適正になされるよう配慮している。なお、自白に補強証拠を要求した点は（憲38条3項、刑訴319条2項）、自由心証主義の例外とみるべきであるが、同時に抑制としての役割も果たしている。

(4)　有罪判決には、特に所定の理由を記載することを要求しているが（刑訴335条）、これも恣意的な事実認定を控制し、上訴審による事後的なチェックを可能とするためである。

(5)　事実認定が誤った場合に備え、控訴、上告、再審などの救済手段を当事者に保障している。

　自由心証主義は、これらの抑制方法が十分に機能してはじめてその意義を発揮できるといえる。

2　自由心証主義の例外

　自由心証主義は、法定証拠主義と異なり、特定の証拠がなければ有罪にできないといった縛りはない。しかし、憲38条3項（刑訴319条2項）は、被告人自身の自白だけでは有罪とされず、有罪とするには自白を補強する他の独立した証拠（補強証拠）が必要であると定めている（補強法則）。これは証拠が自白のみの場合について、誤判防止の観点から一種の法定証拠主義（消極的法定証拠主義）を定めるもので、自由心証主義の例外であると解されている。判例も、この補強法則は、「刑訴318条（旧刑訴337条）で採用している証拠の証明力に対する自由心証主義に対する例外規定としてこれを厳格に解釈すべき」ものと解している[481]。

Ⅲ　心証の程度

　裁判官は自由に心証形成し、有罪の心証が一定の基準まで達したとき、有罪

---

[481]　最大判昭33・5・28刑集12巻8号1718頁。

を言い渡す。その基準について、現行法にはこれを明確に定める規定はない。英米法では、これを「合理的疑いを超える証明」と定式化し、ドイツ法では「確実性に接着する蓋然性」という。日本の最高裁は、「高度の蓋然性」が必要だというが、その内容は「反対事実の存在の可能性を残さないほどの確実性を志向したうえでの『犯罪の証明は十分』であるとの確信的な判断に基づくものでなければならない」※482としており、大陸法と英米法を折衷したような表現になっている。

　民訴のような「証拠の優越」では足りず、高度の確信が要求されること、「疑わしきは被告人の利益に」の原則がはたらき、確信にいたらないときは無罪が言い渡されるべきこと自体に争いはない。いずれにしても、裁判官の「心証」というブラック・ボックスの中の問題であり、これを抽象的に議論してみてもあまり意味がない。ただ、裁判員制度のもとでは、素人である裁判員に対して、有罪にするための心証の程度について適切な説明が要求されるところであり、専門家の直感ではない明確で説明可能な基準が示される必要があろう（裁判員62条）。

　最高裁は心証の程度について、これまで判示してきたことを敷衍して、「刑事裁判における有罪の認定に当たっては、合理的な疑いを差し挟む余地のない程度の立証が必要である。ここに合理的な疑いを差し挟む余地がないというのは、反対事実が存在する疑いを全く残さない場合をいうものではなく、抽象的な可能性としては反対事実が存在するとの疑いをいれる余地があっても、健全な社会常識に照らして、その疑いに合理性がないと一般的に判断される場合には、有罪認定を可能とする趣旨である。」としている※483。

（白取祐司）

（自白の証拠能力・証明力）

第319条　強制、拷問又は脅迫による自白、不当に長く抑留又は拘禁された後の自白その他任意にされたものでない疑のある自白は、これを証拠とすることができない。

②　被告人は、公判廷における自白であると否とを問わず、その自白が自己に不利益な唯一の証拠である場合には、有罪とされない。

③　前二項の自白には、起訴された犯罪について有罪であることを自認する場合を含む。

※482　最一小判昭48・12・13判時725号104頁。

※483　最一小判平19・10・16刑集61巻7号677頁。

I 本条の趣旨

1 自白法則と自白補強法則

本条は自白の証拠能力の制限すなわち**自白法則**と、証明力の制限すなわち自白の**補強法則**を定める。日本の刑事手続では、捜査官は熱心に被疑者を取調べ、自白を得ることが多い。公判で事実認定が争われる事件では、自白を記録した自白調書の証拠能力及び証明力が、しばしば重要な争点となる。

2 自白の意義

自白とは、被告人の供述であって、起訴されている犯罪事実の主要な部分を認めるものである。ここで被告人とは、その証拠によって自らの罪責を認定される者である。共犯者や共同被告人が自らの犯罪を認めた供述は、本条にいう自白ではない。自白には、公判廷でされるものと公判廷外でされるものとが含まれる。後者は、伝聞証拠としての規制と自白としての規制の両方を受ける。

現行法は、公判廷で被告人が有罪を認めたから事実の立証を不要とする、**有罪の答弁**の制度を採っていない。したがって、自白はあくまで証拠の1つである。この点で、弁論主義が支配する民事訴訟における自白とは効果が異なる。刑訴319条3項は、いわゆる罪状認否において有罪を認める陳述を自白の中に含めている。そこから、このような有罪の自認も自白の一種であると考えるのが通説である[※484]。

II 自白法則（自白の証拠能力）

1 根拠

本条1項は、憲38条2項に従って自白の証拠能力が否定される典型的な例をいくつか挙げた上、加えて、一般に「任意にされたものでない疑いのある自白」の証拠能力を否定する。ここから、自白には**任意性**が必要であるといわれる。

自白の証拠能力を制限する根拠については、いくつかの考え方がある。第1は、任意にされたものでない自白は、虚偽のおそれが強いから、誤判防止のために排除するという考え方である。第2は、自白の強制は黙秘権を侵害するので、黙秘権侵害を防止するために、任意性のない自白を排除する考え方である。第3は、自白を獲るために違法な捜査が行われるのを抑制するために、違法な手段で得られた自白を排除するという考え方である。これらは、それぞれ、虚偽排除説、人権擁護説、違法排除説と呼ばれる。人権擁護説と違法排除説は、いずれも自白採取手続の違法を排除の原因とする点で共通する。しかし、

[※484] 松尾浩也『刑事訴訟法（下）（新版補正版）』（弘文堂、1997年）34頁は、これに反対する。

前者が違法の内容を黙秘権侵害に限定しているのに対して、後者はそれ以外の違法性も自白排除の原因となるとする点で異なる。

　違法排除説の中にも、自白を排除する際の解釈論としての説明には、いくつかの種類がある。取調べ方法に違法があったから任意性がないとするもの、取調べ方法に違法があったから、本条1項に準じて証拠能力が否定されるとするもの、本条とは別に、一般的な違法収集証拠排除法則の一部として、自白が排除されるとするものなどである。このような説明の違いは、本質的な問題ではない。

　このような自白法則の根拠論は、必ずしも相互に排他的な関係にはない。自白が排除される根拠は複合的である。実際の事例の解決においては、条文が挙げる、強制などの要件に当たる、あるいは「任意性に疑いがある」といえれば、それだけで証拠能力を否定する結論が出る。自白の証拠能力を判断するときに、必ず自白法則の根拠論に立ち戻って考える必要はない。自白法則の根拠論は、限界的な事例で、解釈の指針となることに意味がある。

2　証拠能力の基準

　強制、拷問、脅迫の概念は、条文上定義されてはいない。判例は、不当に長い拘禁の後の自白であっても、拘禁と自白との間に因果関係がないことが明らかであれば、証拠能力は認められるとした※485。ここにいう強制は、典型的には事実上の強制を意味する。しかし、憲38条2項が憲38条1項の担保であるとすれば、法律上の強制も、自白の証拠能力を否定する理由となると考えなければならない。

　判例上、自白の任意性に疑いが生じるとされた事情として、(1)手錠をかけたままの取調べ※486、(2)勾留中の警察による糧食の差し入れ禁止※487、(3)自白をすれば起訴猶予にするという検察官の言葉を信じたこと※488、(4)重要な余罪を検察官に送致しないとの約束があったこと※489、(5)共犯被疑者が自白したという虚偽を告げられたこと※490、などがある。2016年刑訴法改正は、**協議・合意**制度を導入した（刑訴350条の2～350条の15）。この制度に則って合意したうえで自白をした場合には、検察官との約束による取引の結果である自白にも証拠能力がある。

※485　最大判昭23・6・23刑集2巻7号715頁。
※486　最二小判昭38・9・13刑集17巻8号1703頁。両手錠をかけた状態で取り調べた事案である。
※487　最二小判昭32・5・31刑集11巻5号1579頁。
※488　最二小判昭41・7・1刑集20巻6号537頁。
※489　福岡高判平5・3・18判時1489号159頁。
※490　最大判昭45・11・25刑集24巻12号1670頁。

912 第319条（自白の証拠能力・証明力）

逆に任意性に疑いを生じないとされた事例として、被疑者の承諾の下に行ったポリグラフ検査の結果を告げた場合[491]、弁護人との接見が違法に制限されても、自白が弁護人との接見の直後になされ、かつその前にも弁護人4名が相前後して接見していた場合[492]、などがある。古い最高裁例は、取調べに当たって黙秘権を告知しなかったとしても、それだけで自白の任意性は失われないとした[493]。ただし、近時の下級審判例には、黙秘権告知を欠いたことを重視して自白の任意性に疑いがあるとしたものもある[494]。

20日間以上にわたる連日長時間の取調べがあった場合について、任意性を否定した裁判例[495]と、これを肯定した裁判例とがある[496]。

また、警察への任意同行後、逮捕をしない状態で取調べを続けた場合の自白も、証拠能力が争われる。任意同行後、徹夜で取り調べて得た自白に任意性があるとした判例[497]や任意同行後警察署の近くのホテルなどに4泊させて取り調べて得た自白に任意性があるとした判例[498]がある。他方で、警察の監視下で9泊させて取り調べた事例で、任意捜査として許容される限界を超えた重大な違法があるとして、自白を排除した高裁判例もある[499]。

違法排除説の論理によって、自白を排除する場合、捜査過程にどの程度の違法性があれば自白排除の理由になるかは、必ずしも明らかではない。自白を得るための令状は存在しないから、「令状主義の精神を没却する重大な違法」という物的証拠の排除に関する判例の基準[500]は、直接には当てはまらない。古い最高裁判例は、身体拘束の違法性は、その間の自白の証拠能力を否定する理由にならないとしたものがある[501]。しかし、現在では、別件逮捕・勾留のように、身体拘束に重大な違法性がある場合には、その間に得られた自白の証拠能力が否定されることは、実務上も認められている[502]。

3　任意性の立証

本条1項は、任意性に疑いのある自白の証拠能力を否定する。したがって、

---

[491] 最二小決昭39・6・1刑集18巻5号177頁。

[492] 最二小決平1・1・23判時1301号155頁。

[493] 最三小判昭25・11・21刑集4巻11号2359頁。

[494] 浦和地決平3・3・25判タ760号261頁。

[495] 東京高判昭58・6・22判時1085号30頁。

[496] 宇都宮地判平5・10・6判タ843号258頁。

[497] 最三小決平1・7・4刑集43巻7号581頁。

[498] 最二小決昭59・2・29刑集38巻3号479頁。

[499] 東京高判平14・9・4判時1808号144頁。

[500] 最一小判昭53・9・7刑集32巻6号1672頁。

[501] 最三小判昭25・11・21刑集4巻11号2359頁。

[502] 最三小判昭58・7・12刑集37巻6号791頁は、これを前提にしていると考えられる。

第319条（自白の証拠能力・証明力） *913*

任意性の立証責任は、検察官の側にある。捜査段階での取調べは、捜査機関の密室の中で行われるため客観的な証拠が少ない。そのため任意性の判断は、しばしば困難な問題となってきた。2016年刑訴法改正が導入した**取調べの録音録画制度**（刑訴301条の2）は、この困難を軽減することをねらいとする。任意性をめぐる審理の方法については、刑訴322条解説も参照。

4　反復自白

いったん何らかの原因で証拠能力を欠く自白をした者が、さらに自白を繰り返した場合、反復された自白の証拠能力の有無が問題となる。違法排除の理由によって当初の自白が排除される場合は、以後の自白の扱いは、**毒樹の果実**の一種となる。反復自白の証拠能力を認めるためには、初めの自白の証拠能力を失わせる事情及びその心理的な影響力が完全に解消するとともに、前に自白をしたこと自体の心理的影響も遮断されなければならない。下級審の裁判例には、このような遮断がされたと認めたもの[503]と、これを認めなかったものがある[504]。最高裁判所の判例は、違法な別件逮捕中の自白を資料として本件での令状逮捕が行われた事例で、裁判官による本件勾留質問の際の被疑者の陳述調書と本件勾留中の消防職員に対する供述調書について、捜査機関との違いを重視して、証拠能力を肯定した[505]。

5　自白に基づいて発見された証拠

自白の証拠能力が否定されるとき、その自白に基づいて発見された証拠物など他の証拠が証拠能力を持つかどうかが問題となる。これも毒樹の果実の一種である。下級審の裁判例には、取調べに重大な違法があること、及び自白と証拠物の密接な関連性を理由に証拠物を排除したものがある[506]。

6　証拠にすることの同意

証拠能力を欠く自白について、被告人が証拠とすることに同意した場合、証拠とすることができるかどうかについては、刑訴326条の解説参照。

7　他人に対する証拠としての利用

証拠能力がない自白を供述者以外の者、典型的には共犯者の有罪証拠とすることができるかどうかも問題となる。このような問題を伴う自白は、多くは、共犯者の供述調書の形で法廷に現れる。この場合、被告人の供述ではないから、

---

[503]　福岡高宮崎支判平1・3・24高刑集42巻2号103頁。

[504]　京都地決平13・11・8判時1768号159頁、前掲[499]東京高判平14・9・4。

[505]　前掲[502]最三小判昭58・7・12。

[506]　東京高判平25・7・23判時2201号141頁。

自白法則は直接には適用されない。供述者にとって違法排除の理由によって排除される自白であれば、それを他人に対して使えるかどうかは、いわゆる**排除の申立適格**の問題となる。虚偽排除の理由によって排除される自白であれば、伝聞例外の要件としての特信情況が欠ける可能性がある。

Ⅲ　自白の補強法則

1　補強法則の意味

広い意味で**補強法則**とは、ある特定の証拠だけで一定の事実を認定してはならないという規則である。その意味では、補強法則は自白だけについて問題になるものではない。しかし、現行法は、自白についての補強法則のみを明文で定めた。自白の補強法則は、事実認定者が、自白だけで被告人を有罪であると信じたとしても、他に有罪証拠がなければ、無罪判決を要求する。これは、**自由心証主義**に対する例外である。

自白に補強証拠を要求する趣旨は、自白が証明力を過大評価されがちであるため、それによって生じる誤判を防ぐことにある。また、捜査機関に対して、自白以外の客観的な証拠の収集を奨励する意味もある。刑訴301条は、証拠調べの順序の観点から、補強法則を担保する意味をもつ。

2　適用対象

本条2項は、公判廷での自白についても、補強証拠を要求する。判例は、憲38条3項によって補強証拠が要求されるのは、公判廷外の自白に限られるとする[507]。この理解によれば、刑訴法は、憲法の保障範囲を拡大したことになる。

3　補強証拠適格

補強証拠となる証拠は、それ自体が証拠能力をもつものでなければならない。また、被告人の供述以外の証拠でなければならない。ただし、判例は、被告人が犯罪の嫌疑を受ける前に記入していた闇米の販売未収金控帳が刑訴323条2号の書面に該当することを理由に、補強証拠となることを認めた[508]。これは、定型的な信頼性のある書面についての特別な扱いとして理解すべきであろう。

4　必要な補強証拠の範囲・程度

どんな補強証拠があれば有罪判決ができるかについて、一般に罪体説ないし形式説と実質説とが対比されることが多い。前者は、犯罪行為の客観面の主要な部分について、自白以外の証拠が必要であるとする考え方であり、後者は、

---

[507] 最大判昭23・7・29刑集2巻9号1012頁。
[508] 最二小決昭32・11・2刑集11巻12号3047頁。

補強証拠は自白の真実性を確認できるものであれば足り、補強の必要な範囲に形式的な基準はないとする考え方である。そして判例は、もともと実質説であるといわれていた[509]。しかし、判例にも罪体説に立つように見えるものがある[510]。自白を証拠として有罪の認定をする以上は、自白が信用できることを確認できる補強証拠が必要なのは、当然である。しかし、どんなに小さな証拠でもあれば足りるとすれば、自由心証を抑制するという補強法則の機能は果たせない。この意味で、罪体説には根拠がある。

　罪体説においては、故意・過失・目的のような内心の要素や、犯人と被告人の同一性についてまでの補強は不要とするのが多数説である。判例も同じ結論を採っている[511]。これによれば、何人かによる特定の法益侵害行為を示す証拠（たとえば他殺死体）があれば、補強は足りることになる。このような結論は、自白補強法則が、まったく架空の犯罪について有罪とする誤りを防ぐための法則であるという理解に基づく。これに対して少数説は、虚偽自白によって現実に生じる誤判は、犯人の同一性に関するものであるから、被告人の犯行への関与について補強証拠を要求しなければ、意味がないとする。この立場でも、犯人と被告人との同一性を示す補強証拠は、自白と相俟って自白の真実性を示すものであれば足りると解するならば、訴追側に不可能を強いる結果とはならない。その実際上の結果は、自白の信用性評価においていわゆる**秘密の暴露**を重視する立場[512]と近いものとなる。

5　共犯者供述と補強法則

　判例は、共犯者の供述には補強証拠は不要であるとする[513]。共犯者2名の供述によって、自白していない被告人を有罪とすることも、認めている[514]。確かに、共犯者供述は自白ではないから、本条の直接の対象ではない。また、共犯者供述に対しては、自白と異なって反対尋問が可能であるから、補強証拠は不要であるという説明もある。しかし、過去の誤判事例の経験から、共犯者供述には、自らの責任を軽く見せるために、他人に罪を着せるという特殊な危

---

[509]　最三小判昭25・10・10刑集4巻10号1959頁。

[510]　最一小判昭42・12・21刑集21巻10号1476頁は、無免許運転について、運転行為と免許のなかったことについて、補強証拠が必要であるとした。

[511]　強盗の故意について、補強証拠を不要とした最二小判昭24・4・30刑集3巻5号691頁。被告人が犯罪の実行者であることについて補強証拠を不要とした最大判昭30・6・22刑集9巻8号1189頁。

[512]　最一小判昭57・1・28刑集36巻1号67頁参照。秘密の暴露とは、真犯人だから知っているが、捜査官は知り得なかった事実が自白の中で語られ、かつその事実が客観的な証拠によって裏付けられたことである。

[513]　憲法の解釈として、最一小判昭51・2・19刑集30巻1号25頁。

[514]　最一小判昭51・10・28刑集30巻9号1859頁。

険性があることが知られている。これは、引っ張り込みの危険と呼ばれる。それにもかかわらず、供述者本人にとっては自白であるから、信用されやすい。このような危険性に対処するために、補強法則を適用するべきであるという説も有力である。その実質は、自白補強法則の準用である。この立場に立つ場合、被告人が犯行に関与したことについて、補強証拠を要求するのでなければ、準用する意味はない。

（後藤　昭）

（伝聞証拠排斥の原則）
第320条　第三百二十一条乃至第三百二十八条に規定する場合を除いては、公判期日における供述に代えて書面を証拠とし、又は公判期日外における他の者の供述を内容とする供述を証拠とすることはできない。
②　第二百九十一条の二の決定があつた事件の証拠については、前項の規定は、これを適用しない。但し、検察官、被告人又は弁護人が証拠とすることに異議を述べたものについては、この限りでない。

I　本条の趣旨

　本条は、**伝聞証拠禁止原則**を定める。すなわち、供述証拠を利用するためには、供述者が公判期日に供述するべきであり、間接的に公判廷にもたらされる供述を利用してはならないとする原則である。人の供述は、刑事裁判において大変重要な証拠である。供述をまったく証拠としないで事実認定ができる事例は、ほとんどない。しかし同時に、供述証拠には、種々の危険要因がある。たとえば、見間違えのような知覚の誤り、ふざけあいを喧嘩と思うような観察の誤り、人から聞いたことを自分自身の記憶と混同してしまうような記憶の誤り、わざと嘘を話すような不誠実な発言の誤り、善意であっても聞く人に誤解を与えるような不適切な表現の誤りなどである。このような危険性があるにもかかわらず、供述が法廷の外で行われた場合には、供述者に対する反対尋問によって、その信頼性を吟味することができない。また、どのような問答の結果、その供述に至ったのかもわからないし、事実認定者が供述者の態度を観察することもできない。さらに、公判廷外の供述は多くの場合、宣誓を経ない供述である。そのために、公判廷外で生じた供述証拠は、その信頼性を確認することが難しい。それにもかかわらず、証拠としての利用を許すと、証明力が過大に評価され、事実認定を誤らせるおそれがある。このような理由から、公判廷外で生じた供述証拠の利用を原則として禁じるのが、伝聞証拠禁止原則である。伝聞証拠禁止原則は、被告人にとっては、憲37条2項が定める**反対尋問権**の保障という意味をもつ。ただし本条は、いずれの当事者が提出する証拠であるかに

よって、区別してはいない。また、事実認定者が供述者を直接に観察すること
を保障する点で、本条には、**直接主義**を保障する意味も含まれている。

Ⅱ　伝聞証拠の意義

1　条文上の定義

　本条1項は、「公判期日における供述に代えて書面を証拠とし又は、公判期
日外における他の者の供述を内容とする供述」を証拠とすることを原則として
禁じる。この「公判期日における供述に代えて……証拠とする」とは、**供述証
拠**として用いることを意味する。まず、供述とは、人の言語的な表現であって、
何らかの事実の存否を語る内容のものである。問いに対して黙ってうなずくよ
うな、言語に代わる動作も含まれる。また、口頭の発言に限らず、書面に書く
ことも実質的な意味では供述である。しかし、供述がすべて供述証拠となるわ
けではない。供述証拠とは、供述をその内容に沿う事実の存否を推論するため
の根拠として用いるものである。「被告人の犯行を見た」というWの供述を根
拠に、「Wは被告人の犯行を見たのだろう、したがって被告人が犯人だろう」
という推論をするのが、その典型例である。「供述証拠（ないし伝聞証拠）とは、
供述をその内容の真実性の立証のために使うものである」というしばしば見ら
れる定義も、これと同じ意味である。上の供述証拠の定義から、それは供述内
容が真実に合致する可能性を前提としなければ利用価値のない証拠であること
がわかる。逆にいえば、供述内容が真実に反すると仮定してもなお利用価値の
ある供述は、供述証拠ではない。以上をまとめると、伝聞証拠とは、公判廷外
で生じた供述であって、その内容に沿う事実の存否を推論する根拠として利用
されるものである。

　いったんは公判廷でなされた供述でも、後に裁判官が替われば、そのままで
は証拠とすることができない。これを裁判の基礎とするためには、供述の記録
を改めて証拠として調べなければならない。これは書面化された供述であるか
ら、伝聞証拠となる。刑訴321条2項、刑訴322条2項は、これを前提としてい
る。

2　伝聞証拠の諸形態

　本条1項が明文で禁止するのは、書面化された供述と公判廷外の供述を内容
とする供述である。前者は、公判廷で供述させる代わりに書面を使う形態すな
わち供述代用書面である。後者は、証人Wが「Aから『Xの犯行を見た』と聞
きました」と供述するように、他人の発言を引用する供述である。これは裁判
所にとって又聞きとなる供述であり、**伝聞供述**と呼ばれる。伝聞供述が禁止さ
れるのは、引用されるAの供述が実際にあったかどうかを確かめられないため
ではない。その点は、法廷にいるWに対する反対尋問で吟味することができる。

918　第320条（伝聞証拠排斥の原則）

問題は、A本人に、この供述の信頼性を質すことができないところにある。条文は「他の者の供述」としているので、法廷での供述者が自身の過去の発言を引用する供述は、伝聞証拠ではないとみる余地もある。しかし、そのような以前の供述も法廷外で行われているので、やはり伝聞証拠になるという理解が一般的である。

　供述を録音した媒体は、書面ではない。しかし、その内容を供述証拠として用いることは書面と同様に間接的にもたらされる供述証拠を利用することになるので、本条によって禁止される。刑訴321条の2も、このような理解を前提としている。言葉での説明に代えて動作をしたものを記録した写真やビデオ記録も、同様に供述の記録として伝聞証拠となる[515]。

3　学説上の別定義

　学説上、伝聞証拠とは事実認定者の面前での反対尋問を経ない供述証拠であるという定義も有力である。これによれば、公判廷での供述でも、反対尋問前に供述者が死亡した場合などは伝聞証拠として扱われることになる。これは、反対尋問権の保障という伝聞証拠禁止原則の立法趣旨から出発した定義である。ただし、本条1項の文言とは合わない。また、前述のとおり、伝聞証拠禁止原則には、反対尋問権保障に止まらない目的がある。条文に忠実な伝聞証拠の定義を採用しつつ、被告人の反対尋問権の保障を憲法自体から導くことも可能である。

4　伝聞、非伝聞の区別

　公判廷外で行われた発言や書面がすべて伝聞証拠となるわけではない。伝聞証拠になるのは、それが供述証拠として使われる場合に限られる。法廷外の発言や書面が伝聞証拠とならない例として、以下のようなものがある。

(1)　供述ではないもの

　何らかの事実の存否を語る内容を持たない発言や書面は、そもそも供述ではない。たとえばXがYに「ばかやろう」と怒鳴ったとする。これはXがYを罵倒する行動であって、「Yは馬鹿である」という事実を語る供述ではない。このように事実の存否を語らず行動の一部を組成する発言は、伝聞証拠にはならない。

(2)　供述ではあっても非供述証拠として使われるもの

　供述であっても、その内容に沿う事実の存否を推認する根拠として利用されないものは、供述証拠ではないから伝聞証拠にはならない。しばしば、伝聞証拠かどうかは立証趣旨ないし要証事実との関係で決まる、といわれるのは、このことを意味する。この中にさらにいくつかの類型を分けることができる。

---

[515] 被疑者や参考人が再現した犯行状況を撮影した写真について、最二小決平17・9・27刑集59巻7号753頁。

第 320 条（伝聞証拠排斥の原則）　*919*

　(i)　発言や書面の存在自体が立証対象であるもの

　たとえば、Ｘが、公衆の面前で「公務員Ｙは賄賂をもらっている」と発言したという、名誉毀損の罪で起訴されたとする。このＸの発言を聞いたというＷの証言によって、検察官はＹが賄賂をもらっているという事実を立証したいとは考えない。Ｗ証言の意味は、ＸがＹの不名誉となる事実を公然と摘示したという構成要件事実を立証することにある。詐欺事件における「欺く」発言を聞いたという証言や、恐喝事件における脅迫状なども同じ性質を持つ※516。これらの引用される発言や書面は、供述内容に沿う事実の存否を推認する根拠ではないから、供述証拠ではない。共謀の成立過程における共犯者間の発言も、謀議という行為の一部と考えれば、供述証拠ではなく非伝聞となる※517。間接事実となる会話の存在を立証するために、会話を聞いた者の公判廷証言を用いるのも伝聞証拠ではない※518。契約書のような意思表示を組成する処分文書を意思表示の存在を証明する目的で用いるのも、供述証拠ではない。領収証のような事実を証明する文書をその記載内容に沿う事実の存在を推認するために用いるのは、伝聞証拠である。ただし、ＡがＢに領収証を交付したという事実から、ＢからＡへの何らかの授受があったことを推認する根拠とする限りでは、Ｂの手元にあった領収証はＡとＢの行動の証拠であって、伝聞証拠ではないと考える余地がある※519。ある書面が供述証拠（したがって伝聞証拠）か非供述証拠かという区別と、証拠書類（刑訴305条）か証拠物たる書面（刑訴307条）かという証拠調べの方式を決めるための区別とは、必ずしも連動しない。発言や書面の存在を認定した上で、それを供述内容に沿う事実の存在を推認する根拠するのであれば、証拠物たる書面であっても伝聞証拠となる。

　(ii)　発言者または発言を聞いた人の認識を推認する根拠となる発言

　たとえば偽造私文書行使事件で、「『Ｘがこの契約書は偽物だ』というのをＹと一緒に聞いた」というＷの証言は、Ｘが当時偽造の認識をもっており、発言を聞いたＹもそう信じた可能性があったことを推論する根拠とする限りでは、

※516　福岡高判平7・6・27判時1556号42頁は、詐欺事件における被害者が被告人との間の会談を録音したテープをダビングしたものを非供述証拠とする。

※517　最一小判昭38・10・17刑集17巻10号1795頁（白鳥事件上告審）は、「被告人Ｘが『○○はもう殺してもいいやつだな』というのを聞いた」旨のＹの供述は、被告人の発言の存在を要証事実とするから、伝聞供述に当たらないとした。

※518　東京地決昭53・7・13判時893号6頁は、第三者間の会話に関する供述も、会話の存在を立証する目的では伝聞供述ではないとする。

※519　大澤裕「伝聞証拠の意義」『刑事訴訟法の争点（第3版）』（有斐閣、2002年）183頁参照。立証趣旨を書面の存在、形状、記載内容及び保管状況に限定して領収証の写しを採用した東京地決昭56・1・22判時992号3頁は、このような趣旨で理解できる可能性があるが、明確ではない。

伝聞証拠ではない※520。もちろん、これを契約書が偽造であったことの証拠とするなら、伝聞証拠となる。

(ⅲ) 発言者の精神状態の異常を推論する根拠とされる発言

たとえば「自分は世界一の才能を人に恨まれて、殺し屋に狙われている」というXの発言をXに誇大妄想と被害妄想があったことを示す根拠として用いるのは、供述証拠ではない。したがって、これを聞いたというWの証言は伝聞証拠にはならない。

5 現在の心理状態の供述

以上に述べたところからは伝聞証拠の定義に当てはまるにもかかわらず、多数説が非伝聞としている類型がある。**現在の心理状態の供述**と呼ばれるものである。供述者自身の供述時の意図、計画、感情、苦痛など内心を語る供述は、知覚や記憶の過程を経ないので、典型的な供述証拠に比べれば、誤りのおそれが小さい。また、発言者の内心を推論するために、もっとも直接的な証拠である。そのため、アメリカ合衆国の連邦証拠規則は、これを供述不能要件に係らない伝聞例外として広く許容している。それに対して、日本法にはその種の例外規定はない。そこで、多数説は、この種の供述を伝聞証拠禁止原則の対象外であるから、発言が真摯に正確にされたことが確認できれば、証拠とすることができるとする。共謀の成立過程で生じる発言や犯行計画メモをこの解釈によって非伝聞とする説がある※521。ただし、共謀の成立過程における発言や計画メモは、謀議行為自体を組成する要素であるから、そもそも供述証拠ではないと考える余地もある※522。このような現在の心理状態の供述を非伝聞とすることは、実質において、明文規定に拠らない伝聞例外を認めることになるという批判はあり得る。この反対説の立場からは、この種の供述は、信用性の情況的保障の点で伝聞例外の要件に当たりやすいとしても、基本的には伝聞証拠として扱うべきだとされる。

現在の心理状態の供述を非伝聞と認める立場からも、供述の真摯性が確認されることが証拠採用の条件とされる。供述時より前の気持ちを思い出して述べる供述は、現在の心理状態の供述ではない。また、供述時の気持ちを述べているように見えても、その気持ちの原因となる経験の供述こそが重要である場合

※520 最大判昭44・6・25刑集23巻7号975頁は、名誉毀損事件で、被告人Xが記事にした内容に相当する情報を市役所職員から聞いてXに提供したというWの証言は、事実の真実性を証明する目的では伝聞証拠であるが、Xが摘示事実を真実と信じたことに相当の理由があったことを証明する目的では、非伝聞とする。

※521 犯行計画メモが非伝聞となる可能性を認めた東京高判昭58・1・27判時1097号146頁参照。

※522 前掲※517最一小判昭38・10・17参照。

には、過去の体験を語る供述となることに注意するべきである[523]。

6　写真・ビデオなど

写真やビデオあるいは録音機などによる記録は、記録から再生までの間に、対象の選択や編集など人の手を介する点で、供述証拠と似た性質をもつ。しかし、記録や再生自体は人の記憶や言語表現を介さず機械的に行われるので、非供述証拠であり伝聞証拠にはならないというのが通説である[524]。ただし、供述証拠となる供述を記録した媒体は、前述Ⅱ2のとおり伝聞証拠となる。たとえば、捜査段階における被告人の取調べの状況を記録したビデオを自白として採用するのであれば、伝聞証拠となる。それに対して、自白の任意性を判断するために取調べの情況を知る目的で採用し、かつこの録画は実況見分とは異なると考えるなら、伝聞証拠ではない。実況見分調書などの供述書に、図面の代わりに添付された写真は、それらの書面の一部となる。

7　再伝聞

AがBから聞いたことをWに話し、Wがその内容を証言するような場合は、単純な伝聞にもう一段階の伝聞過程が加わる。CがDから聞いた内容を書いた書面も同様である。これらは、**再伝聞証拠**と呼ばれ、もちろん原則として証拠能力が否定される。

Ⅲ　証拠能力の否定

本条1項の「証拠とすることはできない」とは、証拠能力を否定する意味である。したがって、判決における事実認定の基礎にできないことはもちろん、そもそも証拠調べの対象とするべきではない。

---

[523] 最二小判昭30・12・9刑集9巻13号2699頁は、強姦致死事件の被害者Yから、「Xはいやらしいことばかりするからきらいだ」という趣旨の発言を聞いたというWの証言を被告人XにYに対する強姦の動機があったことを推認する根拠とするのは、伝聞供述に当たるとした。

[524] 現場写真につき最二小決昭59・12・21刑集38巻12号3071頁、録音テープにつき前掲[516]福岡高判平7・6・27。以前には、ビデオテープや写真を刑訴321条3項の検証調書に準じるものとして、採用のためには撮影者などの証人尋問を要するとした裁判例があった。大阪地決昭48・4・16判時710号112頁、京都地決昭51・3・1判時829号112頁。

IV 伝聞証拠が許される場合

1 伝聞例外

本条1項は、伝聞証拠禁止原則を宣言すると同時に、伝聞証拠でも許される場合があることを示している。このように、伝聞証拠であっても証拠能力を認められるものを**伝聞例外**と呼ぶ。判例は、憲37条2項は、被告人に反対尋問の機会を与えない供述を記録した書面を証拠とすることを一切禁じる趣旨ではないとして、被告人に不利益な伝聞例外の許容が憲法上可能であることを認めている[525]。伝聞例外が認められるのは、伝聞証拠であっても、個別に見れば事実認定を誤らせる危険性よりも、情報としての有用性が優るものがあるからである。もっとも、「第321条乃至第328条」によって許容される証拠の中には、厳密にいえばそもそも伝聞証拠に当たらないものも含まれる[526]。現在の実務では、伝聞証拠は多用されている。事実に争いのない事件では、刑訴326条の同意によって採用される書面が立証の中心となっている。争いのある事件でも、伝聞例外の規定が、しばしば適用されている。

2 簡易公判手続などの特則

本条2項は、簡易公判手続においては、伝聞証拠禁止原則が適用されないことを示す。したがって、検察官が請求した伝聞証拠を採用するために被告人側の同意は不要である[527]。その場合でも、個別の証拠で当事者が「証拠とすることに異議を述べた」ものについては、本項ただし書きにより、本条1項の制限が復活する。**即決裁判手続**についても、同様の特則がある（刑訴350条の27）。

（後藤　昭）

（被告人以外の者の供述書・供述録取書の証拠能力）

第321条 被告人以外の者が作成した供述書又はその者の供述を録取した書面で供述者の署名若しくは押印のあるものは、次に掲げる場合に限り、これを証拠とすることができる。

一　裁判官の面前（第百五十七条の六第一項及び第二項に規定する方法による場合を含む。）における供述を録取した書面については、その供述者が死亡、精神若しくは身体の故障、所在不明若しくは国外にいるため公判準備若しくは公判期日において供述することができないとき、又は供述者が公判準備若しくは公判期日において前の供述と異なつた供述をしたとき。

---

[525] 最大決昭25・10・4刑集4巻10号1866頁。

[526] 刑訴328条解説参照。

[527] 最一小決昭30・7・7刑集9巻9号1863頁。

二　検察官の面前における供述を録取した書面については、その供述者が死亡、精神若しくは身体の故障、所在不明若しくは国外にいるため公判準備若しくは公判期日において供述することができないとき、又は公判準備若しくは公判期日において前の供述と相反するか若しくは実質的に異なつた供述をしたとき。ただし、公判準備又は公判期日における供述よりも前の供述を信用すべき特別の情況の存するときに限る。

三　前二号に掲げる書面以外の書面については、供述者が死亡、精神若しくは身体の故障、所在不明又は国外にいるため公判準備又は公判期日において供述することができず、かつ、その供述が犯罪事実の存否の証明に欠くことができないものであるとき。ただし、その供述が特に信用すべき情況の下にされたものであるときに限る。

②　被告人以外の者の公判準備若しくは公判期日における供述を録取した書面又は裁判所若しくは裁判官の検証の結果を記載した書面は、前項の規定にかかわらず、これを証拠とすることができる。

③　検察官、検察事務官又は司法警察職員の検証の結果を記載した書面は、その供述者が公判期日において証人として尋問を受け、その真正に作成されたものであることを供述したときは、第一項の規定にかかわらず、これを証拠とすることができる。

④　鑑定の経過及び結果を記載した書面で鑑定人の作成したものについても、前項と同様である。

I　本条の趣旨

1　伝聞例外

本条は、被告人以外の者の書面化された供述が、証拠能力を認められる場合を定める。伝聞例外の定めのなかで、もっとも重要な位置にある。**伝聞例外**とは、伝聞証拠であっても、個別にみればそれを利用することによって真実発見の可能性がより高まるものを拾い上げて、証拠能力を認めるものである。もともと伝聞証拠に当たらない「非伝聞」とは異なる。伝聞例外の一般的な要件は、証拠とする必要性と信用性の情況的保障であるとされている。後者は、法廷での反対尋問を経ていなくても、それに代わるような信頼ができる情況で当該供述が行われたことを意味する。これら2つの要件は、個別の伝聞例外において、より具体的に定められている。

2　被告人以外の者

本条1項にいう「被告人」とは、当該書面をその罪責の有無を判断する根拠として使われる者を意味する。「被告人以外の者」とは、Aの供述をXの罪責の

証拠とする場合のAを指す。このA自身が何かの犯罪について起訴されているときでも、さらにはXの共犯者とされて共同被告人となっていたとしても、Xにとって「被告人以外の者」であることに変わりはない。

Ⅱ　1項の伝聞例外

1　供述書と供述録取書

　本条1項は、被告人以外の者の供述書または供述録取書で供述者の署名若しくは押印のある者の伝聞例外要件を定める。**供述書**とは、供述者自身が書いた書面であって、上申書、陳述書、報告書、日記など表題や形式を問わない。供述書には、署名・押印はなくてもよい※528。供述を録取した書面には、原供述者の署名か押印が必要である。これによって本来は再伝聞証拠である**供述録取書**が、単純な伝聞証拠と同視される。これは、いわば録取の正確性についての法定証拠であり、他の手段によって録取の正確性を立証することは認められていない。ただし、公判調書（刑訴規45条1項）や速記録を引用した尋問調書（刑訴規52条の5第1項）については、作成時に供述者の署名・押印が要求されておらず、かつ録取の正確性が期待できるので、署名・押印の要件は不要と解されている。

　明文規定はないが、供述を録音した媒体も、供述録取書に準じて扱われる。この場合、録音、再生の過程は機械的に行われるから正確性を期待できるので、原供述者の署名・押印は不要と考えられている※529。もちろん改変や編集の疑いが提起されれば、正確性の確認が必要となる。動作による供述を撮影したビデオや写真も供述録取書と同じ性格をもつ。この場合も原供述者の署名・押印は不要である。ただし、撮影行為が検証としての性格をもつため、本条3項の要件が必要となる※530。

　本条1項柱書きは、「次に掲げる場合に限り」として、伝聞例外が限定列挙であることを明示している。

2　供述不能

　1項の1号から3号までの規定は、伝聞例外としての必要性の要件として、供述者が「公判準備若しくは公判期日において供述することができないとき」という**供述不能**の要件を共通して挙げている。条文は、この供述不能の原因として死亡、心身の故障、所在不明若しくは国外にいることを挙げている。判例は、この供述不能の原因は、限定列挙ではなく、例示列挙であるとしている。

※528　最一小決昭29・11・25刑集8巻11号1888頁。
※529　大阪高判平17・6・28判タ1192号186頁。
※530　最二小決平17・9・27刑集59巻7号753頁参照。

第 321 条（被告人以外の者の供述書・供述録取書の証拠能力）　925

すなわち、証言拒絶[531]、共同被告人の黙秘[532]、記憶の喪失[533]、性犯罪の
被害者が泣いて証言できない[534]といった事由も、供述不能の原因となるとし
ている。逆に、条文が挙げる原因があるからといって当然に供述不能となるわ
けではない。たとえば、病気や海外渡航の場合でも、回復や帰国を待つことが
できるなら、供述不能ではない。共犯者が証言を拒絶しても、合理的な期間内
に拒絶の理由が解消する見込みがあるなら、それを待つべきである[535]。外国
に居住する者でも、任意に来日して証言する可能性があれば、供述不能ではな
い。判例は、検察官が参考人として取り調べた外国人がその後退去強制を受け
た場合に、検察官がそのような事態を利用しようとした、あるいは証人尋問が
決定されているのに退去強制が執行されたような場合には、供述不能を理由と
する検面調書の採用が手続の公正さの要請に反するため禁じられる可能性を示
した[536]。供述不能として書面を取り調べた後に供述が可能となっても、証拠
能力は失われない。それは、証拠能力の有無は、証拠調べのときを基準として
決まるからである。

3　裁判官面前供述録取書

(1)　対象

　1号は、裁判官の面前における供述を録取した書面を対象とする。これに該
当する書面の典型は、他事件における証人尋問調書である。同一事件または他
事件の第1回公判期日前の証人尋問請求（刑訴226条・刑訴227条）による尋問
調書や証拠保全請求（刑訴179条）による証人尋問調書もこれに当たる。供述時
に被告人側が立ち会って反対尋問をする機会があったものに限定されるという
見解もある。しかし、一般的には、そのように限定してはいない[537]。判例は、
他事件の公判での被告人としての供述の記録も本号の書面に当たるとしてい
る[538]。文言上は、勾留質問の記録もこれに該当しうる。ただし、このように、
宣誓も反対尋問的な吟味も経ない供述の記録を裁判官の面前での供述というだ
けの理由で緩やかな条件で証拠能力を認めることは、疑問である。同一事件の
公判期日または公判準備における供述の記録は、1項1号ではなく、2項の対
象である。1号括弧書きは、**ビデオリンク方式**による証言も裁判官面前供述に

---

　[531]　最大判昭27・4・9刑集6巻4号584頁。

　[532]　札幌高判昭25・7・10高刑集3巻2号303頁。

　[533]　最一小決昭29・7・29刑集8巻7号1217頁。

　[534]　札幌高函館支判昭26・7・30高刑集4巻7号936頁。

　[535]　東京高判平22・5・27高刑集63巻1号8頁。

　[536]　最三小決平7・6・20刑集49巻6号741頁。採用を否定した例として東京地判平
26・3・18刑集70巻8号831頁。

　[537]　最大決昭25・10・4刑集4巻10号1866頁。

　[538]　最三小決昭57・12・17刑集36巻12号1022頁。

926　第321条（被告人以外の者の供述書・供述録取書の証拠能力）

当たることを注意的に定めている。

(2)　要件

　必要性の要件は、原供述者の供述不能または原供述者が公判期日または公判準備において「前の供述と異なった供述」をしたことである。供述不能の意味については、2に述べた。「前の供述」とは、伝聞例外としての採用が問題となっている裁判官面前供述を意味する。より詳しいという程度でも、「異なった」に当たると解されている。信用性の情況的保障は、裁判官面前供述であるという理由だけで認められている。

4　検察官面前供述録取書

(1)　対象

　2号は、検察官の面前における供述を録取した書面の伝聞例外を定める。典型的には、捜査段階で検察官が参考人を取り調べて作成する供述調書（**検面調書**）がこれに当たる。検察官事務取扱検察事務官が作成した供述調書もこれに当たる。

(2)　要件

　（ⅰ）　必要性の要件

　前段は供述不能、後段は供述者が公判期日または公判準備において、「前の供述と相反するか若しくは実質的に異なった供述をした」ことである。供述不能要件については、2に述べた。後段の適用が問題となる典型的な場面は、検面調書の証拠調べ請求に対して弁護人が不同意としたため証人尋問が行われ、そこで検面供述と異なる証言がされた場合である。後段の対象は「前の供述」でなければならないから、公判期日の供述後に作られた調書はこれに該当しない。原供述者が、公判期日にAという趣旨の供述をした後に、Bという趣旨の検面調書が作られ、再び公判期日に出頭してAという趣旨の供述をした場合、調書は2回目の公判供述に対しては「前の供述」に当たるというのが判例である[539]。相反供述となる公判供述は、共同被告人として罪状認否においてした供述でもよいとした判例がある[540]。

　「相反する」とは自己矛盾供述であり、「実質的に異なった」とは異なる事実認定に至る可能性があることである。検面調書の方がより詳細であるというだけでも、「実質的に異なった」に当たるとしているように見える判例[541]も、このような趣旨に理解するべきである。主尋問においては、検面調書と同趣旨を述べた証人が、反対尋問で相反供述をするに至った場合も、実務上、後段に

---

　[539]　最二小決昭58・6・30刑集37巻5号592頁。

　[540]　最三小決昭35・7・26刑集14巻10号1307頁。

　[541]　最二小決昭32・9・30刑集11巻9号2403頁。

当たるとされている※542。これに対しては、検察官面前供述は法廷で再現されているので、伝聞例外とする必要性がないという反対説がある。後段によって証拠能力が認められるのは、検面調書全体ではなく、相反部分に限られる※543。ただし、実務では反対説もある。

(ii) 信用性の情況的保障

前段の供述不能の場合には、信用性の要件は明示されていない。これは、検察官が客観的な立場から反対尋問的な吟味をして、正確な供述を録取するように務めるはずであるという期待に基づいている。しかし、訴追側当事者である検察官に、そのような客観性を期待することはできないという理由から、本号は憲37条2項に反する、あるいは少なくとも特に信用すべき情況でされたという要件を付け加えて解釈するべきであるという学説上の批判がある。判例はこれを採用していない。ただし、信用性を疑わせる事情がある場合には、本号の適用を認めないという解釈の余地はある※544。

後段の場合には、但し書きに、公判供述よりも検面供述の方を信用すべき「特別の情況の存するときに限る」という要件がある。これは、2つの供述がされた情況の比較であるから、**相対的特信情況**の要件と呼ぶことができる。相対判断であるから、検面供述の信用性を高める事情あるいは公判供述の信用性を低める事情が、その認定の根拠となる。この要件の認定は、実務上しばしば争いとなる。判例は、この要件の認定に際しては、検面供述の内容を考慮することもできるとしている※545。その意味は、必ずしも明瞭ではない。調書の内容が信用できるから、特信情況があると判断することは、証拠能力判断と証明力判断の混同であるから、主としては供述の時期や環境など、外部的事情によって判断するべきであると理解されている。供述内容を補助的に考慮する場合として、たとえば、検面供述の内容の方が供述者の利益に反することなどは、考慮できるであろう。また、検面供述中に、「公判では本当のことがいえない」といった供述があれば、考慮できるという説がある。そのような説は、相対的特信情況は**自由な証明**で足りるという理解を前提にしている。実務上は、検面供述の内容の方が他の証拠と合致することも根拠とされることがある。後段によって証拠能力を認められる検面調書について、刑訴300条は、検察官の証拠調べ請求義務を定める。

(iii) 事後的反対尋問

本号後段の書面が伝聞例外とされる根拠の1つは、事後的にせよ、検面供述に対して反対尋問ができるからであるとされている。したがって、検察官が、

※542 東京高判昭30・6・8高刑集8巻4号623頁。

※543 大阪高判平10・12・9判タ1063号272頁。

※544 松尾浩也監修『条解刑事訴訟法(第4版増補版)』(弘文堂、2016年)857頁。

※545 最三小判昭30・1・11刑集9巻1号14頁。

928　第 321 条（被告人以外の者の供述書・供述録取書の証拠能力）

証人尋問の際に検面調書の存在を指摘せず、後の公判期日に突然本号による調書の採用を求めるような方法は許されない※546。実際には、法廷で自己相反供述が現れた場合、検察官は証人が供述を変更した理由を問いただして、検面供述を復活させるように試みることになる。これに対して弁護人は、検察官の面前でなぜ誤った供述をしたかを証人に説明させようとする。このような尋問は、検面供述に対する事後的な反対尋問であると同時に、相対的特信情況への反証という機能ももつ。

5　その他の供述書・供述録取書

(1)　必要性

3 号は、裁判官面前供述、検察官面前供述以外の供述録取書及び供述書を対象とする。もっとも原則的な伝聞例外規定である。司法警察官が作成した供述調書、供述者が自ら作成した報告書などがこれに当たる。必要性の要件は、供述不能に加えて「犯罪事実の存否の証明に欠くことができない」という不可欠性である。情状事実だけに関する供述は、これには当たらない。被告人側が提出する第三者のアリバイ供述などは、これに当たりうる。

(2)　信用性の情況的保障

3 号但し書きにより、その供述が「特に信用すべき情況」でされたという要件が必要である。これは、他の供述との比較ではないから、**絶対的特信情況**の要件と呼ぶことができる。どのような場合がそれに該当するかは、個別判断となる。判例には、外国の法廷における被告人としての供述※547、日本からの捜査共助の要請によりアメリカ合衆国の公証人の面前で偽証の制裁の下にした供述※548、あるいは中国の捜査官による共犯者の取調べに日本の捜査官が立会い、黙秘権を告げて取り調べた供述調書※549について、本条への該当を認めた例がある。そのほか、利害関係のない者が目撃直後に自発的に述べた供述なども、特信情況を認められる可能性がある。

III　2 項の伝聞例外

1　前段

2 項前段は、同一被告事件における公判準備若しくは公判期日における供述

※546　前掲※545最三小判昭30・1・11は、証人尋問をした期日の後に検面調書を取り調べてもよいとしているが、検面供述に対する事後的な反対尋問が行われていた事案である。

※547　最一小決平15・11・26刑集57巻10号1057頁。

※548　最二小決平12・10・31刑集54巻 8 号735頁。

※549　最一小判平23・10・20刑集65巻 7 号999頁。

を録取した書面について、無条件で証拠能力を認める。これも書面化された供述であるから伝聞証拠ではあるものの、裁判所または裁判官の面前で行われ、しかも当事者による尋問の機会も保障されている供述の記録であるために伝聞例外とされている。公判期日における供述の記載に適用されるのは、裁判官が交替したため公判手続の更新が行われた場合や、上訴審あるいは差戻し審においてである。民訴249条3項に相当する規定は、刑訴にはない。他事件の公判における供述の記録は、本項ではなく、1項1号の対象となる。

2 後段

2項後段は、裁判所または裁判官が行った検証の結果を記載した書面を伝聞例外とする。多数説は、他事件での裁判所の検証記録もこれに含める。

Ⅳ 3項の伝聞例外

1 対象

3項は、捜査機関が行った検証の結果を記載した書面、すなわち検証調書についての特則を定める。このような書面は、検証を行った者が観察した結果を書いたものであるから、供述書の一種である。しかし、証拠とする目的で対象の状況を意識的に観察して記録する書面であり、また後に記憶に頼って行う証言よりも検証直後に作成した記録の方が正確性を期待できるという配慮から、緩やかな条件で伝聞例外とされている。本来の意味の検証は、強制処分の一種である。しかし、判例は、任意処分として行われても性質は同様であるという理由から、**実況見分調書**にも本項を適用する[550]。ただし、私人が作成した文書には準用できないとした[551]。

2 要件

「供述者」すなわち作成者が公判期日に証人尋問を受けて「その真正に作成されたものであることを供述した」ことが必要である。公判準備での証言でもよいと考えられている。この証言は、単に偽造ではないことに止まらず、記載内容が正確であることを述べるものでなければならないというのが、一般的な理解である。それによって、被告人側は、事後的ではあるが調書の内容について反対尋問の機会を保障されることになる。

3 立会人の供述記載の扱い

検証調書、実況見分調書には、立ち会った参考人や被疑者の発言が記載され

---

[550] 最一小判昭35・9・8刑集14巻11号1437頁。
[551] 最二小決平20・8・27刑集62巻7号2702頁。

る例が多い。たとえば、「図面Aの地点で、B地点にいたXを見た」といった記載である。このような**指示説明**の記載は、検証の経過を示すものとして、本項により証拠能力を有する[552]。ただし、その記載は、検証者が特にA、B地点を選んでその位置を記録した理由を示す限りで意味をもつ。それを超えて、この記載からXがB地点にいたことを推論する根拠とすることは、供述録取書としての利用にほかならず、本項の範囲外となる。つまり、指示説明という名目で再伝聞証拠を用いることは認められない[553]。しばしば、現場指示は本項により許されるが、現場供述は許されないと説明される。その実質的意味は、説明の内容を供述証拠として利用することは、本項の適用範囲を超えるということである。

V　4項の伝聞例外

1　対象

4項は、鑑定人の作成した鑑定書について、3項と同様の条件で証拠能力を認める。その理由は、専門家が客観的な立場で作成する書面であり、また書面の方が口頭よりも厳密な情報を伝えやすいためである。条文上、作成主体は、鑑定人に限られているが、判例は刑訴223条1項による鑑定受託者の作成した書面[554]や、医師が作成した診断書[555]にも、本項の準用を認めている。

2　要件

作成者の証人尋問が必要であり、作成者は内容の正確性も述べなければならないことは、3項の場合と同様である。

（後藤　昭）

（証人尋問のビデオ記録媒体の証拠能力）
第321条の2　被告事件の公判準備若しくは公判期日における手続以外の刑事手続又は他の事件の刑事手続において第百五十七条の六第一項又は第二項に規定する方法によりされた証人の尋問及び供述並びにその状況を記録した記録媒体がその一部とされた調書は、前条第一項の規定にかかわらず、証拠とすることができる。この場合において、裁判所は、その調書を取り調べた後、訴訟関係人に対し、その供述者を証人として尋問する機会を与えなければならない。

---

[552]　最二小判昭36・5・26刑集15巻5号893頁。
[553]　前掲[530]最二小決平17・9・27参照。
[554]　最一小判昭28・10・15刑集7巻10号1934頁。
[555]　最一小判昭32・7・25刑集11巻7号2025頁。

第 321 条の 2 （証人尋問のビデオ記録媒体の証拠能力）　*931*

　②　前項の規定により調書を取り調べる場合においては、第三百五条第
五項ただし書の規定は、適用しない。
　③　第一項の規定により取り調べられた調書に記録された証人の供述は、
第二百九十五条第一項前段並びに前条第一項第一号及び第二号の適用に
ついては、被告事件の公判期日においてされたものとみなす。

I　本条の趣旨

　本条は、刑訴157条の6第2項に基づいて、いわゆる**ビデオリンク方式**の証人
尋問を録音録画した媒体について、伝聞例外としての扱いを定めている。もし
この特則がなければ、このような記録媒体を含む調書は、刑訴321条1項1号の
対象となる。しかし、証人尋問の繰り返しによる証人の負担を減らす目的と、
ビデオ記録は書面化された記録よりも情報量が豊富であることから、本条は緩
やかな条件で証拠能力を認めている。通常、宣誓の上でされた供述であること
も、緩やかな条件で伝聞例外とする1つの根拠となる。

II　本条の対象

　他事件において、刑訴157条の6第1項・2項に従って証人尋問を録音録画し
た媒体が訴訟記録に添付されて調書の一部となったものが、本条の対象である。
典型的には、証人尋問の実施後に共犯者が別に起訴されたような場合に、本条
を適用する意味がある。同一被告事件の公判期日または公判準備における尋問
の記録は、本条ではなく、刑訴321条2項によって、証拠能力がある。

III　条件

　本条の対象となる記録媒体を含む調書は、供述不能等の条件なしに伝聞例外
となる。ただし、その調書を取り調べた後に本条1項後段により、訴訟関係人
に供述者を証人として尋問する機会を与えなければならない。この場合、本条
3項および刑訴295条1項により、そこに記録されていた証言と重複する尋問は
制限される。したがって、初めから証人尋問をする場合に比べれば、尋問の内
容は通常少なくなるであろう。しかし、証人尋問自体を省くことはできない。
このような付加的な尋問の機会を与えることができない場合は、刑訴321条1
項1号の一般規定によらなければ、この種の記録を証拠とすることはできない。

IV 取調べ方法

本条2項および刑訴305条4項本文により、本条1項に基づいて採用される調書の取調べ方法は、録音録画の再生によらなければならない。

V 公判期日における供述としての扱い

本条1項によって採用され取り調べられた記録に表れた証言は、刑訴295条および刑訴321条1項1号・2号の適用については、本条3項により、公判期日において供述されたものとみなされる。その結果、重複する尋問は制限される。また、再生された供述内容と異なる同一人の供述を録取した書面は、刑訴321条1項1号後段または刑訴321条1項2号後段によって伝聞例外となる可能性がある。

(後藤　昭)

（被告人の供述書・供述録取書の証拠能力）
第322条　被告人が作成した供述書又は被告人の供述を録取した書面で被告人の署名若しくは押印のあるものは、その供述が被告人に不利益な事実の承認を内容とするものであるとき、又は特に信用すべき情況の下にされたものであるときに限り、これを証拠とすることができる。但し、被告人に不利益な事実の承認を内容とする書面は、その承認が自白でない場合においても、第三百十九条の規定に準じ、任意にされたものでない疑があると認めるときは、これを証拠とすることができない。
②　被告人の公判準備又は公判期日における供述を録取した書面は、その供述が任意にされたものであると認めるときに限り、これを証拠とすることができる。

I 本条の対象

1 被告人

本条は、伝聞例外のうち、被告人の供述書または被告人の供述を録取した書面の証拠能力を定める。ここで被告人とは、これらの書面を自己に対する被告事件での事実認定の証拠とされる者を指す。古くは、共同被告人の供述もこれに含まれるという説もあった。しかし、現在では共同被告人の供述は、刑訴321条の対象であることに争いはない。ただしこのことと、共同被告人の供述についても刑訴321条の要件に加えて、任意性要件を要求するべきかどうかの問題とは別である。この問題については、刑訴319条の解説参照。

2 供述書と供述録取書

　これらの意味及び署名、押印の必要性については、刑訴321条の解説参照。証拠とする目的で作成されたものには限られない。判例は、逮捕後の弁解聴取の際に作られる弁解録取書も、本条1項の書面となりうることを認める※556。捜査段階で被告人に犯行を再現させて録画したビデオ記録は、被告人の供述の記録という点で、本条1項の書面に準じ、かつ動作の撮影という点で、実況見分調書に準じて証拠能力を判断するべきである。被告人の取調べを録音録画したビデオ記録を実質証拠すなわち自白の記録として採用できるかは、近時盛んに議論されている。刑訴324条1項に拠り、取調官の伝聞供述を許す現行法の下では、取調べのビデオ記録の証拠能力を一律に否定することは難しい。他方で、映像は観る者に強い印象を与え、自白の信用性を過大に評価させる危険がある。ビデオ記録を実質証拠として採用するのは、被告人が捜査段階で自白したこと自体を否定する場合に限るべきである。公判廷で被告人が、以前に自白したこと自体は認めて、それが虚偽自白であったと供述した場合に、取調べビデオ記録を証拠採用する必要がないとした裁判例がある※557。

3 例外要件

　伝聞例外となるのは、不利益な事実の承認、特に信用すべき情況でなされた供述、または公判準備若しくは公判期日における供述の記録である。本条は、供述不能などの必要性要件を要求していない。ただし、最近の裁判員裁判などでは、法廷で被告人の供述が十分に得られるなら、任意性に争いがなくても自白調書を証拠として使わない運用が増えている。

II 不利益な事実の承認

1 意味

　1項前段は、**不利益な事実の承認**を伝聞例外とする。これに当たるのは、起訴されている自分の犯罪の認定について、不利となる内容の供述である。自白はその典型である。自白以外にも、犯罪事実の一部分のみ、または不利益な間接事実のみを認めるような供述も、不利益な事実の承認となる。不利益性は、起訴されている犯罪についてのものでなければならない。起訴されていない犯罪や、民事上の利益に反する供述などは、不利益な事実の承認には当たらない。それ自体は中立的な事実であっても、他の証拠と合わせれば不利益な推認をもたらすのであれば、これに当たる。不利益かどうかは、被告人の主観によらず、客観的に決まる。2に述べるような立法趣旨の理解からは、検察官が本項前段

※556　最一小判昭27・3・27刑集6巻3号520頁。
※557　東京高判平28・8・10高刑集69巻1号4頁。

934 第322条（被告人の供述書・供述録取書の証拠能力）

によって被告人の供述を提出する場合、不利益な供述と一体となった利益な供述も証拠能力をもつとするのが公平である※558。構成要件に当たる行為を認めながら、正当防衛であったと述べる供述などがその例である。

2 伝聞例外の根拠

不利益な事実の承認がなぜ伝聞例外とされるかについては、理解が一致していない。被告人の不利益供述について検察官は反対尋問をする利益がなく、被告人は反対尋問ができないから、伝聞証拠禁止原則が適用されないという説もある。しかし、刑訴320条1項は、公判期日外の供述一般を伝聞証拠としており、そこには、直接主義の考慮も含まれている。したがって書面化された被告人の不利益供述も伝聞証拠禁止原則の適用を受けるといわざるを得ない。自白など、わざわざ不利益な供述をするのは類型的に信用できるから伝聞例外となるという理解もある。しかし、そうであれば民事上の利益に反する供述なども、同様に考えられるはずである。また、このような説明は、一般に、利益かどうかは被告人の主観ではなく、裁判時の客観的な判断によって決まると理解されているのと調和しない。結局、自ら利益に反する供述をしておいて、その存在自体を否定することは、信義則に反するから許さないというのが、この法理の意味であろう。

3 任意性

本条1項但し書きは、不利益な事実の承認については、それが自白でない場合でも、刑訴319条1項の任意性要件という制限が準用されることを定める。自白の場合には、319条1項が直接に適用されるので、この但し書きの意味は、自白以外の不利益な事実の承認を伝聞例外とするために、任意性要件を課すことにある。

4 任意性の立証

任意性に疑いのある承認は、証拠能力をもたない。したがって、任意性の立証責任が検察官にあることは、明らかである。ただし、実務上、弁護人が任意性を争うという意見を述べた場合、裁判所は、任意性を疑わせる理由をさらに具体的に述べるように求めるのが普通である。このような運用に対しては、事実上立証責任を転換するもので不当であるという批判がある。他方で、自白の任意性について、被告人側に**争点形成責任**があるという理解から、これを妥当とする意見もある。このような問題が生じるのは、日本法が、自白の任意性を認めるための最低条件が何かを明示していないため、検察官が何を立証すべきかが明らかでないこと、及び刑訴法に従った通常の捜査が行われている限り、

※558 結論同旨、江家義男『刑事証拠法の基礎理論（改訂版）』（有斐閣、1952年）131頁。

自白の任意性は失われないという考え方があることに因る。

　自白などの不利益供述の任意性は、証拠能力の要件という手続的な事実であるから、自由な証明によって判断できるという説が有力である。しかし、実務上は、多くの場合、厳格な証明によっている。自白の採否の重要性から、それが妥当であろう。

　捜査段階の被疑者取調べは、密室の中で行われる。供述調書は、問いと答えの逐語的な記録ではなく、独白形式にまとめられているのが普通である。そのため自白に至る経過に何があったかを客観的な証拠で立証することは難しい。裁判所は、しばしば被告人の言い分と取調べ官の証言のどちらを信用すべきかという判断を迫られる。このような困難を避けるために、取調べと供述の過程をすべてビデオ録画のような客観的な資料に記録するという考え方が、**取調べの可視化論**である。2016年の刑訴法改正は、対象を限定してこれを制度化した。取調官に録音録画義務のある取調べによって得られた公判廷外の自白の任意性が争いになった場合、検察官はその取調べの録音録画記録媒体の証拠調べを請求しなければならない（刑訴301条の2）。刑訴規198条の4は、検察官が取調べ状況の立証において、「迅速かつ的確な立証に努め（る）」ことを求めている。その手段として、取調べのビデオ記録や**取調べ状況報告書**が使える。法律上の録音録画義務がない事件でも、自白の任意性が争われときに、取調べの録音録画記録がないことは、検察官にとって不利となる。

Ⅲ　特信情況のある供述

　本条1項後段は、被告人の供述書ないし供述録取書が、「特に信用すべき情況の下でされた」供述であれば、伝聞例外とする。一般的には被告人が法廷外で自己に有利なことを供述した記録に、特信性があると認めうる場合は、多くはない。自らが取調べを受けた状況を毎日記録していたような書面であれば、取調べ状況に関する証拠として特信性が認められる場合もあろう。そのほか、起訴されている事実の証拠としては被告人に有利であっても、他の刑事事件や民事責任については、不利になる内容の供述なども、特信性が認められる可能性がある。

Ⅳ　公判準備または公判期日における供述

　本条2項は、被告人の公判準備または公判期日における供述を録取した書面を、任意性を条件として伝聞例外とする。被告人の供述については、被告人の反対尋問権の保障を考慮する必要がないという理由で、他事件の公判などにおける供述もこれに当たるとする見解もある。しかし、伝聞証拠禁止原則は被告人の反対尋問権を保障するためだけの規則ではないから、刑訴321条2項と同

936 第323条（特に信用すべき書面）

様に、同一事件におけるものに限るべきであろう。

（後藤　昭）

> **（特に信用すべき書面）**
> **第323条**　前三条に掲げる書面以外の書面は、次に掲げるものに限り、これを証拠とすることができる。
> 一　戸籍謄本、公正証書謄本その他公務員（外国の公務員を含む。）がその職務上証明することができる事実についてその公務員の作成した書面
> 二　商業帳簿、航海日誌その他業務の通常の過程において作成された書面
> 三　前二号に掲げるものの外特に信用すべき情況の下に作成された書面

I　本条の趣旨

　本条は、定型的に作られるために信頼性のある書面を伝聞例外とする。本条の適用がある書面は、必要性要件の限定や、作成者の尋問という手続なしに、伝聞例外となり得る。これは、定型的な信頼性が期待できると同時に、記憶に頼った供述よりも、書面の方がむしろ正確であると推定できるからである。

II　1号の書面

　1号は、戸籍謄本など、公務員がその職務上証明することのできる事実について作成した書面を対象とする。

　戸籍謄本などによって証明することができるのは、原本に一定の記載があることに止まるか、原本の記載が真実であることにまで及ぶかという理解の対立がある。後者が多数説である。戸籍簿や登記簿の記載から、それに対応する届出ないし申請があったことは推認できる。しかし、それらの届出などの内容が真実に合致し、また有効であったことまでの推論はできないであろう。

　本号が適用できるのは、公務員が通常の業務として収集、保管している資料に基づいて、証明できる事実を記載した書面である。個別の事案に関する報告書などは、含まれない。したがって、警察官が捜査上作成する捜査報告書、現行犯逮捕手続書なども含まれないというのが通説である。身体拘束中の被疑者取調べについて作成される取調べ状況報告書も同様であろう。公務員が職務上知っていて当然である事実でも、それを官庁の外部に対して証明することが通常の業務として想定されているのでなければ、本号の対象とするにふさわしい定型的な信頼性は認められないであろう。ただし、通説はそのような限定を明確にはしていない。

第323条（特に信用すべき書面）　937

　上記の他、本号に当たる書面の例として、登記簿謄本、印鑑登録証明書、住民票謄本、前科調書、判決書謄本などがある。

Ⅲ　2号の書面

　2号は、「業務の通常の過程」で作られる書面を対象とする。条文は、商業帳簿と航海日誌を例として挙げている。そこから、日々の出来事をその都度記録する書面で、正確に記載しておかなければ作成者自身が困るようなものが想定されていることが分かる。これに該当するか否かの判断では、書面自体だけではなく、作成者の証言なども考慮することができる[559]。

　判例上、本号に該当するとされた例として、登録米穀販売業者であった被告人が未収代金の備忘のため販売の都度記入していた未収金控帳[560]、イカ釣り船団の属する各漁船が毎日定時に操業位置、漁獲高などを相互に連絡し合った内容を記録した受信記録[561]、留置人出入り簿中の出入り日時の記載[562]、警察官が速度違反の取締現場で作成した速度測定通報（受理）記録[563]などがある。医師の記載する診療録（カルテ）も、一般に本号に当たるとされている。

Ⅳ　3号の書面

　3号は、「特に信用すべき情況の下に作成された書面」を対象とする。この要件は非常に抽象的であって、適用が無限定に広がるおそれがある。そのため、本号の適用には問題が多い。本号は前2号に対する補充的な規定であるから、それらに準じるような定型的な信頼性が期待できる書面でなければならない。日常的に記録される書面であり、作成者自身が正確な記録を残すことに強い動機をもっているようなものが、これに当たる。したがって、特定の事案についての調査結果の報告は、これに当たらない[564]。金銭の領収証も本号に当たらないとした裁判例がある[565]。それに対して、私的な記録であっても、専ら業

---

[559]　最二小決昭32・11・2刑集11巻12号3047頁。
[560]　前掲※559最二小決昭32・11・2。
[561]　最一小決昭61・3・3刑集40巻2号175頁。
[562]　浦和地判平1・10・3判時1337号150頁。
[563]　東京高判平9・12・18東高時報48巻1-12号91頁。
[564]　国税庁監察官が検察官の要請で納税義務者の所得額を調査し、その経過及び結果を検察官あて報告した書面について、東京高判昭34・11・16下刑集1巻11号2343頁。
[565]　東京地決昭56・1・22判時992号3頁。ただし、機械的に発行されるレシートのようなものは、本条2号の書面となろう。

務の内容を日毎に記載したような書面は、これに当たる※566。ほかに判例で本号に該当するとされた例として、裏帳簿※567、競馬の呑行為の客が申し込みの度にレース番号、連勝番号、口数などを記録したメモ※568、ストーカー事件の被害者が被告人から迷惑電話を受けるたびに日時、内容などを記録していたというノート※569、地方検察庁間の前科調べ回答書の電信訳文※570、などがある。最高裁の古い判例には、服役中の者と妻との間の信書が本号に当たるとしたものがある※571。これに対しては学説の批判が強いばかりでなく、服役者と妻の公判証言の証明力判断のための補助証拠として用いられた事案とも見られるので、その先例性は疑わしい。

V　写しの証拠能力

　刑事訴訟法は、謄本や**写し**の証拠能力一般について定めていない。もっとも事実に近い証拠を用いるという要請から、原本を証拠とするのが原則である※572。しかし、相手方に異議がないときのほか、原本の存在及び写しの正確性が認められかつ原本を提出することができないか困難な事情があるときには、謄本ないし写しを証拠とすることが許されるというのが、通説である※573。ただし、近年は写真コピーが普及したため、原本を提出することができないという要件は、実務上、あまり厳格に要求されてはいない※574。

（後藤　昭）

※566　東京地決昭53・6・29判時893号8頁は、銀行支店次長が業務上の個人的備忘録として毎日業務の要点を記載していた営業日誌が本条3号に当たるとしつつ、銀行支店長が前日または2、3日前のでき事を私的な事実や所感も交えて個人的心覚のため記載していた当用日記はこれに当たらないとした。
※567　東京高判昭37・4・26高刑集15巻4号218頁。
※568　東京高判昭54・8・23判時958号133頁。
※569　東京地判平15・1・22判タ1129号265頁。
※570　最二小決昭25・9・30刑集4巻9号1856頁。
※571　最一小決昭29・12・2刑集8巻12号1923頁。
※572　最三小決昭31・7・17刑集10巻8号1193頁。
※573　判例として、前掲※565東京地決昭56・1・22。
※574　東京高判昭58・7・13高刑集36巻2号86頁は、この要件を不要とする。

第324条（伝聞供述の証拠能力）　939

（伝聞供述の証拠能力）
第324条　被告人以外の者の公判準備又は公判期日における供述で被告人の供述をその内容とするものについては、第三百二十二条の規定を準用する。
②　被告人以外の者の公判準備又は公判期日における供述で被告人以外の者の供述をその内容とするものについては、第三百二十一条第一項第三号の規定を準用する。

Ⅰ　本条の趣旨

　本条は、**伝聞供述**が伝聞例外として許容されるための要件を定める（伝聞供述の意義については刑訴320条の解説Ⅱ2参照）。1項は、被告人の法廷外供述を内容とする被告人以外の者の供述、2項は被告人以外の者の法廷外供述を内容とする被告人以外の者の供述を対象とする。

Ⅱ　被告人

　本条にいう「被告人」は、刑訴322条にいう「被告人」と同じ意味である。すなわち被告人という立場にある者一般ではなく、当該供述を自らの罪責の有無を認定する資料として使われる者を意味する。供述をした当時すでに被告人の立場にあったかどうかは問わない。併合審理を受けている相被告人（共同被告人）や、被告人と共犯の疑いをかけられている者は、「被告人以外の者」となる。

Ⅲ　公判廷での供述者としての被告人以外の者

　1項、2項ともに、公判期日または公判準備において、「被告人以外の者」がする伝聞供述を対象とする。捜査段階で被告人や参考人を取り調べた捜査官は、この供述主体に含まれないとする説もある。これは、取調べをしても供述調書が作られないとき、あるいは供述調書に原供述者の署名・押印が欠けるため、それを伝聞例外として採用できないときに、取調官が供述内容を証言して証拠とすることは不当であるという考え方に基づく。確かに、供述再現の正確性は、原供述者の署名のある供述調書や録音の方が優る。現在の実務では、この種の証言は、頻繁には行われていない。しかし、再現の正確性については、証人に反対尋問をすることができる以上、このような証言も、本条の他の要件を満た

第2編第3章

940 第324条（伝聞供述の証拠能力）

す限りでは許容されるという理解が通説である※575。

Ⅳ 引用される被告人の供述

本条1項は、被告人の供述を引用する供述を対象とする。被告人の供述を内容とする供述が伝聞例外として許容される条件は、刑訴322条の規定の準用による。実際に準用する意味のあるのは、同条1項である。したがって、不利益な事実の承認を内容とする供述であり、かつ刑訴319条1項の任意性要件を備えているか、または特に信用すべき情況の下にされた供述であることが要件となる。引用される被告人の供述が自白である場合には、もちろん刑訴319条1項の自白法則も適用される。

Ⅴ 引用される被告人以外の者の供述

本条2項は被告人以外の者の供述を引用する供述を対象とする。判例は、原供述者の範囲が限定されていれば、必ずしもいずれの者の供述であるかが特定できなくても本条の適用が可能であるとする※576。被告人以外の者の供述を引用する伝聞供述が伝聞例外として許容されるためには、伝聞例外のもっとも一般的な条件である刑訴321条1項3号の要件が準用される。簡単にいえば、原供述者の供述不能、犯罪事実存否の立証のための不可欠性及び絶対的特信情況である※577。参考人を取り調べた検察官がその供述内容を証言するためには、この要件を満たす必要がある。この場合、検察官面前供述調書に関する刑訴321条1項2号の緩和された要件は適用されないことに注意すべきである。同様に、裁判官による証人尋問調書が失われたために、その尋問に立ち会った裁判所書記官が聞いた内容を証言するような場合も、刑訴321条1項1号ではなく刑訴321条1項3号の要件が準用される※578。

Ⅵ 再伝聞供述

Aの話をBが聞き、さらにBからそれを聞いたWが公判廷で証言する場合のように、引用される供述自体がさらに他人の供述を引用する供述である場合は、

※575 裁判例として東京地判平7・9・29判タ920号259頁、東京高判平3・6・18判タ777号240頁。

※576 最一小判昭38・10・17刑集17巻10号1795頁（白鳥事件）は、原供述者が2名のうちどちらかである場合にこれを認めた。

※577 その適用例として、最二小判昭33・10・24刑集12巻14号3368頁。

※578 広島高松江支判昭26・4・23高刑集4巻4号410頁。

再伝聞証拠となる。このような再伝聞証拠は明文規定のない限り、伝聞例外として許容されないという説もある。しかし、多数説は、2つの伝聞過程のそれぞれにおいて伝聞例外の要件が満たされれば、採用が可能であるとする。伝聞例外の要件を満たす書面の中に、さらに他の者の供述を内容とする供述が含まれる場合、判例は、その伝聞供述部分の許容性は、本条に従って決まるとする※579。すなわち最初の供述者が被告人であれば本条1項により、被告人以外の者であれば本条2項により、その証拠能力が判定される。このような扱いの解釈上の根拠は、伝聞例外として採用される公判外供述は公判供述と同格になるから、その供述者が法廷で伝聞供述をするのと同じだという説明である。

Ⅶ　被告人の伝聞供述

本条は、被告人の公判廷での伝聞供述について、言及していない。そのため、たとえば「Yが、『あの事件は自分がやった』と認めていたので、真犯人はYです」といった被告人による伝聞供述の扱いが問題となる。この種の伝聞供述は、被告人以外の者の供述を内容とする供述であるから、本条2項を準用して許容性を判断するべきである。もちろんこの被告人の供述自体が信用できるかどうかは、別問題である。被告人が自身の以前の供述を語る供述には、本条1項を準用するべきである。したがって、捜査段階で自白したことを認める法廷での被告人の供述は、原供述に任意性がある限り、刑訴322条条1項に拠り実質証拠となる。

Ⅷ　証人尋問の実際

証人尋問中に、伝聞供述を求める発問がされた時や、証人の供述中に伝聞供述が現れた場合、その証拠能力を争いたい当事者は、証拠調べに関する異議（刑訴309条1項）を申立てるべきである。異議を申立てることのできない事情がなかったにもかかわらず、異議のないまま証人尋問を終わった時には、判例は、伝聞証拠に対する黙示的な同意（刑訴326条1項）があったものと扱うことを認めている※580。伝聞供述に対する異議が出た場合、相手方から伝聞例外の要件のあることが主張されれば、裁判所はその有無を判断する。伝聞例外に当たらないと判断すれば、刑訴規205条の6第2項に従い、伝聞供述を証拠から排

※579　共同被告人の検察官面前調書中の被告人からの伝聞供述につき最三小判昭32・1・22刑集11巻1号103頁、共同被告人の検察官面前供述調書中の被告人以外の者からの伝聞供述につき東京高判昭30・4・2高刑集8巻4号449頁。ただし、長野地諏訪支判昭33・5・23判時153号35頁は、供述調書中の伝聞供述への本条の準用を否定した。
※580　最二小決昭59・2・29刑集38巻3号479頁。詳しくは、刑訴326条の解説参照。

除する決定をする。実務上、伝聞供述に対する異議について、決定を保留したまま伝聞事項についても証人尋問を続け、後から異議に対する結論を出す例がある。このような運用には、伝聞例外の要件の存否を判断するのに時間がかかるとき、仮に要件があるとされた場合に証人を再び喚問する不便を避けるという意味がある。他方で、このような方法では、証拠能力が不確定な証言を裁判官が詳しく聴いてしまうという問題がある。とりわけ裁判員が関与する事件においては、このような運用は裁判員を混乱させる危険が大きい。

（後藤　昭）

（供述の任意性の調査）
第325条　裁判所は、第三百二十一条から前条までの規定により証拠とすることができる書面又は供述であつても、あらかじめ、その書面に記載された供述又は公判準備若しくは公判期日における供述の内容となつた他の者の供述が任意にされたものかどうかを調査した後でなければ、これを証拠とすることができない。

　裁判所は、第三百二十一条から前条までの規定により証拠とすることができる書面又は供述であつても、あらかじめ、その書面に記載された供述又は公判準備若しくは公判期日における供述の内容となつた他の者の供述が任意にされたものかどうかを調査した後でなければ、これを証拠とすることができない。

　本条は、刑訴321条・刑訴322条・刑訴323条または刑訴324条の規定により、すなわち当事者の同意に拠らず伝聞例外に当たるとして採用される書面または伝聞供述を事実認定に用いるための前提条件を定める。条件の内容は、裁判所が、あらかじめその内容をなす供述が任意にされたかどうかを調査することである。これは「証拠とすること」の前提条件であり、この調査の結果、証拠能力が欠けることが発見される可能性はある。しかし本条は、任意性が確認できなければ証拠とすることができないと定めてはいない。そのため、この条件は直接には証拠能力の要件ではなく、証拠評価のための前提条件であると理解されている。したがって、必ずしも証拠採用のときに調査することを要せず、後から調査してもよいというのが判例である[581]。調査の資料として、供述録取書の供述者の署名・押印や供述の内容自体も考慮することができると解されている[582]。刑訴326条の同意によって採用された供述調書については、本条は適用されない[583]。もともと任意にされたものではない供述が伝聞例外として

---

[581] 最三小決昭54・10・16刑集33巻6号633頁。
[582] 最二小判昭28・10・9刑集7巻10号1904頁。
[583] 最三小判昭30・11・29刑集9巻12号2524頁。

採用されるという事態は考えにくい。したがって、実務上、本条は強く意識されないのが普通である。

（後藤　昭）

（当事者の同意と書面・供述の証拠能力）
第326条　検察官及び被告人が証拠とすることに同意した書面又は供述は、その書面が作成され又は供述のされたときの情況を考慮し相当と認めるときに限り、第三百二十一条乃至前条の規定にかかわらず、これを証拠とすることができる。
②　被告人が出頭しないでも証拠調を行うことができる場合において、被告人が出頭しないときは、前項の同意があつたものとみなす。但し、代理人又は弁護人が出頭したときは、この限りでない。

I　本条の趣旨

　本条は、伝聞例外に該当しない伝聞証拠であっても、双方当事者が証拠とすることに同意した場合は、証拠となし得ることを認める。このように同意によって証拠能力を付与する根拠は、その証拠によって不利益な推認を受ける側の当事者が供述者の反対尋問を望まないなら、反対尋問の機会の保障という伝聞証拠禁止原則の重要な目的が不要となることと、この当事者が法廷での供述を求めないことから、法廷で供述させても証拠としての証明力はあまり変わりがないと推測できることにある。当事者が反対尋問権を放棄したからこの場合は伝聞例外ではなく、伝聞法則不適用であると説く学説も多い。しかし、伝聞証拠禁止原則には、反対尋問の機会の保障だけではなく直接主義の要請も含まれているので、本条も伝聞例外の一種と理解するべきであろう。
　実務上、同意に基づいて採用される書面を**同意書面**と呼ぶ。同意書面は、日常的に活用されている。特に、罪責について争いのない事件では、検察側の立証は主として同意書面に依拠するのが普通である。証人尋問が行われる場合でも、検察官は最初、供述調書の取調べを請求し、弁護人の不同意意見を受けて、代わりに原供述者の尋問を請求するという経過をたどることが多い。

II　同意の意味

　本条が定める伝聞証拠に対する同意の意味については、理解の対立がある。大きく分ければ、これを反対尋問権の放棄とする立場と、証拠能力を付与する与効的な訴訟行為と考える立場がある。このような理解の違いは、主として、⑴伝聞証拠に同意した当事者が、供述者の尋問を請求することができるかどう

か、あるいは(2)伝聞証拠禁止原則以外の理由で証拠能力が否定される証拠について、同意によって証拠能力が生じるかどうかという問題の場面で結論に影響すると考えられている。本条の同意が、通常、差し当たりは反対尋問権を行使しないという意思表示を含むことは明らかである。しかし、だからといって、それにより証人尋問請求権を失わせるべきかは別問題である。他方、本条の同意が、伝聞証拠に証拠能力を付与する効果をもつことも明らかである。しかし、違法収集証拠など伝聞禁止以外の理由によって証拠能力を欠く証拠についてまで同意による証拠能力付与が可能かどうかは、また別の問題である。したがって、本条の同意の意味を二者択一的に論定することによって具体的な帰結を導こうとする議論は、あまり有効ではない。

　(2)の問題については、後に同意の効果として触れる。(1)の前者の問題について、同意が反対尋問権の放棄を意味するから証人尋問請求はできないとした古い判例はあるものの※584、現在の一般的な実務では伝聞証拠に同意した当事者が供述者の尋問を請求することも、不適法とはされていない。ただし、実務は証拠の採否は裁判所の裁量によって決められるという立場を原則にしているので、この場合当事者に証拠調べ請求権があるか否かという問題は、論理的にはあまり重要ではない。問題の実質は、その当事者が伝聞証拠に同意しているという理由で、この種の証人尋問請求を当然に採用不要と判断してよいかどうかにある。当事者としては、主尋問では供述調書と同様の供述が得られるであろうと予想しつつ、反対尋問はしたいと考える場合もあるであろう。そのような場合、供述調書の採用には同意しつつ、実質的な反対尋問をする目的で証人尋問を請求することも、不合理とはいえない。ただし、このような場合には、供述調書に対して不同意として証人尋問を決定し、証人が出廷した段階で調書に同意することによって、主尋問は簡潔に行い、むしろ反対尋問を中心に行うという運用の方が合理的であろう。いったんは尋問不要と考えて採用に同意にした供述について、後に新しい疑問が生じたような場合には、一般的な証拠調べの必要性判断の一場面となる。伝聞証拠への同意は、通常は供述者の尋問を要求しないという意思表示を含むものの、それによって供述者に対する尋問の請求権が失われると解する必要はない。

Ⅲ　同意の要件

1　同意の主体

　本条1項の同意をする主体は、「検察官及び被告人」である。伝聞証拠の取調べを請求した当事者は、当然に証拠とすることに同意しているとみなすことができるので、当事者の請求した証拠では相手方の同意だけが必要となる。条文

※584　最二小決昭26・5・25刑集5巻6号1201頁。

は、弁護人を同意主体に挙げていない。しかし、通常の運用では、裁判所は、被告人ではなく弁護人の意見を聴く（刑訴規190条2項参照）。この場合、弁護人は包括的代理権に基づいて意見を述べると理解されている。そして通常は、弁護人の同意は被告人の意思に合致していると推定することができる※585。しかし、被告人が明示的に反対した場合あるいは、弁護人による同意が被告人の真意に反するのではないかと疑うべき事情がある場合には、裁判所は被告人自身の意見を確かめる必要がある。判例は、被告人が公訴事実を否認しているのに、弁護人が事実を認めているような場合には、弁護人の意見だけで検察官請求証拠に対する被告人の同意があったとすることはできないとした※586。裁判例には、弁護人が被告人と同様に事実を争う意見を述べている場合でも、特定の伝聞証拠の内容が、被告人の否認主張と明らかに矛盾するものである場合には、弁護人の同意では足りないとしている例がある※587。どのような場合がそれに当たるかは、個別判断の問題となる※588。弁護人の同意が被告人の合理的意思に反していると考えるべき事情があるかどうかにかかるであろう。

2　同意の対象

　本条1項の同意は、伝聞証拠たる書面、または伝聞供述を対象とする。原供述者の署名・押印を欠く供述録取書でも、同意の対象とすることができる。1つの書面の一部について同意をすることもできる。この場合は、同意された部分だけが、本条によって採用できることになる。

3　同意の形式

　原則として、同意は、明示的にされる必要がある。ただし、前述のとおり、弁護人の同意は、通常、被告人自身の同意を意味すると扱われる。同意は、当事者間ではなく、裁判所に対してされる必要がある。

　本条2項は、被告人が出頭しなくても証拠調べを行うことができる場合に、被告人も弁護人、代理人も出頭しない場合に、1項の同意があったものと擬制する。その典型的な適用場面は、刑訴284条・刑訴285条に拠り、被告人の出頭を要しない軽微事件の公判である。しかし、判例は、これを刑訴341条に基づいて、秩序維持のために退廷させられた被告人が在廷しないまま公判審理がで

※585　最一小決昭26・2・22刑集5巻3号421頁は、弁護任意による同意に対して被告人が異議を述べなかった時は、被告人の同意があったものとしてよいとすることによって、このような運用を是認した。

※586　最二小判昭27・12・19刑集6巻11号1329頁。

※587　大阪高判平8・11・27判時1603号151頁、大阪高判平29・3・14判時2361号118頁。

※588　弁護人の同意だけで足りるとした例として、福岡高判平10・2・5判時1642号157頁。

きる場合にも適用した[589]。本条2項の擬制は、被告人の意思の推定に基づくのではなく、被告人の意見を確かめられないことから来る審理の不都合を避ける趣旨であることと、この場合には、被告人は自らの責任で反対尋問権を喪失する[590]というのがその理由である。同じ論理によれば刑訴286条の2によって、被告人不在のまま公判審理ができる場合にも、本条2項が適用される可能性がある。このような拡張的な適用は、本条2項を訴訟進行に協力しない被告人に対する制裁規定とすることに帰し疑問である。判例を前提としても、被告人が退廷させられた機会を捉えて検察官が請求すればすべての伝聞証拠が許容されるという結果は、不当である。同意を擬制するのは、退廷させられる被告人がその日の証拠調べ請求を予測できた証拠に限るべきである。

伝聞供述に対して、相手方が異議を述べずに証人尋問が終わった場合、判例は、直ちに異議の申立てができないなどの特別の事情がない限り、本条の同意があったものとして扱っている[591]。これも擬制同意に近い性質をもつ。しかし、証人尋問終了後の異議を認めると、尋問者は伝聞供述にならない方法での尋問をする機会を失うことになるので、異議申立てをしないことにより同意を推定するのはやむを得ない。弁護人がいない事件では、このような同意の推定をするべきではない。

IV 同意の効果

1 採用の条件

両当事者の同意があっても、当然に証拠能力が生じるわけではない。書面が作成されたとき、あるいは原供述がされたときの情況を考慮して、証拠とすることが「相当」であると、裁判所が認めることが必要である。ただし、実務上は、同意があれば、ほぼそのまま採用するのが普通である。

2 人的範囲

共同被告人がいる場合、同意の効果は被告人ごとに生じる。被告人Xが同意しても、被告人Yが同意しなければ、本条に基づいては、Xに対する証拠として採用することができるに止まる。

3 立証趣旨との関係

一般的に、証拠調べを請求した当事者が述べた立証趣旨は、裁判所を拘束しないというのが通説である。しかし、相手方は、一定の立証趣旨を前提として

---

[589] 最一小決昭53・6・28刑集32巻4号724頁。
[590] 最一小判昭29・2・25刑集8巻2号189頁。
[591] 最二小決昭59・2・29刑集38巻3号479頁。

伝聞証拠に対して同意するので、本条によって証拠能力を与えられるのは、その立証趣旨に限るというのが通説である。たとえば、公訴事実が複数ある場合、ある1つの公訴事実に関する証拠として請求され、同意されたものを、他の公訴事実の証拠とすることも、できない[592]。

実況見分調書に対して同意があった場合、そこに記載された立会人の指示説明自体を供述証拠として用いることができるかどうかについては、争いがある。刑訴321条3項の書面に対して同意をする当事者の意思は、普通、同項が定める真正作成証言の手順は求めないというものであろう。また、「現場の状況」という立証趣旨に対して同意があった場合に、立会人の指示説明を供述証拠として用いることは、立証趣旨を超える。したがって、通常は、さらに明示的な同意がない限り、指示説明自体を供述証拠として、その説明内容に沿う事実の存在を推認する根拠とすることは避けるべきである。

4　証明力の争い

本条の同意をした当事者も、その証拠の証明力を争うことは禁じられない。供述者の証人尋問を請求することができるかどうかについては、Ⅱに前述した。

5　任意性を欠く自白など

任意性を欠く自白について、被告人の同意によって証拠能力が付与されるかどうかが問題となる。また、伝聞証拠が違法収集証拠でもある場合に、本条の同意によって証拠能力が付与されるか、さらに進んで、証拠物など伝聞証拠ではない違法収集証拠に対して、同意によって証拠能力が与えられるかどうか、争いがある。本条は、その文言から明らかなとおり、伝聞証拠禁止原則の同意による解除を定める。したがって、他の理由によって証拠能力が制限される場面にそのまま適用することはできない。しかし、証拠能力について当事者の処分権を認める本条の考え方が、他の場面でも類推的に適用できるかどうかが問題である。裁判例には、警察官からの暴行により任意性に疑いのある自白は、相当性の要件を欠くから、同意によって証拠能力は生じないとしたものがある[593]。基本的な考え方は、法が証拠能力を否定することによって実現ないし保持しようとする利益が、被告人が放棄することのできる性質のものかどうかによって、同意の可否を決めるべきであろう。ただし、通常は、被告人が争わなければ、裁判所が、自白の任意性などを疑うきっかけがないので、そのまま採用されることになる。違法収集証拠を証拠とすることの同意の効果について

---

[592]　ただし、いずれの公訴事実にも争いがなかったなどの理由から、他の公訴事実に関する証拠としても同意があったものとして扱った裁判例もある。福岡高判昭29・9・16高刑集7巻9号1415頁。

[593]　大阪高判昭59・6・8高刑集37巻2号336頁。

も、証拠排除の目的に遡って判断するべきであろう。

6　同意の撤回

　同意の撤回は、訴訟手続の進行を混乱させることになるので、通常は認められない[594]。例外的に、やむを得ない事情があって証拠調べの実施前に撤回の申し出があったとき、それによって相手方の利益が大きく害されないのであれば、認めることもできるであろう。

（後藤　昭）

（合意書面の証拠能力）

第327条　裁判所は、検察官及び被告人又は弁護人が合意の上、文書の内容又は公判期日に出頭すれば供述することが予想されるその供述の内容を書面に記載して提出したときは、その文書又は供述すべき者を取り調べないでも、その書面を証拠とすることができる。この場合においても、その書面の証明力を争うことを妨げない。

I　本条の趣旨

　本条は、両当事者が合意の上で提出する書面に証拠能力を与える。その書面とは、別の文書の内容またはもし供述者を公判期日に出頭させればそこでされるであろう供述の内容を記載したものである。本条によって提出される書面は、**合意書面**と呼ばれる。刑訴326条に基づく同意書面が、同意以前に存在する書面に対して証拠とすることを同意するものであるのに対して、本条の合意書面は、合意に基づいて新たに作成される書面である。たいていは、予想される供述内容を簡潔にまとめたものとなる。合意書面は、争いのない事実を簡便に立証する手段として適している。

　同意書面が従来から活用されていたのに対して、合意書面はあまり使われていなかった。しかし、近時、特に裁判員裁判において、余計な情報を省きつつ、争いのない事実を効率的に立証するための手段として、合意書面が改めて注目されている。刑訴規198条の2は、争いのない事実の立証方法として同意書面と合意書面を奨励することを示唆している。

II　合意の対象

　合意の対象は、条文の文言上、「文書の内容又は公判期日に出頭すれば供述

---

[594]　東京高判昭47・3・22判タ278号393頁。

することが予想されるその供述の内容」である。ここから典型的には、ある1人の供述者が述べるであろう証言内容の要点をまとめた文書が想定できる。ただし、実際の運用では、複数の者の供述を合わせてまとめるものや、さらには供述者を特定しないままに事実を記載する合意書面もある。これらの書面は、条文が本来想定している形からは離れる嫌いがある。しかし、条文は供述者を書面上に特定することを要求していはいない。また、争いのない事実を能率的に立証するという合意書面の役割を考えると、このような供述者を特定しない供述内容の合意による記載も許されるであろう。最近の実務に現れる**統合捜査報告書**は、同意書面の形式をとりながら、機能において合意書面に近い。

さらに進んで、最近では、供述内容ではなく、認定されるべき事実自体についての合意を記載することも許されるという見解がある[595]。条文の文言上は、事実自体についての合意の記載は予定されていないと考えざるを得ない。しかし、実在する人が供述し得る内容の事実であれば、供述者を特定しないまま事実を記載することは許される。その結果、事実自体についての合意を記載するのとほぼ同様の書面を作成することができると、理解すべきであろう。

Ⅲ　合意書面の効果

本条2文は、合意した当事者が、書面の証明力を争うことができることを定めている。そのため、合意書面は、あくまで証拠の一種であって、その記載内容である事実を証明不要とする効果はもたないというのが、従来の通説である。その点で、アメリカ法における事実についての合意とは異なる。確かに、現行法上、合意書面に裁判所の事実認定を拘束する効果を認めることはできない。

しかし、現実には、供述内容の信頼性を争う当事者が合意をすることは考えにくい。そのため合意書面の実際的な機能は、事実についての合意に近いものとなる。この合意は裁判所に一定の事実認定を強制する効果はもたないものの、合意書面に示された事実については、特に反対証拠が現れない限り、それ以上の立証なしに事実と認定することができるという、推定の効果を認めることはできるであろう[596]。ただし、それによって**自白の補強法則**（刑訴319条2項）の制約を回避することはできない。もし、合意書面が自白の補強証拠となり得るとすれば、それは**有罪の答弁**の制度を認めるのと同じ結果になる。現行法が、この制度を認めないと解する以上、合意書面は、自白の補強証拠にはならない

---

[595] 杉田宗久「合意書面を活用した『動かし難い事実』の形成—裁判員制度の導入を見据えて」、小林充先生＝佐藤文哉先生古希祝賀『刑事裁判論集（下巻）』（2006年）689-690頁。

[596] 村岡啓一「合意書面の功罪」季刊刑事弁護46号（2006年）34頁は、合意書面に争いのない事実を「攻防の対象外とする」効果を認めようとする。

と考えなければならない。

(後藤　昭)

> **（証明力を争うための証拠）**
> **第328条**　第三百二十一条乃至第三百二十四条の規定により証拠とすることができない書面又は供述であつても、公判準備又は公判期日における被告人、証人その他の者の供述の証明力を争うためには、これを証拠とすることができる。

I　本条の趣旨

1　実質証拠との違い

　本条1項は、刑訴321条から刑訴324条の「規定により証拠とすることができない」もの、すなわち伝聞例外に当たらない法廷外供述であっても、公判準備または公判期日における供述の「証明力を争う」目的では、証拠とすることができる旨を定める。これは法廷外の供述を**実質証拠**として利用することを認めるものでなく、法廷供述の証明力を判断するための**補助証拠**としての利用に限って認める趣旨である。したがって、本条によって採用された証拠から、直接に一定の事実を認定することはできない[597]。本条によって採用した証拠を有罪判決の証拠の標目（刑訴335条1項）に挙げてはならない。本条による証拠採用の典型例は、**自己矛盾供述**による弾劾である。

2　理解の対立と判例

　以上のような共通の理解にもかかわらず、本条の理論的な意味、適用範囲などについては、長く理解の対立があり、判例も統一されていなかった。しかし、2006（平成18）年に本条の適用範囲を限定する最高裁判所の判例[598]が現れ、判例は統一される方向に向かっている。本条の趣旨についての諸説と判例は、次のようにまとめることができる。

(1)　無制限説

　供述の証明力を争うという目的であれば、伝聞証拠一般が許容されるという理解である。これによれば、他人の不一致供述による弾劾や、他人の一致供述による増強が許されることになる。古い高裁判例には、このような理解が見られた。しかし、これによれば伝聞証拠禁止原則が実質上潜脱されることになる。2006年判例は、このような古い高裁判例を変更した。

---

[597]　最三小決昭28・2・17刑集7巻2号237頁。
[598]　最三小判平18・11・7刑集60巻9号561頁。

(2) 限定説

　この説は、しばしば本条の適用対象を自己矛盾供述に限る説として紹介される。現在の多数説であり、最近の高裁判例には、この立場を採るものが多かった。2006年判例も、本条により許容されるのは、法廷供述者の自己矛盾供述に限ると述べて、この立場を採ることを明らかにした。自己矛盾供述の存在、すなわち同一人が別の機会に矛盾する供述をしたという事実は、「ときによって発言を変える人だ」という推論をもたらすことによって、法廷供述の信用性を低める。この推論は、法廷外供述が信用できることを前提としない。したがって、この自己矛盾供述は供述証拠ではなく、もともと伝聞証拠ではない。つまり、限定説の実質は、法廷外の供述の存在自体が、法廷供述の証明力を上下する効果を持つときにその限度で利用を認めるという理解である。これによれば、本条は伝聞例外を認める規定ではなく、法廷外供述の非供述証拠としての利用可能性とその場合の利用限度とを注意的に定めたに止まることになる。Ⅳ2に述べるとおり、自己矛盾供述以外にも、同様に非供述証拠としての法廷外供述が補助証拠となりうる場合がある。したがって、自己矛盾供述に限る説と呼ぶよりも、非供述証拠としての利用に限る説と呼ぶ方が正確である。2006年判例も、文字通りに自己矛盾供述に限る趣旨と理解するべきではない。

(3) 補助事実説

　供述の証明力に関する補助事実については、伝聞証拠の利用を認めるのが本条の趣旨であるとする理解である。これによれば、たとえば証人の観察能力、利害関係などを伝聞証拠によって認定してもよいこととなる。この理解は、条文の文言には合っている。しかし、その実質は、補助事実については自由な証明で足りるとするのとほぼ同様の結果となるため、少数説に止まっている。2006年判例は、自己矛盾供述の存在自体を伝聞証拠で認定することはできないとしているので、少なくともその限りでこの説を否定したことになる。この判例の下でも、自己矛盾供述以外の補助事実は元々自由な証明の対象だから、伝聞証拠によっても立証できるとするという説が、裁判実務には多い。しかし、補助事実の中で自己矛盾供述に限って厳格な証明を要求するべき根拠があるかどうかは、疑問である。

(4) 片面的無制限説

　被告人側が提出する証拠については、(1)の無制限説によりつつ、検察官側が提出する証拠については、非供述証拠としての利用に限定する理解である。これは、主として、本条の文言上は無制限説が導かれるとしつつ、検察官側の立証にこれを適用することは、憲37条2項に反する結果となるという、理解に基づいている。しかし、刑訴320条は、被告人側が提出する伝聞証拠も禁止しているのに、本条について片面的な理解をするのは一貫しないため、この説も一般的に受け入れられてはいない。2006年判例も、弁護人が請求した証拠について、限定的な解釈を当てはめているので、この説を否定したことになる。

Ⅱ　本条の証拠となる形式的条件

　本条の証拠となる法廷外供述の存在自体は、証拠能力のある証拠で証明される必要がある。2006年判例は、自己矛盾供述の存在は厳格な証明を要するとして、これを確認した。原供述者の署名も押印もない供述録取書は、録取の過程に伝聞性があるので、本条によっても使えない。原供述者の署名または押印のある供述録取書は、供述書と同視できるので、供述の存在を示す目的では伝聞証拠ではないから、本条の証拠となり得る。供述が違法収集証拠として排除されるべき場合には、本条の証拠としても使えない。任意性を欠く自白についても、同様に考える説が有力である※599。判例は、法廷での供述の後に作成された供述調書なども、本条により採用が可能であるとする※600。これについては、供述者への働きかけの危険や公判中心主義の観点から、批判もある。

Ⅲ　証明力を争う対象

　本条で、証明力を争う対象となる典型例は、証人の供述である。それに加えて、被告人、鑑定人などの供述も対象となりうる。条文の文言は、証明力を争う対象を「公判準備又は公判期日における供述」としている。しかし、実務上、伝聞例外または刑訴326条の同意書面として採用された書面も、直接の供述と同様に本条により証明力を争う対象になりうるという理解が一般的である。

Ⅳ　証明力の争い方

1　弾劾・回復・増強

　供述の証明力に関する補助証拠の種類として、弾劾、回復、増強という類型が考えられる。**弾劾証拠**は、実質証拠たる供述の証明力を減殺するものであり、**回復証拠**は弾劾された供述の証明力を復活させるものである。増強証拠は、弾劾を前提とせずに供述の証明力を高めるものである。弾劾と回復は「証明力を争う」という文言に合致するのに対して、増強はそれに当たらないから、本条でも許されないと説かれることがある。しかし、証明力を弾劾される前に、予防的にこれを高める立証をすることはありうるので、このような区別は、あまり実質的ではない※601。現在の多数説である、限定説すなわち非供述証拠としての利用に限る説からは、むしろ重要なのは、伝聞証拠としての利用となるか

※599　判例として、最三小決昭28・2・17刑集7巻2号237頁。
※600　最二小判昭43・10・25刑集22巻11号961頁。
※601　刑訴規199条の3第2項は、主尋問において「供述の証明力を争うため」に必要な事項の尋問を許している。

否かの区別である。たとえば、Aの法廷での証言の証明力を増強または回復するために、Bの法廷外での一致する供述を用いるためには、Bの供述にある程度の信用性があることを前提にしなければ意味がない。これは伝聞証拠としての利用に他ならないから、限定説に立つ限り、本条でも使えないことになる。本条によっても増強証拠は許されないといわれる実質的な理由は、増強証拠としての利用は、伝聞証拠としての利用になる場合が多いからである。他人の不一致供述による弾劾も、これと同様の理由で、認められない。これらと異なり、A自身が法廷外で、法廷供述と矛盾する発言をしたという事実は、法廷外供述の信用性を前提とせずに弾劾証拠となるから、非伝聞であり、本条の対象となると説明できる。

2　一致供述による回復

　同一人の一致供述を回復証拠と使うことができるか否かも、しばしば議論される。たとえば法廷での供述が証人の利害関係の存在によって弾劾された場合、その利害関係が生じる以前にも同趣旨の供述をしていたことを示す捜査段階での供述調書などは、法廷供述と指摘された利害関係との因果関係を否定する証拠となる。この推論は以前の供述の信用性を前提としなくても成り立つから、伝聞証拠としての利用ではなく、本条で回復証拠としての利用が許される。法廷供述が自己矛盾供述の存在によって弾劾された場合に、それ以前または以後の同一人の一致供述によって回復することができるか否かは、問題である。多数説は、これを弾劾に対する弾劾であるから許されるとする※602。しかし、自己矛盾供述による弾劾は、機会によって発言を変える供述者の信頼性に対する弾劾である。別の機会に法廷供述と一致する供述をしたからといって、供述者の信頼性が回復するかどうかは疑問である。むしろかえって、しばしば発言を変える人だという推論をもたらすかもしれない。そもそも弾劾証拠としての自己矛盾供述は信用性を前提としない非供述証拠であるから、それを弾劾することに意味はない。このような一致供述による回復を一般的に認めるためには、1度発言したことより2度発言した内容の方が信用できるという経験則を前提にしなければならない。

　ただし、自己矛盾供述によって弾劾された場合に、その自己矛盾供述をした際には、脅かされていたなどの特殊な事情があり、そのような特殊事情のない場面では一貫した供述をしていることを示すのであれば、確かに同一人の一致供述に回復証拠としての意味がある。この場合の自己矛盾供述の原因となった特殊事情※603を伝聞証拠によって立証できるか否かは、補助事実について自由

※602　東京高判昭54・2・7判時940号138頁は、その趣旨に理解されている。

※603　前掲※602の事案を例にすれば、自己矛盾供述に当たる供述書に弁護人から署名を求められた経緯が、それに相当する。

な証明を認めるか否かに係る。

(後藤　昭)

第2編第3章第5節　公判の裁判

（管轄違いの判決）
第329条　被告事件が裁判所の管轄に属しないときは、判決で管轄違の言渡をしなければならない。但し、第二百六十六条第二号の規定により地方裁判所の審判に付された事件については、管轄違の言渡をすることはできない。

I　本条の趣旨

管轄権のない裁判所に公訴提起がなされた場合は、原則として、管轄違いの判決を言い渡さなければならない（ただし、例外は本条但し書、刑訴330条、刑訴331条）。**管轄**は、**土地管轄**（刑訴2条、刑訴6条）と**事物管轄**（刑訴3条、裁16条4号、裁24条2号、裁33条1項2号）の双方を含む。

II　土地管轄

土地管轄の基準となる被告人の住所・居所は、**公訴提起時を標準**とする。公訴提起後に被告人の住所・居所が変更されても、管轄に影響しない。一方、公訴提起時に土地管轄権を有しない場合、起訴後の被告人の住所等が管轄区域内に変更されても、管轄の瑕疵は治癒されないとするのが通説である。犯罪地に当たるか否かは、訴因を基準に判断すべきものである。

III　事物管轄

1　事物管轄の有無の判断基準

事物管轄の有無は、訴因を基準に判断する。訴因が択一的に記載されている場合は、最も重い罪の訴因によるべきであろう。また、訴因が予備的に記載されている場合は主位的訴因によるべきであろう。この場合、主たる訴因が放火（刑108条）、予備的訴因が失火（刑116条）として地方裁判所に公訴提起があり、審理の結果、放火の事実が認められないときは、それに代わる失火は地方裁判所の管轄に属さないから管轄違いの判決がなされるべきである。

2 訴因変更があった場合の事物管轄の判断基準

審理の途中で訴因変更があった場合の事物管轄の有無は、**変更された訴因を基準**に判断する。たとえば、地方裁判所において放火の訴因が失火の訴因に変更されたときは、もはや同裁判所の事物管轄ではなくなるから、管轄違いの判決を言い渡す。もっとも、判例は、簡易裁判所において失火から放火への訴因変更の結果、同裁判所が管轄権を失うに至った場合、管轄違いの判決ではなく、刑訴332条により管轄地方裁判所へ移送することができるとしている※604。

3 公訴提起時に事物管轄権を欠く場合

原則として、事物管轄は、公訴提起時から判決時まで存在しなければならない。公訴提起時に事物管轄権を欠く場合は、公訴提起後にその瑕疵の治癒は認められないというのが通説である。これに対して、判例では、公訴提起時の訴因では事物管轄権がなくても、事物管轄権のある訴因に変更すれば、そのまま実体審理をしてよいとしている※605。

Ⅳ 管轄違いの判決の効果

管轄違いの判決が確定すれば、その確定判決は後訴の裁判所を拘束する。したがって、同一事件について訴因の変更をしないまま同一裁判所に再起訴しても、公訴棄却の判決（刑訴338条4号）が言い渡される。管轄違いの判決には一事不再理の効力は生じないから、管轄裁判所に再起訴することは許される。

管轄違いの判決があっても、従前の訴訟手続の効力は失われない（刑訴13条）。管轄違いの判決の宣告があっても、勾留はその判決確定まで失効しない（刑訴345条参照）。管轄裁判所への再起訴が考えられるので、その間の身柄確保に配慮したものである。もちろん、管轄違いの判決が確定すれば勾留も失効し、押収も解除される（刑訴346条）。

Ⅴ 付審判決定があった場合（本条但し書）

付審判決定（刑訴266条2号）により事件を審判に付した場合には、誤って管轄権のない地方裁判所の審判に付したときであっても、管轄違いの言渡しをすることはできない。

（高倉新喜）

※604 最二小判昭28・3・20刑集7巻3号597頁。
※605 最二小決昭29・9・8刑集8巻9号1471頁参照。

956 第330条（管轄違い言渡しの例外1）

> **（管轄違い言渡しの例外1）**
> **第330条** 高等裁判所は、その特別権限に属する事件として公訴の提起があつた場合において、その事件が下級の裁判所の管轄に属するものと認めるときは、前条の規定にかかわらず、決定で管轄裁判所にこれを移送しなければならない。

　本条は、特別権限事件として高等裁判所に公訴提起があった事件について、下級裁判所の管轄に属すると認められる場合でも、管轄違いの言渡しをすることなく、管轄裁判所へ移送すべきことを定めたものであり、刑訴329条の**例外規定**である。「**高等裁判所の特別権限に属する事件**」とは、同裁判所が例外的に第一審の事物管轄をもつ事件であり、刑77条から刑79条にかかわる訴訟（裁16条4号）がこれに当たる。

　「**下級裁判所の管轄に属する**」場合とは、特別権限事件として高等裁判所に公訴提起された事件が、起訴状に記載された訴因自体において当初から特別権限事件に当たらない場合と、訴因には特別権限事件が掲げられているものの、審理の結果これに当たらず、訴因変更によって下級裁判所の管轄に属する事件であることが明らかになった場合の両方がある。

　本条の移送の決定は、**公訴提起後で実体判決言渡し前**であればいつでもできる。移送決定があっても、それまでの訴訟手続は有効である（刑訴13条参照）。ただし、移送を受けた下級裁判所では、刑訴315条に準じて公判手続の更新の手続をすることが必要である。

（高倉新喜）

> **（管轄違い言渡しの例外2）**
> **第331条** 裁判所は、被告人の申立がなければ、土地管轄について、管轄違の言渡をすることができない。
> ② 管轄違の申立は、被告事件につき証拠調を開始した後は、これをすることができない。

　土地管轄は、**主として被告人保護のための制度**であるから、被告人の異議がなければ、土地管轄の問題を取り上げる実益はない。そこで本条は、被告人から管轄違いの申立てがない限り、管轄違いの言渡しができず、そのまま実体審理をすべきことを規定した。なお、本条は、起訴が土地管轄なき裁判所にされた場合のみならず、刑訴332条により、誤って土地管轄のない地方裁判所に移

第332条（地方裁判所への移送）　957

送があった場合にも適用がある※606。

　管轄違いの申立ての方式については特別の定めはない。書面または口頭で申立てることができる（刑訴規296条1項）。公判期日に公判廷においてすることもできるし、公判期日外にすることもできる。弁護人も、被告人を代理して管轄違いの申立てをすることができる。

　管轄違いの申立ては、**被告事件について証拠調べが開始された後**はすることができない（本条2項）。証拠調べ開始後の申立ては許されないとしたのは、被告人が被告事件について陳述を行うなど、土地管轄の利益を放棄し、訴訟の進行に応じる態度を示したと認められるからである。「証拠調を開始した後」（本条2項）とは、検察官の冒頭陳述が開始された後のことである。

（高倉新喜）

第
2
編
第
3
章

> **（地方裁判所への移送）**
> **第332条**　簡易裁判所は、地方裁判所において審判するのを相当と認めるときは、決定で管轄地方裁判所にこれを移送しなければならない。

I　本条の趣旨

　本条は、簡易裁判所が、地方裁判所と競合して管轄権を有する事件（裁24条2号・裁33条1項2号）について、地方裁判所で審判をするのを相当と認めた場合に、決定で管轄地方裁判所へ移送することができることを認めたものである。

II　「相当と認めるとき」

　第1は、裁33条2項による科刑権の制限を超える刑を科するのが相当であると認められる場合（選択刑として罰金が定められている罪で、禁錮や懲役を科するのが相当と認められる場合など）である。

　第2は、事実問題や法律問題が複雑困難であるため、簡易裁判所の審理に適さない場合である。

　第3は、数個の関連事件が簡易裁判所と地方裁判所とに各別に係属している場合で、地方裁判所で併合して審理するのが適当である場合である。

　第4は、審理の結果、簡易裁判所の事物管轄に属さない事件であるとの疑いが生じた場合（窃盗の訴因で起訴されていたのに、強盗の疑いが生じた場合など）である。この場合、簡易裁判所は管轄権をもたないので、本来であれば管轄違いの判決をするべきであるが、判例においては、訴因変更後に移送するこ

※606　最二小決昭33・10・31刑集12巻14号3429頁。

とも、訴因変更の請求に対する許可決定を留保して移送することも許している[607]。

Ⅲ 「管轄地方裁判所」

「管轄地方裁判所」とは、当該事件について、土地管轄・事物管轄をもつ地方裁判所をいう。移送の決定は、主文で移送先の管轄地方裁判所を明示して行わなければならない。なお、土地管轄の決定の基準は、公訴提起時の被告人の住所・居所であるが、公訴提起後に変動した場合は移送時のそれによって差し支えない。

管轄権のない地方裁判所に移送することは違法であるが、移送決定には不服申立ての手段がないため、移送を受けた地方裁判所に訴訟係属が生じることになる。もっとも、移送を受けた地方裁判所は、管轄権がないと判断したときは管轄違いの言渡しをすることになる[608]。ただし、土地管轄については刑訴331条の適用を受け、被告人の申立てがなければ管轄違いの言渡しができない[609]。

Ⅳ 移送決定の手続

本条の移送は、職権で決定をもって行うのであり、当事者に申立権はない。本条の決定に対しては抗告ができない（刑訴420条1項）。移送を受けた地方裁判所は、相当性がないと判断しても、元の裁判所へ逆送することはできない。そうであれば、当事者の意見を聴いた上で移送の決定を行うのが妥当であろう。なお、移送決定の時期については、何らの制約もない。判決宣告前であればいつでもできる。

Ⅴ 移送の効果

移送決定により訴訟係属は移送を受けた裁判所に移転するので、簡易裁判所は訴訟記録を地方裁判所に送付しなければならない。事件の移送があったからといって、それまで簡易裁判所でした訴訟手続が効力を失うわけではない[610]。もっとも、移送を受けた地方裁判所において刑訴315条に準じて公判手続の更

---

[607] 最二小判昭28・3・20刑集7巻3号597頁。

[608] 最三小決昭39・12・25刑集18巻10号978頁。

[609] 最二小決昭33・10・31刑集12巻14号3429頁。

[610] 最二小判昭26・4・13刑集5巻5号898頁。

新をしなければならない。

(高倉新喜)

（刑言渡しの判決、刑の執行猶予の言渡し）
第333条　被告事件について犯罪の証明があつたときは、第三百三十四
条の場合を除いては、判決で刑の言渡をしなければならない。
②　刑の執行猶予は、刑の言渡しと同時に、判決でその言渡しをしなけ
ればならない。猶予の期間中保護観察に付する場合も、同様とする。

　本条は、裁判所が起訴状に記載の訴因について犯罪の証明があったと認める
ときに、刑の免除の判決（刑訴334条）の場合を除いて判決で刑の言渡しをしな
ければならないこと、刑の執行猶予の場合と保護観察の場合にも刑の言渡しと
同時に判決でその旨の言渡しをしなければならないことを規定する。

　「犯罪の証明があったとき」とは、「通常人なら誰でも疑を差挟まない程度
に真実らしいことの確信を得ることで証明ができた」ときを意味する※611。す
なわち、合理的な疑いを超える程度の確証が得られたときをいう。その確信に
至らない場合は「疑わしきは被告人の利益に」の原則に従って無罪としなけれ
ばならない。

　犯罪事実の認定は**特定性**を必要とする。しかし、裁判所がいくら証拠調べを
行っても最終的に一義的に特定の犯罪事実を認定できない場合がありうる。す
なわち、被告人が、甲事実または乙事実のいずれかを行ったことは間違いない
が、そのいずれの事実についても合理的疑いを超える証明がない場合に、いわ
ゆる**択一的認定**が許されるかが問題となる※612。特に問題なのは、構成要件を
異にする甲事実と乙事実の間に包摂関係がない場合である※613。たとえば、被
害者の死亡時期が不明であるために、死体遺棄か保護責任者遺棄かが確定でき
ない場合である。この場合、被告人が「死体遺棄または保護責任者遺棄を行っ
た」という択一的認定をすることは、両罪のどちらでもない犯罪で有罪とする
に等しく、類推を禁じた罪刑法定主義に反するから許されない。しかし、被告
人に有利な死体遺棄の限度で事実を認定すべきか、いずれの事実についても証

※611　最一小判昭23・8・5刑集2巻9号1123頁。
※612　大澤裕「刑事訴訟における『択一的認定』(1)-(4)完」法学協会雑誌109巻6号（1992
　　年）919頁、111巻6号（1994年）822頁、112巻7号（1995年）921頁、113巻5号（1996
　　年）711頁参照。
※613　両者に包摂関係がある場合は、最三小決昭33・7・22刑集12巻12号2712頁参照。

明がないとして無罪を言い渡すべきかをめぐっては、議論が分かれる※614。

　刑の言渡しは、有罪判決の主文において具体的な宣告刑を定めて行われる（たとえば「被告人を懲役〇年及び罰金〇円に処する」）が、犯罪事実との関係は理由中において説明される。もっとも、刑45条後段の併合罪の場合で複数の罪を認定しそれぞれ別個の刑を言い渡す場合、刑48条2項の適用がない場合、刑53条2項により2個以上の拘留または科料を併科する場合には、各犯罪事実と刑の関係を明らかにしなければならない（たとえば「被告人を理由第1の罪につき懲役〇年、理由第2の罪につき懲役〇年に処する」）。

　有罪判決において主文で言い渡されるのは、主刑（刑9条）、刑の執行の減軽または免除（刑5条）、未決勾留日数の算入（刑21条）、労役場留置（刑18条）、刑の執行猶予（刑25条）、保護観察（刑25条の2）、補導処分（売春17条、売春20条）、没収（刑19条等）、追徴（刑19条の2等）、被害者還付（刑訴347条）、仮納付（刑訴348条）、訴訟費用の負担（刑訴181条）、公民権の不停止または停止期間の短縮（公選252条4項）である。主文の配列は、実務上、上に記載した順序と同じ順によるのが通例である。なお、刑訴334条の刑の免除は主文の冒頭に記載する。

（高倉新喜）

（刑の免除の判決）
第334条　被告事件について刑を免除するときは、判決でその旨の言渡をしなければならない。

　本条は、**有罪判決の一種**である刑の免除も判決でその旨を言い渡さなければならないことを定めたものである。なお、刑の免除は、刑を言い渡した上でその執行を免除する「刑の執行の免除」（刑5条但し書、刑31条、恩赦8条）とは異なる。

　刑の免除には、必要的な場合（刑43条但し書、刑80条、刑93条但し書、刑244条1項、刑257条1項等）と任意的な場合（刑36条2項、刑37条1項但し書、刑105条、刑113条但し書、刑170条、刑173条、刑201条但し書等）とがある。

　刑の免除の言渡しは、判決主文において「被告人に対し刑を免除する」と言い渡されるが、有罪判決の一種であるから刑訴335条1項、刑訴335条2項の適用がある。

※614　前者の見解に立つのが札幌高判昭61・3・24高刑集39巻1号8頁、後者の見解に立つのが大阪地判昭46・9・9判時662号101頁。なお、最三小決平13・4・11刑集55巻3号127頁は、殺人の共同正犯内部で実行行為者が確定できない場合には、実行行為者に関する択一的認定が許されるとした。

第335条（有罪判決に示すべき理由）　*961*

　刑の免除は、実体判決として一事不再理の効力をもつから、刑の免除の判決のあった訴因と公訴事実の同一性が認められる範囲において再起訴が禁止される（刑訴337条1号）。
　なお、刑の免除とは異なる刑5条但し書に基づく刑の執行の免除（または減軽）も、裁判所が刑の言渡しと同時に判決主文においてなすべきものと解されている[615]。

（高倉新喜）

（有罪判決に示すべき理由）
第335条　有罪の言渡をするには、罪となるべき事実、証拠の標目及び法令の適用を示さなければならない。
②　法律上犯罪の成立を妨げる理由又は刑の加重減免の理由となる事実が主張されたときは、これに対する判断を示さなければならない。

I　本条の趣旨

　およそ裁判には理由を付さなければならない（刑訴44条1項）。本条は、特に有罪判決は被告人にとって重大な法律効果をもつために、特別に詳細な理由説明（罪となるべき事実、証拠の標目及び法令の適用、本条2項に規定する主張に対する判断）を要求している。その目的は、裁判の正当さを明らかにして、訴訟関係人を納得させ、かつ、不服申立てがあったときに上訴審の審査に資するためであるとされる。しかし、それだけでなく、公開原則（憲37条1項、憲82条1項）の趣旨からして、国民を納得させるためでもあると解すべきであろう。実務上、有罪判決の主文の箇所には刑を示し罪名は記さない（罪名は、理由中の法令の適用の箇所に示される）。理由の箇所は、**「罪となるべき事実」**、**「証拠の標目」**、**「法令の適用」**の順で記載され、**本条2項に規定する主張**に対する判断は、「証拠の標目」ないし「法令の適用」の後に記載されるのが通例である。**「有罪の言渡」**とは、刑の言渡し（刑訴333条1項。刑の執行猶予の言渡し（刑訴333条2項）及び刑の執行の免除の言渡し（刑5条但し書）も含む）と刑の免除の言渡し（刑訴334条）のことである。

II　罪となるべき事実

　(a)**罪となるべき事実とは、犯罪構成事実**を意味し、基本的には刑訴317条の

---

[615] 最一小判昭29・12・23刑集8巻13号2288頁、最一小判昭30・2・24刑集9巻2号374頁。

要証事実、刑訴256条の訴因＝公訴事実に相応する。すなわち、最小限度起訴状における訴因と同程度の記載を要する（刑訴256条3項参照）。刑訴規218条は、判決書に、起訴状に記載された公訴事実を引用することを認めているが、このことから考えても、行為の日時、場所及び方法をもって、判決の対象を特定しなければならない。罪となるべき事実として示すべきことは、構成要件該当の具体的事実である。それは、基本的構成要件だけでなく、その修正形式（未遂、予備、共犯）をも含むが、場所的・時間的に特定されていなければならない。判例は、日時、場所、方法等は、罪となるべき事実そのものに属さないとするが※616、犯罪事実を特定するために不可欠である以上、必ず記載すべきであろう。罪となるべき事実は、構成要件該当性があり、かつ、違法性及び有責性を備えていなければならないが、構成要件該当性が示されれば違法性・有責性が一応推定されるので、特に問題となる場合のほかは、違法性・有責性に関する事実は具体的に示す必要はない。(b)処罰条件が必要とされる犯罪については、この条件を満たす事実を示さなければならない。処罰条件は構成要件の要素だからである。刑の加重減免理由となる事実も同様である。もっとも、これが必要的加重減免理由（たとえば、累犯加重（刑56条、刑57条）、自首免除（刑80条）等）に限られるのか、任意的加重減免理由にまで及ぶのかについては争いがある。通説は、必要的加重減免理由に限られ、任意的加重減免理由は含まないとする。なお、択一的認定については、刑訴333条の解説参照。

Ⅲ　証拠の標目

　「証拠の標目」とは、「罪となるべき事実」を認定する証拠の同一性を示す標題・種目である。したがって、たとえば、「被告人の当公判廷における供述」とか「押収にかかるピストル（証×号）」という形で記載すれば足りるものとされている。また、証拠は「罪となるべき事実」に対応するので、それ以外の事実については、証拠の挙示を必要としない。これは、判決書よりも審理自体に裁判官の努力を集中させようとしたものである。旧法のように、罪となるべき事実について「証拠によって認めた理由」（旧刑訴360条1項）を説明する必要はない。このように現行法は証拠標目主義を採用しており、通説・判例もこれを支持している。証拠の挙示が事実認定の合理性を担保するものである以上、少なくともどの証拠でどの事実が認定されたかが了解可能でなければならない

※616　最一小判昭24・4・14刑集3巻4号547頁、最大判昭33・5・28刑集12巻8号1718頁。

が※617、証拠を取捨した理由を示す必要はなく※618、証拠による心証形成の過程を説明する必要もない※619。もっとも、実務では、被告人が激しく争っている場合には、証拠の標目を掲げた後に心証形成の理由を説明している例が多い。

IV　法令の適用

　認定事実に対して裁判所がいかなる実体刑罰法規を適用し、判決主文の刑をいかにして導き出したのかを明示しなければならない。刑罰権を画する働きをしている法令の適用については、すべてこれを明示すべきである※620。これは罪刑法定主義及び適正手続（憲31条）の要請である。実務上は、刑罰各本条の適用、未遂と共犯などの修正形式の適用、科刑上一罪の処理、刑種の選択、累犯加重、法律上の減軽、併合罪の加重、酌量減軽、宣告刑の決定という順に示される（刑72条参照）。法令適用の標記方法としては、文章方式、羅列方式と呼ばれるものがあるが、羅列方式も適法とされている※621。

V　その他の判決理由

1　累犯前科及び確定裁判

　累犯前科及び確定裁判は、通常独立の箇所として、「証拠の標目」の箇所と「法令の適用」の箇所の間に示される。累犯前科は刑の法定加重の事実として構成要件に準じるものとされるので※622、判決中に認定判示することを要する※623。確定裁判の存在についても、主文に影響することが明らかなものは、認定判示する。

2　量刑の理由

　量刑の理由を示すことは法律上必要とされていない。しかし、有罪判決においては事実認定と並んで量刑が被告人にとって重要であること、多くの事件で主たる争点が量刑にあることなどから、刑訴44条の要請としてこれを示すことが必要であると考えられる。量刑の理由は、「法令の適用」の箇所の次に独立

※617　最三小判昭25・9・19刑集4巻9号1695頁、最三小判昭26・4・17刑集5巻6号963頁。

※618　最三小決昭34・11・24刑集13巻12号3089頁。

※619　ただし、最三小判昭37・8・21刑集16巻8号1303頁参照。

※620　ただし、最一小判昭24・1・20刑集3巻1号40頁参照。

※621　最三小判昭28・12・15刑集7巻12号2444頁。

※622　最二小判昭39・5・23刑集18巻4号166頁、最大決昭33・2・26刑集12巻2号316頁。

※623　最大判昭24・5・18刑集3巻6号734頁。

964　第336条（無罪の判決）

の箇所として示されることが多いが、「法令の適用」の箇所の中で示しているものもある。

3　法律上犯罪の成立を妨げる理由または刑の加重減免の理由となる事実（本条2項）

(a)このことについて当事者から主張があったときは、明示的にその判断を示さなければならない※624。当事者の主張採否の結論のみでなく、その理由についても説明をしなければならない。これは、当事者の主張が認められなかった場合でもこれを裁判所が無視しなかったことを明らかにするという当事者主義のあらわれである。この主張に対する判断は、「弁護人の主張に対する判断」などの表題を設けて示される。(b)**「法律上犯罪の成立を妨げる理由」**には、構成要件該当性阻却事由（名誉毀損罪における真実性（刑230条の2）、賭博罪における娯楽性（刑185条但し書））、違法性阻却事由、責任阻却事由だけでなく、一般的・超法規的な阻却事由も含まれる。判例上、正当防衛、緊急避難、心神喪失、自救行為等が取り上げられている。なお、構成要件事実の不存在の主張（単純否認）と構成要件事実と相容れない事実（積極否認）の主張は、本条2項の主張に当たらない。たとえば、故意の不存在の主張、共謀ないし実行行為の不存在の主張、不能犯の主張、事実の錯誤の主張、誤想防衛の主張、微罪の主張、可罰的違法性の欠如の主張等は、本条2項の主張に当たらない。(c)**「法律上刑の加重減免の理由」**とは、法律上必要的加重減免事由（累犯（刑56条、刑57条）、心神耗弱（刑39条2項）、中止未遂（刑43条但し書）、自首免除（刑80条）等※625）に限るというのが判例※626、通説である。しかし、任意的減免事由（過剰防衛（刑36条2項）、過剰避難（刑37条1項但し書）、法の不知（刑38条3項但し書）、自首（刑42条）、障害未遂（刑43条前段）等）も含むという説も有力である。

（高倉新喜）

（無罪の判決）

第336条　被告事件が罪とならないとき、又は被告事件について犯罪の証明がないときは、判決で無罪の言渡をしなければならない。

※624　ただし、最一小判昭24・9・1刑集3巻10号1529頁は、黙示的で足りるとする。

※625　最一小判昭26・3・15刑集5巻4号527頁は、従犯の主張は、共同正犯の起訴事実に対する否認にすぎないので、これに含まれないとする。

※626　最三小判昭26・4・10刑集5巻5号890頁、最一小決昭32・7・18刑集11巻7号1880頁。

第336条（無罪の判決）　965

I　本条の趣旨

本条は、無罪判決を言渡すべき場合について定める。無罪を言渡すべき場合とは、公訴事実（訴因）が「罪とならないとき」及び公訴事実（訴因）について「犯罪の証明がないとき」である。無罪判決における主文は、通常、「被告人は無罪」という形をとる（一部無罪の場合については後述する）。無罪判決は、もとより実体裁判であり、これが確定したときは、公訴事実の同一性（刑訴312条1項）の範囲で再訴が許されなくなる（刑訴337条1号）。また、無罪判決の言渡しと同時に勾留状は失効し（刑訴345条）、確定すれば刑事補償請求権が発生する（刑補1条）。さらに、訴訟費用の補償を受けられる（刑訴188条の2）。

II　無罪を言渡すべき場合

1　「罪とならないとき」

(a)「罪とならないとき」とは、起訴状に掲げられた公訴事実（訴因）につき十分な証明がなされたものの、それが犯罪を構成しない場合、及び刑訴335条2項にいう「法律上犯罪の成立を妨げる理由」（構成要件該当性阻却事由、違法性阻却事由、責任阻却事由などの犯罪成立阻却事由）が存在する場合をいうと解されている。(b)前者は、起訴状に掲げられた公訴事実（訴因）につき十分な証明がなされたものの、法令解釈上構成要件に該当しないと認められる場合[627]のほか、適用される罰則が憲法その他の上位規範に抵触し無効な場合などである。(c)後者は、犯罪成立阻却事由の存在が証明された場合であるが、この場合は「罪とならないとき」に当たる。これに対し、犯罪成立阻却事由の存否が証拠上争われた結果、存否が不明になった場合、被告人側にかかる事由の存在の挙証責任を負担させない限り、検察官がかかる事由の不存在の挙証責任を負うから、無罪を言渡すべきことになるが、それは「罪とならないとき」に当たるのか、「犯罪の証明がないとき」に当たるのかが問題になる。この場合は、一般的に「犯罪の証明がないとき」に当たると解されている[628]。なお、処罰条件の有無についても、犯罪成立阻却事由と同様に考えることができるであろう。(d)次に、訴因として掲げられた事実が犯罪を構成しても、起訴状記載の罰条と著しく異なる場合に「罪とならないとき」といえるのかが問題になる。この点、被告人の防御に実質的な不利益が生じるおそれがある場合がこれに当たるとす

---

[627]　ただし、起訴状の記載自体で、公訴事実（訴因）に掲げられた事実が犯罪を構成しないことが明白であるときは、審理に入る前に刑訴339条1項2号により決定で公訴を棄却すべきである。

[628]　『注釈刑事訴訟法（第3版）第6巻』（立花書房、2015年）671-672頁、『大コンメンタール刑事訴訟法（第2版）第8巻』（青林書院、2011年）178頁参照。

る見解（肯定説）と、この場合を公訴提起の問題としてとらえ、刑訴338条4号により公訴棄却すべきであるとの見解（否定説）が対立している。公訴提起の当初から起訴状記載の事実と罰条との間にくいちがいがあり、かつ、検察官が罰条変更命令にも応じない場合に限って考えると、当事者主義ならびに被告人の人権保障を重視する立場からは、肯定説が妥当であろう。

2　「犯罪の証明がないとき」

「犯罪の証明がないとき」とは、顕出された証拠では公訴事実（訴因）を立証するに足りる証明が欠けること、すなわち公訴事実（訴因）に掲げられた事実について合理的な疑いを超える証明[629]が得られなかったことを意味する。検察側の立証が成功しなかった場合のほか、被告人側が積極的に反対事実を立証した場合（たとえば、公訴事実（訴因）に掲げられた事実の不存在、別人が真犯人であること、被告人にアリバイのあることを証明した場合等）も、「犯罪の証明がないとき」に当たる。または自白以外の補強証拠がない場合も、これに当たる（憲38条3項、刑訴319条2項）。さらに、前述のように、犯罪成立阻却事由の存否が不明な場合もこれに当たると解されている。公訴事実（訴因）の存否について真偽不明の場合には、**「疑わしきは被告人の利益に」**の原則に従って無罪判決を言渡さなければならない。

Ⅲ　無罪判決の理由

(a)無罪判決は、有罪判決の場合（刑訴335条）と異なり、特別の理由を示す必要はない。裁判の一般原則（刑訴44条1項）に従って理由を付し、結論として**「罪とならない」**または**「犯罪の証明がない」**という法律判断のいずれか一方が示されていれば足りる[630]。証拠の取捨選択の理由について逐一説明する必要もない[631]。一般的には、まず、審判の対象を明らかにするために公訴事実（訴因）を掲げ（通常、「本件公訴事実の要旨」という箇所を設ける）、次いで、証拠を示しながら訴因に対応する事実の証明のないことや、その証明があっても罪とならないことなどの判断を示すのが通例である。(b)択一的訴因（刑訴256条5項）の一方の訴因について有罪の認定をした場合、または主位的訴因を排斥したものの予備的訴因（刑訴256条5項）について有罪の認定をした場合、その判決は有罪判決そのものであって、無罪判断を含むものではないから、無罪

---

[629] 最一小判昭23・8・5刑集2巻9号1123頁参照。

[630] 東京高判昭27・10・23高刑集5巻12号2165頁。これに対して、名古屋高判昭24・12・27特報6号83頁と広島高判昭27・8・9特報20号98頁は、一応の証拠がそろっている場合に証明力を認めなかった理由を説明しなければ理由不備となるとする。

[631] 最二小判昭35・12・16刑集14巻14号1947頁。

判決として理由を示す部分は存在しない※632。また、有罪判決をしても、他方の訴因を排斥した理由を示すことや、主位的訴因を排斥した理由を示すことは、刑訴335条の要求するところではなく、刑訴44条1項に定める一般原則に従っても常に必要的とは認められない※633。

Ⅳ　一部無罪の場合

1　併合罪の場合

　併合罪の関係※634に立つ数個の公訴事実（訴因）のうちの1つが無罪で、その余が有罪の場合は、有罪の部分について有罪判決を、無罪の部分について無罪判決を言渡す。有罪判決と無罪判決とが形式上複合した判決になる。無罪判決の部分は、主文において無罪となった公訴事実（訴因）を明示して、無罪を言渡すことになる（たとえば、「本件公訴事実のうち○○の点については、被告人は無罪」）※635。そうでなければ、審判の請求を受けた事件について判決をしなかったことになろう（刑訴378条3号）。理由については前述した。

2　科刑上一罪の場合

　(a)科刑上一罪（観念的競合、牽連犯、常習一罪その他の包括一罪）の関係に立つ数個の公訴事実（訴因）のうち一部について犯罪の証明がない場合、たとえ公訴事実（訴因）が数個であっても「公訴事実の同一性」（刑訴312条1項）があることから、主文で無罪の言渡しをすることはできないが、理由中でその判断を示さなければならない※636。(b)科刑上一罪の一部が無罪で、他の部分が

※632　択一的訴因の場合はすべての訴因について、主位的及び予備的訴因の場合は双方の訴因について、いずれも犯罪の証明がない（いずれも罪とならない、一方は罪とならない、他方は犯罪の証明がない）と認められて初めて、無罪の言渡しをすべきことになる。

※633　最三小判昭25・10・3刑集4巻10号1861頁、最三小決昭29・3・23刑集8巻3号305頁。

※634　有罪判決の場合の罪数関係は、裁判所の判断によって定まるものと一般に解されているが、無罪判決の場合の罪数関係は、起訴状の記載を基準にして決めるのが通常である。

※635　なお、本位的訴因につき判断を明示しないで予備的訴因について無罪を言渡したにすぎない場合には、審判の請求を受けた事件について判決をしない違法（刑訴378条3号）があることになる（名古屋高判昭28・1・21高刑集6巻2号165頁）。

※636　観念的競合の一部無罪につき、最三小判昭32・9・24裁判集刑120号507頁参照。最三小判昭24・11・15刑集3巻11号1785頁は、連続一罪の一部無罪につき、無罪部分の判断を理由中に示さなくても違法ではないとした。しかし、理由中で一部無罪の点に全く触れないのは、審判の請求を受けた事件について判決をしなかったとみられるおそれがあろう（刑訴378条3号）。

免訴または公訴棄却の場合は、主文で無罪のみを言渡し、免訴の部分または公訴棄却の部分については理由中で示すことになる[637]。

(高倉新喜)

> **(免訴の判決)**
> **第337条**　左の場合には、判決で免訴の言渡をしなければならない。
> 一　確定判決を経たとき。
> 二　犯罪後の法令により刑が廃止されたとき。
> 三　大赦があつたとき。
> 四　時効が完成したとき。

I　免訴判決の言渡し

本条1号から4号の訴訟障害事由のあるときは、「免訴判決」により手続が打ち切られる。判決であるので口頭弁論に基づくことが必要である（刑訴43条1項）。

II　免訴の性質─「免訴」とは何か

1　実体裁判説と形式裁判説

かつては、事実審理をして、認定された犯罪事実を基準に免訴事由の有無を判断する実体裁判だとされたが（**実体裁判説**）、今日の通説では、犯罪事実の有無を究極的には判断せずに言い渡す形式裁判だとされており（**形式裁判説**）、判例も基本的にはこれに立脚するものと解される[638]。

2　形式裁判説

(a)もっとも、形式裁判説の中には、**純形式裁判説**（起訴状の訴因を基準に免訴事由の有無を判断するもの）の他に、**実体関係的形式裁判説**（免訴は形式裁判ではあるが、免訴事由を確認するために、ある程度実体審理に立ち入らなくてはならないので「実体関係的」だとするもの）、**実体裁判・形式裁判二分説**（免訴を統一的に理解することを断念し、1号免訴は形式裁判、2号から4号免訴は実体裁判とするもの）があった。(b)また、形式裁判説の中には、免訴判決に一事不再理の効力を認める説と、これを否定する説がある。さらに前者は、その根拠に関して、ある程度の実体審理の結果だとする説と、免訴事由は瑕疵

---

[637]　徳島地判昭38・10・25下刑集5巻9＝10号977頁参照。
[638]　最大判昭23・5・26刑集2巻6号529頁。

が補完できないというだけのことだとする説に分けられる。大審院の判例は傍論ながら免訴にも一事不再理の効力を認めているが※639、実体裁判説あるいは実体関係的形式裁判説をその理論的背景としていたものと解される。(c)このように学説では、免訴について、他の形式裁判とは異なる意味づけをしようという理論構成が試みられたが、免訴を管轄違いや公訴棄却と理論的に区別する決め手はない。三者とも、実体判断まで踏み込まない形式裁判だという点では同じであり、法的性格が異なるものではない。そうであれば、免訴は、訴訟条件が欠けるときに言い渡される純形式裁判と考えるのが妥当である。

3 免訴事由がある場合の無罪主張

判例は、免訴事由がある場合、無罪判決を求めることを許さない※640。

4 免訴判決に対する上訴

被告人・弁護人が免訴の違法・不当を主張して上訴することについては、判例は一貫して否定している※641。

Ⅲ 1号免訴

1 「確定判決」の意義

(a)通説によれば、**「確定判決」**には、有罪、無罪の確定実体判決のほか、免訴判決を含まれる。通説は、免訴を純形式裁判とする論者も含めて、免訴の確定判決も本号に含める。実務上も、1号で処理されている。(b)有罪の裁判と同一の効力を有する裁判である略式命令（刑訴470条）や交通事件即決裁判（交通裁判14条2項）も、本号に含まれる。(c)本号にいう確定判決は、わが国の裁判権に基づくものに限るのであって、外国で確定判決を受けたときは本号に該当しない※642。(d)管轄違い・公訴棄却の確定判決はもちろん、少年19条1項に基づく審判不開始決定は本号に該当しない※643。

2 一事不再理の効力

(a)1号免訴は、憲39条に由来する**一事不再理の原則**を定める規定である。一事不再理の効力とは、有罪・無罪の確定実体判決があれば、もはや同一事件に

※639 大判昭19・5・10刑集23巻92号。

※640 最大判昭23・5・26刑集2巻6号529頁。

※641 最一小決昭53・10・31刑集32巻7号1793頁参照。

※642 刑5条参照。最一小判昭29・12・23刑集8巻13号2288頁、最三小判昭30・10・18刑集9巻11号2263頁参照。

※643 最大判昭40・4・28刑集19巻3号240頁。

970　第337条（免訴の判決）

ついて再起訴を許さない効力である。これは、何人も同じ犯行について2度以上の罪の有無に関する裁判を受ける危険にさらされるべきではない、という英米法の「二重の危険の原則」を受け継いだものである※644。(b)一事不再理の効力の具体的効果は、再訴が禁止されることである。再訴禁止の範囲について、法は何も述べていない。現行法は訴因制度をとり、審判の対象は訴因に限定されているが、被告人は訴因変更が可能な範囲で有罪の「危険」にさらされている。したがって、訴因変更が可能であった範囲、すなわち**「公訴事実の同一性」**（刑訴312条1項）の範囲で再訴が禁止されると解すべきである（通説・判例）※645。もっとも、同時訴追が困難な場合には一事不再理の効力を制限して処罰を確保しようとする見解もある※646。(c)公訴事実の同一性の有無は後訴の裁判所が判断する。ただ、判例は、前訴において単純窃盗について確定有罪判決があった後に、余罪である他の事実を単純窃盗罪として起訴する事例について、たとえ両訴因が実体的には常習特殊窃盗の一罪を構成することが否定しがたい場合でも、前訴の確定判決の一事不再理の効力は後訴には及ばないとしている※647。検察官は訴因設定権限を有しており、裁判所は検察官が設定した訴因の範囲内で審判を行うことになるからだとされる。(c)なお、継続犯、常習犯などが確定判決の前後にまたがって行われている場合、確定判決の効力が及ぶ時間的範囲が問題になる。その基準点としては、第一審弁論終結時説、第一審判決言渡し時説、判決確定時説があり、多数説は第一審判決言渡し時説である※648。確定判決以後の行為については、公訴事実の同一性が否定され、一事不再理の効力が及ばないことに異論はない※649。

Ⅳ　2号免訴

1　**「刑の廃止」**とは、明文をもって罰則を廃止する場合はもちろん、法令の有効期間の経過、前法後法の抵触等により実質上罰則の効力がなくなった場合を含む※650。刑の廃止は、訴因として記載された特定の犯罪を処罰しない趣旨であって、公訴事実の同一性がある範囲の全ての罪にその効力が及ぶものでは

※644　最大判昭25・9・27刑集4巻9号1805頁。

※645　最三小判昭33・5・6刑集12巻7号1297頁、最二小判昭43・3・29刑集22巻3号153頁。

※646　東京地判昭49・4・2判時739号131頁、大阪高判昭50・8・27高刑集28巻3号310頁参照。

※647　最三小判平15・10・7刑集57巻9号1002頁。反対、高松高判昭59・1・24判時1136号158頁。

※648　大阪地判昭61・7・3判時1214号141頁。

※649　最二小判昭43・3・29刑集22巻3号153頁参照。

※650　最大判昭28・7・22刑集7巻7号1562頁。

ない。刑の廃止の時期は、その廃止を規定する法令施行のときである。ただし、罰則の廃止があっても、その廃止前の行為について従前の例による旨の経過規定がある場合は、免訴とはならない※651。

2　「犯罪後」というのは、結果犯では結果の発生以後を意味する。したがって、結果発生前に刑が廃止されれば、無罪か公訴棄却（刑訴339条1項2号）の裁判がなされる。刑罰法令が限時法であるときには、刑罰法令が廃止されても免訴とすべきでないとするのが判例である※652。

Ⅴ　3号免訴

(a)**大赦**は恩赦の一種（恩赦1条）で、政令（大赦令）で罪の種類を定めて行われる（恩赦2条）。大赦は、政令に特別の定めがない限り、有罪の言渡しを受けない者について公訴権を消滅させる（恩赦3条）。本号は、これを受けて設けられた。(b)大赦があったときは、実体審理に入らないで免訴の言渡しをする※653。有罪の第二審判決に対して上告中に大赦があったときは、所定期間内に上告趣意書が提出されなくとも、免訴判決をすべきであるとされる※654。(c)大赦は特定の罪について行うものであるから、これに限定される。公訴事実の同一性の範囲内にある他の罪には及ばない。したがって、大赦の存否は、訴因を基準とする。(d)大赦令に掲げられた罪が他の罪と観念的競合または牽連犯の関係にあるときは救免しないのが通常である。

Ⅵ　4号免訴

(a)ここにいう**時効**とは、公訴時効である。公訴提起によって公訴時効の進行が停止するから（刑訴254条）、訴訟係属中に公訴時効が完成することはない。(b)訴因変更のあった場合、変更された訴因の公訴時効の起算点は公訴提起時か訴因変更時かが問題になるが、判例は、公訴時効の完成の有無は、公訴提起時を基準とするべきであって、訴因変更時を基準とするべきではないとする※655。

(髙倉新喜)

※651　最一小判昭26・3・1刑集5巻4号478頁。
※652　最大判昭25・10・11刑集4巻10号1972頁。
※653　最大判昭23・5・26刑集2巻6号529頁。
※654　最大判昭32・2・27刑集11巻2号935頁。
※655　最二小決昭29・7・14刑集8巻7号1100頁。

（公訴棄却の判決）
第338条 左の場合には、判決で公訴を棄却しなければならない。
一 被告人に対して裁判権を有しないとき。
二 第三百四十条の規定に違反して公訴が提起されたとき。
三 公訴の提起があつた事件について、更に同一裁判所に公訴が提起されたとき。
四 公訴提起の手続がその規定に違反したため無効であるとき。

I 本条の趣旨

　形式的（手続的）訴訟条件が欠けるため実体審理ができないので、公訴棄却の判決で訴訟を打ち切るべきことを定めた規定である。公訴棄却の判決の主文は、「本件公訴を棄却する」というものである。その理由の示し方は、免訴判決の場合と同様に、まず訴因を掲げ、その訴因について認められる公訴棄却事由を示し、かつ、それが認められる根拠を簡潔に挙示しながら説明するというものである。

　本条各号の訴訟条件は、単に公訴提起のときだけでなく、実体審理を進めるためにも存続しなければならない。公訴提起時に欠けていた訴訟条件をその後追完しても、公訴提起の瑕疵は治癒されない（通説）。

　本条は、公訴棄却の決定をする刑訴339条の場合と異なり、判決による手続打切りの規定なので、本条の場合は必ず口頭弁論を開く必要がある（刑訴43条1項）。もっとも、本条各号の事由は、他の場合（管轄違い、免訴）と同じように職権調査事項であるから、当事者の公訴棄却申立ては裁判所の職権発動を促すにとどまり、裁判所はその都度判断を示す必要はないとされる※656。

　公訴棄却の判決は形式裁判であるから、実体判決の場合の一事不再理の効力は発生しないが、終局裁判である以上、判断内容に応じた拘束力はあるので、公訴棄却の判決が確定した後は、同一事件を同一事情のもとで再起訴することはできない。たとえば、親告罪の訴因で起訴されたが、告訴が欠けているとして公訴棄却の確定判決（本条4号）があった場合、その効力は、親告罪の訴因につき告訴が欠けるという判断に及ぶ。実はその告訴が有効であったとして同一事件を再起訴することはできない。もっとも、新たに有効な告訴があれば、新たな事情の変化があったことになり、再起訴が許される。

　なお、本条4号の場合を除き、判決の宣告によって勾留状が失効する（刑訴345条）。

※656 最大決昭23・9・27刑集2巻10号1229頁、最一小決昭28・1・22刑集7巻1号26頁、最一小決昭45・7・2刑集24巻7号412頁、最一小決昭29・2・4刑集8巻2号131頁。

II 個別的事由

1 1号の事由

被告人に対する日本の裁判権がない場合、公訴棄却の判決がなされる。刑事裁判権は、領土主権に基づくので、日本国の領土内にいる全ての者に及ぶのが原則であるが、治外法権をもつ外国元首・使節及びその随員・家族、天皇及び摂政（典範21条）には及ばない。なお、わが国に駐留する米軍の構成員・軍属及びそれらの家族の犯した犯罪については、わが国にも裁判権はあるが、いわゆる地位協定により米軍当局に第一次裁判権があるとされているものがあるので、その制約違反の公訴は本条4号違反となる。

2 2号の事由

公訴取消による公訴棄却の決定（刑訴339条1項3号）が確定した場合、公訴取消後に犯罪事実につき新たに重要な証拠が発見されない限り、同一事件についてさらに公訴を提起することはできない（刑訴340条）。この要件を満たさない再起訴は、公訴棄却の判決がなされる。別個の訴因での再起訴でも、公訴事実の同一性の範囲内では、本号の制約に服すると考えられる。この公訴の適法性は、新証拠の有無にかかわるので、事実審理開始前にはその判断ができない。

3 3号の事由

二重起訴の禁止を定めたものである。同一事件が国法上の意味における同一裁判所に起訴された場合、後訴に対しては本号によって公訴棄却の判決がなされる。二重起訴であるか否かの基準となる「事件」（本号）の客観的範囲は、公訴事実の同一性（刑訴312条1項）で限界づけられる。なお、二重起訴も、前訴の取消し（刑訴257条）、失効（刑訴271条2項）によって治癒される。

4 4号の事由（包括的事由）

4号は、以上のほか公訴提起が不適法な場合に公訴棄却の判決がなされる包括的規定である。本号の典型的な場合として、(a)起訴状の方式違反（訴因不特定、起訴状一本主義の違反など）、(b)親告罪の告訴、訴訟条件たる告発・請求の欠如、(c)少年法違反の起訴（家庭裁判所を経由せずになされた公訴提起等）が挙げられる。しかし、理論の進展、手続の厳格化、人権感覚の鋭敏化に伴い、公訴権濫用論の場合、おとり捜査のように捜査段階で適正手続違反がある場合、迅速な裁判の要請に反する場合にも、解釈論上、本号が活用される余地は少なくないであろう。

(高倉新喜)

974　第339条（公訴棄却の決定）

（公訴棄却の決定）
第339条　左の場合には、決定で公訴を棄却しなければならない。
一　第二百七十一条第二項の規定により公訴の提起がその効力を失つたとき。
二　起訴状に記載された事実が真実であつても、何らの罪となるべき事実を包含していないとき。
三　公訴が取り消されたとき。
四　被告人が死亡し、又は被告人たる法人が存続しなくなつたとき。
五　第十条又は第十一条の規定により審判してはならないとき。
②　前項の決定に対しては、即時抗告をすることができる。

　本条は、刑訴338条とともに訴訟条件が欠けている場合、公訴を棄却して訴訟を途中で打ち切るべきことを定めたものである。本条1項各号に定める事由は、訴訟条件を欠くことが明らかなので、口頭弁論を経ないで公訴棄却の決定をすることができることとされた。公訴棄却の決定の告知があると勾留状が失効する（刑訴345条）。公訴棄却の決定に対しては、検察官から即時抗告ができる（本条2項）。不法に公訴棄却の決定をしなかったときは、控訴審が公訴棄却の決定をする（刑訴403条1項）。

　本条1項1号は、起訴状謄本が公訴提起時から2ヶ月以内に被告人に送達されない場合の規定である。この場合、公訴提起はさかのぼって失効するが（刑訴271条2項）、本号により確認的裁判をすることにした。略式命令の請求のあった事件において、略式命令を発せず、正式裁判の規定により審判する場合も同様である（刑訴463条4項）。

　本条1項2号は、起訴状記載の事実自体から判断してその事実が罪とならないことが明らかな場合の規定である。すでに刑が廃止された姦通罪や不敬罪で公訴提起した場合がそれである。犯罪の成否に問題があれば、実体審理をして実体裁判をすることになる。

　本条1項3号は、刑訴257条の公訴の取消しがなされた場合の規定である。

　本条1項4号は、公訴提起後に自然人である被告人が死亡することにより訴追の相手方が失われた場合の規定である。公訴提起前に被告人が死亡していた場合は、起訴状謄本の送達不能を理由に公訴棄却する（本条1項1号）。「法人が存続しなくなったとき」とは、法人が合併によって解散した場合がこれにあたる※657。合併以外の事由で解散し清算法人として存続している場合は、被告

※657　最三小決昭40・5・25刑集19巻4号353頁、最二小判昭59・2・24刑集38巻4号1287頁。

事件が係属している限り清算は結了せず法人は存続するとされる※658。

　本条1項5号は、同一事件が数個の国法上の意味における裁判所に重複起訴された場合に関する規定である。事物管轄を異にするときは、下級裁判所（刑訴10条）が公訴棄却の決定をする。事物管轄を同じくするときは、後に公訴を受けた裁判所（刑訴11条）が公訴棄却の決定をする。

（高倉新喜）

（公訴取消後の再起訴）

第340条　公訴の取消による公訴棄却の決定が確定したときは、公訴の取消後犯罪事実につきあらたに重要な証拠を発見した場合に限り、同一事件について更に公訴を提起することができる。

　公訴棄却の裁判の確定後に、瑕疵を補正して再起訴することは原則として許されている。本条は、公訴取消し（刑訴257条）による公訴棄却の裁判が確定した場合について、被告人の権利保護の観点から、再起訴を制限したものである。しかし、証拠不十分を理由とする公訴取消し後の再起訴を無制限に許すことは、中世の仮放免と同じことになる。すなわち、検察官が、公判で有罪立証に失敗し無罪の可能性が生じたら、無罪判決の一事不再理の効力を避けるべく公訴を取り消し、あらたに証拠を集めて再起訴することを繰り返すことも可能になってしまう。これでは、憲39条が禁止したはずの不利益再審を認めたに等しく、違憲の疑いがある。本条は、このような公訴の取消しに一事不再理の効力を原則として認め、重要な新証拠の出現の場合を例外として、一種の「再審」を認めた規定と解するべきである。

　一旦公訴が取り消された事件を再起訴するためには、公訴取消し後あらたに重要な証拠を発見した場合でなければならない。「**あらたに**」発見した証拠とは、公訴取消し前に発見収集していた以外の証拠をいう。「**重要な**」証拠とは、既存の証拠に追加することによって有罪認定を可能ならしめる証拠をいう。

　再起訴の要件を満たしているかどうかを実体審理の開始前に審査することは、起訴状一本主義の建前上許されないと解される（通説）。審理の過程において本条の要件を満たさない再起訴であることが判明したときは、刑訴338条2号により、判決で公訴を棄却しなければならない。

（高倉新喜）

※658　最一小決昭29・11・18刑集8巻11号1850頁。

976　第341条（被告人の陳述を聴かない判決）

（被告人の陳述を聴かない判決）
第341条　被告人が陳述をせず、許可を受けないで退廷し、又は秩序維持のため裁判長から退廷を命ぜられたときは、その陳述を聴かないで判決をすることができる。

　本条は、被告人が自ら審理に立ち会う権利を放棄し、または自らの責めに帰すべき事由によってその権利を喪失したときは、被告人の陳述を聴くことなく公判審理を進め、判決に至ることもできることを定めたものである。その趣旨は、被告人の陳述権、広くいえば防御権も自らの責任において行使すべきものであり、不出頭ないし法廷の秩序を乱すなどして自らその行使の妨げとなるような行動に出たときは、これを放棄した、または喪失したと見られてもやむを得ない、ということである。本条は、判決は口頭弁論に基づかなければならないという原則（刑訴43条1項）の**重要な例外**であり、刑訴43条1項の「特別の定」に当たる。

　本条は、被告人の陳述を聴かないで判決をすることができる旨を定めるが、判決ができる以上、その前提となる審理をすることも当然にできることになる※659。もちろん、審理できるのは、当該公判期日に限られる。

　「陳述しない」場合には、被告人が公判廷に出頭したが、与えられた陳述の機会に供述拒否権を行使するなどしてその機会を放棄した場合のほか、出頭義務がなく（刑訴283条、刑訴284条）、または出頭義務が免除されて（刑訴285条）、被告人が出頭しない場合等がある。なお、勾留中の被告人が出頭を拒否し、刑事施設職員による引致を著しく困難にした場合は、刑訴286条の2に基づいて当該公判期日の公判手続を行うことができ、本条の適用がない。

　被告人が裁判長の許可（刑訴288条1項）を受けないで退廷した場合、本条の適用がある。被告人が不出頭のまま開廷できる場合でも、出頭した以上許可なく退廷することはできないから、無断で退廷したときは本条の適用がある。なお、被告人が在廷しないままでは開廷できない場合（刑訴286条）で、裁判長が退廷の許可を与えたときは、もはや開廷を続けることはできないため、本条の適用はない。一方、出頭義務がない場合または出頭義務が免除されている場合で、裁判長が退廷の許可を与えたときは、本条を適用して、そのまま開廷して審理を続けることができる。

　「退廷を命ぜられたとき」とは、被告人が法廷の秩序を乱したため、裁判長が法廷警察権に基づき被告人に退廷を命じた場合（刑訴288条2項、裁71条2項）である。

　本条が適用される場合、被告人は、陳述権、尋問権を放棄ないし喪失してい

※659　最一小決昭50・9・11判時793号106頁。

るから※660、刑訴304条の2後段は準用されない。なお、判例は、被告人が退廷命令を受け本条により審理を進める場合においても、刑訴326条2項により同意があったものとみなすことができるとしている※661。

本条は、弁護人が退廷した（退廷命令を受けた）場合に類推適用されるべきではない。これは文理上当然である※662。

(高倉新喜)

（判決の宣告）
第342条 判決は、公判廷において、宣告によりこれを告知する。

本条は、判決の告知方法を「宣告」と定めたものである。

判決の宣告とは、内部的に成立した判決を公判廷で告知して、これを外部的に成立させる手続である。「内部的に成立した」時（**裁判の内部的成立の時**）とは、合議体の場合は合議が成立した時（原稿の作成が未了であってもよい）であり、単独体の場合は裁判書が作成された（署名押印も了した）時、と一般的に考えられている。「外部的に成立させる」（裁判の**外部的成立**）とは、裁判所が、内部において決定した裁判内容を外部に表示することである。裁判は、公判廷において裁判長が宣告する（刑訴規35条1項）ことによって告知され、外部的に成立するのである。裁判の外部的成立によって、裁判所は自ら宣告した内容に拘束され、以後変更ないし訂正できなくなる（**自己拘束力**ないし**羈束力**）。この自己拘束力は、裁判の告知と同時に発生するのであれば、言渡しに過誤があったときに訂正できなくて不便なので、裁判宣告手続の終了までは発生しないとされる。いつの時点で裁判宣告手続が終了するかについて判例は、「宣告のための公判期日が終了するまで」とかなり広く解している※663。また、判決が宣告されれば、その日から上訴の提起期間が進行する（刑訴358条）。

判決の宣告は、公判期日に公判廷において行われなければならない。必ず公開法廷でなければならない（憲82条1項、裁70条）。被告人の出頭は、原則として必要的である。ただし、刑訴283条、刑訴284条、刑訴286条の2、刑訴314条1項但し書、刑訴341条、刑訴390条本文、刑訴409条、刑訴451条3項本文に定める場合は、被告人の出頭なしで判決を宣告できる。被告人の出頭を要しない場合でも、判決は宣告により効力を生じ、謄本の送達を要しない（ただし、刑訴規222条参照）。判決を宣告する場合において、被告人が国語に通じないとき

※660 最一小判昭29・2・25刑集8巻2号189頁。

※661 最一小決昭53・6・28刑集32巻4号724頁。

※662 大阪高判昭50・5・15判時791号126頁。

※663 最一小判昭51・11・14刑集30巻10号1887頁。

には、通訳人を付さなければならない※664。なお、必要的弁護事件（刑訴289
条）であっても、判決宣告期日での弁護人の立会いは必要的ではない※665。

　判決の宣告手続は、判決の主文の朗読及び理由の朗読または要旨の告知（刑
訴規35条２項）、有罪判決が言い渡されるときは被告人に上訴期間等の告知（刑
訴規220条）、保護観察に付するときはその趣旨等の説示（刑訴規220条の２参
照）、判決宣告の後被告人の将来について適当な訓戒（刑訴規221条）の過程を
経る。判決書の作成は義務的である（刑訴規53条、刑訴規218条、刑訴規219条）
が、民事事件と異なり（民訴252条参照）、判決の宣告に際して判決書が作成さ
れる必要はない※666。実務では、原稿に基づいて宣告するのが通例である。公
判廷で宣告された内容が判決書の内容とくいちがうときには、宣告された内容
が判決としての効力を生じるとするのが判例・通説である※667。

（高倉新喜）

（禁錮以上の刑の宣告と保釈等の失効）

第343条　禁錮以上の刑に処する判決の宣告があつたときは、保釈又は
勾留の執行停止は、その効力を失う。この場合には、あらたに保釈又は
勾留の執行停止の決定がないときに限り、第九十八条の規定を準用する。

　本条は、保釈または勾留の執行停止（以下、保釈等という）中の者に対して
禁錮以上の刑の宣告があった場合に、保釈等の効力が失われる旨の規定である。
すなわち、保釈等によって一旦身柄の拘束を解かれた被告人の場合も、禁錮以
上の刑に処する判決の宣告によりその拘束状態が再び生じるのである。これは、
有罪判決があったことにより無罪の推定が破れるからだ、と説明される※668。
これに対して、本条が禁錮以上に限って保釈等の失効を認めていることを考え
ると、第一審判決の重視からくる刑の執行の確保のためだ、と説明する見解も
ある。なお、本条は、**実刑判決に限られる**のであって、禁錮以上の刑の言渡し
と同時に執行猶予が言い渡された場合は、本条の適用はない（執行猶予がつい
た場合は刑訴345条）。

　禁錮以上の刑に処する第一審判決に対して控訴が申立てられ、控訴後に再度
保釈等がなされた被告人に対して、控訴棄却の判決があった場合、再び本条の

※664　最三小判昭30・２・15刑集９巻２号282頁。

※665　最三小判昭30・１・11刑集９巻１号８頁。

※666　最二小判昭25・11・17刑集４巻11号2328号、前掲※663最一小判昭51・11・４刑集
30巻10号1887頁。

※667　前掲※663最一小判昭51・11・14。

※668　最一小判昭25・５・４刑集４巻５号756頁。

第344条（禁錮以上の刑の宣告後における勾留期間等）　979

準用があるか否かについて、通説はこれを肯定している。他方、本条により被告人を刑事施設に収容したが、控訴審において破棄差戻しの判決があった場合については、あらたな保釈等の裁判がない限り、被告人を釈放する必要はない。もっとも、この場合、刑訴344条の適用がなくなるので、権利保釈（刑訴89条）の利益が出てくる。

　本条により保釈が失効した後にも、**「あらたに保釈」**（再保釈）することは許される。勾留の執行停止についても同様である。本条は、有罪宣告後の事情を斟酌した上、改めて保釈等の可否、金額等を再考する機会を提供するための制度といえよう。再保釈を行うのは原則として上訴裁判所であるが、上訴提起前及び記録が上訴裁判所に到着する前は原裁判所である。また再保釈に当たって、必要的保釈に関する刑訴89条の適用はない。

　本条により保釈等が失効したときには、あらたに保釈等がなされない限り、被告人を直ちに刑事施設に収容することになる。その際の収容手続については、刑訴98条が準用されるが、この場合の収容は、判決の執行としてされるものではなく、判決の宣告自体の効力に基づくものである。したがって、刑訴98条1項に規定する「保釈若しくは勾留の執行停止を取り消す決定の謄本」を必要とせず、判決の宣告の事実を公証するものがあれば足りると解される（刑訴規92条の2）。実務においては、この方式により、法廷等裁判所構内にいる被告人に対し直ちに収容の手続がとられるのが通例である。

（高倉新喜）

（禁錮以上の刑の宣告後における勾留期間等）
第344条　禁錮以上の刑に処する判決の宣告があつた後は、第六十条第二項但書及び第八十九条の規定は、これを適用しない。

　本条は、禁錮以上の刑の宣告後、勾留更新の回数制限及び権利保釈（刑訴89条）の適用がなくなることを定める。禁錮以上の刑に処する判決があった後に勾留された場合も同様である。その理由については、刑訴343条と同様の問題がある。

　本条は、刑訴343条の場合と同様に**実刑判決に限られ**、執行猶予の言渡しがあったものを含まない。なお、禁錮以上の刑に処する判決が控訴審で破棄された後には、本条の適用がないとするのが通説である。

　本条は、実刑判決後は権利保釈の規定の適用がないことを定めるのみで、被告人に保釈が認められないことを定めるものではない。実刑判決後であっても、刑訴90条、刑訴91条の適用はあると解される。なお、再保釈の場合は、保釈保証金の額が先の保釈より高く決められるのが実務の通例である。

（高倉新喜）

（無罪等の宣告と勾留状の失効）
第345条　無罪、免訴、刑の免除、刑の全部の執行猶予、公訴棄却（第三百三十八条第四号による場合を除く。）、罰金又は科料の裁判の告知があつたときは、勾留状は、その効力を失う。

I　本条の趣旨

　無罪、免訴、刑の免除、刑の全部の執行猶予、罰金等本条に掲げる裁判が言い渡されたときは、被告人の逃亡のおそれが減少するとともに、刑の執行確保のための身柄拘束の必要性がなくなる。そこで、本条に掲げる裁判の告知と同時に、勾留状が失効することとされている。本条も第一審の裁判を重視した規定であり、刑訴343条に対応するものである。

II　本条の適用範囲

　公訴棄却の裁判のうち刑訴338条4号は、本条の適用から除外されている。また、管轄違いの判決（刑訴329条）は、本条に掲げられていない。すなわち、これらの形式裁判の場合、裁判の告知だけでは勾留状の失効はありえないということである。なぜなら、これらの形式裁判の場合、再起訴の可能性が大きく、被告人の身柄を確保しておく必要が大きいからだ、と説明される。しかし、これらの形式裁判を他の形式裁判と区別する合理的理由は見出しがたく、実質的にも妥当でない。本条は、立法論としては疑問のある規定であるといえよう。もっとも、これらの形式裁判でも、確定すれば勾留状が失効する。

III　勾留状の失効

　本条に掲げる裁判の告知と同時に勾留状は当然に失効する。したがって、検察官の釈放指揮を待つまでもなく、直ちにその場で被告人の身柄の拘束を解かなければならない。もっとも、実務では、被告人は勾留場所である刑事施設に所持品等を置いたまま法廷に連れてこられており、所定の裁判の告知と同時に手錠、腰紐の拘束は解かれるものの、一旦はもとの勾留場所に戻され、そこで所持品等の返還手続を受けた上でようやく帰ることができるという運用が行われているようである※669。このような運用は、被告人が任意で同意している場合に限られるべきであろう。

　なお、外国人が被告人の場合、本条によって釈放されたとき、勾留中に在留

※669　丹治初彦他編『実務刑事弁護』（三省堂、1991年）376頁。

期間が満了してしまったため、入管法により直ちに収容・退去強制になってしまうおそれがある。この場合は、弁護人が代理人となって、入国管理局に対して在留期間の更新申請をするほかない。

Ⅳ　無罪等の裁判の後の再勾留

　無罪等の裁判の後、当該審級で被告人を再勾留することは許されない。しかし、上級審で新たな勾留理由が生ずれば、この限りでないとされる。すなわち、判例は、原裁判が執行猶予の場合に関し、上訴審が新たな勾留状を発付することを肯定しており[670]、さらに原裁判が無罪判決の場合に関しても、これを積極に解するに至っている[671]。判例は、新たな勾留状を発付する時期について特段の制約はないとしている。

　これに対し、学説は、見解が分かれている。無罪等の裁判の後の再勾留に否定的な見解（否定説）の主たる根拠は、本条により勾留状が失効したのは、無罪等の原裁判が言い渡されたからであり、原裁判が破棄されない限り、原裁判の判断は尊重されるべきであって、原裁判の意図と矛盾する措置をとることは許されない、ということである。また、新たな勾留状の発付の時期に関して制約があるとする見解もあり、上訴審で審理を十分に尽くして、原裁判を破棄する可能性が高くなった段階に達した後でなければならない、という。これに対して、無罪等の裁判の後の再勾留に肯定的な見解（肯定説）の根拠は、そもそも勾留手続は、本案の審理手続をサポートするものであり、上訴審においても本案の審理のために被告人の身柄の確保や罪証隠滅行為の防止を必要とするか否かという観点から勾留理由の有無や勾留の必要性を判断するものであって、その際、本案の審理におけると同一の基準で犯罪事実の存否などを判断しなければならないとすることは、勾留手続の性格を無視することになる、ということである。判例が理由として示すところも、同様の趣旨と解される。さらに、肯定説は、上訴記録を送付する以前の段階において、原裁判所が刑訴97条に基づいて勾留に関する処分を行うに当たり、新たに勾留状を発付することも一般的に可能とされていることからも、本条の適用があった場合の再勾留についても、これを否定的に解すべき理由はない、としている。

（高倉新喜）

---

[670]　最三小判昭29・10・26裁判集刑99巻531頁。

[671]　最一小決平12・6・27刑集54巻5号461頁（ただし、2人の裁判官の反対意見あり）、最三小決平19・12・13刑集61巻9号843頁。

（没収の言渡しがない押収物）
第346条　押収した物について、没収の言渡がないときは、押収を解く言渡があつたものとする。

　本条は、終局裁判があった場合における押収物の処置について規定している。押収物について本条が適用されるのは、**没収の言渡しまたは被害者還付の言渡し**（刑訴347条）がなかった場合についてである。

　「押収した物」とは、裁判所が証拠物又は没収すべき物と思料するものについて、これを保全する目的でその占有を取得した物をいう。裁判所が差し押さえた物（刑訴99条1項・2項、刑訴99条の2、刑訴100条1項・2項）、領置した物（刑訴101条）、提出命令により提出させた物（刑訴99条3項、刑訴100条1項・2項）が含まれる。検察官等が押収した物で、証拠として提出され裁判所に領置された物も含まれる。ただし、終局裁判前に還付された物（刑訴123条1項、刑訴124条1項）については本条の適用はない。また、検察官が押収した物であっても、裁判所に提出されていなければ本条の適用はない。

　本条の効果が発生するのは、**裁判の確定時**である。終局裁判が確定したときは、押収を解く言渡しがあったとみなされ、その結果、裁判の執行としてその物を還付しなければならない。**還付の相手方**は、被押収者である。検察官等が押収した物を裁判所が証拠物として領置した場合も被押収者に還付するのが実務上の取扱いであるが、これは、裁判所が領置した場合には、検察官と被押収者との押収関係が消滅し、裁判所と被押収者との間に押収関係が発生するからである※672。なお、被押収者が受還付権を放棄し、かつ、所有者等の権利者が記録上明らかであるような場合には、その権利者に還付することも例外的に許される。

（高倉新喜）

※672　最二小決昭30・11・18刑集9巻12号2483頁参照。

第347条（押収物還付の言渡し） 983

（押収物還付の言渡し）

第347条 押収した贓物で被害者に還付すべき理由が明らかなものは、これを被害者に還付する言渡をしなければならない。

② 贓物の対価として得た物について、被害者から交付の請求があつたときは、前項の例による。

③ 仮に還付した物について、別段の言渡がないときは、還付の言渡があつたものとする。

④ 前三項の規定は、民事訴訟の手続に従い、利害関係人がその権利を主張することを妨げない。

　本条も、刑訴346条と同様に、終局裁判があった場合における押収物の処置について規定している。裁判所に押収された贓物（盗品等）は、留置の必要がなければ還付（刑訴124条1項）または仮還付（刑訴123条2項）されることがあるが、**当該訴訟終結まで押収が継続されていた場合**には、本条の手続による。被害者に還付する言渡しをすべき理由が明らかな贓物については、本条により終局裁判の主文において被害者に還付する言渡しをしなければならない。なお、被害者不詳の場合でも、実務上は、被害者還付の言渡しをすべきものとされている※673。本条の還付の言渡しは、贓物ばかりか**贓物の対価として得たもの**（刑19条1項4号）についてもできる。また、裁判所が検察官の差し出した換価代金（刑訴222条1項、刑訴122条）を押収した場合、または押収物を売却して代価を保管している場合（刑訴122条）におけるその金員も、贓物そのものと同視すべきものである※674。

　被告事件の終結前に仮還付（刑訴123条2項）された物については、なお押収の効力自体は継続しているから、没収または被害者還付の言渡しをすることができる。しかし、仮還付された物についてこれらの言渡しがないままに裁判が確定したときは、本条3項により、仮還付者に還付されたものとして取扱われる。本条4項は、刑訴124条2項と同趣旨の規定である。

（高倉新喜）

（仮納付の判決）

第348条 裁判所は、罰金、科料又は追徴を言い渡す場合において、判決の確定を待つてはその執行をすることができず、又はその執行をするのに著しい困難を生ずる虞があると認めるときは、検察官の請求により

※673　最二小判昭30・1・14刑集9巻1号52頁、仙台高判昭34・2・19高刑集12巻2号59頁。

※674　最一小決昭25・10・26刑集4巻10号2170頁。

又は職権で、被告人に対し、仮に罰金、科料又は追徴に相当する金額を納付すべきことを命ずることができる。

② 仮納付の裁判は、刑の言渡と同時に、判決でその言渡をしなければならない。

③ 仮納付の裁判は、直ちにこれを執行することができる。

　裁判は、確定後に執行力が生ずるのが原則であるが（刑訴471条）、財産刑については、判決の確定を待っていては、その執行が不可能または著しく困難になることが少なくない。そこで本条は、被告人の財産状態の急激な悪化が予想される場合や、財産隠匿または逃亡のおそれが顕著な場合等、「判決の確定を待ってはその執行をすることができず、又はその執行をするのに著しい困難を生ずる虞があると認めるとき」に、例外として仮執行を認めた。もっとも、本条の仮執行は、民訴法の仮執行の宣言と異なり、科刑の執行であるから、たやすくその措置に出るべきではない、とする裁判例がある※675。

　仮納付を命ずることのできる裁判は、罰金、科料または追徴を言い渡す場合である。通常手続による場合のほか、交通事件即決裁判手続による即決裁判についても仮納付の裁判ができる（交通裁判15条1項。ただし、交通裁判15条2項但し書）。また、略式命令で罰金等を科する場合にも、「付随の処分」（刑訴461条）として仮納付を命ずることができるとするのが通説である。

　仮納付の言渡しは、**刑の言渡しと同時**に判決で言い渡される。主文において「被告人に対し、この罰金に相当する金額を仮に納付すべきことを命ずる」などとして言い渡され、直ちに執行力が生ずる。同時ではなく、後に追加して言い渡すことはできない。

（高倉新喜）

（執行猶予取消の手続1）

第349条　刑の執行猶予の言渡を取り消すべき場合には、検察官は、刑の言渡を受けた者の現在地又は最後の住所地を管轄する地方裁判所、家庭裁判所又は簡易裁判所に対しその請求をしなければならない。

② 刑法第二十六条の二第二号又は第二十七条の五第二号の規定により刑の執行猶予の言渡しを取り消すべき場合には、前項の請求は、保護観察所の長の申出に基づいてこれをしなければならない。

　本条と刑訴349条の2は、刑の執行猶予の取消しの手続に関する規定である。

※675　東京高判昭26・5・21高刑特21号97頁。

第349条の2（執行猶予取消の手続2）　985

本条は、刑26条、刑26条の2及び刑26条の3による刑の執行猶予の言渡しを取り消す場合に、検察官が、本条による管轄裁判所に対し、その取消しを請求しなければならないことを規定している。

本条の**管轄**は、事件の種類、刑の軽重、被請求人の年齢等と関係がないので、管轄裁判所が競合することになるが、検察官は、いずれか1つの裁判所に執行猶予の取消しを請求することができる。実務では、刑の執行猶予の言渡しをした裁判所または事物管轄がこれに対応する裁判所に請求するのが通常のようである。

刑の執行猶予の取消しの手続においては、必ず**検察官から取消しの請求**がなされなければならない。なお、刑26条の2第2号の場合、すなわち、保護観察に付された者が遵守事項を守らず、その情状が重いと考えられる場合、本条の取消請求は、保護観察所の長の申出に基づかなければならない（本条2項）が、検察官は、保護観察所長から申出があっても、必ず取消請求をしなければならないわけではない。

（高倉新喜）

第2編第3章

（執行猶予取消の手続2）
第349条の2　前条の請求があつたときは、裁判所は、猶予の言渡を受けた者又はその代理人の意見を聴いて決定をしなければならない。
②　前項の場合において、その請求が刑法第二十六条の二第二号又は第二十七条の五第二号の規定による猶予の言渡しの取消しを求めるものであつて、猶予の言渡しを受けた者の請求があるときは、口頭弁論を経なければならない。
③　第一項の決定をするについて口頭弁論を経る場合には、猶予の言渡を受けた者は、弁護人を選任することができる。
④　第一項の決定をするについて口頭弁論を経る場合には、検察官は、裁判所の許可を得て、保護観察官に意見を述べさせることができる。
⑤　第一項の決定に対しては、即時抗告をすることができる。

本条1項は、刑訴349条の請求があった場合に、裁判所が、被請求人（猶予の言渡しを受けた者）またはその代理人（法定代理人に限らず、刑訴27条、刑訴28条、刑訴29条の代理人も含まれる）の意見を聴いて、刑の執行猶予を取り消すか否かの決定をしなければならないことを規定する。裁判所は、決定をする際に、**事実の取調べ**（刑訴43条3項、刑訴規33条3項）をすることができ、**被請求人に出頭**を命ずることができる（刑訴規222条の8）。検察官の請求に理由があるときは、**執行猶予取消しの決定**をし、理由がないときや請求が不適法のときは、**請求却下の決定**をする。本条1項の決定に対しては即時抗告ができる

（本条5項）。なお、判例は、被請求人から本条1項に基づく求意見に対する回答を含む一切の権限の委任を受けたとする被請求人の母親は、「原審における代理人」（刑訴355条）に該当せず、刑の執行猶予言渡しの取消決定に対して、被請求人のために即時抗告を申立てる権限はないと判示している[676]。

本条2項は、**保護観察に付された者の遵守義務違反**（刑26条の2第2号）の場合には事実に争いがありうるので、被請求人から請求があれば、**口頭弁論**が必要であることを規定する（その他の場合は、口頭弁論を経ることは必要的ではない）。裁判所は、口頭弁論を請求するか否かの意思確認及び弁護人選任権の告知をしなければならない（刑訴規222条の7第1項）。ここでいう口頭弁論は、決定をするに当たって両当事者の主張、立証を訴訟的形式で行わせようとするものであり、判決について必要とされる公判手続における口頭弁論とは内容が異なる（刑訴規222条の9参照）。

本条3項は、保護観察に付された者の遵守義務違反の場合とその他の場合を含めて、口頭弁論を開くときは、被請求人は弁護人を選任することができることを規定する。

本条4項は、口頭弁論を経る場合に、検察官は、裁判所の許可を得て、保護観察官に意見を述べさせることができることを規定する。この意見は、本来は取消しの当否についての見解であるが、保護観察に付された者の遵守義務違反の場合には、遵守義務違反の事実について述べることも許されると解される。ただし、この場合には、反対尋問の機会を与えるのが妥当であるとされる。

（高倉新喜）

（併合罪中大赦により更に刑を定める手続）

第350条 刑法第五十二条の規定により刑を定むべき場合には、検察官は、その犯罪事実について最終の判決をした裁判所にその請求をしなければならない。この場合には、前条第一項及び第五項の規定を準用する。

刑52条は、併合罪について処断した判決の確定後にその一部の罪について大赦があった場合、残りの部分の罪について刑を定めるべき旨を規定している（この手続を、刑の分離決定という）。本条は、この刑の分離決定の手続を定めたものである。

刑の分離決定は、再度の審判を許す趣旨ではないので、判決確定後の事情を考慮に入れず[677]、原判決が確定した事実に基づき原判決の刑の範囲内であらたに刑を決める。すなわち、すでに宣告された刑のうち大赦を受けない罪につ

---

[676] 最一小決平17・3・18刑集59巻2号38頁。

[677] 最三小決昭28・4・7刑集7巻4号771頁。

いて執行すべき部分を定めるのであるから、処断刑を導く過程は確定裁判のとおりとしなければならない。検察官が、その事件につき最終の実体判決をした裁判所に対して本条の請求をする。刑の**分離決定をする裁判所**は、被告事件について刑の言渡しをした裁判所である。したがって、第一審で有罪とされ、上訴が棄却されて確定した場合は第一審裁判所であるが、上訴審で破棄自判して確定した場合は破棄自判した裁判所となる。裁判所は、刑の分離決定により刑を定められる者またはその代理人の意見を聴いて決定しなければならない（刑訴349条の2第1項準用）。刑の分離決定に対しては、即時抗告が許される（刑訴349条の2第5項準用）。

（高倉新喜）

第２編第４章　証拠収集等への協力及び訴追に関する合意

〔前注〕

Ⅰ　本章の位置づけ

　本章は、いわゆる**協議・合意制度**（刑訴350条の２以下「証拠収集等への協力及び訴追に関する合意」）について規定する。2016年５月24日に成立した「刑事訴訟法等の一部を改正する法律（平成28年法律第54号）」で新たに設けられた協議・合意制度は、2018年６月に施行された。

　他人（典型的には共犯者など）の刑事事件に関して供述をしたり証拠を提出したりするなど、捜査・訴追への協力を被疑者・被告人がしたときには、そのことを検察官が考慮して被疑者・被告人の事件について恩典（不起訴、公訴の取消し、一定の軽い求刑を行うなど）を付与するという内容の「**合意**」をすることができるという制度である。一定の財産経済犯罪、薬物・銃器犯罪等（「特定犯罪」）について認められる。

Ⅱ　協議・合意制度とは

1　日本型司法取引

　協議・合意制度は、被疑者・被告人と検察官との間の取引を日本ではじめて正面から認め、制度化したものである。そのため「日本型**司法取引**」とも呼ばれ、立法段階にはその導入の是非について激しい議論がたたかわされた。特に、本制度が恩典を与えた上で共犯者等から供述を引き出すものであることから、巻き込みや誤判への懸念は大きい[1]。

　協議・合意制度によって得られた供述は「**約束による自白**」と同様に証拠能力を否定されるべきではないかという点も問題になる。最二小判昭41・７・１刑集20巻６号537頁は「自白をすれば起訴猶予にする」という旨の検察官の言葉を信じて自白した事案について、このような自白の証拠能力を否定した。このような約束は、類型的に虚偽自白を誘引し、被告人に心理的な圧迫を加えるものだからである。では、協議・合意制度は同様に虚偽供述の誘因にならないのだろうか。

　このような懸念に対応するために、協議・合意制度にはいくつかの措置が設けられた（協議・合意への弁護人の関与、合意内容書面の公判廷への検出、虚偽供述に対する罰則その他）。さらに、検察官による裏付け捜査が行われるし、

※1　白取祐司＝今村核＝泉澤章『日本版「司法取引」を問う』（旬報社、2015年）。

合意に基づく供述が他人の公判で用いられる場合には弁護人の反対尋問にさらされる。さらに、真実の供述をしない場合には検察官が合意から離脱することができるなど、事実上も虚偽供述の防止がはかられているから、特定の供述をしようという誘引は強く働かず、むしろ真実を供述することに向けた誘引が強く働くとの見方もある[2]。

本制度のもとでは、少なくとも刑訴法の定めにしたがった合意によれば、「約束」による供述にも証拠能力は認められるということが含意されている[3]。逆に、刑訴法の定めによらない取引でえられた供述の証拠能力は否定されることになるだろう。

以上にもかかわらず、虚偽供述防止のための立法措置が十分であったかについては、なお疑念が残る[4]。巻き込みによる虚偽供述が生まれる危険性が存在することを前提に、条文の解釈・運用を行う必要がある。

2 立法化までの議論の経緯

協議・合意制度は「供述証拠等の収集手段の多様化」の手段として、つまり取調べに代わって供述等を獲得するための新たな手段として構想された（「時代に即した新たな刑事司法制度の基本構想」2013年）。

立案担当者は、組織的な犯罪等においては首謀者の関与状況等を含めた事案の解明は組織内部の者からの供述等がなければ困難であったが、これまではそのような供述を得るための手段が取調べだけであり、事案の解明を図るためには取調べに依存せざるを得なかったこと、さらに近時そのような供述等を得ることが難しくなったにもかかわらず、供述等を得るための有効な方法がなかったことが本制度の立法の動因であったという[5]。立法にいたる過程で検察官側からの強い要求があり、本制度や**刑事免責制度**（刑訴157条の2、157条の3）の導入が実現された。

他国に目を転じてみると、取引的なさまざまな制度や運用が広く行われているアメリカの刑事司法においては、いわゆる「**自己負罪型**」の取引と「**捜査協力型**」の取引がある。被疑者・被告人が自分の罪を認めることと引き換えに軽い処分などですませるのが自己負罪型で、他人の事件の捜査訴追のために協力するのが捜査協力型の取引である。アメリカでは全刑事事件の約90％から95％

---

[2] 吉川崇＝吉田雅之「刑事訴訟法等の一部を改正する法律（平成28年法律第54号）について(3)」法曹時報70巻1号（2018年）82頁。

[3] 後藤昭「2015年刑訴改正法案における協議・合意制度」総合法律支援論叢8号（2016年）16頁。

[4] 後藤昭「日本型司法取引とは何か」法学セミナー756号（2018年）24頁、後藤・前掲※3論文4頁。

[5] 吉川＝吉田・前掲※2論文76頁。

の事件で有罪の答弁が行われ、簡易な事件処理が行われていることはよく知られているが、その背景に「答弁の取引（plea bargaining）」がある。これが典型的な自己負罪型の取引である。しかし、日本ではこのような自己負罪型の取引を導入せず、捜査協力型の取引のみを導入した。「真に刑事責任を問うべき上位者の検挙・処罰に資するものではなく……『ごね得』を招き、結果として被疑者に大きく譲歩せざるを得なくなり、事案の解明や真犯人の適正な処罰を困難にするとの意見も強かった」（基本構想）などの理由によって自己負罪型の取引は盛り込まれなかった。

　裁判所は協議・合意制度における取引過程には関与しない。したがって、本制度においては被疑者・被告人と検察官との直接の取引が想定されており、アメリカで広く行われている捜査協力型の取引に類似する[6]。協議・合意制度の対象が特定犯罪に限定されていること、あらかじめ合意内容が法定されていることなどアメリカの制度と異なる点もあるが、協議・合意制度が一種の「取引」を日本の刑事司法に持ち込むものであることには異論はないだろう。

　日本には、取引を制度として正面から認めることに古くから抵抗感が存在した[7]。2016年改正では「取引」が制度として導入されるにいたったが、この背景には刑事手続の中の取引に対する抵抗感が薄まったという状況の変化があったのだろう。「ある種、打算的な手法と考え方を刑事司法に取り入れ…それを立法者が、堂々と認めた」制度である[8]。

3　訴追裁量権と協議・合意

　協議・合意制度は、当事者間の合意に基づくものであるが、検察官が「必要と認めるとき」（刑訴350条の2第1項）に行われる。協議・合意制度を用いるイニシアティブは検察官にある。つまり、本制度は、すでに強大な検察官の訴追裁量権をさらに強化するものである。

　しかし、検察官は公益の代表者（検察4条）であり、訴追裁量権の行使を適正に行わなければならない。本制度の運用にあたっても、行き過ぎた訴追裁量権の行使がなされないように注視する必要がある。

　なお、協議・合意制度の運用等についての制度開始前の検察庁の姿勢を示すものとして、最高検察庁の依命通達（2018年3月19日）「証拠収集等への協力及び訴追に関する合意制度の運用等について」及び「証拠収集等への協力及び訴追に関する合意制度の運用に当たっての報告等について」を参照されたい。

---

[6] 宇川春彦「供述証拠の収集を容易にするための手段」法律時報86巻10号（2014年）22頁。

[7] 佐藤欣子『取引の社会』（中公新書、1974年）。

[8] 後藤・前掲[4]論文27頁。

4 刑事免責制度との相違

刑訴157条の2及び3は、いわゆる**刑事免責制度**を導入した。刑事免責制度は取引が前提となるわけではなく、一方的な証言強制の制度であるという点で、本制度と違う。詳細については、同条の項目を参照されたい。

（笹倉香奈）

第2編第4章第1節　合意及び協議の手続

（合意の内容と対象犯罪）

第350条の2　検察官は、特定犯罪に係る事件の被疑者又は被告人が特定犯罪に係る他人の刑事事件（以下単に「他人の刑事事件」という。）について一又は二以上の第一号に掲げる行為をすることにより得られる証拠の重要性、関係する犯罪の軽重及び情状、当該関係する犯罪の関連性の程度その他の事情を考慮して、必要と認めるときは、被疑者又は被告人との間で、被疑者又は被告人が当該他人の刑事事件について一又は二以上の同号に掲げる行為をし、かつ、検察官が被疑者又は被告人の当該事件について一又は二以上の第二号に掲げる行為をすることを内容とする合意をすることができる。

一　次に掲げる行為

　イ　第百九十八条第一項又は第二百二十三条第一項の規定による検察官、検察事務官又は司法警察職員の取調べに際して真実の供述をすること。

　ロ　証人として尋問を受ける場合において真実の供述をすること。

　ハ　検察官、検察事務官又は司法警察職員による証拠の収集に関し、証拠の提出その他の必要な協力をすること（イ及びロに掲げるものを除く。）。

二　次に掲げる行為

　イ　公訴を提起しないこと。

　ロ　公訴を取り消すこと。

　ハ　特定の訴因及び罰条により公訴を提起し、又はこれを維持すること。

　ニ　特定の訴因若しくは罰条の追加若しくは撤回又は特定の訴因若しくは罰条への変更を請求すること。

　ホ　第二百九十三条第一項の規定による意見の陳述において、被告人に特定の刑を科すべき旨の意見を陳述すること。

　ヘ　即決裁判手続の申立てをすること。

ト　略式命令の請求をすること。

②　前項に規定する「特定犯罪」とは、次に掲げる罪（死刑又は無期の懲役若しくは禁錮に当たるものを除く。）をいう。

一　刑法第九十六条から第九十六条の六まで若しくは第百五十五条の罪、同条の例により処断すべき罪、同法第百五十七条の罪、同法第百五十八条の罪（同法第百五十五条の罪、同条の例により処断すべき罪又は同法第百五十七条第一項若しくは第二項の罪に係るものに限る。）又は同法第百五十九条から第百六十三条の五まで、第百九十七条から第百九十七条の四まで、第百九十八条、第二百四十六条から第二百五十条まで若しくは第二百五十二条から第二百五十四条までの罪

二　組織的な犯罪の処罰及び犯罪収益の規制等に関する法律（平成十一年法律第百三十六号。以下「組織的犯罪処罰法」という。）第三条第一項第一号から第四号まで、第十三号若しくは第十四号に掲げる罪に係る同条の罪、同項第十三号若しくは第十四号に掲げる罪に係る同条の罪の未遂罪又は組織的犯罪処罰法第十条若しくは第十一条の罪

三　前二号に掲げるもののほか、租税に関する法律、私的独占の禁止及び公正取引の確保に関する法律（昭和二十二年法律第五十四号）又は金融商品取引法（昭和二十三年法律第二十五号）の罪その他の財政経済関係犯罪として政令で定めるもの

四　次に掲げる法律の罪

　イ　爆発物取締罰則（明治十七年太政官布告第三十二号）

　ロ　大麻取締法（昭和二十三年法律第百二十四号）

　ハ　覚せい剤取締法（昭和二十六年法律第二百五十二号）

　ニ　麻薬及び向精神薬取締法（昭和二十八年法律第十四号）

　ホ　武器等製造法（昭和二十八年法律第百四十五号）

　ヘ　あへん法（昭和二十九年法律第七十一号）

　ト　銃砲刀剣類所持等取締法（昭和三十三年法律第六号）

　チ　国際的な協力の下に規制薬物に係る不正行為を助長する行為等の防止を図るための麻薬及び向精神薬取締法等の特例等に関する法律（平成三年法律第九十四号）

五　刑法第百三条、第百四条若しくは第百五条の二の罪又は組織的犯罪処罰法第七条の罪（同条第一項第一号から第三号までに掲げる者に係るものに限る。）若しくは組織的犯罪処罰法第七条の二の罪（いずれも前各号に掲げる罪を本犯の罪とするものに限る。）

③　第一項の合意には、被疑者若しくは被告人がする同項第一号に掲げる行為又は検察官がする同項第二号に掲げる行為に付随する事項その他の合意の目的を達するため必要な事項をその内容として含めることがで

きる。

I　本条の趣旨

　本条は、合意の主体と考慮事情、合意の内容、対象犯罪などについて定める。
以下、本章においては、記述で区別が必要な場合に、検察官と協議・合意を行
う被疑者・被告人を「協力被疑者・被告人」、標的とされる被疑者・被告人を
「標的被疑者・被告人」、それぞれの事件を「協力事件」、「標的事件」という。

II　合意の主体、考慮事情、内容（1項）

(1)　合意の主体

　合意の主体となるのは、「検察官」と「特定犯罪に係る事件の被疑者又は被
告人」である。合意をして捜査・訴追側の協力者となるものは「被疑者又は被
告人」である。被疑者でも被告人でもない者は合意の主体になることができな
い。弁護人は合意の主体にはならないが、協力被疑者・被告人が合意をするた
めには弁護人の「同意」（刑訴350条の3第1項）が必要である。

　会社等の法人も被疑者・被告人となることを刑訴法は予定している（刑訴27
条、刑訴283条など）。したがって、法人も合意の主体になると考えられる（189
回衆法15号〔林真琴刑事局長〕）。

(2)　合意の考慮事情

　検察官は「特定犯罪に係る事件の被疑者又は被告人が特定犯罪に係る他人の
刑事事件……について一又は二以上の第一号に掲げる行為をすることにより得
られる証拠の重要性、関係する犯罪の軽重及び情状、当該関係する犯罪の関連
性の程度その他の事情を考慮して、必要と認めるとき」に合意をすることがで
きる。

　合意をするか否かという検察官の判断は**訴追裁量権**に基づくものであること
から、検察官が合意を「必要と認め」なければならない。合意の必要性の判断
は①得られる証拠の重要性、②関係する犯罪の軽重及び情状、③当該関係する
犯罪の関連性の程度、④その他の事情（以上、1項柱書）を考慮して行われる。

　第1に、合意に基づく協力によって得られる証拠は、標的被疑者・被告人の
刑事事件の捜査・訴追のために相当程度の価値を持つ重要なものでなければな
らない（「得られる証拠の重要性」）。そもそも得られる証拠が重要でないのであ
れば、合意をすることは「必要」と認められない。

　第2に、協力事件及び標的事件の軽重と情状が考慮される（「関係する犯罪の
軽重及び情状」）。協力事件が重大であったり情状が悪かったりするようなとき
に、合意をして恩典を付与してまで他人の事件への協力を得ることが必要とは

994 第350条の2（合意の内容と対象犯罪）

考えられない。逆に、標的事件が軽微であったり情状が良かったりする場合にも、合意の必要性は認められないはずである。両者の事件における事情の衡量も行われる。

第3に「当該関係する犯罪の関連性の程度」が考慮される。法案が政府から提出された段階では、標的事件と協力事件との関連性の程度は要件とされていなかった。合意制度が有効に機能しうる場面を的確に定めることが難しいというのがその理由であった[9]。しかし、衆議院での審議段階で、関係する犯罪の関連性の程度を考慮するという修正が行われた。

この修正の理由は、いわゆる「ジェイルの情報提供者」による証言への懸念を払拭するためであった。ジェイルの情報提供者とは、留置場や拘置所などの同房者のことである。捜査官と取引をして標的被疑者・被告人が犯行について告白するのを聞いたという証言等を行う情報提供者の証言が、アメリカでは主要な冤罪原因のひとつとなっている[10]ことから、協力事件と標的事件との関連性を要求することで巻き込み供述を防ぐことに修正の眼目があった。このことによって「合意制度が利用される場合として基本的に想定されるのは、共犯事件など、両犯罪の間に関連性が認められる場合である」との趣旨が明確にされた[11]。文言上も「関連性の有無及び程度」とはなっておらず、関連性があることを前提にその程度を考慮するという文言となった[12]。そもそも、両事件の関連性がない場合、標的事件の解明のために得られる信用性のある証拠が、協力被疑者・被告人の協力によって得られる見込みは小さい。このようなことからすれば、「基本的には、被疑者、被告人から全く無関係の他人の刑事事件に関する供述等を得るために合意をするということは、考慮事情からして想定されない」[13]。

第4に、「その他の事情」には協力被疑者・被告人に余罪がある場合の捜査・公判の状況等が含まれうる[14]。

以上のような事情を考慮して、検察官は合意が「必要である」か否かを判断する。

合意の必要性判断は合理的なものでなければならない。得られる証拠の重要

---

[9] 189回衆法26号〔林真琴刑事局長〕。

[10] ブランドン・L・ギャレット（笹倉香奈ほか訳）『冤罪を生む構造——アメリカ雪冤事件の実証研究』（日本評論社、2014年）第5章。

[11] 189回衆法35号〔林真琴刑事局長〕。

[12] 後藤昭「2015年刑訴法改正法案における協議・合意制度」総合法律支援論叢8号（2016年）5頁。

[13] 189回衆法35号〔林真琴刑事局長〕。ただし、吉川崇＝吉田雅之「刑事訴訟法の一部を改正する法律（平成28年法律第54号）について(3)」法曹時報70巻1号（2018年）93頁は「両犯罪の間に関連性があることが合意の要件となるものではない」とする。

[14] 吉川＝吉田・前掲[13]論文93頁。

性が低いのに協力者に付与される恩典が大きい場合など、著しく釣り合いを欠く内容の合意は手続の公正さを損なう[15]。合意に基づく供述等の信用性を疑わせ、手続の公正さを欠くため、そのような合意で得られた供述等の証拠能力は失われると考えるべきである[16]。

(3) 合意の内容

合意の内容は、被疑者又は被告人が当該他人の刑事事件について一又は二以上の同号に掲げる行為をし、かつ、検察官が被疑者又は被告人の当該事件について一又は二以上の第二号に掲げる行為をすることである。

① 協力被疑者・被告人の行為

協力行為として求められるのは、1項1号のイからハに掲げられる行為である。イは、検察官、検察事務官又は司法警察職員の取調べに際して真実の供述をすること、ロは証人として尋問を受ける場合において真実の供述をすること、ハは検察官、検察事務官又は司法警察職員による証拠の収集に関し、証拠の提出その他の必要な協力をすることである。

イ・ロの**「真実の供述」**は「自己の記憶に従った供述」を意味し、特定の内容の供述をすることを約束するものではない。特定の内容の供述を約束すると、虚偽供述を促進する可能性がある。したがって、「従前の供述を維持する」という合意もできない。合意の結果行われた供述がたまたま捜査官の求める内容のものでなかったとしても、合意違反にはならない[17]。

イは被疑者・被告人として（刑訴198条1項）あるいは参考人として（刑訴223条1項）取調べにおいて供述する場合、ロは公判廷において証言する場合が想定されている。取調べにおいて供述する場合には、そこで捜査官による供述録取書が作成されることが想定される（刑訴350条の8参照）[18]。これに対して、ロの公判廷での証言約束の場合には、標的事件の弁護人による反対尋問により、その供述の信用性のチェックが一応行われる。

そもそも、**司法取引**などの供述確保の手段は、犯罪事実の立証に必要な証拠を公判証言で確保して、取調べ中心主義といわれる現状を脱却して公判中心主義を実現するために必要であるとされていた[19]。そして**協議・合意制度**は「取調べ及び供述調書への過度の依存」を改めるための改革の中で導入された。「捜査の成果を公判証言という形式で確保するための制度的仕掛け」であるとも評

---

[15] 川崎英明他『2016年改正刑事訴訟法・通信傍受法条文解析』（日本評論社、2017年）66頁〔福島至〕。

[16] 後藤・前掲[12]論文8頁。

[17] 189回衆法26号〔林真琴刑事局長〕。

[18] 最高検新制度準備室「合意制度の当面の運用に関する検察の考え方」法律のひろば71巻4号（2018年）57頁は、合意に基づき検察官の取調べが行われる場合は、基本的にはその録音・録画を行うことになるという。

[19] 宇川春彦「司法取引を考える(17)」判例時報1627号（1998年）40頁。

される[20]。このような立法の経緯にかんがみても、イ・ロのうち、公判廷で証言するという約束（ロ）を合意の内容とすることが基本となるべきであろう。

イの取調べでの供述のみを約束し、ロの証言約束をしない合意については、公判証言を回避することによって反対尋問権の保障をかいくぐることになるから、基本的に違法とされるべきである[21]。

ロの証言約束の場合、証人は真実の供述をすることが求められるものの、自己負罪拒否特権を失うわけではない[22]。ただし、真実の供述をすることと引き換えに証人自身の事件について有利な扱いがなされることになっているのであるから、自己負罪拒否特権を行使するような場面は限定的になることが予想される（通常は恩典の付与よりも協力行為が先行するだろう）。

ハは、取調べや公判での供述以外で、証拠提出その他の必要な協力をすることである。「その他の協力」は、証拠提出と同等の行為でなければならない。実況見分や検証への立会いと指示説明、犯行現場への引き当たり捜査への同行程度の行為が考えられうる[23]。

② 検察官が協力者に付与する恩典

検察官は、1項2号のイからトに掲げられる行為を合意内容とすることができる。不起訴処分（イ）、公訴取消し（ロ）、特定の訴因及び罰条による公訴の提起・維持（ハ）、訴因または罰条の追加・撤回・変更の請求（ニ）、特定の求刑意見の陳述（ホ）、即決裁判手続の申立て（ヘ）、略式命令請求（ト）である。

不起訴と公訴取消し（刑訴257条）、特定の訴因及び罰条による公訴の提起・維持は、検察官が訴追裁量権に基づいて行う処分である。不起訴にした後で、検察審査会による起訴議決がなされると合意は効力を失う（刑訴350条の11）。

検察官が特定の訴因または罰条の追加・撤回・変更の請求をしたとしても、裁判所が許さない場合がある。その場合については、刑訴350条の10第1項2号イ参照。

検察官の求刑は「意見」であり、裁判所を拘束しない（刑訴293条）。特定の求刑をする合意がある場合も例外ではない。裁判所が求刑意見よりも重い刑の言い渡しをした場合については、刑訴350条の10第1項2号ロ参照。なお、求刑意見には執行猶予や一部執行猶予相当の意見も含まれる[24]。

即決裁判手続の申立て（刑訴350条の16）、略式命令請求（刑訴461条）については、いずれも検察官により申立てあるいは請求され、簡易かつ迅速な手続で

---

[20] 宇川春彦「供述証拠の収集を容易にするための手段」法律時報86巻10号（2014年）24頁。

[21] 川崎他・前掲[15]書67頁〔福島至〕。

[22] 後藤・前掲[12]論文3、12頁。

[23] 吉川＝吉田・前掲[13]論文96頁。

[24] 後藤・前掲[12]論文10頁、川崎他・前掲[15]書71頁〔福島至〕。

行われ、しかも裁判所によって軽微な刑罰の言い渡しがなされることが期待できる。これらの手続をとることができなくなった場合については、刑訴350条の10第1項2号ハ、ニを参照。

Ⅲ 対象犯罪（2項）

協力被疑者・被告人及び標的被疑者・被告人の事件は、いずれも「**特定犯罪に係る**」ものでなければならない。

「**特定犯罪**」は、一定の財政経済犯罪や薬物・銃器犯罪であるが、死刑又は無期の懲役若しくは禁錮に当たるものは除かれている。

特定犯罪として挙げられているのは、財政経済犯罪として強制執行妨害関係の罪、文書偽造等の罪、贈収賄関係の罪、詐欺背任恐喝等の罪、横領等の罪、組織的犯罪処罰法関係の罪、租税法、独禁法、金融商品取引法の罪その他がある。また、薬物・銃器犯罪として、爆発物取締罰則、大麻取締法、覚せい剤取締法、麻薬及び向精神薬取締法、武器等製造法、あへん法、銃刀法、麻薬特例法関係の罪などがある。また、上記を本罪とする犯人蔵匿、証拠隠滅、証人威迫等も挙げられている。

これらの特定犯罪は組織的な背景があったり、密行性が高く事案解明も困難であったりするなど制度の対象とすべき必要性が高く、利用になじみやすいこと、さらに、直接の被害者がおらず、いたとしても被害が財産的・経済的なものにとどまることから被害者をはじめとする国民の理解も得やすいとされ、政策的に対象犯罪が限定されたのであった。他方、殺人のように生命・身体を保護法益とするような重大な犯罪については、対象犯罪からは除外された[25]。

Ⅳ 合意の目的を達するため必要な事項（3項）

合意には、その「目的を達するため必要な事項をその内容として含めることができる」。

前提として、法は本条1項で、合意の内容となりうる行為を限定列挙した。したがって、本項によって当事者が合意の内容として約束することができるのは、限定列挙されている行為に「付随する事項」や「合意の目的を達するため必要な事項」のみである[26]。特定犯罪以外の犯罪に関する事実上の約束などを

---

[25] 190回参法9号〔林真琴刑事局長〕。

[26] 後藤・前掲※12論文11頁。事件終了まで捜査協力・訴追協力を約束する、協力中は犯罪行為をしない、証言が終わるまでは居所を検察官に知らせるなどの約束が考えられる。

することはもちろんできない。

（笹倉香奈）

> **（弁護人の同意と書面による合意）**
> **第350条の3**　前条第一項の合意をするには、弁護人の同意がなければならない。
> ②　前条第一項の合意は、検察官、被疑者又は被告人及び弁護人が連署した書面により、その内容を明らかにしてするものとする。

Ⅰ　本条の趣旨

　合意を行うには必ず弁護人が同意しなければならないことと、合意が成立した場合の合意書面の作成について定める。

Ⅱ　弁護人の同意（1項）

　前条に規定するとおり、合意の主体は検察官と協力被疑者・被告人である。合意は、被疑者・被告人にとって重大な権利・利益にかかわる。標的事件に関する供述をするという重大な選択をすることによって、自らの事件の起訴・不起訴が左右されたり、訴追の内容が変わったり、最終的な量刑が変わったりする可能性もある。また、被疑者・被告人自身も嫌疑をかけられているという弱い立場にある。

　そこで、被疑者・被告人の権利・利益を擁護し、適正かつ公正な合意が行われることを確保するために、弁護人が関与することとされた。弁護人は合意にいたる協議の始まりから、合意にいたるまでのすべての手続にかかわることになる（刑訴350条の4）。合意の主体ではないが、手続に主体的にかかわる必要がある。

　弁護人は、依頼者の利益のために最善を尽くす前提として、合意をすることによる利害得失を依頼者に十分に説明する必要がある。たとえば、合意をしたとしても検察官から思うような恩典が受けられない可能性があること、虚偽供述をしたと判断された場合には虚偽供述罪等の制裁があること、協議における供述による新たな派生証拠によって訴追される可能性があることなどである。それでも、依頼者の希望があれば取引に応じる依頼者の意向に沿う必要があろう。

　ただし、単に唯々諾々と依頼者の意向に応ずれば良いのではなく、専門家と

して慎重に判断する必要があることはいうまでもない※27。以上のような弁護人としての判断が十分な情報に基づいて行われるよう、合意にいたる協議の過程において、できるだけ早く関係証拠の任意開示が検察官によって行われる必要がある※28。

このように協議から合意にいたる手続に弁護人が関与することにより、副次的には標的被疑者・被告人を虚偽供述で巻き込むことを防ぎ、冤罪を防止する効果があると期待されている。さらに、弁護人には協力被疑者・被告人が虚偽供述をしないように「説得する義務があると思われる」という論者もみられる※29。しかし、弁護人は依頼者の供述の真実性を立証すべき立場にもなく、検証もできない。その責任は検察官にあるのであって、弁護人に負わせるべきでない。まして、被疑者・被告人が虚偽供述をしないよう説得し、供述の真実性を担保する義務を弁護人に負わせることはできない※30。

Ⅲ　合意内容書面（3項）

合意が成立したときは、その内容を「**合意内容書面**」（刑訴350条の7第1項）と呼ばれる書面で明らかにしなければならない。書面には、検察官、被疑者又は被告人及び弁護人が連署する。合意内容書面は、協力事件の公判において（刑訴350条の7）、標的事件の公判において協力被疑者・被告人の供述録取書等が取り調べられる場合（刑訴350条の8）又は協力被疑者・被告人が証人として尋問される場合（刑訴350条の9）に証拠調べ請求される。検察官と被疑者・被告人が合意内容書面を作らず、密かに行う取引は認められない。

合意内容書面には協力被疑者・被告人による協力行為の内容、検察官による恩典の内容が記され、協力事件と標的事件が特定されることが予定されている※31。このような簡単な内容しか記されないため、合意内容書面のみによって協議・合意手続が適正になされたのかを知ることは不可能である。協議の過程を記録する書面（「**協議経過報告書**」。刑訴350条の4の解説参照）が重要となろう。

(笹倉香奈)

※27　合意制度における弁護人の役割については、小坂井久他『実務に活かすQ&A　平成28年改正刑訴法等のポイント』（新日本法規、2016年）207頁以下〔秋田真志〕、秋田真志「司法取引に弁護士はどう対応すべきか」法学セミナー756号（2018年）46頁など。
※28　川崎英明他『2016年改正刑事訴訟法・通信傍受法条文解析』（日本評論社、2017年）75頁〔福島至〕。
※29　川出敏裕「協議・合意制度および刑事免責制度」論究ジュリスト12号（2015年）68頁。
※30　小坂井他・前掲※27書225-226頁〔秋田真志〕、秋田・前掲※27論文49頁。
※31　最高検新制度準備室「合意制度の当面の運用に関する検察の考え方」法律のひろば71巻4号（2018年）59頁参照。

（合意のための協議をする者）

第350条の4　第三百五十条の二第一項の合意をするため必要な協議は、検察官と被疑者又は被告人及び弁護人との間で行うものとする。ただし、被疑者又は被告人及び弁護人に異議がないときは、協議の一部を弁護人のみとの間で行うことができる。

Ⅰ　「合意をするため必要な協議」

　合意にいたる前には、検察官と被疑者・被告人との間で、協力行為の内容やそれに対する恩典の内容について、話し合いが行われる。これが「合意をするため必要な協議」である。

　協議は、検察官と被疑者・被告人及び弁護人との間で行われる。被疑者・被告人と弁護人に異議がないときに、協議の一部を弁護人と検察官のみで行うことはできるが[32]、弁護人がいなければ協議を行うことはできない。合意にも弁護人の同意が必要である（刑訴350条の3）。つまり、協議から合意にいたる過程のすべてに弁護人の関与が必要的とされている。

Ⅱ　弁護人の必要的関与

　政府から提出された法案では、当初、弁護人、被疑者・被告人に異議がない時は、協議の一部を検察官と被疑者・被告人で直接行うことができ、弁護人の関与は必要がないものとされていた。しかしながら、衆議院での法案審議の段階で、協議・合意制度全体につき、虚偽の供述を誘発し冤罪の原因となるのではないかとの懸念が示された。そこで「いわゆる巻き込みの危険の防止についてより一層の確実を期する観点から、協議には弁護人が常に関与しなければならないこととした」[33]。

　以上のように、合意をするために必要な協議について弁護人の関与が特に重要であるとされた経緯に鑑みても、弁護人が関与せず、検察官と被疑者・被告人のみの間で協議が行われた場合には違法である。

---

[32] 主として法律的な観点からのやりとりが行われるような場合が想定できる。吉川崇＝吉田雅之「刑事訴訟法の一部を改正する法律（平成28年法律第54号）について(3)」法曹時報70巻1号（2018年）114頁。

[33] 189回衆法35号〔林真琴刑事局長〕。

Ⅲ　協議の開始と手続

協議の提案は、当事者のいずれからでも行われうるが、基本的には検察官が開始を主導することになろう。典型的には、被疑者・被告人の取調べが行われていく過程で必要があると判断された場合に協議が提案されることになる。協議の提案も協議の一部であるから、弁護人の立会いのもとで被疑者・被告人に提案される必要がある。被疑者・被告人が取調べ中に自分から協議を持ちかけた場合、検察官はいったん取調べを打ち切って弁護人と被疑者・被告人に相談させ、その後弁護人が確認した上で協議がはじめられることになる[34]。

弁護人が被疑者・被告人の意向を無視して検察官に協議を持ちかけるのは違法である。

検察官は、協議の開始にあたって、合意制度の内容やその危険性等について弁護人の在席のもと、十分に被疑者・被告人に説明し、真に被疑者・被告人が知悉して任意に協議・合意に応じようとしているのかを確認する責任がある。

協議では、被疑者・被告人がなし得る協力行為の内容や検察官が付与しうる恩典の内容が提示され、これらの内容にかかわる交渉が行われることになろう。さらに、協議中に被疑者・被告人に対して標的事件についての供述を検察官が求めることもあるだろう（刑訴350条の5）。

協議は検察官と被疑者・被告人及び弁護人との間で行われる必要があるが、法律上は三者が同じ場所にいることまでは要求されておらず、必要な場合には電話などでのやりとりも可能であるとされる[35]。ただし、被疑者・被告人がいつでも弁護人と相談できる状況でなければならないから、少なくとも被疑者・被告人と弁護人は同じ場所にいるべきであろう。

それでは、協議過程の適正さはどのように確保されるか。

法案審議の段階では、協議過程を録音録画すべきではないかとの議論も存在した。協議が適正に行われたかを事後的に検証するためにも、協議過程の録音録画は有効な手段であると考えられるからである。しかし、刑訴法は、裁判員裁判対象事件と検察官独自捜査事件の「取調べ」の録音録画のみを義務化しており（刑訴301条の2）、協議の手続は「取調べ」とは区別されるので録音録画の対象にはならない。ただ、協議過程が適正だったかどうか、事後的に争われる場合が出てくることが容易に予想されうる。運用上は、できる限り、検察官をはじめ協議参加者による録音録画がなされることが協議過程の適正化のため

---

[34] 後藤昭「2015年刑訴改正法案における協議・合意制度」総合法律支援論叢8号（2016年）7頁。吉川＝吉田・前掲※32論文115頁は、協議の申入れの際に弁護人が立ち会う必要はないとするが、妥当ではない。

[35] 吉川＝吉田・前掲※32論文114頁。

に望ましいと考えられる※36。

　国会審議の段階で附帯決議がなされ、「検察官は、合意をするため必要な協議に際しては、自由な意見交換などの協議の機能を阻害しないとの観点をも踏まえつつ、日時、場所、協議の相手方及び協議の概要に係る記録を作成するとともに、当該合意に係る他人の刑事事件及び当該合意の当事者である被告人の事件の公判が終わるまでの間は、作成した記録を保管すること」とされた。

　この「協議経過報告書」には日時、場所、出席者のほか、協議概要として①検察官による説明事項、②協力行為として提示された事項、③本人の供述を聴取した場合、その旨、④検察官による恩典の内容、⑤恩典の内容に対する本人及び弁護人の意見、⑥司法警察員が立ち会った場合はその旨の記載が予定されているようである※37。

　しかし、協議経過の記録は、協議経過が適正に行われたか否かを判断する資料とされるべきものである。したがって、どのように協議が開始され、どのような経過を経て合意が成立するにいたったのかがより詳細に書かれるべきであり、今後の運用を見守る必要がある。

　協議経過報告書は、協力事件・標的事件のいずれにおいても、原則として証拠開示される必要がある※38。

　なお、協議の開始の際にも「協議開始書」という文書を検察官、被疑者・被告人及び弁護人の連署のもと作成することが予定されている（2018年3月19日最高検・依命通達）。前述のとおり、検察官から協議が持ちかけられた段階で協議は開始されていると考えられるべきであるから、「協議開始書」は、協議開始の最初の段階で作成されるべきである。

（笹倉香奈）

（協議過程での被疑者・被告人の供述）

第350条の5　前条の協議において、検察官は、被疑者又は被告人に対し、他人の刑事事件について供述を求めることができる。この場合においては、第百九十八条第二項の規定を準用する。

②　被疑者又は被告人が前条の協議においてした供述は、第三百五十条の二第一項の合意が成立しなかつたときは、これを証拠とすることができない。

※36　川崎英明他『2016年改正刑事訴訟法・通信傍受法条文解析』（日本評論社、2017年）77頁〔福島至〕、小坂井久他『実務に活かすQ&A　平成28年改正刑訴法等のポイント』（新日本法規、2016年）230頁〔秋田真志〕。

※37　最高検察庁の依命通達（2018年3月19日）「証拠収集等への協力及び訴追に関する合意制度の運用等について」。

※38　川崎他・前掲※36書78頁〔福島至〕。

③　前項の規定は、被疑者又は被告人が当該協議においてした行為が刑法第百三条、第百四条若しくは第百七十二条の罪又は組織的犯罪処罰法第七条第一項第一号若しくは第二号に掲げる者に係る同条の罪に当たる場合において、これらの罪に係る事件において用いるときは、これを適用しない。

I　本条の趣旨

合意にいたる前段階の協議の中で、協力被疑者・被告人が標的事件について供述することを検察官が求めることができること、その供述の証拠制限などについて定めた規定である。

II　協議における供述（1項）

協議には弁護人が関与するので、供述が行われた場合も当然に弁護人が立ち会う。検察官は、被疑者・被告人が合意を真摯に履行する意思を有しているか、合意をした場合に提供される証拠とその信用性の程度などを確認するために供述を聴取する[39]。つまり、ここでの供述は、証拠を得るためではなく、合意をするか否かを検察官が判断するという目的のために求められる。

したがって、**協議における供述**は、取調べ（刑訴198条1項）とは区別される。しかし、本条1項は刑訴198条2項の規定を準用しており、黙秘権の告知が捜査機関に義務づけられる。刑訴198条2項が「適用」ではなく「準用」であることからも、協議における供述が取調べとは異なる性格の手続であることがわかる。

刑訴198条3項以下は本条に準用されていない。したがって、協議の中で供述がなされた場合に、検察官がこれを録取した調書を作成することは許されない。

なお、協議の進行中に被疑者・被告人について別途、取調べを行うことは制度上否定されていない。しかし、協議と同時に取調べを行うと、本人が協議と取調べとを区別して供述できない可能性があるし、協議と取調べとを分けた意味がなくなってしまうことから、協議中は取調べを差し控えるべきである[40]。同様に、司法警察職員による取調べも差し控えられるべきであろう。

---

[39] 吉川崇＝吉田雅之「刑事訴訟法の一部を改正する法律（平成28年法律第54号）について(3)」法曹時報70巻1号（2018年）118頁。

[40] 最高検新制度準備室「合意制度の当面の運用に関する検察の考え方」法律のひろば71巻4号（2018年）55頁。

Ⅲ　証拠能力の制限（2項）

　協議における供述は、結果として合意が成立しなかったときや検察官が合意に違反したときには証拠とすることができない。もしこれらの場合にも協議でなされた供述を証拠とすることができるとすれば、被疑者・被告人にとって危険である。そうすると、協議での自由な供述が阻害される。したがって、法は被疑者・被告人との関係でも、第三者の関係でも証拠能力の制限をするということにした。

　協議でなされた供述によって得られた派生証拠の証拠能力は否定されていない[41]（なお、刑訴350条の14の解説のとおり、検察官による合意違反の場合に派生証拠の証拠能力を制限するかについては、争いがある）。協議におけるやりとりで得られた情報に基づいて検察官が公判廷などで尋問や質問をすることも考えられる。協力被疑者・被告人の弁護人としては、供述をどこまでさせるべきかを慎重に助言しつつ、協議に関与する必要がある。

　なお、合意が成立しなかった理由や経緯等によっては、公正さを欠く場合もあり、派生証拠の証拠能力も否定されるだろう[42]。

Ⅳ　証拠能力制限の例外（3項）

　被疑者・被告人が協議においてした供述自体が犯人蔵匿、証拠隠滅、虚偽告訴等の罪にあたる場合には、合意が成立しなかった場合や検察官が合意違反をした場合であっても、当該供述の証拠能力は否定されない。これらの場合には、当該供述をしたこと自体が犯罪の証拠となるからである。

（笹倉香奈）

（協議への司法警察員の関与）
第350条の6　検察官は、司法警察員が送致し若しくは送付した事件又は司法警察員が現に捜査していると認める事件について、その被疑者との間で第三百五十条の四の協議を行おうとするときは、あらかじめ、司法警察員と協議しなければならない。
②　検察官は、第三百五十条の四の協議に係る他人の刑事事件について司法警察員が現に捜査していることその他の事情を考慮して、当該他人の刑事事件の捜査のため必要と認めるときは、前条第一項の規定により

---

[41] 後藤昭「2015年刑訴改正法案における協議・合意制度」総合法律支援論叢8号（2016年）19頁注7。

[42] 川崎英明他『2016年改正刑事訴訟法・通信傍受法条文解析』（日本評論社、2017年）80頁〔福島至〕。

第350条の6（協議への司法警察員の関与）　*1005*

> 供述を求めることその他の当該協議における必要な行為を司法警察員に
> させることができる。この場合において、司法警察員は、検察官の個別
> の授権の範囲内で、検察官が第三百五十条の二第一項の合意の内容とす
> ることを提案する同項第二号に掲げる行為の内容の提示をすることがで
> きる。

I　本条の趣旨

協議過程への**司法警察員**の関わり方について規定する。

法制審議会・特別部会での審議において、当初、警察庁関係者は協議・合意
制度の導入に強く反対していた（「時代に即した新たな刑事司法制度の基本構
想」（2013年1月）には、本条のような趣旨の規定がおかれることが明記されて
いなかった）。

しかし、その後「事務当局試案」（2014年4月）に本条の趣旨が明記され、司
法警察員が協議過程に一定の関与をすることとされた。これをうけて警察庁関
係者は態度を軟化させ[43]、協議・合意制度の法制化に積極的な立場に転換し
たという経緯がある。

司法警察員との間で連携を欠いたまま検察官が合意を行い、不起訴などの約
束をすると、司法警察員による捜査を遮断することになり支障が生じる。そこ
で、検察官と司法警察員の連携・調整を行うために本条がおかれた[44]。

II　司法警察員と検察官との協議（1項）

「司法警察員が送致し若しくは送付した事件又は司法警察員が現に捜査して
いると認める事件」については、検察官が被疑者との間で協議を行おうとする
とき、「あらかじめ司法警察員と協議」しなければならない（以下**「事前協議」**
という）。

対象は、司法警察員による送致事件（刑訴246条など）、送付事件（刑訴242
条）、現に司法警察員が捜査中の事件である。当然ながら、検察官の独自捜査
事件は含まれない。

これらの事件の「被疑者」との間で検察官が協議を行おうとしているときに
事前協議をすることになる。すでに被疑者が起訴されて「被告人」となってい
る場合に協議を行おうとするときは、事前協議は必要ない。司法警察員の捜査
はすでに終了しており、支障はないからである。

---

[43] 法制審議会特別部会・第28回会議議事録22頁〔種谷委員〕参照。
[44] 189回衆法28号〔林真琴刑事局長〕。

司法警察員の事前協議は必要であるが、被疑者との協議を開始することにつき、司法警察員の「同意」を得ることは、条文上は必要とされていない。

Ⅲ　協議への司法警察員の関与（2項）

標的事件について司法警察員が現に捜査をしており、検察官と協力被疑者・被告人との間で協議がすでに開始されていて、標的事件の捜査のため検察官が必要であると認めるときには、協力被疑者・被告人に前条1項に基づく協議における供述を求めることや、その他必要な行為を司法警察員にさせることができる（前段）。司法警察員は検察官の個別の授権の範囲内で検察官の恩典を提示することもできる（後段）。協議には常に弁護人が立ち会わなければならないから（刑訴350条の4）、司法警察員が関与する場合にも弁護人が立ち会う。したがって弁護人が拒否すれば、司法警察員の関与はできない[45]。

いうまでもなく、協議・合意の前提となる**訴追裁量権**は検察官のみが有しており（刑訴247条）、協議・合意の権限は検察官にある。それにもかかわらず協議の一部を司法警察員にさせることができるとしたのは、そのようにした方が「より的確な捜査に資する場合がありうる」と考えられたからである[46]。ただ、そのような場合が通常あるとは考えられず、本項が用いられる事件は限定的であろう。

刑訴350条の5で記したとおり、「**協議における供述の求め**」と取調べは異なる。

司法警察員ができるのは「協議における供述を求めること」及び「その他必要な行為」である。「その他必要な行為」は、協議における供述の求めに準じるような行為であり、協力行為として本人及び弁護人から提示される事項を聞き取ったり、検察官の示した恩典に対する本人及び弁護人の意見を聞いたりする程度である。

司法警察員は「検察官の個別の授権の範囲内」で恩典の提案をすることができる（後段）。しかし、司法警察員には協議における交渉の権限はない。与えられた授権の範囲を超えて、司法警察員が処分の軽減等について交渉を行うことは違法である。当然ながら合意をすることもできない。

（笹倉香奈）

---

[45] 後藤昭「2015年刑訴改正法案における協議・合意制度」総合法律支援論叢8号（2016年）8頁。

[46] 吉川崇＝吉田雅之「刑事訴訟法の一部を改正する法律（平成28年法律第54号）について(3)」法曹時報70巻1号（2018年）125頁。

第350条の7（協力事件での合意内容書面の証拠調べ請求義務）　*1007*

第２編第４章第２節　公判手続の特例

（協力事件での合意内容書面の証拠調べ請求義務）
第350条の7　検察官は、被疑者との間でした第三百五十条の二第一項の合意がある場合において、当該合意に係る被疑者の事件について公訴を提起したときは、第二百九十一条の手続が終わつた後（事件が公判前整理手続に付された場合にあつては、その時後）遅滞なく、証拠として第三百五十条の三第二項の書面（以下「合意内容書面」という。）の取調べを請求しなければならない。被告事件について、公訴の提起後に被告人との間で第三百五十条の二第一項の合意をしたときも、同様とする。
②　前項の規定により合意内容書面の取調べを請求する場合において、当該合意の当事者が第三百五十条の十第二項の規定により当該合意から離脱する旨の告知をしているときは、検察官は、あわせて、同項の書面の取調べを請求しなければならない。
③　第一項の規定により合意内容書面の取調べを請求した後に、当該合意の当事者が第三百五十条の十第二項の規定により当該合意から離脱する旨の告知をしたときは、検察官は、遅滞なく、同項の書面の取調べを請求しなければならない。

第２編第４章

Ⅰ　本条の趣旨

　協力事件における**合意内容書面**（刑訴350条の３第２項）の証拠調べ請求についての規定である。
　検察官と被疑者との間で合意が成立し、その後検察官が協力事件を起訴したとき、検察官は当該事件の公判において遅滞なく合意内容書面の証拠調べ請求をしなければならない。公判前整理手続に付された事件では付された後遅滞なく請求されなければならない。検察官がすでに起訴されている被告人との間で合意をしたときも同じである。
　なお、検察官が協力事件について略式命令請求をした場合には、請求と同時に合意内容書面を裁判所に差し出さなければならない（刑訴462条の２）。

Ⅱ　「証拠調べ請求」の意味（１項）

　検察官に合意内容書面を証拠として取り調べることを請求する義務があるのは、合意が存在することを裁判所に知らしめるためである。検察官には証拠調べ請求をする義務はあるが、裁判所が当該合意内容書面を証拠として採用する

ことは必要でない。

裁判所は、検察官が合意に違反した場合に、公訴棄却の判決をしたり、訴因又は罰条の追加又は変更を不許可としたりする必要がある（刑訴350条の13）。その前提として、合意の存在を知っておかねばならない。そのために本条がおかれた。

次条は標的事件における合意内容書面の証拠調べ請求について定める。標的事件では、合意に基づいて作成された供述調書等の取調べを当事者が請求し、又は裁判所が職権取調べを行う場合に合意内容書面の取調べが請求される。これに対して、協力事件においては、合意に係るすべての被疑者の事件の公判（又は公判前整理手続）において、合意内容書面の取調べが請求される。

III　合意離脱告知書の証拠調べ請求義務（2項、3項）

合意内容書面の取調べを請求する前に、合意の当事者が合意から離脱する旨の告知をしているとき、検察官は合意内容書面とともに**合意離脱告知書**（刑訴350条の10第2項）の取調べを請求しなければならない（2項）。合意内容書面の取調べを請求した後に、合意離脱の告知があったときも、遅滞なく合意離脱告知書の取調べを請求しなければならない（3項）。

1項と同様、裁判所に合意の有無や合意後の状況について知らせる必要があるという理由から、おかれた規定である。

（笹倉香奈）

（標的事件での合意内容書面の証拠調べ請求義務）
第350条の8　被告人以外の者の供述録取書等であつて、その者が第三百五十条の二第一項の合意に基づいて作成したもの又は同項の合意に基づいてされた供述を録取し若しくは記録したものについて、検察官、被告人若しくは弁護人が取調べを請求し、又は裁判所が職権でこれを取り調べることとしたときは、検察官は、遅滞なく、合意内容書面の取調べを請求しなければならない。この場合においては、前条第二項及び第三項の規定を準用する。

I　本条の趣旨

標的事件において、合意に基づく供述録取書等（協力被疑者・被告人が刑訴350条の2第1項の合意に基づいて作成したもの又は同項の合意に基づいてされた供述を録取し若しくは記録されたもの）が証拠として請求された場合又は裁判所が職権で取り調べることとした場合に、検察官が遅滞なく、**合意内容書面**

第350条の8（標的事件での合意内容書面の証拠調べ請求義務）　*1009*

の取調べ請求をしなければならないことを定めたものである（前段）。なお、合意内容書面を請求する前に、あるいは請求した後でいずれかの当事者からの合意離脱の告知があった場合には、**合意離脱告知書**（刑訴350条の10第2項）の証拠調べ請求を行わなければならない（後段）。

協力被疑者・被告人自身が標的事件の公判廷で証言する場合については次条を参照。

II　虚偽供述の防止策

協議・合意制度の立法の際にもっとも懸念されたのは、協力被疑者・被告人によって虚偽供述がなされ、標的被疑者・被告人が巻き込まれるという危険であった。この懸念を解消するためのひとつの方策が、標的被疑者・被告人の弁護人に対して、あるいは標的事件の公判において、当該合意の存在を明らかにすることである。これによって①十分な反対尋問が標的事件の弁護人によって行われ、②裁判所が合意の存在を知ることによって、合意に基づいて得られた証拠等につき、注意深く吟味することが期待されるというのである[47]。

しかし、標的事件の十分な防御のためには、本来、公判前の段階から協議・合意が行われていることを標的事件の弁護人が知る必要がある。したがって、検察官は標的事件においても、協議・合意にかかわる証拠等につき早期に任意開示すべきである。公判前整理手続に付された事件においては類型証拠開示による開示が行われることになろう[48]。

なお、**合意内容書面**の他にも協議・合意にかかわる重要なものとして、**協議経過報告書**や**協議開始書**などがあり（刑訴350条の4解説参照）、これらの開示もあわせて行われるべきである。

III　供述録取書等の作成、録取又は記録の前の合意からの離脱

供述録取書等の作成、録取又は記録の前に合意からの離脱がなされていたときには、本条による合意内容書面の取調べ請求義務は生じないとする見解がある[49]。すでに合意からの離脱がなされている場合には、その供述は合意に基づくものではなく、したがって合意に基づく有利な扱いを期待してなされるも

---

[47]　吉川崇＝吉田雅之「刑事訴訟法の一部を改正する法律（平成28年法律第54号）について(3)」法曹時報70巻1号（2018年）133頁、川崎英明他『2016年改正刑事訴訟法・通信傍受法条文解析』（日本評論社、2017年）83頁〔福島至〕など。

[48]　小坂井久他『実務に活かすQ&A　平成28年改正刑訴法等のポイント』（新日本法規、2016年）237頁以下〔秋田真志〕。

[49]　吉川＝吉田・前掲[47]論文134頁。

のでもないために、合意の存在及び内容が供述の信用性と関連しないことによるためであるとされている。

しかし、供述がなされるにいたった経過は、供述の信用性判断にかかわりうる。上記のような場合に合意内容書面の証拠調べ請求が検察官に義務づけられないとしても、合意内容書面その他の供述経過等にかかわる証拠については、公判前整理手続において、あるいは公判前の段階において開示されるべきである。

（笹倉香奈）

（同前）
第350条の9 検察官、被告人若しくは弁護人が証人尋問を請求し、又は裁判所が職権で証人尋問を行うこととした場合において、その証人となるべき者との間で当該証人尋問についてした第三百五十条の二第一項の合意があるときは、検察官は、遅滞なく、合意内容書面の取調べを請求しなければならない。この場合においては、第三百五十条の七第三項の規定を準用する。

I 本条の趣旨

標的事件において協力被疑者・被告人の証人尋問が請求され、又は裁判所が職権で証人尋問を行うこととした場合に、検察官は遅滞なく**合意内容書面**の取調べ請求をしなければならないという規定である（前段）。

また、合意内容書面の取調べを請求した後でいずれかの当事者から合意離脱の告知があった場合には、**合意離脱告知書**（刑訴350条の10第2項）の証拠調べ請求を行わなければならない（後段）。

協力被疑者・被告人の合意に基づく供述録取書等が証拠調べ請求され、あるいは裁判所により証拠採用された場合の合意内容書面の証拠調べ請求については、刑訴350条の8に規定されている。

II 虚偽供述の防止

1 虚偽供述の防止と反対尋問

協議・合意制度における協力被疑者・被告人の虚偽供述の防止のために特に重要であるとされているのは、協力被疑者・被告人が標的事件において証言する際の反対尋問である。したがって、実効的な反対尋問をすることを可能とするためには、協力事件の弁護人に対して、協議・合意に関する書面等を早期に開示することが必要である（前条・解説IIを参照）。

2　合意からの離脱があったとき

本項についても、協力被疑者・被告人の証人尋問請求又は職権による証人尋問の決定より前に合意からの離脱がなされていたときには、合意内容書面の取調べ請求義務は生じないとする見解がある[50]。すでに合意からの離脱がなされている場合には証言は合意に基づくものではなく、したがって合意に基づく有利な扱いを期待してなされるものでもない。だから、合意の存在及び内容は供述の信用性と関連しないというのである。

さらに、本条後段は、前条後段と異なり、刑訴350条の7第2項を準用していない（同条3項は準用している）。つまり、合意内容書面を取調べ請求した後に合意離脱の告知が行われた場合、検察官は**合意離脱告知書**の取調べ請求をしなければならないが、**合意内容書面**の取調べ請求前にすでに合意離脱の告知が行われていた場合にどうするべきかについては書かれていない。このような場合にも合意離脱告知書の取調べを請求する必要がないとされる[51]。

しかし、証言にいたる経過は、証言の信用性判断にかかわりうる。合意内容書面の証拠調べ請求が検察官に義務づけられないとしても、合意内容書面その他の供述経過等にかかわる証拠については、効果的な反対尋問をすることを可能にするために、公判前整理手続において、あるいは公判前の段階において標的被告人・弁護人に開示されるべきである[52]。

Ⅲ　取調べ供述のみの合意をした協力被疑者・被告人の証言

協力被疑者・被告人が取調べにおける真実の供述を行う（刑訴350条の2第1項1号イ）という合意のみを行っており、その後合意とは別に標的事件において証人となる場合には、「証人尋問についてした」合意がないので、本条の対象外であり、合意内容書面の取調べ請求義務はないといえるか。

このような合意は、公判証言を回避して反対尋問権の保障をかいくぐることになるから、そもそも基本的に違法とされるべきである（刑訴350条の2の解説Ⅱ(3)①参照）が、結果として合意にもとづかないで協力被疑者・被告人が証言することになった場合にも、当初の合意の存在や内容は明らかにされるべきであろう。したがって、このような場合にも本条が準用され、合意内容書面の取調べ請求義務が検察官に生じると考えるべきである[53]。なお、合意内容書面

---

[50] 吉川崇＝吉田雅之「刑事訴訟法の一部を改正する法律（平成28年法律第54号）について(3)」法曹時報70巻1号（2018年）137頁。

[51] 吉川＝吉田・前掲[50]論文138頁。

[52] 川崎英明他『2016年改正刑事訴訟法・通信傍受法条文解析』（日本評論社、2017年）84頁〔福島至〕も同旨。

[53] 川崎他・前掲[52]書85頁。

1012　第350条の10（合意からの離脱）

以外の書面（協議開始書や協議経過報告書など）についても、速やかに開示されるべきである。

Ⅳ　証人保護のための方策との併用

　2016年の刑訴法改正では、犯罪被害者等及び証人を保護するための方策が拡充され、**ビデオリンク方式**による証人尋問の拡充（刑訴157条の6）や**証人の氏名・住居の秘匿に関する措置**（刑訴299条の4以下）に関する条文が新設された。しかしながら、これらの措置が協議・合意による協力被疑者・被告人の証言の際にもとられることになれば、標的被告人の反対尋問権の著しい制約が行われることになる。したがって、協議・合意制度のもとでの証言において、これらの措置をとることは許されない[54]。

（笹倉香奈）

第2編第4章第3節　合意の終了

（合意からの離脱）
第350条の10　次の各号に掲げる事由があるときは、当該各号に定める者は、第三百五十条の二第一項の合意から離脱することができる。
一　第三百五十条の二第一項の合意の当事者が当該合意に違反したとき
　　その相手方
二　次に掲げる事由　被告人
　イ　検察官が第三百五十条の二第一項第二号ニに係る同項の合意に基づいて訴因又は罰条の追加、撤回又は変更を請求した場合において、裁判所がこれを許さなかつたとき。
　ロ　検察官が第三百五十条の二第一項第二号ホに係る同項の合意に基づいて第二百九十三条第一項の規定による意見の陳述において被告人に特定の刑を科すべき旨の意見を陳述した事件について、裁判所がその刑より重い刑の言渡しをしたとき。
　ハ　検察官が第三百五十条の二第一項第二号ヘに係る同項の合意に基づいて即決裁判手続の申立てをした事件について、裁判所がこれを却下する決定（第三百五十条の二十二第三号又は第四号に掲げる場合に該当することを理由とするものに限る。）をし、又は第三百五十条の二十五第一

---

[54]　川崎他・前掲※52書85頁、葛野尋之「犯罪被害者・証人保護の拡充」法と民主主義510号（2016年）17頁。

項第三号若しくは第四号に該当すること（同号については、被告人が起訴状に記載された訴因について有罪である旨の陳述と相反するか又は実質的に異なつた供述をしたことにより同号に該当する場合を除く。）となつたことを理由として第三百五十条の二十二の決定を取り消したとき。

ニ　検察官が第三百五十条の二第一項第二号トに係る同項の合意に基づいて略式命令の請求をした事件について、裁判所が第四百六十三条第一項若しくは第二項の規定により通常の規定に従い審判をすることとし、又は検察官が第四百六十五条第一項の規定により正式裁判の請求をしたとき。

三　次に掲げる事由　検察官

イ　被疑者又は被告人が第三百五十条の四の協議においてした他人の刑事事件についての供述の内容が真実でないことが明らかになつたとき。

ロ　第一号に掲げるもののほか、被疑者若しくは被告人が第三百五十条の二第一項の合意に基づいてした供述の内容が真実でないこと又は被疑者若しくは被告人が同項の合意に基づいて提出した証拠が偽造若しくは変造されたものであることが明らかになつたとき。

②　前項の規定による離脱は、その理由を記載した書面により、当該離脱に係る合意の相手方に対し、当該合意から離脱する旨の告知をして行うものとする。

I　本条の趣旨

　検察官及び協力被疑者・被告人が合意から離脱できる場合（合意が終了する場合）について規定する（1項）。離脱事由があったとしても、離脱ができる当事者は離脱をしないという選択をすることもできる。

　離脱は、理由を記載した書面（**合意離脱告知書**）により、相手方に告知して行う（2項）。検察官による合意違反の効果については、刑訴350条の13及び刑訴350条の14を参照。

　本条は当事者の違反によって合意が終了する場合であるが、その他の事由により合意が失効する場合として、刑訴350条の11がある。

II　合意違反

　本条1項1号は、一方当事者が合意に違反した場合に相手方が合意から離脱することができると一般的に規定する。合意は両当事者の約束であり、当事者はその履行をする義務がある。したがって、一方が約束に違反した場合に他方が約束から離脱できるというのは、当然である。

1014 第350条の10（合意からの離脱）

被疑者・被告人による合意違反として本号にあたるのは、標的事件において、真実の供述をする旨の合意をしていたにもかかわらず、その後、標的事件の公判において証言を拒絶するというような場合であるとされる[55]。被疑者・被告人は合意によって供述拒否権や自己負罪拒否特権を失うわけではないが[56]、通常は合意を履行すれば検察官によって約束が履行されるはずであるから、供述拒否権や自己負罪拒否特権を行使する必要はない。

他方、標的事件において協力被疑者・被告人が証言した場合には検察官が協力事件について公訴提起をしない、あるいは公訴取消しをするという合意があったにもかかわらず、検察官が合意を履行せず、公訴提起をしたり公訴を取り消さなかったりしたような場合、協力被疑者・被告人は本号により合意から離脱できる。このような場合の効果については、刑訴350条の13及び刑訴350条の14を参照。

Ⅲ　その他の離脱事由

本条1項2号・3号は、一般的な合意違反による離脱以外に、両当事者が合意から離脱できる場合を定める。

1　被告人による離脱（2号）

主として検察官の責めに帰さない理由によって、被告人が合意から離脱できる場合を定めている。

イは、検察官が合意に基づいて訴因または罰条の追加・撤回・変更の請求をしたときに裁判所がこれを許さなかったときである。ロは検察官が合意に基づいて特定の求刑意見の陳述をしたときに、裁判所がそれより重い量刑を言い渡したときである。ハは合意に基づいて検察官が即決裁判手続の申立てをしたが裁判所がこれを却下したとき、あるいは即決裁判により審判をするという決定を取り消したとき、ニは検察官が略式命令の請求をしたが裁判所が通常の審判をすることにしたときである。以上は、裁判所の判断によって合意内容が実現できなくなったという場合である。たとえ検察官の責めに帰さない事由によるものであったとしても、合意が実現されなくなった以上は、被告人に離脱が認めることが公平性にかなうとされた。

なお、ニは、検察官が合意したにもかかわらず、略式命令請求をせずに正式裁判を請求した場合についても規定する。

---

[55] 吉川崇＝吉田雅之「刑事訴訟法の一部を改正する法律（平成28年法律第54号）について(3)」法曹時報70巻1号（2018年）141頁。

[56] 後藤昭「2015年刑訴法改正法案における協議・合意制度」総合法律支援論叢8号（2016年）12頁。

2 検察官による離脱（3号）

検察官が合意から離脱をすることができるのは、被疑者・被告人が協議において した供述の内容が真実でないことが明らかになったとき（イ）と、合意に 基づいてした供述の内容が真実でないことが明らかになったとき又は提出した 証拠が偽造・変造されたものであることが明らかになったとき（ロ）である。 検察官の場合には、相手方の責めに帰さない事由によって合意内容が実現でき なくなった場合でも、離脱は認められない。たとえば、標的事件の被告人が死 亡したために証言の機会がなくなったというような場合である[57]。

協力被疑者・被告人は、自己の記憶に従って**真実の供述**をする義務がある。 たまたま自己の記憶が客観的な事実と異なっていたとしても、「自己の記憶に 従って供述をした」のであれば、即座に「**真実の供述**」をしなかったことには ならない。しかし、客観的な事実と異なっていれば、真実の供述をしなかった と検察官が判断することになるだろう。

3 双方の合意による合意解消

本条からは、双方の同意によって合意の解消をすることが可能かはわからな い。しかし、合意は当事者の処分権として認められるのであるから、合意によ る合意解消は当然認められるであろう[58]。このような場合にも、本条2項に 基づく**合意離脱書面**が作成され、相手方に告知されねばならない。

4 離脱の効果

離脱が行われた後は、当事者双方ともに合意に拘束されず、合意内容を履行 する必要がなくなる。

検察官による合意違反によって合意が終了する場合は、協議・合意によって 得られた証拠の証拠能力は、派生証拠を含め制限される（刑訴350条の14）。そ の他の合意離脱の場合には、離脱の効果は将来に向けて発生する。すでに行わ れた供述等の証拠能力は原則として影響を受けない。

Ⅳ 離脱の告知

合意からの離脱は、理由を示した書面（**合意離脱書面**）により、相手方に対 して告知して行う（2項）。合意離脱書面は作成されるだけではなく、相手方 （被疑者・被告人及び弁護人）に直接渡される必要がある。

（笹倉香奈）

---

[57] 後藤・前掲[56]論文14頁。
[58] 後藤・前掲[56]論文14頁。

1016 第350条の11（検察審査会の議決による合意の失効）

> **（検察審査会の議決による合意の失効）**
> **第350条の11** 検察官が第三百五十条の二第一項第二号イに係る同項の合意に基づいて公訴を提起しない処分をした事件について、検察審査会法第三十九条の五第一項第一号若しくは第二号の議決又は同法第四十一条の六第一項の起訴議決があつたときは、当該合意は、その効力を失う。

　本条は、**検察審査会**の議決による合意の失効について定める。検察審査会は「公訴権の実行に関し民意を反映させてその適正を図る」（検審1条）という趣旨に基づき、検察官の不起訴判断が妥当であったか否かを審査する。本条は、合意に基づく不起訴の約束を検察官が履行して協力事件を不起訴にした後に、検察官の不起訴判断が不当だったという議決を検察審査会がした場合について規定する[59]。

　「検察審査会法39条の5第1項第1号の議決」とは検察審査会による起訴相当の議決、「第2号の議決」とは不起訴不当の議決である。検察審査会がこれらの議決をしたとき、検察官は当該事件を起訴すべきか否かについて改めて判断する義務を負う（検審41条1項・2項）。この判断を行う場合に、合意の効力があると検察官は合意の履行義務に拘束され、適正な判断をすることができず、検察審査会の議決が無視されることになりかねない。そのために合意が失効することとされた。

　「同法41条の6第1項の起訴議決」とは、2004年の制度改正で導入された、いわゆる強制起訴が行われる場合である（2009年施行）。検察官の不起訴処分に対して検察審査会が起訴相当議決を行い、その後検察官が再度その事件を不起訴にしたときには検察審査会による再度の審査が行われる（検審41条の2）。審査の結果、起訴を相当と認めるときは「起訴議決」が出される。このようなとき、合意による不起訴処分が不当であったとの検察審査会の議決が二度行われることになる。起訴議決が出された事件については、公訴の提起及びその維持に当たる「指定弁護士」が弁護士の中から指定され、公訴の提起と維持をするために、検察官の職務を行う（検審41条の9）。しかし、合意の効力があると指定弁護士の職務は阻害される。そのために合意は失効することとされた。

　なお、本件によって合意が失効してその後協力事件が起訴されたとき、被告人が協議においてした供述及び合意に基づいてした被告人の行為によって得られた証拠と派生証拠は、原則として使用を禁止される（刑訴350条の12）。

（笹倉香奈）

---

[59] 検察審査会法35条の2は、協力事件について検察審査会が審査を行うときには、検察官が合意内容書面を提出しなければならないことを定める。

第350条の12（合意の失効と証拠禁止）　*1017*

（合意の失効と証拠禁止）
第350条の12　前条の場合には、当該議決に係る事件について公訴が提起されたときにおいても、被告人が第三百五十条の四の協議においてした供述及び当該合意に基づいてした被告人の行為により得られた証拠並びにこれらに基づいて得られた証拠は、当該被告人の刑事事件において、これらを証拠とすることができない。
②　前項の規定は、次に掲げる場合には、これを適用しない。
　一　前条に規定する議決の前に被告人がした行為が、当該合意に違反するものであつたことが明らかになり、又は第三百五十条の十第一項第三号イ若しくはロに掲げる事由に該当することとなつたとき。
　二　被告人が当該合意に基づくものとしてした行為又は当該協議においてした行為が第三百五十条の十五第一項の罪、刑法第百三条、第百四条、第百六十九条若しくは第百七十二条の罪又は組織的犯罪処罰法第七条第一項第一号若しくは第二号に掲げる者に係る同条の罪に当たる場合において、これらの罪に係る事件において用いるとき。
　三　証拠とすることについて被告人に異議がないとき。

I　本条の趣旨

　本条は、**検察審査会**の議決によって合意が失効した場合（前条）の証拠能力の制限について定めた規定である。1項は証拠禁止について、2項は例外について規定する。

II　合意が失効する場合の証拠能力の制限（1項）

　合意に基づく不起訴の約束を検察官が履行して協力事件を不起訴にした後、検察官の不起訴判断が不当だったという議決を検察審査会がした場合に、合意は失効する（前条）。起訴相当・不起訴不当議決の場合には、協力事件は検察官の判断によって起訴される可能性があるし、検察審査会の起訴議決の場合には、指定弁護士により起訴されうる。
　このようなとき、協力事件の被告人が「協議においてした供述及び当該合意に基づいてした被告人の行為により得られた証拠並びにこれらに基づいて得られた証拠」は、協力事件での使用を禁止される。協議での供述や合意によって得られた証拠のみならず、それらに基づいて得られた**派生証拠**まで、使用を禁止される。
　ただし、第三者の事件においては、これらの証拠や派生証拠は使用を禁止されない。

第2編第4章

このように区別された理由は、以下の通りである※60。

協力事件の被告人については、当該不起訴合意に係る自己の事件で起訴されないことを約束されていた。したがって、合意に基づく供述や協議での供述に自己の刑事事件の証拠となるものが含まれていても、その証拠が自分の刑事事件で用いられるということは考えていない。このようなとき、公訴提起後に本人の事件でその証拠を用いることができるとするのは実質的に見て公平を欠くことになるから、証拠としての使用を禁止した。

これに対して、第三者との関係では公平性を考慮する必要がない。合意違反の場合（刑訴350条の13及び14）のように検察官による合意の履行を担保するという観点からの証拠能力の制限も必要ない。したがって、証拠能力を制限する規定を設けなかったのである。

Ⅲ　例外規定（2項）

1項の証拠能力の制限には、例外がある。

第1に、1号に定める場合である。①検察審査会の議決の前に被告人がした行為が当該合意に違反するものであったとき、②検察審査会の議決の前に、被告人が協議においてした他人の刑事事件についての供述の内容が真実でないことが明らかになったとき（刑訴350条の10第1項第3号イ）、③検察審査会の議決の前に、被告人が合意に基づいてした供述の内容が真実でないこと又は議決前に被告人が合意に基づいて提出した証拠が偽造又は変造されたものであることが明らかになったとき（刑訴350条の10第1項第3号ロ）である。これらの事由が検察審査会の議決前に判明しておれば、検察官が合意から離脱する理由となる（刑訴350条の10）にもかかわらず、たまたま議決後に判明したために被告人に有利な取扱いとなることは相当でないと考えられたようである※61。

第2は、被告人が当該合意に基づくものとしてした行為又は当該協議においてした行為自体が、虚偽供述罪、犯人蔵匿、証拠隠滅、偽証、虚偽告訴等に当たる場合である（2号）。これらの場合には、そのような供述等をしたこと自体が犯罪を構成するためである。

第3は、証拠とすることについて被告人に異議がないときである（3号）。前述の通り、本条の趣旨は、被告人の期待権を保護することにある。したがって、被告人に異議がないときにまで、証拠禁止を及ぼす必要はないと考えられたのであろう。もちろん、被告人に真に異議がないかについて、裁判所は、弁護人

※60　189回衆法18号〔林真琴刑事局長〕。

※61　吉川崇＝吉田雅之「刑事訴訟法の一部を改正する法律（平成28年法律第54号）について(3)」法曹時報70巻1号（2018年）153頁。

と本人に確かめる必要がある。

(笹倉香奈)

第2編第4章第4節　合意の履行の確保

（合意違反の公訴提起等に対する裁判）
第350条の13　検察官が第三百五十条の二第一項第二号イからニまで、ヘ又はトに係る同項の合意（同号ハに係るものについては、特定の訴因及び罰条により公訴を提起する旨のものに限る。）に違反して、公訴を提起し、公訴を取り消さず、異なる訴因及び罰条により公訴を提起し、訴因若しくは罰条の追加、撤回若しくは変更を請求することなく若しくは異なる訴因若しくは罰条の追加若しくは撤回若しくは異なる訴因若しくは罰条への変更を請求して公訴を維持し、又は即決裁判手続の申立て若しくは略式命令の請求を同時にすることなく公訴を提起したときは、判決で当該公訴を棄却しなければならない。
②　検察官が第三百五十条の二第一項第二号ハに係る同項の合意（特定の訴因及び罰条により公訴を維持する旨のものに限る。）に違反して訴因又は罰条の追加又は変更を請求したときは、裁判所は、第三百十二条第一項の規定にかかわらず、これを許してはならない。

I　本条の趣旨

　検察官が合意に違反して、公訴の提起や公訴の維持等をしたときに、裁判所は公訴棄却等をしなければならない。検察官の合意違反が重大な訴訟上の効果に直結するという規定をおくことによって、検察官により合意が履行されることを確保しようとした規定である。
　なお、裁判所は、検察官から**合意内容書面**等が提出されることによって、合意の存在を知ることになる（刑訴350条の7）。合意が存在する場合には、その違反がないかについて、確認する義務が裁判所には生じる。

II　検察官の合意違反による公訴棄却（1項）

　刑訴350条の2第1項2号イからニ、ヘ又はトに係る合意をした場合（すなわち、不起訴処分（イ）、公訴取消し（ロ）、特定の訴因及び罰条による公訴の提起（ハ）、訴因または罰条の追加・撤回・変更の請求（ニ）、即決裁判手続の申立て（ヘ）、略式命令請求（ト））、検察官が合意に違反したときには、裁判所は

判決で公訴を棄却しなければならない。

　形式裁判による打ち切りであるとしても、裁判の意思表示内容は確定的になり（内容的確定力）、事情の変更のない限り異なる裁判は許されない[※62]。従って、合意違反による公訴棄却判決の場合には、事情の変更があれば再度の起訴が許される場合はありうるが、合意に違反した形での起訴は許されないことになる[※63]。

Ⅲ　検察官の合意違反による訴因・罰条の追加・変更の不許可（2項）

　刑訴350条の2第1項2号ハに係る合意（特定の訴因及び罰条による公訴の維持）に違反して訴因又は罰条の追加又は変更を請求した場合は、裁判所はこれを許してはならない。

Ⅵ　求刑意見の陳述に関する合意違反

　刑訴350条の2第1項2号ホは、以上のほか、検察官が特定の求刑意見を陳述する旨の合意をすることを予定している。しかし、本条には、検察官が特定の求刑意見の陳述をするという合意があった場合、そのような陳述をしなかったという違反があったときにどうするかは規定していない。

　求刑は検察官の意見にすぎないということ、合意内容書面によって裁判所は特定の求刑意見をするという合意があることを知ることができることから、公訴棄却の判決までは必要がないと考えられたのであろう。このような場合、協力被疑者・被告人は刑訴350条の10に基づき、合意から離脱することができる。

（笹倉香奈）

（検察官の合意違反と証拠禁止）

第350条の14　検察官が第三百五十条の二第一項の合意に違反したときは、被告人が第三百五十条の四の協議においてした供述及び当該合意に基づいてした被告人の行為により得られた証拠は、これらを証拠とすることができない。

②　前項の規定は、当該被告人の刑事事件の証拠とすることについて当該被告人に異議がない場合及び当該被告人以外の者の刑事事件の証拠とすることについてその者に異議がない場合には、これを適用しない。

[※62]　光藤景皎『口述・刑事訴訟法（中）』（成文堂、1992年）282頁。

[※63]　吉川崇＝吉田雅之「刑事訴訟法の一部を改正する法律（平成28年法律第54号）について(3)」法曹時報70巻1号（2018年）157頁。

I　本条の趣旨

　検察官が合意に違反したときには、被告人が協議においてした供述及び合意に基づいてした行為に基づいて得られた証拠の証拠能力を制限するという定めである。前条と同じく、検察官の合意違反に重大な訴訟上の効果を直結させることで、検察官による合意履行を確保しようとした規定である。

II　証拠禁止（1項）

　検察官が合意に違反したとき、協力被告人が協議においてした供述と、合意に基づいてした被告人の行為により得られた証拠は使えない。本条2項をあわせて読めば、協力被告人の刑事事件の証拠として使えないだけではなく、協力被告人以外の者の刑事事件の証拠としても使えないことがわかる。標的被告人の事件においても、第三者の被告人の事件においても使えない。

　検察官の合意は、協力事件に係るものである。本条が協力事件以外においても合意違反に基づく証拠の使用を禁止したのは、強い効果を合意違反にもたせることによって、検察官による合意履行を確保しようとしたからであろう[64]。

　本条による証拠能力制限の範囲が**派生証拠**にまで及ぶのかについては見解が対立している。

　派生証拠には証拠能力制限は及ばないという見解は、合意違反の場合には公訴棄却の判決がなされるから（刑訴350条の13）、検察官はあえて合意に違反しないが、本項は、その上でなお念のため、政策的な観点から検察官による合意の履行を確保するために証拠能力を制限しているのであって、派生証拠をその対象とするまでの必要はないという[65]。

　これに対して、検察官の合意履行確保という立法の目的や条文の文言から[66]、あるいは公益の代表者である検察官が自ら合意に違反した場合には本制度への信頼を根幹から揺るがしかねない事態にあたり、手続的正義の観点から公正さを欠くという理由で[67]、派生証拠についても証拠能力を制限するべきであるとの主張がある。刑訴350条の12が検察審査会による合意失効の場合（検察官自身の責に帰さない場合）についても派生証拠の証拠能力を制限してい

---

[64]　後藤昭「2015年刑訴法改正法案における協議・合意制度」総合法律支援論叢8号（2016年）13頁。

[65]　吉川崇＝吉田雅之「刑事訴訟法の一部を改正する法律（平成28年法律第54号）について(3)」法曹時報70巻1号（2018年）159頁。

[66]　後藤・前掲[64]論文13頁。

[67]　川崎英明他『2016年改正刑事訴訟法・通信傍受法条文解析』（日本評論社、2017年）91頁〔福島至〕。

ることなどとのバランスから考えても、検察官による合意違反の場合には派生証拠の証拠能力が制限されるという考え方が妥当であろう。

Ⅲ　例外規定（2項）

協力被告人又はその他の事件の被告人に異議がない場合については、証拠禁止は及ばない。

（笹倉香奈）

（虚偽供述等に対する刑罰）

第350条の15　第三百五十条の二第一項の合意に違反して、検察官、検察事務官又は司法警察職員に対し、虚偽の供述をし又は偽造若しくは変造の証拠を提出した者は、五年以下の懲役に処する。

②　前項の罪を犯した者が、当該合意に係る他人の刑事事件の裁判が確定する前であつて、かつ、当該合意に係る自己の刑事事件の裁判が確定する前に自白したときは、その刑を減軽し、又は免除することができる。

Ⅰ　虚偽供述罪と偽造・変造証拠提出罪

合意をした被疑者・被告人が合意に違反して虚偽の供述をし、又は偽造若しくは変造の証拠を提出したときは「虚偽供述罪」「偽造・変造証拠提出罪」にあたり、5年以下の懲役に処することとされた。

主体は「合意に違反」した被疑者・被告人であるから、合意にいたらなかった場合には本罪は成立しない。

協力被疑者・被告人は、捜査官による取調べや公判廷での証言の際に「真実の供述をすること」、捜査機関による証拠の収集の際に証拠提出などをすることを合意する（刑訴350条の2第1項1号イ乃至ハ）。本条は、協力被疑者・被告人が合意を履行する際に、虚偽供述を行ったり、偽造・変造の証拠を提出したりすることを防止することを目的とする。すなわち、協議・合意制度の導入に当たってもっとも危惧された、協力被疑者・被告人による巻き込みの防止策のひとつとして規定されたのである。

従来から、犯人蔵匿、証拠隠滅、偽証、虚偽告訴等など、類似の行為を処罰する規定は存在した。しかし、協議・合意制度が新設されるにあたって、これらの犯罪に該当しない行為をも処罰するために、新たに本条がおかれた。

捜査段階の供述は原則として任意であり（刑訴179条・226条を除く）、虚偽供述についての制裁もなかった。つまり、虚偽供述罪等の創設は、この前提を大

きく変えるものとなった[68]。

　しかし、本罪については問題点も指摘されている。第一点は、協力被疑者・被告人がいったん虚偽供述をしてしまうと、本罪で処罰されることをおそれて、かえって虚偽供述に固執するのではないかという点である。本条2項は、本罪についての減免規定をおくが、任意の減免にとどまるため、やはり本罪が適用されるというリスクがあり、このような懸念が生じる。第二点は、本罪を検察官が適正に適用できるのかという点である。これまでも法廷で宣誓のうえ虚偽の証言を行った場合に適用される偽証罪（刑169条）について、検察側の証人が偽証された場合に訴追される例はほとんどなかった。したがって、虚偽供述罪についても、合意の一方当事者たる検察官が適正に訴追しない可能性があるとの指摘もある[69]。これらの懸念が当たるのであれば、巻き込みの危険の防止策として、本条はあまり意味を持たない可能性がある。運用を見守る必要がある。

　合意が成立するには弁護人の同意が必要であり、合意内容書面にも弁護人の連署が必要である。しかし、合意の内容は被疑者・被告人が真実の供述をすることであって、弁護人の同意もこれを前提としたものである。したがって、後に協力被疑者・被告人が虚偽供述をしたことが判明したとしても、同意をしたことをもって弁護人が本罪の共犯として処罰されることはない[70]。

Ⅱ　「虚偽」の供述（1項）

　1項は協力被疑者・被告人が「虚偽の供述」を行ったことを構成要件とする。偽証罪（刑169条）と同様の理解が行われるのであれば、「虚偽」とは「自己の記憶に反すること」をいうと解釈されるだろう[71]。

　そもそも、合意は「特定の内容の供述をする」ことの約束ではなく、「自己の記憶に沿った」真実の供述をすることの約束である（刑訴350条の2）。合意の結果行われた供述が検察官の求める内容のものでなかったとしても、合意違反にはならず「虚偽」の供述であるとはいえない。他の証拠等にもとづいて「虚偽供述」であったか否かが判断されることになるだろう。また、自己の記憶に沿った供述をしていたが、たまたまその内容が他の証拠等から虚偽であることが判明した場合は、本罪は成立しない。

---

[68] 小坂井久他『実務に活かすQ&A　平成28年改正刑訴法等のポイント』（新日本法規、2016年）224頁〔秋田真志〕。

[69] 白取祐司他『日本版「司法取引」を問う』（旬報社、2015年）93～97頁。

[70] 189回衆法25号〔林真琴刑事局長〕。

[71] 吉川崇＝吉田雅之「刑事訴訟法の一部を改正する法律（平成28年法律第54号）について(3)」法曹時報70巻1号（2018年）163頁。

また、虚偽の「供述」をすることが構成要件であるから、黙秘をして供述をしないという場合には、本罪は成立しない。

Ⅲ　法定刑（１項）

　法定刑は「5年以下の懲役」である。犯人蔵匿・証拠隠滅の法定刑（3年以下の懲役又は30万円以下の罰金）よりは重く、偽証・虚偽告訴の法定刑（3月以上10年以下の懲役）よりは軽くということにより、この法定刑とされた[72]。

Ⅳ　任意的減免規定（２項）

　虚偽供述罪と偽造・変造証拠提出罪を犯した者が、標的事件が確定する前で、かつ自身の事件（協力事件）の確定する前に自白したときには、刑の減免をすることができる。前述のとおり、本条は虚偽供述を防止し、巻き込みの危険を防ぐために政策的にもうけられた規定である。したがって、自ら虚偽供述を撤回し、巻き込みを防いだときにはその刑を減免することができるとしたものである。

　虚偽供述を防止するためという目的のためであれば、協力事件の判決が確定しているか否かは問わないという規定にする可能性もあったように思われるが、立法者はそのような選択をしなかった。

（笹倉香奈）

---

[72]　吉川＝吉田・前掲※71論文163頁。

第２編第５章　即決裁判手続

〔前注〕

　2004（平成16）年の「刑事訴訟法等の一部を改正する法律」（平成16年法律第62号）により、「第２編　第一審」の中に「第４章　即決裁判手続」が付加された。この即決裁判手続は2006（平成18）年10月２日から施行された。そして、「刑事訴訟法等の一部を改正する法律」（平成28年６月３日法律第54号）第１条により刑訴350条の12（公訴取消し後の再起訴制限の緩和。2016（平成28）年12月１日施行）が新設され、同第２条により「第４章　証拠収集等への協力及び訴追に関する合意」（2018（平成30）年６月１日施行）が付加されたため、「第４章　即決裁判手続」が「第５章　即決裁判手続」となった（前掲刑訴350条の12は刑訴350条の26となった）。

　「第５章」の中には、「第１節　即決裁判手続の申立て」（刑訴350条の16、刑訴350条の17）、「第２節　公訴準備及び公判手続の特例」（刑訴350条の18、刑訴350条の19、刑訴350条の20、刑訴350条の21、刑訴350条の22、刑訴350条の23、刑訴350条の24、刑訴350条の25、刑訴350条の26）、「第３節　証拠の特例」（刑訴350条の27）、「第４節　公判の裁判の特例」（刑訴350条の28、刑訴350条の29）が含まれている。これに関連して、即決裁判手続による判決に対する上訴制限について規定する刑訴403条の２と刑訴413条の２が、前掲平成16年法律第62号により新設された。

　即決裁判手続の趣旨は、争いのない簡易明白な事件について、簡易かつ迅速に裁判を行うことができるようにすることにより、手続の合理化・効率化を図ることである。争いのない簡易明白な事件については、公訴提起後、できるだけ早い時期に公判期日を開き、簡易かつ迅速に公判の審理及び即決の裁判を行うことにより、争いのある事件や裁判員制度対象事件等の捜査・公判手続に、人員等の資源をより重点的に投入しようということである。

　即決裁判手続と略式手続は、被疑者の「同意」が前提となっている点では同じである（刑訴350条の16第２項、刑訴461条の２）。しかし、略式手続は、公判前に公判手続によらずに非公開で、検察官提出の書類および証拠物に基づいて事実を認定するが、100万円以下の罰金または科料しか科することができない（刑訴461条）のに対して、即決裁判手続は、あくまで公判手続であり、検察官及び被告人・弁護人の出頭する公判廷で証拠調べを行った上で、判決が言い渡される。また、即決裁判手続は、略式手続と異なり、100万円を超える罰金または科料を科すこともでき、懲役または禁錮の自由刑を言い渡すこともできる（ただし、刑の全部の執行猶予が必要的である（刑訴350条の29））。

　即決裁判手続も簡易公判手続も、証拠調べ手続を簡略化している（刑訴350条

の27、刑訴307条の2、刑訴320条2項)。しかし、即決裁判手続は、簡易公判手続以上に手続全体の迅速化・合理化を図っている。すなわち、即決裁判手続では、検察官が、公訴の提起と同時に即決裁判手続の申立てをして(刑訴350条の16第1項。簡易公判手続については刑訴291条の2参照)、起訴後できる限り速やかに所定の証拠開示をしなければならず(刑訴350条の19)、また、裁判長は、できる限り早期に公判期日を定めなければならず(刑訴350条の21)、裁判所は原則として即日判決を言い渡さなければならない(刑訴350条の28)。しかも、科刑制限(刑訴350条の29)と上訴制限(刑訴403条の2、刑訴413条の2)がある。

(高倉新喜)

第2編第5章第1節　即決裁判手続の申立て

(即決裁判手続の申立ての条件)

第350条の16　検察官は、公訴を提起しようとする事件について、事案が明白であり、かつ、軽微であること、証拠調べが速やかに終わると見込まれることその他の事情を考慮し、相当と認めるときは、公訴の提起と同時に、書面により即決裁判手続の申立てをすることができる。ただし、死刑又は無期若しくは短期一年以上の懲役若しくは禁錮に当たる事件については、この限りでない。

②　前項の申立ては、即決裁判手続によることについての被疑者の同意がなければ、これをすることができない。

③　検察官は、被疑者に対し、前項の同意をするかどうかの確認を求めるときは、これを書面でしなければならない。この場合において、検察官は、被疑者に対し、即決裁判手続を理解させるために必要な事項(被疑者に弁護人がないときは、次条の規定により弁護人を選任することができる旨を含む。)を説明し、通常の規定に従い審判を受けることができる旨を告げなければならない。

④　被疑者に弁護人がある場合には、第一項の申立ては、被疑者が第二項の同意をするほか、弁護人が即決裁判手続によることについて同意をし又はその意見を留保しているときに限り、これをすることができる。

⑤　被疑者が第二項の同意をし、及び弁護人が前項の同意をし又はその意見を留保するときは、書面でその旨を明らかにしなければならない。

⑥　第一項の書面には、前項の書面を添付しなければならない。

I 本条の趣旨

本条は、即決裁判手続の申立ての条件について規定する。検察官は、即決裁判手続によって審判をするのが相当と認める事件について、公訴の提起と同時に、即決裁判手続の申立てをすることができる。ただし、この申立てには、被疑者の同意がなければならず、弁護人がある場合には、弁護人が同意をし、または意見を留保していなければならない。

II 即決裁判手続の申立てができる場合等（本条1項）

本条1項は、即決裁判手続の申立てができる場合等について規定する。

1 申立てができる場合

検察官が即決裁判手続の申立てをすることができるのは、「公訴を提起しようとする事件について、事案が明白であり、かつ、軽微であること、証拠調べが速やかに終わると見込まれることその他の事情を考慮し、相当と認めるとき」である。(a)**「事案が明白であり、かつ、軽微であること」**とは、当該事件の犯罪事実が認められることが明白であり、かつ、犯情が軽微であることをいう。(b)**「証拠調べが速やかに終わると見込まれること」**とは、当該事件の証明に必要な証拠の量等に照らし、証拠調べが速やかに終わると見込まれることをいう。(c)**「その他の事情」**とは、たとえば、被疑者の前科の有無、被害者等の処罰感情など、犯情以外のいわゆる一般情状に関する事情などが考えられる。(d)**「相当と認めるとき」**とは、即決裁判手続により審判をすることを相当と認めるときをいう。

2 申立ての時期

即決裁判手続の申立ては、「公訴の提起と同時に」しなければならない。

3 書面による申立て

検察官による即決裁判手続の申立ては、書面により行わなければならない。略式命令の請求と同様（刑訴462条1項）、手続の明確を期すためである。

4 法定刑による制限

死刑または無期もしくは短期1年以上の懲役もしくは禁錮に当たる事件については、即決裁判手続の申立てをすることができない。これらの事件は、法定刑が重く、有罪の場合には重い量刑になることが多いことから、慎重に審理すべきであり、即決裁判手続により合理化・効率化を図ることが適当ではないからである。

Ⅲ 被疑者の同意（本条２項）

　本条２項は、被疑者の同意がなければ、検察官は即決裁判手続の申立てをすることができないことを規定する。被疑者は、公訴を提起されれば、通常の手続によって審判を受ける権利を有するが、即決裁判手続では、簡略な手続によって審判が行われ、上訴が制限されること等から、その申立てには被疑者の同意が必要とされた。

Ⅳ 検察官が被疑者に同意をするかどうかの確認を求める手続（本条３項）

1 書面によること
　検察官は、被疑者に対し、本条２項の同意をするかどうかの確認を求めるときは、これを書面でしなければならない。

2 検察官の説明等
　検察官が被疑者に確認を求める場合、被疑者に対し、即決裁判手続を理解させるために必要な事項（即決裁判手続では、通常の手続よりも簡略な手続による証拠調べが行われ、原則として即日判決が言い渡されること、即決裁判手続による判決について、科刑制限および上訴制限があること等）を説明し、通常の規定に従い審判を受けることができる旨を告げなければならない。被疑者に弁護人がないときは、刑訴350条の17の規定により国選弁護人が選任されうることも説明しなければならない。

Ⅴ 弁護人の同意（本条４項）

　被疑者に弁護人がある場合、即決裁判手続の申立ては、被疑者が同手続によることについての同意をするほか、弁護人が同意をし、または意見を留保しているときに限って、これをすることができる。

Ⅵ 被疑者の同意および弁護人の同意または意見留保の書面（本条５項）

　本条５項は、被疑者の同意および弁護人の同意または意見留保は、書面で明らかにしなければならないことを規定する。被疑者の同意等があることは、即決裁判手続の申立てが許される要件であるから、手続の明確を期すためである。

Ⅶ 本条５項の書面の添付（本条６項）

　本条５項の書面、すなわち被疑者の同意等の書面は、即決裁判手続の申立て

第350条の17（国選弁護人選任請求権）　*1029*

の書面に添付しなければならない。5項と同様に、手続の明確を期すためである。

（高倉新喜）

（国選弁護人選任請求権）
第350条の17　前条第三項の確認を求められた被疑者が即決裁判手続によることについて同意をするかどうかを明らかにしようとする場合において、被疑者が貧困その他の事由により弁護人を選任することができないときは、裁判官は、その請求により、被疑者のため弁護人を付さなければならない。ただし、被疑者以外の者が選任した弁護人がある場合は、この限りでない。
②　第三十七条の三の規定は、前項の請求をする場合についてこれを準用する。

　本条は、被疑者が即決裁判手続によることについて同意をするかどうかを明らかにしようとする場合における**国選弁護人**の選任について規定している。即決裁判手続では、簡略な手続によって審判が行われ（刑訴350条の24）、上訴が制限される（刑訴403条の2、刑訴413条の2）こと等から、検察官による即決裁判手続の申立てには、**被疑者の同意**が必要である（刑訴350条の16第2項）が、被疑者は、その同意をする前に、弁護人の助言を得たいと考えることがある。しかし、貧困その他の事由により弁護人を選任することができず、その助言を得られないならば、被疑者は同意をするかどうかの判断をしかねる。そこで、本条は、即決裁判手続によることについて**同意をするかどうかの確認を求められた被疑者**が、同意をするかどうかを明らかにしようとする場合において、貧困その他の事由により弁護人を選任できないときは、被疑者の請求により、国選弁護人が付されるものとした。選任主体は「裁判官」である（刑訴規222条の12参照）。

　本条1項は、国選弁護人選任の要件について規定している。本項の「貧困その他の事由により弁護人を選任することができないとき」は、刑訴36条および刑訴37条の2のそれと同義である。

　本条2項は、本条1項の国選弁護人の選任請求の手続について、刑訴37条の3が準用されることを規定している。被疑者は、本条1項の請求をするには、**資力申告書を提出**しなければならない。また、その資力が基準額（刑訴36条の3第1項）以上である被疑者が、本条1項の請求をするには、あらかじめ、弁護士会に私選弁護人の選任の申出をしていなければならない（刑訴37条の3第2項）。これに対し、私選弁護人の選任の申出を受けた弁護士会が、弁護人となろうとする者がないこと、または紹介した弁護士が選任の申込みを拒んだこと

1030 第 350 条の 18（国選弁護人の必要的選任）

を被疑者に通知した（刑訴31条の２第３項）ときは、刑訴37条の３第２項の地方
裁判所に対して、その旨を通知しなければならない（刑訴37条の３第３項）。

（高倉新喜）

第２編第５章第２節　公判準備及び公判手続の特例

（国選弁護人の必要的選任）
第350条の18　即決裁判手続の申立てがあつた場合において、被告人に
弁護人がないときは、裁判長は、できる限り速やかに、職権で弁護人を
付さなければならない。

　本条は、即決裁判手続の申立てがあった事件における職権による国選弁護人
の選任について規定している。即決裁判手続の申立てがあった場合において、
被告人に弁護人がないときは、裁判長は、**「できる限り速やかに」**、職権で国選
弁護人を付さなければならない。即決裁判手続に係る公判期日は、弁護人がな
ければ開くことができないからである（刑訴350条の23）。本条は、刑訴289条２
項や刑訴316条の４第２項と同趣旨の規定であるが、即決裁判手続の申立てが
あった場合においては、「できる限り速やかに」国選弁護人の選任が行われな
ければならないとしている。即決裁判手続の申立てがあった場合、できる限り
早い時期の公判期日を定めなければならない（刑訴350条の21）から、それが可
能となるよう、公判準備ができる限り速やかに行われるようにするためである。

（高倉新喜）

（検察官請求証拠の開示）
第350条の19　検察官は、即決裁判手続の申立てをした事件について、
被告人又は弁護人に対し、第二百九十九条第一項の規定により証拠書類
を閲覧する機会その他の同項に規定する機会を与えるべき場合には、で
きる限り速やかに、その機会を与えなければならない。

　本条は、即決裁判手続の申立てがあった事件における検察官の証拠開示につ
いて規定している。即決裁判手続の申立てがあった場合に、できる限り早い時
期に公判期日を開くことができるよう（刑訴350条の21）、公判準備が**できる限
り速やかに**行われるようにするためである。

（高倉新喜）

第350条の20（弁護人の同意の確認） *1031*

> **（弁護人の同意の確認）**
> **第350条の20** 裁判所は、即決裁判手続の申立てがあつた事件について、弁護人が即決裁判手続によることについてその意見を留保しているとき、又は即決裁判手続の申立てがあつた後に弁護人が選任されたときは、弁護人に対し、できる限り速やかに、即決裁判手続によることについて同意をするかどうかの確認を求めなければならない。
> ② 弁護人は、前項の同意をするときは、書面でその旨を明らかにしなければならない。

　本条は、**即決裁判手続の申立てがあった後の弁護人の同意の確認**について規定している。

　即決裁判手続による審判を行うためには、被告人の同意だけではなく、弁護人の同意が必要である（刑訴350条の22第1号、刑訴350条の22第2号）。即決裁判手続の申立ての段階ですでに被告人に弁護人がある場合で、弁護人の同意が得られているときがある。しかし、即決裁判手続の申立て後（公訴提起後）に弁護人が選任される場合や、同手続の申立ての段階ですでに被告人に弁護人がある場合でも、弁護人が意見を留保しているときもある（刑訴350条の16第4項）。後の2つの場合には、まだ弁護人の同意が得られていない。そこで本条1項は、これら場合には、裁判所は、弁護人に対し、**できる限り速やかに**、即決裁判手続によることについて同意をするかどうかの確認を求めなければならないとした。

　本条2項は、弁護人の同意は、書面でその旨を明らかにしなければならないことを規定する。即決裁判手続の申立ての段階における被疑者の同意（刑訴350条の16第5項）の場合と同様、手続の明確化を期すためである。

（高倉新喜）

> **（公判期日の指定）**
> **第350条の21** 裁判長は、即決裁判手続の申立てがあつたときは、検察官及び被告人又は弁護人の意見を聴いた上で、その申立て後（前条第一項に規定する場合においては、同項の同意があつた後）、できる限り早い時期の公判期日を定めなければならない。

　本条は、即決裁判手続の申立てがあった場合における公判期日の指定について規定している。即決裁判手続の申立てがあったときは、裁判長は、できる限り早い時期の公判期日を定めなければならない。

　公判期日の指定に当たっては、検察官および被告人または弁護人の意見を聴

かなければならない。即決裁判手続によって審判する旨の決定があった事件については、即日判決の言渡しをするのが原則である（刑訴350条の28）から、それが可能となるよう、検察官、被告人・弁護人の準備が整った上で公判期日を開く必要があるからである。

本条の**「できる限り早い時期」の起算点**は、即決裁判手続の申立て段階で被告人に弁護人があり、弁護人も同手続によることに同意している場合には、同手続の申立てがあった時点である。「前条1項に規定する場合」、すなわち即決裁判手続の申立ての段階では弁護人が意見を留保している場合および申立てがあった後に弁護人が選任された場合には、弁護人が同意をした時点である。即決裁判手続による審判を行うためには、被告人および弁護人の同意が必要である（刑訴350条の22第1号、刑訴350条の22第2号）から、弁護人の同意があった後、できる限り早い時期に公判期日を開くこととされている。

（高倉新喜）

（即決裁判手続の決定）
第350条の22　裁判所は、即決裁判手続の申立てがあつた事件について、第二百九十一条第四項の手続に際し、被告人が起訴状に記載された訴因について有罪である旨の陳述をしたときは、次に掲げる場合を除き、即決裁判手続によつて審判をする旨の決定をしなければならない。
一　第三百五十条の十六第二項又は第四項の同意が撤回されたとき。
二　第三百五十条の二十第一項に規定する場合において、同項の同意がされなかつたとき、又はその同意が撤回されたとき。
三　前二号に掲げるもののほか、当該事件が即決裁判手続によることができないものであると認めるとき。
四　当該事件が即決裁判手続によることが相当でないものであると認めるとき。

本条は、「即決裁判手続によって審判をする旨の決定」（以下、即決裁判手続決定という）について規定している。同決定がなければ、即決裁判手続をすることはできない。同決定の要件は、(a)「即決裁判手続の申立てがあった事件」であること、(b)冒頭手続において、「被告人が起訴状に記載された訴因について有罪である旨の陳述をした」こと、(c)本条各号の事由に該当しないこと、の3つである。(a)の**「即決裁判手続の申立てがあった事件」**とは、検察官が同手続の申立てをした事件のことである。即決裁判手続決定がなされるのは、検察官が同手続の申立てをした事件に限る。(b)の**「有罪である旨の陳述」**とは、刑訴291条の2のそれと同義であり、起訴状に記載された訴因事実を全部認め、かつ、犯罪成立阻却事由のないことを認めることをいう。有罪である旨の陳述

をするのは被告人であることを要する。弁護人や補佐人が有罪である旨の陳述をしても、「有罪である旨の陳述」には当たらない。

本条1号および2号は、被告人および弁護人が、即決裁判手続によることについて同意をし、かつ、これを撤回することなく維持していることを、即決裁判手続決定の要件とするものである。

本条1号は、被告人または弁護人が、「第350条の16第2項又は第4項の同意」すなわち検察官による即決裁判手続の申立ての際にした同意を撤回したときには、即決裁判手続決定をすることはできないことを規定している。

本条2号は、即決裁判手続の申立ての段階では弁護人が意見を留保し、または申立て後に弁護人が選任されたことから、裁判所が弁護人に対して同手続によることについて同意をするかどうかの確認を求めた場合において（刑訴350条の20第1項）、弁護人が同意をしなかったとき、または同意をした後にこれを撤回したときには、即決裁判手続決定をすることはできないことを規定している。

本条3号の「当該事件が即決裁判手続によることができないものである」とは、即決裁判手続の申立てがあった事件について、同手続によって審判をするための法律上の要件を欠く場合をいう。たとえば、即決裁判手続の申立てがなされた事件が死刑または無期もしくは短期1年以上の懲役もしくは禁錮に当たる事件である場合（350条の16第1項ただし書参照）や、被疑者の同意を得ることなく、または弁護人が異議を述べているのに、即決裁判手続の申立てがなされた場合等が考えられる（刑訴350条の16第2項、刑訴350条の16第4項参照）。

本条4号の「当該事件が即決裁判手続によることが相当でないものである」とは、即決裁判手続によって審判をするための法律上の要件は存在するものの、同手続による審判が相当ではない場合をいう。たとえば、起訴状の記載から事案が複雑であることが明らかである場合等が考えられる。

刑訴291条4項の手続に際し、被告人が起訴状に記載された訴因について有罪である旨の陳述をせず、または本条各号の事由に該当する場合には、裁判所は、決定により、即決裁判手続の申立てを却下し、通常の手続に従って審判をすることになる。

（高倉新喜）

（必要的弁護）
第350条の23　前条の手続を行う公判期日及び即決裁判手続による公判期日については、弁護人がないときは、これを開くことができない。

本条は、即決裁判手続に係る公判期日については弁護人が必要的であることを規定している。**「前条の手続を行う公判期日」**とは、刑訴350条の22により、

即決裁判手続の申立てがあった事件について、裁判所が即決裁判手続によって審判をする旨の決定をするかどうかを判断するための手続を行う公判期日をいう。被告人が有罪である旨の陳述をするかどうか、裁判所が同決定をするかどうかが問題となり、被告人の権利に及ぶ影響が大きいことから、弁護人が必要的とされた。**「即決裁判手続による公判期日」**とは、同手続による審理および裁判をする公判期日をいう。「前条の手続を行う公判期日」と「即決裁判手続による公判期日」は別個の概念であるが、即決裁判手続においては、原則として即日判決が言渡される（刑訴350条の28）ので、実際には同一期日のことが多いであろう。

（高倉新喜）

（公判審理の特則）
第350条の24　第三百五十条の二十二の決定のための審理及び即決裁判手続による審判については、第二百八十四条、第二百八十五条、第二百九十六条、第二百九十七条、第三百条から第三百二条まで及び第三百四条から第三百七条までの規定は、これを適用しない。
② 即決裁判手続による証拠調べは、公判期日において、適当と認める方法でこれを行うことができる。

　本条は、即決裁判手続における公判手続の特例について規定している。被告人の公判期日への出頭義務の特則と証拠調べ手続の簡略化について規定している。
　本条の特例の対象は、**「第350条の22の決定のための審理」**（本条1項）と**「即決裁判手続による審判」**（本条1項）である。前者は、即決裁判手続の申立てのあった事件について、裁判所が、即決裁判手続によって審判をする旨の決定をするかどうかを判断するための審理をいう。後者は、即決裁判手続による審理および裁判をいう。
　これらの審理については、本条1項に挙げられている各条文が適用されない。
　刑訴284条と刑訴285条は、被告人の公判期日への出頭義務の免除に関する規定であるが、**「第350条の22の決定のための審理」**を行う公判期日においては、被告人の出頭が必要である。即決裁判手続によって審判をする旨の決定は、冒頭手続において被告人が有罪である旨の陳述をした場合に限ってできるからである（刑訴350条の22）。また、**「即決裁判手続による審判」**については、証拠調手続が簡略化され、判決に対する上訴が制限される（刑訴403条の2、刑訴413条の2）こと等から、被告人の権利保護のため被告人が出席していることが相当と考えられる。
　刑訴296条、刑訴297条、刑訴300条、刑訴301条、刑訴301条の2、刑訴302条、

第350条の25（即決裁判手続決定の取消し）　*1035*

刑訴304条、刑訴304条の2、刑訴305条、刑訴306条、刑訴307条は、いずれも証拠調べの方式に関する規定であるが、即決裁判手続においては、通常よりも**簡易迅速に証拠調べを行う**ことができるよう、これらの規定は適用しないこととされた。簡易公判手続に関する刑訴307条の2と同様である。

本条2項は、即決裁判手続による証拠調べは、公判期日において、適当と認める方法で行うことができることを規定している。本条1項が証拠調べの方式に関する規定を適用しないことを受けて、通常の方式に代えて、**「適当と認める方法」**により証拠調べを行うこととされた。「適当と認める方法」は、刑訴307条の2のそれと同義である。

（高倉新喜）

（即決裁判手続決定の取消し）
第350条の25　裁判所は、第三百五十条の二十二の決定があつた事件について、次の各号のいずれかに該当することとなつた場合には、当該決定を取り消さなければならない。
　　一　判決の言渡し前に、被告人又は弁護人が即決裁判手続によることについての同意を撤回したとき。
　　二　判決の言渡し前に、被告人が起訴状に記載された訴因について有罪である旨の陳述を撤回したとき。
　　三　前二号に掲げるもののほか、当該事件が即決裁判手続によることができないものであると認めるとき。
　　四　当該事件が即決裁判手続によることが相当でないものであると認めるとき。
②　前項の規定により第三百五十条の二十二の決定が取り消されたときは、公判手続を更新しなければならない。ただし、検察官及び被告人又は弁護人に異議がないときは、この限りでない。

本条は、刑訴350条の22の「即決裁判手続によって審判をする旨の決定」（以下、即決裁判手続決定という）の取消しについて規定している。本条1項各号の事由が生じた場合には、即決裁判手続決定を取り消さなければならない。

本条1項1号2号は、判決の言渡し前に、被告人または弁護人が即決裁判手続によることについての同意を撤回したこと、および被告人が有罪である旨の陳述を撤回したことを、即決裁判手続決定の取消し事由としている。被告人が有罪である旨の陳述をし、被告人および弁護人が、即決裁判手続によることについての同意をし、これを撤回することなく維持していることが、即決裁判手続決定の要件とされている（刑訴350条の22）が、本条1項1号2号は、**同決定後においても**、有罪である旨の陳述ならびに被告人および弁護人の同意が維持

1036 第350条の26（公訴取消し後の再起訴の特則）

されていることを必要としている。

　本条1項3号の「当該事件が即決裁判手続によることができないものである」は、刑訴350条の22第3号のそれと同義であり、同手続の法律上の要件を欠く場合をいう。たとえば、即決裁判手続決定後に検察官が訴因変更をしたことから、事件が死刑または無期もしくは短期1年以上の懲役もしくは禁錮に当たる事件となった場合（刑訴350条の16第1項ただし書参照）等が本号に当たる。

　本条1項4号の「当該事件が即決裁判手続によることが相当でないものである」は、刑訴350条の22第4号のそれと同義であり、同手続によって審判をするための法律上の要件は存在するものの、同手続によることが相当ではない場合をいう。たとえば、即決裁判手続決定後の証拠調べの結果、訴因として記載された事実の存在に関し、慎重な審理が必要と考えられるに至った場合や、懲役または禁錮の実刑が相当である可能性が生じるに至った場合等が本号に当たる。

　本条2項は、即決裁判手続決定が取り消されたときは、検察官および被告人または弁護人に異議がない場合を除き、公判手続を更新しなければならないことを規定している。簡易公判手続決定が取り消された場合の公判手続の更新について定める刑訴315条の2と同趣旨である。

（高倉新喜）

（公訴取消し後の再起訴の特則）
第350条の26　即決裁判手続の申立てを却下する決定（第三百五十条の二十二第三号又は第四号に掲げる場合に該当することを理由とするものを除く。）があつた事件について、当該決定後、証拠調べが行われることなく公訴が取り消された場合において、公訴の取消しによる公訴棄却の決定が確定したときは、第三百四十条の規定にかかわらず、同一事件について更に公訴を提起することができる。前条第一項第一号、第二号又は第四号のいずれかに該当すること（同号については、被告人が起訴状に記載された訴因について有罪である旨の陳述と相反するか又は実質的に異なつた供述をしたことにより同号に該当する場合に限る。）となつたことを理由として第三百五十条の二十二の決定が取り消された事件について、当該取消しの決定後、証拠調べが行われることなく公訴が取り消された場合において、公訴の取消しによる公訴棄却の決定が確定したときも、同様とする。

I　本条の趣旨

　本条は、即決裁判手続の申立てがなされた事件について、被告人が否認に転じるなどしたために同手続によらないこととなった場合で、証拠調べが行われ

ることなく公訴が取り消されて公訴棄却の決定が確定したときは、公訴取消し
後の同一事件についての再起訴制限（刑訴340条）の例外として、検察官が同一
事件について再起訴できるとするものである。

　本条は、即決裁判手続の対象となる簡易な自白事件について、起訴後に検察
官が公訴を取り消して再び捜査に戻ることができる途を設けることにより、起
訴後に被告人が否認に転じるなどして通常公判が行われる場合に備えた「念の
ための捜査」を遂げずに早期に起訴する動機付けを検察官に与え、起訴前の捜
査や公判手続の合理化・迅速化を図り、重大・複雑な事件に人員等の資源をよ
り重点的に投入できるようにしようとするものである。

Ⅱ　要件

　検察官は、次の場合に同一事件について再起訴することができる。

1　本条前段

　本条前段は、即決裁判手続の申立てがなされた事件について、(1)冒頭手続に
おいて被告人が「起訴状に記載された訴因について有罪である旨の陳述」をし
なかったこと（刑訴350条の22柱書）、(2)被告人または弁護人が同手続によるこ
とについて同意を撤回したこと（刑訴350条の22第1号、刑訴規222条の14第1項
前段）、(3)即決裁判手続の申立てがあった事件について、弁護人が同手続によ
ることについてその意見を留保している場合または同手続の申立てがあった後
に弁護人が選任された場合において、弁護人の同意がなされず、またはその同
意が撤回されたこと（刑訴350条の22第2号、刑訴規222条の14第1項前段）のい
ずれかの理由により、当該申立てを却下する決定（刑訴規222条の14第1項）が
あった場合で、当該決定後、証拠調べが行われることなく公訴が取り消された
ときついて規定する。

2　本条後段

　本条後段は、即決裁判手続によって審判をする旨の決定（刑訴350条の22）が
なされた事件について、(1)判決の言い渡し前に、被告人または弁護人が同手続
によることについての同意を撤回したこと（刑訴350条の25第1項1号）、(2)判決
の言渡し前に、被告人が起訴状に記載された訴因について有罪である旨の陳述
を撤回したこと（刑訴350条の25第1項2号）、(3)被告人が起訴状に記載された訴
因について有罪である旨の陳述と相反するか、または実質的に異なった供述を
したことにより同手続によることが相当でないものであると認められること
（刑訴350条の25第1項4号）のいずれかの理由により、当該決定が取り消された
場合で、その取消しの決定後、証拠調べが行われることなく公訴が取り消され
たときについて規定する。

3 公訴取消しの時間的制限

本条前段と本条後段のいずれの場合でも、再起訴制限の例外として検察官が再起訴できるのは、「証拠調べが行われることなく」公訴が取り消された場合に限られる。これは、被告人の地位の安定を不当に害することにならないよう、公訴取消しに時間的制限を設けたものである。

「証拠調べ」とは、刑訴292条本文にいう「証拠調べ」のことであり、検察官の冒頭陳述（刑訴296条）を含む。

即決裁判手続の申立てを却下する決定がなされた場合（本条前段）は、当該決定の後、通常の手続において「証拠調べ」が行われるまでに、公訴取消しがなされたことが必要である。

即決裁判手続によって審判をする旨の決定が取り消された場合（本条後段）は、当該取消し決定の後、①公判手続の更新が行われるとき（刑訴350条の25第2項本文）には、更新手続（刑訴規213条の2）として「証拠調べ」が行われる前までに、②公判手続の更新が行われないとき（刑訴350条の25第2項ただし書）には、通常の手続において「証拠調べ」が行われるまでに、それぞれ公訴取消しがなされたことが必要である。

（高倉新喜）

第2編第5章第3節　証拠の特例

（証拠能力の特則）

第350条の27　第三百五十条の二十二の決定があつた事件の証拠については、第三百二十条第一項の規定は、これを適用しない。ただし、検察官、被告人又は弁護人が証拠とすることに異議を述べたものについては、この限りでない。

本条は、刑訴350条の22の「即決裁判手続によって審判をする旨の決定」（以下、即決裁判手続決定という）があった事件においては、検察官、被告人または弁護人が異議を述べた証拠を除き、刑訴320条1項の伝聞法則を適用しないことを規定している。即決裁判手続においては、すでに被告人が有罪である旨の陳述をしているので、**証拠調べ手続の簡略化**を図るべく、原則として伝聞法則を適用しないこととした。簡易公判手続に関する刑訴320条2項と同様の規定である。しかし、即決裁判手続決定が取り消された場合は、本条が適用されなくなる。

（高倉新喜）

第２編第５章第４節　公判の裁判の特例

（判決の即日言渡し）
第350条の28　裁判所は、第三百五十条の二十二の決定があつた事件については、できる限り、即日判決の言渡しをしなければならない。

　本条は、即決裁判手続においては、できる限り即日判決の言渡しをしなければならないことを規定する。**「即日」**とは、「即決裁判手続によって審判をする旨の決定（刑訴350条の22）をした日のうちに」ということである。即決裁判手続は、明白軽微な事件について、簡易かつ迅速に審判を行い、**手続の合理化・効率化**を図るものであるから、その趣旨が実現されるよう、裁判所に即日判決を言い渡す努力義務が課された。

（高倉新喜）

（執行猶予の言渡し）
第350条の29　即決裁判手続において懲役又は禁錮の言渡しをする場合には、その刑の全部の執行猶予の言渡しをしなければならない。

　本条は、即決裁判手続において懲役または禁錮の言渡しをする場合には、その刑の全部の執行を猶予しなければならないことを規定する。即決裁判手続においては、証拠調べの手続が簡略化され（刑訴350条の24）、判決に対する上訴が制限される（刑訴403条の２、刑訴413条の２）から、懲役または禁錮の実刑までも科すことができるとするのは適当ではない。なお、本条により執行を猶予しなければならないのは、懲役および禁錮に限られるので、罰金刑については、実刑を科すことができる。

（高倉新喜）

第3編　上訴

〔前注〕

1　裁判は、人間の営みである以上、誤りから免れることはない。完全無欠な裁判制度、誤謬が絶対に生じない裁判制度を構築することは、目標として設定し得ても、現実にそれをつくり上げることは困難である。無論、捜査から公判、証拠に至るまで、無辜の処罰を防ぐために刑事訴訟法によってさまざまな事項が規律されているが、それでも誤りは生じうる。そこで、行われた裁判に対して、誤りを正すための制度を設ける必要がある。その工夫の1つが、本編に定められている上訴である。

2　本編で規定される**上訴**とは、未確定の裁判を対象として、上級裁判所の審判による救済を求める不服申立制度のことを指すものと理解されている。この通説的な定義によれば、すでに確定した裁判に対する非常救済手続（確定後救済手続）である再審、非常上告は上訴には当たらない。また、裁判に対する不服申立てのみを指すので、捜査機関の処分に対する準抗告（刑訴430条）はやはり上訴には当たらない。また、上級裁判所の審判による救済を意味するため、裁判所の処分等に対する異議申立て（刑訴309条）、最高裁判所の裁判に対する訂正申立て（刑訴415条）、高等裁判所の決定に対する異議申立て（刑訴428条）、裁判官の裁判に対する準抗告（刑訴429条）はいずれも上訴には当たらない。

　もっとも、以上のような「上訴」の定義とそれに基づく分類に対しては問題もある。「確定」という言葉の意味は、上訴によって争うことができなくなること（形式的確定）を意味するが、この場合、通説的な定義では、「上訴」とは、上訴によって争うことができる裁判に対して上級裁判所の審判による救済を求めることを意味することになる。そうすると、「上訴」とは確定していない裁判への救済手段、「確定」とは上訴ができない状態をそれぞれ意味することになり、結局「上訴」も「確定」も意味が定まらない。そこで、このことを問題視する立場から、条文上、第3編の「上訴」に規定されている控訴・上告と第4編の「再審」・第5編の「非常上告」を比べた上で、その明示的な相違点から導ける「上訴」とは、申立期間に制限がある不服申立てであるとの主張がなされている（申立期間に制限があることから、上訴においては申立回数が1回であることが想定される。また申立てが行われた際に、原裁判所の裁判による執行を停止させることが可能となる）。この理解によれば、抗告・準抗告も申立時期を制約する判例を踏まえれば「上訴」に含まれる可能性が生じるとともに、「確定」の意味も相対化し、上訴と再審の間の区別も相対化することになる。つまり、上訴が申立期間に制限がある救済手段であるのに対し、再審は申立期間

に制限がない代わりに新証拠の発見など政策的に限定された事由の充足を要する救済手段、という区別をすることになる（再審については第4編参照）。実際、通説も、刑訴428条の異議申立てや刑訴429条の準抗告について、上訴通則が準用されることを認めている。このように上訴と再審の区別を相対化する論理を徹底するなら、検察官による被告人に不利益な再審が禁止されるのに対して、検察官による被告人に不利益な上訴は許されるという理解も、論理的に一貫しないものとして問題視されることになる。

3 通説的な理解によれば、上訴の種類には、**抗告、控訴、上告**がある。抗告は決定に対する上訴、控訴及び上告は判決に対する上訴である。抗告・控訴は第二審としての高等裁判所に対して、上告は第三審としての最高裁判所に対してなされるのが原則であるが、特別抗告（刑訴433条）、跳躍上告（刑訴規254条）のような例外もある。

4 上訴は、事実認定、法令解釈、量刑の誤りを正すことで、当事者の誤判からの救済という主観的な利益と法令解釈の統一を図るという客観的利益の実現を目的としている。弾劾主義を採用するわが国の裁判制度においては、主観的利益を目的として含めることは当然重視されるべきであろう。この当事者の救済という主観的利益の実現を目的とするがゆえに、その現れとして、上訴をする者に上訴することによって得られる利益が存在する旨が上訴の要件として求められることになる。また、上訴権に関する諸規定や、上訴理由の主張適格が問題となるのも、上訴が主観的利益の実現を目的として含んでいることによるといえる。

　もっとも、検察官は誤判による不利益を直接に受けるわけではなく、検察官の上訴においては主観的利益の問題は被告人に比べて相対的に小さいといえるだろう。他方で、法令解釈の統一を目的とした検察官の上訴は、検察4条により「法の正当な適用」を裁判所に請求することが期待されていることと結びつくものといえる。

　各上訴制度の条文上の申立理由を確認すればわかるように、控訴・通常抗告では当事者の救済が、上告・特別抗告では法令解釈の統一が、相対的に重視されている。しかし、上告とて誤判の回避のための機能を果たすことが期待されるところであり（刑訴411条参照）、そのことを踏まえるならば、上訴の第一義的な目的は、被告人の具体的救済にあるというべきであろう。国際人権規約B規約14条5項は、「有罪を受けたすべての者」について「法律に基づきその判決及び刑罰を上級の裁判所によって再審理される権利」を保障する旨を定めており、この条項も上訴の目的が被告人の具体的救済を含んでいることを示すものといえるであろう。

5 なお、裁判員が参加した裁判に対する上訴について、法律上特別な規定は設けられていない。そのため、裁判員裁判に対する上訴においては、職業裁判官のみによって審理がなされることになる。ここで職業裁判官による上訴審（とりわけ控訴審）が、裁判員が参加して下された判決を次々と破棄することになれば、裁判員制度の意義そのものが問われることになる。そのため、控訴審における事実誤認の審査や量刑不当の審査については、最高裁判例が重要な意味を有する。また、このことに関連して、控訴審の事実取調べの範囲や、裁判員裁判対象事件を控訴審が第一審に差し戻した場合の審理方法等も検討を要するところである。

（緑　大輔）

第3編第1章　通則

〔前注〕

1　第1章の通則では、上訴の各類型に共通して適用される一般的な規定が定められている。具体的には、上訴権者、上訴の範囲、上訴提起期間、上訴の放棄・取下げ、刑事施設に収容されている被告人の上訴に関する特則である。これらは、控訴、上告、抗告のいずれにも適用されることになる。

　上訴が申し立てられることにより、原裁判所の裁判の確定が停止される効力が発生するとともに、事件の係属が原審から離脱して、上級裁判所に係属するという移審の効果が発生する。前者の確定停止の効力は、同時に裁判の執行を停止させる効力も原則としてもたらすが、抗告については、即時抗告を除き、例外的に停止の効力を発生させない（刑訴424条、刑訴425条、刑訴434条など参照）。

　なお、移審の効力がどの時点で発生するかについて議論があり、裁判の告知の時とする見解、上訴申立ての時とする見解があるが、上訴申立て後に訴訟記録が上訴審に送付された時点とするのが通説的な理解である。それというのも、上訴の申立てについて原裁判所が決定でこれを棄却する場合があること（刑訴375条、刑訴414条）、上訴中の事件で訴訟記録が上訴審に到達していないものについては勾留等の処分が原裁判所に委ねられていること（刑訴97条、刑訴規92条2項）、抗告において抗告申立後に原裁判所が再度検討の上で決定を更正する場合があること（刑訴423条2項）が刑事訴訟法で定められており、上訴申立ての後にもなお原裁判所が審理を行う機会が設けられているためである。

2　刑訴368条から刑訴371条までの各条項が削除されているが、これは検察官のみが上訴した場合における被告人に対する上訴費用の補償を定めていたものである。これらの条項は、1976年の刑事訴訟法の改正によって、刑事訴訟法の第1編第16章として設けられた「費用の補償」の中に、修正された上で規定された（刑訴188条の4、刑訴188条の5などを参照）。そのため、第3編第1章からは削除されている。

（緑　大輔）

(上訴権者1)

第351条 検察官又は被告人は、上訴をすることができる。

② 第二百六十六条第二号の規定により裁判所の審判に付された事件と他の事件とが併合して審判され、一個の裁判があつた場合には、第二百六十八条第二項の規定により検察官の職務を行う弁護士及び当該他の事件の検察官は、その裁判に対し各々独立して上訴をすることができる。

I 本条の趣旨

本条は、固有の上訴権者を定めた規定である。本条をめぐっては、検察官による被告人にとっての不利益な上訴が憲法上許されるか、議論がなされているところである。「上訴」の意味については、第3編前注を参照。

II 検察官の上訴（1項）

本条1項は「検察官」が「上訴」をすることができる旨を定めている。ここにいう「検察官」とは、原裁判所に対応する検察庁で検察官の事務を取扱う者を指し、原審における公判立会検事である必要はないものとされる。

まず、検察官が被告人に利益な上訴を行うことについては、検察4条が「公益の代表者」として検察官を位置づけているため、主張適格があり許されるものと理解されている。これに対して、検察官が原判決を被告人に不利益に変更するために上訴すること（不利益上訴）が許容されるのかについて、長らく議論されてきた。この問題は、憲39条が検察官による不利益上訴を禁じるアメリカ法の影響の下で設けられたのに対し、本条が検察官による不利益上訴を認める大陸法の影響によって設けられた旧刑事訴訟法の影響の下で設けられたことに起因しているともいえる。一事不再理効（憲39条）が発生する根拠を、一度個人が刑事訴追手続からの苦痛を受けたならば、同一の犯罪を理由として再度同じ苦痛を受けることはないという**二重の危険**の防止としてとらえ、被告人の法的地位の安定と再訴の危険からの被告人を保護する点にその根拠を求めるのであれば、検察官による不利益上訴はそれ自体、被告人にとって新たな危険をもたらすという理解が生じうるからである。

この問題について、判例は憲39条を「二重の危険」としてとらえ、「二重の危険」における「危険」の意味について、「同一の事件においては、訴訟手続の開始から終末に至るまでの継続的状態と見るを相当」だと判示している。その上で、「一審の手続も控訴審の手続もまた、上告審のそれも同じ事件においては、継続せる1つの危険の各部分に過ぎない」として、検察官が上訴をして被告人に原審よりも不利益な判決（無罪判決から有罪判決へ、軽い刑から重い

刑へ）を求めることは、被告人を二重の危険にさらすものではないものと判断した※1。

　学説上も判例と同様の理解に立つものが多数であるが、検察官による不利益上訴に伴う弊害を指摘して、検察官による不利益上訴を許すべきではないとの主張も有力になされている。すなわち、(1)被告人の原審での無罪主張のための負担など訴訟上の負担の大きさ、(2)迅速な裁判を受ける権利（憲37条1項）に対する侵害性、(3)上告理由として事実誤認・量刑不当が厳しく制限されており（刑訴411条）、検察官による不利益控訴がなされて控訴審で被告人に不利益な判断がなされると、被告人の上告申立てが認容される可能性が低く審級の利益を害することになる点、などを理由とする。また、上訴が申立期間に制限がある救済手段であるのに対し、再審は申立期間に制限がない代わりに新証拠の発見など政策的に限定された事由の充足を要する救済手段だという区別をする立場からは、上訴と再審の区別は相対的なものでしかないため、検察官による被告人に不利益な再審が禁止されるのに対して、検察官による被告人に不利益な上訴は許されるという理解も、論理的に一貫しないという批判がある（第3編前注参照）。

　次に、原判決で検察官の主張が認められたにもかかわらず、検察官が不利益上訴をすることが許されるか、その上訴理由の主張適格が問題になりうる。

　検察官が原審で主張した訴因を認められたにもかかわらず、原審で認定された訴因を超える事実を主張して事実誤認を理由に上訴することは、許されない。これは、原審の判断に誤りはみとめられず、むしろ検察官の訴因設定に問題があったことに起因する問題だからである。これに対し、原審で本位的訴因に加えて、予備的訴因または択一的訴因が主張されていたところ、原判決では予備的訴因または択一的訴因の方が認定された場合、検察官は本位的訴因の認定を求めて事実誤認を主張する上訴をなすことができるかが問題になる。この点について、原判決が本位的訴因を否定した判決理由中の事実認定、法令解釈・適用に適正を欠くものがあるときは、検察官は本位的訴因による有罪認定を求めて上訴することが許されると判示した裁判例※2、裁判所の命令によって検察官が予備的訴因を追加した場合に限って、検察官は本位的訴因による有罪認定を求めて上訴することが許されると判示した裁判例※3がある。

Ⅲ　被告人の上訴（1項）

　被告人の上訴は、不利益な原裁判を是正して利益となることを求める点に本

※1　最大判昭25・9・27刑集4巻9号1805頁。
※2　東京高判昭40・6・3高刑集18巻4号328頁。
※3　東京高判昭43・4・9判時523号87頁。

質があるため、被告人は自己の利益に反する上訴を求めることは許されないとされる。何が被告人自身にとって不利益な上訴にあたるのか、その判断基準については、判決の主文を標準として客観的に判断されるものとされ、被告人の主観的事情を考慮することは要しない※4。たとえば、原審で無罪判決を得たにもかかわらず上訴することは許されない※5。また、判例上は、大赦を理由とする免訴判決に対して、実体判断を求めて無罪判決を求めることは認められていない※6。また、公訴棄却の決定に対しても、被告人・弁護人が上訴することは許されないものと判断されている※7。これらの判断は、訴訟条件が備わっていることが実体審理判決のためには必要であること（形式裁判先決主義）、形式裁判とて手続からの解放という点において被告人に利益であることを前提としているものと思われる。これに対して、免訴判決や公訴棄却のような形式裁判よりも無罪判決の方が被告人により一層利益があり、また被告人には無罪判決請求権があるため上訴を認めるべきとの主張もなされている。特に公訴棄却については再訴追の可能性が理論上は存在するため、無罪判決の方が被告人にとって実質的にも利益であるように思われる点で、問題は残る。

　被告人自身の利益に関係しない主張をして上訴をする場合も、被告人の上訴理由の主張適格が問題になりうる。判例は、没収の言渡しを受けた被告人が第三者の所有物の没収手続の違憲性を主張した事案において、被告人自身ではなく第三者の所有物に関する主張であったとしても、被告人に対する付加刑として没収が為されている以上、上告は認められると判示している※8。

Ⅳ　付審判事件における上訴（2項）

　本条2項は、付審判事件（刑訴262条以下）と他の通常の事件とが併合され、1個の裁判が原審でなされた場合、付審判事件について検察官の職務を行う指定弁護士（刑訴268条2項）と、通常事件について職務を行う検察官の双方が独立して上訴権を有することを定めている。

（緑　大輔）

※4　大決大13・11・27刑集3号804頁。
※5　最三小決昭37・9・18判時318号34頁。
※6　最大判昭23・5・26刑集2巻6号529頁、最二小判平20・3・14判時2002号26頁。
※7　最三小決昭29・10・19刑集8巻10号1596頁。
※8　最大判昭37・11・28刑集16巻11号1577頁。

（上訴権者2）
第352条　検察官又は被告人以外の者で決定を受けたものは、抗告をすることができる。

　本条は、訴訟当事者以外の者で、決定を受けた者について、刑訴351条と同じく固有の上訴権があることを定めた規定である。本条にいう「抗告」については、刑訴419条以下を参照。

　本条にいう「検察官又は被告人以外の者で決定を受けたもの」とは、典型的には刑訴150条、刑訴160条により過料を受けた証人、刑訴186条により訴訟費用の負担を命じられた告訴人（刑訴183条参照）などを挙げられる（その他、刑訴133条、刑訴137条など参照）。また、裁判例上は、被告人以外の者で保釈保証金若しくはこれに代わる有価証券を納付し、または保証書を差し出した者で、保釈金没取決定を受けた者[9]、付審判請求事件に際して提出命令を受けた証拠物の所有者[10]、被告人の保釈請求をして、却下決定を受けた配偶者、直系の親族または兄弟姉妹[11]などが、当てはまるものとされている。

　これら裁判例からは、決定の直接の名宛人に加えて、決定内容に直接に利害関係を有する実質上の名宛人も本条にいう「検察官又は被告人以外の者で決定を受けたもの」に該当することが読み取れる。たとえば、被告人の保釈請求権を被告人の配偶者ら親族が有するにもかかわらず（刑訴88条1項）、請求却下の裁判に対して不服申立てができないとなると、親族は保釈請求権を十全に機能させることができない。保釈請求権は被告人の意思に反してでも親族が行使できる固有権として解すべきである以上、親族らは被告人の身体について独自の利害関係があると理解できる（実際、実務上は親族らが保釈請求をした場合、当該保釈請求人に対して保釈請求却下決定の謄本を送達しているのも、かような固有権的な理解に馴染むものである）。そのため、前掲の最高裁平成17年決定は、被告人の保釈請求をして却下決定を受けた配偶者、直系の親族または兄弟姉妹も本条の「検察官又は被告人以外の者で決定を受けたもの」に該当すると判断したのであろう。この理解からすれば、親族は勾留取消請求権も付与されているため（刑訴87条1項）、勾留取消請求を却下する決定が出された場合にも、本条が適用されると解すべきである。

　なお、「検察官又は被告人以外の者」が本条により抗告できるとき、その決定に対して検察官や被告人自身が抗告できるか、問題となる。検察官は「公益の代表者」（検察4条）として抗告をなしうるものと理解されているが、第三者

---

[9]　最大判昭43・6・12刑集22巻6号462頁。

[10]　最一小決昭44・9・18刑集23巻9号1146頁。

[11]　最三小決平17・3・25刑集59巻2号49頁。

への決定に対する抗告の申立適格が被告人にも認められるか、議論がある。この点については、被告人の申立適格を否定する見解と、被告人に利害関係がある場合に限り被告人に申立適格を認める見解とが主張されている。少なくとも、被告人以外の者で保釈保証金若しくはこれに代わる有価証券を納付し、または保証書を差し出した者で、保釈金没取決定を受けた者が本条の「検察官又は被告人以外の者で決定を受けたもの」に当てはまると判断した判例※12は、「保釈保証金もしくはこれに代わる有価証券を納付し、または保証書を差し出すのは、直接に国に対してするのであり、それによつてその者と国との間に直接の法律関係が生ずるのであつて、その還付もまた国とその者との間で行なわれる」ことに触れている。被告人が、被告人以外の者と折半して保釈保証金等を納付した場合などのように、当該決定に固有かつ具体的な利害が被告人にも存する場合には、この判例の論理が被告人自身にも及ぶというべきであろう。関連して、捜査段階で司法警察職員は、自らが行った押収を取消しまたは変更する裁判について、事件を検察官に送致した後に抗告することはできないとする判例がある※13。

（緑　大輔）

（上訴権者３）

第353条　被告人の法定代理人又は保佐人は、被告人のため上訴をすることができる。

　本条は、被告人に法定代理人または保佐人が付されている場合、被告人の保護のためにこれらの者にも上訴権を与えたものである。

　本条にいう「法定代理人又は保佐人」とは、いずれも民法において規定されているものを指す。法定代理人または保佐人に該当しない被告人の父※14、被告人の母※15はいずれも本条による上訴はできない。

　「被告人のため」とは被告人の利益のためであることを意味する。被告人の利益については、刑訴351条の解説Ⅱを参照。

　本条は、被告人の法定代理人または保佐人が「上訴することができる」と定めているが、同時に刑訴356条で「被告人の明示した意思」に反して上訴することはできない旨が規定されている。そのため、本条の上訴権は、法定代理人または保佐人に固有の上訴権ではなく、独立代理権として有するにとどまるもの

※12　前掲※9最大判昭43・6・12刑集22巻6号462頁。
※13　最三小決昭44・3・18刑集23巻3号153頁。
※14　最一小決昭33・11・24刑集12巻15号3531頁。
※15　最一小決昭30・4・11刑集9巻4号836頁。

として理解されている。

（緑　大輔）

（上訴権者4）
第354条　勾留に対しては、勾留の理由の開示があつたときは、その開示の請求をした者も、被告人のため上訴をすることができる。その上訴を棄却する決定に対しても、同様である。

　本条は、勾留理由開示請求（刑訴82条以下）を為した者にも上訴権を認める規定である。

　勾留の裁判に対しては、被告人と検察官（刑訴351条）、被告人の法定代理人または保佐人（刑訴353条）、原審における代理人または弁護人（刑訴355条）がそれぞれ上訴権を有する。また、保釈請求をした者については、その却下決定への上訴ができる（刑訴352条）。本条は、勾留理由開示の請求権者が「被告人の配偶者、直系の親族、兄弟姉妹その他利害関係人」と広く認められているため、刑訴351条、刑訴352条、刑訴353条、刑訴355条以外の者についても、これら勾留理由開示を請求した者に勾留の裁判に対する上訴を認めているのである。勾留理由開示請求は、勾留の不当性の主張をも含んでいるため、本条が特に上訴権を与えたものだと説明されている。

　本条後段は、「その上訴を棄却する決定に対しても、同様である」と定めているが、これは抗告棄却決定に対して通常ならばさらに抗告はできないところ（刑訴427条、刑訴432条）、本条の者は特別抗告（刑訴433条）ができるという意味である。

（緑　大輔）

（上訴権者5）
第355条　原審における代理人又は弁護人は、被告人のため上訴をすることができる。

I　本条の趣旨

　本条は、被告人の利益を保護するために、原審における代理人または弁護人に、上訴権を与える規定である。原審における代理人や弁護人は、原審における被告人の事情や上訴することの要否、上訴後の見通しについての認識・判断能力を期待できるため、本条はこれらの者に上訴権を与えている。

Ⅱ　原審における代理人または弁護人

1　本条にいう「原審における代理人」とは、意思無能力たる被告人の法定代理人（刑訴28条）、法人たる被告人の代表者や意思無能力たる被告人の法定代理人がいない場合に選任される特別代理人（刑訴29条）、法人たる被告人の代わりに公判に出頭する代理人（刑訴283条）、軽微事件において被告人の代わりに公判に出頭する代理人（刑訴284条）などを意味する。もっとも、刑訴28条にいう法定代理人は、条文上は刑訴353条でも上訴権が与えられる形になっている。

2　本条にいう「原審における弁護人」とは、原審で適法に選任された弁護人を意味する。それでは、原判決後に選任された弁護人が上訴した場合、それはどのように扱われるべきか、問題となる。かつては、そのような弁護人も、本条にいう「原審における弁護人」に該当すると解釈して、弁護人の固有の上訴権が本条によって与えられているという理解が主張されていた（ただし、法律関係を明確にするために例外的に被告人の上訴権と消滅をともにするものと説明された）。この理解には、弁護人が被告人を保護する任務があるところ、弁護人の上訴権を代理権として構成することはその任務を軽視するものだという認識があった。そして、刑訴32条2項は審級ごとの弁護人の選任を求めているが（審級弁護制度）、本条はその例外として、原審の弁護人が独立して固有の上訴権を行使することを認めたものと理解するわけである。

　しかし、現在、原判決後に選任された弁護人が上訴した場合は、被告人の包括的代理権に基づくものとして許されるとみる見解が多数だといえる。この理解は、防御の主体が被告人であり弁護人はその補助者であるという認識の下、弁護人は包括的代理権の行使として上訴申立てをなしうると考える。この立場からすれば、本条は「原審における弁護人」には上訴申立てについての代理権が存在することを推定する規定であるに過ぎず、原判決後に選任された弁護人であっても被告人等からの包括的な依頼があれば上訴申立てを当然なしうることになる。本条が代理人と弁護人を並べて規定し、被告人の明示的な意思に反した上訴が刑訴356条で禁じられていることからしても、弁護人の上訴権を包括的代理権の1つとして理解する方が妥当であろう。

　判例は、包括的代理権として弁護人の上訴権を説明する理解に親和的である。原判決後に被告人によって選任された弁護人は、被告人が上訴申立てを明示的に依頼していないにもかかわらず上訴をなしうるのか問題となる。この点について判例は（旧法事件ではあるものの）、被告人が特に上訴をする依頼を明示的にしていなくとも、上訴審における弁護を依頼した場合には、上訴をすることも依頼したものと見るのが相当として、被告人のため上訴することができる旨

を判示している※16。さらに、上訴審における弁護人の選任が、被告人の配偶者等によってなされている場合（刑訴30条2項）、これらの選任権者は上訴権を有していないため、弁護人が上訴権を行使して上訴できるのかが問題となる。この点については、判例は、弁護人に被告人からの個別的な授権がなくとも、弁護人は訴訟行為を代理して行うことができる包括的代理人であるとした上で、そのことは選任者が被告人本人であるか被告人以外の選任権者であるかによって何ら変わりはないとし、原判決後被告人のために上訴する権限を有しない選任権者によって選任された弁護人も、刑訴351条1項の被告人の上訴申立てを代理して行うことができる旨を判示している※17。

なお、原審で弁護人となっていなかったものの、原判決後に被告人によって選任され、かつ上訴申立ても明示的に依頼された弁護人であれば、上訴審に弁護人選任届を提出すると同時に、その名で上訴を申立てることができる（弁護人選任届の提出が上訴提起期間経過後になって場合は、上訴の申立ては不適法となる※18）。これは、ここまで説明した理解に基づけば、上訴権を有する被告人の包括的代理人として、弁護人が上訴をしているものと説明することになる。

（緑　大輔）

（上訴権者6）

第356条　前三条の上訴は、被告人の明示した意思に反してこれをすることができない。

本条は、前3条に規定する者が被告人のためにする上訴は、いずれも被告人の明示した意思に反している場合には効力がないことを定めている。

本条によって、前3条に規定する者が行使する上訴権は、いずれも固有権ではなく、被告人の上訴権を代理行使する、いわゆる包括的代理権として説明することができる。この場合、本条の理論構成としては、被告人が明示的に上訴権の行使をしない場合は、本権たる上訴権が消滅するので、弁護人等の包括的代理権が消滅する、ということになろう。したがって、前3条の上訴が本条に反する場合は、当該上訴は上訴権なき者によるものとなり、無効なものとして棄却の裁判をすることになる。なお、被告人と弁護人の双方が上訴を申立てたが、被告人が後に上訴の取下げをした場合、被告人の上訴権が消滅するので、弁護人の上訴申立ては効力を失うことになる※19。

※16　最大判昭24・1・12刑集3巻1号20頁。
※17　最大決昭63・2・17刑集42巻2号299頁。
※18　最一小決昭45・9・24刑集24巻10号1399頁。
※19　最一小判昭24・6・16刑集3巻7号1082頁。

本条では前3条の上訴が「被告人の明示した意思」に反しないことを求めており、裏返せば上訴をしないという被告人の明示した意思がない限りは、前3条に定められた上訴権者の上訴は有効とするのが通説である。本条にいう「明示」とは、被告人の意思が前3条に規定された者か、裁判所に対して明示されることを意味する。被告人の黙示の意思に反する上訴がなされた場合には、被告人は上訴を取下げることができる（刑訴359条）。逆に、裁判例によれば、本条に反して前3条の上訴が行われたものの、上訴が棄却される前に被告人が追認した場合、瑕疵が治癒されて上訴は有効なものとして扱われることになる[20]。

（緑　大輔）

（一部上訴）

第357条　上訴は、裁判の一部に対してこれをすることができる。部分を限らないで上訴をしたときは、裁判の全部に対してしたものとみなす。

I　本条の趣旨

原則として、上訴の申立てがあれば、その効果は原裁判のすべてに対して及ぶ。特に部分を限らずに上訴した場合には、原裁判のすべてに対する上訴とみなすことも本条後段で定められている。これに対して本条前段は、原裁判の一部に対する上訴（一部上訴）を認めるものである。しかしながら、本条ではどのような場合に一部の上訴が認められるのか、明示的に定められていないため、本条の意味をめぐってさまざまな議論が展開されてきた。

II　裁判の一部

1　本条は「裁判の一部」に対する上訴を認めている。「裁判」の一部とされている以上、主文の一部に対する上訴が本条の対象になる。「裁判」には、主文が複数ある場合と、主文が1つだけである場合とがあるが、主文が複数ある場合には、裁判を分割することが可能だといえる。したがって、複数の主文の一部に対して上訴が申立てられた場合が、一部上訴の問題だといえる。具体的には、併合罪で起訴された事案において、複数の主文が言い渡され、一部有罪、一部無罪となった場合に、検察官が無罪部分についてのみ上訴を申立てた場合、上訴が申立てられた無罪部分のみに移審の効力が発生し、その余の部分である有罪部分について上訴審が審理して併合罪として1つの刑を言い渡すことはで

---

[20]　広島高判昭43・7・12判時540号85頁。

きないものと判示されている※21。つまり、併合罪につき複数の主文があるうち、無罪部分のみの一部上訴の対象として扱われ、有罪部分は確定したものとして扱われることになる。より抽象化して表現すれば、公訴事実が複数存在して、その結論が有罪・無罪に分かれているときは、一部上訴が可能になるものとして理解することができる。なお、判例は併合罪について、原裁判で懲役刑と罰金刑が併科されていた事案で、罰金刑部分についてのみ免訴とすべき場合には、その部分のみを破棄するものと判示している※22。ここから、判例は併合罪で言い渡される刑は、それぞれに事実の認定・刑の量定が独立して行われていると考えた上で、分割が可能なものと考え、一部上訴を認める結論を導いていると思われる（これに対しては、併合罪においては複数存在する主文がそれぞれ量刑に影響しており不可分であるという理解もありうる）。

　逆に、裁判が不可分であるような場合は、一部上訴はできないものとされている。裁判が不可分とされるものとして、包括一罪や科刑上一罪の場合、あるいは併合罪でも主文が1個の場合が挙げられ、その一部に対して上訴することはできないものとされる。具体的には、第一審の判決が、観念的競合の関係にある公訴事実で起訴されたところ、その一部について有罪の言渡しをなし、その余については理由中で免訴すべきものとした事案で、有罪部分についてのみ被告人から控訴申立てがあった場合、公訴事実全体について移審の効力が発生すると判示している※23。ここからは、公訴事実が単一である場合には、一部上訴が認められないものとして理解することができる。もっとも、裁判例の中には、次のような事案がある。牽連犯または包括一罪として起訴された事実の一部を有罪とし、その余の部分は理由中で無罪と判断した第一審判決に対して、被告人だけが控訴したところ、控訴審が原判決を破棄自判して公訴事実全部について有罪と判断した。この事案について、最高裁は、すべての公訴事実が移審するとしつつ、控訴審が職権調査（刑訴392条2項）をして有罪に変更した点を違法と判断している※24。

　では、原裁判では分割可能な形で（たとえば併合罪として処理して）、A事実につき有罪、B事実につき無罪と判断したところ、被告人が有罪部分について一部上訴し、上訴審ではA事実とB事実は不可分な一罪（たとえば観念的競合）として処理すべきだと考えた場合、被告人の一部上訴の扱いはどうすべきか。この点については見解が分かれる。(1)原判決で無罪判決を得ていたB事実にも、上訴の効力が及ぶと主張する見解、(2)B事実は無罪で確定したものと扱い、A事実については免訴にすべきだと主張する見解、(3)B事実が無罪で確定した以

※21　最二小判昭28・9・25刑集7巻9号1832頁。

※22　最二小判昭35・5・6刑集14巻7号861頁。

※23　名古屋高判昭32・12・25高刑集10巻12号809頁。

※24　最大決昭46・3・24刑集25巻2号293頁。

上はA事実とB事実は訴訟法の上では分割されるので、A事実についてのみ上訴審は審判すべきだと主張する見解を挙げられる。まず(1)説は、当事者が上訴申立ての対象にしていないにもかかわらず、裁判所が一方的判断によって上訴の効力を認めることになり、上訴を当事者の申立てによって行う現行刑訴法の建前と合致しているとは言い難い。特に、本条が当事者による一部上訴を認めているにもかかわらず、裁判所が全部上訴として取扱うことは問題である。(2)説は、上訴審において審判の対象になっていない事実（B事実）を斟酌して、上訴審の審判対象たる事実（A事実）を判断することになる点で、やはり問題がある。少なくとも、A事実の存否（事実誤認の有無）のみが上訴審で争われているような事案であるならば、(3)説の理解が妥当だといえよう。

2　なお、一部上訴と上訴理由の限定とは異なる点に注意が必要である。裁判における事実の認定、量刑不当、法令適用、訴訟手続の法令違反について、これら上訴理由の一部の点についてのみ限定して上訴することができるが（たとえば量刑不当のみを主張して上訴する）、これは一部上訴ではない。本条で問題とされている一部上訴とは、審判対象となっている事件（複数の公訴事実）の一部を指すのであり、上訴理由の一部という意味ではない。

　判例は、原判決が未決勾留日数の算入が誤った場合について、当該部分だけを破棄している※25。しかし、このことが直ちに、当該部分のみの一部上訴を認める趣旨として理解できるわけではなく、むしろ判決全部の量刑不当として扱われることになる（刑訴380条参照）。

3　本条後段では、「部分を限らないで上訴をしたとき」には全部上訴をしたものとしてみなす旨が定められている。しかし、たとえば併合罪の事案で、一部有罪、一部無罪の判決が出たとき、被告人が部分を限らずに上訴した場合に、一部無罪の部分を移審させて上訴審で審理する利益は被告人には存在しない。そのため、この場合は被告人が部分を限らずとも、有罪部分のみを上訴したものとして解すべきであろう。

Ⅲ　攻防対象論と一部上訴

1　一部上訴と関連してしばしば問題となるのは、いわゆる**攻防対象論**である。罪数上一罪として起訴された事実の一部を有罪とし、その余の部分は理由中で無罪と判断した第一審判決に対して、被告人だけが控訴したところ、控訴審が職権調査（刑訴392条2項）をした上で、事実誤認を理由として原判決を破棄自判して公訴事実全部について有罪と判断した。この事案について、最高裁は、

※25　最一小判昭56・7・16刑集35巻5号557頁。

「無罪とされた部分については、被告人から不服を申立てる利益がなく、検察官からの控訴申立てもないのであるから、当事者間においては攻防の対象からはずされた」ものだとした上で、「それが理論上は控訴審に移審係属しているからといって、事後審たる控訴審が職権により調査を加え有罪の自判をすること」は、「被告人に対し不意打ちを与えることであるから」、当事者の申立てた控訴趣意を中心として、職権調査をあくまで補充的なものとして第一審判決を対象とした事後的な審査を加えるという「現行控訴審の性格にかんがみるときは、職権の発動として許される限界を超えたものであって」、違法だと判示した※26。ここに示された考え方が「攻防対象論」として議論されることになった。誤解を恐れずに簡潔にいえば、控訴審が当事者主義構造の下で「事後審」を採用しているがゆえに、検察官も被告人も主張していない点は攻防の対象とならず、控訴審は攻防の対象ではない無罪部分を職権で調査して有罪に変更することはできない、という考え方を示したといえる。

2　もっとも、本決定は、攻防対象論の理論的な根拠や法的意味に曖昧さがあり、解釈の余地を残した。

　本決定を説明する見解としては、第1に、本条の一部上訴の考えを援用して、移審の効果が限定されているものとして説明する見解がある。この見解によれば、科刑上一罪の一部が無罪とされ、その部分について被告人からの控訴申立てがない場合には、併合罪の一部無罪について控訴申立てがない場合と同様に、無罪部分が第一審で確定し、控訴審に移審しないため、控訴審は職権調査をできなくなると説明する。しかし、この理解によれば、公訴事実が単一で主文が1つであり不可分な裁判であるにもかかわらず、分割することになり一部上訴の考えと矛盾する上、確定力が一罪の一部にしか及ばないという現象を発生させてしまう。公訴事実の同一性の範囲内で一事不再理効が発生するという刑訴法上の基本的な理解とも齟齬が生じる。しかも、被告人が控訴せずに検察官が控訴した場合、職権調査により有罪部分を無罪に変更することができなくなる。

　第2の見解は、無罪部分も形式的には移審の効果が生じるが、この当事者が争わなかった部分については被告人に利益になるような片面的な拘束力が発生し、内容的に確定するために控訴審はこの部分を変更できず、職権調査もできないとする。しかし、このようにいえる根拠に不明確さが残る。

　第3の見解は、検察官が無罪部分について控訴しなかった点をとらえて、検察官に訴追意思がないものと推定し、訴因が黙示的に撤回されたものとして理解するものである。この見解は、当事者主義の下で採用される審判対象が訴因であり、その訴因を設定・処分する権限が刑訴257条などによって検察官に認められていることを、上訴の場面にも援用するものである。控訴審が、検察官

※26　最大決昭46・3・24刑集25巻2号293頁。

が無罪部分について控訴していないにもかかわらず、職権調査によりこの部分を有罪に変更するとすれば、それは検察官に訴追意思がないと推定される部分についてまで裁判所が自ら処罰することになり、検察官の訴因設定権限を侵すことになる。このように、攻防対象論は、控訴の場面でも当事者主義から導かれる検察官の処分権主義というべきものが認められるという理解から、説明が可能であるように思われる。この見解によれば、包括一罪や科刑上一罪の事実について一部有罪・一部無罪となった場合に、被告人のみが控訴した場合には検察官が無罪部分の訴追を放棄したことになり、有罪部分のみが控訴審での審判対象となる。逆に検察官のみが控訴した場合は、両事実とも訴追の意思を有していることになるため、上訴によって有罪部分・無罪部分のすべてが移審して控訴審での審判対象となる。

3 その後、攻防対象論を適用した判例が観察されている[27]。たとえば、賭博開張図利罪の共同正犯の本位的訴因を否定し，同罪の幇助犯の予備的訴因を認定した第一審判決に対し，検察官が控訴の申立てをしなかった場合には，「検察官は，その時点で本位的訴因である共同正犯の訴因につき訴訟追行を断念したとみるべきであって，本位的訴因は，原審当時既に当事者間においては攻防の対象から外されていたものと解するのが相当」と判示した事案がある[28]。他方で、次のような事案がある。同一の交通事故事件について、過失の態様に関して証拠関係から本位的訴因と予備的訴因が構成されたところ、第一審判決は予備的訴因に沿う事実を認定した。これに対し、被告人のみが控訴した事案で、検察官が予備的訴因で有罪を得たことで一応満足して控訴申立をしてないからといって、「検察官が本位的訴因の有罪請求を完全にかつ確定的に放棄したものとは認められず」、本位的訴因が攻防対象から外れたものではないとし、本位的訴因について審理・判決することは違法ではないとしている[29]。もっとも、この事案では、両訴因がそれぞれ訴因として独立しうる場合ではなく、「唯一不可分の事実」であり「表裏一体をなす不可分のもの」として取扱われるべきだとも述べている。しかし、攻防対象論の根拠からすれば、検察官の訴追意思の有無によって判断すれば足りるはずである。この事案では、検察官が本位的訴因について排斥した原審判断に不服を申立てていない以上、予備的訴因1つに有罪判決の可能性を賭けたものとして理解すべきであり、本位的訴因について訴訟追行を放棄したとみなすべきように思われる。

（緑　大輔）

---

[27] 最一小判昭47・3・9刑集26巻2号102頁、仙台高判昭57・5・25高刑集35巻1号66頁、最二小判平16・2・16刑集58巻2号133頁など。

[28] 最一小決平25・3・5裁時1575号2頁。

[29] 最一小決平1・5・1刑集43巻5号323頁。

第 358 条（上訴提起期間）　*1057*

（上訴提起期間）
第358条　上訴の提起期間は、裁判が告知された日から進行する。

　本条は、上訴を提起できる期間が、裁判が告知された日からであることを定
める規定である。つまり、裁判を告知されたその日にも上訴を提起できること
を意味する。もっとも、上訴提起期間を計算する際には、刑訴55条1項が定め
るとおり、初日は算入されない。つまり、上訴の提起期間の起算自体は、裁判
の告知の翌日からである[30]。上訴提起期間内の上訴として扱われるのは、上
訴申立書が現実に原裁判所に到達することを要するものとされている（到達主
義）。この点について、刑事施設に収容されている被告人には、刑訴366条に特
則が設けられている。

　本条にいう「裁判が告知された日」とは、判決であれば公判廷において宣告
が行われた日（刑訴342条参照）、決定・命令の場合には原則として裁判書の謄
本が送達された日（刑訴規34条）を意味する。なお、裁判例によれば、被告人
が公判期日に出頭しなければ判決を宣告できない事件において、被告人不出頭
のまま判決の宣告をするという瑕疵があった場合であっても、上訴提起期間は
判決宣告の日から進行することになる[31]。

　また、裁判書の謄本が被告人と申立人たる弁護人の双方に日を異にして送達
された場合、上訴の申立期間は被告人本人に送達したときから進行を始めるも
のとされている[32]。もっともこの理解の下では、被告人に転居等の事情があ
り被告人本人よりも弁護人の方に先に謄本が送達され、被告人本人が送達を受
ける前に弁護人が上訴を申立てた場合、弁護人の上訴の申立てはどう扱われる
のか問題になりうる[33]。少なくとも弁護人が謄本の送達内容を被告人に説明
した上で被告人本人の同意を得て上訴をするのであれば、実質的に「裁判が告
知された」ものとして、上訴提起期間内の適法な上訴として扱われるべきよう
に思われる。これに対しては、送達時期の前後を問わず、固有の上訴権者であ
る被告人に送達された時を基準とすべきとの主張がなされている。

　なお、判例によれば、常に被告人本人に送達したときから上訴の申立期間が
進行するというわけではない。公判前整理手続適用事件において、証拠開示命
令請求を棄却する旨の決定に対する即時抗告の提起期間は、証拠開示命令請求

---

[30]　大決大13・4・26刑集3巻368頁。

[31]　最三小決昭38・10・31刑集17巻11号2391頁。

[32]　最一小決昭43・6・19刑集22巻6号483頁。

[33]　前掲の最一小決昭43・6・19刑集22巻6号483頁のほか、最三小決昭27・11・18刑
集6巻10号1213頁、最二小決昭55・5・19刑集34巻3号202頁など、いずれも被告人本
人に先に送達された事案である点に注意を要する。

の形式、公判前整理手続における証拠開示制度の趣旨、内容に照らして、同決定を受けた弁護人にその謄本が送達されたときから進行する[34]。

（緑　大輔）

（上訴放棄・取下げ1）
第359条　検察官、被告人又は第三百五十二条に規定する者は、上訴の放棄又は取下をすることができる。

I　本条の趣旨と意義

　本条は、固有の上訴権を有する検察官・被告人（刑訴351条）、検察官または被告人以外の者で決定を受けた者（刑訴352条）に対して、上訴の**放棄**と**取下げ**の権限を与える規定である。
　「上訴の放棄」とは、原裁判が告知されて上訴権が発生した後、上訴申立てを行う以前になされる、上訴権を行使しない旨の意思表示を意味する。上訴放棄は書面で行わなければならない（刑訴360条の3参照）。これにより上訴権が消滅し、その事件について再び上訴することはできなくなる（刑訴361条）。
　「上訴の取下」とは、上訴を申立てた後になされる、上訴申立てを撤回する意思表示を意味する。取下げは上訴審の裁判がなされるまで行うことができる。上訴取下げは、上訴裁判所に対して書面または口頭で行うことができる（刑訴規223条の2、刑訴規224条）。これにより上訴の放棄と同様に上訴権が消滅し、上訴提起期間内の取下げであれば、裁判を行うまでもなく訴訟は終結することになる。上訴提起期間経過後で、相手方が上訴していなければ、原裁判が確定することになる。取下げによって、その事件について再び上訴することはできなくなる（刑訴361条）。

II　上訴の放棄・取下げの効力

　上訴の放棄・取下げは、被告人の救済機会の喪失という重大な利益にかかわる行為であるため、上訴の放棄・取下げをなすことによって生じる結果を認識した上で、瑕疵がない意思決定に基づいて行われることが必要だと解すべきである。そして、意思決定に瑕疵がある場合には、当該放棄・取下げは無効とされるべきである。
　たとえば、死刑判決を言い渡された被告人が、判決の衝撃及び公判審理の重圧による精神的苦痛によって、拘禁反応等の精神障害に陥ったところ、苦痛か

---

[34]　最三小決平23・8・31刑集65巻5号935頁。

ら逃れるために被告人が上訴を取下げた事案について、自己の権利を守る能力が著しく制限されていたものと判断して、上訴取下げを無効と判断した事例がある[35]。死刑判決を言い渡された事案であることが影響した判断である可能性は否定しがたいが、死刑事件に限らず判断能力が乏しい状態でなされた取下げについては、この事例と同様の判断をすべきである。もっとも他方で判例は、被告人が上訴取下げをした際に錯誤に陥っていたとしても、その錯誤が被告人の責めに帰すことができない事由に基づくものでないときには、上訴取下げを無効にできないものと判示している[36]。つまり、被告人に帰責事由がある錯誤であれば、取下げ無効の主張は認められない。

なお、一度上訴取下げをしたものの、その取下げを撤回することが認められるか、問題になりうるが、判例は、一度上訴期間内に上訴の申立てがある以上は刑訴362条の適用はなく、また被告人自身の検討不足を理由とする取下げの撤回は認められないとしている[37]。

また、被告人と弁護人の双方が上訴を申立てたが、被告人が後に上訴の取下げをした場合、被告人の上訴権が消滅するので、弁護人の上訴申立ては効力を失うことになる[38]。すなわち、被告人が上訴を放棄・取下げした場合には、刑訴353条、刑訴354条、刑訴355条の上訴権者も上訴ができなくなり、これらの者の上訴権も消滅する。

（緑　大輔）

（上訴放棄・取下げ2）
第360条　第三百五十三条又は第三百五十四条に規定する者は、書面による被告人の同意を得て、上訴の放棄又は取下をすることができる。

本条は、「第353条又は第354条に規定する者」、つまり固有の上訴権がない法定代理人、保佐人、勾留理由開示請求者で被告人のために上訴した者について、上訴の放棄・取下げの要件を定めている。

本条では「書面による被告人の同意」を上訴の放棄・取下げのために求めている。これは、上訴の放棄・取下げは、被告人の救済機会を失わせる点で、被告人に重大な不利益をもたらしうるがゆえに、被告人の明示的で確実な意思表示を求めているのである。なお、裁判例によれば、「原審の弁護人」は被告人のために上訴をなしうるが（刑訴355条）、上訴の取下げは刑訴法上の規定がな

---

[35]　最二小決平7・6・28刑集49巻6号785頁。

[36]　最二小決昭44・5・31刑集23巻6号931頁。

[37]　最三小決昭50・5・2裁判集刑196号335頁。

[38]　最一小判昭24・6・16刑集3巻7号1082頁。

いために認められないと判示されている[39]。上訴の取下げは、上訴審の訴訟活動である以上、原審の弁護人はすでに権限を喪失しており（刑訴32条2項）、原審弁護人が取下げることは実質的にみても許されるべきではない。なお、上訴審の弁護人が、書面による被告人の同意を得た場合には、上訴を取下げることができるというのが通説である。原審弁護人と異なり、上訴審において上訴に関する権限を有することがその理由として挙げられよう。

　本条にいう被告人の同意書は、上訴権の放棄・取下げと同時に差し出さなければならない（刑訴規224条の2）。

（緑　大輔）

（上訴放棄の制限）

第360条の2　死刑又は無期の懲役若しくは禁錮に処する判決に対する上訴は、前二条の規定にかかわらず、これを放棄することができない。

　本条は、「死刑又は無期の懲役若しくは禁錮に処する判決」に対する上訴の放棄を禁止するものである。死刑や無期刑は、生命や身体の自由に対して科される重い刑罰であることに鑑み、一時的な感情や軽率な判断に基づく安易な上訴放棄を防ぐための規定だといえる。生命や身体の自由の放棄につながる安易な上訴放棄を、国家がパターナリズムに基づいて禁止しているものと理解できよう。

　本条は、死刑または無期の懲役若しくは禁錮に処する判決に対する控訴を棄却する裁判についても適用がある。他方で、上訴権が一度行使された上で撤回する行為である上訴取下げについては、本条は適用されない[40]。

（緑　大輔）

（上訴放棄の方法）

第360条の3　上訴放棄の申立は、書面でこれをしなければならない。

　本条は、上訴を放棄する意思を明確にさせるために、書面で行うことを求める規定である。上訴の放棄は、上訴権が消滅するという重要な効果を伴うため、このように書面によることを求めている。上訴放棄の申立ては、原裁判所にしなければならない（刑訴規223条）。

　なお、上訴取下げの方法については刑訴法上明示的な規定はないが、上訴裁

---

[39] 最一小決昭25・7・13刑集4巻8号1356頁。

[40] 最二小判昭39・9・25裁判集刑152号927頁。

判所に対して（刑訴規223条の2）、原則として書面でしなければならない（刑訴規224条）。ただし、公判廷で口頭にて上訴を取下げることもできる（刑訴規224条但書）。

上訴放棄の申立てが原裁判所に対して行われるのは、放棄が上訴権発生後-上訴申立てもしくは上訴期間満了までの間に行われる行為だとされることと結びつけて理解できる。同様に、上訴取下げが上訴裁判所に対して行われるのは、取下げが上訴の撤回として、上訴申立後-上訴審の終局裁判があるまでの間に行われることと関連づけて理解できよう。

（緑　大輔）

（上訴放棄・取下げの効果）
第361条　上訴の放棄又は取下をした者は、その事件について更に上訴をすることができない。上訴の放棄又は取下に同意をした被告人も、同様である。

本条は、上訴の放棄・取下げの効果として、再上訴を禁じるものである。これにより、上訴の放棄・取下げを熟慮に基づいて慎重に行うことを期待できる。また、仮に上訴の放棄や取下げをなした後に再上訴できるとなると、裁判が確定する時期が不明確になってしまう。このような事態を回避するために再上訴を禁止している。

本条にいう「上訴の放棄又は取下をした者」とは、上訴の放棄・取下げを現に行った者である。本条後段は、「上訴の放棄又は取下に同意をした被告人」の再上訴も禁止される旨を定めるが、これは被告人以外の者が上訴の放棄・取下げをしている場合（刑訴360条）、被告人以外の者が有効に上訴の放棄・取下げを行うには被告人の同意を要するため、同意を与えている被告人の上訴権も消滅することを確認している。

また、本条では、一度上訴を放棄・取下げをした者は、「その事件について」さらに上訴はできない旨を定めているが、この意味は、一度上訴を放棄・取下げをした場合に、同一事件についてその後一切上訴が認められなくなるという意味ではない。たとえば、第一審判決に被告人は不服がなく控訴を放棄していたところ、検察官が控訴し、控訴審で第一審判決が破棄されて被告人に不利益な判決が下された場合、被告人は一度上訴を放棄しているが、上告することは禁止されない。この場合の被告人の上訴の放棄は、一審判決に不服がないからなされたものであり、控訴審判決に対して上告することは本条の趣旨に反するものではないからである。本条はあくまで、同一審級内で再上訴ができないという趣旨である。なお、判例は、検察官と被告人双方が控訴申立をした後、被告人のみがこれを取下げ、控訴審が検察官の控訴を棄却した場合について、被

1062　第362条（上訴権回復の請求1）

告人が上告を申立てることを認めている※41。

（緑　大輔）

> **（上訴権回復の請求1）**
> **第362条**　第三百五十一条乃至第三百五十五条の規定により上訴をすることができる者は、自己又は代人の責に帰することができない事由によつて上訴の提起期間内に上訴をすることができなかつたときは、原裁判所に上訴権回復の請求をすることができる。

　本条から刑訴365条までの規定は、上訴権者が上訴期間内に上訴を行わなかったために原裁判が確定したものの、その不利益を上訴権者に負わせることが妥当ではない場合に、上訴権者を救済して上訴権を回復・保護するためのものである。本条は、上訴に準ずる申立ての場合に限って準用されるとされ※42、たとえば裁判例においては、高等裁判所がした控訴棄却決定に対する異議申立て※43、最高裁判所がした上告棄却決定に対する異議申立て※44について準用が認められている。これに対して、訴訟費用執行免除の申立て※45、付審判請求人による付審判請求書の提出※46などにおいては本条の準用が否定されている。

　本条は、上訴権の回復が認められる要件を定めている。上訴権の回復が認められる要件として、本条は「自己又は代人の責に帰することができない事由」が存在することを挙げている。

　本条にいう「自己」とは上訴権者自身を指す。また、「代人」とは、法的な代理人を意味するわけではなく、より広範なものとして本人の補助機関として本人の上訴申立てに必要な諸般の事実行為を代行する者を含むものと理解されている※47。たとえば、弁護人から上訴申立書や弁護人選任届の郵送を依頼された妻※48、被告人の妻※49、及び弁護士の事務員※50などが挙げられ、これらの者に帰責事由がある場合には上訴権の回復は認められない。

　次に、本条にいう「責に帰することができない事由」とは、判例によれば、

※41　最二小決昭42・5・24刑集21巻4号576頁。
※42　最一小決昭54・7・2刑集33巻5号397頁。
※43　最二小決昭26・10・6刑集5巻11号2177頁。
※44　最一小決昭57・4・7刑集36巻4号556頁。
※45　最一小決昭54・7・2刑集33巻5号397頁。
※46　東京地決昭49・9・2刑裁月報6巻9号994頁。
※47　大決昭8・4・26刑集12巻503頁。
※48　最二小決昭39・7・17刑集18巻6号399頁。
※49　東京高決平4・10・30判タ811号242頁。
※50　甲府地決昭44・12・8刑裁月報1巻12号1200頁。

第363条（上訴権回復の請求2）　1063

上訴を行わなかった事由が、上訴権者やその代人の故意・過失に基づいていないことを意味する[51]。「自己又は代人の責に帰することができない事由」として上訴権の回復が肯定された裁判例としては、申立期間最終日に控訴申立書が速達郵便で発送され、法令上配達されるべき時間内に管轄裁判所への配達受持局に到達していたが、翌日に管轄裁判所に配達された事例[52]、被告人が公判期日に出頭しなければ判決の宣告をできない事件において、被告人が不出頭であるのに判決を宣告した場合について、判決通知が被告人に到達するまでの間、被告人自身または代人の責に帰することができない事由によって上訴権の行使が妨げられていたものと判断した事例[53]などがある。下級審の裁判例を含めてその傾向をみるに、裁判所の手続や刑事施設に収容されている被告人への刑事施設職員の対応に違法・不当な点があった場合や、郵便配達の遅延があった場合などに上訴権の回復が認められる。

他方で、控訴棄却決定時に被告人が病床にあり、医師から絶対安静を命じられていて異議を申立てることができなかった事案[54]、被告人・弁護人が互いに控訴を申立てたものと軽信し、結局はいずれからも上訴がなされていなかった事案[55]などは、「責に帰することができない事由」に該当しないものとして上訴権の回復は否定されている。

もっとも、弁護人が私法上の代理人ではなく「国が認めた被告人の保護者」である以上、看守や郵便局員が代人に含まれないのと同様に、弁護人（特に国選弁護人）の過失を「代人」の過失として理解すべきではない、との見解もある。

（緑　大輔）

（上訴権回復の請求2）
第363条　上訴権回復の請求は、事由が止んだ日から上訴の提起期間に相当する期間内にこれをしなければならない。
②　上訴権回復の請求をする者は、その請求と同時に上訴の申立をしなければならない。

本条は、上訴権回復の請求をなしうる期間を定める。「事由が止んだ日から」とは、たとえば、故意または過失なしに裁判があったことを知らなかった場合、裁判の存在を上訴権者が知り、または知りうべき状況に置かれたときだとされ

---

[51] 最二小決昭31・7・4刑集10巻7号1015頁。

[52] 最二小決昭39・7・17刑集18巻6号399頁。

[53] 最三小決昭38・10・31刑集17巻11号2391頁。

[54] 前掲[51]最二小決昭31・7・4刑集10巻7号1015頁。

[55] 最二小決昭27・10・31裁判集刑68号849頁。

る※56。事由が止んだ翌日から提起期間が起算されることになる（刑訴55条1項）。「上訴の提起期間に相当する期間内」にいう「上訴の提起期間」については、控訴については刑訴373条、上告については刑訴414条、刑訴373条、即時抗告については刑訴422条、準抗告については刑訴429条4項、特別抗告については刑訴433条2項にそれぞれ定めがあり、これらの期間を指す。

本条2項により、上訴権回復請求と同時に、上訴の申立てが必要となる。上訴権の回復が認められた場合には、それ以後の訴訟関係が明確になり、かつ直ちに上訴の手続が開始されることになる。

上訴権回復請求は原裁判所に対して書面で行われなければならない（刑訴規225条）。また、その際には上訴権回復の理由となる事実について疎明する必要がある（刑訴規226条）。上訴権の請求があったときは、その請求があった原裁判所の書記官は、速やかに相手方にこれを通知しなければならない（刑訴規230条）。

（緑　大輔）

> **（上訴権回復の請求3）**
> **第364条**　上訴権回復の請求についてした決定に対しては、即時抗告をすることができる。

本条は、上訴権回復の請求についてなされた決定に対し、不服がある場合に、即時抗告の申立て（刑訴419条参照）ができる旨を定めている。

本条にいう「決定」については、上訴権回復の請求に対する棄却決定と請求を認容する決定がなされうる。上訴権回復の請求に対して棄却決定を行う場合、刑訴363条2項により上訴回復請求と上訴申立てが同時に為されているところ、回復請求の棄却決定により上訴申立てについても上訴棄却決定をすることになる（刑訴375条、刑訴414条）。これは、上訴権の回復が認められない以上、上訴権は消滅していたことになるからである。

逆に、上訴権回復の請求に理由がある場合、上訴権の回復を認容する決定が出され、これが確定すると原判決は確定力を失う。そのため刑訴363条2項によって上訴回復請求と同時に為されていた上訴申立てが有効となり、これ以降は通常の上訴と同じ手続に移行する。

（緑　大輔）

※56　最二小決昭25・7・12刑集4巻7号1311頁。

（上訴権回復の請求４）

第365条　上訴権回復の請求があつたときは、原裁判所は、前条の決定をするまで裁判の執行を停止する決定をすることができる。この場合には、被告人に対し勾留状を発することができる。

　上訴権回復の請求が、理由あるものとして認容されると、原裁判は確定力を失うことになる。つまり上訴権回復の請求がなされるということは、原裁判が未確定状態に戻る可能性を含んでいる。しかし他方で、上訴権の回復が認容されるまでは、原裁判は確定しており、執行力は存続することになる。たとえば、第一審で罰金刑を伴う有罪判決が下されたところ、控訴期間内に控訴の申立てがなされず、その後被告人から上訴権回復の請求がなされた場合、上訴権回復の請求に対する原裁判所の決定が出されるまでは、罰金刑の有罪判決はなお確定した状態にある。したがって、上訴権回復の請求がなされた後であってもその請求に対する決定が出る前であれば、罰金刑の執行を行うことも理論上可能である。

　そのため、上訴権回復の請求があった時点で、原裁判の執行を停止させる方が、特に被告人の保護のためにも妥当な場合がありうる。そこで本条前段は、上訴権回復の請求がなされた時点で、原裁判の執行を停止する方が妥当である場合に、原裁判の執行を停止させることを認めている。

　もっとも、原裁判所は裁量的に執行を停止できるため、原裁判所が裁判の執行を停止せず、「上訴権回復を認容する決定をしたときには、すでに刑の執行が終わっていた」という事態も理論的には生じうる。上訴権回復が認容され、その後の裁判で無罪・公訴棄却・免訴の判決が出れば、刑事補償の問題となる（刑補１条２項、刑補25条）。他方で、上訴権回復が認容され、その後の裁判で有罪の判決が出た場合、先に終えてしまった刑の執行は、刑訴495条を準用して法定通算に含めるべきである。しかし翻って考えるに、このような問題を回避するために、原裁判所は上訴権回復の請求がなされた場合には、原則的に裁判の執行を停止すべきであろう。

　本条２項では、裁判の執行を停止した場合に、被告人に対して勾留状を発することができる旨を定めている。裁判の執行の停止によって被告人が釈放されることもありうるため、その際に逃亡のおそれなどが生じるときに新たに勾留状を発する権限を原裁判所に認めている。もっとも、この新たな勾留状の発付の際には、被告事件の陳述を聴いた後で行うという手続を履践すべきであろう（刑訴61条参照）。

（緑　大輔）

（在監者に関する特則１）

第366条 刑事施設にいる被告人が上訴の提起期間内に上訴の申立書を刑事施設の長又はその代理者に差し出したときは、上訴の提起期間内に上訴をしたものとみなす。

② 被告人が自ら申立書を作ることができないときは、刑事施設の長又はその代理者は、これを代書し、又は所属の職員にこれをさせなければならない。

　本条は、刑事施設に身体を拘束されている被告人が上訴権を円滑に行使できるようにする趣旨で、特則を定める規定である。本条は、「刑事施設」に収容されている被告人のみならず、留置施設（いわゆる代用監獄）に収容されている被告人にも適用される（刑事収容施設・被収容者法286条）。この場合、「留置業務管理者」を本条の「刑事施設の長」とみなすことになる。

　刑訴358条では、上訴提起期間内に上訴申立書が原裁判所に到達することが必要となるが（到達主義）、本条１項は身体を拘束されている被告人について、「刑事施設の長又はその代理者に差し出したとき」をもって上訴提起期間内に上訴したとみなすことで、到達主義の例外を認めている。判例は、上訴取下書の提出に関する刑訴367条が本条を準用しているところ、被告人が上訴取下書を刑事施設職員に交付し、同職員がこれを受領したにもかかわらず所定の手続をとらずに放置し、上訴の申立てを棄却する決定がなされ、その後に取下書が裁判所に送付された事案について、「刑事施設にいる被告人が、被収容者からの書面の受領を担当する刑事施設職員に対し、上訴取下書を交付し、同職員がこれを受領したとき」が本条１項にいう「刑事施設の長又はその代理者に差し出したとき」に当たると解するのが相当である旨を説示している[57]。最高裁はその理由として、刑訴367条が準用する本条１項の趣旨が、「刑事施設にいる被告人が上訴取下書等の書面を裁判所に提出する場合には、刑事施設の内部手続に時間を要し、被告人が意図した効果の発生時期が予想外のものになって法的安定性が害されることを防ぐため、書面による訴訟行為の効力発生時期について到達主義の例外を定めた」ことにある旨を挙げている。

　本条を受けた刑訴規227条は、刑事施設に収容されている被告人が上訴をするには、刑事施設の長などを経由して申立書を「差し出さなければならない」と定めているが、本条が被告人の便宜のために定められている以上、刑事施設に収容されている被告人が、直接に原裁判所に上訴申立書を差し出して上訴することを選択する場合には、その申立ても有効と解すべきである（この場合は刑訴358条が適用され、原裁判所到達時に上訴の申立ての効力が発生する）。

---

[57] 最二小決平26・11・28刑集68巻9号1069頁。

また、本条2項は、同じく刑事施設に身体を拘束されている被告人の便宜のために設けられた規定であり、刑事施設外であれば比較的容易に申立書作成のための助けを得られるのにたいし、刑事施設内では申立書作成のための助けを得ることが困難であるので、刑事施設の長などに代書を求めることができる旨を定めている。なお、上訴申立書の代書には、被告人自身の署名押印（指印）をした上で（刑訴規60条、刑訴規61条）、本条1項の方法で申立を行うことになる。

本条は、被収容者たる被告人による上訴の放棄・取下げ（刑訴367条）、再審請求とその取下げ（刑訴444条）、訴訟費用執行免除・裁判の解釈、執行異議の各申立てとその取下げ（刑訴503条2項）などに準用される。また、判例上、被収容者たる被告人による再審請求事件の特別抗告[58]、再審請求棄却決定に対する異議申立て[59]、保釈保証金没取決定に対する特別抗告[60]、刑の執行猶予言渡取消し決定に対する特別抗告[61]などについて、本条の準用が認められている。これら裁判例からは、「刑事上の処分を受けた本人の刑事手続内における救済を目的とした行為」について本条が準用される、と理解されている。

本条の準用が否定されたものとしては、被収容者たる被告人による付審判請求棄却決定に対する特別抗告を申立てた場合[62]、刑事補償請求事件についての特別抗告を申立てた場合[63]、付審判請求をする場合[64]などがある。

（緑　大輔）

（在監者に関する特則2）
第367条　前条の規定は、刑事施設にいる被告人が上訴の放棄若しくは取下げ又は上訴権回復の請求をする場合にこれを準用する。

本条は、刑事施設に身体を拘束されている被告人が、上訴の放棄・取下げや回復を請求する場合にも、刑訴366条が準用されることを定めている。これも上訴権の行使にかかわる被告人の便宜を考えて設けられたものである。上訴取下書の交付を刑事施設職員に交付した場合には、刑訴366条1項にいう「刑事施設の長又はその代理者に差し出したとき」に当たり、取下げの効力が生じる（詳

---

[58]　最一小決昭50・3・20裁判集刑195号639頁。
[59]　最三小決昭54・5・1刑集33巻4号271頁。
[60]　最一小決昭56・9・22刑集35巻6号675頁。
[61]　最二小決平16・10・8刑集58巻7号641頁。
[62]　最三小決昭43・10・31刑集22巻10号955頁。
[63]　最二小決昭49・7・18刑集28巻5号257頁。
[64]　最三小決平16・10・1判タ1168号138頁。

細は刑訴366条の解説を参照）。

（緑　大輔）

第368条　削除

第369条　削除

第370条　削除

第371条　削除

第3編第2章　控訴〔前注〕　*1069*

第3編第2章　控訴

〔前注〕

I　控訴審の性格

　控訴審は、**法律審**としての性格と**事実審**としての性格をあわせ持っている。現行刑事訴訟法が控訴審をすべて高等裁判所の管轄とし（裁16条1号）、旧刑訴時代に上告理由とされていた法律問題の多くを控訴理由（刑訴377条、刑訴378条、刑訴379条、刑訴380条）に移したのは、控訴審の法律審としての役割を期待したためである。しかし、刑事訴訟における争点の中心は事実問題であり、誤判の多くも事実誤認に起因するところ、法律審として誤判の是正のために果たせる役割は限られている。そこで、現行法は、事実誤認（刑訴382条）や量刑不当（刑訴381条）を控訴理由とすることで、控訴審の事実審としての性格も維持している。

　とりわけ、被告人との関係では、控訴審が誤判からの救済の役割を果たすことが重要である。そこで、刑事訴訟法は被告人のみが控訴した場合の刑の不利益変更の禁止（刑訴402条）を設けることで、被告人にとって控訴が誤判救済手段であることを明確にしている。

II　控訴審の構造

　控訴審の構造は、第一審との関係により、**覆審**、**事後審**（「事後審査審」ともいう）及び**続審**に区別される。

　「覆審」は、本案につき事実審理をやり直し、第一審判決に瑕疵が認められればこれを破棄し、新たに判決を言い渡す控訴審である。旧刑事訴訟法における控訴審は覆審型であった。「事後審」は、第一審判決の瑕疵の有無を審査し、その結果、判決に影響を及ぼす瑕疵が発見されれば、これを破棄し、審理をやり直させるために、事件を第一審裁判所に差し戻すことを原則とする控訴審である。さらに、事後審の本質にかかわるものかどうかは議論があるが、**第一審集中主義**の観点から、控訴審になってから争い始めることを防止するため、瑕疵の有無の判断は、第一審判決時を基準に行うことを原則としている。「続審」は、覆審と事後審の中間形態であり、第一審の審理結果に自ら行った事実審理の結果も加え、控訴理由の有無を判断し、控訴に理由が認められれば原判決を破棄し、自判することを原則とし、特に第一審の裁判所に審理をやり直させる必要があるときは、事件を差し戻す控訴審である。民事訴訟法における控訴審は続審型とされる。

現行法は、(1)控訴趣意書に訴訟記録及び原裁判所において取り調べた証拠に現れている事実の援用を求めていること（刑訴378条、刑訴379条、刑訴381条、刑訴382条）、(2)控訴審における新たな事実の取調べを例外（参照、刑訴382条の2、刑訴393条1項但書）と位置付けていること、(3)控訴理由が認められるときは破棄差戻しを原則としていること（刑訴400条本文）から、事後審型を採用している。

　もっとも、量刑事情を含め、第一審判決の事実誤認の有無を判断するためには、控訴裁判所自らが実体に関する心証を形成する必要があるところ、そのための審査方法として、訴訟記録及び原裁判所が取り調べた証拠の調査だけでなく、控訴理由の有無を調査する上で必要な範囲で、自ら事実の取調べを行うことが許されている（刑訴393条1項本文）。その結果、控訴理由が認められるときは原判決を破棄した上で、訴訟記録ならびに原裁判所及び控訴裁判所において取り調べた証拠に基づき自判することも認められている（刑訴400条但書）。そこで、この事実の取調べや自判の制度を活用することにより、控訴審を続審的に運用することも可能になっている。控訴審の続審的運用は、(1)第一審で不十分な訴訟活動しかできなかった当事者に事実を証明する再度の機会を与え、誤判の防止を図りうる一方、(2)控訴審が被告人に不利益な方向で新たな事実を取り調べ、有罪の自判を行うことは、被告人に二重の防御の負担を負わせることや、控訴審で新たに行われた事実の取調べやこれに基づく事実認定の瑕疵を争う手段はもはや上告しか残されていないことから、審級の利益を奪うことになる点で、問題を伴う。

Ⅲ　控訴審の審判対象

　控訴により事件の係属は第一審から控訴審へと**移審**の効果が発生する。複数の公訴事実に対する判決の一部につき控訴（**一部控訴**）がなされたときは、控訴された部分の公訴事実についてのみ、移審の効果が生じる。これに対し、単一の公訴事実を構成する複数の犯罪事実の一部に対する不服を理由に控訴されたときは、公訴事実全体について移審の効果が生じる。もっとも、公訴事実の単一性が認められる複数の犯罪事実のうち、いずれの当事者からも控訴されなかった部分については、控訴審における当事者の**攻防対象**からはずれており、もはや控訴裁判所が第一審と異なる判断を示すことはできないと解されている（刑訴392条の解説を参照）。

Ⅳ　控訴理由

　控訴理由は、判決の内容上の瑕疵（実体法上の事実の誤認、実体法令の適用の誤り、量刑不当）と判決の手続上の瑕疵（訴訟法上の事実の誤認、訴訟手続

に関する法令適用の誤り）に分類できる。さらに、手続上の瑕疵は、その存在自体により判決の有効性を失わせる重大な瑕疵を類型化したもの（**絶対的控訴理由**）と、瑕疵が判決に影響を及ぼすことが明らかであることを控訴理由とするもの（**相対的控訴理由**）に分類できる。現行法は控訴理由を、二類型の絶対的控訴理由としての訴訟手続の法令違反（刑訴377条、刑訴378条）、相対的控訴理由としての訴訟手続の法令違反（刑訴379条）、法令適用の誤り（刑訴380条）、量刑不当（刑訴381条）、事実誤認（刑訴382条）及び再審理由等（刑訴383条）の7つに類型化し、それぞれに応じた控訴申立手続の要件を課している。

（田淵浩二）

（控訴を許す判決）
第372条 控訴は、地方裁判所又は簡易裁判所がした第一審の判決に対してこれをすることができる。

I 本条の趣旨

本条は控訴の対象となる判決を定めたものである。刑事訴訟において控訴審は専ら**高等裁判所**の管轄であるため（裁16条1号参照）、控訴は、高等裁判所より下位の**地方裁判所**または**簡易裁判所**がした第一審の判決に対して行うことができる（各裁判所の第一審としての事物管轄の分配については、裁14条2号、裁33条1項2号及び2項を参照）。これに対し、高等裁判所が第一審となる事件（裁16条4号）については、上告のみが許される（刑訴405条）。

II 跳躍上告

地方裁判所または簡易裁判所がした第一審の判決に憲法判断または条例・規則に対する法令適合性判断が含まれている場合は、控訴を飛ばして、最高裁判所に**跳躍上告**を行うことが認められている（刑訴規254条参照）。跳躍上告を行った後であっても控訴期間内であれば控訴は可能であり、控訴の申立てにより跳躍上告は効力を失う（刑訴規255条）。

III 判決の成立

控訴の対象となる「判決」は外部的に成立していなければならない。判決は公判廷における宣告により外部的に成立する（刑訴342条）。判決宣告の外形があっても、判決宣告の実体を失わせる重大かつ明白な瑕疵があれば、判決は不成立である。有効に成立していない判決は、上訴による是正を待つまでもなく

無効（**絶対無効**）である。

Ⅳ　判決に付随する処分に対する控訴

本案に対する判決に付随して言い渡される、訴訟費用の負担（刑訴181条）、被害者還付（刑訴347条）、仮納付（刑訴348条）といった処分に対する不服申立ては、本案の裁判に対する上訴とは独立に行うことはできない（刑訴185条参照）。本案の上訴に理由がないときでも訴訟費用の負担に対する不服を理由に上訴することは許されるかにつき、許されないとする判例がある一方[1]、上訴に理由がなくても付随処分が違法であれば職権で付随処分の部分のみを破棄できるとする判例もみられる[2]。

（田淵浩二）

> **（控訴提起期間）**
> **第373条**　控訴の提起期間は、十四日とする。

Ⅰ　本条の趣旨

本条は、控訴の提起期間を14日と定めたものである。上訴の提起期間は裁判が告知された日から進行する（刑訴358条）。上訴期間は有罪判決の宣告時に、被告人に対して告知されなければならない（刑訴規220条1項）。なお、期間の計算については、第一審の判決の宣告期日の翌日から数えて14日目まで（ただし、期間の末日が土・日、祝日または12月29日から1月3日に該当する場合はこれを除く）となる（刑訴55条1項参照）。

Ⅱ　上訴権の回復

上訴提起期間の延長は認められない（刑訴56条2項）。しかし、上訴権者が自己または代理人の責に帰することができない事由によって、上訴の提起期間内に上訴できなかったときは、原因となった事由が止んだ日から上訴提起期間に相当する期間内に、原裁判所に**上訴権回復の請求**をすることができる（刑訴362

---

[1] 広島高判昭25・7・5高刑集3巻2号265頁、名古屋高判昭29・6・7高刑集7巻7号1032頁、最一小判昭31・12・13刑集10巻12号1633頁、東京高判昭38・7・4判時352号83頁、東京高判昭45・11・19刑月2巻11号1160頁。

[2] 最三小判昭37・9・4判時319号48頁、最三小判昭46・4・27刑集25巻3号534頁、名古屋高金沢支判昭47・11・21刑月4巻11号1796頁。

条）。

(田淵浩二)

> **（控訴提起の方式）**
> **第374条**　控訴をするには、申立書を第一審裁判所に差し出さなければならない。

I　本条の趣旨

　控訴は判決の確定を妨げ、事件を控訴裁判所に移審させる基本的訴訟行為であることから、本条は、控訴意思の客観性を担保するため、控訴提起の方式につき、**控訴申立書**を裁判所に差し出すことによって行う要式行為としたものである。

II　申立書の提出

(1)　申立書の作成様式

　控訴の提起は、「申立書」を裁判所に差し出すことによって行う。公務員以外の者が作成すべき書類には、作成年月日の記載及び署名押印が必要である（刑訴規60条）。電報による申立ては無効である[3]。記名押印のみで署名を欠く申立書については、これを無効とする判例[4]と、真正にないし申立人の意思に基づき作成されたことが確認できるならば有効とする判例[5]がある。電子複写機による複写コピーは、書面中に被告人の署名が複写されていても、控訴申立書として無効とされる[6]。また、被告人が氏名を黙秘していたとしても、署名のない控訴申立書は無効とされる[7]。被告人が控訴申立書を作成して原審弁護人に交付したとしても、その時点において控訴を申し立てる確定的意図はなく、弁護人に申立書の提出を依頼しないまま放置した場合は、弁護人が当該控訴申立書を提出しても、被告人の意思に基づく控訴と認めることはで

---

[3]　最三小決昭25・12・5刑集4巻12号2489頁、高松高決昭26・9・1高刑集4巻8号1030頁。

[4]　広島高岡山支判昭47・8・3刑月4巻8号1435頁。

[5]　東京高判昭51・2・25東高時報27巻2号24頁、福岡高判平2・8・2高刑速（平2）255頁。

[6]　最二小決平17・7・4刑集59巻6号510頁。

[7]　札幌高判昭26・5・24高刑集4巻5号512頁、最三小決昭40・7・20刑集19巻5号591頁、東京高決昭54・12・20判タ413号158頁＝判時967号135頁。

きず無効である※8

(2) 申立書の提出先

申立書は、第一審裁判所に差し出さなければならない。申立書を差し出すべき裁判所は、第一審判決宣告時に、被告人に告知されなければならない（刑訴規220条1項）。申立書が誤って控訴裁判所に提出されたときは、控訴裁判所より回送された申立書が控訴申立期間内に第一審裁判所に到着した場合に限り、控訴申立ての効力を生ずるとされる※9。もっとも、申立人が控訴期間最終日に誤って控訴裁判所に申立書を持参したところ、裁判所職員が直ちに原裁判所に持参して差し出すよう指導していれば、法定期間内に申立書の提出が可能であった事案において、本件控訴申立ては、法定期間内にその申立てがあったものとして効力を肯定した判例※10もある。

刑事施設に収容中の被告人は、刑事施設から裁判所に上訴申立書を送付する時間を要することから、収容中の被告人に不利益にならないよう、上訴の提起期間内に上訴の申立書を刑事施設の長またはその代理者に差し出せば足りる（刑訴366条1項、刑訴規227条、刑訴規228条）。

Ⅲ　訴訟記録等の送付

控訴の申立てを受けた第一審裁判所は、控訴の申立てが明らかに控訴権の消滅後にされたものである場合を除いては、公判調書の記載の正確性についての異議申立期間（刑訴51条2項参照）の経過後、速やかに訴訟記録及び証拠物を控訴裁判所に送付しなければならない（刑訴規235条）。第一審裁判所が控訴申立書に理由があることを認めるときであっても、抗告の場合とは異なり、自ら判決を更正することはできない（刑訴423条2項参照）。

（田淵浩二）

（第一審裁判所による控訴棄却の決定）
第375条　控訴の申立が明らかに控訴権の消滅後にされたものであるときは、第一審裁判所は、決定でこれを棄却しなければならない。この決定に対しては、即時抗告をすることができる。

※8　東京高決平17・7・6東高時報56巻1-12号46頁。
※9　名古屋高決昭30・3・22高刑集8巻4号445頁、東京高決昭32・2・11東高時報8巻2号31頁。
※10　名古屋高決昭59・3・12判時1141号161頁。

第375条（第一審裁判所による控訴棄却の決定）　*1075*

I　本条の趣旨

　本条は、控訴の申立てが**控訴権の消滅**後になされたことが明らかであるときは、申立てを受けた第一審裁判所が、事件を控訴裁判所に移送するまでもなく、自ら控訴を棄却すべきことを定めたものである。控訴権は、(1)控訴提起期間の経過、または(2)控訴の放棄若しくは取下げ（参照、刑訴361条、刑訴規223条、刑訴規223条の2）によって消滅する。

　旧刑訴法397条は、控訴権消滅後の控訴申立てだけでなく、控訴の申立てが法律上の方式に違反しているときも、第一審裁判所による控訴棄却決定を認めていた。これに対し、現行法では、控訴の申立てが法律上の方式に違反し無効であることが明らかであっても、第一審裁判所は、訴訟記録等を控訴裁判所に送付しなければならない[11]。

II　即時抗告

　第一審裁判所による控訴棄却決定に対しては、**即時抗告**をすることができる。たとえば、控訴期間経過後、上訴権の回復請求と同時になされた控訴の申立て（参照、刑訴362条、刑訴363条）に対し、第一審裁判所が上訴権回復請求に理由がないと判断し、控訴を棄却した場合、これに不服があるときは、即時抗告によって争うことができる。また、控訴の放棄または取下げが無効であることを主張した上で行われた控訴申立てに対し、第一審裁判所が控訴の放棄や取下げを有効と判断して控訴を棄却した場合、これに不服があるときは、棄却決定に対する即時抗告により争うことができる。

III　類推適用の可否

　本条は、刑訴414条により上告の申立てにも準用されている。これに対し、抗告には準用規定が設けられていない。そこで、抗告権の消滅後になされたことが明らかな抗告の申立てに対し、本条を類推適用できるかが問題になる。この点、最高裁は、上訴権回復請求と同時に特別抗告の申立てを受けた原裁判所が、上訴権の消滅後の申立てであることを理由に特別抗告を棄却した事案において、両者の判断が不可分の関係にあることから、刑訴375条及び刑訴414条を類推適用することを肯定している[12]。他方、再審請求棄却決定に対する即時

---

[11]　最一小決昭33・11・24刑集12巻15号3531頁。

[12]　最一小決昭48・6・21刑集27巻6号1197頁、名古屋高決平16・7・13刑集58巻7号644頁。

1076 第376条（控訴趣意書）

抗告に対しては、刑訴375条の類推適用を否定した※13。

（田淵浩二）

（控訴趣意書）
第376条 控訴申立人は、裁判所の規則で定める期間内に控訴趣意書を控訴裁判所に差し出さなければならない。
② 控訴趣意書には、この法律又は裁判所の規則の定めるところにより、必要な疎明資料又は検察官若しくは弁護人の保証書を添附しなければならない。

Ⅰ 本条の趣旨

本来、控訴申立てとその理由は不可分の関係にある。しかし、控訴の理由の記載には時間を要することから、本条は、1項において、控訴申立書とは区別して、別途定められた期間内に**控訴趣意書**の提出を義務付けたものである。控訴趣意書の記載事項は、相手当事者の答弁書（刑訴規243条）、控訴裁判所の調査義務（刑訴392条）及び控訴審における弁論（刑訴389条）の基礎となる重要な意味を持つことから、全く根拠のない控訴趣意書の作成を防ぐため、2項において、法規の定める疎明資料または検察官若しくは弁護人の保証書の添付を義務づけることとした。

Ⅱ 控訴趣意書の提出

控訴申立人は、裁判所の規則の定める期間内に控訴趣意書を控訴裁判所に差し出さなければならない。

1 提出権者

控訴趣意書を提出する義務があるのは、控訴申立人である。第一審弁護人が控訴申立人として作成した控訴趣意書は、控訴審において弁護人として選任されなかった場合あっても、後に撤回されたとか、公判期日において、これを陳述しない旨の明確な意思表示がなされたというような特段の事情がない限り、有効である※14。これに対し、控訴申立人が被告人であるときは、原審の弁護

※13 最三小決平18・4・24刑集60巻4号409頁。
※14 最大判昭29・7・7刑集8巻7号1052頁、最二小判昭29・12・24刑集8巻13号2336頁。

人が提出した控訴趣意書は無効とされる[15]。

　控訴審の弁護人は、被告人の包括的代理権に基づき控訴趣意書を提出できる。複数の弁護人が選任されている場合は、主任弁護人以外の弁護人も控訴趣意書を提出できる（刑訴規239条）。弁護人の控訴趣意書は、被告人の明示の意思に反することはできない[16]。

2　提出期間

(1)　提出期間の通知

　控訴裁判所は、第一審裁判所から訴訟記録の送付を受けた後、速やかに、通知書により控訴申立人及び控訴申立人に弁護人がある場合は弁護人に、控訴趣意書の差出最終日を通知しなければならない（刑訴規236条1項）。通知は通知書を送達することによって行わなければならない（刑訴規236条2項）。

　刑訴規236条の控訴申立人には、控訴の申立てを行った第一審弁護人は含まれないと解されている[17]。また、差出最終日を指定した時点で弁護人が未選任であったとしても、弁護人の選任を待ってから最終日を通知する必要はないとされる[18]。もっとも、控訴審にも刑訴規178条3項が準用されるところ、必要的弁護事件において被告人から弁護人選任届の提出がないときは、裁判所は、控訴趣意書を作成するために必要な余裕を置いて、国選弁護人を選任する義務を負う[19]。

(2)　差出最終日

　控訴趣意書の差出最終日は、通知書の送達があった日の翌日から起算して21日目以降の日でなければならない（刑訴規236条3項）。最終日がこれに違反しているときは、控訴申立人に対する送達があった日の翌日から起算して21日目の日が最終日とみなされる（刑訴規236条4項）。一度指定した最終日を延長することは禁じられていない。期間内に控訴趣意書が提出されなければ、決定により控訴は棄却される（刑訴386条1号）。控訴趣意書の提出期間には、刑事施設に収容中の被告人に関する特則（刑訴366条）の準用は認められていない[20]。

---

[15]　最三小決昭36・7・18刑集15巻7号1103頁。

[16]　東京高判昭60・6・20高刑集38巻2号99頁。

[17]　最一小決昭27・10・23刑集6巻9号1118頁、最二小決昭30・5・11裁判集刑105号197頁、最三小決昭34・2・25刑集13巻2号190頁。

[18]　最二小決昭26・2・9刑集5巻3号397頁、最三小判昭27・5・6刑集6巻5号733頁、最二小決昭30・6・3刑集9巻7号1136頁、最二小決昭37・9・27裁判集刑144号683頁、最二小決昭57・6・8裁判集刑228号115頁、最一小決昭58・3・8裁判集刑230号341頁、最三小決平4・11・13裁判集刑261号261頁。

[19]　最二小決昭33・5・9刑集12巻7号1359頁、広島高決昭44・3・25刑月1巻3号230頁、最三小決昭47・9・26刑集26巻7号431頁。

[20]　最二小決昭29・9・11刑集8巻9号1490頁。

(3) やむを得ない事情

控訴趣意書の提出が期間経過後であっても、その遅延がやむを得ない事情に基づくものと認められるときは、控訴裁判所は、控訴趣意書が期間内に提出されたものとして手続を進めることができる（刑訴規238条）。過去の判例では、弁護人が出張先で発病して帰宅が遅れること[21]、弁護人が被告人と意思疎通できなかったこと[22]は、遅延を正当化する理由にはあたらないとされた。

3 控訴趣意書の記載

控訴趣意書には、控訴理由を簡潔に明示しなければならない（刑訴規240条）。一審に提出した弁論要旨を援用した控訴趣意書[23]、控訴趣意書を援用した上告趣意書[24]、差戻し前の控訴趣意書の記載を援用した控訴趣意書[25]は不適法である。控訴申立書とは異なり、控訴趣意書の場合は、電子複写機によって複写されたコピーであって、作成名義人の署名押印がないものであっても、刑訴規60条の文言には違背するものの、被告人の意思に基づいて作成され提出されたものと認められれば有効とされる[26]。

4 控訴趣意書の撤回

明文規定はないものの、控訴趣意書の撤回は有効に行えるものと解されている。被告人は、控訴を取り下げる権限がある以上、弁護人の提出した控訴趣意書を撤回することができる[27]。また、被告人の意思に反しない限り、被告人の提出した控訴趣意書を弁護人が撤回することも有効とされる[28]。

Ⅲ 添付資料

控訴理由によっては、控訴趣意書に法律により定められた事由があることを信ずるに足りる**疎明資料**（刑訴382条の2第3項、刑訴383条）またはそうした事由があることを充分に証明することができる旨の検察官若しくは弁護人の**保証**

---

[21] 最三小決昭25・7・11刑集4巻8号1583頁。

[22] 最三小決平18・9・15判時1956号3頁（オウム真理教教祖事件特別抗告審決定）。

[23] 最三小決昭35・4・19刑集14巻6号685頁、東京高判昭39・12・25東高時報15巻12号266頁。

[24] 最一小決昭25・10・12刑集4巻10号2084頁。

[25] 札幌高判昭24・12・10高刑集2巻3号288頁（旧法事件）。

[26] 最三小決昭58・10・28刑集37巻8号1332頁。

[27] 最二小決昭45・9・4刑集24巻10号1311頁。

[28] 最二小決昭30・4・15刑集9巻4号851頁、最三小決昭48・7・17判タ298号337頁＝判時709号108頁。これに対し、被告人の同意を条件とするものとして、高松高判昭30・1・31高刑特2巻1-3号30頁。

書（刑訴377条）が要求されている。控訴趣意書に必要な疎明資料または保証書が添付されてないときは、控訴裁判所は決定で控訴を棄却できる（刑訴386条1項2号）。

なお、本条は刑訴414条により上告趣意書にも準用されているところ、職権破棄（刑訴414条）を求めて上告する場合は、職権破棄事由に応じて、控訴趣意書に要求されるところの疎明資料や保証書の添付が必要とされる[29]。

(田淵浩二)

（控訴申立理由と控訴趣意書―絶対的控訴理由1）
第377条 左の事由があることを理由として控訴の申立をした場合には、控訴趣意書に、その事由があることの充分な証明をすることができる旨の検察官又は弁護人の保証書を添附しなければならない。
一 法律に従つて判決裁判所を構成しなかつたこと。
二 法令により判決に関与することができない裁判官が判決に関与したこと。
三 審判の公開に関する規定に違反したこと。

Ⅰ 本条の趣旨

本条は、訴訟手続の法令違反のうち、法律による裁判所の構成や裁判の公平性、公開性という裁判の基礎に関わる違反を、絶対的控訴理由として類型化したものである。本条による控訴理由には、濫用的上訴を防ぐために検察官または弁護人の保証書の添付が要求されている。

Ⅱ 法律に反する判決裁判所の構成（1号）

判決裁判所とは、判決を言渡した裁判所である。判決裁判所の審判活動が法律の定めるところにより構成されていない状態で行われたときは、本号に該当する。裁判所は、裁判所法の定める資格及び人数の**裁判官**により構成されなければならない（裁18条、裁26条、裁27条、裁35条、判事補1条、判事補1条の2参照）[30]。また、裁判員対象事件は、裁判員法の定める人数の裁判官及び**裁判員**により構成されなければならない（参照、裁判員法2条）。なお、裁判員法64

---

[29] 最二小判昭25・7・14刑集4巻8号1378頁、最二小決昭25・11・30刑集4巻11号2438頁。
[30] 裁18条に従って裁判所を構成しなかった違法があるとされた事例として、最三小判平19・7・10刑集61巻5号436頁。

条は、本号の適用に関する特例として、裁判員の構成にのみ違法がある場合であって、判決が裁判員法6条1項に規定する裁判員の関与する判断を含まないものであるとき、又はその違法が裁判員が裁判員法15条1項各号若しくは裁判員法15条2項各号（職業禁止理由）に掲げる者に該当することであるときは、本号の適用を除外している。したがって、裁判員の構成が法律に従っていないことが、本号の絶対的控訴理由に該当するのは、裁判員法13条（選任資格）及び裁判員法14条（欠格事由）に違反して選任された裁判員により裁判所が構成された場合に限られる。

公判廷には、裁判官（裁判員裁判においては裁判官と裁判員）と**裁判所書記**の列席が必要であり（刑訴282条2項、裁判員法54条）、裁判所書記官も裁判所を構成する。これに対し、検察官は公判廷への立会いが義務付けられているものの、裁判所の構成員ではないため、検察官の立会いを欠いても絶対的控訴理由には該当しない[31]。

Ⅲ 法令に反する裁判官の判決への関与（2号）

刑訴法の定める**除斥事由**（刑訴20条）または**忌避事由**（刑訴21条）に該当する等、法令により職務から排除されるべき裁判官が判決に関与したときは、本号に該当する。裁判員は裁判官と対等の地位で判決に関与することから、不適格事由（裁判員法17条、裁判員法18条）に該当するため、裁判員となることができない者が判決に関与した場合も、当該規定を準用するのが合理的であるように思われるが、裁判員法64条1項の刑事訴訟法の適用に関する特例表には含まれていないことから、本号には該当しないものと解さざるを得ない。なお、第一審において忌避の申立をすることなく、本号に該当することを理由に控訴することは不適法とされる[32]。

Ⅳ 公開原則違反（3号）

裁判の公開は公正な裁判制度の礎であり、憲37条1項及び憲82条1項は裁判の公開を原則とする。非公開は、憲80条2項及び裁70条が厳格な要件及び手続を定めており、これに従って行われるのでなければ本号に該当する。

（田淵浩二）

---

[31] 最二小判昭31・2・10刑集10巻2号159頁（指定弁護士が欠席した事案）、最二小決平19・6・19刑集61巻4号369頁。

[32] 東京高判昭54・9・11東高時報30巻9号121頁。

第378条（控訴申立理由と控訴趣意書―絶対的控訴理由２）　*1081*

（控訴申立理由と控訴趣意書―絶対的控訴理由２）
第378条　左の事由があることを理由として控訴の申立をした場合には、控訴趣意書に、訴訟記録及び原裁判所において取り調べた証拠に現われている事実であつてその事由があることを信ずるに足りるものを援用しなければならない。
一　不法に管轄又は管轄違を認めたこと。
二　不法に、公訴を受理し、又はこれを棄却したこと。
三　審判の請求を受けた事件について判決をせず、又は審判の請求を受けない事件について判決をしたこと。
四　判決に理由を附せず、又は理由にくいちがいがあること。

Ⅰ　本条の趣旨

　本条は、公訴と判決という基本的訴訟行為の有効性に関する法令違反を、絶対的控訴理由として類型化したものである。控訴趣意書には、訴訟記録及び原裁判所において取り調べた証拠に現われている事実であって、列挙された違反事由があることを信ずるに足りるものを援用しなければならない。

Ⅱ　不法な管轄または管轄違い（１号）

　第一審裁判所が**管轄違い**を言い渡すべきであるのにこれをせず、またはそうすべきでないのに管轄違いを言い渡したとき（刑訴329条参照）は、本号に該当する。裁判の管轄には**事物管轄**（裁16条４号、裁24条２号、裁33条１項２号及び裁33条２項参照）と**土地管轄**（刑訴２条、刑訴６条）がある。
　なお、簡易裁判所が裁33条２項の定める刑の上限を超えて判決を言渡した場合、同条項は事物管轄も制限する趣旨であるから、右の制限に対する違反は、単なる訴訟手続の法令違反ではなく本条の問題とする判例もあるが、単に刑訴332条による地方裁判所への移送を怠ったことの瑕疵として、刑訴379条の問題とする判例が多数である[33]。

---

[33]　東京高判昭31・６・23高刑特３巻13号649頁、東京高判昭31・７・20高刑集９巻８号860頁、広島高判昭32・３・19高刑特４巻６号144頁、東京高判昭34・10・31下刑集１巻10号2130頁、東京高判昭37・１・31東高時報13巻１号34頁。これに対し、刑訴378条１号を適用したものとして、福岡高判昭30・３・26高刑集８巻２号200頁。

1082　第 378 条（控訴申立理由と控訴趣意書—絶対的控訴理由 2）

III　不法な公訴の受理または棄却（2号）

　不法に**免訴**または**公訴棄却**をせず、または不法に公訴を棄却したときは、本号に該当する。文言上、不法に免訴したときが含まれるか否か明確でないが、(1)免訴も公訴棄却も共に形式裁判と解するのが今日の通説であること、(2)免訴すべき事件をそうしなかった場合は本号に該当すること、(3)公訴棄却に対しては再訴可能であるのに対し、免訴判決には一事不再理効が生じる点で、後者の瑕疵の方が重大であることからすれば、不法な免訴判決も本号の絶対的控訴理由に該当すると解すべきである。なお、刑訴339条による公訴棄却決定は、即時抗告の対象である（刑訴339条2項）。

IV　審判対象についての判決の遺漏または逸脱（3号）

　起訴状記載の**公訴事実**について判決せず、または起訴状に公訴事実として記載されていない事件について判決を行ったときは、本号に該当する。後者は**不告不理の原則**とよばれる。
　公訴事実は**訴因**を明示して記載しなければならない（刑訴256条2項）。公訴事実中に記載された事実であっても、訴因として明示されていない事実は本号前段にいう審判の請求を受けた事件に含まれない[34]。訴因として明示された事実の一部が他の犯罪に該当しても、予備的に訴因の追加がない限り、この点について審判しないことは適法とされる[35]。検察官が処罰を求める意図で訴因に記載した事実であれば、罪名及び罰条の記載を欠いても審判対象に含まれる[36]。択一的関係にある二個の訴因につき一方の訴因で有罪とすれば、他方の訴因につき審判しなくても本号前段には該当しない[37]。併合罪中の一罪についてのみ刑を言渡した場合は本号に該当する[38]。判決理由中で認定しても主文において刑を遺脱すれば本号前段に該当する[39]。訴因の追加請求を違法に許可し判決を行った場合は本号後段に該当する[40]。公訴されていない余罪を、罪となるべき事実として認定することなく、量刑において実質的に処罰す

---

[34]　東京高判昭29・4・13高刑集7巻3号367頁、仙台高秋田支判昭29・7・6高刑特1巻1号7頁。

[35]　大阪高判昭26・2・5高刑集4巻2号100頁。

[36]　最二小判昭63・1・29刑集42巻1号38頁。

[37]　最三小判昭25・10・3刑集4巻10号1861頁。

[38]　福岡高宮崎支判昭30・6・1高刑特2巻11号555頁、東京高判昭43・4・17高刑集21巻2号199頁。

[39]　仙台高判昭31・3・19高刑特3巻6号267頁。

[40]　東京高判平23・10・13高刑速（平23）号147頁。

る趣旨で考慮しても、本号後段には該当せず、刑訴379条の問題である[41]。請求を受けていない事実について判決し、これに対して控訴がなされた場合、事件は事実上控訴審に訴訟係属することになるが、控訴審は第一審判決を破棄した上で、当該事実については有効な公訴の提起がされていないものとして公訴棄却（刑訴338条4号）すべきとされる[42]。

　起訴状に記載された訴因と異なる事実を認定するためには、原則として訴因の変更（刑訴312条）が必要である。同手続を経ることなく訴因と異なる認定をしたことがどの控訴理由に該当するかは、審判対象は訴因に限定されるとする説（訴因対象説）に立つか、訴因と公訴事実の同一性を有する範囲とする説（公訴事実対象説）に立つかにより結論が異なる。前説に立てば訴因逸脱認定は本号に該当することになるが、後説に立てば、訴因逸脱認定は単なる訴訟手続の法令違反（刑訴379条）に過ぎない。判例は、訴因逸脱認定を本号に該当するとしたものと、刑訴379条に該当するとしたものに分かれる[43]。なお、訴因に変動を来たさない範囲で訴因に記載されていない事実を認定することは、そもそも訴因逸脱認定とはいえず、本号には該当しない[44]。また、最三小決平13・4・11刑集55巻3号127頁が、訴因記載事実を、審判対象の確定の見地から記載が必要な事実と、単なる争点明確化のために記載された事実に区別して、訴因変更の要否の基準を提示したことから、前者についての逸脱認定は刑訴378条3号に該当するが、後者についての逸脱認定は刑訴379条に該当するにすぎないという見解も示されている[45]。

---

[41] 大阪高判平3・11・14判タ795号274頁。

[42] 最三小判昭25・10・24刑集4巻10号2121頁、東京高判昭37・2・20下刑集4巻1＝2号26頁、東京高判昭57・3・23高刑速（昭57）177頁、最二小判平16・2・16刑集58巻2号133頁。

[43] 刑訴378条3号に該当するとされた事例として、最一小決昭25・6・8刑集4巻6号972頁、最二小判昭29・8・20刑集8巻8号1249頁、大阪高判昭36・11・28下刑集3巻11・12号1001頁、東京高判昭45・10・12高刑集23巻4号737頁、札幌高判昭58・5・24高刑集36巻2号67頁他。刑訴379条に該当するとされた事例として、東京高判昭26・4・21高刑集4巻6号591頁、高松高判昭27・9・25高刑集5巻12号2071頁、東京高判昭28・6・11高刑集6巻7号831頁、大阪高判昭31・4・26高刑集9巻4号373頁、東京高判昭54・2・8高刑集32巻1号1頁、東京高判平10・7・1高刑集51巻2号129頁他。

[44] 最大判昭30・11・30刑集9巻12号2529頁、東京高判昭39・12・28東高時報15巻12号268頁、大阪高判平7・3・28高刑速（平7）124頁。

[45] 田口守一『刑事訴訟法（第7版）』（弘文堂、2017年）346頁。同旨の判例として、東京高判平18・4・27東高時報57巻1-12号21頁。争点顕在化のための訴因変更をしなかったことが379条違反とされた事例として、東京高判平22・11・30東高時報61巻1-12号308頁、仙台高判平25・6・27高刑速（平25）号247頁。

V 理由不備または理由齟齬（4号）

　裁判には、上訴を許さないものを例外として、理由を付す必要がある（刑訴44条）。判決理由は控訴理由の有無を判断する前提となるところ、理由を付さない**理由不備**または理由にくいちがいがある**理由齟齬**は判決の検討自体を不可能ないし困難にしてしまうことから、絶対的控訴理由とされている。(1)判決から理由が完全に、若しくは主文を導き出すために必要不可欠な部分において欠落しているとき、(2)主文と理由に食い違いがある（記載された理由からは主文を導き出せない）とき、または(3)理由中に重大な矛盾があるときは、本号に該当する。

1 有罪判決

　有罪判決については、理由として「**罪となるべき事実、証拠の標目及び法令の適用**」の記載が要求されている（刑訴335条1項）。罪となるべき事実を認定した理由につき補足説明も記載されるのが通常である。罪となるべき事実と補足説明との間で重要な部分に齟齬がある場合も本号に該当する※46。さらに、犯罪阻却事由または刑の加重減免事由の存在が主張されたときは、これに対する判断を示さなければならない（刑訴335条2項）。もっとも、刑訴335条2項により判決に示さなければならない判断に関する理由は、本号に規定する「理由」には含まれず、その不備または齟齬は刑訴379条の問題である※47。さらに、「罪となるべき事実」と「量刑の理由」との間の大きな矛盾も刑訴379条の問題である※48。

2 無罪判決

　無罪判決の理由については、刑訴336条の定める、被告事件が罪とならないか、もしくは、被告事件について犯罪の証明がないかのいずれかひとつによって無罪の言渡しをするものであることを示しさえすれば、本号には該当しない※49。

　また、複数の公訴事実の一部を無罪とする場合、一部無罪部分の理由を欠けば本号に該当するが、一罪を構成する一部の犯罪事実を認定から除外する場合、除外事実につき認定しなかった理由を全く欠いても刑訴379条の問題に過ぎな

※46　東京高判平22・11・17東高時報61巻1-12号287頁、東京高判平27・5・12東高時報66巻1-12号49頁。

※47　最三小判昭28・5・12刑集7巻5号1011頁、福岡高判昭28・5・25高刑集6巻5号718頁、東京高判平21・6・16東高時報60巻1-12号84頁。

※48　東京高判平21・12・18東高時報60巻1-12号243頁。

※49　東京高判昭52・1・31高刑集30巻1号1頁。

いとされる※50。

(田淵浩二)

(控訴申立理由と控訴趣意書—訴訟手続の法令違反)
第379条 前二条の場合を除いて、訴訟手続に法令の違反があつてその違反が判決に影響を及ぼすことが明らかであることを理由として控訴の申立をした場合には、控訴趣意書に、訴訟記録及び原裁判所において取り調べた証拠に現われている事実であつて明らかに判決に影響を及ぼすべき法令の違反があることを信ずるに足りるものを援用しなければならない。

I 本条の趣旨

本条は、刑訴377条及び刑訴378条に列挙する事由以外の**訴訟手続の法令違反**を、相対的控訴理由としたものである。本条にいう「法令違反」には、手続法令の解釈を誤って適用した場合だけでなく、訴訟法上の事実を誤認した結果、手続法令に違反した場合も含まれる。

II 審理不尽

訴訟手続の法令違反として、慣習的に**審理不尽**を理由とすることが認められてきた。本来、審理不尽とは、裁判所が審判対象につき事案を解明する義務を尽くさなかったという意味である(裁判所の事案解明義務違反)。しかし、当事者主義が採用されている現行法のもとでは、裁判所は原則的に当事者の主張・立証の範囲で判断すべき立場にあるに過ぎない。したがって、当事者の証拠調べ請求や訴因変更請求に応じなかったことが違法である場合は、端的にこれらの請求権を侵害したことを控訴理由とすべきである。例外的に裁判所が負うとされるところの、職権証拠調べ(刑訴298条2項)の義務※51や、訴因変更を勧告または命令(刑訴312条2項)する義務※52、あるいはその他の事実の取調べ

※50 東京高判平16・9・29東高時報55巻1-12号89頁。
※51 最一小判昭33・2・13刑集12巻2号218頁、東京高判昭45・7・14判タ255号240頁。
※52 名古屋高金沢支判昭38・3・19下刑集5巻3・4号176頁、最三小決昭43・11・26刑集22巻12号1352頁、名古屋高判昭63・12・21判タ696号231頁=判時1316号159頁、大阪高判平2・9・25判タ750号250頁。

の範囲に影響する釈明義務（刑訴規208条1項）※53を怠ったことが違法である場合も、該当の法令違反を明示すべきである。なお、裁判所が十分な証拠の検討を怠ったことが審理不尽とされる場合もあるが、これは事実誤認（刑訴382条）の問題というべきである。また、裁判所が職権調査事項の検討を怠ったまま訴訟法令を適用したことが審理不尽とされることもあるが、これは各訴訟法令の違反として、本条の控訴理由に該当しうる。

Ⅲ　事実の援用

　控訴趣意書には、訴訟記録及び原裁判所において取り調べた証拠に現れている事実であって、明らかに判決に影響を及ぼすものを援用しなければならない。もっとも、一般に訴訟法上の事実は自由な証明の対象とされていることから※54、訴訟法上の事実の認定は、厳格な証明の対象とされる事実とは異なり、いずれの資料を認定の基礎に用いたか手続上明確でないことがある上、認定に用いた資料がすべて訴訟記録に編綴されるとも限らないという問題がある。それゆえ、本条との関係から、裁判所は、自由な証明の場合であっても、訴訟法上の事実の認定に用いた資料を明確にするとともに、取り調べた証拠については最低限、記録に編綴しておくことが要求されているというべきである。

　訴訟手続のうち第一審の**公判調書**に記載されている事実は、明確な誤記でない限り、そのまま行われたものとみなされる（刑訴52条）。しかし、公判調書に記載が欠落しているときや、あるいは有効な公判調書が作成されていないときは、それだけで手続が行われなかったことにはならない。この場合、実際いかなる手続が行われたのかは**自由な証明**によって立証可能である※55。最終的に、訴訟手続の法令違反の有無がいずれとも判明しないときは、「疑わしきは被告人の利益に」の原則に従って解決すべきである。

Ⅳ　判決への影響の明白性

　訴訟手続に絶対的控訴理由に該当する事由以外の法令違反があるときは、その違反が判決に影響を及ぼすことが明らかな場合に限り控訴理由となる。「判決に影響を及ぼすことが明らか」とは、(1)もし当該手続に瑕疵がなかったならば、現になされた判決と異なる内容の判決がなされていた蓋然性がある場

※53　広島高判昭44・7・1判タ239号290頁、東京高判昭46・10・26高刑集24巻4号653頁、東京高判平6・8・2高刑集47巻2号282頁、大阪高判平14・1・17判タ1119号276頁、東京高判平27・11・19東高時報66巻1-12号116頁。
※54　最一小決昭58・12・19刑集37巻10号1753頁。
※55　広島高判昭55・10・28高刑集33巻4号298頁。

合※56、すなわち瑕疵ある手続と判決内容との間に相当因果関係がある場合と、(2)絶対的控訴理由に掲げる事由以外の事由で、当該手続違反が判決宣告を無効にするほど重大である場合をさす。後者に該当する手続上の瑕疵は必ずしも判決宣告前の手続に限られず、判決宣告手続の瑕疵※57や、判決宣告後に判決書を適法に作成しなかった場合※58も含まれる。

1 肯定例

判決の成立や主文に直接影響する手続上の瑕疵が判決に影響を及ぼすことは明白であるが、それ以外に判決に影響を及ぼすことが明らかとされた事例として、次のようなものが挙げられる。

(1) 裁判官に忌避事由が発生し自ら回避すべきであったのに、審理に関与した事案※59

(2) 検察官の出席のないまま判決を宣告した事案※60

(3) 弁護人が不出頭のまま審理、判決した事案※61

(4) 選任された弁護人の資格や身分に瑕疵があった事案※62

(5) 任意的弁護事件において、刑訴36条に基づく国選弁護人の選任の請求に対し、認容しない旨の通知を欠いたまま、公判審理を行った事案※63

(6) 誠実義務に違反する弁護活動を行った国選弁護人を交替させるなどの必要な措置を怠った事案※64

(7) 公判期日における公判調書が欠けていた事案※65

※56 最大判昭30・6・22刑集9巻8号1189頁。

※57 東京高判昭35・6・29東高時報11巻6号172頁、東京高判平1・4・13判タ704号284頁、東京高判平15・3・20東高時報54巻1-12号14頁、福岡高判平16・2・13高刑集57巻1号4頁、福岡高判平16・2・25判タ1155号129頁、最二小決平19・6・19刑集61巻4号369頁他。

※58 仙台高秋田支判昭32・6・25高刑特4巻13号314頁、大阪高判昭34・3・27高刑集12巻1号44頁、東京高判昭37・5・10高刑集15巻5号331頁、福岡高判昭38・1・21下刑集5巻1・2号4頁、広島高判昭59・3・8判タ526号257頁、大阪高判昭59・12・5高刑集37巻3号450頁他。

※59 福岡高判昭55・12・1判時1000号137頁。

※60 最二小決平19・6・19刑集61巻4号369頁。

※61 東京高判昭34・2・10東高時報10巻2号104頁。

※62 名古屋高判昭24・12・19高刑集2巻3号310頁、名古屋高判昭55・7・31判タ426号202頁、東京高判平3・12・10高刑集44巻3号217頁、名古屋高判平9・9・29高刑集50巻3号139頁他。

※63 東京高判昭35・6・29高刑集13巻5号416頁。

※64 東京高判平23・4・12東高時報62巻1-12号33頁。

※65 東京高判昭28・6・26特報38号129頁、東京高判昭33・3・5高刑特5巻3号81頁、東京高判昭40・6・17高刑集18巻3号218頁。

(8) 被告人が有罪陳述を取り消し否認に転じたにもかかわらず、簡易公判手続決定を取り消さなかった事案[66]

(9) 単純一罪の訴因に対し、訴因を補正することなく併合罪を認定した事案[67]

(10) 必要な訴因変更を怠った事案（刑訴378条3号解説参照）

(11) 証拠能力があるのにこれを否定し証拠調べ請求を却下した事案[68]

(12) 取調べ請求された重要証拠につき、その必要性を否定して却下した事案[69]

(13) 取調べ請求された重要証拠につき採否を明らかにしないで結審した事案[70]

(14) 適切な防御のために必要な証人再尋問申請を却下し、弁護人による反対尋問の機会を与えなかった事案[71]

(15) 自白の任意性の審理が尽されなかった事案[72]

(16) 自白に必要な補強証拠を欠いた事案[73]

(17) 証拠能力のない証拠あるいは適法に採用ないし取り調べられていない証拠を事実認定の基礎にした事案[74]

(18) 「罪となるべき事実」と「量刑の理由」との間に大きな矛盾がある事案[75]

(19) 起訴されていない犯罪事実または他の裁判所に係属中の事件を実質上処罰

---

[66] 東京高判昭54・4・5刑月11巻4号275頁。

[67] 東京高判平12・6・27東高時報51巻1-12号82頁。

[68] 大阪高判昭55・7・11判時1000号133頁、東京高判平15・5・20東高時報54巻1-12号39頁。

[69] 福岡高判昭60・7・16判タ566号316頁、東京高判平22・1・26東高時報61巻1-12号25頁、東京高判平25・6・4東高時報64巻1-12号116頁（鑑定請求）。

[70] 広島高判25・7・31高刑集3巻2号351頁。

[71] 福岡高判平5・4・15判タ827号284頁＝判時1461号159頁。

[72] 大阪高判昭59・6・8高刑集37巻2号336頁。

[73] 大阪高判昭42・2・28判時488号81頁、東京高判昭60・7・24東高時報36巻6・7号56頁、大阪高判平2・2・6判時1369号161頁、東京高判平2・5・10判タ741号245頁、東京高判平12・10・2東高時報51巻1-12号98頁、東京高判平18・6・30高刑速（平18）102頁、東京高判平22・11・22東高時報61巻1-12号305頁他。

[74] 福岡高判昭25・10・10高刑集3巻3号476頁、東京高判昭30・9・1東高時報6巻9号300頁、福岡高判昭48・7・18刑月5巻7号1105頁、名古屋高判平10・6・30判タ1009号274頁、東京高判平22・5・27高刑集63巻1号8頁他。

[75] 東京高判平21・12・18東高時報60巻1-12号243頁。

第379条（控訴申立理由と控訴趣意書―訴訟手続の法令違反）　1089

する趣旨で量刑をした疑いのある事案[76]

2　否定例

(1)　訴訟条件の有無につき職権で調査を尽くさなかった違法があるが、客観的には訴訟条件は備わっていた事案[77]

(2)　選任届の提出のない弁護人が公判で弁護活動を行った事案[78]

(3)　公判の審理に通訳人を付さなかった違法があるが、弁論を更新した期日に通訳人を付けていた事案[79]

(4)　公判調書に裁判官の認印を欠く違法があるが、書記官の署名押印のある同調書により、実際に担当していたことが認められるばかりでなく、認印の不存在につき異議申立てのなかった事案[80]

(5)　冒頭手続において被告人及び弁護人に意見陳述の機会を与えなかった違法があるが、犯罪の成否に争いがなかった事案[81]

(6)　簡易公判手続の決定を取り消さなかった違法があるが、簡易公判手続による証拠調べの方法及び結果それ自体についてはなんら異議のなかった事案[82]

(7)　証拠能力のない証拠を証拠調べした違法あるいは適法な証拠調べを経ていない証拠を事実認定に用いた違法があるが、他の証拠により犯罪事実を明白に認定できた事案[83]

(8)　証拠の標目に自白の補強証拠を掲げなかった違法があるが、原審が自白の補強となり得る証拠を取り調べていた事案[84]

(9)　刑訴335条2項の主張に対する判断遺脱があるが、原審で取り調べた証拠

---

[76]　東京高判平3・10・29高刑集44巻3号212頁、大阪高判平3・11・14判タ795号274頁、名古屋高判平10・1・28高刑集51巻1号70頁、東京高判平14・6・28東高時報53巻1-12号73頁、東京高判平14・10・23高刑速（平14）92頁、広島高判平14・12・10判時1826号160頁、東京高判平19・9・26高刑速（平19）321頁、東京高判平19・10・31高刑速（平19）350頁、名古屋高判平21・2・17高刑速（平21）175頁、東京高判平25・5・7東高時報64巻1-12号107頁、東京高判平27・2・6東高時報66巻1-12号4頁。

[77]　福岡高判平5・11・1家月46巻6号98頁。

[78]　高松高判昭27・11・27高刑集5巻12号2238頁、名古屋高判昭60・10・17刑月17巻10号923頁。

[79]　東京高判昭29・6・29東高時報5巻6号256頁。

[80]　東京高判平1・3・16判タ704号283頁。

[81]　大阪高判平3・6・13判時1404号128頁。

[82]　福岡高判昭53・10・9判時925号132頁。

[83]　福岡高判昭25・11・28高刑集3巻4号615頁、最一小判昭27・3・6刑集6巻3号363頁、最二小判昭30・8・26刑集9巻9号2049頁、東京高判昭32・12・28高刑特4巻24号693頁他多数。

[84]　東京高判平22・1・19東高時報61巻1-12号5頁。

1090　第380条（控訴申立理由と控訴趣意書—法令適用の誤り）

から主張の事実がなかったことは明白であった事案※85

⑽　正しい法定刑を教示せずに評議が行われた違法があるが、正しい法定刑を教示されていても同じ量刑となった蓋然性が極めて高かった事案※86

⑾　被害者参加非対象事件でないのに被害者参加を許し、刑訴法316条の38の意見陳述を許可した違法があるが、当該意見陳述がなければ、原判決の量刑が異なるものになったと認めるべき理由がなかった事案※87

（田淵浩二）

（控訴申立理由と控訴趣意書—法令適用の誤り）

第380条　法令の適用に誤があつてその誤が判決に影響を及ぼすことが明らかであることを理由として控訴の申立をした場合には、控訴趣意書に、その誤及びその誤が明らかに判決に影響を及ぼすべきことを示さなければならない。

I　本条の趣旨

本条は、刑罰法令の解釈・適用に誤りがあった場合を控訴理由としたものである。訴訟手続の法令違反とは異なり、法令の適用の誤りのみを対象としており、事実誤認の結果として法令に違反した場合は刑訴382条の控訴理由に当たる。それゆえ本条は、控訴趣意書に、訴訟記録及び原裁判所において取り調べた証拠に現れている事実を援用することを要求していない。刑罰法令の適用は判決書の理由中に記載されるため、あえて訴訟記録の該当箇所の摘示を要しないからである。

II　対象法令

刑訴335条が有罪判決の理由として記載を要求している「法令の適用」は、「罪となるべき事実」に適用した**罰条**及び法定刑から処断刑を導くにあたり適用した**刑の加重減免規定**を指すところ、本条のいう「法令」は刑罰法令のすべてを含むと解されている。したがって、上記の法令に加えて、**未決勾留日数の算**

※85　最三小判昭28・5・12刑集7巻5号1011頁、福岡高判昭28・5・25高刑集6巻5号718頁、東京高判昭30・2・17高刑特2巻6号136頁、札幌高判昭30・3・24高刑特2巻7号215頁、東京高判昭31・6・12高刑特3巻12号613頁、東京高判昭48・6・1東高時報24巻6号85頁他。

※86　高松高判平22・11・18高刑集63巻3号10頁。

※87　東京高判平27・10・28東高時報66巻1-12号92頁。

第380条（控訴申立理由と控訴趣意書─法令適用の誤り）　*1091*

入（刑21条）、**労役場留置**（刑18条）、**刑の執行猶予**（刑25条）、**保護観察**（刑25条の2）、**没収**（刑19条）、**追徴**（刑19条の2）、**公民権の停止**（公選252条）等の付加刑や刑罰に付随する処分に関する法令も対象となる。なお、これらの法令を適用する場合も、刑訴44条の要請として、便宜上、判決理由中の法令の適用の項目に列挙されている。

　他方、被害者還付（刑訴347条）、仮納付（刑訴348条）訴訟費用の負担（刑訴181条）等の本案の判決に付随して言い渡される手続上の処分に関する法令適用の誤りは、刑訴379条の訴訟手続の法令違反の問題である。

Ⅲ　判決への影響の明白性

　刑罰法令の適用の誤りがなければ判決主文が異なっていた蓋然性がある場合は、その瑕疵は明らかに判決に影響を及ぼす。他方、刑を処断する上で法令適用の誤りがあっても、宣告刑が正しい処断刑の範囲内にあり、かつ量刑上異なる宣告刑が言い渡されていた蓋然性がないことを理由に、判決への影響が否定されたものも多い[88]。これに対し、科刑上の一罪の関係にある各事実に適用される法令の適用を誤った場合、適用を誤った罰条の法定刑が処断刑にならない場合でも判決に影響を及ぼすことは明らかとされた事案[89]、処断刑の下限に関する法令適用の誤った場合、量刑が本来の処断刑の範囲内にあったとしても判決に影響を及ぼすことが明らかとされた事案[90]もみられる。

（田淵浩二）

---

[88]　(1)誤って累犯加重した事案：東京高判昭27・9・16特報37号7頁、東京高判昭28・11・21東高時報4巻5号169頁、最二小判昭29・4・2刑集8巻4号399頁、東京高判昭34・2・11東高時報10巻2号109頁、大阪高判昭55・11・27判月12巻11号1184頁他。(2)自首の成立を認めなかった瑕疵があるが、自首減軽は相当でなかった事案：東京高判平5・11・30判時1506号150頁。(3)法定減軽をしないで直ちに酌量減軽をした事案：東京高判昭62・5・25判タ646号216頁、東京高判平4・2・18判タ797号268頁。(4)併合罪の一部につき従犯減軽を遺脱した事案：東京高判昭58・5・26判時1112号143頁。(5)併合罪を一罪として処断した事案：福岡高那覇支判昭59・10・25判時1176号160頁、大阪高判昭62・11・24判タ663号228頁＝判時1262号142頁。(6)一罪を併合罪として処断した事案：大阪高判昭63・5・18判時1309号152頁、東京高判平11・7・26東高時報50巻1-12号59頁、東京高判平27・5・22東高時報66巻1-12号53頁。(7)併合罪加重するにあたり刑14条を適用しなかった事案：最二小判昭48・2・16刑集27巻1号46頁。(8)共同正犯の成立範囲についての法令の解釈・適用を誤った事案：東京高判平21・3・10東高時報60巻1-12号35頁など。

[89]　東京高判平9・3・11東高時報48巻1-12号12頁。

[90]　東京高判平22・1・21東高時報61巻1-12号6頁。

1092 第381条（控訴申立理由と控訴趣意書—刑の量定不当）

> **（控訴申立理由と控訴趣意書—刑の量定不当）**
> **第381条** 刑の量定が不当であることを理由として控訴の申立をした場合には、控訴趣意書に、訴訟記録及び原裁判所において取り調べた証拠に現われている事実であつて刑の量定が不当であることを信ずるに足りるものを援用しなければならない。

I　本条の趣旨

　本条は、処断刑から宣告刑を導き出すにあたっての刑の量定（**量刑**）の不当を控訴理由としたものである。処断刑を導き出すための刑罰法令の解釈適用を誤った場合は、法令適用の誤り（刑訴380条）の問題である（なお、刑66条の酌量減刑は情状酌量の結果として適用されることから、その適用の誤りは量刑不当に含まれる）。「刑の量定」には、主刑の選択及び量定だけではなく、未決勾留日数の算入（刑21条）、労役場留置（刑18条）、刑の執行猶予（刑25条）、保護観察（刑25条の２）、没収（刑19条）、追徴（刑19条の２）、公民権の停止（公選252条）等の付加刑や刑罰に付随する処分についての判断も含まれる。

　量刑不当には、量刑評価の誤り（**量刑基準**自体の不当性または量刑基準からの逸脱）だけでなく、量刑に影響を及ぼす事実（**量刑事情**ないし**情状**）の誤認も含まれる。それが、犯罪事実に属する情状（「**犯情**」）の誤認であれば382条と競合し、そうでない単なる情状（**一般情状**）の誤認であれば本条だけが問題となる。法は、量刑の際にどのような事情を考慮できるか特に定めておらず、それは刑罰目的に関する理論的解釈にゆだねられてきた。一般に、責任比例の原則に一般予防または特別予防上の必要を加えた総合的な観点から量刑が行われている。量刑の事情として、「犯人の年齢、性格、経歴及び環境、犯罪の動機、方法、結果及び社会的影響、犯罪後における犯人の態度その他の事情」（改正刑法草案（昭和49年５月29日法制審議会決定）48条２項参照）といった多様なものが含まれ得ることから、単なる情状は厳格な証明の対象でないとするのが判例である[91]。もっとも、実務では一般に単なる情状についても厳格な証明が行われている上、自由な証明によるとしても限界があり、情状を認定するための証拠（**量刑資料**）にできないものを用いた場合や、量刑資料の取調べ手続に瑕疵があった場合は、訴訟手続の法令違反（刑訴379条）となる。

---

[91] 最二小判昭24・２・22刑集３巻２号221頁、最二小判昭25・10・５刑集４巻10号1875頁、最二小決昭27・12・27刑集６巻12号1481頁、最二小決昭31・４・25裁判集刑113号411頁。

Ⅱ　事実の援用

　量刑不当の控訴趣意書には、訴訟記録及び原裁判所において取り調べた証拠に現われている事実であって、刑の量定が不当であることを信ずるに足りるものを援用しなければならない（ただし、例外として刑訴382条の2を参照）。量刑の当否は判決書を検討するだけで判断できることもあるが、量刑事情に関する事実の誤認を主張する場合は、原裁判所において取り調べた証拠に現れている事実を援用する必要がある。本条との関係で、裁判所は、単なる情状に関する資料についても、取り調べた証拠を記録に編綴しておく必要がある。なお、量刑評価の妥当性を判断するにあたって過去の同種事案における量刑が参考になるところ、量刑基準は規範的な問題であるから、量刑基準を知る上で必要な資料として、訴訟記録等に現われていない判例を援用することは不適法ではない[※92]。

Ⅲ　量刑不当の判断

　量刑不当といえるためには、量刑上の瑕疵が、第一審の量刑判断を維持できない程度に不当なものでなければならない。特に、死刑にすべきであるのに死刑にしなかったことを、量刑不当とするためには、「原審裁判所の量刑判断が、明らかに、かつ、著しく不当であって、死刑に処するのが相当であるとの高度の確信に到達しえた場合に限られるものといわなければならない」とした判例がある[※93]。

　最高裁が無期懲役の量刑を不当とし破棄した事例として、犯行当時少年による四人に対する連続射殺事件の量刑が争点となった、いわゆる永山事件第1次最高裁判決[※94]では、「死刑制度を存置する現行法制の下では、犯行の罪質、動機、態様ことに殺害の手段方法の執拗性・残虐性、結果の重大性ことに殺害された被害者の数、遺族の被害感情、社会的影響、犯人の年齢、前科、犯行後の情状等各般の情状を併せ考察したとき、その罪責が誠に重大であつて、罪刑の均衡の見地からも一般予防の見地からも極刑がやむを得ないと認められる場合には、死刑の選択も許されるものといわなければならない。」という死刑選択基準を示した上で、被告人の罪責は誠に重大であって、原判決が被告人に有利な事情として指摘する点を考慮に入れても、いまだ被告人を死刑に処するのが重きに失するとした原判断に十分な理由があるとは認められないとされた。な

[※92]　最二小判昭29・10・22刑集8巻10号1653頁。

[※93]　東京高判昭56・6・10判タ455号166頁＝判時1021号137頁。

[※94]　最二小判昭58・7・8刑集37巻6号609頁（最三小判平2・4・17判タ727号212頁＝判時1348号15頁により死刑確定）。

お、永山判決で示された考慮要素のうち、「殺害された被害者の数」については、「殺害された被害者は一名であるが、被告人の罪責は誠に重大であって、特に酌量すべき事情がない限り、死刑の選択をするほかないものといわざるを得ない」という理由から、無期懲役を破棄した事例※95もあり、絶対的なものではない。また、被告人の更生可能性は死刑を回避すべき決定的事情とまではいえないと解されている※96。

反対に、永山判決基準に照らし、死刑の量刑を不当とし、無期懲役を言渡した事例として、⑴連続保険金殺人・殺人未遂事件において、被告人は殺人の実行行為や殺害方法の謀議には関与していない点等を考慮し、被告人の果たした役割の重要性を考慮しても、死刑という極刑を選択することがやむを得ないと認められる場合に当たるとはいい難いとされた事例※97、⑵被告人の刑事責任は余りにも重大であるが、被告人が規範意識に目覚めるきっかけを得つつあるものとみられること等を理由に、死刑をもって処断することについては不当とされた事例※98、⑶6件の殺人および1件の傷害致死等の共犯事件において、自らも暴力により主犯格の共犯者に服従を強いられてきた被告人につき、酌むべき事情を総合考慮すると、なお、極刑をもって臨むことには躊躇せざるを得ないとされた事例※99、⑷市長候補者に対する殺人事件につき、被害者が1名であり、選挙妨害そのものを目的とした犯行ではないこと等から、死刑を選択することについてはなお躊躇せざるを得ないとされた事例※100、⑸共謀による強盗殺人等の事件につき、死刑の選択がやむを得ないといえるほど他の量刑要素が悪質であるとは断じ難いとされた事例※101、⑹被告人に殺人罪等による相当長期の有期懲役の前科があることを過度に重視して死刑を言い渡した第一審判決は、死刑の選択をやむを得ないと認めた判断の具体的、説得的な根拠を示し

※95 最二小判平11・12・10刑集53巻9号1160頁（広島県福山市独居老婦人殺害事件（広島高判平16・4・23高刑速（平16）185頁により死刑確定））。類似事例として、東京高判平12・2・28判タ1027号284頁＝判時1705号173頁、東京高判平17・3・29判時1891号166頁、東京高判平19・4・25高刑速（平19）212頁（最三小判平23・3・1裁判集刑303号57頁）により死刑確定）他。

※96 最三小判平18・6・20判タ1213号89頁＝判時1941号38頁（光市母子殺害事件）。

※97 最二小判平8・9・20刑集50巻8号571頁（日建土木三億円保険金殺人事件）。

※98 東京高判平9・5・12判タ949号281頁＝判時1613号150頁（国立市主婦殺し事件）（最二小判平11・11・29判タ1018号219頁＝判時1693号154頁により無期懲役確定）。

※99 福岡高判平19・9・26判タ1367号119頁＝判時2144号159頁（北九州市連続殺人事件）（最一小決平23・12・12判タ1367号113頁＝判時2144号153頁により無期懲役確定）。

※100 福岡高判平21・9・29判例集未登載（長崎市長射殺事件）（最三小決平24・1・16判タ1373号106頁＝判時2151号120頁により無期懲役確定）。

※101 名古屋高判平23・4・12判例集未登載（名古屋闇サイト殺人事件）（最二小決平24・7・11裁判集刑308号91頁により無期懲役確定）。

たものとは言い難いとされた事例※102、(7)強盗殺人等の事件につき、殺害を計画的に実行したとは認められず、殺害態様の悪質性を重くみることにも限界があるとされた事例※103、(8)各犯行への被告人の関わり方については斟酌すべき重要な事情が複数存在すること等を理由に、被告人に対して死刑を選択することが真にやむを得ないとはいえないとされた事例※104などがある。

(田淵浩二)

（控訴申立理由と控訴趣意書—事実誤認）
第382条　事実の誤認があつてその誤認が判決に影響を及ぼすことが明らかであることを理由として控訴の申立をした場合には、控訴趣意書に、訴訟記録及び原裁判所において取り調べた証拠に現われている事実であつて明らかに判決に影響を及ぼすべき誤認があることを信ずるに足りるものを援用しなければならない。

I　本条の趣旨

本条は、罪となるべき事実その他刑罰法令の適用要件となる事実の誤認を控訴理由としたものである。**罪となるべき事実**、**犯罪阻却事由**、**法定の刑の加重減免事由**に関する事実が対象となる。犯罪に関する事実の誤認が犯情に差異をもたらし量刑に影響を及ぼす場合は、刑訴381条と本条が競合する。訴訟法上の事実の誤認は、本条ではなく訴訟手続の法令違反の問題である。

II　事実誤認の意義

刑訴法382条の事実誤認とは、第一審判決の事実認定が論理則、経験則等に照らして不合理であることをいう。そして、控訴審が第一審判決に事実誤認があるというためには、第一審判決の事実認定が論理則、経験則等に照らして不合理であることを具体的に示すことが必要である※105。

※102　東京高判平25・6・20高刑集66巻3号1頁（最二小決平27・2・3刑集69巻1号1頁により無期懲役確定）。

※103　東京高判平25・10・8高刑集66巻3号42頁（松戸事件）（最二小決平27・2・3刑集69巻1号99頁により無期懲役確定）。

※104　東京高判平26・2・27東高時報65巻1-12号6頁（最三小決平27・2・9判例集未登載により無期懲役確定）。

※105　最一小判平24・2・13刑集66巻4号482頁、最三小決平25・4・16刑集67巻4号549頁、最一小決平25・10・21刑集67巻7号755頁、最一小決平26・3・10刑集68巻3号87頁、最一小判平26・3・20刑集68巻3号499頁。

1096 第382条（控訴申立理由と控訴趣意書―事実誤認）

Ⅲ 事実の援用

　事実誤認の控訴趣意書には、訴訟記録および原裁判所において取り調べた証拠に現われている事実であって、明らかに判決に影響を及ぼすべき誤認があることを信ずるに足りるものを援用しなければならない。事実誤認の援用は、原裁判所において取り調べた証拠からは、原判決が摘示する事実を認定できないこと（**証拠評価の誤り**）を指摘すれば十分であり、必ずしも証拠から認定すべき事実を指摘する必要はない。

Ⅳ 判決への影響の明白性

　犯罪の成立要件となる事実の誤認が有罪無罪の結論を左右し得るときは、判決に影響を及ぼすことが明らかである。刑の加重減免事由に関する事実の誤認は、正しい事実認定に基づき処断されたならば判決主文が異なるものになっていた蓋然性があるか否かによって、明白性が判断される[106]。犯罪事実に関する事実の誤認が犯情に差異をもたらし量刑に影響する蓋然性がある場合も、判決への影響の明白性が肯定される[107]。

　これに対し、構成要件要素の誤認であっても同一構成要件内の誤認に止まり、

---

[106] 累犯加重すべき前科の認定遺脱が影響を及ぼすとされた事例として、東京高判昭54・12・13高刑集32巻3号291頁、東京高判昭56・5・21東高時報32巻5号22頁。他方、刑の加重事由の誤認が判決に影響を及ぼさないとされた事例として、大阪高判昭55・11・27刑月12巻11号1184頁、東京高判昭56・1・14東高時報32巻1号1頁、東京高判平4・2・18判タ797号268頁、東京高判平11・10・13東高時報50巻1-12号114頁他。

[107] (1)東京高判昭36・10・31下刑集3巻9・10号854頁（傷害致死罪における犯情に著しい差異をもたらす傷害手段の誤認）、(2)東京高判昭41・3・28判タ191号199頁、東京高判昭42・4・11判タ210号218頁、東京高判昭43・5・27判タ225号219頁、判タ227号233頁（殺人罪における未必の故意か確定的故意かの誤認）、(3)東京高判昭43・11・18判タ233号203頁、東京高判昭44・8・4判タ242号313頁、東京高判昭45・12・26判タ263号358頁、東京高判昭47・1・20判タ277号376頁（業務上過失致死傷罪における過失内容、事故の態様または傷害の程度の誤認）、(4)大阪高判昭60・6・21判タ562号195頁（銃刀法違反事件における刀所持の終期の誤認）、(5)東京高判昭60・12・24高刑速（昭60）261頁（詐欺罪における詐欺手段の誤認）、(6)東京高判平6・11・16判タ887号275頁（傷害事件における故意の内容、犯行の態様、違法性の程度等の誤認）他。

かつ量刑にも影響を及ぼす程の相違がない場合[108]や、構成要件は異なることになっても適用罰条が同一で、かつ量刑に影響を及ぼす程の相違がない場合[109]は判決への影響が否定されている。また、罪となるべき事実の特定に関わる事実に誤認があっても、そのことにより有罪認定された事件が特定できなくなるのでない限り、判決への影響の明白性は否定される[110]。

なお、原判決の時点で判決に影響を及ぼす事実の誤認があっても、控訴審において証拠から認定可能な事実に訴因が変更された場合は、判決に影響を及ぼす事実誤認ではなくなる[111]。

（田淵浩二）

（控訴申立理由と控訴趣意書—弁論終結前・判決前の事実の援用）
第382条の2 やむを得ない事由によつて第一審の弁論終結前に取調を請求することができなかつた証拠によつて証明することのできる事実であつて前二条に規定する控訴申立の理由があることを信ずるに足りるものは、訴訟記録及び原裁判所において取り調べた証拠に現われている事実以外の事実であつても、控訴趣意書にこれを援用することができる。
② 第一審の弁論終結後判決前に生じた事実であつて前二条に規定する

---

[108] (1)大阪高判昭36・11・7下刑集3巻11・12号984頁（公選221条1項1号の供与申込を誤って同号の供与と誤認）、(2)東京高判昭56・12・7判タ471号231頁（覚せい剤使用罪における使用方法の誤認）、(3)東京高判昭57・4・12高刑速（昭57）188頁、大阪高判平1・7・18判時1334号236頁、東京高判平11・11・1東高時報50巻1-12号126頁、東京高判平16・4・22東高時報55巻1-12号32頁（殺人罪における未必的故意を確定的故意と誤認）、(4)東京高判昭62・4・13高刑速（昭62）52頁（業務上過失致傷罪における被害者の傷害の程度の誤認）、(5)広島高判平2・1・26高刑速（平2）221頁（詐欺罪における欺もう事実の誤認）、(6)札幌高判平5・10・26判タ865号291頁、東京高判平12・5・23東高時報51巻1-12号55頁(共犯事件を単独犯と誤認)、(7)東京高判平6・6・29判時1552号150頁（法人税法違反事件において所得金額を誤認）、(8)東京高判平16・6・17東高時報55巻1-12号48頁（支払用カード電磁的記録情報保管罪における保管情報件数の誤認）、(9)東京高判平22・11・18東高時報61巻1-12号300頁（常習累犯窃盗における被害金品の一部の誤認）他。

[109] (1)東京高判昭29・3・25東高時報5巻3号90頁および東京高判昭42・2・24判タ208号143頁＝判時492号92頁（公選221条1項5号の交付罪を同項1号の供与罪と誤認）、(2)東京高判昭34・2・26高刑集12巻3号219頁（傷害致死事件の共謀共同正犯を教唆と誤認）他。

[110] (1)東京高判昭63・9・12判タ683号226頁＝判時1307号157頁（住居侵入・窃盗事件において誤って1年前を犯行日と認定した事案）、(2)仙台高判平4・12・21高刑速（平4）106頁(収賄罪における受供与の日時・場所を特定して認定できるのに択一的に認定した事案)。

[111] 東京高判昭35・9・5東高時報11巻9号231頁。

控訴申立の理由があることを信ずるに足りるものについても、前項と同様である。

③　前二項の場合には、控訴趣意書に、その事実を疎明する資料を添附しなければならない。第一項の場合には、やむを得ない事由によつてその証拠の取調を請求することができなかつた旨を疎明する資料をも添附しなければならない。

I　本条の趣旨

　本条は、当事者が第一審において主張できなかったことにつき、当事者を非難できないときは、控訴審において新たな事実の取調べを認めても、第一審集中主義が軽視されるおそれはなく、かつ実体的にもより妥当な判断を行えることから、「やむを得ない事由」によって第一審の弁論終結前に取調べ請求することのできなかった証拠によって証明することのできる事実（1項）、及び第一審の弁論終結後判決前に生じた事実（2項）に限って、量刑不当または事実誤認を理由とする控訴趣意書に援用することを許したものである。いずれの場合も控訴審において新たに取調べを求める事実を疎明する資料の添付が必要であり、1項による場合は、これに加えて、「やむを得ない事由」の存在を疎明する資料の添付も必要になる。

II　やむを得ない事由

　「やむを得ない事由」の有無は、物理的な可能性の有無を基準にするのではなく、物理的に可能であっても、第一審で取調べ請求しなかったことにつき、当事者に責任を問えるか（答責性）の観点から判断すべきものとされている。「必要と考えなかった」、「逆に不利になると思っていた」、「争う気力を失っていた」、「知識がなかった」、あるいは「時間がなかった」という当事者の主観的ないし個人的事情は、そう判断した理由が合理的根拠に基づくものでなければ、「やむを得ない事由」とは認められない。

1　肯定例

(1)　被告人が保護観察付執行猶予の前科のあることを終始秘匿していたなどのため、第一審検察官が右前科に関する証拠を調査申請できなかったという事情[112]

(2)　被告人の執行猶予付懲役刑の前科につき、被告人の秘匿及び前科調書の記

---

[112]　東京高判昭43・4・30下刑集10巻4号380頁。

入漏れのため、第一審検察官が右前科に関する証拠を証拠申請できなかったという事情[113]

(3) 第一審において主張立証の俎上に載せられていなかった事実を、原判決が理由中で突如と認定し、無罪判断の中核的理由としたため、この点に関する主張立証を新たに展開する必要性が生じたという事情[114]

(4) 第一審の重要証人である共犯者が、弁護士を通じて授受された手紙の検察官への任意提出を拒んでおり、差押えにより強制的にこれらを押収する手段を選択することにも支障があったところ、原判決後になってから初めて本人から任意提出が得られるに至ったという事情[115]

2 否定例

(1) 第一審において被告人の同意により採用された供述調書の供述者が、第一審弁論終結後になって同供述が真実に反することを認めたという事情[116]

(2) 弁護人がすでに第一審で証拠の存在を承知していたが、被告人の要望もあってこれを請求しなかったという事情[117]

(3) 被告人が第一審当時身体衰弱のため争う気力を失っていた事案[118]

(4) 被告人が量刑上有利に参酌してもらうことを期待して第一審において事実を争わなかったという事情[119]

(5) 被告人が第一審当時職務質問における有形力の行使が許されるか否かについて法律的な知識がなかった上、暴行現場の目撃者を知ったのも原判決後であったという事情[120]

(6) 被告人が起訴後も、原審第1回公判期日の2、3日前まで警察署内の留置場に勾留されていたことから、否認に転じたことが警察官に知られれば苛めに遭うかもしれないと思ってしまい、国選弁護人との間で十分な意思の疎通が図れないまま、原審の審理が終了してしまったという事情[121]

(7) 第一審で争点となり十分に争う機会のあった事実につき、検察官が原判決後作成した証拠を取調べ請求した事案[122]

(8) 違法収集証拠の主張につき、被告人が第一審当時、拘置所での弁護人との

---

[113] 最二小判昭48・2・16刑集27巻1号58頁。
[114] 東京高判平25・9・10高刑速（平25）113頁。
[115] 東京高判平28・8・10高刑集69巻1号4頁。
[116] 最二小決昭26・5・25刑集5巻6号1201頁。
[117] 東京高判昭43・10・22下刑集10巻10号967頁。
[118] 大阪高判昭44・10・16判タ244号290頁。
[119] 最二小決昭62・10・30刑集41巻7号309頁。
[120] 東京高判平6・11・28判タ897号240頁。
[121] 東京高判平11・1・29東高時報50巻1-12号16頁。
[122] 東京高判平12・8・29東高時報51巻1-12号90頁。

接見時に言う暇がなかったという事情[123]

(9) 妻とその母を庇った、子供が里子に出されることを恐れた、弁護人から「真実を公表せずに裁判を進めても執行猶予がもらえる、だめなら控訴審で主張すればよい。」と言われたという事情[124]

(10) 違法収集証拠の主張につき、原審では取調べの厳しさから心臓発作を起こして精神的にも言いたいことが言えなかった、本件は執行猶予で済まされるだろうとの予測からそのような問題提起を避けたという事情[125]

(11) 原審の訴訟活動に問題があって無罪とされた後、控訴審になって鑑定書によって主張を立証しようとしたという事情[126]

Ⅲ　訴訟手続の法令違反への準用の是非

　本条は、量刑不当及び事実誤認と同じく「訴訟記録及び原裁判所において取り調べた証拠に現われている事実の援用」が必要であるところの、訴訟手続の法令違反（刑訴378条、刑訴379条）を対象としていない。しかし、たとえば証拠能力に影響を及ぼす捜査手続の違法を証明するための証拠を、やむを得ない事情から第一審で取調べ請求できないことは起り得る。そこで、刑訴378条及び刑訴379条の控訴理由の主張にも刑訴382条の2が準用されるべきかどうかが問題となる。

　この点につき判例には準用を否定するもの[127]と、準用を否定することなく判断を示したもの（上記Ⅱ(8)(10)判例）がみられる。本条が訴訟手続の法令違反を加えなかった理由につき、そもそも、刑訴378条及び刑訴379条が援用を要求する「訴訟記録及び原裁判所において取り調べた証拠に現われている事実」とは、法令違反にあたると考える「第一審の手続」自体を指しているためと解することができる。そうであれば、本条が訴訟手続の法令違反を加えていないのは当然ということになる。もともと、訴訟法上の事実は自由な証明の対象と解されてきことから、必ずしも認定資料が訴訟記録に残されているとは限らない。そうした場合にまで、訴訟法上の事実の誤認を主張するために、常に訴訟記録及び原裁判所において取り調べた証拠に現れている事実の援用を要求すること自体が無理を強いることになってしまうだろう。もっとも、訴訟法上の事実には

---

[123]　東京高判平12・11・7東高時報51巻1-12号109頁。

[124]　東京高判平17・3・30高刑速（平17）110頁。

[125]　東京高判平17・5・11高刑速（平17）137頁。

[126]　東京高判平20・9・17判タ1286号345頁。

[127]　東京高判平6・11・28判タ897号240頁では、訴訟手続の法令違反と同時に主張された、量刑不当の疎明資料としてのみ「やむを得ない事由」に該当するか否かの判断が示された。

多様なものがあり一律に論じられないにせよ、中には、第一審で取り調べた証拠の証拠能力の有無に関する争いのように、第一審集中主義が妥当すべきものがあることは明らかである。また、第一審において証拠能力が争点となり立証の必要が生じた場合は、伝聞法則の適否は別にして、証拠を公判に顕出し、証拠を訴訟記録に残す必要があるとの見解が今日の通説ということができる。そこで、少なくともこうした訴訟法上の事実の誤認を主張するにあたっては、訴訟記録及び原裁判所において取り調べた証拠に現れている手続法令の適用要件となる事実の援用を要求すると共に、本条の準用を認めるべきだろう。

（田淵浩二）

> **（再審事由その他の控訴理由）**
> **第383条** 左の事由があることを理由として控訴の申立をした場合には、控訴趣意書に、その事由があることを疎明する資料を添附しなければならない。
> 一 再審の請求をすることができる場合にあたる事由があること。
> 二 判決があつた後に刑の廃止若しくは変更又は大赦があつたこと。

I 本条の趣旨

本条は、原判決後に発覚ないし発生した事情であっても、それを理由に控訴を認めた方が妥当な場合を列挙したものである。本条の控訴理由の審査においては、控訴審の事後審的性格は失われる。したがって、控訴趣意書には、訴訟記録や原裁判所で取り調べた証拠に現われた事実からの援用ではなく、本条各号の事由があることを疎明する資料を添付することが要求されている。

II 再審事由（1号）

1号は、控訴期間内に**再審事由**（刑訴435条各号）の存在が明らかになった場合、事件を確定させて再審請求を行わせるよりも、事件を確定させず控訴審で救済する方が合理的であることから、控訴理由として許容する趣旨である。判決宣告前に再審事由に掲げる事実の存在が判明すれば、審理を再開すれば足り、それを怠れば訴訟手続の法令違反として控訴可能であるから、本号の控訴理由にする必要がない。控訴裁判所は控訴理由の審査において、必然的に再審事由に関する新たな事実の取調べ（刑訴393条）を行わなければならない。

Ⅲ　刑の廃止・変更または大赦（2号）

　2号は、もし第一審判決前に**刑の廃止**や**大赦**が行われていれば免訴とされ（刑訴337条2号及び3号）、あるいは**刑の変更**が行われていれば軽い方の刑が適用されていた（刑6条）ことから、これらの重大な刑罰権の変更事由については、それらが原判決宣告後確定前に発生したものである限りにおいて、特別に控訴理由として認めたものである。本条は絶対的控訴理由の形式で定められているが、「刑の変更」については、それによって第一審の量刑を再検討する余地のないことが明らかであるときは、本条2号所定の「刑の変更」であっても、刑訴397条1項により破棄すべき「刑の変更」にはあたらないと解されている[128]。

(田淵浩二)

（控訴理由の制限）

第384条　控訴の申立は、第三百七十七条乃至第三百八十二条及び前条に規定する事由があることを理由とするときに限り、これをすることができる。

　刑訴377条から刑訴382条及び刑訴383条の控訴理由はいずれも原裁判所の手続または判決内容に瑕疵があり、原判決を破棄すべき事由を類型化したものであるところ、本条は、これ以外の何らかの瑕疵を理由とする控訴を認めない趣旨である。たとえば、捜査手続の違法自体を理由とする控訴は認められない[129]。

　控訴趣意書に記載された控訴の申立ての理由が、明らかに刑訴377条から刑訴382条及び刑訴383条に規定する事由に該当しないときは、控訴裁判所は決定で控訴を棄却しなければならない（刑訴386条1項3号）。

(田淵浩二)

---

[128]　東京高判平18・5・30判時1931号163頁、最三小決平18・10・10刑集60巻8号523頁（いずれも、2006（平成18）年刑法改正により、窃盗罪に罰金の選択刑が加えられた事案）。これに対し、名古屋高判平8・1・31高刑集49巻1号1頁は、1995（平成7）年刑法改正により一連の尊属加重規定が廃止された事案において、刑の変更後、科刑上の一罪の処理及び併合罪加重の処理を経た結果処断刑の範囲に影響を及ぼさないときでも、刑訴383条2号の控訴理由に該当し、刑訴397条1項により原判決を破棄すべきと判示している。

[129]　東京高判昭31・9・24判タ63号60頁。

（控訴棄却の決定１）

第385条　控訴の申立が法令上の方式に違反し、又は控訴権の消滅後にされたものであることが明らかなときは、控訴裁判所は、決定でこれを棄却しなければならない。

②　前項の決定に対しては、第四百二十八条第二項の異議の申立をすることができる。この場合には、即時抗告に関する規定をも準用する。

I　本条の趣旨

本条は、控訴の申立てが無効であることが明らかなときに、控訴裁判所が公判を開くことなく、決定で控訴棄却を言い渡せることにしたものである。第一審裁判所による控訴棄却決定（刑訴375条）とは異なり、控訴権消滅後の控訴申立てだけでなく、控訴の申立てが法令上の方式に違反しているときも決定により控訴を棄却できる。控訴裁判所の棄却決定に不服があるときは、即時抗告に代えて、刑訴428条2項による高等裁判所への異議申立てを行うことができる。

II　法令上の方式違反

法令上の方式違反には、控訴権を有さない者による申立て、要式を欠く申立て等、控訴の申立方式が法令に違反している場合だけでなく、上訴の利益を欠く控訴のように控訴権が制約を受ける場合も含まれる。

III　控訴権の消滅

刑訴375条解説IIを参照。

（田淵浩二）

（控訴棄却の決定２）

第386条　左の場合には、控訴裁判所は、決定で控訴を棄却しなければならない。

一　第三百七十六条第一項に定める期間内に控訴趣意書を差し出さないとき。

二　控訴趣意書がこの法律若しくは裁判所の規則で定める方式に違反しているとき、又は控訴趣意書にこの法律若しくは裁判所の規則の定めるところに従い必要な疎明資料若しくは保証書を添附しないとき。

三　控訴趣意書に記載された控訴の申立の理由が、明らかに第三百七十

七条乃至第三百八十二条及び第三百八十三条に規定する事由に該当しないとき。

② 前条第二項の規定は、前項の決定についてこれを準用する。

I 本条の趣旨

本条は、有効な控訴趣意書の提出を欠くときに、公判を開くことなく、決定で控訴を棄却できるようにしたものである。以下の3つの事由を定める。本条による控訴棄却決定に対しても、刑訴385条2項が準用されており、即時抗告に代えて、刑訴428条2項により高等裁判所に対し異議申立てができる

II 控訴趣意書の未提出（1号）

本号は、期間内に控訴趣意書が提出されなかったとき、決定により控訴棄却できる旨を定める（控訴提出期間については、刑訴376条の解説を参照）。ただし、刑訴規236条1項で求められている控訴趣意書差出最終日通知書が被告人に届かなかったため、期間内に控訴趣意書を提出できなかったときは、本号による控訴棄却はできない[130]。また、必要的弁護事件において、弁護人が選任されていないため、控訴趣意書期間内に控訴趣意書が提出されていない場合は、刑訴規250条及び刑訴規178条3項による国選弁護人選任の措置をとることなく、直ちに本号により控訴棄却することは許されない[131]。さらに、「弁護人選任に関する通知書」に、私選の申立てがないときは国選にする趣旨の記載があり、他に裁判所の指示がなかったため、控訴人において国選弁護人が選任され控訴趣意書を提出してくれると信じ、控訴趣意書を提出しなかった場合も、直ちに本号により控訴棄却することは許されない[132]。

第一審判決全部につき控訴を申立てながら、控訴趣意書に一部上訴可能な部分の控訴理由が全く記載されていない場合、当該一部上訴可能な部分に対する控訴については、控訴趣意書が提出されていないものとして、本号により控訴棄却できるとされる[133]。

---

[130] 東京高決昭48・6・28判時717号98頁。

[131] 広島高決昭44・3・25刑月1巻3号230頁、最三小決昭47・9・26刑集26巻7号431頁。

[132] 名古屋高決昭39・12・28下刑集6巻11・12号1257頁。

[133] 広島高松江支判昭41・5・31判時485号71頁。

Ⅲ　法令に違反した控訴趣意書（2号）

　本号は、控訴趣意書の方式及び添付資料に関する形式が法令の要求を満たさないとき、決定で控訴を棄却できる旨を定める（控訴趣意書の方式及び添付書類については、刑訴376条の解説を参照）。刑訴規240条は、控訴趣意書に、控訴の理由を簡潔に明示することを求めているところ、当該規定の趣旨に反して、控訴趣意書には追って補充書を提出する旨記載するのみで、かつ指定期間内にその不備を補足すべき補充書が差出されなかつた場合は、本号により控訴を棄却できる[134]。

Ⅵ　控訴理由に該当しないことが明らかな控訴趣意書（3号）

　本号は、控訴趣意書の記載内容が明らかに控訴理由に該当しないとき、決定で控訴棄却できる旨を定める。控訴趣意書に控訴理由の記載が全くない場合をも含むとする判例もあるが[135]、本号は一応控訴理由が記載されている場合の問題であり、控訴理由の記載が全くない場合は、控訴趣意書の形式を満たさないものとして、2号により棄却すべきであろう。

（田淵浩二）

（弁護人の資格）
第387条　控訴審では、弁護士以外の者を弁護人に選任することはできない。

　控訴審における弁護にはとりわけ法律の専門知識が必要であるところ、本条は、刑訴31条2項により第一審において認められているところの、弁護士でない者を弁護人に選任する**特別弁護人**の制度の適用を排除し、必ず弁護士から弁護人を選任することを義務づけたものである。

（田淵浩二）

（弁論能力）
第388条　控訴審では、被告人のためにする弁論は、弁護人でなければ、これをすることができない。

---

[134]　東京高決昭31・12・4高刑集9巻11号1197頁。
[135]　仙台高判昭31・10・23高刑特3巻23号1109頁。

1106　第389条（弁論の基礎）

　本条は、現行刑訴法が控訴審を事後審とした結果、控訴審における弁論は本案の理由そのものではなく、控訴理由の存在することを、控訴趣意書に基づいて主張しなければならないことから（刑訴339条）、被告人のための**弁論能力**を法律の専門的知識を有する弁護人にのみ認めたものである。第一審は被告人に弁論の機会を付与しなければならない（刑訴293条2項、刑訴規211条）のに対し、控訴審では、被告人に意見を陳述する機会を付与する義務はない[136]。

　もっとも、控訴審において被告人が制限されるのは弁論能力だけであり、弁論の基礎となる控訴趣意書を提出することはできる。また、控訴審において事実の取調べが行われる場合に、証拠に対する意見や、証人に対する尋問、証拠調べに対する異議申立等の訴訟行為を行う能力までが制限されているわけではない。さらに、被告人質問に対する陳述の証拠能力が失われるわけでもない。したがって、被告人が訴訟能力を欠く場合の公判手続の停止の規定も準用される[137]。

（田淵浩二）

（弁論の基礎）

第389条　公判期日には、検察官及び弁護人は、控訴趣意書に基いて弁論をしなければならない。

　本条は、控訴審における弁論の範囲を控訴趣意書に記載されている事項に限定するものである（控訴趣意書については刑訴376条の解説を参照）。控訴趣意書は、弁論の基礎とされるだけでなく、控訴理由の有無につき控訴審の調査義務が及ぶ範囲の基準ともなる（刑訴392条1項）。検察官または弁護人が、控訴趣意書に基づいて弁論しようとしないときは、裁判所は弁論を行ったものとして、訴訟を進行させることができる[138]。

（田淵浩二）

---

[136] 最一小決昭25・10・12刑集4巻10号2087頁、最二小決昭26・3・30刑集5巻5号801頁、最一小判昭36・4・27判時264号32頁。

[137] 最三小判昭53・2・28刑集32巻1号83頁、最二小決平5・5・31刑集47巻6号1頁（上告事案）。

[138] 東京高決昭47・1・29高刑集25巻1号20頁。

第390条（控訴審における被告人の出頭）　*1107*

（控訴審における被告人の出頭）
第390条　控訴審においては、被告人は、公判期日に出頭することを要しない。ただし、裁判所は、五十万円（刑法、暴力行為等処罰に関する法律及び経済関係罰則の整備に関する法律の罪以外の罪については、当分の間、五万円）以下の罰金又は科料に当たる事件以外の事件について、被告人の出頭がその権利の保護のため重要であると認めるときは、被告人の出頭を命ずることができる。

I　本条の趣旨

　本条は、控訴審において被告人の**出頭義務**を免除するものである。ただし、一定の軽微犯罪以外の事件について、被告人の出頭がその権利の保護のため重要であると認めるときは、被告人の出頭を命じることができる。第一審における公判期日への被告人の**召喚**を定めた規定は、控訴審の手続にも準用されているところ（刑訴404条、刑訴273条3項）、「召喚」は出頭を義務付ける強制処分であるから、本条本文において出頭義務が免除されている被告人に対する召喚は、公判期日の通知の趣旨に解されている[139]。

　出頭義務が免除されているとはいえ、被告人が公判に出席することは当事者として保障されるべき権利である。控訴審において公判期日を被告人に通知することは裁判所の義務であり、控訴審において被告人に公判期日の通知をすることなく、被告人が出頭していない状態で公判を開廷することは違法とされる[140]。また、判決宣告日を被告人に通知せず、被告人欠席のまま判決を宣告した結果、被告人が上訴の機会を逸した場合は上訴権回復請求が認められる[141]。被告人が第一審判決後所在不明になった場合は、刑訴規62条1項による住所等の届出義務を怠ったものとして、刑訴規63条により**付郵便送達**を行うことができると解されている[142]。

---

[139]　最一小判昭27・12・25刑集6巻12号1401頁。

[140]　最大決昭44・10・1刑集23巻10号1161頁、最二小判昭44・10・3判タ239号216頁＝判時570号79頁。

[141]　最大決昭44・10・1刑集23巻10号1161頁。ただし、福岡高決昭28・1・22高刑集6巻1号64頁は、召喚状に判決宣告日であることの記載を遺脱しただけでは、上訴権回復事由にはならないとする。

[142]　最一小決平12・6・27刑集54巻5号445頁、最三小決平19・4・9刑集61巻3号321頁。

1108 第391条（弁護人不出頭等の場合）

II 被告人の移送

被告人が刑事施設に収容されている場合においては公判期日を指定すべきときは、控訴裁判所は、その旨を対応する検察庁の検察官に通知しなければならない（刑訴規244条1項）。通知を受けた検察官は、速やかに被告人を控訴裁判所の所在地の刑事施設に移さなければならない（刑訴規244条2項）。

（田淵浩二）

（弁護人不出頭等の場合）
第391条 弁護人が出頭しないとき、又は弁護人の選任がないときは、この法律により弁護人を要する場合又は決定で弁護人を附した場合を除いては、検察官の陳述を聴いて判決をすることができる。

判決は、刑事訴訟法に特別の定めがある場合を除いては、**口頭弁論**に基づいて行う必要があるところ（刑訴43条）、本条は、控訴審の公判期日に弁護人が出頭しないとき、または選任されていないときは、**必要的弁護事件**（刑訴289条1項）及び**国選弁護事件**（刑訴36条、刑訴37条、刑訴290条）を除き、たとえ被告人の控訴事件であれ、検察官の意見陳述を聴くだけで判決をすることを可能にしたものである。弁護人が出席した上で、控訴趣意書に基づき陳述しないときも、手続を進行させることができると解されている[143]。

（田淵浩二）

（調査の範囲）
第392条 控訴裁判所は、控訴趣意書に包含された事項は、これを調査しなければならない。
② 控訴裁判所は、控訴趣意書に包含されない事項であつても、第三百七十七条乃至第三百八十二条及び第三百八十三条に規定する事由に関しては、職権で調査をすることができる。

I 本条の趣旨

本条は、控訴裁判所が控訴理由の有無を調査し、判断すべき範囲を定めたものである。控訴趣意書に包含された事項を必要的調査対象とし（1項）、さらに、控訴趣意書に包含されていない事項であっても**職権調査**の権限を付与している

---

[143] 東京高決昭47・1・29高刑集25巻1号20頁。

（2項）。

　調査は、裁判所が、控訴申立書（刑訴374条）、控訴趣意書（刑訴376条、刑訴規240条）及び答弁書（刑訴規243条）を閲読の上、第一審裁判所から送付された訴訟記録や証拠を精査して行われる。裁判長は、合議体の構成員に控訴申立書、控訴趣意書及び答弁書を検閲して報告書を作成させることができる（刑訴規245条）。

Ⅱ　控訴趣意書に対する調査

　控訴趣意書に含まれている事項は、撤回のない限り、調査されなければならない。控訴趣意書に記載の事項が公判期日に陳述されなくても、直ちに撤回されたことにはならないため、調査判断する必要がある[144]。

　被告人の控訴趣意書と弁護人の控訴趣意書が内容的に競合しているときは、被告人の控訴趣意書が控訴審判決に添付されなくても、弁護人の趣意書を添付しこれについて判断を示しているならば、被告人等の控訴趣意に対して調査、判断しなかったことにはならない[145]。

　控訴理由の判断は優先順序があり、法令適用の誤りは事実誤認がないことが前提となり、また事実誤認は訴訟手続の法令違反がないことが前提となることから、(1)訴訟手続の法令違反（刑訴377条、刑訴378条、刑訴379条の順）、(2)事実誤認（刑訴382条）、(3)法令適用の誤り（刑訴380条）、(4)量刑不当（刑訴381条）の順に判断すべきであり、先の順位の控訴理由が認められときは、後順位の控訴理由については判断の必要はないとされている[146]。

　もっとも、控訴理由の判断の順位は、具体的事案における控訴趣意の構成の仕方によって決めるべき点もあり、上記の順序が絶対的なものではない。また、控訴理由が相互に論理的先後関係にないこともある。さらに、控訴申立人への説明責任という視点からは、控訴理由の論理的順序にとらわれることなく、控訴趣意書の力点がおかれている部分につき優先的に判断を示すべき場合もある。さらに、差戻し後の裁判に備えて、念のために後順位の控訴理由についても理由が認められる場合は判断を示しておく方が妥当である場合も考えられる。したがって、控訴理由の判断の優先順位は控訴理由に対する判断の必要性を示す一応の基準に過ぎない。

　なお、控訴趣意書に対し相手当事者は答弁書を提出できるところ（刑訴規243

---

[144]　最一小判昭25・7・6刑集4巻7号1205頁、最一小判昭27・1・10刑集6巻1号69頁。

[145]　前掲[144]最一小判昭25・7・6刑集4巻7号1205頁、最一小決昭27・7・12刑集6巻7号910頁。

[146]　小林充『刑事控訴審の手続及び判決書の実際』（法曹会、2000年）17頁。

条）、答弁書は、控訴趣意書に理由があるか否かを判断するためのものであり、答弁書に記載されている事項に対する、調査、判断は要求されていない[147]。

Ⅲ　職権調査

1　職権調査の義務

職権調査を行うかどうかは任意であり、職権調査することなく第一審判決の瑕疵を見落としたからといって、控訴審の手続が違法になることはないとされている[148]。ただし、第一審判決の瑕疵が同判決を一読すればただちに発見し得た事案において、例外的に職権義務を肯定した判例がある[149]。

2　職権調査の限界

法は職権調査の範囲につき限定しておらず、基本的には係属する事件全体に及ぶ。しかし、公訴事実の単一性が認められる複数の犯罪事実のうち、第一審裁判所がその一部の事実に対してのみ有罪の判断をし、他の一部に対して無罪の判断をしたことに対し、被告人のみから控訴がある場合、無罪の判断が示された事実は当事者の**攻防対象**からはずれたものとして、職権調査の対象とすることはできないと解されている[150]。第一審が本位的訴因と予備的訴因のうち本位的訴因を退け、予備的訴因で有罪認定したことに対し、被告人のみから控訴があった場合も同様である[151]。他方、同一交通事故の過失態様について予備的訴因が追加されたに過ぎない事案においては、本位的訴因が当事者の攻防対象からはずれたと見る余地はないとされる[152]。また、単純一罪におけるひとまとまりの暴行のうちのごく一部を縮小認定した原判決に対して被告人のみが控訴した場合、同一罪名の下にもともとの公訴事実のとおり認定し直すことは職権調査の範囲を超えないとされる[153]。

職権調査の結果、原判決を破棄すべき理由を認めたとしても、それが不利益変更の禁止（刑訴402条）に触れるときは、破棄できない。

（田淵浩二）

---

[147]　最二小判昭33・10・3刑集12巻14号3205頁。

[148]　最一小決昭25・5・18刑集4巻5号826頁、最一小決昭25・11・16刑集4巻11号2323頁、最一小判昭30・9・29刑集9巻10号2102頁。

[149]　最三小決昭47・1・18判タ272号297頁＝判時655号85頁。

[150]　最大決昭46・3・24刑集25巻2号293頁、最一小判昭47・3・9刑集26巻2号102頁、最二小判平16・2・16刑集58巻2号133頁、東京高判平16・11・15東高時報55巻1-12号98頁。

[151]　最一小決平25・3・5裁時1575号2頁。

[152]　最一小決平1・5・1刑集43巻5号323頁、大阪高判平10・9・1判タ1004号289頁。

[153]　高松高判平25・4・11判タ1411号253頁。

（事実の取調べ）

第393条 控訴裁判所は、前条の調査をするについて必要があるときは、検察官、被告人若しくは弁護人の請求により又は職権で事実の取調をすることができる。但し、第三百八十二条の二の疎明があつたものについては、刑の量定の不当又は判決に影響を及ぼすべき事実の誤認を証明するために欠くことのできない場合に限り、これを取り調べなければならない。

② 控訴裁判所は、必要があると認めるときは、職権で、第一審判決後の刑の量定に影響を及ぼすべき情状につき取調をすることができる。

③ 前二項の取調は、合議体の構成員にこれをさせ、又は地方裁判所、家庭裁判所若しくは簡易裁判所の裁判官にこれを嘱託することができる。この場合には、受命裁判官及び受託裁判官は、裁判所又は裁判長と同一の権限を有する。

④ 第一項又は第二項の規定による取調をしたときは、検察官及び弁護人は、その結果に基いて弁論をすることができる。

I 本条の趣旨

本条は、控訴裁判所が控訴理由の有無の調査をするために必要があるとき、**事実の取調べ**を行う権限（1項本文、2項）及び事実の取調べを行う義務が生じる場合（1項但書）を定めたものである。ここにいう「事実の取調べ」は、第一審でいう冒頭陳述を除いた証拠調べ（含む被告人質問）のことである。訴訟記録や原裁判所で取り調べた証拠を精査するだけで、控訴理由の有無を判断できるときは、「事実の取調べ」の必要は生じない。第一審で取り調べなかった証拠を取り調べたり、あるいは第一審で取り調べた証人の尋問や被告人質問をやり直す必要がある場合がこれにあたる。

II 刑訴382条の2の疎明事実（1項）

1項は本文において、検察官、被告人若しくは弁護人の請求または職権による事実の取調べ権限を定め、さらに、但書において、刑訴382条の2の疎明があった事実であって、刑の量定の不当又は判決に影響を及ぼすべき事実の誤認を証明するために欠くことのできないものに対する、事実の取調べ義務を定める。本文と但書の関係につき、当事者からの事実の取調べの請求は、但書に定める刑訴382条の2の疎明がある場合に限るとする解釈（限定説）もあるところ、判例は、1項但書は、事実の取調べ義務が生じる場合の規定であり、本文は、それが第一審判決以前に存在した事実に関するものである限りにおいて、必要

な範囲で裁量的に新証拠の取調べを行うことを認める趣旨と解している（非限定説）※154。したがって、1項本文が定める当事者の事実の取調べ請求は、当事者の権利を定めたものではなく、裁判所の職権による事実の取調べの発動を促す意味しかもたないことになる。他方、刑訴382条の2の疎明があったものについては、当事者の事実の取調べ請求権を保障する趣旨ということができる。控訴審の続審的運用は、(1)第一審で不十分な訴訟活動しかできなかった当事者に事実を証明する再度の機会を与え、誤判の防止を図りうる一方、(2)控訴審が被告人に不利益な方向で新たな事実を取り調べ、有罪の自判を行うことは、被告人に二重の防御の負担を負わせることや、控訴審で新たに行われた事実の取調べやこれに基づく事実認定の瑕疵を争う手段はもはや上告しか残されていないことから、審級の利益を奪うことになることから、当該事件の第一審における公判審理の実際を踏まえた上で、第一審の意義を否定しない適切な裁量権行使が問われなければならない（1項但書に当たるとされた例および当たらないとされた例については、382条の2の解説を参照）。

Ⅲ　第一審判決後の情状（2項）

　1項による事実の取調べは、第一審判決前に存在する事実に限られるのに対し、2項は、量刑に影響を及ぼす情状については、第一審判決後の事実についても、職権で取り調べることを許容している。当該規定は、被告人の情状として、そもそも犯行後の状況も判断の要素となるところ、これは第一審判決後も変動しうる性質の事実であることに配慮したものである。第一審後に変動しうる事情としては、被害の弁償、示談の成立等の被告人の行動に伴うものの他に、被告人を取り巻く保護環境の変化※155や、傷害の結果としての被害者の死亡※156といった犯罪事実の変化も含まれる。

（田淵浩二）

（第一審の証拠の証拠能力）
　第394条　第一審において証拠とすることができた証拠は、控訴審においても、これを証拠とすることができる。

※154　最三小判昭25・12・24刑集4巻12号2621頁、最一小決昭27・1・17刑集6巻1号101頁、最一小決昭59・9・20刑集38巻9号2810頁。
※155　福岡高判平5・11・1家月46巻6号98頁。
※156　仙台高判昭39・2・7高刑集17巻1号146頁、大阪高判昭57・12・7判時1085号156頁。

控訴審は事後審であり、必ず事実の取調べをするわけでないことから、第一審において取り調べた証拠をそのまま使用して裁判を行うことを可能にする必要があるところ、本条は、第一審において証拠とすることができた証拠は、控訴審において新たに証拠調べを繰り返すことなく、裁判の基礎に用いることを許容したものである。控訴審において、第一審で取り調べた証人尋問をやり直すような場合は、その時点での証拠能力の有無を判断すべきである。また、控訴審において、第一審が証拠の証拠能力を肯定したことが誤りであるとの判断に至った場合は、当該証拠を基に、その他の控訴理由の有無を判断することは許されないというべきである。

(田淵浩二)

（控訴棄却の判決１）
第395条　控訴の申立が法令上の方式に違反し、又は控訴権の消滅後にされたものであるときは、判決で控訴を棄却しなければならない。

控訴の申立てが法令上の方式に違反し、または控訴権の消滅後にされたものであることが明らかであるときは、刑訴385条により、弁論期日を設けることなく控訴棄却決定を行うことができるところ、本条は、口頭弁論の結果、上記のことが明らかになったとき、控訴の形式要件を欠くものとして、判決で控訴棄却することとしたものである。控訴申立ての有効性を否定する場合、控訴理由の有無を判断する前提を欠くことになるため、たとえ刑訴396条による控訴棄却と競合すると考えるときであっても、本条のみに基づき控訴棄却すべきである。（各要件については刑訴361条及び刑訴385条の解説を参照）

(田淵浩二)

（控訴棄却の判決２）
第396条　第三百七十七条乃至第三百八十二条及び第三百八十三条に規定する事由がないときは、判決で控訴を棄却しなければならない。

I　本条の趣旨

本条は、控訴申立てが適法であるが、控訴理由（刑訴377条、刑訴378条、刑訴379条、刑訴380条、刑訴381条、刑訴382条、刑訴383条）が認められないときに、控訴棄却判決を行うこととしたものである。

II 判決書の記載

第一審の数個の判決に対して控訴があり、その全部または一部を棄却する場合は、対象となる判決毎に主文と理由を記載する必要がある。当事者双方から控訴理由があり、一方の控訴には理由がないが、他方の控訴に理由があるときは、対象となる判決はひとつであるときは、主文においては、原判決破棄の判決のみを行い、理由中で控訴理由がないと判断した側の主張に対する判断を示すべきである[157]。控訴申立人の控訴理由は認められないが、職権で控訴理由を認め、原判決を棄却する場合も同様である。

判決書には、控訴の趣意及び重要な答弁について、その要旨を記載しなければならない。適当と認めるときは、控訴趣意書または答弁書に記載されている事実の引用をもって代替できる（刑訴規246条）。控訴趣意書に複数の控訴理由が記載されている場合は、棄却判決の中で、それぞれにつき判断を示さなければならない。控訴趣意書に記載されていない事項につき、職権により控訴理由の有無を審査したが、結果的に控訴理由に該当する事由はないと判断したときであっても、職権判断の当否も含めて上告審の審査対象になることから、その結果も棄却決定に記載すべきである。

III 付随処分

検察官の控訴を棄却する場合は、原判決宣告日以降の未決勾留日数は全部本刑に通算しなければならない（刑訴495条1項及び2項1号）。被告人側の控訴を棄却する場合は、控訴申立て後の未決勾留日数は裁定通算の対象である（刑21条）。

訴訟費用については、検察官のみが控訴を申立て、これが棄却されたとき、原則として被告人に負担させることはできない（刑訴181条3項本文）。被告人側の控訴が棄却されたとき、それが「刑の言渡しをしたとき」（刑訴181条1項）と「刑の言渡しをしない場合」（刑訴181条2項）のいずれに当たるかは、原判決が基準となる。

（田淵浩二）

---

[157] 最三小決昭42・11・28刑集21巻9号1299頁、最三小判昭46・11・16刑集25巻8号964頁。

第397条（原判決の破棄の判決）　*1115*

（原判決の破棄の判決）
第397条　第三百七十七条乃至第三百八十二条及び第三百八十三条に規定する事由があるときは、判決で原判決を破棄しなければならない。
②　第三百九十三条第二項の規定による取調の結果、原判決を破棄しなければ明らかに正義に反すると認めるときは、判決で原判決を破棄することができる。

I　本条の趣旨

　本条は、原判決を**破棄**すべき場合を定めたものである。控訴理由（刑訴377条、刑訴378条、刑訴379条、刑訴380条、刑訴381条、刑訴382条、刑訴383条）が認められるときは原判決を破棄しなければならず（1項）、また、刑訴393条2項の定める職権破棄事由が存在するときも原判決を破棄できる（2項）。破棄後の措置については、刑訴398条、刑訴399条、刑訴400条の規定に従い行う必要がある。

　なお、原判決を破棄するときは、原判決宣告日以降の未決勾留日数は全部本刑に通算される（刑訴495条1項ならびに2項1号及び2号）。

II　控訴理由に対する判断（1項）

　控訴審は事後審であるから、控訴理由の判断の基準となるのは、第一審の審判対象となった訴因であり、当該訴因を基準にすれば何ら原判決に瑕疵はないのに、控訴審で訴因変更を行い、新訴因を基準に原判決に控訴理由に該当する瑕疵の有無を判断することを許されない[158]。原判決後の刑の廃止もしくは変更または大赦は、刑訴383条で控訴理由とされており、控訴審判決の時点で有効な法令を基準に控訴理由の有無を判断すべきことになる。

　控訴理由（刑訴377条、刑訴378条、刑訴379条、刑訴380条、刑訴381条、刑訴382条、刑訴383条）には一応の判断順序があるところ、一般に判決の理由は、結論を正当化するために必要最小限の記載で足りることから、優先順位の控訴理由が認められるときは後順位の控訴理由に対する判断を示す必要はないとされる（詳しくは、刑訴392条の解説を参照）。

　控訴審で、第一審判決全部を破棄し、改めて有罪の判決をしたときは、量刑についても控訴審独自の判断により相当とする量刑をなすべきものであるから、

---

[158]　最一小判昭42・5・25刑集21巻4号705頁、福岡高那覇支判平12・12・26高刑速（平12）209頁。

1116 第398条（破棄差戻し）

弁護人による量刑不当の控訴趣意に対し特に判断する必要はないとされる※159。

Ⅲ 職権破棄事由（2項）

2項は、事後審の例外として、職権により刑訴393条2項に規定するところの第一審判決後の量刑に影響を及ぼすべき情状を取調べた結果、「原判決を破棄しなければ明らかに正義に反する」と認めるときは、判決で原判決を破棄することを許容している。「明らかに正義に反する」とは、上告審における職権破棄事由である、「刑の量定が甚だしく不当」（刑訴411条2号）の程度のものである必要はないが、控訴理由としての量刑不当（刑訴381条）よりも、不当性が明白であることを要求する趣旨と解することができる。

刑訴393条2項の規定による取調べは、訴訟期間中も常に変化しうるという情状の特殊性から、事後審の例外として許容されていることから、逆に、第一審の量刑が判決言渡し時点では不当であっても、第一審判決後の情状により控訴審判決の段階では第一審の量刑が相当と認められるときは、控訴を棄却すべきとした判例がみられる※160。ただし、当該判例は、第一審判決後の事情により被告人に利益な方向で量刑の不当性が解消された事案である点に注意を要する。

（田淵浩二）

> **（破棄差戻し）**
> **第398条** 不法に、管轄違を言い渡し、又は公訴を棄却したことを理由として原判決を破棄するときは、判決で事件を原裁判所に差し戻さなければならない。

本条は、刑訴378条1号及び2号の定める絶対的控訴理由のうち、第一審裁判所が不法に管轄違いを言渡し、または公訴を棄却したことを理由として原判決を破棄する場合は、第一審において実体審理を尽くさせるために、原裁判所に事件を差し戻すことを義務付けたものである。したがって、訴訟条件の有無が実体審理の結果に基づいて判断された特別の事案においては、必ずしも一審に差し戻して、審理をやり直させる理由に乏しいことから、本条の適用はなく、

※159 最二小決昭33・11・17刑集12巻15号3513頁。
※160 東京高判平8・7・25高刑集49巻2号417頁。

刑訴400条に基づき破棄自判決することも可能と解されている※161。

(田淵浩二)

（破棄移送）
第399条　不法に管轄を認めたことを理由として原判決を破棄するとき
は、判決で事件を管轄第一審裁判所に移送しなければならない。但し、
控訴裁判所は、その事件について第一審の管轄権を有するときは、第一
審として審判をしなければならない。

　本条は、刑訴378条１号の定める絶対的控訴理由のうち、第一審裁判所が不
当に管轄を認めたことを理由として原判決を破棄する場合は、控訴裁判所から
直接、正しい管轄の第一審裁判所に事件を移送すべきことを定めたものである。
ただし、控訴裁判所が当該事件につき第一審の管轄を有するときは、移送では
なく、自ら第一審としてそのまま審判することになる。

　管轄の有無の判断は、控訴審において認定した事実が基準となる。児福60条
１項の「児童に淫行させる罪」と刑182条の淫行勧誘罪が観念的競合にあたると
して、当時、前者の罪の事物管轄を有していた家庭裁判所に起訴されたとして
も、控訴審で前者の事実につき無罪とされた場合は、家庭裁判所は併合管轄の
基礎を失い、後者の罪につき家庭裁判所が不当に管轄を認めたことになるため、
本条により原判決を破棄し、管轄地方裁判所に事件を移送すべきとされる※162。
また、簡易裁判所が窃盗として処断した事件の控訴審において、右事件が窃盗
でなく業務上横領と認められる場合は、簡易裁判所が不法に管轄を認めたこと
になる※163。

(田淵浩二)

※161　東京高判昭46・５・24高刑集24巻２号353頁、東京高判平15・５・19高刑集56巻2
　号１頁、最一小決平19・３・19刑集61巻２号25頁。
※162　仙台高秋田支判昭30・５・17家月７巻８号94頁。
※163　大阪高判昭31・２・13高刑特３巻４号121頁。

1118 第400条（破棄差戻し移送、破棄自判）

（破棄差戻し移送、破棄自判）
第400条 前二条に規定する理由以外の理由によつて原判決を破棄するときは、判決で、事件を原裁判所に差し戻し、又は原裁判所と同等の他の裁判所に移送しなければならない。但し、控訴裁判所は、訴訟記録並びに原裁判所及び控訴裁判所において取り調べた証拠によつて、直ちに判決をすることができるものと認めるときは、被告事件について更に判決をすることができる。

I　本条の趣旨

　本条は、刑訴398条及び刑訴399条の規定する理由以外の理由によって原判決を破棄するときは、瑕疵を是正し審理をやり直させるため、事件を原裁判所に差し戻し、または原裁判所と同等の他の裁判所に移送することを原則としたものである。ただし、原裁判所及び控訴裁判所において取り調べた証拠によって、直ちに判決をすることができるものと認めるときは、自ら判決することを許容した。この限りにおいて控訴審には続審としての性質も伴う。

II　破棄差戻し

1　破棄判決の拘束力

　差戻しを受けた裁判所は上級審による破棄判決に拘束される（裁4条）。**破棄判決の拘束力**は、破棄の直接の理由、すなわち原判決に対する消極的否定的判断についてのみ生ずるものであり、その消極的否定的判断を裏付ける積極的肯定的事由についての判断は、破棄の理由に対しては縁由的な関係に立つにとどまり、なんらの拘束力を生ずるものではないとされる[164]。また、法令適用の誤りを理由に破棄差戻しがあった場合、破棄差戻し審、第二次控訴審は破棄判決の法令解釈に拘束されるが、上告審たる最高裁判所は、破棄判決の法令解釈には拘束されないとされる[165]。

2　破棄差戻し後の手続

　破棄判決は、第一審の手続を破棄の理由に該当する限りにおいて無効にするに過ぎず、差戻し後の第一審は、基本的に公判手続の更新（刑訴規213条の2）

---

[164] 最二小判昭43・10・25刑集22巻11号961頁、東京高判昭60・1・21高刑集38巻1号1頁、東京高判昭61・10・29高刑集39巻4号431頁。

[165] 最大判昭32・10・9刑集11巻10号2520頁、最一小判昭33・7・10刑集12巻11号2471頁、最二小判昭34・12・11刑集13巻13号3195頁。

に準じた処理により、旧第一審の手続を引き継ぐことになる。訴訟手続の法令違反を理由に破棄されたときは、瑕疵があったとされる手続及びそれが有効であることを前提とする手続をやり直さなければならない。事実誤認を理由に破棄差戻しする場合は、誤認があったとされる事実につき、証拠調べを継続し、事実を認定し直す必要がある。新たな証拠調べを行った結果、同じ結論に至ることは、破棄判決の拘束力に反するものではない[166]。差戻し第一審に、予断排除の原則の適用はなく、勾留に関する処分、証拠調べ請求時期の制限、裁判官に対する証拠保全請求や第１回公判期日前の証人尋問請求規定の適用はない（刑訴規217条）。

Ⅲ　自判

　本条但書は、「原裁判所及び控訴裁判所において取り調べた証拠によって、直ちに判決をすることができるものと認めるとき」に、**自判**を認めている。自判する場合に、事実の取調べを行う必要があるか否かは、場合によって異なる。有罪判決を破棄して無罪の自判を行う場合は、必ずしも事実の取調べは必要でない。原判決を破棄してより重い量刑の判決を言渡す場合も、必ずしも事実の取調べは必要ないとされる[167]。

　これに対し、第一審判決が公判における厳格な証明の結果、犯罪事実を認定できないとして無罪を言渡したにもかかわらず、控訴裁判所が、訴訟記録ならびに第一審裁判所において取り調べた証拠のみによって第一審の無罪判決を破棄し、記録の調査から形成した心証のみに依拠して被告事件について犯罪事実の存在を確定し、有罪の判決をすることは、憲31条、憲37条の保障する被告人の権利を害し、直接・口頭主義の原則を害することになるから、許されない[168]。また、393条による事実の取調べは第一審において証明がないと判断された事実につき行う必要があり、それとは無関係な事実につき行っても、やはり自判は許されない[169]。もっとも、自判のためには、事実の取調べの結果、第一審の段階では知られていなかった新たな事実が明らかになる必要はない[170]。また、無罪判決を破棄し有罪の自判を行う際、判決理由に控訴審で取

---

[166]　最一小決昭32・12・5刑集11巻13号3167頁。

[167]　最大判昭30・6・22刑集9巻8号1189頁、最大決昭32・2・15刑集11巻2号756頁、最二小決昭32・4・17刑集11巻4号1385頁。

[168]　最大判昭31・7・18刑集10巻7号1147頁、最大判昭31・9・26刑集10巻9号1391頁、最二小判昭31・12・14刑集10巻12号1655頁、最二小判昭32・6・21刑集11巻6号1721頁、最一小判昭41・12・22刑集20巻10号1233頁。これに対し、東京高判平29・11・17判例集未登載は、最高裁の判例変更を求めており、上告審の判断が注目される。

[169]　最一小判昭43・12・19判タ229号257頁＝判時544号93頁。

[170]　最二小判昭36・1・13刑集15巻1号113頁。

り調べた証拠を掲げなかったとしても違法ではないとされる※171。

なお、「直ちに判決をすることができる」というのは、訴因変更を認めない趣旨ではなく、事実の取調べに応じて、公訴事実の同一性の範囲内で訴因変更は許される※172。

(田淵浩二)

(共同被告人のための破棄)
第401条 被告人の利益のため原判決を破棄する場合において、破棄の理由が控訴をした共同被告人に共通であるときは、その共同被告人のためにも原判決を破棄しなければならない。

本条は**共同被告人**のそれぞれが控訴趣意の異なる控訴を行っているとき、共同被告人のうちのいずれかの控訴趣意に破棄すべき理由があり、その理由が控訴した他の共同被告人に共通に当てはまるときは、他の共同被告人の控訴趣意にその旨の記載があるなしにかかわらず、共通に原判決を破棄すべきことを定めたものである。共同被告人間で画一的な判決の確定を図ることをねらいとしている。共同破棄の対象となる共同被告人は控訴していることが条件である。控訴しても、期間内に控訴趣意書を提出しなかったことにより控訴を棄却されるべき共同被告人は、有効な控訴提起を行っていないことに帰すことから、共同破棄の対象とならないと解されている※173。

(田淵浩二)

(不利益変更の禁止)
第402条 被告人が控訴をし、又は被告人のため控訴をした事件については、原判決の刑より重い刑を言い渡すことはできない。

I 本条の趣旨

本条は、第一審判決に不服があっても被告人が控訴により、第一審の判決よりも不利な結果になることを怖れ控訴しないことを防ぐという政策的意図から、

※171 最一小判昭33・2・20刑集12巻2号269頁。

※172 最一小決昭29・9・30刑集8巻9号1565頁、最二小判昭30・12・26刑集9巻14号3011頁。

※173 最大決昭27・11・5刑集6巻10号1176頁、最二小決昭27・12・26刑集6巻12号1466頁、最大決昭29・9・8集8巻9号1467頁（いずれも旧法事件）。

被告人が控訴し（刑訴351条1項）、または被告人のために控訴した（刑訴353条、刑訴354条、刑訴355条）事件については、原判決の刑より重い刑を言い渡すことを禁止したものであり、**不利益変更の禁止**と呼ばれる。被告人と検察官の双方が控訴し、検察官の控訴に理由がないとして退けられた場合も、被告人の控訴のみが残るため、不利益変更は禁止される[174]。他方、検察官が被告人の利益に控訴する場合は、不利益変更の禁止の原則は妥当しない[175]。

　何が不利益変更に当たるかは、主刑の種類や量を形式的に比較するのではなく、執行猶予の有無・期間（刑25条）、労役場留置換算日数（刑18条4項）、未決拘留日数の算入（刑21条）等の刑罰に付随する処分も含め、総合的に比較考察し判断されている。付加刑である没収（刑19条）についても不利益変更は禁止されるが、不利益変更か否かは、主刑や没収に代わる処分である追徴額（刑19条の2）と合わせて総合的に判断される。訴訟費用の負担（刑訴181条）や贓物の被害者還付（刑訴347条）は刑罰に付随する処分ではないので、不利益変更の禁止の対象ではない[176]。なお、少年刑事事件において不定期刑を定期刑に変更する場合は、不定期刑の中間位を標準として不利益変更に当たるか否かを比較すべきとされる[177]。

　不利益変更の禁止は、控訴裁判所が自判するときだけではなく、差戻し後の第一審判決やその後の上訴審の判決にも妥当する[178]。禁止されるのは、刑の不利益変更であり、法定刑のより重い犯罪事実の認定や刑の加重規定の適用自体ではない。その結果、法定刑外の刑を言い渡さなければならない場合も生じうる。

II　不利益変更に当たるとされた事例

(1)　執行猶予から実刑
　(i)　懲役6月・執行猶予3年から禁錮3月[179]
　(ii)　罰金2万円及び罰金5千円・各罰金につき執行猶予1年から、罰金2万円及び罰金5千円[180]
(2)　保護観察の付加

---

[174]　高松高判昭42・7・10下刑集9巻7号857頁。

[175]　名古屋高判昭30・7・30高刑特2巻16・17号841頁。

[176]　最一小判昭26・3・8刑集5巻4号495頁（訴訟費用の負担）、大阪高判昭60・11・8高刑集38巻3号199頁（贓物の被害者還付）。

[177]　最二小判昭32・9・20刑集11巻9号2353頁。

[178]　最大判昭27・12・24刑集6巻11号1363頁（旧法事件）、名古屋高金沢支判昭28・6・25高刑集6巻8号970頁、東京高判昭50・12・19高刑集28巻4号525頁。

[179]　最大判昭26・8・1刑集5巻9号1715頁。

[180]　最一小判昭31・4・19刑集10巻4号588頁。

控訴審において、原判決が再度の執行猶予に保護観察を付さなかった違法を認めたが、不利益変更に当たるため単なる執行猶予とした事案[181]

(3) 労役場留置換算額の小額化

(ⅰ) 罰金1万2000円及び罰金1万5000円・各罰金につき換刑処分500円/日から、罰金1万円及び罰金1万円・右各罰金につき換刑処分250円/日[182]

(ⅱ) 罰金4万円・換刑処分2000円/日から、罰金3万5000円・換刑処分1000円/日[183]

(4) 追徴の付加

原判決に必要的追徴の言渡しを怠った瑕疵があるが、不利益変更に当たるため追徴を言い渡さなかった事案[184]

Ⅲ 不利益変更に当たらないとされた事例

(1) 刑期の長期化に執行猶予の付加

(ⅰ) 懲役2年から、懲役3年・執行猶予5年[185]

(ⅱ) 懲役6月から、懲役8月・執行猶予4年[186]

(ⅲ) 懲役8月から、懲役1年・執行猶予3年[187]

(ⅳ) 懲役1年から、懲役1年6月・保護観察付執行猶予3年[188]

(ⅴ) 懲役10月から、懲役1年6月・執行猶予4年[189]

(ⅵ) 懲役10月から、懲役2年6月・執行猶予5年[190]

(2) 禁固から懲役への変更の上、刑期を短期化

(ⅰ) 禁錮2年6月から、懲役2年[191]

(ⅱ) 禁固10月から、懲役8月[192]

(ⅲ) 禁固6月から、懲役4月[193]

(3) 刑期を短期化の上、執行猶予期間の長期化

---

[181] 大阪高判昭33・7・10高刑集11巻7号391頁。

[182] 最三小判昭33・9・30刑集12巻13号3190頁。

[183] 東京高判昭50・12・19高刑集28巻4号525頁。

[184] 東京高判平6・2・24高刑速（平6）46頁。

[185] 高松高判昭42・7・10下刑集9巻7号857頁。

[186] 札幌高判昭44・12・25判時580号91頁。

[187] 大阪高判昭53・6・2判タ369号433頁＝判時911号165頁。

[188] 最二小決昭55・12・4刑集34巻7号499頁。

[189] 大阪高判平3・2・7判時1395号161頁。

[190] 福岡高判平6・6・16判タ876号292頁＝判時1512号183頁。

[191] 最一小決昭39・5・7刑集18巻4号136頁。

[192] 最一小決昭43・11・14刑集22巻12号1343頁。

[193] 東京高判昭46・12・15東高時報22巻12号335頁。

懲役10月・執行猶予３年及び追徴３万6500円から、懲役６月執行猶予５年及び追徴３万6500円[194]

(4) 自由刑の利益変更の上、罰金の付加・増額

　(i) 懲役６月から、懲役５月・執行猶予３年及び罰金２万円・換刑処分200円/日[195]

　(ii) 懲役７月から、懲役７月・執行猶予３年及び罰金5000円[196]

　(iii) 禁錮３月・執行猶予３年及び罰金5000円・換刑処分200円/日から、罰金３万円・換刑処分500円/日[197]

　(iv) 懲役１年６月及び罰金7000円・換刑処分7000円/日から、懲役１年２月及び罰金１万円・換刑処分5000円/日[198]

(5) 罰金の減額の上、労役場留置換算額の小額化

　罰金８万円及び罰金5000円・各罰金につき換刑処分500円/日から、罰金５万円及び罰金5000円・各罰金につき換刑処分300円/日[199]

(6) 未決勾留日数の裁定通算の短縮が刑期全体に影響しない場合

　(i) 未決勾留日数540日中400日を裁定算入から、法定通算分382日を除いた158日を裁定算入[200]

　(ii) 勾留状の発せられていない罪の刑に算入された未決勾留日数を削除し、同一判決中の勾留状の発せられた罪の刑に算入[201]

(7) 付加刑の内容の変更・追加

　(i) 追徴１万円から、没収9000円・追徴1000円[202]

　(ii) 懲役６年・未決勾留日数180日算入及び罰金50万円・換刑処分1000円/１日から、懲役５年及び罰金40万円・換刑処分1000円/１日、没収拳銃16丁及び追徴６万8790円[203]

　(iii) 懲役１年・執行猶予３年及び追徴57万7866円66銭から、懲役10月・執行猶予３年及び追徴60万7866円[204]

　(iv) 懲役６年、罰金300万円及び追徴１億7426万1225円から、懲役５年、罰金

---

[194] 最三小判昭28・12・25刑集７巻13号2749頁。

[195] 東京高判昭27・9・16高刑集５巻10号1710頁。

[196] 最二小決昭40・2・26刑集19巻１号59頁。

[197] 最三小判昭31・10・9刑集10巻10号1436頁。

[198] 最二小決平18・2・27刑集60巻２号240頁。

[199] 最一小決昭28・3・26刑集７巻３号636頁。

[200] 大阪高判昭33・2・27高刑集11巻２号61頁。

[201] 東京高判平7・1・30東高時報46巻1-12号３頁。

[202] 最三小判昭30・4・5刑集９巻４号652頁。

[203] 名古屋高判昭42・3・13判時502号80頁。

[204] 最二小決昭37・6・18刑集16巻７号1265頁。

1124 第403条（公訴棄却の決定）

300万円及び追徴1億8000万円[205]

（ⅴ）　懲役9年及び罰金200万円から、懲役8年6月、罰金200万円、没収覚せい剤99袋及び追徴215万円[206]

Ⅳ　準用

　不利益変更の禁止は、上告審においても準用（刑訴414条）される他、抗告・準抗告等の不服申立て手段にも準用されている[207]。また、少年審判における保護処分決定に対する抗告にも不利益変更の禁止が妥当するとされる[208]。これに対し、略式命令に対する正式裁判請求（刑訴465条）は、正式裁判が略式命令に拘束されるべきではないから、不利益変更の禁止は準用されないとされる[209]。

（田淵浩二）

（公訴棄却の決定）
第403条　原裁判所が不法に公訴棄却の決定をしなかつたときは、決定で公訴を棄却しなければならない。
②　第三百八十五条第二項の規定は、前項の決定についてこれを準用する。

　原裁判所が不法に公訴を棄却することなく判決を言渡したときは、刑訴378条2号の定める絶対的控訴理由に当たるところ、本条は原裁判所が不法に公訴棄却の決定（刑訴339条）をしなかったときは、判決で原判決を破棄するまでもなく、決定で公訴を棄却すべきことを定めたものである（1項）。本決定に対しては、刑訴385条2項が準用され、高等裁判所に即時抗告に代わる異議申立てを行うことができる（2項）。

（田淵浩二）

（即決裁判事件の特則）
第403条の2　即決裁判手続においてされた判決に対する控訴の申立て

---

[205]　東京高判平17・3・22東高時報56巻1-12号24頁。
[206]　東京高判平22・11・16東高時報61巻1-12号280頁。
[207]　東京高決昭29・12・28高刑集7巻12号1822頁（執行猶予の取消決定に対する抗告事件）。
[208]　最一小判平9・9・18刑集51巻8号571頁。
[209]　最一小決昭31・7・5刑集10巻7号1020頁。

は、第三百八十四条の規定にかかわらず、当該判決の言渡しにおいて示された罪となるべき事実について第三百八十二条に規定する事由があることを理由としては、これをすることができない。

② 原裁判所が即決裁判手続によつて判決をした事件については、第三百九十七条第一項の規定にかかわらず、控訴裁判所は、当該判決の言渡しにおいて示された罪となるべき事実について第三百八十二条に規定する事由があることを理由としては、原判決を破棄することができない。

　本条は、**即決裁判手続**（刑訴350条の２以下）においてされた判決に対する控訴理由を制限したものである。即決裁判手続による判決に対しては、事実誤認（刑訴382条）を理由に控訴を申立てることはできない（１項）。また、控訴裁判所が職権で、事実誤認の有無を調査し破棄することもできない（２項）。審級制度については、憲法81条に規定するところを除いては、憲法はこれを法律の定めるところに委ねており、事件の類型によって一般の事件と異なる上訴制限を定めても、それが合理的な理由に基づくものであれば憲法32条に違反するものではないとするのが判例[210]である。本条は、争いがなく明白かつ軽微であると認められた事件について、手続の合理化、効率化を図るという即決裁判手続の制度を実効あらしめるため、被告人に対する手続保障と科刑の制限を前提に、事実の誤認を理由とする控訴の申立てを制限しているものと解され、同規定については、相応の合理的な理由があるというべきであるから、憲法32条に違反するものでないと解されている[211]。

（田淵浩二）

（準用規定）
第404条　第二編中公判に関する規定は、この法律に特別の定のある場合を除いては、控訴の審判についてこれを準用する。

I　本条の趣旨

　本条は、控訴審の公判手続につき、刑事訴訟法に特別の定めがある場合を除いて、第一審公判に関する規定を準用することとしたものである。刑事訴訟規則においても同様の準用規定が設けられている（刑訴規250条）。特別の定めがある場合、これに対応する公判に関する一般規定はもとより、特別の定めの趣

---

[210]　最大判昭23・３・10刑集２巻３号175頁、最大判昭29・10・13民集８巻10号1846頁。
[211]　最三小判平21・７・14刑集63巻６号623頁。

旨と矛盾することになる規定も準用されない。

　なお、起訴状謄本の送達（刑訴271条）、起訴状朗読及び起訴状に対する意見陳述（刑訴291条1項）、簡易公判手続の決定（刑訴291条の2）、論告・弁論（刑訴293条）、検察官の冒頭陳述（刑訴296条1項）等、第一審の公判形式に固有の手続規定は、当然のことながら控訴審への準用は問題にならない[212]。これは控訴審における個別の特別の定めからの帰結というより、本案の理由の有無を最初から審理するのではなく、控訴理由の有無の判断に必要な限りで審理を行うことを役割とする控訴審の性質からの帰結ということができる。

　これに関し、刑訴法改正により公判前および期日間整理手続に関する諸規定（刑訴316条の2から刑訴316条の32）が、第一審公判のみを想定したものかどうかが問題になる。控訴審においても事実の取調べ（刑訴393条）が行われる場合があることからすれば、控訴趣意書及び答弁書を通じて行われることになる主張明示に関する規定（たとえば刑訴316条の13：検察官による証明予定事実の提示、刑訴316条の17：被告人・弁護人による予定主張の明示、刑訴316条の30：被告人・弁護人の冒頭陳述）を除き、その準用を否定すべき理由はなかろう。

II　特別の定め

1　控訴審のための特別の定めとしては次のものがある。
(1)　弁論能力の制限（刑訴388条）
(2)　控訴趣意書に基づく弁論（刑訴389条）
(3)　被告人の出頭義務の免除（刑訴390条）
(4)　弁護人不出頭と判決（刑訴391条）
(5)　事実の取調べ（刑訴393条）
　上記特別規定の趣旨からの帰結として、たとえば、以下の規定は準用されないと解されている。
(1)　冒頭手続における被告人の陳述の機会の付与（刑訴291条3項）[213]
(2)　被告人の最終陳述の機会の付与（刑訴規211条）[214]
　控訴審における公判手続に関しては、その他に、第一審取調べ証拠の取扱い（刑訴394条）の規定等がある。これは厳密には第一審では問題にならない控訴審の公判に固有の手続に関する規定ということができる。判例には、刑訴396条が本条にいう「特別の定」に属するから、控訴棄却の判決に刑訴335条は準用されないと判示したものがあるが[215]、控訴棄却判決に関する規定も、厳密に

---

[212] 最一小判昭25・4・20刑集4巻4号648頁。
[213] 最二小決昭26・3・30刑集5巻5号801頁。
[214] 最一小決昭25・10・12刑集4巻10号2087頁。
[215] 最一小決昭26・5・10刑集5巻6号1021頁。

は有罪判決に関する規定の特別規定ではなく、控訴審固有の手続規定ということができる。

2 他方、以下の公判に関する規定の準用は、控訴審においても排斥されない。
(1) 必要的弁護事件における国選弁護人の選任手続（刑訴289条、刑訴規178条1項及び3項）※216
(2) 被告人の召喚手続（公判期日の通知）（刑訴273条2項）※217
(3) 被告人に訴訟能力が欠ける場合の公判手続の停止（刑訴314条1項）※218
(4) 公判手続の更新（刑訴315条1項）※219

Ⅲ 控訴審の性質上、準用が制約される規定

特別の定めがない場合であっても、控訴審の性質上、第一審公判に関する規定の準用が制約される場合がある。たとえば、控訴審は事後審である以上、原判決時の訴因・罰条によれば原判決に何ら瑕疵がないにもかかわらず、控訴審において訴因・罰条の変更を行い、これに基づいて原判決には瑕疵があるとすることは許されない※220。この意味において、控訴審における訴因変更（刑訴312条）には制約がある。もっとも控訴審においても、取り調べた証拠によって直ちに判決できるものと認めるときは、自判が認められていることから（刑訴400条）、原判決時の訴因・罰条に基づけば瑕疵が認められるときに常に差戻さなければならないわけではなく、被告人の防御の利益を害さない限り、控訴審において訴因・罰条を変更した上で、これに基づき自判することは許容される※221。

控訴審が自判する場合は、第一審が判決を言い渡すのとは異なり、破棄された部分に関わる範囲で理由を示せば足りる。たとえば、控訴趣意として第一審判決の事実認定を正当としながら、単に量刑不当を主張する場合、控訴審がこれを理由ありとし破棄自判するときは、第一審判決の認定した事実に対し法律を適用すれば足りるのであって、控訴審としてさらに改めて事実の摘示をする

※216 最二小決昭33・5・9刑集12巻7号1359頁。
※217 最大決昭44・10・1刑集23巻10号1161頁、最二小判昭44・10・3判タ239号216頁＝判時570号79頁。
※218 最三小判昭53・2・28刑集32巻1号83頁、最二小決平5・5・31刑集47巻6号1頁。
※219 最三小判昭30・12・26刑集9巻14号3025頁。
※220 最一小判昭42・5・25刑集21巻4号705頁。
※221 最三小決昭29・9・30刑集8巻9号1565頁、最二小判昭30・12・26刑集9巻14号3025頁。

1128 第404条（準用規定）

ことを要するものではない[222]。

（田淵浩二）

---

[222] 最三小判昭29・4・13刑集8巻4号462頁。

第3編第3章　上告

〔前注〕

I　上告の意義

　本章は、上告に関する規定を置いている。**上告**とは、下級審の判決に対して最高裁判所に救済を求める最終的な不服申立てである[1]。控訴審としての高等裁判所の判決（第一審が家裁や簡裁でも控訴審は高裁である。裁16条1号）に対する上訴が一般的であるが、内乱罪についての高等裁判所が第一審である事件についての上訴や、違憲判断等を含む通常の第一審に対する跳躍上告（刑訴規254条）も上告の一種である。

II　上告審の役割

　上告審は、憲法解釈と法令解釈の統一及び判例の統一を主たる役割とするが、最高裁判所は終審裁判所として、著しい法令違反や事実誤認があり正義に反するときに、職権調査事項として具体的救済の役割をも担っている。

III　上告理由

　上告は、最高裁判所が管轄し、憲法違反または判例違反を理由とする場合にのみ、権利としてこれを申立てることができる（刑訴405条）。このように上告理由が限定されているのは、最高裁判所の負担軽減と上訴権の濫用を防止するためである。

　他方、これらの理由がない場合であっても、刑訴411条が最高裁判所の職権による原判決破棄の権限を認める規定を置いているため、実際にはこの職権破棄を期待しての上告申立てが多くなっている。また、裁量的上訴としての上告受理申立ての制度（刑訴406条）も設けられてはいるが、職権破棄を期待する上告によることが多いため、この制度はあまり用いられてはいない。

IV　上告審の構造と手続

　上告審の構造は、控訴審と同じく**事後審**であり、上告審の手続には、ほぼ控訴審の規定が準用される（刑訴414条、刑訴規266条）。上告趣意書に指摘された

---

[1]　田宮裕『注釈刑事訴訟法』（有斐閣、1980年）458頁。

上告理由の有無を中心に調査が行われるという点も控訴審手続と同様である。ただし、いくつかの特則も設けられており、(1)上告申立ての理由がないと認められるときに、口頭弁論を経ないで（書面審理だけにより）判決で上告を棄却することが可能であり（刑訴408条）、(2)公判期日に被告人を召喚する必要がなく（刑訴409条）、(3)法定の上告理由に当たらない事項についても職権で原判決の当否を調査できる（刑訴411条）。実際にも、死刑事件を除き、口頭弁論が行われることは余りない。なお、裁判員制度の導入に伴い、最高裁判例の中には、職権判断において実務の運用への指針を示そうとするものが見受けられるようになってきている。

V 上告審の裁判と裁判後の手続

　上告審の裁判としては、不適当な上告に対する上告棄却決定（刑訴414条、刑訴386条）、及び上告理由または職権破棄の理由（刑訴411条）があるときになされる破棄判決がある。原判決を破棄するときは、原則として原裁判所または第一審裁判所に差し戻さなければならないが、自判も許される（刑訴413条）。
　裁判後の手続としては、判決についての訂正手続（刑訴415条）及び決定についての異議申立ての手続（刑訴428条が準用される）がある。

（伊藤博路）

（上告のできる判決、上告申立ての理由）

第405条　高等裁判所がした第一審又は第二審の判決に対しては、左の事由があることを理由として上告の申立をすることができる。
一　憲法の違反があること又は憲法の解釈に誤があること。
二　最高裁判所の判例と相反する判断をしたこと。
三　最高裁判所の判例がない場合に、大審院若しくは上告裁判所たる高等裁判所の判例又はこの法律施行後の控訴裁判所たる高等裁判所の判例と相反する判断をしたこと。

I 本条の趣旨

　上告の対象となるのは、通常は高等裁判所の判決である。例外として、地方裁判所、家庭裁判所または簡易裁判所の第一審判決が上告の対象となるときもあり、これを跳躍上告（刑訴規254条）という。
　上告申立ての理由として、本条は1から3号までの類型を挙げている。このように上告理由は憲法違反または判例違反に限定されているが、これは最高裁判所の負担軽減と上訴権の濫用を防止するためである。

II 内容

1 本条1号

本条1号では、「憲法の違反があること」と「憲法の解釈に誤があること」とを規定しているため、その区別が問題となるが、実務では一般に、「憲法の解釈の誤」とは、原判決が控訴趣意に対する判断または職権による判断において、憲法上の解釈を示している場合に、それが誤りであるものと解し、「憲法の違反」とは、それ以外の場合を指し、原判決及びその訴訟手続における憲法違反をいうものと解している[2]。適法な上告理由がないので、違憲に名を借りて主張する、実質は事実誤認、量刑不当、単なる法令違反の主張も、適法な上告理由には当たらないとされる[3]。

違憲を上告理由とするものであっても、たとえば次のようなものは不適法な主張とされる。被告人が第一審で合憲性を争う主張を行わず、原判決もこの点について触れることなく公訴を棄却した場合、上告審で違憲の主張をしても、適法な上告理由に当たらない[4]。また、原判示自体において原判決の結論に影響のないことが明らかな憲法解釈を非難する違憲の主張も不適法とされる[5]。

他方、控訴審で刑訴法違反について判断がされたものの、憲法判断がされていない場合については、それが憲法違反と共通する事項であるときには（たとえば、自白の任意性）、その判断につき違憲であるとする主張は適法な上告理由に当たると解されている[6]。

2 本条2号

判例とは、具体的事実に法令を適用するに当たって具体化された法的判断で、当該事件を超えて一般的意味をもつものをいう[7]。判例となるのは、判例集に登載されたものに限らない。

判例と相反する判断とは、法令の解釈適用につき控訴審判決がした法律的判断が判例上の法律的判断と相反する場合をいう[8]。また、判例と相反する判断をしたというためには、その判例と相反する法律判断が原判決に示されてい

---

[2] 松尾浩也監修『条解刑事訴訟法（第4版）』（弘文堂、2009年）1080頁。

[3] 最一小決昭25・2・2刑集4巻2号127頁。

[4] 最大決昭39・11・18刑集18巻9号597頁。

[5] 最二小決昭39・12・3刑集18巻10号698頁。

[6] 藤永幸治他編『大コンメンタール刑事訴訟法第6巻』（青林書院、1996年）495頁〔原田國男〕。

[7] 田宮裕『注釈刑事訴訟法』（有斐閣、1980年）460頁。

[8] 最三小判昭37・12・25刑集16巻12号1731頁。

なければならない※9※10。

本号において不適法な主張とされるのは以下のような場合である。

判例とされる法律判断の前提となっている重要な事実と異なる事実に基づく法律判断は、外見上相反する判断をしているようにみえる場合でも、実質的にみて相反する判断をしたとはいえない。このような場合には、所論引用の判例は、本件と事案を異にし、適切でないため不適法として処理される※11。

原審における主張、判断を経ていない事項に関する判例違反の主張も、不適法である※12。

原判決に判例と相反する判断がある場合でも、原判決の余論、傍論に関するものであるときは上告理由として不適法なものと解される※13。余論、傍論に関する判断は、判例として価値のないものであり、このような判断にまで統一性を要求する必要性に乏しいためである※14。ただし、適法な上告理由に当たるとし、判決に影響を及ぼさないことが明らかであるとした裁判例もある※15。

判例違反の有無の判断は、原判決当時を基準とし、その後になされた最高裁判所の判決と相反する判断をしていても、本条2号の判例違反には当たらない※16。

3 本条3号

高等裁判所の判例は最高裁判所の判例によってのみ変更される。なお、原判決時点において、その判断が高等裁判所の判例に反していたとしても、その後上告審時点までにその高等裁判所の判決中の判断が最高裁によって否定された場合には、それは本条3号の「判例」には該当しない※17。

4 判例違反の主張の方法

判例違反を理由とする上告の申立てにおいては、上告趣意書にその判例を具体的に示さなければならない（刑訴規253条）。

（伊藤博路）

※9 最二小判昭30・2・18刑集9巻2号332頁。

※10 最一小判昭38・9・12刑集17巻7号661頁。

※11 藤永他編・前掲※6書509頁〔原田國男〕。

※12 最三小判昭29・10・12刑集8巻10号1591頁。

※13 最二小判昭29・12・24刑集8巻13号2348頁。

※14 松尾監修・前掲※2書1083頁。

※15 最二小判昭29・7・16刑集8巻7号1210頁。

※16 最二小決昭29・11・5刑集8巻11号1728頁。

※17 最三小決平22・3・16判時2079号161頁。

第406条（上告審としての事件受理）　*1133*

> **（上告審としての事件受理）**
> **第406条**　最高裁判所は、前条の規定により上告をすることができる場合以外の場合であつても、法令の解釈に関する重要な事項を含むものと認められる事件については、その判決確定前に限り、裁判所の規則の定めるところにより、自ら上告審としてその事件を受理することができる。

I　本条の趣旨

　本条は、刑訴405条の規定する上告理由に欠けるとしても、一定の要件を充たす場合に上告を受理する制度を認めた。最高裁判所のもつ法令解釈を統一する機能を考慮したものである。その由来は、アメリカ法のサーシオレイライ（certiorari）とされている。

　もっとも実際には本条はあまり活用されてはおらず、法令解釈の統一機能は主に刑訴411条1号の適用によってなされているといえる[18]。

II　内容

1　規則により上告を受理する場合の種別

　刑訴規則により上告を受理する場合として、(1)跳躍上告（刑訴規254条）、(2)最高裁判所への事件の移送（刑訴規247条）、(3)上告審としての事件受理の申立て（刑訴規257条）がある。通常、上告受理という場合には、上告審としての事件受理の申立てのことをいう。

2　跳躍上告

　地方裁判所、家庭裁判所または簡易裁判所がした第一審判決に対しては、その判決において法律、命令、規則若しくは処分が憲法に違反するものとした判断または地方公共団体の条例若しくは規則が法律に違反するものとした判断が不当であることを理由として、最高裁判所に上告することができる（刑訴規254条1項）。検察官は、地方裁判所、家庭裁判所または簡易裁判所がした第一審判決に対して、その判決において地方公共団体の条例または規則が憲法または法律に適合するものとした判断が不当であることを理由として、最高裁判所に上告することができる（刑訴規254条2項）。これを**跳躍（飛躍）上告**という。この上告は、控訴の申立てがあったときは、その効力を失う。ただし、控訴の取下げまたは公訴棄却の裁判があったときは、この限りではない（刑訴規255条）。

---

[18]　松尾浩也監修『条解刑事訴訟法（第4版）』（弘文堂、2009年）1087頁。

跳躍上告の規定は、旧刑訴法416条にも規定があり、要件事由の場合、覆審である控訴審を省略できる点で意味があった。跳躍上告の例も少ない[19]。

3　上告審としての事件受理の申立て

事件受理の申立てについて、「法令の解釈に関する重要な事項」（刑訴規257条）とは、実体法、手続法を問わないが、原判決の判断が当該事件を超え一般的に広く影響する場合を示すものと解すべきである[20]。

事件受理が相当と認められた場合（刑訴規261条）には、移審の効果が生じ、その申立て理由は上告趣意とみなされる（刑訴規263条）。

なお、本条により受理した事件についても、申立てに理由ありと認めた場合は、刑訴411条1号によって原判決を破棄すべきである[21]。

（伊藤博路）

（上告趣意書）
第407条　上告趣意書には、裁判所の規則の定めるところにより、上告の申立の理由を明示しなければならない。

本条により、上告趣意書には、裁判所の規則の定めるところにより、上告の申立ての理由を明示しなければならない。

判例違反の主張については、その判例を具体的に示さなければならない（刑訴規253条）。判例を具体的に摘示するには、裁判所名、裁判年月日、掲載箇所等を明示すべきである[22]。刑訴規253条に違反する場合は、刑訴386条1項2号前段（刑訴414条により準用）によって上告が棄却される[23]。他方、判例を具体的に摘示されていない場合に、適法な上告理由に当たらないとして、刑訴386条1項3号によって上告を棄却する裁判例もある[24]。

原判決のいかなる判断がいかなる理由で判例のどの点に違反するかを明らかにしなければならない。これが明らかにされていない場合、適法な上告理由に当たらず、刑訴386条1項3号によって上告棄却される[25]。

---

[19]　藤永幸治他編『大コンメンタール刑事訴訟法第6巻』（青林書院、1996年）514頁〔原田國男〕。

[20]　松尾監修・前掲[18]書1087頁。

[21]　最大判昭32・10・9刑集11巻10号2520頁。

[22]　最二小決昭45・2・4裁判集刑175号73頁。

[23]　最二小決昭25・5・12刑集4巻5号797頁。

[24]　最三小判昭28・5・19刑集7巻5号1047頁。

[25]　最二小決昭26・3・30刑集5巻4号742頁。

第408条（弁論を経ない上告棄却判決） *1135*

また、上告趣意書の差出期間について、刑訴規252条に規定されている。

(伊藤博路)

（弁論を経ない上告棄却判決）
第408条　上告裁判所は、上告趣意書その他の書類によつて、上告の申立の理由がないことが明らかであると認めるときは、弁論を経ないで、判決で上告を棄却することができる。

本条は、刑訴43条1項が規定する「法律に特別の定のある場合」に当たる。その趣旨は、最高裁判所の負担軽減にある。

実務では、原判決の事実認定や法令適用の誤りを憲法違反の名を借りて主張されることが多く、この場合には単なる法令違反、事実誤認の主張として刑訴386条1項3号により決定で棄却される。また、適用法令の規定違憲を主張する場合、その多くは原審不経由の主張（原審における主張・判断を経ていない主張）として同様に決定で棄却されるが、それに当たらない規定違憲の主張については、当該規定を合憲とする大法廷判例により、または他の規定に関する合憲判例の趣旨に徴して明らかに合憲といえるときに、本条によって判決が棄却される[26]。

本条に該当するとされた裁判例としては、たとえば、憲法違反の主張につき、大法廷ですでに合憲判断が示されている場合にこれを援用して小法廷が同様の判断をする場合[27]、大法廷で新たな合憲判断を示した場合[28]がある。

なお、原判決を宣告した原審裁判所の構成に違法があり、この違法は判決に影響を及ぼすもので、かつ原判決を破棄しなければ著しく正義に反するところ、本件事案の下では、上告裁判所が原判決を破棄して事件を原裁判所に差し戻す旨の判決をするときに口頭弁論を経ることを要しないとした裁判例[29]がある。

(伊藤博路)

（被告人の召喚不要）
第409条　上告審においては、公判期日に被告人を召喚することを要しない。

---

[26] 藤永幸治他編『大コンメンタール刑事訴訟法第6巻』（青林書院、1996年）523頁〔原田國男〕。
[27] 最二小判平1・1・20刑集43巻1号1頁。
[28] 最大判昭47・11・22刑集26巻9号586頁。
[29] 最三小判平19・7・10刑集61巻5号436頁。

本条は、上告審が法律審であり上告理由も法律問題（憲法違反及び判例違反）に限られているため、被告人の公判期日への召還を不要とした規定である。また、被告人は、公判期日への出頭の権利もない。

なお、上告審においては、公判期日を指定すべき場合においても、被告人の移送はこれを必要としない（刑訴規265条）。

（伊藤博路）

> **（原判決破棄の判決1）**
> **第410条**　上告裁判所は、第四百五条各号に規定する事由があるときは、判決で原判決を破棄しなければならない。但し、判決に影響を及ぼさないことが明らかな場合は、この限りでない。
> ②　第四百五条第二号又は第三号に規定する事由のみがある場合において、上告裁判所がその判例を変更して原判決を維持するのを相当とするときは、前項の規定は、これを適用しない。

上告裁判所は、刑訴405条各号に規定する事由があるときは、判決で原判決を破棄しなければならない。当事者が上告趣意書で適法に刑訴405条に規定する事由を主張している場合に限らず、上告審によって職権調査の結果、そのような事由があることが判明した場合も、職権により原判決を破棄することができる[30]。なお、違憲判断をするときは、大法廷でしなければならない（裁10条2号）。

職権破棄の根拠規定について、刑訴411条1号説と刑訴392条2項準用説とが対立しているが、判例も前者[31]と後者[32]によるものとがある。刑訴405条の事由による職権調査は、刑訴392条2項の準用に基づくものと解すべきであろう（刑訴392条2項準用説）。

破棄するのは、原判決の全部が原則である[33]。しかし、原判決の違法が、未決勾留日数算入の部分のみにある場合は、その判決部分のみを破棄し、他の部分に対する上告を棄却すべきである[34]。

刑訴405条各号に規定する事由がある場合であっても、判決に影響を及ぼさないことが明らかな場合は、原判決を破棄することができない（本条1項但書）。

---

[30] 藤永幸治他編『大コンメンタール刑事訴訟法第6巻』（青林書院、1996年）528頁〔原田國男〕。

[31] 最大判昭37・12・12刑集16巻12号1672頁など。

[32] 最大判昭41・5・18裁判集刑159号733頁など。

[33] 松尾浩也監修『条解刑事訴訟法（第4版）』（弘文堂、2009年）1090頁。

[34] 最一小判昭56・7・16刑集35巻5号557頁。

「判決に影響を及ぼさないことが明らかな場合」とは、上告理由と判決との間に因果関係がないことが明らかなことをいうと解されている。控訴の場合には、訴訟手続等の法令違反等が判決に影響を及ぼすことが明らかであることが要件となっている（刑訴379条、刑訴380条、刑訴382条）のに対して、上告の場合には、判決に影響を及ぼすことが必ずしも明らかでないときにも、破棄することができる。これは、破棄理由の重大性によるものであろう[35]。

最高裁判例を変更する場合には、大法廷でしなければならない（裁10条3号）。

（伊藤博路）

（原判決破棄の判決2）

第411条 上告裁判所は、第四百五条各号に規定する事由がない場合であつても、左の事由があつて原判決を破棄しなければ著しく正義に反すると認めるときは、判決で原判決を破棄することができる。
一　判決に影響を及ぼすべき法令の違反があること。
二　刑の量定が甚しく不当であること。
三　判決に影響を及ぼすべき重大な事実の誤認があること。
四　再審の請求をすることができる場合にあたる事由があること。
五　判決があつた後に刑の廃止若しくは変更又は大赦があつたこと。

上告裁判所は、刑訴405条各号に規定する事由がない場合であっても、(1)判決に影響を及ぼすべき法令違反、(2)刑の量定の著しい不当、(3)判決に影響を及ぼすべき重大な事実の誤認、(4)再審の請求をすることができる場合、(5)判決があった後に刑の廃止もしくは変更または大赦があったこと、の事由があって原判決を破棄しなければ著しく正義に反する（「著反正義」ともいう）と認めるときは、判決で原判決を破棄することができる。

本条の趣旨は、上告理由が限定されたことから、これに当たらない事由による原判決の職権破棄を認めることによって、具体的事案における適切・妥当な処理・救済を図ろうというものである。

著しく正義に反するか否かの判断基準は、個別具体的事案に応じた判断にならざるを得ないが、これまでの裁判例を概観すると、その実質的な判断基準の1つとして、法令適用の誤りについては、実際の宣告刑が妥当なものであるか否か、訴訟手続の法令違反については、実際に被告人の防御権を侵害したものであるか否かを挙げることができよう[36]。原判決が破棄された事例は多数あ

---

[35] 藤永他編・前掲※30書529頁〔原田國男〕。

[36] 藤永幸治他編『大コンメンタール刑事訴訟法第6巻』（青林書院、1996年）569頁〔原田國男〕。

るが、たとえば、本条1号関係で、公判の審理に関与しなかった裁判官が原判決に関与した場合[37]、刑の変更を看過して重い法令を適用した場合[38]がある。他方、「著反正義」に当たらないことを理由に破棄されなかった例として、チッソ川本事件[39]がある。

なお、本条3号に関して、上告審において事実誤認の主張がされた場合の審査の方法については、「原判決の認定が論理則・経験則等に照らして不合理といえるかどうかの観点から行うべきである」[40]。本条5号の「刑の変更」について、刑の一部の執行猶予を定める刑法規定の新設は、「刑の変更」に当たらない[41]。

（伊藤博路）

（破棄移送）
第412条　不法に管轄を認めたことを理由として原判決を破棄するときは、判決で事件を管轄控訴裁判所又は管轄第一審裁判所に移送しなければならない。

管轄権がないのにこれを看過して実体判決をした場合、原判決が破棄されるが、本条はその後の移送について規定する。本条は、控訴審の破棄移送判決に関する刑訴399条とは、管轄控訴裁判所または管轄第一審裁判所に移送する点及び上告審が第一審の管轄権を有する事件がないことから同条但書のような規定を要しない点で異なる。そこで、刑訴399条の準用によらず、本条が設けられた[42]。

第一審に誤りがなく、控訴審のみが管轄を誤ったときは原判決のみを破棄して管轄控訴裁判所に移送し、第一審も控訴審もともに管轄を誤ったときは第一審判決及び原判決を破棄して管轄第一審裁判所に移送することとなる。原判決が管轄を誤った第一審判決の違法を看過した場合にも、第一審判決及び原判決を破棄して直接管轄第一審裁判所に移送することになるが、その根拠については、原判決自体は管轄を誤ったものではないが本条の準用によるとする見解と、原判決自体は管轄を誤っていないから刑訴411条1号、刑訴413条によるとする

---

[37] 最一小判昭25・3・30刑集4巻3号454頁。
[38] 最二小判昭26・7・20刑集5巻8号1604頁。
[39] 最一小決昭55・12・17刑集34巻7号672頁。
[40] 最三小判平21・4・14刑集63巻4号331頁。
[41] 最一小決平28・7・27刑集70巻6号571頁。
[42] 藤永幸治他編『大コンメンタール刑事訴訟法第6巻』（青林書院、1996年）579頁〔原田國男〕。

第413条（破棄差戻し・移送、破棄自判）　*1139*

見解がある※43。

（伊藤博路）

（破棄差戻し・移送、破棄自判）
第413条　前条に規定する理由以外の理由によつて原判決を破棄するときは、判決で、事件を原裁判所若しくは第一審裁判所に差し戻し、又はこれらと同等の他の裁判所に移送しなければならない。但し、上告裁判所は、訴訟記録並びに原裁判所及び第一審裁判所において取り調べた証拠によつて、直ちに判決をすることができるものと認めるときは、被告事件について更に判決をすることができる。

　不法に管轄権を認めた場合以外を理由として原判決を破棄した場合の事後措置に関する規定である。
　原判決だけが破棄される場合には、原裁判所に差し戻すかそれと同等の裁判所に移送するが、原判決とともに第一審判決も破棄されるときは、第一審に差し戻すかそれと同等の裁判所に移送する。
　訴訟記録ならびに原裁判所及び第一審裁判所において取り調べた証拠によって直ちに判決をすることができる場合には、自判が認められる。本条但書の規定は、控訴審の自判について定める刑訴400条但書と同趣旨の規定である。刑訴400条但書とは異なり、上告審において取り調べられた証拠が条文では挙げられていないが、上告審の性質上、新たな証拠調べが通常予定されていないことによるものである。しかし、本条但書もこれを否定する趣旨ではなく、刑訴414条により刑訴393条が準用されるとするのが通説であり、実務でもそのような運用がなされている。

（伊藤博路）

（即決裁判事件の特則）
第413条の2　第一審裁判所が即決裁判手続によつて判決をした事件については、第四百十一条の規定にかかわらず、上告裁判所は、当該判決の言渡しにおいて示された罪となるべき事実について同条第三号に規定する事由があることを理由としては、原判決を破棄することができない。

　2004（平成16）年の改正で即決裁判手続が新設されたが、この手続では事実審理がないため、事実誤認ということもありえない。そこで、上告審における

※43　松尾浩也監修『条解刑事訴訟法（第4版）』（弘文堂、2009年）1094頁。

破棄事由の1つである「判決に影響を及ぼすべき重大な事実の誤認」（刑訴411条3号）を理由とする原判決破棄を制限した。

（伊藤博路）

> **（準用規定）**
> **第414条**　前章の規定は、この法律に特別の定のある場合を除いては、上告の審判についてこれを準用する。

　上告審も控訴審と同様に事後審の構造をとるので、本章に規定のある場合のほかは、控訴審に関する規定が準用される。規則にも同様の規定がある（刑訴規266条）。

　事実の取調べに関しては、刑訴393条1項が準用されるため、上告審では、訴訟法上の事実に限らず、実体的な事実についても行われることがある。取調べの方式は、書面によるのが通常である（これを「公判顕出」という）。この方式は、事実審のような証拠調べの方式をとるものではないため、その証拠を直ちに事実認定の証拠とすることはできない。しかし、少なくとも原判決の事実認定の当否を判断するための資料とすることは許される[44]。

　上告審における事実取調べの対象となる事実の範囲は、訴訟法上の事実、実体的事実、そして法令適用に関する事実である。量刑に関する事実のうち、原判決後の情状に関するものは除外される。すなわち、刑訴393条2項の準用はない[45]。他方、学説では、刑訴393条2項の準用について、積極説と消極説とに分かれている。消極説は、本条の立法経緯と上告審の性格、構造に着目し、積極説は、準用を排除する規定がないこと、これを認める必要性がないとはいえないことを理由とする。

　なお、上告審においても、当事者の攻防の対象から外れた訴因については、職権調査の範囲外となり職権発動は許されない[46]。

（伊藤博路）

---

[44] 最大判昭34・8・10刑集13巻9号1419頁（松川事件第1次上告審）。

[45] 最一小判昭52・12・22刑集31巻7号1147頁。

[46] 最一小判昭47・3・9刑集26巻2号102頁。

第415条（訂正の判決1） *1141*

（訂正の判決1）
第415条 上告裁判所は、その判決の内容に誤のあることを発見したときは、検察官、被告人又は弁護人の申立により、判決でこれを訂正することができる。
② 前項の申立は、判決の宣告があつた日から十日以内にこれをしなければならない。
③ 上告裁判所は、適当と認めるときは、第一項に規定する者の申立により、前項の期間を延長することができる。

I 本条の趣旨

本条は、上告裁判所の判決について、再度の考案の機会を与え、誤りのない判決の確定を図ろうとするものである。上訴ではないと解されている（通説）。アメリカ法のリヒアリング（rehearing）の制度に由来するものである。

II 内容

判決を訂正する申立ては書面でしなければならず（刑訴規267条1項）、この書面には申立ての理由を簡潔に明示しなければならない（刑訴規267条2項）。理由書およびその補充書も申立期間内に提出しなければならない[47]。申立ては、判決の宣告があった日から10日以内にしなければならないが（本条2項）、適当と認められるときは、これを延長することができる（本条3項）。延長の申立てについても、これらが求められる（刑訴規267条3項）。

本条1項の申立てがあったときは、速やかにその旨を相手方に通知しなければならない（刑訴規268条）。なお、判決訂正の申立期間延長の申立てを却下する決定については送達を要しない（刑訴規269条）。

（伊藤博路）

（訂正の判決2）
第416条 訂正の判決は、弁論を経ないでもこれをすることができる。

本条は刑訴43条1項の特則である。
判決訂正の手続は、再度の考案であり、再審理ではないことから、弁論を必

---

[47] 最三小決昭27・11・25刑集6巻10号1262頁。

要としない※48。もっとも、裁量で弁論を開くことは可能である※49。

判決訂正の申立てについての裁判は、原判決をした裁判所を構成した裁判官全員で構成される裁判所がこれをしなければならない（刑訴規270条1項）。ただし、裁判官死亡の場合などやむを得ない事情がある場合は別である（刑訴規270条1項但書）。しかし、この場合にも、反対意見を表示した裁判官が多数となる構成の裁判所は、裁判をすることができない（刑訴規270条2項）。

（伊藤博路）

（訂正申立ての棄却）
第417条　上告裁判所は、訂正の判決をしないときは、速やかに決定で申立を棄却しなければならない。
②　訂正の判決に対しては、第四百十五条第一項の申立をすることはできない。

判決訂正の申立てがあると判決の確定が遮断されることになるため（刑訴418条）、迅速な処理が求められる旨を規定したものである。

本条1項の訂正の判決をしないときとは、訂正の申立てが不適法であるときまたは理由がないときをいう。申立てが不適法となる例として、申立期間経過後のもの、書面によらないもの、理由を付さないもの、申立人に不利益なもの、単なる蒸し返しの主張を内容とするもの、原裁判所不経由のもの等がある※50。

訂正の判決に対しては、再訂正の申立てをすることは許されない（本条2項）。訂正申立棄却決定に対して、異議の申立てをすることも許されない※51。

（伊藤博路）

（上告審判決の確定）
第418条　上告裁判所の判決は、宣告があつた日から第四百十五条の期間を経過したとき、又はその期間内に同条第一項の申立があつた場合には訂正の判決若しくは申立を棄却する決定があつたときに、確定する。

※48 藤永幸治他編『大コンメンタール刑事訴訟法第6巻』（青林書院、1996年）600頁〔原田國男〕。
※49 伊藤栄樹他編『注釈刑事訴訟法第6巻（新版）』（立花書房、1998年）472頁〔柴田孝夫〕。
※50 藤永幸治他編『大コンメンタール刑事訴訟法第6巻』（青林書院、1996年）601頁〔原田國男〕。
※51 最二小決昭33・11・10刑集12巻15号3511頁。

第418条（上告審判決の確定）　*1143*

　上告審判決の確定時期に関する規定である。訂正の制度があるため、上告審の判決はその言渡によって直ちには確定しない。上告審の判決は、⑴訂正の申立てがなく、宣告の日から10日を経過したときまたは延長された期間を経過したとき（刑訴415条2項、刑訴415条3項）、⑵訂正の判決をしたときまたは訂正の申立てを棄却する決定をしたときに、それぞれ確定する。

（伊藤博路）

第3編第4章　抗告

〔前注〕

本章は、主として、**決定**、**命令**という簡易な裁判に対する不服申立方法を定める。

抗告は、裁判所の決定に対する上訴である。大別すると、最高裁判所への**特別抗告**と、高等裁判所への**一般抗告**とに分かれる。一般抗告の中に、申立期間が3日に限定された**即時抗告**とそれ以外の**通常抗告**とがある。高等裁判所がした決定に対しては一般抗告ができないので、同じ高等裁判所に対して、**抗告に代わる異議の申立て**が認められる。

裁判官のする裁判、すなわち命令に対する不服申立ては、**準抗告**と呼ばれる。このほか本章は、捜査機関がした一定の処分に対する裁判所への不服申立方法を定める。これも準抗告と呼ぶ。

控訴審構造論を類推して、**抗告審の構造**が議論されることがある。その実質は、主に原裁判の当否を判断するために、原裁判後の事情や新資料を考慮することができるかどうかという問題である。これは、一律に決められる問題ではなく、個々の申立て手段と対象となる原裁判の性質に応じて判断するべき問題である。この点については、刑訴426条の解説参照。

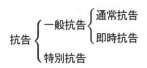

（後藤　昭）

（一般抗告を許す決定）
第419条　抗告は、特に即時抗告をすることができる旨の規定がある場合の外、裁判所のした決定に対してこれをすることができる。但し、この法律に特別の定のある場合は、この限りでない。

I　抗告の対象

本条は、**一般抗告**の対象となる決定の範囲を定める。一般抗告のなかでも**即時抗告**の対象となる決定については、個別の条文によってそれが示されている。

そのほかの裁判所のした決定は、本条本文により、原則として一般抗告の対象
となる。本条但し書きは、刑事訴訟法に特別の定めのある場合は、抗告の対象
から除かれることを確認する。この特別の定めとしては、刑訴420条1項（訴訟
手続などについて判決前にした決定）、刑訴427条（抗告裁判所の決定）、刑訴
428条1項（高等裁判所のした決定）がある。このなかで刑訴420条1項による除
外は、広範囲に及ぶので、重要である。明文規定はないが、最高裁判所のした
決定に対しても抗告はできない[1]。

　裁判所が刑事裁判の過程でする決定でも、刑訴法上の決定でないものは、抗
告の対象とならない。判例は、このような理由から、地方裁判所が裁定合議の
決定（裁26条2項1号）の決定を変更して単独体で審判する旨の決定[2]、国選
弁護人の報酬額の決定[3]、犯罪被害者等の保護を図るための刑事手続に付随
する措置に関する法律3条1項に基づいて訴訟記録を謄写させる措置[4]などに
対して抗告はできないとした。

　けっきょく、直接に本条によって通常抗告の対象となる決定は、実際には少
ない。被疑者の許可請求より少ない弁護人の人数を指定する刑訴35条・刑訴規
27条1項の決定に対して、被疑者は本条に拠る抗告ができる[5]。刑訴448条2
項の刑の執行停止決定に対して、検察官は本条に拠る抗告ができる[6]。

　抗告の対象となる決定は、刑事訴訟法の明文規定に基づくものには限られな
い。判例は、控訴裁判所が被告人の控訴取下げによる訴訟終了を決定で宣言し
たのに対する弁護人からの即時抗告に代わる異議の申立て（刑訴428条2項）を
認めている[7]。当事者に請求権がなく、職権発動を促す申立てをしたのに対
して裁判所が職権の発動をしない旨の決定をした場合、抗告の対象とはならな
いという理解が、実務では有力である。これに対しては、決定をした以上、抗
告の対象となるという主張もある。

II　抗告権

　抗告を申立てるためには、その実益が必要である（刑訴421条参照）。決定に

---

[1] 刑訴428条解説参照。
[2] 最三小決60・2・8刑集39巻1号15頁。
[3] 最三小決63・11・29刑集42巻9号1389頁。
[4] 最二小決平16・10・8判タ1168号134頁。
[5] 最三小決平24・4・20刑集66巻6号645頁。
[6] 最三小決平24・9・18刑集66巻9号963頁。
[7] 最三小決昭61・6・27刑集40巻4号389頁。

1146 第420条（判決前の決定に対する抗告）

よって法律上の不利益を受けない者は、抗告をすることができない[8]。

(後藤　昭)

> **（判決前の決定に対する抗告）**
> **第420条**　裁判所の管轄又は訴訟手続に関し判決前にした決定に対しては、この法律に特に即時抗告をすることができる旨の規定がある場合を除いては、抗告をすることはできない。
> ②　前項の規定は、勾留、保釈、押収又は押収物の還付に関する決定及び鑑定のためにする留置に関する決定については、これを適用しない。
> ③　勾留に対しては、前項の規定にかかわらず、犯罪の嫌疑がないことを理由として抗告をすることはできない。

I　本条の趣旨

本条は、刑訴419条の特則として、抗告の対象となる決定を限定する。その基本的な意味は、訴訟手続の過程で行われる決定のうちで、終局判決に対する上訴を通じてその適否を争わせれば足りるものと、独立した不服申立ての対象とするべきものとを分けることである。

II　1項による抗告禁止

本条1項は、判決に至る第一審手続の過程で、管轄または訴訟手続に関して裁判所がする決定を抗告の対象から除く。それらの決定の多くは、終局判決に対する上訴のなかで適法性を争えば足りるという考え方に基づく制限である。たとえば、関連事件の併合請求を却下する決定[9]証拠採用決定[10]、訴因変更許可決定[11]などが、その例である。付審判の決定も、被告事件の審理においてその当否を争うことができるから、抗告はできない[12]。しかし、判決前にした決定でも、それ以後の手続への影響が大きいものについて当事者に不服があれば、その時点で独立した不服申立てを許し、かつ迅速に争いを解決する必

---

[8]　東京高決平4・11・25高刑集45巻3号120頁は、接見等禁止の一部を解除する決定に対して被告人からの抗告権を否定した。

[9]　大阪高決平7・1・31判時1526号162頁。

[10]　最三小決昭29・10・8刑集8巻10号1588頁。

[11]　最三小決昭36・2・7刑集15巻2号304頁。

[12]　最一小決昭52・8・25刑集31巻4号803頁。直接には、特別抗告の可否に関する判例である。

要がある。そのような決定については、個別の条文で即時抗告の対象となることが示されている。刑訴25条（忌避申立却下決定）、刑訴316条の26第3項（証拠開示命令請求についてする決定）などが、その例である。また、本条2項も、別の理由から抗告の対象を広げている。

さらに、本条1項の制限の趣旨は、終局判決に至ることを目標としない決定には当てはまらない。したがって、付審判請求を棄却する決定に対しては、刑訴419条の本則により、抗告をすることができる※13。

Ⅲ　2項による抗告対象の拡大

本条2項は1項の特則であり、一定の強制処分について、判決前の決定であっても、抗告の対象として認める。その理由の1つは、強制処分に誤りがあれば迅速に解決して権利回復を図る必要があることである。加えて、終局判決に対する上訴によって訴訟手続の違法性を主張するためには、その違法が判決に影響するものでなければならない（刑訴379条）。これらの強制処分に関する決定は、仮に違法であっても、それが判決に影響する状況が考えにくいから、その意味でも、独立した不服申立てを許す必要がある。

勾留に関する決定には、被告人の勾留（刑訴60条1項）、勾留の更新（刑訴60条2項）、接見等の禁止に関する決定（刑訴81条）、勾留の取消しに関する決定（刑訴87条1項）、勾留執行停止（刑訴95条）、勾留理由開示請求の却下などが含まれる。勾留執行停止については、当事者の請求権がないため、被告人からの執行停止の申立てに応じない決定に対する抗告はできないという解釈が、実務では有力である。勾留理由開示自体は裁判ではないから、抗告の対象にはならない※14。

本条3項は、勾留に対して犯罪の嫌疑がないことを理由として抗告をすることを禁じている。その趣旨は、犯罪の証拠の存否は、本案審理の中心的課題であるから、勾留に対する抗告という派生的な手続で並行的に争うのは適切ではないことである。裁判官がした勾留に対する準抗告に本項が準用されることの意味については、解釈の争いがある※15。

本条2項の保釈に関する決定には、保釈許可または保釈請求却下の決定、保釈の取消し（刑訴96条1項）、保釈保証金没取決定（刑訴96条2項・3項）などが含まれる。保釈を許す決定に対して、被告人は、保釈保証金の額や保釈の条件に対する不服を理由に、抗告することもできる。

押収に関する決定には、差押え（刑訴99条1項）、提出命令（刑訴99条2

※13　最大決昭28・12・22刑集7巻13号2595頁。

※14　最二小決平5・7・19刑集47巻7号3頁。

※15　刑訴429条解説Ⅱ2参照。

項）※16、差押状の発付（刑訴106条）及び領置（刑訴101条）が含まれる。押収物の還付に関する決定には、還付、仮還付、これらの請求を却下する決定（刑訴123条）及び押収贓物被害者還付の決定（刑訴124条1項）が含まれる。

鑑定留置に関する決定には、鑑定留置を命じる決定（刑訴167条1項）のほか、鑑定留置期間延長または短縮決定（刑訴167条4項）、鑑定留置取消決定（刑訴167条5項、刑訴87条）、接見等禁止決定（刑訴167条5項、刑訴81条）なども含まれる。

（後藤 昭）

（通常抗告の時期）

第421条 抗告は、即時抗告を除いては、何時でもこれをすることができる。但し、原決定を取り消しても実益がないようになつたときは、この限りでない。

即時抗告や特別抗告と異なり、通常抗告には申立期間の定めがない。原決定を取り消す実益がある限り、いつでも申し立てることができるというのが、本条の趣旨である。この取り消す実益の中には、変更する実益も含まれる。このような実益の存在は、即時抗告、特別抗告、準抗告でも同様に申立ての適法要件である。この実益の有無は、抗告審の裁判時において、原決定が申立人に法律上の不利益を与える効果を保っているか否かによって決まる。たとえば、勾留更新後は、元の勾留決定に対する抗告の実益はなくなる。また、更新後の勾留期間が満了したときは、勾留更新決定に対する抗告の実益はなくなる※17。提出命令などの裁判に基づく義務を履行した者にも、裁判の取消しを求める実益はある。

このように実益の有無という基準だけによるなら、原決定による不利益がある限り、抗告申立てができることになる。たとえば付審判請求を棄却する決定については、対象となった事件が公訴時効を迎えるまで、いつでも抗告することができるという結果になる。これに対しては、抗告も上訴である以上、期間が条文に形式的に定められていなくても、自ずと合理的な期間の制限があるのではないかという疑問が生じる。あまりに遅い申立ては、法律関係を不安定にし、また原決定の当否の判断も難しくする。裁判例には、このような理由で抗

※16 最一小決昭44・9・18刑集23巻9号1146頁は、付審判請求事件において裁判所がする提出命令に対する抗告を認める。

※17 最三小決平6・7・8刑集48巻5号47頁。

告を不適法とするものがある※18。

準抗告の実益については、刑訴429条、刑訴430条の解説参照。

（後藤　昭）

（即時抗告の提起期間）
第422条　即時抗告の提起期間は、三日とする。

本条は、即時抗告の申立期間を3日と定める。この期間は、刑訴358条により、原決定告知の日から進行する。しかし、初日は算入されない（刑訴55条1項）。弁護人の上訴権は代理権だから、原決定が被告人と弁護人とで異なる日に送達された場合は、被告人に送達された日が基準となる※19。ただし、弁護人からの証拠開示命令請求を棄却する決定（刑訴316条の26第1項）のように、弁護人自身が裁判を受けた者となる裁判については、弁護人への謄本送達日が基準となる※20。

（後藤　昭）

（抗告の手続）
第423条　抗告をするには、申立書を原裁判所に差し出さなければならない。
②　原裁判所は、抗告を理由があるものと認めるときは、決定を更正しなければならない。抗告の全部又は一部を理由がないと認めるときは、申立書を受け取つた日から三日以内に意見書を添えて、これを抗告裁判所に送付しなければならない。

I　申立ての方法

抗告は、高等裁判所宛の申立書を原裁判所に提出するという方法で、申立てなければならない。申立書の記載事項は、法定されていない。書面の目的に照らせば、対象となる原決定を特定し、抗告裁判所にどのような裁判を求めるのかを示すべきである。条文上、控訴趣意書のような不服理由の書面での主張は、

※18　控訴棄却による本案判決確定後に、第一審裁判所の保釈保証金没取決定に対して被告人がした抗告につき、東京高決昭53・6・1刑月10巻6＝7＝8号1092頁。保釈決定による釈放の8日後に検察官がした抗告につき、東京地決昭48・3・2刑月5巻3号360頁。
※19　最一小決昭43・6・19刑集22巻6号483頁。
※20　最三小決平23・8・31刑集65巻5号935頁。

義務付けられていない。しかし判例は、即時抗告またはそれに代わる異議の申立てについて、申立人は申立書または理由書で不服の理由を示すべきであるとしている[21]。通常抗告、準抗告にも同じことが当てはまるであろう。

一般抗告で主張できる不服の理由は、刑訴420条3項のほかは制限されていない。事実問題、法律問題及び裁量の当否を含めて主張することができる[22]。

II 原裁判所の手続

申立書を受け取った原裁判所は、いわゆる**再度の考案**をする。その結果、抗告に理由があれば原決定を更正する。抗告の全部または一部に理由がないと考えるときは、意見書を添えて3日以内に申立書を抗告裁判所に送る。抗告裁判所は、高等裁判所である（裁16条2号）。刑訴375条の準用はないので、即時抗告の期間を徒過していることが明らかでも、原裁判所がこれを棄却することはできない[23]。

（後藤　昭）

（通常抗告と執行停止）
第424条　抗告は、即時抗告を除いては、裁判の執行を停止する効力を有しない。但し、原裁判所は、決定で、抗告の裁判があるまで執行を停止することができる。
②　抗告裁判所は、決定で裁判の執行を停止することができる。

本条1項は、通常抗告には、原裁判の執行を停止する効力がないことを定める。通常抗告は申立期間が法定されていないので（刑訴421条）、**停止の効力**を与えることはできない。原裁判は告知と同時に執行力を生じ、後に抗告申立てがあっても、その効力は影響されない。

しかし、回復困難な不都合を防ぐために、執行停止が適切な場合もある。そこで、本条1項但書は原裁判所が、本条2項は抗告裁判所が、原裁判の執行を停止する権限を定める。この執行停止は職権で行われ、当事者に請求権はない。しかし、当事者が職権の発動を促す申立てをすることはできる。実務上、保釈決定や勾留取消しに対する、あるいは刑訴432条により本条が準用される勾留請求却下に対する準抗告に際して、検察官が執行停止を求め、原裁判所または原裁判官が執行停止を決定する例は多い。これらの場合、執行停止の決定があ

---

[21] 最三小決昭54・11・6刑集33巻7号685頁。
[22] 最一小決昭29・7・7刑集8巻7号1065頁。
[23] 最三小決平18・4・24刑集60巻4号409頁。

るまでの間、身体拘束を続けることができるかどうかが、問題となる。実務上は、執行停止の制度がある以上、執行停止を得るために必要な合理的時間内は釈放を遅らせることができるという理解が有力である[24]。しかし、原裁判は告知と同時に執行力を持つから、執行停止決定を得るために釈放を遅らせることはできないのではないかという疑問がある。この点について、裁判例は分かれている。

　執行停止の効果には、裁判に基づく現実の執行行為を待たせるという面と、裁判の内容に伴う法律効果の発生を停止するという面とがある。勾留請求を却下する裁判は、積極的な執行が伴わないので、執行停止の対象となるかどうか問題がある。実務上は、勾留請求却下という裁判の内容的効果の発生を停止するという意味で、執行停止の対象となるという扱いが一般的である[25]。

（後藤　昭）

（即時抗告の執行停止の効力）
第425条　即時抗告の提起期間内及びその申立があつたときは、裁判の執行は、停止される。

　即時抗告は、申立期間が限定されているので、上訴一般の効力である**停止の効力**が認められている。すなわち、申立期間内及び申立後、即時抗告審の裁判までは、原決定に執行力は生じない。忌避申立てに対する簡易却下決定（刑訴24条）は、訴訟遅延を防ぐために認められるものであるから、これに対する即時抗告には、本条の適用がないと理解されている[26]。

（後藤　昭）

（抗告に対する決定）
第426条　抗告の手続がその規定に違反したとき、又は抗告が理由のないときは、決定で抗告を棄却しなければならない。
②　抗告が理由のあるときは、決定で原決定を取り消し、必要がある場合には、更に裁判をしなければならない。

---

[24]　藤永幸治他編『大コンメンタール刑事訴訟法第9巻（第2版）』（青林書院、2011年）781頁〔古田佑紀＝河村博〕。

[25]　新関雅夫他『増補令状基本問題上』（一粒社、1996年）359-360頁〔小林充〕。

[26]　最二小判昭31・3・30刑集10巻3号422頁。

I 抗告棄却決定

　本条は、抗告裁判所がするべき決定を定める。本条1項は、抗告が不適法または抗告に理由がないとき、棄却決定をすることを定める。抗告裁判所は、申立人が不服の理由として主張した点について、原決定を審査しなければならない。申立人が指摘しない点についても、申立人の不利益にならない限りで、職権で調査・判断することができる。

　抗告審は、決定手続である。ふつうは書面審理で行われるが、刑訴43条3項に拠って、事実の取調べをすることもできる。抗告裁判所は、原裁判所に提出されなかった新たな資料を考慮することもできる。ただし、被疑者の勾留請求のように厳格な時期の制約に服する請求の正当性を検察官が原裁判後に収集した資料によって基礎付けることは、法が請求時期を制限した意味を失わせるので許されない。原決定後に生じた新たな事情を考慮することができるかどうかについては、争いがある。抗告の対象となる手続上の裁判は、本質的に暫定的なものであり、事情が変化すれば、裁判所は、取消し変更あるいは新たな裁判によって対処することができる。たとえば、勾留の理由が事後的に消滅すれば、勾留の取消し（刑訴87条）という制度がある。またたとえば、いったん保釈請求を却下された被告人も、新たな事情に基づいて、再度保釈請求をすることを妨げられない。そうすると、抗告審において新たな事情を考慮する必要はないともいえる[27]。しかし、他方で、強制処分から開放すべき新事情が明らかになっているときに、抗告を棄却して、別の申立てをさせなければならない実質的な必要性もない。そのような場合には、新事情を考慮することも許される[28]。

　抗告に理由があるかどうかは、原裁判の主文を取消し、または申立人に利益に変更するべき理由があるかどうかで決まる。判例は、**裁量保釈**を許す決定に対する抗告裁判所は、原決定が裁量の範囲を逸脱していないか、すなわち不合理でないかどうかを事後的に審査すべきであり、原決定を取り消す場合には、原決定が不合理であることを具体的に指摘するべきであるとした[29]。勾留請求を却下する決定に対する準抗告裁判所による審査の方法についても、同様の審査方法を示唆する判例がある[30]。これは、原裁判所の裁量を尊重する審査方法を表している。

---

[27] 新事情の考慮を認めない裁判例として、神戸地決昭53・3・1判時911号170頁、東京高決平16・8・16家月58巻1号114頁など。

[28] 裁判例として、岐阜地決昭44・11・18判時589号92頁など。

[29] 最一小決平26・11・18刑集68巻9号1020頁。

[30] 最一小決平26・11・17判時2245号124頁。

第 427 条（再抗告の禁止）　*1153*

Ⅱ　原決定の取消しまたは変更

　本条2項は、抗告に理由があるときの裁判を定める。「更に裁判」をする必要があるのは、原決定を変更する場合と、原決定を取り消した後に、原決定の対象となった請求に対して応えるべき場合である。抗告審においても、差戻しの決定は可能であると考えられている。しかし、一般抗告においては、迅速な解決のために、自判するのがふつうである。

Ⅲ　抗告審決定の内容的確定力

　抗告審の決定が確定すると、判断内容についても確定力が生じ、同じ事項についてこれと矛盾する裁判をすることはできなくなる[31]。したがって、同じ原裁判に対して同じ理由で抗告を申立てることはできない[32]。

（後藤　昭）

　（再抗告の禁止）
　第427条　抗告裁判所の決定に対しては、抗告をすることはできない。

　抗告裁判所の決定に対しては、抗告ができない。これはその性質上、一般抗告が許されない決定であるから、抗告に代わる異議申立て（刑訴428条）もできない[33]。その代わり、一定の申立て理由に限って特別抗告（刑訴433条）が、できる。

（後藤　昭）

　（高等裁判所の決定に対する抗告の禁止、抗告に代わる異議申立て）
　第428条　高等裁判所の決定に対しては、抗告をすることはできない。
　②　即時抗告をすることができる旨の規定がある決定並びに第四百十九条及び第四百二十条の規定により抗告をすることができる決定で高等裁判所がしたものに対しては、その高等裁判所に異議の申立をすることができる。
　③　前項の異議の申立に関しては、抗告に関する規定を準用する。即時抗告をすることができる旨の規定がある決定に対する異議の申立に関し

---

[31]　最二小決平12・9・27刑集54巻7号710頁、大阪高決昭47・11・30高刑集25巻6号914頁。
[32]　札幌高決昭55・7・21高刑集33巻2号257頁。
[33]　最二小決昭27・9・10刑集6巻8号1068頁。

ては、即時抗告に関する規定をも準用する。

　地方裁判所、簡易裁判所または家庭裁判所がした決定に対しては、高等裁判所への一般抗告ができる。しかし、高等裁判所がした同種の決定に対して最高裁判所への不服申立てを認めること、最高裁判所の負担が大きくなりすぎる。そこで、この種の決定に対しては抗告を認めず、代わりに同じ高等裁判所の別の裁判体への異議申立てを認めるのが、本条1項・2項の意味である。この申立ての対象となるのは、即時抗告の対象となる決定と刑訴419条、刑訴420条により通常抗告の対象となる決定である。本条3項は、前者については即時抗告に関する規定を準用し、後者には通常抗告に関する規定を準用する。

　最高裁判所自身がした決定に対しては、本条は適用されず、原則として不服申立てはできない※34。しかし、判例は、保釈保証金没取決定のように救済手段の「合理的理由と法律的必要性」があるものについては、判決訂正の申立て（刑訴415条）と同趣旨において本条の準用による異議申立てを許している※35。最高裁判所が、刑訴386条1項の準用により上告を棄却した決定に対して、判例は同条2項の準用により即時抗告に代わる異議の申立てを許している※36。この申立ても、判決訂正の申立てと同じ性質を持つので、上告棄却決定の内容に誤りがあることを発見した場合に限り許される※37。

（後藤　昭）

（準抗告1）
第429条　裁判官が左の裁判をした場合において、不服がある者は、簡易裁判所の裁判官がした裁判に対しては管轄地方裁判所に、その他の裁判官がした裁判に対してはその裁判官所属の裁判所にその裁判の取消又は変更を請求することができる。
一　忌避の申立を却下する裁判
二　勾留、保釈、押収又は押収物の還付に関する裁判
三　鑑定のため留置を命ずる裁判
四　証人、鑑定人、通訳人又は翻訳人に対して過料又は費用の賠償を命ずる裁判
五　身体の検査を受ける者に対して過料又は費用の賠償を命ずる裁判
②　第四百二十条第三項の規定は、前項の請求についてこれを準用する。

※34　保釈取消し決定について、最一小決昭33・9・3刑集12巻13号2839頁。
※35　最二小決昭52・4・4刑集31巻3号163頁。
※36　最大決昭30・2・23刑集9巻2号372頁、最二小決昭42・5・17刑集21巻4号491頁。
※37　最一小決昭50・7・10判時784号117頁。

③　第一項の請求を受けた地方裁判所又は家庭裁判所は、合議体で決定をしなければならない。

④　第一項第四号又は第五号の裁判の取消又は変更の請求は、その裁判のあつた日から三日以内にこれをしなければならない。

⑤　前項の請求期間内及びその請求があつたときは、裁判の執行は、停止される。

I　準抗告の意味

1　原裁判の主体

本条は、裁判官がした裁判すなわち命令に対する不服申立て手段を定める。これを**準抗告**と呼ぶのが慣習である。この裁判官の中には、捜査段階または第1回公判期日前に各種の強制処分について判断する裁判官のほか、裁判長、受命裁判官と受託裁判官が含まれる。単独体の裁判所がする決定は、抗告の対象であり、本条の対象ではない。

2　申立権

準抗告の申立てができるのは、「不服がある者」である。これは、原裁判によって法律上の不利益を受ける者を意味する。

3　請求内容

準抗告は、原裁判の取消しまたは変更の請求である。

4　準抗告裁判所

準抗告に対して裁判をするのは、原則として、原裁判をした裁判官が所属する国法上の意味の裁判所の合議体である（本条1項・3項）。しかし、簡易裁判所には合議体がないので、簡易裁判所の裁判官がした裁判に対する準抗告は、管轄地方裁判所が準抗告裁判所となる（本条1項）。

5　手続

申立ては管轄裁判所への書面提出による（刑訴431条）。準抗告の手続には刑訴432条により、抗告に関するいくつかの規定が準用される。

6　上訴としての実質

準抗告は、原則として国法上の意味での上級裁判所への申立てではない。そのため、通説的な**上訴**の定義には当たらない。しかし、その機能は上訴と同じであるから、上訴に関する規定が、性質に反しない限り準用できる。

Ⅱ 対象となる裁判の種類

　準抗告の対象となる具体的な裁判の種類は、本条1項が列挙する。

1　忌避の申立てを却下する裁判とは、刑訴24条2項または刑訴26条2項により、裁判官がした忌避申立ての簡易却下である。地方裁判所の被告事件を審理する単独体の裁判官が刑訴24条によりする簡易却下も、これに含まれる[38]。

2　勾留または保釈に関する裁判の意味については、刑訴420条の注参照。ここでは、勾留請求を却下する裁判も、含まれる。勾留場所の変更を求めて、勾留の裁判に準抗告をすることもできる。刑訴規80条1項により検察官がする移送（監）の申立てへの裁判官の同意、不同意も対象となる。他方で、判例は、勾留されている被告人に移送の請求権はないという理由で、裁判官に移送請求を却下された被告人は、不服申立てができないとする[39]。逮捕と勾留の密接な結びつきを理由に逮捕状の発付に対する準抗告を認める説もあるが、判例はこれを否定している[40]。少年43条1項による勾留に代わる少年鑑別所送致の措置も、事件が家庭裁判所に送致されるまでは本条による準抗告の対象となる。少年45条4号に拠るみなし勾留も、本条の対象となる。

　判例は、起訴前の勾留に対して起訴後に準抗告を申し立てることは、利益を欠くとして認めない[41]。そこで被告人としては、刑訴87条1項により、勾留取消しを請求することになる。刑訴280条1項により、第1回公判期日前に裁判官がした勾留または保釈に関する裁判に対する不服申立ては、第1回公判期日以後も、準抗告によるべきである[42]。

　本条2項は、刑訴420条3項を準用することにより、勾留の裁判に対して、嫌疑がないことを理由に不服を申し立ることを禁じる。しかし、この制限は、犯罪の証拠があるかどうかは本案の公判審理で争うべきであるという理由による。そのため、起訴前あるいは第1回公判期日前には、この制限は準用されないという説も有力である。この点について実務は統一されていない。しかし、いずれにしても、準抗告裁判所が職権で嫌疑の有無を判断することは、可能であるというのが、一般的な理解である。

3　押収または押収物の還付に関する裁判の意味については、刑訴420条の解

---

[38]　最三小決昭31・6・5刑集10巻6号805頁。
[39]　最三小決平7・4・12刑集49巻4号609頁。
[40]　最一小決昭57・8・27刑集36巻6号726頁。
[41]　最一小決昭59・11・20刑集38巻11号2984頁。
[42]　最三小決平7・4・12刑集49巻4号609頁。

説参照。刑訴179条に拠り、証拠保全としての押収を求める請求を却下する裁判も、これに含まれる[43]。捜査機関からの請求により、差押えの令状を発付することもこれに含まれるというのが、多数説である。これに対して、許可状の発付は、それ自体で人の権利を制約する処分ではないから不服申立ての対象にはならないという説もある。しかし、通信傍受26条1項が傍受令状の発付に対する不服申立てを認めていることに照らしても、許可状も準抗告の対象となると考えるべきである。ただし、令状が発付されたことは、通常、差押えを受けるまではわからない。また、一般的な実務では、差押許可状によって差押えが行われた後の不服申立ては、刑訴430条の準抗告によるべきであって、令状の発付自体を争う利益はなくなるとされている。そのため、令状発付自体に対する不服申立ての機会は、保障されていない。これに対しては、令状の記載や令状請求手続の違法など、令状に固有の瑕疵を争うためには、差押えの実施後にも本条の申立てに拠るべきであるという反対説もある[44]。

　刑事訴訟法以外の法律に拠って裁判官がする差押え等の許可に対して、本条による準抗告は認められていない[45]。

4　本条1項3号は、「鑑定のための留置を命ずる裁判」を挙げる。しかし、刑訴420条2項に準じて、鑑定留置請求の却下など広く鑑定留置に関する裁判が対象となるというのが、一般的な理解である。

5　本条1項4号及び5号の裁判は、裁判所がした場合には即時抗告の対象となる。それに合わせるため、本条4項及び5項は、これらに対する準抗告も3日以内に申立てるべきこと、またその期間内及び準抗告には**停止の効力**があることを定めている。

（後藤　昭）

（準抗告2）
第430条　検察官又は検察事務官のした第三十九条第三項の処分又は押収若しくは押収物の還付に関する処分に不服がある者は、その検察官又は検察事務官が所属する検察庁の対応する裁判所にその処分の取消又は変更を請求することができる。

---

[43] 最二小決昭55・11・18刑集34巻6号421頁。

[44] 刑訴430条の解説も参照。

[45] 国税2条により収税官吏が裁判官に請求した差押え許可について、最大決昭44・12・3刑集23巻12号1525頁。証取（現金融商品取引法）211条により証券取引等監視委員会職員が裁判官に請求した捜索差押の許可について、東京地決平8・3・28判時1595号152頁。

② 司法警察職員のした前項の処分に不服がある者は、司法警察職員の職務執行地を管轄する地方裁判所又は簡易裁判所にその処分の取消又は変更を請求することができる。
③ 前二項の請求については、行政事件訴訟に関する法令の規定は、これを適用しない。

Ⅰ 本条の趣旨

1 制度の性質

本条は、捜査機関がした一定の処分に対する取消しまたは変更の請求の制度を定める。これは裁判に対する不服申立てではないものの、慣習的に**準抗告**と呼ぶ。抗告に関するいくつかの規定が準用される（刑訴432条）。

2 管轄裁判所

管轄裁判所となるのは、検察官または検察事務官のした処分については、その所属検察庁に対応する裁判所である（本条1項）。司法警察職員のした処分については、その処分が行われた土地を管轄する※46地方裁判所または簡易裁判所である。裁判所は、単独体で判断することができる。

3 手続

申立てと裁判の手続に関しては、刑訴431条、刑訴432条参照。

Ⅱ 対象となる処分

本条の不服申立ての対象となる処分は、刑訴39条3項の接見等の指定と押収もしくは押収物の還付に関する処分である。

1 接見指定

本条による準抗告の対象となる**接見指定**の典型は、捜査官が身体を拘束された被疑者と弁護人または弁護人となろうとする者との間の接見の日時、場所、時間を指定する処分である。接見の申出があったのに、指定もしないまま接見をさせないことは、接見指定による権利制約の極限的な形態であるから、準抗告の対象となる※47。以前の実務では、身体拘束をしている施設に対して、捜査官が「接見の日時等を別に発する指定書のとおり指定する」と書面で通知し、

※46 最一小決昭54・4・3刑集33巻3号175頁。
※47 新潟地決昭48・12・4刑月5巻12号1673頁参照。

具体的な日時の指定書がない限り接見させないという扱いがあり、それを一般的指定書と呼んでいた。これを接見の制限とみて、準抗告の対象とする裁判例も多かった。しかし、その後、判例と実務により、接見指定が以前よりも謙抑的になったことも作用して、判例は捜査官と拘禁施設との間の内部的な通知は、被疑者や弁護人に対して権利制約の効果を持たないという理由で適法とした[48]。このような理解によれば、それは準抗告の対象にもならないとされるであろう。現在の実務では、かつての一般的指定書に代えて、一部の被疑者について、捜査官が留置施設などに対して、接見等の日時等を指定することがある旨の通知をすることがある。もし、このような通知が運用上、接見交通権を制約する効果を持つことになれば、準抗告の対象とするべきである[49]。弁護人等との間での物の授受について場所等を指定する処分も、準抗告の対象となる。

近年、実務運用として始まったいわゆる**電話接見**も、接見交通権の行使形態の1つである。したがって、捜査の必要のために電話接見の日時を指定する処分も、接見指定の一種として準抗告の対象となるであろう。判例が認めるいわゆる**面会接見**[50]は、秘密性の保障がないから刑訴39条1項が保障する接見ではないと考えるなら、その日時、場所などの指定は、本条の準抗告の対象とはならないことになる。しかし、その場合でも、捜査の必要のために、本来の秘密性のある接見の実現を先に延ばさせるという処分が前提になっているならば、それに対しては本条の準抗告が可能である。

刑事訴訟法ではなく、刑事収容法に基づく接見や授受の制約について、判例は本条による準抗告の対象にはならないとする[51]。これに従えば、執務時間外であることを理由に接見させない処分についても、準抗告はできないことになる。しかし、特に留置施設においては、具体的な接見の制約が捜査の必要に基づくのか、施設の管理運営上の支障（刑事収容施設・被収容者法220条2項）に基づくのかは、弁護人には判断しがたい場面が予想できる。また、それら2つの根拠が明確には区別しにくい場面も考えられる。そのため、判例のような区別には問題もある。

接見指定に対して準抗告申立権を持つのは「不服のある者」、すなわち当該処分によって権利を制約された被疑者と弁護人等である。

---

[48] 最二小判平3・5・31判時1390号33頁。

[49] 村井敏邦＝後藤昭編『現代令状実務25講』（日本評論社、1993年）192頁〔白取祐司〕。

[50] 最三小判平17・4・19民集59巻3号563頁。

[51] かつての監獄法に基づく被告人と弁護人との間の信書授受の制限について、最一小決平14・1・10判時1776号169頁。最三小決平27・9・8裁判集刑317号343頁は、拘置所職員による弁護人からの飲食物差入れの拒否などについて、本条による準抗告はできないとした。

2 押収または押収物の還付に関する処分

(1) 対象

押収には、**差押え、記録命令付差押え**と**領置**（刑訴221条）が含まれる。差押えの中には、刑訴218条1項の令状による差押えのほか、逮捕の現場での差押え（刑訴220条1項）、勾引状、勾留状の執行現場での差押え（刑訴220条4項）がある。裁判所または裁判官が発した命令状としての差押状の執行（刑訴108条1項）も、執行手続の適否を争うために、本条の押収に含まれると解するのが多数説である。

押収に関する処分には、差押え中の出入り禁止（刑訴112条）などが含まれる。差押えに必要な処分（刑訴111条）も理論上は含まれるが、即時に終了するものに対しては、事後的な取消し請求の実益はない。差押えのための捜索は、押収とは別の処分であるから含まれない[52]。

判例は、捜索・差押えの際に、差押えの対象とならない文書などの内容を写真撮影する行為は、準抗告の対象にはならないないとした[53]。写真撮影自体は、検証としての性格を持つので押収そのものではない。しかし、非公開文書の所持者にとっては、写真撮影をされ、その情報を捜査機関に保有されている状態自体が、重要な権利侵害の継続となることがありうる。そのような場合には、押収に準じて準抗告の対象になるという説もある。記録命令付差押え（刑訴218条1項）や電磁的記録媒体の差押えに代わる処分（刑訴110条の2・222条1項）などとして捜査機関側が用意した記録媒体に電磁的記録を複写したものを差し押さえた場合、対象者の財産権を制約しないので、本条の準抗告の対象にならないという見解がある[54]。しかし、性質上は検証ともいえるそれらの処分を法は明確に差押えとして構成したのであるから、それを本条の対象から除くべき理由はない。

押収物の還付に関する処分には、還付、仮還付（刑訴222条1項、刑訴123条）、これらの請求に対する拒否または放置及び贓物被害者還付（刑訴222条1項、刑訴124条）が含まれる。差押えが違法として取り消されたために差押え物を返還する行為は、刑訴法上の還付ではないので、準抗告の対象にはならない[55]。

(2) 申立権

押収に対して申立権を持つのは「不服のある者」、すなわち押収によって権利を制約されている者である。これに当たるのは、原則的には、所持品を押収さ

---

[52] 大阪地決昭60・3・5判タ556号217頁。

[53] 最二小決平2・6・27刑集44巻4号385頁。

[54] 杉山徳明＝吉田雅之「『情報処理の高度化等に対処するための刑法等の一部を改正する法律』について（下）」法曹時報64巻5号（2012年）68頁。

[55] 最二小決平4・10・13刑集46巻7号611頁。

れた者である※56。しかし、所持者でない所有者も取消しを求める利益がある。さらに、押収物について、特に重要なプライバシーの利益を持つ者も、取消しを求める利益を認められることがある。裁判例には、公職選挙法に違反する不正な投票の嫌疑を理由に選挙管理委員会から投票済みの投票用紙が差し押えられたのに対して、被疑者である投票者は、投票の秘密を侵される立場にあるから準抗告の申立権があると認めたものがある※57。

　押収物の還付があった後は、準抗告の利益はなくなるというのが通説である。しかし、権利者が秘密にしたい文書の複製が捜査機関になお保有されているような場合には、権利制約を除去するために、なお押収の取消しを求める利益はあるという主張もある。

(3)　申立理由

　差押えに対する準抗告においては、嫌疑や対象物の関連性など、差押えの実質要件の存在を争うことができる。差押えの必要性ないし相当性についても争うことができる※58。また、令状に記載された範囲を超えて差し押えた、令状を提示しなかったなどの手続の違法を主張することもできる。令状の記載に違法がある、令状の取得方法に違法があるといった令状自体の瑕疵を本条の準抗告で主張できるかどうかについては、説が分かれる。差押えの実施後は、刑訴429条による準抗告の利益が失われるという、実務で多く採られている理解によるならば、本条の準抗告によって令状自体の瑕疵を争うことも認めなければならない。しかし、本条は捜査機関の処分に対する不服申立て手段を定めているのであるから、刑訴429条の解説に述べたとおり、令状自体の瑕疵は、本条ではなく、刑訴429条の準抗告により争うべきであろう※59。

(4)　裁判

　押収に関する準抗告を認容する決定において、裁判所は押収物の返還などを命じることができるかどうかという問題がある。実務では、準抗告裁判所は、原処分の取消しまたは変更ができるだけだという理由から、このような権限を否定する見解が有力である※60。しかし、たとえば電磁的記録媒体の差押えに代えて捜査機関が用意した媒体に電磁的記録を複写して差し押えた場合、あるいは文書の写真撮影が準抗告の対象と認められる場合のように、処分を取り消

※56　東京地決平3・5・15判タ774号275頁は、差押えに立ち会っただけの者に準抗告申立権はないとする。

※57　大阪地堺支決昭61・10・20判時1213号59頁。これに対して、被疑者以外の投票者には、準抗告の申立権を否定した。大阪地堺支決昭61・10・20判時1213号70頁。

※58　最三小決昭44・3・18刑集23巻3号153頁。

※59　廣瀬健二＝多田辰也編『田宮裕博士追悼論集（下巻）』（信山社、2003年）278-280頁〔後藤昭〕。

※60　横田安弘＝高橋省吾『刑事抗告審の運用上の諸問題（増補版）』（成文堂、1991年）227-228頁。

した後の権利回復措置をどうするべきかが明確でない事例がある。そのような場合には、裁判所は刑訴432条による準用される刑訴426条2項により、適切な措置を捜査機関に命じる必要があるであろう。

　判例は、還付請求を拒否した処分に対して準抗告があり、押収物を申立人に還付すべき場合について、裁判所は原処分を取り消したうえ、刑訴426条2項により還付を命じるべきであるとした[61]。

（後藤　昭）

（準抗告の手続）
第431条　前二条の請求をするには、請求書を管轄裁判所に差し出さなければならない。

　刑訴429条または刑訴430条の準抗告は、請求書を管轄裁判所に提出して行う。ほかの上訴のように、原裁判官や原処分者に提出するのではない。申立書には、抗告と同様に不服の理由を示すことが必要であろう。

（後藤　昭）

（準用規定）
第432条　第四百二十四条、第四百二十六条及び第四百二十七条の規定は、第四百二十九条及び第四百三十条の請求があつた場合にこれを準用する。

　本条は、抗告に関するいくつかの規定を準用することによって、刑訴429条及び刑訴430条に拠る準抗告の手続を定める。

　刑訴424条の準用により、原則として準抗告には**停止の効力**がない。その例外は、刑訴429条5項である。裁判所の裁量による執行停止は可能である。刑訴429条の準抗告の申立書は準抗告裁判所に直接提出されるが、原裁判官にも執行停止の権限があるという理解が、実務では有力である[62]。

　刑訴426条の準用により、準抗告審の決定は、準抗告の棄却または原裁判もしくは原処分の取消し、変更である。取消しの場合、同条2項の準用により、さらに必要な裁判をしなければならない[63]。準抗告審も決定手続であるから、事実の取調べができる（刑訴43条3項）。

---

[61]　最一小決平15・6・30刑集57巻6号893頁。
[62]　松尾浩也監修『条解刑事訴訟法（第4版増補版）』（弘文堂、2011年）1125-1126頁。
[63]　最一小決平15・6・30刑集57巻6号893頁参照。

刑訴427条の準用により、準抗告裁判所の決定に対して、一般抗告はできない。ただし、特別抗告（刑訴433条）は、可能である。

準抗告申立書は、直接に準抗告裁判所に提出するから、刑訴423条は準用されない。

（後藤　昭）

（特別抗告）
第433条　この法律により不服を申し立てることができない決定又は命令に対しては、第四百五条に規定する事由があることを理由とする場合に限り、最高裁判所に特に抗告をすることができる。
②　前項の抗告の提起期間は、五日とする。

I　意義

特別抗告は、最高裁判所に救済を求める抗告である。刑訴法上、他の不服申立て手段のない決定または命令に対して、限定された理由に基づいて申立てることができる。特別抗告には、憲法問題に関する終審裁判所としての最高裁判所の役割（憲81条）を確保するほか、判例形成と個別事件の救済という機能がある。

II　対象

抗告裁判所、準抗告裁判所及び抗告に代わる異議申立裁判所のした決定に対しては一般抗告ができないので（刑訴427条、刑訴432条）、特別抗告の対象となる。刑訴420条1項は、訴訟手続に関して判決前にした決定については終局判決に対する上訴を通じてその適否を争わせるために、抗告を禁じた。このような決定や命令に対しては、同じ理由で特別抗告もできないと理解されている[64]。付審判請求を認める決定についても、被告事件の審理の中でその瑕疵を争うことができるという理由で、特別抗告はできないとされている[65]。しかし、他方で判例は、判決前にした決定や命令に当たるものであっても、重大な違法があって、終局裁判に対する上訴によっては効果的な救済が期待できない場合には、特別抗告の対象となることを認めている。もっぱら時の経過を待

---

[64] 最三小決昭29・10・8刑集8巻10号1588頁、最二小決昭33・4・18刑集12巻6号1109頁。
[65] 最一小決昭52・8・25刑集31巻4号803頁。

つ目的でした判決期日変更に対する異議申立棄却決定[66]、立法で公判前整理手続が設けられる以前の訴訟指揮権に基づく証拠開示命令に対する異議申立棄却決定[67]、付審判請求手続における請求人への記録閲覧許可決定に対する異議申立却下決定[68]などにその例がある。

最高裁判所のした決定に対しても特別抗告はできない[69]。ただし、刑訴428条に準じて異議の申立てが許される場合がある[70]。

逃亡犯引渡10条1項3号に基づいて東京高等裁判所が行う、引渡しをすることができる場合に該当するとの決定について、判例は、刑訴法上の決定ではないという理由で、特別抗告の対象にならないとしている[71]。少年20条に基づく検察官送致決定に対しても、特別抗告は認められない[72]。

Ⅲ 申立理由

特別抗告を申立てることのできる不服の理由は、刑訴405条の事由、すなわち**上告理由**と同じである。簡単にいえば、原決定の憲法違反または判例違反に限られる。ただし、刑訴411条と同様の職権取消しの権限は、特別抗告審である最高裁判所にも認められる[73]。したがって、法定の特別抗告の理由がなくても、たとえば原決定に法令違反や裁量の甚だしい不当があって、これを取り消さなければ著しく正義に反する場合には、原決定を取り消すことができる。

Ⅳ 申立期間

本条2項により、特別抗告の申立期間は、原裁判の告知から（刑訴358条）5日間である。弁護人と被告人に異なる日に原決定が送達されたときは、被告人に対する送達日が基準となる。

特別抗告にも申立ての利益が必要であるから、法定の期間内に申立てられても、原原裁判の効力が消滅したような場合には、不適法となる[74]。

---

[66] 最三小決昭36・5・9刑集15巻5号771頁。

[67] 最二小決昭44・4・25刑集23巻4号275頁。

[68] 最二小決昭49・3・13刑集28巻2号1頁。

[69] 最大決昭30・12・23刑集9巻14号2991頁、最二小決昭30・10・31刑集9巻11号2349頁。

[70] 刑訴428条解説参照。

[71] 最一小決平2・4・24刑集44巻3号301頁。

[72] 最二小決平17・8・23刑集59巻6号720頁。

[73] 最三小決昭36・5・9刑集15巻5号771頁。

[74] 勾留更新決定後の勾留期間が満了した場合につき、最三小決平6・7・8刑集48巻5号47頁。

V　申立て手続

特別抗告の申立て手続については、刑訴434条解説参照。

（後藤　昭）

（準用規定）
第434条　第四百二十三条、第四百二十四条及び第四百二十六条の規定
は、この法律に特別の定のある場合を除いては、前条第一項の抗告につ
いてこれを準用する。

　本条は一般抗告に関するいくつかの条文を準用することによって、特別抗告
の手続を定める。
　刑訴423条1項の準用により、特別抗告の申立ては書面でしなければならず、
その申立書は、原裁判所に提出する。申立書には、抗告の理由を簡潔に記載し
なければならない。刑訴規274条に抗告の「趣旨」とあるのは、「趣意」すなわ
ち不服理由の意味である。ただし、申立期間内であれば、申立理由の追完がで
きる[75]。刑訴423条2項の準用により、原裁判所には、再度の考案による決定
更正の機会がある。
　特別抗告の申立期間は限定されているが、刑訴424条の準用により、その期
間内も、申立後も原裁判の執行は停止されない[76]。ただし、原裁判所も最高
裁判所も原決定の執行を停止することができる。抗告裁判所の決定に対して特
別抗告があったとき、最高裁判所は原々決定の執行を停止することもでき
る[77]。
　特別抗告審の裁判には、刑訴426条が準用される。申立てが適法であれば、
特別抗告裁判所は、申立人が主張した不服理由についてだけ判断する。ただし、
それ以外の刑訴405条に規定する理由についても、職権で調査することができ
る（刑訴規275条）。

（後藤　昭）

---

[75] 最三小決昭34・4・13刑集13巻4号448頁参照。
[76] 最一小決昭54・3・29刑集33巻2号165頁は、刑の執行猶予取消し決定に対する即
時抗告棄却決定に対する特別抗告の継続中に執行猶予期間が経過しても、執行猶予取消
し決定の効力は失われないとする。
[77] 最一小決昭56・10・2刑集35巻7号683頁。

1166 第4編 再審〔前注〕

第4編 再審

〔前注〕

　再審は、確定した裁判について、事実誤認を理由として裁判をやり直す制度である。裁判の確定とは、三審制をとる現行法の下で上訴が適法に行われないか、上訴の手段が尽くされたがゆえに、それ以上その事件について裁判を行い得ない状態を意味するから、再審は通常の裁判手続の例外をなす非常救済手続である。刑事訴訟法の認める非常救済手続には、再審と非常上告の2種類がある。両者は、前者が事実誤認を理由とするものであり、後者が法令違反を理由とするものである点で区別される。

　現行法が再審を認めるのは、確定した有罪判決に対してだけであり、この点は、検察官による被告人に不利益な再審請求を認めていた旧法（旧刑訴486条、493条）とは異なる。旧法下では、利益・不利益の双方で再審を認めていたため、再審は裁判の確定力を犠牲にして実体的真実主義を貫徹するための制度と捉えられていた。これに対して現行法の下では、憲法39条が無罪判決の一事不再理効を規定したことを受けて、**不利益再審**が廃止され、**利益再審**のみが認められているので、実体的真実発見のためではなく、誤った確定有罪判決からの被告人の救済、すなわち無辜の救済を目的とする制度として再審制度が純化されたといえる。

　しかし、不利益再審が廃止された点を除くと、再審の規定に旧法との大きな差異はない。すなわち、再審理由の大半、原確定判決をした裁判所に対して再審請求を行わせる点、請求に対する判断の段階（再審請求手続）と再審開始決定が確定した後の再審公判との二段階に手続を分けている点、確定判決を受けた者による再審請求だけでなく、検察官による請求を認めている点などは、ほとんど旧法の規定を引き継いだものとなっているのである。

（水谷規男）

（再審を許す判決、再審請求の理由1）
第435条　再審の請求は、左の場合において、有罪の言渡をした確定判決に対して、その言渡を受けた者の利益のために、これをすることができる。
一　原判決の証拠となつた証拠書類又は証拠物が確定判決により偽造又は変造であつたことが証明されたとき。
二　原判決の証拠となつた証言、鑑定、通訳又は翻訳が確定判決により虚偽であつたことが証明されたとき。

三　有罪の言渡を受けた者を誣告した罪が確定判決により証明されたとき。但し、誣告により有罪の言渡を受けたときに限る。

四　原判決の証拠となつた裁判が確定裁判により変更されたとき。

五　特許権、実用新案権、意匠権又は商標権を害した罪により有罪の言渡をした事件について、その権利の無効の審決が確定したとき、又は無効の判決があつたとき。

六　有罪の言渡を受けた者に対して無罪若しくは免訴を言い渡し、刑の言渡を受けた者に対して刑の免除を言い渡し、又は原判決において認めた罪より軽い罪を認めるべき明らかな証拠をあらたに発見したとき。

七　原判決に関与した裁判官、原判決の証拠となつた証拠書類の作成に関与した裁判官又は原判決の証拠となつた書面を作成し若しくは供述をした検察官、検察事務官若しくは司法警察職員が被告事件について職務に関する罪を犯したことが確定判決により証明されたとき。但し、原判決をする前に裁判官、検察官、検察事務官又は司法警察職員に対して公訴の提起があつた場合には、原判決をした裁判所がその事実を知らなかつたときに限る。

I　本条の趣旨

　再審請求の対象となる確定判決と再審の理由を定めた規定である。第4編再審〔前注〕で指摘したように、再審請求の対象となるのは「有罪の言い渡しをした確定判決」のみである。ここに言う「確定判決」には、第一審の有罪判決だけでなく、略式命令（刑訴470条により確定判決と同一の効力が認められる）や上訴審の破棄自判判決も含まれる。

　再審請求の理由には、大きく分けると2つの種類がある。1つは、確定判決が誤った手続によって、あるいは虚偽の証拠や事実に基づいて行われた結果、事実判断を誤った場合である。これを**ファルサ型再審**という。本条1号から5号までと、7号の場合、および刑訴436条の場合がこれにあたる。2つめは、確定判決が事実認定に用いた証拠とは別の新たな証拠によって、確定判決が事実を誤認していたことが明らかになる場合である。これを**ノヴァ型再審**という。本条6号の場合がこれにあたる。

　ファルサ型の場合は、誤った手続や証拠に基づいて有罪判決が下され、それが確定した状態にあるので、当該手続や証拠を除外して事実認定をやり直す必要が生じる。ノヴァ型の場合は、たとえ確定判決が依拠した旧証拠に基づく事実認定に誤りがなかったとしても、確定判決が考慮しなかった新証拠が発見されたことにより、新証拠を加えて事実認定をやり直す必要が生じる。いずれの場合にも再審は、確定判決をした裁判所の事実認定の当否を問題にするのでは

なく（それは通常手続における事実誤認の救済の問題である）、確定判決の基礎となった手続や証拠状態が変化したことを受けて（ファルサ型の場合は虚偽証拠等を除いて、ノヴァ型の場合は新証拠を加えて）判断をやり直すところに特徴がある。

Ⅱ 各号の再審請求理由

1号は、証拠物又は証拠書類が偽造、変造されたものであった場合である。「原判決の基礎となった」とは、確定審で証拠調べがなされただけでは足りず、確定有罪判決が有罪認定の証拠として引用した場合を言うとするのが判例[1]である。また、偽造または変造の事実が刑事の「確定判決」によって証明されなければならないとされているので（2号、3号、7号の場合も同様であるが）、これが実際に認められる例はまれである。

2号は、証言、鑑定、通訳または翻訳が虚偽であった場合である。「証言」とは、宣誓した証人の証言のみを指し、手続を分離しないで行われた共同被告人の公判廷での陳述は、宣誓を欠くため本号には含まれないとするのが判例である[2]。ただし、共同被告人の陳述が虚偽であったことを別の証拠（当人の新たな供述を含む）により示した場合には、6号に該当する可能性があるし、2号が適用される証言が虚偽であったことが明らかになったことによって、無罪の結論に至ることがあり得るから、2号と6号との重畳的適用もあり得るというべきである。

3号は、有罪判決を受けた者を誣告したことが明らかになった場合である。誣告罪は、「虚偽の告訴、告発その他の申告」が要件となる犯罪である（刑172条）から、誣告罪の確定判決は申告された犯罪事実が存在しないとの判断を含む。誣告の事実について有罪が確定した後になお申告された犯罪で有罪判決が維持されることは、直截に矛盾をはらむ確定有罪判決を残すことになる。したがって、これが再審理由とされているのである。

4号は、確定判決の証拠となった裁判が変更された場合である。ここでいう「裁判」には民事の裁判を含み、裁判の形式も判決、決定、命令のいずれでもよいと解されている。

5号は、特許権、実用新案権、意匠権または商標権を侵害した罪による有罪判決が確定した後に、その権利が無効になった場合である。この場合も確定判決が前提となる事実の点でその基礎を失っているのであるから、再審による救済の対象とされたのである。

---

[1] 大決昭8・6・8刑集12巻771頁、ただし、同旨の規定であった旧法485条2項に関する判示。

[2] 最二小決昭42・5・26刑集21巻4号723頁。

6号は、新証拠が発見された場合である。ノヴァ型再審を認める本号は、「あらたに発見」された証拠により、「無罪若しくは免訴を言い渡し、刑の言渡を受けた者に対して刑の免除を言い渡し、又は原判決において認めた罪より軽い罪を認める」べき事実誤認が、明らか（明白）であることを要件としている（6号の各要件については、Ⅲに詳述する）。

　7号は、確定判決に関与した裁判官、原判決の証拠となった証拠書類を作成した検察官等が当該事件において職務犯罪を犯した場合である。この場合は、裁判の公正確保が再審事由とした趣旨だとされ、5号までとはやや趣を異にする。しかし、このような場合には職務犯罪の結果である手続や証拠は適正手続の観点から維持し得ないので、それらを除いて判断をやり直す必要が生じる。問題のある証拠（手続）を除いて新たな判断が必要とされる、という意味では、本号は5号までと共通したファルサ型の性格を有するのである※3。

Ⅲ　ノヴァ型再審の要件

　実際に再審請求事件が最も多く依拠するのが本条6号の規定であり、判例の集積も理論的検討も進んでいる。上述の3つの要件は**証拠の新規性**、無罪等を言い渡すべき事実誤認、**明白性**の3つに分けて論じられている。

1　証拠の新規性

　ノヴァ型再審では、新証拠が必要とされる。再審請求に当たって提出された証拠が、「あらたに発見」した証拠かどうかを、新規性の要件と呼ぶ。一般に新規性が認められるためには、確定判決が事実認定の用に供しなかった証拠であって、証拠資料または証拠方法が確定判決の用いた旧証拠と異なっていることが必要であると解されている。したがって、確定判決前に存在した証拠であっても、確定審までに法廷に顕出されず、事実認定に用いられなかった証拠はなお新規性を有するし、同一人の供述も供述内容が異なれば新規性は認められる。また、同じ鑑定結果を示す鑑定のように、証拠資料としての意味が同一

※3　本条7号と6号の関係について最近、「6号の再審事由は、確定判決の形式的又は手続的な瑕疵を問題とするその余の再審事由と異なり、確定判決における犯罪事実の認定自体の実体的な瑕疵が問題になる場合が想定されている」として、捜査官が当該事件について職務犯罪を犯したことが認められる場合には、6号によるべきでなく、7号を適用するべきだとする決定が登場した（札幌高決平28・10・26判タ1436号133頁）。しかし捜査官が当該事件において職務犯罪（このケースの場合には違法なおとり捜査）を犯したことが新証拠によって明らかになった場合、違法捜査の結果獲得された証拠の証拠能力が否定されることになる。その結果、確定判決の有罪認定を維持し得なくなった場合に6号の適用を認めるべきであって、2号の場合と同様、7号についても6号との重畳的適用はあり得ると考えるべきである。

1170 第435条（再審を許す判決、再審請求の理由1）

であっても、新たな鑑定方法によるものは新規性があることになる。これに対して判例の中には、新規性は裁判所にとってだけでなく、当事者（請求人）側にも要求されると解するものがあり、確定審でその証拠の存在を知りながら公判廷に顕出しなかった場合[4]や、再審請求の段階に至って、はじめてその証拠の意義に気づいた場合[5]に新規性が否定された例がある。

2 無罪その他の事由

この要件は、確定判決の事実認定を維持しがたく、かつ新証拠によって被告人に有利な判断が下され得る場合を言うことになる。この点で、判例が「確定判決が科刑上一罪として処断した一部の罪について無罪とすべき明らかな証拠を新たに発見した場合は、その罪が最も重い罪ではないときであっても、主文において無罪の言渡しをすべき場合に準じて、6号の再審事由にあたる」[6]と判示していることは、利益再審の趣旨を拡張的に解しようとするものとして注目される。

3 明白性

新証拠が無罪等を言い渡すべき「明らか」な証拠かどうかを明白性の要件と呼ぶ。これが本号における議論の焦点となっている問題である。かつては、明白性が認められるためには、再審請求にあたって提出された新証拠が、当該証拠の証明力によって確定判決の有罪認定を覆す高度の蓋然性が認められなければならないとされた[7]。しかしこれでは、明確なアリバイ証拠が新証拠として提出された場合や真犯人が発見された場合など、ごく限られた場合にしか再審は開始されないことになる（当時再審は「針の穴から駱駝を通すよりも難しい」と評された）。そしてこの新証拠それ自体に旧証拠による有罪認定を覆す高度の証明力を要求する考え方は、**孤立評価**説と呼ばれたが、再審を求める請求人・弁護人達の努力と再審理論の進展によって克服されていくことになる。

4 白鳥決定とその意義

その成果として、後の再審による誤判救済の道筋をつける画期的な判例変更を行ったのが、1975（昭和50）年5月20日のいわゆる**白鳥決定**である[8]。白鳥決定は、「無罪を言い渡すべき明らかな証拠」とは「確定判決における事実認定につき合理的疑いをいだかせ、その認定を覆すに足りる蓋然性のある証拠」

---

[4] 最三小決昭29・10・19刑集8巻10号1610頁。
[5] 東京高決昭46・7・27高刑集24巻3号473頁。
[6] マルヨ無線事件決定、最三小決平10・10・27刑集52巻7号363頁。
[7] 東京高決昭32・3・12高刑特4巻6号123頁。
[8] 最一小決昭50・5・20刑集29巻5号177頁。

をいい、その判断にあたっては、「もし当の証拠が確定判決を下した裁判所の審理中に提出されていたとするならば、はたしてその確定判決においてなされたような事実認定に到達したであろうかという観点から、当の証拠と他の全証拠とを総合的に評価して判断すべき」であるとした。つまり、新証拠自体に「有罪認定を覆すに足りる高度の蓋然性」が認められるだけの証明力は要求されず、旧証拠を含む全証拠と新証拠とを総合的に評価し直して（**総合評価・再評価説**と呼ばれる）、その結果、確定判決の事実認定に合理的疑いが生ずれば、再審を開始するということである。そしてその際、白鳥決定は「疑わしいときは被告人の利益に」という刑事裁判の鉄則が再審請求の段階にも妥当する、と宣言した。

この白鳥決定を契機として、再審による誤判救済の動きは活性化し、免田、財田川、松山、島田のいわゆる死刑再審4事件を含む多くの救済事例が生まれた。白鳥決定以降の救済事例の特徴は、総合評価・再評価という白鳥決定が示した明白性の判断方法を踏襲し、新証拠の証明力それ自体を重視するのではなく、確定判決の事実認定の誤りを再評価によって端的に指摘することによって、再審開始決定が出された点にある（これを最もよく示すのが**財田川決定**である。この事件では、旧証拠の証明力を減殺するような新証拠は提出されていなかったが、それでも最高裁は、総合評価によって確定判決の事実認定に合理的疑いが生じる可能性があることを認め、棄却決定を破棄して差戻しを行ったのである[9]）。またこれらの事件では、再審公判においても開始決定が示した有罪認定への合理的疑いがほぼそのまま認められて無罪判決が下され、それが確定している。

5　救済を否定する論理

しかし、このような救済の進展は、他方でノヴァ型再審が事実上新証拠によってではなく、旧証拠の評価の変更によって認められることになる点を問題視し、再審が事実上の第四審と化しており、再審の非常救済制度としての性格とそぐわないと批判も生んだ[10]。そして、白鳥決定自体の意義についても、旧証拠の再評価が許されるのは、新証拠の立証命題に関連する部分に限られる[11]と限定的に理解する立場（**限定的再評価説**）が生じた。

またさらに、白鳥決定が実際の事件に関する判断としては、新証拠による旧

---

[9] 最一小決昭51・10・12刑集30巻9号1673頁。

[10] 藤永幸治「再審法の新展開」石原一彦他編『現代刑罰法体系6』（日本評論社、1982年）271頁以下は、白鳥決定を受けて本条6号の要件を緩和しようとする立法提案を「四審どころか無限の審級制度を認める結果」になると批判する。

[11] その嚆矢として、田崎文夫『最高裁判所判例解説刑事編昭和50年度』（法曹会、1979年）93頁。

証拠の証明力の大幅な減殺（新鑑定による旧証拠中の証拠弾丸の証明力の大幅な低下）を認めながらも、請求棄却の結論を維持したものであったところから、旧証拠の証明力が減殺されても、それだけでは直ちに確定判決の事実認定に合理的疑いが生じたとはいえず、新証拠によって旧証拠の一部の証明力が減殺された場合には、あらためて新旧全証拠による総合評価を行い、合理的疑いが生ずるか否かを審査する、という理解も生じた。この理解を示した例が、名張事件第5次再審請求に関する最高裁決定[12]である。また、新証拠による旧証拠の証明力の減殺が認められた場合の総合評価のあり方について、「確定判決が標目を挙示しなかったものであってもその審理中に提出されていた証拠、再審請求後の審理において新たに得られた他の証拠」も判断に加えることができるとして、旧証拠以外の不利益証拠を考慮することを認める例[13]も現われた（ただし、いずれの決定も白鳥決定、財田川決定を引用しており、自覚的に判例変更を行ったものではない）。これらの決定に現われた新しい動きは、結局「総合評価」の名の下に再審請求審が新たな有罪認定をすることを許容するものに他ならず、無辜の救済を理念とする再審制度に背馳するものと言わざるを得ない。

6　明白性判断のあり方

では、翻って考えた場合、白鳥決定、財田川決定が示した再評価、総合評価のあり方とはいかなるものであろうか。本号による再審請求の審理において、白鳥、財田川決定の判示に従えば、最終的に問われるのは、「確定判決の事実認定に合理的疑いが生じるか否か」である。そしてこの判断は、新証拠が提出されたのを受けて行われるから、ここで問われているのは新証拠が事実認定にどのような影響を与えるかである。しかし、この判断は新証拠の証明力それ自体を問題にするのではない。そこで、近時の有力な学説である**証拠構造論**は明白性の判断方法を以下のように整理する。

まず新証拠の意義を明らかにする前提として、確定判決が旧証拠をどのように評価して有罪認定に至ったかを読み解く（この段階を(a)証拠構造の確認と呼ぶ）。この作業によって、確定判決がどの証拠に依拠して何を認定したか、が明らかになる。次いで、証拠同志の連関がどのようなものかが分析され、確定判決の事実認定の質と強度が明らかにされる（この段階を(b)証拠構造の分析と呼ぶ）。その次の段階としては、再審請求を受けた裁判所による旧証拠の再評価が行われる（この段階を(c)旧証拠の再評価の段階と呼ぶ）、そして、最終段階として、再評価の結果を踏まえて新証拠を投入し、新旧証拠を総合評価することにより、新証拠が旧証拠のどの部分の証明力に影響を与え、結果として合理的疑いが生じるのか否かが判断される（この最終段階が(d)総合評価である）。こ

---

[12] 最三小決平9・1・28刑集51巻1号1頁。

[13] 前掲[5]最三小決平10・10・27刑集52巻7号363頁、前掲[6]マルヨ無線事件決定。

のような判断方法は、実は白鳥決定以降の再審開始決定の多くが踏襲している判断方法そのものでもある[14]。なお、同じく証拠構造論を唱えながら、上記の(b)、(c)の過程を一体として捉えたうえで、(a)、(b)、(c)の段階を「証拠構造分析」と呼ぶ見解もあるが[15]、いずれの説明でも、証拠構造論が「証拠構造分析」によって、再審請求審における弾劾対象たる確定判決の事実認定の問題点を明らかにし、新証拠が事実認定に与える影響と合理的疑いの発生を可視化することを目的とする理論であることに変わりはない。

しかし、このような学説の展開がある一方で、再審実務は現在錯綜した状況にある。すなわち、上記の学説をそのまま取り入れているわけではないにしても、少なくとも確定判決の事実認定に合理的疑いが残ることを総合評価によって率直に認めた開始決定[16]が存在する一方で、限定的再評価ないし孤立評価の考え方に立って、旧証拠による事実認定の問題点を検討しようとする姿勢す

---

[14] 川崎英明『刑事再審と証拠構造論の展開』（日本評論社、2003年）117-120頁。

[15] 佐藤博史「再審請求における証拠構造分析と証拠の明白性判断」『松尾浩也先生古稀祝賀論文集（下巻）』（有斐閣、1998年）668-669頁。川崎説との違いは単に同じプロセスのまとめ方の違いと言うことはできず、再評価を再審請求を受けた裁判所がフリーハンドで行い得るか否かという点に実際的な差異をもたらすように思われる。

[16] 最近の開始決定の例としては、以下のものがある。2002（平成14）年3月26日の大崎事件の第1次請求・請求審決定（鹿児島地裁・判タ1207号259頁）、2005（平成17）年4月5日の名張事件第7次請求・請求審決定（名古屋高裁）、2005（平成17）年9月21日の布川事件第2次請求・請求審決定（水戸地裁土浦支部）、2008（平成20）年7月14日の同事件の抗告審決定（東京高裁・判タ1290号73頁）、2009（平成21）年6月23日の足利事件抗告審決定（東京高裁・判タ1303号90頁）、2011（平成23）年11月30日の福井事件の請求審決定（名古屋高裁金沢支部）、2012（平成24）年3月7日の東住吉事件の請求審決定（大阪地裁）、同事件の即時抗告審決定（大阪高決平27・10・23判例集未登載）、2012（平成24）年6月7日の東電OL殺人事件の請求審決定（東京高裁・高刑集65巻2号4頁）、同年7月31日の同事件の異議審決定（東京高裁）、2014（平成26）年3月27日の袴田事件第2次請求・請求審決定（静岡地裁・判時2235号113頁）、2016（平成28）年6月30日の松橋事件請求審決定（熊本地裁）、2017（平成29）年6月28日の大崎事件第3次請求・請求審決定（鹿児島地裁・判時2343号23頁）、2017（平成29）年12月20日の湖東記念病院事件即時抗告審決定（大阪高裁・判例集未登載、検察官が特別抗告）、2018（平成30）年3月12日の大崎事件第3次請求・即時抗告審決定（福岡高裁宮崎支部、判例集未登載、検察官が特別抗告）。

ら示さずに、再審請求を棄却する例※17とが相半ばしているのである。そして、後者の再審の門を閉ざそうとする裁判例を前に、再審を闘う多くの事件で請求人側が旧証拠を凌駕する新証拠を求めて苦渋の活動を強いられている。これでは白鳥決定以前の法解釈に戻ったのと同じである。本条6号が誤った有罪判決からの無辜の救済を目的として置かれた規定であることが白鳥決定の意義を再確認しつつ想起し直されるべきであろう。

（水谷規男）

（再審を許す判決、再審請求の理由2）

第436条 再審の請求は、左の場合において、控訴又は上告を棄却した確定判決に対して、その言渡を受けた者の利益のために、これをすることができる。

一　前条第一号又は第二号に規定する事由があるとき。

二　原判決又はその証拠となつた証拠書類の作成に関与した裁判官について前条第七号に規定する事由があるとき。

②　第一審の確定判決に対して再審の請求をした事件について再審の判決があつた後は、控訴棄却の判決に対しては、再審の請求をすることはできない。

③　第一審又は第二審の確定判決に対して再審の請求をした事件について再審の判決があつた後は、上告棄却の判決に対しては、再審の請求をすることはできない。

I　本条の趣旨

上訴を棄却した確定判決に対しても再審をなし得ることを規定したものである。上訴を棄却する判決が確定した場合、これによって原審の判決が確定する。この原審の判決に対しては、刑訴435条により再審請求ができるが、本条はそれとは別に再審事由を認めたのである。上訴棄却の判決は、犯罪事実を認定し、刑罰を言渡すものではないから、本来は事実認定の誤りを救済するための手続である再審の対象にならない。しかし、上訴を棄却する判断の基礎となった証

※17 最近の棄却決定の例としては、以下のものがある。2005（平成17）年3月16日の狭山事件第2次請求特別抗告棄却決定（最高裁第一小法廷・判時1887号15頁）や、2006（平成18）年3月27日の日野町事件棄却決定（大津地裁）、名張事件の第7次請求異議審決定、同事件の差戻し異議審決定（平18・12・26判タ1235号94頁、平24・5・25、いずれも名古屋高裁）、2013（平成25）年3月6日の福井事件の異議審決定（名古屋高裁）、同日の大崎事件第2次請求、請求審決定（鹿児島地裁）、2018（平成30）年6月11日の袴田事件第2次請求・即時抗告審決定（東京高裁・判例集未登載、請求人が特別抗告）。

拠等に一定の事由があるときなどには、事実認定に対する疑問や裁判の合法性自体に疑問が生じる。たとえば、次のような場合である。すなわち、控訴審、あるいは上告審において裁判所が事実の取調べをし（刑訴393条、刑訴414条で上告審に準用）、そこで取調べた証拠について偽造等が明らかになった場合（本条1項1号）や、（上訴棄却の）確定判決に関与した裁判官がその事件について職務犯罪を犯した場合（本条1項2号）である。このような場合、刑訴435条の再審事由にはあたらないから、別途再審事由を認める意義があるのである。なお、本条によって上訴棄却の判決に対して再審が認められた場合には、原審判決の確定力も失われ、上訴判決がない状態になるのであるから、再審公判において控訴または上告審の判断がやり直されるべきことになり、結局原審判決に対して再審を許したのと同一の効果を持つことになる。

Ⅱ 再審が認められる場合

規定上は「控訴又は上告を棄却した確定判決」が本条の対象となる確定裁判であるが、判例は上告棄却の決定が本条にいう「確定判決」に含まれるとしている[18]。逆に、学説上裁判の形式が判決であっても、上訴を不適法として棄却した判決（刑訴395条、刑訴414条で上告審に準用）は、本条にいう「確定判決」に含まないとの見解があるが、上訴を不適法とする判断について本条所定の事由があることは想定し得るので、このような区別は不要であろう[19]。

Ⅲ 請求の競合に対する処理

本条2項、3項は、刑訴435条による原審の確定判決に対する再審請求と本条による上訴審の確定判決に対する再審請求とが競合することを想定したものである。原審の確定判決に対する再審請求が認められ、「再審の判決があった」、すなわち再審公判において下された判決が確定した後には、控訴審または上告審の判決に対し本条により再審請求をすることはできないとの趣旨である。原審判決の確定力は再審判決によって失効するので、失効した判決に対する上訴審の判断を問題にする余地はなくなる。本条2項、3項はそのことを確認的に規定したものである。

（水谷規男）

---

[18] 最大決昭31・5・21刑集10巻5号717頁。

[19] 平場安治他著『注解刑事訴訟法（下巻）（全訂新版）』（青林書院、1983年）337頁〔高田卓爾〕。

（確定判決に代わる証明）

第437条　前二条の規定に従い、確定判決により犯罪が証明されたことを再審の請求の理由とすべき場合において、その確定判決を得ることができないときは、その事実を証明して再審の請求をすることができる。但し、証拠がないという理由によつて確定判決を得ることができないときは、この限りでない。

I　本条の趣旨

　刑訴435条1号、2号、3号、4号、5号、7号、および刑訴436条の再審事由は、いずれも再審事由にあたる事実を確定判決によって証明することを要求している。このうち、435条1号、2号、3号、7号、436条の場合は刑事裁判の確定有罪判決が必要である。しかし、これらいずれの場合にも、対象者の死亡、時効の完成、起訴猶予処分などの理由によって、当該事実は証明可能であるのに確定有罪判決が得られないという場合が想定できる。そこで、本条は確定判決が得られない場合でも**確定判決に代わる証明**があれば再審請求を許すものとしている。確定判決がある場合との公平を期す趣旨である。本条但書は、証拠がないという理由で確定判決が得られないときを除外しているが、これは証拠がない場合は当該事件について確定判決が得られる見込みがなく、公平の見地から見ても救済すべき場合にあたらないからである[20]。

II　証明の範囲

　本条で証明が要求されるのは、「確定判決を得ることができない」という事実と再審事由となる事実の両方である。

　前者については、偽造や偽証について捜査あるいは裁判が継続中であればこれにあたらないとされているが[21]、請求人側から告訴あるいは告発するなどして捜査を促すことができ、逆に対象者の死亡、時効完成、起訴猶予処分などがある場合には、確定判決が得られないとの事実を証明することは比較的容易であるので問題は少ないと思われる。

　しかし、後者については、証拠収集の権限を持たない（元）被告人側が証明することは困難な場合が多いであろう。そこで、元被告人側から再審請求をす

---

[20]　「証拠がない」場合には、当該裁判で証拠不十分との理由で無罪が言い渡された場合のほかに、検察官が嫌疑不十分として不起訴にした場合を含むとする判例（福岡高決昭30・5・23高刑特2巻11号534頁）がある。

[21]　大阪高決昭27・7・5高刑集5巻6号1030頁。

る場合については、有罪判決を下し得るほどの高度な証明は要求せず、証拠の優越で足りるとする判例がある※22。ことに、証人が偽証したことによって有罪判決を受けた場合については、刑訴435条2号の再審事由と刑訴435条6号の再審事由が併せて主張される場合があり得る。この場合6号について新旧証拠の総合評価によって判断すべきであるとする判例の枠組みに従えば、偽証であることの疑いが旧証拠を再評価する場面で生じ、請求人側が刑訴435条2号の証明に用いようとする資料と旧証拠を併せ判断したときに、偽証であることが証拠の優越の限度で証明される場合があり得る。その場合には、本条によって再審請求を認めることができると解すべきであろう。また偽証の内容如何によっては、重畳的に6号の事由ありと認めることができる場合もあると考えられる。

（水谷規男）

（再審請求の管轄）
第438条 再審の請求は、原判決をした裁判所がこれを管轄する。

　再審請求について裁判所の管轄を定めた規定である。再審請求審は確定判決を下した裁判所が管轄する。ただし、請求時期の限定がない再審は、旧法下の事件についてもなし得るので、確定判決を下した裁判所がすでに存在しないことがあり得る。そこで、大審院のした確定判決に対しては東京高等裁判所が（[裁施行規則1条）、旧植民地の裁判所がした確定判決に対しては最高裁が指定した裁判所が（刑訴16条）再審請求審を管轄することとされている。控訴審、上告審が確定判決を下した場合についても当該裁判所が再審請求審を管轄するが、控訴審、上告審には事後審あるいは法律審としての制約があるので、制度論としてこれに対する疑問も示されている※23。

　本条にいう「裁判所」は、**国法上の裁判所**をいうと解するのが一般的な理解である。誤った確定判決を下したとされる裁判所に再審請求を審理させることが適切でないことに鑑みれば、この通説的な理解が妥当であろう。なお、実務はこの規定にいう「裁判所」を**訴訟法上の裁判所**として運用していると指摘されることがあるが、これは、審理を担当する部を同一にするという意味であって、同一の構成の裁判所によるという意味ではない。むしろ、再審請求審の審理の公正さを担保するためには、原判決に関与した裁判官は除斥されると考えるべきである。判例はこの点を消極に解し、原判決に対する控訴審に関与した

※22　名古屋高決昭36・4・11高刑集14巻9号589頁（厳窟王事件）。
※23　松尾浩也監修『条解刑事訴訟法（第4版）』（弘文堂、2009年）1139頁。

1178　第439条（再審請求権者）

裁判官[24]や前の再審請求に関与した裁判官[25]でも除斥されないとしているが、疑問である。

（水谷規男）

（再審請求権者）
第439条　再審の請求は、左の者がこれをすることができる。
一　検察官
二　有罪の言渡を受けた者
三　有罪の言渡を受けた者の法定代理人及び保佐人
四　有罪の言渡を受けた者が死亡し、又は心神喪失の状態に在る場合には、その配偶者、直系の親族及び兄弟姉妹
②　第四百三十五条第七号又は第四百三十六条第一項第二号に規定する事由による再審の請求は、有罪の言渡を受けた者がその罪を犯させた場合には、検察官でなければこれをすることができない。

　再審の請求権者を定めた規定である。再審は、確定有罪判決を受けた者を個別に救済するための制度であるから、請求権者は本来的には有罪判決を受けた元被告人である。しかしながら、元被告人本人が請求できないとき、あるいは元被告人に請求権を認めることが妥当でないときがあり得るから、本条は元被告人以外にも請求権を認めている。

　1号は検察官を請求権者として規定する。確定前の裁判においては、検察官は訴追側の当事者であるから、これに再審請求の権限を認めることは一見矛盾があるように見える。しかし、検察官は他方において「公益の代表者」とされる。公益的な観点から元被告人を救済するべきであると考えられる場合を想定して、元被告人とは別に請求権限が認められているのである[26]。この観点からさらに、元被告人自身には請求権を認めるべきでない場合（具体的には元被告人が再審事由となる職務犯罪を犯させたとき）は、検察官のみに請求権が認められている（本条2項）。

　2号は、元被告人を再審請求権者として規定する。再審請求に当って、請求人は弁護人を選任することができるから（刑訴440条）、元被告人に選任された弁護人がその代理権に基づいて再審請求をすることも許される（この点は3号、

---

[24]　最二小決昭42・5・26刑集21巻4号723頁。
[25]　最一小決昭34・2・19刑集13巻2号179頁。
[26]　ただし、検察官による請求は元被告人等の明示の意思に反して行うことはできないとの見解が有力である（『刑事弁護コンメンタールⅠ刑事訴訟法』（現代人文社、1998年）407頁〔大出良知〕）。

第440条（弁護人の選任）　*1179*

4号も同様である）。なお、元被告人が請求中に死亡した場合には、その請求権が親族等に自動的に継承されることはないと解されており[27]、当該請求手続は請求人の死亡によって終了する。この場合本条4号によって別途その配偶者等が再審請求を行うことが可能であるが、この場合請求は別途行われているのであって、前の請求の手続が引き継がれるわけではない[28]。元被告人の近親者に独立して請求権を認める3号、4号の規定は、元被告人には再審請求の意思がなくても、その近親者[29]には近親者の名誉回復という固有の利益が観念できることから置かれたものであり、元被告人の意思に基づくことを要しないと解すべきである。

（水谷規男）

（弁護人の選任）

第440条　検察官以外の者は、再審の請求をする場合には、弁護人を選任することができる。

②　前項の規定による弁護人の選任は、再審の判決があるまでその効力を有する。

　再審請求における弁護人選任について規定したものである。1項は検察官以外の請求権者が再審請求を行う場合に弁護人が選任できると規定する。元被告人が請求人でない場合についても、弁護人は元被告人の利益のために弁護活動を行うことになる（この点は、通常審において刑訴30条2項により被疑者・被告人以外の者が弁護人を選任した場合と同様である）。

　2項は、再審請求の段階で行った弁護人選任の効力が再審の判決まで持続する旨を規定する。再審は、請求審と再審公判の2段階構造をとるので、審級ごとに選任するのが原則（刑訴32条2項）である弁護人選任の効力は、再審開始決定の確定までで終了し、再審公判では新たに選任が行われなければならないとの考え方もあり得る。しかし本条は、請求審段階の手続と再審公判の手続の連続性に鑑みて、再審の判決があるまで弁護人選任の効力が続くことを規定したのである。

　本条で再審請求段階において弁護人選任権が認められている以上、再審請求

---

[27] 最二小決平3・1・25判時1391号176頁。

[28] 元被告人の請求が係属中に心神喪失となり、その段階でなされた姉妹弟の請求について、元被告人の死亡後にその請求中の訴訟行為が実質的に引き継がれた例はある。徳島地決昭55・12・13刑月12巻12号1285頁（徳島事件）。

[29] 法定代理人、保佐人（3号）と配偶者、直系親族、兄弟姉妹（4号）。ただし、判例は内縁の妻は「配偶者」に含まれないとする。東京高決昭55・10・9判時999号128頁。

弁護人には通常手続の場合と同様の法的地位が保障されるべきである。元被告人（請求人）の有する手続上の権利を代理人として行使することはもちろんのこと、通常手続においては弁護人の固有権とされる諸権利が認められるのでなければ、本条の意義は限定的なものとなるからである。この点が具体的に争われているのが再審請求弁護人と身体拘束を受けている請求人との接見交通について、立会人をつけることができるかという問題である。被収容者処遇法は、再審請求弁護人との秘密接見を保障しておらず[30]、実際に立会人が付されたケースが少なくない。しかし、再審請求の段階においても、弁護人と自由かつ秘密に意思疎通ができることの重要性は、通常手続と変わりがない。解釈論としても、再審請求人が身体拘束を受けている以上は、憲法34条の弁護人選任権の保障が及び、これに由来する権利としての秘密交通権が保障されていると解するべきであろう[31]。

（水谷規男）

（再審請求の時期）
第441条　再審の請求は、刑の執行が終り、又はその執行を受けることがないようになつたときでも、これをすることができる。

　再審請求の時期を定めたものである。もともと、判決確定後の非常救済手続である再審請求の時期には限定はないはずである。そして確定した有罪判決に基づいて刑が執行された後であっても、再審によって無罪判決を受けることができれば、名誉回復、法律による資格制限がある場合の資格の回復、判決の公示（刑訴453条）、刑事補償（刑補1条2項）などの利益がある。刑の執行の免除（刑31条、刑5条但書、恩赦8条）、刑の言渡しが効力を失ったこと（刑27条、刑34条の2、恩赦3条1項、恩赦5条）、大赦、刑の廃止などの理由により刑の執行を受けることがなくなった後でも、確定有罪判決が取り消されることによる利益がある。そこで、本条は、刑の執行後や刑の執行を受けることがなくなった後でも再審請求ができることを注意的に規定したものである[32]。

（水谷規男）

---

[30]　同法112条（受刑者の場合）、121条（死刑確定者の場合）。ただしいずれの規定も、施設長の裁量により、立会を置かないことが可能とされている。

[31]　葛野尋之『未決拘禁法と人権』（現代人文社、2012年）239頁以下参照。

[32]　少年の保護処分について再審の機能をもつ保護処分の取消し（少年27条の2第1項）が「保護処分の継続中」を要件としていたことと比較してほしい（ただし、現在は少年27条の2第2項で保護処分終了後の取消しが認められている）。

（執行停止の効力）

第442条 再審の請求は、刑の執行を停止する効力を有しない。但し、管轄裁判所に対応する検察庁の検察官は、再審の請求についての裁判があるまで刑の執行を停止することができる。

I　本条の趣旨

　再審請求があった場合について、執行中の刑の取扱いを規定したものである。再審請求は、再審事由があるか否かについて裁判所の審査を求める段階であるから、請求自体には確定判決の執行を妨げる効力はない。したがって、請求には刑の執行停止の効力はない（本条本文）。

　もともと刑の執行指揮は、法務大臣の命令による死刑の場合（刑訴475条）を除き、検察官が行う（刑訴472条）のが原則である。刑の執行停止についても、一定の事由がある場合には、法律に定める事由がある場合（死刑につき刑訴479条、自由刑につき刑訴482条）に法務大臣または検察官の権限として行うことができることとされている。自由刑については、刑訴482条8号で「その他重大な事由があるとき」という非類型的な執行停止事由が認められているから、再審請求があった場合について、再審請求が認められれば確定判決が取り消され、無罪の判決が言い渡される可能性があることを考慮して「重大な事由」ありとし、検察官の権限として執行停止ができるとも考えられる。しかし、刑訴482条を根拠とする場合、たとえば、死刑の執行について裁量的に停止ができることにはならない。本条は自由刑の場合に限らずに、再審請求の審理中に刑の執行を停止する裁量的な権限を検察官に付与したところに意味があることになる。この検察官の裁量は、まったくの自由裁量ではなく、執行停止をしないことが著しく不当な場合には、刑の執行に関する異議の申立て（刑訴502条）ができると解すべきであろう[33]。なお、本条により検察官による執行停止が認められるのは再審請求に対する決定の告知があるまでであり、審理の結果再審開始決定があった場合には、執行停止は裁判所の権限として認められている（刑訴448条2

---

[33] 大阪高決昭44・6・9高刑集22巻2号265頁（ただし、執行停止をしないことが裁量権を逸脱した「著しく不当」な処分となるのは、再審が開始されることの見込みが顕著な場合だとする）。

項）※34。

Ⅱ 死刑再審と執行停止

　刑の執行停止が行われた場合、自由刑の場合には釈放されることになる。しかし、確定判決が死刑判決であるときは、「刑の執行」とは死刑確定者の生命を奪うことであるから、「死刑の執行を停止」しても、釈放されることにはならない。死刑確定者の場合執行の準備段階として拘置されているからである（刑11条2項）。この点は、再審開始決定に伴う裁判所による執行停止（刑訴448条2項）の場合も同様に解されている。解釈論としては、死刑の執行が停止されれば、執行のための拘置も根拠を失うから、当然に釈放されなければならないとの理解もあり得る。しかし実務は、死刑の執行停止に加えて拘置の執行停止※35がない限り釈放することはできないと解している。ただし、死刑の執行停止とは別に拘置の執行停止という処分が認められるのであれば、死刑の執行停止と拘置の執行停止の権限が本条により検察官に認められると解することもできるように思われる。

　ところで、法は死刑確定事件について再審請求があった場合、その手続の終了までの期間を執行命令の猶予期間に算入しないこととしており（刑訴475条2項、ただしこの規定にいう判決確定後6ヶ月以内の執行という原則は実際には適用されていない）、実務的にも再審請求中は執行しない扱いになっているとされる。請求人の死亡により再審請求手続が終了すると解されている以上、再審請求中に死刑を執行することで再審請求の権利自体を無にすることは許されてはならず、この取扱いは当然であろう。

（水谷規男）

※34　検察官が再審請求をした場合を除くと、実際に再審請求中に本条による刑の執行停止が行われることはまれである。この数少ない例として、足利事件における抗告審継続中の執行停止がある。足利事件の場合、審理中に犯人のDNA型と請求人のDNA型が異なることが明らかになったために、このような異例の取扱いがされたが、もし検察官がこの段階で執行停止をしなかったとすれば、前掲※33決定の裁量権の逸脱が問題になり得た事例であるともいえよう。

※35　再審公判の段階では、検察官が拘置の執行を解いた例（免田事件、財田川事件）と裁判所が拘置の執行を停止する決定を出した例がある（松山事件、島田事件。ただし、いずれも再審無罪判決後その判決の確定前の段階で拘置の執行停止が行われている）。

（再審請求の取下げ）

第443条　再審の請求は、これを取り下げることができる。

②　再審の請求を取り下げた者は、同一の理由によつては、更に再審の請求をすることができない。

　再審請求の取下げを認める規定である。再審請求を請求人の権利（権限）として認める（すなわち、再審請求審が片面的な当事者主義の構造を持つ）以上、裁判所の判断があるまではこれを取下げることができるとするのが自然である。取下げの時期的限界については規定がないため、争いがあり、再審公判における判決の言渡しまでとする多数説と再審開始決定の確定までとする少数説がある。多数説は、本条の取下げを公訴の取消し（刑訴257条）とパラレルに考え、実体判断があるまでは取下げの実益があるとする。これに対して、少数説は、再審開始決定が確定は、実質的に確定判決を消滅させるから、再審開始決定が確定した以降の取下げは認めるべきでないと指摘する[36]。確定判決の効力が再審の判決によってはじめて破られるとする多数説が前提とする考え方に立っても、再審開始決定の確定後は、確定判決と、それを見直すべきであるとする確定した決定とが有効に併存したままになることを考慮すれば、開始決定の確定後の取下げはできないとする少数説の方が適切であろう。

　本条2項は、再審請求を取下げた者からの**同一の理由による再度の再審請求**を禁じている。ここで禁じられているのは、同一の請求人（取り下げた者）が同一の理由で再審請求をすることであり、別の請求人が同じ理由で請求をすることや、請求を取り下げた者が別の理由で再審を別途請求することは禁じられてはいない。なお、同一の理由とは、同一の事実に基づく主張と解すべきであり、たとえばある新証拠を元に刑訴435条6号にあたるとして再審請求をし、それを取り下げた者が、別の新証拠を発見して刑訴435条6号にあたるとの主張をして再審請求をしても、本条に反することにはならない[37]。

（水谷規男）

（在監者に関する特則）

第444条　第三百六十六条の規定は、再審の請求及びその取下についてこれを準用する。

---

[36] 『刑事弁護コンメンタールⅠ刑事訴訟法』（現代人文社、1998年）409頁〔大出良知〕。

[37] 「同一の理由」による再審請求を禁ずる規定は刑訴447条2項にもあるが、「同一の理由」の意義については、本条と同様に解すべきである。

1184　第445条（事実の取調べ）

　刑事施設に収容されている者が再審を請求するときの手続につき、上訴に関する規定（刑訴366条）を準用することを定めた規定である。一般に上訴の場合には申立期間の制限があるので、刑訴366条の規定は（裁判所への到達ではなく）施設長への申立書の差出しが期限内にしたものとみなされることに意味がある。再審請求の場合には請求自体には期限はないので準用の意味はないように見えるが、再審請求を棄却する決定に対して抗告（またはそれに代わる異議）を申し立てる場合には、期間制限があるので、この場合にも本条が適用ないし準用されるとすれば、本条の規定に実質的な意味があることになる。判例は再審請求棄却決定に対する異議申立てにつき本条の準用があるとしている※38。

（水谷規男）

> **（事実の取調べ）**
> **第445条**　再審の請求を受けた裁判所は、必要があるときは、合議体の構成員に再審の請求の理由について、事実の取調をさせ、又は地方裁判所、家庭裁判所若しくは簡易裁判所の裁判官にこれを嘱託することができる。この場合には、受命裁判官及び受託裁判官は、裁判所又は裁判長と同一の権限を有する。

I　本条の趣旨

　再審請求を受けた裁判所が**事実の取調べ**をする際の手続および権限を規定したものである。再審請求に対する裁判は、決定の形式に拠ることとされている（刑訴446条・刑訴447条・刑訴448条・刑訴449条）ので、裁判所は自ら必要な事実の取調べを行い、あるいは受命裁判官、受託裁判官にこれを行わせることができる(刑訴43条3項、4項)。この総則規定による場合には、受命裁判官・受託裁判官に証人尋問および鑑定の権限が認められる（刑訴規33条3項）が、本条はこれに留まらず、受命裁判官・受託裁判官が「裁判所または裁判長と同一の権限を有する」と規定しているから、証人尋問と鑑定以外の強制処分についても、受命裁判官・受託裁判官にその権限を拡張する意味をもつ。

II　再審請求審の構造と手続

　再審請求審の手続については、本条のほか、請求人およびその相手方からの意見聴取を義務づける刑訴規286条が置かれているのみである。決定のための手続では、法律上口頭弁論は必要とされておらず（刑訴43条1項）、他に再審請

※38　最三小決昭54・5・1刑集33巻4号271頁。

求について特別な手続を要求する規定もない。このことから、判例は請求を受けた裁判所は、その合理的な裁量によって事実調べの要否、方法を決定してよく※39、その手続は憲法82条にいう対審には含まれないので、公開の法廷で行う必要もないとしてきた※40。

　事実の取調べの範囲については、請求人が主張する再審事由の有無の判断に必要な範囲に限定されるとするのが通説的な理解である。しかしながら、とりわけ刑訴435条6号のノヴァによる再審の場合、確定判決の事実認定の当否が直接的に問題になるので、事実認定の当否を判断するのに必要な証拠を取り調べないで請求を棄却したような場合には、審理不尽の違法があるとされることもある※41。要は、裁判所の裁量が合理的であればよいのであるから、請求審の手続を可能な限り当事者に争う機会を与えるという観点から、通常審の公判手続に近い運用をすることも許される。実際にも公開の法廷で証人尋問や請求人質問を行った例がある。

　さらに、検察官以外の者が請求人となった場合には、自ら新証拠を収集することが困難であるから、再審請求の段階で証拠開示が求められることが多い。再審請求手続における証拠開示について規定はない。そこで裁判所に証拠開示命令の権限を認めた判例※42を援用したり、公判前整理手続の規定として設けられた主張関連証拠の開示規定（刑訴316条の20）等を援用したりして証拠開示が求められることになる。再審請求の段階では、開示による弊害はほとんど考えられないのであるから、検察官が任意に証拠開示をしない場合には、裁判所が事実認定の当否を判断するのに必要な限度で開示命令の権限と義務を負うと解するべきである。

Ⅲ　再審請求段階における検察官の関与とその限界

　上述の刑訴規286条は、請求人および「相手方」の意見を聴取することを要求している。検察官が請求人である場合には、「相手方」とは元被告人を指し、元被告人やその近親者が請求人である場合には、「相手方」とは検察官を指す。しかしいずれにしても、再審請求段階での検察官の関与は、訴追側当事者としての関与ではない。また、再審請求の手続は、請求人が再審事由があることを主張して申し立て、裁判所がそれに対する判断を下す片面的なものであり、「相手方」とは対立当事者の意味ではない。従って、理論的には再審請求の審理の段階での検察官の関与は、あくまでも公益代表の立場から行われなければな

※39　最三小決昭28・11・24刑集7巻11号2283頁。

※40　最大決昭42・7・5刑集21巻6号764頁。

※41　最一小決昭51・10・12刑集30巻9号1673頁（財田川決定）。

※42　最二小決昭44・4・25刑集23巻4号275頁判時554号9頁。

らず、検察官の任務は確定判決の認定を維持させることではないというべきである。

しかしながら実態としては、検察官は元被告人側から請求があった場合には、請求棄却決定を得る目的でさまざまな活動を行っている。請求人の主張に対して、反証を挙げて意見を述べることもある。しかし再審請求審の段階での検察官による反証活動には問題がある。請求人の「相手方」としての検察官には証拠調べの請求権はないというべきであるし、検察官の関与は、単に請求人の主張に対して意見を述べることに限定されるべきである。このことは、裁判所がその裁量によって、公開の法廷で証拠調べ手続と同様の手続を行う場合でも同様である。

(水谷規男)

> **（請求棄却の決定１）**
> **第446条** 再審の請求が法令上の方式に違反し、又は請求権の消滅後にされたものであるときは、決定でこれを棄却しなければならない。

刑訴446条から刑訴449条までの規定は、再審請求を受けた裁判所が行うべき裁判について定める。そのうち、本条は、請求が不適法である場合の規定である。民事では、訴えの不適法な場合を却下、適法だが訴えが認められない場合を棄却と呼んで区別している（民訴137条2項、民訴290条、民訴291条、民訴316条、民訴317条1項―却下、民訴302条、民訴317条2項、民訴319条―棄却）が、刑事ではこの区別はとられていないので、再審についても、開始決定以外はすべて請求棄却の決定とされている。再審請求が不適法とされる「法令上の方式に違反し」た場合としては、管轄権のない裁判所に請求をしたとき（刑訴438条）、請求権のない者が請求したとき（刑訴439条）、請求の際に添付すべき原判決の謄本、証拠書類及び証拠物を提出しなかったとき（刑訴規283条）があり、「請求権の消滅後にされた」場合としては、法律上禁止された再度の請求にあたるとき（刑訴443条2項、刑訴447条2項）、上訴審の判決に対する請求が下級審の判決に対する再審の判決後に行われたとき（刑訴436条2項、3項）がある。

法令上の方式違反を理由に請求が棄却された場合は（本条には刑訴447条2項のように再度の請求を禁ずる規定がないので）、その形式的不備を補って同じ理由で再審請求をすることができる。しかし、一旦不適法として棄却しておいて再度請求をさせることは、煩瑣を招くだけであるから、請求を受けた裁判所が請求の不備を補い、適法な請求として審理することも許されると解すべきで

あろう※43。

(水谷規男)

> **(請求棄却の決定２)**
> **第447条** 再審の請求が理由のないときは、決定でこれを棄却しなければならない。
> ② 前項の決定があつたときは、何人も、同一の理由によつては、更に再審の請求をすることはできない。

再審請求自体は適法に行われていても、請求に理由がないときには、決定で請求を棄却すべきことを規定したものである。請求に理由がない場合には、主張している事実が法定の再審事由にあたらない場合と、主張自体は再審事由にあたるものであっても、当該事由において証明すべき事実が証明されない場合の両方が含まれる。いずれにせよ、本条の決定は請求の理由の有無について一種の実体判断を行っているので、本条の決定には既判力が生じる。すなわち、本条の決定があった場合には、「同一の理由」による再度の再審請求は禁じられるのである（本条２項）。

本条２項にいう「同一の理由」の意義については、刑訴443条の場合と同様に、同一の事実に基づく主張と解すべきであり、同一の再審事由にあたると主張する場合でも、実質的に異なる事実や新たな資料に基づいている場合には、これにあたらないと解すべきである※44。この点について、狭山事件第２次請求の特別抗告審決定※45は、新証拠として援用された証拠のうち、第１次請求で同一の論点につき再審事由として主張され、すでに判断を経たものを再審事由として主張することは刑訴447条２項に照らし不適法であると指摘した。ノヴァによる再審の場合、請求が数次にわたるときには、前の請求で明白性なしとの判断を受けた証拠について、その証明力を補強するための新証拠を提出することが往々にしてある。後次の請求で新たな証拠資料が加わっている場合には、前の請求と「同一の理由」とはいえないのであるから、これを前の請求で判断済みの証拠を援用した部分があったからといって、これをあえて不適法と指摘する必要はなかったのではないかと思われる。

(水谷規男)

※43 判例上も管轄を間違えた請求について管轄裁判所に移送した例（最大決昭24・2・25刑集3巻2号246頁）や、無実を訴える書信で証拠等の添付がなかった場合を適法な再審請求として扱った例（最一小決昭51・10・12刑集30巻9号1673頁、財田川決定）がある。
※44 名古屋高決昭37・1・30判時286号5頁。
※45 最一小決平17・3・16判時1887号15頁。

1188 第448条（再審開始の決定）

> **（再審開始の決定）**
> **第448条** 再審の請求が理由のあるときは、再審開始の決定をしなければならない。
> ② 再審開始の決定をしたときは、決定で刑の執行を停止することができる。

　本条は、1項で再審請求に理由があるとき、すなわち刑訴435条、刑訴436条に規定された事由があるときは、請求を受けた裁判所は、再審開始の決定をすべきことを規定する。再審開始決定は、確定判決の事実認定を見直すべきことを認めるものであるから、確定判決の効力によって執行されている刑罰をそのまま執行し続けるのは不合理である。そこで、2項は、再審開始決定をした裁判所が刑の執行を停止する決定をすることを認めている。開始決定それ自体には刑の執行停止の効力を認めていない規定の構造から、通説的な見解は、再審開始決定自体には確定判決の執行力を破る効力はなく、確定判決の効力は再審公判における判決が確定したときに失われるとする。確定判決の効力は確定判決によってしか破られることはないとする考え方である。

　たしかに、開始決定があっても、検察官による抗告（異議申立て）があり得るから、理論的には開始決定によって直ちに確定判決の効力が失われるとすることはできないかもしれない。しかし、開始決定を下した（すなわち確定判決の事実認定に合理的疑いが生じていると認めた）裁判所が刑の執行が継続することを容認することは背理である。従って開始決定時に刑が執行中（死刑の場合には死刑確定者として拘置中）である場合には、本条2項に従って、裁判所は開始決定とともに刑の執行停止決定をするのが当然であろう。死刑確定事件の場合には、刑の執行停止決定があっても、確定判決の効果自体は否定されないから、死刑確定者としての拘置は続くというのが実務の扱いである。しかし、死刑の執行を停止すれば、執行のための身体拘束を続けるいわれはないから、再審請求裁判所は本条2項に基づいて再審開始決定に死刑の執行停止だけでなく、拘置についても執行を停止する旨の決定をする権限を持つと解するべきである※46。

　ところで、本条2項の刑の執行停止決定について、検察官からの抗告を受けてこれを取り消した例がある。すなわち、東住吉事件について、2012（平成24）

※46　本条2項により、再審開始決定に伴って拘置の執行停止を命じた初めてのケースが袴田事件（静岡地決平26・3・27判時2235号113頁）である。従前は、再審開始決定の段階では拘置の執行停止は認められておらず、再審公判裁判所が再審判決の確定前に拘置の執行を停止する決定をしていた（松山事件・仙台地決昭59・7・11判時1127号34頁、島田事件・静岡地判平1・1・31判時1316号21頁）。

年3月29日、同年3月7日に再審開始決定をしていた大阪地裁が本条2項に基づいて請求人2人の無期懲役刑の執行を停止する決定をしたところ、検察官の抗告を受けて同年4月1日、大阪高裁がこの刑の執行停止決定を取り消したのである。最高裁もこの大阪高裁の判断を是認し、刑訴448条2項の刑の執行停止決定に対しては、刑訴419条の一般抗告ができるとした※47。しかし、本条1項の再審開始決定に対しては、刑訴450条で即時抗告（またはそれに代わる異議申立て）が対応しているのに、本条2項の刑の執行停止決定が裁判所のした決定であるという理由のみで検察官が刑訴419条の一般抗告をすることができるとした最高裁の考え方には疑問が残る。実際、刑の執行停止決定が出されたもう1つのケースである東電OL殺人事件では、再審開始決定に付された刑の執行停止決定によって請求人が釈放されているし、同事件では再審開始決定に対する異議申立棄却と同時に刑の執行停止決定に対する異議申立ても棄却されている※48。

（水谷規男）

> **（請求の競合と請求棄却の決定）**
> **第449条** 控訴を棄却した確定判決とその判決によつて確定した第一審の判決とに対して再審の請求があつた場合において、第一審裁判所が再審の判決をしたときは、控訴裁判所は、決定で再審の請求を棄却しなければならない。
> ② 第一審又は第二審の判決に対する上告を棄却した判決とその判決によつて確定した第一審又は第二審の判決とに対して再審の請求があつた場合において、第一審裁判所又は控訴裁判所が再審の判決をしたときは、上告裁判所は、決定で再審の請求を棄却しなければならない。

　再審の請求は、第一審判決に対してだけでなく、控訴または上告を棄却した判決に対しても行うことができる（刑訴436条）。そこで、第一審判決に対する請求と上訴審判決に対する請求が競合した場合の取扱いについて定めたのが本

※47　最三小決平24・9・18刑集66巻9号963頁。この事件の刑の執行停止の問題に関しては、水谷規男「再審開始決定に伴う刑の執行停止決定について」阪大法学62巻3＝4号（2012年11月）91頁以下も参照されたい。

※48　東京高決平24・7・31。この決定と比較すると、東住吉事件の場合には、再審請求に関する判断の前に、抗告（異議）審裁判所が、（再審無罪となる可能性があるか否かと直結するにもかかわらず）「将来刑の執行を継続する必要があるか否か」を先取り的に判断するという問題もあったというべきである。なお、東住吉事件では、即時抗告審で検察官の即時抗告を棄却する決定に本条2項による刑の執行停止決定が付され、これにより、請求人2人が釈放されている（大阪高決平27・10・23）。

条である。

　本条の規定のみではその趣旨は必ずしも明らかでないが、請求の競合がある場合について刑訴規285条は、控訴裁判所または上告裁判所は決定で下級の裁判所の訴訟手続が終了するに至るまで訴訟手続を停止しなければならないと規定しており、これを加味すれば、本条は審級が下の裁判所における再審手続を優先する趣旨と解すべきことになる。したがって、請求の競合がある場合に実際に控訴裁判所または上告裁判所が再審について審理を進める場合とは、下級の裁判所における再審の手続が再審の判決に至らずに終結した場合、すなわち再審請求を棄却する決定が確定した場合（ただし厳密にはこの時点で請求の競合はないことになる）に限定される。

（水谷規男）

（即時抗告）
第450条　第四百四十六条、第四百四十七条第一項、第四百四十八条第一項又は前条第一項の決定に対しては、即時抗告をすることができる。

　本条は、再審請求に関する決定について、上訴の手段がない刑訴449条2項の上告裁判所の請求棄却決定を除き、すべて上訴を認めるものである。再審請求に対する決定が高等裁判所でなされた場合には、上訴の形式は即時抗告ではなく、即時抗告に代わる異議申立となる（刑訴428条2項）。判例は、旧法事件については（旧法には428条2項に相当する規定が存在しなかったため）憲法違反等を理由とする最高裁への特別抗告のみが許されるとするが[49]、検察官以外の者が請求人である場合について、請求棄却決定への上訴の機会を制限することになるこの解釈には疑問がある。

　なお、本条は即時抗告の申立人については何も規定していないが、請求棄却の決定に対しては請求人が、再審開始の決定に対しては、請求人の相手方（検察官）が申し立てることができると解されている[50]。検察官が請求人である場合には、相手方は確定判決を受けた元被告人ということになるが、この場合元被告人には抗告の利益がないから、即時抗告は原理的にできないものと解すべきであろう。通常の上訴の場合と同様、無罪方向の裁判（開始決定）に対して

---

[49]　最大決昭37・10・30刑集16巻10号1467頁（ただし、高等裁判所の決定に対する検察官の異議申立てを不適法としたものである）。

[50]　なお、本条が刑訴448条2項の決定を即時抗告の対象としていないことから、従来は同項の刑の執行停止決定に対しては上訴ができないと解されてきた。ところが、最三小決平24・9・18刑集66巻9号963頁のとおり、刑訴448条2項の刑の執行停止決定に対しては、別途刑訴419条の一般抗告ができるとした。

第451条（再審の審判）　*1191*

検察官の上訴権を認めることには学説上強い批判がある。無辜の救済という再審の理念に照らしたとき、とくに刑訴435条6号の事由を認め、確定判決の事実認定に合理的疑いが生じたことを指摘する開始決定に対しては、速やかに再審公判に移行するべきであり、開始決定に対する検察官の抗告権は否定されるべきである。本条の解釈によってはこの結論が取り得ないとすれば、検察官の抗告を禁じる法改正も検討されるべきであろう。

（水谷規男）

（再審の審判）
第451条　裁判所は、再審開始の決定が確定した事件については、第四百四十九条の場合を除いては、その審級に従い、更に審判をしなければならない。
②　左の場合には、第三百十四条第一項本文及び第三百三十九条第一項第四号の規定は、前項の審判にこれを適用しない。
一　死亡者又は回復の見込がない心神喪失者のために再審の請求がされたとき。
二　有罪の言渡を受けた者が、再審の判決がある前に、死亡し、又は心神喪失の状態に陥りその回復の見込がないとき。
③　前項の場合には、被告人の出頭がなくても、審判をすることができる。但し、弁護人が出頭しなければ開廷することはできない。
④　第二項の場合において、再審の請求をした者が弁護人を選任しないときは、裁判長は、職権で弁護人を附しなければならない。

Ⅰ　本条の趣旨

　再審開始の決定が確定した場合には、第2段階の手続として、再審公判が開かれる。再審公判の手続に関する規定は本条しかなく、本条1項が「その審級に従い、更に審判」すると規定しているところから、再審公判の手続は、本条自体が認める例外を除き、通常審の手続と同様であると解されている。再審公判裁判所は原確定判決の当否を審査するのではなく、自ら心証を形成しなければならず、たとえ確定判決と同じ事実認定に達した場合でも新たに判決をしなければならないとされ、この点に関して争いはない。

　ただし、「更に審判」することの意味については、説が分かれる。第1の考え方は、再審開始決定の確定により、確定「判決」を見直すべき審判が行われるのであるから、再審公判は確定判決前の状態に戻って審判を続行する手続になるとする。この説では、公判手続更新の手続を準用して確定前の公判手続を引き継いで審理を行うべきだとされる（更新説）。この説によれば、再審公判では、

再審請求段階で提出された証拠等を再審公判裁判所がさらに取り調べたうえで判決をすることになる[※51]。第二の考え方は、確定判決に至った手続とは別個に公判審理を行うのであるから、審理は最初からやり直さなければならないとする（やり直し説、ただし起訴状謄本の送達などの第1回公判期日前の手続は不要とされる）。いずれの説に依っても、手続的には、通常審で破棄差戻しがあった場合に準じて手続が行われるべきだとされるのである[※52]。

　この2つの説の違いは、確定前の公判手続において取り調べられた証拠、とりわけ供述証拠の取扱いに現れる。更新説では、確定判決前の公判手続はなお有効であるから、確定前の公判における証人尋問調書は、再審公判において刑訴321条2項により無条件で証拠能力が認められることになる。これに対して、やり直し説では確定前の公判手続を引き継ぐわけではないので、このような調書に証拠能力が認められるためには、刑訴321条1項1号の要件を満たす必要があるとされる。開始決定が確定している以上、誤った確定判決に至った手続をそのまま有効と認めることはできないとの見地からは、やり直し説が妥当であろう。しかしながら、請求人の迅速な救済という観点から見れば、更新説の考え方もあながち不当とはいえまい[※53]。要は、再審公判をどのようなものと位置づけるかにかかっているのである。ただし、やり直し説に立ったとしても、公判手続をすべてやり直す必要はなく、確定前の公判で用いられた証拠を裁判所が適宜職権で採用するなどして、迅速な判決をするべきであろう。

　再審公判に関するもう1つの問題として、検察官が確定判決においても考慮されなかった証拠を提出して新たな有罪方向での立証活動を行うことができるか、あるいは再審公判における訴因・罰条の変更が許されるかという問題がある。この問題に関しては、通常審と同様の手続をやり直すという観点を強調すれば、通常審の場合と同様に許されるという結論が導かれ得る。誤った確定判決からの迅速な救済という観点からを強調すれば、検察官による新たな立証活動や訴因変更は許されないとの結論に至るはずである（ただし、軽い罪の成立を認めて再審を開始することがあり得るので、訴因の撤回または縮小的変更は可能であろう）。

[※51] 請求人側が再審請求段階で提出した新証拠について、再審公判段階で検察官が不同意意見を述べて抵抗した事例がある。再審請求段階では、新証拠に証拠能力が要求されるわけではなく、伝聞法則も適用されない。これに対して、再審公判手続では証拠能力のある証拠によって事実認定が行われなければならない。これを逆手にとって検察官が新証拠の証拠能力を争うことがある、ということである。

[※52] 光藤景皎『口述刑事訴訟法　下』（成文堂、2005年）109-110頁参照。したがって、やり直し説に立っても、検察官の立証は確定審と同様に行われることが予定されているというべきである。

[※53] 平良木登規男「再審公判手続をめぐる諸問題」『慶應義塾大学法律学科開設百周年記念論文集法律学科編』（慶応通信、1990年）460-465頁参照。

しかし、この問題に対する学説状況は、上述の更新説・やり直し説とは対応していない。更新説に立ちつつ、訴因変更が許されるとする見解も存在し[54]、逆にやり直し説の立場から、このような検察官の立証活動は利益再審のみを認めた現行法の理念に反するとか、再審公判段階での訴因変更は、一般的に時期に遅れたものとして許されないとの指摘が行われている[55]からである。

Ⅱ　再審公判の特則

　本条2項以下は、再審公判の手続の特則を定める。通常審であれば、被告人が訴訟能力を有することが必要であるし（刑訴314条1項により心神喪失のときは公判手続が停止される）、被告人が死亡した場合は、当然に訴訟条件を欠くことになる（刑訴339条1項4号）。
　しかし、再審には元被告人の名誉回復のための手続という性格もあるため、死後再審が認められ、元被告人が訴訟能力を失っているときであって、再審請求が認められている(刑訴439条1項4号)。そこで、通常審の規定の特則として、元被告人が再審公判の段階で死亡または心神喪失のために出廷できない場合であっても、有効に公判審理が行えること（2項）、その場合には弁護人の出頭が開廷の条件となること(3項)、元被告人が出廷できず、弁護人も選任されていないときは、職権で弁護人を付すべきこと(4項)がそれぞれ規定されているのである[56]。

（水谷規男）

（不利益変更の禁止）
第452条　再審においては、原判決の刑より重い刑を言い渡すことはできない。

　本条は、再審公判裁判所の判決について、**不利益変更禁止の原則**が及ぶことを規定する。上訴の場合には、不利益変更が禁じられるのは被告人が上訴をし、または被告人のために上訴された場合に限定される（刑訴402条）。
　これに対して再審の場合には、もともと利益再審しか認められておらず、また、確定判決よりも重い刑を言い渡すことは、憲39条が禁じる「同一の犯罪に

---

[54]　平良木・前掲[53]論文470頁。
[55]　光藤・前掲[51]書110頁、松尾浩也『刑事訴訟法（下）（新版補正第2版）』（弘文堂、1999年）277頁。
[56]　刑訴451条4項の規定により職権で選任される弁護人については、刑訴38条、刑訴規29条の適用がある。

1194 第453条（無罪判決の公示）

ついて重ねて刑事上の責任を問」うことにならざるを得ないため、検察官が再審請求をした場合であっても、本条により確定判決よりも重い刑を言い渡すことはできないこととされている。

（水谷規男）

（無罪判決の公示）
第453条　再審において無罪の言渡をしたときは、官報及び新聞紙に掲載して、その判決を公示しなければならない。

　本条は、再審無罪判決を官報および新聞紙に掲載すべきことを規定する。再審制度には、単に誤った有罪判決を正すという機能だけでなく、確定有罪判決を受けた元被告人の名誉を回復するという機能もあるから、公判廷で無罪判決を言い渡しただけでは十分ではない。そこで、法は官報および新聞紙に無罪判決を公示することにより、実効的な名誉回復を期そうとしたのである[57]。ただし、本条の適用があるのは、「無罪の言渡」があったときではなく、再審無罪判決が確定したときとされている[58]。再審無罪判決に対しても検察官による上訴があり得るためであるが、この解釈は文言に反するし、「補償の決定が確定したとき」を要件とする刑事補償法の規定との対比においてもおかしい。無罪判決の確定を要件とするのではなく、無罪判決の言渡しの効果として公示を認めるべきである。

（水谷規男）

第4編

---

[57] 同様の名誉回復措置は、刑補24条にも規定されている（ただし、補償決定の場合は「申立人の選択する3種以内の新聞紙に各一回以上掲載」することとされており、本条よりも具体的な規定となっている）。
[58] 松尾浩也監修『条解刑事訴訟法（第4版）』（弘文堂、2009年）1150頁。

第5編　非常上告

〔前注〕

　非常上告は、確定した判決について、法令違反を理由として非常救済を認める制度である。この制度の沿革は、フランス刑事訴訟法の「法律の利益のための上訴」に遡り、もともとは当事者が上告せずに確定した事件について破棄院検事長からの申立を認めていたものであった。非常上告は、法解釈の統一と法適用の統一性の確保という法律の利益の観点から認められたものであって、同じく非常救済手続ではあるが、事実誤認を正すことによって確定（有罪）判決を受けた者を個別的に救済することを目的とする再審とは制度趣旨を異にする。非常上告の規定は旧刑事訴訟法の規定（516条～522条）をほぼそのまま引き継いでおり、その点でも再審と類似しているが、再審については不利益再審が現行法で否定されたことによって、実体的真実主義の貫徹から無辜の救済へと理念の転換があった。非常上告については、その理念や制度趣旨についても旧法からの変更はない。

　ただし、法令の解釈適用の誤りによって被告人が不利益を受けることはあり得るので、非常上告によって確定判決を破棄すべきときは、被告人に不利益な判決を破棄した上でさらに判決をすることが認められている（刑訴458条1号）。この場合には非常上告の手続が被告人を救済する機能をも持つことになる。

　法令解釈の統一と法令適用の統一性の確保は、元来通常審における上訴によって実現されるべきものであるし、最高裁判所には法令解釈の統一のための特別の権限が認められている（刑訴406条。この規定により、**跳躍上告**（刑訴規254条）、**上告受理**（刑訴規257条）の制度が定められている）。これに加えて非常上告の制度が設けられているのは、判決の確定力のために法適用の誤りが放置される事態を避けるためである。しかしながら、通常審における上告の場合、上告理由は憲法違反と判例違反に限定されており、確定前は刑訴380条により控訴はできるものの、法令違反があっても上告はできない。これに対し、確定後の非常上告の場合に単なる法令違反でも最高裁の判断が可能となると解するのは、制度的に矛盾があるとの指摘もある。この点に関しては、「法令の解釈に関する重要な事項」のみを対象とする上告受理の規定に鑑みて、これと同程度の意味を持つ法令違反のみが非常上告の対象となるとの見解もある[※1]。

（水谷規男）

※1　平場安治他著『注解刑事訴訟法（下巻）（全訂新版）』（青林書院、1983年）382-383頁〔高田卓爾〕。

1196 第454条（非常上告の理由）

（非常上告の理由）
第454条 検事総長は、判決が確定した後その事件の審判が法令に違反したことを発見したときは、最高裁判所に非常上告をすることができる。

I 本条の趣旨

確定判決に法令違反がある場合に、確定判決後の救済手続（非常救済手続）として最高裁判所の管轄で特別の手続を認めるものである。

II 申立権者等

非常上告は、検事総長のみが最高裁判所に対して申し立てることができる。法令の適用の誤りによって被告人が不利益を受けることはあり得るので、確定判決を受けた（元）被告人にも非常上告の訴えの利益を観念することができるが、個別救済ではなく法律の利益のために認める制度であることに鑑みて、法は公益の代表者たる検察官の最高責任者である検事総長のみにこれを委ねたのである。

III 対象となる確定判決

再審の場合は、対象となる確定判決は有罪の言渡しをした判決に限られるが、非常上告においてはこのような限定はないので、有罪、無罪の実体判決の他、免訴、公訴棄却、管轄違といった形式裁判も、確定判決である限りその対象となる。判決確定の審級も問わない。また、裁判の形式としては判決でなくとも、略式命令や即決裁判など確定判決と同一の効力が認められる裁判もその対象となる[2]。原判決を確定させる終局裁判であるとの理由で上告棄却の決定も本条にいう確定判決に含まれるとするのが判例である[3]）。

判例は、**当然無効の判決**（具体的には控訴取下げ後になされた控訴審判決）に対する非常上告は許されないとしており[4]、有効な確定判決のみが非常上告の対象となるとの立場を取っているが、学説からは当然無効の判決であっても、形式的に存在する以上は、その誤りを非常上告によって確認する必要があるとの批判がある。

---

[2] 最一小判昭53・2・23刑集32巻1号77頁。

[3] 最一小判昭25・4・13刑集4巻4号567頁。

[4] 最大判昭27・11・19刑集6巻10号1217頁。

第455条（申立ての方式）　*1197*

Ⅳ　「法令違反」の意義

　「審判が法令に違反したこと」が非常上告の理由であるから、本条にいう法令違反には、判決における法令違反だけでなく、審理すなわち判決前の訴訟手続の法令違反も含まれる[5]。判決の法令違反か手続の法令違反かの区別は、非常上告に理由があると認めた場合の裁判に影響する（刑訴458条）。

（水谷規男）

（申立ての方式）
第455条　非常上告をするには、その理由を記載した申立書を最高裁判所に差し出さなければならない。

　非常上告の申立の方式を定めた規定である。上告のように申立期間が限定されている場合には、期間を異にして申立書と理由を記載した趣意書の提出を別に行わせる必要性があるが、非常上告の場合は、確定後の手続であって申立期間そのものに限定がない。そこで本条は、趣意書にあたる書面を別に提出させるのではなく、申立書に非常上告の具体的理由を記載させることとしたのである。

（水谷規男）

（公判期日の陳述）
第456条　公判期日には、検察官は、申立書に基いて陳述をしなければならない。

　非常上告の審理手続を規定したものである。非常上告の申立があったときには、本条により公判期日が必ず開かれる。上告の場合であれば、最高裁判所は公判期日を開かずに書面審理のみによって裁判することがあり得るが、非常上告についてはこれを許さないのである。

　公判期日においては、検察官が申立書に基づいて陳述をする。陳述を行う検察官は申立権者である検事総長には限定されず、最高検察庁に属する検察官で

---

[5]　訴訟手続の法令違反には、公訴提起の手続の違反も含まれる。やや特殊な事例ではあるが、起訴を行った検察事務官が検察官事務取扱の職務命令の発令を受けていなかったことを理由に、その事務官が行った略式命令の請求が「公訴提起の手続がその規定に違反したため無効」であるとし、本条の「事件の審判が法令に違反したこと」に当たるとした事例がある（最三小判平24・9・18刑集66巻9号958頁）。

1198 第457条（棄却の判決）

よいと考えられている。

本条は、検察官の陳述を規定するだけで、（元）被告人、あるいはその弁護人の陳述権について何ら規定していない。しかし、同旨の規定であった旧法時代から上告審の場合に準じて弁護人には陳述権を認めることができるとの解釈が有力であった※6。現行法の解釈としても、「法律問題の代理人」として（元）被告人が弁護人を選任することを認め、弁護人の公判期日への立会い及び意見の陳述を認めるべきだとの見解が有力である※7。当事者主義を基調とする現行法の解釈としては、検察官の一方的な陳述のみによって裁判所が判断を下すことを認める解釈は妥当ではない。本条は検察官の陳述を必要的なものとしているに過ぎず、弁護人の選任及び意見陳述を裁量的に認め得ることを否定したものではないと解すべきである。

（水谷規男）

（棄却の判決）
第457条 非常上告が理由のないときは、判決でこれを棄却しなければならない。

　非常上告に理由がない場合に行うべき裁判の形式を規定したものである。申立ての棄却は判決によることとされている。一般の上訴や再審請求の場合には、申立てが不適法な場合と申立てに理由がない場合が区別され、その違いに応じて裁判の種類が規定されているが、非常上告に関しては申立てが不適法な場合について規定がない。これは、申立権者が検事総長に限定されていることから、不適法な申立てが想定され得なかったためであると説明されているが、検事総長であるから不適法な申立てはあり得ない、とはいえないから、不適法な場合も本条によると解すべきである。

（水谷規男）

第５編

※6　小野清一郎『刑事訴訟法講義（全訂第3版）』（有斐閣、1937年）591頁。
※7　平場安治他編『注解刑事訴訟法下巻（全訂新版）』391-392頁（青林書院、1983年）〔高田卓爾〕。

第 458 条（破棄の判決） *1199*

> **（破棄の判決）**
> **第458条** 非常上告が理由のあるときは、左の区別に従い、判決をしなければならない。
> 一 原判決が法令に違反したときは、その違反した部分を破棄する。但し、原判決が被告人のため不利益であるときは、これを破棄して、被告事件について更に判決をする。
> 二 訴訟手続が法令に違反したときは、その違反した手続を破棄する。

　非常上告に理由がある場合に最高裁が行うべき裁判について規定したものである。法令の解釈適用の誤りが判決中にあるのか、判決前の訴訟手続にあるのかの違いに応じて、本条は言い渡すべき判決を区別している。本条1号では、判決の誤りについては判決中の法令に違反する部分を破棄し、確定判決の誤りが被告人に不利益を及ぼしているときは、判決全体を破棄し、最高裁が自判すべきこととされている。但書により破棄自判すべき場合とは、確定判決よりも有利な判決を言渡すべきことが法律上明白な場合をいう（通説）。自判の基準時については、原判決の時とするのが判例である※8。本条2号では、判決前の訴訟手続が法令に違反した場合について違反した手続のみを破棄することとしている。1号但書の場合を除いて、確定判決の全部を破棄するわけではないから、確定判決の法令違反のない部分はなお有効であり、非常上告審の破棄判決は宣言効・将来効しか持たない。

　1号と2号の区別については見解が分かれる。実体法の解釈適用を誤った場合が判決の誤りとなることについては争いがない。これに対して、訴訟条件が具備しないのに実体判決を下した確定判決の取扱いについては議論がある。判例は免訴判決を言渡すべきなのに実体判決をした場合※9、および公訴棄却とすべきなのに実体判決をした場合※10については判決の法令違反に当たるとしている。ところが、判例は管轄違いを言渡すべきなのに実体判決をした場合については訴訟手続の法令違反に当たるとする※11。また、判決の手続自体に法令違反があった場合についても1号に該当するとの見解と2号に該当するとの見解とがあり、判例も1号に該当するとして1号但書を適用して破棄自判した

※8　最二小判昭42・2・10刑集21巻1号271頁。
※9　最二小判昭28・12・18刑集7巻12号2578頁。
※10　最一小判昭37・6・14・刑集16巻7号1245頁。なお、公訴棄却とするべきであったことを理由に非常上告を認め、原裁判（略式命令）を破棄して公訴棄却を言い渡した最近の事例として、最二小判平29・4・7裁判集刑321号73頁がある。
※11　最三小判昭32・2・5刑集11巻2号498頁。

第5編

ケース※12と2号に該当するとして判決手続を破棄するに留めたケース※13とに分かれている。

この点について学説はさまざまに分かれているが、1号は判決の内容および手続に法令違反がある場合（従って訴訟条件に関する誤りは1号に該当する）を言い、2号は判決前の手続に法令違反がある場合をいうとする見解が多数説とされる。判例が一見不統一に見えるのは、確定判決が明白に被告人に不利益である場合について、判決の誤りとすることで1号但書を適用しようとする例があるためではないかと思われるし、判例も注11の判例を除くと、ほぼこの多数説によって説明可能であろう※14。

（水谷規男）

（非常上告の判決の効力）
第459条　非常上告の判決は、前条第一号但書の規定によりされたものを除いては、その効力を被告人に及ぼさない。

非常上告の判決の効力を定めた規定である。非常上告の判決は、刑訴458条1号但書の場合を除き、法令違反がある部分のみを破棄するものであるから、そもそも確定判決の判決主文の効力自体を否定するものではなく、法令の解釈適用を正すという理論的効力しか持たない。その結果、非常上告の判決は被告人に対して効力を発生させるものではないことになる。本条はそのことを明らかにしたものである。

ただし、刑訴458条1号但書の場合は、破棄自判により被告事件全体について最高裁による新たな判決が下されるので、その効力は被告人に及ぶ。新たな判決が無罪判決であるときは、刑事補償の対象となるし（刑補1条1項、2項）、免訴、公訴棄却の場合も一定の条件で刑事補償の対象となる（刑補25条）。確定判決よりも軽い刑を言渡したときは、超過部分については正当性を失うので、自由刑の場合には算入ないし補償（ただし刑事補償法にはこの場合の規定がない）により、財産刑の場合には超過部分の還付により被告人の被った不利益を回復すべきであろう。

（水谷規男）

※12　最一小判昭35・2・4刑集14巻1号54頁（簡易裁判所が科刑権の制限に反して懲役刑を言渡したケース）。

※13　最一小判昭53・2・23刑集32巻1号77頁（簡易裁判所が略式手続による科刑限度を超えて罰金刑を言い渡したケース）。

※14　田宮裕『刑事訴訟法（新版）』（有斐閣、1996年）513頁。

（調査範囲、事実の取調べ）
第460条　裁判所は、申立書に包含された事項に限り、調査をしなければならない。
②　裁判所は、裁判所の管轄、公訴の受理及び訴訟手続に関しては、事実の取調をすることができる。この場合には、第三百九十三条第三項の規定を準用する。

　非常上告の審理にあたって最高裁判所が行使すべき権限について定めたものである。本条1項は最高裁判所が調査義務を負う範囲を申立書に包含された事項に限定する。調査のための資料は原則として申立書と対象となる確定判決である。本条2項は、裁量的に事実の取調をなし得る範囲について規定する。2項については、「裁判所の管轄」、「公訴の受理」、「訴訟手続」に限定している趣旨は、これらの事項について非常上告の申立てがあった場合に限定して1項の範囲を超えて調査をなし得るとしたものであって、たとえば実体法の解釈の誤りを理由に申立てがあった場合には2項は適用されないとの指摘がある[15]。

　なお、本条2項に関しては、事実を誤認した結果法令違反が生じた場合について、事実の取調べをなし得ることを認めた規定と解し、非常上告による救済を可能にすべきであるとの見解が有力に唱えられている。判例は少年を成人と誤認して定期刑を言渡したケースについて「被告人が幾才であったかという様な前提事実」は訴訟手続そのものについての事実ではないという理由で本条2項には含まれず、したがって非常上告の対象とはならないとした[16]が、少なくとも訴訟法上の事実に関する事実誤認は本条2項により調査対象となると解されるから、非常上告によって救済されるべきであろう[17]。

（水谷規男）

---

[15] 平場安治他著『注解刑事訴訟法（下巻）（全訂新版）』（青林書院新社、1977年）401頁〔高田卓爾〕。
[16] 最三小判昭26・1・23刑集5巻1号86頁。
[17] 光藤景皎『口述刑事訴訟法下』（成文堂、2005年）116-117頁（この考え方の前提には、実体法上の事実の誤認は再審による救済の対象となるので、再審による救済が不可能な場合を非常上告の対象と考えようとする発想がある）。

第6編　略式手続

〔前注〕

　略式手続は、公判手続によらず、書面審理のみで罰金・科料の刑罰を言い渡す特別な裁判手続である。口頭主義を原則とし、公開の法廷で当事者双方が出席して行われる公判手続を原則とする現行法の刑事裁判手続にあっては、略式手続は軽微事件について例外的に設けられた簡便な事件処理の方策に過ぎない。しかしながら、事件数では通常手続よりも多用されており（2016年では、通常第一審手続に付された人員約6万人に対し、略式命令は約26万人である）、簡易裁判所の扱う刑事訴訟事件の大半を占める。また、法改正（2006年）で罰金額の上限も100万円以下にまで引き上げられたから、制裁の重さという点でも、単に軽微事件の処理手続として軽視することはできないものとなっている。

　略式手続の手続的特徴は、起訴状一本主義が妥当せず、検察官が請求時に起訴状と証拠（書類と証拠物）を一緒に差し出すこと（刑訴規289条）、裁判所による審理がこれら検察官によって提出された証拠のみによって非公開で行われるため、当事者の出頭が不要であること、事件が略式命令による処理に適さず、または当事者に略式命令に対する不服がある場合には、正式裁判（通常第一審の訴訟手続）に移行することが予定されていることである。略式手続は、事件数が膨大なものとなる罰金事件について、裁判所の公判手続に伴う負担や検察官の公判における立証活動の負担を免れさせ、被告人にとっても公判期日における出頭や防御活動の負担を免れることを可能にするという意味を持つため、特に事実に争いのない事件においては、いずれの立場から見ても合理性があるということになる。

　他方、略式手続は、いくつかの弊害を生む可能性を残している。略式手続においては、裁判所の審判に際して、当事者に争う機会が与えられていない。そこで、起訴前に略式手続に付することについて被疑者の同意があること（これは、「公開の裁判を受ける権利」を部分的に放棄するという意味を持つ）および、正式裁判の請求権が事後的に認められていることが手続の適正さの担保のために重要な意味を持つ。しかしながら、被疑者の同意を条件とすることは、罰金で済むという結果の受け入れや易さが同意の動機になり得るがゆえに、以下のような問題をはらむ。第一に、本当は事実関係を争いたいと考えている場合であっても、被疑者が一定額の罰金を払うことと公判手続における負担とを比較して、略式手続に同意し、あるいは正式裁判の請求をためらう可能性がある（すなわち実体的真実に基づかない有罪認定、量刑の可能性が残る）。第二に、被疑者が略式手続に同意する場合として、身代わり犯人のケースがあり得る（実際、事後に身代わり犯人であったことが判明し、確定した略式命令に対し

て検察官から再審請求が行われるケースも少なからず存在する）。第3に、公判手続による場合には、捜査過程に違法があれば、それが公開の法廷で検察官請求証拠の証拠能力を吟味する中で明らかにされることになるのに対して、略式手続では証拠能力を争う機会がないために、捜査の違法が放置される可能性がある。

このほかにも、略式手続は、検察官の裁量権が非常に大きい制度であることや被告人の手続的権利の観点から種々の問題点が指摘されている[1]。軽微事件を簡便な手続で処理しようとする方策は、2004（平成16）年改正によって導入された即決裁判手続（刑訴350条の2～刑訴350条の14）によって、執行猶予つきの懲役・禁固を言い渡す場合にまで拡大されており、これらの簡便な手続における適正手続保障のあり方は、今一度見直されるべきであろう[2]。

（水谷規男）

（略式命令）
第461条 簡易裁判所は、検察官の請求により、その管轄に属する事件について、公判前、略式命令で、百万円以下の罰金又は科料を科することができる。この場合には、刑の執行猶予をし、没収を科し、その他付随の処分をすることができる。

I 本条の趣旨

本条は、簡易裁判所が公判前の特別な手続として100万円以下の罰金、科料を言い渡す略式命令を発することができる旨を定めるものである。略式命令は、「命令」という用語が使われているが、裁判所が行う裁判であるので、裁判の形式としては決定に当たる。略式命令は、刑訴規289条によって略式命令の請求と同時に検察官が提出する証拠（書類及び証拠物）によって、裁判所が訴訟条件の具備、公訴事実の存在、略式命令によることの相当性を審査したうえで、発せられなければならない。ここで行われる審査は、証拠に基づいて被告人が有罪であることを認定し、量刑判断を行うものである。書面による審査である

---

[1] 制度導入の背景や比較法的検討を含む略式手続に関する総合的研究として、福島至『略式手続の研究』（成文堂、1992年）参照。

[2] たとえば、即決裁判の場合には、被疑者の同意の確認のための弁護人の選任が必要的とされており（刑訴350条の3）、これと比較した場合、略式手続における被疑者の同意のあり方が問題となる。なお、略式手続と即決裁判手続を対比しつつ、それぞれの問題点を指摘する、福島至「略式手続・即決裁判手続」井上正仁＝酒巻匡編『刑事訴訟法の争点』（ジュリスト増刊、2013年）192-193頁参照。

がゆえに、伝聞法則は適用されないにしても、自白法則、自白の補強法則、違法収集証拠の排除法則などは適用があると解すべきである。

検察官が提出した証拠によってはこれらの要件の判断ができないときは、（決定の手続であるから刑訴43条3項により）裁判所は事実の取調べができると解されているが、原則として略式手続が簡易迅速を旨として書面審理による手続であることから、審査には限界があり、たとえば、公訴事実の存在について別途証拠による認定を必要とする場合などは、略式不相当（刑訴463条1項）として、通常の審判に移行するべきである。

迅速性という点では、刑訴規290条1項が「略式命令は、遅くともその請求があった日から14日以内にこれをしなければならない」と規定している。もっとも、規則のこの規定は訓示規定であるとされ※3、14日を過ぎてなされた略式命令が無効になるわけではない。そこで、時期的限界としては、請求の日から4箇月以内に略式命令が被告人に告知されないときに公訴提起が遡ってその効力を失うものとされている（刑訴463条の2第1項）ことから、これが上限を画していることになる。

II 「付随の処分」の意義とその範囲

略式命令には、刑の執行猶予のほか没収その他付随の処分を付加することができる。これは、正式裁判の請求がなく、あるいは請求があってもそれが取り下げられたか棄却された場合には、確定判決と同一の効力が認められる（刑訴470条）ことから、略式命令が科刑の根拠となる裁判となり得ることに鑑み、判決ですることができる付随処分を略式命令にも付することができるとしたものである。具体的な付随処分としては、追徴（刑19条の2）、保護観察（刑25条の2）、公民権停止に関する処分（公選252条）、罰金等の仮納付に関する裁判（刑訴348条）などがこれに含まれる。

（水谷規男）

（略式命令請求と異議の有無の確認）
第461条の2 検察官は、略式命令の請求に際し、被疑者に対し、あらかじめ、略式手続を理解させるために必要な事項を説明し、通常の規定に従い審判を受けることができる旨を告げた上、略式手続によることについて異議がないかどうかを確めなければならない。
② 被疑者は、略式手続によることについて異議がないときは、書面でその旨を明らかにしなければならない。

※3　最二小決昭39・6・26刑集18巻5号230頁。

略式手続は、被疑者に異議がない場合にのみ行うことができることを明らかにした規定である。略式命令による場合、その手続は書面審理のみの非公開の手続であり、被告人が有する「公開裁判を受ける権利」（憲37条1項）との抵触が問題となるため、1953（昭和28）年の改正で追加された規定である。本条は、起訴・不起訴（起訴の場合には公判請求によるか略式命令請求によるか）の決定権限を有する検察官に、被疑者に略式手続について説明し、通常の審判を受けることができる旨を告知したうえで、略式手続によることに異議がないかどうかを確認する義務を課している。この場合、略式手続によることに異議がないということは、少なくともその時点においては「公開の裁判を受ける権利」が部分的に放棄されているとみなすことができるからである（後に正式裁判の請求ができるから、この時点では公開裁判を受ける権利が完全に放棄されたということはできない）。この異議がないことの意思表示が、検察官による説明に基づき、検察官に対してなされることには、疑義も示されている※4。

　この被疑者の意思の確認は、憲法上の権利の部分的な放棄として重要な意味を持つので、意思の確認を書面で行うこと（本条第2項。この書面は刑訴規288条により、略式命令の請求書に添付される。）、またその前提として、検察官が「略式手続を理解させるために必要な事項」を説明することが要求されている。本条により、検察官は被疑者が略式手続によらずに通常の審判を受けることができること、また略式命令があった場合にそれに対して不服があれば、正式裁判の請求ができること、略式手続による場合には、その手続内では裁判所に被疑者の言い分を直接伝える方途がないことなどを告知しなければならないことになる※5。

（水谷規男）

（略式命令の請求）
第462条　略式命令の請求は、公訴の提起と同時に、書面でこれをしなければならない。
②　前項の書面には、前条第二項の書面を添附しなければならない。

　略式命令請求の方式について規定したものである。略式命令請求は、検察官が起訴状、略式命令の請求書（刑訴461条の2第2項の書類を添付する）、略式命

※4　服部朗「略式手続」松尾浩也＝井上正仁編『刑事訴訟法の争点（新版）』（有斐閣、1991年）237頁参照。
※5　荒木伸怡「略式手続」松尾浩也＝井上正仁編『刑事訴訟法の争点（第3版）』（有斐閣、2002年）207頁は、検察官が丁寧な対応をして被告人の不満を解消しておくことが略式手続を合憲と考えるための根拠として最も重要であると指摘する。

1206 第462条の2（合意内容書面の差出し義務）

令をするために必要な書類及び証拠物（刑訴規289条）を一括して裁判所に差し出して行うこととされているのである。公訴提起のために必要な起訴状（刑訴256条1項）と本条で必要とされている略式命令の請求書は一応別箇のものであるが、実務的には、「次の被告事件につき、公訴を提起し、略式命令を請求する。」と記載した1通の書面が用いられ（これが「略式命令請求書」と呼ばれている）、法律上は要求されていないものの、検察官の科刑意見が付されることが通例となっている。

（水谷規男）

> **（合意内容書面の差出し義務）**
> **第462条の2**　検察官は、略式命令の請求をする場合において、その事件について被告人との間でした第三百五十条の二第一項の合意があるときは、当該請求と同時に、合意内容書面を裁判所に差し出さなければならない。
> ②　前項の規定により合意内容書面を裁判所に差し出した後、裁判所が略式命令をする前に、当該合意の当事者が第三百五十条の十第二項の規定により当該合意から離脱する旨の告知をしたときは、検察官は、遅滞なく、同項の書面をその裁判所に差し出さなければならない。

　2016年の刑事訴訟法改正で捜査・公判協力型協議・合意制度（刑訴350条の2～350条の15）が導入されたことに伴い、協力者の事件について有利な扱いとして略式手続が利用される可能性が生じた。本条は、その場合に合意内容書面（刑訴350条の3第2項）を略式命令請求と同時に差し出すべきこと（1項）、合意に基づく略式命令請求の場合に略式命令の前に合意の当事者（検察官の場合も、被告人の場合もあり得る）が合意から離脱する旨の告知をしたときには、離脱の理由を記載した書面を略式命令請求をした裁判所に差し出すべきことを規定する。

　本条1項によって提出された合意内容書面は、刑訴463条に規定されている略式命令の相当性の判断のために用いられる。合意内容書面がなければ、略式命令請求を受けた裁判所は略式命令請求が合意に基づいてなされたことを知り得ない。略式命令請求を受けた裁判官は、書面審査のみによって略式命令の適否、相当性の有無を判断するからである。合意内容書面が提出されれば、裁判官はその略式命令請求が協力事件として（合意がない場合に比して）通常よりも軽い処分を意図してなされていることを知ることになる。これが相当性を否定する方向で作用する可能性がある。他方、略式命令請求を受けた裁判所が合意に基づく略式命令請求を不相当とした場合、刑訴350条の10第1項2号ニにより、被告人が合意から離脱することが認められ、合意によって提供されるはず

第 463 条（通常の審判） *1207*

であった標的事件にも影響が及ぶ。合意内容書面が略式命令請求の相当性判断にいかなる影響を与えるかについては、今後の実務の集積を待つほかはない。しかし、多数の事件を短期間のうちに判断する略式事件において、合意が適正であるか否かの判断を期待することは難しいと思われる。

　なお、本条2項の合意からの離脱書面が提出されたときは、裁判所は略式命令請求を受けた事件について、刑訴463条により、略式不相当と判断するべきことになろう。

（水谷規男）

（通常の審判）
第463条　第四百六十二条の請求があつた場合において、その事件が略式命令をすることができないものであり、又はこれをすることが相当でないものであると思料するときは、通常の規定に従い、審判をしなければならない。
②　検察官が、第四百六十一条の二に定める手続をせず、又は第四百六十二条第二項に違反して略式命令を請求したときも、前項と同様である。
③　裁判所は、前二項の規定により通常の規定に従い審判をするときは、直ちに検察官にその旨を通知しなければならない。
④　第一項及び第二項の場合には、第二百七十一条の規定の適用があるものとする。但し、同条第二項に定める期間は、前項の通知があつた日から二箇月とする。

　略式命令の請求が不適法ないし不相当であった場合の手続について規定したものである。略式命令の請求があった場合、裁判所は刑訴462条の規定により検察官が提出した書類等によって審査を行うことになる。その審査によって請求が不適法であること又は略式命令によることが相当でないと認められるときは、裁判所は通常の審判を行わなければならないとされているのである。

　請求が不適法である場合とは、事件が罪とならない、提供された資料によっては犯罪事実が証明されないといった実体的な側面に関する場合のほか、科刑の限界を超えている、訴訟条件を具備していない、検察官が被疑者に対する説明義務を果たしていない（刑訴461条の2違反）、被疑者に異議がない旨の書面の添付を欠いている（刑訴462条2項違反）といった手続的な問題がある場合が含まれる（後二者については本条2項に規定）。

　相当でない場合には、請求自体は適法であるが、事案が複雑で公判手続による慎重な審理を要する、訴因変更等の手続が必要になるなど、書面審理に適さない場合が含まれる。刑訴462条の解説中に示したように、実務上は請求に際して検察官の科刑意見が付されるので、検察官の科刑意見と著しく異なる量刑

が相当と考えたときも、本条にいう相当でない場合にあたると解されている[6]。

　通常の審判を行うべきときは、裁判所は検察官にその旨を通知し（本条3項）、この通知以降は通常の公判手続へと移行することになる。その場合、略式命令の請求時には起訴状謄本の送達は不要とされている（刑訴規165条4項参照）ため、この通知を受けた検察官は速やかに起訴状謄本を裁判所に差し出さなければならず（刑訴規202条）、起訴状謄本の送達の期限は本条第3項の通知があった日から2箇月とされている（本条4項）。通常の審判においては、起訴状一本主義が妥当するから、略式命令請求時に検察官が提出した証拠をそのまま公判において証拠として用いることはできない。そこで、刑訴規293条は、本条第3項の通知をしたときは、「直ちに」請求時に差し出された証拠を検察官に変換しなければならないと規定している[7]。

（水谷規男）

（公訴提起の失効）
第463条の2　前条の場合を除いて、略式命令の請求があつた日から四箇月以内に略式命令が被告人に告知されないときは、公訴の提起は、さかのぼつてその効力を失う。
②　前項の場合には、裁判所は、決定で、公訴を棄却しなければならない。略式命令が既に検察官に告知されているときは、略式命令を取り消した上、その決定をしなければならない。
③　前項の決定に対しては、即時抗告をすることができる。

　略式命令の期限を規定したものである。本条第1項によれば、略式命令の請求があった日から4箇月以内に略式命令が被告人に告知されないときは、公訴提起がさかのぼってその効力を失うものとされている。もちろん、刑訴463条の規定により通常の審判に移行したときは、この期限は適用されないから、その判決までの期限は特に定められていないことになる。本条第1項により、公

---

[6]　松尾浩也監修『条解刑事訴訟法（第4版）』（弘文堂、2009年）1165頁。ただし、これが相当でないとされるのは、略式命令に対して検察官も正式裁判の請求ができる（刑訴465条1項）ため、検察官による正式裁判の請求が行われることが予想されるからであろう。

[7]　この場合、裁判官が一人しか配属されていない簡易裁判所も少なくないことから、略式命令によることを不適法または不相当と考えた裁判官がそのまま公判の審理を担当することがあり得る。予断排除の原則の抵触が問題となる場面であるが、判例には、このような場合でも直ちに「公平な裁判所の裁判」でないとはいえないとしたものがある（東京高判昭38・2・21高刑集16巻1号81頁）。

訴提起がその効力を失ったときは、刑訴339条1項1号の場合と同様に、公訴棄却の決定で手続が打ち切られる。略式命令の請求のあった日から4ヶ月が経過し、いまだ略式命令が発せられていないという場合は、単に公訴棄却の決定がなされることになる。これに対して、略式命令がすでになされ、検察官に告知されているが、被告人への告知を欠いたまま期限を過ぎたときは、略式命令を取り消したうえで公訴棄却の決定をすることとされている（本条第3項）。被告人への告知ができない事態を避けるため、被告人を検察庁に在庁させて、即日、請求から命令の発付、告知、罰金の仮納付（刑訴348条参照）までを行わせる「在庁略式」と呼ばれる処理方法も取られている。

（水谷規男）

（略式命令の方式）
第464条　略式命令には、罪となるべき事実、適用した法令、科すべき刑及び附随の処分並びに略式命令の告知があつた日から十四日以内に正式裁判の請求をすることができる旨を示さなければならない。

　略式命令（書）の方式について規定したものである。罪となるべき事実、適用した法令、科すべき刑、付随する処分を記載しなければならないとされている。要するに主文と罪となるべき事実、根拠法令が掲げられるということである。これらの記載は、刑を科す裁判である以上当然のことであるが、通常の有罪判決の場合（刑訴335条1項）と異なり、証拠の標目の記載は要求されていない。上訴の対象となる判決と異なり、略式命令に不服があって正式裁判の請求をする場合、それは上訴ではないので、上訴審の審査に必要な事実認定の根拠についてまでは理由を付す必要がないと考えられているためである。

　本条では、略式命令の裁判に関する告知事項として、正式裁判請求権の告知が必要とされている。法定の正式裁判請求期間は略式命令の告知を受けた日から14日間である（期間の計算は刑訴55条による）。略式命令は、公判廷で宣告される裁判ではないから、一定の場合には法定期間の延長をすることが可能であり（刑訴56条参照）、延長をする場合には略式命令書にその旨を併記する。

（水谷規男）

（正式裁判の請求）

第465条 略式命令を受けた者又は検察官は、その告知を受けた日から十四日以内に正式裁判の請求をすることができる。

② 正式裁判の請求は、略式命令をした裁判所に、書面でこれをしなければならない。正式裁判の請求があつたときは、裁判所は、速やかにその旨を検察官又は略式命令を受けた者に通知しなければならない。

　略式命令に不服がある場合に認められる正式裁判の請求手続について規定したものである。正式裁判の請求ができるのは、略式命令を受けた者（その弁護人等も含む）と検察官である。また、正式裁判の請求期限は、略式命令の告知を受けた日から14日以内である（この期限は、前条により、略式命令書に記載される）。

　公判廷で宣告される裁判と異なり、略式命令が書面で告知される裁判であるため、「略式命令を受けた者」が誰であるのかについて疑義を生じる場合がある。すなわち、被疑者BがAの氏名を冒用して略式命令請求に同意し、略式命令がAに対して行われたという場合である。この場合、略式命令書の送達は書面上特定されたAに対して行われるから、正式裁判の請求権は、Bにではなく、Aにあると解するほかはない[8]。すなわち、本来の被告人であるBには正式裁判の請求権がないということになるのである。これに対して、氏名冒用者が逮捕・勾留中に在庁方式で略式命令を受けた場合のように、告知を受けた者が「略式命令を受けた者」であると言える場合には、正式裁判の請求権もその者に認められることになろう。

　本条1項は、略式命令を受けた者だけでなく、検察官にも正式裁判の請求権を認めている。検察官の正式裁判請求権を正当化する根拠としては、公益代表者としての検察官の性格から被告人の利益のための正式裁判請求を認めるべきであると指摘される。たとえば、略式命令の請求後に被告人が人違いであることが判明したり、略式命令で言い渡された罰金刑が重すぎる場合などである。この場合には、略式命令を受けた者からの正式裁判の請求がなくても、公益的な観点から正式裁判が行われる必要があると考えられているのである。略式命令請求後に罰金刑で処理できない事件であることが判明した場合（傷害事件として略式命令請求をした後に被害者が死亡した場合など）も検察官による正式裁判請求が適切な場合に挙げられるであろう。しかし他方、言い渡された罰金額が検察官の科刑意見より軽い場合に、検察官がより重い量刑を求めて正式裁

---

[8] 最三小決昭50・5・30刑集29巻5号360頁。この場合、氏名を冒用した者には正式裁判の請求について訴えの利益がなく、他方被冒用者は自己の名前で罰金等が命じられているのであるから、訴えの利益があるということもできる。

判の請求をすることには問題がある。もともと、略式手続は被告人の公開裁判を受ける権利を犠牲にして効率的な科刑を可能にしようとするものであって、検察官は略式手続ではなく、通常の起訴を選択することもできたはずである。一旦略式手続を選択しておきながら、刑が軽いという理由で正式裁判を請求できるとすれば、安易な略式手続の選択を許すことになり妥当でない[9]。

　本条2項は、正式裁判の請求手続とそれに伴う裁判所の対応を規定する。正式裁判の請求は書面により行わなければならず、正式裁判の請求があったときは、裁判所がその旨を検察官（略式命令を受けた者の請求に掛かる場合）または略式命令を受けた者（検察官の請求に掛かる場合）に通知する[10]。

（水谷規男）

（正式裁判請求の取下げ）
第466条　正式裁判の請求は、第一審の判決があるまでこれを取り下げることができる。

　略式命令に対して正式裁判の請求があった場合でも、それだけでは略式命令は失効しないと考えられている。正式裁判の請求は略式命令の確定を妨げる効果を持つだけで、略式命令自体は有効に成立しているからである。そこで、正式裁判の請求が取り下げられた場合には、その取り下げによって略式命令が確定することになる。本条はこの取り下げの期限を「第一審の判決」があるまでとしている。「第一審の判決」とは、正式裁判によって最初に言渡された判決をいい、破棄差戻しまたは移送後の第一審判決はこれに含まれない。また、この最初の第一審判決の言渡し後は、その確定前であっても、もはや取下げはできない。

（水谷規男）

※9　松尾浩也監修『条解刑事訴訟法（第4版増補版）』（弘文堂、2016年）1168-1169頁。なお、科刑意見と同じ額の罰金を言い渡す略式命令に対して罰金刑が軽すぎることを理由として検察官が正式裁判の請求をすることはできないことは、禁反言の法理からして当然である。
※10　これに伴い、裁判所は検察官に略式命令請求のときに差し出された書類及び証拠物を検察官に返還しなければならないこととされている（刑訴規293条）。

（上訴規定の準用）

第467条 第三百五十三条、第三百五十五条乃至第三百五十七条、第三百五十九条、第三百六十条及び第三百六十一条乃至第三百六十五条の規定は、正式裁判の請求又はその取下についてこれを準用する。

　略式命令に対する正式裁判の請求またはその請求の取下げの問題は、同じ第一審の中での特別な公判前の裁判と公判の裁判との関係であるので、厳密に言えば上訴の問題ではない。しかし、裁判に対する不服申し立ての性格を持つことには変わりはないので、上訴に関する規定が一部準用される。本条はその準用規定の範囲を明らかにしたものである。

　具体的に準用される規定は、法定代理人、保佐人（刑訴353条）の上訴権の規定、原審の代理人、弁護人の上訴権の規定（刑訴355条）、被告人の明示の意思に反した上訴の禁止規定（刑訴356条）、一部上訴の規定（刑訴357条）、上訴権の放棄または取下げに関する規定（刑訴359条、刑訴360条）、上訴の放棄または取下げをした者による再度の上訴の禁止規定（刑訴361条）、上訴権の回復請求に関する規定（刑訴362条、刑訴363条、刑訴364条、刑訴365条）である。

（水谷規男）

（正式裁判請求の棄却、通常の審判）

第468条 正式裁判の請求が法令上の方式に違反し、又は請求権の消滅後にされたものであるときは、決定でこれを棄却しなければならない。この決定に対しては、即時抗告をすることができる。
② 正式裁判の請求を適法とするときは、通常の規定に従い、審判をしなければならない。
③ 前項の場合においては、略式命令に拘束されない。

　正式裁判の請求後の手続に関する規定である。まず、正式裁判の請求が不適法、または請求権の消滅後にされた場合には、決定でこれを棄却することとされている。請求が不適法な場合とは、略式命令をした裁判所と異なる裁判所に宛てて行われた請求、書面によらない請求、略式命令の送達前にされた請求などをいう※11。請求権消滅後の請求にあたるのは、刑訴465条の請求期間経過後

※11　略式命令書送達前の正式裁判の請求が不適法であることについては、東京高決昭34・10・6高刑集12巻9号869頁参照。ただし、送達前に請求がされ、本条による請求棄却の決定がある前に送達がなされた場合には、この瑕疵は治癒されるとするのが判例である。最大決昭40・9・29刑集19巻6号749頁。

の請求や請求の取下げ後になされた請求をいう。

本条2項は、正式裁判の請求が適法である場合の手続を規定する。「通常の規定に従い、審判しなければならない」とされているが、これは、通常第一審の公判手続を行うということである。ただし、起訴状謄本の送達については（起訴状と同内容の略式命令書が送達済みであるため）不要と解されている。なお、略式命令を発した裁判官は、その審査に当たって検察官が差し出した書類等を審査して被告人が有罪であるとの心証を形成したはずであるから、一種の前審関与として、この公判手続を担当することができない（刑訴20条7号により、除斥される）。

本条3項は、適法な正式裁判の請求によって開始された第一審の裁判において、略式命令に拘束力がない旨を規定する。事実認定に関して拘束力がないのはもちろんのこと、量刑に関しても略式命令において言い渡された罰金等の額は第一審裁判所を拘束しないと考えられている。上訴の場合であれば、被告人側だけが上訴をした場合には、上級審は原審の刑よりも重い刑を言い渡すことができない（刑訴402条の不利益変更禁止原則）のであるが、判例は本条3項の規定を根拠に、略式命令に対する正式裁判においては刑訴402条の適用はないとしている※12。しかし、略式命令も裁判の一種であり、被告人側のみがそれに不服申立てをしているのであるから、刑訴402条の趣旨は尊重されるべきであろう。さもなくば、略式命令よりも重い罰金刑（あるいは選択刑として懲役・禁固の定めがある場合にはそれ以上の刑）を言い渡される可能性のある正式裁判の請求をためらう、という事態が容易に生じ得るからである。

（水谷規男）

（略式命令の失効）
第469条　正式裁判の請求により判決をしたときは、略式命令は、その効力を失う。

正式裁判の請求により第一審の公判手続が行われ、その判決が下されたときは、略式命令が失効することを規定したものである。刑訴466条により、最初の第一審の判決の言渡しがあるまでは正式裁判の取下げが可能であるが、本条の「判決」を刑訴466条の場合と同様に解し、確定前であっても略式命令を失効させる効果をもつと解すると、不都合が生じる。なぜなら、一審判決の言い渡しだけで略式命令が執行すると、上訴審において正式裁判の請求が適法になされたものであるか否かが争われ、その不適法を理由に一審判決が破棄されて正式裁判の請求が棄却された場合に、維持すべき裁判が存在しなくなるからであ

※12　最一小決昭31・7・5刑集10巻7号1020頁。

1214　第470条（略式命令の効力）

る。そこで、通説は本条にいう「判決」は確定判決をいうと解している（すなわち、判決が確定するまでは略式命令は失効しない）。

（水谷規男）

> **（略式命令の効力）**
> **第470条**　略式命令は、正式裁判の請求期間の経過又はその請求の取下により、確定判決と同一の効力を生ずる。正式裁判の請求を棄却する裁判が確定したときも、同様である。

　略式命令が確定した場合のその効力について規定したものである。本条により、確定した略式命令は確定した有罪判決と同一の効力を有するとされる。有罪判決と同様の効力を有するとは、刑罰の執行が可能になり、既判力も生じるということである。また、非常救済手続との関係でも確定した略式命令は確定判決と同等に扱われるから、再審、非常上告の対象にもなる（すでに指摘したように、身代わり犯人に対する略式命令が確定したことが判明した場合には、検察官によって再審請求がなされる場合がある）。

　略式命令が確定する場合として、正式裁判の請求期限内に請求がなかった場合の他に、正式裁判の請求が棄却された場合がある。なお、正式裁判請求権の放棄によって略式命令を確定させることができるかどうかについては争いがある。上訴権の放棄（刑訴359条参照）の場合と同様に、正式裁判の請求権を持つ者が放棄の意思表示を書面でしたとき（刑訴360条の3参照）は、これによって略式命令を確定させる効果が生じるとする見解もある[13]が、検察官による正式裁判請求権放棄の強要が旧法時代から問題点として指摘されてきたこと[14]、略式命令によって言い渡された罰金額が納得できるものであるか否かが正式裁判の請求にあたって重大な関心事になることを考慮すれば、少なくとも略式命令前の正式裁判請求権放棄は無効と考えるべきである。

（水谷規男）

---

[13] 松尾浩也監修『条解刑事訴訟法（第4版増補版）』（弘文堂、2016年）1173頁。
[14] 福島至『略式手続の研究』（成文堂、1992年）118頁以下参照。

第7編　裁判の執行〔前注〕　*1215*

第7編　裁判の執行

〔前注〕

　裁判は、裁判所または裁判官が公権的にする法を適用した判断である。しかし、裁判は司法機関がする判断（意思表示）に過ぎず、一般に司法機関自体にその判断内容を実現する力があるわけではない。裁判の内容を実現する手続が別途必要とされる所以である。

　民事の場合は、民事訴訟法に対して民事執行法が存在し、詳細に裁判を執行するための手続が定められている。しかし、刑事の場合は、裁判の執行に関する規定は刑事訴訟法自体に含まれており、民事とは執行に関する法の体系位置づけが異なっている。もっとも、自由刑の執行など収容施設内で行われる裁判の執行に関しては、刑事訴訟法に規定されているのは、執行の指揮までであって、執行の指揮があった場合の実際の取扱いは「刑事収容施設及び被収容者等の処遇に関する法律」（以下「刑事収容施設・被収容者法」と略記する。2007年から施行された法律で、旧監獄法を全面改正したものである）に委ねられている。

　裁判の執行に関する規定は、通常刑事訴訟法の学習においてごく限られた規定を除き、あまり参照されることがない。しかし、実務的には国家刑罰権の具体的実現のための手続を定めるこの第7編の規定は重要な意味を持っている。刑事収容施設・被収容者法の諸規定も、逮捕・勾留中の被疑者の取扱い、受刑者の刑務作業などの具体的な処遇、受刑者としての地位と被疑者・被告人の地位が並存するときにどのような扱いを受けるかなど、実際の事件の処理において重要な意味を持つものであり、適宜参照する必要がある。以下の解説中でも実際の事件の処理において問題となる刑事収容施設・被収容者法の規定については、なるべく言及することとする。

（水谷規男）

（裁判の確定と執行）
第471条　裁判は、この法律に特別の定のある場合を除いては、確定した後これを執行する。

　裁判はそれが確定したときに執行されるという原則を規定したものである。確定とは、裁判に対する不服申立てがなされずに不服申立ての期間が過ぎたか、通常の不服申立ての手段が尽きた場合を意味するから、上訴の申立て中などは、裁判は執行できないのである。もちろん、裁判の中にはそれが直ちに執行され

なければ意味がないものもあるから、上訴等によってその裁判が争われる場合であっても執行を可能にすべき場合がある。本条が「特別の定」として除外しているのはそのような場合である。「特別の定」としては、仮納付の裁判（刑訴348条）、通常抗告（刑訴424条。ただし、裁判所の執行停止決定があった場合には、原決定は執行できない）、準抗告（刑訴432条）などがある。

　また、確定した裁判であっても直ちに施行することができない場合もあり、これも「特別の定」にあたる。この例としては、訴訟費用の負担を命ずる裁判（刑訴483条。執行免除の申立てにより執行できなくなる）、労役場留置の裁判（刑18条5項。確定後一定期間内は承諾がなければ執行できない）、保釈許可決定（刑訴94条1項。保釈保証金の納付が執行の条件）がある。

（水谷規男）

（執行指揮）
第472条　裁判の執行は、その裁判をした裁判所に対応する検察庁の検察官がこれを指揮する。但し、第七十条第一項但書の場合、第百八条第一項但書の場合その他その性質上裁判所又は裁判官が指揮すべき場合は、この限りでない。
②　上訴の裁判又は上訴の取下により下級の裁判所の裁判を執行する場合には、上訴裁判所に対応する検察庁の検察官がこれを指揮する。但し、訴訟記録が下級の裁判所又はその裁判所に対応する検察庁に在るときは、その裁判所に対応する検察庁の検察官が、これを指揮する。

　裁判の執行は検察官が指揮して行うとの原則を規定したものである。どの検察庁に属する裁判官が執行指揮をするかについて、本条第1項が原則を規定している。すなわち、裁判をした裁判所に対応する検察庁の検察官が執行を指揮する、ということである。具体的には、裁判所の土地管轄、審級管轄に従って各級の検察庁が置かれているので、土地管轄に従い、簡易裁判所の裁判は区検察庁の検察官が、地方裁判所、家庭裁判所の裁判は地方検察庁の検察官が、高等裁判所の裁判は高等検察庁の検察官が、最高裁判所の裁判は最高検察庁の検察官がそれぞれ執行指揮を行うことになる[1]。

　ただし、この原則には例外がある。例外の第1は、検察官ではなく、裁判所または裁判官が執行指揮を行う場合である（本条1項但書）。本条1項但書は、その例示として刑訴70条1項但書（急速を要する勾引状、勾留状の執行）、刑訴

---

[1]　検察庁における執行事務に関しては、法務省の訓令として、執行事務規程が定められており、実際の手続の詳細はこれに拠っている。同規程の条文については、http://www.moj.go.jp/KEIJI/keiji17.htmlを参照。

108条1項但書(被告人の保護のための必要がある場合の差押状又は捜索状の執行)を挙げる。これらは、いずれも原則として検察官の執行指揮によるべき令状の執行であるが、特別な理由が認められるときに裁判所または裁判官の執行指揮によるものとされる。この他に、裁判の執行に関して裁判所の職員以外が関与しない場合については、検察官の執行指揮は不要であるから、本条1項但書により、裁判所または裁判官の指揮によることとされる。具体的には、裁判所が押収した押収物の還付(刑訴347条)または仮還付(刑訴123条、刑訴124条)、押収物の保管、廃棄(刑訴121条、刑訴122条)、裁判所が受領した保釈保証金の没収(刑訴96条2項、刑訴96条3項)などである。

　第2の例外は、本条第2項が規定する上訴があった場合の裁判の執行である。上訴によって執行すべき裁判自体が上級審で新たになされる場合には、原則どおりその上級審の裁判所に対応する検察庁の検察官が執行を指揮することになる。しかし、上級審の裁判が上訴を斥けるものであった場合、あるいは上訴の取下げがあった場合には、確定する裁判は下級審の裁判である。上記の原則どおりに考えれば、その下級審裁判所に対応する検察庁の検察官が執行の指揮をするべきことになるが、上訴があった場合には、その事件の訴訟記録は上訴がされた上級審にあるのが通例であるところから、本条2項は例外的に上級審の裁判所に対応する検察庁の検察官に執行指揮をさせることにしている。もっとも、訴訟記録がいまだ下級の裁判所またはそれに対応する検察庁にあるときは、この趣旨が妥当しないから、原則に戻って確定した裁判をした下級裁判所に対応する検察庁の検察官が執行の指揮をすることになる(本条第2項但書)。

(水谷規男)

> **(執行指揮の方式)**
> **第473条**　裁判の執行の指揮は、書面でこれをし、これに裁判書又は裁判を記載した調書の謄本又は抄本を添えなければならない。但し、刑の執行を指揮する場合を除いては、裁判書の原本、謄本若しくは抄本又は裁判を記載した調書の謄本若しくは抄本に認印して、これをすることができる。

　執行指揮の方式について規定したものである。刑事の裁判は、その内容において国家が対象者の権利・利益を強制的に奪うものであることが多い。したがって、慎重を期するため、執行指揮は書面によることが原則とされる。また、どのような内容の裁判が執行されるのかが明確でなければならないから、執行指揮書には裁判書または裁判の内容を記載した調書の謄本または抄本を添付することが求められている。刑の執行指揮はこの方法による。しかしながら、刑の執行指揮以外の裁判の執行については、裁判内容を記載した書面(裁判書の

原本、謄本、抄本、あるいは裁判の内容を記載した調書の謄本もしくは抄本）に検察官が認印して執行の指揮をすることが認められている（本条但書）。令状については、令状自体が裁判内容を記載した書面なので、別途執行指揮書は作成されないのが通例である。執行指揮（施設への収容など）が必要な勾引状、勾留状については本条但書の規定する令状への認印方式が取られ、捜索差押許可状や逮捕状については、別途執行指揮の必要がないとされ、認印も不要と考えられている。

（水谷規男）

（刑の執行の順序）
第474条　二以上の主刑の執行は、罰金及び科料を除いては、その重いものを先にする。但し、検察官は、重い刑の執行を停止して、他の刑の執行をさせることができる。

　執行すべき科刑判決が複数ある場合の執行の順序について規定したものである。複数の科刑判決を執行すべき場合としては、同一被告人が別々に2個以上の判決を受けた場合のほか、執行猶予中に再犯を犯したために前の事件の執行猶予が取り消され、前の判決と再犯の判決を執行すべきとき（行刑現場では、これを「2刑持ち」といい、再度の執行猶予の取消しの場合を「3刑持ち」と呼んでいる）がある。罰金、科料（金額が増加するだけで、執行の順序を観念する必要がない）を除き、複数ある科刑判決は主刑の重いものから執行するのが原則である。刑の重さに関しては、刑10条の規定に従って判断する。ただし、その中に死刑、無期刑があるときは、執行の順序は問題にならないので、本条の適用はないと解すべきである。すなわち、死刑を科すときは没収以外の刑を科さず、または執行しない、無期刑についても罰金、科料、没収以外の刑を科さず、または執行しないとの原則がすでに刑法で定められている（刑46条、刑51条1項）からである。死刑の場合も、無期刑の場合も、それが執行された場合には、同一人について並行して、あるいは引き続いて他の刑を執行することができないのは当然のことであり、刑法がすでにそのことを規定している以上、執行すべき科刑判決は死刑または無期刑を科した判決1個であり、執行の順序を定める必要がないのである。

　本条但書は、検察官が上述の原則によらず、重い刑の執行を停止して他の刑を執行させることができると規定する。この規定は、一個の刑の執行中に他の科刑判決が確定し、その科刑判決を執行すべきときにも適用があると解されている。また、罰金刑の換刑処分である労役場留置についても、その性質が自由刑の執行と同じであるため、たとえば自由刑の執行を停止して労役場留置の執

行を行うこともできると解されている。

(水谷規男)

（死刑の執行１）
第475条 死刑の執行は、法務大臣の命令による。
② 前項の命令は、判決確定の日から六箇月以内にこれをしなければならない。但し、上訴権回復若しくは再審の請求、非常上告又は恩赦の出願若しくは申出がされその手続が終了するまでの期間及び共同被告人であつた者に対する判決が確定するまでの期間は、これをその期間に算入しない。

　死刑の執行指揮に関する規定である。刑訴472条の規定により、刑の執行指揮は検察官によって行われるのが原則であるが、死刑については執行の慎重を期するため、法務大臣の命令によることとされている。死刑の執行自体は「刑事施設内において、絞首して執行する」（刑11条１項）こととされているが、死刑確定者は、執行までの間刑事施設に拘置される（刑11条２項）。この拘置は刑罰の内容ではないので、拘置のための執行指揮は原則どおり検察官によって行われる。

　実際の死刑執行までのプロセスは、次のようになる。まず、刑訴472条により死刑の執行を指揮すべき検察官の属する検察庁の長から法務大臣に対して死刑執行の上申を行う。その上申に対しては、法務省内で死刑執行の停止事由の有無、再審事由の有無、非常上告の事由の有無、恩赦を相当とする事由の有無等を検討したうえで、法務大臣の決裁を仰ぐ。その際死刑確定者を拘置している刑事施設からも施設内の死刑確定者の状況について報告が上げられる。法務大臣が決裁をした場合には、死刑執行命令が発せられ、命令書が執行を指揮すべき検察官に伝達され、刑事施設内の刑場において、執行を指揮する検察官と刑事施設の長等の立会の下で執行される。

　これだけ慎重な手続が踏まれるのは、死刑の場合一旦執行すれば、刑罰による不利益を回復することができないからである。他方、法務大臣が死刑執行命令の決裁をしなければ、死刑の執行は行われないので、死刑確定者が執行を受けないまま拘置され続けるという事態も起こり得る。実際、死刑執行命令を法務大臣が発しない時期が存在したし（1990年から約３年余）、死刑の執行に積極的であるか消極的であるかは大臣によって区々である。執行がないまま死刑確定者として30年以上拘置が続く例も数例存在するし、執行されたケースでも死刑判決の確定から執行までの期間は事件によって大きく異なっている。このような実態は、実は本条２項の規定にはそぐわない。なぜなら、本条２項によれば、法務大臣は判決確定の日から６箇月以内に（期間の計算については、刑訴

55条参照）執行命令をしなければならないとされているからである。但書に
よって、上訴権回復、再審の請求、非常上告、恩赦の出願・申出がされ、その
手続が終了するまでの期間、および共同被告人の判決が確定するまでの期間は、
この6ヶ月の期間に算入しないと規定されているものの、死刑判決は確定後速
やかに執行すべしというのが本条の趣旨なのである。

　確かに、確定後速やかに執行がされれば、死刑確定者としての拘置期間が続
くことによる苦痛の増大は避けることができる。しかし他方、上述したように、
法務大臣の命令によることとしたのは、手続の慎重を期すためであって、速や
かな執行という考え方は、慎重さとは相容れない。また、刑事収容施設・被収
容者法が死刑確定者の処遇の原則として「心情の安定」を掲げていること（刑
事収容施設・被収容者法32条）からすれば、死刑確定者が執行を受け入れる心
情に達したときに執行を行うという考え方があるようにも思われる。

　したがって、本条2項に定める期間を過ぎてから死刑を執行することが違法
であるとまではいえないし、執行に適さないときは、法務大臣は本条2項の規
定にかかわらず、死刑の執行を命じない裁量権を持つと考えるべきであろう。
また、国際的な潮流として死刑を廃止する方向が明確に存在すること、裁判員
裁判の実施により、普通の市民が死刑判決に関与するという新たな問題の局面
が生じていることに鑑みれば、法務大臣の政治的決断により、死刑の執行を凍
結ないし一定期間停止して死刑の存廃について議論を尽くすことも検討されて
よい。

（水谷規男）

（死刑の執行2）
第476条　法務大臣が死刑の執行を命じたときは、五日以内にその執行
をしなければならない。

　法務大臣の死刑執行命令があった場合の死刑執行の期限について規定したも
のである。執行を指揮すべき検察官が法務大臣の命令を受け取った日から5日
以内（期間の計算については、刑訴55条参照）に執行をしなければならないと
されている。ただし、刑事収容施設・被収容者法178条2項が日曜日、土曜日、
国民の祝日、1月2日と3日、12月29日から31日までの日は、死刑の執行を行
わないと規定しているので、これらの日は5日の期間に含まず、平日5日以内、
と解すべきことになる。

（水谷規男）

第477条（死刑の執行3） *1221*

（死刑の執行3）

第477条　死刑は、検察官、検察事務官及び刑事施設の長又はその代理者の立会いの上、これを執行しなければならない。
②　検察官又は刑事施設の長の許可を受けた者でなければ、刑場に入ることはできない。

　死刑執行に立ち会う者を規定したものである。立ち会うべき者として規定されているのは、検察官、検察事務官、刑事施設の長またはその代理者である。これ以外の者が執行に立ち会うことができるか否かについては、規定上明らかでないが、執行それ自体のために刑務官が、死亡の確認のために医師が立会うのは当然とされており、このほか執行直前の教誨を行った教誨師が立ち会う例もあるとされている。

　上記以外の者が死刑執行に立会うことができるか否かについては、刑事収容施設・被収容者法にも規定がない。比較法的に見れば、判決を言い渡した裁判官の立会いを規定する例や、被害者遺族の立会権を認める例、一般市民から立会人を選ぶこととしている例など、さまざまな考え方がある。わが国では、行刑は密行性が原則と考えられてきたため、本条に規定する者以外を立ち会わせるということは想定されてこなかったように思われる。

（水谷規男）

（執行始末書）

第478条　死刑の執行に立ち会つた検察事務官は、執行始末書を作り、検察官及び刑事施設の長又はその代理者とともに、これに署名押印しなければならない。

　死刑の執行を終えた後の手続を規定したものである。死刑の執行自体は刑11条1項の規定により、刑事施設内で絞首（実際には床下降下式の縊首）して執行されるが、この方法により生命を奪うことが刑罰内容であるから、刑事収容施設・被収容者法179条は、「絞首された者の死亡を確認してから5分を経過した後に絞縄を解く」と規定している。本条は、執行を終えた後に立会った検察事務官が執行始末書を作成し、検察官、刑事施設の長またはその代理者とともにこの執行始末書に署名しなければならない、とだけ規定しているが、この執行始末書は、法務大臣にも報告され、その後検察官により、市町村長への死亡の報告、家族等への死亡通知や死体・遺骨の交付などの手続が行われる。

（水谷規男）

1222 第479条（死刑執行の停止）

> **（死刑執行の停止）**
> **第479条** 死刑の言渡を受けた者が心神喪失の状態に在るときは、法務大臣の命令によつて執行を停止する。
> ② 死刑の言渡を受けた女子が懐胎しているときは、法務大臣の命令によつて執行を停止する。
> ③ 前二項の規定により死刑の執行を停止した場合には、心神喪失の状態が回復した後又は出産の後に法務大臣の命令がなければ、執行することはできない。
> ④ 第四百七十五条第二項の規定は、前項の命令についてこれを準用する。この場合において、判決確定の日とあるのは、心神喪失の状態が回復した日又は出産の日と読み替えるものとする。

　死刑の執行停止に関して規定したものである。死刑の言渡しを受けた者が心神喪失の状態にあるとき（1項）、または死刑の言渡しを受けた女子が懐胎しているとき（2項）は、法務大臣の命令により、執行を停止することとされている。心神喪失者について執行を停止するのは、自己の生命を奪われることを理解できない者に執行しても刑罰としての意味がないからであり、懐胎の女子についいて執行を停止する[2]のは、刑罰の一身専属性に反するからだとされている。

　本条にいう「執行停止」は、死刑の執行自体の停止であって、死刑確定者としての拘置は本条により停止されることはないと解されている[3]。しかし、この理解には疑問がある。なぜなら、死刑の執行自体が法務大臣の命令によるものとされているので、本条の事由があるときは、単に法務大臣が執行を控えれば足り、執行停止の命令権限を法務大臣に委ねることを特に規定する実益に乏しい。また、心神喪失者や、懐胎の女性について拘置を続けることは適切でないと考えられる。広範な検察官による執行停止が認められている（刑訴482条参照）自由刑の場合と異なり、死刑に関しては本条の他に執行停止の規定がないことも考慮するべきであろう。確かに、本条第4項により、心神喪失状態が回復した日または出産の日から刑訴475条2項の執行期限の期間が進行することとされている（4項）から、執行停止命令がいつなされ、いつそれが解かれたのかを明確にする必要はあるのかもしれない。しかし、刑訴475条2項については、すでに見たように事実上空文化しているし、単に執行期限を明確にするだけであれば、停止を法務大臣の権限とした理由に乏しい。本条は、拘置の

---

[2] 妊娠中の女子に対する死刑執行禁止は、自由権規約6条5項にも規定されている。
[3] 東京地判昭62・4・23判時1229号108頁。

執行停止についても法務大臣に権限を与えたものと解するべきである[※4]。

(水谷規男)

（自由刑の必要的執行停止1）
第480条　懲役、禁錮又は拘留の言渡を受けた者が心神喪失の状態に在るときは、刑の言渡をした裁判所に対応する検察庁の検察官又は刑の言渡を受けた者の現在地を管轄する地方検察庁の検察官の指揮によつて、その状態が回復するまで執行を停止する。

　自由刑を必要的に執行停止にすべき場合について規定したものである。刑訴479条に規定された死刑の場合と同様、心身喪失の状態にある者は、自らが刑の執行を受けていることを認識できず、刑罰としての意味がないことから、これを必要的執行停止の事由としたのである。執行停止の指揮をするのは、刑訴472条の原則に従えば、刑の言渡しをした裁判所に対応する検察庁の検察官である。ただし、自由刑の執行は、言渡し裁判所と同じ管轄区域内の刑事施設で行われるとは限らないから、本条は「刑を受けた者の現在地」を管轄する地方検察庁の検察官にも執行停止権限を認めている。自由刑の執行停止とは、刑事施設収容を解く、ということであるから、その期間中は刑の執行を受けないのであるが、執行停止期間中は（刑訴482条の任意的執行停止の場合も同様であるが）、刑33条により刑の時効は停止される。

(水谷規男)

（自由刑の必要的執行停止2）
第481条　前条の規定により刑の執行を停止した場合には、検察官は、刑の言渡を受けた者を監護義務者又は地方公共団体の長に引き渡し、病院その他の適当な場所に入れさせなければならない。
②　刑の執行を停止された者は、前項の処分があるまでこれを刑事施設に留置し、その期間を刑期に算入する。

　心神喪失を理由に自由刑の執行を停止した場合の検察官の事後措置について規定したものである。刑の執行を停止したからといって、心神喪失者を単に刑事施設から釈放するわけにはいかないと考えられていることになるから、一種

[※4]　死刑の執行及び停止の権限を法務大臣に認めるという現行規定の構造は、「法務大臣の高度な人道的・政治的・超法規的な判断を許容」したものだとする見解もある。福田雅章『日本の社会文化構造と人権』（明石書店、2003年）434頁以下参照。

の保安処分を認めたものと考えることもできる。ただし、検察官自身には、入院等の措置が認められていないため、監督義務者ないしは地方公共団体の長にその措置をさせることとされている（具体的には、精神保健29条の都道府県知事による入院措置や精神保健33条の保護者の同意による入院がある）。保安処分ととらえなくても、心神喪失者は保護と治療を必要とする状態にあるのであるから、本条が検察官に対し、監督義務者または地方公共団体の長に引き渡すことを義務づけていることには一定の合理性があると言ってよいであろう。

　本条2項は、第1項の処分があるまでの間、執行停止を受けた者を刑事施設に留置し、その期間を刑期に算入すると規定する。執行停止処分によって直ちに刑の執行が中断すると解すれば、この留置には法的根拠がないことになるので、刑訴480条の執行停止は、本条第1項の入院等の措置が可能になったことを停止条件とするものであると解する他はない。そしてそうである以上、この留置の期間が刑期に算入されるのは当然である。しかし、この規定により、心神喪失者であっても、入院先等が確保されない限り釈放されないという事態を招くことにもなるので、本条の妥当性についてはなお疑問が残る。

（水谷規男）

（自由刑の任意的執行停止）
第482条　懲役、禁錮又は拘留の言渡を受けた者について左の事由があるときは、刑の言渡をした裁判所に対応する検察庁の検察官又は刑の言渡を受けた者の現在地を管轄する地方検察庁の検察官の指揮によつて執行を停止することができる。
　一　刑の執行によつて、著しく健康を害するとき、又は生命を保つことのできない虞があるとき。
　二　年齢七十年以上であるとき。
　三　受胎後百五十日以上であるとき。
　四　出産後六十日を経過しないとき。
　五　刑の執行によつて回復することのできない不利益を生ずる虞があるとき。
　六　祖父母又は父母が年齢七十年以上又は重病若しくは不具で、他にこれを保護する親族がないとき。
　七　子又は孫が幼年で、他にこれを保護する親族がないとき。
　八　その他重大な事由があるとき。

　自由刑の任意的な執行停止事由を規定したものである。執行停止を指揮する検察官は、刑訴480条の場合と同様、刑の言い渡しをした裁判所に対応する検察庁の検察官および刑の言渡しを受けた者の現在地を管轄する地方検察庁の検

察官である。1号から4号までの事由は、受刑者の心身の状態が刑の執行に適さない場合を規定したものであり、6号、7号は近親者の保護・扶養を受刑者が担わざるを得ない場合を規定したものである。5号は刑の執行によって「回復することができない不利益が生じる虞」がある場合を、8号は「その他重大な事由がある」場合を執行停止の事由として掲げている。これらは解釈の余地が大きい規定であり、比較的広い裁量権が検察官に委ねられているといってよい。

　本条による執行停止を受けた者については、心神喪失者（刑訴480条の場合）と異なり、執行停止によって刑事施設から釈放されることになり、1号から4号に該当する場合も入院等の措置は必要的ではない。執行停止期間は刑期に算入されず、この期間中刑の時効が停止されることは必要的執行停止の場合と同様である。

　本条に関しては、執行停止の請求権が受刑者等に認められるか否かが問題になるが、執行事務規程29条が「刑の言渡しを受けた者又はその関係人」からの上申を受けて停止の適否について審査することを想定していることからすれば、厳密な意味での請求権とまでは言えなくても、受刑者やその関係人には執行停止の申立権があると解するべきである[5]。

（水谷規男）

（訴訟費用の裁判の執行停止）

第483条　第五百条に規定する申立の期間内及びその申立があつたときは、訴訟費用の負担を命ずる裁判の執行は、その申立についての裁判が確定するまで停止される。

　訴訟費用の負担を命ずる裁判（刑訴181条以下参照）については、刑訴500条により、執行免除の申立をすることが認められている。そこで、本条は確定した裁判に執行力を認めるとの原則（刑訴471条）に対する例外として、申立期間および申立てがあった場合でそれに対する裁判が確定するまでの間は、訴訟費用の負担を命ずる裁判の執行が停止されることを規定したものである。

（水谷規男）

---

[5]　刑の執行を開始した後に認められる本条の執行停止のほかに、刑事訴訟法には明文の規定がないが、執行事務規程20条により、執行の延期を認める運用がなされている。執行延期の事由については、本条と同様に考えられて良いであろう。

（執行のための呼出し）

第484条 死刑、懲役、禁錮又は拘留の言渡しを受けた者が拘禁されていないときは、検察官は、執行のためこれを呼び出さなければならない。呼出しに応じないときは、収容状を発しなければならない。

　死刑、自由刑を言い渡す裁判を執行すべきときに、刑の言渡しを受けた者が拘禁されていない場合の手続について規定したものである。執行指揮をすべき検察官は、この場合まず対象者を呼び出さなければならず、呼び出しに応じない場合には収容状※6を発することとされている。

（水谷規男）

（収容状の発付）

第485条 死刑、懲役、禁錮又は拘留の言渡しを受けた者が逃亡したとき、又は逃亡するおそれがあるときは、検察官は、直ちに収容状を発し、又は司法警察員にこれを発せしめることができる。

　刑訴484条の場合、収容状は対象者が呼び出しに応じないときに発することとされているが、本条は、対象者が「逃亡したとき、又は逃亡する虞があるとき」には、検察官が直ちに収容状を発し、または司法警察員に収容状を発せしめることができることを定めたものである。

（水谷規男）

（検事長に対する収容請求）

第486条 死刑、懲役、禁錮又は拘留の言渡しを受けた者の現在地が分からないときは、検察官は、検事長にその者の刑事施設への収容を請求することができる。
② 請求を受けた検事長は、その管内の検察官に収容状を発せしめなければならない。

　死刑、自由刑の言渡しを受けた者が所在不明である場合に、執行を指揮すべき検察官が検事長に刑事施設への収容を請求できること（1項）、この請求を受けた検事長が管内の検察官に対し、収容状を発せしめるべきこと（2項）を規

※6　旧規定では「収監状」と呼ばれていたが、監獄法の全面改正により、「監獄」の語が法律上用いられなくなったので、「収容状」に改められた。

定したものである。検事長への請求を認めたのは、比較的広い管轄区域を持つ高等検察庁に権限をみとめることで、速やかな対象者の発見と収容を可能にするためである。

（水谷規男）

（収容状の方式）
第487条　収容状には、刑の言渡しを受けた者の氏名、住居、年齢、刑名、刑期その他収容に必要な事項を記載し、検察官又は司法警察員が、これに記名押印しなければならない。

収容状の方式を定めたものである。収容状には、刑の言渡しを受けた者の氏名、住居、年齢、刑名、刑期その他施設収容に必要な事項を記載して検察官または司法警察員（刑訴485条の場合）が記名押印しなければならないとされている。

（水谷規男）

（収容状の効力）
第488条　収容状は、勾引状と同一の効力を有する。

収容状の効力について規定したものである。収容状は、勾引状と同一の効力を有するとされている。勾引状の効力としては、勾引状に記載された引致場所への強制的な引致、および引致場所での24時間以内の留置（刑訴59条）がある。これらと同一の効力が収容状に認められるとの趣旨である。なお、収容状により身体を拘束されたときは、その時点で自由刑の執行と同様の権利制約を受けるので、刑期は（その後の自由刑の執行指揮があった日からではなく）収容状の執行日から起算される扱いとなっている。

（水谷規男）

（収容状の執行）
第489条　収容状の執行については、勾引状の執行に関する規定を準用する。

収容状の執行に関する準用規定を定めたものである。収容状が勾引状と同一の効力を有するとされる（刑訴488条）ため、その執行に関しても勾引状に関する規定を準用するものとしている。具体的に準用されるのは、執行の指揮者お

1228 第490条（財産刑等の執行）

よび実施者（刑訴70条）、管轄区域外における執行（刑訴71条）、執行の手続（刑訴73条）、引致中の仮留置（刑訴74条）である。なお、所在不明の場合については刑訴486条が別途同様の規定を置いているので、刑訴72条については準用がないものと解される。

（水谷規男）

（財産刑等の執行）
第490条 罰金、科料、没収、追徴、過料、没取、訴訟費用、費用賠償又は仮納付の裁判は、検察官の命令によつてこれを執行する。この命令は、執行力のある債務名義と同一の効力を有する。
② 前項の裁判の執行は、民事執行法（昭和五十四年法律第四号）その他強制執行の手続に関する法令の規定に従つてする。ただし、執行前に裁判の送達をすることを要しない。

　財産刑等の執行について規定したものである。財産刑や金銭の支払い等を命じる裁判の場合、その執行とは、言渡しを受けた者から一定の金銭、財物を取り立てることである。本条はその際の手続について、執行を指揮する検察官の命令が執行力のある債務名義と同一の効力を有すると規定する（1項）。そしてその債務名義に基づく執行は、民事執行法その他強制執行の手続に関する法令の規定に従うこととされている。ただし、民事の場合と異なり、刑事の裁判はその告知によって効力を生じるので、執行前の裁判の送達は不要である（2項）。
　もっとも、財産刑等の執行が常に強制執行によるというわけではない。検察庁では、財産刑等の執行に関し、法務省訓令として定められた徴収事務規程※7に拠っており、それによれば、まず納付書による任意の支払いを求め（徴収事務規程14条）、納付書の納付期限までに支払いがないときは督促を行い（徴収事務規程15条）、納付が困難な事情があるときは、一部納付（徴収事務規程16条）、納付延期（徴収事務規程17条）も認めるという扱いになっているからである。また、罰金、過料については、換刑処分として労役場留置が可能であるから、それが言い渡されている場合には、完納できないときも強制執行によるのではなく、労役場留置によるべきことになろう。

（水谷規男）

※7　規程の条文については右を参照。http://www.moj.go.jp/KEIJI/keiji19.html

（相続財産に対する執行）

第491条 没収又は租税その他の公課若しくは専売に関する法令の規定により言い渡した罰金若しくは追徴は、刑の言渡を受けた者が判決の確定した後死亡した場合には、相続財産についてこれを執行することができる。

　刑の言渡しを受けた者が判決の確定後に死亡した場合に、一定の財産刑の執行が相続財産に対しても行い得ることを規定したものである。刑罰は裁判を受けた被告人に対してのみ科し得る（刑罰の一身専属性）ものであり、このことは財産刑の場合でも同様である。したがって、本条はこの刑罰の一身専属性の原則に対して例外を認めたものである。まず、没収がその対象になっているのは、付加刑たる没収には、その財産を保有させないという保安処分的な色彩があることから例外が肯定されるとされている。また、没収の場合、没収を言い渡した裁判の確定と同時に没収物は国庫に帰属すると解されるため、相続財産への執行は単に占有を移転するだけで、相続人の財産権を侵害するものではないとの説明も可能である※8。

　租税、公課、専売に関する法令に基づいて言い渡された罰金、追徴についても、相続財産に対する執行ができるとされている。これは、これらの法令による罰金刑には、課税の公平を期し、不正に得た利得を剥奪する趣旨（その意味で没収・追徴と共通する）があると考えられているためである。なお、専売に関する法令としては、かつては塩専売法、アルコール専売法などがあったが、現行法令では本条の適用対象となるものは存在しない。

（水谷規男）

（合併後の法人に対する執行）

第492条 法人に対して罰金、科料、没収又は追徴を言い渡した場合に、その法人が判決の確定した後合併によつて消滅したときは、合併の後存続する法人又は合併によつて設立された法人に対して執行することができる。

　法人処罰の場合について、罰金、科料、没収、追徴を言い渡した場合に、その法人が判決確定後に合併により消滅したときは、合併後に存続する法人または合併により設立された法人に対して財産刑の執行ができることを認めた規定である。これも刑罰の一身専属性に対する例外である。ただし、もともと法人

※8　松尾浩也監修『条解刑事訴訟法（第4版増補版）』（弘文堂、2016年）1187頁。

の場合にはその人格は主として財産の帰属主体として付与されているものに過ぎない。そこで、清算により消滅した場合のように法人格そのものがなくなる場合でなく、合併によって元の法人の権利関係が合併後の法人に引き継がれる場合には、元の法人が負うべき財産刑も合併後の法人に対して追求できることとしたものである。

（水谷規男）

（仮納付の執行の調整）

第493条　第一審と第二審とにおいて、仮納付の裁判があつた場合に、第一審の仮納付の裁判について既に執行があつたときは、その執行は、これを第二審の仮納付の裁判で納付を命ぜられた金額の限度において、第二審の仮納付の裁判についての執行とみなす。

②　前項の場合において、第一審の仮納付の裁判の執行によつて得た金額が第二審の仮納付の裁判で納付を命ぜられた金額を超えるときは、その超過額は、これを還付しなければならない。

　罰金等の財産刑については、仮納付の裁判を刑の言渡しと同時に行うことができる（刑訴348条）。仮納付の裁判は、刑訴404条により、控訴審でも言い渡すことが可能である。そこで、第一審の判決に付された仮納付の裁判の執行があった後に、控訴審で量刑が変更され、仮納付によって納付された金額と控訴審命じられた仮納付の金額に差異が生じる、ということが起こり得る。本条は、そのような場合の処理を定めたものである。控訴審判決で言い渡された金額が納付済みの金額よりも多額である場合には、第一審判決に対する仮納付によって納付された金額の限度で、控訴審判決に付された仮納付の裁判の執行があったものとして扱われる（本条1項）。逆に、控訴審判決で金額が減額された場合には、すでに仮納付された金額は、控訴審判決の執行の担保としては過剰であるから、超過額は還付しなければならないとされている（本条2項）。至極当然の規定であるが、一旦全額を還付して再度執行するという煩瑣を避けるという意味がある。

（水谷規男）

第494条（仮納付の執行と本刑の執行）　*1231*

> **（仮納付の執行と本刑の執行）**
> **第494条**　仮納付の裁判の執行があつた後に、罰金、科料又は追徴の裁判が確定したときは、その金額の限度において刑の執行があつたものとみなす。
> ②　前項の場合において、仮納付の裁判の執行によつて得た金額が罰金、科料又は追徴の金額を超えるときは、その超過額は、これを還付しなければならない。

　仮納付の裁判が執行された後に、罰金、科料、追徴の裁判が確定した場合の処理について定めたものである。刑訴493条の2つの仮納付の裁判の執行の調整と趣旨は同じであるが、本条が問題になるのは、たとえば第一審の判決に仮納付の裁判が付され、それが執行された後に控訴審で量刑が変更され、控訴審判決には仮納付の裁判が付されなかった、という場合である。

（水谷規男）

> **（未決勾留日数の法定通算）**
> **第495条**　上訴の提起期間中の未決勾留の日数は、上訴申立後の未決勾留の日数を除き、全部これを本刑に通算する。
> ②　上訴申立後の未決勾留の日数は、左の場合には、全部これを本刑に通算する。
> 一　検察官が上訴を申し立てたとき。
> 二　検察官以外の者が上訴を申し立てた場合においてその上訴審において原判決が破棄されたとき。
> ③　前二項の規定による通算については、未決勾留の一日を刑期の一日又は金額の四千円に折算する。
> ④　上訴裁判所が原判決を破棄した後の未決勾留は、上訴中の未決勾留日数に準じて、これを通算する。

I　本条の趣旨

　未決拘禁は、裁判上の必要から被疑者・被告人の身体を施設に拘禁するものであって、それ自体正当化根拠に乏しい。また、未決拘禁後に無罪となった場合には、拘禁日数に応じて刑事補償の対象になること（刑補1条1項参照）との対比においても、未決拘禁によって自由を奪われたことに対し、その日数に見合う事後的な補償が必要である。ここから、未決拘禁に付された日数だけ刑の執行が終わったものと扱い、執行すべき日数から差し引く制度の合理性が導か

れる。刑21条はこのような趣旨から未決勾留日数を本刑に算入することができると規定している。しかし、刑21条は算入を義務的とはしておらず、また算入される勾留日数についても、「全部または一部」としていて、結局何日を算入すべきかについて基準を規定していない。

これに対して、本条は上訴との関係で一定の場合に未決勾留日数の通算（刑21条の場合と区別するためにとくに「通算」と呼び分けられている）を義務的とし、通算すべき勾留の範囲も明定したものである。なお、勾留日数の通算は、勾留1日を自由刑については刑期の1日として、罰金等については金額の4000円として折算することとされている（本条3項）。

II　上訴申立期間中の拘禁日数の全部通算

本条1項は、上訴の提起期間中の勾留日数を全部本刑に通算すると規定する。ただし、この期間中に上訴の申立があった場合には、上訴申立後の日数は通算されない。この規定の趣旨は、上訴申立期間中勾留されている被告人がその間不利益を受けることなく、上訴するか否かについて熟慮することを可能にするところにある。上訴期間中でも、すでに上訴をした場合については、この趣旨が妥当しないから除外されているのである。上訴期間は、控訴、上告ともに14日間であるから（刑訴373条、刑訴414条）、本条1項により通算される日数は、それぞれ通常の場合で最長15日である（言渡し当日も含まれるため）。上訴期間中に上訴をしたが、さらに同期間中に上訴を取り下げたときは、判決言渡しの日から上訴前日までの日数と取下げの日から上訴期間満了日までの日数を合算することになる。なお、控訴棄却の決定（刑訴385条、刑訴386条）に対する異議申立期間も本条に言う上訴申立期間に含まれる。

III　上訴申立後の拘禁日数の通算

本条2項は、上訴申立後の未決勾留日数について、(1)検察官が上訴を申し立てたとき、(2)検察官以外の者が上訴を申し立てた場合においてその上訴審において原判決が破棄されたとき、の2つの場合に全部通算すると規定する。検察官上訴の場合には、被告人は検察官によって勾留期間を引き延ばされたといえるから、これを不利益に扱わないための措置として、上訴審における勾留期間の全部を通算することは当然といってよい。被告人側上訴の場合には、原判決が破棄された場合とは、原判決が正当に下されていれば、その時点で被告人の勾留は終わっていたはずであることが上訴審の破棄判決によって明らかにされたことを意味するから、それ以降の勾留日数を過剰であったと評価する、ということであろう。逆にいえば、被告人側が上訴した場合には、その上訴審で原判決が破棄されない限り法定通算はされないということである。もちろん、こ

の場合でも上訴審における勾留日数を刑21条により、本刑に算入することはできるのであるが、算入は裁量的で、かつ全日数が算入されるとは限らないから、本条の適用がある場合との差異は大きい。上記Ⅰで指摘したように、未決拘禁に対する事後的補償が必要であるとの考え方にたった場合には、本条2項の正当性は疑わしいといわざるを得ない※9。被告人側の上訴の場合には、原判決が破棄されない限り法定通算はないので、上訴した場合には上訴審における勾留の分だけ身体拘束の期間が長くなることを被告人が甘受しなければならなくなる。これは事実上被告人の上訴を萎縮させる効果を持ち得る。本条2項2号の規定については、何らかの見直しが必要であろう。

　上訴裁判所が原判決を破棄した後の勾留については、差戻しまたは移送を受けた裁判所における判決言渡しの前日までの日数を通算することとされている（本条4項）。原判決が破棄されるようなものでなければ、原審判決で未決勾留が終了していたはずなのであるから、4項の規定もまた本条2項と同様の考え方に基づくものといってよい。

（水谷規男）

（没収物の処分）

第496条　没収物は、検察官がこれを処分しなければならない。

　没収物の処分について規定したものである。没収は、対象物を国庫に帰属させる裁判であるから、その後の処分について国の代理人たる検察官に処分をさせることとされている。一般に、没収対象物は、裁判中裁判所に領置されていることが多いが、その場合には裁判所から検察官に引き継がれれば足り、対象物が領置されていない場合には別途検察官による没収の裁判の執行が必要になる（刑訴490条）。本条による処分はその後の破壊、廃棄、売却等の現実の取扱いである。なお、没収物その他検察庁が保管する物品の取扱いに関しては、法務省訓令として証拠品事務規程※10が定められており、これに基づいて処分が行われている。

（水谷規男）

※9　やや視点は異なるが、検察官上訴の場合と被告人側上訴の場合で差異を設ける本条2項の規定を憲法違反とする説もある。阿部泰隆「上訴棄却の場合の未決勾留期間の不算入の違憲性」季刊刑事弁護50号（2007年）103頁。

※10　規程の条文については右を参照。http://www.moj.go.jp/KEIJI/keiji18.html

1234 第497条（没収物の交付）

> **（没収物の交付）**
> **第497条** 没収を執行した後三箇月以内に、権利を有する者が没収物の交付を請求したときは、検察官は、破壊し、又は廃棄すべき物を除いては、これを交付しなければならない。
> ② 没収物を処分した後前項の請求があつた場合には、検察官は、公売によつて得た代価を交付しなければならない。

　没収は、原則として没収物が犯人以外の者に属しない場合にのみ許される（刑19条2項）。しかしながら第三者の所有物を没収することが許される場合がある（刑19条2項但書）ほか、裁判時には没収物の所有関係が判明しないなどの事情により、被告人以外の者の所有にかかる物が没収されることがある。そこで、本条は、没収の執行後3ヶ月という期限を区切って権利者からの請求により没収物を交付すべきことを規定する。刑訴496条に基づく処分として検察官が公売等をした後に請求があったときは、その代価を交付すべきこととされている（本条2項）。

（水谷規男）

> **（偽造変造部分の表示）**
> **第498条** 偽造し、又は変造された物を返還する場合には、偽造又は変造の部分をその物に表示しなければならない。
> ② 偽造し、又は変造された物が押収されていないときは、これを提出させて、前項に規定する手続をしなければならない。但し、その物が公務所に属するときは、偽造又は変造の部分を公務所に通知して相当な処分をさせなければならない。

　確定判決により、偽造又は変造された物であると認定された物の取り扱いについて規定したものである。没収物の場合には、刑訴496条に基づいて検察官が本条による「偽造又は変造の部分」の表示をすべきことになる。没収物以外の物を返還するときも、本条による偽造・変造部分の表示が必要とされるが、この表示は没収に準ずる処分とされる。実際の処分は検察官が偽造・変造部分を朱で表示し、裁判年月日、裁判所名等を記入して記名押印して行うこととされている。なお、実務上裁判所に押収されている物については、裁判所の押収主任官により本条の処分が行われている[11]。

（水谷規男）

---

[11] 松尾浩也監修『条解刑事訴訟法（第4版増補版）』（弘文堂、2016年）1194頁。

第498条の2（電磁的記録の消去）　*1235*

（電磁的記録の消去）
第498条の2　不正に作られた電磁的記録又は没収された電磁的記録に係る記録媒体を返還し、又は交付する場合には、当該電磁的記録を消去し、又は当該電磁的記録が不正に利用されないようにする処分をしなければならない。
②　不正に作られた電磁的記録に係る記録媒体が公務所に属する場合において、当該電磁的記録に係る記録媒体が押収されていないときは、不正に作られた部分を公務所に通知して相当な処分をさせなければならない。

第7編

　電磁的記録は常に有体物である記録媒体上に記録、保存されており、文書偽造における偽造部分の没収と同様に、有体物の一部の没収として行うことが可能である。文書偽造における没収物の還付について、偽造または変造部分のみを没収する場合は、偽造または変造部分にその旨を表示したうえで、その物の所有者等の権利者に還付することになる（刑訴498条）。しかし、有体物としては1個の媒体物に、複数の電磁的記録が記録、保存されている場合で、その一部のみを没収する場合については、これに相当する規定がなかったため、2011（平成23）年の法改正で新たに追加されたのが本条である。
　本条で還付の対象とされるのは、不正に作られた電磁的記録に係る記録媒体と没収された電磁的記録のそれである。後者は判決で没収の言渡しを受けたもののことをいう。これに対し、前者は、没収されてはいないが押収によってその占有が裁判所等に帰属している状態のもので、確定判決によって「不正に作られた電磁的記録」であることが認定されたものをいうと考えられる（刑訴498条1項参照）。

（内藤大海）

（還付不能と公告）
第499条　押収物の還付を受けるべき者の所在が判らないため、又はその他の事由によつて、その物を還付することができない場合には、検察官は、その旨を政令で定める方法によつて公告しなければならない。
②　第二百二十二条第一項において準用する第百二十三条第一項若しくは第百二十四条第一項の規定又は第二百二十条第二項の規定により押収物を還付しようとするときも、前項と同様とする。この場合において、同項中「検察官」とあるのは、「検察官又は司法警察員」とする。
③　前二項の規定による公告をした日から六箇月以内に還付の請求がないときは、その物は、国庫に帰属する。

④　前項の期間内でも、価値のない物は、これを廃棄し、保管に不便な物は、これを公売してその代価を保管することができる。

　押収物を還付すべき場合に、還付を受ける者の所在不明等の理由により還付ができない場合の取扱いを定めたものである。このような場合には、検察官が還付不能の物である旨を公告する。公告の方法は、官報等への掲載のほか、少額の場合には検察庁の掲示場への掲示によることがある。公告のときから6ヶ月以内に還付の請求がない場合には、その物は国庫に帰属する（本条2項）。また、この6ヶ月の期間内であっても、価値のない物は廃棄し、保管に不便な物は公売して代価を保管することが許される（本条3項）。

（水谷規男）

（記録媒体の交付、複写許可への準用）
第499条の2　前条第一項の規定は第百二十三条第三項の規定による交付又は複写について、前条第二項の規定は第二百二十条第二項及び第二百二十二条第一項において準用する第百二十三条第三項の規定による交付又は複写について、それぞれ準用する。
②　前項において準用する前条第一項又は第二項の規定による公告をした日から六箇月以内に前項の交付又は複写の請求がないときは、その交付をし、又は複写をさせることを要しない。

　裁判所または捜査機関によって刑訴110条の2の規定する方法で電磁的記録媒体に対する差押えが執行された場合、還付に相当する処分（交付または複写）については刑訴123条3項が規定する。本条は、前条の規定する還付不能の場合の抗告措置が、刑訴123条3項によって行われる還付相当措置が不能の場合に準用されることを規定したものである。前条が本来的執行方法によって有体物が差し押さえられた場合の還付（刑訴123条1項）に対応するのに対し、本条は代替的執行方法によって電磁的記録が保存元の電磁的記録媒体から移転させられて消去されてしまった場合の還付相当処分（刑訴123条3項）に対応するものといえる。

（内藤大海）

第500条（訴訟費用執行免除の申立て）　*1237*

（訴訟費用執行免除の申立て）
第500条　訴訟費用の負担を命ぜられた者は、貧困のためこれを完納することができないときは、裁判所の規則の定めるところにより、訴訟費用の全部又は一部について、その裁判の執行の免除の申立をすることができる。
②　前項の申立は、訴訟費用の負担を命ずる裁判が確定した後二十日以内にこれをしなければならない。

　訴訟費用の負担を命じる裁判（刑訴181条以下参照）については、その裁判の確定後であっても一定期間その執行免除の申立てができる旨を規定したものである。確定した裁判に執行力を認めるとの原則（刑訴471条）に対する例外を認めた規定となる。この規定の趣旨は、貧困のため費用を支払えない被告人に訴訟費用を負担させることが相当でないこと、もし免除の申立権を認めなければ、費用を要する防御活動を萎縮させる効果をもつことなどを考慮して、事後にも免除の申立てを可能にするところにある。申立ての期限は訴訟費用の負担を命じる裁判が確定した日から20日以内である。

（水谷規男）

（訴訟費用の予納）
第500条の2　被告人又は被疑者は、検察官に訴訟費用の概算額の予納をすることができる。

　本条から刑訴500条の4までの規定は、2004（平成16）年改正で新たに設けられた。本条は、判決により訴訟費用の負担を命じられる可能性のある被疑者・被告人が予め訴訟費用（概算額）を検察官に予納しておくことを認めた規定である。罰金等の仮納付と同様、金銭の回収を容易にするための規定である。貧困により訴訟費用を負担できない被疑者・被告人にとっては、本条は意味がない（その場合訴訟費用の負担をさせないことが相当であり、実務でもそのように扱われている）が、自ら費用を負担しても効果的な防御活動を行いたいと考える被疑者・被告人にとっては、本条は証拠保全や証拠調べを促進する意味ももつであろう。

（水谷規男）

（予納金額と執行）

第500条の3 検察官は、訴訟費用の裁判を執行する場合において、前条の規定による予納がされた金額があるときは、その予納がされた金額から当該訴訟費用の額に相当する金額を控除し、当該金額を当該訴訟費用の納付に充てる。

② 前項の規定により予納がされた金額から訴訟費用の額に相当する金額を控除して残余があるときは、その残余の額は、その予納をした者の請求により返還する。

　刑訴500条の2の規定による訴訟費用の予納があった場合に、予め納付された金額と判決で支払を命じられた額に差異があるときは、その調整が必要となる。本条は、罰金等の仮納付の場合（刑訴493条、刑訴494条）と同様の処理を定めたものである。

（水谷規男）

（予納金の返還）

第500条の4 次の各号のいずれかに該当する場合には、第五百条の二の規定による予納がされた金額は、その予納をした者の請求により返還する。

一　第三十八条の二の規定により弁護人の選任が効力を失つたとき。

二　訴訟手続が終了する場合において、被告人に訴訟費用の負担を命ずる裁判がなされなかつたとき。

三　訴訟費用の負担を命ぜられた者が、訴訟費用の全部について、その裁判の執行の免除を受けたとき。

　予納された訴訟費用の返還に関する規定である。1号は、被疑者に対する国選弁護人の選任が刑訴38条の2の規定により効力を失った場合を予納金を返還すべき場合としている。国選弁護人にかかる費用は訴訟費用の一部となるが、勾留中の被疑者が釈放されたときは将来にわたって訴訟費用の支払を担保する必要が乏しくなるためであろう。訴訟費用の予納があった事件について訴訟費用の負担を命じる裁判がなかったとき（2号）や訴訟費用の全部について執行の免除を受けた場合（3号）について予納金を返還しなければならないことは当然である。

（水谷規男）

第501条（裁判の解釈を求める申立て）　*1239*

（裁判の解釈を求める申立て）
第501条　刑の言渡を受けた者は、裁判の解釈について疑があるときは、言渡をした裁判所に裁判の解釈を求める申立をすることができる。

　執行を受ける裁判の内容が不明確な場合の取扱いを定めたものである。本条は刑の言渡しを受けた者が言渡し裁判所に対して裁判の解釈を求める申立てをなし得ることを規定している。裁判自体はすでに確定しているのであるから、これは裁判自体に対する不服申立てではない。この申立てが許されるのは、執行を受ける内容、すなわち判決主文に対してであると解されている。

（水谷規男）

（執行に関する異議の申立て）
第502条　裁判の執行を受ける者又はその法定代理人若しくは保佐人は、執行に関し検察官のした処分を不当とするときは、言渡をした裁判所に異議の申立をすることができる。

　裁判の執行に関して検察官がした処分について、裁判所に対する不服申立てを認めた規定である。「検察官のした処分を不当とするとき」が本条による異議申立ての要件であるが、判例はこれを「不適法な処分又はその措置が著しく不適当であって不適法と同視しうる」場合[12]と解している。なお、刑事施設内における処遇に対する不服申立てについては、刑事収容施設・被収容者法157条以下の規定によることとなるので、本条の異議申立ては、主として執行の指揮に関するものである。

（水谷規男）

（申立ての取下げ）
第503条　第五百条及び前二条の申立ては、決定があるまでこれを取り下げることができる。
②　第三百六十六条の規定は、第五百条及び前二条の申立て及びその取下げについてこれを準用する。

　刑訴500条、刑訴501条、刑訴502条の規定による申立てについて、裁判所の決定があるまでは取り下げを認めるとの規定である。また、刑事施設に収容さ

─────────
[12]　大阪高決昭44・6・9高刑集22巻2号265頁。

1240 第504条（即時抗告）

れている者からのこれらの申立てやその取下げに関しては、刑訴366条の特則（施設の長に対する申立てを有効とする規定）が準用される（2項）。

（水谷規男）

（即時抗告）
第504条 第五百条、第五百一条及び第五百二条の申立てについてした決定に対しては、即時抗告をすることができる。

　刑訴500条、刑訴501条、刑訴502条の申立てに対する裁判所の決定について、即時抗告（刑訴422条）を認めたものである。申立期間は刑訴422条により3日である。

（水谷規男）

（労役場留置の執行）
第505条 罰金又は科料を完納することができない場合における労役場留置の執行については、刑の執行に関する規定を準用する。

　罰金、科料の換刑処分である労役場留置の執行についての根拠条文を示したものである。労役場留置は、一日当たりの金額を定めて、執行すべき罰金、科料の額に相当するまでの日数刑事施設に収容する処分であり、その内容においては自由刑と同質である。そこで、本条は、労役場留置の執行に関し、刑の執行に関する規定を準用することとしている。具体的には執行の指揮は刑訴472条に従い、検察官が行うこと、収容状の発付等が可能であること等である。なお、労役場留置者の刑事施設内における取扱いについては、刑事収容施設・被収容者法288条により、「その性質に反しない限り」、懲役受刑者に関する規定が準用されることとされている。

（水谷規男）

（執行費用の負担）
第506条 第四百九十条第一項の裁判の執行の費用は、執行を受ける者の負担とし、民事執行法その他強制執行の手続に関する法令の規定に従い、執行と同時にこれを取り立てなければならない。

　財産刑等の執行に関しては、民事執行法等に基づいて手続が行われるから、執行自体について費用が発生する場合がある。この費用について、本条はこれ

を執行を受ける者の負担とするとともに、執行と同時に取り立てることとしたものである。

（水谷規男）

（公務所等への照会）
第507条　検察官又は裁判所若しくは裁判官は、裁判の執行に関して必要があると認めるときは、公務所又は公私の団体に照会して必要な事項の報告を求めることができる。

　2001（平成13）年の改正で新設された規定である。この規定の趣旨は、裁判の執行にあたる検察官、裁判所または裁判官に公務所および公私の団体に対する必要事項の照会と報告を求める権限を付与することにより、裁判の執行の円滑を期するところにある。

（水谷規男）

重要用語索引

あ

アレインメント……………………… 709

い

異議申立て………………… 439, 797, 802
　——の期間……………………… 140
　——の対象……………………… 140
意見の明示……………………… 789
移審……………………………………1070
一罪一逮捕一勾留の原則……… 158, 494
一罪の一部起訴………………… 637
一時的保存命令方式……………… 574
一事不再理………………… 301, 969
一部控訴……………………………1070
一般抗告……………………………1144
一般司法警察職員……………… 455
一般情状……………………………1092
一般的指揮権……………… 466
一般的指示権……………… 465
違法収集証拠排除法則…………… 4
因果関係……………………… 407

う

疑わしいときには被告人の利益に
　………………………… 423, 861, 966
写し……………………………… 938
運搬又は保管に不便な押収物……… 264

え

エックス線検査………………… 272
閲覧……… 393, 394, 820, 847, 872, 875
延長の方式……………………… 150

お

押収………………… 262, 290, 388, 392
押収拒絶権者の意思……………… 239
押収した物……………………… 982
押収目録の様式………………… 262
押収物……………………………… 252
おとり捜査……………………… 480

か

開示請求証拠…………………… 860
開示命令……………………… 872
回避………………………………… 36
回復証拠……………………… 952
外部的成立……………………… 977
科学的証拠……………………… 345
下級裁判所……………………… 956
確定……………………………… 420
確定判決……………………… 969
確定判決に代わる証明………………1176
科刑上一罪……………… 401, 421
仮還付……………………… 266
仮納付……………………… 984
過料……………………… 280, 284
簡易公判手続……………… 709
簡易裁判所……………………………1071
簡易送致事件……………… 629
管轄………………… 6, 954, 985
管轄違い……………………………1081
　——の申立ての方式……………… 957
管轄地方裁判所………………… 958
勧告……………………… 793
監獄……………………… 355

重要用語索引 *1243*

看守者……………………………… *255, 264*
官署（役所）としての裁判所………… *6*
間接強制…………………… *280, 284*
間接事実………… *816, 836, 853, 864*
鑑定…………… *342, 344, 371, 385, 388*
鑑定受託者………………… *342, 578*
鑑定書…………… *366, 796, 826*
鑑定証人……………………………… *370*
鑑定人………… *290, 351, 373, 396*
　──尋問…………… *352, 364, 367*
鑑定留置…………………… *353, 579*
鑑定留置質問………………………… *356*
還付…………………… *266, 267, 982*
関連性………………… *841, 848, 860, 862*

き

期間……………………………… *147*
　──の徒過………………………… *147*
期日外証人尋問手続………………… *425*
期日間整理手続
　… *397, 434, 781, 846, 877, 879, 881, 882*
期日間手続調書……………………… *880*
覊束力………………………………… *977*
起訴状………………… *785, 792, 815*
起訴状一本主義……… *391, 651, 779*
起訴状謄本…………………………… *379*
起訴状の朗読……………… *379, 707*
起訴独占主義………………………… *632*
起訴便宜主義………………………… *634*
起訴前勾留…………………………… *515*
起訴猶予処分……………… *404, 409*
忌避…………………… *36, 42, 346*
忌避事由…………………………… *1080*
義務的保釈………………………… *202*
求刑………………………………… *715*
求償………………………………… *406*
糾問的捜査観………………………… *444*

協議・合意制度
　……………… *320, 911, 988, 989, 990, 995*
協議開始書………………… *1002, 1009*
協議経過報告書………… *999, 1002, 1009*
協議における供述………… *1003, 1006*
教唆犯………………………………… *405*
供述…………………… *809, 811, 812*
供述拒否権…………………………… *792*
供述書………………………………… *924*
供述証拠……………………………… *917*
供述心理鑑定………………………… *344*
供述人死亡…………………………… *795*
供述不能…………………… *795, 924*
供述変更……………………………… *389*
供述録取書
　……… *820, 821, 834, 835, 841, 872, 924*
行政警察作用………………………… *474*
強制採血…………………… *553, 584*
強制採尿…………………… *475, 552, 584*
強制処分…………… *271, 273, 386, 388*
強制処分法定主義………… *359, 451, 475*
強制捜査……………………………… *474*
共同正犯……………………………… *405*
共同被告人
　……… *293, 395, 404, 405, 406, 1120*
許可………………………………… *255*
虚偽鑑定罪…………………………… *351*
虚偽供述罪と偽造…………………… *1022*
虚偽告訴罪…………………………… *408*
居所…………………………………… *8*
挙証責任………… *781, 853, 856, 864, 881*
記録謄写費用……………… *436, 437*
記録媒体……………………………… *394*
記録命令付差押え…………………… *1160*
緊急捜索・差押え…………………… *562*
緊急逮捕の合憲性…………………… *527*
緊急配備検問………………………… *449*
禁止………………………………… *255*

1244 重要用語索引

く

具体的指揮権························ 467, 824
訓示期間···································· 148

け

警戒検問······························· 449
形式裁判························· 127, 968
刑事裁判の充実・迅速化··········· 773
刑事施設································· 168
刑事補償························· 358, 439
刑事補償法············· 417, 431, 439
刑事免責········· 4, 320, 635, 989, 991
刑の加重減免················ 1090, 1095
刑の執行猶予·······················1091
刑の廃止····················· 970, 1102
刑の分離決定························ 986
刑の変更······························1102
刑罰権·································· 780
結審·································· 850
決定··················· 127, 129, 1144
厳格な証明···························· 903
現行犯逮捕···························· 539
現行犯人······························ 534
現在の心理状態の供述··········· 920
検察官············· 386, 393, 801, 804, 810
検察官請求証拠········· 819, 820, 830, 835,
                    841, 842, 849, 853, 857
検察官同一体の原則···················· 460
検察官の指揮·························· 245
検察官保管証拠······················ 874
検察官保管証拠一覧表··············· 823
検察官面前調書······················ 795
検察審査会··················· 1016, 1017
検察審査会制度···················· 633
検視·································· 591
検証········· 271, 273, 368, 388, 389
検証調書························· 393, 796

こ

限定的再評価························1171
検面調書····························· 926
権利保釈（必要的保釈）············· 202

合意································· 742, 988
行為期間································· 147
合意書面······························ 948
合意内容書面······ 999, 1007, 1008, 1009,
                    1010, 1011, 1019
合意離脱告知書
············ 1008, 1009, 1010, 1011, 1013
合意離脱書面·························1015
勾引
··· 153, 282, 290, 294, 309, 366, 385, 808
公益の代表者························ 386
公開主義················ 295, 331, 747, 879
合議事件······························ 813
合議体································· 6
抗告····················· 786, 787, 1041
抗告審の構造························1144
抗告に代わる異議申立て····· 429, 1144
交互尋問················ 294, 320, 748
控訴·································1041
公訴棄却········· 413, 423, 792, 1082
控訴権の消滅·························1075
公訴権濫用論···················· 633, 635
公訴時効······························ 639
　──の起算点······················ 642
　──の停止························ 644
公訴事実········· 647, 808, 814, 815, 1082
　──の同一性·················· 793, 970
控訴趣意書···················· 384, 1076
控訴審···················· 391, 1069
控訴審構造·························1144
公訴提起···························· 407
控訴申立書·························1073
交通検問······························ 449

重要用語索引　*1245*

交通反則事件…………………………… *629*

高等裁判所………………………………*1071*

　——の特別権限に属する事件…… *956*

口頭主義………………………… *295, 707*

口頭弁論…………………… *129, 986, 1108*

公判期日………… *396, 680, 786, 789, 795,*
　　　　 798, 799, 816, 869, 879, 881, 1033

　——における訴訟手続………… *142*

公判裁判所…………………………… *6, 391*

公判準備…………… *396, 423, 434, 780*

公判審理……………………………… *878*

公判専従論…………………………… *461*

公判中心主義…… *331, 747, 794, 796, 879*

公判調書… *137, 139, 140, 142, 812, 1086*

公判前整理手続… *397, 422, 435, 728, 745,*
　　776, 778, 780-782, 785-793, 795-799,
　　801-804, 808-810, 812-816, 819, 820,
　　846, 848, 849, 855, 856, 861, 868-870,
　　872, 877, 878, 879, 881, 882, 884, 885

公判前整理手続期日… *787, 792, 801, 802,*
　　　　　　　 804, 806, 807, 808, 814

公判前整理手続結果………………… *811*

公判前整理手続請求権………… *784, 790*

公判前整理手続調書……… *811, 814, 880*

公平な裁判所………………………… *651*

衡平の観念…………………………… *418*

攻防対象…………… *1054, 1070, 1110*

公民権の停止………………………*1091*

公務員………………………………… *237*

公務所………………………… *237, 257*

合理的な疑いを超える証明………… *864*

勾留
　… *156, 356, 391, 436, 776, 799, 805, 807*

　——の執行停止…………………… *216*

　——の「相当性」………………… *517*

　——の必要性……………………… *517*

　——の理由………………………… *516*

勾留期間……………………………… *521*

　——の延長………………………… *522*

　——の再延長……………………… *524*

勾留質問……………………………… *164*

勾留取消し…………………………… *199*

勾留理由開示制度…………………… *191*

国選弁護………………… *404, 408, 1108*

国選弁護人……… *62, 69, 76, 398, 399,*
　　　　　 418, 422, 437, 790, 791,
　　　　　 792, 804, 805, 806, 1029

国選弁護人依頼権…………………… *398*

告訴………………………… *406, 407, 594*

告訴期間……………………………… *604*

告訴の追完…………………………… *598*

告訴不可分の原則………………… *407, 611*

告知…………………………………… *679*

告発………………………… *406, 407, 615*

国法上の裁判所……… *6, 427, 432, 1177*

国家訴追主義………………………… *632*

国家賠償法………………………… *417, 439*

固有権………………………………… *124*

孤立評価…………………………………*1170*

コントロールド・デリバリー……… *480*

さ

再間接事実………………………… *816, 864*

再鑑定……………………………… *343, 350*

再勾留禁止原則……………………… *158*

最終陳述……………………………… *716*

罪証隠滅……………………………… *777*

再審………………………… *407, 409*

再審開始決定………………………… *423*

再審公判手続………………………… *423*

再審事由…………………………………*1101*

再審請求審………………………… *421, 422*

再逮捕・再勾留の禁止の原則……… *494*

財田川決定………………………………*1171*

裁定……… *814, 843, 845, 848, 870, 874*

裁定管轄…………………………………*27*

1246 重要用語索引

裁定期間······ 147
再伝聞証拠······ 921, 941
再度の考案······1150
裁判
　——の確定時······ 982
　——の公開······1080
　——の主体と形式による分類······ 127
　——の迅速······ 415
　——の内部的成立の時······ 977
　——を受ける権利······ 372
　——を記載した調書······ 133
裁判員······ 775, 781, 799, 881, 1080
裁判員裁判······ 775, 778, 782
裁判員制度······ 773, 796
裁判官······ 810, 1079
裁判官会議······ 6
裁判公開原則······ 371, 780, 794
裁判所書記官······ 814, 1080
再釈放······ 979
罪名······ 243
裁量保釈（任意的保釈）······ 202, 1152
差押え······ 226, 439, 1160
差し押さえるべき物······ 243
参考人······ 576

し

GPS捜査······ 272, 451
時間······ 148
事件単位原則······ 157
事件単位説······ 495
時効······ 971
自己拘束力······ 977
死後再審······ 423
事後審······ 1069, 1129
事後審査審······1069
自己負罪型······ 989
自己負罪拒否特権······ 300, 320, 851
自己矛盾供述······ 950

指示説明······ 930
事実上の主張······ 864
事実審······1069
事実の取調べ
　····· 129, 792, 794, 797, 985, 1111, 1184
自首······ 625
事前打合せ······ 807
事前協議······1005
事前準備······ 787
事前の通知······ 256
私選弁護人······ 62, 68, 422
実況見分······ 273
実況見分調書······ 826, 834, 929
執行······ 251, 256
執行免除······ 398
執行猶予取消しの決定······ 985
実質証拠······ 950
実質的当事者対等主義······ 387
実体関係的形式裁判説······ 968
実体裁判······ 127
実体裁判・形式裁判二分説······ 968
実体裁判説······ 968
実体喪失説······ 496
指定······ 801
自動車検問······ 449
自白
　——の任意性······ 381, 389, 796, 853
　——の補強法則······ 949
自白法則······ 910
自判······1119
事物管轄······ 7, 10, 954, 1081
司法行政······ 6
司法警察員······ 455, 1005
司法警察作用······ 474
司法警察職員······ 454
司法巡査······ 455
司法制度改革審議会······ 773
司法制度改革推進法······ 773

重要用語索引　1247

司法取引‥‥‥‥‥‥‥‥‥‥‥ 988, 995
社会復帰‥‥‥‥‥‥‥‥‥‥‥‥‥‥ 403
住居‥‥‥‥‥‥‥‥‥‥‥‥‥‥ 258, 269
終局後の裁判‥‥‥‥‥‥‥‥‥‥‥ 127
終局裁判‥‥‥‥‥‥‥‥‥‥‥ 127, 404
終局前の裁判‥‥‥‥‥‥‥‥‥‥‥ 127
住所‥‥‥‥‥‥‥‥‥‥‥‥‥‥‥‥‥ 8
自由交通権‥‥‥‥‥‥‥‥‥‥‥‥ 107
自由心証主義‥‥‥‥‥‥‥‥‥‥‥ 914
従属代理権‥‥‥‥‥‥‥‥‥‥‥‥ 410
集中審理‥‥‥‥‥‥‥‥‥‥‥ 774, 879
自由な証明‥‥‥‥‥‥ 903, 927, 1086
従犯‥‥‥‥‥‥‥‥‥‥‥‥‥‥‥‥ 405
縮小認定‥‥‥‥‥‥‥‥‥‥‥‥‥ 421
主尋問‥‥‥‥‥‥‥‥‥‥‥‥ 748, 846
受訴裁判所‥‥‥ 6, 290, 291, 393, 434, 784
受託裁判官
　‥‥‥‥ 42, 129, 132, 268, 290, 317, 434
主張‥‥‥‥‥‥‥‥‥‥‥‥‥‥ 862, 863
主張関連証拠‥‥‥‥‥‥‥‥‥ 832, 875
主張関連証拠開示‥‥‥‥‥‥‥ 822, 870
主張明示‥‥‥‥‥‥‥ 789, 798, 849, 852
主張明示義務
　‥‥ 785, 786, 790, 847, 853, 855, 881, 883
主張予定の陳述‥‥‥‥‥‥‥‥ 812, 814
出頭‥‥‥‥‥‥‥‥‥‥‥‥‥‥‥ 787
出頭義務‥‥‥‥‥‥‥‥‥‥‥‥‥1107
出頭命令‥‥‥‥‥‥‥‥‥‥‥‥‥ 808
主任弁護人‥‥‥‥‥‥‥‥‥‥ 72, 73
首服‥‥‥‥‥‥‥‥‥‥‥‥‥‥‥ 625
受命裁判官‥‥‥‥‥ 129, 132, 268, 290, 291,
　　　　　　　　317, 363, 434, 813
主要事実‥‥‥‥‥‥‥‥‥‥‥ 816, 864
手話‥‥‥‥‥‥‥‥‥‥‥‥‥‥‥ 382
純形式裁判説‥‥‥‥‥‥‥‥‥‥‥ 968
準現行犯人‥‥‥‥‥‥‥‥‥‥‥‥ 534
準抗告‥‥‥ 281, 391, 392, 1144, 1155, 1158
準備手続‥‥‥‥‥‥‥‥‥‥‥‥‥ 422

召喚‥‥ 152, 280, 290, 294, 308, 808, 1107
消極的実体的真実主義‥‥‥‥‥‥‥ 274
証言拒絶権‥‥‥‥‥‥‥‥ 290, 292, 304
証言能力‥‥‥‥‥‥‥‥‥‥‥‥‥ 314
証拠
　‥‥ 809, 811, 814, 815, 819, 863, 867, 905
　──の開示‥‥‥‥‥‥‥‥‥‥‥ 789
　──の新規性‥‥‥‥‥‥‥‥‥1169
　──の標目‥‥‥‥‥‥ 961, 962, 1084
　──の標目一覧表‥‥‥‥‥‥‥ 875
証拠意見‥‥‥‥‥‥ 819, 848, 849, 857, 858
証拠開示‥‥‥‥‥‥ 389, 390, 394, 435, 775,
　　　　　　782, 785, 788, 789, 790, 798, 801,
　　　　　　814, 819, 837, 842, 847, 849, 858,
　　　　　　859, 860, 866, 868, 872, 874
上告‥‥‥‥‥‥‥‥‥‥‥‥ 1041, 1129
上告趣意書‥‥‥‥‥‥‥‥‥‥‥‥ 384
上告受理‥‥‥‥‥‥‥‥‥‥‥‥‥1195
上告理由‥‥‥‥‥‥‥‥‥‥‥‥‥1164
証拠決定
　‥‥‥‥ 725, 792, 793, 797, 814, 819, 848
証拠構造論‥‥‥‥‥‥‥‥‥‥‥‥1172
証拠裁判主義‥‥‥‥‥‥‥‥‥‥‥ 902
証拠書類‥‥‥‥‥‥‥‥‥‥‥‥‥ 751
証拠調べ‥‥‥‥‥ 711, 782, 797, 800, 1027
　──請求‥‥‥‥ 435, 789, 790, 797, 819,
　　　　　　820, 837, 847, 848, 849, 856,
　　　　　　863, 866, 869, 881, 882, 884
　──請求義務‥‥‥‥‥‥‥‥‥‥ 881
　──請求制限‥‥‥‥‥‥‥‥ 786, 847
　──手続の簡略化‥‥‥‥‥‥‥1038
証拠整理‥‥‥‥‥‥‥‥ 788, 790, 858, 859
証拠能力‥‥‥‥‥‥ 794, 816, 837, 848
証拠評価‥‥‥‥‥‥‥‥‥‥‥‥‥ 837
　──の誤り‥‥‥‥‥‥‥‥‥‥1096
証拠物‥‥‥‥‥‥‥‥ 264, 393, 753, 834
　──たる書面‥‥‥‥‥‥‥‥‥‥ 753
証拠方法‥‥‥‥‥‥ 347, 371, 820, 834, 855

証拠保全·················· 342, 386, 393
情状····················· 853, 1092
情状鑑定················· 344
情状事実················· 816
上訴················· 409, 1040, 1155
　——を許さない決定··············· 131
　——を許さない命令··············· 131
　——の放棄···················1058
　——の取下げ···················1058
上訴権回復の請求····················1072
上訴審··················· 407, 427
上訴費用補償················· 429, 431
承諾留置··················· 479
譲渡····················· 439
証人··········· 373, 396, 397, 399, 781,
　　　　　　　820, 821, 834, 837
　——の氏名・住居の秘匿に関する
　措置···················1012
　——の遮へい··············· 318
証人喚問請求権··················· 398
証人尋問
　··· 385, 388, 394, 398, 425, 584, 782, 796
証人審問権··················· 347, 366
証人尋問請求··················· 835
証人尋問調書··················· 393
情報格差··················· 784
証明····················· 864
証明予定事実······ 793, 815, 816, 819, 830,
　　　　　848, 849, 852, 856, 858, 864
証明予定事実記載書面··········· 785, 793
証明力········· 389, 816, 830, 839, 842, 905
嘱託鑑定··················· 342
嘱託鑑定書··················· 834
嘱託鑑定人··················· 346
職務質問··················· 447, 474, 477
職務上の秘密··················· 237
女子の身体··················· 259
所持品検査··················· 448

除斥···················· 36, 37, 346
除斥事由···················1080
職権····················· 413, 414
職権証拠調べ··················· 726, 747
職権調査···················1108
白鳥決定···················1170
資力申告書··················· 791
　——の提出···················1029
審級管轄··················· 7
審級弁護（審級代理）の原則··········· 71
真実の供述··················· 995, 1015
真実発見··················· 386
心神喪失··················· 5
迅速性··················· 783
迅速な裁判··················· 681, 691
迅速な裁判を受ける権利········· 788, 805
身体検査··················· 271, 279, 362
人定質問··················· 707
人定尋問··················· 295
審判の併合··················· 13
信用性··················· 796, 835
審理計画··········· 775, 783, 785, 786, 788,
　　　　　　　797, 800, 878, 881
審理に関する重要な事項··············· 140
審理不尽···················1085

せ

請求····················· 407, 870
制限列挙··················· 238
正式裁判の請求··················· 409
性状変更··················· 389
精神鑑定··················· 348
正当な理由··················· 225, 234, 235
整理····················· 137
責任能力··················· 348, 354
接見····················· 777
接見禁止処分··················· 357, 381
接見交通権··················· 107

重要用語索引　1249

接見指定……………………………1158
絶対的控訴理由……………………1071
絶対的特信情況…………………… 928
絶対無効……………………………1072
全件送致主義の原則……………… 628
宣誓…………… 290, 312, 366, 380
宣誓無能力………………… 312, 352
全面的証拠開示…………………… 780

そ

訴因………………… 390, 792, 793, 1082
　——の特定………………………… 648
　——の予備的・択一的記載……… 650
訴因変更………………… 400, 401, 814
訴因変更命令……………………… 793
総合評価…………………………… 422
総合評価・再評価…………………1171
捜査………………… 421, 435, 442, 474
　——の構造………………………… 444
　——の端緒………………………… 446
捜査協力型………………………… 989
捜索………………………… 235, 388
　——すべき場所、身体若しくは物
　　………………………………… 243
　——する場所及び押収する物を
　　明示する令状………………… 242
　——を受けた者………………… 262
　——をした場合………………… 262
捜索差押令状……………… 241, 242
捜索状の執行……………………… 259
捜査手続…………………………… 422
捜査比例原則……………… 451, 479
捜査報告書………………… 826, 838
相続人……………………… 439, 440
相対的控訴理由……………………1071
相対的特信情況…………………… 927
送達………………………… 145, 787
争点…… 782, 786, 792, 797, 810, 815, 819,

　　831, 837, 843, 852, 862, 863, 867
争点及び証拠の整理… 785, 819, 868, 870,
　　877, 878, 879, 880, 881
争点関連証拠……………… 785, 868
争点形成責任……………………… 934
争点整理…… 774, 775, 778, 780, 786, 788,
　　790, 792, 793, 811, 812, 820,
　　830, 832, 846, 849, 858, 859, 861
相当性……………………………… 839
　——の判断……………………… 136
相反供述…………………………… 795
贓物……………………………… 267
　——の対価として得たもの……… 983
即時抗告…… 281, 412, 414, 415, 429, 439,
　　871, 873, 876, 1075, 1144
即日………………………………1039
続審………………………………1069
訴訟関係人……… 133, 787, 788, 789, 799,
　　801, 802, 803, 804
訴訟記録………………… 143, 415
訴訟行為………………… 124, 814
訴訟行為能力………………………56
訴訟指揮………………… 717, 785, 805
訴訟条件…………………………… 635
訴訟上の事実……………………… 815
訴訟的捜査観……………………… 445
訴訟手続…………………………… 142
　——の法令違反……………………1085
訴訟に関する書類………………… 135
訴訟能力………………… 55, 382
訴訟費用
　… 396, 400, 405, 409, 410, 411, 415, 433
訴訟法上の裁判所…… 6, 427, 432, 1177
訴訟法上の事実…………………… 389
訴追裁量権………………… 3, 993, 1006
即決裁判手続………… 710, 922, 1125
　——による公判期日………………1034
　——による審判……………………1034

1250 重要用語索引

疎明‥‥‥‥‥‥‥‥‥‥‥ 802
疎明資料‥‥‥‥‥‥‥‥‥1078
損害賠償‥‥‥‥‥‥‥‥‥ 439
存続期間‥‥‥‥‥‥‥‥‥ 147

た

第1回公判期日‥‥‥‥‥ 798, 799
第1回公判期日後‥‥‥‥ 819, 877
第一審集中主義‥‥‥‥‥‥1069
代価‥‥‥‥‥‥‥‥‥‥‥ 265
退去‥‥‥‥‥‥‥‥‥‥‥ 255
退去命令‥‥‥‥‥‥‥‥‥ 805
大赦‥‥‥‥‥‥‥‥‥ 971, 1102
退廷を命ぜられたとき‥‥‥ 976
逮捕‥‥‥‥‥‥‥‥‥‥‥ 490
　——に伴う捜索・差押え‥‥‥ 559
　——のための第三者規制‥‥‥ 490
　——の必要性‥‥‥‥‥‥ 492
　——の理由‥‥‥‥‥‥‥ 492
逮捕・勾留に関する一回性の原則‥ 494
逮捕状
　——の緊急執行‥‥‥‥‥ 501
　——の通常執行‥‥‥‥‥ 500
　——の呈示‥‥‥‥‥‥‥ 500
逮捕前置主義‥‥‥‥‥‥‥ 517
代用監獄‥‥‥‥‥‥‥‥‥ 168
択一的訴因‥‥‥‥‥‥ 401, 421
択一的認定‥‥‥‥‥‥‥‥ 959
立会権‥‥‥‥‥‥‥‥ 288, 392
弾劾証拠‥‥‥‥‥‥ 856, 882, 952
弾劾的捜査観‥‥‥‥‥‥‥ 444
単独体‥‥‥‥‥‥‥‥‥‥ 6

ち

地方公共団体の職員‥‥‥‥ 259
地方裁判所‥‥‥‥‥‥‥‥1071
中止‥‥‥‥‥‥‥‥‥‥‥ 261
調書‥‥‥‥‥‥‥‥‥‥‥ 814

跳躍（飛躍）上告‥‥‥ 1071, 1133, 1195
直接強制‥‥‥‥‥‥ 282, 285, 362
直接主義‥‥‥‥‥‥‥‥‥ 917
直接審理主義‥‥‥‥‥‥ 331, 747
陳述‥‥‥‥‥‥‥‥ 787, 811, 976

つ

追徴‥‥‥‥‥‥‥‥‥‥‥1091
通常抗告‥‥‥‥‥‥‥‥‥1144
通常逮捕‥‥‥‥‥‥‥‥‥ 490
通信の秘密‥‥‥‥‥‥‥‥ 478
通信傍受‥‥‥‥‥‥‥‥‥ 478
通信傍受法‥‥‥‥‥‥‥‥ 572
通知‥‥‥‥‥‥‥‥ 792, 801, 802
通訳‥‥‥‥‥‥‥‥ 371, 385, 399
通訳人‥‥‥‥‥‥‥ 374, 375, 396
罪とならない‥‥‥‥‥‥ 965, 966
罪となるべき事実‥‥‥‥ 961, 1084, 1095

て

呈示‥‥‥‥‥‥‥‥‥‥‥ 247
停止の効力‥‥‥‥ 1150, 1151, 1157, 1162
提示命令‥‥‥‥‥‥‥‥ 874, 875
提出命令‥‥‥‥‥‥‥‥ 226, 229
邸宅‥‥‥‥‥‥‥‥‥‥‥ 258
適正手続‥‥‥‥‥‥‥‥ 679, 695
適正な事実認定・量刑‥‥‥‥ 775
適当と認める方法‥‥‥‥‥‥1035
できる限り速やかに‥‥‥ 1030, 1031
できる限り早い時期の起算点‥‥‥‥1032
手続の合理化・効率化‥‥‥‥‥1039
展示‥‥‥‥‥‥‥‥‥‥‥ 753
伝聞供述‥‥‥‥‥‥‥‥ 917, 939
伝聞証言‥‥‥‥‥‥‥‥‥ 744
伝聞証拠‥‥‥‥‥‥‥‥‥ 360
伝聞証拠禁止原則‥‥‥‥‥‥ 916
伝聞法則‥‥‥‥‥‥‥‥ 360, 837
伝聞例外‥‥‥‥‥‥‥‥ 922, 923

重要用語索引　*1251*

電話接見……………………………*1159*
電話傍受………………………… *271, 475*

と

同意……………………………… *835, 885*
同意書面………………………………… *943*
同一の理由による再度の再審請求…*1183*
統合捜査報告書……………………… *949*
同行命令……………………… *309, 808*
当事者主義………………… *386, 388, 708*
当事者主義的構造……………… *61, 423*
当事者対等主義………………… *386, 387, 788*
当事者能力………………………………*55*
謄写……………………… *394, 847, 875*
謄写権………………………… *393, 820*
当然無効の判決………………………*1196*
盗聴………………………………… *478*
当番弁護士……………………… *87, 388*
毒樹の果実…………………………… *913*
特信状況……………………………… *795*
特定性………………………………… *959*
特定電子計算機方式………………… *574*
特定犯罪……………………………… *997*
独任制の官庁………………………… *460*
特別抗告…………………… *1144, 1163*
特別司法警察職員…………………… *457*
特別弁護人………………… *66, 1105*
独立代理権…………………………… *124*
特例判事補…………………………… *132*
土地管轄………………… *7, 954, 1081*
取調べ………… *129, 356, 866, 1003*
　――の可視化………… *488, 742, 935*
　――の録音・録画制度……… *489, 913*
取調べ受忍義務……………… *482, 743*
取調べ状況報告書…………… *842, 935*
取調べ請求証拠……………………… *870*
取調べメモ…………………………… *832*
取寄決定……………………………… *393*

に

二重の危険……………………………*1044*
任意性……………………………… *910*
任意捜査……………………………… *474*
　――の原則………………………… *450*
任意的弁護事件……………………… *398*
任意同行……………… *447, 477, 482*
認否………………………………… *391*

の

ノヴァ型再審…………………………*1167*

は

廃棄………………………………… *264*
売却………………………………… *265*
排除の申立適格……………………… *914*
破棄………………………………………*1115*
破棄差戻し………………………… *426*
破棄判決の拘束力……………………*1118*
派生証拠………………… *1017, 1021*
罰条………………………… *793, 1090*
判決………………………… *127, 128*
　――の宣告………………… *379, 977*
判決裁判所……………………………*1079*
犯罪後………………………………… *971*
犯罪阻却事由…………………………*1095*
犯罪の証明……………… *959, 965, 966*
犯情………………………………………*1092*
反証収集費用………………………… *437*
反対尋問……………… *360, 748, 838, 856*
反対尋問権…………………………… *916*
判例……………………………………*1131*

ひ

被害者……………………………… *267*
被害者還付…………………………… *982*
被害者参加制度……………………… *888*

被害者参加人······················ 891
　——の意見陳述権··················· 898
被疑者························· 404, 408
被疑者・被告人···············388, 393
被疑者勾留························· 515
被疑者国選弁護·············· 87, 388
被疑者国選弁護制度········ 422, 435, 775
被疑者取調べ···················380, 482
被疑者の同意····················1029
被告人··· 373, 383, 799, 802, 804, 820, 847
　——の氏名······················· 242
　——の特定······················· 638
被告人側請求証拠··················· 858
被告人質問············· 794, 809, 812, 883
被告人取調べ····················· 485
微罪処分事件····················· 629
必要性·················· 842, 843, 845, 862
必要的記載事項··················· 811
必要的共犯······················· 405
必要的弁護············· 83, 698, 878, 1108
ビデオリンク方式
　·················· 318, 394, 925, 931, 1012
人単位説························· 495
秘密····························· 240
秘密交通権······················· 112
秘密の暴露······················· 915
費用賠償························· 280
費用負担························· 284
費用補償············· 417, 420, 427, 433
貧困····························· 398

ふ

ファルサ型再審····················1167
風俗を害する行為··················· 261
不開示希望調書欄·············· 839, 842
不起訴処分······················· 408
副主任弁護人······················· 73
覆審····························1069

不行為期間······················· 147
不告不理の原則····················1082
付審判··························· 300
付審判手続······················· 633
付郵便送達······················1107
負担免除························· 399
不利益再審······················1166
不利益な事実の承認··················· 933
不利益変更の禁止········ 402, 1121, 1193
プレインビューの法理·········· 554, 562
分割勾留禁止原則··················· 158

へ

併合罪···················· 401, 421, 428
併合審理························· 405
閉鎖の方式······················· 261
別件基準説······················· 496
別件捜索差押え··················· 554
別件逮捕························· 495
弁解録取························· 742
弁護士··························· 820
弁護人········ 388, 397, 410, 423, 789, 790,
　　　　　　801, 802, 804, 810, 847, 878
弁護人依頼権
　········ 62, 68, 71, 75, 76, 103, 107, 790
弁護人紹介手続··················· 791
弁護人選任権···················· 62, 107
弁護人選任権の告知··················· 505
弁護人の同意の確認··················1031
変造証拠提出罪····················1022
弁論···················· 716, 782
　——の全趣旨····················· 855
弁論主義························· 707
弁論能力························1106

ほ

包括一罪···················· 400, 401
包括的代理権····················· 124

重要用語索引　*1253*

包括的黙秘権‥‥‥‥‥‥‥‥‥‥‥*83*
防御‥‥‥‥‥‥‥‥‥ *830, 842, 843*
防御権‥ *343, 374, 375, 380, 382, 383, 386,*
　　387, 389, 419, 425, 433, 776, 786, 789,
　　790, 798, 800, 801, 803, 804, 805, 806,
　　807, 809, 810, 812, 813, 815, 822, 830,
　　　　　　　　844, 856, 870, 884
防御主体‥‥‥‥‥‥‥‥‥‥ *387*
傍受令状‥‥‥‥‥‥‥‥‥‥ *571*
法定期間‥‥‥‥‥‥‥‥‥‥ *147*
法廷警察権‥‥‥‥‥‥‥‥ *697, 717*
冒頭陳述‥‥‥‥‥‥‥ *391, 720, 879*
冒頭手続‥‥‥‥‥‥‥‥‥‥ *707*
法務大臣の指揮監督権‥‥‥‥‥‥ *460*
法律上刑の加重減免の理由‥‥‥‥ *964*
法律上犯罪の成立を妨げる理由‥‥‥ *964*
法律審‥‥‥‥‥‥‥‥‥‥‥*1069*
法律的関連性‥‥‥‥‥‥‥‥‥ *349*
法令の適用‥‥‥‥‥‥‥ *961, 1084*
補強法則‥‥‥‥‥‥‥‥‥ *910, 914*
保護観察‥‥‥‥‥‥‥‥‥‥‥*1091*
　　――に付された者の遵守義務違反
　　‥‥‥‥‥‥‥‥‥‥‥‥ *986*
保釈‥‥‥‥‥‥‥ *201, 202, 354, 777*
補充捜査‥‥‥‥‥‥‥‥‥‥ *866*
保証書‥‥‥‥‥‥‥‥‥‥‥*1079*
補助事実‥‥‥‥‥‥‥‥‥ *816, 853*
補助証拠‥‥‥‥‥‥‥ *855, 880, 950*
没収‥‥‥‥‥‥‥‥‥‥‥‥*1091*
　　――することができる物で、かつ、
　　証拠物でないもの‥‥‥‥‥‥ *264*
　　――の言渡し‥‥‥‥‥‥‥ *982*
ポリグラフ検査‥‥‥‥‥‥‥‥ *487*
本案の裁判‥‥‥‥‥‥‥‥‥ *411*
本件基準説‥‥‥‥‥‥‥‥‥ *496*
翻訳‥‥‥‥‥‥‥‥ *371, 384, 385*
翻訳義務‥‥‥‥‥‥‥‥‥‥ *384*
翻訳人‥‥‥‥‥‥‥‥‥‥‥ *396*

ま

麻酔分析‥‥‥‥‥‥‥‥‥‥ *487*

み

未決勾留日数の算入‥‥‥‥‥‥‥*1091*
水俣病事件‥‥‥‥‥‥‥‥‥ *642*
未必の故意‥‥‥‥‥‥‥‥‥ *408*

む

無罪‥‥‥‥‥‥‥‥‥ *406, 411, 413*
無罪推定法理
　‥‥‥‥ *61, 404, 420, 855, 856, 881, 883*
無罪判決‥‥‥‥‥‥‥‥‥‥ *420*

め

明白性‥‥‥‥‥‥‥‥‥‥‥*1169*
命令‥‥‥‥‥‥‥‥ *127, 129, 1144*
面会接見‥‥‥‥‥‥‥‥‥‥*1159*
免訴‥‥‥‥‥‥ *406, 411, 413, 423, 1082*

も

目的外利用‥‥‥‥‥‥‥‥‥ *847*
黙秘権‥‥ *83, 293, 300, 425, 708, 781, 794,*
　　　807, 809, 811, 850, 855, 881, 883
　　――の告知‥‥‥‥‥‥‥‥ *486*

や

夜間における私生活の平穏‥‥‥‥ *260*
約束による自白‥‥‥‥‥‥‥‥ *988*

ゆ

有罪である旨の陳述‥‥‥‥‥‥‥*1032*
有罪の言渡‥‥‥‥‥‥‥‥‥ *961*
有罪の答弁‥‥‥‥‥‥ *709, 910, 949*
有罪判決‥‥‥‥‥‥‥‥‥‥ *960*
誘導尋問‥‥‥‥‥‥‥‥‥‥ *748*

よ

要旨の告知……………… 379, 751
要証事実……………………… 389
抑留拘禁………………… 356, 357
余罪取調べ…………………… 484
予断……………………………… 391
予断排除…… 652, 685, 686, 687, 721, 723,
　　　　746, 778, 784, 803, 804, 874
予定主張……………………… 810
予備的訴因………… 400, 401, 421

り

利益再審……………………… 1166
立証趣旨……………………… 724
立証制限……………………… 785
立証責任……………………… 403
リモートアクセス…………… 550
理由…………………………… 130
理由齟齬……………………… 1084
留置施設……………………… 168
留置の必要…………………… 266
理由不備……………………… 1084
留保…………………………… 793
量刑………………… 389, 1092
量刑基準……………………… 1092

量刑事情……………………… 1092
量刑資料……………………… 1092
領置……………… 234, 564, 1160
旅館…………………………… 261
隣人…………………………… 259

る

類型証拠………… 785, 830, 833, 841, 848,
　　　　　　849, 857, 868, 875
類型証拠開示…… 822, 832, 843, 851, 870
類型証拠開示請求…………… 866

れ

例外規定……………………… 956
令状…………………………… 390
令状主義…… 241, 356, 359, 451, 475
　──の例外………………… 269
連日…………………………… 782
連日的開廷………… 691, 774
連帯債務……………………… 406

ろ

朗読…………………………… 751
労役場留置…………………… 1091
論告………………… 715, 782

判例索引

大審院

大判明36・5・14刑録9輯738頁············ *620*

大判明37・4・7刑録10輯766頁····· *595, 596*

大判明37・7・8刑録10輯1560頁·········· *597*

大判明37・11・7刑録10輯2136頁········ *595*

大判明39・5・18刑録12輯581頁············· *8*

大判明44・6・8刑録17輯1102頁········· *595*

大判明45・5・27刑録18輯676頁·········· *596*

大判大4・10・29刑録21輯1751頁········· *8*

大判大5・5・8刑録22輯703頁············· *597*

大判大5・7・1刑録22輯1191頁··········· *598*

大判大6・4・28刑録23輯433頁·········· *594*

大判大7・7・17刑録24輯980頁········· *596*

大判大7・11・11刑録24輯1326頁········ *595*

大判大10・4・2刑録27輯237頁········· *599*

大判大11・2・28刑集1巻88頁············ *610*

大判大12・3・13刑集2巻186頁··········· *620*

大判大13・3・29刑集3巻289頁··········· *275*

大判大13・4・5刑集3巻306頁············· *596*

大判大13・4・25刑集3巻360頁··········· *595*

大決大13・4・26刑集3巻368頁····· *149, 1057*

大決大13・11・27刑集3号804頁········· *1046*

大判大14・5・13刑集4巻301頁··········· *596*

大判大14・11・6刑集4巻641頁········· *753*

大判昭3・10・5刑集7巻649頁······ *609, 614*

大判昭4・1・24刑集8巻1頁················· *313*

大判昭4・12・16刑集8巻662頁·········· *610*

大判昭5・12・23刑集9巻949頁··········· *599*

大判昭6・9・7刑集10巻435頁··········· *597*

大判昭6・10・19刑集10巻462頁·········· *594*

大判昭7・1・27刑集11巻10頁············· *620*

大判昭7・2・25刑集11巻122頁········· *146*

大決昭8・4・26刑集12巻503頁········· *1062*

大決昭8・6・8刑集12巻771頁·········· *1168*

大判昭8・7・20刑集12巻1367頁···· *599, 606*

大判昭8・9・6刑集12巻1593頁········· *597*

大判昭8・10・30刑集12巻1854頁········ *594*

大判昭9・12・15刑集13巻22号1734頁···· *11*

大判昭10・4・8刑集14巻401頁········· *594*

大判昭11・3・24刑集15巻307頁········· *595*

大判昭11・7・2刑集15巻857頁········· *595*

大決昭12・1・23刑集16巻8頁········· *146*

大判昭12・3・20刑集16巻387頁········· *626*

大判昭12・6・5刑集16巻906頁········· *594*

大判昭12・12・23刑集16巻1698頁

··············· *596, 608*

大判昭13・2・28刑集17巻141頁········· *613*

大判昭13・6・16刑集17巻455頁········· *644*

大判昭14・2・7刑集18巻20頁··········· *596*

大判昭14・2・25刑集18巻49頁········· *610*

大判昭19・5・10刑集23巻92号··········· *969*

最高裁判所

最一小判昭22・11・24刑集1巻21頁······ *594*

最二小判昭23・2・18刑集2巻2号104頁

··············· *627*

最大判昭23・3・10刑集2巻3号175頁··· *1125*

最二小判昭23・4・23刑集2巻4号422頁

····················· *148*

最三小判昭23・5・4刑集2巻5号441頁·· *752*

最大判昭23・5・26刑集2巻6号529頁

··············· *968, 969, 971, 1046*

最大判昭23・6・14刑集2巻7号680頁···· *692*

最大判昭23・6・23刑集2巻7号715頁···· *911*

最二小判昭23・6・26刑集2巻7号743頁
.... *137*

最三小判昭23・7・6刑集2巻8号785頁‥ *348*

最大判昭23・7・19刑集2巻8号944頁‥‥ *211*

最大判昭23・7・29刑集2巻9号1012頁‥ *914*

最一小判昭23・8・5刑集2巻9号1123頁
.... *959, 966*

最大決昭23・9・27刑集2巻10号1229頁
.... *972*

最一小判昭23・10・28刑集2巻11号1420頁
.... *680*

最大判昭23・11・17刑集2巻12号1588頁
.... *348*

最大判昭23・12・1刑集2巻13号1679頁
.... *518, 536*

最三小判昭23・12・24刑集2巻14号1883頁
.... *348*

最大判昭23・12・27刑集2巻14号1934頁
.... *398*

最大判昭24・1・12刑集3巻1号20頁
.... *39, 1051*

最一小判昭24・1・20刑集3巻1号40頁‥ *963*

最一小判昭24・2・17刑集3巻2号184頁
.... *216*

最二小判昭24・2・22刑集3巻2号221頁
.... *1092*

最大決昭24・2・25刑集3巻2号246頁‥‥ *1187*

最二小判昭24・3・5刑集3巻3号253頁‥ *142*

最二小決昭24・3・5刑集3巻3号268頁‥‥ *31*

最三小判昭24・3・15刑集3巻3号299頁
.... *349*

最一小判昭24・3・17刑集3巻3号318頁
.... *716*

最二小決昭24・4・6刑集3巻4号469頁
.... *39, 660*

最一小判昭24・4・14刑集3巻4号547頁
.... *962*

最三小判昭24・4・26刑集3巻5号653頁
.... *164*

最二小判昭24・4・30刑集3巻5号672頁
.... *752, 915*

最二小判昭24・5・14刑集3巻6号721頁
.... *626*

最大判昭24・5・18刑集3巻6号734頁
.... *131, 963*

最大判昭24・5・18刑集3巻6号783頁‥‥ *288*

最大判昭24・6・1刑集3巻7号901頁‥‥‥ *616*

最大判昭24・6・13刑集3巻7号1039頁‥ *316*

最一小判昭24・6・16刑集3巻7号1082頁
.... *1051, 1059*

最二小判昭24・6・18刑集3巻7号1099頁
.... *680*

最二小判昭24・7・9刑集3巻8号1193頁
.... *294*

最三小判昭24・7・26刑集3巻8号1391頁
.... *518*

最一小判昭24・9・1刑集3巻10号1529頁
.... *964*

最大決昭24・9・19刑集3巻10号1598頁‥ *39*

最大判昭24・11・2刑集3巻11号1737頁
.... *76, 79*

最三小判昭24・11・15刑集3巻11号1785頁
.... *967*

最大判昭24・11・30刑集3巻11号1857頁
.... *180, 680*

最大判昭24・12・14刑集3巻12号1999頁
.... *529*

最一小判昭24・12・15刑集3巻12号2011頁
.... *333*

最三小判昭24・12・20刑集3巻12号2036頁
.... *692*

最二小判昭25・1・13刑集4巻1号12頁‥ *348*

最大判昭25・2・1刑集4巻2号100頁‥‥‥ *698*

最一小決昭25・2・2刑集4巻2号127頁
.... *1131*

最一小判昭25・3・30刑集4巻3号454頁
・・・・・・・・・・・・・・・・・・・・・・・・・・・ *129, 1138*

最大決昭25・4・7刑集4巻4号512頁・・・・・・・ *43*

最大判昭25・4・12刑集4巻4号535頁
・・・・・・・・・・・・・・・・・・・・・・・・・・・ *42, 686*

最一小判昭25・4・13刑集4巻4号567頁
・・・・・・・・・・・・・・・・・・・・・・・・・・・ *1196*

最二小判昭25・4・14刑集4巻4号578頁
・・・・・・・・・・・・・・・・・・・・・・・・・・・ *333, 340*

最一小判昭25・4・20刑集4巻4号648頁
・・・・・・・・・・・・・・・・・・・・・・・・・・・ *1126*

最一小判昭25・5・4刑集4巻5号756頁・・ *978*

最一小判昭25・5・11刑集4巻5号781頁
・・・・・・・・・・・・・・・・・・・・・・・・・・・ *721*

最二小決昭25・5・12刑集4巻5号797頁
・・・・・・・・・・・・・・・・・・・・・・・・・・・ *1134*

最一小決昭25・5・18刑集4巻5号826頁
・・・・・・・・・・・・・・・・・・・・・・・・・・・ *1110*

最大判昭25・6・7刑集4巻6号966頁・・・・・・ *398*

最一小決昭25・6・8刑集4巻6号972頁
・・・・・・・・・・・・・・・・・・・・・・・・・・・ *1083*

最三小判昭25・6・13刑集4巻6号995頁
・・・・・・・・・・・・・・・・・・・・・・・・・・・ *578*

最三小判昭25・6・20刑集4巻6号1025頁
・・・・・・・・・・・・・・・・・・・・・・・・・・・ *531*

最一小決昭25・6・29刑集4巻6号1133頁
・・・・・・・・・・・・・・・・・・・・・・・・・・・ *498*

最一小判昭25・7・6刑集4巻7号1205頁
・・・・・・・・・・・・・・・・・・・・・・・・・・・ *1109*

最三小決昭25・7・11刑集4巻8号1583頁
・・・・・・・・・・・・・・・・・・・・・・・・・・・ *1078*

最二小決昭25・7・12刑集4巻7号1311頁
・・・・・・・・・・・・・・・・・・・・・・・・・・・ *1064*

最一小決昭25・7・13刑集4巻8号1356頁
・・・・・・・・・・・・・・・・・・・・・・・・・・・ *1060*

最二小判昭25・7・14刑集4巻8号1378頁
・・・・・・・・・・・・・・・・・・・・・・・・・・・ *1079*

最大判昭25・7・19刑集4巻8号1481頁・・ *569*

最三小決昭25・9・5刑集4巻9号1620頁
・・・・・・・・・・・・・・・・・・・・・・・・・・・ *315*

最三小判昭25・9・19刑集4巻9号1695頁
・・・・・・・・・・・・・・・・・・・・・・・・・・・ *963*

最大判昭25・9・27刑集4巻9号1805頁
・・・・・・・・・・・・・・・・・・・・・・・・・・・ *970, 1045*

最二小決昭25・9・30刑集4巻9号1856頁
・・・・・・・・・・・・・・・・・・・・・・・・・・・ *938*

最三小判昭25・10・3刑集4巻10号1861頁
・・・・・・・・・・・・・・・・・・・・・・・・・・・ *967, 1082*

最大判昭25・10・4刑集4巻10号1866頁
・・・・・・・・・・・・・・・・・ *291, 591, 922, 925*

最一小判昭25・10・5刑集4巻10号1875頁
・・・・・・・・・・・・・・・・・・・・・・・・・・・ *131, 1092*

最三小決昭25・10・10刑集4巻10号1959頁
・・・・・・・・・・・・・・・・・・・・・・・・・・・ *915*

最大判昭25・10・11刑集4巻10号1972頁
・・・・・・・・・・・・・・・・・・・・・・・・・・・ *971*

最一小決昭25・10・12刑集4巻10号2084頁
・・・・・・・・・・・・・・・・・・・・・・・・・・・ *1078*

最一小決昭25・10・12刑集4巻10号2087頁
・・・・・・・・・・・・・・・・・・・・・・・・・・・ *1106, 1126*

最三小決昭25・10・24刑集4巻10号2121頁
・・・・・・・・・・・・・・・・・・・・・・・・・・・ *1083*

最一小決昭25・10・26刑集4巻10号2170頁
・・・・・・・・・・・・・・・・・・・・・・・・・・・ *983*

最一小決昭25・11・16刑集4巻11号2323頁
・・・・・・・・・・・・・・・・・・・・・・・・・・・ *1110*

最二小判昭25・11・17刑集4巻11号2328号
・・・・・・・・・・・・・・・・・・・・・・・・・・・ *978*

最三小判昭25・11・21刑集4巻11号2359頁
・・・・・・・・・・・・・・・・・・・・ *486, 912, 912*

最大判昭25・11・22刑集4巻11号2372頁
・・・・・・・・・・・・・・・・・・・・・・・・・・・ *127*

最二小決昭25・11・30刑集4巻11号2438頁
・・・・・・・・・・・・・・・・・・・・・・・・・・・ *1079*

最三小判昭25・12・5刑集4巻12号2481頁
・・・・・・・・・・・・・・・・・・・・・・・・・・・ *506*

最三小決昭25・12・5刑集4巻12号2489頁
　………………………………………………*1073*
最三小判昭25・12・24刑集4巻12号2621頁
　………………………………………………*1112*
最三小判昭25・12・26刑集4巻12号2632頁
　………………………………………… *681*
最二小決昭26・1・19刑集5巻1号58頁
　………………………………… *235, 266*
最二小決昭26・2・9刑集5巻3号397頁
　………………………………………………*1077*
最一小決昭26・2・22刑集5巻3号421頁
　………………………………………… *945*
最一小判昭26・3・1刑集5巻4号478頁‥ *971*
最一小判昭26・3・8刑集5巻4号495頁
　……………………………*402, 411, 1121*
最一小判昭26・3・15刑集5巻4号527頁
　………………………………………… *964*
最一小判昭26・3・15刑集5巻4号535頁
　………………………………………… *312*
最二小判昭26・3・30刑集5巻4号731頁
　………………………………………… *316*
最二小決昭26・3・30刑集5巻4号742頁
　………………………………………………*1134*
最二小決昭26・3・30刑集5巻5号801頁
　………………………………… *1106, 1126*
最三小判昭26・4・10刑集5巻5号890頁
　………………………………………… *964*
最一小決昭26・4・12刑集5巻5号893頁
　………………………………………… *146*
最二小判昭26・4・13刑集5巻5号898頁
　………………………………………… *25, 958*
最三小判昭26・4・17刑集5巻6号963頁
　………………………………………… *963*
最二小決昭26・4・27刑集5巻5号957頁
　………………………………… *149, 161, 163*
最一小決昭26・5・10刑集5巻6号1021頁
　………………………………………………*1126*

最二小決昭26・5・25刑集5巻6号1201頁
　……………………………………*944, 1099*
最一小決昭26・5・31刑集5巻6号1211頁
　………………………………………… *740*
最二小決昭26・6・1刑集5巻7号1232頁
　………………………………… *739, 740*
最二小判昭26・6・15刑集5巻7号1277頁
　………………………………………… *763*
最一小判昭26・6・28刑集5巻7号1303頁
　………………………………………… *65*
最一小判昭26・7・12刑集5巻8号1427頁
　………………………………………… *594*
最二小判昭26・7・20刑集5巻8号1604頁
　………………………………………………*1138*
最一小判昭26・7・26刑集5巻8号1652頁
　………………………………………… *708*
最大判昭26・8・1刑集5巻9号1715頁…*1121*
最一小決昭26・9・6刑集5巻10号1878頁
　………………………………………… *488*
最一小決昭26・9・6刑集5巻10号1907頁
　………………………………………… *150*
最二小決昭26・10・6刑集5巻11号2177頁
　……………………………………*147, 1062*
最三小判昭26・11・20刑集5巻12号2408頁
　………………………………………… *698*
最大判昭26・11・28刑集5巻12号2423頁
　………………………………………… *699*
最一小判昭26・12・20刑集5巻13号2556頁
　………………………………… *402, 411*
最一小判昭27・1・10刑集6巻1号69頁
　………………………………………………*1109*
最一小決昭27・1・17刑集6巻1号101頁
　………………………………………………*1112*
最大判昭27・2・6刑集6巻2号134頁…… *318*
最一小判昭27・2・14刑集6巻2号237頁
　………………………………………… *137*
最三小判昭27・2・26裁判集刑61号597頁
　………………………………………… *312*

最三小判昭27・3・4刑集6巻3号339頁 …‥ 14
最大判昭27・3・5刑集6巻3号351頁 …… 651
最一小判昭27・3・6刑集6巻3号363頁
　　　　　　　　　　　　　　　　　　 1089
最大判昭27・3・19刑集6巻3号502頁
　　　　　　　　　　　　　 241, 242, 548
最三小判昭27・3・25刑集6巻3号507頁
　　　　　　　　　　　　　　　　　　 142
最三小判昭27・3・25刑集6巻3号514頁
　　　　　　　　　　　　　　　　　　 752
最一小判昭27・3・27刑集6巻3号520頁
　　　　　　　　　　　　　　　 506, 933
最大判昭27・4・9刑集6巻4号584頁 …… 925
最三小判昭27・5・6刑集6巻5号736頁 ‥ 753
最三小判昭27・5・6刑集6巻5号733頁
　　　　　　　　　　　　　　　　　　 1077
最三小判昭27・5・13刑集6巻5号744頁
　　　　　　　　　　　　　　　　　　 725
最二小決昭27・5・31刑集6巻5号788頁
　　　　　　　　　　　　　　　　　　 146
最大判昭27・6・18刑集6巻6号800頁 …‥ 591
最一小決昭27・6・26刑集6巻6号860頁
　　　　　　　　　　　　　　　　　　 754
最一小決昭27・7・12刑集6巻7号910頁
　　　　　　　　　　　　　　　　　　 1109
最二小決昭27・7・18刑集6巻7号913頁
　　　　　　　　　　　　　　　　　　 679
最大判昭27・8・6刑集6巻8号974頁
　　　　　 238, 303, 304, 305, 306, 337, 585
最一小決昭27・8・21裁判集刑67号103頁
　　　　　　　　　　　　　　　　　　 348
最二小決昭27・9・8裁判集刑67号1頁 …… 38
最二小決昭27・9・10刑集6巻8号1068頁
　　　　　　　　　　　　　　　　　　 1153
最一小決昭27・10・23刑集6巻9号1118頁
　　　　　　　　　　　　　　　　　　 1077
最二小決昭27・10・25裁判集刑68号675頁
　　　　　　　　　　　　　　　　　　 682

最二小決昭27・10・31裁判集刑68号849頁
　　　　　　　　　　　　　　　　　　 1063
最大判昭27・11・5刑集6巻10号1159頁
　　　　　　　　　　　　　　　　　　 314
最大決昭27・11・5刑集6巻10号1176頁
　　　　　　　　　　　　　　　　　　 1120
最二小判昭27・11・14刑集6巻10号1199頁
　　　　　　　　　　　　　　　　　　 65
最三小決昭27・11・18刑集6巻10号1213頁
　　　　　　　　　　　　　　　 146, 1057
最大判昭27・11・19刑集6巻10号1217頁
　　　　　　　　　　　　　　　　　　 1196
最三小決昭27・11・25刑集6巻10号1262頁
　　　　　　　　　　　　　　　　　　 1141
最二小決昭27・12・19刑集6巻11号1329頁
　　　　　　　　　　　　　　　　　　 945
最大判昭27・12・24刑集6巻11号1363頁
　　　　　　　　　　　　　　　　　　 1121
最大判昭27・12・24民集6巻11号1214頁
　　　　　　　　　　　　　　　　　　 631
最大判昭27・12・24民集6巻1号1214頁
　　　　　　　　　　　　　　　　　　 632
最一小判昭27・12・25刑集6巻12号1401頁
　　　　　　　　　　　　　　　 681, 1107
最二小決昭27・12・26刑集6巻12号1466頁
　　　　　　　　　　　　　　　　　　 1120
最二小決昭27・12・27刑集6巻12号1481頁
　　　　　　　　　　　　　　　　　　 1092
最一小決昭28・1・22刑集7巻1号26頁 ‥ 972
最三小判昭28・1・27刑集7巻1号64頁 ‥ 488
最三小判昭28・2・17刑集7巻2号237頁
　　　　　　　　　　　　 724, 950, 952
最一小判昭28・2・19刑集7巻2号293頁 ‥ 40
最一小判昭28・2・19刑集7巻2号305頁
　　　　　　　　　　　　　　　 344, 359
最二小決昭28・3・18刑集7巻3号568頁
　　　　　　　　　　　　　　　 587, 590

最二小判昭28・3・20刑集7巻3号597頁
………………………… 955, 958
最一小決昭28・3・26刑集7巻3号636頁
………………………… 1123
最一小判昭28・4・2刑集7巻4号745頁‥ 708
最三小決昭28・4・7刑集7巻4号771頁‥ 986
最三小判昭28・4・14刑集7巻4号841頁
………………………… 486
最一小決昭28・4・25刑集7巻4号876頁
………………………… 590
最二小決昭28・4・30刑集7巻4号904頁
………………………… 724
最一小決昭28・5・7刑集7巻5号946頁‥‥ 40
最二小判昭28・5・8刑集7巻5号965頁‥ 763
最三小判昭28・5・12刑集7巻5号1011頁
………………………… 1084, 1090
最一小判昭28・5・14刑集7巻5号1026頁
………………………… 643
最三小判昭28・5・19刑集7巻5号1047頁
………………………… 1134
最二小決昭28・5・29刑集7巻5号1195頁
………………………… 599, 608
最二小決昭28・7・8刑集7巻7号1462頁
………………………… 274
最三小決昭28・7・14刑集7巻7号1529頁
………………………… 463
最三小判昭28・7・18刑集7巻7号1547頁
………………………… 135
最大判昭28・7・22刑集7巻7号1562頁‥ 970
最三小決昭28・9・1刑集7巻9号1796頁
………………………… 301
最一小判昭28・9・24刑集7巻9号1825頁
………………………… 616
最二小判昭28・9・25刑集7巻9号1832頁
………………………… 1053
最三小判昭28・9・29刑集7巻9号1848頁
………………………… 695, 770

最三小判昭28・10・6刑集7巻10号1888頁
………………………… 44
最二小判昭28・10・9刑集7巻10号1904頁
………………………… 942
最一小判昭28・10・15刑集7巻10号1934頁
………………………… 352, 930
最二小決昭28・10・19刑集7巻10号1945頁
………………………… 302
最三小判昭28・11・17刑集7巻11号2202頁
………………………… 142
最二小決昭28・11・20刑集7巻11号2275頁
………………………… 763
最三小決昭28・11・24刑集7巻11号2283頁
………………………… 1185
最二小決昭28・11・27刑集7巻11号2294頁
………………………… 38
最三小判昭28・12・15刑集7巻12号2444頁
………………………… 963
最大判昭28・12・16刑集7巻12号2550頁
………………………… 637
最二小判昭28・12・18刑集7巻12号2578頁
………………………… 1199
最大決昭28・12・22刑集7巻13号2595頁
………………………… 668, 1147
最三小判昭28・12・25刑集7巻13号2749頁
………………………… 1123
最一小決昭29・2・4刑集8巻2号131頁‥ 972
最一小判昭29・2・25刑集8巻2号189頁
………………………… 319, 946, 977
最二小決昭29・2・26刑集8巻2号198頁‥ 39
最三小判昭29・3・2裁判集刑93号59頁
………………………… 316
最三小決昭29・3・23刑集8巻3号293頁
………………………… 739
最三小決昭29・3・23刑集8巻3号305頁
………………………… 967
最三小決昭29・3・23刑集8巻3号318頁
………………………… 231

最二小判昭29・4・2刑集8巻4号399頁
‥‥‥‥‥‥‥‥‥‥‥‥‥‥‥‥‥‥ *1091*

最三小判昭29・4・13刑集8巻4号445頁
‥‥‥‥‥‥‥‥‥‥‥‥‥‥‥ *724*

最三小判昭29・4・13刑集8巻4号462頁
‥‥‥‥‥‥‥‥‥‥‥‥‥‥‥‥‥‥ *1128*

最三小判昭29・4・27刑集8巻4号572頁 ‥ *21*

最三小決昭29・5・4刑集8巻5号631頁 ‥‥ *52*

最二小判昭29・5・14刑集8巻5号676頁
‥‥‥‥‥‥‥‥‥‥‥‥‥‥‥‥ *764*

最一小判昭29・5・20刑集8巻5号706頁
‥‥‥‥‥‥‥‥‥‥‥‥‥‥‥ *724*

最一小決昭29・6・3刑集8巻6号802頁 ‥ *293*

最二小決昭29・6・16刑集8巻6号878頁
‥‥‥‥‥‥‥‥‥‥‥‥‥‥‥ *142*

最二小決昭29・6・19裁判集刑96号335頁
‥‥‥‥‥‥‥‥‥‥‥‥‥‥‥ *752*

最一小決昭29・6・24刑集8巻6号977頁
‥‥‥‥‥‥‥‥‥‥‥‥‥‥ *715*

最三小決昭29・6・29刑集8巻6号985頁 ‥ *22*

最一小決昭29・7・7刑集8巻7号1065頁
‥‥‥‥‥‥‥‥‥‥‥‥‥‥‥‥ *203, 1150*

最大判昭29・7・7刑集8巻7号1052頁 ‥ *1076*

最二小決昭29・7・14刑集8巻7号1100頁
‥‥‥‥‥‥‥‥‥‥‥‥‥‥‥ *971*

最一小決昭29・7・15刑集8巻7号1137頁
‥‥‥‥‥‥‥‥‥‥‥‥‥‥‥ *447*

最二小判昭29・7・16刑集8巻7号1151頁
‥‥‥‥‥‥‥‥‥‥‥‥‥‥‥ *487*

最二小判昭29・7・16刑集8巻7号1210頁
‥‥‥‥‥‥‥‥‥‥‥‥‥‥ *626, 1132*

最一小決昭29・7・29刑集8巻7号1217頁
‥‥‥‥‥‥‥‥‥‥‥‥‥‥‥ *925*

最二小決昭29・7・30刑集8巻7号1231頁
‥‥‥‥‥‥‥‥‥‥‥‥‥‥ *56, 57*

最一小決昭29・8・5刑集8巻8号1237頁
‥‥‥‥‥‥‥‥‥‥‥‥‥‥‥ *193, 198*

最二小判昭29・8・20刑集8巻8号1249頁
‥‥‥‥‥‥‥‥‥‥‥‥‥‥‥ *1083*

最二小決昭29・9・8刑集8巻9号1471頁
‥‥‥‥‥‥‥‥‥‥‥‥‥‥ *598, 955*

最大決昭29・9・8刑集8巻9号1467頁 ‥ *1120*

最二小決昭29・9・11刑集8巻9号1490頁
‥‥‥‥‥‥‥‥‥‥‥‥‥‥‥ *1077*

最二小決昭29・9・24刑集8巻9号1519頁
‥‥‥‥‥‥‥‥‥‥‥‥‥‥ *339*

最一小決昭29・9・30刑集8巻9号1565頁
‥‥‥‥‥‥‥‥‥‥‥‥‥‥‥ *1120, 1127*

最三小決昭29・10・8刑集8巻10号1588頁
‥‥‥‥‥‥‥‥‥‥‥‥‥‥‥ *1146, 1163*

最三小判昭29・10・12刑集8巻10号1591頁
‥‥‥‥‥‥‥‥‥‥‥‥‥‥‥ *1132*

最大判昭29・10・13民集8巻10号1846頁
‥‥‥‥‥‥‥‥‥‥‥‥‥‥‥ *1125*

最三小決昭29・10・19刑集8巻10号1596頁
‥‥‥‥‥‥‥‥‥‥‥‥‥‥‥ *1046*

最三小決昭29・10・19刑集8巻10号1610頁
‥‥‥‥‥‥‥‥‥‥‥‥‥‥‥ *1170*

最二小判昭29・10・22刑集8巻10号1653頁
‥‥‥‥‥‥‥‥‥‥‥‥‥‥‥ *1093*

最三小決昭29・10・26裁判集刑99巻531頁
‥‥‥‥‥‥‥‥‥‥‥‥‥‥‥ *981*

最二小決昭29・11・5刑集8巻11号1728頁
‥‥‥‥‥‥‥‥‥‥‥‥‥‥‥ *1132*

最一小決昭29・11・18刑集8巻11号1850頁
‥‥‥‥‥‥‥‥‥‥‥‥‥‥‥ *975*

最一小決昭29・11・25刑集8巻11号1888頁
‥‥‥‥‥‥‥‥‥‥‥‥‥‥ *924*

最一小判昭29・12・2刑集8巻12号1923頁
‥‥‥‥‥‥‥‥‥‥‥‥‥‥ *721, 938*

最三小判昭29・12・14刑集8巻13号2142頁
‥‥‥‥‥‥‥‥‥‥‥‥‥‥ *168*

最一小判昭29・12・23刑集8巻13号2288頁
‥‥‥‥‥‥‥‥‥‥‥‥‥‥ *961, 969*

最二小判昭29・12・24刑集8巻13号2336頁
……………………………………1076
最二小判昭29・12・24刑集8巻13号2348頁
……………………………………1132
最一小決昭29・12・27刑集8巻13号2435頁
………………………………… 447
最三小判昭30・1・11刑集9巻1号8頁
…………………… 83, 698, 978
最三小判昭30・1・11刑集9巻1号14頁
……………………………… 927, 928
最二小判昭30・1・14刑集9巻1号52頁
………………… 401, 413, 983
最三小判昭30・2・8刑集9巻2号207頁‥ 614
最三小判昭30・2・15刑集9巻2号282頁
……………………………… 379, 978
最二小判昭30・2・18刑集9巻2号332頁
……………………………………1132
最大決昭30・2・23刑集9巻2号372頁…1154
最一小判昭30・2・24刑集9巻2号374頁
………………………………… 961
最一小決昭30・3・17刑集9巻3号500頁
………………………………… 698
最二小決昭30・3・18刑集9巻3号508頁
………………………………… 569
最二小決昭30・3・25刑集9巻3号519頁‥ 42
最三小判昭30・4・5刑集9巻4号652頁
……………………………………1123
最大判昭30・4・6刑集9巻4号663頁
………………………… 495, 719
最一小決昭30・4・11刑集9巻4号836頁
……………………………………1048
最一小決昭30・4・15刑集9巻4号851頁
……………………………………1078
最二小決昭30・5・11裁判集刑105号197頁
……………………………………1077
最一小決昭30・5・12刑集9巻6号1019頁
………………………………… 137

最二小決昭30・6・3刑集9巻7号1136頁
……………………………………1077
最大判昭30・6・22刑集9巻8号1189頁
………………… 915, 1087, 1119
最一小決昭30・7・7刑集9巻9号1863頁
………………………………… 922
最三小判昭30・7・19裁判集刑107号571頁
………………………………… 411
最二小判昭30・8・26刑集9巻9号2049頁
……………………………………1089
最三小判昭30・9・13刑集9巻10号2059頁
………………………………… 904
最一小判昭30・9・29刑集9巻10号2102頁
……………………………………1110
最二小判昭30・10・14刑集9巻11号2213頁
………………………………… 42
最三小判昭30・10・18刑集9巻11号2263頁
………………………………… 969
最二小決昭30・10・31刑集9巻11号2349頁
……………………………………1164
最三小決昭30・11・1刑集9巻12号2353頁
………………………………… 614
最二小判昭30・11・18刑集9巻12号2460頁
………………………………… 725
最二小判昭30・11・18刑集9巻12号2483頁
………………… 235, 266, 982
最三小決昭30・11・22刑集9巻12号2484頁
……………………………… 243, 556
最三小判昭30・11・29刑集9巻12号2524頁
………………………………… 942
最大判昭30・11・30刑集9巻12号2529頁
……………………………………1083
最二小判昭30・12・9刑集9巻13号2699頁
………………………………… 921
最大判昭30・12・14刑集9巻13号2760頁
………………………………… 527
最二小判昭30・12・16刑集9巻14号2791頁
……………………………… 536, 538

最大決昭30・12・23刑集9巻14号2991頁
……………………………………………………1164

最二小判昭30・12・26刑集9巻14号3011頁
……………………………………………………1120

最三小判昭30・12・26刑集9巻14号3025頁
……………………………………………771, 1127

最二小決昭30・12・26刑集9巻14号3060頁
……………………………… 427, 432

最二小判昭31・2・10刑集10巻2号159頁
……………………………………………1080

最二小決昭31・3・9刑集10巻3号303頁
……………………………… 177, 501

最二小判昭31・3・30刑集10巻3号422頁
……………………………… 53, 694, 1151

最一小判昭31・4・12刑集10巻4号540頁
……………………………………… 137

最一小判昭31・4・19刑集10巻4号588頁
……………………………………………1121

最二小決昭31・4・25裁判集刑113号411頁
……………………………………………1092

最大決昭31・5・21刑集10巻5号717頁
……………………………………………1175

最三小決昭31・6・5刑集10巻6号805頁
……………………………………………1156

最二小決昭31・7・4刑集10巻7号1015頁
……………………………………………1063

最一小決昭31・7・5刑集10巻7号1020頁
……………………………………………1124

最三小判昭31・7・17刑集10巻8号1193頁
……………………………………… 938

最大判昭31・7・18刑集10巻7号1147頁
……………………………………………1119

最二小判昭31・8・3刑集10巻8号1202頁
……………………………………… 643

最二小決昭31・8・22刑集10巻8号1266頁
……………………………………… 456

最三小決昭31・9・18刑集10巻9号1347頁
……………………………………… 44

最三小決昭31・9・25刑集10巻9号1382頁
………………………………… 44

最大判昭31・9・26刑集10巻9号1391頁
……………………………………………1119

最三小判昭31・10・9刑集10巻10号1436頁
……………………………………………1123

最三小決昭31・10・23裁判集刑115号
131頁 ……………………… 348

最一小決昭31・10・25刑集10巻10号
1439頁 ……………………… 535

最一小決昭31・10・25刑集10巻10号
1447頁 ……………………… 643

最一小判昭31・12・13刑集10巻12号
1629頁 ……………………… 293

最一小判昭31・12・13刑集10巻12号
1633頁 ……………………… 412, 1072

最二小判昭31・12・14刑集10巻12号
1655頁 ……………………………1119

最三小判昭32・1・22刑集11巻1号103頁
……………………………… 941

最三小判昭32・2・5刑集11巻2号498頁
……………………………………………1199

最大決昭32・2・15刑集11巻2号756頁
……………………………………………1119

最大判昭32・2・20刑集11巻2号802頁
………………………… 64, 486, 648, 707, 759

最大判昭32・2・27刑集11巻2号935頁‥ 971

最三小判昭32・4・16刑集11巻4号1372頁
……………………………… 38

最二小決昭32・4・17刑集11巻4号1385頁
……………………………………………1119

最三小決昭32・4・30刑集11巻4号1502頁
……………………………………… 8

最三小判昭32・5・28刑集11巻5号1548頁
……………………………… 528

最二小判昭32・5・31刑集11巻5号1579頁
……………………………… 911

最大決昭32・6・12刑集11巻6号1649頁
‥‥‥‥‥‥‥‥‥‥‥‥‥‥‥‥ *146*

最二小判昭32・6・21刑集11巻6号1721頁
‥‥‥‥‥‥‥‥‥‥‥‥‥‥‥‥*1119*

最一小決昭32・7・18刑集11巻7号1880頁
‥‥‥‥‥‥‥‥‥‥‥‥‥‥‥‥ *964*

最一小判昭32・7・25刑集11巻7号2025頁
‥‥‥‥‥‥‥‥‥‥‥‥‥‥‥‥ *930*

最二小判昭32・8・23刑集11巻8号2103頁
‥‥‥‥‥‥‥‥‥‥‥‥‥‥ *137, 141*

最二小決昭32・8・30刑集11巻8号2128頁
‥‥‥‥‥‥‥‥‥‥‥‥‥‥‥‥ *170*

最三小決昭32・9・10刑集11巻9号2213頁
‥‥‥‥‥‥‥‥‥‥‥‥‥‥ *138, 148*

最二小判昭32・9・20刑集11巻9号2353頁
‥‥‥‥‥‥‥‥‥‥‥‥‥‥‥‥*1121*

最三小判昭32・9・24裁判集刑120号507頁
‥‥‥‥‥‥‥‥‥‥‥‥‥‥‥‥ *967*

最一小決昭32・9・26刑集11巻9号2376頁
‥‥‥‥‥‥‥‥‥‥‥‥‥‥‥‥ *596*

最二小決昭32・9・30刑集11巻9号2403頁
‥‥‥‥‥‥‥‥‥‥‥‥‥‥‥‥ *926*

最大判昭32・10・9刑集11巻10号2520頁
‥‥‥‥‥‥‥‥‥‥‥‥‥‥*1118, 1134*

最三小決昭32・10・23刑集11巻10号
2694頁‥‥‥‥‥‥‥‥‥‥‥‥‥ *220*

最二小決昭32・11・2刑集11巻12号3047頁
‥‥‥‥‥‥‥‥‥‥‥‥‥‥ *914, 937*

最二小決昭32・11・2刑集11巻12号3056頁
‥‥‥‥‥‥‥‥‥‥‥‥‥‥‥‥ *336*

最一小決昭32・12・5刑集11巻13号3167頁
‥‥‥‥‥‥‥‥‥‥‥‥‥‥‥‥*1119*

最三小決昭33・2・11刑集12巻2号168頁
‥‥‥‥‥‥‥‥‥‥‥‥‥‥‥‥ *350*

最一小判昭33・2・13刑集12巻2号218頁
‥‥‥‥‥‥‥‥‥‥‥‥‥‥ *726, 1085*

最大決昭33・2・17刑集12巻2号253頁‥‥ *697*

最一小判昭33・2・20刑集12巻2号269頁
‥‥‥‥‥‥‥‥‥‥‥‥‥‥‥‥*1120*

最二小決昭33・2・21刑集12巻2号288頁
‥‥‥‥‥‥‥‥‥‥‥‥‥‥‥‥ *764*

最大決昭33・2・26刑集12巻2号316頁‥ *963*

最大判昭33・3・5刑集12巻3号384頁‥‥ *265*

最三小決昭33・3・17刑集12巻4号581頁
‥‥‥‥‥‥‥‥‥‥‥‥‥‥‥‥ *764*

最二小決昭33・4・18刑集12巻6号1109頁
‥‥‥‥‥‥‥‥‥‥‥‥‥‥*299, 1163*

最三小判昭33・5・6刑集12巻7号1297頁
‥‥‥‥‥‥‥‥‥‥‥‥‥‥‥‥ *970*

最二小決昭33・5・9刑集12巻7号1359頁
‥‥‥‥‥‥‥‥‥‥‥‥‥‥*1077, 1127*

最三小判昭33・5・20刑集12巻7号1398頁
‥‥‥‥‥‥‥‥‥‥‥‥‥‥‥‥ *651*

最一小判昭33・5・24刑集12巻8号1535頁
‥‥‥‥‥‥‥‥‥‥‥‥‥‥‥‥ *8*

最三小決昭33・5・27刑集12巻8号1665頁
‥‥‥‥‥‥‥‥‥‥‥‥‥‥ *645, 669*

最大判昭33・5・28刑集12巻8号1718頁
‥‥‥‥‥‥‥‥‥‥‥‥ *792, 908, 962*

最一小判昭33・7・10刑集12巻11号2471頁
‥‥‥‥‥‥‥‥‥‥‥‥‥‥‥‥*1118*

最三小決昭33・7・22刑集12巻12号2712頁
‥‥‥‥‥‥‥‥‥‥‥‥‥‥‥‥ *959*

最大決昭33・7・29刑集12巻12号2776頁
‥‥‥‥‥‥‥‥‥‥‥‥ *243, 556, 557*

最一小決昭33・9・3刑集12巻13号2839頁
‥‥‥‥‥‥‥‥‥‥‥‥‥‥‥‥*1154*

最二小決昭33・9・12刑集12巻13号3007頁
‥‥‥‥‥‥‥‥‥‥‥‥‥‥‥‥ *682*

最三小判昭33・9・30刑集12巻13号3190頁
‥‥‥‥‥‥‥‥‥‥‥‥‥‥‥‥*1122*

最二小判昭33・10・3刑集12巻14号3205頁
‥‥‥‥‥‥‥‥‥‥‥‥‥‥‥‥*1110*

最二小判昭33・10・24刑集12巻14号
3368頁‥‥‥‥‥‥‥‥‥‥‥‥‥ *940*

最二小決昭33・10・31刑集12巻14号
　3429頁‥‥‥‥‥‥‥‥‥‥‥‥‥‥‥‥‥‥ *957, 958*
最二小決昭33・11・10刑集12巻15号
　3511頁‥‥‥‥‥‥‥‥‥‥‥‥‥‥‥‥ *1142*
最二小決昭33・11・17刑集12巻15号
　3513頁‥‥‥‥‥‥‥‥‥‥‥‥‥‥‥‥ *1116*
最一小決昭33・11・24刑集12巻15号
　3531頁‥‥‥‥‥‥‥‥‥‥‥ *1048, 1075*
最二小決昭33・12・15刑集12巻16号
　3545頁‥‥‥‥‥‥‥‥‥‥‥‥‥‥‥‥ *49*
最二小決昭34・2・6刑集13巻1号49頁‥ *599*
最一小決昭34・2・19刑集13巻2号179頁
　‥‥‥‥‥‥‥‥‥‥‥‥‥‥‥ *41, 1178*
最三小決昭34・2・25刑集13巻2号190頁
　‥‥‥‥‥‥‥‥‥‥‥‥‥‥‥‥‥‥‥ *1077*
最一小決昭34・3・12刑集13巻3号302頁
　‥‥‥‥‥‥‥‥‥‥‥‥‥‥‥‥‥‥ *620*
最三小決昭34・4・13刑集13巻4号448頁
　‥‥‥‥‥‥‥‥‥‥‥‥‥‥‥‥‥‥‥ *1165*
最一小決昭34・5・14刑集13巻5号706頁
　‥‥‥‥‥‥‥‥‥‥‥‥‥‥‥‥‥‥ *620*
最大決昭34・7・1刑集13巻7号1001頁‥‥ *45*
最大判昭34・8・10刑集13巻9号1419頁
　‥‥‥‥‥‥‥‥‥‥‥‥‥‥ *230, 1140*
最三小決昭34・11・24刑集13巻12号
　3089頁‥‥‥‥‥‥‥‥‥‥‥ *131, 963*
最二小判昭34・12・11刑集13巻13号
　3195頁‥‥‥‥‥‥‥‥‥‥‥‥‥‥‥‥ *1118*
最三小判昭35・1・19刑集14巻1号18頁
　‥‥‥‥‥‥‥‥‥‥‥‥‥‥‥‥‥‥ *398*
最二小決昭35・2・3刑集14巻1号45頁‥ *723*
最二小決昭35・3・23刑集14巻4号439頁
　‥‥‥‥‥‥‥‥‥‥‥‥‥‥‥‥‥‥ *384*
最一小決昭35・3・24刑集14巻4号462頁
　‥‥‥‥‥‥‥‥‥‥‥‥‥‥‥‥‥‥ *753*
最三小決昭35・4・19刑集14巻6号685頁
　‥‥‥‥‥‥‥‥‥‥‥‥‥‥‥‥‥‥ *1078*

最二小判昭35・5・6刑集14巻7号861頁
　‥‥‥‥‥‥‥‥‥‥‥‥‥‥‥‥‥‥ *1053*
最一小決昭35・5・28刑集14巻7号925頁
　‥‥‥‥‥‥‥‥‥‥‥‥‥‥‥‥‥‥ *391*
最一小判昭35・6・9刑集14巻7号957頁
　‥‥‥‥‥‥‥‥‥‥‥‥‥‥‥‥‥‥ *359*
最二小判昭35・6・10刑集14巻7号973頁
　‥‥‥‥‥‥‥‥‥‥‥‥‥‥‥‥‥‥ *750*
最三小決昭35・7・26刑集14巻10号1307頁
　‥‥‥‥‥‥‥‥‥‥‥‥‥‥‥‥‥‥ *926*
最二小判昭35・8・19刑集14巻10号1407頁
　‥‥‥‥‥‥‥‥‥‥‥‥‥‥‥‥‥‥ *618*
最一小判昭35・9・8刑集14巻11号1437頁
　‥‥‥‥‥‥‥‥‥‥‥‥‥‥‥‥‥‥ *929*
最二小判昭35・9・9刑集14巻11号1477頁
　‥‥‥‥‥‥‥‥‥‥‥‥‥‥‥‥‥‥ *293*
最二小判昭35・12・16刑集14巻14号
　1947頁‥‥‥‥‥‥‥‥‥‥‥ *131, 966*
最二小判昭35・12・22刑集14巻14号
　2204頁‥‥‥‥‥‥‥‥‥‥‥‥‥‥‥‥ *596*
最三小決昭35・12・23刑集14巻14号
　2213頁‥‥‥‥‥‥‥‥‥‥‥ *443, 457, 597*
最一小決昭35・12・27刑集14巻14号
　2229頁‥‥‥‥‥‥‥‥‥‥‥‥‥‥‥‥ *595*
最二小判昭36・1・13刑集15巻1号113頁
　‥‥‥‥‥‥‥‥‥‥‥‥‥‥‥‥‥‥ *1119*
最三小決昭36・2・7刑集15巻2号304頁
　‥‥‥‥‥‥‥‥‥‥‥‥‥‥‥‥‥‥ *1146*
最一小判昭36・2・23刑集15巻2号396頁
　‥‥‥‥‥‥‥‥‥‥‥‥‥‥‥ *40, 588*
最三小決昭36・3・14刑集15巻3号516頁
　‥‥‥‥‥‥‥‥‥‥‥‥‥‥‥‥‥‥ *142*
最一小判昭36・4・27判時264号32頁‥ *1106*
最三小決昭36・5・9刑集15巻5号771頁
　‥‥‥‥‥‥‥‥‥‥‥‥‥‥‥‥‥‥ *1164*
最二小判昭36・5・26刑集15巻5号893頁
　‥‥‥‥‥‥‥‥‥‥‥‥‥‥‥ *276, 930*

判例索引

最大判昭36・6・7刑集15巻6号915頁
………………………………………… 560, 561
最一小決昭36・6・14刑集15巻6号974頁
…………………………………………………… 44
最一小決昭36・7・13刑集15巻7号1082頁
………………………………………………… 147
最三小決昭36・7・18刑集15巻7号1103頁
………………………………………………… 1077
最三小決昭36・10・31裁判集刑139号
807頁 ………………………………… 40, 52
最三小決昭36・11・21刑集15巻10号
1764頁………………………………………… 485
最三小決昭36・12・26刑集15巻12号
2058頁………………………………… 616, 660
最大決昭37・2・14刑集16巻2号85頁…… 802
最一小判昭37・2・22刑集16巻2号203頁
………………………………………………… 709
最大判昭37・5・2刑集16巻5号495頁…… 487
最一小判昭37・6・14・刑集16巻7号1245頁
………………………………………………… 1199
最二小決昭37・6・18刑集16巻7号1265頁
………………………………………………… 1123
最三小決昭37・6・26判時313号22頁…… 610
最三小判昭37・7・3民集16巻7号1408頁
………………………………………………… 522
最三小判昭37・8・21刑集16巻8号1303頁
………………………………………………… 963
最三小判昭37・9・4判時319号48頁
………………………………………… 413, 1072
最三小判昭37・9・18刑集16巻9号1386頁
………………………………………………… 646
最三小判昭37・9・18判時318号34頁…1046
最二小決昭37・9・27裁判集刑144号683頁
………………………………………………… 1077
最大決昭37・10・30刑集16巻10号1467頁
………………………………………………… 1190
最大判昭37・11・28刑集16巻11号1577頁
………………………………………………… 1046

最大判昭37・11・28刑集16巻11号1633頁
………………………………………… 648, 649, 792
最大判昭37・12・12刑集16巻12号1672頁
………………………………………………… 1136
最三小判昭37・12・25刑集16巻12号
1731頁………………………………………… 1131
最三小決昭38・3・19刑集17巻2号102頁
………………………………………… 611, 614
最一小決昭38・9・12刑集17巻7号661頁
………………………………………………… 1132
最二小判昭38・9・13刑集17巻8号1703頁
………………………………………………… 911
最一小判昭38・10・17刑集17巻10号
1795頁……………………………… 919, 920, 940
最三小判昭38・10・31刑集17巻11号
2391頁………………………………… 1057, 1063
最三小判昭38・12・24刑集17巻12号
2526頁………………………………………… 291
最大決昭39・3・12刑集18巻3号107頁…… 47
最一小決昭39・4・9刑集18巻4号127頁
………………………………………………… 526
最一小決昭39・5・7刑集18巻4号136頁
………………………………………………… 1122
最二小判昭39・5・23刑集18巻4号166頁
………………………………………………… 963
最二小判昭39・6・1刑集18巻5号177頁
………………………………………………… 912
最二小判昭39・6・5刑集18巻5号189頁
………………………………………… 281, 336
最二小決昭39・6・26刑集18巻5号230頁
………………………………………………… 148
最二小判昭39・7・17刑集18巻6号399頁
………………………………………… 1062, 1063
最二小判昭39・9・25裁判集刑152号927頁
………………………………………………… 1060
最三小決昭39・9・29裁判集刑152号987頁
………………………………………………… 52

最三小決昭39・11・10刑集18巻9号547頁
.... *605*

最大決昭39・11・18刑集18巻9号597頁
.... *1131*

最大判昭39・11・25刑集18巻9号669頁
.... *644*

最二小決昭39・12・3刑集18巻10号698頁
.... *1131*

最三小決昭39・12・25刑集18巻10号978頁
.... *958*

最二小決昭40・2・26刑集19巻1号59頁
.... *1123*

最二小判昭40・4・21刑集19巻3号166頁
.... *763*

最大判昭40・4・28刑集19巻3号240頁‥ *969*

最三小決昭40・5・25刑集19巻4号353頁
.... *974*

最三小決昭40・7・20刑集19巻5号591頁
.... *64, 1073*

最二小決昭40・8・2刑集19巻6号609頁
.... *148*

最二小決昭41・2・21判時450号60頁‥‥ *345*

最一小判昭41・2・24刑集20巻2号49頁
.... *129, 767*

最一小決昭41・4・14判時449号64頁‥‥ *538*

最二小決昭41・4・15判タ191号147頁‥ *202*

最一小決昭41・4・21刑集20巻4号275頁
.... *639, 641, 643*

最大判昭41・5・18裁判集刑159号733頁
.... *1136*

最三小決昭41・6・10刑集20巻5号365頁
.... *904*

最二小判昭41・7・1刑集20巻6号537頁
.... *911, 988*

最大判昭41・7・20刑集20巻6号677頁‥‥ *41*

最三小決昭41・7・26刑集20巻6号728頁
.... *112*

最三小決昭41・10・19刑集20巻8号864頁
.... *166, 223*

最一小判昭41・12・22刑集20巻10号
1233頁................................. *1119*

最三小決昭41・12・27刑集20巻10号
1242頁................................. *716*

最二小判昭42・2・10刑集21巻1号271頁
.... *1199*

最二小決昭42・5・17刑集21巻4号491頁
.... *1154*

最二小決昭42・5・24刑集21巻4号576頁
.... *1062*

最一小判昭42・5・25刑集21巻4号705頁
.... *1115, 1127*

最二小決昭42・5・26刑集21巻4号723頁
.... *1168, 1178*

最大判昭42・7・5刑集21巻6号748頁‥‥ *904*

最大決昭42・7・5刑集21巻6号764頁‥‥ *1185*

最一小決昭42・8・31刑集21巻7号890頁
.... *200*

最三小決昭42・9・13刑集21巻7号904頁
.... *536, 538*

最三小決昭42・11・28刑集21巻9号1299頁
.... *1114*

最一小判昭42・12・21刑集21巻10号
1476頁................................. *915*

最一小決昭43・2・8刑集22巻2号55頁‥‥ *906*

最二小判昭43・3・29刑集22巻3号153頁
.... *970*

最大判昭43・6・12刑集22巻6号462頁
.... *222, 1047, 1048*

最一小決昭43・6・19刑集22巻6号483頁
.... *1057, 1149*

最三小決昭43・6・25刑集22巻6号552頁
.... *319, 334*

最二小判昭43・10・25刑集22巻11号961頁
.... *952, 1118*

最三小決昭43・10・31刑集22巻10号955頁
……………………………………*1067*

最一小決昭43・11・14刑集22巻12号
1343頁…………………………*1122*

最三小決昭43・11・26刑集22巻12号
1352頁…………………*765, 1085*

最一小判昭43・12・19判タ229号257頁
……………………………………*1119*

最三小決昭44・3・18刑集23巻3号153頁
…………*225, 226, 445, 549, 1048, 1161*

最大決昭44・3・18刑集23巻3号163頁‥*118*

最三小決昭44・3・25刑集23巻3号212頁
……………………………………*33*

最二小決昭44・4・25刑集23巻4号248頁
…………………………………*728*

最二小決昭44・4・25刑集23巻4号275頁
………………………*1164, 1185*

最二小決昭44・5・31刑集23巻6号931頁
……………………………………*1059*

最一小決昭44・6・11刑集23巻7号941頁
……………………………………*64*

最大判昭44・6・25刑集23巻7号975頁‥*920*

最三小決昭44・7・14刑集23巻8号1057頁
…………………………………*210*

最三小決昭44・7・25刑集23巻8号1077頁
…………………………………*164*

最一小決昭44・9・11刑集23巻9号1100頁
………………………………*46, 666*

最一小決昭44・9・18刑集23巻9号1146頁
…………………*229, 665, 1047, 1148*

最大決昭44・10・1刑集23巻10号1161頁
…………………*802, 1107, 1127*

最一小決昭44・10・2刑集23巻10号1199頁
…………………………………*651*

最二小判昭44・10・3判タ239号216頁
………………………*1107, 1127*

最二小判昭44・10・3判時570号79頁‥‥*802*

最大決昭44・11・26刑集23巻11号1490頁
………*230, 238, 239, 305, 337, 549, 665*

最大決昭44・12・3刑集23巻12号1525頁
……………………………*548, 1157*

最二小決昭44・12・5刑集23巻12号1583頁
…………………………………*628*

最大判昭44・12・24刑集23巻12号1625頁
……………………………*477, 479*

最二小決昭45・2・4裁判集刑175号73頁
……………………………………*1134*

最一小決昭45・7・2刑集24巻7号412頁
…………………………………*972*

最二小決昭45・9・4刑集24巻10号1311頁
………………………………*99, 1078*

最大判昭45・9・16民集24巻10号1410頁
…………………………………*120*

最一小決昭45・9・24刑集24巻10号1399頁
……………………………………*1051*

最二小決昭45・9・30刑集24巻10号1435頁
…………………………………*344*

最大判昭45・11・25刑集24巻12号1670頁
…………………………………*911*

最二小決昭45・12・17刑集24巻13号
1765頁…………………………*606*

最三小判昭45・12・22刑集24巻13号
1862頁…………………………*596*

最三小決昭46・3・23刑集25巻2号177頁
…………………………………*337*

最大決昭46・3・24刑集25巻2号293頁
…………………*1053, 1055, 1110*

最三小判昭46・4・27刑集25巻3号534頁
………………*401, 405, 413, 1072*

最三小判昭46・6・22刑集25巻4号588頁
…………………………………*762*

最三小判昭46・11・16刑集25巻8号964頁
……………………………………*1114*

最三小決昭47・1・18判タ272号297頁＝
判時655号85頁…………………*1110*

最一小判昭47・3・9刑集26巻2号102頁
………………………… *1056, 1110, 1140*

最三小判昭47・3・14刑集26巻2号195頁
……………………………………… *141*

最三小決昭47・4・28刑集26巻3号249頁
……………………………………… *193*

最三小判昭47・5・30民集26巻4号826頁
……………………………………… *643*

最大決昭47・7・1刑集26巻6号355頁
……………………………………… *39, 45*

最三小決昭47・9・26刑集26巻7号431頁
………………………………… *1077, 1104*

最三小判昭47・10・24刑集26巻8号455頁
……………………………………… *615*

最二小決昭47・11・16刑集26巻9号515頁
………………………… *43, 44, 659, 664, 666*

最大判昭47・11・22刑集26巻9号554頁
……………………………………… *442*

最大判昭47・11・22刑集26巻9号586頁
……………………………………… *1135*

最大判昭47・12・20刑集26巻10号631頁… *5*

最二小判昭48・2・16刑集27巻1号46頁
……………………………………… *1091*

最二小判昭48・2・16刑集27巻1号58頁
……………………………………… *1099*

最一小決昭48・6・21刑集27巻6号1197頁
……………………………………… *1075*

最三小決昭48・7・17判タ298号337頁＝
判時709号108頁 ……………………… *1078*

最一小決昭48・9・20刑集27巻8号1395頁
……………………………………… *46*

最一小決昭48・10・8刑集27巻9号1415頁
………………………………… *43, 50, 717*

最一小判昭48・12・13判時725号104頁
……………………………………… *909*

最三小決昭49・3・5判時741号117頁… *577*

最二小決昭49・3・13刑集28巻2号1頁
………………… *136, 659, 664, 666, 1164*

最二小決昭49・7・18刑集28巻5号257頁
……………………………………… *1067*

最一小決昭50・3・20裁判集刑195号639頁
……………………………………… *1067*

最三小決昭50・3・28刑集29巻3号59頁
……………………………………… *221*

最一小判昭50・4・3刑集29巻4号132頁
……………………………………… *535, 540*

最三小決昭50・5・2裁判集刑196号335頁
……………………………………… *1059*

最一小決昭50・5・20刑集29巻5号177頁
………………………………… *422, 1170*

最一小決昭50・6・12判時779号124頁 ‥ *529*

最一小決昭50・7・10判時784号117頁
……………………………………… *1154*

最一小決昭50・9・11判時793号106頁 ‥ *976*

最一小判昭51・2・19刑集30巻1号25頁
……………………………………… *915*

最三小決昭51・3・16刑集30巻2号187頁
………………………… *448, 476, 479*

最一小決昭51・10・12刑集30巻9号1673頁
………………………… *422, 1171, 1185, 1187*

最一小決昭51・10・28刑集30巻9号1859頁
……………………………………… *915*

最一小判昭51・11・4刑集30巻10号1887頁
……………………………………… *978*

最一小判昭51・11・14刑集30巻10号
1887頁…………………………… *977, 978*

最一小判昭51・11・18判時837号104頁
……………………………………… *557*

最三小決昭52・3・4刑集31巻2号69頁 ‥ *145*

最二小決昭52・4・4刑集31巻3号163頁
……………………………………… *222, 1154*

最三小決昭52・6・17刑集31巻4号675頁
……………………………………… *31*

最二小決昭52・8・9刑集31巻5号821頁
……………………………………… *495*

最一小決昭52・8・25刑集31巻4号803頁
............................669, 1146, 1163
最三小決昭52・10・14判時867号50頁 ‥ 577
最一小判昭52・12・22刑集31巻7号1147頁
....1140
最一小判昭53・2・23刑集32巻1号77頁
....1196
最三小判昭53・2・28刑集32巻1号83頁
............................769, 1106, 1127
最三小決昭53・3・6刑集32巻2号218頁
.... 764
最三小判昭53・6・20刑集32巻4号670頁
.... 448, 477, 479, 561
最一小決昭53・6・28刑集32巻4号724頁
.... 946, 977
最一小判昭53・7・10民集32巻5号820頁
.... 107, 109, 110, 231, 445
最二小決昭53・7・18刑集32巻5号1055頁
.... 421
最二小決昭53・9・4刑集32巻6号1077頁
.... 485
最一小判昭53・9・7刑集32巻6号1672頁
.....................4, 448, 480, 906, 912
最一小決昭53・9・22刑集32巻6号1774頁
.... 447
最一小決昭53・10・31刑集32巻7号1793頁
.... 969
最一小決昭53・10・31刑集32巻7号1847頁
.... 524
最一小決昭54・3・29刑集33巻2号165頁
....1165
最一小決昭54・4・3刑集33巻3号175頁
....1158
最三小決昭54・5・1刑集33巻4号271頁
.... 1067, 1184
最一小決昭54・7・2刑集33巻5号397頁
....1062

最三小判昭54・7・24刑集33巻5号416頁
.... 79, 80
最三小決昭54・10・16刑集33巻6号633頁
.... 942
最三小決昭54・11・6刑集33巻7号685頁
....1150
最三小決昭54・12・14刑集33巻7号917頁
.... 438
最三小決昭55・3・4刑集34巻3号89頁 ‥ 763
最一小決昭55・4・28刑集34巻3号178頁
.... 112
最二小決昭55・5・12刑集34巻3号185頁
.... 645
最二小決昭55・5・19刑集34巻3号202頁
....1057
最三小決昭55・9・22刑集34巻5号272頁
.... 449
最一小決昭55・10・23刑集34巻5号300頁
.... 231, 236, 252, 362, 476,
553, 558, 563, 584
最二小決昭55・11・18刑集34巻6号421頁
.....................392, 548, 1157
最二小決昭55・12・4刑集34巻7号499頁
....1122
最一小決昭55・12・17刑集34巻7号672頁
.... 3, 637, 1138
最一小決昭56・4・25刑集35巻3号116頁
.... 649, 792
最二小判昭56・6・26刑集35巻4号426頁
.... 637
最三小決昭56・7・14刑集35巻5号497頁
.... 645
最一小判昭56・7・16刑集35巻5号557頁
.... 1054, 1136
最一小決昭56・9・22刑集35巻6号675頁
....1067
最一小決昭56・10・2刑集35巻7号683頁
....1165

最三小決昭56・11・20刑集35巻8号797頁
················· *572*

最一小判昭57・1・28刑集36巻1号67頁
················· *915*

最二小決昭57・3・2裁判集刑225号689頁
················· *485*

最一小決昭57・4・7刑集36巻4号556頁
················· *147, 1062*

最二小決昭57・6・8裁判集刑228号115頁
················· *1077*

最一小決昭57・8・27刑集36巻6号726頁
················· *493, 1156*

最三小決昭57・12・17刑集36巻12号
1022頁················· *925*

最一小判昭58・2・24判時1070号5頁···· *765*

最一小決昭58・3・8裁判集刑230号341頁
················· *1077*

最三小決昭58・4・28刑集37巻3号369頁
················· *569*

最大判昭58・6・22民集37巻5号793頁
················· *120, 515*

最二小決昭58・6・30刑集37巻5号592頁
················· *926*

最二小判昭58・7・8刑集37巻6号609頁
················· *1093*

最三小判昭58・7・12刑集37巻6号791頁
················· *495, 912, 913*

最三小判昭58・9・6刑集37巻7号930頁
················· *765*

最三小決昭58・9・13判時1100号156頁
················· *350*

最一小決昭58・9・27刑集37巻7号1092頁
················· *423*

最一小判昭58・10・13刑集37巻8号1139頁
················· *34*

最三小決昭58・10・28刑集37巻8号1332頁
················· *1078*

最一小決昭58・11・7刑集37巻9号1353頁
················· *421, 428*

最三小判昭58・12・13刑集37巻10号
1581頁················· *792*

最一小決昭58・12・19刑集37巻10号
1753頁················· *1086*

最一小決昭59・1・27刑集38巻1号136頁
················· *637*

最二小判昭59・2・24刑集38巻4号1287頁
················· *615, 620, 974*

最二小決昭59・2・29刑集38巻3号479頁
················· *477, 482, 912, 941, 946*

最三小決昭59・3・27刑集38巻5号2037頁
················· *442*

最一小決昭59・3・29刑集38巻5号2095頁
················· *52*

最三小決昭59・7・3刑集38巻8号2783頁
················· *350*

最一小決昭59・9・20刑集38巻9号2810頁
················· *1112*

最一小決昭59・11・20刑集38巻11号
2984頁················· *1156*

最二小判昭59・11・30判時1153号233頁
················· *18*

最二小決昭59・12・10刑集38巻12号
3021頁················· *205*

最大判昭59・12・12民集38巻12号1308頁
················· *190*

最二小決昭59・12・21刑集38巻12号
3071頁················· *921*

最二小決昭60・2・8刑集39巻1号1頁···· *626*

最三小決昭60・2・8刑集39巻1号15頁
················· *1145*

最一小決昭61・3・3刑集40巻2号175頁
················· *937*

最三小決昭61・6・27刑集40巻4号389頁
················· *1145*

最二小判昭61・9・8裁判集民148号425頁
………………………… 79

最一小決昭62・3・3刑集41巻2号60頁
…………………… 345, 906

最二小決昭62・10・30刑集41巻7号309頁
……………………1099

最二小判昭63・1・29刑集42巻1号38頁
……………………1082

最大決昭63・2・17刑集42巻2号299頁
………………… 39, 1051

最三小判昭63・2・29刑集42巻2号314頁
………………… 642, 643

最三小判昭63・9・27判時1290号152頁
………………… 398, 402

最三小決昭63・10・25刑集42巻8号1100頁
………………… 764

最三小決昭63・11・29刑集42巻9号1389頁
……………………1145

最二小判平1・1・20刑集43巻1号1頁…1135

最二小決平1・1・23判時1301号155頁‥ 912

最二小決平1・1・30刑集43巻1号19頁
………………… 230, 239, 549

最大判平1・3・8民集43巻2号89頁
………………… 674, 697

最一小決平1・5・1刑集43巻5号323頁
………………… 1056, 1110

最三小決平1・7・4刑集43巻7号581頁
………………… 482, 912

最三小判平2・2・20判時1380号94頁…・ 633

最三小判平2・4・17判タ727号212頁＝
判時1348号15頁 ……………………1093

最三小決平2・4・20刑集44巻3号283頁
………………… 266

最一小決平2・4・24刑集44巻3号301頁
……………………1164

最二小決平2・6・27刑集44巻4号385頁
………………554, 1160

最二小決平2・7・9刑集44巻5号421頁
………………… 230, 239, 549

最一小決平2・10・24刑集44巻7号639頁
………………… 457

最二小決平3・1・25判時1391号176頁
……………………1179

最三小判平3・5・10民集45巻5号919頁
………………… 111, 445

最二小判平3・5・31判時1390号33頁
………………109, 111, 1159

最三小判平3・7・9民集45巻6号1049頁
………………… 187

最二小決平3・7・16刑集45巻6号201頁
………………… 553

最三小決平4・9・18刑集46巻6号355頁
………………… 597, 614

最二小決平4・10・13刑集46巻7号611頁
………………266, 1160

最三小決平4・11・13裁判集刑261号261頁
……………………1077

最二小決平4・12・14刑集46巻9号675頁
………………… 71, 138

最二小判平5・1・25民集47巻1号310頁
………………… 472, 493

最二小決平5・5・31刑集47巻6号1頁
………………… 56, 769, 1106, 1127

最二小決平5・7・19刑集47巻7号3頁…1147

最二小決平5・10・19刑集47巻8号67頁‥ 66

最三小決平6・7・8刑集48巻5号47頁
………………… 1148, 1164

最一小決平6・9・8刑集48巻6号263頁
………………… 244, 553, 556

最三小決平6・9・16刑集48巻6号420頁
………………… 252, 447, 551, 553

最大判平7・2・22刑集49巻2号1頁
………………4, 302, 340, 585, 590, 635

最三小決平7・2・28刑集49巻2号481頁
………………… 56, 382, 769

最二小決平7・3・27刑集49巻3号525頁
.... 699
最三小決平7・4・4刑集49巻4号563頁 ‥ 596
最三小決平7・4・12刑集49巻4号609頁
.... 169, 516, 1156
最三小決平7・6・20刑集49巻6号741頁
.... 925
最二小決平7・6・28刑集49巻6号785頁
.... 56, 1059
最三小決平8・1・29刑集50巻1号1頁
.... 536, 538, 562
最二小判平8・3・8民集50巻3号408頁 ‥ 507
最二小判平8・9・20刑集50巻8号571頁
.... 1094
最三小決平9・1・28刑集51巻1号1頁 … 1172
最一小判平9・1・30刑集51巻1号335頁
.... 487
最一小判平9・9・18刑集51巻8号571頁
.... 1124
最一小判平10・3・12刑集52巻2号17頁
.... 56, 769
最二小決平10・5・1刑集52巻4号275頁
.... 231, 249, 252, 550
最二小判平10・9・7判時1661号70頁 …… 492
最三小決平10・10・27刑集52巻7号363頁
.... 1170, 1172
最大判平11・3・24民集53巻3号514頁
.... 83, 88, 107, 109, 111, 120, 483
最二小判平11・11・29判タ1018号219頁＝
判時1693号154頁 1094
最二小判平11・12・10刑集53巻9号1160頁
.... 1094
最三小決平11・12・16刑集53巻9号1327頁
.... 271, 475, 478, 554, 571
最二小判平12・3・17集民197号397頁 ‥ 109
最三小判平12・6・13民集54巻5号1635頁
.... 90, 111

最一小決平12・6・27刑集54巻5号445頁
.... 1107
最一小決平12・6・27刑集54巻5号461頁
.... 159, 981
最二小決平12・7・12刑集54巻6号513頁
.... 572
最二小決平12・7・17刑集54巻6号550頁
.... 345, 906
最二小決平12・9・27刑集54巻7号710頁
.... 200
最二小決平12・10・31刑集54巻8号735頁
.... 928
最二小決平13・2・7判時1737号148頁 ‥ 112
最三小決平13・2・9刑集55巻1号76頁 ‥ 626
最三小決平13・4・11刑集55巻3号127頁
.... 763, 792, 960
最一小決平14・1・10判時1776号169頁
.... 1159
最二小決平14・6・5判時1786号160頁 ‥ 212
最二小決平14・7・18刑集56巻6号307頁
.... 650, 792
最一小決平14・10・4刑集56巻8号507頁
.... 247, 251
最二小判平15・2・14刑集57巻2号121頁
.... 906
最一小決平15・6・30刑集57巻6号893頁
.... 266, 1162
最二小判平15・9・5判時1850号61頁
.... 119, 120
最三小決平15・10・7刑集57巻9号1002頁
.... 970
最一小決平15・11・26刑集57巻10号
1057頁 928
最二小決平16・1・20刑集58巻1号26頁
.... 475
最二小判平16・2・16刑集58巻2号133頁
.... 1056, 1083, 1110

最三小判平16・4・13刑集58巻4号247頁
……………………… 487

最一小決平16・7・12刑集58巻5号333頁
……………………… 480

最一小決平16・9・2家月58巻1号116頁
……………………… 356

最三小決平16・10・1判タ1168号138頁
……………………… 661, 1067

最二小決平16・10・8刑集58巻7号641頁
……………………… 1067

最二小決平16・10・8判タ1168号134頁
……………………… 1145

最一小決平17・3・16判時1887号15頁
……………………… 1174, 1187

最一小決平17・3・18刑集59巻2号38頁
……………………… 986

最三小決平17・3・25刑集59巻2号49頁
……………………… 1047

最一小判平17・4・14刑集59巻3号259頁
……………………… 326, 330, 688

最三小判平17・4・19民集59巻3号563頁
……………………… 1159

最三小決平17・7・4刑集59巻6号510頁
……………………… 1073

最二小決平17・8・23刑集59巻6号720頁
……………………… 1164

最一小決平17・8・30刑集59巻6号726頁
……………………… 41

最二小決平17・9・27刑集59巻7号753頁
……………………… 276, 924, 930

最二小決平17・11・25刑集59巻9号1831頁
……………………… 389, 392

最三小決平17・11・29刑集59巻9号1847頁
……………………… 124

最三小判平18・1・17判タ1205号129頁
……………………… 350

最三小決平18・2・27刑集60巻2号240頁
……………………… 1123

最三小決平18・4・24刑集60巻4号409頁
……………………… 1076, 1150

最三小判平18・6・20判タ1213号89頁＝
判時1941号38頁 ……………………… 1094

最三小判平18・9・15判時1956号3頁
……………………… 56, 1078

最三小決平18・10・3民集60巻8号2647頁
……………………… 306

最三小決平18・10・10刑集60巻8号523頁
……………………… 1102

最二小決平18・10・26刑集60巻8号537頁
……………………… 19

最三小判平18・11・7刑集60巻9号561頁
……………………… 950

最三小判平18・11・14判時1947号167頁
……………………… 839, 843, 844

最一小決平18・12・19判タ1230号100頁
……………………… 71

最一小決平19・2・8刑集61巻1号1頁…… 556

最三小決平19・3・19刑集61巻2号25頁
……………………… 1117

最三小決平19・4・9刑集61巻3号321頁
……………………… 146, 1107

最二小決平19・4・13判例集未登載…… 114

最二小決平19・6・19刑集61巻4号369頁
……………………… 693, 1080, 1087

最三小判平19・7・10刑集61巻5号436頁
……………………… 1079, 1135

最一小判平19・10・16刑集61巻7号677頁
……………………… 909

最三小判平19・12・13刑集61巻9号843頁
……………………… 159, 981

最三小決平19・12・25刑集61巻9号895頁
……………………… 832

最一小決平20・3・5判タ1266号149頁
……………………… 702, 705

最二小判平20・3・14判時2002号26頁
……………………… 1046

最二小決平20・4・15刑集62巻5号1398頁
………………………… 477, 479, 565
最二小判平20・4・25刑集62巻5号1559頁
………………………………… 350
最二小決平20・6・24刑集62巻6号1842頁
………………………………… 144
最三小決平20・6・25刑集62巻6号1886頁
………………………… 833, 872, 874
最二小決平20・8・27刑集62巻7号2702頁
………………………………… 929
最一小決平20・9・30刑集62巻8号2753頁
………………………… 833, 860, 862
最三小判平21・4・14刑集63巻4号331頁
………………………………… 1138
最三小判平21・7・14刑集63巻6号623頁
………………………………… 1125
最三小決平21・9・28刑集63巻7号868頁
………………………… 272, 478, 479, 547
最一小決平21・10・20刑集63巻8号1052頁
………………………………… 646
最一小決平21・12・8刑集63巻11号2829頁
………………………………… 350
最一小決平21・12・9裁時1497号17頁 ‥ 221
最三小決平22・3・16判時2079号161頁
………………………………… 1132
最二小決平22・7・2判タ1331号93頁 … 208
最二小決平22・12・20刑集64巻8号1356頁
………………………………… 221
最三小判平23・3・1裁判集刑303号57頁
………………………………… 1094
最大決平23・5・31刑集65巻4号373頁 … 46
最三小決平23・8・31刑集65巻5号935頁
………………………… 873, 1058, 1149
最一小決平23・9・14刑集65巻6号949頁
………………………………… 749
最二小決平23・10・5刑集65巻7号977頁
………………………………… 159

最一小判平23・10・20刑集65巻7号999頁
………………………………… 928
最二小決平23・10・26刑集65巻7号1107頁
………………………………… 904
最一小決平23・12・12判タ1367号113頁=
判時2144号153頁 ………………… 1094
最三小決平24・1・16判タ1373号106頁=
判時2151号120頁 ………………… 1094
最一小判平24・2・13刑集66巻4号482頁
……………………………… 678, 1095
最二小決平24・2・29刑集66巻4号589頁
………………………………… 763
最三小決平24・3・26判タ1373号149頁
………………………………… 126
最三小決平24・4・20刑集66巻6号645頁
………………………………… 1145
最三小決平24・5・10刑集66巻7号663頁
………………………………… 76
最二小決平24・7・11裁判集刑308号91頁
………………………………… 1094
最二小判平24・9・7刑集66巻9号907頁
………………………………… 906
最三小判平24・9・18刑集66巻9号958頁
………………………………… 1197
最三小決平24・9・18刑集66巻9号963頁
……………………… 1145, 1189, 1190
最三小決平24・10・26裁判集刑308号
481頁 ……………………………… 210
最三小決平25・2・26刑集67巻2号143頁
………………………………… 749
最一小決平25・3・5裁時1575号2頁
……………………………… 1056, 1110
最一小決平25・3・18刑集67巻3号325頁
………………………………… 851
最三小決平25・4・16刑集67巻4号549頁
………………………………… 1095
最一小決平25・10・21刑集67巻7号755頁
………………………………… 1095

最二小決平25・12・19判例集未登載···· 115
最二小決平26・1・22判時2223号129頁
··································· 194, 223
最一小決平26・3・10刑集68巻3号87頁
···································1095
最一小決平26・3・17刑集68巻3号368頁
···································· 650
最一小判平26・3・20刑集68巻3号499頁
···································1095
最三小判平26・4・22刑集68巻4号730頁
···································· 880
最一小決平26・11・17判時2245号124頁
··············· 160, 163, 519, 1152
最一小決平26・11・18刑集68巻9号1020頁
···································1152
最一小決平26・11・18刑集68巻9号1210頁
···································· 211
最二小決平26・11・28刑集68巻9号1069頁
···································1066
最二小決平27・2・3刑集69巻1号1頁···1095
最二小決平27・2・3刑集69巻1号99頁
···································1095
最三小決平27・2・9判例集未登載······1095
最二小決平27・4・15判時2260号129頁
···································· 211
最二小判平27・5・25裁判集刑317号1頁
···································· 350
最二小決平27・5・25刑集69巻4号636頁
··············· 719, 853, 855, 883
最三小決平27・9・8裁判集刑317号343頁
···································1159
最二小決平27・10・22裁時1638号2頁
··························· 160, 519
最一小判平27・12・3刑集69巻8号815頁
···································· 640
最二小決平28・6・15判例集未登載······ 116
最一小決平28・7・27刑集70巻6号571頁
···································1138

最二小判平28・8・1刑集70巻6号581頁 ·· 31
最一小決平28・10・27判例集未登載···· 118
最一小判平28・12・19刑集70巻8号865頁
··································· 5, 382
最一小判平28・12・19裁時1666号11頁
···································· 769
最大判平29・3・15刑集71巻3号13頁
··················· 272, 451, 476, 478
最二小判平29・4・7裁判集刑321号73頁
···································1199

高等裁判所

名古屋高判昭24・7・14特報1号58頁···· 721
福岡高判昭24・11・29高刑特6号43頁 ·· 401
札幌高判昭24・12・10高刑集2巻3号288頁
···································1078
名古屋高判昭24・12・19高刑集2巻3号
310頁 ·······························1087
名古屋高判昭24・12・27特報6号83頁 ·· 966
東京高判昭25・1・14高刑集3巻1号5頁
···································· 333
福岡高判昭25・1・25特報4号16頁 ······· 698
札幌高函館支判昭25・2・22特報6号169頁
···································· 700
高松高決昭25・3・18高刑集3巻追録1頁
····································· 45
福岡高判昭25・3・27特報10号101頁···· 276
高松高判昭25・5・31特報10号171頁···· 707
広島高判昭25・7・5高刑集3巻2号265頁
···································1072
東京高判昭25・7・7特報10号34頁 ······· 318
札幌高判昭25・7・10高刑集3巻2号303頁
···································· 925
広島高判昭25・7・31高刑集3巻2号351頁
···································1088
東京高判昭25・8・29特報16号129頁···· 314
大阪高判昭25・9・6特報14号36頁 ······· 313

福岡高判昭25・10・10高刑集3巻3号476頁
………………………………… *1088*

福岡高判昭25・11・28高刑集3巻4号615頁
………………………………… *1089*

高松高判昭25・12・20高刑特15号209頁
………………………………… *400*

福岡高判昭25・12・21高刑集3巻4号662頁
………………………………… *405*

仙台高判昭25・12・23特報14号204頁‥ *472*

大阪高判昭26・2・5高刑集4巻2号100頁
………………………………*620, 1082*

名古屋高判昭26・3・3高刑集4巻2号148頁
………………………………… *560*

東京高判昭26・4・21高刑集4巻6号591頁
………………………………… *1083*

広島高松江支判昭26・4・23高刑集4巻4号
410頁 ………………………… *940*

東京高判昭26・5・21高刑特21号97頁‥ *984*

札幌高判昭26・5・24高刑集4巻5号512頁
………………………………… *1073*

東京高判昭26・7・17特報21号138頁… *754*

札幌高函館支判昭26・7・30高刑集4巻7号
936頁 ………………………… *925*

高松高決昭26・9・1高刑集4巻8号1030頁
………………………………… *1073*

東京高決昭26・9・6東高時報1巻3号28頁
………………………………… *34*

東京高判昭26・9・18特報24号59頁…… *313*

仙台高判昭26・10・15高刑集4巻11号
1394頁………………………… *295*

福岡高判昭26・10・18高刑集4巻12号
1611頁………………………… *277*

広島高判昭26・11・22高刑集4巻13号
1926頁………………………… *615*

大阪高判昭26・12・24高刑集4巻12号
1674頁………………………… *586*

福岡高判昭27・1・19高刑集5巻1号12頁
………………………………… *177*

大阪高決昭27・1・22高刑集5巻3号301頁
………………………………… *372*

東京高判昭27・2・7高刑集5巻3号328頁
………………………………… *402*

札幌高判昭27・2・11高刑集5巻1号101頁
………………………………… *589*

東京高判昭27・2・26高刑集5巻3号357頁
………………………………… *740*

広島高岡山支判昭27・2・27高刑集5巻2号
274頁 ………………………… *276*

札幌高判昭27・3・12高刑集5巻3号413頁
………………………………… *497*

名古屋高判昭27・3・19高刑集5巻4号
505頁 ………………………… *40*

高松高判昭27・4・24高刑集5巻8号1193頁
………………………………… *594*

高松高判昭27・6・14高刑集5巻8号1209頁
………………………………… *586*

東京高判昭27・6・26高刑集5巻9号1467頁
………………………………… *292*

高松高判昭27・6・27高刑集5巻8号1322頁
………………………………… *615*

東京高判昭27・7・1高刑集5巻7号1108頁
………………………………… *402*

東京高判昭27・7・3特報34号103頁…… *754*

大阪高決昭27・7・5高刑集5巻6号1030頁
………………………………… *1176*

大阪高判昭27・7・18高刑集5巻7号1170頁
………………………………… *293*

名古屋高判昭27・7・21高刑集5巻9号
1477頁………………………… *73*

広島高判昭27・8・9特報20号98頁……… *966*

高松高判昭27・8・30高刑集5巻10号
1604頁………………………… *609*

東京高判昭27・9・16特報37号7頁…… *1091*

東京高判昭27・9・16高刑集5巻10号
1710頁………………………… *1123*

高松高判昭27・9・25高刑集5巻12号
　2071頁……………………………*1083*
名古屋高判昭27・10・13高刑集5巻11号
　1952頁…………………………… *405*
東京高判昭27・10・14特報37号40頁…… *754*
東京高判昭27・10・23高刑集5巻12号
　2165頁………………………… *966*
東京高判昭27・11・6東高時報2巻15号
　39頁……………………………… *411*
東京高決昭27・11・6特報37号86頁……… *45*
高松高判昭27・11・27高刑集5巻12号
　2238頁………………………… *70, 1089*
名古屋高判昭28・1・21高刑集6巻2号
　165頁 ………………………… *967*
福岡高決昭28・1・22高刑集6巻1号64頁
　…………………………………*1107*
高松高判昭28・2・27特報36・5………… *313*
高松高判昭28・3・9高刑集6巻5号635頁
　………………………………… *313*
東京高判昭28・3・16高刑特38号63頁 ‥ *686*
東京高判昭28・4・1高刑集6巻4号452頁
　………………………………… *615*
東京高判昭28・4・20高刑特38号93頁 ‥ *366*
東京高判昭28・5・20東高時報3巻5号
　197頁 …………………………… *380*
福岡高判昭28・5・25高刑集6巻5号718頁
　……………………………… *1084, 1090*
名古屋高金沢支判昭28・5・28高刑集6巻
　9号1112頁 …………………… *723*
東京高判昭28・6・11高刑集6巻7号831頁
　…………………………………*1083*
名古屋高金沢支判昭28・6・25高刑集6巻
　8号970頁 …………………… *1121*
東京高判昭28・6・26特報38号129頁…*1087*
東京高判昭28・6・26高刑集6巻9号1159頁
　………………………………… *616*
東京高判昭28・6・29高刑集6巻7号852頁
　………………………………… *698*

名古屋高判昭28・6・30高刑集6巻8号
　980頁 ………………………… *58*
東京高判昭28・8・7高刑特39号77頁…・ *137*
札幌高判昭28・8・24高刑集6巻7号947頁
　………………………………… *596*
福岡高宮崎支判28・10・30特報26号
　116頁 ………………………… *443*
大阪高決昭28・11・16高刑集6巻12号
　1705頁………………………… *48*
東京高判昭28・11・21東高時報4巻5号
　169頁 …………………………*1091*
東京高決昭28・12・4特報39号211頁…・ *757*
福岡高判昭28・12・25特報26号62頁…・ *361*
福岡高決昭29・2・10高刑集7巻1号73頁
　………………………………… *430*
福岡高判昭29・2・19高刑集7巻1号82頁
　………………………………… *142*
仙台高決昭29・3・22高刑集7巻3号317頁
　………………………………… *220*
東京高判昭29・3・25東高時報5巻3号90頁
　…………………………………*1097*
東京高判昭29・3・31高刑集7巻3号355頁
　………………………………… *72*
東京高決昭29・4・1特報40号60頁 ……・ *220*
高松高判昭29・4・6高刑集7巻8号1169頁
　………………………………… *400*
東京高判昭29・4・13高刑集7巻3号367頁
　…………………………………*1082*
東京高判昭29・4・20高刑集7巻3号425頁
　………………………………… *697*
広島高判昭29・4・21高刑集7巻3号448頁
　………………………………… *137*
福岡高判昭29・4・28高刑集7巻4号595頁
　………………………………… *641*
名古屋高判昭29・6・7高刑集7巻7号
　1032頁…………………………*1072*
東京高判昭29・6・29東高時報5巻6号
　256頁 …………………………*1089*

東京高決昭29・6・30高刑集7巻7号1087頁
……………………………………… 597

名古屋高判昭29・7・5高刑特1巻1号6頁
………………………………………… 627

仙台高秋田支判昭29・7・6高刑特1巻1号
7頁……………………………………… 1082

東京高決昭29・7・15高刑特1巻1号24頁
……………………………………… 206

福岡高判昭29・9・16高刑集7巻9号1415頁
……………………………………… 947

名古屋高判昭29・11・30高刑特1巻11号
507頁…………………………………… 63

東京高決昭29・12・28高刑集7巻12号
1822頁………………………………… 1124

名古屋高決昭30・1・13高刑特2巻1=3号
3頁……………………………………… 204

高松高判昭30・1・31高刑特2巻1-3号30頁
……………………………………… 1078

東京高判昭30・2・17高刑特2巻6号136頁
……………………………………… 1090

広島高決昭30・2・19高刑特2巻5号112頁
……………………………………… 35

名古屋高決昭30・3・22高刑集8巻4号
445頁…………………………………… 1074

札幌高判昭30・3・24高刑特2巻7号215頁
……………………………………… 1090

福岡高判昭30・3・26高刑集8巻2号200頁
……………………………………… 1081

東京高判昭30・4・2高刑集8巻4号449頁
………………………………… 716, 941

東京高判昭30・4・4東高時報6巻3号83頁
……………………………………… 401

東京高判昭30・4・23高刑集8巻4号522頁
……………………………………… 612

仙台高秋田支判昭30・5・17家月7巻8号
94頁……………………………………… 1117

福岡高決昭30・5・23高刑特2巻11号534頁
……………………………………… 1176

福岡高宮崎支判昭30・6・1高刑特2巻11号
555頁…………………………………… 1082

広島高判昭30・6・3判時56号26頁 …… 608

仙台高決昭30・6・8高刑特2巻11号573頁
……………………………………… 206

東京高判昭30・6・8高刑集8巻4号623頁
……………………………………… 927

高松高決昭30・6・18高刑特2巻13号656頁
……………………………………… 206

名古屋高判昭30・6・21高刑特2巻13号
657頁…………………………………… 612

福岡高決昭30・7・12高刑集8巻6号769頁
……………………………………… 219

名古屋高判昭30・7・30高刑特2巻16・17号
841頁…………………………………… 1121

東京高判昭30・9・1東高時報6巻9号300頁
……………………………………… 1088

東京高判昭30・9・19高刑集8巻7号921頁
……………………………………… 398

福岡高決昭30・10・21高刑特2巻20号
1061頁………………………………… 214

高松高判昭31・1・19高刑特3巻3号53頁
……………………………………… 623

大阪高判昭31・2・13高刑特3巻4号121頁
……………………………………… 1117

仙台高判昭31・3・19高刑特3巻6号267頁
……………………………………… 1082

東京高決昭31・3・22高刑集9巻2号182頁
……………………………………… 219

福岡高宮崎支判昭31・4・4高刑集9巻6号
559頁…………………………………… 645

福岡高判昭31・4・14高刑特3巻8号409頁
……………………………………… 595

大阪高判昭31・4・26高刑集9巻4号373頁
………………………………… 762, 1083

東京高判昭31・5・16東高時報7巻5号
205頁…………………………………… 411

東京高判昭31・6・12高刑特3巻12号613頁
　　……………………………………………1090
東京高判昭31・6・23高刑特3巻13号649頁
　　……………………………………………1081
東京高判昭31・7・20高刑集9巻8号860頁
　　……………………………………………1081
東京高判昭31・9・24判タ63号60頁……1102
仙台高判昭31・10・23高刑特3巻23号
　　1109頁…………………………………1105
東京高決昭31・12・4高刑集9巻11号
　　1197頁…………………………………1105
東京高決昭32・2・11東高時報8巻2号31頁
　　……………………………………………1074
東京高判昭32・3・2高刑集10巻2号123頁
　　…………………………………………… 699
東京高決昭32・3・12高刑特4巻6号123頁
　　……………………………………………1170
広島高判昭32・3・19高刑特4巻6号144頁
　　……………………………………………1081
東京高決昭32・6・13高刑集10巻4号410頁
　　……………………………………………… 47
東京高判昭32・6・20高刑特4巻14=15号
　　323頁………………………………… 767
仙台高秋田支判昭32・6・25高刑特4巻
　　13号314頁……………………………1087
大阪高判昭32・7・22高刑集10巻6号521頁
　　………………………………………… 501
東京高決昭32・7・24東高時報8巻8号
　　240頁………………………………… 403
東京高判昭32・8・8高刑集10巻5号484頁
　　………………………………………… 14
東京高決昭32・10・25東高時報8巻10号
　　371頁………………………………… 30
札幌高判昭32・10・31高刑集10巻8号
　　696頁………………………………… 65
名古屋高決昭32・11・13高刑集10巻12号
　　799頁………………………………… 231

名古屋高判昭32・12・25高刑集10巻12号
　　809頁…………………………………1053
東京高判昭32・12・27東高時報8巻12号
　　443頁………………………………… 792
東京高判昭32・12・28高刑特4巻24号
　　693頁…………………………………1089
大阪高判昭33・2・27高刑集11巻2号61頁
　　……………………………………………1123
東京高判昭33・3・5高刑特5巻3号81頁
　　……………………………………………1087
東京高判昭33・3・11高刑特5巻4号112頁
　　………………………………………… 711
東京高判昭33・5・29高刑集11巻4号250頁
　　………………………………………… 18
東京高判昭33・5・31高刑集11巻5号257頁
　　………………………………………… 611
大阪高判昭33・7・10高刑集11巻7号391頁
　　……………………………………………1122
東京高決昭33・9・25東高時報9巻9号
　　250頁………………………………… 35
東京高判昭33・11・12高刑集11巻9号
　　550頁………………………………… 609
東京高決昭34・2・7東高時報10巻2号97頁
　　………………………………………… 220
東京高判昭34・2・10東高時報10巻2号
　　104頁………………………………… 15, 1087
東京高判昭34・2・11東高時報10巻2号
　　109頁…………………………………1091
仙台高判昭34・2・19高刑集12巻2号59頁
　　………………………………………… 983
仙台高判昭34・2・24高刑集12巻2号65頁
　　………………………………………… 645
東京高判昭34・2・26高刑集12巻3号219頁
　　……………………………………………1097
大阪高判昭34・3・27高刑集12巻1号44頁
　　……………………………………………1087
東京高判昭34・4・21高刑集12巻5号473頁
　　………………………………………… 500, 501

名古屋高決昭34・4・30高刑集12巻4号
456頁 ································ *211*

東京高判昭34・4・30高刑集12巻5号486頁
································· *501, 502*

大阪高判昭34・5・4高刑集12巻3号252頁
································· *540*

福岡高宮崎支判昭34・10・20下刑集1巻
10号2116頁 ························· *711*

東京高判昭34・10・31下刑集1巻10号
2130頁 ····························· *1081*

東京高判昭34・11・16下刑集1巻11号
2343頁 ······························· *937*

東京高判昭35・2・11高刑集13巻1号47頁
································· *621*

東京高判昭35・4・21高刑集13巻4号271頁
·························· *720, 721*

大阪高判昭35・5・26下刑集2巻5=6号
676頁 ······························· *184*

東京高判昭35・6・29高刑集13巻5号416頁
································· *1087*

東京高判昭35・6・29東高時報11巻6号
172頁 ····························· *1087*

東京高決昭35・6・29東高時報11巻6号
175頁 ································· *63*

東京高判昭35・9・5東高時報11巻9号
231頁 ····························· *1097*

東京高決昭35・12・7下刑集2巻11・12号
1419頁 ································· *35*

名古屋高決昭36・4・11高刑集14巻9号
589頁 ····························· *1177*

東京高判昭36・6・15判タ121号50頁 ···· *295*

東京高判昭36・6・21下刑集3巻5=6号
428頁 ······························· *754*

名古屋高判昭36・10・30高民集14巻8号
523頁 ······························· *457*

東京高判昭36・10・31下刑集3巻9・10号
854頁 ····························· *1096*

大阪高判昭36・11・7下刑集3巻11・12号
984頁 ····························· *1097*

東京高判昭36・11・14高刑集14巻8号
577頁 ································· *576*

大阪高判昭36・11・28下刑集3巻11・12号
1001頁 ································· *1083*

大阪高判昭36・12・11下刑集3巻11=12号
1010頁 ·························· *177, 502*

名古屋高決昭37・1・30判時286号5頁
································· *1187*

東京高判昭37・1・31東高時報13巻1号
34頁 ····························· *1081*

東京高判昭37・2・20下刑集4巻1=2号
31頁 ································· *540*

東京高判昭37・2・20下刑集4巻1=2号
26頁 ····························· *1083*

東京高判昭37・4・26高刑集15巻4号218頁
································· *938*

東京高判昭37・5・10高刑集15巻5号331頁
································· *1087*

札幌高函館支判昭37・9・11高刑集15巻
6号503頁 ····························· *560*

大阪高決昭37・11・14高刑集15巻8号
639頁 ······························· *219*

東京高決昭37・12・28下刑集4巻11=12号
1030頁 ································· *398*

東京高判昭38・1・17東高時報14巻1号5頁
·························· *401, 405*

福岡高判昭38・1・21下刑集5巻1・2号4頁
································· *1087*

名古屋高金沢支判昭38・3・19下刑集5巻
3・4号176頁 ························· *1085*

東京高判昭38・4・18東高時報14巻4号
70頁 ······························· *497*

東京高判昭38・7・4判時352号83頁
·························· *412, 1072*

大阪高判昭38・9・6高刑集16巻7号526頁
································· *449*

東京高判昭38・10・3東高時報14巻10号
　169頁 ……………………………………… 711
仙台高判昭39・2・7高刑集17巻1号146頁
　………………………………………………… 1112
東京高判昭39・4・27高刑集17巻3号295頁
　……………………………………………… 605
福岡高決昭39・6・13下刑集6巻5=6号
　621頁 …………………………………… 223
東京高判昭39・6・19高刑集17巻4号400頁
　……………………………………………… 458
大阪高判昭39・9・18家月17巻5号90頁
　……………………………………………… 597
高松高決昭39・10・28下刑集6巻9=10号
　999頁 …………………………………… 214
大阪高決昭39・11・21高刑集17巻7号
　717頁 …………………………………… 195
東京高判昭39・12・25東高時報15巻12号
　266頁 …………………………………… 1078
名古屋高決昭39・12・28下刑集6巻
　11・12号1257頁 ……………………… 1104
東京高判昭39・12・28東高時報15巻12号
　268頁 …………………………………… 1083
東京高判昭40・2・19高刑集18巻2号75頁
　……………………………………………… 618
東京高判昭40・3・15高刑集18巻2号89頁
　……………………………………………… 471
東京高判昭40・6・3高刑集18巻4号328頁
　……………………………………………… 1045
東京高判昭40・6・17高刑集18巻3号218頁
　……………………………………………… 1087
大阪高判昭40・8・26下刑集7巻8号1563頁
　……………………………………… 300, 301, 585
仙台高決昭40・9・25下刑集7巻9号1804頁
　……………………………………………… 204
大阪高判昭40・9・28下刑集7巻9号1794頁
　……………………………………………… 613
大阪高決昭40・12・11高刑集18巻7号
　864頁 …………………………………… 35

東京高判昭41・1・27下刑集8巻1号11頁
　…………………………………………… 534, 540
東京高判昭41・3・28判タ191号199頁
　……………………………………………… 1096
福岡高決昭41・4・28下刑集8巻4号610頁
　……………………………………………… 206
広島高決昭41・5・10高刑集19巻3号367頁
　……………………………………………… 35
広島高松江支判昭41・5・31判時485号
　71頁 …………………………………… 1104
東京高決昭41・6・30高刑集19巻4号447頁
　……………………………………………… 487
高松高決昭41・10・20下刑集8巻10号
　1346頁 ………………………………… 204
東京高判昭42・2・24判タ208号143頁＝
　判時492号92頁 ………………………… 1097
大阪高判昭42・2・28判時488号81頁… 1088
名古屋高判昭42・3・13判時502号80頁
　……………………………………………… 1123
福岡高決昭42・3・24高刑集20巻2号114頁
　…………………………………………… 158, 494
東京高判昭42・4・11判タ210号218頁
　……………………………………………… 1096
高松高判昭42・7・10下刑集9巻7号857頁
　………………………………………… 1121, 1122
東京高判昭42・12・5下刑集9巻12号
　1478頁 ………………………………… 772
東京高判昭43・2・15高刑集21巻1号73頁
　……………………………………………… 67
大阪高判昭43・3・30判タ225号219頁 ‥ 693
東京高判昭43・4・9判時523号87頁 ……1045
東京高判昭43・4・17高刑集21巻2号199頁
　……………………………………………… 1082
東京高判昭43・4・22東高時報19巻4号
　90頁 …………………………………… 626
東京高判昭43・4・30下刑集10巻4号380頁
　……………………………………………… 1098

東京高判昭43・5・27判タ225号219頁、
　判タ227号233頁 …………………………*1096*
広島高判昭43・7・12判時540号85頁…*1052*
東京高判昭43・10・22下刑集10巻10号
　967頁 ………………………………………*1099*
東京高判昭43・11・18判タ233号203頁
　………………………………………………*1096*
大阪高判昭43・12・9判時574号83頁…… *485*
福岡高決昭44・1・31刑月1巻1号39頁 ‥ *231*
広島高決昭44・3・25刑月1巻3号230頁
　…………………………………… *1077, 1104*
仙台高判昭44・4・1刑月1巻4号353頁 ‥ *537*
高松高決昭44・4・9刑月1巻4号393頁
　…………………………………………… *430, 436*
大阪高決昭44・6・9高刑集22巻2号265頁
　………………………………………………*1181*
東京高判昭44・6・20高刑集22巻3号352頁
　…………………………………………… *562*
広島高判昭44・7・1判タ239号290頁…*1086*
東京高判昭44・8・4判タ242号313頁…*1096*
福岡高決昭44・9・20高刑集22巻4号616頁
　…………………………………………… *230, 238*
大阪高判昭44・10・16判タ244号290頁
　………………………………………………*1099*
札幌高判昭44・12・25判時580号91頁
　………………………………………………*1122*
大阪高決昭45・1・22判時583号96頁…… *51*
大阪高決昭45・3・5刑月2巻3号231頁 ‥ *664*
東京高判昭45・7・14判タ255号240頁
　………………………………………………*1085*
福岡高宮崎支決昭45・8・10高刑集23巻
　3号516頁………………………………… *35*
東京高判昭45・10・12高刑集23巻4号
　737頁 ………………………………………*1083*
東京高判昭45・10・21高刑集23巻4号
　749頁 …………………………………… *252*
東京高判昭45・11・19刑月2巻11号1160頁
　…………………………………………*412, 1072*

東京高判昭45・12・3刑月2巻12号1257
　…………………………………………… *611*
東京高判昭45・12・26判タ263号358頁
　………………………………………………*1096*
東京高判昭46・5・24高刑集24巻2号353頁
　………………………………………………*1117*
東京高決昭46・7・27高刑集24巻3号473頁
　………………………………………………*1170*
東京高判昭46・10・26高刑集24巻4号
　653頁 ………………………………………*1086*
東京高判昭46・12・15東高時報22巻12号
　335頁 ………………………………………*1122*
広島高決昭47・1・7判時673号95頁…… *205*
東京高判昭47・1・20判タ277号376頁
　………………………………………………*1096*
東京高決昭47・1・29高刑集25巻1号20頁
　…………………………………… *1106, 1108*
東京高判昭47・3・22判タ278号393頁 ‥ *948*
東京高判昭47・3・27高刑集25巻1号42頁
　…………………………………………… *764*
広島高岡山支判昭47・8・3刑月4巻8号
　1435頁…………………………………………*1073*
名古屋高金沢支判昭47・11・21刑月4巻
　11号1796頁 …………………*405, 413, 1072*
大阪高決昭47・11・30高刑集25巻6号
　914頁 ………………………………………*1153*
大阪高判昭48・3・27刑月5巻3号236頁
　…………………………………………… *485*
東京高判昭48・3・28高刑集26巻1号93頁
　…………………………………………… *664*
東京高判昭48・6・1東高時報24巻6号85頁
　………………………………………………*1090*
東京高決昭48・6・28判時717号98頁…*1104*
福岡高判昭48・7・18刑月5巻7号1105頁
　………………………………………………*1088*
東京高決昭48・7・31判時713号135頁…… *51*
東京高判昭48・10・16刑月5巻10号1378頁
　…………………………………………*158, 494*

東京高判昭48・11・7高刑集26巻5号534頁
………………………… 585

広島高岡山支判昭49・4・9判時741号
118頁 ………………………… 163

東京高決昭49・5・23判時744号109頁 ‥ 355

大阪高決昭49・6・19判時749号114頁 ‥ 223

大阪高判昭49・11・5判タ329号290頁 ‥ 560

広島高判昭49・12・10判時792号95頁
………………………… 357, 581

福岡高決昭50・3・4高刑集28巻2号113頁
………………………… 46

大阪高判昭50・5・15判時791号126頁 ‥ 977

大阪高判昭50・8・27高刑集28巻3号310頁
………………………… 970

大阪高判昭50・9・11判時803号24頁 …… 485

大阪高判昭50・11・19判時813号102頁
………………………… 529

大阪高判昭50・11・28判時814号157頁
………………………… 383

大阪高判昭50・12・2判タ335号232頁 ‥ 492

東京高判昭50・12・19高刑集28巻4号
525頁 ………………………… 1121, 1122

東京高判昭51・1・27東高時報27巻1号9頁
………………………… 716

東京高判昭51・2・25東高時報27巻2号
24頁 ………………………… 1073

東京高判昭51・11・8判時843号120頁 ‥ 660

広島高判昭51・11・15判時841号112頁
………………………… 359, 366

東京高判昭52・1・31高刑集30巻1号1頁
………………………… 1084

福岡高判昭52・5・30判時861号125頁 ‥ 496

東京高判昭52・6・14高刑集30巻3号341頁
………………………… 636

東京高決昭52・8・31高刑集30巻3号399頁
………………………… 221

広島高決昭52・10・29刑集32巻5号1057頁
………………………… 421, 437

東京高決昭52・11・2刑月9巻11=12号
839頁 ………………………… 437

仙台高決昭53・2・14高刑集31巻1号12頁
………………………… 436, 437

東京高判昭53・4・6刑月10巻4=5号
709頁 ………………………… 154

東京高判昭53・5・8東高時報29巻5号75頁
………………………… 401, 413

東京高決昭53・5・31刑月10巻4=5号
883頁 ………………………… 490

東京高決昭53・6・1刑月10巻6=7=8号
1092頁 ………………………… 1149

大阪高決昭53・6・2判タ369号433頁=
判時911号165頁 ………………… 1122

東京高決昭53・8・15判時905号13頁 …… 34

福岡高判昭53・10・9判時925号132頁
………………………… 1089

東京高決昭53・10・17東高時報29巻10号
176頁 ………………………… 214

東京高判昭54・1・24判タ382号135頁 … 80

東京高判昭54・2・7判時940号138頁 … 953

東京高判昭54・2・8高刑集32巻1号1頁
………………………… 1083

東京高判昭54・2・13高検速報2332号 ‥ 625

東京高判昭54・4・5刑月11巻4号275頁
………………………… 1088

東京高決昭54・5・2高刑集32巻2号129頁
………………………… 214

東京高判昭54・8・23判時958号133頁 ‥ 938

東京高判昭54・9・11東高時報30巻9号
121頁 ………………………… 1080

東京高判昭54・12・13高刑集32巻3号
291頁 ………………………… 1096

東京高決昭54・12・20判タ413号158頁=
判時967号135頁 ………………… 1073

東京高判昭55・2・1東高時報31巻2号5頁
………………………… 345, 906

大阪高判昭55・7・11判時1000号133頁
………………………………1088

札幌高決昭55・7・21高刑集33巻2号257頁
………………………………1153

名古屋高判昭55・7・31判タ426号202頁
………………………………1087

東京高判昭55・10・7刑月12巻10号1101頁
……………………………… 542

東京高決昭55・10・9判時999号128頁
………………………………1179

広島高判昭55・10・28高刑集33巻4号
298頁………………………142, 1086

大阪高判55・11・27刑月12巻11号
1184頁………………………1091, 1096

福岡高判昭55・12・1判時1000号137頁
………………………………1087

東京高判昭56・1・14東高時報32巻1号1頁
………………………………1096

高松高決昭56・3・14高刑集34巻1号1頁
……………………………… 361

東京高判昭56・5・21東高時報32巻5号
22頁………………………………1096

東京高判昭56・6・10判タ455号166頁＝
判時1021号137頁………………………1093

広島高判昭56・11・26判時1047号162頁
……………………………… 554

東京高判昭56・12・7判タ471号231頁
………………………………1097

東京高判昭57・3・8判時1047号157頁‥ 535

東京高判昭57・3・23高刑速(昭57)177頁
………………………………1083

東京高決昭57・3・24判時1064号136頁
……………………………437, 438

東京高判昭57・4・12高刑速(昭57)188頁
………………………………1097

仙台高判昭57・5・25高刑集35巻1号66頁
………………………………1056

名古屋高決昭57・7・7判時1067号157頁
……………………………… 35

東京高決昭57・7・27高刑集35巻2号81頁
……………………………… 47

福岡高判昭57・9・6高刑集35巻2号85頁
……………………………… 643

東京高決昭57・9・16高刑集35巻2号182頁
……………………………421, 428

大阪高判昭57・12・7判時1085号156頁
………………………………1112

東京高判昭57・12・9判時1102号148頁
……………………………… 486

東京高決昭58・1・18高刑集36巻1号1頁
……………………………… 423

東京高判昭58・1・27判時1097号146頁
……………………………… 920

東京高判昭58・3・29刑月15巻3号247頁
……………………………… 247

札幌高判昭58・5・24高刑集36巻2号67頁
………………………………1083

東京高判昭58・5・26判時1112号143頁
………………………………1091

東京高判昭58・6・6判時1107号143頁‥ 403

東京高判昭58・6・22判時1085号30頁‥ 912

東京高判昭58・7・13高刑集36巻2号86頁
……………………………… 938

札幌高判昭58・12・26刑月15巻11＝12号
1219頁……………………………… 562

高松高判昭59・1・24判時1136号158頁
……………………………… 970

広島高判昭59・3・8判タ526号257頁…1087

名古屋高決昭59・3・12判時1141号161頁
………………………………1074

大阪高判昭59・4・19高刑集37巻1号98頁
……………………………… 485

東京高判昭59・4・27高刑集37巻2号153頁
……………………………… 590

東京高決昭59・5・11高刑集37巻2号305頁
.... *31*
大阪高判昭59・6・8高刑集37巻2号336頁
.... *947, 1088*
名古屋高決昭59・7・9高刑集37巻2号
348頁 *421*
大阪高判昭59・8・1判タ541号257頁 *256*
福岡高那覇支判昭59・10・25判時1176号
160頁 *1091*
大阪高判昭59・12・5高刑集37巻3号450頁
.... *1087*
東京高判昭60・1・21高刑集38巻1号1頁
.... *1118*
東京高判昭60・3・19刑月17巻3=4号57頁
.... *500*
東京高決昭60・4・11判時1179号152頁
.... *209*
福岡高決昭60・5・8高検速報(昭和60年)
347頁 *421*
東京高判昭60・6・20高刑集38巻2号99頁
.... *1077*
大阪高判昭60・6・21判タ562号195頁
.... *1096*
福岡高判昭60・7・16判タ566号316頁
.... *274, 1088*
大阪高判昭60・7・18刑月17巻7=8号653頁
.... *458*
東京高判昭60・7・24東高時報36巻6・7号
56頁 *1088*
名古屋高判昭60・10・17刑月17巻10号
923頁 *70, 1089*
広島高決昭60・10・25判時1180号161頁
.... *217*
大阪高判昭60・11・8高刑集38巻3号199頁
.... *1121*
大阪高決昭60・11・22判時1185号167頁
.... *217*

大阪高判昭60・12・18判時1201号93頁
.... *539*
東京高判昭60・12・24高刑速(昭60)261頁
.... *1096*
札幌高判昭61・3・24高刑集39巻1号8頁
.... *960*
東京高判昭61・10・29高刑集39巻4号
431頁 *1118*
東京高判昭62・1・28判時1228号136頁
.... *905*
名古屋高判昭62・3・9判時1236号157頁
.... *74*
東京高判昭62・4・13高刑速(昭62)52頁
.... *1097*
東京高判昭62・4・16判時1244号140頁
.... *538*
東京高判昭62・5・25判タ646号216頁
.... *1091*
東京高決昭62・7・17判タ641号80頁 *136*
東京高判昭62・7・29高刑集40巻2号77頁
.... *340, 590*
大阪高判昭62・11・24判タ663号228頁=
判時1262号142頁 *1091*
東京高判昭63・4・1判時1278号152頁 .. *442*
大阪高判昭63・5・18判時1309号152頁
.... *1091*
大阪高決昭63・9・9判時1317号157頁 .. *214*
東京高判昭63・9・12判タ683号226頁=
判時1307号157頁 *1097*
名古屋高判昭63・12・21判タ696号231頁=
判時1316号159頁 *1085*
名古屋高判平1・1・18判タ696号229頁
.... *538*
東京高判平1・3・16判タ704号283頁 ... *1089*
福岡高宮崎支判平1・3・24高刑集42巻2号
103頁 *913*
東京高判平1・4・13判タ704号284頁 ... *1087*
札幌高判平1・5・9判時1324号156頁 *554*

判例索引　*1287*

大阪高判平1・7・18判時1334号236頁
　　………………………………………… *1097*

東京高決平1・7・18高刑集42巻2号131頁
　　………………………………………… *46*

広島高判平2・1・26高刑速（平2）221頁
　　………………………………………… *1097*

大阪高判平2・2・6判時1369号161頁…*1088*

大阪高判平2・3・23判時1354号26頁、
　　判タ729号50頁 …………………… *294*

東京高判平2・4・11高検速報2934号等
　　………………………………………… *625*

東京高判平2・5・10判タ741号245頁…*1088*

大阪高決平2・7・30高刑集43巻2号96頁
　　………………………………………… *205*

福岡高判平2・8・2高刑速（平2）255頁
　　………………………………………… *1073*

大阪高判平2・9・25判タ750号250頁…*1085*

東京高判平2・11・29高刑集43巻3号202頁
　　………………………………………… *379, 679*

広島高判平2・12・18判時1394号161頁
　　………………………………………… *605*

大阪高判平3・2・7判時1395号161頁…*1122*

東京高判平3・4・23高刑集44巻1号66頁
　　………………………………………… *168*

東京高判平3・5・9判時1394号70頁
　　………………………………………… *538, 542*

大阪高判平3・6・13判時1404号128頁
　　………………………………………… *1089*

東京高判平3・6・18判タ777号240頁…… *940*

東京高判平3・9・18高刑集44巻3号187頁
　　………………………………………… *379, 679*

東京高判平3・10・29高刑集44巻3号212頁
　　………………………………………… *1089*

大阪高判平3・11・6判タ796号264頁…… *252*

大阪高判平3・11・14判タ795号274頁
　　………………………………………… *1083, 1089*

大阪高判平3・11・19判時1436号143頁
　　………………………………………… *377, 378*

東京高判平3・12・10高刑集44巻3号217頁
　　………………………………………… *1087*

東京高判平4・2・18判タ797号268頁
　　………………………………………… *1091, 1096*

大阪高判平4・3・12判タ802号233頁…… *306*

東京高判平4・4・8判時1434号140頁
　　………………………………………… *380, 486*

東京高判平4・7・20判時1434号143頁
　　………………………………………… *372, 374, 377*

東京高決平4・10・30判タ811号242頁
　　………………………………………… *1062*

東京高決平4・11・25高刑集45巻3号120頁
　　………………………………………… *189, 1146*

仙台高判平4・12・21高刑速（平4）106頁
　　………………………………………… *1097*

福岡高判平5・3・18判時1489号159頁 ‥ *911*

福岡高判平5・4・15判タ827号284頁…*1088*

大阪高判平5・10・7判時1497号134号 ‥ *247*

札幌高判平5・10・26判タ865号291頁
　　………………………………………… *1097*

福岡高判平5・11・1家月46巻6号98頁
　　………………………………………… *1089, 1112*

大阪高決平5・11・29高刑集46巻3号306頁
　　………………………………………… *226*

東京高判平5・11・30判時1506号150頁
　　………………………………………… *1091*

東京高判平6・2・24高刑速（平6）46頁
　　………………………………………… *1122*

東京高判平6・5・11高刑集47巻2号237頁
　　………………………………………… *244, 554*

福岡高判平6・6・16判タ876号292頁＝
　　判時1512号183頁…………………… *1122*

東京高判平6・6・29判時1552号150頁
　　………………………………………… *1097*

東京高判平6・8・2高刑集47巻2号282頁
　　………………………………………… *1086*

高松高決平6・9・12判例集未登載……… *423*

東京高判平6・11・1判時1546号139頁
………………………… *374, 377, 378*
東京高判平6・11・16判タ887号275頁
……………………………………*1096*
東京高判平6・11・28判タ897号240頁
………………………… *1099, 1100*
東京高判平7・1・30東高時報46巻1-12号
3頁…………………………………*1123*
大阪高決平7・1・31判時1526号162頁
……………………………………*1146*
大阪高判平7・3・28高刑速(平7)124頁
……………………………………*1083*
福岡高判平7・6・27判時1556号42頁
………………………………… *919, 921*
大阪高判平7・12・7高刑集48巻3号199頁
………………………………… *679*
名古屋高判平8・1・31高刑集49巻1号1頁
……………………………………*1102*
東京高判平8・5・9高刑集49巻2号181頁
………………………………… *343*
東京高判平8・7・16高刑集49巻2号354頁
………………………………… *372, 380*
東京高判平8・7・25高刑集49巻2号417頁
……………………………………*1116*
大阪高判平8・9・26判時1597号81頁…… *537*
大阪高判平8・11・27判時1603号151頁
………………………………… *945*
名古屋高判平9・2・10高刑速(平9)号
105頁……………………………… *382*
東京高判平9・3・11東高時報48巻1-12号
12頁…………………………………*1091*
東京高判平9・5・12判タ949号281頁=
判時1613号150頁…………………*1094*
東京高判平9・7・16高刑集50巻2号121頁
………………………………… *605*
名古屋高判平9・9・29高刑集50巻3号
139頁………………………………*1087*

東京高判平9・12・18東高時報48巻1-12号
91頁……………………………… *937*
名古屋高判平10・1・28高刑集51巻1号
70頁…………………………………*1089*
福岡高判平10・2・5判時1642号157頁 ·· *945*
高松高判平10・3・3高刑速(平10)号167頁
………………………………… *376, 379*
東京高判平10・6・24判タ991号286頁…· *10*
東京高判平10・6・25判タ992号281頁 ·· *260*
名古屋高判平10・6・30判タ1009号274頁
……………………………………*1088*
東京高判平10・7・1高刑集51巻2号129頁
……………………………………*1083*
大阪高判平10・9・1判タ1004号289頁
……………………………………*1110*
大阪高判平10・12・9判タ1063号272頁
………………………………… *927*
東京高判平11・1・29東高時報50巻1-12号
16頁…………………………………*1099*
東京高判平11・3・1判タ998号293頁…· *343*
東京高判平11・7・26東高時報50巻1-12号
59頁…………………………………*1091*
東京高判平11・10・13東高時報50巻1-12号
114頁………………………………*1096*
広島高判平11・10・14判時1703号169頁
………………………………… *605*
東京高判平11・11・1東高時報50巻1-12号
126頁………………………………*1097*
東京高判平12・2・28判タ1027号284頁=
判時1705号173頁…………………*1094*
東京高判平12・5・23東高時報51巻1-12号
55頁…………………………………*1097*
東京高判平12・6・27東高時報51巻1-12号
82頁…………………………………*1088*
東京高判平12・8・29東高時報51巻1-12号
90頁…………………………………*1099*
東京高判平12・10・2東高時報51巻1-12号
98頁…………………………………*1088*

判例索引　*1289*

東京高判平12・11・7東高時報51巻1-12号
　109頁 …………………………………… *1100*

福岡高那覇支判平12・12・26高刑速
　（平12）209頁……………………………… *1115*

東京高決平13・2・13判時1763号216頁
　………………………………………………… *438*

福岡高決平13・9・10高刑集54巻2号123頁
　………………………………………………… *71*

福岡高判平13・10・10高検速報
　（平成13年）219頁……………………… *343*

大阪高判平14・1・17判タ1119号276頁
　……………………………………………… *1086*

札幌高判平14・3・19判時1803号147頁
　……………………………………… *760, 761*

東京高決平14・3・27東高時報53巻1-12号
　41頁 …………………………………………… *35*

東京高判平14・6・28東高時報53巻1-12号
　73頁 ……………………………………… *1089*

東京高判平14・9・4判時1808号144頁
　……………………………… *477, 482, 912, 913*

東京高判平14・10・23高刑速（平14）92頁
　……………………………………………… *1089*

広島高判平14・12・10判時1826号160頁
　……………………………………………… *1089*

東京高判平15・3・20東高時報54巻1-12号
　14頁 ……………………………………… *1087*

東京高判平15・5・19高刑集56巻2号1頁
　……………………………………………… *1117*

東京高判平15・5・20東高時報54巻1-12号
　39頁 ……………………………………… *1088*

東京高判平15・12・2東高時報54巻1-12号
　78頁 ……………………………………… *376, 379*

福岡高判平16・2・13高刑集57巻1号4頁
　……………………………………………… *1087*

福岡高判平16・2・25判タ1155号129頁
　……………………………………………… *1087*

大阪高判平16・4・22高刑集57巻2号1頁
　……………………………………………… *606*

東京高判平16・4・22東高時報55巻1-12号
　32頁 ……………………………………… *1097*

広島高判平16・4・23高刑速（平16）185頁
　……………………………………………… *1094*

東京高判平16・6・17東高時報55巻1-12号
　48頁 ……………………………………… *1097*

名古屋高決平16・7・13刑集58巻7号644頁
　……………………………………………… *1075*

東京高決平16・8・16家月58巻1号114頁
　…………………………………………… *356, 1152*

東京高判平16・9・29東高時報55巻1-12号
　89頁 ……………………………………… *1085*

東京高判平16・11・15東高時報55巻1-12号
　98頁 ……………………………………… *1110*

大阪高判平17・1・25訟月52巻10号3069頁
　…………………………………………… *113, 115*

東京高判平17・3・22東高時報56巻1-12号
　24頁 ……………………………………… *1124*

東京高判平17・3・29判時1891号166頁
　……………………………………………… *1094*

東京高判平17・3・30高刑速（平17）110頁
　……………………………………………… *1100*

名古屋高決平17・4・5判例集未登載… *1173*

東京高判平17・5・11高刑速（平17）137頁
　……………………………………………… *1100*

大阪高判平17・6・28判タ1192号186頁
　……………………………………………… *924*

東京高決平17・7・6東高時報56巻1-12号
　46頁 ……………………………………… *1074*

東京高決平18・2・24東高時報57巻1-12号
　3頁……………………………………………… *843*

東京高判平18・4・27東高時報57巻1-12号
　21頁 ……………………………………… *1083*

東京高判平18・5・30判時1931号163頁
　……………………………………………… *1102*

大阪高決平18・6・26判時1940号164頁
　………………………………………… *841, 843, 844*

東京高判平18・6・30高刑速（平18）102頁
・・・・・・・・・・・・・・・・・・・・・・・・・・・・・・・・ *1088*

大阪高決平18・9・22判時1947号169頁
・・・・・・・・・・・・・・・・・・・・・・・・・・・・・ *843, 844*

大阪高決平18・10・6判時1945号166頁
・・・・・・・・・・・・・・・・・・・・・・・・・・・・・・・・・・ *838*

東京高決平18・10・16判時1945号168頁
・・・・・・・・・・・・・・・・・・・・・・・・・・・・ *836, 838*

名古屋高決平18・12・26判タ1235号94頁
・・・・・・・・・・・・・・・・・・・・・・・・・・・・・・・・ *1174*

東京高決平18・12・28東高時報57巻1-12号
77頁・・・・・・・・・・・・・・・・・・・・・・・・・・・・・ *862*

東京高判平19・4・25高刑速（平19）212頁
・・・・・・・・・・・・・・・・・・・・・・・・・・・・・・・・ *1094*

名古屋高判平19・7・12判時1997号66頁
・・・・・・・・・・・・・・・・・・・・・・・・・・・・・・・・・ *121*

東京高判平19・9・26高刑速（平19）321頁
・・・・・・・・・・・・・・・・・・・・・・・・・・・・・・・・ *1089*

福岡高判平19・9・26判タ1367号119頁＝
判時2144号159頁・・・・・・・・・・・・・ *1094*

東京高判平19・10・31高刑速（平19）350頁
・・・・・・・・・・・・・・・・・・・・・・・・・・・・・・・・ *1089*

東京高判平20・5・15判時2050号103頁
・・・・・・・・・・・・・・・・・・・・・・・・・・・・・・・・・ *541*

名古屋高金沢支判平20・6・5判タ1275号
342頁・・・・・・・・・・・・・・・・・・・ *856, 883*

東京高決平20・7・14判タ1290号73頁
・・・・・・・・・・・・・・・・・・・・・・・・・・・・・・・・ *1173*

東京高判平20・9・17判タ1286号345頁
・・・・・・・・・・・・・・・・・・・・・・・・・・・・・・・・ *1100*

東京高判平20・11・18判タ1301号307頁
・・・・・・・・・・・・・・・・・・・・・・・・・・・・・・・・・ *886*

大阪高決平20・12・3判タ1292号150頁
・・・・・・・・・・・・・・・・・・・・・・・・・・・・・・・・・ *833*

名古屋高判平21・2・17高刑速（平21）
175頁・・・・・・・・・・・・・・・・・・・・・・・・ *1089*

東京高判平21・3・10東高時報60巻1-12号
35頁・・・・・・・・・・・・・・・・・・・・・・・・・・・ *1091*

東京高判平21・6・16東高時報60巻1-12号
84頁・・・・・・・・・・・・・・・・・・・・・・・・・・・ *1084*

東京高決平21・6・23判タ1303号90頁
・・・・・・・・・・・・・・・・・・・・・・・・・・・・・・・・ *1173*

東京高判平21・7・1判タ1314号302頁・・ *448*

福岡高判平21・9・29判例集未登載・・・・・ *1094*

東京高判平21・12・18東高時報60巻1-12号
243頁・・・・・・・・・・・・・・・・・・ *1084, 1088*

東京高決平22・1・5東高時報61巻1-12号
1頁・・・・・・・・・・・・・・・・・・・・・・・・・・・ *862*

東京高判平22・1・19東高時報61巻1-12号
5頁・・・・・・・・・・・・・・・・・・・・・・・・・・・ *1089*

東京高判平22・1・21東高時報61巻1-12号
6頁・・・・・・・・・・・・・・・・・・・・・・・・・・・ *1091*

東京高判平22・1・26東高時報61巻1-12号
25頁・・・・・・・・・・・・・・・・・・・・・・・・・・・ *1088*

東京高決平22・3・17東高時報61巻1-12号
60頁・・・・・・・・・・・・・・・・・・・・・・・・・・・ *847*

東京高判平22・5・27高刑集63巻1号8頁
・・・・・・・・・・・・・・・・・・・・・・・・・ *925, 1088*

東京高判平22・6・14東高時報61巻1-12号
122頁・・・・・・・・・・・・・・・・・・・・・・・・・・ *101*

東京高判平22・10・4東高時報61巻1-12号
224頁・・・・・・・・・・・・・・・・・・・・・・・・・・ *884*

東京高決平22・10・29判タ1350号252頁
・・・・・・・・・・・・・・・・・・・・・・・・・・・・・・・・・ *230*

東京高判平22・11・8高刑集63巻3号4頁
・・・・・・・・・・・・・・・・・・・・・・・・・・・・・・・・・ *448*

東京高判平22・11・16東高時報61巻1-12号
280頁・・・・・・・・・・・・・・・・・・・・・・・・・・ *1124*

東京高判平22・11・17東高時報61巻1-12号
287頁・・・・・・・・・・・・・・・・・・・・・・・・・・ *1084*

東京高判平22・11・18東高時報61巻1-12号
300頁・・・・・・・・・・・・・・・・・・・・・・・・・・ *1097*

高松高判平22・11・18高刑集63巻3号10頁
・・・・・・・・・・・・・・・・・・・・・・・・・・・・・・・・ *1090*

東京高判平22・11・22東高時報61巻1-12号
305頁・・・・・・・・・・・・・・・・・・・・・・・・・・ *1088*

東京高判平22・11・30東高時報61巻1-12号
　　308頁 ……………………………… *1083*

東京高決平22・12・1東高時報61巻1-12号
　　311頁 ………………………………… *838*

名古屋高判平23・4・12判例集未登載
　　…………………………………………… *1094*

東京高判平23・4・12東高時報62巻1-12号
　　33頁 …………………………………… *1087*

東京高判平23・6・16判タ1395号379頁
　　………………………………………… *348*

福岡高判平23・7・1判時2127号9頁
　　…………………………… *114, 115, 116*

東京高判平23・8・30東高時報62巻1-12号
　　72頁 ………………………… *346, 794*

東京高判平23・10・13高刑速（平23）号
　　147頁 ………………………………… *1082*

東京高決平23・11・22判タ1383号382頁
　　…………………………………… *838, 847*

名古屋高金沢支決平23・11・30判例集
　　未登載 ………………………………… *1173*

名古屋高決平24・5・25判例集未登載
　　…………………………………………… *1174*

東京高決平24・6・5東高時報63巻1-12号
　　88頁 ………………………………… *833*

東京高決平24・6・7高刑集65巻2号4頁
　　…………………………………………… *1173*

東京高決平24・7・31判例集未登載
　　…………………………………… *1173, 1189*

名古屋高決平25・3・6判例集未登載… *1174*

高松高判平25・4・11判タ1411号253頁
　　…………………………………………… *1110*

東京高判平25・5・7東高時報64巻1-12号
　　107頁 ………………………………… *1089*

東京高判平25・6・4東高時報64巻1-12号
　　116頁 ………………………………… *1088*

東京高判平25・6・20高刑集66巻3号1頁
　　…………………………………………… *1095*

仙台高判平25・6・27高刑速（平25）号
　　247頁 ………………………………… *1083*

東京高決平25・7・16判タ1417号190頁
　　………………………………………… *436*

東京高判平25・7・23判時2201号141頁
　　………………………………………… *913*

東京高判平25・9・10高刑速（平25）113頁
　　…………………………………………… *1099*

東京高判平25・10・8高刑集66巻3号42頁
　　…………………………………………… *1095*

名古屋高判平25・10・28高刑速（平25）号
　　187頁 ………………………………… *887*

東京高決平25・12・12高検速報（平25）
　　144頁 …………………………………… *71*

東京高判平26・2・27東高時報65巻1-12号
　　6頁 …………………………………… *1095*

札幌高判平26・12・18判タ1416号129頁
　　…………………………………………… *448*

東京高判平27・2・6東高時報66巻1-12号
　　4頁 …………………………………… *1089*

東京高判平27・2・25東高時報66巻1-12号
　　12頁 ………………………………… *794*

東京高判平27・5・12東高時報66巻1-12号
　　49頁 ………………………………… *1084*

東京高決平27・5・19判時2298号142頁
　　………………………………………… *215*

東京高判平27・5・22東高時報66巻1-12号
　　53頁 ………………………………… *1091*

東京高決平27・5・29高刑速平成27年
　　127頁 ………………………………… *215*

東京高判平27・7・9判時2280号16頁… *116*

大阪高決平27・10・23判例集未登載
　　…………………………………… *1173, 1189*

東京高判平27・10・28東高時報66巻1-12号
　　92頁 ………………………………… *1090*

東京高判平27・11・19東高時報66巻1-12号
　　116頁 ………………………………… *1086*

東京高判平28・1・13判タ1425号233頁
　　　…………………………… *880*
大阪高判平28・4・22判時2315号61頁 ‥ *118*
東京高判平28・8・10高刑集69巻1号4頁
　　　…………………………*933, 1099*
東京高判平28・12・7高刑集69巻2号5頁
　　　…………………………… *551*
大阪高判平29・3・14判時2361号118頁
　　　…………………………… *945*
東京高判平29・8・3判例集未登載……… *565*
東京高判平29・11・17判例集未登載…*1119*
大阪高決平29・12・20判例集未登載…*1173*
福岡高宮崎支決平30・3・12判例集未登載
　　　…………………………*345, 1173*
東京高決平30・6・11判例集未登載……*1174*

地方裁判所

名古屋地判昭32・5・27判時119号27頁 ‥ *21*
長野地諏訪支判昭33・5・23判時153号
　　35頁…………………………… *941*
東京地決昭33・6・12一審刑集1巻追録
　　2367頁…………………………… *557*
大津地判昭33・8・12下民集9巻8号1575頁
　　　…………………………… *472*
大阪地決昭34・2・17下刑集1巻2号496頁
　　　…………………………… *188*
東京地決昭34・5・22下刑集1巻5号1339頁
　　　…………………………… *248*
神戸地判昭34・8・3下刑集1巻8号1854頁
　　　…………………………… *302*
東京地決昭34・8・27下刑集1巻8号1888頁
　　　…………………………… *192*
大阪地決昭34・12・26下刑集1巻12号
　　2725頁…………………………… *220*
広島地決昭35・5・2下刑集2巻5=6号949頁
　　　…………………………… *405*
東京地八王子支判昭35・6・6下刑集2巻
　　5=6号866頁………………………… *623*

前橋地決昭35・7・10下刑集2巻7=8号
　　1173頁…………………………… *520*
札幌地決昭36・3・3下刑集3巻3=4号385頁
　　　…………………………… *520*
東京地決昭36・5・13下刑集3巻5=6号
　　469頁…………………………… *471*
東京地決昭36・12・6下刑集3巻11=12号
　　1300頁…………………………… *392*
大阪地決昭38・4・27下刑集5巻3=4号
　　444頁…………………………*160, 517*
大阪地判昭38・9・17下刑集5巻9=10号
　　870頁…………………………… *570*
徳島地判昭38・10・25下刑集5巻9=10号
　　977頁…………………………… *968*
神戸地判昭39・9・11下民集15巻9号
　　2179頁…………………………… *195*
東京地決昭39・10・15下刑集6巻9=10号
　　1185頁…………………………*499, 518*
東京地決昭40・7・23下刑集7巻7号1540頁
　　　…………………………*226, 258*
大阪地決昭40・8・14下刑集7巻8号1760頁
　　　…………………………… *521*
名古屋地決昭40・9・28下刑集7巻9号
　　1847頁…………………………… *217*
福岡地決昭41・3・9下刑集8巻3号521頁
　　　…………………………… *457*
静岡地判昭41・3・31下刑集8巻3号506頁
　　　…………………………… *362*
鳥取地判昭41・11・25判タ200号184頁
　　　…………………………… *623*
和歌山地決昭42・2・7下刑集9巻2号165頁
　　　…………………………… *168*
鳥取地決昭42・3・7下刑集9巻3号375頁
　　　…………………………… *108*
旭川地決昭42・5・13下刑集9巻5号747頁
　　　…………………………… *513*
東京地決昭42・8・5判タ209号198頁
　　　…………………………*353, 580*

京都地判昭42・9・28下刑集9巻9号1214頁
　　　　　　　　　　　　　　　　　　293
大阪地決昭43・3・26下刑集10巻3号330頁
　　　　　　　　　　　　　　　　　　518
東京地決昭43・5・24下刑集10巻5号581頁
　　　　　　　　　　　　　　　　　　159
神戸地決昭43・7・9下刑集10巻7号801頁
　　　　　　　　　　　　　　　　　　507
佐賀地決昭43・12・1下刑集10巻12号
　　1252頁　　　　　　　　　　　　507
浦和地判昭44・3・24刑月1巻3号290頁
　　　　　　　　　　　　　　　　　　612
金沢地七尾支判昭44・6・3刑月1巻6号
　　657頁　　　　　　　　　　　　496
東京地決昭44・6・6判時570号97頁　　247
京都地決昭44・7・4刑月1巻7号780頁　518
岡山地決昭44・9・5判時588号107頁　　200
京都地決昭44・11・5判時629号103頁　538
岐阜地決昭44・11・18判時589号92頁
　　　　　　　　　　　　　　　　　1152
甲府地決昭44・12・8刑裁月報1巻12号
　　1200頁　　　　　　　　　　　　1062
東京地判昭44・12・16下民集20巻11=12号
　　913頁　　　　　　　　　　　　251
東京地判昭45・2・26刑月2巻2号137頁
　　　　　　　　　　　　　　　　　　496
東京地決昭45・3・9刑月2巻3号341号　259
山口地岩国支決昭45・5・7刑月2巻5号
　　622頁　　　　　　　　　　　　192
宮崎地決昭45・7・24刑月2巻7号783頁
　　　　　　　　　　　　　　357, 359
東京地決昭45・8・1判タ252号238頁　　200
京都地決昭45・10・2判時634号103頁　529
大阪地判昭45・10・30刑月2巻10号1127頁
　　　　　　　　　　　　　　　　　　502
神戸地決昭46・2・10刑月3巻2号302頁
　　　　　　　　　　　　　　　　　　457
福岡地決昭46・3・29判タ263号279頁　　54

富山地決昭46・4・15刑月3巻4号614頁
　　　　　　　　　　　　　　　　　　512
京都地決昭46・4・30刑月3巻4号617頁
　　　　　　　　　　　　　　　　　　549
大阪地決昭46・6・1判時637号106頁　520
福岡地判昭46・6・16刑月3巻6号783頁
　　　　　　　　　　　　　　　　　　496
大阪地判昭46・9・9判時662号101頁　960
神戸地決昭46・9・25刑月3巻9号1288頁
　　　　　　　　　　　　　　　　　　518
福岡地決昭47・1・26刑月4巻1号223頁
　　　　　　　　　　　　　　　　　　157
東京地決昭47・4・4刑月4巻4号891頁
　　　　　　　　　　　　　　　158, 494
東京地決昭47・4・4刑月4巻4号891号　518
千葉地決昭47・7・8刑月4巻7号1419頁
　　　　　　　　　　　　　　　158, 518
千葉地決昭47・7・8刑月4巻7号1422頁
　　　　　　　　　　　　　　　　　　494
富山地決昭47・11・22判時690号101頁　46
東京地決昭47・12・1刑月4巻12号2030頁
　　　　　　　　　　　　　　　　　　168
東京地決昭48・3・2刑月5巻3号360頁
　　　　　　　　　　　　　　　　　1149
釧路地決昭48・3・22刑月5巻3号372頁
　　　　　　　　　　　　　　　　　　538
仙台地判昭48・4・2刑月5巻4号501号　526
大阪地決昭48・4・16判時710号112頁　921
浦和地決昭48・4・21刑月5巻4号874頁
　　　　　　　　　　　　　　　　　　532
金沢地決昭48・6・30刑月5巻6号1073頁
　　　　　　　　　　　　　　　　　　248
青森地決昭48・8・25刑月5巻8号1246頁
　　　　　　　　　　　　　　　　　　538
新潟地決昭48・12・4刑月5巻12号1673頁
　　　　　　　　　　　　　　　　　1158
岡山地決昭49・2・13刑月6巻2号178頁
　　　　　　　　　　　　　　　　　　193

東京地判昭49・4・2判時739号131頁…… *970*
東京地決昭49・9・2刑裁月報6巻9号994頁
………………………………………… *1062*
東京地決昭49・12・9刑月6巻12号1270頁
………………………………… *483, 484, 496*
東京地決昭50・1・29刑月7巻1号63頁‥ *485*
福島地判昭50・7・11判時792号112頁‥ *626*
京都地決昭51・3・1判時829号112頁…… *921*
東京地判昭51・4・15判時833号82頁…… *258*
青森地決昭52・8・17判時871号113頁… *507*
京都地決昭53・1・25判時898号129頁
………………………………………… *421, 437*
神戸地決昭53・3・1判時911号170頁…*1152*
千葉地判昭53・5・8判時889号20頁…… *226*
東京地決昭53・6・29判時893号8頁…… *938*
東京地判昭53・7・13判時893号6頁…… *919*
名古屋地決昭54・3・30判タ389号157頁
………………………………………… *252*
高松地決昭54・6・6刑月11巻6号700頁
………………………………………… *361*
横浜地判昭54・7・10刑月11巻7=8号801頁
………………………………………… *537*
富山地決昭54・7・26判時946号137頁
………………………………………… *477, 507*
岡山地判昭54・10・19判タ410号155頁
………………………………………… *540*
函館地決昭55・1・9刑月12巻1=2号50頁
………………………………………… *563*
東京地判昭55・9・15判時1020号140頁
………………………………………… *667*
徳島地決昭55・12・13刑月12巻12号
1285頁……………………………………*1179*
東京地決昭56・1・22判時992号3頁
………………………………… *919, 937, 938*
千葉地判昭57・5・27判時1062号161頁
………………………………………… *596*
千葉地決昭57・8・4判時1064号144頁‥ *389*
大阪地決昭58・6・28判タ512号199頁… *503*

東京地判昭58・9・30判時1091号159頁
………………………………………… *598*
仙台地決昭59・7・11判時1127号34頁
…………………………………………*1188*
大阪地決昭60・3・5判タ556号217頁…*1160*
前橋地判昭60・3・14判時1161号171頁
………………………………………… *541*
千葉地佐倉支決昭60・3・29判時1148号
107頁…………………………………… *653*
熊本地決昭60・4・25判タ557号290頁‥ *238*
仙台地決昭60・9・4判時1168号157頁
………………………………… *421, 436, 437*
神戸地判昭60・10・17刑月17巻10号979頁
………………………………………… *294*
福岡地飯塚支決昭61・4・1刑月18巻4号
481頁…………………………………… *653*
大阪地判昭61・7・3判時1214号141頁‥ *970*
大阪地堺支決昭61・10・20判時1213号
59頁…………………………………*550, 1161*
大阪地堺支決昭61・10・20判時1213号
70頁……………………………………*1161*
盛岡地決昭63・1・5判タ658号243頁…・ *503*
大阪地決昭63・2・29判時1275号142頁
………………………………………… *382*
東京地八王子支判昭63・8・31判時1298号
130頁…………………………………… *541*
名古屋地決昭63・11・7判タ684号253頁
………………………………………… *653*
静岡地判平1・1・31判時1316号21頁…*1188*
東京地決平1・3・1判タ725号245頁＝
判時1321号160頁………………… *252, 554*
浦和地判平1・10・3判時1337号150頁‥ *937*
浦和地判平1・12・21判タ723号257頁‥ *453*
名古屋地決平2・6・30判時1452号19頁
………………………………………… *144*
浦和地判平2・10・12判時1376号24頁‥ *381*
大阪地判平3・3・7判タ771号278頁…… *518*
浦和地決平3・3・25判タ760号261頁… *912*

東京地判平3・4・26判時1402号74頁 … 247
札幌地決平3・5・10判タ767号280頁 … 165
東京地決平3・5・15判タ774号275頁 … 1161
京都地判平3・6・4判時1409号102頁 … 541
浦和地判平3・9・26判時1410号121頁 … 453
浦和地決平4・11・10判タ812号260頁 … 169
宇都宮地判平5・10・6判タ843号258頁
　………………………………………… 912
鳥取地米子支決平5・10・26判時1482号
　161頁 …………………………………… 219
東京地決平6・3・29判時1520号154頁 … 214
大阪地判平6・4・27判タ861号160頁 … 442
浦和地決平6・9・1判タ867号298頁 …… 399
東京地判平6・12・16判時1562号141頁
　………………………………………… 473
東京地決平6・12・20判時1530号143頁
　………………………………………… 218
東京地判平7・9・29判タ920号259頁 … 940
東京地決平8・3・28判時1595号152頁
　………………………………………… 1157
大阪地堺支決平8・10・8判時1598号161頁
　………………………………… 354, 355
浦和地越谷支判平9・1・21判時1599号
　155頁 …………………………………… 473
東京地八王子支決平9・2・7判時1612号
　146頁 …………………………………… 263
東京地判平9・4・14判時1609号3頁 …… 350
東京地判平9・9・25判タ984号288頁 … 598
宇都宮地判平10・3・24判時1665号145頁
　………………………………………… 350
大阪地判平10・3・26判時1652号3頁 … 492
大阪地判平12・5・25判時1754号102頁
　………………………………………… 120
福岡地判平12・6・29判タ1085号308頁
　………………………………………… 485
東京地決平12・11・13判タ1067号283頁
　………………………………………… 496

京都地決平13・11・8判時1768号159頁
　………………………………………… 913
鹿児島地決平14・3・26判タ1207号259頁
　………………………………………… 1173
東京地判平15・1・22判タ1129号265頁
　………………………………………… 938
大阪地判平16・3・9判時1858号79頁
　………………………………… 113, 115
東京地判平16・3・17判時1852号69頁 … 492
名古屋地判平16・7・30判時1897号144頁
　………………………………………… 346
佐賀地決平16・9・16判時1947号3頁 … 485
横浜地判平17・3・31判タ1186号342頁
　………………………………………… 293
京都地決平17・9・9刑集59巻9号1836頁
　………………………………… 389, 392
東京地判平17・9・15判タ1199号292頁
　………………………………………… 627
水戸地土浦支決平17・9・21判例集未登載
　………………………………………… 1173
大津地決平18・3・27判例集未登載 …… 1174
東京地判平18・3・29判タ1243号78頁 … 280
広島地決平18・4・26判時1940号168頁
　………………………………………… 861
東京地決平18・4・27判例集未登載 …… 777
鹿児島地判平19・2・23判タ1313号285頁
　………………………………………… 114
東京地判平19・10・16判タ1275号122頁
　………………………………………… 541
宇都宮地判平20・2・28判時2026号104頁
　………………………………………… 485
福岡地小倉支判平20・3・5判例集未登載
　………………………………………… 168
鹿児島地判平20・3・24判時2008号3頁
　………………………………… 114, 115
大阪地決平20・3・26判タ1264号343頁
　………………………………… 833, 876
東京地判平21・6・9判タ1313号164頁 … 556

大阪地決平21・6・11判タ1321号283頁
·· 518
東京地決平22・2・25判タ1320号282頁
·· 518
佐賀地判平22・12・17訟月57巻11号
2425頁·· 114
大阪地決平24・3・7判例集未登載······1173
鹿児島地決平25・3・6判例集未登載···1174
大阪地決平25・10・15判タ1418号370頁
·· 847
東京地決平26・1・29判タ1401号381頁
·· 835
東京地判平26・3・18刑集70巻8号831頁
·· 925
静岡地決平26・3・27判時2235号113頁
···1173, 1188

熊本地決平28・6・30判例集未登載·····1173
鹿児島地決平29・6・28判時2343号23頁
···345, 1173

簡易裁判所・家庭裁判所

紋別簡判昭38・9・5下刑集5巻9=10号
855頁··· 402
近江八幡簡判昭46・6・28判タ266号237頁
·· 402
高松家丸亀支決昭46・12・21家月24巻8号
90頁··· 622
山口簡判平2・10・22判時1366号158頁
·· 637
直方簡決平8・10・3判時1609号161頁····34

編者・執筆者一覧

編者

後藤　　昭　（ごとう・あきら）　　　青山学院大学教授

白取　祐司　（しらとり・ゆうじ）　　神奈川大学教授

執筆者（五十音順）

伊藤　博路　（いとう・ひろみち）　　名城大学教授
　　…第2編第3章第1節（除：290条の2、290条の3、299条の3、301条の2、308条〜313条、314条〜316条）、第3編第3章

上田信太郎　（うえだ・しんたろう）　北海道大学教授
　　…第1編第11章

後藤　　昭　（ごとう・あきら）　　　青山学院大学教授
　　…第1編前注、1条、197条、301条の2、第2編第3章第4節（除：317条〜318条）、第3編第4章

笹倉　香奈　（ささくら・かな）　　　甲南大学教授
　　…第2編第4章

白取　祐司　（しらとり・ゆうじ）　　神奈川大学教授
　　…第1編前注、1条、第2編第2章、第2編第3章前注、290条の2、290条の3、299条の3、308条〜313条、314条〜316条、第2編第3章第3節、317条〜318条

高倉　新喜　（たかくら・しんき）　　山形大学教授
　　…第1編第5章〜第7章、第9章（除：99条の2、110条の2、111条の2）、第2編第3章第5節、第2編第5章

多田　辰也　（ただ・たつや）　　　　大東文化大学教授
　　…第2編前注、第2編第1章（除：197条）

田淵　浩二　（たぶち・こうじ）　　　九州大学教授
　　…第3編第2章

豊崎　七絵　（とよさき・ななえ）　　九州大学教授
　　…第1編第1章〜第4章、第10章

内藤　大海　（ないとう・ひろみ）　　熊本大学准教授
　　…99条の2、110条の2、111条の2、498条の2、499条の2

渕野　貴生　（ふちの・たかお）　　　立命館大学教授
　　…第1編第12章〜第16章、第2編第3章第2節

水谷　規男　（みずたに・のりお）　　大阪大学教授
　　…第4編、第5編、第6編、第7編（除：498条の2、499条の2）

緑　　大輔　（みどり・だいすけ）　　一橋大学准教授
　　…第1編第8章、第3編前注、第3編第1章

新・コンメンタール　刑事訴訟法（第3版）

2010 年 7 月 25 日	第 1 版第 1 刷発行	
2013 年 9 月 30 日	第 2 版第 1 刷発行	
2018 年 7 月 25 日	第 3 版第 1 刷発行	

編　者──後藤　昭・白取祐司

発行者──串崎　浩

発行所──株式会社日本評論社
　　　　　〒 170-8474　　東京都豊島区南大塚 3-12-4
　　　　　電話　　03-3987-8621（販売）　-8592（編集）
　　　　　FAX　　03-3987-8590（販売）　-8596（編集）
　　　　　振替　　00100-3-16
印　刷──倉敷印刷
製　本──難波製本

Printed in Japan ⓒ GOTO Akira, SHIRATORI Yuji 2018
装幀／林　健造
ISBN 978-4-535-52334-0

JCOPY ＜（社）出版者著作権管理機構　委託出版物＞

本書の無断複写は著作権法上での例外を除き禁じられています。複写される場合は、そのつど事前に、（社）出版者著作権管理機構（電話 03-3513-6969、FAX 03-3513-6979、e-mail: info@jcopy.or.jp）の許諾を得てください。また、本書を代行業者等の第三者に依頼してスキャニング等の行為によりデジタル化することは、個人の家庭内の利用であっても、一切認められておりません。

新・コンメンタール 憲法

木下智史・只野雅人【編】　◆本体4,500円+税／A5判

日本国憲法の条文の趣旨を、関連法令、重要判例、学説を踏まえながらしっかり解説。学生から実務家まで活用できる、充実のコンメンタール。

新・コンメンタール 民法（財産法）

松岡久和・中田邦博【編】　◆本体6,500円+税／A5判

関連法令や最新判例の情報も盛り込み、民法・財産法の条文趣旨をコンパクトに解説。法学部・法科大学院生はもちろん実務にも最適。

新・コンメンタール 刑法

伊東研祐・松宮孝明【編】　◆本体3,200円+税／A5判

判例通説に従い簡潔で、自習用、司法試験短答式対策等に最適。『学習コンメンタール刑法』の改訂版。

新・コンメンタール 民事訴訟法［第2版］

笠井正俊・越山和広【編】　◆本体6,500円+税／A5判

1冊完結の民訴法コンメンタール。初版以降の法改正、2013年1月施行の家事事件手続法、非訟事件手続法等の法改正に対応。

新・コンメンタール 刑事訴訟法［第3版］

後藤 昭・白取祐司【編】　◆本体6,700円+税／A5判

2016年の法改正で盛り込まれた取調べの録音・録画制度や協議・合意制度等、改正法を踏まえたコンメンタール待望の第3版。

日本評論社
https://www.nippyo.co.jp/